기독교문서선교회(Christian Literature Center: 약칭 CLC)는 1941년 영국 콜체스터에서 켄 아담스에 의해 시작되었으며 국제 본부는 미국 필라델피아에 있습니다.
국제 CLC는 59개 나라에서 180개의 본부를 두고, 약 650여 명의 선교사들이 이동 도서차량 40대를 이용하여 문서 보급에 힘쓰고 있으며 이메일 주문을 통해 130여 국으로 책을 공급하고 있습니다. 한국 CLC는 청교도적 복음주의 신학과 신앙 서적을 출판하는 문서선교기관으로서, 한 영혼이라도 구원되길 소망하면서 주님이 오시는 그날까지 최선을 다할 것입니다.

> 추천사 1

21세기에 소환된 "CUR DEUS HOMO?"

구 춘 서 박사
한일장신대학교 제6대 총장
조직신학 교수

　Cur Deus Homo? 에서 "왜 하나님은 인간이 되셨나?"라고 물었던 이는 11세기 교부 안셀름이다. 그는 당시 중세의 시대 정신에 따라 이성과 신앙을 조화시키려 하였다. 인문주의자들의 의도된 작업 때문에 중세를 어둠의 시대(Dark Age)로 오해하기 쉽다.

　이성은 결코 신앙을 제거하지 못했다. 따라서 중세 후 1,000년이 지나도 우리는 여전히 Homo Deus 또는 Deus Homo에 관심을 갖는다.

　최인식 박사는 누구보다 심각하게 하나님과 인간의 변증적 관계에 관심을 가졌다. 틸리히에 대한 연구에서 시작하여 구약성서와 유대문화, 사이버 공간에서의 인간, 그리고 동양과 자연에 이르기까지 그의 신학적 관심은 깊고 넓다. 그러나 그의 신학적 사고는 언제나 자신의 본향인 사중복음에 단단히 터 잡고 있다.

　그가 신학교 은퇴를 앞두고 펴내는 이 저서는 그의 깊고 넓은 신학의 중간 결산서이다. 앞으로 최종 결산서가 나올 것을 기대한다.

　성결교 신학도뿐만 아니라, 타 교단 신학도도 본서를 통해 자신의 신학적 전통을 되돌아 볼 수 있다. 또한, 지성과 신앙의 조화를 원하는 평신도도 본서를 읽으므로 얻는 기쁨은 클 것이다.

추천사 2

사중복음, 교파주의 신학 사이의 촉매

김 석 년 박사
한국 교회를 섬기는 공동체 대표
제3대 글로벌사중복음 이사장

『데우스 호모』는 최인식의 신앙과 신학을 가장 잘 보여주는 필생의 저술이라 할 수 있다. 처음부터 그의 고민은 서구 신학을 넘어 그만의 신학을 정립하는 것이었다. 그의 신학은 통합적이면서 독창적이고, 복음적이면서 창의적이고, 신학적이면서 실천적이다.

또한, 그는 교리신학을 넘어 '진정한 기독교 신학'이 무엇인지를 설파한다. 인류가 묻는 모든 문제의 궁극적인 대답은 예수 그리스도라는 전제 안에서, 데우스 호모가 되신 그리스도께서 약속하신 구원이 바로 '사중복음'이라는 사실에 치열한 학문적 접근을 한다.

나아가 그의 주제는 교파주의 신학을 넘어 그리스도의 한 몸 된 교회를 회복하는 것이다. 이 길 역시 사중복음이 '촉매'가 되어 거룩한 공교회를 회복할 수 있다고 피력한다.

고로, 이 저서는 진정한 기독교 신앙으로 이 땅에 그리스도의 몸 된 교회와 하나님 나라를 이루기를 고민하고 갈망하는 이들에게 필독서로 추천한다.

추천사 3

21세 신학적 통섭을 위한 창조적 도구, 사중복음

배 덕 만 박사
기독연구원 느헤미야
교회사 교수

나의 존경하는 스승 최인식 교수님께서 정년퇴임을 기념하여 한 권의 책을 내셨다. 『데우스 호모』 본서는 성결교회를 위한 소중한 선물임이 틀림없고, 한국 교회엔 신선한 도전이 될 것이다.

한때, 성결교회 내에서조차 "전도표제"로 폄하되었던 '사중복음'이 최 교수님의 섬세한 손길을 통해 이 시대의 신학적 통섭을 위한 창조적 도구로 웅장하게 부활했다.

본서는 과거와 현재, 한국과 세계, 진보와 보수, 주류와 비주류, 사유와 실천, 성취와 과제를 함께 아우르는 성결교회 신학자 최인식의 "경건한 열망"(*Pia Desideria*)의 산물이다.

동시에, 그리스도인으로서 예수 그리스도에 대한 순전한 믿음, 성결교회 목사로서 사중복음에 대한 진한 사랑, 현대 신학자로서 난제들에 대한 치열한 사색, 한국적 영성가로서 교회에 대한 정직한 성찰, 문인으로서 섬세한 감수성이 진하고 풍성하게 담긴 21세기 한국 신학의 소중한 성취다.

그래서 책장을 넘기며 여러 차례 감탄하며 가슴이 뛰었다.

다른 독자들도 비슷한 감동에 이를 것이다. 틀림없이.

추천사 4

21C 오순절 운동의 신학적 변증과 연대를 위한 교두보

신 문 철 박사
한세대학교
조직신학 교수

현대 문명사와 지성사를 지탱해주는 주된 흐름인 "호모 데우스"의 욕망에 맞서서, "데우스 호모"를 강변하며 인간이 창조주 앞에서 취해야 하는 영적 자세를 사중복음의 관점에서 명쾌하게 정리해준 탁월한 변증서이다.

보편적인 기독교 변증서로서의 신앙적 가치와 지향이 문장과 문장 사이에 충분히 녹아있기에, 이 엄혹한 무신의 시대에 맞서기 위해 교파를 초월하여 한국 교회의 모든 성도가 반드시 정독해야 하는 역작이다.

특별히, 순복음교단의 모든 신학도와 성도에게 일독하기를 권한다.

첫째, 조용기 목사님께서 순복음교단의 '오중복음'과 성결교단의 '사중복음'과의 관련성을 『오중복음과 삼중축복』에서 언급하신 이유를 『데우스 호모』는 충실하게 답변해주고 있기 때문이다.

둘째, "오중복음과 삼중축복"의 연원을 한국적 샤머니즘으로 소급하려는 신학적 편견이 얼마나 비학문적인 결론인지를 역사적이고 논리적으로 설명해주기 때문이다.

셋째, 순복음교단의 오중복음은 성결교단의 사중복음이 그러하듯, 19세기 미국의 오순절·성결 부흥운동의 거대한 영적 저수지를 공유하고 있다는 교회사적 사실(fact)을 분명하게 밝혀주기 때문이다.

추천사 5

사중복음, 세상의 우상화에 대한 강력한 대답!

이후정 박사
감리교신학대학교 총장
교회사 전공

　최인식 교수님의 학문적인 역작 『데우스 호모』의 출간을 진심으로 축하드립니다. 본서는 성결교회를 대표하는 신학자이신 최 교수님의 조직신학적 관심이 총괄적인 열매를 맺는 저술이기에 참으로 의미 깊은 일이 아닐 수 없습니다.

　저자는 사중복음을 신학적으로 체계화할 뿐만 아니라, 기독교 구원론의 핵심을 세상의 우상화에 대한 대답으로 힘차게 증언하고 있습니다.

　개신교 복음주의 신학의 토대에 입각하여 성결교회의 사중복음이 특별한 중요성을 오늘날 가져야 한다는 확신이 저자의 진정성 있는 신학적 사고를 낳게 하였다고 봅니다.

　중생·성결·신유(치유)가 상실된 교회는 세상을 구원할 능력을 포기하게 되며, 재림과 종말을 앞두고 깨어 기도하는 궁극적 사명을 감당할 수 없을 것입니다. 그런 의미에서 본서를 진심으로 추천합니다.

추천사 6

호모 데우스의 지휘소를 붕괴시킬 만한 벙커버스터

장 승 민 박사
낙원성결교회 담임목사
글로벌사중복음 이사

핵심을 만지작거리는 것은 고되고 위험스런, 그러나 스릴 넘치는 작업이다. 생명체의 유전정보가 담긴 핵산을 탐구하듯, 저자는 오랫동안 교회의 병기고에 들어가 복음의 핵을 치밀하게 연마해 왔다. 교회의 무기가 정교해져야 하는 까닭은 싸움의 양상이 나날이 고도화되고 있기 때문이다.

제4차 산업혁명을 기반으로 하는 지금의 시대정신은 '호모 데우스'로 귀결된다. 저자는 이에 대응할 수 있는 교회의 최종병기로 사중복음을 제시한다. 당신이 사중복음으로 승부하는 목회를 원한다면, 아니, 호모 데우스의 지휘소를 붕괴시킬 만한 벙커버스터를 찾고 있다면, 본서를 주의 깊게 읽어보라. 가히 사중복음의 교과서라 불리기에 충분하다.

추천사 7

사중복음신학, 초교파적 미래의 신학으로 신고하다!

정 상 운 박사
성결대학교 제5~6대 총장
교회사 교수

『데우스 호모』는 사중복음이 19세기 미국 성결오순절 운동의 핵심 교리였다는 것뿐만 아니라, 루터·칼뱅·웨슬리의 개신교 복음주의를 꿰뚫고 있는 "온전한 복음"의 정수임을 가감 없이 제시하고 있다.

저자는 사중복음이 종교개혁 이후뿐만 아니라, 초대 교회로부터 이어져 오고 있는 기독교의 '신앙요제(regula fidei)'라는 교리사적 근거 위에 근대 이후 형성된 배타적인 교파주의 신학의 장벽을 넘어서는 사중복음신학의 정립을 위해 길을 닦아왔다.

최 교수는 한국 성결교회가 종자 씨앗처럼 "전도표제"란 이름으로 간직해온 사중복음을 교단 신학의 교의로만 보는 데 머무르지 않고, 오히려 사중복음을 가지고 '세계 기독교(World Christianity)' 시대에 교단들이 자신만의 교파주의 신학에 갇혀 있지 않도록 "촉매"가 되게 하는 "글로벌 사중복음신학"의 가능성을 현실화하고 있다.

본서는 그의 『예수의 바람·성령의 바람: 사중복음 정신과 21세기 교회혁신』이라는 그의 탁월한 사중복음 안내서 이후, 세계 신학계에서 사중복음신학이 이제는 아마추어가 아닌, 당당한 프로로 그 위치를 확고하게 해주는 중요한 이론서로 사랑을 받을 것이다.

> 추천사 8

교회연합의 기초, 사중복음

정 홍 열 박사
아신대학교 총장
한국조직신학회장

한국조직신학계의 큰 인물이신 최인식 박사님께서 지난 30년간의 교수 사역을 마치시면서 귀한 글들을 모아 출판하시게 됨을 축하드립니다.

최 박사님은 성결교단과 서울신학대학교의 자랑만이 아니라, 우리 학회의 보배와 같은 어른이십니다. 폴 틸리히의 신학에 조예가 깊으실 뿐만 아니라, 다방면에 높은 지식과 깊이 있는 글들을 발표하신 탁월한 학자이십니다.

게다가 성결교단에 속한 신학자로서 사중복음에 깊은 애정과 자부심을 가지신 교단의 대표적 학자이셨습니다.

그러나 최 박사님은 사중복음이 단지 성결교단의 중심진리만이 아니라, 기독교의 모든 신학과 신앙이 이 사중복음에서 하나로 만날 수 있는 교회연합의 기초가 됨을 늘 강조해 오셨습니다.

최근의 인간을 신격화시키려는 무신론자들의 도전(『호모 데우스』, 유발 하라리)에 대응하여 데우스 호모(참 하나님이시며 참 인간이신 예수 그리스도)를 중심으로 모시고, 그 뒤를 따르는 참된 신학의 정도를 강조하심으로 30년 성역의 정점을 찍으시는 최 박사님의 신학적 수고에 경의와 찬사를 보내드립니다.

추천사 9

오늘의 신앙 전체를 해석하는 열쇠, 사중복음

지 형 은 박사
기독교대한성결교회 총회장
성락성결교회 담임목사

신학의 본질은 삼위일체 하나님께 걸려 있고 거기에서 시작하여 창조 세계 모두에 연관됩니다. 신학 하기의 가능성이 사람에게 열리는 것은 사람이 받은 하나님의 형상에 근거합니다. 하나님 형상의 중심은 정신의 사유와 그 사유를 펼치는 언어입니다.

학문 분야 중 하나로서 존재하는 신학 말고 본디 의미의 신학은 그 너비와 길이, 높이와 깊이가 끝이 없습니다. 신학이 교회와 뗄 수 없이 하나이지만, 동시에 사회와 역사 및 존재하는 모든 것과 결코 분리될 수 없는 까닭이 이것입니다.

이런 맥락에서 신학은 역사와 문화의 흐름에서 특정 교파와 연결될 수밖에 없지만, 거기에 머물지 않고 끊임없이 그리스도교 전체를 변증합니다.

사중복음의 깊이로 들어감으로써 오늘의 신앙 전체를 해석하는 최인식 교수님의 신학 작업이 참 귀합니다.

추천사 10

초대 교회적 상황에서 데우스 호모를 증거하는
변증법적 신학으로서의 사중복음

황 덕 형 박사
서울신학대학교 총장
조직신학 전공

최인식 교수님은 그동안 기독교대한성결교회의 조직신학자로서 많은 시도와 시험을 해오신 가장 독창적인 신학자이시다.

특별히 은퇴를 앞두고 그간의 노력과 수고를 담아 가장 중심적인 연구를 친절하게도 『데우스 호모』라는 한 권의 책으로 발간하셨다. 본서는 우리 개신교 정신의 근본적 흐름과 공명하고 있다.

그 이유는 다음과 같다.

첫째, 그 책의 제목처럼 복음의 핵심이신 그리스도 예수의 현실을 이 세상에서 증거 하려고 하기 때문이다.

둘째, 역사적 교파교회들의 발생에서 자연히 파생되었던 모든 신학이 요청하는 초대 교회적 상황의 원 복음을 회복하고자 한다.

셋째, 사중복음을 통해 종말론적 실제인 하나님의 나라를 꿈꿀 수 있게 하기 때문이다!

데우스 호모

미래의 신학 · 미래의 교회

Deus Homo:
Theology & Church of Tomorrow
Written by Insik Choi
All rights reserved.
Korean Edition Copyright ⓒ 2020 by Christian Literature Center, Seoul, Korea

데우스 호모: 미래의 신학 · 미래의 교회

2021년 9월 10일 초판 발행

지은이　|　최인식

편　　집　|　정희연
디 자 인　|　박성숙, 서민정
펴 낸 곳　|　(사) 기독교문서선교회
등　　록　|　제16-25호(1980.1.18.)
주　　소　|　서울특별시 서초구 방배로 68
전　　화　|　02-586-8761~3(본사) 031-942-8761 (영업부)
팩　　스　|　02-523-0131(본사) 031-942-8763 (영업부)
이 메 일　|　clckor@gmail.com
홈페이지　|　www.clcbook.com
송금계좌　|　기업은행 073-000308-04-020 (사) 기독교문서선교회
일련번호　|　2021-88

ISBN 978-89-341-2330-9 (94230)
ISBN 978-89-341-2329-3 (SET)

이 책의 저작권은 저자와 (사)기독교문서 선교회가 소유합니다. 신저작권법에 의하여 한국 내에서 보호받는 저작물이므로 무단 전재와 무단 복제를 금합니다.

글로벌사중복음연구소 사중복음신학시리즈 [7]

예수 그리스도
DEUS HOMO
데우스 호모

미래의 신학 · 미래의 교회
Theology & Church of Tomorrow

최인식 지음

CLC

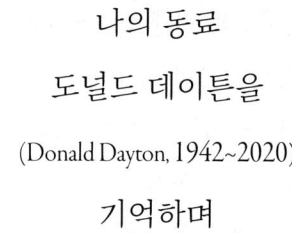

나의 동료
도널드 데이튼을
(Donald Dayton, 1942~2020)
기억하며

차례

추천사 / 1

인사말 / 19

들어가는 말 / 23

제1부
미래의 비전: 데우스 호모의 사중복음 세계

제 1 장 21세기 시대정신과 사중복음의 긴급성	36
제 2 장 데우스 호모 사중복음 공동체	56
제 3 장 사중복음으로 열리는 하나님 나라	100
제 4 장 예수와 바울의 사중복음	136
제 5 장 사중복음 정신과 복음주의 역사	164

제2부
미래의 신학: 글로벌 사중복음신학

제 6 장 사중복음신학 방법론	190
제 7 장 사중복음 교의학 방법론	228
제 8 장 사중복음 신론 방법론	288
제 9 장 사중복음 삼위일체론적 해석학	332
제10장 사중복음 성령세례론	364
제11장 사중복음 교회론	400

DEUS HOMO

중생·성결·신유·재림

제3부

미래의 교회: 글로벌 사중복음 예수 공동체

제12장	사중복음과 세계 기독교	436
제13장	개혁주의와 웨슬리주의	464
제14장	개혁주의와 성결·오순절주의	504
제15장	감리교 토착화 신학과 성결교 사중복음신학	534
제16장	감리교·성결교·오순절주의 성령론	560
제17장	사중복음과 성결교회 신학	594
제18장	성결교회의 교리신학	626
제19장	사중복음 신앙의 위기와 승리	674
제20장	성결교회 신학에 관한 물음과 대답	714

나가는 말 / 822

미주 / 836

참고 문헌 / 914

용어 및 인명 색인 / 939

일/러/두/기

- 기독교의 경전 66권: '성경', '구약성경', '신약성경', 이 외의 경우, 유대교 경전은 '히브리성서', 그 외의 형용사나 복합명사로 사용할 때는 '성서적' 혹은 '성서 해석' 등으로 표기함.
- 본문에 사용된 성경의 본문은 대한성서공회의 개역개정 혹은 새번역을 사용함.
- 문단: 독자들의 편의성을 고려해 최대한도로 짧게 나눔.
- 인용문 안의 강조 표기로 사용된 고딕: 모두 저자에 의한 것임.
- 본문이나 미주에 포함된 히브리어와 헬라어: 우리말과 로마자 알파벳 음역으로 표기함.
- 외국어 고유명사인 인물과 장소: 라틴어 이름을 제외하고 대부분 대중적으로 사용되는 표기를 따름.

인사말

천지를 창조하신 창조주 하나님의 말씀을 버리고
힘 있고 간교한 피조물 들짐승의 거짓말에 속아
하나님같이 되고자 하는 호모 데우스(Homo Deus)라는 욕망을 품다
하나님이 계셔야 할 가온 ｜•｜ 자리에
자기가 들어앉아 창조세계를 다스리려 하는 아담!

아담의 후예인 나를 만나기 위해 오신
데우스 호모(Deus Homo)!
살아계신 하나님의 아들, 예수 그리스도!
에덴에서 쫓겨난 아담의 후예
호모 데우스의 세상에 하나님이 참인간이 되어
생명나무로 오신 분!

하나님과 같이 되고자 하는 아담이
선악을 알게 하는 나무의 열매를 따먹고
정욕과 교만과 탐심의 노예가 되어 있는 나와 인류를 살리기 위해
갈보리 십자가에서 보혈을 쏟아 주신 독생자, 한(獨) 나신(出生) 아들!

보혜사 성령을 보내주셔서
누구든지 예수 그리스도의 이름을 부르는 자에게는
성령의 감동과 능력으로
그의 영은 거듭나게 하시고,
그의 삶을 거룩하게 하시고,
예수의 이름으로 치유받고, 치유하게 하시고,
주의 다시 오심을 기다리며
끝까지 믿음을 지키며 살도록
진리의 성령으로 충만하게 해주시는 분!

우리는 그분을 중생·성결·신유·재림의 주, 사중복음의 주님으로 부릅니다.
중생의 복음을 믿음으로 영적 세계, 하나님 나라에 들어가게 되었고
성결의 복음을 믿음으로 성령이 충만한 삶을 살게 되었고
신유의 복음을 믿음으로 하나님의 치유하시는 능력을 맛보게 되었고
재림의 복음을 믿음으로 부활의 소망으로 날마다 승리하게 되었습니다.

생명의 뿌리 되신 창조주 하나님
생명의 나무 되신 그리스도 예수
생명의 열매 맺게 역사하시는 성령
생명의 성부·성자·성령 하나님!
생명의 사중복음 하나님께 영광을 올려드립니다.

나에게까지 사중복음을 듣고 믿을 수 있도록
생명을 바쳐 전해준 믿음의 선진들께 감사드립니다.
신학교수 생활 30년(1991~2021) 동안

생명의 사중복음 삼위일체 하나님을 전하고 가르칠 수 있도록
부족한 나와 함께 했던 서울신학대학교와
동료 신학부 교수님들께 감사드립니다.
부족한 나의 강의를 끝까지 들어주고
박하게 준 학점도 고마운 마음으로 받아준
제자들에게도 고마운 마음을 전합니다.

사중복음 신앙·사중복음신학·사중복음 윤리 사중복음 목회·사중복음 영성·사중복음 선교의 원리를 바로 세우고 사중복음의 생명을 초교파적으로 나누고, 교회의 본질을 회복하고, 사명을 다하기 위하여 사중복음 공동체를 이룬 글로벌사중복음이사회 모든 분에게 감사드립니다.

이사장으로 섬겨주신 1대 원팔연, 2대 심원용, 3대 김석년 목사님과 총무 장헌익, 회계 오주영, 서기 안희성, 기획 이성준 운영이사회 목사님 그리고 기도와 물질로 지속적으로 후원하시는 이사님들께 주님의 이름으로 존경과 감사의 인사를 드립니다.

서울신학대학교 글로벌사중복음연구소의 운영위원이신
문병구 교수, 박창훈 교수, 오성현 교수, 홍성혁 교수
연구소의 출발 때부터 연구원으로 함께한
장혜선 박사, 오성욱 박사(현 조직신학 교수)
연구원으로 동참한 김상기 박사, 김성호 박사
신형채(현 독일 유학 중), 김원준, 이현규 간사에게
고마운 마음을 전합니다.

졸저를 초교파주의 정신으로 과분하게 추천해주신 기독교대한성결교회 총회장 지형은 목사님, 서울신학대학교 황덕형 총장님, 한일장신대 제6

대 구춘서 총장님, 감리교신학대학교 이후정 총장님, 한국조직신학회장 장홍렬 아신대학교 총장님, 성결대학교 제5~6대 정상운 총장님, 한세대학교 신문철 교수님, 기독연구원 느헤미야 배덕만 교수님, 한국 교회를 섬기는 공동체 대표요, 글로벌사중복음 제3대 이사장으로 섬기시는 김석년 목사님, 낙원성결교회 담임 장승민 목사님께 심심한 감사의 말씀을 올립니다.

오랜 역사 동안 문서를 통해 복음 전도의 사명을 감당해온 기독교문서선교회(CLC 대표) 박영호 목사님과 직원분들께 독자들이 자부심을 가지고 읽을 수 있는 책으로 만들어주심에 깊이 감사드립니다.

본서 표지와 내지의 나사렛 예수 이미지는 일러스트 백기은 님이 저자의 의도를 훌륭하게 잘 살려 그려주셨습니다. 깊이 감사드립니다.

끝으로, 정성 어린 기도와 후원으로 본서의 출판 경비를 담당해주신 목포의 낙원교회 장승민 목사님과 당회원들께 감사드립니다. 사중복음의 진리와 능력으로 호모 데우스의 세상과 용맹하게 싸워 승리하시는 교회가 되기를 축복합니다!

성주산 기슭에서
저자 최인식 배상

들어가는 말

미래의 기독교:
미래교회와 미래신학을 향하여!

1991년도부터 조직신학 교수로 연구하면서 관심을 가져야 했던 중심 과제는 '멀티미디어'와 '사이버공간'이라는 과학기술을 신학적으로 정당히 소화해 내야 하는 것이었다. 나의 학위논문 출판 외에 첫 연구서가 『미래교회와 미래신학』이라는 이름으로 출간되었다.

그리고 만 30년이 흘러 2021년 교수직을 떠나면서 『데우스 호모: 미래의 신학·미래의 교회』라는 이름으로 21세기 미래교회와 미래신학의 청사진을 새로운 관점에서 교회 앞에 제출하게 되었다. 결코 우연이 아닌 것 같다!

나의 신학적 모험 오디세이아는 본서를 포함하여 모두 11권에 자세히 이야기되었고, 그 사이 빠진 이야기들을 모아 앞으로 두 권이 더 나오게 될 것이다. 호메로스(Homeros)는 오디세우스라는 한 인물이 트로이-일리아드-전쟁에서 싸워 이기는 10년 간의 이야기 『일리아드』와 전쟁 후 고향으로 돌아오는 10년 동안의 수많은 위험을 거쳐 마침내 고향에 돌아와 아내를 만나는 것으로 끝나는 『오디세이아』로 대서사시를 마감하였지만, 21세기 나의 오디세이아는 아직 끝나지 않은 것 같다.

나의 신학 오디세이아의 첫 번째 막이 올라간 30년 전 나의 신학적 의

제가 문화였다면, 본서가 다루는 현재의 아젠다는 복음이다. 문화적인 차원에서는 변화하는 미래의 고도인공지능정보화 사회에 대한 교회의 선교적 대응이 과제였다면, 복음적 차원에서는 현대의 반(反)기독교적인 호모 데우스 세계관에 대항하여 복음적 세계관을 힘 있게 변증하는 것이 주된 과제이며, 동시에 교회내적으로 볼 때는 500년을 지내오는 동안 단단히 굳어진 교파주의 신학을 넘어서 초교파적 화(和)의 신학과 화(和)의 교회로 새로워지는 미래의 기독교로 나가는 것이다.

이를 위한 나의 신학 오디세이아는 쉽게 끝날 것 같지 않다. 세상을 지배하고 있는 어둠의 권세에 의한 영적 대항이 날로 정교하게 고도화되고 있는 데 반하여, 교회의 영적 무장은 허술할 뿐만 아니라 나태하기까지 하기 때문이며, 우리의 강대한 지휘관인 데우스 호모, 나사렛 예수 그리스도가 미래의 교회와 미래의 신학, 그리고 미래의 기독교를 향해 열어 보여주실 뿐만 아니라, 준비해 놓으신 중생의 세계 · 성결의 세계 · 신유의 세계 · 재림의 세계에 믿음으로 탐험해 들어가 취해야 할 보화들이 너무도 많이 보이기 때문이다.

나는 본서를 통해서 21세기 교회가 사중복음으로써 신앙적 · 신학적 · 목회적 · 윤리적 · 선교적 제 차원에서 무장될 수 있도록 사중복음의 본질과 그 중요성, 그리고 특히 사중복음의 신학적 과제들을 다루고 있다.

DEUS HOMO와
책의 주제에 관하여

나는 2014년도에 출간한 『예수의 바람, 성령의 바람』에서 중생·성결·신유·재림이라는 사중복음이 지니는 정신을 이야기한 바가 있다. 이 책에서 말하였던 사중복음을 조금 더 학문적으로 다루게 된 것이 본서 『데우스 호모』이다. 이전 책이 사중복음신학 입문을 위한 것이었다면, 이 책은 거기에서 조금 더 학문적 접근을 한 것이라 볼 수 있다.

그렇다고 이 책을 사중복음신학을 위한 본격적인 입문서라 말하기는 어려울 것 같다. 그렇게 되려면, 입문서의 특징상 짧고 명확하고 쉬워야 하는데, 이 책은 길 뿐만 아니라, 아무나 빨리 읽어나갈 수 있을 만큼 쉽지 않을 것 같기 때문이다.

그래서 대용량의 본서를 선택한 당신을 위해 저자인 내가 할 수 있는 최대한의 서비스는 편집상 전통적인 문단 나누기 방식을 벗어나서 소설책처럼 한 문장 혹은 두세 문장으로 문단을 짧게 만들어 생각의 덩어리를 나누어 문단의 중량감을 줄여 주는 것이다.

내용에 적지 않은 학술 논문이 포함되어 있어서 근본적으로 난이도 조정에 한계가 있고, 모두 3부로 되어 있는 것을 3권으로 나누어 출간하면 좋겠지만 형편이 안 되는 현실에서 내가 할 수 있는 최선인 것 같아 전통적인 학술서적의 틀을 내려놓았다.

데우스 호모(Deus Homo), 인간이 되신 하나님!
신이 사람이 되어 오신 분, 예수 그리스도다.

인류가 묻는 모든 문제의 궁극적인 대답은 '예수 그리스도'다! 이것이 내가 현대 사회와 현대 교회에 이야기하고 싶은 것의 전부다. 그것이 인문학적 물음이든, 정치·경제의 문제든, 자연과학과 기술에 대한 것이든, 가정과 자녀 교육의 고민이든, 그것이 전염병·전쟁·굶주림의 지구촌적 과제이든, 종교 간의 갈등이든, 모든 대답은 예수 그리스도에게 있다는 것이 나의 확신이며, 전제이며, 모든 사유와 실천의 출발점이자 결론이다.

『예수와 사이버 세계』, 『예수와 문화』, 『예수의 바람, 성령의 바람』 등 내가 그동안 출판한 책들의 제목은 그러한 생각의 단면이다.

이번에는 '데우스 호모(Deus Homo)'라는 라틴어 표현의 예수다.

이것은 어떤 역사적 출처가 있는 말이 아니라, 내가 만든 조어(造語)다.

 물론 배경이 없을 수 없다. 히브리대학교 역사학 교수 유발 하라리의 『호모 데우스』(Homo Deus)의 등장 때문이다.

1장에서 좀 더 언급하겠지만, 하라리 교수에게 인류의 대답은 '호모 데우스' 즉 인간이 신이 되는 것, 신과 같은 인간이 되는 길만이 모든 삶의 대답이다. 그러므로 인류가 할 수 있고, 해야 하는 일은 호모 데우스라는 테두리(outline)의 속을 채워나가는 것이다. 그래서 결국 호모 데우스의 이상을 성취하는 것이 인간이 가야 하는 길이다.

하라리의 이러한 세계관적 대답의 뿌리는 최초 인류의 조상 아담에게 있었던 것이며, 그 길은 이미 잘못된 것임을 인류의 역사가 증명하고 있는 바다. 그럼에도 불구하고, 인류는 호모 데우스를 포기하지 못하고, 오히려 과거에는 불가능하였지만, 미래는 가능하다고 선전하고 있다.

이러한 '호모 데우스'에 대한 나의 비판과 대안이 바로 '데우스 호모'다. 인간이 신과 같이 되고자 신의 존재와 명령 자체를 거부하는 것이 아니라, 신이지만 인간으로 오신 예수 그리스도를 받아들이고, 그를 통해서 신의 자녀가 되어 사는 것만이 인류 구원과 행복의 유일한 답이라는 것을 이야기하고자 했다.

한 걸음 더 나아가, 데우스 호모가 되신 예수 그리스도라는 분이 인류에게 약속한 구원의 백신(vaccine)이 바로, 거듭남의 복음, 거룩함의 복음, 치유함의 복음, 부활함의 복음이다. 이 복음은 전통적으로 개신교의 한 교파인 성결교회가 오래전부터 '사중복음'이라는 이름으로 간직하고 전파해 온 것이다.

교파주의 신학 넘어서기

나는 본서를 통해 한편에서는 현대 사회가 추구하는 호모 데우스에 대한 비판과 대응으로서 데우스 호모를 이야기하고자 했지만, 다른 한편에서는 현대 교회가 넘지 못하고 그 안에 갇혀 있는, 높은 교파주의 신학에 대해 대답을 주고자 했다.

가톨릭을 제외하고 개신교만 보더라도 500여 년간의 교회사 가운데 얼마나 많은 교파가 난립하였는가? 인류 사회는 기독교에 은혜를 입고 있는가, 아니면 기독교 때문에 불행한 일을 많이 겪고 있는가? 만일 교회들이 교파주의 신학의 장벽을 넘어 한 마음으로 세상을 향해 빛을 비출 수 있었다면, 세상은 좀 더 밝은 빛 가운데 구원의 복음을 들을 수 있지 않았을까!

개신교의 교파주의 신학 극복하기! 이것이 본서가 실제로 초점을 맞추어 이야기하려는 주제다. 먼저 기독교 공동체 안에서 평화가 이루어지지 않는다면 어떻게 효과적으로 교회 밖에서 흘러 넘쳐 들어오는 '호모 데우스'의 홍수를 막아낼 수 있겠는가!

교파주의 신학 극복하기의 길도 역시 데우스 호모, 예수 그리스도에게만 있다. 그리스도가 자신의 십자가와 부활을 통해 모든 인류에게 약속한 구원의 메시지가 바로 중생·성결·신유·재림이라는 사중복음에 요약되어 있기 때문에, 수백 갈래로 나뉘어진 개신교 교파주의 신학과 교회가 이 사중복음을 중심으로 균형과 조화를 이루어 나가고자만 한다면, 교회는 예수 그리스도를 머리로 하는 한 몸이 될 것이며, 이를 통해 호모 데우스 세상을 향해 제사장·왕·선지자의 사명을 각각 담당할 수 있을 것이다.

교회와 신학에 관하여

본서는 사중복음을 신학적으로 다룬다. 신학은 교회를 위한 교회의 학문(學問)이다. 그러므로 신학을 하기 위해서는 교회가 누구인지, 학문이 무엇을 하는 것인지를 알아야 한다.

교회란 하나님을 떠나 살았던 자가 자신의 죄를 회개하고 죄인을 위해 십자가를 지신 예수 그리스도의 대속(代贖)하심을 믿고 성부·성자·성령 삼위일체 하나님의 이름으로 세례를 받음으로써 하나님의 자녀가 된 자들의 공동체다. 이 공동체의 머리는 예수 그리스도이며, 신자들은 그리스도의 몸을 이루는 지체가 된다.

학(學)이란 배우는 것과 가르치는 것이고, 문(問)이란 사물이나 사건의 이치를 '묻는 것(ask, quest)'이라면, 문자적으로 '학문'이란 특정 의제에 대해 묻는 것을 배우는 것이요, 또한 가르치는 것이다.

그러므로 학문함으로서의 신학은 세상으로부터 부름을 받은 교회가 세상 속에서 하나님이 부르신 뜻대로 살아가는 데 요구되는 것들이 무엇인지를 묻고 대답하는 행위 자체이며, 그 원리들을 정립해 나가는 과정이다.

교회는 자신이 처해 있던 시대와 상황에서 하나님의 부르심에 응답하는 가운데 매 시대 성격이 다른 신학을 형성해 왔다.

교회는 세상 속에서 하나님 나라의 백성으로서 옳게 살기위해 성경에 나타난 계시로서의 하나님의 뜻을 매 시대마다 물어 왔다. 개신교 신학은 500년 교회사 가운데 시대마다 요구되는 신학을 발전시켜 왔다.

대표적으로, 종교개혁 신학은 로마가톨릭 신학의 배경에서 태어났고, 그후 정통주의 신학이 확립되었는데, 이 신학이 갖고 있는 한계를 넘기 위하여 경건주의 신학이 일어났다.

계몽주의 문화가 교회의 현장에 만연하자, 합리주의 신학 내지는 자유주의 신학이 발흥하였고, 이 신학이 한 쪽으로 치우치자 계시와 복음의 초월성을 회복하기 위하여 복음주의 신학이 등장하였다.

그러나 5백년을 지나오는 동안 교리 논쟁과 교권주의로 분열된 교회의 현실은 복음주의 신학을 통전적으로 발전시키지 못하고, 경쟁적인 자본주의 사회 속에서 교회가 세상을 닮아 교파주의 신학을 더욱 더 강화하는 쪽으로만 나가고 있다.

그 사이에 세상은 맘몬이즘과 진화론적 과학기술 지상주의라는 이념을 공고히 하면서, 기존의 성서적 세계관을 무력화하고 심지어는 초토화하는 데까지 이르렀다. 그런데도 현대 교회는 한 편에서는 교파주의 신학에 함몰되어 여전히 개혁주의 신학, 웨슬리주의 신학, 오순절주의 신학이 패권 다툼하듯이 이전투구식의 신학 논쟁에서 벗어나지 못하고 있고, 다른 한 편에서는 세상의 과학 기술주의 세계관과 인문사회 과학의 논리를 복음적 세계관으로 제대로 걸러내지 못한 상태에서 그대로 수용함으로써 교회의 세속화가 급속히 진행되는 현실이다.

새 부대, 사중복음신학

지난 한 세기 동안 땅속에서 뿌리로만 뻗어오던 전도표제 사중복음이, 마치 대나무의 뿌리에서 죽순(竹筍)이 올라오듯이 기성 신학의 죽림(竹林) 속에 사중복음신학이라는 죽순으로 자신을 드러내기 시작했다.

단단하게 굳어진 교파주의 신학으로는 다시 오시는 주님이 교회를 향해 초교파적으로 요구하시는 뜻을 제대로 담아내기 어렵다.

새 부대가 필요하다.

새 부대는 모든 교파주의 신학이 각기 주장하는 전통을 살려내면서도 경쟁과 비판의 관계가 아니라, 포용하면서 하나님 나라의 복음을 증언하는 도구로서 새로운 신학이어야 한다.

이러한 현실적 필요로 사중복음신학이 잉태되었다.

사중복음신학은 정교하게 오랜 역사 동안 다듬어진 교파주의 신학들끼리 경쟁하는 싸움터에서 한몫을 얻어내기 위해 출전(出戰)하지 않았다. 오히려, 교파주의 신학들이 지루하게 싸우고 있는 지엽적 다툼에서 시시비비를 가르는 일을 내려놓고 지금 목장 밖에서 배회하면서 맹수들의 공격에 무참히 먹이가 되고 있는 영혼들을 위하여 맹수들과 더 큰 싸움에 나아가 이길 수 있도록 서로 연대하게 해야 한다는 사명감을 가지고 나선 것이다.

촉매로서의 사중복음

그래서 사중복음신학은 복음 중심의 신학적 정체성을 분명히 하고 있는 복음주의 신학을 표방하는 교파주의 신학들이 하나님 나라의 복음을 위해서 한뜻으로 연대할 수 있도록 하는 촉매(觸媒)의 역할을 자임한다.

복음적 교파주의 신학이라면 어느 하나도 존중하지 않으면 안 되는 복음이 중생·성결·신유·재림이다. 그러나 교파주의 신학이 처해 있는 한계는 이들 가운데 특정한 의제에 대하여 편견을 갖는다든지, 자신들만의 해석학적 전통을 고집한다든지 하는 가운데 지나친 견제로 인해 신학적 균형을 잃어 앞으로 전진하지 못하고 있는 것이다.

사중복음신학은 다양한 교파주의 신학의 세계 가운데 중생·성결·신유·재림이라는 촉매를 넣음으로써 사중복음 그 자신은 변화하지 않으면서 서로 다른 신학 전통이 하나님 나라의 복음을 드러내는 데 신학적으로 효과 있게 반응을 일으키도록 하는 데 기여하고자 한다.

우리가 먹는 여러 가지 재료의 음식이 입을 통해서 위장으로 들어가 분해되어 영양소로 바뀌는 과정에 '효소'가 촉매로 작용한다. 효소는 그 자체로 변하지 않고 유지되면서 질적으로 서로 다른 음식들이 장에 흡수되기 쉽도록 소화해주는 역할을 한다. 이와 같은 역할이 바로 신학적으로 사중복음이 하는 일이다.

핫팩에 백금이라는 촉매가 들어 있어 주머니를 흔들면 순식간에 뜨거운 열을 내듯이, 사중복음이 현대의 여러 교파주의 신학 속에서 역할을 하도록 하면, 교파주의 신학은 자기들끼리 경쟁하는 일을 멈추게 될 것이고, 예수 그리스도의 몸으로 하나 된 거룩하고, 보편적이며 사도적인 교회가 세상을 향하여 하나님의 뜻을 전하고 행할 수 있도록 하는 데 쓰임을 받을 수 있게 될 것이다.

이미 교파주의 신학 자체에서도 사중복음 요소들이 일정 부분 촉매 역할을 하고 있기 때문에, 교단 내로 제한적이기는 하지만, 효과를 내고 있다고 할 수 있다.

그러나 다른 교파의 다른 재료와 다른 요리 방식으로 된 것에 대해서는 소화하지 못하는 경우가 많은데, 이때 사중복음이 적절히 촉매 역할을 할 수 있게 된다. 이들 가운데서 사중복음이 신학적으로 균형을 유지하게 될 때, 다른 전통의 신학적 주장들이 만난다고 할지라도 서로 충돌하는 것이 아니라, 오히려 하나님 나라의 복음을 위하여 조화를 이루어 각자의 신학적 장점을 최대한 활용함으로써 교파를 초월하여 모든 교회가 건강하도록 돕는 데 자신의 고육한 사명을 감당할 수 있게 된다.

사중복음신학은 크게 두 방향의 과제를 자신의 소임으로 알고 출전한다. 하나는 교파주의 신학의 뿌리가 된 루터 신학, 칼뱅 신학, 웨슬리 신학과의 적극적인 대화를 통하여 서로간의 논쟁점의 매듭을 푸는 것이고, 다른 하나는 교회와 시대정신 사이에 막힌 것을 뚫거나 혹은 지나친 관계를 저지하는 일을 한다. 사중복음신학은 촉매신학(catalyst theology)이 된다.

본서는 필자가 2014년도에 사중복음신학 입문서로 첫 선을 보인 『예수의 바람, 성령의 바람: 사중복음 정신과 21세기 교회 혁신』과 함께 읽을 때 서로 보완이 될 수 있는 부분이 많다. 아직 연약한 죽순(竹筍)에 불과하다. 독자 제현의 아낌 없는 애정과 충고를 기대한다.

내용 전개

본서는 사중복음신학 형성에 필요한 전반적인 사항을 단계적으로 크게 3부로 구분하여 제시하였다.

제1부에서는 'DEUS HOMO 사중복음의 세계'라는 주제 아래 사중복음에 대한 역사적이며 신앙적 관점을 다각도로 이야기해 나갔다. 사중복음이 세계 기독교 안에서 교파주의 신학 모두를 하나로 뜨겁게 달구는 핫팩의 백금과 같은 촉매가 될 수 있는 것임을 밝히고자 했다.

제2부에서는 '사중복음신학'을 본격적으로 강론하였다. 각론으로 들어가기 전에 사중복음의 본래적 특성을 잘 다룰 수 있는 길이 무엇인지를 묻는 신학 방법론에 초점을 맞추었다. 주지하다시피, 사중복음은 목회와 부흥 현장에서 설교와 경험 가운데 이야기되어 온 주제였지, 신학자들 논의의 의제가 아니었다. 그러므로 이를 신학의 자리에서 정당히 다루려면 그에 합당한 학문적 논리와 체계가 준비되어야 한다. '사중복음신학'을 정립하고자 할 때 요청되는 사중복음 기초신학(fundamental theology)에 해당하는 연구라 할 수 있다.

제3부는 '사중복음과 교파주의 신학의 대화'란 의제로써 교파주의 신학을 넘기 위해 개혁주의 신학, 웨슬리 신학, 감리교 신학, 오순절 신학의 만남과 신학적 대화를 시도했다. 사중복음이 교파주의 신학들 '사이'에서 '촉매' 역할을 할 수 있는 가능성을 탐조(探照)하려는 난해한 시도다. 개혁주의 장로교, 웨슬리주의 감리교, 웨슬리안 복음주의로 성결교와 오순절교단과의 신학적 대화를 부분적으로나마 시도하였다.

그리고 17장 이하에서는 사중복음의 텃밭이라고 할 수 있는 성결교회의 내부인 시각에서 사중복음이 비활성화되어 있는 이유와 문제점들과 아울러 앞으로의 과제를 다루었다. 그리고 성결교회가 창립 100주년을 맞이한 해를 계기로 신학적 정체성을 "개신교 복음주의 웨슬리안 사중복음신학"으로 확인한 「성결교회 신학」의 핵심 내용을 소개하였다.

성결교회 외부인이라도 사중복음신학의 뿌리를 알기 위해서는 성결교회와 웨슬리의 신학 사상과 사중복음을 축으로 하는 성결교회 신학에 대한 기본적인 개관이 필요하다. 성결교회라는 대나무 숲에서 한 세기 동안 "전도표제"란 이름으로만 존재했던 뿌리에서 올라온 죽순(竹筍) 같은 것이 바로 사중복음신학이기 때문이다.

그러나 사중복음을 귀중하게 여긴다는 것과 사중복음의 정신을 따라 신앙생활에 승리한다는 것과는 같은 것이 아니다. 사중복음을 성서적으로, 신학적으로 정립하는 데 선구자적인 역할을 한 지도자가 사중복음의 하나님 중심주의 정신과 반대되는 우상숭배를 거절하지 못했다면, 그에게 사중복음은 무엇을 의미하는 것일까?

  우리는 교회 역사 안에서 사중복음의 진리를 제대로 감당하지 못했던 과거를 부끄럽지만 소환함으로써 사중복음이 사중복음 되게 하는 길이 무엇인지를 역사를 통해 배우고 실천의 각오를 새롭게 하고자 했다.

가온지기 배상

이스라엘 북부 갈릴리 유대 카발리즘의 성지 쯔파트에서
2015. 1. 22 ⓒ사진 이태양

나는
길이요
진리요
생명이니
나로 말미암지 않고는
아버지께로 갈 자가
없느니라
_요 14:6

Deus Homo

제1부

미래의 비전: 데우스 호모의 사중복음 세계

21세기 시대정신과 사중복음의 긴급성　제1장
데우스 호모 사중복음 공동체　제2장
사중복음으로 열리는 하나님 나라　제3장
예수와 바울의 사중복음　제4장
사중복음 정신과 복음주의 역사　제5장

제1장
21세기 시대정신과 사중복음의 긴급성

현대의 신앙적 위기

　　　　　　21세기 현대를 사는 우리 그리스도인들은 역사상 가장 가공할 만한 신앙의 위기에 직면해 있다.

　그 이유는 첫째, 기독교 신앙에 치명적인 위해를 가하는 신앙의 대적자가 자신을 철저히 선한 자요, 지혜로운 자로 위장하여, 겉으로는 구별할 수 없어 영적 전투의 적군과 아군을 구별하기조차 힘든 시대가 되었기 때문이다.

　둘째는, 신앙의 대적자가 뿜어내는 독이 너무나도 치명적이기 때문이다. 기독교 신앙의 대적자가 뿜어내는 독을 마시게 되면 거의 회생하기 어려울 정도로 치명적인 맹독성을 가지고 있다.

　셋째는, 우리가 현대를 가장 위험한 때라고 보는 이유인데, 오늘의 상황을 정말로 위기의 현실로 깨닫지 못하고 있다는 사실 때문이다. 오늘날 교회 학교가 반토막이 나고, 일부 교회 지도자들의 비윤리성이 드러나 사회적으로 지탄 받는 사태나, 교회 성장이 마이너스로 돌아선 현실들을 보면서 위기의 징조로 받아들이기는 한다. 그러나 그것은 질병의 증상이지, 질병의 원인은 아닌 것이다.

　오늘날 우리가 직면하고 있는 신앙의 위기는 결코 새로운 것이 아니라

- 진화론적 과학주의의 도전: '신·영혼·자유의지'란 없다는 시대!
- 스스로 신과 같이 되고자 하는 호모 데우스(Homo Deus) 시대!
- 성육신하신 데우스 호모 예수의 십자가와 부활이 답이다!
- 중생·성결·신유·재림의 복음이 답이다!

는 사실임을 창세기의 말씀을 통해 어렵지 않게 확인할 수 있다. 하나님이 세상 한가운데 우리말로 '기쁨의 동산'이라는 에덴 동산을 만들어 놓았다. 거기에 '하나님의 형상'으로 지음 받은 하나님의 아들과 딸이 살도록 했다. 부부 아담과 이브다. 그런데 이 기쁨의 동산에 자신의 정체를 가장한 존재가 들어왔다. 성경은 그를 '뱀(*nachash*)'이라고 부른다. 하나님의 아들과 딸은 그 뱀이 유혹하는 말에 넘어가버리고 말았다. 그 결과, 그들은 하나님의 말씀을 어기게 되었고, 에덴동산에서 추방당하는 인류 비극의 역사가 시작되었다.

21세기 교회와 기독교 신앙의 위기는 우리 교회 공동체 가운데 세상의 뱀이 에덴동산의 경우에서와 같이 소리 없이 들어와 성도들을 유혹하여 하나님의 말씀을 어기게 하는 것이다. 무엇보다도 차세대 교회의 일꾼이 되어야 할 청소년들에게 접근하여 치명적인 독을 뿜어내어 무차별적으로 중독을 일으키고 있다. 이미 수많은 청소년이 21세기 현대의 뱀에 물려 하나님을 떠나 죽어가고 있다.

그러므로 오늘 우리가 물어야 할 질문은 세 가지다. 오늘 우리 신앙 공동체 안으로 들어온 뱀의 실체는 무엇인가? 그 뱀이 뿜어낸 치명적인 독소는 무엇인가? 그렇다면 뱀이 쏜 독소를 제거하는 해독제는 무엇인가?

신앙 위기의 실체

오늘날 우리 신앙 공동체 안으로 들어온 뱀의 실체를 아는 것은 우리가 직면한 신학적 위기의 근본적인 원인을 제거하는 데 가장 우선적인 것이라 할 수 있다. 오늘날 교회를 대적하는 뱀의 실체는 두 가지로 밝혀질 수 있다.

첫째로, 뱀은 우선 "하나님이 지으신 들짐승 중에 가장 간교한(arum=교활한, 힘센)"(창 3:1) 존재다. 뱀은 인간의 육체·감성·지성·의지·영성 등 인간의 다차원적 세계에 관여할 수 있는 지혜롭고 힘이 있는 영적 실재다. 인류 최초의 원시사회에서 인간은 자기보다 힘센 것으로 보이는 것에 대해서는 신성을 부여하여 그들을 섬기고 두려워했다. 오늘날도 자기보다 능력이 많고 지혜가 많은 자들에 대해서는 관대해지고, 그들을 맹목적으로 추종하는 경향이 있다.

둘째로, 뱀의 히브리 원어인 '나하쉬(nachash)'라는 말 속에 그 실체가 드러나 있다. 나하쉬란 점을 쳐서(practice divination) 남의 마음속을 간파하는 점쟁이와 같은 존재로 보면 된다. 성경에서는 거짓 예언자를 나하쉬라 하고 있다. 거짓 예언자의 특징은 하나님의 말씀을 거꾸로 읽게 한다. 하나님의 의도와 정반대로 말씀을 듣게 해서, 하나님의 말씀을 불신하여, 불순종하게끔 하는 것이다.

그렇다면, 오늘날 에덴 동산과 같은 신앙인의 가정과 교회에 틈타 들어와서 하나님의 말씀을 정반대로 듣고 불신하게 만드는 나하쉬의 정체는 무엇인가?

현대의 나하쉬(뱀)

현대의 나하쉬는 유명한 과학자일 수 있고, 교수일 수 있고, 정치인이나 경제인, 혹은 종교가일 수 있다. 중요한 것은 그의 지식과 지혜가 하나님의 말씀을 진리로 받아들이게 하면, 그는 참 선지자일 것이지만, 그의 지식이나 지혜로 하나님의 말씀을 의심하게 하여, 하나님의 말씀을 떠나게 한다면, 그는 거짓 선지자로 현대판 뱀인 것을 자처하는 것이다.

이러한 전제와 통찰이 성서적으로 옳다면, 이 기준에 따라 볼 때, 어떤 자들이 이 시대에 에덴동산의 나하쉬와 같은 막강한 힘을 발휘하고 있는가? 유대인으로서 이스라엘 히브리대학교의 역사학 교수 유발 하라리와 그가 쓴 대중적 저술들을 그 한 예로 들 수 있지 않을까 한다.

하라리 교수는 인류의 과거 역사를 연구하고, 현대의 흐름을 파악한 후, 인류의 미래를 점치는 점쟁이요 예언자로서 이미 그의 유명세는 하늘을 찌르고 있다. 전 세계적으로 45개국의 나라에서 번역 출판되어 베스트셀러가 된『호모 사피엔스』그리고 2015년에 출판된『호모 데우스』를 통해서 그는 명실공히 이 시대의 나하쉬임이 자타가 공인하는 자가 되었다. 특별히 "미래의 역사"라는 부제를 가진『호모 데우스』는 2017년도에 우리말로 번역되어 출판되자마자 7개월만에 37쇄나 거듭 찍어내는 놀라운 호응을 받아오고 있다.[1]

그는 기독교를 특정해서 부정하거나 비판하지는 않았지만, 그의 호모 데우스 이야기는 교회가 가르치고 전하는 '인간이 되신 하나님' 예수 그리스도의 복음과는 정반대에 위치하고 있다. 그의 사상과 이야기가 공감대를 대중적으로 얻는 만큼, 그의 호모 데우스 이야기는 교회 공동체와 현대 신앙인들에게 치명적인 타격이 될 수 있다는 것이다.

하라리가 말하는 이야기의 핵심은, 인류 역사의 기원으로 올라가서 볼 때, 인간의 정신세계를 지배해온 자연주의를 신본주의가 대치하고 있다가, 인본주의가 등장하여 신본주의를 지배해온 역사에 이어, 이제는 인본주의가 과학기술의 발전으로 출현한 데이터주의, 혹은 데이터교(Dataism)에 그 힘과 권위를 넘기지 않으면 안 되는 시대로 들어섰다는 것이다. 이제 인류는 데이터교도이든가, 아닌든가 둘 중 하나일 수밖에 없게 된다는

이야기다.²

 신과 같은 전지전능한 종(種)으로서의 인류가 되는 꿈의 실현을 약속하는 데이터교의 교리에는 무엇보다도 성경이 전하고 있는 창조주로서의 신이나, 영혼과 자유의지를 지닌 자율적인 인간이라는 것은 존재하지 않게 된다. 인간 두뇌의 지능과 의식(意識) 작용에서 지능은 인공지능에 의하여 대치될 수 있고, 의식조차도 '알고리즘(algorism)'으로 전환되어 과학기술에 의해서 분석되고 조정 가능한 것으로 본다.

 그러므로 새로운 종(種)으로서의 데이터교도가 된 인류는 "나는 믿는다. 고로 존재한다"라는 단계에서 "나는 생각한다. 고로 존재한다"라는 단계로, 그리고 이제는 "나는 접속한다. 고로 호모 데우스로 존재한다"라는 단계로 진화해온 것으로 재정의된다.

 무신론적 진화론에 기초한 과학 기술주의를 흔들리지 않는 교의로 삼고 호모 데우스가 될 수 있다는 복음 아닌 복음을 전하고 있는 데이터교는 자본주의와 연대함으로써 인류 전체와 심지어는 우주 만물을 인터넷에 접속시켜(Internet of Things) 거대한 데이터 시스템을 구축하고 있다.

 이제 모든 피조물은 이 시스템에 접속된 존재이든지 아니면 이에 접속되지 않은 존재이든지 그렇게 이원적으로 이해되도록 21세기의 새로운 신화가 정부·기업·대학·연구소의 정책에 반영되어 거대한 데이터 구축을 위해 합종연횡에 박차를 가하는 모양새다. 21세기의 진화론적 과학기술·탈인본주의는 기존의 모든 인본주의의 탯줄을 끊고 마침내 "신의 차원으로 업그레이드 된 인간"을 추구하는 포스트 휴머니즘(Post-Humanism)을 선언하고 나섰다.

**뱀의 진리 왜곡과
인간의 거짓된 욕망**

그러면 뱀이 뿜어낸 독은 무엇인가? 뱀이 에덴동산에 들어와 여자에게 물은 질문이 무엇인가? "하나님이 참으로 너희에게 동산 모든 나무의 열매를 먹지 말라 하시더냐?"였다.

이 질문 자체부터 하나님이 명한 말씀을 왜곡하고 있다. 하나님은 뱀이 말한 것처럼 "동산 모든 나무의 열매를 먹지 말라"고 하시지 않았다.

이와는 정반대로, "동산 각종 나무의 열매는 네가 임의로 먹되 선악을 알게 하는 나무의 열매는 먹지 말라, 네가 먹는 날에는 반드시 죽으리라"고 했다. 다시 말해서, 한 가지만 제외하고 동산 모든 나무의 열매를 자유롭게 먹으라고 한 것이다.

여자가 하나님의 말씀을 그대로 받아 전하니까 뱀은 하나님의 말씀과 정반대로, 선악과를 먹어도 "너희가 결코 죽지 아니하리라"라고 하나님의 말씀을 부정하면서 먹지 못하게 한 이유까지 만들어서 들려주는 것이었다.

"너희가 그것을 먹는 날에는 너희 눈이 밝아져 하나님과 같이 되어 선악을 알 줄을 하나님이 아심이니라"는 것이다. 다시 말해서, 피조물인 인간이 하나님과 같이 되는 것을 막기 위해서 선악과를 먹지 못하게 하였다는 것이다.

이와 같은 대화에서 뱀이 뿜어낸 독은 두 가지의 특징을 가지고 있다.

첫째는 하나님의 말씀을 왜곡 전달하여 하나님의 말씀이 불합리하게 들리도록 하는 것이다. 첫 인간은 이러한 뱀의 왜곡된 말을 듣고 선악과를 새롭게 보면서 없었던 욕망이 생기기 시작했던 것을 알 수 있다.

둘째는 피조물인 인간도 창조자 하나님과 같이 되고자 하는 욕망이 생기게 하는 특징을 가지고 있다. 결국, 인간은 뱀의 논리에 설득당하여 하나님의 말씀에 불순종하는 길을 택하게 되었다.

진화론적 과학 기술주의의 걸림돌:
신, 영혼, 자유의지, 그리고 죄?

인간의 종을 진화론적으로 보고자 할 때 부딪히는 벽이 인간을 정의하고 있는 "영혼"과 "자유의지"란 존재다. 이 두 존재의 출처는 "신"이다. 그리고 이들로 인해 "죄"란 이슈가 발생한다.

과학기술의 발전과정에 신의 명령이나 죄의식과 같은 종교적·윤리적 문제가 제기되면 진보적 행보가 어려워질 수 있다. 그러므로 데이터교의 확장에 가장 방해가 되는 영혼과 자유의지의 존재는 제거되어야 한다.

이를 위해서 21세기 시대정신을 유도하는 진화론적 과학 기술주의 전도자들은 인간이 영적 존재라는 것과 자유의 마음을 지닌 존재라는 것은 기존 세계관이 만들어낸 허구적 신화일뿐 실재(實在)가 아니고, 실은 모두가 과학기술에 의해 재구성될 수 있는 알고리즘에 불과하다는 인간론을 펼치고 있다.

인간이 만물과 구별되는 것은 타 존재에 부재한 영혼이 있다는 것, 아니 영적 존재라는 것, 그리고 양심이 있어 그에 따라 자유의지를 행사할 수 있을 뿐만 아니라 죄책감을 갖는 윤리적 존재라는 것이다. 이것은 성경만이 가르치고 있는 것이 아니라, 인류 대부분이 본성적으로 지니고 있는 인간 정체성의 자기 이해의 기본사실이다.

그런데 21세기에 들어서면서 이전과 뚜렷하게 달라진 현실은, 지금까지의 세계관에서는 그처럼 부정할 수 없는 '실재(reality)'들이 과학기술주의와 진화론적 적자생존(適者生存)의 검색대를 거치면서 다음 단계로 가지고 들어갈 수 없는 위험물로 분류됨으로써 버리지 않으면 안 되는 것으로 강요받고 있다는 것이다. 적자생존의 거의 마지막 단계, 곧 신의 차원으로 업그레이드되어야 하는 단계에서 "신 없다! 영혼 없다! 자유의지 없다! 죄 없다!"라고 복창하는 자만이 호모 데우스의 미래사회로 진입할 수 있는 플랫폼(platform)을 밟을 수 있게 된다.

이 시대의 나하쉬는 성경의 하나님이란 존재가 원시 수렵 농경 시대의 이념에 불과하다고 말한다. 오늘날과 같이 과학이 발달된 시대에는 하나님 없이도 얼마든지 우리 인류는 지식과 기술개발의 수준을 높여 스스로 얼마든지 살 수 있다고 믿기 때문에 농경 시대의 이념인 인격적 신은 더 이상 유효하지 않다는 것이다. 신은 필요에 의해 인간이 만들어낸 것이고, 종교는 자기가 만들어 숭배하는 행위를 합리화하는 제도라고 본다.

성경이 영혼을 말하지만, 영혼의 존재는 어디서도 증명된 바 없다고 한다. 인간이 동식물을 양심의 가책 없이 자기 마음대로 다루기 위해 인간의 독보적 가치를 주장하기 위해 없는 영혼의 존재를 설정해 놓은 것이라 보는 것이다.

인간이 자신의 행동을 스스로 자유로운 의지로 결정한다고 하지만, 고도 인공지능 정보화 사회에서 인간 스스로 천문학적 데이터들을 분석하고 종합 판단할 수 없다면, 더 이상 자유의지로 결정하는 존재는 아니라는 것이다. 인간이 자기의 뜻대로 자유의지를 행사함으로써 모든 행위를 하는 것 같으나, 실은 인간의 모든 행위는 과학기술에 의해 콘트롤 될 수 있다고 본다.

결국, 21세기 4차 산업혁명 시대를 거치면서 인간은 개체로서의 인간성과 자신의 판단과 행동 결정권을 포기하고, 모두가 빅데이터에 접속하여 거대한 인공지능의 전지전능한 판단을 따름으로써 인간은 드디어 호모 데우스로 사는 자, 곧 신과 같은 존재로 사는 인간이 될 수 있다는 것이다. 이렇게 될 때 비로소 인간은 신과 같은 불멸과 행복과 신성의 존재가 될 수 있다고 주장한다.

호모 데우스,
무엇이 문제인가?

　　　　　　우리가 『호모 데우스』의 저자 유발 하라리에 대해서 문제시하고 있는 것은 무엇인가? 신과 같이 불멸과 행복과 신성의 존재가 되고자 추구하는 것 자체가 잘못일 수 없을 것이다. 문제는, 인류가 신과 같은 존재가 되기 위하여, "신 없다, 영혼 없다, 자유의지 없다"라는 불신앙의 고백을 해야만 신과 같은 존재-호모 데우스-가 될 수 있다고 결론을 짓는 것이다.

　그러나 21세기 고도 인공지능 정보화 시대에 인간이 신처럼 전지전능의 존재가 되기 위해서는 기존에 가지고 있던 하나님에 대한 신앙, 인간은 영혼을 지닌 영적 존재라는 자기 이해, 인간은 모든 것을 자유의지에 따라 책임 있게 행동하는 존재라는 생각 등과 같은 인간 본연의 정체성을 내려놓아야 한다고 부추기고 있다. 그래야 우주적 빅 데이터 전산망에 연결되어 전지전능의 힘을 가진 존재로 진화해 나갈 수 있다고 주장한다.

　누구든지 유발 하라리의 주장을 따라가다 보면 호모 데우스의 세계관을 그대로 받아들일 수밖에 없는 지혜와 강력한 힘에 자기도 모르는 사이에 이미 설득당해 있는 것을 발견하게 된다.

　그러나 우리 신앙인에게 하나님이 살아계시다는 것, 영혼은 인간의 가장 소중한 존재라는 것, 그리고 자유의지라는 것이야말로 인간이 하나님 앞에서 책임 있는 존재라는 것을 말해주는 중요한 가치라는 것이 과연 진화론적 과학기술의 실험 결과물들을 가지고 부정될 수 있을까? 하라리 교수는 이러한 사실들을 눈 하나 깜작하지 않고 그러한 것들은 존재하지 않는다고 또박또박 주장하고 있다.

　『호모 데우스』는 에덴동산의 첫 인류를 유혹하여 하나님을 부정하게 한 뱀의 메시지요, 그 메시지가 유발 하라리라는 현대판 나하쉬의 입을 통해서 다시 울려 퍼지고 있는 것에 지나지 않는다.

현대판 뱀이 이처럼 신의 존재를 부정하고, 영혼의 존재를 부정하고, 자유의지의 존재를 부정하게 된 근본 이유가 무엇인가?

그것은 하나님이 결코 먹지 말라고 한 '선악을 알게 하는 지식의 열매'를 먹었기 때문이다. 선악과는 지식의 열매다. 지식의 나무에서 맺힌 열매를 먹으면 하나님처럼 선악을 판단할 수 있는 지식을 가질 수 있게 된다. 그것은 좋은 일이다. 여기에서 지식은 히브리어로 '다아트(daat)', 라틴어로는 오늘날 과학을 의미하는 영어 '싸이언스(science)'의 라틴어 '스키엔치아(scientia)'이다. 지식을 탐구하는 모든 학문을 총칭하여 과학, 스키엔치아라고 하는데, 인류의 역사가 거듭됨으로써 과학적 지식의 양이 천문학적으로 증가하고 있다.

지식 자체는 필요한데, 왜 지식을 추구하는 것을 위험시하는가? 지식은 날카로운 칼과 같아, 칼을 잘 사용할 수 없는 어린아이에게는 주지 않는 것과 같다고 할 수 있다. 에덴동산의 아담과 이브는 하나님의 자녀로 만들어졌지만, 지식을 바르게 사용할 수 있는 수준에 이르기까지는 기다려야만 했을 것이다. 왜냐하면, 사도 바울이 고린도전서 8장 1절에서 지식(gnosis, scientia)은 교만하게 한다고 했듯이, 지식에는 양면성이 있기 때문이다.

지식으로 말미암아 나온 "교만은 패망의 선봉이요, 거만한 마음은 넘어짐의 앞잡이라"고 잠언 16장 18절에서 말씀하고 있다. 또한, 신명기 8장 14절에 "네 마음이 교만하여 네 하나님 여호와를 잊어버릴까 염려하노라"고 말씀하신 것처럼, 지식은 교만을 낳고, 교만은 하나님을 잊어버리는 데로 빠질 수 있는 것이다. 역대하 26장 16절은 "웃시야가 강성하여지매 그의 마음이 교만하여 악을 행하여 그의 하나님 여호와께 범죄하였다"고 하였다.

오늘날 과학기술의 지식이 하늘을 찌를 듯이 고도로 발전해나가고 있는데, 많은 지식을 소유한 개인이든 나라든 간에 교만한 마음을 가지게 되는 순간, 그들은 악을 행하고, 하나님께 범죄함으로 심판을 받게 되는 운명에 처해지는 것이다.

　이 시대의 뱀과 같은 지식인들, 기술 인본주의자들은 마치 천국을 자신이 가져다줄 것처럼 전쟁, 기근, 전염병과 같은 것은 하나님이 있어서 그가 해결할 수 있는 문제가 아니라, 과학기술이 해결해 나가고 있다고 주장한다. 그러니 신에게 의존하는 것은 시대에 뒤떨어지는 행위일 뿐이라고 말한다.

　오히려 교회 강단에서의 설교보다는 유튜브의 4차 산업혁명이 가져올 세계를 대비하는 명사들의 호모 데우스 이야기, 즉 신과 같이 되고자 하는 인간의 이야기를 듣는 것이 인생의 행복을 추구하는 것이라고 설파하고 있다. 바로 이러한 메시지야말로 바로 에덴동산에 들어온 뱀이 속삭이는 말이다.

　오늘날 세계관 정립이 안 되어 있는 청소년 대학생들은 뱀의 독이 들어 있는 위장된 메시지에 노출되어 신과 영혼과 자유의지를 부정하는 시대정신과 진화론적 기술 인본주의 교리를 제시하는 데이터 종교의 추종자들이 되어가고 있다. 이러한 현실에 대해 교회는 어떻게 대처하고 있는가? 세상은 이처럼 호모 데우스의 복음으로 넘쳐나고 있는데, 신학은 교리적 당쟁의 고리를 끊지 못하고 여전히 신학적 패권주의를 강화하는 교파주의 신학만을 계속적으로 공고히 해 나갈 것인가?

21세기 포스트모더니즘 시대의
안과 밖

　　　　　20세기에 들어서면서부터 회자되었던 포스트모더니즘(Post-Modernism)이라는 시대의 정체가 무엇인지 그 베일이 벗겨졌다. 그것은 곧 신본주의로 돌아가자는 의미의 탈(脫)인본주의(Post-Humanism)가 아니라, 오히려 인간의 지식체계로 인간성의 한계를 넘어 신과 같은 전지전능의 존재를 추구하자는 초(超)인본주의(Trans-Humanism)다. 호모 사피엔스에서 우회할 것 없이 바로 '호모 데우스(Homo Deus)'의 시대를 열자고 드러내 놓고 커밍아웃(Coming Out)을 선언해 버린 것이다.

이와같이 포스트모더니즘이 안으로는 인간의 정의를 새롭게 하여, 호모 데우스를 목표로 설정해 놓고, 밖으로는 소위 '4차 산업혁명'이라는 강령 아래 더욱 보기좋고 탐스러운 신기술 산업을 일으켜, 과학기술에 포섭된 현대인이라면 도저히 그 결실을 따먹지 않을 수 없도록 모든 사회 분야로 공조하게끔 기술혁명적 비전을 제시하고 있다.

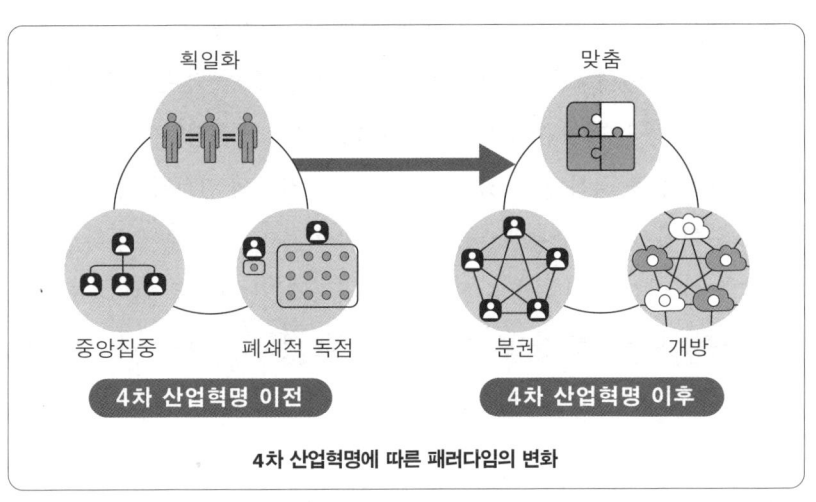

▲ 강명구, 『아무도 알려주지 않은 4차 산업혁명 이야기』(서울: 키출판사 2018), 39.

한국정보통신학회는 4차 산업혁명을 다음과 같이 정의한다.

인공지능, 사물인터넷, 빅 데이터, 모바일 등 첨단 정보통신기술이 경제 사회 전반에 융합되어 혁신적인 변화가 나타나는 차세대 산업혁명. 인공지능, 사물인터넷, 클라우드 컴퓨팅, 빅 데이터, 모바일 등 지능정보기술이 기존 산업과 서비스에 융합되거나 3D 프린팅, 로봇공학, 생명공학, 나노기술 등 여러 분야의 신기술과 결합되어 실세계 모든 제품, 서비스를 네트워크로 연결하고 사물을 지능화 함이다(강명구, 32).

이와 같은 정의는 데이터교 시스템을 구성하는 부속품들에 대한 기술적 소개 정도로 볼 수 있다. 소위 3차 산업혁명 시대에는 공업화·소품종 대량생산·효율 극대화를 통한 중산층의 성장, 인권 향상, 민주주의 발전 등이 중요한 의제였다.

그러나 과잉생산을 통한 공급과잉, 정부의 역할 증대, 교육과 의료기관의 비대화, 기업 간·국가 간 양극화의 심화, 플랫폼 중심의 산업 강화로 인한 중앙집권적 관리에 의한 생태계 통제, 부의 편중, 독과점의 합법적 형태, 획일화, 권력집중화, 과도한 경쟁, 폐쇄적 운영, 정부 차원의 규제 방법의 한계 등의 다양한 문제점들 역시 대량으로 노출되었다.

이러한 현실을 극복할 수 있는 기술은 계속 진화에 진화를 거듭할 것이다. 이때 획일화에서 맞춤으로, 중앙집중에서 분권으로, 폐쇄적 독점에서 개방으로의 변화를 주도할 수 있는 혁명적 산업기술이 등장했다고 하여 이를 대중적으로 '4차 산업혁명'이라 부르고 있지만, 5차 그리고 6차 산업혁명 등 기술의 진화는 멈추는 일이 없이 전지전능의 단계까지 진행될 것이다.

현 단계에서는 생산의 중심이 생산자에서 소비자에게로 가면서 다품종 소량생산이 가능해지고, 권력의 개별화가 이루어져 중개인 모델을 거부할 수 있는 블록체인이, 그리고 플랫폼 간의 개방과 상호 연동이 이루어지는 정도로 만족하겠지만, 호모 데우스를 목표로 하는 데이터교 시대가 본격적으로 열릴 때까지 이에 걸림돌 되는 신·영혼·자유의지·죄를 전제하는 성경의 세계관은 철저히 통제되고 외부자 취급을 받게 될 것이다.

호모 데우스의 해독제,
데우스 호모, 예수 그리스도

그렇다면, 뱀의 독에 중독되어 죽어가는 아담과 이브를 어떻게 되살릴 수 있을 것인가? 아담과 이브는 누구인가?

그들은 하나님의 형상을 지닌 하나님의 자녀였다. 하나님과 동행하고, 하나님과 대화하며, 하나님과 친밀한 관계를 지닌 자였다. 하나님의 사랑을 받고, 하나님을 사랑하는 자였다. 하나님을 모르는 자가 아니었다. 처음부터 하나님을 거역한 자가 아니었다. 하나님이 보시고 너무 기뻐하셨던 하나님의 사랑하는 자였다.

창세기 3장의 말씀은 예수를 믿음으로 하나님의 자녀가 된 후에라도 얼마든지 뱀의 말을 듣고서 하나님의 말씀을 거역하고 불순종의 길로 들어설 수 있으며, 그 결과 죽음에 이를 수 있다는 것을 보여주는 경고의 메시지다. 경유차는 경유로 운행되도록 설계되고 그렇게 만들어졌다. 만일 경유차에 휘발유를 넣고 시동을 걸면 어떻게 될까? 그 차는 반드시 고장나고 대형 사고를 내게 될 것이다.

하나님은 자신이 만든 피조물 인간에게 다른 것은 다 허용하되, 먹어서는 안 될 것을 알려 주셨는데, 인간은 먹지 말아야 할 것을 기다리지 않고 뱀의 말을 듣고서 먹고 만 것이다. 그 결과, 하나님의 형상을 잃게 되고, 흙으로 된 육신적 존재는 생노병사와 함께 고통의 무거운 삶의 짐을 지고 가는 인생이 된 것이다.

하나님은 뱀이 유혹한 호모 데우스의 길, 즉 인간이 신과 같이 되는 길과는 전혀 다른 생명의 길, 곧 하나님의 자녀가 되는 길을 주셨다. 하나님의 영광을 위하여 지식의 열매를 사용하지 않고, 오히려 악을 행하는 지식에 기울어져, 멸망을 자초하고 있는 인류가 생명을 회복할 수 있는 길을 만들어 주셨다. 인간이 신이 되고자 하는 호모 데우스의 길이 아니라, 오히려 신이 인간이 되는 데우스 호모의 길인 것이다.

데우스 호모로 오신 분, 인간이 되신 하나님이 바로 하나님의 아들 예수 그리스도다! 예수 그리스도야말로 에덴동산 중앙에 있는 생명나무다. 하나님은 인류를 교만에 빠지게 하는 지식과 과학기술의 해독제로서 생명나무인 예수 그리스도를 보내주셨다.

예수께서는 인류의 둘째 아담으로 오셔서 첫째 아담을 유혹했던 거짓 선지자의 정체를 폭로하셨을 뿐만 아니라, 아담 이래 인류를 거짓 예언으로 미혹하는 뱀들의 정체를 밝혀주고 있다. 예수는 천명하셨다.

나는 길이요, 진리요, 생명이니, 나로 말미암지 않고는 아버지께 갈 수 없다 (요 14:6).

선악을 알게 하는 지식의 열매는 교만이요, 그 결과는 패망이다. 그러나 생명나무인 예수 그리스도의 열매는 예수 자신이요, 그래서 예수께서 말씀하신다.

내 살과 피를
받아 먹고 마셔라
선악을 알게 하는 지식의 열매을 먹으면 교만하여 불신에 빠져 결국은 패망에 이르게 되지만, 예수의 살과 피를 받아 먹고 마시게 되는 자는 마태복음 11장 29절의 말씀처럼 예수와 같이 그 마음이 온유하고 겸손하게 되어 믿음으로 영생에 이르게 된다는 사실이다.

우리 인간은 신과 같은 존재가 되기 위하여 선악을 알게 하는 지식의 나무 열매를 따 먹음으로써 교만하게 되어 결국은 불신으로 패망에 이르게 되었으나, 생명나무로 오신 예수의 말씀을 먹음으로써 온유와 겸손을 회복하고, 믿음으로 영생을 얻게 된다는 것이 복음이다.

선을 알되 선을 행하지 못하고, 오히려 악을 행하던 자가 예수에게로 나올 때 선악과의 저주로부터 해방될 수 있다. 로마서 8장 1~2절의 말씀과 같이 "그러므로 이제 그리스도 예수 안에 있는 자에게는 결코 정죄함이 없나니 이는 그리스도 예수 안에 있는 생명의 성령의 법이 죄와 사망의 법에서 너를 해방하였음이라" 했다.

호모 데우스 vs.
사중복음 데우스 호모 이야기

진화론적 과학주의란 신의 창조적 개입 없이 적자생존(適者生存)의 원리에 따르는 것 외의 어떠한 종교적·윤리적·인위적 간섭도 허용치 않는 세계관이다. 그렇다면 현대 교회는 오늘날의 시대정신이 부정하고 있는 신·영혼·자유의지·죄의 실재를 어떻게 강력히 변증할 수 있겠는가?

가장 지속적으로 영향력을 끼칠 수 있는 방법은, 데우스 호모로 오신 예수 그리스도가 모든 믿는 자에게 열어놓은 중생의 세계·성결의 세계·신유의 세계·재림의 세계가 어떠한지를 보여주고, '이야기(storytelling)' 해주는 것이다. 이 세계는 현대 과학과 기술에 기반을 둔 데이터교로는 한 발자욱도 내디딜 수 없는 곳이다.

사중복음 이야기는 하나님이 인간이 된, 데우스 호모 나사렛 예수 그리스도가 주인공으로서 세상을 향하여 펼친 사건을 전하며, 그 이야기를 듣고 데우스 호모 예수 공동체에 참여한 자들에게 일어나게 되는 약속에 관한 것이다.

무엇보다도 데우스 호모 이야기, 즉 하나님이 인간으로 오신 이야기의 시작은, 신이 되고자 하는 호모 데우스를 돌이켜, 데우스 호모 예수 공동체에 들어가도록 함이다. 그리하여 예수께서 왕이 되어 다스리는 데우스 호모 공동체에 들어가 경험하게 된 영적 체험이 중생 이야기가 된다.

호모 데우스였던 자가 중생의 세계로 들어온 후, 그는 마침내 성령의 세례를 받게 되는 순간부터 그가 떠나와 있었고 존재조차 하지 않는다고 부정했던 그 하나님의 거룩한 존재와 순결한 교제를 나누는 지복(至福)을 경험한다. 이것이 성결 이야기가 된다.

　지식(science)의 열매를 따 먹음으로 눈이 밝아져 신과 같은 경지에 이르게 된 인간은 호모 데우스가 되었으나, 그도 육신을 가진 이상 병들어 마침내는 그 근본인 흙으로 돌아가는 운명을 피할 수 없다. 그러나 데우스 호모의 이름으로 죽은 영혼이 살아나고 병든 육체가 신적 능력으로 치유되기도 하는 역사가 일어나고 있다. 호모 데우스가 생명력을 회복하는 신유의 이야기다.

　데우스 호모 예수 신앙 안에서 죽은 자들은 모두 다시 살아나는 종말론적 은총의 때를 기다리는데, 역사 한가운데 데우스 호모 예수가 다시 오시는 때다. 이것이 데우스 호모 공동체 안에 가득 넘쳐나는 재림 이야기다.

　현대 목회의 방향이 교회로 하여금 이와같이 사중복음이 열어주는 세계 안에서 사는 신앙인들의 풍성한 이야기 공동체가 되도록 할 때, 인간이 무신론적이며 진화론적 과학주의에 따라 '생물학적 알고리즘(algorism)'으로 환원됨으로써, 하나님의 형상이면서도 죄 가운데 있는 인간의 정체성과 실존성이 부정되는 사태를 막을 수 있다. 그리고 이 사중복음 이야기 안에는 살아계신 하나님, 죄 가운데 있던 영혼의 중생, 자유의지의 활동 등 부정할 수 없는 실재가 있음을 확인하게 될 것이다.

사중복음 데우스 호모
이야기 공동체

　　　　　어느 교회보다 먼저 내가 속해 있는 교회가 이러한 사중복음 데우스 호모 이야기로 넘쳐나는 '사중복음 공동체'가 되어, 세계 구원의 이상과 가능성을 호모 데우스라는 사이비 복음으로 도전받고 있는 세계 기독교(World Christianity)와 실시간 나누어야 한다. 그로써 21세기의 시대정신으로 회자되는 '호모 데우스'란 인간의 정체를 스스로 기만하는 거짓된 신화요, 사이비 복음에 불과하며, 이 신화는 결국 수많은 약자를 희생시킨 기술 강자의 불의를 미화하기 위한 데이터교의 거짓 교리에서 나온 것임을 폭로해야 한다.

초대 교회는 예수 이야기로 가득 찬 공동체였다. 그러했기 때문에, 증언·찬양·기도·고백과 삶의 문화적 표현 구석구석까지 예수 이야기가 배어 나올 수 있었다. 예수 이야기를 담은 수많은 편지와 복음서들이 나와, 오고 가는 세대에 인류 구원의 기쁜 이야기로 들려지고 있다.

이처럼 예수 이야기로 풍성했던 초대 교회는 황제숭배와 제국주의 세계관이 시대정신으로 지배하고 있고, 그것을 미화하는 수많은 신화가 홍수처럼 흘러넘칠 때, 예수 안에서 경험하고 있는 자신들의 이야기를 세상에 들려주기 시작했다.

그들은 그로 인하여 유대교 교권주의의 박해에 시달려야 했으며, 로마 정치 권력의 희생양이 되기도 했지만, 그 모든 것을 예수 이야기 안에 녹여내었다. 초대 교회 공동체는 마침내 그 예수 복음 이야기로 여리고성과 같은 로마제국을 정복했다.

인류는 21세기 디지털 제국주의를 꿈꾸는 각축장에서 플랫폼(platform)을 선점하기 위하여 하나님은 말할 것도 없고 인간 자신의 인간성마저도 팥죽 한 그릇에 팔아먹는 시대정신이 지배하고 있는 포스트휴먼 시대를 통과하고 있다. 이러할 때 무엇보다도 먼저 현대의 모든 교파주의 교회는 초대 교회처럼 사중복음 이야기 공동체로 재부팅 해야 한다. 물론 개교회의 하드웨어 용량과 집중해야 하는 영역이 각자 다 달라서, 사중복음 응용프로그램은 개교회 맞춤식이 되어야 할 것이다.

현재 인류는 코로나19 팬데믹 사태를 수습하느라 안간 힘을 다 쓰고 있다. 그러나 '사회적 거리두기(social distancy)'와 '마스크'로 사람 간의 접촉을 최소화하는 방역벽이 무너졌다. 팬데믹 사태를 이길 수 있는 가장 유력한 길은 백신(vaccine) 개발, 그리고 백신 접종이라는 합의가 도출되었다.

가시적 세상에서는 바이러스로 수많은 생명이 희생되고 있지만, 비가시적 영적 세계에서는 죄로 인하여 셀 수 없는 영혼들이 죽어가고 있다. 교회는 그동안 "악인의 자리에 앉지 않는" 사회적 거리두기를 해왔다. 그러나 이러한 소극적 방어벽이 뚫린 지 오래된다. 변이된 죄악의 바이러스가 교회 안을 감염해 교회 공동체들이 병약체가 되었다.

건강한 자라도 바이러스에 걸려 죽음에 이를 수 있듯이, 영적으로 건강한 자라도 죄악의 바이러스에 쓰러질 수 있다. 건강한 자도 백신을 맞아 대비해야 하듯이, 이제 교회는 속히 영적 코로나19 바이러스 백신을 맞혀야 한다.

나는 21세기 영적 죄악의 팬데믹 현실에 무엇보다도 사중복음이 최상의 백신이라 확신한다. 간단하고도 강력한 효력을 지닌 중생의 백신, 성결의 백신, 신유의 백신, 재림의 백신을 다 맞게 되면, 어떠한 변종 바이러스라 하더라도 넉넉히 제압할 수 있을 것이다. 이것은 이미 지난 세기 성결·오순절 운동의 교회 역사를 통해 검증된 내용이다.

오늘도 영적 전쟁의 총사령관이며, 사중복음의 주이신 데우스 호모, 예수 그리스도께서 온 우주 구석구석을 내려다보면서 지휘하신다. 예수께서 말씀하신다.

너희가 저녁에 하늘이 붉으면 날이 좋겠다 하고 아침에 하늘이 붉고 흐리면 오늘은 날이 궂겠다 하나니 너희가 날씨는 분별할 줄 알면서 시대의 표적은 분별할 수 없느냐(마 16:2~3).

호모 데우스를 향한 21세기 시대정신의 도전 앞에 서 있는 우리의 모습은 마치 블레셋 장수 골리앗 앞에 선 소년 목동 다윗 같아 보인다. 그러나 성령이 하시는 말씀을 듣는다. 우리의 손에 들린 사중복음 물맷돌을 힘껏 선포하라고 하신다. 세계 교회는 교파주의 신학의 벽을 넘어 사중복음으로 하나가 되라고 하신다. 사중복음 데우스 호모 예수 이야기로 넘쳐나는 공동체로 다시 태어나라는 성령의 음성이 세계 교회를 향해 울려퍼지고 있다. 지금은 성령이 교회에 말씀하시는 마지막 때다!

제 2 장
데우스 호모 사중복음 공동체

1 사중복음의 초교파성

1) 교파주의와 사중복음

모든 교회는 데우스 호모–인간으로 오신 하나님–예수 그리스도의 몸이다. 그러므로 감리교·성결교·순복음·장로교·침례교 등 어느 교파를 따질 것 없이 모두가 호모 데우스 시대에 데우스 호모 공동체가 되어야 한다. 그리고 그 가운데 거듭남, 거룩함, 자유함, 공정함의 사중복음적 삶이 말씀과 성령의 능력으로 드러나야 한다.

그때 비로소 21세기 진화론적 과학 기술주의자들이 하나님의 선물인 과학기술로 오히려 하나님의 존재까지 부정하는 데로 나가고 있는 현실에 참 복음과 그 능력을 보여줄 수 있다.

미리 말해두지만, 내가 본서 안에서 지속적으로 말하고 있는 '초교파주의' 혹은 '교파주의 신학 넘어서기'는 교회의 교파주의라는 현실 자체를 부정하는 것이 아니다. 교파주의는 단점 못지 않게 장점도 많이 있어 계속 존재해 올 수 있었던 것이다. 단점 때문에 교파주의 자체를 부정하는 것은 문제 해결에 도움이 되지 않는다.

- 호모 데우스 세계관에 초교파적 대항이 시급한 시대다.
- 교파주의 만리장성 신학을 넘어서라!
- 중생·성결·신유·재림이 복음주의 신앙의 핵심이다.
- 사중복음의 모판 성결교회가 먼저 본을 보여라!

　내가 사중복음으로 교파주의 신학 넘어서기를 말하는 것은 교파주의로 인한 교파 간의 풀리지 않는 교리논쟁이나 진영논리에 빠져 서로 하나가 되지 못하는 것을 문제시 하는 것이다. 왜냐하면, 교회가 교파주의에 붙잡혀 적극적인 협력을 도모하지 못하는 사이에 복음을 필요로 하는 세상은 호모 데우스 세계관으로 넘쳐나고 있고, 심지어는 교회 안까지 파고들어 교회의 영적 면역체계마저도 흔들어 놓고 있는 판국이 되어버렸기 때문이다. 이에 대한 대답은 무엇인가? 모든 교회가 초교파적인 사중복음 이야기로 넘쳐 나는 데우스 호모 공동체로 바뀌는 것이다.

　사중복음은 악성 교파주의 변이 바이러스를 퇴치하고 방역할 수 있는 최고의 백신(vaccine)과 같은 것이다. 이 백신은 중생·성결·신유·재림으로 되어 있어 '사중복음(fourfold gospel)' 혹은 '순복음(full gospel)'이란 이름을 가지게 되었다. 19세기 말엽 미국에서였다. 사중복음을 받아들인 자들은 이를 '온전한 복음(full salvation gospel)'이라고 말한다.

　이 사중복음의 첫 번째 특징은 '복음적 초교파주의'였으며, 캠프 미팅 등을 통한 초교파적 부흥집회를 통해서 지역의 필요와 인도자의 은사에 따라 중생·성결·신유·재림은 선택적으로 강조되었지만, 건강한 모임은 언제나 이 네 가지가 균형과 조화를 이루면서 예수 그리스도의 온전한 구원의 복음을 전하였다.

그러므로 사중복음은 내용적인 면에서는 신학 전통에 따라 다소간의 다른 해석이 존재할 수 있겠으나, 어느 특정 교단만의 점유물일 수 없는 세계 기독교 모두를 위한 신앙 유산으로 자리잡을 수 있었다.

데우스 호모 공동체, 성결교회?!

우리 시대를 위한 데우스 호모 사중복음에 대해 좀 더 구체적으로 이야기를 하기 위해 대화 상대인 교회가 있어야겠다. 나는 본서의 3부에 가서 장로교, 감리교, 오순절교단의 신학에 대해서도 말하려 하지만, 먼저는 내가 속해 있고 활동하는 성결교회를 우리 대화에 첫 상대로 초대한다. 그 이유는 내가 속해 있는 교단이라 다른 교단보다 좀 더 구체적인 것들을 이야기할 수 있을 것이라는 점과 '사중복음'이라는 표제하에 중생·성결·신유·재림을 오늘날까지도 지속적으로 강조하면서 지켜온 교단이 있다고 한다면, 전 세계적으로 한국 성결교회가 가장 대표적일 것이기 때문이다.

최근 기독교대한성결교회 선거관리위원회에서 115년차 총회를 앞두고 부정선거가 없도록 하기 위해 홍보한 광고내용이 눈길을 끌었다.

> 성결교단은 선거 또한 사중복음적이어야 합니다.
> 첫째, 중생의 복음으로 깨끗한 선거가 되도록 협조해 주십시오.
> 둘째, 성결의 복음으로 거룩한 선거가 되도록 협조해 주십시오.
> 셋째, 신유의 복음으로 회복된 선거가 되도록 협조해 주십시오.
> 넷째, 재림의 복음으로 공정한 선거가 되도록 협조해 주십시오.[1]

성결교회가 보유하고 있는 사중복음에 관한 오래된 자료에는 한국 성결교회의 창립자 중의 한 사람인 김상준의 『사중교리』와 사중복음을 성경, 교회사, 교의학 등의 여러 영역으로 신학 교육에 적용한 이명직의 『기독교의 사대복음』은 초기 한국 성결교회의 교의신학적 근간이요, 성결교회신학의 지계석(地界石)과 같은 역할을 해오고 있다.

사중복음은
성결교회의 축복이요 사명

내가 볼 때, 사중복음 없이 성결교회를 말하는 것은 불가능하다. 성결교회는 한마디로 사중복음 공동체이기 때문이다. 사중복음을 밝히 이해하여, 그 빛에서 그리고 그 능력으로 살려고 하는 사중복음 공동체가 성결교회인 것 같다. 성결교회가 사중복음을 강조하는 이유는 온전한 복음의 세계로 나아가려 함이요, 교회의 순수한 본질을 사수하려는 것 때문이다. 사중복음을 바르게 깨닫고 전파하고 가르쳐 그리스도의 몸 된 교회의 본질을 드러내는 것을 사명으로 알고 있는 교회가 바로 성결교회다.

성결교회는 이와 같은 사실을 사중복음 공동체의 헌장인 『헌법』에 뚜렷이 명시해 놓고 있다.

- 사중복음은 "성결교회 신앙교리의 근간"이다(헌법 서문).
- 사중복음은 성결교회 창립 목적의 중심 가치다(헌법 제1조: 본 교회의 목적).
- 사중복음은 성결교회 교회관의 핵심 정신이다(헌법 제2조: 교회의 정의).
- 사중복음은 성결교회 성서해석의 제1 지도원리다(헌법 제4조: 본 교회의 지도원리).
- 사중복음은 성결교회의 전도표제요, 기초교리다(헌법 제6조: 본 교회의 전도표제).
- 사중복음은 성결교회가 전하고 실천해야 할 메시지다(헌법 제8조: 본 교회의 사명).

성결교회가 이처럼 사중복음에 대한 사명을 문자적으로 『헌법』에 명확하게 천명해 놓고 있다는 것은 그것이 곧 성결교회를 가능하게 하는 정체성이기 때문이다.

사중복음의 가치와 역할

우리가 사중복음을 탐구하게 될 때 사중복음에 잠재된 가치를 발견하고서 놀라움을 금치 못하게 될 것이다. 나는 '사중복음 정신과 21세기 교회개혁'을 다룬 『예수의 바람·성령의 바람』(2015)에서 사중복음을 우라늄에 비유한 적이 있다. 주지하다시피, 우라늄은 자연 상태로 그대로 놓아두면 돌덩이에 불과하지만, 이를 고도의 과학기술로 다루게 될 때 천문학적 힘을 방출하는 원자력 에너지원이 된다. 사중복음 역시 그러하다는 것이다.

특별히 성결교회로서는 사중복음이 성결교회를 낳은 것이기에, 사중복음은 '성결교회의 유효구조'를 가능케 하는 '지식체계'다.

모든 집단은 자신을 지탱하는 지식체계가 있는데, 그 구성원들에게 그 지식체계가 아무런 관심의 대상도 안 되거나 혹은 추상적인 개념으로만 남아 있게 될 경우, 그 집단은 어김없이 붕괴의 길을 밟게 된다. 사중복음은 성결교회를 태어나게 하고 정체성을 결정짓는 지식체계로서의 유전자(DNA)와 같은 것이다.

사중복음은 중생·성결·신유·재림을 단순히 교리화한 도그마가 아니다. 성결교회가 사중복음을 『헌법』에 그 내용까지 자세히 명기한 것은 그 공동체의 가장 핵심적인 신앙고백이며, 존재의 명운을 걸고 증거하고 지켜야 할 신앙의 규범이며, '온전한 구원의 복음'을 위한 함축적 선언이기 때문이다.

그러므로 사중복음은 성결교회의 지식체계를 확고히 하는 데 가장 중요한 원자료며, 성결교단의 신학자들이 연구해야 할 가장 '원초적인 신학의 주제'며, 성결교회의 목회자들이 선포해야 할 가장 '우선적인 복음의 주제'며, 성결교회의 성도들이 경험해야 할 가장 '기본적인 신앙의 주제'가 된다. 이를 위해 사중복음은 자신을 변증하고 선포하는 데 필요한 신학을 요구한다.

  이제 성결교회는 어디서 빌려온 옷과 같은 남의 신학이 아니라, 웨슬리 신학 전통 위에 자신에게 가장 잘 맞는 사중복음신학을 정립함으로써 복음 선교 전반에 적용할 때를 놓쳐서는 안 될 것이다. 이를 디자인하고 만들어 줄 주체는 남이 아니라 바로 사중복음 공동체인 성결인 자신이다. 성결교단은 자신의 몸을 보호하고, 효과적으로 활동하는 데 요구되는 활동복과 동시에 자신들이 우리가 누구인 줄 보여줄 수 있는 고유한 '정장(正裝)'이 있는지, 있다면 그것은 무엇인지를 다시 확인해야 한다.

성결교단의
초교파주의적 사명

  성결교단은 사중복음 공동체를 위한 신학, 사중복음 공동체에 의한 신학, 사중복음 공동체의 신학, 곧 '사중복음신학'을 사중복음 공동체의 창립 백주년 되던 2007년에 큰 틀에서 '개신교 복음주의 웨슬리안 사중복음신학'이란 이름으로 세상에 내어놓았다. 건축을 위하여 철근 구조를 만들고 거푸집까지 만들어 놓은 것이다. 이제 그 안에 잘 반죽한 콘크리트 내용물을 부어 넣으면 된다. 그리고 나서도 양생(養生)하는 데는 적지 않은 시간이 걸릴 것이다. 그러나 인내로써 기다리는 만큼 단단한 건축물이 나올 것이다.

  성결교회 공동체 안에도 다양한 목소리들이 있다. 그것을 종합하면 다음과 같이 말할 수 있을 것이다.

우리에게는 가톨릭과 구별된 '개신교 신학'이 있고, 자유주의와 구별된 '복음주의 신학'이 있고, 또한 개혁주의와 구별된 '웨슬리 신학'이 있고, 교파주의를 넘어서는 사중복음신학이 있다.

▲ 가시와 백합화는 그리스도의 고난과 부활을 의미하는 동시에 가시밭과 같은 세상에서 영원한 생명과 부활의 소망중에 그리스도인의 향기를 발함이다. 백합화가 밖으로 향한 것은 성결의 복음과 그리스도인의 향기를 세상에 발산함을 상징한다. 잎사귀 4개는 4중복음 (중생·성결·신유·재림)을 의미한다.

이러한 맥락에서 일찍부터 왜 성결교회는 "기독교 개신교파가 공통으로 믿는 복음주의"(헌법 제13조)라고 폭넓게 자신의 신학적 정체성을 천명해 놓았는지를 이해할 수 있다. 그리고 교단을 상징하는 로고에 '중생·성결·신유·재림'의 사중복음을 명토 박아놓고 있는 이유를 확인하게 된다.

성결교회 사중복음 공동체가 믿고 따르는 교리와 신조의 초교파성 때문에 창립 당시부터 성결교회는 장로교·감리교·순복음·침례교 등 다양한 교파 신자들로 이루어져 있고, 또한 다른 교회로 갈 때도 교파에 제한을 두지 않고 이동하는 것을 자연스럽게 받아들인다.

사중복음신학의
시대적 요청

그렇다면 웨슬리안 복음주의로 충분한 것이지, 왜 새삼스럽게 '사중복음신학'을 정립하려고 하는가?

한마디로, 미국의 만국성결교회나 일본과 한국의 성결교회 창립자들이 정초 놓은 사중복음이 지니는 복음의 '래디컬리즘(radicalism)' 즉 복음의 '혁신성·급진성·근원성'이 충분히 반영될 수 있는 신학을 필요로 하기 때문이다.

주지하다시피, 미감리교 중심의 성결 운동이 중생과 성결을 중점적으로 강조하고 있던 상황에서 '신유와 재림'을 신앙과 양심에 따라 강조하다 탄압 받던 자들에 의하여 태어난 공동체가 '성결교회'였다. 감리교의 주류 지도자들은 이 소수의 집단을 '래디컬'하다 해서, '래디컬 성결 운동(Radical Holiness Movement)'이라 폄하하였다.

그러나 현대 기독교에는 바로 이 사중복음적 래디컬리즘이 필요한 때가 되었다. 성결교회가 한국에서 주류교단들과 어깨를 맞대면서 활동하게 된 것은 환영받을 일이지만, 선교 2세기에 들어서면서 주류 제도 교회가 갖게 되는 병폐들이 이곳저곳에서 나타나고 있는 현실을 우리는 경계심을 가지고 철저히 대처하지 않으면 안 되는 시점에 와 있는 것이다.

나의 관점에서는 성결교회가 자신의 훌륭한 유산인 사중복음을 신학화해야 하는 당위성이 크게 두 가지다.

하나는 성결교단의 정체성을 확고히 하는 데 필요하기 때문이다. 웨슬리 신학은 이미 세계 기독교의 보편적인 전통으로 자리잡고 있어 수많은 교단이 웨슬리안 신학을 준용(準用)하고 있기 때문에, 성결교단만의 정체성을 이야기하는 데는 한계가 있다는 것이다. 다시 말해서, 18세기의 웨슬리 신학사상으로 성결교회의 정체성을 다 설명할 수 없는 부분이 있어, 이를 보완하고 완성하는 데 사중복음신학이 필요하다.

성결교단이 사중복음신학을 정립해야 하는 또 다른 이유는 교파주의 신학의 폐쇄성을 넘어 세계 기독교의 보편적 일치를 추구하는 데 사중복음만큼 좋은 촉매가 없어 보이기 때문이다. 즉, 사중복음신학으로 세계 교회의 연합을 도모하는 촉매신학이 될 수 있다는 것이다.

성결교회는 기독교 역사 가운데 거의 마지막 후발주자로 태어난 교단이어서 교파주의의 분열적 산물로 여겨질 수 있는 위치에 있다. 그러나 이는 역으로, 특히 개신교 5백년 역사의 모든 과정을 종합적으로 좌우로 치우치지 않고 다룰 수 있는 자리에 있다는 장점으로 볼 수도 있다. 그리고 다양한 교단의 신학을 아우를 수 있는 사중복음이라는 콘텐츠를 보존하고 있기 때문에, 오히려 성결교회는 타 교단보다 교파주의 장벽을 넘어서게 하는 초교파적 사중복음신학을 말할 수 있는 우월한 지점에 서 있다고 보아야 한다.

우리는 앞에서 현대 교회가 앓고 있는 중증(重症)을 치유할 수 있는 길은 사중복음의 정신으로 무장하여 영적 전투에 임하는 것임을 확인하였다.

첫째는 복음 대신 율법을 선포하고 있는 교회가 다시 사중복음을 통해서 복음의 능력을 통전적으로 경험토록 하는 것이다.

둘째는 하나님의 의(義) 대신 교권에 의해서 지배되었던 교회가 다시 사중복음을 통해서 하나님 나라와 하나님의 의를 우선하게 하는 것이다.

셋째는 교파주의 신학을 넘어섬으로써 이웃 교단을 정죄하며 교리 논쟁으로 더 이상 영적 힘을 소모하는 일이 없도록 하는 것이다. 그로 인하여 반(反)신론적 호모 데우스라는 시대정신의 공격에 적극적으로 대처토록 하는 것이다. 그리고 거룩함 대신에 세속적 가치관이 만연해 가는 교회가 다시 사중복음을 통해서 성령세례로 성결한 생활을 유지하게 하는 것이다.

사중복음 선포와
하나님 나라

19세기 말 미국의 성결-오순절 운동에서 선포한 중생·성결·신유·재림의 사중복음 정신은 무엇보다도 예수 그리스도 안에서 이미 구현된 모든 인간 중심의 낙관주의와 세속주의에 저항하는 '프로테스탄트 정신(Protestantism)'을 만민에게 보이도록 드러내는 것이었으며, '오순절 정신(Pentecostalism)'을 따라 오직 성령세례를 통해서 하나님 나라를 실현하는 것이었다. 또한, 하나님 중심으로 모든 분리주의를 극복하는 '글로벌리즘 정신(Globalism)'을 펼쳐나가는 것이었다.

이와 같은 사중복음의 복음주의적 정신은 과거만이 아니라, 현재 21세기 세계 기독교 시대에도 절실히 요청되는 주문사항이다. 왜냐하면, 이 사중복음은 중생을 통해 '새 왕'을, 성결을 통해 '새 맘'을, 신유를 통해 '새 몸'을 갖게 되며, 재림을 통해 완전한 '새 나라'의 백성이 된다는 하나님의 약속이며, 이 약속의 실현이 목마르게 필요한 때가 바로 호모 데우스라는 시대정신이 만연한 현대이기 때문이다.

사중복음의 이 약속은 하나님의 독생자 예수 그리스도의 십자가와 부활의 구속사건을 믿는 자 안에서 먼저 실현된다. 그리고 사중복음적 하나님 나라가 '믿음의 성도 공동체(communio sanctorum)' 안에서 예수 그리스도를 머리로 하여 세워져 나간다.

그리하여 사중복음은 이 땅에서 공동체적으로 이루어져야 할 '하나님 나라'를 보여주며, 또한 하나님 나라 백성의 삶이 어떠해야 할 것인지를 말씀해준다.

사중복음의 하나님 나라는 다음과 같은 모습으로 경험된다.

먼저 중생한 자들을 통해서 시작되며, 회개와 믿음으로써 하나님 나라의 백성이라는 삶의 신분에 변화가 온다. 이때 '삶의 방식'이 육적인 것에서 영적인 삶으로 새로이 바뀌는 혁명적인 전환이 이루어진다.

그 후 성령의 세례를[2] 통하여 '삶의 내용'에 전적인 변화가 나타나기 시작한다. 아담의 불순종으로 깨어진 제1계명이[3] 바로 세워짐으로써 '하나님 앞에 다른 신들을 두지 않는' 삶의 성결성이 회복되는 것이다. 이때 비로소 하나님을 향하여 '신령과 진정으로' 살아있는 예배를 드리는 삶이 이루어진다.

그리고 이웃을 향해서는 치유하시는 하나님의 능력을 베푸는 섬김의 삶으로 하나님의 사랑과 그의 임재를 증거하게 된다. '나사렛 예수의 이름으로' 병든 세상을 치유하는 하나님의 자녀들이 되는 것이다.

그러나 이처럼 하나님과 이웃을 온전히 사랑하는 영적인 삶에로의 순종에는 세상의 육적 세력의 공격과 저항이 반드시 따르게 되어있다. 이때 그리스도를 따라 끝까지 신앙의 순결을 지키며, 하늘의 상급을 바라보면서 인내로써 주님의 재림을 앙망하는 삶을 사는 자들이 사중복음 공동체인 것이다. 이러한 공동체의 모습을 성결교회는, "거룩한 신부의 자격으로 재림의 주를 대망하는 거룩한 공회"라고 정의한다(헌법, 제2조 1항).

사중복음이 모든 현대 교회의 사명이라는 사실을 공동체 구성원 모두가 믿는다면 이는 축복이요, 은혜다. 왜냐하면, 세계 교회는 그만큼 빨리 교파주의 장벽을 넘어설 수 있을 것이기 때문이다.

사중복음이 능력 있게 선포되는 곳에는 하나님 나라 공동체가 반석 위에 세워지게 되어 있다. 모든 그리스도인은 사중복음의 신앙으로 깨어나서, 하나님을 대신하고자 하는 마성적 우상숭배의 인본주의가 무늬만의 복음주의 안에 자리 잡고 있는 현실을 직시해야 한다. 그리고 하나님 중심의 사중복음 정신으로 저항해야 한다. 그렇게 되면, 사그라져 가던 성령세례의 불길이 다시 강하게 일어, 영적 부흥을 반드시 경험하게 될 것이다. "아나주프레오, Revive and Refire!"(딤후 1:6).

사중복음신학이
필요한 상황

신학적으로 말하자면, 사중복음은 복음에 대한 기독론적이며 성령론적인 해석 전통을 역사적으로 견지해오고 있다. 기독론적으로는 '예수 우리의 구원자·성화자·치유자·다시 오실 왕(Jesus Our Saviour, Sanctifier, Healer, the Coming King)'으로서의 그리스도가 곧 사중복음이라는 것이다. 그리고 성령론적으로는 이러한 사중복음의 주님을 능력으로 경험하고 또한 전파하기 위해서는 '오순절적 구원·오순절적 성화·오순절적 신유·오순절적 재림(Pentecostal Salvation, Sanctification, Divine Healing, the Second Coming)'의 신앙을 체험적으로 가질 수 있어야 한다는 것이다.

이러한 사중복음은 교회의 현장에서는 '전도표제'라 불리지만, 신학에서는 신앙 공동체의 정체성을 규정하는 규범으로서의 '신앙의 표준(regula fidei)'이라는 것으로 불릴 수 있다. 이러한 신앙 표준으로서의 사중복음은 성경을 해석함에 있어서, 그리고 신자들의 신앙 체험을 분별함에 있어서 규범(規範, norma)적인 역할을 수행한다. 그래서 성결교회에서는 사중복음과 관련하여 『헌법』 안에 성결교회 '제1의 지도원리'를 다음과 같이 규정해 놓고 있다.

> 우리는 신구약 성경을 경전으로 하되 특히 중생·성결·신유·재림을 성경 해설의 기본으로 한다.

이처럼 성결교회는 의식적이든 무의식적이든 사중복음의 신학적 중요성을 진중하게 제대로 인식하고 있다. 이는 다른 말로, 성결교회는 사중복음을 축으로 하는 사중복음신학을 전개해 나갈 수 있는 생명력이 강한 씨앗을 가지고 있다는 것이다.

신학의 과제를 하나님 말씀의 선포와 변증이라고 본다면, 적어도 성결교회만큼은 사중복음에 대한 바르고 폭넓고 깊은 이해를 추구함으로써 제대로 된 사중복음신학을 발전시켜야 할 사명이 있다고 할 수 있다. 이는 성결교회 외 다른 굴지의 복음적 교단들도 마찬가지다. 왜냐하면, 그들도 '사중복음'이라는 전문용어는 사용하지 않지만, 성결교회와 마찬가지로 중생·성결·신유·재림의 성서적 메시지를 다양한 형태로 신앙생활 가운데 제시하고 있기 때문이다.

건강한 신앙 공동체마다 그 형성 초기에 자신의 정체를 고백케 하는 신앙의 표준이 있으며, 이에 대한 성서적 해석이 공동체를 위한 정장(正裝)과 같은 교의학 내지는 교의신학으로 발전하게 된다. 특별히 성결교회의 경우, 더욱 성결교회답기 위해서는 사중복음의 씨앗이 교회 공동체 안에 깊이 뿌리를 내리게 하고, 싹을 띄워 자라게 하여 '하나님 나라'의 삶이라는 열매를 맺는 좋은 나무로 키워나가는 특권을 소중히 여기는 사중복음 신앙 공동체가 되도록 더욱 노력해야 할 것이다.

왜냐하면, 성결교회는 다른 교회와 달리 사중복음을 전하는 전도자들에 의하여 복음이 전달되었고, 사중복음을 통해 그리스도인이 된 자들이 교회 공동체를 이루었을 뿐만 아니라, 이 사중복음의 관점에서 성경을 읽고, 사중복음을 전하는 것을 우선적인 교회 선교의 사명으로 삼아왔기 때문이다.

침묵하고 있는
사중복음의 현실과 그 원인

이처럼 성결교단은 사중복음에 대해서 만큼은 역사적이며 선교적인 사명이 막중했다. 그러나 성결교회는 자신을 위해서 뿐만 아니라, 세계 기독교를 위해 사중복음을 신앙·삶·신학·목회·선교의 제 영역에서 지난 한 세대 동안 적극적으로 이 일을 제대로 하지 않았던 것으로 보인다.

성결교단의 사중복음 제1~2세대인 1960년대까지는 교의학적이며 연역적인 방법으로 성경을 읽고 사중복음을 해설해주는 것으로 어느 정도 만족할 수 있었다.

그러나 제3세대가 시작된 1970년대로 접어든 이후로는 사중복음이 더는 과거와 같은 설득력이 있을 수 없는 시대적인 상황이 되었다. 성서학(Biblical Studies/Wissenschaft)에 기초한 성서신학적 사중복음 이해가 요청되기 시작했고, 또한 오랫동안 그리해 왔듯이, 영적 깨달음이 탁월한 특정 지도자의 사상을 밑그림으로 하여 그에 따라 교리상으로 성경을 읽는 방식만으로는 새로운 세대를 선도할 수 없는 시대를 맞이했기 때문이다.

그러나 아쉽게도 성결교회는 이러한 시대적 흐름을 직시하지 못함으로써 성서학적으로 사중복음을 탐구하여 사중복음신학의 기초를 구축할 수 있는 황금기를 한 세대 동안 놓쳐버렸던 것 같다.

그 결과 사중복음이 궁극적으로 지시하고 있는 '하나님 나라 신학'은 아예 꿈도 꾸지 못하였을 뿐만 아니라, 사중복음은 마치 기독교 교의학의 한 파트인 구원론 일부분에 불과한 것으로 폄하되는 지경에까지 이르게 되었다.

사중복음에 대한 성서신학적 무지, 혹은 교회사적 흐름에 대한 총체적 관점의 결핍, 그리고 특정 인물의 권위에 의존하려는 안이한 신학적 사대주의가 복합적으로 작용했기 때문이라고 사료된다.

신학이 종국적으로 '구원'을 위한 것이라면 더욱 적극적으로 구원의 신학으로서의 사중복음신학을 기개(氣槪) 있게 펼쳐나갔어야 옳았을 것이다.

값싸게 여기는
사중복음의 현주소

이처럼 사중복음은 지난 한 세대 동안 안타깝게도 스스로 말할 수 있는 기회를 갖지 못하고 교파주의적 신학 전통 아래 예속되어 협애화(狹隘化)의 과정을 겪어왔다. 그에 따라 사중복음은 자동으로 여러 교리(Dogma) 중의 하나로 이해되면서, 목회 현장에서 사중복음은 서서히 사라지기 시작했고, 사중복음으로부터는 더 이상 아무것도 기대할 것이 없다는 냉소적 대상이 되는 지경에까지 이르렀다.

실제로 70년대 이후 오늘날까지도 여전히 사중복음이라는 주제는 현시대와 소통하기 어려운 것으로 회자되면서, 성결교회의 설교 강단에서조차 외면당하는 현실이 되었다.

그러는 사이에 성결은 율법주의적인 윤리로 전락하였고, 중생은 구원파적 논리와 구분을 지을 수 없을 정도로 모호해져 버리고, 부담스러운 신유는 기독교 주류에서 빗겨나간 기도원에서나 기복주의적으로 행하는 의심스러운 일로 폄하되곤 한다. 재림에 대해서는 자본주의의 낙관적 세계관에 밀려 침묵하는 사이에 거짓된 이단들이 영육 간에 상처 입은 수많은 영혼들에게 시한부 종말론적 극약처방을 제시하니 신자들은 말할 것도 없고, 교회 지도자들까지도 중독되어 떨어져 나가는 영적 황폐 현상을 우리는 오늘날 목도하고 있다.

이는 목회 현장에서뿐만 아니라, 신학 교육 현장에서도 유사한 모습이 되풀이됐다. 사중복음신학을 연구 발전시키겠다는 발상 자체가 불가능한 상태가 지속되고 있는 현실이다.

그러다 보니 신학 연구를 위한 최선의 길은 서구 교회에서 자신들을 위해 발전시켜 놓은 세련된 신학들을 수입하여 적당히 우리 공동체의 문제와 과제들에 적용하는 것으로 만족해 온 상황이다. 우리 스스로 양식을 만들어 먹이고 옷을 지어 입힐 생각보다는 서구의 오래되고 복잡한 역사와 문화 가운데서 발전된 신학 전통들을, 그들과 전혀 다른 영적, 문화적 맥락에서 겪고 있는 한국 교회와 우리 공동체들을 위한 것으로 재생하는 것이 안타깝게도 신학자들의 주된 일이 되어버렸다.

사중복음이
침묵하고 있는 이유

성결교회의 신학을 '복음주의'라고 은혜롭게 천명(闡明)하지만, 사중복음이 성결교회의 목회와 신학교육 현장에서 침묵하고 있다면, 성결교회가 말하는 복음주의는 무늬만 복음주의가 아닌지 자성해 보아야 할 것이다. 신학의 일차적 연구과제는 성경이고, 예수께서 "이 성경이 곧 내게 대하여 증언하는 것"(요 5:39)이라고 하신 것처럼 성경의 중심은 복음이신 예수 그리스도임은 말할 것도 없다.

이 예수를 온전히 드러내고자 할 때, 중생의 주, 성결의 주, 신유의 주, 재림의 주를 일체적으로 고백하게 된 것이 사중복음이다. 그렇다면 사중복음을 기본적으로 잘 다루는 신학이 진정한 복음주의 신학일 것이다. 사중복의 강조 없는 복음주의는 터가 없이 무늬만을 앞세우는 '터무늬 없는' 복음주의일 뿐임을 직시해야 한다.

사중복음적 사명과 축복의 선언이 목회현장의 현실에서 어떠한 형태로든지 찾아지지 않거나, 사중복음의 빛과 힘과 숨결을 느낄 수 없다고 한다면 그것은 심각한 문제가 아닐 수 없다. 정체성의 부재 현실을 드러내는 것이기 때문이다.

만일 과거와 달리 오늘날 사중복음 공동체 가운데 사중복음이 침묵하고 있다면 그 이유가 무엇인지 긴급히 물어야 할 것이다. 내가 볼 때, 현대의 성결교회는 사중복음을 중요한 것으로 다루지 않을 뿐만 아니라, 때로는 사중복음을 공개적으로 언급하는 것을 꺼려하는 지도자들도 있는 것 같다.

이러한 안타까운 현실은 외부인에 의해서도 보고된다. 성결교회를 사랑하고, 복음주의의 기수로 활약했던 도널드 데이튼(Donald Dayton, 1942~2020)이 성결교회는 사중복음을 부끄러워 하는 것 같다고 하면서, 담장 너머 이웃의 잔디밭이 자기 것보다 더 푸르게 보인다고 하였다. 복음주의의 핵심인 사중복음을 성결교회는 자랑스러워해야 한다고 고언을 해주었다.[4]

현대 성결교회뿐만 아니라 모든 교파주의 교회 안에서 사중복음의 메시지가 얼마나 선포되고 있는지 다시 한번 더 묻지 않으면 안 되는 때가 되었다. 사중복음을 전면에서 이야기하는 자들은 신학교육이나 목회 현장에서 사중복음이 얼마나 이중적으로 취급되고 있는지를 몸으로 느끼고 있다.

오래된 전통으로 간직해 오고 있는 것이니 부정할 수는 없고, 무거운 골동품 같아 현실적으로 사용하자니 불편하여 소박당하고 있는 신세라 하지 않을 수 없다. 다시 말하여, 오늘날 사중복음은 '전통'으로는 보전되고 있으나, 목회 현장에서 '능력'으로 경험되지는 못하고 있다는 것이 일반적인 현실이라는 것이다.

그렇다면, '왜 사중복음이 사중복음 공동체 가운데서 그 빛이 어둡고, 그 힘이 쇠잔해지고, 그 숨결이 약하게 되었는가?'

한마디로, 사중복음 그 본연의 '정신'이 드러나지 못하고 있기 때문이다. '전도표제'로서의 사중복음이란 이름은 '구호'일 뿐, 실제로 그 기능을 수행하지 못하고 있지 않은지, 또한 박제된 선언적 '교리'에 머무르고 있지 않은지 돌아보아야 한다.

상황이 이러니, 사중복음이 깊이 있게 다루어져야 할 신학·목회·선교·교육·봉사·윤리 등의 다양한 영역에서 사중복음이 전개되는 것을 찾아보기 힘든 것은 당연한 현실인 것이다. 그 직접적인 원인은 사중복음의 전통이 새 시대에 정당히 재해석되지 못하고, 새롭게 선포될 수 있도록 신학적으로 연구 발전되지 못하고 있는 것으로 보인다.

왜 그렇게 되었는지는 이에 가장 큰 책임을 느껴야 할 자들이 신학교육 담당자들에게 물어보아야 할 것이다. 그런 면에서 신학교육이 차지하는 비중은 매우 크다. 왜 그런가? 사중복음은 교회가 선포하고 경험해야 할 내용이요, 신학은 그것을 돕는 방법이기 때문이다. 그런데 언젠가부터 교파주의 신학이 내용이 되고, 정작 주요 내용이어야 할 사중복음은 액세서리가 되어, 있어도 되고 없어도 문제가 안 되는 것으로 취급되고 있지는 않은지 성찰해 보아야 한다. 사중복음을 신학교육 현장에서 정당하게 연구하고 교육하는 분위기가 조성되어, 사중복음신학 교육의 전통이 조속히 회복되어야 한다.

성결교회는 창립 당시부터 1960년대까지 사중복음은 확실히 성서학원 훈련의 중심축이었으나, 1970년대 이후 사중복음은 신학교육의 커리큘럼에서 변방으로 밀려 나가 오늘에 이르고 있다. 이에는 신학교육 행정에도 그 원인이 있겠지만, 보다 근본적으로는 변화하는 학문 동향을 따라가지 못한 것 때문이기도 하다.

사중복음을 주창하던 선조들이 학문적 보수성 또는 편협성 때문에 역사비평학적인(historical-critical) 성서연구 방법들을 정죄하면서부터 성서신학적 사중복음 연구는 교의학적 테두리 안에서 답보 상태를 벗어나지 못하였다. 그러다 보니 사중복음은 교의(敎義)라는 항구에 묶여 성서신학이 안내할 수 있는 드넓은 하나님 나라 복음의 바다로 항해할 수 없게 되었다.

더욱이 '전도표제'라는 이름이 붙게 되면서 일부 학자가 이 명칭을 자의적으로 해석함으로써 사중복음은 마치 신학적 연구의 대상이 되어서는 안 되는 것으로 선전하여 사중복음신학 형성에 부정적 영향을 끼쳐 왔다.

한 걸음 더 나아가, 구태의연한 학문적 이념 주도권(hegemony) 역사가 여전히 지속하고 있는 사슬을 끊지 못하고 있는 것도 한 이유가 될 것이다. 사중복음 공동체로 태어난 성결교단이 선교 100년이 넘는 역사 가운데 '사중복음' 연구로 학위를 받은 박사학위자를 손가락에 꼽을 정도로 극히 소수의 사람만 배출한 지난 한 세대는 이러한 성결교단 신학계의 현 주소를 보여주는 단면일 것이다.

2) 복음주의 신학이 가야 할 길: 초교파적 사중복음신학

오늘날 대부분의 복음주의를 표명하는 신학교육은 복음의 주체이신 예수 그리스도 자신을 깊이 연구하기보다는 루터, 칼뱅, 웨슬리, 바르트, 틸리히, 몰트만 등 세기적인 인물들을 연구하고 가르치는 데 경쟁적인 현실이다. 이들은 각자의 시대와 상황에서 예수 그리스도를 가리켰던 증인들이기에, 성경이 가르치듯이 그들이 지녔던 예수 그리스도에 대한 '믿음'을 본받는 일에 우선순위를 두면 된다(히 13:7). 이를 위해서 그들의 사상과 삶을 객관적으로 조명하는 일이 요청될 수 있다. 그러나 이때 우리가 놓쳐서는 안 될 점은, 우리 믿음의 유일한 대상은 오직 예수 그리스도 한 분에 초점이 맞춰져야 한다는 것이다.

가톨릭교회가 왜 복음으로부터 멀리 떨어져 나가게 되었는가? 그들이 타락한 중대한 한 요인은 하나님과 신자들 사이에 수많은 '성인(聖人)'을 세워두고 이들로부터 영감과 축복을 기대하게 했던 것 때문이다. 역설적이게도 위대한 성인들로 인해 신자들이 '오직 예수 그리스도'를 통해서만 하나님께로 나갈 수 있다는 진리가 흐려지게 되었던 것이다.

　이는 유대인들이 복음을 제대로 들을 수 없었던 것도 그들 앞에 놓인 수많은 "장로들의 전통"(마 15:2) 때문이었던 것과 맥을 같이 한다. 전통은 소중한 것이다. 그러나 그것이 우리 신앙의 '각주'가 아니고 '몸말'이 될 때, 신학적 패권주의를 내려놓지 않을 때, 그것이야말로 반(反)복음적인 것이요, 마성적인 것으로 추락하고 마는 것임을 명심해야 한다.

사중복음의 능력을 드러내는 신학과 훈련

　사중복음을 강조하는 것은 '교파주의'에 갇히는 것을 의미하지 않는다. 오히려 그 반대다. 신앙과 신학의 전통을 유지하면서도 초교파적 글로벌리즘(globalism)을 촉구하는 것이다. 특히 성결교회적으로는 사중복음을 강조하는 것 자체가 '성결교회 창립목적'을 순전히 따르는 것이기 때문에, 사중복음 정신으로 목회한다는 것은 '영광'이요 '특권'이라는 자의식이 필요하다.

　그러나 사중복음의 능력을 드러내는 지도자는 저절로 되는 것이 아니라 '훈련'으로 빚어진다. 이는 마치 예수께서 제자들에게 복음을 제시하고 가르치셨지만, 그와 아울러 강력한 제자도(弟子道)로써 훈련하였기에 복음의 순교자들이 될 수 있었던 것에서 보는 바와 같다. 사중복음 영성훈련은 제자들로 하여금 십자가의 은총에 감격하여 순교의 영성으로까지 다다르게 한다. 이러한 사중복음의 정신은 무엇보다도 먼저 교회와 신학의 현실을 '개혁적으로' 보게 이끄는 힘을 부여한다.

성결교의 사중복음신학은 특히 웨슬리와의 만남에서 그에게서 발견되는 개신교 복음주의 신앙고백의 가치를 적극적으로 이끌어낸다. 또한, '만국성결교회'의 '오순절·성결 운동'의 래디컬한 가치를 오늘날의 세속화된 교회 현실에 적용시킨다. 이러한 과제를 위하여 사중복음의 영적 가치가 새 시대를 위해 쓰일 수 있도록 지속적으로 탐구되어야 하는 것은 불문가지의 사실이다. 이러한 일을 위해 성결교회는 역사적으로 볼 때 여타의 다른 교단보다 우월한 위치를 선점하고 있는 셈이다.

우선, 성결교단은 무엇보다도 사중복음을 역사적으로, 성경적으로, 그 '뿌리'로부터 깊이 있게 이해해야 한다. 그리고 사중복음의 정신을 발휘했던 믿음의 증인들을 찾아 본받는 일에 열심을 내어야 한다. 주께서 "내게 와서 배워라" 하신 것처럼 사중복음의 세계를 배우고 체득해야 하며, "내 멍에를 메라" 하신 것처럼 사중복음의 영성이 흘러내리도록 훈련한다면, 성결교회는 명실공히 사중복음 공동체로서의 역사적 의의를 분명하게 드러낼 수 있을 것이다.

열심은 있으나, 지식이 없음

성결교회는 그 시작 때부터 오늘날까지 사중복음에 대한 믿음과 충성심에는 조금도 부족함이 없었다. 그러나 아쉽게도, 바울이 유대인들을 향하여 "저희가 하나님께 열심이 있으나 지식을 좇은 것이 아니라"(롬 10:2)고 지적하였을 때 보여주었던 유대인들의 모습이 그대로 성결교회에게서도 발견되고 있다는 것이다.

사중복음에 대한 충성심은 있었으나 사중복음의 진리와 그 정신을 깊이 헤아리는, 즉 '지식(신학)'을 추구하는 데까지는 힘쓰지 않았던 것이다. 그 결과 막상 교육이나 선교 현장에서 사중복음을 폭넓게 증거하고자 할 때면 다방면에서 사중복음에 대한 신학적 사유의 결핍을 느껴 왔다.

예를 들면, '포스트모던 시대의 신앙과 사중복음'이라든지, '100세 시대를 위한 사중복음 신앙', 혹은 '사중복음에서 본 동성애 문제', '사중복음 목회의 본질과 방법' 등과 같은 주제들은 사중복음을 단순히 전도표제의 차원에서 믿음에로 초대하는 '선포'나 직접 전도로 해결 될 문제가 결코 아닐 것이다.

시대정신과 더불어 발생하는 교회 안팎의 이러한 복잡한 문제들은 사중복음의 관점에서 이슈들의 본질을 파악하는 학문적 과정과 성서적 대답을 위한 사중복음 해석학이 요청된다. 이러한 일련의 문제 해결을 위해 사중복음신학이 필요하게 되는 것이다.

교회가 직면한 문제의 사중복음적 이해와 사중복음적 대답을 위한 신학이 곧 사중복음신학이다. 이처럼 사중복음의 진리를 전하거나, 그 능력을 믿음으로 경험하고 있는 바를 다양한 상황에서 바르게 이해하고, 증언하거나 변증해야 할 때 직접적으로 필요한 것이 바로 사중복음신학이다.

지난 세대는 그렇다 하더라도 사중복음 선교 제4세대를 맞이한 21세기 사중복음 공동체는 '세계 기독교(World Christianity)'에까지 복음주의 신학의 결정체로서 제시할 수 있는 '사중복음신학(Theology of the Fourfold Gospel)'을 구축해 나갈 수 있어야 할 것이다.

사중복음신학은 비록 한 세기가 지난 오늘날에 와서야 겨우 걸음마를 하는 현실이다. 이제부터라도 사중복음의 정신과 하나님 나라를 가리키는 복음적 메시지는 높은 등경(燈檠) 위에 두어 마땅하다. 이는 주님께서 "누구든지 등불을 켜서 움 속에나 말 아래에 두지 아니하고 등경 위에 두나니 이는 들어가는 자로 그 빛을 보게 하려 함이라"(눅 11:33) 하신 말씀과 같다.

성결교회는 지난 2007년도에 창립 100주년을 계기로 성결교회 신학을 정의하여 '개신교 복음주의 웨슬리안 사중복음신학'이라고 진지하게 밝혀놓은 것은 크나큰 발전으로 평가받을 수 있다.

그러나 그 내용을 들여다보면 아직 갓 발아한 여린 싹에 불과하다. 지속적으로 관심을 가지면서 물을 주어야 한다. 오랫동안의 무관심과 방기(放棄) 가운데서도 사중복음 자체의 죽을 수 없는 생명력 때문에 다시 움트기 시작했으니, 조금만 관심을 주어도 세계 기독교를 위한 커다란 나무가 될 수 있다.

유대인에게 '율법'을 맡는 책임과 특권을 주었듯이, 성결인에게는 '사중복음'을 맡겨 주셨다. 그렇다고 율법이 유대인의 것만이 아니듯이, 사중복음 역시 성결인의 것만이 아니다. 온 인류와 세계 기독교 모두를 위해 간직해 왔고, 지금은 신앙·신학·윤리·선교·목회·교육·상담 등 다양한 분야에서 사중복음이 그 빛과 힘을 줄 수 있도록 물꼬를 터줘야 할 사명이 성결교회 자신에게 있고, 세계 교회는 이를 응원하고 동참할 필요가 있다.

복음주의 신학의 핵심, 사중복음

사중복음은 '복음주의 신학(Evangelical Theology)'의 핵심이라고 인정해도 부족함이 없다. 왜냐하면, 중생·성결·신유·재림의 주라는 사중복음 가운데 어떠한 한 모습이라도 소홀히 하거나 제외시키는 신학이 있다면 더 이상 온전한 구원의 복음을 전하는 '복음주의'라고 부를 수 없는 것은 자명한 사실이기 때문이다.

성결교회는 특정한 교단 신학을 배경으로 태어나지 않고 '신앙선교(faith mission)'의 차원에서 오직 사중복음의 정신과 능력으로 출현하였기 때문에, 특별히 교리와 신학 계통을 이야기할 때 다음과 같이 명확한 어조로 말할 수 있었다.

본 교회에서 믿는 교리와 신조는 기독교 개신교파가 공통으로 믿는 복음주의이니 이는 신앙의 생명이며 골자이다(헌법, 제13조).

개신교파 복음주의는 16세기 이후 18세기에 이르기까지 루터·칼뱅·웨슬리의 가르침을 축으로 신학을 발전시켜 왔다. 그러나 주지하다시피, 이들의 가르침은 시간이 흐르면서 초창기의 영적 상황 속에서 발휘되었던 생명력을 유지하지 못하고, 오히려 이들로부터 비롯된 교단들이 자신들의 패권적 장악력을 확보하기 위하여 교리의 절대화를 추구함으로써 성경의 메시지에 대한 다양한 해석 전통의 소리를 듣지 못하는 교리적 원리주의 상태에까지 떨어지고 말았다.

처음에는 성경으로부터 시작했지만, 나중에는 그들의 교리적 해석과 주장을 견고히 하는 완고한 교리주의로 대체된 것이다. 곧 루터주의·칼뱅주의·웨슬리주의가 그런 것이다.

성결교회는 웨슬리안 전통에 빚을 지고 있으면서도 초교파적으로 다양한 신학 전통을 폭넓게 수용하고 있음을 여러 경로를 통해 확인할 수 있다. 그것은 특정 신학을 교파주의적으로 가르쳤던 일반 '신학교(Theological Seminary)'로 시작한 주류 교단과는 달리, 초교파적 성격의 '성서학원(Bible School)'으로 출발한 데서 그 특징을 뚜렷이 찾을 수 있다.

성결교회는 1911년에 세운 '경성성서학원'을 통해 교회 지도자들을 양성해왔는데, 이는 당시에 인본주의로 빠졌던 교파주의 신학에 대한 비판적인 입장을 보인 성서학원 운동을 주도했던 '무디성서학원'이나 '하나님의 성서학원'과 '동경성서학원'의 전통을 견지하려 했던 것이다.

「성서학원」의 특징은 신학 자체가 아니라 성경의 말씀 자체를 신학보다 더 우선적으로 여기는 성경 중심의 입장을 표명함에서 가장 현저히 드러난다. 「성서학원」은 루터·칼뱅·웨슬리와 같은 특정한 주류 교파의 신학 시조들을 각기 존중하기는 하지만, 서로 다른 역사적·영적 상황에서 나온 이들의 교리적 이해들을 평면적으로 비교하여 시시비비를 논하는 신학논쟁은 거부한다. 그런 논쟁적 신학은 성경이 원하는 것이 아닐 뿐 아니라, 아무런 유익이 없다는 것을 알고 있기 때문에,「성서학원」은 오히려 그들 모두가 동일하게 뿌리내리고 있는 '하나님 말씀'으로서의 '성경'이 스스로 말하게 하는 것을 듣는 길을 택하였다.

사중복음에 대한
다양한 해석의 가능성

성결교회가 지난 한 세대 동안 사중복음을 '웨슬리안' 신학의 교리적 전통 안에서 해석하고 가르쳐 온 데에는 유익이 적지 않았다. 특별히 신앙의 경험을 통해서 성경의 진리를 확고히 하는 전통은 성결을 일상생활 가운데 실천하도록 이끄는 장점을 지닌다.

그럼에도 불구하고 사중복음은 교회사의 어떠한 특정 교리 전통에 제한되어서는 안 되며, 또한 제한될 수도 없는 자유와 권위를 스스로 가지고 있다. 그러므로 우리는 사중복음이 지니는 그 자체의 자유를 인정하는 한에 있어서 특정한 해석학적 전통을 다양성의 원리에 입각하여 수용할 수 있을 것이다.

21세기에 들어와서도 신학의 어느 특정 전통을 배타적으로 운운하는 자체가 시대착오적 행태가 된 것이 어제 오늘의 이야기가 아닌 지가 오래되었다. 엄밀히 말하자면, 웨슬리는 칼뱅에게, 칼뱅은 루터에게 신학적인 빚을 지고 있는 것이며, 그러므로 이들 후에 나타난 19세기와 20세기의 복음적 교회들 역시 웨슬리, 칼뱅, 루터가 당시의 주류 교회에 대해 그랬듯이, 더는 신학과 교리의 지역주의에 예속되지 않고 있음은 불문가지의 사실이다. 그러한 의미에서 어느 교회도 사중복음을 배타적으로 소유하거나 주장할 수 없다. 사중복음의 성격 자체가 그것을 허용하지 않기 때문이다. 우리가 사중복음을 '글로벌 사중복음'이라 부르는 이유 중의 하나다.

2 성결교회 신학의 두 날개: 웨슬리 신학과 사중복음신학

신학은 복음과 같이 하나님의 계시가 아니다. 계시된 복음을 바르게 그리고 힘 있게 선포하고 또한 변증하는 교회의 한 기능이 신학이다. 그래서 신학은 우리 몸을 보호하거나 또는 활동할 때 다양하게 요구되는 '옷'이나 혹은 무엇인가를 만들 때 드는 '도구'로 비유되기도 한다.

복음이 교회를 낳고, 교회가 신학을 낳는다. 이것이 거꾸로 이해되는 때, 즉 신학이 교회를 낳고, 교회가 복음을 낳는 것으로 알 때, 가장 커다란 위기는 복음의 능력이 망실되는 것이고, 그렇게 되면 교회가 형해(形骸)화되는 것은 시간문제라는 것이다. 왜냐하면, 신학이 복음을 견인하는 현상, 달리 표현하여 복음에 관한 사람의 생각과 판단이 복음을 주신 하나님보다 앞선 현상이 나타나기 때문이다.

오늘날 교회의 외형적 현실을 보면, 한편에서는 비대해진 교회와 영양실조에 걸린 아이들과 같이 힘 없이 주저앉아 있는 교회로 양극화되어 있는 것을 확인할 수 있다. 그러나 어느 쪽이든 영적인 차원을 들여다 볼 때, 1세기 사도 요한이 바라보았던 교회의 모습이 현대 교회의 실상과 크게 다를 바 없어 보인다.

> 네가 말하기를 나는 부자라 부요하여 부족한 것이 없다 하나 네 곤고한 것과 가련한 것과 가난한 것과 눈 먼 것과 벌거벗은 것을 알지 못하는도다(계 3:17).

교회는 왜 이러한 처지까지 오게 된 것인가? 여러 이유가 있을 것이다. 그러나 수많은 원인이 작용하였다고 하더라도 교회에 '복음'이 살아있어서 복음의 능력이 발휘될 수 있었다면, 모든 부정적인 장애들을 넉넉히 극복할 수 있었을 것이다. 오늘의 교회가 형해화된 것이 분명하다면, 우리가 물어야 할 것은 그 안에 복음이 있느냐는 것이다. 그리고 그 복음이 교회를 교회되게 하고, 교회는 자신의 정체성을 보호하고 드러내기 위한 복음적 신학이라는 옷을 스스로 만들어 입고 있느냐는 것이다.[5]

1) 웨슬리 신학

사중복음이 성결교회를 낳았다! 그리고 성결교회는 자신의 사중복음 신앙과 체험을 보존하고, 이어가고, 증언하고, 변증하기 위하여 먼저는 기독교계 안에서 변증할 수 있는 논리적 신학이라는 옷이 필요했다. 한국 성결교회 초기부터 1960년대까지는 사중복음 그 자체에 대한 확고한 믿음과 신앙체험만을 가지고도 얼마든지 복음적 목회와 선교를 하는 데 문제가 없었다.

그러나 해방과 남북전쟁 이후 외국의 신학이 활발하게 국내로 소개되면서, 특히 장로교의 개혁주의 신학이 성결교나 오순절 계통의 신앙 체험을 정죄하고 억압하는 현실이 심각해졌을 때, 성결교의 신앙고백과 신앙 체험을 변증해주어야 할 신학이 필요했다.

사중복음적 신앙체험을 중심으로 목회하고 있던 성결교회는 개혁주의 전통의 신학이 견제 내지는 공격해 오는 것에 대한 신학적 방어책으로 자연스럽게 웨슬리 신학을 끌어들일 수 있었다.

왜냐하면, 성서 시대 이후부터 초대 교회와 종교개혁을 거쳐 20세기 초에 이르기까지 사중복음을 경험한 자들 가운데 존 웨슬리가 단연 중요 인물이었으며, 또한 그는 자신의 올더스게이트(Aldersgate) 회심 체험 이후 그에게서 일어났던 수많은 영적 경험을 당시의 극단적 칼뱅주의자들과 평생 논쟁하면서 영적 경험의 신학을 구축하였기 때문이다.

그리고 사중복음 전승사 차원에서 성결교회를 창립한 마틴 냅(Martin W.

Knapp)이나 그의 중요한 동지 윌리엄 갓비(William Godbey)가 미국 감리교회 목사였고, 이들의 신앙 지도를 받고 일본에 파송된 동양선교회 창립자 찰스 카우만(Charles Cowman) 역시 미국 감리교회 출신의 선교사였다는 점, 그리고 이들에 의해서 사중복음이 한국에까지 전파되었다는 점은 사중복음을 위한 신학으로서 웨슬리의 경험 신학이 다른 여러 신학 전통보다 적합하였던 것이 분명하다.

그래서 성결교회는 적극적으로 교단을 지키기 위해 웨슬리 신학을 도구로 삼을 수 있었다. 이러한 이유로 지금도 웨슬리 신학은 성결교회의 교리와 신앙고백을 위해서 중추적인 역할을 하고 있는 것이다.

2) 사중복음신학

**사중복음신학이
필요한 이유**

혹자는 성결교회에는 웨슬리 신학이 있는데, 굳이 사중복음신학을 만들 필요가 있는지 묻는다. 왜 사중복음신학이 필요한가? 무엇보다도 중생·성결·신유·재림이라는 각개의 교의적 의제들이 가지는 넓고 깊은 세계 자체가 어떤 특정한 시대의 특정한 인물이 주장하거나 경험한 것으로 설명되기에는 너무도 광대하다는 이유 때문이다.

중생·성결·신유·재림의 세계를 제대로 경험하고 묘사하고 그 비밀을 캐내어 이해시키기 위해서는 성서신학적 탐구가 요청될 뿐만 아니라, 교회사에 등장하는 탁월한 영적 지도자들의 주장, 그리고 이들과 반대로 이를 극단적으로 몰고간 이단들의 교리를 다 아울러 종합적으로 이해해도 그 진리의 의미가, 그리고 그 의미의 체계가 충분히 설명되기 어렵다는 이유가 존재한다.

뿐만 아니라, 사중복음 각개의 사항들에 대한 신자들의 체험은 얼마나 다양한가! '성령세례' 한 가지만 제대로 정립하려고 하더라도 성부·성자·성령 삼위일체 하나님에 대한 바른 이해를 전제해야 되고, 원죄론부터 인간 구원의 완성에 이르기까지 수많은 교의에 대한 종합적인 이해가 필요하다. 그런데 이러한 것을 웨슬리 신학이나 혹은 칼뱅 신학 등의 틀 안에서만 소화되도록 하는 것은 복음이 신학을 낳는 것이 아니라, 신학이 복음을 낳는, 앞뒤가 바뀐 경우가 되는 것이다.

교회는 특정 인물의 신학이 탁월하더라도 그것은 어디까지나 복음을 섬기는 중이어야지, 복음을 지배하는 주인이 되어서는 안 되도록 해야 한다. 그렇게 될 때, 교회는 복음에 의해서 양육되지 않고 자신의 독단적인 교리와 경험치를 가지고 복음 자체를 교파주의 신학 체계로 대체하는 잘못을 범하게 된다. 교회는 복음 공동체가 되는 대신, 율법적 조직체로 서서히 굳어져 가기 시작한다.

성결교인들에게 있어서 사중복음은 일종의 거룩한 축복이다. 그러므로 사중복음이 현대 교회를 추동할 수 있는 가능성을 개진해야 하며, 사중복음으로 복잡한 현대 후기 사회의 제 현상들을 복음으로 설명하고 대안을 제시할 수 있는 거시적 담론을 형성토록 해야 한다.

성결교회 밖에서는 사중복음이 초교파주의적 복음의 진술이라고 보기보다는 오히려 성결교회의 교파주의적 교리로 보고 있는 것이 현실이다. 장로교회의 칼뱅 신학, 감리교회의 웨슬리 신학, 그리고 독일 교회의 루터 신학과 같은 화려한 신학 전통을 소유하고 있는 자신들의 교회 전통에서 보면 그럴 수 있을 것이다.

그동안 성결교단이 스스로 아무리 웨슬리 신학에 충성심을 보여왔다고 하더라도 오랜 전통을 지닌 교단들은 웨슬리 신학에 대한 성결교회의 주장에 그리 주의를 기울이지 않는 것 같다. 오히려 특정한 창립자를 내세우지 않고 성령세례와 방언을 중시하는 오순절교회의 부흥과 성장의 실재에 주목하고 있는 것이 현실이다.

성결교회는 그동안 장로교적 행정, 감리교적 신학, 오순절적 신앙을 두루 아우르면서 행정 따로, 현장 따로, 신학 따로 개교회의 형편과 목회자의 은사에 따라 개별적으로 선교 전반에 임해 온 것으로 보인다. 무엇이 되었던 간에, 성결교회는 오히려 교회사의 후발 주자로서의 강점을 살려 성경의 가르침을 기준으로 하여 다양한 전통들을 복음적으로, 한 걸음 더 나아가 사중복음적으로 수렴하고, 발전시켜 나갔어야 했다. 사중복음 신앙·사중복음신학·사중복음 윤리·사중복음 목회·사중복음 선교의 각 분야에 헌신할 수 있는 인물을 키우고, 교단 선교 정책적으로 지원했어야 했고, 미진한 부분은 앞으로의 과제로 심도 있게 다루겠다는 의지를 보여 주었어야 했다. 지금도 늦지 않았다. 성결교단이 세계 기독교에 기여할 가능성은 자기 반성을 통해 언제든 열려 있기 때문이다.

   성결인은 성결교의 유산을 더 늦지 않게 지금부터라도 적극적으로 활용해 나가야 한다. 사중복음을 기반으로 하여 성결교회에 영적 성숙과 교회 부흥을 위한 새로운 신학적 해법을 창안하고 독려해야 할 때가 지금인 것이다.

3 성결교회의 사중복음 세계 이야기

   루터가 에어푸르트대학 시절의 은사였던 트루트페터(J. Trutfetter)에게 1518년 5월 9일자로 보낸 편지의 한 단락이다. 이 글을 통해서 신학교수로서 루터는 당시 교회가 잘못된 길로 가고 있는 데에는 큰 원인이 잘못된 신학교육에 있음과 그에 대한 대안을 직파하고 있었음을 알 수 있다.

> 저는 지금과 같은 형태로 계속 가르쳐지는 교회법과 스콜라 신학, 철학, 논리학 등이 그 뿌리 채 뽑혀 나가고 다른 학과들이 가르쳐지기 전까지는 교회는 개혁되어질

수 없다고 확신합니다. 이러한 확신 속에서 저는 날마다 주님께 성경과 교부들의 수업이 가능한 한 빨리 다시금 도입되기를 기도하고 있습니다(WA Br. 1. 170).

루터가 대학에서부터 시작한 교회개혁을 처음부터 끝까지 밀고 나가는 데 필요로 했던 원동력의 원천은 '성경'이었다! 성경을 통하여 들리는 하나님의 복음이었다. 오직 성경에서만 복음을 듣게 되고, 복음을 통해서만 신학과 교회는 원래의 자리를 되찾게 된다는 확신이 있었기에, 루터는 "오직 성경(sola scriptura)"을 드높이, 그리고 줄기차게 외칠 수 있었다.

우리는 한 걸음 더 나아가, 오직 성경 안에서 예수 그리스도께서 보여주시고 약속한 중생·성결·신유·재림의 복음을 듣고자 하며, 그 들음이 믿음이 되어, 사중복음적 능력을 경험하고자 한다.

루터 당시 가톨릭교회도 성경을 중시하였지만, 성경 해석의 최종 권위를 교황에게 부여함으로써 성경 스스로가 말씀하는 길을 가로막고, 성경의 권위를 찬탈하여, 교황이 성경 위에 군림하게 만들어버린 과오를 범했다.

그에 반하여, 루터는 성경을 인용하여 자신의 신학적 주장을 펴기보다는, 시편 자체가, 혹은 로마서 자체가 스스로의 권위를 가지고 복음을 드러나게 하는 데 힘을 썼다. 해석자보다는 성경 자신에게 권위를 돌렸던 것이다.

우리가 성경에서 사중복음의 광맥을 찾아 신학이라는 옷, 혹은 신학이라는 집을 건축하고자 할 때 성경 자체로부터 직접 하나님의 말씀을 듣고자 했던 루터·츠빙글리·칼뱅·아르미니우스·웨슬리와 같은 선각자들의 본을 배워야 할 것이다.

그러나 그들의 본은 여러 가지 중의 하나라는 사실을 반드시 염두에 두고, 나와 다른 본을 본 받는 자들과 대립해서는 안 된다. 그럼에도 불구하고, 오랜 세월을 보내는 사이에 역설적이게도 우리는 이들이 보았던 성서해석의 관점들과 원리를 절대화하는 교파주의를 강화하는 데 치중해 오고 있다.

그래서 성경 자체보다는 해석자들에게 권위를 부여하고, 그 결과 성경은 해석자들에게 종속되고, 그래서 사람들은 성경보다 해석자들을 우선적으로 연구하는 풍토가 지배하고 있는 현실을 직시하고 있는데, 우리 세대는 이를 넘어서야 한다.

복음주의? 사중복음!

우리가 성경을 금과옥조(金科玉條)로 여기는 이유는 거기에서 '복음'을 들을 수 있기 때문이다. 성경을 열면 복음의 광대한 세계가 펼쳐진다. 그것은 하나님이 창조한 세계요, 그것은 예수 그리스도에 의해 회복되고 완성될 세계요, 그것은 성령으로 지금 여기에서 경험되는 세계다. 그것은 하나님의 세계, 곧 하나님 나라다.

이 하나님 나라를 온전히 안내해주어야 '살아있는' 복음주의다.

그렇지 않으면 복음주의 역시 바리새적 교파주의의 한 아류일 뿐이다. 복음주의가 하나님 나라의 광대한 세계를 보여주기는커녕 도리어 칼뱅주의, 아르미니우스주의, 루터주의, 웨슬리주의 등 계파들의 신학적 우월주의에 발목이 잡히면, 성경이 열어주고자 하는 복음의 세계는 결코 펼쳐지지 않을 것이다.

신학적 계파주의에서 눈을 돌려 사중복음으로 직접 성경을 읽어 보라. 성경이 펼쳐 보여주고자 하는 복음의 세계는 사중으로 겹쳐져 있음을 알 수 있을 것이다. 그래서 "사중복음(Fourfold Gospel)"이라 표현할 수 있게 된다.

16세기 루터가 "영광의 신학" 대신 "십자가의 신학"을 복음 이해의 핵심으로 선언하였다면, 21세기 우리는 "교파주의 신학" 대신 "사중복음"

으로 성경을 보자고 재선언할 필요가 있다.

성경과 더불어 사중복음이 신학교육의 장에서 깊이 있게, 폭 넓게 가르쳐질 수 있다면, 16세기 비텐베르크 대학이 경험했던 신학교육의 혁명이 먼저는 우리 한국 땅에서도 꽃피울 수 있을 것이다.

사중복음 교리?
사중복음의 광대한 세계!

예수 그리스도 이후 사중복음은 이론적인 교리나 실천적인 표제어의 틀 안에서만 조명되어 왔다. 그 결과 사중복음의 광대한 세계가 제대로 소개되기도 전에 편견에 노출되었다. 그러나 사중복음의 세계는 성경을 통해서 하나님의 나라를 사중적으로 넓고 깊게 열어주는 실재의 세계다.

2천 년 기독교의 역사는 이 세계를 맛보게 하는 서곡에 불과했는지 모르겠다. 중생·성결·신유·재림은 하나님의 광대한 세계의 출입문을 열어주는 열쇠들이다. 우리는 그동안 이 열쇠들을 소중히 여겨왔다. 그로 인해 열려질 그 안의 세계가 있기 때문이다.

열쇠가 중요한 것은 열쇠 그 자체 때문이 아니다. 열쇠로 열려 보이는 세계 때문이다. 사중복음으로 광활한 하나님의 세계로 나가게 된다. 사중복음으로 열려지게 되는 하나님의 세계를 바로 배울 수 있다면, 우리 모두는 하나님의 사람으로 온전히 세워질 수 있을 것이다!

하나님의 세계는
'중생의 세계'다!

물리적 피조의 세계가 있다면, 영이신 하나님의 존재론적 시공인 영적 세계가 있다. 이 세계에 참여하게 되는 것을 '중생'이라 부른다. 소위 중생한 자는 영적 실재들이 충만한 중생의 세계가 어떠한지

보게 된다. 요한복음서에 의하면, 이는 "겐네세 아노센(gennethe anothen, 요 3:3)"의 세계다. 문자적으로 "위로부터, 처음부터, 새롭게, 다시 나는" 세계다.

이 세계는 원초적으로 하나님의 세계요, 하나님 자녀들의 세계요, 영에 속한 자들의 세계요, 빛의 세계다. 그러면서도 창조의 시공간, 즉 인류의 모든 역사와 문화와 우주만물의 자연과 구별되면서도 분리되지 않는 하나님의 세계가 중생의 세계다.

여기에는 영에 속한 무한한 자유와 평화와 기쁨과 복이 흐른다. 인간은 육신을 가지고 있는 동안에도 완전하지는 않지만 하나님께 속한 이 세계에서 살 수 있다. 이 중생의 세계를 잃은 인간에게 이 세계를 열어주신 분이 예수 그리스도다.

하나님의 세계는 '성결의 세계' 다!

성결의 세계는 중생의 세계에 속한 자들에게 열려지는 더 깊은 하나님의 세계다. 상징적으로 말하자면, 중생의 세계는 하나님의 보좌 아래의 세계지만, 성결의 세계는 하나님의 보좌 위의 세계다.

하나님의 존재·인격·능력·영광 한 가운데서부터 펼쳐지는 세계다. 우리는 그 모습을 '거룩함'으로 묘사한다. 여기에서는 하나님이 전부다. 하나님의 인격 중심에서 흘러나오는 놀라운 영광의 빛에 참여하는 바가 되는 세계다.

엄마의 품속에서 엄마의 눈을 떼지 않는 아가의 행복과 평안은 오직 엄마의 자비와 사랑과 생명의 풍성함으로 인함이다. 이와같이 성결의 세계는 하나님 외에 아무것도 필요하지 않는 세계다.

성부·성자·성령이 "거룩하도다! 거룩하도다! 거룩하도다!"라고 영광송만 받으시는 그런 지성소와 같은 세계다. 이 깊은 세계를 맛보는 자는 예수 그리스도가 보내주시는 성령으로 세례를 받아 그로 말미암아 충만한 자다.

하나님의 세계는
'신유의 세계'다!

신유의 세계는 하나님이 피조물을 그의 사랑과 권능으로 치유하는 세계다. 하나님이 창조자의 주권을 가지고 병든 만물을 치유하심으로써 원창조의 모습으로 회복하시는 세계다. 이를 위해서 하나님은 그리스도와 성령을 보내셔서 하나님의 백성들로 하여금 예수의 이름으로, 성령의 능력으로 창조의 질서를 파괴하는 세력과 대항토록 하신다.

신유의 세계에서는 하나님이 만물을 얼마나 사랑하는지, 그의 능력이 얼마나 광대하신지 보고 느끼고 경험할 수 있다. 아담의 타락 이후 온 우주 만물과 그리고 그 안에서 운행되는 역사가 흔들릴 때, 하나님은 그의 섭리 가운데 그의 말씀으로 치유하시고 보전하시는 분이심을 구약성경과 신약성경을 통해서 뚜렷이 보여준다.

그리고 인류 역사 안에서 이루어지는 크고 작은 사건들 안에서도 하나님의 치유는 끊임없이 이루어지고 있다. 하나님의 자녀들과 그리스도 교회는 세상을 치유하시는 신유의 세계에 일꾼으로 초대받고 있다.

하나님의 세계는
'재림의 세계'다!

신유의 세계가 만물을 부분적으로나마 원창조로 회복하시는 하나님의 사랑과 그 능력을 경험하는 세계였다면, 재림의 세계는 만물을 완전히 새롭게 세우시는 하나님의 공의와 그 능력을 경험하는 세계다. 그것은 마지막 때에 온 우주의 통치자로 오실 예수 그리스도에 의해서 세워지는 왕국이다.

이 세계에서는 오직 하나님과 그의 아들 예수 그리스도와 성령의 말씀에만 순종하며 살다가 부름 받거나 순교한 하나님의 자녀들이 그리스도와 함께 만물을 다스리는 영광을 누리는 세계다. 여기에서는 오직 아버지와 아들만이 빛으로 다스리시고, 어둠은 조금도 자리할 수 없는 세계다.

이 재림의 세계는 어둠 속에서 사는 빛의 자녀들에게 풍랑 속의 등대와 항구와 같은 세계다. 이 세계가 너무도 분명히 보이기에 이 땅위의 하나님의 백성들은 하나님의 계명을 따라 소망 가운데 인내하며 재림의 세계를 기다린다.

성경, 그리고 사중복음!

우리는 다시 물어야 한다. 무엇을 다시 배우고, 무엇을 다시 가르쳐야 할 것인지를! 아우구스티누스·루터·칼뱅·웨슬리·냅·카우만·길보른·김상준·이명직·이성봉이 사중복음 공동체를 하나님의 광대한 빛의 세계로 일정 부분 안내하는 데 기여했다면, 그것은 그들이 철저히 '성경의 사람들'이었다는 데서 그 비결을 찾을 수 있을 것이다.

그렇다면, 이제 우리의 신학이 일차적으로 신학자들을 연구하는 관행에서부터 돌이켜, 먼저 성경의 세계 자체에 깊이 들어가는 길로 선회(旋回)해야 한다. 방법은 여러 가지다. 루터는 위대한 스콜라 학자들에게보다는, "기도(oratio)·묵상(meditatio)·연단(tentatio)"의 방법으로써 먼저 성경의 세계에 들어갔다.

4 사중복음과 샬롬의 하나님 나라

하나님의 나라는 샬롬(*shalom*)이 넘치는 나라다. 그리고 이러한 하나님 나라를 하나님 나라 답게 하는 것이 사중복음이다.

하나님이 창조한 세계의 처음 모습은 샬롬의 상태였다. 그러므로 샬롬을 경험할 수 있었던 에덴동산은 하나님 나라의 한 모델이다. 그 나라의 모습은 한마디로 표현된다.

하나님 보시기에 좋았더라(창 1:4).

그중에서도 "심히 보기 좋았던" 존재가 바로 인간이다. 왜냐하면, 인간은 바로 그 온전함의 원형인 "하나님의 형상"으로 창조되었기 때문이다.

그러나 아담이 사탄의 유혹에 빠져 선악과를 따먹음으로 말미암아 주어진 그 하나님의 형상이 깨어졌다. 사탄은 하나님을 대적하여 이길 수는 없었지만, 하나님의 피조물들에 대해서는 자기 뜻을 이룰 수가 있었다. 샬롬을 깨는 것이었다. 하나님이 보시기에 좋지 않은 것으로 변질시켜 놓는 것이다. 그것이 사탄이 하는 일이고, 그 일의 1순위가 인간의 샬롬을 깨는 것이었다.

샬롬 없는 나라와
샬롬의 복음

에덴으로부터 추방된 이후의 인류 역사를 '비극적'인 것이라 말해야 한다면, 그것은 인류 가운데 '샬롬의 부재(히, *ein shalom*)'를 보기 때문이다.

이에 대한 첫 번째 증인은 무엇보다도 성경이다. 창세기 이후 요한계시록에 이르기까지 모든 성경이 보여주고 있는 것은 인간의 삶에 샬롬이 없다는 것이다. 성경은 '에인 샬롬'의 인간을 처절하게 고발한다.

두 번째는 성서 시대 이후 지금까지의 인류 역사가 증거한다. 전쟁과 가난과 질병과 재난이 없었던 때를 찾기 어렵다. 인간의 역사는 한마디로 샬롬 부재의 역사다.

이러한 샬롬 없는 인류를 보시고 안타까워하시는 하나님의 마음을 볼 수 있는 책 역시 성경이다. 샬롬 부재의 인간 세계를 향해 가장 마음 아파했던 그 한 사람이 바로 성경의 주인공으로서 성탄의 주로 오신 예수 그리스도다. 그러므로 우리가 흔히 말하는 '예수의 영성'은 한마디로 '샬롬의 영성'이다! 예수의 마음은 샬롬으로 가득 차 있었다. 그렇기에 성경은 그를 "샬롬의 왕"이라 선포한다.

우리 그리스도인이 찾고자 하는 예수의 영성, 그 영성의 한 가운데 샬롬이 있다. 그 샬롬으로 초대하는 것이 복음을 전하는 것이다.

이 복음을 전파하기 위하여 하나님께로부터 보내심을 받은 자가 바로 예수 그리스도요, 그로부터 다시 보냄 받은 자들이 교회다.

예수께서 외치신 복음의 실체는 하나님의 나라다. 그러므로 하나님의 나라는 샬롬으로 가득 넘치는 나라여야 하며, 교회는 그 샬롬을 경험하는 에덴이어야 한다.

샬롬의 복음, 사중복음

19세기 북미 대륙은 성령의 다양한 역사가 뿌리내린 모판이었다. 부흥 운동, 성결 운동, 신유 운동, 종말론적 선교 운동이 확산되었던 곳이다. 이러한 운동들은 결국 '온전한(entire)' 구원과 이를 위한 '온전한(full)' 복음에 대한 갈망으로 일어난 것이었다.

20세기 초 한반도에 예수의 바람, 성령의 바람으로 상륙한 복음이 바로 중생·성결·신유·재림이라는 '사중복음'이었다. 이 사중복음이야말로 하나님 나라의 샬롬을 갈망하는 모든 교회를 위한 '신앙의 표준(regula fidei)'

이요, 또한 복음주의 신학의 골격(骨格)과 같은 것이라는 사실을 제대로 간파하고 있는 자들은 극히 드문 것 같다.

사중복음은 인류로 하여금 잃어버린 하나님 나라의 샬롬을 회복케 하는 "온전한 구원의 복음(Full Salvation Gospel)"이요, 신학적으로는 그 자체로 복음의 인본주의적 세속화를 막는 복음주의적 신학의 강력한 방패가 되기에 부족함이 없다.

그렇다면 구원의 샬롬을 향한 이러한 사중복음은 오늘날 사분오열로 깨어져있는 교계와 신학계에 만연한 '샬롬 부재'의 현실을 타개하여 새롭게 샬롬을 경험케 하는 원동력이 될 수 있도록 해야 한다.

어떻게 그것이 가능한가?

무엇보다도 사중복음의 샬롬 정신이 드러나도록 하는 것이 우선이다. 그렇게 될 때, 하나님 나라의 샬롬을 추구하는 사중복음은 '분파적 교리주의'와 동시에 '통합적 혼합주의'를 거부하는 것으로 나타날 것이다.

사중복음의 샬롬 정신을 실현하려는 자들은, 예를 들어, 루터·칼뱅·웨슬리 등 역사상의 탁월한 영적 지도자들의 복음적 삶과 사상을 배우고 따르더라도 교리주의에 빠지는 것을 경계한다.

중생·성결·신유·재림의 사중복음은 영·육·혼의 구원과 개인·공동체의 구원을 아우르는 '온전한 구원'의 복음이기 때문에, 사중복음적 샬롬의 정신으로 살고자 하는 자는 분파적 교리주의에 저항하게 되어 있다.

사중복음은 루터주의자들, 칼뱅주의자들, 웨슬리주의자들이 서로가 차별화하여 주장하는 체계적 교리들을 복음적 판단의 절대적 기준으로 설정하는 것에 대해서는 허락하지 않는다. 왜냐하면, 칼뱅주의나 웨슬리주의 등과 같은 분파적 교리주의에 기울어지는 순간부터 샬롬을 위한 소통은 근본적으로 거부되기 때문이다.

예수의 복음,
대인의 사중복음

　　　　　　　　이러한 교리주의는 바리새주의자들이 취했던 '소인(小人)'의 신학이지, 예수께서 보여주었던 '대인(大人)'의 신학은 아니다.

　사중복음의 정신에 입각한 하나님 나라의 샬롬은 큰 믿음, 큰 마음을 지닌 대인의 영성과 신학으로만 실천되고 이야기될 수 있다.

　사중복음의 자장(磁場)이 미치는 곳에는 소인배들이 들어와 샬롬을 깨뜨릴 수 없다. 급하고 강력한 성령의 바람과 그 능력이 분리적 교리주의가 들어오는 것을 막고 있기 때문이다.

　칼뱅주의를 말하면서 웨슬리를 거부하거나, 웨슬리주의를 주창하면서 칼뱅과 단절하고 있다면 그것은 소인배의 신학일 뿐이다. 그러한 소인신학은 하나님 나라의 샬롬과 아무런 상관도 없다.

　중생의 진리만을 강조하게 되면 행위를 가볍게 보게 되고, 성결의 상태만을 서둘러 강조하게 되면 율법주의라는 껍질 속에 갇히게 되고, 신유에 몰두하다 보면 표적을 따르는 기복신앙으로 떨어질 수 있게 되고, 재림에 초점을 맞추다 보면 삶의 역사 안에서 자라는 하나님의 나라를 놓칠 수 있게 된다.

　그러므로 복음은 사중적으로(four-fold) 중생·성결·신유·재림이 상호 연관되어 균형을 유지할 때 '온전한 구원' 곧 하나님 나라의 샬롬을 경험할 수 있다.

　어느 한 가지를 복음의 중심으로 잡을 수 있지만, 그 한 가지를 위해 다른 것을 약화시켜서는 안 된다. 오히려 다른 것들이 그 한 가지를 더욱 확고히 세워주는 역할을 하게 함으로써 중심이 강화되면서도 온전한 조화의 샬롬을 이룰 수 있기 때문이다.

　마치 자기가 없는 듯 모든 것과 소통하되 자기를 잃지 않는 자가 대인(大人)이다. 큰 믿음의 사람이다. 아무 것과도 소통하지 않으면서 자기를 지키고자 하는 자는 소인(小人)이다. 믿음이 적은 자다. 그는 결국 자기도 지킬 수 없게 된다.

사중복음은 대인신학의 열쇠요, 대인에게 어울리는 복음이다. 분파적 교리주의와 교권주의자들이 감당할 수 없는 파괴와 건설의 힘이 그 안에 있다.

하나님 나라의 샬롬을 위한 온전한 구원과 온전한 복음, 곧 사중복음을 통해 대인(大人)의 영성과 신학과 목양의 길, 그리고 통일의 길이 열릴 수 있을 것이다!

5 교파주의 만리장성 신학을 넘어

한국 교회가 세계 신학계에 이바지한 진보 진영에서의 한국적 신학은 토착화 신학과 민중 신학으로서 그 특징은 기독론 중심이었다고 할 수 있다. 그래서 우주적 그리스도, 역사적 예수, 혹은 '민중으로서의 예수' 등으로 다양하게 전개된 기독론은 한국 교회가 지난 한 세기 동안 서 있던 문화와 역사의 현장 속에 뿌리를 내릴 수 있었다.

**교파주의 신학 초월의 플랫폼,
사중복음**

반면에, 한국의 복음주의 전통에 서 있는 교회는 자신의 목회에 교파주의 신학을 넘어 사중복음을 음으로 양으로 선교 현장에 적용하여 영적 사역의 근간으로 받아들였다. 장로교· 감리교· 성결교· 순복음· 침례교 구분할 것 없이 중생·성결·신유·재림은 복음주의로 자처하는 대부분 교회의 강단 메시지였고, 교회 교육의 주요 커리큘럼이었고, 목회적 실천 내용 자체였다. 그러나 복음주의 신학은 칼뱅이나 웨슬리, 바르트나 몰트만과 같은 서구 전통 신학이나 현대 신학자들을 우선시하는 분위기에서 그들을 좇아 다니다가 자신의 핵심인 사중복음을 제대로 다룰 수 있는 기회를 갖지 못하였다.

  사중복음은 성육신하시고, 십자가를 지시고, 부활하시고, 승천하시고, 재림하시게 될 복음 자체이신 예수 그리스도의 것으로서 오직 그분으로부터만 나올 수 있는 값비싼 선교적·목회적·윤리적·신학적 보화였지만, 교회는 사중복음을 하늘에서 내리는 빗물처럼 값싸게 다루었다. 아무도 이를 좋은 그릇에 담아 값진 것으로 소개하지 않았다. 오랜 브랜드 가치를 자랑하는 칼뱅·루터·웨슬리·바르트·틸리히 등이 복음 가운데서 잠시 경험했던 것을 주요 신학적 의제로 다루는 데 만족해하고 있었다.

  현대신학이 교회와 신학의 영역에서 적극적으로 자기 목소리를 내기 전까지 성결교회는 구한말 신분제 사회 체제 가운데서 부패하고 부조리한 사회에 평화적으로 맞서고 솔선수범하는 성결 공동체로서의 자기 정체성을 분명히 하고 있었다. 외세의 침범과 병마의 고통 속에 신음하는 대중들을 위로하고 치료하는 힐링 캠프가 되었으며, 소망 없는 정치·사회적 현실에서 새 하늘과 새 땅을 소망하며 주어진 현실을 은총으로 받아들이는 종말론적 공동체로서 백성들의 안식처가 되어 주었다.

  앞으로도 성결교회가 사중복음의 가치를 교리나 표제의 수준을 넘어 신학·영성·세계관 및 정신의 차원에서 바라볼 수 있는 눈을 가지게 될 수 있다면, 교파주의 신학들이 벌이는 우열의 경쟁 속에서도 복음의 능력을 발휘하면서 신학적으로도 힘 있고 건강한 주장들을 외치면서 시대적 이슈들을 선도할 수 있을 것이다.

  왜냐하면, 사중복음은 이름이 복음으로 되어있을 뿐이지, 신학자의 눈으로 볼 때 그것은 하나의 초교파주의적이며 가장 심오한 복음주의 신학이 압축된 체계인 것이 분명하기 때문이다. 이는 마치 루터, 칼뱅, 웨슬리 등의 이름들을 들을 때, 단순히 한 그리스도인으로가 아니라 각각의 커다란 신학 체계로 들리는 것과 같다. 그처럼 사중복음에 굳이 신학이라는 말을 붙이지 않더라도 신학적으로 탄탄한 성서적이며 복음적인 논리요 구조인 것이다.

사중복음,
교파주의 만리장성 시대를 넘는 인공위성

성결교회는 어떤 의미에서 탁월한 신학적 교부를 갖지 못했어도, 사중복음 자체를 제대로 믿고, 그 능력을 체험하고, 삶 속에서 윤리적으로 풀어내는 인물들이 많이 나타나면 나타나는 것만큼, 그들의 모든 것은 신학적으로 가장 안전하고 훌륭한 신학 포럼이 된다고 할 수 있다.

그러니 사중복음 혹은 사중복음신학은 학문적 훈련을 받은 신학자들에 의해서 그 가치가 드러나기 전에, 오히려 사중복음을 가슴에 품고 사는 목회자들과 성도들에 의해서 먼저 빛이 발하게 될 수 있다. 이때 신학자들의 역할은 이들이 경험한 것을 사중복음 이야기 그릇에 각기 담아내는 것이다.

이제 사중복음 목회의 길은 난해한 성서주석이나 교리서라는 험로를 휘돌아가지 않아도, 사중복음의 눈으로 세상을 보고, 성경을 읽고, 사중복음의 정신으로 시대정신을 비추어 교회 공동체가 다다라야 할 하나님의 통치 아래 들어가게 하는 것 외에 다름이 아닌 것을 알게 된다.

이때 오랜 전통의 교파주의 신학이라는 높은 울타리는 하늘에서 내려다보이는 만리장성(萬里長城)과 같을 뿐이다. 기원전 3세기 중국의 진나라 시황제 때 북쪽 흉노족의 공격을 방어하기 위하여 동쪽 요동성에서 서쪽 간수성까지 16세기까지 계속 개축되어, 약 4천 킬로미터에 이르는 만리장성이 오늘날에는 무슨 의미가 있는가!

사중복음은 루터·칼뱅·웨슬리·냅을 잇는 교파주의 신학의 만리장성을 우주에서 내려다보는 인공위성과 같은 것이다. 영적 전투 현장에서 더 이상 교파주의 신학이라는 옷을 입고 싸우기보다는 사중복음으로 전신갑주를 입고 나가는 사중복음 목회, 사중복음 선교가 절실히 필요한 21세기 현대가 되었다.

사중복음으로 태어났으면서도 어머니인 사중복음을 부끄러워하는 사중복음 공동체가 되어서는 안 된다.

언제까지 사중복음신학은 뭔가 부족할 것 같다는 끝 모를 자기비하의 늪 속에 빠져 있을 것인가?

언제까지 교회와 국가의 분리라는 엄정한 사회·정치적 현실 위에 터 잡고있는 교파주의 교회에 교회와 국가의 일치라는 안정망 위에서 생산된 국가교회의 신학적 옷을 입히려 우리의 신학적 역량을 소진할 것인가?

사중복음 공동체는 하나님께서 위탁하신 사중복음의 씨앗을 이 한반도와 전 세계 복음의 불모지에 파종해야 할 사명과 특권이 있다.

사중복음의 씨앗은 육안으로 보면 작아 보일지 모르지만, 영안으로 보면 그 속에 세계를 품을 수 있는 하나님의 사랑과 복음의 능력이 깃들어 있다. 궁극적으로 사중복음은 신부인 교회를 신랑 예수 그리스도에게로 온전히 이끌어 주며, 그리스도는 하나님 아버지를 보여주시고, 그리고 하나님은 우리 교회에 하나님 나라를 중생·성결·신유·재림의 언약과 능력으로 경험케 하시며 누리게 하신다.

이제는 담대히 사중복음으로 무장하여 호모 데우스 시대정신과 쟁투를 벌여야 할 때가 되었다. 사중복음은 목회를 위한 양식이요, 공격 무기요, 방어를 위한 전천후 성곽이요, 모든 이단을 척결할 백신과 같은 신학의 원자료다. 사중복음은 그리스도의 것이요, 그리스도는 하나님의 것이기 때문에, 사중복음에 사로잡히면 반드시 하나님의 승리를 맛보게 될 것이다.

제3장

사중복음으로 열리는 하나님 나라

지금 온 인류는 신과 같이 전지전능한 지위의 삶을 꿈꾸면서 호모 데우스의 고속도로를 질주하고 있다. 무지로부터의 구원이나 무능으로부터의 구원은 신이 주는 것이 아니라, 내가 선악을 알게 하는 지식의 열매를 얼마나 많이 따먹느냐의 여부에 달려있다고 믿으면서 충성스러운 데이터교(Dataism) 신도가 되어가고 있다. 전지전능은 과학기술을 고도로 발전시킴으로써 스스로 획득할 수 있을 뿐이다.

진화론적 과학주의 세계관과 데우스 호모 예수

이와 같은 진화론적 과학주의 세계관이 삶의 전 영역을 지배하고 있는 상황이, 신이 인간이 되신 신인(神人) 데우스 호모 예수를 믿고 따르는 예수 공동체 교회가 처해 있는 현실이다.

데우스 호모 예수 공동체의 구원 이야기는 호모 데우스 과학기술 사회가 들려 주는 이야기와 전혀 다르다. 데우스 호모 예수의 복음 이야기는 지금까지 서론적으로 소개하였던 중생·성결·신유·재림의 사중복음이다. "온전한 구원의 복음(Full Salvation Gospel)"으로 선포되고 있는 사중복음은 이를 믿음으로 받아들이는 자들에게는 곧바로 '신앙의 목표(telos fidei)'가 된다.

- 하나님 나라는 성령으로 거듭나므로 들어간다: 중생의 복음
- 하나님 나라는 성령세례 받음으로 체험된다: 성결의 복음
- 하나님 나라는 예수 이름의 능력으로 확장된다: 신유의 복음
- 하나님 나라는 예수 다시 오심으로 완성된다: 재림의 복음

그렇다면 과연 신앙의 목표가 되는 이 사중복음의 세계는 어떻게 묘사될 수 있는가?

전통적이고 교리적인 사중복음 이해는 사중복음에 대한 개념을 성경에 기초하여 해설하고 정의하는 것으로서 기본적인 단계에 속하는 것이다.[1] 그러나 사중복음의 능력은 이 교의를 믿고 아는 것으로 나타나는 것이 아니라, 사중복음의 세계 속으로 들어가야 비로소 그 실재가 드러나게 되어 있다.

만일 우리가 사중복음을 말할 때 그것이 주는 은혜와 능력의 깊이를 경험치 못한다면, 그것은 우리가 사중복음을 '교리적으로' 이해하는 것에 그치고 있기 때문은 아닌지 확인해 볼 필요가 있다. 사중복음에 대한 교리적 이해를 통해서는 사중복음이 지니는 본래적인 능력과 비전을 맛볼 수 없고, 단지 서론적인 윤곽만을 아는 데 그칠 뿐이다. 사중복음에 대한 교리적인 이해는 다음과 같이 요약될 수 있다.

죄인이 회개하여 예수 그리스도를 믿고 중생한 후, 성령세례 받아 성결하고, 신유의 은혜로 질병으로부터 나음을 얻고, 주님 다시 오시는 재림의 때 죽은 자들이 먼저 부활하고, 산 자는 들림을 받아 천년왕국에 참예하고, 그 후 영원한 하나님 나라를 누리게 됨을 믿는다.

이러한 사중복음 신앙은 하나님이 세상을 사랑하여 예수 그리스도를 보내어 그로 말미암은 십자가와 부활의 능력에 우리가 믿음으로 참여하고 그리스도의 승천 후 보내신 성령을 통해서 사중복음의 실재를 경험할 수 있게 된다는 놀라운 약속을 믿음으로 붙잡는 것이다.[2]

이러한 신앙고백이 나의 경험적 사실로 실제화하는 자리에까지 나가기 위해서는 이러한 교리적 신앙고백을 기본으로 하여, 더 깊은 데로 나갈 수 있어야 한다. 그렇지 않고 사중복음에 대한 교리적 이해에 머물러 버린다면, 이는 마치 서울 구경하러 온 사람이 서울 외곽의 사대문 앞까지 와서 시내 안내판을 둘러보고 서울 구경을 다했다고 하는 것과 같을 것이다.

사대문은 서울을 지키면서 사람들이 그 안에서 활동할 수 있도록 드나들게 하는 데 목적이 있지 대문 자체에 초점이 있는 것이 아니다. 사중복음을 교리적으로 이해하는 데 그친다면, 그것은 우리가 사대문을 통과하여 그 안에 있는 경복궁이나 덕수궁과 같은 것을 보지 못하고 웅장한 동대문이나 남대문만 보고 돌아가는 격이다. 그렇게 되면, 사중복음을 통해 드러내고자 하는 하나님 나라의 세계는 보잘 것 없는 것으로 여겨지게 되고, 또한 교리적 메시지 이상 더 발전적인 단계로 나갈 수 없게 되는 것이다.

그러므로 성경에 기초한 사중복음 '교리'라는 안내 표지판 앞에서 머물지 말고, 이를 통과하여 성경이 보여주고 있는 사중복음의 광대한 세계를 직접 보고 느끼고 경험할 수 있어야 한다. 이제는 사중복음이 본론적으로 펼쳐 보여주고자 하는 하나님 나라의 광활한 세계를 개념적으로 축소한 약도만 보고 서울을 이야기하는 것과 같은 단계를 넘어서야 한다. 그러나 약도의 안내 없이는 서울을 제대로 경험하기 어렵기 때문에, '사중복음 교의학'의 도움을 받는 것은 매우 중요한 일임을 간과해서는 안 된다.[3]

사중복음으로
열리는 세계

문이 중요한 것은 그 문 자체 때문이 아니라, 그 문을 통해 열리는 세계가 중요하기 때문이다. 우리가 사중복음을 믿고, 묵상하고, 삶에 적용코자 하는 것은 사중복음이 무엇인지를 교리적으로 소개하는 데 있는 것이 아니라, 사중복음을 통해 열리는 놀라운 세계를 보고, 누리며, 한 걸음 더 나아가, 이를 경험하지 못한 자들에게까지도 힘 있게 전하고자 함이다.

이제 우리는 사중복음이 무엇이며, 사중복음이 열어주고 있는 세계의 실재가 무엇이며, 사중복음적 사유의 특징 및 그 정신이 무엇인지를 요약적으로 밝힌다. 이를 위해서 우리는 사중복음을 '사중교리'로, 혹은 '전도표제'로, 혹은 '신앙의 규율'로, 혹은 '성경 해석의 원리' 등으로 규정해 놓고 있는 교회 공동체의 기본 정의로부터 시작하고자 한다.

1 중생의 문으로 열리는 하나님 나라

중생: "주 예수께서 니고데모에게 가르치신 중생의 도리는 실로 기독교의 입문이며 천국시민의 자격을 갖추는 유일한 도리이다. [거듭나지 아니하면 하나님 나라를 볼 수 없느니라](요 3:3). 중생은 곧 영으로 나는 일이니 신비에 속한 영적 변화이며 모든 사람이 자기의 죄를 회개하고 십자가에 달려 속죄의 피를 흘리신 예수 그리스도를 믿을 때, 성령의 역사로 새 생명을 얻어 그 사람의 심령과 인격 전체에 근본적 일대 변혁을 일으키는 것이니 이는 진실로 천국복음이다."[4]

교리로서의 중생은, 비유하자면, 서울로 입성하는 사대문과 같다. 사대문의 방향과 이름만 다르지 도성에 들어가는 입구라는 점에서는 같은 것이다. 각 문의 현판에는 토마스 신학, 루터 신학, 칼뱅 신학, 웨슬리 신학이라는 이름이 새겨져 있지만, 모두 동일하게 '중생'이란 이름을 가진다. 사대문 어디가 되었든지 그 문을 통과할 수 있는 자는 예수 그리스도를 통해 죄 사함을 받고 성령으로 거듭난 자들이다(요 3:3).

예수께서 "양의 문"(요 10:7)이다! 이 문을 통과하여 들어가는 자는 일생을 중생의 세계에서 살기 시작한다. 다시 말하여, 왕의 법으로 통치되는 하나님 나라의 백성이 되는 것이요, 하나님의 자녀가 되는 것이다(요 3:16). 이 세계는 하나님이 준비해 놓은, 형언하기 어렵도록 아름다운 세계다.

물론 이 세계는 오직 믿음으로만 맛볼 수 있으며, 하나님의 자녀들이라면 누구에게나 열려 있는 은총의 세계며, 하나님께서 예수 그리스도를 보내서 이루어 놓으신 "하나님의 의(dikaiosune theou)"의 세계다. 즉, 중생한 자는 하나님의 은총으로 주어진 의를 믿음으로 누린다. 이를 역으로 말하자면, '하나님'이 왕이 되어 '자신의 주권'을 가지고 자신의 백성을 다스리고, '자신에게 예속시키고' '책임적 존재'로 삼는다는 것이다.[5]

십자가의 은총과
믿음

이처럼, 우리가 통과하게 되는 그 멋진 성의 첫 대문은 우리를 중생의 세계로 안내한다. 이 대문은 오직 예수 그리스도의 십자가의 은총을 믿음으로 받아들인 자들에게만 열린다.

교리적 중생을 논하는 자리에서는, 믿음으로 구원을 받은 자의 실재를 지칭할 때 '칭의(justification)', '중생(regeneration, 딛 3:5; 벧전 1:3)', '신생(new birth)', '새로운 피조물(고후 5:17)', '양자(養子, adopted son, 롬 8:14~15, 23; 갈 4:5~7)', '하나님의 자녀', '하나님의 백성'이라는 말을 하게 되고, 그 다음은 중생 자체에 대한 성서적인 근거를 밝히고, 그리고 다양한 신학 전통에서 가르치고 있는 구원론을 이해하는 것으로 마감된다.

그러나 사중복음의 중생은 교의학의 구원론 전개 가운데 있는 하나의 단계나 과정을 넘어서 '중생의 세계'를 보여주는 데까지 나간다. 다시 말해, 중생의 대문을 통과하게 되면 확 펼쳐지는 놀라운 영적 세계가 소개된다. 그리고 그 안에서의 삶이 어떠한 것인지를 맛볼 수 있다. 이 중생의 세계야말로 성령이 하나님의 자녀들로 하여금 경험케 하는 하나님 나라의 현실이다(마 12:28).[6]

그렇다면 하나님 나라의 현실로서의 중생의 세계는 어떤 곳인가?
엄마 뱃속에 있던 아기가 세상으로 나오게 되면 아기는 이전과는 전혀 다른 삶의 생태계에 들어간 것이다. 아이는 어둡게 갇혀 있던 세계에서 나와, 신선한 공기와 밝은 태양, 푸른 나무와 산, 높은 하늘과 구름, 아름다운 꽃들, 생명의 환희를 보는 등의 새 생명의 실재를 경험하게 된다. 바울이 말했던 세계, 곧 "먹는 것과 마시는 것"에 의해서 지배되지 않고, "오직 성령 안에서 정의와 평화와 기쁨"이 넘치는 곳(롬 14:17)이 다름 아닌 중생의 세계다.

인간 세계에서 사람들이 서로 경쟁하며 싸우며 전쟁 연습을 할지라도 해와 달과 별은 변함없이 운행하고, 흙과 바람과 물은 모든 생명을 키운다. 같은 원리로, 중생의 세계에서도 하나님의 자녀들이 에덴동산에서와 같이 왕의 법도를 따르지 않아 어둠의 길을 걷게 될 수도 있다. 그러나 중생의 세계는 여전히 하나님의 사랑과 공의의 빛이 다함이 없이 넘치는 곳이다. 혹 내가 청각과 시각 장애로 인하여 빛을 못 보고, 아름다운 음악을 듣지 못할지라도, 나와 관계없이 세상은 빛과 소리로 가득 차 있는 것이다.

사대문 밖의 어두운 곳에 있던 자들에게 예수 그리스도께서 십자가를 지신 순종과 은총으로 인해 구원의 빛이 비취었다. 그 빛을 보고 자신의 죄인 됨을 고백하고 예수 그리스도를 믿는 자는 성령의 역사로 거듭남으로써 중생의 세계 곧 하나님 나라에 입성하게 된다.

육신적으로 혹은 사회적으로는 예수로 인하여 핍박과 고난을 받을 수 있을지라도, 또는 이러저러한 유혹에 빠져 불신앙의 죄 가운데 있었을지라도 다시 회개하고 돌아온 자들이 경험하는 중생의 세계는 '모든 눈물을 그 눈에서 닦아' 주시고, '다시는 사망이 없고 애통하는 것이나 곡하는 것이나 아픈 것이 다시 있지 아니' 한 세계다.

중생의 문으로 들어온 자는 '거룩한 성 새 예루살렘' 가운데 거하며, '하나님의 장막이 사람들과 함께' 있으며, '하나님의 백성이 되고 하나님은 친히 그들과 함께' 계시는 영광을 누리는 기회를 가질 수 있다. '생명수 샘물'을 '값없이' 받아 마시는 곳이 중생을 통해 열려진 하나님 나라의 세계다.

이것뿐이 아니다. 새 예루살렘으로 상징되는 이 하나님 나라는 요한계시록 21~22장에서 눈부시도록 아름답게 묘사되어 있다. 중생한 자는 이 세계를 선취적으로 맛보는 것이다.

새 왕이 다스리는
세계

그러나 중생한 자가 새로운 왕(Herrschaftwechsel)에 속해 있게 되어 그의 지배를 받는다고 하더라도 자동적으로 되는 것은 아니다. 오히려 그는 종말론적으로 그리스도의 통치와 사탄의 통치 사이에서 선택해야 하는 잠재적 존재이다.

그러므로 중생자라도 '항상 세례로 돌아가야 하는 존재(ständiger reditus ad baptismum)'임을 기억해야 한다.[7]

케제만이 결론짓듯이, 바로 이 지점에서 선물(Gabe)로서의 '하나님의 의'가 지니는 두 가지 해석학적 관점, 즉 '의롭다고 선언함(gerecht erklären)'과 '의롭게 함(gerecht machen)' 사이의 바울적 변증법의 긴장 관계가 바로 이해될 수 있다. 이 사실은 중생의 세계가 어떠한 모습을 띠게 되는지를 보여주는 데 기여한다. 여기에서는 하나님의 의를 단지 하나의 독립된 선물로만 여길 수 없다. 그렇게 된다면, 우리가 스스로 실현해야 할 일을 하나님이 원칙적으로 해줘버린 것이 되든, 아니면 우리를 본래대로 바꾸어 버린 것이 되기 때문이다.[8]

그렇다면 중생의 세계에서 변증법적 하나님의 의(義)는 어떻게 드러나는가?

현재적으로, 그리고 동시에 종말론적으로 경험된다.

"선물에는 만드는 힘이 있다(Machtcharakter der Gabe)"라는 사실과 그리스도의 주권적 통치(Herrschaft Christi)가 본질적으로 하나님의 선물이라는 것을 받아들인다면,[9] 중생의 세계는 우리가 현재적으로 누릴 수 있는 하나님의 전적인 선물이면서 동시에, 사탄이 견제하고 있는 지상의 삶에서는 "항상 세례로 돌아가야 하는 존재"로서 계속해서 그리스도의 통치하에서 "성령으로 믿음을 따라 의의 소망을 기다(려야)"(갈 5:5) 하는 종말론적 세계이기도 한 것이다.[10]

현재적이며 종말론적인 중생의 세계가 예수 그리스도의 십자가와 부활 그리고 성령의 역사로 그를 믿는 자들에게 열려져 있다는 소식이야말로 복음 중의 복음이다. 세상에 이보다 더 복된 소식이 있을 수 없다!

중생의 세계에서
경험하는 것

중생의 세계에서는 무엇보다도 먼저는 하나님의 음성을 들을 수 있다.

진리의 성령이 밝히는 빛을 볼 수 있다.

하나님의 자녀들과 교제를 나눌 수 있다.

세상에서의 필요를 구할 수 있다.

창조와 구원의 하나님을 찬양하는 노래를 들을 수 있고, 또한 직접 노래할 수 있다.

　온 우주 만물의 피조세계가 하나님의 영광을 위하여 존재하고 있는 것을 볼 수 있다.

　구원받은 자들의 감사와 기쁨이 넘쳐 있음을 볼 수 있다.

　공의의 강물이 흐르고, 주 예수 그리스도의 은혜와 하나님의 사랑과 성령의 교통하심이 있다(고후 13:13).

　두려움은 찾아볼 수 없고, 오직 평화만 있다(빌 4:7).

　'하늘에 속한 모든 신령한 복'과 하나님의 '모든 지혜와 총명'을 받을 수 있다(엡 1:3,8).

　지극히 큰 '하나님의 능력'(엡 1:9)을 경험할 수 있다.

　만유 위에 계시고 만유를 통일하시고 만유 가운데 계신 하나님을 볼 수 있다(엡 4:6).

　'하나님의 공의'가 지배하는 것을 볼 수 있다(살후 1:7).

　'거룩하게 함을 입은 자들'과 형제로 사귈 수 있다(히 1:11).

　아브라함과 같은 믿음의 사람들을 만날 수 있다.

　무엇보다도 생명수를 떠 주는 예수 그리스도 앞에 나갈 수 있다(계 22:17).

2 성령세례로 열리는 하나님 나라

성결: "이는 교인이 받을 성령세례를 가리킴이니 주 예수께서 [요한은 물로 세례를 베풀었으나 너희는 몇 날이 못 되어 성령으로 세례를 받으리라] (행 1:5)고 약속하신 대로 오순절에 제자들은 성령의 세례, 즉 성결의 은혜를 체험하였으니(행 2:1~4) 우리도 모든 사람을 중생으로 인도하고 중생한 처지에 있는 신자들은 성결의 은혜를 체험하도록 인도한다. [모든 사람으로 더불어 화평함과 거룩함을 좇으라 이것이 없

이는 아무도 주를 보지 못하리라] (히 12:14)."¹¹

중생의 세계가 영적 세계를 구성하지만, 하나님 나라는 여기에서 그치지 않는다. 더 깊고 복된 차원이 있다는 것은 놀라운 일이 아닐 수 없다. 그것은 거룩함의 영역이다. 중생의 세계는 아담과 이브가 경험한 에덴동산에 비유될 수 있다. 거기에는 하나님이 창조해 놓은 온갖 아름다운 동물과 식물, 땅과 하늘, 물과 바람이 있어 부족함이 없어 보인다.

성결,
하나님 자신의 세계

그러나 아담에게 그 모든 것이 다 갖추어져 있어도 하나님과 그의 임재가 없다면 창조의 완성은 없다. 최상의 복은 만물의 창시자요 자신을 만드신 하나님 아버지와의 친밀한 사귐 가운데 있는 것이다. 이러한 사귐을 통하여 모든 빛과 영광의 근원이신 하나님 자신의 세계, 그와의 인격적 만남에서 경험하는 세계는 중생의 세계에서 맛보았던 것과는 또 다른 차원이다. 이것을 우리는 '거룩함' 또는 '성결'의 세계라 부른다.

이 세계는 하나님 자신 한 분만으로 만족할 수 있는 세계다. "중생한 처지에 있는 신자들"이 "성결의 은혜를 체험하도록 인도한다"라는 말은 바로 성결 자체이신 하나님과 깊은 사귐이 있는 세계로 들어가도록 한다는 것이다.

성결의 하나님이 원하시는 성결의 세계에 대한 말씀은 기본적으로 레위기에서 찾아볼 수 있다. 이스라엘의 하나님은 "내가 거룩하니 너희도 거룩하라"(레 11:44~45; 19:2; 20:7,26)고 요구한다.

그렇다면, 하나님은 왜 이스라엘의 성전·절기·백성들이 거룩하기를 바라는가?

하나님은 이스라엘 가운데 임재하여,¹² 그들과 사귐을 원하기 때문이다.

하지만, 성결 자체이신 그분의 본질상 거룩하지 않은 곳에는 '거주'할 수 없다.

하나님의 임재란 무엇인가?

하나님의 백성들 가운데 인격적으로 내주함으로써 그들과 사귐을 나누는 것이다. 하나님이 내주하시는 행위는 창조세계를 그의 능력과 권위로써 통치하는 것과 비교된다. 그가 통치할 때 그 대상의 성결 여부는 문제시되지 않는다. 그러나 피조물과의 인격적인 사귐을 위해 그들 가운데 임재하는 경우는 다르다. 장소·시간·삶 모두가 거룩해야 한다.

하나님의 임재와
거룩함, 활공의 세계

노세영이 밝히고 있듯이, "이스라엘 공동체가 거룩할 때 하나님이 임재하신다는 것과 하나님의 임재는 이스라엘에게 있어서 구원의 필요충분조건이라는 점은 매우 중요하다."[13]

문제는 이스라엘의 지성소·성소·성막뜰·이스라엘 진영·백성들의 생활 그 어느 하나 온전하게 성결한 것이 없었다는 것이다. 이에 대한 문제의 해결을 위해 하나님은 이스라엘에게 율법의 규례를 주어 따르게 했다. 그러나 그것은 "성결한 상태에 이르도록 하는 필요조건이기는 하지만, 충분조건은 아니었다."[14]

결정적인 것은 하나님이 성결하게 하지 않고서는 온전히 거룩할 수 없다는 사실이다.

성결이란 무엇인가? 성결은 '하나님의 본질'이다.[15]

그러므로 성결의 세계는 하나님 자신의 존재 자체에서만 경험될 수 있을 뿐이다. 그 세계를 경험한 자들은 '빛'·'진리'·'말씀'·'생명'·'영광'·'사랑' 등으로 묘사할 뿐 다른 말을 찾을 수 없다. 그 모든 것을 총칭하여 '거룩함(성결, holiness)'이라 부르는 것이다.

그 세계를 경험한 자의 표현이다.

거룩하다 거룩하다 거룩하다 만군의 여호와여 그의 영광이 온 땅에 충만하도다 (사 6:3).

부모가 준비해 놓은 의식주(衣食住)를 누리는 세계를 중생의 세계라 한다면, 성결의 세계는 자녀에게 자유와 생명이 자랄 수 있는 환경을 마련해준 부모 자신의 사랑으로 넘치는 세계다.

하나님의 무한히 깊은 인격의 세계, 완전한 사랑의 심연이다. 헤세드(chesed, lovingkindness)의 세계요,[16] 아가페(agape)의 세계다.

중생자의 경험이 하나님 나라의 아름다운 것들을 놀라움으로 구경하는 차원이라면, 성결자의 경험은 하나님의 헤세드 혹은 아가페를 맛보고 참여하는 차원이라 할 수 있다.

중생의 세계로 들어온 자는 성령으로 태어남으로써 육신의 허물을 벗고 날갯짓을 하여 좁은 둥지를 떠나 하늘을 날 수 있는 존재가 되기는 하였지만, 날개짓을 하지 않고 창공을 나는 활공(滑空)의 세계는 아직 모르는 존재다. 우리는 성결의 세계를 이처럼 '날개짓이 필요 없는 활공의 세계'로 비유해 볼 수 있다.

이와 같은 경험은 18세기 존 웨슬리에게서,[17] 그리고 19세기 마틴 냅에게서 뚜렷이 관찰된다.[18]

육신의 정욕과 다투는 세계를 넘어선 진정한 자유를 경험하는 활공의 세계가 아니고서는 아직 성결의 세계라 말할 수 없을 것이다.

하나님이 창조한 피조물의 세계를 넘어서 창조주 자신의 무한한 인격의 품속으로 깊이 들어갈 때 하나님의 거룩한 세계가 드러나게 된다. 이곳은 "하나님의 깊은 것까지도 통달"(고전 2:10) 하시는 성령으로 내가 완전히 죽고 다시 사는 '성령세례'로써만 열리는 세계라 할 것이다.[19]

그리하면 '진리의 성령'이 오셔서 우리를 '모든 진리 가운데로 인도' 하실 것이요(요 16:13), 우리를 '자유롭게' 하실 것이요(요 8:13), 또한 우리를 '진리로 거룩하게'(요 17:17) 하실 것이다.

요약하자면, 중생의 세계는 하나님이 자유롭게 다스리고 활동하시는 세계요, 성결의 세계는 하나님 자신의 세계다. 그러므로 성결의 문을 통과한 자는 하나님 한 분만으로 온전히 만족할 수 있게 된다. 그는 아름다운 모든 것이 흘러나오는 창조의 원천이기 때문이다.

성령세례로 열리는
성결의 세계

여기에서 우리는 진리와 자유로 충만한 거룩한 세계를, 성령세례로 들어가게 된 성결의 세계로 경험한다. 곧 사랑의 세계, 희락의 세계, 화평의 세계, 오래 참음의 세계, 자비의 세계, 양선의 세계, 충성의 세계, 온유의 세계, 절제의 세계다(갈 5:22). 하나님의 거룩한 성품에서 비롯되어 온 세상과 우주를 비취는 빛의 세계다.[20]

성령세례를 통과하여 들어간 거룩함 곧 성결의 세계는 오직 하나님 아버지와 그의 아들 예수 그리스도 안에만 존재하며, 생명의 빛 가운데 거룩한 사랑의 사귐이 풍성히 이루어지는 세계다.

잃어버린 성결을 회복하는 길은 선지자들이 말한 것과 같이 오직 하나님의 영을 받는 것 뿐이다. 예수께서 부활 후 자기를 떠난 제자들을 포기하지 않고 찾아가 "하나님 나라의 일"(행 1:3)을 말씀하였고, "성령으로 세례"(행 1:5)를 받기까지 예루살렘을 떠나지 말도록 당부한 것도 선지자들과 같은 맥락이었다.

마침내 하나님의 거룩한 진리의 영, 곧 성령이 제자들에게 불세례로 임하게 되니, 중생의 세계에서 단지 예수를 따라다니던 것과는 달리 성령충만하여 하나님의 거룩한 성품으로 넘치는 성결의 세계에 참예하게 된 것이다.

그러므로 성령세례는 중생의 세계에 있는 자녀들로 하나님의 인격에 속한 성결의 세계에 참여케 하는 첩경이다. 성령세례로 말미암지 않고는 성령의 충만함 가운데 있을 수 없기 때문이다.

이러한 가운데서도 성령세례는 소멸될 수 있다.

이는 마틴 냅이 말한 바와 같다.

물이 불을 끄듯이, 의무를 소홀히 하거나 죄를 고백하지 않거나 성령의 감동에 불순종하면, 이러한 일이 찬물을 켜도록 하여 이 세례로 인해 불붙은 성령의 불을 소멸할 수도 있다.[21]

지금까지 본 것처럼, 중생의 세계는 하나님을 떠나 살던 그의 자녀들이 회개하고, 하나님 아버지가 보내신 아들 예수 그리스도를 믿음으로써 새로 태어나 들어간 영의 세계요, 잃어버린 하나님의 자녀와 하나님의 백성된 신분을 회복하여, 하나님 나라에 들어가 사는 복을 누리게 되는 세계다.

성결의 세계는 한 걸음 더욱 깊이 들어가, 하나님 나라를 허락하신 창조자요, 구원자요, 아버지이신 하나님 한 분과의 거룩한 사랑으로 사귐과 기쁨이 충만한 삶을 살게 되는 세계다.

이는 다른 말로, 마음과 목숨과 뜻을 다하여 하나님을 사랑하는 삶의 자리로 나가게 된 축복이다. 하나님께 불순종하여 멀리 떠나 헛된 신을 섬기던 자가 돌아와 오직 한 분 하나님 아버지를 사랑하며 순종하는 자의 삶, 곧 친밀한 사귐을 나누는 삶을 사는 것이며, 그것이 중생과 성결의 복음이 열어준 하나님 나라의 세계다.

3 신유로 열리는 하나님 나라

신유: "이는 신자가 하나님의 보호로 항상 건강하게 지내는 것과 또는 병들었을 때 하나님께 기도함으로 나음을 얻은 것을 가리킴이니 이 은사는 우리 육신을 안전케 하는 복음이다. 그러므로 주 예수께서 모든 신자들에게 이적이 따를 것을 언명하였으니(막 16:17-18) 병 낫기 위하여 기도한다든가 안수하는 일은 당연한 특권이다. 그러나 신유를 믿는다 하여 의약을 부인하는 것은 아니다."[22]

신유의 세계는 파괴되고 병들어 죽게 되는 실존 가운데 있는 피조세계를 향해 하나님이 일하시는 세계다.

세상에 가해자가 있으면 피해자가 반드시 있게 마련이다. 살해자가 있으면 죽임당한 자가 있다. 사기 친 자가 있으면, 사기당한 자가 있다.

특별히, 병자들은 자신의 잘못으로 병을 자초한 때도 있겠으나, 대부분 병에 '걸린' 자, 즉 질병에 의한 피해자다.

**가해자의 회개와
피해자의 용서**

하나님은 가해자 즉 범죄한 자들(sinners)에게는 '회개'를 요구하시고, 피해자들(victims)에게는 '용서'를 베풀라고 하신다.

그러나 삶의 현장은 가해자를 특정하기 어려운 현실이 많다.

천민자본주의에 기반을 둔 열악한 노동환경, 비인간적 갑질 문화, 가부장 전통, 성이나 민족 차별 등의 사회 현실에 의해서 소외되고 억압받고 차별되어, 정신적, 경제적, 신체적 고통을 당해 극단적인 선택까지 가는 경우, 이들의 피해와 고통은 고스란히 본인들 스스로가 감내할 수밖에 없다.

성경의 하나님은 이러한 피해자들이 아파하는 현실과 가해자의 범죄를 간과하지 않는 분이다. 그 원인이 폭력이었든, 자연재해였든, 개인의 실수였든, 대물림의 가난이었든, 질병이었든, 무엇이 되었든 간에 그로 인해 삶이 불행해지거나 삶 자체가 파괴될 정도로 고통당하고 있는 자들을 찾아가서 그들의 상처를 감싸주시고, 그들의 사정을 들어주시고, 그들을 안전하게 해주시고, 변호해주시는 분이다.

죄를 범하거나, 그로 인해 피해를 보는 인간의 삶 모두 신유가 요구되는 세계다. 이러한 맥락에서 볼 때, 성경의 주요 주제는 타락한 창조세계를 치유하는 하나님에 대한 증언이며, 그 절정에는 신유로서의 인류 구원을 위한 예수 그리스도의 죽음과 부활 사건이 있다.[23]

구약과 신약성경 시대였든, 4차 산업혁명으로 현실화하고 있는 고도 인공지능 정보화 시대이든, 공통점은 모두 진보와 발전이라는 이름으로 크든 작든 간에 피해가 정당화된다는 것이다.

그러나 시대의 지배자들이 선전하고 추구했던 것은 인간의 끝없는 욕망을 채우기 위한 허무한 우상숭배와 다름없었다는 사실을 보여주고 있다.

문제는 거기에서 끝나지 않고 있다는 것이다.

즉, 우상숭배의 그 어두운 뒤안길에는 경쟁에 낙오되어 생존의 갈림길에 선 자들이-주로 사회적 약자들이-온갖 종류의 신체적, 문화적, 정치사회적 차별과 억압으로 질병을 얻어 고통받고 있다는 사실은 과거나 지금이나 하나도 변한 것이 없다고 할 것이다.

치유와 하나님 나라

그러므로 치유하시는 하나님에 관한 성경의 이야기를 역사비평이라는 복잡한 검증을 통하지 않고도 주로 '사회적 하층민들'에게서 발생한 성경의 신유 사건을,[24] 바로 오늘 신음하는 나와 우리가 몸담고 있는 세상을 위한 희망의 복음으로 받아들이게 된다.

특별히 금세기의 성결오순절 신앙 공동체는 신유를 체험한 성경의 인

물들을 자신과 등치(等値) 시킴으로써 치유를 경험하고 있는 수많은 증언을 보고해주고 있다.[25]

예수께서 신유 사역을 행하면서 "내가 하나님의 성령을 힘입어 귀신을 쫓아내는 것이면 하나님의 나라가 이미 너희에게 임하였느니라"(마 12:28)라고 말씀하신 바와 같이, 신유는 하나님의 나라를 열어 보이는 중요한 문이다.

하나님의 손을 통해 펼쳐지는 신유(神癒)의 세계는 하나님이 창조자의 주권을 가지고–"나는 너희를 치료하는 여호와임이라"(출 15:26)– 상처받고 병든 만물을 치유하심으로써 원 창조의 모습으로 회복하시는 세계다.[26]

이를 위해서 하나님은 그리스도와 성령을 보내셔서 하나님의 백성들이 세상 속에서 '예수의 이름'과 '성령의 능력'으로 창조의 질서를 파괴하는 세력과 대항토록 하신다.

'하나님의 선물'이며, '삼위일체 하나님의 역사(役事)이며, 피조세계를 완성해 나가는 그분의 창조와 구원의 사건'으로서의 "하나님의 신유는 계속된다."[27]

그러므로 신유의 세계는 하나님이 만물을 얼마나 사랑하는지, 그의 능력이 얼마나 광대하신지 보고 느끼고 경험할 수 있는 세계다.[28]

아담의 타락 이후 온 우주 만물과 그 안에서 운행되는 역사가 흔들릴 때, 하나님은 그의 섭리 가운데 그의 말씀으로 치유하시고 보전하시는 분이심을 구약성경과 신약성경을 통해서 뚜렷이 보여주고 계신다.

창조세계와
계속적인 치유

그리고 인류 역사 안에서 이루어지는 크고 작은 사건들 안에서도 상처받고 파괴되는 피조물을 향하여 하나님의 치유는 끊임없이 이루어지고 있다.

하나님의 자녀들, 곧 그리스도의 교회는 이러한 세상을 치유하시려는 하나님으로부터 신유 세계의 주역들로 초대받고 있다. 하나님의 치유를 통한 신적 사랑을 전하는 것이야말로 교회에 위임된 특권으로서 곧 복음적 이웃 사랑의 실천이라 할 수 있다.

하나님이 아들과 성령을 보내어 빛으로 세상을 치유하시는 것처럼, 하나님의 자녀들 역시 세상에 보내져 '세상의 빛' 된 사명을 감당하도록 하신다. 이를 위해 자녀들에게 다양한 성령의 은사들을 허락해주셨다. 하나님의 자녀들이 병고침·전도·봉사·구제·가르침 등의 은사들을 '예수의 이름으로' 사용할 때 치유와 구원의 역사가 일어난다.[29]

이미 중생과 성결의 세계 가운데 영생을 맛보고 있는 하나님의 자녀들은 자신들에게 상처와 아픔을 주었던 가해자들에게 '이웃'이 되어, 이들 가까이 가 그들의 상처에 기름을 부어야 한다.

사마리아인들을 적대시하던 유대인을 치료해주는 사마리아인 이야기로 신유의 근본 자세를 밝혀준 예수의 비유는 바로 이러한 정신을 반영하는 것이다(눅 10:30~35).

예수 그리스도는 하나님 나라의 도래를 선포하고, 죄인들-하나님과 이웃에게 가해한 자들-을 불러 중생의 세계에 초대하고, 자신과 동거 동행케 함으로써 하나님의 거룩한 성품을 맛보는 성결의 세계에 참여하도록 하면서, 동시에 질병과 죽음의 가해자들로부터 고통당하고 있는 백성들을 치유하시고 구원하시는 사역을 쉬지 않고 이루셨다. 예수께서 제자들에게 '신유의 세계'를 보여주고 경험하게 하신 것이다. 그리고 그들이 불신의 세계를 향해 하나님 나라의 복음을 전하면서 예수의 이름으로 귀신을 쫓아내고 병든 자를 고치고 능력을 행하도록 보내셨다.

이와 같은 일은 제자들이 성결의 세계를 맛본 예수의 '변화산 사건' 이후, 거룩한 영광에 취하여 그곳에 초막을 짓고 떠나기를 원하지 않았던 제자들을 데리고 산 밑으로 내려가서 병자들을 고치시는 신유의 사역을 하신 예수의 모습에서 명확히 드러나고 있다(마 17:1~20).

중생과 성결의 세계에서는 하나님과의 영적 사귐이 우선적이지만, 신유의 세계에서는 고통당하고 있는 이웃과의 사귐이 주된 일이다. 그 핵심이 신유(神癒, Divine Healing)의 복음을 전하고, 나로 인하여 피해당한 자들을 치유하는 것이다.

치유받은 자, 치유하는 자

신유의 복음은 하나님이 아들을 보내어 이루시는 치유와 구원의 행위를 알리는 소식이다.

성경은 "저가 채찍에 맞음으로 너희는 나음을 얻었(다)"(벧전 2:24)라고 하였고, "우리 연약한 것을 친히 담당하시고 병을 짊어지셨도다"(마 8:17)라고 하나님의 아들 예수 그리스도의 오심과 고난의 의의를 밝혀주고 있다.[30] 사도행전에서는 예수께서 신유의 세계를 어떻게 열어가셨는지를 다음과 같이 증언한다,

> 하나님이 나사렛 예수에게 성령과 능력을 기름붓듯 하셨으매 저가 두루 다니시며 착한 일을 행하시고 마귀에 눌린 모든 자를 고치셨으니 이는 하나님이 함께 하셨음이라(행 10:38).

의사가 환자를 죽음으로 몰아가는 질병과 싸우는 것처럼, 예수께서는 십자가를 지시기까지 하여 인간을 포함한 피조세계를 죽게 하는 모든 죄와 악을 상대로 싸웠고, 그리고 이기셨다.

그뿐만 아니라, 예수께서는 제자들에게 거짓과 불의와 죽음을 조장하는 귀신의 세력과 싸워 이길 수 있는 '권능'을 베푸셨다(막 3:15; 6:7). 무엇보다도 "나사렛 예수 그리스도의 이름"(행 3:6; 4:10)으로 행하는 능력을 부여해주셨다.

성경의 배경이 된 고대 농경 사회에서나 21세기 소위 과학기술사회서나 '강도 만난 자'(눅 10:30)는 언제고 있었다. 다만, 고대는 소수의 '강도들'에 의해 한 사람이 당하고 강도당한 사람을 치유하는 자가 한 명으로 족하였겠지만, 현대는 당하는 자나 가해하는 자 모두가 거대한 '집단'인 경우가 많고, 그에 따라 집단적 사마리아인이 요구되는 차이 정도가 있을 뿐이다.

이 문제를 날카롭게 분석한 폴 틸리히는 인간 소외의 구조를 '파괴의 구조(structure of destruction)'로 보았고,[31] 이는 '집단적 범죄'가 발생할 수 있는 가능성을 열어 놓았다는 것이다.[32]

그것이 어떠한 종류의 강도였건 간에, 즉 개인적이었든 집단적이었든, 강도 만나 죽어가는 자들의 '이웃'으로 보냄을 받은 공동체가 바로 '교회'요, 소급해서는 '이스라엘'이요, 하나님의 자녀들이라는 것이 성경 전체에 흐르고 있는 하나님 아버지의 마음이다.

결국, 이웃이 된다는 것은 치유하는 자가 되는 것이다.

하나님이 독생자 예수 그리스도를 세상에 보내신 것도 강도 만난 자를 치유하는 이웃으로 삼고자 함이었다.[33]

하나님은 아들을 다시 보내어-재림의 주로서-주기도의 내용을 종국적으로 이루실 때까지 예수의 모든 제자 공동체에 성령의 권능을 부여해 주심으로 이 땅의 세계를 하나님의 뜻대로 회복하도록 하실 것이다.

신유로 열리는 하나님 나라는 이 세상 안에서 전개된다. 예수께서는 오늘날도 말씀하신다.

천국이 가까이 왔다 하고 병든 자를 고치며 죽은 자를 살리며 나병환자를 깨끗하게 하며 귀신을 쫓아내되 너희가 거저 받았으니 거저 주라(마 10:7-8).

그러므로 신유의 세계는 세상을 향한 하나님의 사랑과 능력이 구체적으로 전개되는 곳이요, "죄 사함 뿐만 아니라 치유를 포함하여 죄와 마귀로 인해 고통받는 모든 것의 회복"이 이루어지는 곳이다.[34] 동시에 죽음을 무기로 삼는 어둠의 세력들과 피 흘리며 죽기까지 싸워야 하는 순교의 자리이기도 하다.

4 재림으로 열리는 하나님 나라

재림: "구약성경의 예언의 중심이 그리스도의 수육탄생(受肉誕生)이라면 신약성경의 중심은 그리스도의 재림이라 할 수 있나니 우리는 공중재림(살전 4:16-18)과 지상재림(행 1:11)을 믿는다. 요한계시록은 재림을 전적으로 계시한 성경으로 마지막에 [내가 속히 오리라] 한 말씀이 세 번이나 거듭 기록되었다(계 22:7,12,20). 재림은 신앙생활의 요소이며(살전 3:13) 소망이요(살전 2:19-20) 경성이 된다(마 24:44,25:13)."[35]

신유의 세계가 만물을 부분적으로나마 원창조의 모습으로 회복하시는 하나님의 사랑과 그 능력을 경험하는 세계라면, 재림의 세계는 예수 그리스도가 이 땅에 왕으로 다시 오셔서 적그리스도를 폐하시고, 하나님의 공의와 그 능력으로 만물을 완전히 새롭게 회복하고 다스리는 것을 경험하는 세계다.

하나님의 공의로
회복되는 세계 비전

재림은 미래에 이루어질 사건이지만, 중생한 하나님의 자녀들은 믿음으로써 재림의 세계를 경험적 신앙의 실재로 받아들이는 현재적 사건이다. 즉, 나는 재림신앙으로 이미 그 재림의 세계 안에 참예하고 있다는 것이다.

더욱 구체적으로, 나는 이 신앙고백 안에서 '천년왕국(the millennium)'의 모습으로 완전하게 실현될 재림의 세계를 경험하는 것이 된다.[36]

그러므로 나는 천년왕국을 기다리기만 하는 미래주의자가 아니라, 종말론적 천년왕국 현실주의를 고백하는 자다.

우리가 재림으로 열리는 천년왕국을 '메시아의 중간세계'로서 상징적으로 보든,[37] 문자적으로-직접적으로-보든, 중요한 것은 천년왕국을 알리는 사도 요한은 그의 다섯 번째 환상을 통해 순교자들이 부활하여 지상에서 그리스도와 함께 왕노릇 하는 것을 '보았다(eidon)'라는 사실이다.

또 내가 보좌들을 보니(eidon) 거기에 앉은 자들이 있어 심판하는 권세를 받았더라. 또 내가 보니(eidon) 예수를 증언함과 하나님의 말씀 때문에, 목 베임을 당한 자들의 영혼들과 또 짐승과 그의 우상에게 경배하지 아니하고 그들의 이마와 손에 그의 표를 받지 아니한 자들이 살아서 그리스도와 더불어 천 년 동안 왕 노릇 하니(그 나머지 죽은 자들은 그 천 년이 차기까지 살지 못하더라) 이는 첫째 부활이라(계 20:4~5).

이 본문을 '사실'로서 보아야 할 것인지 '상징'으로 해석해야 할 것인지에 대한 논의가 분분하다.[38]

비켄하우저가 천년왕국을 '비정치적이고 처음부터 상징적인 유토피아'라 본 것과는 달리, 박두환은 "1000년은 상징적으로 해석될 수 없다"라고 못 박으면서 "1000년 동안의 그리스도 왕국의 특징은 아주 '문자적'이며 '지상적'이다"라고 주장한다.[39]

나의 판단으로는 예수께서 하나님 나라를 '비유(paraboles)'로만 알려줄 수밖에 없었듯이(막 4:34), 예수께서 제자 요한에게 천년왕국을 보여주셨을 때 역시 같은 방식이지 않았을까 하는 생각이다.

그러나 중요한 점은, 성경이 증언하는 내용으로서, 예수를 믿고 따르는 제자들이 "이스라엘 열 두 지파를 다스리게 하려"(눅 22:30; 비교 마 19:28)

함과, "성도가 세상을 판단할 것… 우리가 천사를 판단할 것"(고전 6:2.3)
을 말씀하고 있다는 것이다.

천년왕국의 실현

이 약속의 말씀이 이루어지는 때는 언제인가?
예수께서 재림하신 이후다. 즉, 재림의 세계에서 이루어진다는 것이다.
이와 같은 맥락에서 나는 박두환이 뵈커와 롤로프 등과 함께 "요한은 그가 살던 시대의 희망을 유대 묵시적인 전승에서 아주 구체적으로 이 땅에서 그리스도와 순교자들의 1000년 동안의 통치를 고려하였다"라고[40] 내린 결론이 예수의 말씀과 사도들의 가르침에 부응한다고 본다.

재림의 세계는 역사내적 실재로서 시간과 공간의 지배를 받는 물리적 차원이면서도 동시에 그리스도 안에 잠자던 자들이 부활하여 살아가는 영적 차원이 어우러져 있는 상태이기 때문에, 이 세계를 현실의 물리적 삶을 말하듯이 문자적으로 묘사하는 것은 처음부터 불가능하다. 그러므로 천년왕국에 대한 기대와 전망을 논하는 '천년왕국론(chiliasm)'은 교회 신앙고백 전통만큼 다양하고 교회 역사만큼 오래되었다.

그렇지만 천년왕국으로 제시되는 재림의 세계를 이미지적으로 전혀 추정할 수 없는 것도 아니다. 부분적이고 일시적이기는 하지만, 마치 예수께서 부활 후 제자들과 사십일을 함께 지냈을 때(행 1:3)나, 그 전에 세 제자와 높은 산에서 변모하여 모세와 엘리야와 대화를 나누었던 때(눅 9:28~30)와 같은 사건을 통해 재림의 문으로 열리는 천년왕국의 실재를 다소나마 짐작해 볼 수 있다.

그러나 천년왕국 때에는 육체를 포함한 완전한 구원을 하나님의 백성들이 경험하게 될 것이고, 모든 악과 불의가 심판받고 정의가 세워짐으로써 창조세계의 회복을 보게 될 것이라는 사실만큼은 분명한 것이다.[41]

재림,
하나님 나라 완성의 영광과 소망

재림은 인류 역사의 종말에 이루어지게 될 하나님 나라의 지상적 완성을 위한 영광스러운 문이다.

주 예수 그리스도가 다시 오시면, 그는 온 우주를 통치하는 왕으로서 그리스도의 왕국을 이루실 것이다(계 20:4).

이 세계가 도래하는 과정을 요한계시록은 크게 두 가지 면으로 보여주고 있다. 한 면은 적그리스도와 그에 속한 세계는 소망 없는 '묵시론적(apocaliptic) 심판'으로 다스려지는 것이고, 또 다른 한 면은 적그리스도와 피흘리며 대적하며 살기 위해 하나님과 그의 아들 예수 그리스도와 성령의 말씀에만 순종하며 살다가 부름을 받은 자들이나 순교한 하나님의 자녀들이 그리스도와 함께 만물을 다스리는 '종말론적(escatological) 영광'을 누리는 것이다.

이처럼 그리스도의 재림 전까지 적그리스도가 지배하고 있는 세계와, 재림 후에 그리스도 예수께서 다스리는 세계의 모습은 완전히 다른 세상이다.

이 재림의 세계는 오직 아버지와 아들만이 빛으로 다스리시고, 어둠은 조금도 자리할 수 없는 세계다(계 21:22~23; 22:3). 신앙 안에서 선취되고 미래에 전개될 이 세계는 현재의 어두운 세상 속에서 빛으로 사는 자녀들에게 풍랑 속의 등대요, 최종적으로 안착할 항구와 같은 세계다.

언약 가운데 있는
분명한 예언

이 세계는 언약의 말씀 가운데 너무도 분명히 예언되어 있기에, 이 땅 위에 거하며 하나님의 뜻을 따라 살고자 하는 하나님의 백성들에게는 소망 그 자체다.[42]

역사 안에서 예수 그리스도의 재림으로 열리게 되는 천년왕국은 묵시론적 하나님 나라의 지상적 완성이요, 종말론적 영원한 천국에 대한 선취다.

제한된 육신으로 이 땅에 살면서도 중생의 세계에 사는 하나님의 자녀들이 이 세상을 신유의 세계로 보게 된다는 것은, 이 세상을 파괴하고 병들게 하고 죽음으로 몰아가고 있는 실재들과 싸우는 삶을 산다는 것임을 확인한 바 있다.

이처럼 어둠의 세력과 싸우면서 하나님의 공의를 세워나가는 빛의 자녀들이 재림으로 열리는 놀라운 세계를 미리 맛보게 될 때, 소망 가운데 인내로써 믿음의 정조를 끝까지 지키고, 하나님의 거룩한 성품을 잃지 않는 은혜 가운데 머물 수 있다.

그러므로 적그리스도의 공격 가운데서도 나사렛 예수의 이름으로 어둠의 세력과 싸우는 그리스도인들에게 재림은 가장 강력한 소망의 복음이다. 그들은 믿음 안에서 이미 재림의 세계를 선취적으로 경험하며 사는 자들이다.

묵시론적 절망의 상황에서도 예수 그리스도를 전하는 이웃 사랑으로서의 선교적 부름에 순종하고, 하나님과 거룩한 성품에 참여하는 하나님 사랑으로서의 성결한 삶 가운데 있게 하는 힘은 이러한 종말론적 재림의 복음이 약속하는 천년왕국의 비전으로부터 나온다.

성결,
천년왕국 신앙의 왕관

무엇보다도 재림의 복음을 선포하는 것은 "성결을 감추는 것이 아니라, 최후의 심판에 대한 교리처럼 가장 크게 장려하는 것으로서 성결을 … 영원한 승리로 나가게 할 것이다."[43]

무엇보다도 재림의 세계, 곧 천년왕국에서는 19세기 말 성결오순절 운동의 주자였던 마틴 냅이 강조하였듯이, "'성결이 이 [천년왕국] 시대의 특징이 될 것'이며, '성결을 예의적인 일이 아니라 일상의 상태'로 여기게 될 것이다."[44]

한 걸음 더 나아가, 재림의 문이 열리면서 전개되는 천년왕국은 하나님의 자녀들이 '회개와 성결의 면류관을 쓰는 계기로서의 예수의 재림에 영혼의 눈을 고정시(킬)' 것이며, '성결을 보편적이고 영원한 승리로 나타내며, 모든 영광을 아버지, 아들, 성령에게 돌(리는)' 세계가 될 것이다.[45]

이와 같이 재림과 성결이 동전의 양면처럼 강조되어온 전통은 한국 성결교회의 김상준과 이명직에게도 그대로 전달되어,[46] 이와 같은 천년왕국론을 장혜선이 이름하였듯이, 한마디로 '성결전천년설'이라 부르기에 합당하다.[47]

재림과 종말론적
제자 목회

초림의 나사렛 예수의 사역은 하나님 나라의 도래를 알리며, 그 가운데 참여할 수 있도록 부르며, 부름 받은 제자들을 향하여 완전한 하나님 나라에 들어가기까지 이 땅 위에서 어떻게 살아야 할 것인지를 훈련하는 것에 초점이 맞춰져 있었다. 그러므로 예수 그리스도의 목양은 처음부터 끝까지 '종말론적'이었다. 즉, 하늘에서와 같이 이 창조세계의 땅에서도 종말에 임하게 될 완전한 하나님 나라(마 6:10)를 바라보며 제자목회를 하신 것이다.

따라서 예수 제자 됨의 조건은 "누구든지 자기 십자가를 지고 나[예수]를 따르(는)" 것이었다. 그렇지 못하면 '내 제자'가 될 수 없음을 예수께서는 처음부터 분명히 하셨다(눅 14:27).

가룟 유다의 배반 후, 예수의 열두 제자 모두가 순교의 길을 걸어갔듯이, 예수 제자의 길을 걷는 성도들 역시 동일한 길을 걷도록 부름 받았다.

그러나 제자들은 고난 가운데 순교하더라도 부활하여 예수와 함께 천년 왕국에 참여하게 될 재림의 세계를 바라보기 때문에, 넉넉히 기쁨으로 자신의 십자가를 지면서 끝까지 주께 충성할 수 있게 되는 것이다.

사중복음과 하나님 나라

이 모든 것은 이렇게도 요약될 수 있을 것이다.

중생과 성결의 복음으로 하나님의 자녀 된 자가 온 마음과 뜻과 힘을 다하여 하나님을 사랑하는 자의 자리에 나갈 수 있게 된다면, 그와 동시에 그는 신유와 재림의 복음 신앙으로 이웃을 자기 몸처럼 사랑하는 자가 되는 자리에 나갈 수 있게 된다는 것이다.

그러므로 중생·성결·신유·재림은 이 땅 위에서 하나님 사랑과 이웃 사랑의 완성을 경험할 수 있는 하나님 나라를 여는 복음의 문이요, 그러하기에 이 사중복음으로 열리는 하나님 나라에 참예하는 것이 그 백성들에게 주어진 거룩한 '신앙의 목표'가 된다고 말할 수 있다.

회개와 믿음으로 거듭나게 된 자들이 성령세례를 받아 성령의 충만함으로 오직 하나님 한 분만을 사랑하는 자가 되고, 그들이 예수의 이름으로 병마와 불의한 어둠의 세력들과 대적함으로써 고난과 위협을 당할지라도 그들을 치유하고 회복하는 일에 헌신할 때, 주의 재림 시 부활의 영광에 참여할 뿐만 아니라, 그리스도와 함께 왕 노릇할 것을 소망함으로써 끝까지 이웃의 구원을 위하여 세상 끝날까지 복음을 전파할 수 있게 된다.

그러므로 재림의 세계에 거하는 하나님의 백성은 '선교 정신'으로 무장된 '선교사역에서 가장 적극적인 자들'로 활동한다.[48]

사막의 복음,
하나님 나라 드라마

이상에서 본 바와 같이, 사중복음으로 열리는 세계는 중생의 세계, 성결의 세계, 신유의 세계, 재림의 세계로서, 이는 사막(沙漠, midbar)한 가운데서 펼쳐지는 사막(四幕)의 하나님 나라 드라마와 같다고 비유할 수 있겠다.

> 마침내 위에서부터 영(*ruah*)을 우리에게 부어주시리니
> 사막(*midbar*)이 아름다운 밭이 되며, 아름다운 밭을 숲으로 여기게 되리라
> 그때에 정의가 사막(*midbar*)에 거하며, 공의가 아름다운 밭에 거하리니
> 공의의 열매는 화평(*shalom*)이요, 공의의 결과는 영원한 평안과 안전이라
> (사 32:15~17).

제1막은 죽음이 기다리는 메마른 사막에 하나님의 영이 '위로부터(anothen, 요 3:3)' 내려오심으로 생명이 새롭게 태어나고, 제2막은 사막이 숲처럼 풍성하고 아름다운 밭으로 변화하고, 제3막은 전쟁과 고통이 일상인 사막 한 가운데서도 이웃 간의 정의와 공의가 살아있게 되고, 끝으로 제4막은 사막에 샬롬과 영원한 평안이 보장된다는 '사막(沙漠, 四幕)'의 복음이 증언되는 곳이 사중복음의 세계다.

데우스 호모, 예수 그리스도는 바로 이러한 하나님 나라로 우리를 초대하기 위하여 호모 데우스의 사막 같은 세상 한 가운데 오셔서 사막(四幕)의 드라마 주인공이 되어 "때가 찼고 하나님의 나라가 가까이 왔으니 회개하고 복음을 믿으라"(막 1:15)고 선포하시고, 사막 가운데 펼쳐지는 하나님 나라를 보여주셨다. 이 세계를 바로 알고, 바로 경험하여 누리고, 사중복음으로 열리는 축복의 하나님 나라를 증거하는 자로 부름 받은 자들이 바로 예수의 제자요, 하나님 나라의 백성들이다.

중생함으로 하나님 나라 백성의 신분을 회복하게 하고, 성결함으로 그 나라의 백성답게 살게 하고, 신유의 능력을 받아 하나님의 뜻을 행하게 하고, 재림의 신앙으로 부활을 통한 영생의 세계로 들어가게 하는 분은 삼위일체 하나님 한 분 외에 없다.

'예수의 십자가 보혈로' 중생의 문이 열리고, '예수의 성령세례로' 성결의 문이 열리고, '예수의 이름으로' 신유의 문이 열리고, '예수의 약속대로' 재림의 문이 열린다.

성부 하나님은 아들 예수 그리스도를 세상에 보내어 사중복음의 문을 열어 놓도록 하셨다. 예수께서는 사막의 복음을 들려주는 주인공이요, 하나님 나라의 황금열쇠다.

이제 우리는 이러한 사중복음의 세계를 만들어 놓고, 아들 예수 그리스도의 이름으로 초대하시는 사중복음의 삼위일체 하나님에 대한 신앙고백을 나눌 때가 되었다.

5 글로벌 사중복음 신앙고백

바야흐로 21세기 세계는 '하나의 지구촌(global village)' 시대를 맞아 글로벌 복음 전파, 글로벌 교회, 글로벌 신학, 글로벌 기독교를 위한 글로벌 신앙고백을 요청한다. 그렇기에 특정 인물들의 카리스마에 기초한 배타적 교파주의와 그러한 신학들로는 글로벌 시대를 선도적으로 응대할 수 없음이 자명해졌다.

세계 기독교는 십계명, 사도신경, 주기도를 글로벌 신앙고백과 교리문답으로 사용하고 있다. 그럼에도 불구하고 세계 교회는 교파주의 신학의 벽을 넘지 못함으로 말미암아 곧 오리라고 하신 예수 그리스도의 재림이 임박한 때에 종말론적 선교 사명을 초교파적으로 힘을 합하여 감당하지 못하는 안타까운 현실 가운데 있다. 무신론적 과학 기술주의와 이에 편승한 호모 데우스 세계관이 21세기 현대를 완전히 정복하고 있는 상황에서도 교회는 개교회주의, 교파주의에 묶여 세상을 향한 선교적 교회 공동체성을 발현하지 못하고 있는 것이다.

교파의 영적, 신학적 전통은 소중하다.

그러나 그것이 복음과 성령으로 하나 되어 하나님의 영광을 드러내고, 세상을 치유하며 복음을 증거하라는 대명령보다 앞설 수는 없다.

이에 우리는 교파주의를 넘어서 다양한 전통이 복음과 성령 안에서 조화를 이루도록 돕는 촉매(catalyst)로 중생·성결·신유·재림이라는 사중복음을 세계 교회에 소개하고 있는 것이다.

그래서 지상의 모든 교회가 사도신경으로 삼위일체 하나님 신앙을 고백하듯이, 사중복음으로 삼위일체 하나님에 의한 구원의 경륜을 고백토록 한다. 이를 통해 세계 교회는 한 마음과 한 믿음으로써 구원의 복음을 증거하는 데 신학적으로나 선교적으로 하나가 된다.

글로벌 기독교를 위한 십계명, 주기도문, 사도신경, 그리고 사중복음!

기독교는 다양한 신앙 공동체로 구성되어 있지만 신구약 성경과 교회의 전통을 관통하는 십계명, 주기도문, 사도신경을 함께 고백함으로써 교회의 하나 됨에 대하여 최소한의 일치를 확인해 왔다.

종교개혁은 하나님의 은총과 구원의 참된 길을 밝혔지만, 많은 과제 또한 남긴 것이 사실이다. 그 중의 하나가 '오직 믿음·오직 은총·오직 성경'으로 열린 구원의 세계가 주의 재림시에 완성을 이룰 때까지 어떠한 모습으로 이해되고 경험되는 지에 대한 보다 분명한 정립이 이루어지지 않은 것이었다.

후대에 남겨진 이 문제는 종교개혁 이후 시대가 지나감에 따라 개신교의 모든 신앙 공동체에 연약한 상처가 되어, 이로 인해 교파 간의 크고 작은 충돌을 피하지 못해오고 있는 현실이 지속되고 있다.

세계 기독교는 여전히 교파주의적 신학 논쟁의 수렁에서 헤어 나오지 못하여 수많은 교단으로 갈라지는 사분오열의 모습을 초래하고 있다.

그 결과 기독교는 성경에 기초한 '온전한 구원과 종말론적인 삶'에 대한 초교파적 글로벌 신앙고백을 창출하지 못하고 말았으며, 이러한 틈을 타서 이단들과 사이비 기독교는 더욱 기승을 부리면서 그리스도의 공동체를 심히 어지럽히고 있는 상황이다.

이러한 때에 우리는 '중생·성결·신유·재림'의 '사중복음'이야말로 모든 믿는 자들의 '온전한 구원'을 위해 세계 교회가 초교파적으로 고백할 수 있는 '신앙규칙(regula fidei)'으로서의 무한한 가치가 있음을 확신하므로, 세계 교회의 부흥과 연대를 위해 '주기도문'이나 '사도신경'과 더불어 '사중복음'을 공교회적인 글로벌 신앙고백으로 삼을 수 있기를 힘주어 제시하는 바이다.

글로벌 사중복음

신앙고백

사중복음이 20세기까지는 특정한 전통의 신학적 규범들에 입각하여 교파주의적으로 이해되어 왔었다면, 이제부터는 성서학과 글로벌 신학의 맥락에서 사중복음을 새롭게 조명함으로써 '사도신경'과 더불어 세계 기독교의 신앙유산이자 '신앙규칙'으로서 당당히 등재토록 해야 할 시점에 이르렀다고 믿는다.

그러므로 역사상 후발주자로 남반구(Global South) 선교지 교회요, 사중복음 신앙고백으로 태어난 성결오순절 공동체들 뿐만 아니라, 감리교, 침례교, 장로교, 루터교 외 크리천 코뮤니티 등 모든 교파 및 초교파 교회가 사중복음의 정신과 그 능력으로 새롭게 하나의 교회로 거듭 태어날 수 있어야 하겠다.

사중복음 신앙고백이란 무엇인가?

사중복음은 무엇보다도 먼저 '그리스도의 몸 된 공동체를 온전히 세우는 삼위일체 하나님의 인류 구원의 말씀과 능력'이라고 정의할 수 있다.

사중복음에 대한 이러한 하나님 중심의 신앙고백은 세계 교회가 성경으로 돌아가서, 예수 그리스도의 몸 된 세계 교회로 하여금 사중복음의 능력을 분명히 경험케 하는 출발점이 되게 하며, 그리고 더욱 성화되는 단계로 나가게 함으로써 세계 교회의 일치성과 보편성과 사도성을 뚜렷이 드러내게 할 것이라 믿는다. 우리는 세계 교회 앞에 다음과 같은 '글로벌 사중복음 신앙고백'을 제출한 바 있다.[49]

글로벌 사중복음 신앙고백
(Global Confession of the Fourfold Gospel)

하나, 우리는 삼위일체 하나님께서 주신 사중복음을 믿습니다.

우리는 만물을 창조하시고 구원하기 위하여 그리스도와 성령을 보내주신 사랑의 주 아버지 하나님과, 성육신하시어 십자가의 보혈로써 중생과 성령세례와 신유와 재림을 약속하시고 부활 승천하신 믿음의 주 예수 그리스도와, 이러한 그리스도의 약속을 온전히 믿고 순종하는 자들 안에 거하셔서 하나님의 거룩한 성품과 능력에 참여케 하시는 소망의 주 보혜사 성령을 믿으며, 삼위일체 하나님이 이같이 약속해주신 사중복음은 우리의 온 영과 맘과 몸을 흠 없이 보전케 하며, 또한 하나님의 의를 드러냄으로써 인간 중심의 모든 세속주의와 교권주의를 물리치는 하나님의 능력임을 믿습니다.

하나, 우리는 중생의 복음을 믿습니다.

우리는 십자가와 부활의 주 예수 그리스도께서 하나님의 말씀과 성령을 통해 아담의 죄로 죽었던 우리의 영적 생명을 살려, 오직 한 분 하나님만을 우리의 왕으로 고백하는 하나님 나라의 백성으로 거듭나게 하심을 믿습니다. 그러므로 중생한 자들의 모든 예배는 하나님만이 우리의 왕이심을 온 세상에 선포하는 것이요, 이는 자기 자신과 어떠한 형태의 피조물이라도 왕으로 섬기지 않을 것이라는 우리의 고백이며, 이와 같은 하나님 나라의 복음을 세상에 전하는 생명의 공동체를 세워야 할 사명이 우리에게 있음을 믿습니다.

하나, 우리는 성결의 복음을 믿습니다.

영으로는 거듭났지만, 사탄이 심어 놓은 악한 정욕과 탐욕으로 더러워져 있는 우리 마음의 밭은 오직 성령세례를 받는 순간부터 하나님의 말씀과 그리스도의 보혈과 성령의 능력으로 성결하게 되며, 이로써 하나님의 사랑으로 역사하는 믿음 안에 지속적으로 거할 수 있게 됨을 믿습니다. 그러므로 우리는 성령세례 받기를 사모하며, 성령세례 받은 자들은 말씀과 기도로 항상 깨어 성령충만한 자로 각자에게 주신 은사를 사용하여 세상 속에서 성령의 거룩하게 하심과 능력을 나타내어 그리스도의 몸 된 사랑의 공동체를 세우는 사명이 우리에게 있음을 믿습니다.

하나, 우리는 신유의 복음을 믿습니다.

만물을 창조의 질서대로 회복하시려는 하나님은 약과 의술을 통해 질병을 치유하여 건강을 누리게 하실 뿐만 아니라, 믿음으로 기도하는 자의 병든 몸을 낫게 해주시고, 종말에 우리의 죽을 몸도 다시 살리심으로써 우리의 영과 혼의 세계만이 아니라 우리의 몸과 자연의 모든 생명까지도 원래대로 고치시는 온전한 구원의 주이심을 믿습니다. 그러므로 하나님 나라의 복음을 전할 때 나사렛 예수의 이름으로 병마를 퇴치하며 생명을 살리는 신유의 권능을 행하여 불신앙의 백성들이 회개하고 돌아오도록 함으로써 온전한 회복의 공동체를 세우는 사명이 우리에게 있음을 믿습니다.

하나, 우리는 재림의 복음을 믿습니다.

예수 그리스도께서 다시 오시어, 하나님이 창조하신 우주만물을 관리하도록 위임 받은 청지기인 우리들을 공의로써 심판하시고, 지상의 역사 속에서 천년 동안 왕으로 통치하시고, 믿음으로 하나님만을 왕으로 끝까지 섬겨온 자들을 영원한 하나님의 나라로 영접하심을 믿습니다. 그러므로 주님이 재림하실 때까지 우리의 영을 중생케 하고, 마음을 성결케 하고, 몸을 치유하여 흠 없이 보전되도록 하는 사중복음의 능력과 하나님의 공의가 그리스도의 몸 된 공동체로부터 세상으로 흘러나가게 해야 할 사명이 우리에게 있음을 믿습니다. 아멘.

다시 성경으로
사중복음 신앙고백 하기

사중복음은 성경이 예수 그리스도와 사도들을 통해서 교회에 약속하신 언약일 뿐만 아니라, 교회사 2천 년 동안 성도들이 예수 그리스도의 복음을 신앙으로 고백하고 삶 속에서 그 복음의 능력을 경험했던 복음에 대한 증언이기도 하다.

그러므로 사중복음에 대한 증언은 교파마다 해석과 강조점이 얼마든지 다를 수 있다. 그것은 매우 자연스러운 현상이다. 나무의 줄기에서 많은 가지가 제각기의 방향으로 뻗어 나감으로써 풍성해지는 것과 같다.

그러나 모든 가지는 뿌리와 하나의 기둥 줄기로부터 나온다는 사실이다. 자연의 세계에서는 이 질서가 변치 않으나, 영적인 세계에서는 이 질서가 깨어지고 있다. 줄기로부터 나온 가지가 줄기를 대신하려고 하는 일들이 그것이다.

예수 그리스도라는 하나의 줄기로부터 사중복음이라는 네 가지가 나왔다. 또 각 가지로부터 수많은 교리적 잔 가지들이 나와 있다. 그런데 시간이 흐르면서 가지들이 하나의 근본 줄기인 예수 그리스도를 가리워 자신들이 줄기인양 불변의 교리를 주장하거나, 이웃하고 있는 가지들을 자기에게 종속시키려 하거나, 유익 없는 교리논쟁으로 귀중한 선교의 에너지를 소모한다.

길은 하나다. 모든 가지는 다시 성경으로 돌아가야 한다.

거기에서 사중복음의 길을 온전히 찾고, 그 길이 곧 그리스도임을 확인해야 한다.

MEMO

제4장

예수와 바울의 사중복음

교파주의 신학은 교단을 창립하거나 교단의 신학적 정체성을 부여해준 아우구스티누스·토마스(가톨릭)·루터(루터교)·칼뱅(장로교)·웨슬리(감리교)·냅(성결교)·팔함(오순절) 등과 같은 인물에 그 뿌리를 둔다.

그러나 그 어느 누가 홀로 교단을 세웠다고 할 수 없고, 교단의 신학을 정립했다고 주장할 수 없다. 먼저 설립된 교단이나 나중에 설립된 교단이나, 큰 교단이나 작은 교단이나 할 것 없이 그 안을 들여다 보면 시간과 공간을 초월하여 교리와 전통이 거미줄같이 서로 연결되어 있음을 알 수 있다. 그리고 그 중심에는 예수 그리스도가 있다.

모든 복음적 교파주의 신학은 예수 그리스도 한 분에 뿌리를 내리고 있기 때문에, 마치 한 뿌리의 나무가 해를 거듭하여 커 나가면서 몇 개의 줄기를 내고, 거기에서 또 다른 작은 가지들을 내듯이, 예수 그리스도의 교회 역시 그러한 모습이다.

그러므로 오늘날 세계 기독교가 수많은 교파 교회로 이루어져 있는 것은 교회의 특성상 자연스러운 일이라 보아야 한다. 문제는 교파 간 조화를 이루지 못하고 분열과 싸움을 하는 것이지, 교파주의적 다양성이 문제가 되는 것은 아니다.

- 예수는 십자가 보혈로 사중복음의 주가 되셨다.
- 예수는 사중복음으로 하나님 나라를 약속하셨다.
- 바울은 예수 믿고 사중복음의 능력을 체험하였다.
- 바울은 사중복음을 증거하는 사도가 되었다.

　이미 하나의 거룩한 보편적 교회는 그 뿌리인 예수 그리스도 안에 다양한 모습의 교회들이 나올 복음적 인자(因子)들을 가지고 있는 것이다. 곧 중생의 복음·성결의 복음·신유의 복음·재림의 복음이 그것이다. 예수 그리스도의 복음에 내재된 사중복음이다.

　이 사중복음을 신약성경의 절반을 기록한 사도 바울에게서도 발견하는 것은 지극히 자연스러운 일이다.

　그러므로 예수 그리스도와 바울 사도의 삶과 가르침 안에서 사중복음과 그 정신을 찾아 세계 기독교가 공유하는 것은 마치 삼위의 성부·성자·성령이 계시지만 한 분 하나님으로 임재하듯이, 다수의 교회가 사중복음적으로 다양하게 활동하지만, 사중복음의 주이신 예수 그리스도의 한 몸으로 존재하는 것임을 항상 돌이켜 볼 필요가 있다.[1]

I 예수 그리스도의 사중복음

중생의 복음

중생의 복음은 세상 왕의 노예가 되어 살고 있는 우리의 신분을 바꾸어주시겠다는 약속의 말씀이다. 노예가 스스로 자유인이 된다는 것은 불가능한 일이다. 불가능한 일을 가능케 해주겠다는 약속이다. 그러므로 이 약속은 이를 믿는 자들에게는 복음인 것이다.

구약성경에서는 하나님께서 애굽 왕-바로-밑에서 노예 신분으로 있던 이스라엘 민족에게 자유로운 하나님의 백성이 될 수 있게 하겠다는 복음을 주었다. 그것이 아무리 좋은 소식이라 할지라도 현실적으로 불가능하기 때문에 믿을 수 있는 이야기가 아니다.

그러나 이스라엘 백성들 가운데 모세를 믿고 따랐던 자들은 하나님께서 바로를 치셔서 이스라엘 민족을 모두 출애굽시켜 주었다. 그들은 홍해를 건너 시내산에서 율법을 받아, 마침내 하나님의 법을 가진 하나님의 백성이 된 것이다.

세상의 노예 신분으로서는 하나님 나라를 시작할 수 없다.

하나님께서는 이스라엘만이 아니라 온 인류를 위해서도 동일한 기쁜 소식을 준비해 놓았다. 누구든지 하나님이 보내신 독생자 예수를 믿고 순종하면, 예수의 십자가 보혈의 공로로 세상의 죄악과 우상숭배의 노예가 되어 있는 우리를 해방시켜 자유로운 하나님의 백성이 될 수 있다는 복음이다.

종의 신분에서 자녀의 신분으로, 노예에서 자유인으로 다시 태어나게 하시겠다는 것이다. 썩어질 육에 속한 삶에서 썩지 않을 영에 속한 삶으로 다시 태어나게 하시겠다는 말씀이다. 왜냐하면, '거듭나지 않으면' 하나님 나라를 볼 수 없기 때문이다.

예수께서는 백성들로 하여금 하나님 나라가 임박하였으니 회개하여 자신이 선포하고 있는 "하나님의 복음"(막 1:14)을 믿을 것을 촉구하였다.

"육으로 난 것은 육이요, 영으로 난 것은 영"(요 3:6)인 바, 사람은 한 번 육신의 세계로 태어난 후 다시 한번 더 영의 세계로 태어나야 한다는 중생의 진리를 선포하시고 가르치시고, '중생의 세계' 안에서의 삶이 어떠하다는 것을 보여주시는 목회를 하였다.

아담의 타락 이후 육신의 세계에 태어난 인생은 어느 누구도 육신을 죽음의 권세로 지배하는 사탄으로부터 자유롭지 못한 현실 가운데 있다. 타락한 어둠의 본능으로 빛의 세계를 싫어하여 멀리한다.

이러한 육신의 세계에만 머물러 있는 인간은 씨알이 한 알의 씨알로만 존재하다가 육신과 함께 썩고 마는 운명을 피하지 못한다.

예수께서는 죽음의 권세가 지배하고 있는 육신의 세계에서 죽음이 없고 썩지 않는 생명의 세계, 사탄이 지배하지 않고 하나님이 지배하는 세계로 거듭 태어나, 하나님 나라 곧 중생의 세계에서 '오직 성령 안에서 의와 평화와 기쁨'을 누리며 사는 삶으로 초대한다.

중생의 세계는 영적인 세계여서 육적인 인간 지성의 눈으로는 볼 수 없고, 오직 하나님과 그의 말씀으로 인도 받는 믿음의 눈으로만 볼 수 있고 경험할 수 있는 세계다.

그러므로 제자들을 향한 예수의 중생 목회의 핵심은 '회개'와 '믿음'(막 1:15)이었다. 바울이 말한 바와 같다.

> 믿음이 없이는 하나님을 기쁘시게 하지 못하나니 하나님께 나아가는 자는 반드시 그가 계신 것과 또한 그가 자기를 찾는 자들에게 상주시는 이심을 믿어야 할지니라 (히 11:6).

하나님께서는 우리가 거듭날 수 있도록 어떤 준비를 해놓으셨는가? 예수께서 명확히 말씀한다. "물과 성령으로 거듭나야 하나님 나라에 들어갈 수 있다"라고 하였다. 그러므로 성령을 받아야 한다.
어떻게 가능하게 되는가?
베드로가 증언한다.

너희가 회개하여 각각 예수 그리스도의 이름으로 세례를 받고 죄 사함을 얻으라. 그리하면 성령을 선물로 받으리라(행 2:38).

예수께서 지금도 말씀하신다.

하나님이 세상을 이처럼 사랑하사 독생자를 주셨으니 이는 누구든지 저를 믿는 자마다 멸망치 않고 영생을 얻게 하려 하심이니라(요3:16).

이는 복음 중의 복음이다. 하나님께서 우리를 사랑하셔서 예수 그리스도를 우리에게 주셨고, 우리가 예수를 믿으면 성령을 받고, 성령을 받으면 성령으로 거듭나게 해주셔서 하나님 나라에 들어갈 수 있게 하시겠다는 것이다. 온 인류는 모두가 이와 같은 놀라운 복음을 믿고 성령으로 거듭남으로 하나님 나라의 백성이 되는 은혜를 받도록 해야 한다.

성결의 복음

중생함으로 하나님의 자녀 된 신분과 하나님의 백성 된 자유의 신분을 가진 자들에게 하나님께서 제일 먼저 요구하는 것이 성결이다. 곧 거룩한 삶이다. 예수께서도 "아버지께서 거룩하시니, 너희도 거룩하라. 누구든지 거룩하지 않고서는 하나님을 보지 못할 것이다"라고 하였다.

중생의 세계를 에덴동산에서 경험할 수 있다면, 거룩함의 세계는 그 동산을 만들고 아담과 이브를 창조하시며 그들과 교제하는 하나님 자신에게서 경험할 수 있다고 말할 수 있다.

열두 제자들을 중생의 세계로 초대한 예수께서는 제자들에게 성결의 세계로까지 들어가도록 해야 했다. 그 방법은 동거동행이었다(막 3:14).

제자들이 예수 안에 거하고, 예수가 제자들 안에 거하는 삶을 통하여 제자들은 예수가 '하나님의 아들'이요, '그리스도'요, '하나님과 아들 예수가 하나'임을, 그리고 아버지가 거룩하니 아들도 거룩한 존재임을 보고 경험하여 알게 되었다.

예수와의 가장 심오한 동행의 경험은 변화산에서였다.

마가복음 9장 1~8절(마 17:1~8; 눅 9:28~36)에서 예수께서 베드로, 야고보, 요한을 데리고 높은 산에 올라가 특별한 경험을 하게 한다. 예수께서 그들 앞에서 그 얼굴이 해같이 빛나며 옷이 빛과 같이 하얗게 변하였다. 그리고 그는 문득 나타난 모세와 엘리야와 말씀을 나눈다. 이 영광스러운 광경을 본 베드로는 "우리가 여기 있는 것이 좋사오니 우리가 초막 셋을 짓(게)" 해달라고 예수께 요청한다.

예수께서 이 사건을 일으키시기 엿새 전에 제자들을 보고 "여기 서 있는 사람 중에는 죽기 전에 하나님의 나라가 권능으로 임하는 것을 볼 자들도 있느니라"(막 9:1)고 하셨는데, 곧 예수의 부활뿐만 아니라, 예수의 이 변모 사건을 두고 하신 말씀일 수 있다.[2]

제자들은 '예수의 영광'(눅 9:32)을 보았고, 그 자리 이상 더 좋은 곳이 있을 수 없었다. 권능과 영광 중에 임한 하나님 나라가 예수 그리스도를 통해 경험되는 순간이었다.

그러나 그들이 성령으로 충만하게 되는 성령세례를 받기까지는 하나님의 권능이나 거룩함은 온전히 경험될 수 없었다. 다시 말하여, 예수 그리스도 한 분으로 만족하고, 그러한 분을 위하여 목숨을 던질 수 있는 차원까지는 이를 수 없었다.

제자들이 성령의 충만함으로 예수를 아는 것은 곧 하나님을 인격적으로 아는 것과 같은 것이었다. 그 예수와 함께 있고, 그 안에 거하는 것은 곧 아버지의 거룩함에 참예하는 것이 되었다. 예수께서는 하나님의 거룩한 말씀과 성품의 인격화요 성육신이었기 때문이다.

거룩함 곧 성결의 세계는 오직 성령충만함을 통해서 하나님 아버지와 그의 아들 예수 그리스도 안에만 존재한다.

이스라엘의 12지파 백성들처럼 하나님의 거룩함을 맛보았어도 하나님 안에 온전히 거하지 못하고 오히려 곁눈질하면서 우상을 섬겼던 실패의 역사에서 보는 것처럼, 예수와 동거동행 했던 12제자들 역시 예수를 버리고 세상을 따르는 동일한 행보를 하였다.

그러나 예수께서는 부활 후 자기를 떠난 제자들을 포기하지 않고 찾아가 "하나님 나라의 일"(행 1:3)을 말씀하였고, '성령으로 세례'를 받기까지 예루살렘을 떠나지 말도록 당부하였다.

하나님의 거룩한 진리의 영이신 성령이 제자들에게 불세례로 임하게 되니, 중생의 세계에서 단지 예수를 따라다니던 것과는 달리 성령충만하여 하나님의 거룩한 성품으로 넘치는 성결의 세계에 참예하게 되었다.

성령세례는 중생의 세계에 있는 자녀들이 하나님의 인격에 속한 성결의 세계에 참여하는 황금열쇠다. 성령세례로 말미암지 않고는 성령의 충만함 가운데 있을 수 없다. 그러므로 성령세례를 베풀겠다는 약속이야말로 복음이다. "너희는 예루살렘을 떠나지 말고 아버지께서 약속하신 성령을 받아라! 오직 성령이 임할 때에라야 너희에게 (하나님이 원하는 일을 할 수 있는) 권능이 임한다!"(행1:8)

신유의 복음

예수께서는 하나님 나라의 도래를 선포하고, 제자들을 불러 중생의 세계에 초대하고, 자신과 동거동행케 함으로써 하나님의 거룩한 성품을 맛보는 성결의 세계에 참여하도록 하면서, 동시에 질병과 죽음의 운명에서 벗어나지 못하는 백성들을 치유하시고 구원하시는 사역을 쉬지 않고 이루셨다. 제자들에게 '신유의 세계'를 보고 경험하게 하신 것이다. 그리고 그들로 하여금 불신의 세계에 나가 하나님 나라의 복음을 전하면서 예수의 이름으로 귀신을 쫓아내고 병든 자를 고치고 능력을 행하도록 보내셨다.

신유(神癒, Divine Healing)는 하나님이 아들을 보내어 이루시는 치유와 구원의 행위다.

의사가 환자를 죽음으로 몰아가는 질병과 싸우는 것처럼, 예수께서는 십자가를 지시기까지 하여 인간을 포함한 피조세계를 죽게 하는 모든 죄와 악을 상대로 싸워 이기셨다.

예수께서는 제자들에게 거짓과 불의와 죽음을 조장하는 귀신의 세력과 싸워 이길 수 있는 '권능'을 베푸셨다(막 3:15; 6:7). 무엇보다도 '나사렛 예수 그리스도의 이름'(행 3:6; 4:10)으로 행하는 능력을 부여해주셨다.

하나님은 아들을 다시 보내어 제자들에게 가르치신 주기도의 내용이 종국적으로 이루어지기까지 예수를 따르는 모든 제자 공동체들에게 나사렛 예수의 이름과 성령의 권능을 부여해주심으로 이 땅의 세계를 하나님의 뜻대로 회복하는 '신유의 세계'로 삼아 영적 전투에서 승리토록 하셨다.

신유의 세계는 세상을 향한 하나님의 사랑과 능력이 구체적으로 전개되는 곳이요, 동시에 죽음을 무기로 삼는 어둠의 세력들과 피 흘리며 죽기까지 싸워야 하는 순교의 자리이기도 하다.

예수께서는 하나님 나라의 백성 된 우리를 향하여 "네 이웃을 네 몸과 같이 사랑하라!"고 말씀한다. 하나님 나라는 하나님 사랑과 이웃 사랑이 실천되는 곳이기 때문이다.

그런데 우리가 어떻게 우리의 이웃을 내 몸과 같이 사랑할 수 있는가? 어떻게 하는 것이 진정으로 이웃을 사랑하는 것인가?

이웃이 당하는 아픔과 고통에 동참하여 치유해주는 것이다. 모든 사람은 생명의 근원인 하나님을 떠난 이후부터 죽음을 피할 수 없는 운명의 존재가 되었다. 사람들은 죽음에 이르기 전에는 영과 혼과 육이 질병으로 고통을 당하게 된다. 그래서 인생은 태어나고 늙고 병들어 죽는 생노병사의 길을 밟게 된다.

예수께서는 우리도 그처럼 이웃을 사랑할 수 있게 해주시겠다는 복음을 들려주신다. 국가와 사회, 온 세계 인류가, 그리고 가까운 우리의 이웃들이 영과 혼과 육의 질병으로 고통을 당하면서 죽어가고 있다. 이들을 하나님의 능력으로 치유할 수 있도록 해주시겠다고 말씀해주신다.

예수 그리스도는 영과 혼과 육의 질병으로 고통당하는 백성들을 치유하심으로써 하나님 나라가 우리 가운데 이루어질 수 있음을 보여주었다. 그리고 제자들에게 '나사렛 예수의 이름으로' 병든 자들을 치유할 수 있도록 권세를 주셨듯이 우리들에게도 능력을 주시겠다고 약속하였다. 그것이 예수의 신유 복음이다.

병든 우리들이 예수의 이름으로 고침을 받을 뿐만 아니라, 하나님의 자녀인 우리들도 예수의 이름으로 병든 자들을 고칠 수 있다는 것이다. 오직 하나님 나라에서만 있을 수 있는 기쁜 소식이다!

예수께서 선포하신 하나님 나라는 죽음 이후의 영원한 생명의 나라에 관한 것만이 아니다. 예수께서는 하나님 나라가 이 땅위에서 이루어지도록 하기 위한 사명을 받고 이 땅위에 보냄을 받았다. 영혼의 질병, 마음의 질병, 육체의 질병, 등 모든 질병은 여하한 이유로 인하여 관계가 분리됨으로써 나타난 현상이다.

첫째, 하나님과의 관계가 분리될 때 영혼에 질병이 찾아온다.
둘째, 이웃과의 관계가 분리될 때 마음에 질병이 찾아온다.

셋째, 물질이나 자연과 분리될 때 몸에 질병이 찾아온다.

어떠한 관계든지 분리된 관계를 회복하는 것, 그래서 하나의 유기적 관계로 회복되는 것을 우리는 사랑이라고 부른다. 사랑은 정상적인 관계를 유지하고 또한 유지되는 것을 말한다.

하나님 나라 안에는 오직 사랑의 힘만이 작용한다.

말씀과 십자가의 능력은 원수 되어 분리된 자들이 하나로 다시 결합되게 하는 것이다.

성령은 진리와 사랑의 영이다.

성령이 역사하는 곳에는 분리된 모든 관계들이 재결합을 이루는 사랑의 역사가 일어난다. 그것은 영의 세계에, 마음의 세계에, 육체의 세계에 차별 없이 일어난다.

하나님의 치유하는 역사는 말씀과 성령의 능력이 나타나는 곳에 언제나 발생하게 되어 있다.

재림의 복음

나사렛 예수의 목회는 하나님 나라의 도래를 알리며, 그 가운데 참여할 수 있도록 부르며, 부름을 받은 제자들을 향하여 완전한 하나님 나라에 들어가기까지 이 땅 위에서 어떻게 살아야 할 것인지를 훈련하는 것에 초점이 맞춰져 있었다.

그러므로 예수의 목회는 처음부터 끝까지 '종말론적'이었다.

즉, 하늘에서와같이 이 창조세계의 땅에서도 종말에 임하게 될 완전한 하나님 나라를 바라보며 제자 목회를 하신 것이다. 따라서 예수 제자 됨의 조건은 "누구든지 자기 십자가를 지고 나를 따르지 않는 자도 능히 내 제자가 되지 못하리라"(눅 14:27)는 것이다.

가룟 유다 후의 예수의 열두 제자 모두가 순교의 길을 걸어갔듯이, 예수 제자의 길을 걷는 성도들 역시 동일한 길을 걷도록 선택되었다. 그러나 제자들은 고난 가운데 순교하더라도 부활하여 예수와 함께 천년왕국에 참여하게 될 재림의 세계를 바라보기 때문에, 넉넉히 기쁨으로 자신의 십자가를 지면서 끝까지 주께 충성할 수 있게 되는 것이다.

오늘날 하나님 나라의 백성들인 우리들이 가장 힘들어 하는 일은 하나님을 믿지 않는 자들이 너무도 강력하게 세상을 자신들의 뜻대로 다스리고 있다는 사실뿐만 아니라, 교회마저도 세속적 교권주의로 타락하여 교회의 영적 분위기를 혼탁하게 하는 것이다.

이는 16세기에 복음주의 신앙을 가진 자들의 작은 모임을 장 칼뱅이 마치 '커다란 곡식 가마 밑에 깔린 서너 개의 알곡' 같다고 말했던 상황과 비슷하다. 커다란 곡식 가마란 당시 유럽의 전 사회를 장악하고 있는 교황의 가톨릭 세력을 두고 하는 말이었다.

하나님 나라를 이 땅위에 세우라는 주님의 명령을 떠나 교회 공동체를 이루어 신앙의 가족과 같은 하나님 나라를 이루어보고자 하나, 오히려 우리 안에 싸움이 있고, 사랑이 메말라 가고 있는 모습을 볼 때 더욱 자신감을 잃어버리게 된다.

하나님의 말씀에 따라 제대로 순종하지는 못하더라도, 적어도 하나님 나라를 사모하며, 하나님 나라가 이 땅위에서 이루어질 수 있기를 위해 기도하며 교회 공동체 지체들이 애쓰고 있는 것도 사실이다. 그렇지만 우리들의 믿음과 순종만으로는 하나님 나라가 이루어진다는 것은 요원한 일과 같이 여겨지는 현실이다.

성경은 명확하게 장래에 되어질 일을 미리 말씀하고 있다. 예수 그리스도는 하늘로 가심을 본 그대로 다시 오실 것이라는 약속이다(행 1:11). 하나님 나라의 관점에서 보면, 재림의 목적은 제자들과 교회에 맡겨놓고 승천한 하나님 나라를 이 땅에서 완성하기 위함이다. 이스라엘의 풍속대로 말하자면, 정결한 몸으로 신랑을 기다리고 있던 약혼녀를 데려 가서 마침내 결혼식을 올리고 완전한 합일을 이루기 위함이다.

주님이 다시 오실 때, 이스라엘 민족 안에서도 하나님 나라가 온전히 이루어질 것이다. 사도 요한이 밧모섬에서 환상 가운데 본 천년왕국이 상징적이든, 실제적이든 이 땅위에서 이루어지는 것을 모든 자들이 보게 될 것이다.

우리가 날마다 주기도문으로 기도하듯이 '하나님의 나라와 하나님의 뜻'이 하늘에서 이루어진 것처럼 이 땅위에서도 온전히 이루어지는 때가 오는데, 주님이 재림하시는 때라는 것이다. 주님은 아버지께로부터 왕권을 받아가지고 이 땅에 다시 오실 것이다. 송구스러운 일이기는 하지만, 이것이 하나님 나라를 제대로 이루지 못하고 있는 우리들에게 기쁜 소식이 아닐 수 없다.

주님이 오시게 되면, 왕권을 가지고 공의에 입각한 심판을 하게 될 것이다. 심판의 첫 번째 기준은 어린양의 보혈로써 하나님과 화해되었는지, 그래서 하나님의 자녀로서 하나님 나라의 시민권을 가지고 있는지를 보는 것이다.

교리적으로 칼뱅주의자가 되었든, 웨슬리안이 되었든 간에 누구든지 예외 없이 마지막 심판의 때에 영원한 하나님 나라에 들어갈 수 있는 유일무이한 조건이 있다. 그것은 예수님의 이름으로 새겨진 보혈의 도장이 찍힌 하나님 나라 패스포드다. 하나님 나라 여권이 자신의 심령에 간직되어 있는 자만이 심판을 통과할 수 있다. 히브리서에서 "사람이 한 번 죽는 것은 정한 이치다. 그 후에는 심판이 있다"(히 9:27)라고 말씀 했다.

심판의 두 번째 기준은 심판에 합격하여 통과된 자들만을 위한 것으로서 하나님의 자녀들이 받게 될 상급과 관련된 것이다. 하나님을 온전히 믿고 말씀에 순종함으로써 하나님의 뜻을 얼마나 드러냈는지를 보고 평가하게 될 것이다. 세상에서 제대로 정당하게 평가 받지 못한 것들은 최후의 심판자이신 주님이 오실 때 만천하에 드러나게 될 것이다. 말씀대로

의를 따라 살다 핍박과 손해와 억울한 일을 당한 성도들에게는 주님의 재림 이상으로 복된 소식이 없을 것이다. 그러므로 우리는 진리의 성령으로 충만하여 진리 가운데 좌로나 우로나 치우치지 말고 끝까지 주님 가신 길을 본받아 사는 것이 우리 그리스도인의 길이다.

먼저 하나님 나라

교회는 먼저 하나님의 나라와 하나님의 의를 구하는 하나님 나라 공동체다. '하나님 나라'는 성경 전체를 관통하는 주제이며, 성경은 하나님의 백성들이 이 땅위에서 하나님 나라를 이루어나가는 데 필요한 말씀을 기록해 놓은 하나님 나라 매뉴얼이라 할 수 있다.

예수께서는 우리를 하나님 나라의 복 된 자녀들의 공동체인 교회로 부르셔서 교회로 하여금 하나님 나라를 이 땅위에서 세워나갈 수 있는 복음을 선포하시고, 그 복음의 능력을 실제로 보여주었다. 세상 왕의 노예로 있던 우리들이 하나님 나라의 백성이 될 수 있도록 거듭남의 복음, 중생의 복음을 주었다. 누구든지 예수를 믿고 세례를 받으면 성령을 주시고, 성령으로 거듭나게 해주심으로 하나님 나라 백성의 신분을 주신다는 것이다.

주님은 교회로 하여금 재물이나 세상적인 것을 하나님과 겸하여 섬기는 것이 아니라, 오직 하나님만을 사랑하는 성결한 삶을 살 수 있도록 성령을 충만히 부어주시겠다고 하였다. 뿐만 아니라, 하나님 나라의 백성으로서 우리 주변의 영혼육의 질병으로 고통당하는 이웃을 '예수의 이름으로' 치유함으로써 이웃을 사랑할 수 있는 권능을 주신다는 것이다. 그리고 세상의 악을 심판하고, 의인의 억울함을 풀어주며, 하나님 나라를 이 땅위에서 완성하기 위해 예수님께서 왕 중의 왕으로 다시 오시겠다는 재림의 복음을 주었다.

하나님이 교회를 통해서 세우시고자 하는 하나님 나라는 우리의 힘으로 되는 것이 아니라, 예수께서 주신 복음을 믿고 성령으로 충만하여, 성령이 우리를 통해서 역사하시도록 하는 것이다. 이제는 모든 교파주의 신학에 갇혀 하나님이 주신 은사를 허비할 때가 아니다. 각자가 속한 교단 전통에 충실하되 예수 그리스도의 중생·성결·신유·재림의 사중복음을 바로 깨닫고, 모든 교회가 힘을 모아 데우스 호모 예수 그리스도의 사중복음으로 호모 데우스 세계관을 대적해 나가야 한다.

중생·성결·신유·재림의 사중복음은 궁극적으로 하나님 나라의 복음이고, 이 복음을 위하여 예수 그리스도께서 보내심을 받아 십자가와 부활의 주님이 되셨다. 성경은 이스라엘 민족이나 열 두 제자들이나 초대 교회 성도들 가운데서 하나님 나라가 세워지는 데 어떤 영적 싸움이 있으며, 그 싸움에서 승리하는 비결이 무엇인지를 가르쳐주고 있다.

예수 그리스도의 관점에서 성경을 읽을 때 하나님 나라의 복음에는 중생의 복음, 성결의 복음, 신유의 복음, 그리고 재림의 복음이라는 '적어도' 네 가지 복음의 차원이 있음을 놓칠 수 없다. 예수의 사중복음이다. 이 복음이 들려지고, 받아들여지고, 이 복음의 능력이 나타나는 곳에 하나님 나라가 온전히 세워질 수 있게 된다. 예수의 이 사중복음은 복음을 강조하는 모든 복음주의 신앙 공동체의 강단에서는 끊임없이 선포되어야 할 하나님의 말씀이다.

2 사도 바울의 사중복음

바울은 신약성경의 27권 중 절반인 13권을 쓴 자로서 역사상 가장 많이 예수를 믿게 한 사람이며, 가장 많이 예수를 따라 살게 한 사람이다. 그는 복음의 주이신 예수 그리스도의 십자가 죽음과 부활의 사건을 축으로 하여 중생·성결·신유·재림의 사중복음으로 가장 힘 있게 증거하면서 살았던 사람이었다. 그러므로 우리의 관점에서 바울을 '사중복음의 사도'라고까지 부를 수 있다고 본다. 왜냐하면, 그의 삶과 가르침 가운데 사중복음의 정신이 곳곳에 배어있기 때문이다.

1) 바울과 사중복음

바울은 예수와 거의 비슷한 시기에 태어났을 것으로 추정된다. 그는 초대 교회 집사 스데반을 돌로 처형할 때 책임자였다. 그는 초대 교회 성도들을 박해하던 때 예수를 믿게 되었는데, 학자들은 그때 그의 나이를 대체로 약 32세로 본다.

그후 바울이 로마의 황제 네로에 의해 67년경 로마광장에서 순교하기까지 35년간을 예수 그리스도의 복음을 전하는 사도로 일생을 살았다. 바울의 35년 선교사역 가운데 8년간은 가이사랴 감옥, 빌립보 감옥, 로마 감옥 등에서 죄수로 갇혀 있었다. 특히, 로마 감옥은 빛이 들어오는 윗층의 외옥, 창문이 없는 아래층 내옥, 그리고 사형수와 중죄수들을 가두어 놓는 지하동굴 감옥으로 구분되어 있었는데, 바울은 이곳에 갇힌 후 순교했다.

바울은 예수를 믿은 후 "나는 날마다 죽노라" 고백하면서 일생 동안 자신을 하나님께 희생 제물로 드리는 삶이었다. 로마 감옥에서 바울은 에베소 교회를 담임하고 있던 디모데에게 "선한 싸움을 싸웠다", "나의 달려갈 길을 마쳤다", "믿음을 지켰다"(딤후 4:7)라고 쓰고 있다.

사도 바울이 일생 선한 싸움을 하고, 믿음을 지키면서 끝까지 달려간 그 길은 나사렛 예수가 하나님의 아들이요, 그리스도로서 십자가에 죽으셨고, 사흘 만에 다시 부활하시어, 그를 믿는 자들을 거듭나게 하시고, 거룩하게 하시고, 치유하시고, 재림하시어 영원한 아버지의 나라의 백성으로 삼으신다는 복음을 전하는 것이었다. 우리는 이것을 중생·성결·신유·재림으로 요약하여 사중복음이라 부른다고 했다.

바울은 35년간 바로 이 사중복음을 위하여 싸우고, 네 번의 선교여행을 하고, 어떠한 박해와 죽음의 위협 앞에서도 굴하지 않고 사중복음의 신앙을 지켰다.

바울이 전한 사중복음을 대표적을 소개하면, 사도행전과 로마서로부터 시작하여 빌레몬서까지 모든 편지에 녹아 있다.

바울은 일생 사도로서 이와 같이 예수 그리스도의 십자가와 부활의 복음에 기초하여 중생·성결·신유·재림의 복음을 전파하며, 이 복음으로 교회를 건강하게 세워나갔다.

바울의 자부심

바울이 어떻게 위대한 사중복음의 사도가 될 수 있었는지를 알기 전에 그의 출신 배경을 살펴보는 것이 그의 전향을 아는 데 도움이 될 것이다. 그가 자신에 대해서 한 말이다.

> 나는 유대인으로 길리기아 다소에서 났고 이 성에서 자라 가말리엘의 문하에서 우리 조상들의 율법의 엄한 교훈을 받았고 오늘 너희 모든 사람처럼 하나님께 대하여 열심이 있는 자라. 내가 이 도를 박해하여 사람을 죽이기까지 하고 남녀를 결박하여 옥에 넘겼노니 (행 22:3~4).

로마 시민권을 가진 바울은 로마 시민의 엘리트 자부심이 매우 컸다. 신앙위인의 전기를 모은 중세 시대의 책『황금전설』에 따르면, 그리스도께서 십자가에 못 박히신 날짜는 3월 25일이었고, 스데반이 돌에 맞아 순교한 날짜는 8월 3일이며, 바울이 회심한 날짜는 다음해 1월 25일이라고 한다.

바울의 히브리 이름은 '사울'이고, '바울'은 로마식 이름이다. 그는 길리기아주의 당시 50만 명이 사는 로마의 대도시 다소 출신이다. 다소는 유명한 대학 도시이며, 자유의 도시였다. 바울은 날 때부터 로마 시민이었으며, 부모는 해외 거주 유대인이었지만, 로마 시민권자였다.

바울은 베냐민 지파에 속한 자로서 왕족 가문의 자부심이 컸다. 이스라엘이 페르시아에서 인종 청소를 당할 위기 때 베냐민 지파 모르두개가 하만의 음모를 밝혀 에스더 왕비로 하여금 민족을 구하게 한 가문이었다. 그는 사울 왕의 후손으로 왕족 출신이었다. 또한, 다윗 왕국이 분열되었을 때 유다 지파와 더불어 베냐민 지파만 다윗의 가문을 지켰던 역사가 있다.

바울은 8일 만에 할례 받은 자로서 구원받은 선민의 자부심 역시 대단하였다. 할례 받을 때 이름을 받게 되는데, 이스라엘의 초대 왕 "사울"이란 이름을 부여받은 것이다. 할례는 하나님이 선택한 자녀라는 표식으로 선민의 자부심을 나타내는 증표였다.

그는 예루살렘 학술원장 격인 가말리엘의 제자였기 때문에, 엘리트 율법학자의 자부심 또한 특별했다. 그는 당대 최고의 권위를 지닌 율법학자 가말리엘로부터 율법 훈련을 받았다. 유대인은 13세에 성년식을 하고, 율법학교에 입학한다.

이때 율법 수호를 위한 헌신을 하였기 때문에, 실천적 율법 파수꾼의 자부심 역시 남달랐다. 그러하기에 젊은 나이에 스데반 처형의 책임자가 될 수 있었고, 스데반 순교 이후 성도들이 시리아의 수도 다메섹으로 피신했을 때, 사울은 신성모독죄로 죽임당한 예수를 메시아로 믿는 스데반과 같은 그리스도인들을 처단하는 것이야말로 하나님의 율법을 지키는 바른 길이며 하나님을 기쁘게 해 드리는 일이라고 굳게 믿었다. 그래서 그는 대제사장의 위임을 받아 다메섹에 피신한 그리스도인들을 잡아 압송하기 위해 떠날 수 있었던 것이다.

예수님께서
사울을 찾아오심

다메섹에서 약 15km 지점의 도로에서 부활하신 주님이 인간적인 자부심으로 가득 찬 사울에게 빛 가운데 나타나셨다.

정오가 되어 길에서 보니 하늘로부터 해보다 더 밝은 빛이 나와 내 동행들을 둘러 비추는지라. 우리가 다 땅에 엎드러지매 내가 소리를 들으니 히브리 말로 이르되 사울아 사울아 네가 어찌하여 나를 박해하느냐. 가시채를 뒷발질하기가 네게 고생이니라. 내가 대답하되 주님 누구시니이까. 주께서 이르시되 나는 네가 박해하는 예수라 (행 26:13~15).

다메섹 도상으로 찾아온 예수 그리스도를 만난 후 바울은 이전과는 전혀 다른 자로 변화된 것을 경험하였다.

바울은 그리스도를 만나고 성령세례를 받음으로써 사중복음의 중생·성결·신유·재림에 대한 분명한 신앙체험을 한 사람이다. 그리고 그는 지체하지 않고 하나님의 아들 예수 그리스도야말로 하나님이 인류에게 주신 '하나님의 복음'임을 명시적으로 선포하였다.

예수 그리스도의 사도로 나선 바울이 전한 복음은 예수만이 하나님의 아들이요, 구원자라는 것이었다. 바울은 성령의 인도와 능력에 힘입어 남은 생애 동안 교회를 세우고, '예수 그리스도'가 왜 인류에게 복음인지를 성경을 통하여, 그리고 자신의 영적 경험과 변화된 삶을 통하여 증거하고, 변증하고, 권고하는 전도자로 살았다.

예수께서는 죄인을 거듭나게 하는 그리스도라는 것, 예수께서는 거듭난 하나님의 자녀를 거룩한 하나님의 형상으로 성화케 하시는 그리스도라는 것, 예수께서는 하나님의 자녀들에게 예수 이름의 권세와 성령의 권능을 주어 세상을 치유하게 하시며 또한 치유하시는 그리스도라는 것, 그리고 예수께서는 세상을 공의로 심판하시고, 믿음을 지킨 하나님의 자녀들을 영화롭게 하시기 위해 이 땅에 다시 오시게 될 그리스도라는 것, 이러한 온전한 구원을 위해 예수 그리스도는 성육신하셨고, 십자가를 지셨고, 부활하셨으며, 승천하셨다는 것을 바울은 믿었으며, 그와 같은 믿음으로 복음의 약속을 체험하면서 살았던 사람이 사도 바울이다.

그러므로 바울의 생각과 증언과 권면을 담은 그의 편지에는 사중복음적 그리스도 체험이 깊이 녹아있는 것을 확인하는 일은 어려운 일이 아니다. 이는 달리 말하여, 그가 경험하고 믿음으로 선포한 모든 메시지는 바울 자신의 중생·성결·신유·재림의 신앙과 그 세계 안에서의 일관된 삶을 이해할 때 비로소 바르게 파악할 수 있게 된다는 것이다.

우리는 사도행전에 나타난 그의 행적과 교회서신과 목회서신에 나타난 몇 가지 본문을 통해서 바울 사도에게 중생·성결·신유·재림의 복음이 확실하게 경험되었다는 사실을 확인할 수 있을 것이다.

바울의 중생 신앙과 체험

먼저 그에게 가장 중요한 사건은 예수를 만나 중생한 것이다. 사도는 예수 그리스도를 은혜 가운데 만나 주님으로 모심으로써 영적 세계에서 거듭난 하나님의 자녀로 살았다.

사울이 길을 가다가, 다마스쿠스 가까이에 이르렀을 때에, 갑자기 하늘에서 환한 빛이 그를 둘러 비추었다. 그는 땅에 엎어졌다. 그리고 그는 '사울아, 사울아, 네가 왜

나를 핍박하느냐?' 하는 음성을 들었다. 그래서 그가 '주님, 누구십니까?' 하고 물으니, '나는 네가 핍박하는 예수다.'(행 9:3-5).

그래서 아나니아가 떠나서, 그 집에 들어가, 사울에게 손을 얹고 '형제 사울이여, 그대가 오는 도중에 그대에게 나타나신 주 예수께서 나를 보내셨소. … 그는 일어나서 세례를 받고 음식을 먹고 힘을 얻었다. 사울은 며칠 동안 다마스쿠스에 있는 제자들과 함께 지냈다. 그런 다음에 그는 곧 여러 회당에서 예수가 하나님의 아들이심을 선포하였다(행 9:17-29).

우리의 구주이신 하나님께서 그 인자하심과 사랑하심을 나타내셔서 우리를 구원하셨습니다. 그분이 그렇게 하신 것은, 우리가 행한 의로운 일 때문이 아니라, 그분의 자비하심을 따라 거듭나게 씻어주심과 성령으로 새롭게 해 주심으로 말미암은 것입니다(딛 3:4~5).

바울의 성결 신앙과
체험

진정한 하나님의 자녀로 거듭난 바울에게 기다리고 있었던 것은 성령으로 충만한 삶이었다. 거듭나기 전까지 자신 안에 가득차 있던 세상적인 자랑과 자부심을 배설물로 여길 수 있는 가치관과 세계관이 형성된 것이다.

하나님은 바울에게 진리로 가득 채워 하나님만을 온전히 사랑하는 거룩한 성결의 사람이 되기를 요청하였다. 베드로, 야고보, 요한과 같은 제자들이 오순절에 마가의 다락방 성령세례를 받아 성령충만한 사도들이 된 것같이, 회심하고 거듭나게 된 바울에게도 하나님은 성령으로 충만케 해주셨다.

형제 사울아 주 곧 네가 오는 길에서 나타나셨던 예수께서 나를 보내어 너로 다시 보게 하시고 성령으로 충만하게 하신다 하니 즉시 사울의 눈에서 비늘 같은 것이 벗어져 다시 보게 된지라(행 9:17-18).

주님은 기도하고 있는 사울에게 아나니아를 보내어 성령충만하도록 아나니아의 안수를 통해 성령세례를 베풀어주었다. 이로써 바울은 자신의 의지로, 지식으로, 노력으로 율법을 행하고자 했던 것을 내려놓고, 오직 성령으로 충만하여, 성령의 인도와 능력을 따라 순종하며 사는 자로 변화되었다.

오직 성령의 열매는 사랑과 희락과 화평과 오래 참음과 자비와 양선과 충성과 온유와 절제니 이같은 것을 금지할 법이 없느니라. 그리스도 예수의 사람들은 육체와 함께 그 정욕과 탐심을 십자가에 못 박았느니라. 만일 우리가 성령으로 살면 또한 성령으로 행할지니(갈 5:22~25).

바울은 하나님이 믿고 구하는 자에게 성령으로 충만케 해주셔서 성령의 열매를 맺게 해주신다는 것, 오직 하나님 한 분만을 온전히 섬길 수 있도록 해주시겠다는 것을 믿었다. 또한, 성령세례를 받도록 기도하는 집인 성전을 떠나지 않고 기도하는 것을 중시하여, 바울은 어디를 가든지 먼저 기도처를 찾았고, 기도하는 가운데 성령충만한 삶을 살았다.

사도는 성령의 세례를 받음으로써 성결의 세계에서 하나님의 법을 따라 정과 욕을 다스리는 삶을 살았다.

우리는 유대 사람이든지 그리스 사람이든지, 종이든지 자유인이든지, 모두 한 성령으로 세례를 받아서 한 몸이 되었고, 또 모두 한 성령을 마시게 되었습니다(고전 12:13).

이 마술사 엘루마는(이 이름을 번역하면 마술사라) 그들을 대적하여 총독으로 믿지 못하게 힘쓰니, 바울이라고 하는 사울이 성령이 충만하여 그를 주목하고, 이르되 모든 거짓과 악행이 가득한 자요 마귀의 자식이요 모든 의의 원수여 주의 바른 길을 굽게 하기를 그치지 아니하겠느냐(행 13:8-10).

술에 취하지 마십시오. 거기에는 방탕이 따릅니다. 성령의 충만함을 받으십시오(엡 5:18).

내가 그리스도를 본받는 사람인 것과 같이, 여러분은 나를 본받는 사람이 되십시오(고전 11:1).

여러분이 육신을 따라 살면, 죽을 것입니다. 그러나 여러분이 성령으로 몸의 행실을 죽이면, 살 것입니다(롬 8:13).

바울의 신유 신앙과

체험

사도는 예수 그리스도의 이름으로 병자를 치유하는 사역을 통하여 하나님의 임재를 증거하는 삶을 살았다. 바울은 신유의 복음으로 무장되었다(고후 12:12; 롬 15:18-19).

바울의 첫 번째 이적은 박수 엘루마에게 나타난 이적이다. 복음 전파에 방해를 받던 바울이 성령에 충만하여 소경이 될 것을 말했을 때, 그대로 되어 전도의 효과를 거두는 모습을 볼 수 있다.

두 번째 이적은 두아디라에서 나면서 앉은뱅이 된 자에게 "네 발로 일어서라"라고 할 때 일어나 뛰는 사건이었다.

세 번째 사건은 마게도니아에서 귀신들린 여인에게 귀신을 추방하는 사건과 빌립보 감옥에서 일어났던 지진으로 옥문이 열리는 사건으로서 간수와 가족들이 예수를 믿음으로 빌립보 교회가 탄생되는 놀라운 이적이다. 이는 마게도냐 사람이 자신들에게 복음을 전해달라고 하는 환상이 실현되는 순간이기도 하였다.

네 번째 사건은 에베소에서 예수를 믿는 자들에게 바울이 안수할 때 성령이 임하시므로 방언도 하고 예언도 한 것이다. 이 지역에서 말씀을 강론할 때 희한한 능이 나타났던 것으로 바울의 몸에서 손수건이나 앞치마를 가져다가 병자에게 얹으면 병이 떠나고 악귀가 나가는 이적들은 말씀이 세력을 얻게 하고 부흥케 하는 역사를 초래하였으며, 설교 도중 3층에서 떨어져 죽었던 유두고를 살리는 사건 등의 이적들을 행하였다.

이러한 사건들 외에도 바울을 통하여 나타난 이적들은 계속하여 권세자들에게 복음을 전할 수 있도록 하였다. 먼저는 유대의 지도자들 앞에서 복음을 전하고, 예루살렘 공회에서 총독 벨릭스와 그의 아내에게, 신임 총독 베스도 앞에서, 아그립바 왕 앞에서 그리고 로마에 가서 아침부터 저녁까지 강론하여 하나님 나라를 증거하고, 로마로 가는 도중 만난 광풍 앞에서 276명의 생명에게 복음을 전하고 살리는 역사가 일어났다. 멜리네 섬에서 독사에게 물렸으나 독의 해를 받지 아니한 사건도 있었다.

> 하나님께서 바울의 손을 빌어서 비상한 기적들을 행하셨다. 심지어 사람들이, 바울이 몸에 지니고 있는 손수건이나 두르고 있는 앞치마를 그에게서 가져다가, 앓는 사람 위에 얹기만 해도 병이 물러가고, 악한 귀신이 쫓겨 나갔다"(행 19:11~12).

> 유두고라는 청년이 창문에 걸터앉아 있다가, 바울의 말이 오랫동안 계속되므로, 졸음을 이기지 못하고 몹시 졸다가 삼 층에서 떨어졌다. 사람들이 일으켜 보니, 죽어 있었다. 바울이 내려가서, 그에게 엎드려, 끌어안고 말하기를 "소란을 피우지 마십시오. 아직 목숨이 붙어 있습니다" 하였다. 바울은 위층으로 올라가서, 빵을 떼어서 먹고 나서, 날이 새도록 오래 이야기하고 떠나갔다. 사람들은 그 살아난 청년을 집으

로 데리고 갔다. 그래서 그들은 적지 않게 위로를 받았다(행 20:7-12).

그 근처에 그 섬의 추장인 보블리오가 농장을 가지고 있었다. 그가 우리를 그리로 초대해서, 사흘 동안 친절하게 대접해 주었다. 마침 보블리오의 아버지가 열병과 이질에 걸려서 병석에 누워 있었다. 그래서 바울은 들어가서 기도하고, 그에게 손을 얹어서 낫게 해주었다. 이런 일이 일어나니, 그 섬에서 병을 앓고 있는 다른 사람도 찾아와서 고침을 받았다(행 28:7-9).

그리스도께서 이방 사람들을 복종하게 하시려고 나를 시켜서 이루어 놓으신 것밖에는, 아무것도 감히 말하지 않겠습니다. 그 일은 말과 행동으로, 표징과 이적의 능력으로, 성령의 권능으로 이루어졌습니다. 그래서 나는, 예루살렘에서 일루리곤에 이르기까지 두루 다니면서, 그리스도의 복음을 남김없이 전파하였습니다(롬 15:18-19).

바울의 재림신앙과 체험

사도는 예수 그리스도의 재림을 믿고 선포하는 종말론적 삶을 살았다. 그는 재림의 복음으로 끝까지 믿음을 지켰다! 그가 예수의 이름으로 행하는 복음 사역에는 진리와 능력의 성령께서 강력하게 역사하였다. 어둠의 권세를 잡은 세상의 권력자들은 훼방과 핍박, 죽음으로 위협할 때마다 바울은 부활하시고 승천하신 예수 그리스도께서 공의의 심판주로 오실 재림의 주를 기다리는 신앙으로 이길 수 있었다. 그래서 바울은 자신의 믿음을 공고히 지킬 뿐만 아니라, 교회의 성도들도 굳게 세워나갈 수 있었다.

우리는 주님의 말씀으로 여러분에게 이것을 말합니다. 주님께서 오실 때까지 살아남아 있는 우리가, 이미 잠든 사람들보다 결코 앞서지 못할 것입니다. 주님께서 호령과 천사장의 소리와 하나님의 나팔 소리와 함께 친히 하늘로부터 내려오실 것이니, 그리스도 안에서 죽은 사람들이 먼저 일어나고, 그 다음에 살아 남아 있는 우리가 그들과 함께 구름 속으로 이끌려 올라가서, 공중에서 주님을 영접할 것입니다. 이리하여 우리가 항상 주님과 함께 있을 것입니다(살전 4:15~17).

보십시오, 내가 여러분에게 비밀을 하나 말씀드리겠습니다. 우리가 다 잠들 것이 아니라, 다 변화할 터인데, 마지막 나팔이 울릴 때에, 눈 깜박할 사이에, 홀연히 그렇게 될 것입니다. 나팔소리가 나면, 죽은 사람은 썩어 없어지지 않을 몸으로 살아나고, 우리는 변화할 것입니다(고전 15:51~52).

그러나 우리의 시민권은 하늘에 있습니다. 그곳으로부터 우리는 구주로 오실 주 예수 그리스도를 기다리고 있습니다. 그분은 만물을 복종시킬 수 있는 권능으로, 우리의 비천한 몸을 변화시키셔서, 자기의 영광스러운 몸과 같은 모습이 되게 하실 것입니다(빌 3:20~21).

누구든지 주님을 사랑하지 않는 사람은 저주를 받으라! 마라나타, 우리 주님, 오십시오(고전 16:22).

    사도 바울은 예수 그리스도를 만난 후 그리스도로 말미암아 받은 성령의 세례를 통하여 놀라운 은혜의 영적 체험으로 일관된 일생을 복음 전도자로 살다가 순교의 반열에 들어간 자다.
    그가 예수 그리스도의 복음을 전함으로써 설립된 교회들이 하나님의 뜻대로 믿음과 순종의 삶을 살도록 권면한 편지들 가운데는 그의 신앙과 삶을 결정했던 중생·성결·신유·재림의 신앙체험이 녹아 있음을 확인하였다.
    바울의 편지에는 중생·성결·신유·재림이라는 용어가 한두 곳 외에는 명시적으로 나타나지 않지만, 사중복음의 신앙적 삶에 대한 강력한 요청이 편지의 구절구절마다 넘치고 있다.

마치 '삼위일체'라는 신학적 용어가 성경에 표면적으로는 나타나 있지 않으나, 성부·성자·성령 삼위일체 하나님의 인격과 사역이 내재적 혹은 경세적 차원에서 넘치고 있는 것과 같다.

2) 사중복음으로 본 로마서

우리는 이와 같은 바울의 사중복음 신앙과 체험에 입각하여 그의 편지를 사중복음적 관점으로 독해할 때, 특별히 로마서에 대한 또 다른 영적 진리에 접할 수 있게 된다.

우리가 로마서에서 사중복음적 관점을 놓치지 않겠다고 하면, 적어도 네 가지의 해석학적 관점을 주시할 필요가 있다.

첫째는 육적 차원과 영적 차원, 둘째는 법적 차원과 성품의 차원, 셋째는 받음의 차원과 나눔의 차원, 넷째는 순간과 영원의 차원이다.

중생은 육적 세계 안에서
영적 차원이 열리는 것

육적 차원에서는 보이는 것, 자연·이성·사람이 주요 관점이 되었다면, 영적 차원에서는 보이지 않는 것, 초자연·영·하나님이 주요 관점이 된다. 육적 차원에서 절대성을 가졌던 것들은 영적 차원이 열리면 상대화된다. 인간의 의는 하나님의 의에 의하여 판단 받는다. 행위에 의한 공로는 믿음으로 받은 은혜를 넘어서질 못한다.

나는 복음을 부끄러워하지 않습니다. 이 복음은 유대 사람을 비롯하여 그리스 사람에게 이르기까지, 모든 믿는 사람을 구원하는 하나님의 능력입니다. 하나님의 의가 복음 속에 나타납니다. 이 일은 오로지 믿음에 근거하여 일어납니다. 이것은 성경에 기록한 바 "의인은 믿음으로 살 것이다" 한 것과 같습니다 (롬 1:16~17).

성결은 성령의 세례를
통한 율법의 완성

법은 진리를 가리킬 뿐이며, 하나님의 자녀들로 하여금 진리 안에 살게 하는 것은 성령이다. 성령의 능력 안에서 진리로 살므로 율법의 요구가 이루어진 상태가 성결이다.

육신으로 말미암아 율법이 미약해져서 해낼 수 없었던 그 일을 하나님께서 해결하셨습니다. 곧 하나님께서는 자기의 아들을 죄된 육신을 지닌 모습으로 보내셔서, 죄를 없애시려고 그 육신에다 죄의 선고를 내리셨습니다. 그것은, 육신을 따라 살지 않고 성령을 따라 사는 우리가, 율법이 요구하는 바를 이루게 하시려는 것입니다. 육신을 따라 사는 사람은 육신에 속한 것을 생각하나, 성령을 따라 사는 사람은 성령에 속한 것을 생각합니다 (롬 8:3~5).

신유는 내 힘이 아니라
하나님의 힘으로 세상을 섬김

신유는 하나님의 임재로 인하여 표징과 이적의 능력이 나타나고, 성령의 권능이 행사됨으로써 하나님의 살아계심이 증거되는 것이다. 이로써 전도의 거침돌이 제거되어 불신앙의 백성들이 그리스도께 복종하는 역사가 일어나게 된다. 신유는 전도자의 말과 행동에 신적 권위가 주어짐으로써 복음 선교가 힘 있게 이루어지게 한다.

그리스도께서 이방 사람들을 복종하게 하시려고 나를 시켜서 이루어 놓으신 것밖에는, 아무것도 감히 말하지 않겠습니다. 그 일은 말과 행동으로, 표징과 이적의 능력으로, 성령의 권능으로 이루어졌습니다. 그래서 나는, 예루살렘에서 일루리곤에 이르기까지 두루 다니면서, 그리스도의 복음을 남김없이 전파하였습니다. 나는 이와 같이, 그리스도의 이름이 알려진 곳 말고, 알려지지 않은 곳에서 복음을 전하는 것을 명예로 삼았습니다. 나는 남이 닦아 놓은 터 위에다가 집을 짓지 않으려 하였습니다 (롬 15:18~20).

재림은 현재가
어떠한 때인 줄을 경고함

깊은 밤이 지나 동이 틀 때이니 잠에서 깨어 일어날 것을 촉구한다. 역사의 주인이 오시고 있는데, 역사의 주인이 마치 자기 자신인 양 살고 있는 것들을 빨리 버리고 주인을 맞이해야 한다. 빛의 갑옷을 입고 주인의 뒤를 따라야 한다.

여러분은 지금이 어느 때인지 압니다. 잠에서 깨어나야 할 때가 벌써 되었습니다. 지금은 우리의 구원이 우리가 처음 믿을 때보다 더 가까워졌습니다. 밤이 깊고, 낮이 가까이 왔습니다. 그러므로 우리는 어둠의 행실을 벗어버리고, 빛의 갑옷을 입읍시다 (롬 13:11~12).

사도 바울은 스데반 집사에게 예수 그리스도의 복음을 듣고, 그가 복음을 증거하다가 순교하는 것을 본 후, 그리스도인들을 박해하는 자신에게 빛 가운데 나타나신 예수 그리스도를 만났다. 그리고 자신의 생각과 삶을 완전히 돌이켜 그리스도를 박해하던 자가 그리스도를 증거하는 자가 되었다.

그러므로 그가 쓴 편지 안에는 사중복음의 원천인 하나님의 복음과 사중복음의 능력인 예수 그리스도의 복음과 사중복음의 생명인 성령의 감동과 역사가 흐르고 있다. 이러한 맥락과 관점에서 바울의 편지를 사중복음적으로 독해하며 묵상하는 것이야말로 온전한 구원의 복음을 계시하고 있는 성경을 대하는 가장 복음적인 길 가운데 하나가 될 것이다.

제 5 장
사중복음 정신과 복음주의 역사

　사중복음의 정신을 교회사적 맥락에서 이해하려면 19세기 말 미국의 성결오순절 운동과 18세기 영국 웨슬리의 메소디스트 운동과 더불어 16세기 루터의 종교개혁 운동을 돌아보는 것이 필요하다. 인간 구원을 위한 하나님의 선물로 주어진 복음에 의한 운동들이 가지는 공통점을 찾을 수 있기 때문이다.

　하나님께서는 인류 구원의 복음을 알리고자 했을 때, 각 시대마다 대표 주자들을 택하여 그들이 지고가야 할 크고 작은 역사적 사명을 맡겨 왔다. 특별히 개신교 교파주의 신학의 시조로 추앙 받고 있는 루터, 칼뱅, 웨슬리, 냅과 같은 인물들의 면면을 들여다 볼 때, 우리는 그들을 관통하는 것 하나가 있는데, 넓은 의미에서 복음주의적 영성이다. 곧 그리스도 예수의 마음이다. 그들은 그리스도와 같이 하나님의 말씀과 성령으로 충만하여 자신들이 서 있는 시대에 복음의 증인으로 산 자들이다.

　그들은 성경에 대한 이해와 삶의 방식은 역사의 맥락에 따라 다들 달랐지만, 선지자들과 예수 그리스도와 그의 제자들이 마음에 품고 살았던 하나님 중심주의 정신, 곧 사중복음이 지시하는 '아바 정신'으로 시대적 사명을 충실하게 감당했다. 그들은 '사중복음'이란 말도, 그러한 어떤 프레임도 생각지 않았다. 그러나 사중복음 신앙을 가지고 그 능력 가운데 사

- 사중복음은 성도가 하나님중심 정신으로 무장하게 한다.
- 루터의 종교개혁 운동에서 사중복음의 저항정신을 발견한다.
- 웨슬리의 메소디스트 운동에서 사중복음의 변혁정신을 발견한다.
- 냅의 성결오순절 운동에서 사중복음의 선교정신을 발견한다.

는 자들에게 주어지는 정신으로 볼 때, 그들은 모두 하나같이 '사중복음적' 삶을 산 자들이라 말할 수 있다.

그러므로 루터·칼뱅·웨슬리·냅 등과 같은 교파주의 신학의 시조들이 사중복음 정신으로 시공을 초월하여 다시 만난다면, 모두가 하나님 중심주의로 한 몸을 이룰 수 있게 될 것이다. 우리는 그러한 가능성을 보기 때문에 교파주의 신학에 갇혀 각자 자기 완결적으로 굳게 매듭져 있는 세계 기독교의 현실을 사중복음적 관점에서 풀어보고자 하는 것이다.

1 마르틴 루터의 사중복음 정신

마르틴 루터의 종교개혁은 개신교 역사의 출발점이기 때문에 개신교가 존재하는 한, 언제나 돌아보면서 복음이 무엇이며, 교회란 어떠해야 하는지를 묻게 하는 역사적 사건이다.

1517년 10월 31일 한 무명의 성직자가 무비판적으로 만연되어 가고 있던 교회 내의 문제들을 95개

항목으로 열거하여 비텐베르크대학교회 정문에 붙여놓았다. 그 파급력은 상상을 초월했다. 이유는 한 가지였다. 복음의 나팔소리가 분명히 울려 퍼졌기 때문이었다. 참 복음이 나타나자 복음과 유사한 것들은 설 자리를 잃게 된 것이다.

그로부터 10여 년이 지난 1530년 6월 25일 마침내 복음주의를 표방하는 개신교 최초의 신앙고백이 나왔다. 총 28개 조항으로 이루어진 '아우구스타나 신앙고백(Confessio Augustana)'이다. 여기 제7조는 '교회'를, "복음이 참되고 순수하게 선포되고, 복음에 따라 성례전이 집례 되는 성도의 공동체"라 천명하였다. 교회는 명실 공히 복음을 위한, 복음에 의한, 복음의 공동체라는 자기 정체성을 명확히 한 것이다.

교회는 복음을 듣고, 복음을 먹고 마시고, 복음의 능력으로 사는 공동체다. 오늘날 우리 교회 안에서 복음이 들려지지 않고 그 대신 '율법'이 호령하고, 복음의 살과 피가 사라지는 대신 '전통'이 숭배되고, 말씀과 성령보다 교단의 창립자가 말한 신학적 주장이 성경 해석에 권위를 부여하고, 성도들이 복음의 생명수에 몸을 담그지 못하고 그 대신 '조직'에 매여 있다면, 우리 교회는 '바벨론 포로'와 다르지 않을 것이다.

우리가 서 있는 21세기 환태평양 아시아는 마르틴 루터(Martin Luther, 1483~1546)가 살던 16세기 유럽과는 전혀 다른 문명권이다. 그러나 시대와 문명을 초월한 하나님의 메시지는 동일하다. 복음은 '하나님의 선물(donum Dei)'이라는 것. 그리고 이 복음만이 인류를 죄로부터 자유롭게 하고, 교회를 새롭게 한다는 것이다!

중세 교황의 절대권력 vs.
21세기 지구촌 교회들의 세속화

중세의 유럽 사회는 하나의 거대한 복합체였다. 경제적으로는 봉건주의, 정치적으로는 신성로마제국, 신학적으로는 스콜라주의, 교회적으로는 교황주의가 서로 탄탄히 엮여 세속적이면서도 종교적인 문명권을 형성하였다.

슈미트(Kurt Schmidt)의 『살아있는 교회사』(정병식 역)를 보면, 어떻게 교황의 절대권력이 정치적으로, 영적으로 유럽의 '통일(Einheit)'을 이루고 있었으며, 어떻게 절대 타락의 길을 걸었는지를 한 눈에 볼 수 있다. 거대한 가톨릭교회는 "언제나 엄청난 액수의 돈을 필요"로 했는데, "지도부가 내적으로 가치를 상실할수록 그들의 돈 요구는 더욱 거세어졌다."

종교의 내적 가치 상실! 그 빈자리를 채우는 데는 돈이 최고였다! 이를 위해 '적절한 제도'들이 만들어졌다. '성직매매'는 합법화되었으며, 급기야는 '면죄부 판매'라는 데까지 이르게 되었던 것이다.

현대 기독교는 어떠한가?

21세기 지구촌 교회들은 교파주의 신학에 충성을 서약함으로써 세속사회의 다원주의적 시대정신과 흐름을 같이 한다. 교파주의는 신학적 다원주의다. 중세의 교황주의가 타율적 일원주의였다면, 현대의 교파주의는 자율적 다원주의다. 교황주의는 교리의 절대주의에, 교파주의는 교리의 상대주의에 기초한다. 현대는 교파주의로 인하여 유일성·거룩성·보편성·사도성이라는 교회의 본질을 드러내지 못하고 있고, 중세는 교황주의로 말미암아 그랬다.

교파주의란 무엇인가?

분화된 교황주의 외의 다른 모습이 아니다! 교황 1인에 집중된 권력이 다원화된 교단의 대표들에게 다른 모습으로 재생된 것일 뿐, 교황주의 자체가 사라진 것이 아니다. 교회의 본질적 가치를 상실한 현대 교회에 그 빈자리를 채우는 것은 무엇인가? 종교의 내적 가치를 상실했던 중세 가톨릭 교회의 경우처럼, 역시 무소불위한 돈의 권력이다.

교회의 신학적 오용

루터는 전형적인 중세적 인물로 평가된다. 중세인들이 걸어야 했던 신앙의 길은 '끝없는 참회의 삶'이었다.

중세의 참회는 첫 단계로 마음의 뉘우침, 두 번째 단계로 입술의 고백, 세 번째로 용서, 그리고 마지막 단계로 행위의 보속으로 진행되는데, 문제는 이 마지막의 네 번째 단계다.

참회자는 이 '행위의 보속(補贖, *satisfactio operis*)'을 받기 위해 사제가 명하는 기도·금식·구제·순례의 고행을 끊임없이 반복하지 않으면 안 되었다. 루터는 철저한 참회의 삶을 살수록 '영적 자유'를 경험하기는커녕 하나님 앞에서 피할 수 없는 두려움과 영적인 억압에 시달려야 했다.

많은 돈이 필요했던 교황들은 바로 이 점을 노려 '면죄부'라는 것을 고안하였다. 그들은 면죄부가 '행위의 보속을 대체'하며, 참회와 상관없이 죄로 인한 모든 형벌을 소멸한다고 선전하며 판매하였다. 어찌 보면, '행위의 보속'으로 시달렸던 중세인들에게 면죄부는 하나의 해방이었다.

그러나 루터가 보기에는 '행위의 보속'도 문제였지만, 이를 빙자해 면죄부를 팔고 사는 것이 더 큰 악이 아닐 수 없었다. 그것은 심각한 신학적 오용으로서, 인간의 공로와 행위에 죄 용서를 종속시키는 것이며, 하나님의 심판과 용서를 탈색시키고, 하나님으로부터가 아니라, '교회의 인위적 고안물'에 불과한 것으로서 "은혜로 인하여 믿음을 통한 의롭다 함"이라는 '칭의'의 신앙 원리를 완전히 배격하는 것이었다!

루터는 사안의 심각성을 인식하고 1516년 7월 27일부터 비텐베르크에서 면죄부 반대 설교를 하다가, 마침내 1517년 10월 31일에 '95개조 반박문'을 작성하여 공개토론을 요청하기에 이른다.

루터의 반박문 제1조는 다음과 같이 시작한다.

우리의 주님이시오, 선생이신 예수 그리스도께서 '회개하라'(마 4:17)고 말씀하셨는

데, 그분이 원하신 것은 신자들의 삶 전체가 회개가 되어야 한다는 뜻이다.

인간은 "그리스도 안에서 의롭고, 그 자신 안에서 죄인"이기에 결코 보속으로 회개를 대신할 수 없다는 것이다. 그리고 보속을 위하여 수 만 장의 면죄부를 산다 해도 회개하는 삶이 없이는 백약이 무효라는 것이다.

성경에서 건진
루터의 물맷돌, 복음!

그렇다면 루터의 대답은 무엇이었는가? "어느 그리스도인이든 진실로 참회하는 사람은 면죄증서 없이도 형벌과 죄책으로부터 완전한 사함을 받는다(36조)"는 것이며, "교회의 참 보화는 하나님의 영광과 은총의 가장 거룩한 복음이다(62조)"는 것이었다.

마침내 루터는 거대한 골리앗 앞에 선 소년 다윗처럼 '복음'이라는 물맷돌 하나로써 무소불위의 교황 앞에 홀로 섰다. 루터의 이러한 담대함과 용기는 어디서 나왔는가? 물음을 가지고 성경을 깊이 탐구한 결과다.

그 결과, 하나님의 말씀으로부터 얻게 된 믿음이 그로 하여금 깃발을 들게 했다! 30세 때부터 3년간 시편을 연구하고, 32세 때부터 2년간 로마서를 탐구하고 강의하면서 말씀 안에서 하나님의 의의 복음을 발견하였던 것이다.

종교개혁: 진리와의 대면,
그리고 거짓과의 대결

루터의 종교개혁은 빛이신 하나님의 말씀과 대면하는 것이요, 그리고 진리로 둔갑한 거짓을 말씀의 빛으로 비추는 운동이다. 종교개혁은 혈과 육의 개혁이 아니라, 영과 혼의 개혁이다.

그 개혁은 먼저 내 안에서의 각성과 회개로 나타난다. 음습한 곳에서 썩고 있는 것을 막는 길은, 그것을 백일(白日)하에 밝히는 것이다. 그러나 내 안에는 내 영혼을 더럽히는 그 거짓을 밝힐 수 있는 빛이 없다. 흐려진 이성과 조금 남은 양심의 빛으로써는 영혼 깊숙이 파고들어 자리 잡고 있는 거짓의 뿌리까지 비추지 못한다.

그러므로 희망은 오직 '우리 밖에서부터(extra nos)' 강력한 빛이 들어와서 비춰주는 것이다. 종교개혁은 바로 그 빛의 재발견이요, 그 빛으로 어둠을 밝히는 현재진행형의 운동이다.

그 빛이 어둠 속에 있었던 루터에게 비췄고, 그리고 빛 가운데로 나온 루터를 통해 교황에게 그 빛이 비췄더니 그 안은 온갖 버러지들로 가득 차 있었다. 그러나 루터가 빛을 비추는 순간, 교황은 빛으로부터 등을 돌렸다. 그리고 루터의 종교개혁은 본격적으로 시작되었다.

보름스의 지붕 기왓장만큼이나 많은 마귀들이 자리를 잡고 있다고 해도 나는 그곳(보름스 제국회의)에 가겠다.

역사적으로 이와 같은 싸움은 루터 이전에도 아브라함이, 모세가, 엘리야가, 다윗이, 이사야가, 베드로와 바울이, 아우구스티누스가 거쳤던 일이요, 루터 이후 웨슬리(1703~91)가, 찰스 피니(1792~1875)가, 무디(1837~99)가, 마틴 냅(1853~1901)이, 카우만(1868~1924)과 길보른(1865~1928)이, 이성봉(1900~1965)이, 박봉진(1890~1943)과 문준경(1891~1950)이 역시 경험했던 일이다. 이들은 먼저 자신을 빛 앞에 세운 자들이다. 빛 가운데서 자기의 어둠을 보고 처음부터 철저히 다시 시작한 것이다.

종교개혁은 나를 성경의 말씀으로 비추고, 예수 그리스도 앞에 세우는 것이다. 그리고 빛으로 위장한 모든 거짓을 성경으로 폭로하고, 예수 그리스도 앞에 굴복케 하는 것이다!

우리의 회개:
뿌리 깊은 공로의식

    종교개혁은 영국의 존 위클리프(1320~84, 64세), 체코의 얀 후스(1369~1415, 46세), 그리고 독일의 마르틴 루터(1483~1546, 63세), 스위스의 츠빙글리 (1484~1531, 47세), 프랑스와 제네바의 장 칼뱅(1509~1564, 55세) 등으로 이어져 왔다.

 예수께서 "너희는 빛이라"(마 5:14)고 말씀하셨을 때, 이들을 통해 그 빛의 모습이 어떠한 것인지를 보았다. 그리고 그 빛을 삼키려는 어둠의 실체가 무엇인지를 무엇보다도 먼저 내 안에서 보게 되었다. 실로 부끄러운 자화상을 확인하지 않을 수 없었다.

 그들은 교회가 어둠 가운데 있을 때 빛을 받아 비춰준 크고 작은 '거울'들이었고, 이 시대의 거울로 부름을 받은 자들에게 여전히 살아있는 멘토(mentor)들이 되었다.

 그런데 오늘, 그들은 우리를 향하여 말한다. 우리가 종교개혁에 관한 설교도 하고, 종교개혁지도 탐방하고, 학술제도 열어 많은 것을 배운 것까지는 좋았지만, 그것들로써 '회개'를 대신하려 하는 '공로(功勞)주의자'가 되어서는 안 된다고 지적한다.

 우리 안에 깊이 깔려 있는 어둠의 실체인 공로주의야말로 예나 지금이나 '면죄부 신학'의 근거가 되기 때문이다. 그러므로 지금 그리고 앞으로도 우리에게 필요한 것은 교만의 그릇인 공로주의를 깨고 예수 그리스도 앞에 나아가 처음부터 다시 시작하겠다는 '회개'다. 우리가 버려야 할 자세는 바로 이것이다.

 주여, 주여, 우리가 주의 이름으로 선지자 노릇 하며 주의 이름으로 귀신을 쫓아내며 주의 이름으로 많은 권능을 행하지 아니하였나이까(마 7:22).

주 앞에서 우리의 공로를 내세우는 것이다. 오히려 나는 "무익한 종이라 우리가 하여야 할 일을 한 것뿐이라"(눅 17:10)는 고백을 가지고 주인의 은총을 구하는 자이어야 한다. 공로주의는 예나 지금이나 나 자신뿐만이 아니라 공동체를 무너뜨리는 교만의 누룩이다. 그것은 결국 신과 같이 대접 받고자 하며, 호모 데우스가 되고자 하는 욕망(concupiscentia)을 채우고자 함이다.

사람의 복음인가, 하나님의 복음인가?

루터는 1517년 10월 31일 비텐베르크 성곽교회(Schlosskirche) 정문에 95개 조항의 반박문을 붙였다. 작은 불씨 하나가 온 산을 태우듯이, 33세의 청년이 공개한 반박문 종이 하나가 불쏘시개가 되었고, 반박문 안에 타올랐던 복음의 불길은 천 년 동안 뿌리박혀 온 '공로주의'라는 적폐(積弊)를 불태워 '하나님을 하나님 되게,' '교회를 교회 되게' 하는 복음이 무엇인지를 뚜렷이 보여주었다.

모세가 지팡이 하나 가지고 애굽의 바로 앞에 섰듯이, 엘리야가 아합의 선지자들 앞에서 홀로 대결하였듯이, 예수께서 빌라도 총독과 수많은 적대자들 앞에 홀로 섰듯이, 스데반이 돌로 치려는 제사장들과 군중 앞에서 하늘을 바라보며 섰듯이, 바울이 아그립바 왕과 베스도 총독 앞에 섰듯이, 마침내 루터도 1521년 4월 17~18일에 카를 5세 황제 앞에 섰다.

이들은 무엇을 위해 온 몸을 던져 싸웠던 것인가?

'사람의 복음'으로부터 '하나님의 복음'을 지키기 위해서였다.

면죄부는 하나님의 이름을 붙여 판 사람의 복음이었지, 하나님의 복음이 아니었다. 루터가 볼 때, 교황은 하나님의 이름을 빙자하여 교회를 타락케 한 적그리스도였지, 하나님의 종이 아니었다. 종교개혁의 횃불을 든 지 20년 후 루터는 이렇게 회고한다.

교황이 강권과 교활한 수단으로 모든 힘과 권위를 물려받아서 아무 황제나 임금이 그를 천대할 수 없게 된 후, 이 '멸망의 아들'(살후 2:3)은 하나님의 말씀의 힘에 의하여 폭로되고 말았습니다.[1]

왜 면죄부가 문제였는가?
루터는 말한다

면죄부는 사람이 참회하지 않고 슬퍼하지도 않고 또한 배상도 하지 않아도 된다고 합니다. … 교황이 세운 면죄의 십자가는 주 예수 그리스도의 십자가와 동일하며 동일한 효력을 가진다고 합니다.[2]

루터가 '반박문을 쓰게 된 동기'는 교황의 '이러한 만행을 규탄하기 위해서'였다는 것이다.

회개 없는 복음,
사람의 복음일 뿐!

회개 없이 받아들이는 복음은 하나님의 복음이 아니라 사람의 복음일 뿐이다. 하나님의 복음은 "회개하고 복음을 믿으라"(막 1:15)는 길 외에 다른 길을 알지 못한다. 하나님의 선물은 그것이 무엇이 되었든 받는 자에게 먼저 회개가 따른다.

사람이 주는 선물에는 회개가 필요 없다. 면죄부는 죄를 면해주기 전에 먼저 회개를 면제해준다! '교황이 세운 면죄의 십자가'에는 나를 위해 흘린 눈물과 보혈이 없다. 그러기에 회개 없이도 얼마든지 내 돈으로-공로로-구원을 얻을 수 있다.

중생·성결·신유·재림은 진실로 하나님의 복음이요, 예수 그리스도의 십자가 복음이다. 진실로 값없이 주시는 '하나님의 선물(*domum Dei*)'이다.

그렇다면 먼저 중생을 위한 회개, 성결을 위한 회개, 신유를 위한 회개, 재림에 참여하기 위한 회개가 따라야 한다. 그렇지 않고 그 값비싼(costly) 선물을 회개 없이 받는 순간, 사중복음은 싸구려(costless) 복음이 되고 만다.

회개는 "돌이켜 처음부터 다시 시작하겠다!"라는 것이다. 회개하는 자의 마음가짐은 이런 것이다.

"내가 하늘과 아버지께 죄를 지었사오니 지금부터는 아버지의 아들이라 일컬음을 감당하지 못하겠나이다"(눅 15:21). "무엇이든지 내게 유익하던 것을 내가 그리스도를 위하여 다 해로" 여긴다(빌 3:7). 나는 "죄인 중의 괴수"(딤전 1:15)다. 나의 의는 다 "더러운 옷"(사 64:6)과 같다는 것이다. 하나님의 복음은 과연 이런 자들의 것이다.

루터·사중복음·한국 교회

중생·성결·신유·재림의 복음은 오직 그리스도 안에서, 오직 십자가 안에서만 주어지는 은총의 언약이요, 은총의 경험이다. 그러므로 그리스도 없이, 십자가 없이, 그리고 십자가에 못 박히는 회개함이 없이 말하고 경험하는 사중복음은 '사람의 복음'이지, 결코 '하나님의 복음'일 수 없다.

회개 없이 사람의 복음을 따를 때 사람의 영광이 드러나고, 회개와 함께 하나님의 복음을 따를 때 하나님의 영광이 나타난다. 그러므로 오직 회개하는 자들에만 사중복음은 불변하는 하나님의 언약으로 확인되고, 살아있는 하나님의 능력으로 경험된다! 그리고 하나님의 복음으로 위장된 모든 인간의 복음들이 폭로된다.

먼저 사중복음 신앙 공동체 안에서 죄와 거짓을 통회자복(痛悔自服)하는 회개의 운동이 일어나야 한다. 공로의식으로 가득 찬 바리새주의자들처럼 언젠가부터 회개 없이 예배드리는 것이 일상이 되어가고 있다.

회개가 없는 데도 강단에서는 은혜로운 말씀이 선포되고, 축복의 기도가 쏟아진다. 회개 없이도 들을 수 있는 인간의 복음이 넘쳐나고 있는 것이다.

우리 한국 교회는 어떠한가?

세월이 지나면서 예수의 이름으로 회개를 면제해주는 다양한 면죄부를 팔고 있지는 않은지! 십일조가, 주일성수가, 건축헌금과 특별헌금이, 그리고 각양의 봉사들이 우리로 하여금 회개 없이도 은혜의 보좌 앞에 나가도록 하는 면죄부가 되고 있지는 않은지 십자가의 빛으로 깊숙이 비춰보아야 한다.

회개하기를 거부하고, "자기를 의롭다고 믿고, 다른 사람을 멸시하는 자들" 가운데 우리는 속하여 있지는 않은가? 혹시 그렇다면 예수께서 비유를 통해 말씀하신 것을 기억해야 한다.

"하나님이여 나는 다른 사람들 곧 토색, 불의, 간음을 하는 자들과 같지 아니하고 이 세리와도 같지 아니함을 감사하나이다. 나는 이레에 두 번씩 금식하고 또 소득의 십일조를 드리나이다"라고 기도한 바리새인을 물리치고, "하나님이여 불쌍히 여기소서. 나는 죄인이로소이다"라고 기도했던 세리를 향하여 "의롭다"(눅 18:9~14)라고 인정하신 분이 예수이시다.

빌라도에게 살해당한 갈릴리 사람들이나 실로암의 무너진 망대로 인해 죽은 사람들처럼, 인간들이 평가하는 범죄의 많고 적음과 상관없이 "회개하지 아니하면 … 망하리라"(눅 13:1~5)라고 하신 예수의 경고를 기억해야 한다.

사중복음은 오직 회개하는 자들에게 은총으로 경험되는 하나님 나라의 언약이요, 능력이다. 회개를 통해서만 경험되는 값비싼 은총의 복음이 세계 기독교가 공유해야 할 사중복음이다.

2 존 웨슬리의 사중복음 정신

성결·오순절 운동 진영 안에서 사중복음의 신학적 뿌리가 웨슬리에게 있다는 것은 일반적으로 수용되고 있는 사실이다.[3]

그러나 여기에서 더 요청되는 것은, 웨슬리가 실제로 중생·성결·신유·재림의 각 사항에 대하여 어떻게 믿었으며, 어떠한 실제적인 경험을 했는지에 대한 체계적인 소개다.

성결·오순절 운동의 관점에서 웨슬리의 신앙과 신학 그리고 메소디스트로서의 그의 삶에 대해서는 많은 연구가 계속 진행되고 있다.[4]

우리의 과제는 웨슬리에 관한 새로운 사실을 규명해 내려는 데 있지 않고, '사중복음'이라는 관점에서 그의 신앙체험과 신학을 조명하여 그 안에 사중복음적 신앙과 체험의 실재 여부를 살펴보는 것이다.

웨슬리의 중생 신앙과 체험

웨슬리에게 '중생(regeneration)'이란 용어 자체는 친숙한 표현이 아니나, 하나님이 통치하는 사중복음적 중생의 영적 세계는 웨슬리가 개진하는 칭의와 확신의 교리에 입각한 구원론에서 핵심부에 해당하는 개념들을 포괄한다.

웨슬리에게 중생은 '칭의(justification)'와 '확신(assurance)' 모두를 아우르는 것이다.[5] 웨슬리는 종교개혁의 구원론 전통을 이어받아 "믿음으로 말미암는 칭의"를 그의 구원론에 흔들림 없이 안착시킨다.[6] 구원은 오직 하나님의 은혜와 예수 그리스도의 십자가 공로로 오는 것이요, 인간은 이 복음을 믿음으로만 받을 수 있다는 것이다. 그러므로 구원의 객관적 기초로서의 칭의가 믿음으로 주어지게 된다.

　웨슬리는 이러한 칭의의 사건을 중생과 동일시 한다. 그러므로 "의롭다 함을 얻은 자, 곧 믿음으로 말미암아 구원을 받은 자는 진실로 거듭난 자"[7]이다. 이러한 명제는 칭의란 반드시 중생과 더불어 믿는 자에 의해 고백되어야 할 사항임을 강조하는 것이다.

　중생이라는 생물학적 개념에는 생명의 태어남과 성장이라는 변화의 차원이 들어있다. 이러한 관점에서 웨슬리는 '거듭난 자'의 상태를 "새 생명으로 성령에 의해 거듭난 것"이며, "새로난 아기처럼 순전한 말씀의 젖을 사모하여, 이에 의하여 장성하는 것"이며, "마침내는 온전한 사람을 이루어 그리스도의 장성한 분량이 충만한 데까지 이르게 되는 것"임을 강조한다.[8] 그러므로 웨슬리에게 칭의는 믿음으로 말미암아 객관적으로 주어지는 법정적 혹은 교리적 사실로 머물지 않고, 성령의 감동으로 이루어지는 영적인 변화로 이어지는 것을 경험하게 되는 순간을 맞이하는 데까지 나가야 한다.

　이러한 변화를 강력히 확인하게 될 때, 신자는 자신 안에서 이루어지고 있는 영적 변화의 실재를 '확신'하게 된다.

　웨슬리는 이러한 체험을 1738년 올더스게이트(Aldersgate) 집회에 참여했을 때 가졌다.

> 내가 그리스도를 신뢰하며, 그리스도만이 구원이시며, 그분이 나 같은 죄인의 죄를 사하시고, 죄와 사망의 법에서 나를 구원하셨다는 확신이 생겼다.[9]

　이러한 '확신'이 교리적으로 정당성을 확보할 수 있는 이유는, 확신의 상태가 신자의 주관적 차원으로부터 나온 것이 아니라 '성령의 증거'에 의해 주어진 것에 대하여 '우리 자신의 영의 증거'가 신자의 양심, 이해력, 및 생활 가운데 나타나기 때문이다.

이처럼 웨슬리를 통해 정립될 수 있는 중생은 칭의와 확신의 통합적 현실이며, 그리스도 십자가 신앙과 성령의 역사에 대한 열린 수용을 통해서 이루어지는 영적이며 인격적인 변화의 현실을 일으키는 복음이다.

웨슬리의 성결 신앙과 체험

웨슬리에게 이와 같은 중생의 복음은 새로운 영적 차원을 지시하는데, 곧 성결의 복음이다. 웨슬리는 '성결(holiness)'이라는 표현보다는 '성화(sanctification)'를 선호한다.[10] 성화는 변화의 과정을, 성결은 그 과정의 완성된 상태에 비중을 둔 표현으로 이해할 수 있다. 그러므로 두 용어는 중생의 세계 안에 들어온 자들이 경험하게 될 거룩함의 현실을 풍부하게 표현해주는 것으로 보는 것이 타당할 것이다.[11]

웨슬리의 성화는 중생에서부터 시작하여 '기독자의 완전'을 경험하는 데까지 나간다. 기독자의 완전은 어느 한순간에 일어나고 마는 것이 아니라 일생의 변화 과정이 전제된다.

웨슬리의 삶에서 신앙적 전기를 맞게 되는 대표적인 체험 가운데 올더스게이트(Aldersgate)와 페터레인(Fetter Lane) 모임에서의 영적 체험이 있다. 우리는 웨슬리가 올더스게이트의 집회에서 일어난 그의 내적 경험은 신앙의 '확신(assurance)'을 갖게 된 영적 사건으로 본다. 그는 구원받은 자로서의 믿음을 이미 가지고 있었지만, 신앙의 뜨거운 내적 감격과 확신은 1738년 5월 24일 올더스게이트 집회 때였다.[12]

그리고 7개월 후, 그는 1739년 1월 1일 새벽 3시 무렵 페터레인에서 '하나님의 능력'이 송년회를 위해 모인 약 60여 명에게 강력히 임하는 사건을 경험한다.[13]

사중복음의 사차원적 세계의 관점에서 웨슬리의 신앙체험 사건을 바라보게 될 때, 올더스게이트 집회 때 일어났던 웨슬리의 신앙체험은 이미 신앙생활을 하고 있는 자로서 구원의 감격과 확신을 새로운 차원에서 가진 것이었기 때문에, 이때 웨슬리가 '성령과 불로' 베풀어 주시는 예수의 성령세례를 받은 것으로 이해되며, 이는 오순절 마가의 다락방에 모인 제자들에게 임했던 사건과 유사한 것으로 보인다.

그렇다면, 올더스게이트의 경험은 순간적으로 맛보게 된, 성령세례에 의한 '내적 성화'의 순간으로 해석이 가능할 것이다. 이 일 후 얼마 안 되어 일어난 페터레인에서의 영적 체험은 올더스게이트와 동일한 성령세례이지만, 이때는 성령의 '외적 표적'으로 경험된 오순절 사건이라 할 수 있을 것이다.

이처럼 올더스게이트와 페터레인에서 웨슬리에게 순간적으로 나타난 성령의 강력한 임재의 사건들은 웨슬리를 성결과 능력의 삶으로 출발하게 한 '제2의 은총' 혹은 '제2의 축복'의 순간이 되게 하였다.

우리는 이와 같은 일련의 사건들 이후에 나타나기 시작한 그의 변화된 영적 사역을 통해서, 그 두 사건은 오순절적 '성결과 능력'을 체험한 사건이었다고 보게 된다.

웨슬리의 신유 신앙과 체험

웨슬리에게 신유의 주제가 많이 나타난 때는 주로 1738~1763년 사이로 약 25년간이다.[14] 특별히 페터레인(Fetter Lane)에서 있었던 성령 체험 이후, 웨슬리의 집회에서 사람들이 쓰러지고, 떨고, 몸을 뒤틀고 하는 현상까지 나타나곤 하였다.[15] 그에 의하면, 질병의 원인은 타락과 하나님에 대한 반역이기 때문에, 하나님에 대한 믿음은 질병으로부터 놓임을 받을 수 있는 길이다.[16]

1741년 5월 10(월요일)에 "나는 허리와 머리가 아플 뿐 아니라, 몸에 열이 계속해서 있었다. 기도를 하려고 하니 기침이 몹시 나서 말을 할 수가 없었다. 바로 그 순간 나에게, '믿는 자들에게는 이적이 따르리라(막 16:17)'라는 생각이 났다. 그래서 나는 큰 소리로, '주여 나의 믿음을 도우소서, 당신의 은총의 말씀을 입증하소서'라고 주님께 구했다."[17]

웨슬리는 축귀도 하였다.[18] 이외에도 수많은 치유 사역에 대한 기록이 그의 일기에 남아 있다.[19] 웨슬리는 자신의 병에 대해 치유 받은 경험이 있고, 또한 많은 사람에게 신유의 은혜를 경험케 한 신유 사역자였음이 밝혀지고 있다.[20]

웨슬리의 재림신앙과 체험

18세기 영국 사회에 종말론은 중요한 신학적 논제는 아니었다. 예수의 재림과 연관된 천년왕국 논쟁은 웨슬리 시대 이후 19세기 미국의 상황에서 일어난 것이다. 18세기의 맥락에서 웨슬리는 특정한 천년왕국을 표방하지 않았기 때문에, 웨슬리의 종말론적 비전에 대해서는 보는 자의 입장에 따라 예수 재림 후의 천년왕국의 도래를 믿는 전천년주의자로 보기도 하고,[21] 예수의 재림 전에 천년왕국이 성취될 것이라는 후천년주의자로 보기도 한다.[22]

이렇게 웨슬리의 천년왕국 견해에 대한 이해가 나뉘지만, 분명한 것은 예수께서 재림한다는 사실에 대해서 흔들림 없는 신앙이 있었다는 것이다.[23]

특별히 웨슬리가 자신의 부흥 운동을 전개하고 있는 동안에 제시한 '성결'에 대한 생각을 확대하는 과정에서 '재림'이라는 주제가 제기되었다고 하면, 재림에 대한 신앙은 성결을 갈구하는 자들에게 본질적인 것이 될 것이다.[24]

웨슬리는 그의 설교에서 성결과 재림 사건을 다음과 같이 밀접한 것으로 증언한다.

하나님은 처음부터 용서·성결· 하늘을 연합시켰다. 그런데 인간은 왜 이것을 분리시키는가? … 나는 그의 성령으로 온전히 성화되어, 살아계신 하나님의 도성인 새 예루살렘으로 지체없이 올라갈 것이다.[25]

이처럼 성결을 사모하는 자가 재림을 소망한다고 했을 때, 성결을 그 누구보다도 강조한 사람으로서 웨슬리 자신이 그만큼 재림도 강조했을 것이라는 사실은 분명해 보인다.

지금까지 존 웨슬리 안에서 중생·성결·신유·재림의 신앙체험뿐만 아니라, 사중복음신학의 사유가 그 안에 깊이 뿌리내리고 있음을 확인할 수 있었다. 그것은 역으로 웨슬리의 복음적 경험이 철저히 성서적임을 반증하는 것이며, 그가 복음의 본질을 놓치지 않고, 복음의 다면성을 견지하고 있다는 것을 반영하는 것으로 볼 수 있을 것이다.

그러므로 '웨슬리'라는 한 역사적 인물이 남겨놓은 신앙과 신학의 유산을 적극적으로 활용한다면, 복음주의 신앙 공동체들이 사중복음 신앙을 높이 고양하고, 사중복음신학을 깊이 있게 정립하고, 사중복음 윤리를 폭넓게 실천해 나가는 데 웨슬리는 역사적이며 신학적인 지렛대가 될 수 있을 것이다. 다시 말하여, 사중복음 해석학을 위한 역사적 초석(礎石)의 역할을 그에게서 기대할 수 있다는 것이다.

웨슬리가 중생·성결·신유·재림의 신앙을 가지고 확신의 교리와 회심의 체험을 설교하는 등, 일련의 그의 사역 행태는 "복음주의자로 인식되어" 1738년 말에는 성례전적인 성격이 강한 18세기 영국 교회(Church of England)의 강단에서 완전히 쫓겨나는 사태까지 이르게 되었다.[26]

웨슬리는 이러한 사중복음적 신앙체험을 통합적인 관점에서 하나의 세계관이나 해석학적 원리로 정립하지는 않았지만, 그의 설교와 저널과 일지 등에 다양한 모습으로 소개되어 있는 것을 살펴볼 수 있다.

이러한 웨슬리의 사중복음 신앙과 그 체험은 성결·오순절적 사중복음 해석학의 귀중한 역사적 초석이 될 수 있다고 할 수 있을 것이다.

3 마틴 냅의 사중복음 정신

'온전한 복음'을 위한
오순절적 저항

미국 부흥 운동이 막바지에 이른 19세기 말엽, 이름 없는 작은 무리들 가운데 '우리의 마르틴 루터(Our Martin Luther)'라 불린 사람이 있었다. 북미 대륙에서 당시 가장 큰 교단인 감리교회(Methodist Episcopal Church)의 목사였던 그는 선교사로 헌신코자 하였으나 몸이 약하다는 이유로 교단의 허락을 받지 못해 국내에 머물 수밖에 없었다. 그런 중에 그는 '신유'의 은혜를 경험하였다.

그리고 순회 부흥집회를 통해 오순절적이며 종말론적인 성령세례의 메시지를 강력히 선포하니 그가 가는 곳곳마다 성령충만의 역사가 일어났다. 그는 신유와 재림의 복음을 주저 없이 전하였는데, 그것을 통해 신자들이 성결의 은혜를 체험하고 거룩한 삶을 경험하였기 때문이다.

마틴 냅(Martin W. Knapp)은 셋 리스(Seth C. Rees)와 함께 만국성결교회의 모체인, 초교파적 '만국성결연맹 기도동지회'를 결성하였다. 이 연맹의 일원이 되기 위해서는 다음과 같은 신앙고백에 서명해야만 했다.

나는 그리스도에 의한 성령세례는 신자들을 위해 중생 다음에 오는 것이며, 믿음으로 받는 순간적인 경험이며, 모든 죄로부터 마음을 정결케 하는 것이며, 부름 받은 모든 자들이 성공적으로 사명을 성취토록 능력이 주어지는 것임을 믿는다. 나는 우리 주님의 재림을 믿으며, 하나님의 말씀이 가르치는 신유를 믿으며, 이러한 진리들을 적절하게 강조하는 것은 참 성결을 증진하는 데 도움이 됨을 믿는다(Constitution and By-Laws, 1897).

이것은 성결교회가 어떠한 신앙 공동체인지를 확인해주는 매우 중요한 최초의 사중복음 신앙고백이다. 이러한 값비싼 신앙고백이 어찌 희생 없이 선언될 수 있었겠는가!

미감리교 당국은 감리교 부흥사였던 냅의 활동을 여러모로 제재하였다. 이유는 그가 당시의 주류교회들이 회피하거나 무관심한 메시지들을 자신의 자유로운 양심과 신앙고백대로 선포하기를 주저하지 않았기 때문이다. 그 핵심은 참 성결을 위해 중생 후의 성령세례와 재림과 신유의 복음을 전해야 한다는 것이었다.

당시 '교권적 교황주의'로 타락한 감리교 당국은 중생과 성결뿐만 아니라 신유와 재림의 복음까지 포함하는 '풀 가스펠(Full Gospel)'을 매우 '래디컬(radical)'하게 보았기 때문에 그의 부흥집회를 제한하는 조치를 가하였지만, 그는 신앙과 양심에 따라 중생·성결·신유·재림의 사중복음을 전하는 일을 중단하지 않았다. 어떠한 교권적 인간주의도 '온전한 복음(Full Gospel)'인 사중복음의 진리 자체는 억압할 수 없었던 것이다.

마침내 1899년 미시건 연회에서 재판에 회부되었으나, 교회 당국은 그의 사중복음적 소신을 꺾을 수 없어 무죄로 방면하였다. 교회재판에서 무죄 판정을 받고 나오는 마틴 냅을 향하여 사중복음의 동지들은 이렇게 불렀다.

"우리의 마르틴 루터(Martin Luther), 마틴 냅(Martin Knapp)"!!

오순절적 저항

재판 후 그는 곧바로 『오순절적 저항』(Pentecostal Aggressiveness)이라는 소책자를 통해 감리교 당국의 '교황주의(Popery)'를 신랄하게 비판하였다.

그는 교권주의에 방해 받음 없이 '온전한 구원의 복음' 증거를 위하여 교단을 떠났다. 성령세례, 재림, 신유를 복음으로 부끄러움 없이, 거침없이 능력 있게 증거 함으로써 초대 교회의 '오순절 정신(Pentecostalism)'을 철저히 실현하고자 열망하였기 때문이다.

그가 분노했던 것은, 풀 가스펠을 듣고 회심한 사람들이, 기성교회로 들어가면 '타락한 교권주의'와 '돈만 주면 무엇이든지 하는 목회자들(hireling ministry)'로 인해 결국 신앙까지 저버리게 하는 교회 현실이었다.

이에 맞서 그는 '오순절적 부흥'이 있었던 '초기 감리교의 모습으로 돌아가는 것'을 외쳤다. 그는 웨슬리나 루터와 마찬가지로 이러한 물신적인 교권주의를 극복하는 길은 오직 복음임을 확신하였다.

그는 "성경으로 돌아가자(Back to the Bible!)"는 모토로 '하나님의 성서학원 선교사훈련원'을 설립하였다. 이 학원에서 카우만(Charles Cowman)이 제1회 졸업생으로 배출되었고, 이어 길보른(E. A. Kilbourne)이 훈련을 받고 한국에 와서 서울신학대학교의 전신인 경성성서학원의 교장까지 되었다.

카우만에게 안수하여 선교사로 보낸 그가, 바로 힐스(A. M. Hills)로 하여금 '신앙과 기도의 영웅(A Hero of Faith and Prayer)'이라 부르게 했고, 그의 동료들이 '우리의 마르틴 루터'라 부른 만국성결교회의 창시자 마틴 냅(Martin Wells Knapp, 1853~1901)이다.

21세기 교회가
다시 찾아야 할 한 가지

역사는 돌아봄이다. 1897년 미국 신시내티에서 시작한 만국성결교회와 10년 후인 1907년 서울에서 출발한 한국 성결교회는 모두 사중복음으로 요약된 예수 그리스도의 복음으로 태어났다.

이는 1517년 십자가의 복음으로 비텐베르크에서 탄생한 개신교회와 수직적으로 맞닿아 있다. 그러므로 우리는 서울서 비텐베르크의 루터까지 500여 년을 돌아볼 역사가 있다.

마르틴 루터와 마틴 냅, 그들의 공통점은 무엇이었는가?

그들은 모두 오래된 교권주의와 맘몬이즘에 눌려 '영적 자유'를 누리지 못하던 상황에 처해 있었다는 것이다. 또한, 그런 상황 속에서 빼앗긴 영적 자유를 찾고자 용기를 내어 '저항'했다는 것이다.

21세기 한국 교회는 어떠한가? 신자들은 참으로 '영적 자유'를 누리고 있는가? 강단의 설교가 우리도 모르는 사이에 복음을 선포하는 것이 아니라, 복음의 이름으로 율법을, 하나님의 은혜가 전제되지 않은 공로로서의 개인윤리와 사회윤리를, 처세술을, 심리치료를, 인문학적 교양을, 기복신앙을 전하고 있거나, 아니면 복음과 이들을 뒤섞어 놓은 신학을 전하는 것은 아닌가?

루터가 발견한 것은 무엇인가?

'하나님의 의(義)'는 우리의 행위로 이루는 것이 아니라, '하나님이 주시는 선물(donum Dei)'이라는 것이다. 바로 이것이 은총이다. 이 선물을 받는 것이 믿음이다.

여기에서는 내가 무엇을 하는 것이 아니라, '하나님'이 내게 행하시는 것이다. 루터는 성경의 '의'란 말을 가장 미워했지만, 성탑(城塔)의 체험 후에는 그가 가장 사랑하는 말이 되었다. '내가 아니고, 하나님이 하시는 것'이기 때문이었다.

마틴 냅이 '신앙과 기도의 영웅'이 될 수 있었던 이유는 어디에 있었는가? 하나님이 성령을 주셨고, 냅은 믿음으로 받았기 때문이다.

그가 성령세례를 받으니, 하나님이 그를 통하여 오순절 성령의 능력을 나타내신 것이다. 온전한 복음, 곧 중생·성결·신유·재림의 사중복음을 재발견한 것이다!

그 안에서 하나님의 의로움, 하나님의 거룩함, 하나님의 자비함, 하나님의 영원한 나라를 보았다.

그러므로 사중복음은 '좋으신 하나님' 자신이며, '하나님의 선물(donum Dei)'이다! 하나님의 선물이기에 우리를 기쁘게 하고, 새롭게 하고, 자유롭게 한다. 그때와 같이 지금 여기에서도!

사중복음적
복음·신앙·삶

21세기 현대 교회의 마르틴 루터·장 칼뱅·존 웨슬리·마틴 냅이어야 할 우리들의 과제는 무엇인가?

우리 교회의 여러 가지 병적 현실의 원인은 어디에서 찾아야 할 것인가?

이때 우리가 진지하게 물어야 할 질문은 "우리 교회는 진실로 복음적인가?" 이 한 가지면 족하지 않을까! 우리의 설교가 '복음'의 은혜와 능력을 드러내는가?

우리의 성만찬 집례가 '복음'에 참여하며 '복음'을 증거하도록 이끌어 주는가? 우리의 세례가 '복음'으로 구원 받은 자와 공동체 모든 자들에게 기쁨의 잔치가 되고 있는가? 그래서 우리의 삶에 '복음'의 능력이 나타나는가?

그렇지 않다면, 어떻게 우리 교회가 진실로 복음적일 수 있을까?

세계 기독교는 현재 자신이 서 있는 밭에 감춰진 보화와 같은 복음주의의 정수(精髓)인 중생·성결·신유·재림의 사중복음이 묻혀 있는 것을 알아야 한다. 이 사중복음은 교파주의 신학의 높은 장벽으로 하나 되지 못하게 하는 우리로 하여금 처음부터 다시 복음의 뿌리로 돌아가라고 말한다.

사중복음을 통해서 모든 복음적 교파주의 신학들은 하나님 나라를 위해서 조화롭게 각자의 역할을 할 수 있게 될 것이다.

사중복음은 모든 교회가 복음 자체이신 예수 그리스도 안에서 하나의 지체로 만나게 할 것이다. 그리고 우리에게 복음을 주신 하나님과 그의 나라를 사중복음 안에서 경험하게 할 것이다. 사중복음은 '하나님의 복음'인 예수 그리스도의 탁월한 서술(敍述)이기 때문이다!

그러므로 사중복음적으로 복음을 이해하고, 가르치고, 증거하고, 변증하고, 노래하고, 살고자 하면, 우리 교회 가운데 반드시 하나님 나라 공동체가 건강하게 자라게 될 것이다.

누구든지 다시 나지 않으면,
하나님 나라를 볼 수 없다_요 3:3

너희 아버지께서 완전하신 것 같이
너희도 완전하여라_마 5:48

성령을 받아라_요 20:22

믿는 사람들에게는
이런 표징들이 따를 터인데
아픈 사람들에게 손을 얹으면
나을 것이다_막 16:17-18

보아라, 내가 곧 가겠다.
나는 각 사람에게 그 행위대로 갚아 주려고
상을 가지고 간다_계 22:12

Deus Homo

제2부

미래의 신학: 글로벌 사중복음신학

사중복음신학 방법론　제6장
사중복음 교의학 방법론　제7장
사중복음 신론 방법론　제8장
사중복음 삼위일체론적 해석학　제9장
사중복음 성령세례론　제10장
사중복음 교회론　제11장

제6장

사중복음신학 방법론

오늘날 기독교
공동체의 현실

오늘날 지구상에 흩어져 있는 21세기의 지역 교회들은 기독교 선교 2천 년 동안의 교파주의라는 틀을 벗고 세계 기독교(Global/World Christianity)란 비전을 바라보며 성령 안에서 소통하기 시작했다. 그러나 안타까운 것은 교파주의를 떠받치고 있는 전통신학으로 인하여 아직도 진정한 소통이 이루어지지 않고 있다는 현실이다.

사실 이것은 어찌 보면 하등의 이상한 일이 아니다. 왜냐하면, 지금까지 신학은 시대마다 교회가 직면했던 특정한 교리 문제와 이를 해결하기 위해 이바지했던 인물들에 의하여 형성된 교리가 시간이 흐르면서 배타적인 신학 전통으로 굳혀짐으로써 결국에는 교파주의 신학으로 고착되어 버렸기 때문이다.

현시점에서 실제적인 문제는 이러한 교파주의 신학들을 정면으로 넘어서서 세계 기독교를 품을 수 있는 넉넉한 옷으로서의 새로운 글로벌 신학 패러다임이 출현하지 않고 있다는 것이다. 아니 더욱 심각한 것은 그러한 신학 논의 자체가 불가능하다는 패배주의에서 헤어 나오지 못하고 있다는 것이며, 그에 따라 기독교를 통합적으로 담아낼 수 있는 신학이나 세

- 사중복음은 총체적 하나님 나라의 복음이다.
- 사중복음은 글로벌 신학의 패러다임이다.
- 사중복음은 선지자와 사도들의 성서적 메시지다.
- 사중복음은 오순절적 회개와 부흥의 케리그마다.

계 기독교가 공유할 수 있는 통일된 신학적 윤리 실천 규범 마련을 위한 시도조차 쉽게 찾아보기 어렵다는 것이다.

오늘날 기독교 공동체가 세상에 비치는 모습은 사분오열의 분열상 그 자체이거나, 아니면 서구 교회의 현실을 놓고 볼 때 아예 탈기독교 시대로의 전환을 서두르고 있는 현실이 뚜렷하다.

그러므로 현대의 기독교를 통해서 인류 구원의 희망을 기대한다는 것은 아예 처음부터 불가능해 보이는 것 같다. 오히려 세상이 기독교라는 종교 단체의 문제를 해결해 보려는 데까지 나서고 있는 형편이 오늘날 기독교의 자화상이 아닌가 한다.

이 모든 것 역시 하나의 세계 기독교에 대한 비전이 부재한 상태에서 근대성의 산물이라고도 할 수 있는 교파주의 신학에 갇혀, 진정한 기독교의 정체성에 대한 자기분열을 겪고 있는 현실과 결코 무관하지 않다고 본다.

주지하다시피, 세계 교회는 가톨릭교회(Catholic), 세계복음주의연맹(WEA), 세계교회협의회(WCC), 오순절세계연합(PWF) 등 큰 틀에서 특징 있는 신학 전통의 그룹을 형성하고 있고, 이들 내부적으로는 다시 토마스주의, 루터주의, 칼뱅주의, 아르미니우스주의, 웨슬리주의 등으로 특정 인물들을 중심으로 이루어진 교파주의 신학에 경도(傾倒)되어 있는 현실이다.

이러한 때에 개신교의 주요 교파주의 신학의 전통뿐만 아니라 가톨릭의 복음적 전통까지 아우르는 '신앙 규칙(regular fidei)'[1] 으로서의 '사중복음(Fourfold Gospel)'으로 하나님 나라의 복음을 이해하고 선포하며 또한 가르치며, 그에 따라 살고자 하는 운동을 신학적으로 성찰코자 하는 사중복음신학은 종래의 교파주의적 기독교 전통신학을 새로운 한 단계 위로 끌어올리려는 지렛대의 역할을 자임하고 나섰다.

중생·성결·신유·재림이라는 사중복음의 개별 논점들은 초대 교회로부터 종교개혁을 거쳐 현대에 이르기까지 모든 신학 전통이 다루지 않으면 안 되었던 신약성경의 확장된 '케리그마(Kerygma)'의 요체이기 때문에, 어떤 교파주의 신학도 이러한 사중복음의 내용을 다루지 않고서는 성서적 기독교에 봉사한다고 말할 수 없을 것이다.

방법론으로서의 신학

모든 것이 그렇듯이, 방법은 다루고자 하는 대상의 본질 내지는 특성에 의해 찾아지는 것이 자연스러운 것이다.

신학의 일차적 과제는 '하나님'을 대상으로 그가 어떤 존재인지를 서사(敍事) 하는 것이며, 그다음으로는 그 하나님의 관점에서 세계를 이해하는 것이다. 그러므로 신학의 방법은 무엇보다도 하나님의 본질에 대한 계시 이해로부터 하나님을 다양하게 이야기해 나갈 수 있으며, 또한 그 관점에서 세계의 사태를 이해하고 설명해 나가는 것이 일반적이다.

이와 마찬가지로 사중복음신학 역시 같은 방식으로 사중복음의 본질과 그 정신을 밝히고, 그에 따라 우주와 삶의 제 문제를 다루는 방법을 취하게 된다. 사중복음(Fourfold Gospel)에 대한 표현들에는 '사각복음(Foursquare

Gospel)', '순복음 혹은 참 복음(Full Gospel)' 등이 존재하지만, 이들이 공통적으로 중요하게 보여주고자 하는 것은 4란 숫자보다는 복음의 다각적인 측면을 총체적으로 혹은 유기적으로 이해해야 한다는 당위성과 필요성이라 할 수 있다.

여기에서 신학으로서의 사중복음신학이 일반 학문과 차이점을 보이는 것은 그것이 일차적으로 무엇을 위한 학문이냐는 데서 뚜렷이 나타난다.

신학은 일반학과 달리 일차적으로 '교회'라는 신앙 공동체를 위한 학문이라는 점에서 그 독특성을 드러낸다. 왜냐하면, 예수 그리스도의 복음과 성령의 역사로 태어난 신앙 공동체인 교회가 믿고 경험한 하나님에 대한 신앙과 기도의 언어로 소통되는 공간에서 태어나는 것이 신학이기 때문이다.

사중복음신학 역시 교회를 위한, 그리고 교회에 의한 신학으로서 그 자리매김을 명확히 하게 된다. 이에 따라 사중복음신학은 사중복음의 정신을 드러내는 것과, 그에 따라 '사중복음적'으로 세계의 문제를 다루는 방법이 모색될 수 있다. 이와 같은 사중복음의 정신은 사중복음이 태어난 역사적 맥락에서 자연스럽게 드러나기 마련이다.

예수 그리스도의 성육신 이후 지난 2000여 년간 교회에 의하여 이루어진 복음 이해와 복음 선포의 현장을 배경으로, 특히 19세기 말엽 미국이라는 땅에서 그리고 일본과 한국의 교회사에 다양하게 나타난 사중복음에 대한 전반적인 통찰을 통해서 사중복음의 정신을 제대로 파악할 수 있게 된다.

이와 같은 가능성을 전제한다면, 신학적 관점뿐만 아니라 인문 사회 과학 내지는 예술의 관점에서도 사중복음을 다양하게 연구할 수 있는 방법론적 자유가 허용될 수 있을 것이다.

본 장에서는 사중복음이 무엇보다도 '글로벌 신학'을 열어 가는 데 훌륭한 미디어(medium)가 될 수 있다는 가능성을 신학 방법론적 관점에서 밝히고자 한다.

1 사중복음은 총체적인 하나님 나라의 복음이다

사중복음의 의미

사중복음(四重福音, Fourfold Gospel)은 용어의 표현 그대로 복음을 말하되 네 가지를 따로따로 다루기보다는 중첩해서, 혹은 같이, 혹은 통합적으로 이야기함으로 복음의 다양한 측면을 총체적으로 드러내고자 하는 의지를 담고 있는 전문용어다.

사중복음이 이처럼 복음의 다중적 총체성을 지시한다는 측면에서는 '풀 가스펠(Full Gospel)'로 그 의미를 뚜렷이 할 수 있다. 물론 현실적으로 '이중복음'이나 '오중복음'이란 개념도 존재한다. 그러나 '온전한 구원의 복음(Full Salvation Gospel)'의 요체를 밝히는 데 중생·성결·신유·재림은 그 어느 하나라도 분리하거나 제외할 수 없는 가장 기본적인 요소로 이해되기 때문에 '사중복음'이란 하나의 개념으로 묶어 통(通)으로 전개하는 것이 옳다. 사중복음은 그런 의미에서 복음의 온전성 혹은 완전성에 대한 제유법(提喩法)적 표현이라 할 수 있다.[2]

온전한 '풀 가스펠'을 말하고자 하는 궁극적인 이유는 예수께서 복음으로 외치신 하나님 나라의 전체성·영원성·절대성을 온전히 드러내야 한다는 긴급한 신학적·선교적 당위성 때문이다. 이것은 이천 년 기독교 신학의 역사에 대한 포괄적인 성찰의 결과다.

돌이켜 보면, 그동안의 신학사적 발전은 교리 형성의 과정이었고, 그것은 곧 교리 논쟁으로 인한 교파 분열의 과정이었다고 해도 과언이 아니다. 실상 모든 교파주의 신학은 목숨 걸만한 복음의 한 가닥을 잡고 기존의 전통이 간과하거나 왜곡했던 모(母)교회의 가르침이나 빗나간 실천을 비판하면서 혁신된 교리를 발전시켜왔다.

그러므로 교파주의 신학은 대부분 호전적이고, 특정 시대에 특정 사안으로부터 출발했기 때문에 전체적이기보다는 부분적이고, 상대적이고,

상황적인 경우가 많다. 그래서 공격을 받는 쪽에서는 비판을 수용하기보다는 오히려 역(逆)비판을 가함으로써 자신의 기존 입장을 더욱 강화하는 경향으로 치우치는 것이 일반적이었다.

사중복음신학의 발전사

주지하다시피, 사중복음은 인간의 선행(善行)이 아닌 하나님의 값없는 은혜, 곧 그의 '독생자(monogenes) 예수 그리스도에 대한 믿음을 통해서 이루게 되는 회심과 '중생'의 삶을 이야기한다. 이것은 중세 가톨릭이 잃어버렸거나 강조하지 못한 것으로서 기독교의 대문과 같은 것이었다. 이를 16세기의 루터와 칼뱅을 통해 확실히 정립했던 것이 종교개혁 운동이었고, 다른 한편 그로 인해 교파주의 신학이 태어나는 출발점이 되기도 했다.

이처럼 중생론을 통해서 전체 중에서 없어서는 안 될 중요한 진리를 천명하고 나섰지만, 이 하나를 강조하기 위해 다른 것들을 간과하는 문제들이 있었기 때문에, 시간이 지나면서 자연스럽게 복음이 지니는 통전적인 진리를 추구하는 움직임이 일어났다. 18세기 영국에서 웨슬리 형제를 통해서 일어난 성결 운동이 그것이었다.

웨슬리는 루터와 칼뱅의 신학적 유산들을 충분히 받아들이는 과정에서, 초대 교회 이후 중세 교회에서도 큰 열망을 가지고 추구하고자 했던 '성화' 내지는 '성결'의 삶에 대한 목마름이 해갈되지 않았기에 그 원인을 찾아내고자 하였고, 마침내 '기독자 완전'으로서의 성결 교리를 수립하기에 이르렀다.

이 과정에서 웨슬리는 아르미니우스(Jacobus Arminius, 1560~1609)의 신학적 입장에 서서 극단적 칼뱅주의(Hyper-Calvinism)와 대결하는 교리를 주창하였다. 여기에서 하나님의 선행은총과 신앙인의 책임적 응답과 아울러 체험에 따른 '확신(assurance)'의 교리를 강조하는 사상이 발전되었다.

이와 같은 중생과 성결 교리의 형성은 주로 북반구의 유럽 지역에서 가톨릭을 배경으로 하는 개신교 정통주의 분위기 안에서 형성된 것이었다. 종교개혁 운동이 '바른 교리'를 정립하고자 하는 데서 비롯되었다고 하면, 성결 운동은 복음에 따라 신앙인의 바른 삶 혹은 복음적 신앙 경험을 정립하려는 데서 출발하였다고 할 수 있다.

그것이 곧 사중복음에서 말하는 중생과 성결의 신앙 규칙에 해당되는 것이다. 이러한 중생과 성결의 복음이 유럽을 떠나 북미주와 남반구의 선교지에 전파되면서 유럽의 교회사에서는 간헐적으로만 나타났던 '신유(神癒)' 운동과 종말론적 선교 운동이 전(全)지구적으로 번져나갔다. 그것이 지난 19세기와 20세기의 성결오순절 운동이다.

신학에 새로운 변화가 일어나기 시작했다.

텍스트 중심에서 콘텍스트 중심으로 말씀 해석의 방향이 옮겨졌다.

예전(禮典, liturgy) 중심의 예배가 비(非)예전적으로 드려졌다.

예수 그리스도를 삶의 모델로 하는 윤리적 삶에 대한 강조보다는 성령의 순간적인 감동을 따라 헌신하는 선교적 삶에 더 우선성을 두는 데로 옮겨졌다.

교회를 지상적인 하나님 나라의 모델로 여기기보다는 예수 그리스도의 '재림'과 더불어 시작하는 종말론적 천년왕국을 준비하는 신앙 공동체로 여기기 시작했다.

이로써 예수께서 행하시고 가르치셨던 복음 가운데 '신유'와 '재림'의 가치가 새롭게 재발견된 것은 지난 두 세기 동안에 일어난 것이다.

이러한 특징적인 변화들은 칼뱅이나 웨슬리와 같은 새로운 교단 창시자들이 나타나서 또 다시 영웅적인 교리 논쟁을 통해서 이루어진 것이 아니다.

오히려 성경을 교리적으로 보아왔던 종교개혁 이후의 유럽 신학에 역사비평학이나 인문사회과학이 기존의 성서연구 결과들을 흔들어 놓은 데서 비롯되었다고 보아야 옳다.

왜냐하면, 그로써 소위 정통주의에 입각한 교의학적인 교리 논쟁과 교리 수립이라는 것이 지극히 주관적이고 상대적인 성서해석 위에 세워진 것임이 드러남으로써 신학 패러다임의 변화가 일어났다고 볼 수 있기 때문이다.

교회 역사의 흐름 가운데서 중생·성결·신유·재림의 복음들이 그 신학적 존재의 가치를 드러내었지만, 이들이 유기적인 일체를 이루어야 한다는 차원에서 '풀 가스펠'로 보고자 했던 자각은 지난 19세기 말 앨버트 심슨(Albert B. Simpson)과 마틴 냅(Martin W. Knapp)과 같은 자들로부터 일어나기 시작했다.

그러나 이러한 자각과 그에 따른 실천은 주로 부흥회와 같은 대중적인 집회에서 이루어졌기 때문에 사중복음이 신학적으로 정립되지 못하였고, 여전히 각론적으로만 목회와 선교 현장에서 교파주의 신학의 틀을 가지고 적용하는 데 머물고 있는 형편이다. 사중복음이 예수 그리스도가 전한 하나님 나라 복음의 총체성을 드러내는 신앙의 규칙이며, 이는 다시 글로벌 기독교를 위한 초교파주의적 글로벌 신학의 패러다임이자 콘텐츠가 될 수 있다는 사실을 사중복음 자신이 말할 수 있도록 하는 것이 사중복음신학의 방법론이 되어야 한다.

2 사중복음은 글로벌 신학의 패러다임이다

성결교회 신학 유산으로서의
사중복음

사중복음을 각론적으로 다루는 많은 교단들 가운데 교리적으로 그리고 선교적으로 중시하는 교단이 있다면 그것은 내가 속해 있는 성결교회다.

성결교회를 가장 성결교회 되게 표현하는 한 단어 내지는 개념을 말하라고 하면 '사중복음'이라 말하는 데에 이의가 없을 것이다.

성결교회는 교단창립 100주년을 맞이하여 성결교회 신학을 정립한 결과물인 『성결교회 신학』(2007)을 세상에 내놓은 바 있다. 그것은 6년간의 진통 끝에 나온 '역사적' 작업으로서 학자들과 목회자들이 함께 이루어진 소위 '총회적' 혹은 '교단적' 결실이다.

『성결교회신학』은 자신을 "개신교 복음주의 웨슬리안 사중복음신학"이라 정의한다. 이러한 명제적 선언이 한국적인 상황에서 의미하는 것은, 성결교회 신학은 사중복음신학이로되 개혁주의 전통과는 다른, 웨슬리안 전통 위에 세워지는 신학이라는 것이다.

다시 말해서, 성결교회의 사중복음신학은 웨슬리의 교리적 가르침 특히 성결의 교리를 핵심으로 해서 전개된다는 것을 천명한 것으로 이해할 수 있다. 이처럼 한국의 성결교회는 '웨슬리안 사중복음신학'으로 자신의 신학적 정체성을 규정한다.

그러므로 성결교회에 한정지어서 말한다면, 성결교회가 자신의 신학적 유산인 사중복음을 역사적으로 바르게 파악하기 위해서는 무엇보다도 18세기 존 웨슬리의 삶과 정신을 폭넓게 고찰하여 나가는 것은 필수적인 것으로 이해된다.

그러나 사중복음이 구체적으로 출현한 것은 18세기 존 웨슬리 시대의 영국에서가 아니라, 19세기 말 만국성결교회를 창립한 마틴 냅(Martin Knapp)과 그의 래디컬 성결그룹이 활동하던 미국에서였다.

당시의 미국은 근 2천 년간의 기독교 역사 속에 나타난 모든 신학 전통들이 각자의 교단을 형성하는 교파 다원주의의 온상과 같은 곳이었다. 회심과 중생을 강조하는 부흥 운동, 교회의 세속화를 비판하면서 교회갱신을 촉구하는 성결 운동, 하나님의 현재적 임재와 역사를 강조하는 신유 운동, 예수의 지상명령을 강조하는 종말론적 선교 운동 등이 미국 대륙 전반을 휩쓸었다고 해도 과언이 아니었다. 그 모두는 소위 '국가적' 혹은

'제도적' 전통 교회로부터 자유로운 '복음주의적' 영성 운동이었다.

북미주에서 일어난 각개의 이러한 영성 운동들은 강점 못지않게 여러 가지 단점들도 노출하였다. 그 단점들이란 유럽 개신교보다도 더 심한 분파주의적인 양상을 띤다는 것이었다.

이에 대하여 자연스럽게 분파적 개교회주의 내지는 교파주의 신학을 극복하고자 하는 연합 운동들이 일어나게 되었고, 미국 교회사에서는 지엽적인 것에 불과한 것이었겠지만, 만국성결연맹 기도동지회(International Holiness Union & Prayer League)와 같은 초교파적 기도 운동들이 있었다.

이 운동도 후에 여러 다양한 그룹들과 연합하여 세계 교회사적으로 최초의 성결교회 교단이 되면서 교파주의의 길을 가게 되었다.

초교파적 영성 운동의
핵심으로서의 사중복음

마틴 냅이 설립한 '하나님의 성서학원 선교사 훈련원(God's Bible School & Missionary Training Home)' 역시 특정의 전통 교리를 근간으로 교단 신학교로 시작한 것이 아니라 선교 현장으로 나갈 일꾼을 초교파적으로 양성하는 신앙선교 훈련 기관이었다.

여기에서 집중적으로 강조된 것이 바로 '풀 가스펠'로서의 '사중복음'인 것이다. 왜냐하면, 사중복음은 여러 교파주의 교단 배경을 가지고 참여한 자들을 하나로 묶을 수 있는 가장 실제적인 글로벌 신학 패러다임이 될 수 있었기 때문이다.

이처럼 마틴 냅이나 앨버트 심슨과 같은 당시의 지도자들은 다양한 분파주의적 신앙 운동들이 사중복음을 통해서 유기적으로 연합될 수 있다고 보았다.

다양한 복음적 운동들이 지니는 신학적 이슈들은 곧바로 중생·성결·신유·재림이란 개념으로 요약되었고, 이 개념들은 개별적으로 이해되기 보다는 통합적인 관점에서 다루어져야 한다고 본 것이다. 이로써 네 가지의 복음들은 '사중복음' 또는 '풀 가스펠'이란 이름으로 농축된 '신앙의 규칙'으로 공교회적인 자리를 확보할 수 있었다. 그에 따라 사중복음은 자연스럽게 초교파적인 영성 운동의 핵심적 교리의 성격을 띠게 되었다.

그 결과, 19세기 말 이후의 거의 모든 복음주의적인 교파들은 자신들의 전통에 따라 강조점과 해석을 달리하면서도 그 신학의 중심에는 언제나 사중복음이 자리를 차지하도록 하였다. 이처럼 기독교 복음의 전파 과정에서 오랜 세월을 두고 태어난 복음 이해의 요점이 바로 사중복음이다.

그러므로 사중복음은 19세기 말에 미국에서 태어난 성결교회뿐만 아니라, 기독교의 복음주의적 정신을 제대로 드러내려 하는 모든 신앙 공동체의 공동 유산이라 여길 수 있다. 이를 한국 성결교회는 보수적인 웨슬리안 전통 위에서 '전도표제'와 '성경 해석의 원리'로 유지해 오고 있는 것이다.

그러므로 사중복음과 그 정신을 바탕으로 신학을 전개하고자 하는 소위 사중복음신학의 목표는 사중복음의 초교파적인 복음의 우주적 특성을 밝히는 것과, 소위 '글로벌 신학'의 축을 형성하는 데까지 나가는 것이며, 성결교회의 구성원으로서는 성결교회의 웨슬리안 성결 교리와 신학적 유산을 사중복음의 초교파적인 관점에서 재정립하는 것이다.

이러한 과제를 수행하는 것이 가능하고 또한 필요한 이유는 역사적으로 사중복음의 태생 자체가 지니는 신학적 글로벌리즘(Globalism)이 그것을 요청하는 것뿐만 아니라, 그로써 웨슬리 신학의 '보편적 정신(catholic spirit)'을 보다 더 잘 밝혀줄 수 있기 때문이다.

3 사중복음은 칼뱅주의와 아르미니우스주의를 포월한다

**사중복음의
초교파적 글로벌리즘**

사중복음신학은 출발부터 교파주의를 넘어선 초교파주의적 세계 기독교(World/Global Christianity) 신학에 들어맞는 이상을 가지고 있다. 그것은 사중복음으로 인하여 태어난 신앙 공동체인 만국성결연맹이 처음부터 취했던 초교파적인 태도에 잘 나타나 있다. 즉, "본질에는 일치, 비본질에는 자유, 모든 일에는 사랑(In essentials unity, in non-essentials liberty, and in all things charity)"이란 그들의 모토가 그것이다. 그러므로 예수 그리스도를 통해 선포된 하나님 나라의 복음과 하나님의 의(義) 외에는 어떠한 것도 절대적인 것으로 추켜세울 수 없다.

그러다 보니 그들은 사중복음을 '신학적으로' 혹은 '교리적으로' 전개하는 일을 지나치게 경계하게 되었고, 심지어는 반(反)지성적인 경향까지 보였던 것도 사실이다. 무디 성서학원, 하나님의 성서학원, 동경 성서학원, 경성 성서학원 등, 소위 '성서학원 운동'은 기존의 신학교들이 인간 중심주의로 경도되어 나갔던 것에 대한 비판과 저항 운동으로도 이해될 수 있는데, 그 과정에서 신학 행위 자체마저도 거부하는 데까지 나갔던 것은 심히 유감이 아닐 수 없다. 그렇지만, 사중복음 신앙 공동체들이 특정 신학이나 교리에 치우치지 않음으로써 사중복음을 초교파적인 신앙의 유산으로 남겨놓은 것은 미래를 위해 다행한 일이었다.

그런데 이러한 사중복음을 성결교단에서는 웨슬리의 신학 전통 위에서 그가 강조한 구원론과 성결론의 관점으로, 장로교단에서는 칼뱅의 신학 전통 위에서 그가 강조한 예정론의 관점으로 이해하고자 시도해왔던 것을 알 수 있다.

그렇게 됨으로써 사중복음 본래의 초교파적 글로벌리즘(Globalism)의 신앙 유산은 교파주의 신학에 한정되어 버리는 결과를 초래할 수밖에 없게 되었다.

　사중복음이 기독교의 공교회적(Ecumenical), 글로벌 신학(Global Theology)적 패러다임을 가능케 하는 성서해석의 원리요, 신앙의 규칙이라는 사실을 긍정할 수 있다면, 사중복음이 보다 '글로벌' 사중복음이 되도록 교파주의 신학의 전통적 규범으로부터 사중복음을 자유롭게 할 필요가 있다. 오히려 사중복음의 글로벌 정신으로부터 기존의 교파주의 신학을 재조명해 보는 열린 자세의 신학 함이 요청된다고 할 것이다.

　이러한 맥락에서 교파주의 신학에 뿌리가 되는 토마스 아퀴나스(1225~1274), 마르틴 루터(1483~1546), 메노 시몬스(1496~1561), 장 칼뱅(1509~1564), 야코부스 아르미니우스(1560~1609), 존 웨슬리(1703~1791), 찰스 피니(1792~1875), 존 넬슨 다비(1800~1882), 앨버트 심슨(1843~1919), 마틴 냅(1854~1900), 윌리엄 시무어(1870~1922), 찰스 파램(1873~1929) 등과 같은 특정 신학의 조상들에 입각하여 사중복음신학을 전개해 나가는 것은 적어도 '방법론적(methodological)'으로는 지양(止揚)해야 하는 것이 합리적일 듯하다.

　왜냐하면, 그를 통해서 사중복음 일부를 밝히는 데 이바지할 수 있을지는 몰라도, 사중복음의 주요 정신을 총체적으로 드러내는 데는 오히려 걸림돌이 될 수 있기 때문이다.

　그런데도 사중복음에 대한 이러한 초교파주의적인 전이해가 충분히 전제되어 있다면, 사중복음의 각론인 중생·성결·신유·재림에 대한 신학적 심층 해석을 위하여 앞에서 언급한 교파주의 신학의 조상들과 갖는 대화는 유익한 것이 될 수 있다.

　왜냐하면, 사중복음의 각 논점들은 그 자체로서 성경의 케리그마여서, 해석과 적용이 필요할 뿐만 아니라, 교회사 안에 여러 형태로 나타나는 가운데 특히 교단 창립자들의 수고를 통해서 신학적으로 더욱 풍성하게 발전된 부분들이 많기 때문이다.

칼뱅과 아르미니우스, 그리고 사중복음

글로벌 사중복음신학의 전망에서 본다면, 무엇보다도 칼뱅주의와 아르미니우스주의 간의 현재까지 이어지는 대립적 신학 논쟁에서는 더 이상 창조적인 신학이 나올 수 없다는 것은 분명하다.[3] 그것은 토마스주의와 루터주의 간의 논쟁도 그렇고, 재세례파와 국가교회 간의 대립적 입장도 유사한 예로 보인다.

학문함의 태도에서도 진보주의나 보수주의 사이에 경계선은 이미 존재하지 않는다. 현대는 소위 포스트모더니즘조차도 21세기에 들어와서는 그 강렬했던 해체(解體)의 몸짓이 더는 새로운 반응을 끌어내지 못할 정도로 모든 분야가 이름들은 각기 다르지만 하나의 바다로 융해(融解)되는 과정을 겪고 있다.

이러할 때 교파주의 신학을 앞세워 모든 논리를 자기와 동일화하려는 것은 '다름'과 '차이'를 인정하면서 머리되신 그리스도를 중심에 두고 조화적 공존을 모색해야 하는 교회의 본래적 소임을 방기하는 처사일 것이다.

사중복음의 정신은 하나님의 은혜에 대한 인간의 저항 가능성 여부를 묻는 물음 자체에 대해서는 회의적이다. 왜냐하면, 사중복음 안에는 양자의 요소가 모두 내재되어 있기 때문이다.

다시 말해서, 사중복음에는 하나님의 절대주권적인 은혜로 말미암는 불변의 인간 구원 의지가 있고, 동시에 하나님의 사랑을 거부하는 타락한 인간의 원죄론적 모습이 전제되어 있기 때문에, 하나님의 은총은 '불가항력적'이라 말할 수도 있고, 반면에 그 은총을 거부할 수도 있는 현실을 부정할 수 없는 것이다.

사실상, 아르미니우스(1560~1609)의 '선행은총론(prevenient grace)'은 가톨릭의 공로주의적 구원론과 맞대결하는 가운데 나온 칼뱅(1509~1564)의 '이중예정론(predestination)'과 단선적으로 비교해서는 그 본래의 신학적 의도가 곡해될 수밖에 없다.

칼뱅의 이중예정론은 그의 복음주의적 메시지를 정죄하는 가톨릭적 현실에 대한 맞대응으로 인간주의적인 것에 대항하는 하나님의 절대적 주권에 초점이 맞춰져 있었던 반면에, 아르미니우스의 선행은총론은 칼뱅이 가톨릭의 공로주의 신학과 투쟁하여 어느 정도 복음주의적 울타리를 만들어 놓은 상황에서 인간의 책임을 강조코자 했던 배경에서 나온 것이기 때문이다. 다시 말해서, 양자의 신학은 그 출발점에서 상황과 관점이 달랐기 때문에 평면적으로 이해하려 해서는 안 된다는 것이다.

구원은 오직 하나님의 은혜와 그에 따라 주어진 믿음으로만 가능하다는 점을 강조하면서 이를 받아들인 자는 하나님이 선택한 자요, 반면에 이를 받아들이지 못하는 자는 유기된 자라고 결과론적으로 해석될 수 있는 '이중예정론'은 16세기 초 칼뱅이 목숨을 걸고 처절하게 투쟁해야 했던 로마가톨릭과의 극단적인 관계를 떠나서는 바르게 이해될 수 없는 지극히 방어적인 도그마로 보아야 한다. 이때 우리는 칼뱅의 이중예정론에서 당시의 비복음적 상황에 대처한 복음적인 열정과 신학적인 진정성을 찾을 수 있게 되는 것이다.

그러므로 당시 칼뱅에 의하여 사용되었던 이중예정론의 상황적 논리까지 문자적으로 혹은 기계적으로 주장하는 '극단적 칼뱅주의(Hyper-Calvinism)'는 마땅히 거부되어야 한다. 거기에는 사랑이 동기가 된 하나님의 절대주권도, 하나님의 형상을 회복한 인간의 자유도 찾아볼 수 없고, 오직 절대군주만이 홀로 존재할 뿐이기 때문이다.

이러한 극단적 칼뱅주의에 대항하여 용기 있게 나선 자들이 16세기 말의 아르미니우스와 18세기의 웨슬리가 그 대표적인 인물들이라 할 수 있다. 그러므로 이들은 큰 틀에서 칼뱅의 복음주의 신학을 통전적으로 강화하는 데 기여한 것이지, 칼뱅의 개신교 복음주의와 신학적 대척(對蹠) 관계를 형성한 것이 아님을 명확히 밝혀야 할 것이다.

사중복음은 19세기 미국에서 일어난 신앙 부흥 운동 가운데 칼뱅주의와 아르미니우스주의가 서로 영향을 주고받으면서 신학적인 종합을 이루고 있는 선교 현장에서 출현한 것이기 때문에, 16세기 이후 18세기까지 유럽과 영국에서 있었던 교리적 긴장은 오히려 통합적인 모습으로 사중복음 안에서 포월(包越)된 상태라 할 수 있다. 그러므로 오늘날에도 여전히 양자 간에 교리적 논쟁이 있다면 사중복음의 새로운 관점에서 타결해 나갈 수 있는 가능성이 열려있는 것이다.

4 사중복음은 '선지자와 사도들'의 성서적 메시지다

성서의 권위와
종교개혁

기독교의 신학이 성경의 권위를 주장하지 않았던 때는 없었다. 모든 신학의 최종 권위는 언제나 성경이었다. 정통이든 이단이든, 혹은 진보든 보수든 간에 저들의 신학적 주장의 기초는 항상 성경이었다라는 것은 변함이 없는 역사적 사실이다.

이처럼 모두가 성경을 가지고 진리 주장을 하고 있기 때문에, "무엇이 성서적인가?"라는 질문을 던지지 않을 수 없다. 성경의 구절을 따서 자기의 주장을 뒷받침한다고 모두가 다 '성서적'이라 할 수 있는 것이 아니기 때문이다.

그렇다면 "성경으로 돌아가자(Back to the Bible)"는 정신으로 세워진 '하나님의 성서학원'에서 사중복음이 핵심 가치로 가르쳐졌다면, 성서적 사중복음은 어떤 차원에서 '성서적'이라 스스로 주장할 수 있는가?

소위 '오직 성경(sola scriptura)'이라는 전통은 16세기 루터의 종교개혁 운동의 모토 중 하나였지만, 그것은 메노 시몬스·장 칼뱅·야콥 슈페너·존 웨슬리·존 스미스·찰스 피니·존 다비·마틴 냅 등 거의 모든 개신교 교파주의 지도자들 역시 열정적으로 외쳤던 주장이었다.

뿐만 아니라, 그것은 현대 신학에 와서도 그 본질적 주장에 대해서는 변함이 없다고 보아야 할 것이다. 그렇다면 사중복음이 '성서적'이라는 것은 역사적으로 기존의 주장들과 어떻게 비교될 수 있는가?

먼저, 종교개혁자들이 외친 '오직 성경'이라는 구호는 교회의 전통을 성경 해석의 최종 권위로 여겼던 중세의 로마가톨릭교회에 저항하여 성경 자체만이 성경 해석의 최종 권위임을, 즉 성경 외에 다른 어떠한 권위도 성경 해석의 최종 권위로 인정할 수 없다는 선언이었다.

성경에 대한 이러한 권위 부여는 교회로 하여금 교황 중심의 인본주의적 전통으로부터 자유롭게 하는 해방의 힘을 갖도록 하였다. '솔라 스크립투라(sola Scriptura)'는 성직 계급 중심의 교회가 성경 중심의 교회로 전환하는 데 결정적인 역할을 하였다.

성서적 사중복음은 마땅히 이러한 종교개혁적 성서중심주의를 이어받는다.

그러나 성경과 설교 강단이 교회의 중심이 되는 개신교 정통주의 시대가 들어서면서 종교개혁자들이 예상치 못했던 문제들이 발생했다. 무엇보다도 강력한 성서문자주의(Biblical literalism)가 출현했다는 것과 이와 아울러 소위 '축자영감설(verbal inspiration)'에 입각한 근본주의적 성경 읽기가 교회의 강단을 지배하기 시작한 것이다.

이와 같은 현상은 긍정과 부정의 양면 모두를 보여주었다. 긍정적인 면은 성경 66권이 서로 간에 유기적인 관계를 얼마나 잘 유지하면서 하나님의 말씀을 통일적으로 전하고 있느냐는 것에 대한 반증이 될 수 있었다는 것이다. 또한, 교회의 최종 권위로서의 성경에 대한 흔들리지 않은 신뢰감을 줄 수 있었다는 점은 성서문자주의의 강점이 되어왔다.

그러나 그러한 긍정적인 면이 부정적인 면을 막아낼 수는 없었다. 성경을 일종의 교의학 책과 같이 보게 됨으로써 성경이 지니는 영적이며, 실존적이며, 역사 참여적인 역동성에 입각한 다양한 해석의 가능성, 또는 성경을 읽는 자 자신의 경험과 신앙고백이 반영될 수 있는 여지가 큰 폭으로 제한받게 되었다는 것이다.

이에 두 가지 방향의 반응이 나타났다.

하나는 경건주의적 성경 읽기와 다른 하나는 역사비평주의적 성경 읽기였다. 전자는 개인의 영성에 기초하여 성경을 신앙인의 실존적 삶과 연계하여 읽는 것이며, 후자는 이성에 기초하여 일반인까지도 모두 포함한 보편적 성경 해석을 위한 성경 읽기다.

전자의 대표적인 인물은 경건주의 창시자라 일컬어지는 슈페너(Philipp Jakob Spener, 1635~1705)와 '한 권의 책의 사람'이 되겠다고 고백했던 존 웨슬리라 볼 수 있고, 후자는 '역사비평'이란 용어를 1783년에 최초로 사용한 아이히호른(Johann Gottfried Eichorn, 1752~1827)과 현대 신학의 조상이라 일컬어지는 슐라이어마허(Friedrich Schleiermacher, 1768~1834)의 경우가 될 수 있다.

사중복음의
성서적 사도성

문제는 성서문자주의에 입각하여 성경에 부여되어왔던 신적인 절대 권위가 아이히호른 이후부터 학문적 신학의 장에서 설 자리를 서서히 잃게 되었다는 것이다. 특히, 유럽식 자유주의 신학이 미국의 감리교에 영향을 미치게 됨에 따라 성결 운동을 비롯한 여타의 부흥 운동이 약화되었다.

이러한 현실에 도전하여 일어난 소위 래디컬 성결 운동은 무엇보다도 '성경으로로 돌아가기'를 주창하면서 사중복음을 통해 영적 부흥을 일으키고 열방에 복음을 전파하는 데 집중하였다. 그리고 성경을 중점적으로 가르치기 위하여 '성서학원(Bible School)'을 세워 '신학교(Theological Seminary)'와의 차별성을 뚜렷이 하고자 했다.

이처럼 성서적 사중복음은 반(反)신학적인 성서학원 운동을 통해서 전개되었다. 그 결과, 소위 역사비평학적 성경 이해를 축으로 하는 자유주의와 이에 맞서 학문적으로 성경의 신적 절대 권위를 수호하려 했던 근본주의 간의 치열한 신학 전선(戰線)에는 직접적으로 가담할 수 없었지만, 성경의 신적 권위를 수호해야 한다는 명목으로 반(反)역사비평주의 진영 논리를 차용하다 보니 성경 해석에서 근본주의가 빠진 성서문자주의를 벗어나지 못하는 한계를 경험해야 했다.

그래서 사중복음을 이야기할 때도 성경 자체가 증언하는 일차적 의미만으로써 부흥 운동을 위한 핵심 메시지로 선포하는 데 만족해야 했다. 이는 대중집회를 통한 부흥 운동에는 그 나름대로 크게 기여할 수 있었으나, 19세기 말에 온전한 모습을 드러낸 사중복음이 2천 년 기독교사에서 발전되어온 하나의 성서해석학적, 신학적 패러다임이라는 사실에 대한 인식에까지는 이르지 못하였다.

그렇다 보니 사중복음을 중요한 신학적 아젠다(agenda)로 파악하여 동시대의 문화적 이슈들에 대한 메시지로 해석함으로써 윤리적 실천에 적용하는 데는 근본적인 한계가 있었다.

이처럼 기독교 역사에서 성경에 대한 다양한 신학적 관점들이 첨예하게 대립적인 양상을 띠면서 19세기 말까지 왔다면, 이때 등장한 사중복음은 과연 어떤 차원에서 '성서적'이라고 말할 수 있는 것인가?

이에 대해서는 종래의 신학적 관점들로는 설명하는 데 한계가 있다. 오히려 마틴 냅을 중심으로 했던 래디컬 성결 그룹이 견지했던 특징을 그대로 말하는 것이 가장 가까운 대답이 될 것이다.

즉 사중복음은 형식적으로는 사도행전의 초대 교회가 견지하였던 선지자와 사도들의 정신을 따른다는 점에서, 그리고 내용적으로는 예수 그리스도가 선포한 하나님 나라의 도래와 하나님의 의(義)를 위한 회개의 복음을 말한다는 점에서 '성서적'이라 말할 수 있다.

다시 말해서, 사중복음이 선지자와 사도들의 정신으로 하나님의 백성들을 하나님의 나라에 초대하는 예수 그리스도의 복음을 드러내기 때문에 사중복음을 '성서적'이라 부를 수 있는 근거를 확보하게 된다.

그리고 이와 같은 정신에 기초하여 전개하는 사중복음신학은 예수 그리스도의 하나님 나라의 온전한 복음(Full Gospel)을 선포하고 변증하는 하나님 나라의 신학으로서 선지자와 사도들의 정신을 초교파주의적으로 제고(提高)하는 것이다.

5 사중복음은 오순절적 회개와 부흥의 케리그마다

사중복음과
오순절 성령강림 사건

사도들은 하나님의 나라와 의를 향한 회개의 복음을 선포하고, 가르치고, 복음적 삶의 모델을 보여주셨던 나사렛 예수의 정신을 배워 이어받은 자들이다. 그들은 예수가 선포한 하나님의 나라와 의를 공동체적으로 구현하고, 그 비전을 땅끝까지 선교하고자 나섰던 자들이다. 신약성경의 초대 교회는 예수께서 부르고 보내셨던 그 사도들이 예수의 하나님 나라 비전과 정신을 따라 이룩한 공동체였다.

사중복음을 외쳤던 19세기 말의 래디컬 성결 운동이 "성경으로 돌아가자(Back to the Bible)"라고 외쳤던 것도, 그들이 "하나님의 성서학원"을 세웠던 것도, '오순절, 선교, 성결, 초교파(Pentecostal, Missionary, Holiness, Unsectarian)'란 슬로건을 내건 신앙지「하나님의 부흥자」(God's Revivalist)를 발간하였던 것도, '만물 위에 계신 하나님(God over All)'이라는 모토로 만국성결연맹의 이념을 삼았던 것도, 그리고 성결 운동이 교회로 조직되어 가는 과정에서 공동체의 이름에 '사도적(Apostolic)'이란 말을 넣어 '만국사도성결연맹'이라 개명하였던 것도 모두 한 가지 사건을 주목하였기 때문이었다.

곧 예루살렘에 머물렀던 사도들이 큰 권능을 받음으로 예수께서 외쳤던 하나님 나라와 회개의 복음이 그들을 통해 울려 퍼져 강력한 부흥 운동이 일어났고, 이를 기점으로 유대와 사마리아와 땅 끝 이방까지 복음이 전파되도록 했던 바로 오순절 성령강림 사건이었다.

이 오순절 성령강림은 예수께서 제자들에게 약속하신 것이었고, 구약의 선지자들이 이스라엘 백성들을 향해 전한 비전이자 하나님의 열망이었고, 하나님의 백성들이 하나님의 법을 실천할 수 있도록 베푼 하나님의 은혜요, 또한 은사였다.

유월절의 십자가에 이어 오순절의 성령세례가 있었기 때문에 온 세상에 흩어진 하나님의 백성들이 한 성령의 세례 안에서 한 몸을 이루게 되는 성령의 공동체요, 예수 그리스도의 몸이요, 하나님의 백성으로서의 교회가 무엇인지를 비로소 경험할 수 있었다.

그러므로 하나님 나라의 부흥을 꿈꾸는 자들은 무엇보다도 우선적으로 오순절 성령세례의 사건과 그로 인하여 태어난 초대 교회를 주목하지 않을 수 없는 것이다.

사중복음으로 성결 운동을 보다 철저히 추진해나갔던 만국사도성결연맹의 목표가 '성경으로 돌아가는 것'이라 했을 때, 그것은 곧 '오순절 사도 공동체를 오늘에 다시 회복하자는 것'과 다른 것이 아니었다. 그러므로 사중복음을 전하거나 해석하여 적용하고자 할 때 일차적으로 사도행전의 오순절 성령 공동체를 전제하지 않을 수 없다. 이때 비로소 성령의 강림을 통해 비롯된 사도들의 초대 교회가 전한 케리그마의 핵심에 사중복음이 있다는 것과, 그 사중복음의 뚜렷한 특징이 '펜티코스탈(Pentecostal)'이라는 것을 알 수 있게 된다.

회개와 부흥을 통한
삶의 혁신으로서의 사중복음

한 걸음 더 나아가, 사중복음 안에서 오순절 정신 곧 펜티코스탈리즘(Pentecostalism)을 이야기하고자 할 때 오순절 사건은 '회개' 및 '부흥'과 직접적인 연관성을 갖고 있는데, 이는 사도행전이 오순절 성령강림 공동체를 회개와 아울러 부흥을 경험한 자들로 증언하고 있기 때문이다.

무엇보다도 그들은 베드로부터 가룟 유다에 이르기까지 예수께서 고난을 받고 십자가에 처형될 때 하나같이 주를 버리고 흩어졌던 자들이었으나, 베드로를 비롯하여 통회하고 죄인 된 심정으로 모두들 예루살렘에 다시 모여 "아버지께서 약속하신 것"을 기다리는 중 성령세례를 받았다.

이는 베드로가 '회개' 함이 성령의 임재를 경험하는 대전제라는 사실을 설교한 사실에서도(행 2:38) 오순절 초대 교회는 철저히 회개를 통해 하나님 앞으로 나갔던 공동체였던 것을 확인할 수 있다. 그 결과 그들은 성령세례를 통해서 놀라운 변화를 받고 위대한 부흥을 경험하는 주역이 되었다.

종교개혁 내지는 교회개혁이라는 사태는 회개를 통하지 않고서는 시작될 수 없는 것이다.

개혁은 부흥의 시작이요, 회개는 곧 그 문이다.

교회를 개혁한다 함은 자신부터 시작하여 온 공동체가 회개한다는 말이다. 진정한 회개가 있는 곳에 부흥이 따른다. 다시 말해서, 예수 그리스도 앞에 회개함으로 나갈 때 죄 사함이 있고, 그 가운데 성령이 임재하고, 성령의 임재가 있는 곳에 하나님 나라의 부흥이 경험된다는 것이다.

사중복음이 힘 있게 선포되는 곳에서 이러한 오순절적 회개와 부흥이 일어난 것은 1세기 오순절 예루살렘 초대 교회에 끝난 것이 아니다.

그것은 2천 년 교회사와 그 이면에 역사로 기록되지 않은 크고 작은 사건들 가운데 있었으며, 16세기 종교개혁과 그 이후에도 주기적으로 고비를 맞았지만 그때그때마다 회개의 역사가 있었고 또한 부흥이 따랐다. 18세기 조나단 에드워즈(1703~1758), 존 웨슬리(1703~1791), 조지 휫필드(1714~1770) 그리고 19세기의 찰스 피니(1792~1875), 드와이트 무디(1837~1899), 마틴 냅(1854~1900), 20세기의 윌리엄 시무어(1870~1922), 길선주(1869~1935), 이용도(1901~1933), 정남수(1895~1965), 이성봉(1900~1965), 빌리 그레이엄(1918~2013), 조용기(1936~현재) 등 숫자를 헤아릴 수 없을 정도로 많은 종들이 역사 속에서 초대 교회의 사도적 펜티코스탈리즘의 회복을 이끌어내었다. 이들을 통해 나타난 오순절적 사건은 무엇보다도 회개와 부흥이었다.

우리는 여기에서 사중복음신학은 사중복음이 지니는 오순절 성령세례를 위한 회개와 그에 따른 성령의 충만함과 부흥의 역동성을 드러내는 데 학문적으로 기여해야 한다는 목회 실천적 과제를 확인하게 된다.

이는 역으로, 성령세례를 통한 부흥의 역사를 끌어내지 못했던 종래의 사변적 신학에 대한 비판임과 동시에 신학의 존재 이유와 그 기능을 규정할 때 신학적 연구 대상의 복잡한 실재에 대한 학문적 정리(整理)에 만족하는 것이 아니라, 그를 통해서 확보된 정리(定理)를 '삶으로 실천하는 신학(Doing theology)'이 되어야 한다는 것을 의미한다.

이것은 신학의 무게 중심을 과거처럼 교의(教義)의 신학적 합리성에 우선성을 두는 것보다는 회개와 부흥을 통한 삶의 혁신을 가져오는 데 보다 더 초점을 맞추도록 한다.

6 사중복음은 '래디컬 성결 운동'을 신학서론으로 삼는다

사중복음의 출발로서의
예수 그리스도

사중복음의 출현을 역사적으로 볼 때, 그것은 이미 그 등장 자체가 기존의 현학적이며 사변적인 신학에 대한 비판적 의식에서 나온 신학적 행위임을 알 수 있다. 그래서 오해하지 말아야 할 것은, 사중복음은 흔히 생각하듯이 평신도들이 전도를 위해 요약적으로 예수의 생애에 나타난 여러 가지 복음적인 주요 이슈들 중 네 가지만을 선택하여 인위적으로 만들어낸 슬로건이 아니라는 것이다.

더 직접 말하자면, 예수 그리스도의 삶과 사역 그리고 그의 가르침의 대주제인 하나님의 나라와 그의 의를 인간적으로 변질하지 않도록 생생하게 그리고 힘 있게 이해되고 전달되도록 하려는 소위 '복음주의'를 표방하는 강력한 신학표제가 바로 사중복음이다.

한국의 성결교회는 20세기 중엽에 이르러 이와 같은 사중복음을 선교 현장에서 더 실질적으로 요청하는 '전도표제'로 이해하는 정도까지는 나갔다.

그리고 19세기 말 마틴 냅, 셋 리스, 윌리엄 갓비의 래디컬 성결 운동이나 앨버트 심슨의 치유와 선교 운동을 통해 이러한 전통을 이어받은 20세기 미국의 필그림성결교회(Pilgrim Holiness Church)나 이 전통을 이어받아 새롭게 태어난 오늘날의 웨슬리안교회(The Wesleyan Church)는 사중복음을 교단의 특색 있는 교리 정도로 여겼고, 그 이상의 가치를 적극적으로 부여하지 못하였다.

그들 모두는 아쉽게도 사중복음이 얼마나 복음주의 신학을 위한 탁월한 기재(器材)가 될 수 있는지에 대해 탐구하거나 적용하는 데는 능동적이지 못했다.

신학 방법이란 신학의 내용을 어떤 관점에서 정의하느냐에 따라 결정되는 것이 일반적이지만, 어떤 종류의 신학이건 간에 그들은 합리성과 실존성 사이에서 그리고 전통성과 창조성 사이에서 균형을 이루고자 시도한다.

그러나 모든 신학은 일반적으로 볼 때 어느 한 쪽으로 치우친 길로 가고 있는 것이 현실이다. 이것은 신학 방법의 옳고 그름의 문제가 아니라 신학함 자체가 기계적 이론의 적용이 아니라 삶의 다양한 문제 앞에서 유동성을 지닌 학문임을 반증하는 것일 뿐이다.

그렇다면 사중복음을 다루는 신학 역시 그러한 방법론적 긴장을 경험하게 될 것이며, 다양한 모습의 신학들이 출현하게 될 것이라는 점은 자연스럽게 예상되는 것이다.

사중복음의 특징을 살리는 사중복음신학을 전개한다면, 그 신학은 객관적 합리성보다는 개인의 주관적 실존성을, 그리고 창조성보다는 전통성을 보다 더 강조할 수 있다고 보는 것은 가능한 일이다.

우리가 이러한 특징을 살리는 사중복음신학을 구성하고자 할 때 선행 연구 사례와 대화할 수 있는데, 대표적인 학자는 사중복음 전통에 뿌리를 둔 오순절 교단의 스티븐 랜드(Steven Jack Land)다. 그는 오순절교단의 교리에 따라 사중복음에 성령세례를 추가하여 소위 오중복음에 대한 '신앙과 실천의 통합(integration of beliefs and practices)'을 '펜티코스탈 영성(Pentecostal spirituality)'으로 정의하고, 이를 핵심 요소로 삼아 '펜티코스탈 신학'을 독창적으로 구성코자 했다.[4]

랜드가 중생·성결·신유·재림 및 성령세례를 축으로 하여 펜티코스탈 신학을 전개해 나가는 과정에서 가장 많은 긴장감을 가지고 애써서 돌파해야 했던 부분은 펜티코스탈 '영성(spirituality)'을 전통적인 개념의 '신학'과 더불어 얼마나 통전적으로(integral) 전개시켜나갈 수 있느냐는 것이었다. 그리고 이 영성과 관계되는 '경험(experience)' 또는 '감성(feelings, affections)', '기도' 등의 이슈들이 어떻게 신학적으로 정당히 다루어질 수 있게 하느냐는 것이 그가 오순절 신학을 구성해 나가는 데 풀어야 할 주요 관건이었다. 다시 말해서, 개개인의 종교적 경험들이 지니는 실존성이 신학적으로도 의의가 있을 뿐만 아니라 합리적인 신학의 체계 안에서도 정당한 자리매김이 가능하다는 사실을 변증해내는 일이었다.

경험과 전통을
중시하는 사중복음

오순절적 영적 현상들에 대한 체험들 그리고 그에 따르는 정서적 표현들과 간증들을 '신학적으로' 말하고자 할 때 전통신학이 견지해오고 있는 합리주의적 패러다임과 긴장 속에서 자유롭지 못함을 느끼게 되는 것은 당연한 일이다.

왜냐하면, 초자연적 종교경험을 신학의 이슈로 삼고자 하는 경험적 신학은 유럽의 계몽주의로 세례 받은 현대의 서구 신학자들에게는 대부분 거리끼는 것이 되어있기 때문이다.

개인의 '실존성' 내지는 실존적 경험들이 학문 안에서 겨우 존중시되기 시작한 것은 제1, 2차 세계대전을 통해 인간의 합리적 이성에 근거한 진보라는 것이 얼마나 불완전한 것인지를 경험한 이후에서나, 그것도 서서히 가능한 것이 되었다.

새로운 신학 패러다임을 구축하려는 랜드 신학의 또 다른 특징은 신학의 재료적 측면에서 20세기 초 북미주에서 있었던 오순절 운동 초기 10년의 역사적 '전통'에 근거하고 있다는 것이다. 다시 말해서 사중복음을 기초로 하는 그의 신학 방법은 역사적 전통으로부터 이끌어낸 해석학이라는 것이다.

특히 랜드가 수립코자 했던 오순절 신학 방법론의 가장 핵심적인 출처는 1901년에 있었던 찰스 파럼(Charles Fox Parham)의 성서학원에서 일어난 성령세례의 사건, 즉 오즈먼(Agnes Ozmann)이라는 학생에게 방언이 터진 일로부터 시작하여 1906년부터 로스앤젤레스 아주사 거리의 허름한 마구간에 비교되는 창고 같은 오래된 감리교회당에서 윌리엄 시무어(William Seymour)를 통해 일어나 약 3여 년간 지속된 소위 사도행전적 오순절 사건이다.

랜드의 오순절 신학은 오순절교단의 탄생 초기 약 10년의 역사 안에서 일어난 사건들을 오순절 영성의 '시작(infancy)'이 아닌 가장 중요한 '핵심(heart)'으로 파악하고, 그 역사적 사건을 전통적 신학의 패러다임에 따라 재해석하고 변증하는 것을 그의 주된 신학적 과제로 이해할 수 있다.

사중복음신학이 실존성과 전통성을 우선시하면서 합리성과 창조성을 드러내는 데 있어서 랜드의 이러한 오순절 신학 연구의 방법론은 좋은 대화의 파트너가 될 수 있는 것이다.

사중복음을 신앙과 실천의 중심에 둔 초기의 대표적인 인물들은 앨버트 심슨, 마틴 냅과 래디컬 성결 운동 그룹, 에이미 맥퍼슨(Aimee Semple McPherson, 1890~1944) 등이다. 이들이 실존적으로 표현한 오순절적 경험들은 사중복음신학이 기초하게 될 역사적인 자료들이 된다. 이는 파럼이나 시무어의 경험이 오순절 신학에, 그리고 웨슬리, 칼뱅, 루터의 경험이 각기 감리교 신학, 개혁주의 신학, 루터교 신학 형성에 기초가 된 것과 마찬가지다.

그러나 여기에서 반드시 유의해야 할 점은 특정한 개인의 경험이 신학의 역사에 새로운 분기점을 마련했다고 해서 그것이 그 이전의 신학들을 부정하거나 혹은 그 이후에 전개될 신학들에게 절대 상수(常數)로 주장되어서는 안 된다는 것이다. 19세기 말 래디컬 성결 운동의 경험은 새로운 시대를 밝혀준 하나의 안내등이요, 신학서론이지, 그 빛으로 모든 방들을 다 비칠 수 없다는 것은 자명한 일이다.

7 사중복음은 세계 기독교를 위한 임마누엘 신학의 초석이다

사중복음의 현장성

우리가 '민중'의 삶을 신학의 장에서 이야기한다는 자체가 소위 '민중 신학'의 방법을 상당부분 규정하고 있다는 것을 인정하듯이, 수많은 신학 이론이 나름의 당위성을 띠면서 전개되고 있는 21세기의 복잡다단한 지구촌(Global village)의 신학 마당에서 '사중복음'을 말한다는 것 자체가 고유한 신학의 길을 가고 있는 것이라 말해야 할 것이다.

앞에서 언급했던 스티븐 랜드는 소위 '오순절 영성을 신학으로서(Pentecostal spirituality as theology)' 이야기하고자 할 때 지루한 논쟁을 불러일으킬 신학 방법론적 긴장을 돌파하면서 나가야 했다. 그는 어느 정도 성공한 그의 책 말미에 자신의 작업은 결코 마무리된 것이 아니라면서 영성을 신학의 틀에서 말할 수 있는 가능성, 신학 안에서 경험의 위치, 이성과 더불어 감성을 다룰 수 있는지, 그리고 이러한 이슈들을 균형(balance)적으로 정리하기보다는 통합(integration)적으로 구성하는 것이 얼마나 가능한지를 계속적으로 다루어야 할 과제로 남겨놓았다.[5]

그러나 이러한 신학 방법적 논의의 최종 판결은 신학의 주된 사용자인 교회의 몫이다. 결론적으로 말하면, 어떠한 신학도 그것이 나왔을 때는 교회의 필요성을 전제하고 나왔을 것이기 때문에, 그것이 다수의 교회에 의해 수용되는지의 여부와 관계없이 그 고유한 가치는 인정되어야 한다는 것이다.

다만 문제는 교회의 미래를 내다보면서 역사를 교훈 삼아 현재 직면하고 있는 교회에 '성서적' 내지는 '복음적' 대답을 주어야 하는 사명이 신학에게 있기 때문에, 교회와 신학은 긴장 관계를 유지하는 가운데서도 반드시 둘이 한 몸을 이루어야 하는데 이를 어떻게 가능케 하느냐는 것이다.

이때 신학은 교회가 자신의 사명을 감당하기 위하여 필요한 옷과 같은 것이 되어야 하는 바, 이를 위해서 신학은 교회와 교회가 처한 상황에 육화(肉化, embodied)되어 우리의 구원을 위해 '우리와 함께 하시는 하나님'인 임마누엘을 말할 수 있어야 한다.

모든 신학은 자신이 교회의 현장에 '성육신(incarnation)' 하기까지는 신학의 건설적 기능을 발휘한다는 것은 어려운 일이다. 그렇다면 사중복음이 세계 교회를 위한 임마누엘 신학으로 육화된다는 말은 무엇이며, 그렇게 될 수 있는 길은 무엇인가?

결론부터 말하자면, 초월이 내재화 될 때 초월성이 파괴되지 않으며, 역으로 신적 내재의 초월성을 말할 때도 초월의 내재성이 파괴되지 않는 그러한 길을 가야 한다는 것이다. 그 완전한 원형이 하나님의 성육신 사건, 곧 임마누엘로서의 예수 그리스도다. 하나님이 인간이 되어 인간과 동일한 운명을 맞이하더라도 하나님의 신성이 파괴되지 않고 '임마누엘'로 경험되는 것, 그것이 곧 성육신 사건이다. 이것이야말로 모든 신학이 추구해야 할 방법론적 원형(archetype)이다.

그러한 임마누엘 그리스도를 증언하는 것이 사도들의 신약성경이다. 현대인에게 신약성경은 계몽주의적 분석과 해석의 대상이 될는지 모르지만, 당시의 신약성경 각 권의 독자들과 공동체들에게 신약성경은 사도들이 경험한 영적 실재에 대한 통전적인 메시지였기 때문에, 성서신학 방법론에 대한 이와 같은 연구와 현대적 적용이 요청된다.

그렇다면 성서신학의 중심 케리그마로부터 나온 사중복음을 신학적으로 다룰 때도 사도들의 영적 통찰과 이를 표현하는 글쓰기도 사중복음신학 방법론에 중요한 안내가 될 것이다.

중생·성결·신유·재림의 사중복음은 자연과 역사와 인간의 현실 가운데에서도 그 자신이 지니는 초자연성, 초역사성, 초인간적인 신적 초월의 실재성을 끝까지 유지하면서도, 회개하고 하나님의 복음을 믿는 자는 누구든지 생명으로, 사랑으로, 회복으로, 공의의 실현으로 경험될 수 있음을 약속하는 복음이다.

**사중복음의
네 가지 영적 경험**

이러한 사중복음에 참여하는 자들은 적어도 네 가지 차원의 영적 경험을 갖게 된다.

첫째, 예수 그리스도의 십자가 죽음과 부활의 신적 대속 사건을 믿음으로 하나님의 의에 참여하고 영적으로 거듭난 신분과 세계관을 갖게 된다.

둘째, 하나님의 거룩한 성품에 참여함으로써 사랑의 실재를 경험한다.

셋째, 마음의 세계뿐만 아니라 몸의 세계도 하나님의 주권을 통해 파괴된 창조 질서의 초능력적 회복을 보게 된다.

넷째, 인간 역사의 모든 분야에 깊숙이 숨어 있는 불의에 대한 공의로운 심판이 예수의 재림을 통해서 이루어진다는 종말론적 소망으로 인해 역사 안에서 끝까지 책임 있는 하나님의 백성으로 살아갈 수 있다는 확신을 갖는 경험을 한다.

이러한 온전한 구원의 복음을 말하고 있는 것이 사중복음이요, 또한 그 능력에 대한 실제적인 약속이다.

사도신경의 고백이 세계 교회를 위한 삼위일체 신학의 기초가 될 수 있듯이, 이와 같은 사중복음은 세계 교회를 위한 인류 구원의 임마누엘 신학의 기초가 되기에 부족함이 없다.

이와 같은 영적 실재를 밝히려는 사중복음신학은 '우리와 함께 하시는 하나님'이신 임마누엘 예수 그리스도의 관점에서부터 하나님을 보고 동시에 인간을 보는 방법을 택한다.

그렇게 함으로써 신적 초월의 내재화를 말하면서도 초월성을 잃지 않고, 또한 신적 임재의 초월성을 말하면서도 내재성을 잃지 않는다. 이를 통해서 일반적으로 신학사에서 알려진 바와 같이 정통주의 신학은 초월성을 구하려다 내재성을 잃고, 현대주의 신학은 내재성을 구하려다 초월성을 잃어온 반복되는 역사를 극복하는 길이 열릴 수 있게 되는 것이다.

봉건적 정통주의의 독선에 저항한 해방적 계몽주의의 시민 정신에 세례를 받은 근대 이후의 서구 기독교는 복음을 믿음으로 말미암아 참여하게 되는 영적 실재에 대하여 더 이상 실재 그대로를 말할 수 없는 한계를 경험하고 있다.

다시 말해서, 영적 실재의 초월성과 내재성을 분리하지 않고 통합적으로 표현할 힘을 잃어버린 것이다. 전통적으로 내려오는 종교적 언어와 경험은 그 깊은 상징성을 거의 상실하고 말았고, 실재의 단면만을 기술해주는 술어(述語) 이상의 가치로 평가되지 못하고 있는 형편이다.

그와 같은 맥락에서 '사중복음'도 복음주의적 신앙과 경험의 일부만을 표현해주는 전문용어 내지는 표제어 정도로 여겨지고 있을 뿐이지, 사중복음이 지니는 하나님 중심주의의 임마누엘 영성과 종말론적 소망과 같은 깊은 영적 의의는 쉽게 간과되고 있는 것이 현실이다.

사중복음신학은 이러한 문제를 극복하기 위하여 복음의 성육신적 통찰과 교회 공동체를 향한 사도적 케리그마의 관점에서 사중복음의 임마누엘 신학을 전개해 나간다. 그때 비로소 세계 교회는 사중복음을 글로벌 신학의 패러다임으로 공유할 수 있는 가능성을 확보하게 될 뿐만 아니라, 모든 교회가 함께 선포할 수 있는 인류 구원의 온전한 임마누엘 메시지로서의 사중복음이 그 빛을 보다 뚜렷이 드러나도록 할 수 있을 것이다.

8 사중복음은 성경·전통·이성·경험의 방법을 통합한다

글로벌 신학의 난기류 속에 있는
사중복음

21세기가 되어서도 여전히 교파주의 신학의 높은 장벽으로 인해 세계 기독교가 교회 연합적인 글로벌 미션을 감당하지 못하는 가장 커다란 이유는 모든 교단이 공유할 만한 보다 진전된 '신학 선언(Theological Manifesto)'이 나타나지 않음에 있다.

여기에는 여러 가지 원인들이 언급될 수 있겠지만 신학적 관점에서 본다면 신학 방법론상의 갈등이 해소되지 않고 있기 때문에 글로벌 신학의 문턱을 넘어서지 못하는 것으로 보인다. 왜 그런가?

그 문제의 핵심에는 세계 기독교 내의 교파주의 신학들을 이념적으로 묶어놓고 있는 사조들 간의 갈등이 상존하기 때문이다. 성서주의와 전통주의 사이의 갈등, 합리주의와 경험주의 사이의 갈등이 대표적인 예라 할 수 있다.

성서주의는 성경을 강조하다 보니 전통을 소홀히 하게 되고, 전통주의에서는 교회의 결의와 유산들이 강조되다 보니 성경은 보조적인 것이 되어버렸다. 이처럼 성경과 전통의 관계는 신학사 가운데 양자 간의 주도권 문제로 비화(飛火)하게 되었다.

이것은 주로 구(舊)개신교의 정통주의 신학과 로마가톨릭 신학 간의 커다란 논점이었지만 그러한 갈등의 요소는 18세기 근대 이전에 형성된 개신교파의 신학들과 19세기 이후에 들어와서 형성된 개신교파의 신학들 간의 신학적 갈등이기도 하다.

오래된 전통을 자랑하는 교파주의 신학일수록 '전통'을 강조하고, 거기에서 나온 교파주의 신학일수록 '성경'을 강조하는 것이 일반적인 현상인 것이 사실이다.

또한, 신학적 합리주의와 경험주의 간의 갈등은 근대 계몽주의를 거치면서 교회와 세계와의 소통을 강조하는 가운데 태어난 신(新)개신교의 자유주의 신학과 성령의 역사를 통한 교회의 복음 전도 사명을 강조한 복음주의 신학 사이에서 대부분 찾아볼 수 있다.

신학적 합리주의는 전통교회의 메시지를 현대적으로 재해석하는 가운데 문화적으로 세상과 소통하는 것까지는 좋았지만, 이에 묶인 기독교는 역사 안에 계시된 신적 사건에 대한 세계 내적 해석의 과정에서 계시의 초월성을 유지하는 데 한계를 경험함으로써 자기의 정체성에 위기를 맞게 되었다.

반면에, 신학적 경험주의는 성령에 의한 초자연적인 계시 경험을 통해 신앙의 확신과 불타는 선교적 소명을 가지는 것까지는 좋았지만, 이에 경도된 기독교는 개인의 심령주의와 기복적 현세주의로 빠지는 위기에 직면하게 되었다. 오늘날까지도 합리주의 신학과 경험주의 신학은 이러한 상대의 문제점들을 서로 비판하면서 자신들이 서 있는 신학 방법론적 딜레마로부터 여전히 벗어나지 못하고 있는 것이 현실이다.

이러한 글로벌 신학적 난기류 속에서 제대로 비상하려면 신학 방법론적으로 서로 얽혀있는 매듭을 잘 푸는 것 외에 다른 길이 없다. 그러나 문제의 해결책 안에 또 다른 반증이 존재하는 난제(aporia)가 풀리지 않는 한 문제는 여전히 남아 있게 되는 것이다.

어떻게 풀 것인가?

글로벌 신학의 방법론적 난제는 오직 창조적 종합의 방법이 제대로 적용될 때만 풀릴 수 있다. 그리고 그 방법은 적어도 앞에서 언급한 아포리아들을 종합적으로 견인할 수 있는 역량이 갖추어진 것이어야 함은 자명하다.

성서와 전통, 이성과 경험을
담아낸 사중복음

우리는 이에 지금까지 서사적으로 소개했던 사중복음신학 방법론을 다시 새로운 방향에서 그 대안으로 제시코자 한다. 사중복음신학 방법론을 정당히 다루기 위해서는 사중복음 자체가 어떠한 방법론적 경로를 통해서 나왔는지를 확인하는 것이 필요하다.

결론부터 말하자면, 사중복음은 성경, 전통, 이성 및 경험의 빛으로부터 고찰될 때 비로소 그 총체성이 제대로 드러난다는 것이다. 왜냐하면, 사중복음의 역사적 형성 과정을 볼 때, 이들로부터 사중복음이라는 신앙 규칙이 오랜 세월을 거쳐 오늘의 모습으로 이루어졌기 때문이다.

이러한 사실은 교회사에서 존 웨슬리의 신학 방법을 두고 말할 때 그는 성경·전통·이성·경험을 통한 '사변형적인(quadrilateral)' 신학을 전개했다는 것과 맥을 같이 한다. 그 말은 웨슬리가 신앙의 내용들을 다룰 때 한 쪽으로 치우치지 않고 온전한 복음을 드러내는 데에 필요하다면 모든 방법을 창조적으로 활용했다는 의미이기도 하다.

그러한 차원에서 사중복음신학 방법론은 존 웨슬리의 소위 사변형적인 '창조적 종합(creative synthesis)'의 방법과 맥을 같이 하며, 한 걸음 더 나아가 이를 21세기 글로벌 신학을 위하여 보다 적극적으로 발전시켜 나가야 할 과제를 갖는다.

그렇다면 사중복음이 글로벌 신학의 방법론을 견인하는 패러다임이 될 수 있는 근거는 무엇인가? 한마디로, 사중복음 안에서는 성경과 전통이 상호 조화를 이룸으로써 성서주의와 전통주의 신학 간의 대립적 양상이 사라지고, 이성과 경험이 상호 조화를 이룸으로써 합리주의와 경험주의 신학 간의 대립적 양상이 제거되기 때문이다.

주지하다시피, 사중복음의 각론인 중생론·성결론·신유론·재림론 모두는 철저히 '성경'으로부터 나온 성서적 케리그마일 뿐만 아니라 다시 성경으로 돌아가 성경을 복음주의적으로 해석하는 틀이 되기도 한다. 그러나 교회 공동체의 '전통'에 대해 열려 있기 때문에 성서주의로 빠질 수 없다.

또한, 각론들은 어느 한두 사람의 신학자에 의해 발견되거나 창안된 주제가 아니고, 교회의 오랜 '전통' 가운데 공동체적으로 수용되어 온 것들이다. 그러나 전통주의에 매몰되지 않는다. 성경의 메시지가 늘 새롭게 갱신을 요청하기 때문이다.

그리고 사중복음은 교회라는 영적 공동체와 그 전통 가운데서 자라온 성경의 핵심적인 케리그마의 발전이지만 그것이 영적인 신비주의나, 열광주의 혹은 타계주의로 빠질 수 있는 경향성에 대해서는 '이성'의 합리적 관점으로 견제해 왔고, 필요한 영적 실재의 나타남에 대해서는 합리적으로 변증해 왔다. 그런 가운데서도 합리주의에 사로잡히지 않을 수 있는 것은, 사중복음이 초월적 '경험'에 대하여 열려 있기 때문이다.

이처럼 사중복음은 성서적이요, 전통적이요, 합리적인 빛 아래에서 그 고유한 특성들이 파악될 수 있지만, 그것이 보다 더 강력한 영적 실재로 받아들여 질 수 있는 이유는 사중복음에 대한 개인의 신앙적 고백과 아울러 '경험'적 사실이 긍정될 수 있기 때문이다. 그럼에도 불구하고 경험주의만을 고집하는 데로 나가지 않고 또한 초월적 종교 경험이 인간의 의(義)로 변질되지 않게 될 수 있는 것은, 사중복음이 지향하는 바 하나님의 나라와 하나님의 의(義)가 모든 경험의 중심축으로 작용하도록 되어 있기 때문이다.

이처럼 사중복음은 성경·전통·이성·경험의 방법이 상호적으로 그리고 통합적으로 작용하는 가운데 '온전한 구원의 복음'을 효과적으로 전하는 '메시지'요, 동시에 '미디어'라 할 수 있다. 사중복음신학은 세계 교회가 사중복음의 이러한 신학 방법론적 특징을 따라 사중복음의 케리그마를 전파하는 데 참여할 수 있도록 글로벌 신학 패러다임을 제공해야 할 과제를 지닌다.

맺는말 :
사중복음은 글로벌 신학의 '쿨 미디어'

사중복음이란 '신앙 규칙'으로서의 신학적 명제가 역사상 등장한 것도 1897년 만국성결연맹의 탄생을 기준으로 하면 2017년 종교개혁 500주년에는 120년이 된다. 오늘날 세계의 많은 교단 중에서 성결교단은 교리적으로나 목회적으로나 사중복음을 가장 중시하는 교단 중의 하나다.

그러나 그들은 사중복음을 '신학적' 차원에서 다루는 것에 대해서는 매우 주저하였다. 그 배경에는 반(反)신학적 태도를 견지한 '성서학원' 운동이 있었다는 것을 살펴보았다.

그들에게는 사중복음을 신학적으로 다룬다는 것 자체가 사중복음의 정신과 위배될 수 있는 일이라고 보였기 때문이었다. 그러나 분명한 것은 사중복음을 신학적으로 다루지 않는다고 하는 그 자체가 큰 틀에서 이미 신학적 행위라는 것이다. 그들은 '신학'을 좁은 의미로 보았을 뿐이다.

이제 사중복음을 넓은 의미에서 신학적으로 다루느냐, 아니면 좁은 의미에서 다루느냐는 물음은 더 이상 중요한 이슈가 아니다. 정말 중요한 것은 사중복음이 어떠한 형태로든 좁게는 성결교회를 위하여 넓게는 세계 교회를 위하여 기여할 수 있는 바가 무엇이냐는 점이다.

사중복음은 짧게는 종교개혁 이후 500년간의 기독교 역사 가운데 사분오열된 교파주의 신학들을 성서적이고, 전통적이고, 합리적이고, 경험적인 방법으로 글로벌 신학에 수렴(收斂)할 수 있는 공(公)교회적 유산이라는 점 자체가 기여라는 것이다. 사중복음을 어떻게 다루느냐는 것은 그 다음의 문제다.

사중복음을 대하는 신학방법은 성서학원 식으로 반(反)신학적일 수도 있고, 그와 달리 지극히 현대신학적일 수도 있다. 문제는 그 방법이 어떻게 되었든 간에 사중복음은 전도면 전도, 신학이면 신학의 영역에서 교회를 살리고, 나아가 글로벌 신학을 위한 탁월한 패러다임이 되면 족한다.

그렇다면 교파주의 신학이 글로벌 신학의 맥락에서 자신의 사명을 감당하기 위하여 어떻게 해야 공교회적 유산인 이 사중복음을 적극적으로 사용할 수 있을 것인가?

마샬 맥루언의 커뮤니케이션 용어를 빌려 말하자면, 글로벌 신학을 위한 사중복음의 '쿨 미디어(cool medium)'[6]적인 특징을 그대로 잘 살리는 것이다. '쿨 미디어'란 '핫 미디어(hot medium)'와 비교되는 바, 전자는 만화 혹은 시에, 후자는 영화 혹은 소설에 해당된다.

동일한 스토리라 해도 쿨 미디어로 독자를 만났을 때와 핫 미디어로 만났을 때 참여자의 참여적 깊이가 달라진다. 쿨 미디어는 전달자의 의도는 분명하지만, 설명은 최소화함으로써 독자의 주체적인 참여를 극대화하는 방향으로 유도하며, 핫 미디어는 가능한 모든 정보를 다 제공함으로써 참여자는 전달자의 기획에 최대한 종속되게 하는 것이다.

지금까지 살펴본 대로라면, 사중복음은 어느 교파주의 신학도 여유 있게 참여할 수 있는 하나님 나라의 쿨 미디어다. 그렇지만 쿨 미디어로서의 사중복음은 단순히 미디어로 머물지 않고 하나님 나라의 메시지를 특징짓는다. 미디어가 곧 메시지가 되는 것이다.[7]

하나님 나라는 사중복음적인 것이 된다. 그러나 사중복음을 빈틈없는 해석학적 과정을 거쳐서 지나치게 신학화하는 것은 사중복음을 쿨 미디어가 아니라 핫 미디어가 되게 하는 것이기 때문에, 그것은 사중복음의 본질이나 특성과는 다른 방향이다. 사중복음이 지나치게 이론 신학적으로 핫 미디어가 되는 것, 그것이 바로 래디컬 성결 운동이 경계한 점이다.

사중복음은 신학적으로 교파주의 신학들을 품을 수 있는, 소박하지만, 넉넉한 어머니의 품과 같다. 어떠한 신학적인 전통이나 입장도 거부하지 않고 그들이 필요한 자리를 내어준다.

사중복음이 원하는 것은 '만물 위에 계신 하나님'이 그런 하나님이 되게 하는 것이며, 그 하나님이 우리와 함께 계셔서 우리를 하나님의 그 거룩한 성품에 참여토록 성령으로 충만케 되는 것이다.

그리고 이 사중복음으로 인하여 성결교회는 더욱 성결교회답게 되며, 오순절교회는 더욱 오순절교회답게 되며, 침례교는 더욱 침례교답게 되며, 웨슬리는 더욱 웨슬리답게 되며, 칼뱅은 더욱 칼뱅답게 되며, 가톨릭은 더욱 가톨릭답게 될 것이다. 그러므로 사중복음이란 주파수에 교파주의 신학을 맞춰 놓으면 모든 신학들이 하나님의 나라와 그의 의를 위하여 각자가 감당해야 할 사명이 무엇인지를 듣게 될 것이며, 이웃 교파주의 신학이 내게 얼마나 유익한 존재인 지를 깨닫게 될 것이다.

사중복음신학은 이제 세계 교회로 하여금 사중복음의 빛에서 자신을 돌아보도록 초대하고 있다. 그러나 이러한 초청이 세계 교회를 향하여 외치는 광야의 소리로만 남을 것인가, 아니면 1세기의 오순절 초대 교회에서처럼 회개와 부흥으로 초대하는 21세기의 복음이 될 것인가? 세계 교회는 사중복음으로 태어난 성결교회를 주목할 것이다.

제 7 장

사중복음 교의학 방법론

1 들어가는 말: 과제와 상황

§ 01 사중복음 교의학은 성서적 복음주의 전통 위에 서 있는 모든 신학으로 하여금 하나님 나라의 복음적 관점에서 중생 성결 신유 재림의 교의를 해석하며, 사중복음의 관점에서 성경의 교의들을 체계적으로 전개토록 한다.

현대는 죽어가는 생명뿐만 아니라 생태계까지 살리는 복음을 갈구하는 시대다. 그리고 모든 교회는 말씀과 진리의 성령으로 하나의 몸이 되어 '온전한 구원의 복음(full salvation Gospel)'의 능력을 드러내야 할 마지막 때를 맞이했다. 교회는 500년 전 종교개혁을 통해 '은총(gratia)·성경(sriptura)·신앙(fide)'의 제자리를 되찾아 놓음으로써 설교와 성례전을 통해 '복음'의 제소리를 내는 그리스도의 몸 된 공동체로 거듭나게 되었다.

그러나 종교개혁은 많은 과제들을 남겨 둔 미완의 개혁이었다. 그 미완의 과제들 가운데 하나가 복음에 대한 '총체적인' 이해다. 복음은 회복하였으나, '온전한 구원의 복음'을 담아내는 넉넉한 교의학적 틀을 찾지 못함으로써 그 과제를 시간의 흐름에 맡겨놓은 것이다.

따라서 종교개혁 이후 태어난 '개신교 복음주의' 교회들은 저들이 서

- 사중복음은 교회의 신앙규범이다.
- 사중복음은 은총의 생명말씀이다.
- 사중복음은 성경의 해석원리이다.
- 사중복음은 신앙의 계시체험이다.

있는 삶의 자리에서 경험하고 해석한 다양한 복음 이해에 따른 자신들만의 정체성에 집착하였고, 그 결과 교회들 간 정체성의 신학적 차이를 극복하지 못함으로써 계속되는 분열 가운데 있게 되었다.

이러할 때에 필요한 것이 '평화를 만드는 그리스도인들의 좌우명(the watchword of Christian peacemakers)'으로[1] 사용되어 온, "본질에는 일치를, 비본질에는 자유를, 모든 것에는 사랑을"이라는 오래된 모토다.[2] 이것을 우리는 "하나님의 말씀으로서의 계시 신앙에는 일치를 요구하나, 계시의 해석과 경험에는 다양성의 자유를 허락하고, 그에 따른 실천에는 수많은 길이 있으므로 각자의 방식을 사랑으로 인정하여 서로 연합하자"는 것으로 준용(準用)한다.

그리스도를 머리로 하는 공동체의 삶에서 믿음의 통합, 이해의 통합, 실천의 통합은 결코 쉬운 일이 아니다. 삶의 자리들이 다르기 때문이다. 그러나 그리스도의 말씀과 성령의 하나 되게 하는 은혜 안에서 서로를 받아들이려는 신학적 노력은 절대로 포기하지 말아야 한다. 그렇지 않으면 우리는 온 우주의 머리이신 예수 그리스도와 하나인 그의 몸을 회복해야 하는 교회 공동체를 위한 신학의 소명을 처음부터 거절한 것이나 다름없기 때문이다.

역사적인 한 예로, 과거 19세기 초 1817년 프로이센의 개혁교회와 루터교회가 이룬 통합의 신학적 정당성을 확인해주었던 것이 바로 슐라이어마허(Friedrich Schleiermacher, 1768~1834)가 1821년에 내놓은 『기독교 신앙』이다. 그래서 그의 이 저서는 "통합 교의학"이라 평가받는다.[3]

그 후 200년이 지난 현대 21세기의 세계는 하나의 지구촌으로 변모하였지만, 기독교는 과거 어느 때보다도 심한 내부 분열로 진통을 겪고 있는 현실이다. 그러나 큰 틀에서는 종래의 유럽과 북미 중심의 기독교가 아프리카, 아시아, 남아메리카로 그 지도력이 확대되어 소위 '세계 기독교(World Christianity)'를 말하는 선교적 현실이 되었다.

이와 같은 맥락에서 미국 다음으로 전 세계에 선교사를 가장 많이 파송하고, 국제적인 지도력을 발휘하기 시작한 한국 교회는 매우 중요한 위치에 있다. 그러나 한국 교회가 시대적인 사명을 감당하기 위해서는 반성하고 또한 긴급히 추진해야 할 과제가 있는데, 그것은 바로 개혁주의와 웨슬리안으로 양극화된 교회의 신학적 분열을 통합하는 일이다.

우리는 이러한 교회적 상황에서 두 가지 차원의 소명에 부응하고자 한다. 한편으로는 신학적 통합을 요청하는 현대 교회의 시대적 소명에 부응하는 것이고, 다른 한편으로는 복음 자체를 총체적으로 이해해야 하는 소명에 응답하는 것이다.

이 두 가지 소명은 결국 동전의 양면과 같아 분리될 수 없는 하나의 실재다. 왜냐하면, 복음에 대한 총체적인 이해에 도달하는 만큼 그 안에서 신학의 통합은 상호 침투적으로 이루어질 수 있기 때문이다.

그러므로 우리는 이를 위해 복음의 총체적 이해에 집중하게 될 것이다. 그리고 그 해결의 한 방안으로 교의학적 지평에서 사중복음의 중생·성결·신유·재림을 소개할 것이다. 이 사중복음은 주로 성결교회의 "전도표제"로 알려져 있어서 혹자는 성결교회만의 독특한 교리적 주장으로 알고 있지만, 실제적으로는 자신을 복음주의로 여기는 교회들이라면 누구나 이 사중복음을 믿고 있으며, 이에 대한 신학적인 입장들을 가지고 있고, 또한 선교 현장에서 이 복음에 따른 실천의 삶을 살고 있어야 한다는 사실을 알고 있다.[4] 다만 그들은 그것이 사중복음이며, 또한 그 사중복음이 함의하고 있는 통합적 신학의 차원까지는 인식하지 못하고 있을 뿐인 것이다.

개신교 복음주의와 사중복음 교의학

사중복음 교의학은 한국 교회와 세계 기독교에 중생·성결·신유·재림의 사중복음을 신학의 통합을 위한 기초 교의임을 소개하며, 이에 대한 바른 신앙고백, 체계적인 이해와 교육의 필요성, 그리고 사중복음의 능력을 경험케 하는 실천적 과제를 공교회적으로 다루어야 하는 과제를 지닌다.

중생·성결·신유·재림의 사중복음은 예수 그리스도의 교회라면 개혁주의 전통에 속해 있든지, 웨슬리안 전통에 속해 있든지 모두가 전해야 할 복음적 메시지다. 모든 교회가 '사도신경'을 통해 삼위일체 하나님의 존재와 사역에 대한 공교회적 신앙고백을 나눔으로써 하나의 교회의 지체임을 천명하고 있듯이, 우리가 확신하는 바는 '사중복음' 신앙고백을 통해 온전한 구원의 현실로서의 하나님 나라를 전파하는 하나의 몸인 그리스도 교회를 이루어나갈 수 있다는 것이다.

중생·성결·신유·재림은 성경이 증언하는 독립적인 주제들이지만, 또한 이들은 복음적 관점에서 볼 때 '온전한 구원의 복음(Full Salvation Gospel)'으로서 예수 그리스도의 십자가와 부활의 은총을 축으로 하는 불가분리의 사중일체이기도 하다.

따라서 각 주제들은 독립적으로 다루어질 수 있으며, 동시에 상호 관계적 차원에서 통합적으로도 이해될 수 있다. 이들은 인류 구원을 위한 삼위일체 하나님의 경륜 가운데서 이루어지는 복음적 주제들로서 궁극적으로는 '하나님의 복음'(막 1:14)으로 수렴된다. 교회는 역사적으로 이들을 '사중복음(Fourfold Gospel)' 혹은 '순복음(Full Gospel)'이라 불러왔다.[5]

중생·성결·신유·재림이라는 '교의(敎義, dogma)' 자체는 어떠한 교파주의 교의학에서도 배격할 수 없으며, 또한 어떠한 교파주의 신학도 배타적으로 독점할 수 있는 주제가 아니다. 그럼에도 불구하고 우리는 가톨릭 전통과는 구별되는 종교개혁 신학과 그 이후 500년간 형성된 '개신교 복음주의' 전통에 서서 사중복음 교의학을 논하게 될 것이다.

그 안에는 마르틴 루터(Martin Luther, 1483~1546)와 장 칼뱅(Jean Calvin, 1509~1564)이 수립해 놓은 종교개혁 신학이 있으며, 특별히 국가로부터 교회의 분리와 자유를 주장하며 성인세례를 주장한 메노 시몬스(Meno Simons, 1496~1561) 등의 아나뱁티스트 전통, 개혁주의와 대립각을 세우면서 새로운 신학의 흐름을 형성한 야코부스 아르미니우스(Jacobus Arminius, 1560~1609) 신학 위에 서서 성경에 기초하여 영국의 상황에서 창의적으로 수용하였던 18세기 존 웨슬리(John Wesley, 1703~1791)의 성결 운동,[6] 그리고 이로부터 연원된 사중복음이 꽃피었던 19세기 미국 성결-펜티코스탈리즘(Holiness-Pentecostalism)의 초교파적 부흥 운동이 '개신교 복음주의'라는 넓은 전통 안에서 사중복음 교의학적으로 수렴된다.[7]

사중복음의
신학적 글로벌리즘

무엇보다도 사중복음의 중생·성결·신유·재림이라는 성서적-교의적 주제를 '신학적' 차원에서 다루고자 할 때, 사중복음 교의학은 성경을 계시의 원천으로 삼고 이를 바르게 해석하기 위해 전통과 이성뿐만 아니라 '경험'까지 방법론적 도구로 삼았던 존 웨슬리의 신학방법을 적극적으로 수용한다.

웨슬리가 뿌리를 내리고 있는 신학 전통은 서방신학 뿐만 아니라 동방신학의 관점까지도 폭넓게 아우르고 있다. 이러한 웨슬리안 통합 정신과[8] 실천적 태도는[9] 사중복음 교의학이 추구하는 신학적 글로벌리즘의 정신과 맥을 같이 한다.[10]

교의 이해의 창의적 종합을 추구하려는 정신은, 사중복음 교의학이 웨슬리 전통의 신학 방법을 우선적으로 받아들이면서도, 종교개혁 신학과의 대화와 또한 이에 자료가 되었던 아우구스티누스 신학까지도 적극적으로 대화할 수 있도록 해준다.

경험:
슐라이어마허와의 대화

특별히 '경험'을 중요하게 다루어야 하는 사중복음 교의학은 종교개혁 정신에 뿌리를 두고 이어온 신학 전통이나 정통주의 신앙고백을 승계하지만, 근대적 사고 안에서 신앙 공동체와 개인의 실존적 신앙 경험과 주체 의식을 신학이라는 '학문' 영역 안에서 적극적으로 개진하였던 프리드리히 슐라이어마허의 교의학 방법론과 대화하며, 한 걸음 더 나아가 창의적 돌파를 추진해야 하는 과제를 지닌다.

최근 나온 슐라이어마허의 『비평전집』(*Kritische Gesamtausgabe*)에 대한 연구를 토대로 내린 헤르만 피셔(H. Fisher)의 결론은, 슐라이어마허의 "교의적 신학의 방법적 착안점이 경험에 있다고 하는 주장은 철저하게 '근대적인' 원리인 동시에, '혁명적인' 원리"라는 점은 당시뿐만 아니라, 지금까지도 여전히 유효한 평가라 할 수 있다.[11]

슐라이어마허의 신학 방법론적 착안점(Ansatz)은 수용과 거부의 양자택일의 대상이 아니라는 사실은 이미 주지의 사실이다. 그를 반대하는 자도, 수용하는 자도 슐라이어마허가 교의학의 방법론적 원리의 기능을 맡게 한 "신앙" 혹은 "경험"이라 간단히 표현되고 있는 "경건한 자기의식"을 교의학적 진술에서 어떻게 다루어야 할지를 말하지 않으면 안 된다. 피셔가 정리한 바와 같이, "경험 또는 경건한 감정 상태와 같은 주관적인 확인의 양상들과 비교해 볼 때, 신학적 진술은 이차적인 의미를 가진다"는[12] 슐라이어마허의 명제는 우리에게 디딤돌이 될 수도 있고, 정반대로 걸림돌이 될 수도 있다.

그러나 바르트가 정확히 지적하였듯이, "최근 신학의 역사의 정점을 차지하며, 또 앞으로도 계속 그렇게 될 이름은 슐라이어마허다. 그 누구도 그에 비견될 수 없다"는 사실은 우리로 하여금 인내를 가지고 그와 대화할 것을 지속적으로 요청하는 대목이다.[13]

사중복음신학의 길, 그 가능성?

이러한 상황에서 사중복음 교의학이 지향코자 하는 것은 성서적 복음주의 전통 위에 서 있는 모든 신학들로 하여금 '하나님 나라'의 복음을 밝히기 위하여 중생·성결·신유·재림의 교의를 해석하며, 또한 사중복음의 관점에서 성경의 교의들을 체계적으로 전개토록 하는 것이다.

이를 위해서는 다양한 교파주의적 교리 전통들이 글로벌 시대의 선교에 최대한 부응할 수 있도록 이 시대를 향해 성경을 통해서 말씀하시는 성령 하나님의 음성을 듣는 실천을 놓치지 말도록 해야 한다.

여기에 교의학이 성서학과 성경 해석으로서의 교회사와 영성학과 대화해야 할 이유가 있으며, 더 나아가 '시대정신'과도 깊이 있게 만나 그 가운데 사중복음이 힘 있게 고백되고 선포되도록 하는 과제를 지닌다.

'사중복음 교의학(Dogmatics of the Fourfold Gospel)'은 중생·성결·신유·재림이란 개별 주제를 다루며, 또한 사중복음의 관점에서 전통적인 교의학 주제들을 신학적으로 전개한다.

이와 같이 '사중복음 교의학'을 수립코자 하는 것은 혹자가 염려하면서 말하듯이, '용감한 발상'일 수 있다. 여태껏 아무도 가지 않았던 신학적-학문적-시도이기 때문이다. 그러나 이 일은 누가 하더라도 반드시 행하지 않으면 안 된다.

사중복음은 마치 고단위의 단백질과 같아서 잘 사용하면 매우 유익하지만, 그렇지 않을 경우에는 정반대로 매우 위험한 데로 빠질 수 있기 때문에 교의학적으로 잘 정립해야 한다. 이러한 순수한 학문적 시도가 여타의 어떤 동기에 의해서라도 폄훼(貶毁)되는 일이 있어서는 안 될 것이다.

과연 사중복음 교의학이 "상식에도 어긋난" 일인가? 우리는 혹자가 염려하듯이 사중복음 자체를 "신학적 체계"라고 주장하지 않는다. 그러려면 실제로 신학적 체계라 여길만한 학문적 성과물이 있어야 할 것이다.

오히려 우리는 사중복음을 커다란 나무가 될 작은 겨자씨와 같다고 본다. 학문적 신학의 영역에서는 사중복음이 너무 오랫동안 없이 여김을 받아와서 '사중복음신학'이란 명함을 내미는 것은 아예 엄두도 못 내었다. 선지자 사무엘에게 선을 보아야 하는 자리에 들어가지도 못하고 들판에서 양들을 치고 있어야만 했다.

그러나 지금은 그렇지 않다. 허우대 좋은 교의학 대전이 아니어도 좋다. 물맷돌 네 알만 있어도 충분하다. 하나님은 학문적 체계의 외모를 보지 않고, 그 중심을 보기 때문이다. 사중복음은 역사상 그 어떤 신학자의 탁월한 이론보다도 더 강력한 힘이 그 안에 있다. 그것은 사중복음에 뿌리를 둔 20세기 남반구에서 일어난 성결·오순절 운동의 역사가 그것을 증명한다.

이러한 상황에서 19세기말 세계 교회사에 등장하여 20세기의 남반구 선교 현장에 오순절 성령의 바람을 일으킨 동력으로서의 사중복음이 신학계 내에서 적극적으로 다뤄지지 않고 있는 현실에 대한 코멘트가 제출되어 있다. 『사중복음과 복음주의』라는 유고집을 남겨놓고 가신,[14] 도널드 데이튼(Donald Dayton, 1942~2020)이 성결교회와 서울신학대학교를 향한 깊은 애정으로 한 조언이다.

성결교회는 종종 사중복음에 대하여 애매모호한 입장(ambivalent)을 취하는 것 같다. 사중복음을 신학적으로 중요하게(seriously) 다루는 것인지, 아니면 사중복음을 '전도표제(evangelistic slogan)'의 위치로 격하시키려 하는지 분명치 않다. 사중복음을 소홀히 다루면서(neglecting) 이 전통 밖에서 '참된(real)' 신학을 찾으려는 경향이 있다. 담장 너머의 잔디가 더 푸르게 보이는 경우가 종종 있기도 하나.[16]

나는 서울신학대학교가 다른 이들 특히 '복음주의' 라인에 있는 자들을 돕기 위하여, 그리고 무엇보다도 자신을 보다 잘 이해하기 위하여 사중복음에 대한 애매모호한 입장을 극복하여 사중복음의 빛을 말 아래 가두어놓지 말기를 바란다.[16]

복음주의 신학의 미래는 사중복음의 진리를 얼마나 신학적으로 잘 드러내느냐에 달려있다고 우리는 확신한다. 그럼에도 불구하고 오늘날 분명한 점은 복음주의 신학의 자원으로 무한한 가치가 있는 사중복음의 전통과 유산이 우리들의 발아래 엄청나게 매장되어 있는데도 불구하고 도무지 이를 활용할 생각을 안 한다는 것이다. 우리에게 있는 좋은 것을 방치해 두고 바깥에서 비싼 댓가를 치루면서 외국산 자재를 들여다 쓰고 있는 것과 같은 안타까운 형국이다.

결국 우리가 현대를 위한 교의학을 시도해야 한다면, 여타의 현대적 교의학과 마찬가지로 사중복음 교의학도 정통주의와 근대주의에 대한 변증법적 종합과 더 나가서는 창의적 돌파의 과제를 얼마나 성공적으로 해결하느냐는 부담을 피할 수 없는 것이다.

여기에는 '사중복음을 다루는 교의학(Dogmatics for the Fourfold Gospel)', 즉 사중복음을 교의학적 자료로 삼아 신학적으로 정립하는 것과[17] '사중복음으로 전개하는 교의학(Dogmatics by the Fourfold Gospel)',[18] 즉 사중복음의 관점에서 교의학적 주제들을 다루는 두 방향으로 고찰하는 것이 가능하다. 여기에서는 사중복음 교의학 형성을 위한 '기초신학(fundamental theology)'

적 개념과 방법에 한정될 것이다.[19] 이를 위해서 우리는 계시, 은총, 성경, 신앙과 같은 전통적인 '신학서론(prolegomena)'의 주제들을 다루지만, 이를 설명하는 구조와 방법은 사중복음 자체와 부합하는 새로운 형식을 취한다. 즉, 사중복음 교의학이 방법론적으로 취하고 있는 구조는 계시로서의 은총, 성경 및 신앙이라는 세 가지의 영역으로 구분한다. 그리고 은총은 계시의 내용, 성경은 계시의 방법, 신앙은 계시의 인식이라는 관점하에서 전개한다.

2 사중복음 교의학의 자리와 현실성

기독교 역사 가운데 지금까지 '사중복음 교의학'은 없었다. 그러나 기독교대한성결교회가 100주년을 맞이하는 해 총회적 차원에서 출판한 『성결교회 신학』은 '성결교회 조직신학의 과제'로 다섯 가지를 제시하고 있는데,[20] 그 가운데 첫 번째가 '사중복음 교의학의 전개'다. 교회를 섬기는 신학이 그의 기능을 충실히 감당하기 위해서는 교회의 신학적 요청에 귀를 기울이고 그에 부응(副應)해야 할 것이다.

따라서 본 장에서는 사중복음 교의 체계화의 필요성, 사중복음 교의의 권위와 원천, 사중복음 교의학의 대상과 과제 그리고 사중복음 교의학과 신학의 관계성을 차례대로 밝히고자 한다.

1) 사중복음 교의 체계화의 필요성

§02 사중복음은 복음주의 교회 일반, 및 성결·오순절 운동을 전개하는 교회들의 신학적 정체성을 결정하는 핵심적 교의다.

§03 사중복음은 교파주의에 의한 교회 분열을 재결합하고 통합하는 신학적 분모다.

§ 04 사중복음 교의학은 사중복음 선포와 변증을 위한 성서적-신학적 논증을 제고한다.

§ 05 사중복음 교의학은 기독교 이단과 사이비의 교리를 분별하는 신앙의 표준을 제공한다.

현대에 이르러 교의학은 학문적으로 현저한 침체를 경험하고 있다. 이유는 무엇인가? 전통을 강조하는 개혁주의 신학의 입장에서 볼 때, 칸트(Immanuel Kant, 1724~1804)의 경험주의적 인식론의 대두로 말미암아 초현실적 실재에 대한 인식과 사유의 불가능성 주장이 크게 영향을 미치면서, 그 결과로 '교의 없는 기독교'에 대한 주장이 성행하기 시작했다는 것인데,[21] 이는 기독교 외적으로 미친 중요한 원인이 될 수 있을 것이다.

그러나 보다 직접적인 것은 보수주의가 배타주의적 경향으로 학문적 소통을 결핍하였던 것, 경건주의가 지성주의를 경계하고 정서와 경험을 강조한 것, 자유주의가 교의에 의해 개인의 자유가 침해 받음을 경계한 것, 실용주의가 기독교적 실천과 교회의 부흥에 최우선적인 가치를 설정한 것 등의 기독교 내부적인 원인이 작용하여 교의학적 필요성이 전방위적으로 폄하되었기 때문으로 판단된다.

보수적 교회가 교회 전통에 초점을 맞추면서 교의를 중요하게 다루었으나, 과거의 교리 전통에 머물러 현시대에 적용될 수 있도록 살아 있는 교의로 태어나게 하는 교의학적 발전을 이루어내지 못하였다. 이에 대하여 슐라이어마허가 전통적인 교의를 시대정신 속에서 학문적으로 변증하고자 했으나, 그의 혁명적 방법은 주류를 이루고 있는 보수적인 교회들로부터 반대에 부딪히거나 평가절하가 되어 신학사의 한 흐름으로만 유지되고 있다.

다른 한편, 복음주의를 자처하는 교회는 교의보다는 개인들의 내면적 영성에 초점을 맞추면서 '경험적 기독교'를 추구하고, 진보적 교회는 사회참여에 초점을 맞추면서 '윤리적 기독교'를 추구하고 있기 때문에 교회 현장과 기독교 신학 전반에 교의에 대한 관심 자체가 약화되거나 사라져

가고 있는 추세다.

일반적으로 교회 현장에서 교의학은 실천과 직접적인 관련성이 없는 신학의 분야로 이해되는 경우가 많다. 이 역시 오늘날 교의학이 선교 현실에서 발전해야 할 추동력을 받지 못하는 현실적인 이유가 되기도 한다.

교의학은 유형상 슐라이어마허 이전의 교회 신조 중심의 정통주의와 그 이후의 교회 경험 중심의 현대주의로 크게 구분한다. 문제는 교의의 객관성이 강조되는 정통주의가 되었건, 교의의 주관성이 강조되는 경험주의가 되었건 간에, 현금에 와서는 그 모든 접근들이 교회의 삶의 자리와 무관하게 분리되어 있다는 점이다.

이러한 때에 교의학이 보다 '실천적(practical)'으로 이해되어야 교의학도 활성화되고, 교회의 현장도 실천적 교의학의 도움을 받게 될 것이라는 주장이 주목을 받고 있다.[22]

이 지점에서 사중복음 교의학이 중요하게 확인해야 할 것은, 교의가 '마음으로 믿는' 개인적 신앙의 상태에 머물러 있는 것과 이 신앙이 공적으로 고백되는 것 즉 '입으로 시인하는' 것 사이에는 중요한 차이가 있다는 것이다. 신앙이 신앙고백으로 나타날 때 그것은 넓은 의미에서 신앙의 '실천'이며, 그것은 동시에 넓은 의미에서 '정치적(political)'으로 받아들여지게 된다는 특징이 있다.

교의로 요약될 수 있는 신앙내용의 고백이 얼마나 강력한 정치적 힘을 가졌는지는 대부분의 그리스도인 순교자들이 모든 세대에 걸쳐 정치권력의 폭력에 의하여 죽음을 당했다는 사실로 충분히 입증되는 것이다. 예수 그리스도의 존재와 그의 죽음, 그리고 신구약 성경에 나타나 있는 선지자들과 사도들, 그리고 역사상 증거 되는 순교자 그리스도인들의 삶과 죽음 뒤에는 자신들이 확신하는 바에 대한 공적인 '신앙고백'이 있었던 것이다.[23]

교의학이 바로 이러한 공적 신앙고백의 내용인 교의를 다룬다고 할 때,

교의를 바르게 정립하는 것이야말로 교회의 존재와 삶에서 가장 '실천적'인 것이라고 이해할 수 있다. 특별히 성결교회가 일본제국주의의 치하에서 비폭력적 태도로 일관하면서 사중복음의 신앙고백, 특히 재림의 주님에 대한 신앙을 순교로써 고백했던 것은[24] 현대 교회가 나가야 할 신앙고백적 실천이 어떠해야 될 것인지를 보여주는 모범이 될 것이다.

하나님의 복음은 예수 그리스도의 인격과 삶 가운데서, 특별히 그가 전하신 '진리의 말씀'을 통해 전해진다(요 17:3; 딤전 2:4; 벧후 1:3). 교의 정립이라는 것은 교회 전통이 보전하고 있는 신앙의 내용을 계승하는 것으로 머물지 않고, 보다 적극적으로 교회가 서 있는 삶의 자리에서 하나님의 복음이 전해주는 그 진리에 대한 신앙과, 깨달음과, 고백 그리고 실천적 삶을 통해서 이루어지는 것이다.

이런 면에서는 기독교 2천여 년의 역사 그 자체가 바른 교의 정립의 과정이었다고 말할 수 있다. 그러므로 기독교 교의 자체가 빈약한 것이 결코 아니다. 신앙하는 내용으로서의 교의란 시대와 장소에 따라 수시로 바뀌거나 갑자기 새로운 주제가 나타나곤 하는 것이 아니기 때문에, 오늘날 교의학이 침체기에 있다 해서 문제가 되는 것은 아니다.

사중복음 교의학의
주제들

이와 같은 맥락에서 고찰할 때, 현대 교회의 교의학적 과제는 크게 두 가지 방향에서 주어진다. 하나는 전통적으로 내려오는 교의들을 현대의 상황에 활성화하는 것이며, 다른 하나는 전통에서 간과된 교의학적 주제들을 재발견하여 새롭게 정립하는 것이다. 우리가 다루고자 하는 중생·성결·신유·재림은 이 두 가지 방향 모두에 해당된다.

중생·성결·신유·재림에 대한 교의학적 논의는 각 주제별로 적극적으로 다루어진 시대가 다르다.

'중생'은 16세기 종교개혁 당시 칭의론의 차원에서 다루어진 가장 중요한 이슈였고, 이에 근거하여 17세기에 독일의 경건주의를 중심으로 '중생'이 신앙생활을 위한 핵심 개념이 되었다.

'성결'은 '성화'의 차원에서 18세기 영국 웨슬리의 메소디스트 운동(Methodist Movement)을 중심으로 교의학적 논제로 부상하였다.

'신유'는 19세기 초 독일의 요한 블룸하르트와 아들(Johann & Christof Blumhardt, 1805~1880, 1842~1919)의 활발한 치유 활동을 통해서 부각되었다가 아메리카 대륙으로까지 번졌으나 교의학적 관점에서는 깊이 있게 다루어진 바가 없었다고 볼 수 있다.

그리고 '재림'은 19세기 후반 미국에서 중요하게 다루어졌는데, 이는 전천년주의 재림론이 적극적으로 전개되었고, 특별히 '세대주의 재림론'이라는 교의학적 이해가 성결·오순절 운동에 광범위하게 수용될 수 있었기 때문이다.

사중복음 교의들에 대한 그동안의 논의들은 제도 교회의 신학적 학문 영역에서가 아니라 주로 신앙 운동의 현장에서 이루어져왔다. 그 결과, 영적 지도자들의 경험에 기초한 성경 해석과 그에 따른 경험신학적 해명의 성격이 강한 것으로 이해되고 있다. 그리고 이단으로부터 성서적인 진리를 수호하기 위한 변증이거나 신학 교육을 위한 교의체계 수립을 목적으로 한 것이 아니고, 신앙의 부흥과 복음 전도 및 그리스도인의 복음적 삶을 고양하기 위한 것이 우선적이었기 때문에 교의학적 엄밀성보다는 신앙인의 인격과 삶에 호응하는 데 강조점이 주어졌다.

그러므로 그간의 사중복음은 경험적 차원에서 부흥 운동의 메시지로 이해되었다고 볼 수 있다.[25] 그 결과, 사중복음이 신학적 체계를 갖춘 교의로 발전하는 데는 한계가 노정되어 있었던 것이다.

이러한 시점에서 사중복음을 보다 폭넓게 신학적으로 재조명하여 사중복음의 교의학적 체계를 제대로 수립하는 일이 요청된다. 이미 『성결교회

신학』은 '개신교 복음주의 웨슬리안 사중복음신학'을 정립하던 시점부터 "성결교회는 자신의 신학을 보다 확고히 전개하기 위하여 고유의 교의학(Dogmatics)을 필요로 한다"고[26] 사중복음 교의학의 필요성을 절실히 요청했다.

특히 "사중복음 교의학은 웨슬리 신학의 전통을 소화하는 데 전혀 무리가 없을 뿐만 아니라, 웨슬리 신학이 인간의 책임과 응답을 강조함으로써 오해받을 수 있는 인간주의를 극복할 수 있는 강력한 메시지를 가지고 있다"는 점에서 사중복음 교의학의 체계적 수립은 세계 기독교의 글로벌 신학 패러다임을 위한 담론을 형성하기 전이라도, 최소한 성결교회의 신학을 심화하는 데 기여할 수 있게 될 것이다.

한 걸음 더 나가서, 사중복음 교의학은 "복음이 선포되고 가르쳐져야 할 각 시대의 상황 가운데서 사중복음이 언제나 새롭게 재해석되어서 복음이 가지고 있는 살리는 능력을 드러내도록 해야 할" 보다 적극적인 과제까지도 부여받고 있기 때문에, 그 필요성을 공동체적으로 공감하고 있는 것이다.[27]

성결교회만이 아니라, '성결·오순절 운동'으로 태어난 모든 교회에게는 사중복음이야말로 그들의 '신학적 정체성'을 결정해주는 중요한 교의가 되기 때문에 이에 대한 바른 정립이 필요하다. 그 외에도 여러 유익이 있겠으나, 무엇보다도 복음에 기초한 '교회 공동체의 통합'을 공고히 하는 데 기여할 수 있다.[28]

왜냐하면, 중생·성결·신유·재림의 사중복음은 복음주의 신학 전통에서 그 어느 하나라도 간과될 수 없는 '온전한 구원(full salvation)'의 교의이기 때문이다.[29] 또한, 사중복음은 독립된 신앙 공동체의 정체성을 확정하며, 공동체의 통일된 활동의 기초가 될 뿐만 아니라, 교회 내외적으로 수시로 나타나는 이단과 사이비 기독교를 분별하도록 한다. 성경 해석의 다양성이 존중되는 틈을 타서 아전인수(我田引水)격의 교의를 만들어 하나님 나라의 복음을 사유화하는 현실을 고발하고 판단하는 표준적 역할을 한다. 그리고 기독교 내적으로는 복음주의 교단들과 연대 가능성의 잣대를 제공하는 등에 사중복음 교의학이 일조할 수 있을 것이다.

2) 사중복음 교의의 권위와 원천

§06 사중복음 교의학의 객관적 원천과 권위의 근거는 성경과 교회다.
§07 사중복음 교의학의 주관적 원천은 신앙 공동체의 사중복음 경험이다.
§08 사중복음은 교회의 신앙규범(regula fidei)이다.

사중복음 권위 자체로서의 하나님 말씀

교의는 그 자체로 하나님의 직접적 계시가 아니기 때문에 무소불위(無所不爲)의 신적 권위를 주장하지 못한다. 그러므로 교의 성립과 그 정당성에 대한 권위 인정 문제는 중요하다. 교의의 권위는 최상위의 신적 권위인 성경에 기초한 복음적 권위에 의해 지원받아야 하며, 또한 교의를 형성하는 교회 공동체의 권위로부터 인정되어야 한다. 그 외의 신학자들이나 영적 지도자들의 동조 여부도 중요한 권위의 일부가 될 수 있으나 결정적인 것은 못 된다.

중생·성결·신유·재림의 사중복음은 하나같이 성경에 기초한 복음적 주요주제들이다. 뿐만 아니라, 복음주의 교회들의 신앙고백 가운데 나타나는 핵심적인 교의들이기도 하다. 특히 성결오순절 운동 가운데 태어난 교단들은 대부분 총회적 결의로 교단 헌법의 교리조항을 채택하여 교의적 권위를 부여하고 있는 주제들이다. 그 중에서도 성결오순절 전통에 서 있는 교회들과 특히 성결교회는 이들을 성경 해석의 원리로 그리고 교회의 핵심가치로 보전해 오고 있는 것을 볼 수 있다.

성경은 하나님의 말씀으로서 신적 권위 자체다. 그러므로 교회의 교의가 이러한 성경에 근거하고 있는 한, 흔들리지 않는 권위를 지닌다. 그럼에도 불구하고 하나님의 말씀을 완전하게 드러내는 교의란 없다. 하나님의 말씀으로서의 성경은 성령의 감동으로 기록된 것이지만, 교의는 그로부터 이차적으로 형성되는 과정에서 다양한 인간적 관점들이 개입되기 때문이다.

교회가 성경에 의존하여 공식화한 교의의 권위는 상대적이기는 하지만, 확고하다. 그러한 의미에서 사중복음 안에 들어와 있는 교의들은 성결오순절 전통의 교회에서 그리고 복음주의 전통에서 성경에 근거한 가장 핵심적인 교의들에 속하며, 복음주의 이해의 주요 열쇠로 이해된다.[30]

그러므로 사중복음 교의학의 실제적인 과제는 성경으로부터 나온 중생·성결·신유·재림의 교의들을 어떻게 설명해 나갈 것이냐는 것이다. 교의학적 방법들 가운데는 개인의 주관적이며 실존적인 참여를 가능한 배제하여 교회의 전통과 신조에 입각하여 교의를 객관적으로 공식화하려는 정통주의적 방식이 있다.

여기에서는 교의의 명제화를 추구하여 시대와 장소를 초월한 보편적인 진리 체계를 구축하는 것이 주요 과제가 된다. 이와는 반대로, 보다 적극적으로 교의의 실재에 참여함으로써 교의를 실존적으로 의미화하려는 근대주의적 방식이 있다. 정통주의에서는 교의 이해에 개인의 경험이 배제되는 반면에, 근대주의에서는 경험이 최대한대로 수용된다.

슐라이어마허와
현대 교의학

이러한 두 가지의 방법론적 경향은 19세기의 슐라이어마허 이전을 지배하고 있던 교의의 초자연적 측면을 형이상학에 기초하여 강조했던 전통과, 그 이후 교의의 경험적 측면을 중시했던 근대 신학의 전통을 말해주는 것이다. 그러나 이 모두는 21세기가 지향하고 있는 복음적 글로벌리즘의 관점에서 볼 때 창의적으로 포월(包越)해야 할 방법들이지, 배타적으로 거부해야 할 것이 아닌 것으로 이해된다.

왜냐하면, 슐라이어마허로 시작된 근대 신학의 동기는 정통신학이 견지하고 있는 교의나 그 성서적 원천 자체를 부정하기 위한 것이 아니기 때문이다.

오히려, 전통적으로 유지되어 오고 있던 성서적·교리적 권위가 근대적인 시대정신에 도전받음으로써 흔들리는 위기의 상황에서 슐라이어마허는 복음을 다시 발견하여, "그리스도교의 선포와 확실성에 미치는 충격"을 극복코자 했다. 그동안 교회의 교리적 권위는 전근대적인 형이상학에 의존하여 지켜져 왔는데, 시대가 근대로 전환되면서 전통적인 형이상학은 설 자리를 잃게 되었기 때문에, 정통신학의 정당성이 의문시되기 시작했던 것이다.

슐라이어마허는 이에 맞서서 "공동체 속에 현존하는 그리스도의 살아 있는 관계를 새로운 방법으로 증명하려 했으며, 이 증명과 그가 피조물의 절대 의존 감정과 하나님을 통해서 인간 실존을 단정하는 데서 나타난 전능과 영광으로서 경험한 하나님의 실재를 관련시키려 했다."[31]

슐라이어마허가 제일 우선적으로 문제시 했던 것은 기독교의 교의학이 추상적 교리에 머물러 있어서 "신앙인의 마음에 실질적으로 와 닿으며 적용할 수 있는 생동적인 모습"을 결여하고 있었다는 것이다. 이를 해결하기 위하여 그는 전통적인 교의학을 자신의 신앙론 프로젝트 안에서 교회전통이 견지해 오고 있던 "현실 초월적이며 초시간적인 교리"가 현대 신앙인들에게 구체적인 것으로 경험되도록 시도했다. 그 결과물이 그동안 교회가 전혀 가진 바 없었던 '새로운 교의학'으로서의 『기독교 신앙론』이다.[32]

슐라이어마허의 이러한 종합의 시도는 그의 뜻과는 달리, 평가가 엇갈리는 것이 사실이다. 슐라이어마허의 '절대의존의 감정'의 신학을 적극적으로 고려하는 폴 틸리히(Paul Tillich)의 경우에도 슐라이어마허가 "기독교 신앙의 모든 내용들을 이른바 기독교인의 '종교적인 의식(religious consciousness)'으로부터 이끌어오려고" 시도했기 때문에 그의 주저인 "『신앙론』(Glaubenslehre)에서 사용한 신학방법은 마땅히 비판받아야 한다"고 명확히 선을 긋고 있다.[33]

달리 표현하여, 신앙의 대상인 초자연적 존재로서의 하나님과 그와 관련된 형이상학적 개념들이나 신조나 성경의 문자들을 신앙의 원천으로 다루는 것이 아니라, 이들을 신앙으로 경험한 주체로서의 인간의 종교적 감정이나 교회 공동체의 경험이 하나님 자신보다 혹은 계시 자체보다 본질적인 신학의 대상이 되었다고 이해되고 있기 때문에 비판적으로 접근하게 되는 것이다.[34]

슐라이어마허식의 경험주의 신학은 결국 '사람'이 주어가 되고 '하나님'이 술어로 뒤바뀌는 "환원주의"로 떨어지는 신학의 위기를 초래하였고, 그 결과 신학이 '인간학'이 되어버린 것이 아니냐는 비판이다.[35]

그럼에도 불구하고, 현대 교의학은 슐라이어마허가 시도한 신학적 종합의 정신을 21세기의 상황에서는 더 더욱 피해갈 수 없으며, 어떠한 모양으로든지 새롭게 개진하여 나가는 방향을 찾아야 할 과제를 지닌다. 이것은 복음을 위한 변증과 선포의 모든 경우에 가장 직접적인 문제이기 때문이다.

슐라이어마허의 신학적 종합은 성공하지 못한 것으로 많은 경우 평가를 받고 있다. 그러나 보완책을 찾아 그가 견지하였던 신학적 종합의 정신이 살아날 수 있도록 하는 게 현대 교회의 과제다.

나는 이러한 문제에 대한 대안의 하나로 웨슬리의 에큐메니컬 정신, 곧 그의 '보편적 정신(catholic spirit)'을 사중복음 교의 해석에 적극적으로 반영하는 것이라고 본다. 왜냐하면, 슐라이어마허에게서 신앙 경험이 계시의 원천이라고 생각할 수 있는 여지가 있지만, 신앙 경험을 중시하면서도 그와 같은 오해를 근본적으로 차단할 수 있는 것이 웨슬리가 말하는 경험론에 있기 때문이다.

웨슬리에게는 전통·이성·경험이 모두 계시 이해에 중요하지만, 이들은 상호 견제 및 협력하면서 모든 계시 사건의 표준과 원리를 보여주는 성경의 계시를 바르게 밝혀주는 수단으로 남는다. 역으로 말하여, 이들은 계시의 원천일 수는 없다는 것이다.

특별히, 웨슬리는 성서적 교의 체계가 형식종교에 빠지지 않도록 하는데 경험의 중요성을 그의 영적 변화와 성장 가운데 깨달은 바가 크기 때문에, 신앙 경험에 대해서 개방적이다. 웨슬리에게는 경험이란 "권위의 원천이 아니라, 권위의 활용"이기에, 경험 자체가 아무리 대단하더라도 그 가운데서 교의의 원천을 찾지 않는다.[36]

사중복음 교의학
원천으로서의 성경

이와 같은 맥락에서 사중복음 교의학의 원천은 성경이며, 그 교의적 진술이 성서적일 때만 진정한 권위가 주어지는 것이며, 사중복음이 교회 공동체의 삶 가운데 경험될 때 사중복음의 교의적 권위는 형식상으로만이 아니라 실제적인 능력으로써 입증되는 것이라 말할 수 있다.

교회는 자신의 전통에 따라 경험의 '형식'을 제공하며, 교의의 실재가 신앙으로 수용됨으로써 이루어지는 경험은 성령의 역사로 완성된다. 사중복음 교의학은 성령의 감동으로 경험된 사중복음 교의를 정당히 표현할 수 있는 형식을 제시해 줄 수 있어야 한다.

다른 한편, 교회의 말씀 선포는 교의와 공명(共鳴)하나, 교의를 그대로 전하는 것은 아니다. 교의의 가치는 교회가 성경의 진리를 깨닫고, 잘못된 신앙을 바로 잡고자 할 때 비로소 제대로 드러난다.

이와 같은 교의는 시대와 장소에 따라 다양한 모습을 띠고 나타난다. 19세기말 북아메리카 대륙은 16세기 종교개혁 이후 나타난 모든 종류의 교파주의 교단들의 집합소였으며, 다양한 신앙 운동들의 실험장이었다. 이때 앨버트 심슨(Albert B. Simpson, 1843~1919)과 마틴 냅(Martin W. Knapp, 1853~1901)이 그들 각자의 고유한 방식으로 중생·성결·신유·재림이라는 사중복음 교의를 종합적으로 밝혀내기 시작했다.[37]

사중복음은 성경이 증거하는 예수 그리스도의 복음에 대한 해석학적 요점이다. 그러나 사중복음 자체가 그리스도의 복음을 대체하는 것일 수는 없다. 사중복음이 하나의 유일한 복음과 이 복음이 약속하는 하나님 나라를 섬기는 종으로서의 자리를 지킬 때 그 본연의 신학적 가치를 정당히 인정받게 된다.

그런 의미에서 사중복음은 예수 그리스도와 그의 나라를 가리키는 '손가락'으로서 지월(指月)의 역할을 바로 할 때 사중복음의 가치는 더욱 분명해진다.[38] 그럼에도 불구하고 이 사중복음은 교회에 의해서 신학적으로 혹은 교의학적으로 고안된 명제가 아니라, 교회에 주어진 복음적 메시지라는 점에서는 단순한 표지로만 머물지는 않는다.

이를 달리 표현하면, 사중복음은 '전도표제'로서 교회가 선포해야 할 핵심 케리그마라 할 수 있을 뿐만 아니라,[39] 또한 성결교회뿐만 아니라 "한국 교회 전체를 고찰하기 위한 최상의 계통적 공식(best formulation for the study of Korean Christianity as a whole)"으로서[40] 그리고 성경을 해설하는[41] 해석학적 틀의 기능을 감당할 수 있는 것이다.

교리사적으로 볼 때, 교회는 탄생시부터 중생·성결·신유·재림의 메시지를 교의적으로 체계화하지 않았지만, 그리스도교 신앙 공동체가 믿고 나가야 할 '신앙의 규범(regula fidei)'으로 삼아왔다. 다시 말하여, 그리스도의 복음적 교회는 사중복음을 통전적으로 정립하지는 않았어도 그들의 선포와 삶 속에 사중복음의 요소들이 녹아 있었다는 것이다.

그러므로 사중복음의 빛에서 교회사를 볼 때 각 시대와 지역에 흩어져 있는 교회의 삶에 중생·성결·신유·재림의 신앙이 각기 강조점을 달리하면서[42] 보석처럼 빛나고 있는 것을 발견하게 된다. 그러므로 사중복음은 성경과 교회의 공식화로부터 나온 원천적 객관성을 내적으로 확보하고 있으며, 또한 교회 공동체 구성원들이 경험적으로 확인해 온 교회의 전통을 이어받고 있음을 확인할 수 있게 된다.

원론적으로 말할 때, 교의 원천으로서의 성서적 계시와 이의 수용으로서의 신앙은 분리될 수 없는 은총의 사건이다. 계시와 신앙은 서로를 필요로 하기 때문이다. 즉, '계시 없는 신앙'이나 '신앙 없는 계시'는 존재도 인식도 그 자체가 불가능하다는 것이다.

이러한 관점에서 볼 때 사중복음은 그 안에 이미 성서적인 권위의 원천과 경험을 통한 성서적 권위의 활용이 균형 있게 확보되어 있기 때문에, 성서적 교의 이해와 체계화에서의 객관주의 전통과 주관주의 전통 간의 신학적 갈등 구조를 근본적으로 극복케 하는 핵심 교의(cardinal dogma)요, 동시에 해석학적 패러다임이라고 말하게 되는 것이다.

3) 사중복음 교의학의 대상과 과제

- §09 사중복음은 신앙 내용으로서의 교의(dogma)이며, 교회 전통에 따라 다양한 교리(doctrine)와 신학체계로 전개된다.
- §10 사중복음 교의학은 하나님 나라 복음을 바르게 선포하는 교회에 의해 발전되며, 하나님 나라 복음을 바르게 선포하는 데 기여한다.
- §11 사중복음 교의학은 복음의 온전성을 위하여 초대 교회와 종교개혁 이후의 다양한 복음주의 전통을 존중한다.

사중복음은 교의인가, 아니면 교리인가? 교의(敎義, dogma)란 교회의 기초로서 신앙의 대상이 되는 것이며, 객관적 성격을 지니는 '내용으로서의 신앙(fides quae)'이다. 반면에 교리(教理, doctrine)란 교회의 '산물'이며, 신앙의 객관적 대상이 아닌 신앙의 주관적 표현으로서 '신뢰로서의 신앙(fides qua)'이다.[43]

이러한 맥락에서 사중복음은 우선적으로 신앙의 표현 이전에 신앙의 내용이라 말해야 한다. 그런 의미에서 사중복음은 사도신경처럼 객관적인 신앙고백의 내용으로서 교리적으로 풀어 다양한 관점으로 표현할 수 있다.

그렇다면 사중복음 교의학을 위한 바른 길은 무엇인가?

교의란 나무가 열매 맺는 것처럼 교회가 맺는 신앙의 열매다. 건강한 나무가 건강한 열매를 맺듯이 삼위일체 하나님의 건강한 교회 공동체가 좋은 교의를 결실한다.

무엇보다도 성경에 대한 바른 연구와 실천을 통해서 이루어지는 하나님의 말씀에 대한 바른 이해는 건강한 교의를 결실함에 중요한 요소다. 특히 바른 교의 형성을 위한 공동체적 노력을 통해 교의나 교의해석에 대한 서로 다른 관점들이 통합적으로 해명될 수 있다.

그러므로 사중복음이 온전히 선포되고, 사중복음에 의하여 하나님 나라가 이루어지고 있는 교회에서 하나님 나라를 밝히는 사중복음 교의의 실체가 드러나게 된다.

교의학은 하나님 자신과 그에 관한 것들에 대하여 말한다. 일견, 하나님 자신을 신학의 대상으로 삼는 것은 불가능하다고 할 수 있다. 그러나 하나님은 인간에게 하나님 자신이 누구인지 스스로 알려준다.[44] 그렇기 때문에 누구든지 하나님의 선행은총으로 미약하게나마 하나님의 존재와 활동을 알 수 있다.

그러나 성경을 통해 계시된 사중복음 교의의 내용은 교회를 가능케 하는 기초로서, 말씀과 성령의 역사를 통하여 분명하게 파악될 수 있다. 이 사중복음을 교의로 형성화하는 것은 사중복음에 관한 성경의 진리를 교회 공동체가 숙고하고, 재생산하고, 의견 수렴하는 등의 과정을 통해서 이루어진다. 결코 한두 사람에 의해 짧은 기간 내 만들어지지 않는다.[45] 무엇보다도 성령의 인도를 받는 중에, 하나님의 말씀에 대한 인간의 응답이 뒤따라야 한다.

교의학의 우선적인 과제는 성경의 진리를 성경이 계시한 말씀대로 성찰하여 성서적 교의와 비성서적인 것을 분별하는 일이다. 그리고 교회 공동체가 바른 교의를 세워나가도록 돕는 것이다.

그와 같이 사중복음 교의학도 사중복음의 진리를 폭넓게 밝혀 하나님 나라의 복음을 바르게 선포하는 데 기여하며, 복음의 진리가 균형을 잃고 왜곡되는 것을 바로 잡아주는 일을 한다. 이를 위해서는 예수 그리스도의 마음으로써 성령의 인도함을 따르며, 주석적 성경연구를 성실히 수행하지 않으면 안 된다.

그러나 무엇보다도 건강한 사중복음 교의학을 위해서는 이성 중심의 논리적 합리주의, 감성 중심의 감상적 경건주의, 의지 중심의 실존적 행동주의, 경험 중심의 감각적 주관주의 등과 같은 다양한 인식론적 기능들 가운데 어느 한 가지에 치우침으로써 복음의 온전성을 상실하지 않도록 하는 것이다.

기독교 교의는 교리사적으로 교부 시대의 성서주의적 교의, 중세 시대의 전통주의적 교의, 종교개혁 시대의 복음주의적 교의,[46] 정통주의 시대의 객관주의적 교의, 근대의 주관주의적 교의,[47] 현대의 교회적·상황적 교의[48] 등, 시대마다 특징적인 큰 흐름을 형성해 왔다. 사중복음 교의는 그 가운데서 무엇보다도 종교개혁 시대에 기초가 놓여진 '개신교 복음주의' 정신으로부터 형성된 교의학적 전통을 안내자로 삼아 성서적 사중복음 교의를 체계화한다.

4) 사중복음 교의학과 신학

§12 사중복음 교의학은 성경으로 사중복음을 검증하고, 사중복음으로 성경을 해석한다.

§13 사중복음 교의학은 계시적이며, 공동체적이며, 역사적이며, 개방적이다.

§14 사중복음 교의학은 교회의 신조와 신자의 경험을 사중복음의 관점에서 통합적으로 본다.

교의는 신학에 의해 창조되지 않는다. 신학은 다만 주어진 내용에 형식을 제공함으로써 교의 형성을 도울 뿐이다. 이렇게 태어난 교의는 신학의 핵심 자료가 된다. 교의 없이 신학은 없다. 같은 맥락에서 사중복음 교의 없이 사중복음신학의 전개 또한 없다.

그렇다면 교의를 전제로 하는 신학은 교의 때문에 학문적 자유와 폭에 제한을 받는가? 신학은 교의에 의해 제한을 받는다. 그러나 교의의 '진리성(Wahrheit)'이 여하히 '보편성(Allgemeinheit)'을 띠고 나타나게 하느냐에 따라 그 제한을 넘어설 수 있다.

사중복음 교의학은 교회에 의해 공식화된 교의들이 복음 이해의 총체성을 견지하고 있는지를 검증한다. 또한, 세대를 이어온 전통적 교의들과 그 해석이 현대에 유의미 하도록 재해석한다. 사중복음신학은 사중복음 교의에 기초하지만, 이에 국한되지 않으며, 한 걸음 더 나아가 성경으로부터 사중복음 교의를 검증하며, 다시 사중복음 교의로부터 성경을 볼 수 있도록 해석학적 관점을 제공한다.

건강한 교의는 수직적으로는 계시성이 분명하고, 수평적으로는 공동체성, 역사성 및 개방성이 그 특징을 이룬다. 교의는 신앙 공동체를 하나로 결집하는 기반이며 원리라는 의미에서 '공동체적'이며, 시대를 지나면서 보다 더 성경의 진리를 온전히 표현할 수 있다는 차원에서 '역사적'이며, 교의의 무오성을 말하는 절대주의를 거부하면서 언제든지 비판에 열려있다는 의미에서 '개방적'이어야 한다.

일반적으로 교의학의 원천에 따른 교의학 방법은 '성경과 계시' 중심이냐, '교회와 신조' 중심이냐, '신앙과 경험'⁴⁹ 중심이냐는 등, 무엇을 중심축으로 하느냐에 따라 구분된다. 그러나 모든 교의들은 이 세 가지 요소들을 내포하고 있으면서 교회 공동체의 요구에 따라 중심의 '우선성'을 결정할 뿐이다.

사중복음 교의학은 포괄적인 의미에서 하나님 나라를 목표(telos)로 삼지만, 특정한 하나의 관점으로 '중심의 원리'를 가지고 교의학 체계를 수립하려는 방법의 필요성과 동시에 위험성을 직시한다.⁵⁰

사중복음 교의학은 이와 같은 일반적 방법을 전제하면서도, 무엇보다도 16세기의 종교개혁적 복음주의 신학 원리를 원천적으로 수용하며, 특히 18세기에 이르러 종교개혁 시대 이전의 교부신학으로부터 시작하여 동방교회와 서방교회의 신학 전통과 대화하면서 종교개혁 이후의 루터와 칼뱅의 정통주의와 경건주의 신학 전통을 통합적으로 이해하는 데까지 도달코자 했던 웨슬리의 '창의적 통합(creative synthesis)'의 방법을 수용한다.⁵¹

이러한 방법은 무엇보다도 성경을 교의학의 '표준적인' 원천으로 삼고, 교회의 전통들과 개인의 이성적 판단과 경험들을 적극적으로 수용하는 통합적 원리를 따른다.

성경은 '규범 하는 규범'이며, 교회전통은 성경에 의하여 '규범 받는 규범'이다. 그러한 의미에서 교회의 신조는 교회의 증언을 담고 있기 때문에 존중되어야 하는 신앙의 표현이지 신앙의 대상은 아니다.

이러한 신조의 중요한 기능 중 하나는 성경을 해석하는 안전한 가이드라인 역할을 하는 것이다. 교파 교회들 간의 신학적 충돌로 인하여 어느 한 가지를 선택해야 할 때 신앙의 자유로운 양심에 따라야 한다. 성경 해석과 관점의 차이는 불가피한 것이며 또한 자연스러운 것이기 때문이다. 이 지점에서 중요한 것은, 하나의 선택이 다른 하나를 폐기하거나 약화함으로써 스스로 균형을 상실하지 말아야 한다는 것이다.

 경험은 신앙의 결과로 나타나는 증거의 한 차원으로서 성경의 계시 현실을 인식하는 데 기여하지만, 신앙으로 경험된 것만을 교의학의 원천으로 삼는 경험주의적 방법과는 구별되어야 한다. 신앙은 경험 이전의 선험(先驗)적 사건이며, 성경에 계시된 많은 것들이 여전히 불신과 무경험 상태로 남아 있다는 사실을 인정해야 하기 때문이다.

 그러나 사중복음 교의학이 사중복음의 관점에서 성경의 가르침을 체계적으로 제시할 뿐 아니라, 그 가르침에 대한 신앙을 설명하려고 할 때 신앙 경험은 중요한 '매개(媒介, medium)'로 존중되어야 한다.[52]

3 사중복음과 계시 내용으로서의 은총(Gracia)

 §15 사중복음 교의학은 성서적 계시의 학문으로서 계시의 내용은 은총으로, 계시의 도구는 성경으로, 계시의 인식은 신앙으로 받아들인다.

 §16 사중복음 교의학은 은총, 성경, 신앙 모두 하나님으로부터 주어진 계시의 사건으로 본다.

 §17 사죄에 의한 구원, 자유의지에 따른 선행, 성령세례, 하나님 나라는 하나님의 은총으로만 가능한 하나님의 역사다.

 기독교의 신앙, 신학, 윤리, 선교는 하나님의 계시로부터 시작한다. 기독교의 실재는 처음부터 마지막까지 계시의 사건이다. 계시 없는 어떠한 기독교적 실재도 가능하지 않다. 계시 행위의 모든 것은 오직 하나님 자신으로부터 비롯된다. 그러므로 하나님의 계시 외에 다른 계시는 없다.

 창조자 자신이 창조의 비밀을 드러내줄 수 있을 뿐이다. 기독교 교의는 창조자요, 구원자요, 섭리자요, 심판자이신 하나님이 계시하는 내용, 계시하는 도구, 그리고 계시를 인식케 하는 방법과 관련된 것들을 다룬다.

사중복음 역시 하나님의 계시로부터 이해되고 받아들여지지 않으면 그 고유한 교의적 의미와 가치는 훼손될 수밖에 없다. 중생·성결·신유·재림은 하나님의 계시 사건 속에 예정되어 있는 은총이요, 말씀이요, 신앙이 아니면 인식할 수 없는 하나님의 계시 행위다.

계시 내용으로서의 은총, 계시 수단으로서의 성경, 계시 인식으로서의 신앙은 종교개혁 정신에서 발현된 "오직 은총·오직 성경·오직 신앙"이란 종교개혁적 모토와 정확히 일치한다.

하나님이 계시하는 모든 것은 은총이다. 은총이란 어떠한 대가(代價)도 요구하지 않고 값없이 주어지는 것이다. 베풀어진 은총은 일시적이거나 상대적이거나 부분적이지 않다. 하나님의 은총은 하나님 자신의 본성과 어울려야 하는 것이기 때문에 영속적이며 절대적이며 완전한 것이다.

그러한 신적 은총에는 부족함이 없기 때문에 인간이 추가해야 할 어떠한 것도 존재하지 않는다. 하나님이 피조물에게 계시해주는 것은 무엇이든지 은총이다. 하나님 나라·구원·말씀·교회·신앙·육체의 생명뿐만 아니라 그가 창조한 자연의 모든 것이 은총이다. 보이는 것과 보이지 않는 세계의 모든 것은 하나님의 충만한 은총의 결과다.

이제 우리는 사중복음이 복음을 총체적으로 볼 수 있는 은총의 내용임을 확인하게 될 것이다. 이를 위해 중생의 관점에서 사죄와 구원을, 성결의 관점에서 선행과 자유의지 그리고 성령세례를, 마지막으로 재림의 관점에서 하나님 나라와 교회가 어떤 상관성을 지니고 있는지를 밝혀보고자 한다. 그러나 중생·성결·신유·재림의 교의를 명시적으로 드러내지 않고 은총의 내용으로서만 고찰하는 것으로 제한한다.

1) 사중복음과 은총으로서의 사죄와 구원

§ 18 하나님의 사죄 은총은 예수 그리스도의 십자가 사건으로 완전히 계시되었음을 사중복음은 선언한다.
§ 19 십자가 은총 안에서 구원을 위한 인간의 모든 공로는 무력화된다.
§ 20 사중복음 자체가 하나님의 은총이요, 하나님의 선물이다.
§ 21 사중복음은 십자가 신앙의 중생, 십자가 사랑의 성결, 십자가 능력의 신유, 십자가 소망의 재림으로써 온전한 구원을 위한 하나님 나라를 선포한다.

사중복음은 '온전한 구원의 복음(Full Salvation Gospel)'에 대한 다른 말로서 하나님을 떠나 죄악 가운데 멸망에 떨어지게 될 인간에게 주어진 가장 커다란 은총이며, 구원을 위한 하나님의 계시 사건이다. 중생·성결·신유·재림은 그리스도이신 예수로 말미암고, 그리스도는 하나님의 계시로서 인류의 역사 가운데 하나님 나라를 위해 보내진 '인격화된 하나님의 은총(Personifikation der Gnade)'이다.

믿음으로써 사중복음을 하나님의 은총으로 받아들이는 것은 사중복음의 주(主)이신 예수를 그리스도로 영접하는 자들에게는 누구에게든지 열려 있다. 사중복음이 약속하고 있는 구원은 오직 예수 그리스도 안에서만 계시되며, 그에게 오는 자는 어떤 상태에 있어도 거절되지 않는다.

그리스도로 말미암아 주어지는 하나님의 은총을 받음에는 인간의 어떠한 공로(功勞)나 선행(善行)도 요구되지 않는다. 하나님이 보낸 독생자 그리스도가 인간의 죄를 대신하여 처형 받아 십자가에서 죽으셨다는 사실을 받아들이기만 하면 되는 것이다. 사실을 사실대로 받아들일 때 받아들이는 자의 공로는 아무것도 존재하지 않는다. 하나님이 인간을 향해 행하신 사실 그 자체가 믿음을 불러일으키는 원동력이 되기 때문이다.

하나님을 떠난 인간, 그래서 자기가 스스로 왕이 되어 삶으로써 하나님이 인간을 위해 만들어 놓은 삶의 모든 질서를 파괴해 놓은 인간에게 하나님이 찾아오셔서 자신을 계시하는 것 자체가 은총이다. 이 하나님의 은총이 가장 결정적으로 나타난 것이 말씀의 성육신과 그 이후 예수 그리스도의 십자가 사건이다. 이 하나님의 아들 예수 그리스도의 죽음이 '하나님의 복음'이 되었다. 계시의 말씀인 성경이 보여주고자 하는 하나님의 은총은 그가 보내신 그리스도의 십자가 사건에서 완전히 계시되었다.

모든 인간이 죄 가운데 있을 때 이루신 하나님의 그리스도 십자가 공로로 인하여 인간이 죄로부터 해방되는 사죄(赦罪)의 은총이 있기 때문에 사중복음 또한 존재한다. 온전한 구원의 복음으로서의 사중복음은 오직 하나님의 십자가 은총 안에서만 모든 믿는 자들에게 구원의 능력으로 경험된다.

성경이 계시하는 사중복음 자체가 하나님의 은총이요, '하나님의 선물(donum Dei)'이다. 이를 받는 인간에게 요구되는 것은 오직 믿음뿐이다. 여기에는 펠라기우스주의(Pelagianism)의 어떠한 시도도 설 수 있는 자리는 없다. 하나님의 은총 없이 율법을 행함으로써 혹은 인간 본성의 도덕적 의무감으로부터 실천하는 선행을 통해서 하나님과의 화해를 추구하거나 인간 구원을 도모하는 모든 행위는 하나님의 은총과 대립되는 것이며, 자기모순과 위선(僞善)에 빠지는 길이며, 궁극적으로는 은총 없이 행하는 자신의 행위에 따라 심판을 받는 자리에 이르게 된다.

사중복음은 이러한 면에서 하나님의 은총으로 시작하여 하나님의 은총으로 말미암는 십자가 신앙의 중생과, 십자가 사랑의 성결과, 십자가 능력의 신유와, 십자가 소망의 재림으로써 하나님 나라의 온전한 구원을 선포한다.

2) 사중복음과 은총으로서의 선행과 자유의지

§22 사중복음은 십자가 사랑의 은총 안에서 자유의지에 의한 선행을 요구한다.

§23 사중복음은 십자가 신앙 안에서 자유의지를 완전히 죽게 하고, 십자가 사랑 안에서 새롭게 태어나게 한다.

복음은 타락한 인류를 위해 준비하신 하나님의 약속이 있는 은총이다. 이 복음은 '하나님의 복음'이며, 또한 이 복음은 이스라엘 백성들에게만이 아니라 온 인류에게 들려야 할 '예수 그리스도의 복음'이다.

하나님이 보내신 선지자들에 의해 복음이 선포되었고, 마침내는 십자가와 부활의 주가 되신 예수 그리스도가 복음이 되어, 누구든지 그를 믿는 자는 영원한 생명을 얻게 된다. 믿는 자는 예수 그리스도 안에서 중생·성결·신유·재림의 복음을 듣게 되고, 하나님의 신실한 약속이 역사와 개인의 실존 가운데 은총으로 계시됨을 경험하게 된다.

이와 같은 은총은 믿음으로 받아들여지는 것으로 끝나는 것이 아니라, 믿음 안에서 사랑이 실천되도록 하는 데까지 나간다.[53] 곧 인간을 죄로부터 해방하는 믿음이 "사랑으로써 역사하는 믿음"(갈 5:6)이 되게 한다. 이때 인간의 자유의지는 하나님의 은총 안에서 사랑의 선행을 실천하는 은총의 도구가 된다.

그렇지 않으면, 하나님의 은총은 소위 '값싼 은총'으로 폄하되고 만다. 믿는 것에 있어서는 귀신들도 예수가 하나님의 아들임을 믿고 두려워하기 때문이다. 그러므로 십자가 신앙은 십자가 사랑의 선행으로까지 가야 한다. 십자가 신앙에 '회개'가 따름으로 사죄와 중생의 은총을 누리듯이, 십자가 사랑에는 '자유의지'가 따름으로 선행의 열매를 맺고 축복의 은총을 경험하게 되며,[54] 이로써 인간 구원을 위한 하나님의 계시는 결코 '값싼 은총'이 아님이 밝혀진다.

그러나 인간의 자유의지가 하나님의 은총 없이 선을 행하고자 할 때, 즉 십자가 신앙의 사죄가 없을 때 그의 선행은 오히려 자기의 의(義)만을 드러내는 결과가 되어 복(福)이 되기보다는 화(禍)를 불러일으키는 원인이 된다. 하나님의 십자가 신앙의 은총 아래에 있지 않은 자유의지는 여전히 원죄(原罪)에 묶여 있기 때문이다.

인간이 원죄로부터 자유롭게 되는 것은 오직 하나님의 은총 안에 있을 때뿐이다. 이때의 은총은 그리스도를 통해서 하나님으로부터 주어진(*extra se*) 것이지, 인간에게 '내재된 은총(*gratia habitualis*)'이거나 '피조물에게 주어진 은총(*gratia creata*)'일 수 없다.[55]

원죄 이후의 상황하에서는 은총론을 인간 존재론적 차원에서 전개하는 것은 불가능하며, '오직 그리스도, 오직 말씀, 오직 신앙(*solo Christo, solo verbo, sola fide*)' 안에서 '하나님의 단독적 행위(Alleinwirksamkeit Gottes)'로 이해하는 것만이 유효할 뿐이다.

사중복음의 중생·성결·신유·재림이 인간 구원을 위한 하나님의 은총으로 받아들여질 때도 동일한 것이다. 이러한 틀 안에서 자유의지에 의한 선행은 아우구스티누스의 관점과 같이 하나님의 은총으로 수용될 수 있다.

> 그러므로 영생을 상으로 받는 우리는 선행까지도 하나님의 은혜에 속한다고 해석하지 않는다면 이 문제는 도저히 해결할 수 없는 것같이 내게는 생각됩니다. … '선한 일을 위하여 (우리는 하나님의) 지으심을 받은 자'입니다(엡 2:10). … 결론은 다음과 같습니다. 곧 여러분의 선한 생활이 하나님의 은혜에 불과한 것과 같이, 선한 생활에 대한 상으로서의 영생도 하나님의 은혜입니다.[56]

십자가 신앙의 은총으로 중생을 경험한 자는 더 이상 칭의(稱義)의 상태에 머물러 있는 것이 아니라, '선한 일을 위하여 지으심을 받은 자'로서 "하나님을 사랑하고 이웃을 사랑하라"는 계명을 자유의지로써 실천하는 자로 나가야 한다. 십자가 신앙과 십자가 사랑은 각각 중생과 성결의 경험으로 나아가게 하지만, 둘은 동일하게 하나님의 은총에 의한 사건이다. 자유의지는 십자가 신앙 안에서 완전히 죽은 후, 십자가 사랑 안에서 새롭게 태어난다.

3) 사중복음과 은총으로서의 성령세례

§24 사중복음은 십자가 신앙에서 십자가 사랑으로 하나님께 나갈 수 있도록 하나님의 종말론적인 은총의 선물로 성령세례를 약속한다.

§25 사중복음은 신자들이 성령세례를 받음으로써 하나님 중심의 삶을 살게 하며, 교회 공동체들을 하나로 연합하게 한다.

세계 창조 자체가 영이신 하나님의 말씀에 의한 것이기 때문에 '자연(Natur)'의 영역에 대한 이해는 물리적 차원뿐만 아니라 자연의 영적 차원에서도 접근되어야 창조의 근원을 본질적으로 알 수 있듯이, '이스라엘 민족(Israel)'의 탄생 또한 하나님의 섭리 가운데 이루어진 것임으로 영적 현실을 전제하고서야 그 역사적 실체를 비로소 정당하게 이해할 수 있게 된다. 이스라엘의 조상이 된 아브라함을 볼 때, 그가 하나님의 은총으로 부름을 받고 그에 대해 믿음으로 응답하여 하나님의 말씀을 따라 감으로써 태어난 것이 이스라엘이기 때문에, 이스라엘의 역사적인 현실 또한 영적 차원을 떠나서는 정당히 평가될 수 없다. '율법(Torah)' 역시 같은 맥락에서 이해되어야 할 하나님의 계시로서 이스라엘을 향한 은총의 사건인 것도 마찬가지 이치라 할 수 있다.

자연의 창조, 하나님의 이스라엘 선택, 율법의 제정과 수여, 인간의 자유의지 등은 하나님의 은총이라는 관점에서 볼 때 이들의 신학적 의미는 매우 돈독해진다. 즉, 자연과 은총·이스라엘과 교회·율법과 복음·자유의지와 신앙 혹은 이성과 신앙 등은 역설(逆說)의 방식으로 하나님의 은총을 드러 낸다는 차원에서 공통적인 특징을 지닌다. 이들이 각각 그 고유의 역설성을 해소하지 않으면서 하나님의 은총을 말하기 위해서는 한 지점에서 수렴(收斂)되어야 하는데, 곧 '성령'의 임재와 활동이라는 것이다.

이처럼 창조세계 안에서 하나님이 계시하는 은총을 은총으로서 경험하기 위해서는 하나님이 보내시는 성령을 받아야 한다. 그 이유는, 성령의 임재를 통해서만이 첫 아담의 타락 이후 존재론적으로 단절되어 있는 인간이 십자가 사랑으로 하나님과의 화해를 이룰 수 있기 때문이다.

그러므로 인간을 향한 성령의 임재 사건으로서의 성령세례는 그 자체가 곧 하나님의 은총이요, 이를 통하여 삶의 실존 가운데 역설적으로 드러나는 은총으로 하나님 나라가 온전히 경험될 수 있게 된다.

성령을 통해서만 인간의 본성(Natur)과 자유의지는 창조의 질서와 하나님의 법을 온전하게 따를 수 있다. 왜냐하면, 성령만이 예수를 중재자로서의 그리스도로 믿게 하여 하나님과 인간을 완전히 매개할 수 있기 때문이다. 성령이 부재한 인간에게 하나님의 계명으로서의 율법이란 선행을 위한 지침으로서가 아니라 심판을 위한 기준으로만 기능하게 된다.

그러므로 성령의 오심은 죄인인 인간에게 최고의 '하나님의 선물(donum Dei)'이요, '살리는 은총(gratia vivificans)'[57]이요, '복음(evangelium)'이다. 이러한 맥락에서 중생·성결·신유·재림의 사중복음은 하나님의 선물로서, 하나님의 은총으로서, 그리고 하나님의 복음으로서 인간의 타락한 본성과 자유의지를 회복하여 하나님의 율법을 따르고 온전한 구원을 완성토록 하겠다는 하나님의 언약의 말씀이요, 또한 이를 믿고 은총 아래에 있고자 하는 자들에게 하나님의 능력이 되는 것이다.

그러므로 사중복음은 십자가 신앙으로 하나님의 은총을 누리는 자들에게 은총의 더 깊은 차원을 경험하도록 '성령세례(Spirit-baptism)'를 구하게 한다. 성령세례는 창조세계에서 완성코자 하시는 종말론적 하나님 나라

를 위해 하나님의 백성들에게 주시는 하나님의 언약이요, 선물이기 때문이다.[58]

하나님의 자녀 된 자들은 이러한 성령세례를 받음으로써 하나님 나라를 위한 십자가 사랑과 십자가 능력과 십자가 소망 가운데 넉넉히 참여하게 된다. 성령세례는 하나님 나라에 참여하는 모든 다양한 신앙고백 전통의 교회 공동체들이 한 몸 예수 그리스도에 속한 지체들로 연합케 하며, 그 가운데서 하나님의 거룩함을 회복케 하며, 하나님의 능력으로 십자가의 복음을 증거 하도록 하며, 창조세계를 치유하는 공동체로 세워나가도록 한다.

4) 사중복음과 은총으로서의 하나님 나라와 교회

§ 26 사중복음은 은총의 하나님 나라를 약속하며, 그 시작과 과정과 완성의 길을 보여준다.

§ 27 사중복음은 신자로 하여금 역사 내의 하나님 나라와 역사 초월의 하나님 나라에 참여토록 하는 하나님의 은총이다.

복음은 '하나님의 복음'이며, 나아가서 '하나님 나라의 복음'이며, "예수 선포의 핵심주제"였으며,[59] "성경의 중심주제"다.[60] 그 내용은 그리스도를 통해서 계시되어야 할 '십자가의 복음'으로서 곧 '예수 그리스도의 복음'이다. 예수께서 복음으로 선포하시고 전하신 것은 '하나님 나라' 외에 다른 것이 아니었으며, 그리스도의 십자가는 하나님 나라의 선취를 위해 아버지의 뜻에 순종하여 스스로 가신 길이다. 그러므로 그리스도의 십자가와 부활이 없이는 하나님 나라란 형이상학적 관념이자, 경험 불가능한 초월적 신화일 뿐이다.

이와 같은 하나님 나라의 복음은 은총이요, 약속이요, 궁극적으로는 하나님 나라에 그의 백성들을 초대함이다. 하나님의 은총과 약속은 그의 나라에서 온전히 성취되지만, 하나님의 자녀는 지금 은총 아래에서 하나님 나라의 선취를 맛보면서, 약속이 완전하게 성취될 하나님 나라를 소망한다.

하나님 나라는 하나님의 계시 행위의 완성이다. 하나님의 모든 계시는 하나님 나라를 향하고, 하나님 나라를 보여준다.

중생으로 열려 보이는 하나님 나라는 하나님을 향한 거룩한 섬김과 이웃을 향한 신유의 섬김을 통해서 경험되며, 이 땅 위에서는 재림의 사건을 통해서 그 완성을 보게 된다.[61] 그러므로 하나님이 주시는 은총과 약속으로서의 중생·성결·신유·재림 중 어느 한 가지라도 빠지게 될 때 역사 안에서의 삶 가운데 하나님 나라에로의 완전한 참여는 불가능하다.

사중복음을 통해 약속하고 있는 하나님 나라는 역사 초월시의 영원한 하나님 나라를 가리키지만, 동시에 역사 안에서 하나님의 백성들이 하나님을 대적하는 어둠의 세력과 믿음으로 싸워 지켜야 하는 나라로서 이를 대표하는 것이 바로 그리스도의 가시적 몸인 교회 공동체다.

그러나 "싸워 지켜야 한다"는 말은 우리가 하나님 나라를 '만들어' 나가는 것과는 의미를 달리 한다. 오히려 하나님의 자녀들 각자에게 혹은 각개의 교회 공동체에게 '주어진' 하나님 나라의 일정한 영역을 '지켜' 나가는 것을 뜻한다. 나사렛 예수는 그리스도로서 십자가를 끝까지 지시고 가야 하는 싸움을 통해, 하나님의 백성 공동체가 그리스도로 인하여 주어진 하나님 나라를 위해 어떻게 싸우며 살 것인지를 보여주셨다.

이처럼 하나님 나라의 역사적 현실로서의 교회는 하나님의 백성들이 이 땅에서 경험할 수 있도록 하나님이 자신의 계시 가운데 보여주시는 가장 분명한 은총의 내용이다. 그러므로 하나님의 은총을 온전히 경험하고 있는 자는 바울과 같이, "하나님 나라는 먹는 것과 마시는 것이 아니요, 오직 성령 안에서 의와 평강과 희락이라"(롬 14:17)고 '지금·여기'에서 하나님 나라에 참여하고 있음을 고백하는 자라 할 수 있다.

이러한 하나님 나라의 도래는 그리스도의 유월절 십자가의 죽음과 부활을 통하여 준비되었으며, 오순절의 성령세례를 통하여 실현되어 나갈 것이라고 약속되어 있다. 유월절과 오순절을 통해서 이스라엘 교회 공동체가 태어났듯이, 신약의 교회가 그리고 오늘날의 다양한 교파 교회들이 태어났다.

나사렛 예수의 십자가와 부활은 그의 재림 시에 십자가 신앙의 길을 끝까지 걷다가 죽은 자들의 부활을 예표하며 선취한 사건으로서 십자가 소망의 근거다. 예수 재림의 약속과 그에 대한 신앙은 종말론적 은총이다. 그리스도 예수의 재림을 통해서 하나님의 공의가 온 우주적으로 드러나고, 하나님의 영광의 실체가 나타난다.

하나님의 은총으로서 선포되는 사중복음의 경우이든, 혹은 사중복음이 성경의 해석학적 원리로 적용되는 경우이든 간에 사중복음의 시작과 끝은 하나님 나라다. 하나님이 인간을 향해 계시한 모든 은총은 하나님 자신과 그의 나라 외에 다름 아니기 때문이다. 복음으로 말미암아 태어난 교회 공동체도 오순절 성령세례를 받아 사중복음 십자가와 성령의 선교 공동체로 다시 한번 더 거듭나야 한다. 이 시대는 진정으로 하나님 나라를 맛볼 수 있는 사중복음 교회 공동체를 목말라한다.

4 사중복음과 계시 도구로서의 성경(Scriptura)

사중복음 교의학은 사중복음의 중생·성결·신유·재림을 통하여 하나님 나라의 복음을 교회 공동체의 삶을 위해 해석해 줄 뿐만 아니라, 사중복음이 하나님 나라 선포를 위한 신적 은총의 내용임을 밝혀주고자 한다. 이러한 사중복음의 내용은 오직 성경에서만 찾을 수 있기 때문에, 성경이 증언하는 사중복음을 하나님의 계시로 이해하기 위해서는 성경과 사중복음의 관련성에 대한 바른 태도가 요청된다.

따라서 성경에 대한 우리의 사중복음 교의학적 관점을 명확하게 함으로써 사중복음과 하나님 나라의 복음에 대한 교의학적 이해가 자의적으로 나가는 것을 방지할 수 있을 것이다. 이와 같은 주제에 대한 보다 명확한 이해와 입장을 표명하기 위해 우리는 먼저 성경의 완전성과 제한성의 문제를 다룬 후에, 성서적 계시로서의 사중복음, 성경의 영감과 사중복음의 관계성, 마지막으로 성경 해석의 원리로서의 사중복음의 가치를 순서대로 고찰한다.

1) 성경의 완전성과 제한성

§28 사중복음은 성경의 완전성에 근거한 하나님의 완전한 구원 계획이다.
§29 하나님은 성경을 통해 자신을 역사적으로, 인격적으로 제한하여 계시한다.
§30 성경은 예수 그리스도를 통해, 그리스도는 사중복음을 통해 하나님 나라를 계시한다.

은총으로서의 계시에는 자연과 역사를 통해서 창조와 섭리의 주관자가 존재하는 것을 알 수 있게 하는 일반계시와 하나님의 영으로 말미암는 특별계시가 있다. 특별계시는 하나님이 자신을 알리는 자유로운 행동이다.[62] 계시의 궁극적인 목적은 인간의 구원과 이를 통한 하나님의 영광으로 요약된다.[63]

성경은 '하나님'의 자기 '계시'로서, 초자연적이고 영적 하나님의 말씀과 사건에 대한 기록으로서 완전하다. 성경은 저자들의 시대와 삶의 자리로 인한 한계를 반영하는 자유를 허락하였지만, 하나님이 택한 자들을 불러 성령의 감동 가운데 기록하게 하였기 때문에, 성경의 완전성을 역사학적 방법으로 입증하려는 시도나,[64] 실존적으로 입증하려는 모든 시도는 실패로 끝난다.[65]

그러므로 성경의 완전성은 일반 학문의 역사적 차원에서는 긍정될 수 없고, 증명될 수도 없다. 그 주장하는 바의 범주가 이성의 판단을 넘어서

기 때문이다. 이는 성경이 초자연적 하나님의 계시임을 믿는 전제하에서만 가능한 주장이다.[66]

그래서 성경의 완전성을 담보하는 영감은 '축자영감(verbal inspiration)'으로 이해되기도 한다. 이때 성경의 완전성이란 형식과 내용이 하나님의 뜻을 드러냄에 오류가 없이 명료하고 충분함을 말하는 것이다.

그렇다면 완전영감에 의한 성경은 역사비평학적 연구의 대상이 되어서는 안 되는가?

성경의 완전영감은 성경의 무오성에 대한 절대적 신앙을 전제한다. 그럼에도 불구하고, 성경 무오에 대한 절대 신앙은 성서비평학에 대해 개방적일 수 있다. 오히려 성서비평학을 통해 성경의 역사적 한계성을 확인하고 그 가운데 드러나는 신적 계시의 완전성을 탐구해 내는 과정을 오히려 중시한다. 또한, 성경의 완전영감이란 관점에서 성서비평학 자체의 성서 연구 방법론을 비판적으로 볼 수 있다.

여기에서 성경의 권위 문제가 다시 등장한다. 성경에 대한 역사비평학적 이해를 통해서도 성경은 하나님의 계시로서 초자연적인 절대 권위를 유지할 수 있는가?

로마 교회는 구전(口傳)의 사도적 전승을 성경의 권위와 동등시할 뿐만 아니라, 무엇이 사도적인지, 무엇이 성경적인지를 결정하는 최종 판단의 기관이 됨으로써 하나님의 계시를 무오하게 선포할 수 있는 최고의 권위를 주장해 오고 있는 반면에, 종교개혁자들은 성경에는 스스로 절대 무오한 권위에 대한 자증(自證) 능력이 있음을 주장하였다.

성경은 교회의 권위에 입각해서가 아니라, 성경의 형성에서 성령의 영감에 의한 절대적 권위 때문에 하나님의 말씀으로 믿게 된다.[67] 성경은 하나님의 말씀으로서 형식적 차원의 역사적 권위와 내용적 차원의 규범적 권위를 지닌다. 달리 말하여, 성경은 역사적으로 신뢰할 만하기에 그 안의 모든 내용을 믿음으로 수용하라는 역사적 권위를 지니며, 또한 신앙과 행동에 절대적 복종을 요구할 수 있는 규범적 권위를 지닌다.

이러한 면에서 개혁주의 전통과 웨슬리안 전통은 크게 다르지 않다. 다만 성경 해석 방법상 웨슬리안 전통에서는 전통과 이성의 관점뿐만 아니라 경험에 기초한 해석을 중시하는 특징을 견지한다는 것과 더불어, 보다 중요한 점은 영혼 구원을 위한 성경 해석에 집중했고, 그 결과 자연스럽게 사변적 신학을 피하고, 실천적 성경 이해를 추구하게 되었다는 것이다.[68]

이와 같은 전통은 성경 안에서 중생·성결·신유·재림의 복음을 읽어내어, 이 사중복음의 관점에서 성경의 구원사적 파노라마를 전도와 선교의 현장에서 만나는 자들이 경험하게 하는 데 강력한 추진력을 제공하게 된다.

다른 한편, 성경은 하나님의 계시로서 완전성을 지니지만 동시에 완전의 범위를 스스로 좁히는 제한성을 드러낸다. 그러므로 성경의 완전성과 제한성에 대한 바른 이해에 도달해야 성경의 신적 계시성에 대한 왜곡을 피할 수 있다. 성경이 하나님의 감동에 의해 기록된 것이라는 전제하에서 성경의 계시는 어떤 형태이든 간에 완전하다고 주장할 수 있다.[69]

규범적 권위는 성경 스스로가 제한하기도 하고 주장하기도 한다. 교회의 권위로 제한할 필요가 없다. 하나님은 자신의 계시를 역사화하고 인격화함으로써 성경 안에 스스로 제한하였기 때문이다.

하나님은 자신을 성경 필자들의 손에 의탁하여 그들이 기록한 것에 스스로 제한하기를 기뻐하셨다. 하나님은 성경 기록 이전에 자신이 선택한 자들 안에 그리고 나사렛 예수의 인간성 안에 자신의 신성을 제한하심으로써 자신을 '인격적으로' 계시할 수 있었다.

그리스도인은 성경만이 하나님의 완전한 구원의 계시임을 믿고 자신을 성경에 예속시킴으로써 사는 사람이다. 존 웨슬리와 같이 "종교의 제반 문제에 있어서 최고의 권위는 성경이다. … 그 밖의 모든 서적들은 이 유일회적 세계의 빛에서 평가되어야 한다"는[70] 의미에서 '한 책의 사람(*homo unious libri*)'으로[71] 살기를 기꺼이 결단함으로써 성경을 삶의 절대 기준으로 삼고 세상을 오직 성경의 가르침으로 보며 살고자 한다.

성경만이 절대의 권위며, 그 외의 모든 권위들은 상대적이라는 믿음 때문이다. 성경의 절대성·무오성·확실성에 대한 신앙은 성경의 저자가 하나님이라는 성경의 내적 증거로부터 나온다. 하나님이 이러한 성경을 통해 사중복음을 인간에게 계시하는 은총의 도구로 삼으시는 한, 사중복음 교의는 성경의 신적 권위하에서 성서해석학적 규범의 권위를 부여 받는다.[72]

2) 성서적 계시로서의 사중복음

§31 성경의 열매는 하나님 나라이며, 하나님 나라의 씨앗은 사중복음이다.

§32 사중복음의 빛에서 성경이 하나님의 계시로서 밝혀지고, 성경을 통해 사중복음이 하나님의 말씀임이 증거된다.

성경은 인간이 기록한 하나님의 계시다. 성경은 하나님의 계시로서 무오하며, 인간의 기록으로서 역사적이다. 그러므로 하나님의 말씀은 신적 무오성과 인간적 역사성 모두를 지닌다. 이러한 성경의 특징에 대해, 성경은 '하나님의 계시를 담고 있다' 또는 '신적 계시에 대한 인간의 증거다' 등으로 명제화하지만, 이들은 성경에 대한 부분적인 정의일 수밖에 없다.

"성경은 하나님의 말씀이다"고 주장하는 것은 성경의 신적 원천성을 강조하는 신앙고백적 술어(述語)인 반면에, '성경은 하나님의 말씀이 된다.'고 주장하는 것은 인간적 역사성을 강조하는 실존적 술어다.

성경은 하나님의 계시로서 인간의 응답을 기다리는 '하나님의 말씀(The Word of God)'이다. 꿈·환상·신비체험·영적 깨달음 등 인간의 다양한 영적 경험 가운데 보고 듣는 계시의 실태들이 하나님으로부터 온 것인지의 여부를 판단해 줄 수 있는 절대적 기준이 성경이라는 것이다.

성경을 읽는 자는 누구든지 자유롭게 주관적으로 '예' 혹은 '아니오'로 대답할 수 있다. 그러나 '성경이 하나님의 말씀이다 혹은 아니다'라는 응답자의 대답에 따라 성경의 효력이 달라지겠지만, 성경이 그런 판단을 포함하여 모든 영적 경험 가운데 드러나는 반응에 대한 절대적 규범 내지는 절대적 표준이라는 사실에는 변함이 있을 수 없다.

그것은 이미 서로 다른 저자들의 다양한 관점에서 그리고 상이한 시대와 장소에서 기록된 것들이 서로 충돌하지 않고 하나님 자신과 그의 뜻을 모호하지 않게 증거하고 있으며, 2천 년 이상의 교회사 가운데 수많은 이단들이 출몰하면서 성경의 절대성을 훼손코자 했으나, 그것을 뒤집을 수 없었던 역사 자체가 성경의 절대적 표준성을 말해주고 있는 것이다.

사중복음은, 비유하자면 이러한 성경이란 나무에 맺힌 열매와 그 안에 든 씨앗과 같다. 열매를 보고 나무를 알 수 있으나 열매가 나무가 아니듯이, 사중복음을 보면 성경이 온전한 구원을 위한 하나님 나라를 계시하고 있는 말씀인 것은 알 수 있으나 사중복음이 성경과 같은 것일 수는 없다. 사중복음은 성경이 계시하는 핵심 교의들 가운데 하나요, 성경 해석의 한 원리로서 그 역할을 감당만하더라도 커다란 일이기 때문이다.

나무는 뿌리를 깊이 내리고, 가지도 내고, 잎사귀도 내고, 꽃도 피우고, 열매도 맺지만, 최종적으로는 씨앗을 만들어내는 데까지 가듯이, 성경이란 나무 역시 그 안에 많은 것들이 생성되지만 성경을 있게 한 '하나님' 혹은 '하나님 나라'라는 씨앗을 드러내는 데까지 가야 성경은 하나님의 계시로서의 사명을 다하는 것이다. 사중복음은 그 '하나님 나라'라는 씨앗을 품고 있는 열매와 같다.

성경이란 나무가 궁극적으로 '하나님 나라'의 씨앗을 맺는다는 것은 성경 자체가 온전히 '하나님'에 의한 것임이 전제되어 있다는 것을 말한다. 여기에 성경의 신적 절대 표준성이 자리한다.

사중복음은 성경이 계시하고 있는 하나님의 말씀으로서, 성경의 이러한 절대적 계시의 복음적 정체성을 확고히 해준다. 사과나무에서 나온 사과를 통해 사과나무의 정체성이 분명히 밝혀지듯이, 성경에서 나온 사중복음을 통해, 성경이 하나님에 의한 하나님 나라의 복음을 밝히는 하나님의 계시이며, 하나님의 말씀이라는 사실을 생동적으로 드러내는 데 기여한다면 사중복음의 사명은 그로써 다한 것이라 할 수 있다.

3) 성경의 영감과 사중복음

§33 사중복음은 선지자와 사도들을 통하여 영감 된 하나님의 말씀에 기초한다.
§34 사중복음은 성경의 영감을 떠나 존재하지 않는다.

계시와 영감은 불가분리의 관계이지만, 동일하지는 않다.[73] 하나님의 영감은 인간의 자유와 개성 및 인간의 지적 활동을 억압하지 않는다. 오히려 인간의 모든 정신적 활동에 생기를 불어넣는다.

그러나 이와 관련하여 칼뱅주의와 펠라기우스주의 양 극단의 입장이 오늘날까지도 이어지고 있다. 칼뱅주의는 성경의 신적 영감을 강조함으로써 인간적 측면을 억압하는 하이퍼-칼뱅주의에 떨어질 위험성이 있고, 펠라기우스주의에서는 성경의 인간적 차원을 강조함으로써 신적 영감이 부정되거나 축소될 수 있다.

그렇다면 성경이 인간의 기록일지라도 전적으로 신적 영감에 의한 계시라는 사실을 어떻게 증명할 수 있을 것인가? 적어도 성경이 하나님의 말씀임을 믿고 받아들이는 자는 누구든지 성경의 영감에 관한 양극단의 어느 한쪽에 안주할 것이 아니라, 이를 극복하고자 해야 할 것이다.[74]

이를 위한 대전제는, 성경이 성령에 의해 감동된 자들에 의해 기록된 '신앙의 규범(rule of faith)'으로서의 '정경(canon)'이라는 사실을 명확하게 받아들이는 것이다.[75] 이것이 의미하는 바는, 구원이나 기독교 신앙을 위해 객관적으로 "최종적이고도 무오한 표준(the final and infallible standard)"이며, 주관적으로는 "성령의 가르침에 따라 모든 사람들에게 적용되도록 가르칠 수 있는 신적 기록물(body of Divine documents)"이라는 것이다.[76]

성경이 하나님의 영감에 의하여 기록되었다는 사실이 인정되지 않는다면, 성경은 무오한 하나님의 말씀이라는 사실이 성립될 수 있는 근본 바탕을 상실하고 만다. 그렇게 되면 성경은 수많은 종교적 경전 중의 하나이거나 혹은 이스라엘에서 일어난 유대교의 산물 그 이상의 권위와 가치를 인정받을 수 없게 된다.

그러나 성경이 스스로 말해주고 있는 기적과 예언이라는 '외적 증거'와 교의라는 '내적 증거'의 신뢰성에 따라 믿고 읽어나가는 자들은,[77] 성경은 하나님의 영에 의해 감동된 것임을 결코 놓칠 수 없다. 성경을 믿음으로 읽는 자들은 누구든지 그 안에 선지자적(출 7:1, 신 18:18) 혹은 사도적(고전 2:4,13, 살전 2:13, 벧후 3:15,16, 고전 14:37) 영감이 가득 넘치고 있다는 사실과, 성경의 모든 저자들은 소위 '유기적 영감(organical inspiration)'을 통하여 집필하였다는 사실을 확신하게 되기 때문이다.

이와 같은 맥락에서 사중복음 역시 하나님의 영감 없이 그 진리가 실제로 파악될 수 없는 것은 자명하다. 왜냐하면, 사중복음은 처음부터 끝까지 오직 하나님의 영감에 의한 성경에만 뿌리를 두고 있기 때문이다.

중생·성결·신유·재림의 사건은 성경 안에 약속되어 있는 것이고, 또한 성경 안에서 이루어진 것으로 이미 증언되어 있고, 그 같이 이루어질 것이기 때문에, 사중복음의 성서적 계시를 믿음으로 받아드리고자 하는 자는 누구든지 사중복음을 증언하는 성경이 하나님의 영에 의한 감동으로 기록된 것임을 인정하게 된다.

그러므로 중생케 되고, 성결하게 되고, 신유의 은총을 입고, 재림의 주를 기다리는 가운데 살 수 있다는 것은 성령으로 영감된 하나님의 말씀인 성경이 구체적으로 증언해주고 있는 신적인 언약이며, 동시에 성령의 능력 가운데 그 실재를 온전한 구원으로 경험할 수 있다는 복음이다.

이는 역으로, 성경의 약속에 신앙으로 뿌리를 두지 않고서는 누구도 사중복음을 하나님이 자신의 자녀들에게 주실 축복의 메시지로 받을 수 없음을 의미하기도 한다.

4) 성서해석의 원리로서의 사중복음

§35 사중복음은 성경을 성경으로 해석하는 원리다.
§36 사중복음은 하나님 나라를 성서적으로 해석하는 원리다.
§37 사중복음은 성경에 의해 '규범 받는 규범'이다.

사중복음은 전적으로 성경만이 약속하고, 또한 증거하고 있는 것이기 때문에 사중복음을 하나님의 계시로서 파악할 수 있는 원천은 오직 성경뿐이다. 그러므로 성경 상의 계시로서의 사중복음이 사중복음 교의의 신학적 원천이 된다는 것이다. 성경과 계시가 한 틀에서 이해되어야 하지만, 구분될 수 있어야 하듯이,[78] 하나님의 말씀으로서의 복음, 즉 '하나님의 복음'과 사중복음의 관계도 그러하다. 하나님의 복음은 사중복음의 계시적 원천으로서 성경을 통해서만 파악된다.

그러므로 사중복음 교의, 사중복음 신앙, 사중복음 능력을 온전히 갖추기 위해서는 사중복음의 원천인 성경으로 돌아가는 길 외의 다른 방법은 없다. 사중복음 혹은 순복음을 주창하고 그대로 따라 살려 했던 선진들이 "성경으로 돌아가자(Back to the Bible)"고 한결같이 강조해왔던 이유가 거기에 있는 것이다.[79]

종교개혁적 성경 해석의 전통에는 '신앙의 유추'와 '성경의 유추'에 따라 "성경이 성경을 해석한다(scriptura scripturae interpres)"는 원리가 중시된다.⁸⁰ 존 웨슬리 역시 이와 같은 성경 해석의 전통에 서서 성경으로 성경을 해석하는 원리에 충실하였다.⁸¹ 우리는 여기에서 성령에 의하여 영감된 성경이란 점에서 '성경과 성령'의 바른 관계성을 정립하는 것이 요청된다.

이에 대하여 우리는 교회사를 통해서 종교개혁 당시부터 개혁자들이 해결하고자 시도했던 길들을 고찰할 수 있을 것이다. 여기에서 분명한 점은 성령의 역사는 말씀에 의존해야 한다는 것이다. 이것이 '오직 성경'이라는 종교개혁의 가치와 부합된다는 점이다. '선(先)성경, 후(後)성령'의 원칙이라 할 수 있다.⁸² 그러나 실천적 차원에서는 성령에 의한 조명을 위해 성령 임재의 기도인 '오라치오(*oratio*)'가 우선되고, 후에 말씀 묵상의 '메디타치오(*meditatio*),' 그리고 말씀의 실천에 따르는 시련인 '텐타치오(*tentatio*)'가 따른다는 점을 놓쳐서는 안 될 것이다.

이와 같은 맥락에서 사중복음 역시 성경이 온전한 구원의 현실로서의 하나님 나라의 복음을 들려주는 계시임을 밝혀주는 성서해석학적 원리가 된다. 이에 대하여 성서학에서도 조심스럽게 "사중복음의 네 가지 명제는 예수의 하나님 나라 선포를 가장 명확하게 선포하는 신학 방법론일 뿐만 아니라 성경의 내용을 매우 정밀하게 평가하여 가지런히 제시한" 것으로 밝혀주고 있다.⁸³

성경을 통해서 하나님을 깊이 아는 만큼 성경 그 자체가 하나님의 계시임을 더욱 믿게 되듯이, 사중복음을 통해서 성경이 하나님 나라를 계시하고 있음을 아는 것만큼 사중복음이 성경 해석의 중요한 원리가 된다는 것을 확인할 수 있다. 성경 자체가 성경 해석의 원리가 될 수 있고, 또한 그렇게 되어야 한다는 당위성을 발견하게 되는 만큼, 사중복음 또한 하나님 나라를 밝히고 증언하는 성서적 계시로서의 정체성을 뚜렷이 확보하게 된다.

이처럼 사중복음은 '규범 하는 규범(*norma normans*)'인 성경에 의해서

'규범 받는 규범(norma normata)'으로서의 자리를 떠나지 않고 지킬 때 성서해석학적 권위를 잃지 않게 될 것이다. 66권의 성경에 비추어 사중복음을 볼 때, 사중복음의 특정 성경구절이 '증거 본문(proof text)'으로 떨어지는 것을 피할 수 있게 한다.

오늘의 영적이며 정치적 상황에서 성경 본문을 사중복음의 빛에서 해석해 낼 때, 성경 본문은 보다 통전적으로 하나님 나라를 위한 회개·신앙·고백·실천을 요청하는 하나님의 말씀으로 들릴 수 있게 될 것이다.[84]

5 사중복음과 계시 인식으로서의 신앙(Fide)

신앙은 사람에 의해 형성되지 않고, 하나님 자신에 의하여 주어지는 계시 사건이다. 신앙의 과제는 계시를 인식하는 것이다. 따라서 계시로서의 사중복음을 어떻게 신앙으로써 인식하게 되는지를 고찰한다. 여기에는 교리적 계시 인식과 경험적 계시 인식이 있는데, 그 특징은 무엇이며, 또한 사중복음은 성령에 의하여 어떠한 종교적 체험으로 나타나는지를 살펴보게 될 것이다.

1) 신앙과 사중복음

§ 38 사중복음은 온전한 구원을 위한 하나님의 계시로서 오직 예수 그리스도 신앙으로써만 인식되며, 받을 수 있는 하나님의 은총이다.

신앙은 하나님의 계시에 대한 내적 인식의 원리로서 '하나님의 구원행위'에 속한다. 개혁주의 전통에서는 소위 '이중예정'이란 이름으로, 웨슬리안 전통에서는 '예지예정'이라는 이름으로 구원교리를 가르침으로써 양 진영 간의 대립이 해결되지 않고 있으나, 실상은 모두가 인간의 '공로'에 의해서가 아니라, 오직 '믿음'에 의하지 않으면 안 되는 하나님의 구원 행위라는 점에서는 다르지 않다.[85]

신앙은 인간에게 하나님에 의해서 수동적으로 이루어진다. 달리 말하여, 신앙은 하나님 자신의 권위와 계시적 힘에 의해 주어지는 것에 대한 인정이다. 신앙은 나에 의해서가 아니라 계시에 의해서 주어진다. 그러므로 신앙은 본질적으로 '주관적'이거나 '의지적'이지 않다. 내가 믿겠다고, 혹은 믿고 싶다고 믿어지는 것이 아니다. 즉, 자유의지의 주관적 개입에 의하여 신앙이 내 안에서 발생하는 것이 아니다.

그러나 내 안에서 일어난 사건이므로 그것은 '나'의 믿음이지 그 누구의 믿음도 아니다. 그러므로 우리는 신앙 역시 하나님의 은총이요, 선물이라 고백하는 것이다. 이러한 신앙으로 받아들여진 내용에 대한 타당성은 내가 입증할 수 없다. 그 내용 자체가 스스로 옳음을 드러낼 수 있을 뿐이다. 그러나 신앙하는 자는 그것이 옳음을 이미 안다.

불신앙이란 하나님에 의해 비춰지는 것에 자신의 경험과 의지와 관점을 개입시키는 것이다. 그러므로 불신앙은 인간에 의한 주관적 반응으로서 결국은 계시를 의도적으로 부정하는 결과에 이르게 된다. 불신앙이란 완전한 계시를 불완전하며 때로는 거짓된 주관의 양심으로 표현하는 것이다. 따라서 불신앙은 엄밀한 의미에서 신앙의 영역에서 다루어질 수 있는 것이 아니다. 자유의지에 따른 이성과 경험에 의한 계시의 왜곡이기 때문이다.

지성의 작용은 주체에 의해서 귀납적이며 능동적으로 이루어진다. 주체가 대상을 탐구해 나감으로써 밝히는 것이 지성의 활동이다. 주체의 전제와 상황 여하에 의하여 탐구 대상의 사실성은 달리 표현될 수 있다. 지성에 의해 지식으로 밝혀진 객관적 진리라는 것은 언제나 상대적이다.

신앙은 대상의 사실성에 대한 확실성(certainty)을 보장하지만, 지성은 대상의 사실성(Wirklichkeit)을 개연성(provability)의 문제로 남긴다. 지성은 순차적이며, 분석적이며, 합리적이며, 주관에 의하여 선택적이며, 종합적이지만, 신앙은 오직 하나님의 말씀과 연관되어 성령의 감동에 의해 주어진다. 즉, 복음이 들려질 때(롬 10:17) 성령이 복음을 듣는 자의 마음을 감동함으로써 들리는 복음을 하나님으로부터 온 말씀임을 시인케 되는 것이다.

그러므로 신앙론은 전통적으로 개혁주의와 웨슬리안 모든 진영에서 계시로서의 하나님의 말씀을 다루는 성서론과 함께 다루어 왔다.[86] 다시 말해서, 신앙론은 독립적으로 다루어질 수 있는 차원이 아니라 언제나 하나님으로부터 주어지는 계시의 확증을 위한 내적 원리로서 말씀, 그리고 은총과 연관해서만 다루어질 수 있는 것이다.

이와 관련하여 하나님의 은총으로 주어진 사중복음은 성경이 계시한 온전한 구원의 복음임을 증거하기 때문에, 오직 신앙으로써만 정당하게 인식될 수 있는 것이다. 사중복음은 성경을 통해서 계시된 은총이요, 약속인 사중복음은 주관적 사유의 행위에 의하여 다루어질 수 있는 대상이 아니며, 그 자체의 권위와 신뢰성을 가지고 오직 신앙만을 요구하면서 나에게 다가오기 때문이다.

달리 말하여, 사중복음 역시 성경의 계시적 증언들처럼 성령의 감동적 역사 없이는 신앙적 깨달음이나 수용은 없다는 것이다. 사중복음이 들려질 때 신앙이 아니라 지성이 먼저 반응하면, 사중복음의 초자연적 은총과 사중복음의 하나님 나라의 약속은 사실로서 실제적이지 않게 되고 개연적이며 추상적인 것으로만 남겨지게 된다. 사중복음은 계시의 빛 가운데 보이며, 오직 신앙으로써만 받을 수 있는 하나님의 은총이다.

2) 사중복음과 교리적 계시 인식

§39 사중복음 교의학은 성경에 계시된 말씀들을 근거로 사중복음 신앙 내용을 교리화한다.
§40 사중복음 교리는 신앙을 통하여 선험적으로 인식된 성경의 하나님 나라 계시를 정립한다.

하나님의 계시 인식 자체가 곧 신앙 사건이다. 신앙에 의하지 않는 계시 인식은 없기 때문이다. 계시의 원천은 성경이며, 성경에 나타난 계시는 오직 신앙으로만 깨닫게 된다. 그 깨달음을 '교리적(doctrinal)' 언어로 표현할 수 있고, 또한 '경험적(sensual)' 언어로도 제시할 수 있다.

그러므로 신앙의 교리와 신앙의 경험은 신학의 자료 혹은 이차적 자료가 될 수 있는 것이다. 계시 자체는 아니지만 계시로 말미암은 것이기 때문이다.

신앙으로 인식한 성경의 계시 내용을 논리적으로 체계화할 때 그것이 곧 '교리(doctrine)'가 된다. 계시 자체는 하나님의 자기표현임으로 논리를 초월하지만, 그것이 신앙에 의해 수용될 때는 이성으로든지 혹은 경험으로든지 인간의 인식 기관을 통과하면서 특정한 형식으로 정형화된다.

계시는 이성이 아닌 신앙에 의하여 인식된다. 그 후 계시의 정형화 과정에서 이성은 신앙에 의하여 인식된 계시를 논리적으로 이해시키는 체계로서의 교리를 형성한다.

사중복음은 온전한 구원에 대한 성경의 계시를 중생·성결·신유·재림이라는 표제어로 정형화한 하나의 '유기적 체계(organism)'로 이해되며, 사중복음의 각 항은 성경의 중심적 계시에 속하는 교의(dogma)로서 다양한 교리들로 표현될 수 있다.

그러나 사중복음을 교의 전통으로 담당해 온 교회들은 사중복음의 유기적 교의체계를 신앙생활의 통합적인 교의학으로 확립하는 데까지 나가지는 못했다. 신앙의 계시 사건을 이성의 논리로 교리화하는 것에 대해 부정적이거나 소극적인 태도를 가지고 있었기 때문인 것으로 보인다.

교리는 계시 내용으로서의 교의를 성경의 가르침에 따라 정립된 것으로서 계시의 본질을 다루게 된다. 그것은 경험적으로 확인된 주관적 사실이 아니라 신앙 사건에서 드러난 선포의 말씀 자체에 관한 것이다. 따라서 교리는 합리적 이성이나 실존적 경험에 의해서 논증되는 차원을 넘어선다.

사중복음의 중생·성결·신유·재림의 교의는 성경이 계시하는 내용 자체지 그 반영들이 아니다. 따라서 사중복음은 무엇보다도 먼저 교의적 차원에서 시작하여 교리들로 전개될 수 있어야 한다.

3) 사중복음과 경험적 계시 인식

§41 사중복음 교의는 신앙으로 말미암아 객관적 교리로서 뿐만 아니라, 삶의 현장에서 주관적 경험으로서도 인식된다.

계시는 신앙을 전제할 때 교리적 인식으로서만이 아니라 경험적으로도 인식 가능한가? 이는 교리적 신앙 인식과 아울러 경험적 신앙 인식의 가능성을 묻는 것이다. 이에 대하여 우리는 신앙에 의한 교리적 이해뿐만 아니라, 신앙에 의한 경험적 이해 역시 가능하다는 사실을 분명히 한다.

교리적 신앙 인식이 이성에 의해 가능케 된다면, 경험적 신앙 인식의 기관은 감정과 직관이 담당한다. 그래서 성서적 계시 사건을 '경건한 감정' 혹은 '종교적 직관'에 의한 경험의 언어에 담는 소위 '경험주의 신학'은 가능한 것이다. 이는 슐라이어마허(1768~1834)가 "기독교인의 생활에서 발견되는 종교적인 감정을 기술하는 것이 기독교 교의학의 과제"[87]라는 새로운 관점을 제기했을 때 그가 가졌던 신학적 동기로 이해된다.

그로부터 신학은 이성에 의한 기술만이 아니라, 감정과 직관 역시 학문의 영역에서 다루어질 수 있는 방법론적 가능성이 시험대 위에 오르게 된 것이다. 계시 경험 곧 하나님의 임재에 대한 개인이나 공동체가 느낀 경건한 '종교적 감정(Gefühl)'이 신학에서 중요한 자리를 차지하게 되었다.

여기에서는 실존적인 삶의 현장 안에서 후험적으로 말할 수 있는 것들이 유효하다. 성경의 계시에 대한 개인의 신앙 사건을 통해 하나님을 만난 경험은 직관적이거나 감정적 언어 없이 그 실재가 제대로 표현될 수 없다.

이와 같은 흐름은 칸트의 경험철학과 더불어 신학을 전개한 슐라이어마허 이후[88] 각개의 신학적 전통에 따라 찬성과 반대의 입장을 표현하면서 현대까지 이어지고 있다.

이러한 경험주의 신학이 합리주의 신학과 마찬가지로 비판 받는 이유는 신학의 원천을 '하나님 자신'에 두고 있지 않다는 점과, 그 대신 '하나님에 관한 것'을 다룬다는 점 때문이다. 달리 말하여, 하나님 자신의 자리에 하나님에 관한 인간의 이해와 경험을 올려놓음으로 인해, 결국은 신학을 인간학으로 바꾸어버리고 있다는 것이다.

이러한 비판은 하나님의 계시 자체를 주어진 그대로 다룬다고 자부하는 소위 정통주의자들에 의하여 대중적으로 제기된다. 그러나 엄밀히 말하자면, 정통주의의 교의학적 진술에도 양면성이 있다.

즉, 밖으로는 계시 자체를 다룬다고 선언하지만, 실제적으로는 이성 중심으로 논리적 진술에 치중하고 있는 것이다. 또 다른 한편으로는 논리만 중시하는 것 같지만, 그와 반대로 '실천적' 동기가 강하게 작용하고 있다는 것이다.[89]

하나님의 자기 계시 행위 자체는 하나님이 스스로 신적 본질의 대상화를 시도한 것이요, 그렇기에 신학은 '하나님 자신'에 대해서 생각할 수 있고, 말할 수 있게 된다.[90] 그러므로 정통주의가 초월적 하나님과 하나님의 존재 자체를 신학의 원천으로 삼는다는 것은 불가능한 것이 아니다.

오히려 정통주의에서의 문제는 계시의 언어화 과정에서 인식 된 하나님을 "아리스토텔레스 사상의 존재론적·형이상학적 사고 형태를 수용"하여 "생산적인 교의학이 아니라 재생산적인 교의학만 만들어" 냄으로써,[91] '실천적 교리'를 위한 교의학의 동기는 결국은 형이상학의 논리에 묻혀 '신앙과 경건한 생활'을 이끌어내는 데는 한계가 있었다는 점이다.

이에 대한 비판과 대안으로 신조와 형이상학적 논리에 갇혀 박제화되어 있는 교리의 하나님을 일상의 실존 한 가운데서 감성과 지성으로, 또한 직관으로 체험된 하나님을 신학의 원천으로 삼고자 한 근대 신학이 특히 '감정의 신학'이란 이름으로 등장한 것이다.

이러한 간단치 않은 신학사적 맥락에서 성서적 관점의 사중복음을 정당하게 이해하기 위해서는 사중복음에 대한 교리적 인식과 경험적 인식은 그 어느 한 가지도 소홀히 다루어서는 안 되는 중요한 사항들임을 확실히 할 필요가 있게 된다.

교리적 접근은 성서적 계시에 대한 신앙의 내용인 교의의 본질 자체를 다루고자 함이요, 경험적 접근은 신앙 인식을 통해 경험된 실재를 파악하고자 함이다. 그러므로 양자 중 어느 한 가지로 기울거나 약화될 때 사중복음은 교리에서나 경험에서나 모든 면에서 불완전한 상태로 남을 수밖에 없게 될 것이다.

4) 사중복음과 성령에 의한 종교적 체험

§42 사중복음의 교리적 인식과 경험적 인식이 성서적인지를 확인해 주는 것은 성령의 증거다.

§43 성령은 진리와 권능으로써 사중복음의 신앙교리와 신앙 경험을 확증해 주는 보혜사다.

§44 사중복음의 신앙교리와 신앙 경험은 성령을 통하여 진리와 권능으로 나타난다.

북미유럽의 경험신학과 사중복음

사중복음은 19세기 아메리카 대륙에서의 부흥 운동 한 가운데서 복음주의 신앙의 요체로 그 모습을 드러내었다. 사중복음이 성서적 계시의 은총과 약속으로서 그리스도인들의 실제적 삶에서 경험되었기 때문에, 성결·오순절 전통은 이러한 사중복음의 경험과 비전에 따라 '성령세례'와 '성결과 능력'을 추구하는 삶이나 '영적 분별'과 같은 신앙생활상의 경험을 강조해 왔다.[92]

그러나 사중복음의 진리 담론을 논리적인 교리체계로 전개하는 데는 힘을 기울이지 않았다. 교의를 학문적으로 논증 혹은 변증하는 학문을 구축하는 신학 운동보다는 교의의 실천을 위한 '성서학원(Bible School)' 운동, '신앙선교(faith mission)' 운동에 집중했다.[93]

그 결과 사중복음의 교의학적 가치와 그 중요성을 신학적인 체계로 수립하지 못한 결과를 초래하였다. 사중복음이 이처럼 경험 중심적으로 이해되어 온 상황에서 수행됐던 사중복음신학의 과제는 극히 제한적일 수밖에 없었다.

그것은 주로 일상의 영적 생활에서 경험하는 중생체험, 성결체험, 신유체험을 성경 안에서 발견되는 유형들로 설명하는 것, 그리고 재림신앙에 입각하여 임박한 종말의 시대적 징조 등을 성경의 표현으로써 묘사하는 데로 모아졌다.[94]

유럽과 아메리카에서 각각 발전된 경험신학들은 '경험'을 신학의 주요 과제로 삼는다는 면에서는 공통점이 있지만, 서로는 근본적으로 궤를 달리한다.[95] 특히 유럽의 경우, 앞(2.2항)에서 살펴보았던 것처럼 슐라이어마허의 신학을 '경험'과 관련시킬 때, 교의가 신앙인의 삶에서 살아 있는 것으로 경험되게 한다는 동기에서 유사하나, 그 시도의 방향에서는 다른 방향으로 나타났다.

즉, 북미에서는 부흥 운동을 통한 성결한 신앙의 삶이 사회 복음적 실천이나 세계 선교로 전개됐지만, 유럽에서는 한편에서는 초자연주의적이고 형이상학적으로 체계화되어 있는 교의를 근대인이 경험할 수 있는 정신에 기초한 독립적인 학문으로서의 신학을 새롭게 구축하는 것으로 진행되었거나, 다른 한편에서는 경건주의 전통의 디아코니아와 선교로 이어졌다.

특별히 슐라이어마허가 새로운 신학에 도전하게 된 데에는 북미의 복음주의와는 다른 근대 유럽의 교회 현실과 지성사가 있으므로, 그의 신학을 당시의 삶의 자리에서 더욱 정당하게 읽어야 할 과제는 지금도 여전히 남아있다. 그가 그 이전의 교의학과 전혀 다른 방법론으로 집대성한 '신앙론(Glaubenslehre)'이라 칭한 그만의 교의학을 교파주의라는 진영논리를 가지고 '자유주의'로 폄하하지 않고, 오히려 감춰진 그의 신학적·역사적 가치를 정당하게 재평가할 필요가 있을 것이라 사료된다.

'들어가는 말'에서 한 예로 언급하였듯이, 당시 심각한 분열과 대립 가운데 있었던 교회 현장에서 그의 신앙론과 그의 적극적인 삶으로 인해 300년간 대립되어 왔던 루터주의와 칼뱅주의가 신학적으로 통합을 이룬 사실 하나만 제대로 보아도,[96] 슐라이어마허 신학의 역동성과 그 가치를 충분히 인정할 수 있기 때문이다.

반면에, 아메리카에서 꽃 피웠던 경험신학에서는 인간의 심리적이며 인식론적 차원이 아니라 초자연적인 성령의 임재를 통한 심령의 변화와 깨달음 혹은 은혜의 체험, 혹은 능력의 행사, 혹은 은사의 체험과 다양한 영적 체험이 신학의 중요한 원천이 된다.[97] 역사적으로 볼 때, 경험신학적 차원에서의 사중복음에 대한 접근은 바로 이러한 성령의 초자연적 역사에 대한 신앙의 제 현실을 다루었던 것이라 볼 수 있다.[98]

성령체험과 사중복음

신앙으로 인식되는 계시가 신적 진리임을 보증하는 것은 '성령'이다. 성경이 하나님의 말씀임을 인식함에는 교회적·역사적·직관적

·윤리적 증거들만으로써는 모자란다. 이들로는 인간적인 확신까지는 도달하게 하지만, 절대적인 확증에까지는 이르지 못한다. 이를 위해 반드시 필요한 것은 하나님의 은총으로 주어지는 성령의 증거다. 그러므로 성령의 증거에 대한 바른 이해 없이는 종교적 체험에 대한 개념은 모호성을 벗어날 수 없다.

성령의 사역은 하나님의 말씀과 분리되지 않으며, 인간의 감성·이성·영성·의지 등 그 어느 한 부분만이 아니라 전인격적인 관계성 가운데서 이루어진다. 따라서 '성령의 증거'를 말하는 것은 성경의 자증(自證)을 인정하지 못하는 신비주의와 다르다. 또한, 성령의 증거는 신앙의 경험으로부터 나오는 것이 아니다.

신앙 경험이란 신앙의 결과이지, 신앙의 원인이 아니기 때문이다. 신앙의 결과는 주관적이나, 신앙의 원인으로서의 성령의 증거는 누구에게나 객관적이다. 그 이유는 성령의 증거란 성령에 의한 사역의 결과이지, 인간의 체험에서 나온 주관적 반응이나 확신이 아니기 때문이다.

'인간적인 믿음(*fides humana*)'과 '신적인 믿음(*fides divina*)'은 전혀 다른 차원이다.[99] 인간적인 믿음은 성경의 계시 이해를 사람의 논증에 의존하나, 신적인 믿음은 오직 성령의 증거를 통해 성경이 하나님의 말씀임을 인식한다.[100] 이처럼 성령의 증거는 하나님이 인간에게 은총과 신앙을 수여하는 가운데 주시는 한 방편이지 신앙의 궁극적 근거는 아니다.

여기에서 다시 한번 종교개혁자들이 재발견한 '오직 성경'만이 신앙의 최종적인 근거임을 확인할 필요가 있다. 하나님의 계시에 대한 신적 권위의 우선성은 성령의 증거를 확신하는 인간의 경험에서보다는 성경에 의한 객관적 증거에 대한 신앙에서 찾을 수 있기 때문이다. 성령의 증거는 성서적 계시 신앙 이후에 계시의 내용을 체험적으로 확인해주는 역할을 감당한다고 할 것이다.[101]

그러나 성령의 증거를 중요시함으로써 종교적 체험이 신학적 인식론의 기초가 될 때, 객관적 교의들을 체험적 논리의 확실성으로부터 유추하려는 종교적 체험주의의 위험성에 빠질 수 있다. 그렇게 되면, 성경의 계시가 모두 종교적 체험으로 다 파악될 수 없을 때 체험으로 확인되지 않는 진리에 대해 반(反)신앙적인 입장을 취할 수 있게 된다. 결국은 종교적 체험주의가 계시의 본질적 영역을 왜곡하는 데까지 이를 수 있게 된다.[102]

이러한 맥락에서 사중복음은 중생, 성결, 신유의 실재를 성령에 의한 경험적 증거를 앞세우기 전에, 먼저 하나님 나라 복음의 언약적 말씀에 대한 신앙으로 접근해야 할 것을 요구한다. 그렇지 않으면 이들을 주도적으로 경험주의 틀에 편중해서 이해하게 되고, 재림에 관해서도 휴거와 같은 교리를 시한부 종말론이나 그와 유사한 경험주의적 차원에서 바라보기 위하여 사중복음에 대한 성령의 증거를 찾게 될 때 사중복음 교의에 대한 심각한 곡해가 생기게 되고, 복음적 신앙과는 상관이 없는 종교적 신비주의로 떨어질 수 있기 때문이다.

사중복음에 대한 성령의 증거는 먼저 선험적 차원에서 신앙 안에서 주어지는 것이며, 종교적 체험으로서의 영적 증거는 전적으로 하나님의 권한과 때에 귀속되어 있는 것이다.

마지막으로, 사중복음 교의학은 사중복음을 근원적으로 가능케 하는 예수 그리스도의 십자가와 부활을 신앙적 차원에서 경험해야 하는 것을 강조하지 않으면 안 된다.

사중복음은 중생의 십자가 생명, 성결의 십자가 사랑, 신유의 십자가 회복, 그리고 재림의 십자가 소망으로 구체화될 수 있는 십자가 은총의 역사(役事)다.[103]

이는 마르틴 루터 이후 개신교 복음주의를 지탱하고 있는 종교개혁적 십자가 신앙 경험과 맥을 같이 한다. 루터가 "오직 경험이 신학자를 만든다(Sola autem experientia facit theologum)"고 했을 때, 이 말은 맥그래스가 이해하듯이, "십자가에 대한 경험적 관찰이 이론적 사변에 우선한다. 그렇지 않으면 십자가는 추상적 관념들로 규정되거나 혹은 바뀐다"는[104] 신학적 경고라 할 수 있다. 사실, 루터 이후 형성된 개신교 정통주의는 그 탁월한 교의학적 체계를 가지고 있음에도 불구하고, 슐라이어마허와 같은 인물을 통하여 '살아 있는 교의학'을 요구하게 된 근본적인 이유가 바로 루터가 경고한 바, 신학자를 신학자 되게 만드는 이 '십자가 경험'의 부재 때문이었다고 보는 것이다. 이 십자가 경험이 곧 하나님 경험이다. "하나님은 오직 십자가와 고통 가운데서만 경험될 수 있다"(하이델베르크 논박문 제21조).[105] 그리고 십자가를 통한 하나님 경험 가운데 중생·성결·신유·재림의 복음과 그 능력이 말해질 수 있으며(Sagbarkeit), 경험될 수 있게 된다(Erfahrbarkeit).

맺는말

사중복음 교의학의 주제는 중생·성결·신유·재림의 사중복음이다. 이 사중복음을 다양한 교의학적 전통 가운데 어떤 입장으로 접근하는가는 교회 공동체들의 신학적·역사적 정체성과 학문적 개방성의 정도에 따라 결정된다. 우리의 주제인 '사중복음'은 19세기말 미국에서 활발히 일어난 초교파적 성결·오순절 운동의 선교 현장 가운데서 자연스럽게 결정화(結晶化)된 교의다.

그러므로 어느 교회든지 자신이 서 있는 신학 전통에 따라 강조점을 달리 하여 받아들일 수 있다. 우리는 아우구스티누스의 은총관을 적극적으로 수용한 종교개혁 신학 전통의 빛에서, 즉 '개신교 복음주의'의 일반적 전통 안에서 웨슬리안으로서 개혁주의와 창조적으로 대화하면서 사중복음 교의학 방법론을 전개하였다.

교의는 하나님이 은총으로 주셨고, 또한 주시고 있는 것들을 말하는 것으로서 계시의 원천적인 증언인 성경이 말하게 하고, 신앙으로 인식되는 계시 사건에 대한 이차적 증언이다. 그러므로 사중복음 교의를 체계적으로 다루는 사중복음 교의학은 무엇보다도 하나님의 은총이 알려지는 것이 계시이며, 이는 성경을 통해서 증거되며, 이를 하나님의 계시로 알 수 있는 것은 신앙에 의해서만 가능하다는 신학 방법론적 입장을 견지한다.

계시와 신앙은 교의를 중심으로 상관적이다. 그러나 교의의 내용은 궁극적으로 하나님 자신이기 때문에, 계시와 신앙 모두 하나님으로부터 나오지 않으면 사중복음 교의학은 처음부터 불가능한 것이다. 계시의 원천도 하나님이고, 신앙의 원천도 하나님이기 때문이다.

사중복음 교의학은 계시가 인간의 경험이나 자연의 현실이나 역사에서 나오지 않으며, 신앙 역시 인간의 의지나 삶의 자리에서 나오는 것이 아님을 분명히 한다. 사중복음이 계시와 신앙의 내용으로 다루어져야 한다면, 사중복음은 하나님의 계시로 밝혀진 것이어야 하며, 사중복음 신앙 역시 하나님께로부터 나온 것이어야 한다.

이에 대하여 사중복음 교의학은 사중복음이야말로 하나님이 인간에게 주신 하나님의 은총이며, 사중복음은 성경을 통해 발견되는 온전한 구원의 약속이며, 하나님은 누구든지 사중복음을 하나님의 은총으로 받아들일 수 있도록 믿음을 주시는 분임을 정당하게 밝혀야 하는 과제를 가지게 된다.

이 사중복음은 하나님으로부터 오는 것(*extra se*)으로서 신적 계시의 차원에 속하는 것이기 때문에, 예수 그리스도의 십자가 신앙을 통해 하나님으로부터 오는 빛 안에서만 밝혀지고, 경험되고, 인식될 수 있는 신적 계시에 대한 진술의 하나다. 즉, 사중복음은 성경을 통해 계시되는 하나님의 복음을 대신할 수 없는, 교의들의 한 차원이라는 점이다.

달리 말하여, 사중복음은 성경에 의하여 '규범 받는 규범'인 바, 사중복음이 이러한 자신의 규범적 특징을 정당히 유지하는 사중복음 교의학일 때 사중복음 자신이 사중복음 교의학의 방법론을 스스로 제시하게 될 것이다.

그러나 사중복음 교의학은 중생·성결·신유·재림의 복음적 실재가 추상적 개념에 머물러 있지 않도록 '마음의 눈'으로[106] 십자가에 못 박힌 예수 그리스도를 바라본다(fix on). 왜냐하면, 예수 그리스도는 "믿음의 창시자요, 또 믿음을 완성하시는 자"이며, "그는 그 앞에 있는 기쁨을 위하여 십자가를 참으사 부끄러움을 개의치 아니하시더니 하나님 보좌 우편에 앉으(신)" 유일한 중보자가 되셨기 때문이다(히 12:2).

제 8 장

사중복음 신론 방법론

1 현대인의 물음과 현대신학의 딜레마

**포스트 코로나 시대의
하나님 고백**

하나님의 당위성에 대한 물음에서는 거의 필연적으로 언제나 존재론적인 것과 윤리론적인 것이 선행적으로 논의되어 왔다. 독일 튜빙엔 조직신학자 에벨하르트 융엘(E. Jüngel)이 1977년에 내놓은 『세상에 감추어진 비밀로서의 하나님』에서 무신론이 제기한 물음에 대한 대답의 시도는 오늘날도 계속되고 있다.

그가 "하나님은 꼭 필요한가(notwendig)?", "하나님은 어디에(Wo) 있는가?", 그리고 "하나님은 살아있는가?"라고 물었을 때, 그의 대답은 신학자로서 유신론과 무신론의 논쟁을 넘어서 최종적으로 기독론에 기초한 삼위일체 하나님에 뿌리를 두고 대답을 제시하고 있다.[1]

그러나 존재론적 물음에 대한 신학적 대답이 그와 같이 주어졌을지라도 아우슈비츠나 세월호 사건을 통해 제기된 신정론과 같은 윤리론적 물음에 합당하게 대답되지 않으면 더 이상 설득력 있는 신론은 전개되기 어렵다.[2] 왜냐하면, 윤리적이지 못한 신은 더 이상 신으로 수용되기 어렵기

- 주님은 중생의 세계로 초대하시는 생명의 하나님이다.
- 주님은 성결의 세계를 누리게 하시는 사랑의 하나님이다.
- 주님은 신유의 세계로 보내시는 능력의 하나님이다.
- 주님은 재림의 세계를 예비하신 공의의 하나님이다.

때문이다.

다른 한편, 신론을 전개함에서 무신론이 반드시 유신론에 대한 검사 역할만 하는 것은 아니다. 오히려 무신론이 기독교적 유신론을 윤리적 차원에서 정화하는 데 적극적으로 초대되기도 한다.[3]

우리가 개진하려는 신론은 무신론자를 향한 신증명을 위함이나, 반기독교적인 비판자들에 대한 변증을 위함이 아니므로, 신에 대한 존재론적 혹은 윤리적 물음은 필요하며, 폭넓은 논증이 요청되는 영역이지만, 우리의 일차적인 관심은 그리스도 신앙 공동체인 교회가 '성서적'이고 '복음적'인 하나님 신앙 위에 세워지도록 하는 것이다.

그럼에도 우리는 무신론과 기독교 비판에 대해 열린 마음으로 기독교 신론에 대한 변증을 시도할 것이다. 왜냐하면, 교회 역시 무신론과 반신론 및 진화론적 세계관 한가운데서 자신의 정체성에 위기를 경험하고 있기 때문이다.

이와 같은 현실에서 우리는 성경의 첫 증언인 "태초에 하나님이 천지를 창조하시니라"(창 1:1)는 말씀에 기초하여 직설적으로 '창조와 구원의 하나님'이 누구인지, 무엇을 행하시는지를 말하게 될 것이다. 그리고 기독교 교회 공동체가 고백하는 내용, 즉 "나는 전능하신 아버지 하나님, 천지의 창조주를 믿습니다"라는 사도신경 신앙고백과 개신교의 정통 교단들이 자신의 교리를 정립할 때 직간접적으로 수용하고 있는 마르틴 루터(Martin Luther)의 대교리문답(1529)과 소교리문답(1529) 등과 같은 '개신교 복음주의'의 초석적 신앙고백을 공유할 것이다. 여기에서 무엇보다도 '십계명'과 '주기도'가 보여주고 있는 이스라엘과 예수 그리스도를 통해서 만나는 하나님이 우리 신론의 출발점이 될 것이다.[4]

그렇다면 우리 신앙 공동체가 고백하는 이스라엘의 하나님이요, 예수 그리스도의 아버지요, 천지를 창조하신 하나님에 대해서 새삼스럽게 재론해야 하는 이유는 무엇인가?

성경의 하나님은 알파와 오메가요, 창조의 주로서 계속된 창조를 통해 세계를 항상 새롭게 하시는 분이기에 그 존재는 마치 성경에서 비유한 '새 포도주'와 같다. 변화와 혁신, 심판과 구원의 역동적 행위 가운데 계신 하나님에게는 언제나 '새 부대'가 필요한 것이다. 이는 예수께서 "새 포도주를 낡은 가죽 부대에 넣는 자가 없나니 만일 그렇게 하면 새 포도주가 부대를 터뜨려 포도주와 부대를 버리게 되리라. 오직 새 포도주는 새 부대에 넣느니라"(막 2:22)라고 말씀하신 것과 같다.

포스트 코로나(Post-Corona) 시대를 준비해야 하며, 동시에 사람이 아닌 '인공지능(AI)' 기반의 4차 산업혁명이 삶과 사고의 양식을 바꿔놓고 있는 때에, 어떻게 창조의 하나님을 올바로 알고 믿을 수 있도록 안내할 수 있는가?

이것은 교회가 이 시대를 향해 스스로 제시해주어야 할 신학적 과제다. 무엇보다도 신앙 공동체의 청소년 세대에게는 더욱 그렇다. 그들은 고도 인공지능 정보화 시대에 기존의 인문주의와 기성종교를 '데이터교(Data religion)'가 대체할 것이라고 호언장담하면서 신이 되고자 하는 인간, 즉 '호모 데우스(Homo Deus)' 이야기에 완전히 노출되어 있어, 성경이 가르치고 있는 신은 더는 믿고 따라갈 존재로 볼 수 없게끔 되어버린 상황에 처

해 있기 때문이다.⁵

과연 우리는 호모 데우스를 추구하는 모든 사람(*pan demos*)에게 호모 데우스 시대에 오히려 신이 인간으로 오신 '데우스 호모(Deus Homo)' 성육신 사건과 십자가·부활 사건을 어떤 식으로든 이야기해 줄 수 있어야 할 것이다. 그러나 혹시 말한다고 하더라도 "그것은 특정 종교, 즉 기독교 공동체의 교리와 권위 체계 안에서만 기능할 뿐인 것은 아니냐"고 부정적인 평가를 받게 될 수 있다.

복음 증거가 어려워진 엄중한 시대임이 분명하다. 그럴수록 코로나 팬데믹 시대 속에서 '복음 팬데믹 시대'의 도래를 믿음으로 말할 수 있어야 할 것이다.

다른 한편, 신에 관해서 이야기하는 것조차 어려울 것 같은 무신·반신·탈신의 시대일지라도, 역설적으로 이 모든 시대정신을 이끌어왔던 자들조차도 기독교의 신, 즉 성경의 하나님을 전제하지 않고서는 무신론을 전개할 수 없었으며, 반신론을 주장할 수 없었다는 사실을 확인하는 것은 매우 중요한 점이라 할 수 있다.

근세의 니체·포이에르바하·프로이트·러셀·마르크스·싸르트르·까뮈·뽕띠 등이 그랬고,⁶ 현대에 와서는 『우주에는 신이 없다』라는 무신론 저자로 인기를 누리고 있는 데이비드 밀스 같은 자도 창세기나 성경의 기적, 혹은 지옥과 같은 주제를 피해 갈 수 없었다.⁷ 잘 알려진 리처드 등도 성경이나 기독교의 신과 대결하지 않으면 자신의 논지를 세워나갈 수 없다는 것이 현실이다.⁸

사중복음신학이
고백하는 하나님

인간은 질문하는 존재다. 신학에서 신론은 모든 질문 가운데 가장 우선적이고도 본질적인 질문을 다루게 된다. 오늘날 신에 대해 직접 묻는 사람은 찾기 어렵다. 일반적으로 깊은 관심이 있거나 앎이 있어야 질문도 있게 되는 법이다. 그러한 의미에서 현대인은 신에 대해 표면적으로 묻지 않을 뿐만 아니라, 그렇지 않다면 물을 힘도 없다고 보아야 할 것이다. 그러므로 현대인에게 신은 죽어 있는 존재나 다름없다.

그러나 인간이 명시적으로 신에 대하여 질문하지 않는다고 하더라도 신에 대한 의식조차 없는 것은 아니다. 오히려 간접적으로는 신에 관한 물음이 그 어느 때보다도 다양하게 존재한다고 볼 수 있다. 그 가운데 가장 두드러진 현상으로서 존재의 근원에 대한 무지와 그로 인한 삶의 좌표 상실을 철저히 경험하면서, 존재 근원의 망실에 의한 절대 기준의 부재를 메꾸기 위한 대체(代替) 신 만들기가 특별히 무신론적 과학기술 진보주의 영역에서 부단히 이루어지고 있다는 것이다.[9]

이러한 상황에서 우리가 지금부터 전개하고자 하는 기독교 신론은 무엇보다 우선적으로 성경이 증언하는 하나님에 대한 것이다. 그리고 그 과정에서 하나님에 대한 무관심·불신·우상숭배에 대한 신앙인의 올바른 태도가 무엇인지 밝혀지게 될 것이다.

직접적이든, 간접적이든 현대인이 대답을 구하는 신 물음에 대하여 우리는 무엇보다도 성결오순절 공동체가 신앙체험적으로 고백하고 있는 '사중복음'의 관점에서 성경의 하나님을 생명의 하나님, 사랑의 하나님, 능력의 하나님, 공의의 하나님으로 제시하고자 한다.

이러한 하나님을 만난 자들은 성경이 하나님을 생명·사랑·능력·공의의 원천이라는 사실을 계시하고 있다는 사실과, 뿐만 아니라 우리들 스스로가 그러한 하나님임을 믿고 있다는 사실을 고백한다. 성서적이며, 체험적인 이러한 신 경험 고백은 역사적으로는 웨슬리안 성결오순절 운동의 복음주의, 특히 성결교회의 사중복음 신앙 전통에 뿌리를 두고 있다.[10]

기독교 역사는 사도들로부터 시작하여 수많은 교부와 순교자들, 그리고 경건한 교회 지도자들을 통하여 시대마다 성경의 하나님, 즉 아브라함의 하나님, 이삭의 하나님, 야곱의 하나님, 그리고 예수 그리스도와 성령을 보내신 아버지 하나님을 증언해온 역사다. 특별히, 무신(無神)과 반신(反神)의 시대에 기독교인의 하나님 신앙고백과 증언은 그 자체로 세상을 향한 신학적이며 동시에 정치적-사회윤리 실천적(Christian social action)-인 행위다.[11] 그 증언이 철저할수록 우상의 동굴 속에 있는 자들에게 그것은 어떠한 형태로든지 용납이 될 수 없는 위협적 세계관이 되며, 양자 간 세계관의 충돌은 불가피할 수밖에 없게 된다.

그러므로 기독교의 순전한 증언 앞에서는 누구라도 피할 수 없는 심판을 의식한다. 왜냐하면, 이때 기독교의 하나님 증언을 받으면 새 생명이요, 받지 않으면 영원한 죽음으로 가게 된다는 엄중한 선고 앞에 서게 되기 때문이다.

이러한 하나님 증언을 위하여 신학은 교회 앞에 다양한 형태의 하나님 이해론으로서의 신학을 제출해 왔다. 이해(理解)는 항상 전(前)이해로부터 시작되고, 또한 그것은 다음의 이해를 위한 전이해가 된다. 전이해(preunderstanding)란 제한적으로 주어진 조건일 수밖에 없다. 이러한 전이해에 기초한 하나님 이해의 진술이란 그 자체로 언제나 편협성에 노출되어 있다.

따라서 모든 이해 행위의 학문적 '편협성' 내지는 '당파성'을 인정하고 들어가는 것이 진리 탐구를 위한, 즉 질문과 대답을 논하는 학문의 기본 자세이기 때문에, 그 대답과 아울러 딜레마가 무엇인지를 파악할 필요가 있다. 우리는 '사중복음'에 기초한 개신교 복음주의 신론의 전이해와 우리가 남겨놓을 딜레마를 안고가는 것은 또 다른 과제가 될 것이다.

1) 현대인의 물음

신에 대한 물음이 나올 수 있는 영역은 크게 신의 존재, 인격, 행위라는 세 부문이다. 이러한 전제부터가 우리 신론의 제한된 조건으로서의 전이해가 될 것이다. 따라서 각 영역에서의 신 물음에 적극적으로 대답한 결과를 고찰할 필요가 있다.

첫째로, 신 존재론으로서 "신은 실재하는가?"라는 물음이다. 성경이 증언하는 하나님의 실재를 자연과학적으로, 철학적으로 변증할 수 있는가? 다른 한편, 이러한 질문 이전에, 과연 현대인은 신존재론에 관심이나 있는 것인가? 그러나 신학이 지속적으로 도전해야 할 과제 중 하나는 무신 혹은 반신의 정신이 지배하고 있는 시대에 신의 존재와 신의 역사 개입을 꾸준히 말함으로써 그들이 신에 관해 물음을 던질 수 있도록 하는 것이다. 무신론적·자연과학적·철학적 물음에 사중복음 신론이 기여할 수 있는 '사중복음적 대답'은 무엇인가?[12]

둘째로, 신 인격론으로서 "신은 경험되는가?"를 묻는다. 신 경험이란 무엇인가? 과연 그것은 가능한가? 성경의 하나님은 인격적이고 역사적인 만남을 주도하는 신으로 자신을 계시한다. 그래서 하나님 만남의 인격적 경험, 역사적 경험이 이야기될 수 있다. 그렇다면 성경이 증언하는 하나님과 이웃 종교인들이 경험하는 신 사이에는 어떠한 차이가 있는가?

다른 한편, 종교적인 신앙체계를 갖지 않더라도 초자연적인 세계의 실재를 경험한 이야기는 비록 그것이 비인격적이고 비역사적이라도 실재하고 있는데, 이러한 초자연적인 신 경험은 어떻게 평가되어야 하는가? 신앙인(혹은 종교인)의 신 체험담의 허와 실을 구별할 수 있는가? 실제로 신을 만났다고 했을 때, 그 신의 인격성은 어떻게 보아야 하는가? 우리의 신학적 과제는 이러한 다(多)종교적 신 체험에 대하여 우리의 입장을 제출할 것이다.[13]

셋째로, 신 행위론으로서 "신은 활동하는가?"라는 물음이다. 성경의 하나님은 인류의 공동체적 삶 가운데서 이야기되고, 경험되고, 증언되고 있는 신이다. 과연 삶의 모든 영역이 돈의 힘으로 움직여지는 자본주의 사회에서도 하나님은 살아계셔서 여전히 활동하신다는 사실을 어떻게 증언할 수 있는가? 포스트모던 시대정신(postmodernity)이 만연해 있는 상황에서 초자연적 하나님의 실재와 활동은 수많은 영적 현상 중의 하나로 폄하될 수 있지 않겠는가? 과연 우리는 현대사회에서 하나님의 활동-살아계심-을 사중복음적 차원에서 증언할 수 있는가?[14]

2) 현대 기독교 신론의 딜레마

기독교는 신에 관한 동시대인들의 물음에 대하여 다양한 대답을 시도해 왔다. 특히 근대 이후의 기독교는 크게 두 가지의 서로 다른 입장에서 신학적 대답을 제시하였다. 양대 입장의 차이는 '텍스트와 콘텍스트' 사이에서, 혹은 '절대주의와 상대주의' 사이에서, 혹은 '객관적 교리주의와 주관적 경험주의' 사이에서 무엇을 택하느냐에 따라 나타나는 것으로 요약할 수 있다.

전자-텍스트·절대주의·객관적 교리주의-를 택하게 될 때는 교회의 전통을 중시함으로써 시대정신에 대해서는 배타적인 신론이, 반면에 후자-콘텍스트, 상대주의, 주관적 경험주의-를 택하게 될 때는 시대정신과 조화를 이루는 신론을 전개함으로써 교회의 정체성을 유지하는 데 문제가 있었다. 이러한 상황에서 사중복음 신론은 양대 전통의 장점을 취하고 단점을 돌파해 나가는 제3의 신학 방법론을 요청한다.

근대적 절대주의 신론:

시대정신과의 대화보다 정체성을 우선시

근대의 절대주의 신론은 전통주의, 성서주의, 그리고 경건주의 전통 안에서 그 특징과 한계를 살펴볼 수 있다.[15]

전통주의적 신론은 현대정신과 교환될 수 없는 절대적 교의를 주장함으로써 신앙 공동체의 '정체성'을 안전하게 확보하는 데 기여할 수 있는 반면에, 공동체 밖에서의 변증은 상대적으로 취약한 상태에 놓인다.

성서주의적 신론은 성경의 가치를 절대적인 것으로 옹호하기 위하여 성서문자주의를 견지함으로써 성경을 신적 계시의 근거로 주장할 수는 있었지만, 배타적이거나 독선적으로 여겨져 살아있는 하나님의 말씀을 시대정신 가운데 증거하는 데는 변증의 한계를 경험하게 된다.

그리고 경건주의적 신론은 신앙체험의 가치에 우선성을 둠으로써 신앙생활의 역동성을 확보할 수 있었던 반면에, 신앙 공동체의 특정 지도자의 신앙체험이 절대 기준이 되는 위험에 노출되어 있다.

사중복음 신론은 근대적 절대주의 신론이 지켜온 성서적이며, 교회 공동체적이며, 경험적인 신 이해를 위한 각각의 의미 있는 전통을 통합적으로 승계할 것이다. 그러나 그들이 시대정신과의 대화를 소극적으로 한 것과는 달리 보다 더욱 적극적인 태도를 보이는 것이 사중복음 신론이 나가야 할 길이다. 왜냐하면, 복음주의의 기초가 되는 사중복음 메시지는 인간과의 친밀한 사귐을 위한 하나님의 적극적인 초청의 말씀이기 때문이다.

신앙의 정체성을 지키는 것과 시대정신과의 대화를 거부하는 것은 서로 다른 사항이다. 오히려 계시의 말씀과 바른 교의와 영적 경험이 분명할수록 교회는 시대정신 가운데서 선포와 변증의 사명을 다하고자 하는 법이다. 이를 위해서 교회는 탈근대적 상대주의 신론들이 취한 적극적 자세를 수용할 수 있어야 할 것이다.

탈근대적 상대주의 신론:
시대정신 수용 vs. 정체성 위기

근대의 절대주의적 신론과 다른 길을 간 신 이해의 한 흐름은 동시대의 정신과 세계관을 수용한 후, 그 안에서 신 이해를 적극적으로 수립해 나가려는 신론이다.[16] 이들은 탈근대를 선언함으로써 신 이해의 절대주의적 입장을 벗어나서 다양한 상황을 전제한 신론을 전개한다. 대표적으로 자본주의, 사회주의, 다원주의, 과학주의, 영성주의 등이 취하고 있는 시대정신에 입각한 신론을 들 수 있다.

자본주의 시대에
신론의 길

자본주의라는 시대정신에 대항하는 태도와 적극적으로 수용하는 태도, 그리고 비판적 수용의 태도 중 어떤 태도를 택하느냐에 따라[17] 자본주의 시대 안에서의 신론은 서로 다른 방향으로 나가게 된다. 특별히 자본주의를 적극적으로 수용하는 복음주의 우파에는 대부분 신(新)근본주의자(neo-fundamentalist), 신복음주의자들, 복음주의 경제학자들, '기독교 재건'을 옹호하는 그룹이 주도하고 있다.[18]

그러나 "자본주의는 진보를 위해 경제성장과 기술이라는 독립적이고 자율적인 힘, 즉 홀로 고립되고 그 자체로 충분하며 선하다고 생각되는 힘 위에 서 있는 한, 비판을 면할 수 없다"라고 하웃츠바르트가 지적한 경고를 무시하게 될 때,[19] 자본주의 안에서의 하나님 신앙은 오히려 세속화된 물신(物神) 숭배로 전락하게 될 수밖에 없게 된다. 왜냐하면, 사회를 지탱하는 정의의 규범-기독교적 가치관을 포함하여-이 "진보의 힘에 의존하게 되며, 기술과 경제성장에 대한 봉사자의 위치에 서게" 되기 때문이다.[20]

여기에서 문제는 르네상스와 종교개혁의 결과로 스콜라주의가 우선시한 '은혜의 영역'보다 '자연생활의 영역'이 상대적으로 격상되어 있는 시대정신을 과연 극복할 수 있겠느냐는 것이다.[21]

이에 대해서 크리스천 정치경제학자 고세훈의 경고에 귀를 기울여야 할 것이다.

> 프로테스탄티즘, 특히 후기 칼뱅주의가 사회적 연대를 개인주의로 대체했고, 경제적 이해가 윤리적 이해로부터 분리되도록 고무했으며, 물질적 추구를 좀더 넓은 의무와 책임들의 한 측면이 아니라, 삶의 중심적인 사명으로 광범위하게 수용되게 함으로써 결국 기독교를 사회적 행위의 규범에서 순전한 개인적, 사적 문제로 변화시키는 데 결정적인 [부정적 의미로의] 기여를 했다는 점을 정직하게 돌아보아야 한다.[22]

이와는 대립적 방향에 서 있는 해방신학적 신론은 "가난하고 눌린 자의 하나님이고, 해방자로서의 하나님"을 이야기한다.[23] 특히 서남동을 필두로 했던 민중신학은 "사회경제사적 관점에서 신학을 해석하는 것"을 핵심적 과제로 삼았다.[24] 그는 예수의 십자가 사건을 "예수가 천민의 주제에 로마의 지배질서를 교란시킬 위험이 있다고 해서 처형시킨 사건"으로, 그리고 출애굽 사건도 '노예들의 탈출기'로 본다.[25] 정통이라는 것도 자본이나 권력을 가진 지배자의 입장을 위한 것으로 보면서 '소외계층'을 위한 민중신학이 요청된다고 보았다.[26]

탈근대적 상대주의 시대에
신론의 길

탈근대의 다원주의라는 시대정신의 관점에서는 기독교의 유일신 신앙이란 다원주의와 상반되는 배타주의의 전형이다. 이러한 다원주의 시대에 부합하고자 하는 교회는 근대의 절대주의에 기초한 배타주의를 스스로 비판하면서, 다원주의와의 적극적인 만남을 통해 "상대적 절대주의의 패러다임으로 전환시키고자 하는 운동"[27]을 위해 신중심적 종교다원주의 신론을 전개한다.[28]

종교다원주의는 제 종교들이 신앙하는 신의 존재를 상대적 절대로 인정함으로써 서로 간에 일정한 거리를 두고 종교인들 간의 종교철학적 대화를 가능하도록 한다. '종교철학'은 어떤 신이 되었든 그것이 지니는 절대적 가치를 개념화하여 하나의 원리로 통합하여 보고자 함으로써 궁극적으로는 '절대'란 하나이기 때문에, 모든 신은 다른 이름을 가진 하나의 신이라는 종교다원주의적 신론을 전개할 수 있도록 한다.

그러나 여기에서는 우상과 참 신이 구별 없이 관념적 차원에서 모두 '절대'와 동일시되기 때문에, 성경의 하나님과 이웃 종교들의 신들이 결국은 서로 사이좋게 병존하거나, 아니면 이름만 다른, 동일한 신이라는 데로 귀결된다. 이것은 성경이 가장 경계하는 현실이 될 수 있다. 여기에서는 영적 '대결' 없는 종교적 '대화'만 존재한다.[29]

탈근대적 신론에는, 실재하는 것들은 하나의 실체가 아니라 '사건(event)'으로 존재하기 때문에, 존재란 '시간적'이어서 '형성되고 있는 것(becoming)'이라 보는 과정철학에 입각한 과정철학적 신론이 있다.

여기에서는 '합생(concrescence)'이라는 '형성의 과정'이 존재보다 더 근원적이게 되는데, 이러한 합생의 과정에서 다자가 일자가 되고, 일자에 의해서 우주 만물이라는 '현실재(actual entity)'가 존재한다.[30]

신은 이렇게 우주 만물을 존재케 하는 유기체적 과정의 방식으로 현실재와 관계를 갖는다. "신은 가능성의 총체요, 동시에 구체성의 원리"로 이해된다.[31] 여기에서는 불변의 신이 아니라 변화의 신, 그리고 변화를 주도하는 신이 성경의 하나님이라는 사실을 수학적 물리의 세계와 과학철학의 원리를 가지고 이해한다.

이와 반면에, 바른 교리의 체계화와 복음화를 위한 정통주의(orthodoxy)나

바른 실천을 통해 인간화을 지향하는 정행주의(orthopraxy)라는 오래된 신학 전통과는 달리, 바른 교리와 바른 실천이 조화를 이루기 위해서 바른 영성이 전제되어야 함을 강조하는 영성학적 전통이 20세기에 등장했다.[32]

영성학에서는 '살아있는 경험'(Bernard McGinn), '포스트모던적 경험'(Philip Sheldrake), '자기초월적 경험'(Sandra Schneiders), '신적인 경험'(Ewert Cousins) 등과 같은 소위 영적 경험과 그에 대한 해석에 초점이 맞춰져 있다.[33]

김찬홍은 동양과 서양 문화권에 나타나는 영적 신 경험의 차이점에 주목하여 양자 간의 창조적인 대화를 시도하고 있다.[34] 영성신학의 등장은 인류가 과학기술에 의한 고도인공지능정보화 시대에 본격적으로 접어들기 시작하면서 점점 좁아져 가는 영성의 세계를 지켜내지 않으면 안 된다는 절박한 의식의 반영으로도 볼 수 있다. 영성은 정신세계에 대한 경험 전반을 포괄하기 때문에, 영적 혼합주의에 떨어지는 것에 유의해야 하는 과제를 지닌다.

이와 같은 탈근대적 상대주의 신론들이 시대정신과 대화하면서 제시했던 대답의 적극적인 면을 수용하면서, 그와 동시에 그들이 처하게 되는 딜레마들을 극복하는 것이 우리가 전개하고자 하는 사중복음 신론의 과제다.

이를 위해서 우리가 취할 수 있는 태도에는 두 가지가 있다. 하나는 하나님의 본질과 속성에 대해서는 절대적 기준을 성서적 계시 신앙에 두는 것이고, 다른 하나는 하나님의 윤리적 요청에 대해서 교회의 전통과 개인의 경험적 현실에 입각하여 신앙하는 바를 성경에 계시된 하나님의 속성을 시대정신의 언어로 풀어내는 길이다.

결국, 문제는 이들 간의 조화와 균형을 어떻게 이룰 것인가가 될 것이다. 우리는 이를 위해서 '웨슬리안 사변형(Wesleyan Quadrilateral)'이라는 '창조적 종합(creative synthesis)'의 방법을 적극적으로 활용할 것이다.[35]

제3의 신학 방법론:
웨슬리안 사중복음 사변형

어떤 것에서든지 방법이란 목표의 특성에 부합되어야 하며, 또한 목표의 달성을 위해 최적화된 것이어야 한다. 그러므로 언제나 목표가 우선하며, 목표에 가장 적합한 방법이 찾아지도록 하는 것이 순서다.

개신교 복음주의의 신앙 요제인 중생·성결·신유·재림의 사중복음은 하나님의 은혜로 인하여 우리가 믿음으로 고백하고 또한 좇아가야 할 신앙의 목표(*telos fidei*)다.

우리는 사중복음신학을 논하는 가운데 '사중복음'에 '신앙의 표준' 혹은 '신앙의 규율'이라는 '레귤라 피데이(regula fidei, rule of faith)'를 적용하고 있다. 이는 사중복음이 철저히 성경에 기초할 뿐만 아니라, 초대 교회 이후로 교회사 안에 각양의 모양을 띠면서 신조(信條, credo)적 핵심 교의를 담고 있음을 확인하고 있기 때문이다. 즉, 삼위일체 하나님에 기초한 사도적 신앙고백과 성서적 신앙을 견지하는 그리스도인이면 누구든지 동의할 수 있는 고밀도의 신앙 내용이 사중복음에 농축되어 있다는 것이다.

이러한 이유로 사중복음은—공식화되지는 않았을 뿐—교회 공동체적 '신앙 규율'로서의 기능을 수행해 오고 있었다는 사실을 밝힐 뿐만 아니라, 여기에서 한 걸음 더 나아가 사중복음은 그리스도인들이 추구해야 할 '신앙의 목표(*telos fidei*)'가 되어야 한다는 사실이다. 중생·성결·신유·재림은 이 신앙으로 살고자 하는 자들에게는 삶 전체를 던져서 이루어나가야 할 신앙의 엄중한 목표가 되기에 충분하기 때문이다.

그 신학적 적합성(*rationale*)은, 성결오순절 운동의 전통으로 말한다면 사중복음을 '온전한 구원의 복음(full salvation gospel)'으로 자리매김하고 있다는 것에서 찾을 수 있을 것이며, 종교개혁 전통으로 보면 "오직 하나님께 영광(*soli Deo gloria*)"을 위해 "오직 그리스도(*solus Christus*)"의 구속적 공로에 기초하여 "오직 성경, 오직 믿음, 오직 은총(sola scriptura, sola fide, sola gratia)"
으로써 성도 공동체가 종말론적으로 추구해야 할 영과 혼과 육의 거룩한
변화의 내용과 방향을 제시하고 있다는 점에서 중생·성결·신유·재림의
복음은 성도들이 추구해야 할 '신앙의 목표'가 될 수 있는 것이다.

신앙목표로서의 사중복음은 온전한 구원이라는 목적을 위해 성경의 말
씀을 통해 이미 주어져 있는 것이며,[36] 역사상의 수많은 그리스도인이 은
혜와 믿음 가운데 체험적으로 고백하고 있는 것이다.[37]

이 사중복음은 성서적 삼위일체 하나님의 본성(nature)과 속성(attribute)
에 따른 신적 활동(work)을 떠나서는 존재할 수 없는 것이기 때문에, 역
으로 우리는 사중복음의 관점에서 하나님이 누구인지를 물을 수 있게
된다.[38]

사중복음 신론은 사중복음의 어느 부문으로부터 보느냐에 따라, 혹은
무엇을 강조하여 보느냐에 따라 다양한 모습으로 전개될 수 있다. 우리는
현대 기독교 신론과의 대화에서 사중복음 신론이 돌파할 방법의 일환으
로 소위 '웨슬리안 사변형'-성경·전통·이성·경험-이라는 신앙의 규율
(regula fidei)을 적용하고자 한다. 왜냐하면, 성경과 전통은 앞에서 언급한
'근대적 절대주의 신론'의 강점을 살리고, 동시에 '탈근대적 상대주의 신
론'의 약점을 보완할 수 있으며, 이성과 경험은 후자의 강점을 살리고,[39]
동시에 전자의 약점을 보완하는 등 근대 및 탈근대 신학의 문제를 해결하
는 데 도움이 될 수 있기 때문이다.

그뿐 아니라, 웨슬리의 사변형은 사중복음이라는 신앙의 목표를 실제
로 경험한 하나님의 백성들에게는 사중복음적 하나님을 성서적으로, 전
통적으로, 이성적으로, 그리고 경험적으로 서술하는 데 최적화된 신학의
자료이며 동시에 방법을 제공하기 때문이다.[40]

웨슬리안 사변형과
사중복음 신론

그렇다면 웨슬리안 사변형의 원리를 적용할 때 사중복음 신론은 어떠한 방식으로 전개될 수 있는가?

첫째, 사중복음 신론은 성서적 신 이해를 위해 '성경' 텍스트에 기초한 성서적 신론을 구성한다.

근대적 절대주의 신론 중 성서주의적 신론의 근거인 '성경'으로부터 하나님의 존재·인격·활동을 확인하여 전개한다. 특별히 히브리 예언자적 신관은 헬라 지성적 신 이해의 문제점을 극복하는 데, 펜티코스탈 사도적 신관은 유대 율법적 신 이해의 문제점을 극복하는 데, 그리고 래디컬 그리스도적 신관은 비그리스도적 신 이해의 문제점을 극복하는 데 결정적으로 중요한 역할을 하게 된다.

성경의 하나님을 모든 신학과 신앙 실천의 기초와 원리로 삼는 것이야말로 가장 사중복음적인 특성임을 확인한다. 사중복음적 관점에서 성경이 증언하는 창조·구원·심판의 하나님은 곧 생명의 하나님, 사랑의 하나님, 능력의 하나님, 공의의 하나님이라는 것을 밝히게 될 것이다.

둘째, 사중복음 신론은 사중복음 정신에 입각하여 교회 공동체를 혁신해온 '전통'을 이어받는다.

무엇보다 오순절 이후의 사도적 관점을 명확히 제시함으로써 신약성서 시대의 초대 교회가 지켜낸 순전한 신앙고백의 '전통'을 승계해 나간다. 이를 통해 교회가 현대주의란 미명하에 신앙의 세속화를 방치하는 것을 경계한다.

여기에서는 특별히 사도신경과 에큐메니컬 신조에 나타난 삼위일체 하나님 신앙고백을 교회 갱신의 차원에서 재해석하는 것이 중요하게 되며, 아우구스티누스와 종교개혁자들, 존 웨슬리와 존 플레처, 마틴 냅과 성결 오순절 운동가 등 교회사에 나타난 주요 인물들의 하나님 중심적 신앙고백과 삶이 '교회개혁'에 어떻게 기여했는지, 그리고 그것이 얼마나 사중복음적이었는지를 밝힌다.

우리 교회는 중생한 자들의 공동체인가? 성결을 경험하고 있는 공동체인가? 신유의 역사를 펼쳐나가고 있는 공동체인가? 재림의 소망 가운데 깨어있는 종말론적 공동체인가? 이러한 물음을 교회에 철저히 제기하면서 사중복음에 부합한 교회로의 회복과 혁신을 추구해온 정신을 밝힌다.

셋째, 사중복음 신론은 인문학적 대화를 통해 시대정신이 던지는 질문에 '이성'에 입각한 합리적 대답을 시도한다.

사중복음을 담고 있는 래디컬 성결오순절 전통은 성령세례를 강조함으로써 성령이 말씀보다 우선한다거나, 신앙에 의한 특별 계시의 말씀을 강조함으로써 이성에 의한 보편적 로고스를 등한히 여긴다는 비판을 받을 수 있는 소지가 있어왔다. 그러나 사중복음 신론은 말씀과 성령, 신앙과 이성, 계시와 시대정신 간의 우선순위와 서로 간의 긴장을 깨트리지 않으면서 복음의 정체성을 확고히 한다.

특별히 이성은 계시를 판단하는 자리에 있지 않고, 신앙이 수용한 계시를 시대정신과 만나도록 한다. 한 걸음 더 나아가, 이성으로 하여금 사중복음이 시대정신을 이끄는 합리적 정신, 역사해석, 문화개념에 대해 열린 자세로 호응케 함으로써 이를 통해 인류가 처해 있는 실존적 문제를 통찰하고, 그에 대한 신학적이며 윤리적 메시지를 제시한다.

넷째, 사중복음 신론은-열매로써 씨앗의 본질을 입증하듯-말씀과 성령의 역사에 따라오게 되는 영적 은혜의 '경험'을 담아낼 수 있는 신론을 개진한다.

다윗의 "만군의 주"나 "영광의 왕"(시 24:10), 예수 그리스도와 바울의 "아바 아버지"(막 14:36, 롬 6:15)와 같은 하나님 이해는 하나님을 왕처럼, 혹은 아버지처럼 대하며 살았던 경험적-살아있는-믿음의 삶 가운데서 고백 된 열매로 이해할 수 있다.

이러한 영성적 신 이해는 '살아계신' 하나님을 증언함으로써 제도나 교의(敎義) 자체에 매몰된 신 이해의 문제점을 극복할 수 있도록 한다. 그 경험의 실체는 예를 들어, 기도에 응답하는 하나님, 말씀으로 인도하는 하나님, 성령을 통해 역사하는 하나님, 기사와 이적을 일으키는 하나님 등으로 다양하게 나타날 수 있다.

이와 같은 네 가지의 관점을 사중복음 신론 전개에 종합적으로 적용하는 것은 마치 수만 개의 부품을 하나도 빠뜨림 없이 설계에 따라 순서대로 조립하여 하나의 자동차나 비행기를 완성하는 것과 같이 많은 시간이 걸리는 복잡하고도 어려운 일이다. 그러므로 우리의 서론에서는 이러한 방식으로 사중복음 신론을 형성해 나갈 것이라는 사실을 밝히고, 그에 따른 사중복음 신론의 기본적 틀을 제시하는 것으로 제한한다.

2 사중복음 세계관에서 본 창조 · 구원 · 심판의 하나님

창조자 하나님과
피조물 인간의 인격적 관계

본 단원에서는 앞서 "현대 기독교 신론의 딜레마(1.2)"에서 제기된 '근대 절대주의 신론'과 '탈근대적 상대주의 신론'의 문제의식과 딜레마를 사중복음 신론 전개의 전이해로 삼아 현대인이 묻는 '신 존재론, 신 인격론, 신 행위론'에 대한 대답의 실마리를 '사중복음적' 성서해석을 통해[41] '통합적으로' 제시코자 한다.

성경의 하나님은 무엇보다도 먼저 창조자로 등장한다. 즉, 신의 행위가 신의 존재와 인격에 앞서 전면에 나타난다. 그 첫 번째 신적 행위가 만물의 '창조'다. 모든 존재의 연원이요 시작이 하나님의 창조 행위임을 명토 박고, 그다음 창조된 인간과 대화하는 하나님, 즉 '인격적 사귐'을 가지는 하나님이 나타난다. 그러므로 성경 안에서 신 존재론적 물음에 대답을 얻고자 하는 자는 인내를 가지고 기다려야 한다.

그러나 그리 오래지 않아 신 존재론 역시 중요하게 다루어지고 있음을 확인할 수 있다. 성경은 역사와 우주를 관장하는 하나님에 대한 불신앙적 사건들이 나타날 때마다 그에 대해 신의 존재가 어떠한지를 밝히고 있음을 찾아볼 수 있기 때문이다.

성경의 증언에 따르면, 하나님은 모든 존재와 존재를 위협하는 비존재 모두를 창조부터 종말에 이르기까지 자신의 뜻대로 섭리하시는 알파와 오메가다. 그러므로 하나님은 전지하고, 전능하고, 편재하고, 영원한 절대선(絕對善)으로서 스스로 존재하는 '자존자(自存者, I AM, 출 3:14)'다. 하나님은 스스로 정하신 법대로 만물을 창조하셨다. 그중에 하나님 자신과 같은 형상을 지닌 존재를 만들어 만물을 자유롭게 다스리도록 권한을 부여하였다. 그 존재가 바로 인간이다. 하나님의 창조 행위 가운데 최고봉이 '하나님의 형상'으로 지어진 인간이다. 따라서 인간과의 관계에서 창조적 하나님과 인격적 하나님의 존재를 경험할 수 있게 된다.

그렇다면, 하나님이 창조하시고 인격적 관계를 맺고 있는 인간은 어떤 존재인가? 틸리히의 통찰력 있는 인간 실존 이해에 따르면, 인간은 '무한한 자유'인 하나님으로부터 역사 안에 '유한한 자유'의 존재로 창조되었다. 역사는 '화해 없는 갈등의 연속'으로서 인간을 자기 파괴 가운데로 위협하기 때문에, 유한한 자유의 인간 실존은 "불안으로 가득 차 있고, 무의미로 위협받는 존재"로 살아간다.[42] 그는 "존재와 비존재의 혼합"으로서[43] '소외' 가운데 거하며, 마성적인 세력들로 상징되는 '악의 구조들'에 의해서 지배된다.[44]

인간은 유한한 자유의 존재로서 악의 구조들 가운데 있는 한, 그의 실존을 지배하고 있는 '자유와 운명의 대극성'을 초월할 수 없다. 즉, 인간의 삶 안에서 자유와 운명은 서로를 제한하게 된다. 인간이 자유를 포기할 때도 운명이 관여한다.[45] 인간이 타락할 수 있는 가능성의 근거는 인간의 연약함이다. 타락의 가능성은 운명과의 통일성 속에 놓여 있는 인간 자유의 모든 특성에 의존한다.[46] 그러나 타락의 책임을 창조자에게 돌리지 못하는 것은 그가 인간에게 완전한 자유-자유는 곧 책임이다-를 주었기 때문이다.

생명·사랑·능력·공의의
원천으로서의 하나님

이상에서 우리는 '사중복음의 하나님'을 논하기 전에 폴 틸리히의 관점에서 피조물 인간의 실존적 현실에 대하여 살펴보았다. 인간이 처해 있는 이러한 실존적 상황은 인간이 시공간의 역사적 현실 안에 있는 동안 언제나 신앙의 삶과 엮여 있음을 보여준다.

그러므로 유한한 자유, 소외, 악의 구조, 자유와 운명의 대극성, 등과 같이 인간을 규정하고 있는 틀 혹은 지반(matrix)을 떠나서 중생·성결·신유·재림의 세계와 그 가운데 활동하시는 하나님을 말할 수 없다. 그렇게 될 경우, 복음이 약속하고 있는 구원의 실재를 말할 때 자체적인 논리의 모순을 피할 수 없게 되고, 결국은 진리의 역설성을 가장한 신학적 모순을 진리로 주장하는 유혹에 스스로 빠지게 된다.

하나님의 인간 창조 목적에서 중요한 것은 창조주 자신과 닮게 만든 인간과의 친밀한 '사귐'을 가지고자 함이다. 그 사귐의 본질은 부모 자녀 간의 사랑과 같은 것이다. 창조주는 피조물로서 실존적 한계를 지닌 이러한 인간의 상태를 처음부터 알고 있었기 때문에, 예지(豫知)와 예정(豫定)을 통해 사랑의 사귐이 지속될 수 있도록 인간의 생사화복을 섭리(攝理)한다.

그러므로 현대인이 제기하는 하나님의 존재성·인격성·활동성에 대한 물음은 그가 처해 있는 인간 실존의 유한한 자유와 운명에 대한 자각과 아울러 우주 만물의 섭리를 통해서 드러나는 하나님의 모습, 즉 창조자·

구원자·심판자 되심을 얼마나 깨닫고 인정하는지에 달려있다.

이제 본 단원에서 우리는 신적 존재, 인격, 활동의 내용이 되며, 이를 인간과 우주 만물의 운행 가운데 드러내려는 생명· 사랑· 능력· 공의의 원천이 바로 성경이 증언하는 하나님임을 앞에서 논한 사중복음 세계관의 관점에서 밝히고자 한다.

창세기로부터 요한계시록에 이르기까지 계시 되어있는 하나님은 '무로부터의 창조(crreatio ex nihilo)'로 말미암아 선이 결핍된 인간 운명의 역사를 예지예정 가운데 섭리하여, 궁극적으로는 인간과의 친밀한 사귐이라는 창조 목적을 달성하시는 분이다.

하나님은 이를 위해서 아들과 성령을 인간 세상에 보내셨다. 그리고 하나님은 창조와 구원과 심판을 통해서 인간과 피조세계를 섭리하신다. 바로 이러한 성부·성자·성령, 곧 삼위일체이신 하나님이 성경에 계시 되었고, 또한 성령을 통해 그를 믿는 자들에게 나타났다.

그러므로 창조 안에서 이루어지는 모든 일은 성부·성자·성령의 삼위일체 하나님을 떠나서는 어떠한 선한 목적도, 보람도, 이유도 찾을 수 없다. 따라서 신에 관한 모든 물음은 결국 창조 안에서 삼위일체 하나님의 신적 섭리를 얼마나 깊이 통찰하고 경험하는지에 달려있는 것이다.

우리는 신의 존재, 신의 인격, 신의 행위에 대한 물음에 성경과 교회가 증언하고 있는 대답이 '하나님은 생명이며, 사랑이며, 능력이며, 공의'라는 사실일 뿐만 아니라, 우리에게 생명· 사랑· 능력· 공의를 베풀어주심으로써 우리도 신적 경륜(經綸)에 참여토록 하시는 분이 바로 사중복음의 하나님임을 말하고자 한다.

이제 우리는 성경이 사중복음의 하나님에 대해서 어떻게 증언하는지를 밝히는 가운데 우리에게 주어진 전통과 이성과 경험 안에서 어떤 모습으로 이해되고 있는지를 살펴보고자 한다.

1) 중생의 세계로 초대하시는 생명의 하나님

**인간과의 사귐 속에 계신
창조의 하나님**

성경이 증언하고 우리가 믿고 있는 신은 온 우주 만물을 만드신 창조주 하나님으로서(창 1:1) '유일하게 살아계신' 하나님이다. 그리고 이 창조의 하나님은 곧 생명을 부여하고, 생명을 풍성하게 하는 하나님이요, 이를 위해 '말씀하시는 하나님'이다. 그러므로 하나님이 말씀하심은 창조하고 생명을 주는 하나님의 행위다.

모든 생명은 하나님의 말씀으로 창조된 것임으로 하나님의 것이다. 창조에 의해 존재하는 모든 것이 창조자가 만든 창조 질서 가운데 있는 한, 모든 피조물은 하나의 통합적 생명체로 선(善, tob)하다고 말할 수 있다.

그렇다면 하나님이 무엇보다도 이러한 생명의 창조자임을 성경이 말씀하고 있는 이유는 무엇인가?

생명의 원천이신 창조자 하나님을 떠난 인간에게, 즉 넓게는 하나님의 형상으로 창조된 아담의 후예인 인류 모두에게, 좁게는 하나님이 자신의 백성으로 불러낸 이스라엘에게 '창조주 하나님이 누구인지'를 밝히 알려 주심으로써 궁극적으로는 하나님께로 다시 돌아오도록 함이다.

하나님이 억눌린 자를 해방하시고, 가난한 자를 부유케 하시고, 병든 자를 치유하시고, 절망 중인 자에게 희망을 주시는 등의 모든 신적 행위는 그 자체가 목적이 아니라, 하나님을 떠나 살아가고 있는 자들 자신의 처지가 얼마나 비참한지를 알고, 생명의 아버지, 곧 생명을 부여해주신 창조자 하나님께로 돌아가 하나님과 새로운 관계를 맺어 새 생명의 삶으로 끌어내시고자 함이다.

그렇다면 이와같은 신적 행위의 목적을 "여호와께서 모든 것을 자기 목적에 맞도록 만드셨다"(잠 16:4)라고 하신 것과, "내가 분명히 선한 목적을 위해서 너를 구원할 것"(렘 15:11)이라 한 말씀과 연계해 볼 때 창조의 하나님은 곧 구원의 하나님과 다르지 않은 분임을 알 수 있다.

하나님이 창조 때 인간에게 가졌던 자신의 선한 목적은 이처럼 분명히 하나님과 하나 된 생명의 관계, 즉 생명을 이어가는 부모와 자녀 간의 관계를 유지하는 것과 같은 것이었다. 그래서 창조자 하나님은 자신을 떠난 인간들을 향해서 적극적으로 자신과 새로운 생명의 관계를 맺으려고 찾아 나서시는 분이다. 그는 자신의 부름에 응하여 따라 나온 자들, 곧 아브라함처럼 하나님의 말씀을 듣고 믿음으로 걷는 자들과 생명의 언약을 맺음으로써 인간을 창조한 자신의 선한 목적을 이루시는 분이다.

창조의 목적에는 '사귐'이 있다. 그 사귐은 잠시 있다가 없어지는 것이 아니라 영원토록 지속하여야 하며, 피상적인 것이 아니라 깊이 있는 사귐이어야 하며, 사귐의 1순위는 어떤 상황에서도 항상 생명의 창조자 하나님 자신이어야 한다.

왜냐하면, "하늘을 창조하신 이 그는 하나님이시니 그가 땅을 지으시고 그것을 만드셨으며 그것을 견고하게 하시되 혼돈하게 창조하지 아니하시고 사람이 거주하게 그것을 지으셨으니 나는 여호와라. 나 외에 다른 이가 없느니라"(사 45:18)라고 말씀하시고 있는 분이 창조자 자신이기 때문이다.

그러나 모든 자에게 이 창조의 비밀과 신비는 감춰져 있다.

바람이 다니는 길을 네가 모르듯이 임신한 여인의 태에서 아이의 생명이 어떻게 시작되는지 네가 알 수 없듯이, 만물의 창조자 하나님이 하시는 일을 너는 알지 못한다(전 11:5).

그분은 "스스로 숨어 계시는 하나님"(사 45:15)이다.

그는 거듭 경고하면서 "나는 여호와라. 나 외에 다른 이가 없나니 나밖에 신이 없느니라. 너는 나를 알지 못하였을지라도 나는 네 띠를 동일 것이요. 해 뜨는 곳에서든지 지는 곳에서든지 나밖에 다른 이가 없는 줄을 알게 하리라. 나는 여호와라. 다른 이가 없느니라"(사 45:5)라고 상기시킨다. 이는 일찍이 "나 외에는 다른 신들을 네게 두지 말지니라"(신 5:8)라는 제1계명으로 흔들릴 수 없도록 명토 박아 둔 인간과의 언약 사항이다.

새생명으로서의
중생의 복음

창조는 창조 그 자체에 목적이 있는 것이 아니라, 창조된 생명체 안에 창조의 목적이 있다. 요한의 증언이다.

> 만물이 그로 말미암아 지은 바 되었으니 지은 것이 하나도 그가 없이는 된 것이 없느니라. 그 안에 생명이 있었으니 이 생명은 사람들의 빛이라(요 1:3~4).

창조의 하나님은 곧 생명의 하나님이며, 그가 곧 사람들에게 찾아온 빛이 되었다.

창조의 목적은 빛과 사귐이며, 빛 안에서의 사귐이다. 거기에 영원한 생명과 영원한 사귐이 약속되어 있다. 요한일서에서 밝히듯이, "우리의 사귐(koinonia)은 아버지와 또 그의 아들 예수 그리스도와 함께 하는 사귐"(요일 1:3)이다. 왜냐하면, '하나님은 빛'이시며, 빛이신 "하나님께서 빛 가운데 계신 것과 같이, 우리가 빛 가운데 살아가면, 우리는 서로 사귐을 가지게(요일 1:7)" 되기 때문이다.

생명과 빛의 하나님을 우리는 또한 '말씀'의 하나님이라 부른다. 왜냐하면, 하나님은 '말씀(DaBaR)'으로 무에서 유를 창조하셨기 때문이다. 그래서 말씀이 곧 생명 창조의 원천이 된다(요 1:1~4). 이사야도 같은 맥락에서 만물을 창조한 존재가 사람에게 생명을 부여하고 또한 말씀하신다고 증언한다.

하늘을 창조하여 펴시고 땅과 그 안에 있는 모든 것을 만드셨으며 세상 모든 사람들에게 생명과 호흡을 주시는 하나님 여호와께서 자기 종에게 말씀하신다(사 42:5).

말씀하는 창조주 앞에 응답하는 피조물로서 인간은 빛 가운데서 말씀하시는 하나님과 사귐을 갖는 존재로 빚어졌다. 그것이 찬양이든, 기도든, 탄원이든, 때로는 변론이든 말씀의 하나님 앞에서는 그 모든 것이 하나님과 사귐이 된다. 하나님과 사귐이 없고서는 인간에게 생명은 없다. 그러므로 "여호와께서 말씀하시되 오라. 우리가 서로 변론하자. 너희의 죄가 주홍 같을지라도 눈과 같이 희어질 것이요. 진홍같이 붉을지라도 양털같이 희게 되리라"(사 1:18)라고 사귐의 자리, 생명 회복의 자리에 초대하신다.

창조의 하나님은 인간을 포함한 모든 생명의 주관자다. "모든 육체의 생명의 하나님"(민 16:22, 민 27:16)을 떠나서 생명은 존재할 수 없다. 한 걸음 더 나아가, 하나님의 말씀이 없는 곳에도 생명은 존재할 수 없다. 그러므로 성경은 우리에게 "네 하나님 여호와를 사랑하고 그의 말씀을 청종하며 또 그를 의지하라"라고 요청하는데, 이는 하나님이 "네 생명이시오, 네 장수"(신 30:20, 시 42:8)이며, 우리의 "생명을 붙들어 주시는 이"(시 54:4)가 되시기 때문이다.

그러나 인류는 조상 아담으로부터 시작하여 오늘날 우리에게 이르기까지 "생명의 하나님(시 42:8)"을 떠나 있으므로 생명과는 정반대의 죽음이라는 현실을 대면하며 살아가고 있다. 하나님의 생명에서 떠나 있는 죽음은 곧 사귐의 단절이다. 이와 같은 현실은 바울이 지적한 바와 같다.

그들의 총명이 어두워지고 그들 가운데 있는 무지함과 그들의 마음이 굳어짐으로 말미암아 하나님의 생명에서 떠나 있도다(엡 4:18).

생명의 하나님을 떠나면 결국 죽음이 지배하는 사탄의 세계하에 예속하게 된다.

루터가 『노예의지론』(1525)에서 말하고 있듯이, "그리스도인들이 알고 있는 것은 세상에 두 왕국들이 있다는 것인데, 그들은 서로 치열하게 상반된다. 그들 중 하나에서는 사탄이 통치한다. … 다른 왕국에서는 그리스도가 통치하며, 그의 왕국은 끊임없이 사탄의 왕국에 항거하고 싸운다."[47]

하나님은 이 사태를 이미 창세 시에 예지(豫知)하셨고, 죽음의 현실로부터 구원하여 새 생명의 세계로 들어갈 수 있는 길로서 그리스도의 성육신과 성령의 강림 그리고 그리스도의 재림까지 예정(豫定)해 놓았다. 하나님이 이렇게 선처를 해주신 이유는 자기 백성들과 영원한 생명의 빛 가운데서 사귐을 가지기를 원하며, 이를 결코 인간의 타락 때문에 포기하지 않기 때문이다.

하나님은 아담 이래로 자신을 떠난 인류를 위해 생명의 길을 예정해 놓았으니 누구든지 아버지 하나님이 예비해 놓으신 아들이 나사렛 예수 그리스도임을 믿는 자는 새 생명을 얻도록 하였다. 예수 자신도 자신을 하나님이 주신 떡이라 말씀하시면서 "하나님의 떡은 하늘에서 내려 세상에 생명을 주는 것이니라"(요 6:33)라고 하였으며, 요한도 그 사실을 증언하고 있다.

오직 이것을 기록함은 너희로 예수께서 하나님의 아들 그리스도이심을 믿게 하려 함이요 또 너희로 믿고 그 이름을 힘입어 생명을 얻게 하려 함이니라(요 20:31).

이처럼 하나님의 아들 그리스도를 믿는 믿음에 들어온 자는 다음과 같은 선언을 자신의 것으로 받아들일 수 있게 된다.

이제는 새사람이 되었습니다. 이 새사람은 여러분 안에 새 생명을 창조하신 하나님의 모습을 따라 참된 지식에 이르도록 새롭게 되어가고 있습니다(골 3:10, 현대인의 성경).

이것이야말로 새 생명의 세계 곧 중생의 세계로 초대하시는 하나님의 작정이요, 섭리요, 은혜다. 중생의 세계는 곧 하나님께로 돌아옴으로써 새 생명을 얻게 된 자녀들이 새로운 삶을 살도록 마련된 하나님 나라요, 하나님의 말씀으로 통치가 이루어지는 곳이요, 하나님의 빛 가운데서 거룩한 사랑의 사귐이 시작되는 곳이다.

2) 성결의 세계를 누리게 하시는 사랑의 하나님

거룩과 사랑의 하나님

창조의 하나님은 생명의 세계를 만들어 놓았지만, 인간의 악행으로 말미암아 생명의 세계는 유한한 시간 동안만 유지하다가 결국은 죽음에 이르는 운명에 처하게 되었다. 생명의 하나님은 인간과의 친밀한 사귐을 영원히 유지하기 위하여 새로운 생명의 세계를 예비해 놓았다. 그것이 곧 거듭난 자만이 들어갈 수 있는 중생의 세계인 하나님 나라다.

새 생명의 세계를 창조하신 하나님은 그 안에 온갖 아름다운 영적 보화를 보고 누릴 수 있게 하였다. 그러나 하나님은 그의 자녀들 곧 하나님의 백성들과 더욱 깊은 사랑의 거룩한 사귐이 없이는 만족할 수 없는 존재다. 하나님의 본성 자체가 성결(holiness)이며 사랑이기 때문이다. 하나님은 거룩하시기에 자기 백성들을 사랑치 않을 수 없다.

그러므로 주 여호와께서 이같이 말씀하셨느니라. 내가 이제 내 거룩한 이름을 위하여 열심을 내어 야곱의 사로잡힌 자를 돌아오게 하며 이스라엘 온 족속에게 사랑을 베풀지라(겔 39:25).

그러므로 하나님의 자녀들은 다음과 같이 탄원의 기도를 올릴 수 있게 된다.

주여 하늘에서 굽어살피시며 주의 거룩하고 영화로운 처소에서 보옵소서. 주의 열성과 주의 능하신 행동이 이제 어디 있나이까. 주께서 베푸시던 간곡한 자비와 사랑이 내게 그쳤나이다(사 63:15).

하나님의 거룩함과 사랑은 불가분리다. 이 사랑은 하나님의 자기 사랑이 아니다. 칼뱅이 하나님을 '주' 또는 '아버지'로 불렀을 때, 특히 아버지로서의 하나님은 '사랑'의 주였다.[48] 칼뱅에게 하나님의 사랑을 아는 지식이야말로 "제일 중요한 것"이었다.

'하나님에 대한 참된 지식'은 바로 그 아버지의 사랑이다. … '아버지의 선함을 확신하는 것', 그것이 '제일 중요한 것'이다. 우리가 거기에 도달하지 못하면 우리는 귀머거리이고, 맹인이고, 바보들이다. 하나님은 사랑으로 시작해서 우리를 하나님 마음에 들도록 인도하며 … 또한 그분은 우리로부터 사랑받기를 원하신다는 것을 주목하자.[49]

한마디로, 하나님은 인간과 사랑을 주고받는 사귐을 원하시는 분이라는 것이다. 인간을 향한 하나님의 사랑은 여타의 피조물과 비교조차 될 수 없을 정도로 특별하고 독보적이다. 그만큼 하나님 역시 자신에 대한 인간의 사랑이 단독적-심하게는 배타적-이기를 바란다. 여기에 하나님의 거룩함-성결함-의 본성이 드러난다. 그렇지 않고서는 성결의 하나님과 인간 사이의 지속적이면서 깊고 친밀한 사귐은 이루어질 수 없다.

유다는 거짓을 행하였고 이스라엘과 예루살렘 중에서는 가증한 일을 행하였으며 유다는 여호와께서 사랑하시는 그 성결을 욕되게 하여 이방 신의 딸과 결혼하였으니 (말 2:11).

하나님과 유다 사이의 참된 사랑의 교제는 깨어지게 되는 것이다. 유일하신 하나님에 대한 사랑은 단독적이어야 한다.

너는 다른 신에게 절하지 말라. 여호와는 질투라 이름하는 질투의 하나님임이니라 (출 34:14).

이처럼 사랑의 하나님이 통치하는 거룩한 나라의 중심 원리는 무엇보다도 거룩한 사랑, 즉 사랑과 거룩이다.[50] 특히, 웨슬리는 하나님의 사랑에 대해서 하나님 자신 안에 있는 것으로서 '기쁨의 사랑(love of delight)', 그리고 인간을 향한 표현으로서 '감사의 사랑(love of gratitude)'으로 이해하며, 하나님의 거룩성 곧 성결은 '본질적 탁월성(subtantial excellence)'과 '도덕적 순수성(moral purity)'으로 설명한다.

양정은 웨슬리의 이러한 하나님의 사랑과 거룩성에는 각각 모두 신적 차원과 인간적 차원이 있다고 분석한다.[51] 이러한 신적이며 인간적인 사랑과 성결은 하나님의 본성에 해당하기 때문에, 하나님을 신앙하는 삶에서 사랑 없는 성결만을 추구하게 될 때 그는 생명 없는 종교의 형식으로 떨어지게 되어 있다.

하나님이 세상을 사랑하니 그의 존재 가치를 거룩함(holiness)이라 부를 수 있는 것이다. 사랑은 성결의 충분조건이 되기 때문이다. 하나님이 인간을 사랑하는 것은 사랑을 주는 것으로 끝나는 것이 아니라, 우리도 거룩한 하나님과 같이 거룩하게 하시려 함이다.

하나님은 "창세 전에 그리스도 안에서 우리를 택하사 우리로 사랑 안에서 그 앞에 거룩하고 흠이 없게 하시려고"(엡 1:4) 하나님의 자녀로 삼으셨다. "그러므로 너희는 하나님이 택하사 거룩하고 사랑받는 자처럼 긍휼과 자비와 겸손과 온유와 오래 참음을 옷 입고"(골 3:12) 하나님의 거룩함에 참예하는 자가 되어야 할 것을 하나님은 요청한다.

하나님의 거룩한 사랑으로서의
성결의 복음

중생의 세계 안에서 경험할 수 있는 은혜는 이처럼 하나님의 사랑을 받고, 하나님을 사랑하는 세계, 곧 성결의 세계로 들어가는 것이다. 하나님 사랑의 최고봉은 아들 예수 그리스도를 보내어 우리를 위해 화목제물로 삼으신 것에서 완전히 나타났다.

> 사랑은 여기 있으니 우리가 하나님을 사랑한 것이 아니요, 하나님이 우리를 사랑하사 우리 죄를 속하기 위하여 화목제물로 그 아들을 보내셨음이라(요일 4:10).

사랑의 하나님이 범죄한 인간을 사랑한 것은 말로만 행한 것이 아니다. 사랑의 실천적 확증을 보여주시기까지 하셨다. "하나님이 세상을 이처럼 사랑하사 독생자를 주셨으니 이는 그를 믿는 자마다 멸망하지 않고 영생을 얻게 하려 하심이라"(요 3:16)고 함과 같다. 바울이 증언한다.

> 우리가 아직 죄인 되었을 때 그리스도께서 우리를 위하여 죽으심으로 하나님께서 우리에 대한 자기의 사랑을 확증하셨다(롬 5:8).

인류와 만물을 창조하심은 궁극적으로 하나님 자신의 본성(nature)인 사랑으로부터 나온 것이다. 그러므로 창조된 모든 생명은 하나님의 사랑으로 자라나고 풍성해진다. 박영식이 통찰하듯이, "하나님의 창조는 곧 하나님의 사랑"이기 때문에, 하나님과 창조세계의 관계에 대한 물음은 '하나님과 세상의 존재론적 연속성'에서가 아니라, 하나님의 '말씀과 사랑의 행위' 속에서 찾아야 할 것이다.[52]

우주의 해와 달과 별의 질서 있는 운행, 그리고 하늘과 땅과 바다에 살아있는 모든 생물이 번식하며 그 존재의 빛을 드러내는 것도 하나님의 사랑, 곧 하나님이 기르고 보호함 때문이다. "까마귀를 생각하라. 심지도 아니하고 거두지도 아니하며 골방도 없고 창고도 없으되 하나님이 기르시나니 너희는 새보다 얼마나 더 귀하냐"(눅 12:24)라고 하심과 같다.

이처럼 사랑의 하나님은 만물을 사랑으로 유지하지만, 하나님의 창조 목적은 인간을 통해서 이루어질 수 있게 되어있다. 그것은 하나님이 인간을 사랑하듯이 인간도 하나님을 사랑함으로써 서로 거룩한 사랑의 사귐을 나누는 것이다. 이러한 사귐이 없이는 하나님도 인간도 만족스러운 기쁨의 상태에 들어갈 수 없기 때문이다.

하나님이 인간에게 거하고, 인간도 하나님에게 거함으로써 상호 친밀한 교통이 있을 때 우주 창조의 미학은 완성된다.

> 하나님이 우리를 사랑하시는 사랑을 우리가 알고 믿었노니 하나님은 사랑이시라. 사랑 안에 거하는 자는 하나님 안에 거하고 하나님도 그의 안에 거하시느니라
> (요일 4:16).

이를 위해서 하나님이 이스라엘 백성들에게 끊임없이 말씀하는 것은 "스스로 조심하여 너희의 하나님 여호와를 사랑하라"(수 23:11)라는 것이다. 왜냐하면, "네 하나님 여호와께서 네 마음과 네 자손의 마음에 할례를 베푸사 너로 마음을 다하며 뜻을 다하여 네 하나님 여호와를 사랑하게 하사 너로 생명을 얻게 하실 것이며… 네 하나님 여호와를 사랑하고 그의 말씀을 청종하며 또 그를 의지하라. 그는 네 생명"(신 30:6)이기 때문이다.

이처럼 성경 전체를 통해 "하나님을 사랑하라"라는 말씀을 계속 강조하는 이유는 무엇인가?

창조된 세계에 사랑이 없다면, 만물은 공허나 흑암이나 혼돈과 다름없으며, 사랑 부재의 창조는 열매 없는 나무요, 비 없는 구름이요, "소리 나는 구리와 울리는 꽹과리"(고전 13:1)에 지나지 않기 때문이다.

중생의 세계 안에서 하나님과 함께 나누는 거룩한 사랑의 사귐이 있는 곳까지 들어간 세계가 곧 성결의 세계다.

성결(holiness)은 온전함·완전함·일체로서의 거룩함이며, 이러한 속성은 오직 하나님 한 분에게서만 발견된다. 성결의 세계는 이러한 신적 속성들을 경험할 수 있는 세계다. 이곳은 삼위 하나님이 거룩한 사랑으로 하나이심이 경험되는 곳이다. 중생의 세계 안에 들어온 자가 이러한 성결의 세계에 참여하기 위해 요구되는 것은 오직 믿음뿐이다. 성부·성자·성령 하나님이 나와 사귐을 가지기 위하여 나를 정결케 하시고, 내게 임재하기를 원한다는 사실에 대한 믿음이다.

이것은 거듭난 후 중생의 세계에 들어온 후에도 여전히 나의 실존을 지배하고 있는 악의 구조 속에서 완전한 자유를 누리지 못하는 나에게 여전히 예수의 십자가 보혈만이 나를 악에서부터 벗어나 거룩함을 맛보게 한다는 믿음이요, 나를 창조하신 분이 나를 불쌍히 여기고 계시다는 믿음이요, 나를 거룩히 하기 위해 성령께서 나에게 세례를 베풀어 내 안에 충만히 거하신다는 믿음이다. 이 믿음을 통해 삼위일체이신 하나님 자신의 세계, 곧 성결의 세계 안에서 하나님과의 거룩한 사귐을 나눌 수 있게 된다.

하나님과 더불어 거룩한 사랑의 사귐을 나누는 삶으로서의 이러한 성결의 세계가 지속적으로 유지되려면 하나님의 백성들에게 요청되는 것이 있다. 우리들을 죽음으로부터 새 생명을 허락하신 하나님의 은총에 대한 책임 있는 응답으로서 다른 신들을 하나님과 겸하여 섬기지 않는 것이다. 하나님 외에 다른 존재에 조금이라도 절대적 가치를 부여할 때 나는 성결의 세계에서 떨어져 나가게(back sliding) 되기 때문이다.

　이를 통해 성결의 세계는 진리의 말씀과 성령의 충만을 통해서만 누리는 은총의 세계인 것을 알 수 있게 된다. 창조의 하나님은 나와 거룩한 사귐을 나누시는 분으로 머물지 않는다. 그는 악의 구조 가운데 소외를 경험하는 모든 피조물을 향해 치유로서의 '계속적인 창조'를 이어가신다. 이를 위해 그는 당신의 백성들에게 예수 이름의 권세와 성령의 은사를 부여하여 피조세계에 보내신다.

3) 신유의 세계로 보내시는 능력의 하나님

권능과 능력의 하나님

　성경의 하나님은 사랑의 하나님이실 뿐만 아니라, 창조 후 세계 안에서도 전능한 힘을 행사하는 분으로 증언된다. 힘 있는 하나님은 개인적인 차원에서 또는 민족 공동체적인 차원에서 해방, 회복, 치유를 위해 기사와 이적 또는 표적을 동반한 초자연적 힘을 발휘한다. 하나님은 자신에 대하여 스스로 전능한 존재임을 주장하기도 한다.

　"아브람이 구십구 세 때에 여호와께서 아브람에게 나타나서 그에게 이르시되 나는 전능한 하나님이라. 너는 내 앞에서 행하여 완전하라"(창 17:1)라고 하든가, "하나님이 그에게 이르시되 나는 전능한 하나님이라. 생육하며 번성하라. 한 백성과 백성들의 총회가 네게서 나오고 왕들이 네 허리에서 나오리라"(창 35:11). "주 하나님이 이르시되 나는 알파와 오메가라 이제도 있고 전에도 있었고 장차 올 자요 전능한 자라 하시더라"(계 1:8)라는 식으로 자신을 드러낸다. 그와 더불어 하나님의 자녀들 역시 능력의 하나님을 고백하기도 한다.

나의 힘이신 여호와여 내가 주를 사랑하나이다(시 18:1).

여호와 나의 힘, 나의 요새, 환난 날의 피난처시여(렘 16:19).

하나님의 영이 나를 지으셨고 전능자의 기운이 나를 살리시느니라(욥 33:4).

하나님은 이처럼 자신을 전능한 하나님으로 믿고 고백하는 자들에게 그들을 지키는 힘이 되어주고, 전능함을 행사하심으로써 창조의 질서를 자기 뜻대로 회복한다. 그러므로 이와 같은 하나님의 능력을 경험한 자들은 이렇게 고백하게 되는 것이다.

이스라엘의 하나님은 그의 백성에게 힘과 능력을 주시나니 하나님을 찬송할지어다(시 68:35).

여호와 만군의 하나님이여 주와 같이 능력 있는 이가 누구리이까(시 89:8).

우리의 싸우는 무기는 육신에 속한 것이 아니요, 오직 어떤 견고한 진도 무너뜨리는 하나님의 능력이라(고후 10:4).

하나님은 우주 만물을 창조할 때만 전능한 힘을 발휘했던 것이 아니라, 창조 후 만물을 보전하고 섭리하실 때도 그의 능력을 사용하고 있다. 힘이란 존재론적으로 생명과 사랑과 공의를 실현하는 에너지다.[53] 힘이 없으면 생명도 사라지고, 사랑도 공의도 실현할 수 없다. 이러한 힘은 근원적으로 하나님의 본질에 속한다.

하나님의 힘을 가장 잘 알고 그 힘을 하나님의 뜻대로 사용한 자가 바로 나사렛 예수 그리스도였다. 인간이 하나님의 능력이 무엇인지를, 그리고 그것이 어떠한지를 바로 알고 있다고 하면, 하나님에 대한 바른 믿음을 가지게 될 것이다. 예수께서 바리새인들이 하나님을 잘못 믿는 이유에 대하여 지적하기를, "너희가 성경도, 하나님의 능력도 알지 못하는 고로 오해하였도다"(마 22:29)고 하였다.

하나님의 능력이란 결국 하나님이 세상을 다스리고 섭리하는 데 필요로 하는 힘이다. 창조 이후의 이 능력은 하나님으로부터 보냄 받은 자들을 통해서 세상에 알려졌다. 이는 능력을 나타내는 그들이 곧 하나님이 보낸 자들임을 믿도록 하기 위함이기도 했다.

> 하나님이 나사렛 예수에게 성령과 능력을 기름 붓듯 하셨으매 그가 두루 다니시며 선한 일을 행하시고 마귀에게 눌린 모든 사람을 고치셨으니 이는 하나님이 함께 하셨음이라(행 10:38).

> 하나님이 바울의 손으로 놀라운 능력을 행하게 하시니(행 19:11).

> 낮은 사람부터 높은 사람까지 다 따르며 이르되 이 사람은 크다 일컫는 하나님의 능력이라 하더라(행 8:10).

하나님은 이처럼 당신이 선택한 종들에게, 혹은 백성들에게 그의 능력을 분여(分與)해준다. 하나님이 자신의 힘을 드러내는 데는 크게 세 가지로 나타난다. 첫째는 생명의 창조요, 둘째는 파멸로부터의 구원이요, 셋째는 악에 대한 심판이다.

우주 만물과 생명은 무에서 유로의 창조물이다. 하나님의 창조에 의해 존재하는 모든 것은 선(善)이다. 그러나 모든 존재는 무에서 나온 것이기에 다시 무로 돌아가게 되어있다. 존재가 무로 돌아가기 전까지는 존재함 그 자체가 힘이다. 이 힘은 창조의 하나님이 부여한 힘이다. 이 힘이 존재하는 순간까지 만물과 그 안의 생명은 존재한다.

그러나 피조물은 무로부터 나온 것이기에 시초부터 선의 결핍 가능성을 잠재적으로 지니고 창조되었다는 것이다. 즉, 유한성의 범주 안에서 자유와 운명 간의 긴장 가운데 존재하는 것이 피조물이다.

아담의 타락 사건은 그 잠재적 가능성이 현실화된 것이다. 하나님은 이러한 사실을 예지하고 있었고, 그에 따르는 현실에 대한 대비책을 예정해 놓으셨다. 종국적으로 그것은 성자를 보내어 십자가의 화목제물로 삼으시고자 했던 것이고, 또한 성령을 보내어 하나님의 백성들을 보호하고 인도하는 것이었다. 그래서 "십자가의 도가 멸망하는 자들에게는 미련한 것이요, 구원을 받는 우리에게는 하나님의 능력"(고전 1:18)이 되는 것이며, "오직 부르심을 받은 자들에게는 유대인이나 헬라인이나 그리스도는 하나님의 능력이요, 하나님의 지혜"(고전 1:24)라고 고백할 수 있게 되었다.

하나님의 능력으로서의 치유의 복음

그렇다면 하나님이 창조세계 안에서 그의 능력으로 줄곧 해오고 있는 일은 무엇인가?

그것은 한마디로, '치유(healing)'다. 하나님의 대리자들을 통하여 혹은 직접 사람들의 영과 혼과 육과 그들의 깨어진 공동체들을 고치고, 구하고, 회복해주는 일이었다.

이에 대한 수많은 고백과 증언이 있다. 그러나 신유의 주된 대상은 가해자의 불의한 행위로 억압다하고, 고통하고, 상처받고, 소외되고, 죽음의 순간까지 몰려 구원을 호소하는 하나님의 백성들과 신음하는 창조세계 전체가 된다.

하나님은 "상심한 자들을 고치시며 그들의 상처를 싸매(신다)"(시 147:3). 하나님은 "네 모든 죄악을 사하시며 네 모든 병을 고치시며"(시편 103:3). 왕의 "기도를 들으시고" 고통당하는 "백성을 고치(신다)"(대하 30:20). 하나님은 "그의 말씀을 보내어 그들을 고치시고 위험한 지경에서 건지시는도다"(시 107:20). "하나님은 아프게 하시다가 싸매시며 상하게 하시다가 그의 손으로 고치시나니"(욥 5:18). "배역한 자식들아 돌아오라. 내가 너희의 배역함을 고치리라 하시니라. 보소서 우리가 주께 왔사오니 주는 우리 하나님 여호와이심이니이다"(렘 3:22). "여호와께서 애굽을 치실지라도 치시고는 고치실 것이므로 그들이 여호와께로 돌아올 것이라. 여호와께서 그들의 간구함을 들으시고 그들을 고쳐 주시리라"(사 19:22).

하나님은 자신이 택한 이스라엘과 구원받을 모든 이방인만이 아니라, 자기를 거역하는 자들에게까지도 치유와 회복을 위한 능력의 손길을 거두시지 않는다. 그러나 분명한 것은, 하나님의 치유는 값없이 베푸는 은혜일지라도 불순종했던 자들이 치유 받기 위해서는 먼저 하나님의 말씀에 순종할 것을 요청하신다는 사실이다.

> 이르시되 너희가 너희 하나님 나 여호와의 말을 들어 순종하고 내가 보기에 의를 행하며 내 계명에 귀를 기울이며 내 모든 규례를 지키면 내가 애굽 사람에게 내린 모든 질병 중 하나도 너희에게 내리지 아니하리니, 나는 너희를 치료하는 여호와임이라(출 15:26).

하나님은 그의 능력으로 치유하시는 주이시다. 그리고 주의 백성들에게 신유의 능력을 주시고 세상으로 보내어 병든 자들을 고치고 파괴된 공동체를 회복하게 하신다. 이처럼 신유를 통한 하나님의 섭리는 하나님의 계속적인 창조로 이해될 수 있고, 계속되는 창조가 필요한 이유는 타락한 인간의 불순종 때문이다. 신유는 하나님의 원창조 때 이루어진 창조세계가 인간의 불순종과 거역으로 말미암아 파손된 영·혼·육·자연·우주를 하나님 자신이 새롭게 회복하시는 특별한 은총으로서, 하나님의 섭리 가운데 이루어지는 하나님의 사랑이다.

　전지전능하고 무소부재한 하나님이 섭리하는 세상에 아들과 성령을 보낸 이후에도 그 이전과 마찬가지로 여전히 악이 현저하게 자리 잡고 있어, 인간의 영과 혼과 육과 온 우주가 고통 가운데 신음함은 역사의 종말에 이르기까지 불가해한 일이기에, 악과 고통으로부터의 완전한 구원을 약속한 종말론적 주의 재림을 소망하게 된다.

4) 재림의 세계를 예비하신 공의의 하나님

심판과 공의의 하나님

　　　　　　　　하나님에게 우주 만물의 창조는 스스로에 대해서 무한 도전과 무한 책임을 감당해야 하는 심대한 사건이었다. 그중에서도 흙을 가지고 하나님 자신의 형상대로 인간을 만든 것은 거대한 모험과 같은 것이었다. 왜냐하면, 흙이라는 것은 지극히 단순한 물질이지만, 이것이 창조적 하나님의 손에 들어가 그의 뜻대로 조화를 이루고, 그에 더해 하나님의 생기까지 불어 넣어진 생령이 되었을 때 그것은 단순한 피조물의 차원을 넘어, 창조자와 같이 매우 강력해져 그 능력의 한계를 알 수 없는 존재가 되기 때문이다.

　이러한 인간이 사탄의 수중에 들어갔다면 그 종말은 어떻게 되겠는가? 창조 이후 인류의 역사는 사탄의 유혹에 빠진 인간과 하나님의 창조 섭리에 따르는 인간 간의 대결 가운데 역사의 심판을 기다리고 있는 형국이다. 이는 마치 인간이 선한 목적으로 핵에너지를 개발해 놓았는데, 현실은 이것을 소유하여 인간을 파멸에 이르게 하는 원자폭탄을 만들어 사용하려는 세력과 인간의 삶을 풍요하게 하는 데 이바지하게 하려는 세력 간 싸움의 원인이 되어있는 것과 유사하다.

　인간이란 마치 핵에너지와 같아 선한 목적을 위해 핵분열 시의 연쇄반응을 통제 가능한 상태로 유지될 수도 있고, 아니면 정반대로 순간적으로 수많은 핵분열이 일어나도록 하여 통제 불가능한-원자폭탄과 같은-존재가 될 수도 있는 것이다. 이에 대한 설명을 좀 더 부연해 본다.

　우라늄에는 스스로 핵분열이 불가능한 '우라늄-238'과 핵분열이 가능한 '우라늄-235' 두 종류가 있다. 우라늄-235는 자연 상태로 있을 때는 매우 작은 양(0.7%)이어서 문제가 없지만, 이를 따로 모아 농축 우라늄을 만들 때, 스스로 핵분열하는 성능 때문에 그것은 가공할만한 폭탄으로 돌변하게 되는 것이다. 물론 자연 대부분(99.7%)을 차지하고 있는 우라늄-238도 스스로 핵분열은 하지 않지만, 이것도 일정한 과정을 거치면 핵물질 연료인 '플루토늄-239'가 되어, 우라늄-235처럼 연쇄반응에 의한 핵폭발을 일으키는 존재로 태어난다. 여기에서 쟁점이 되는 것은 우라늄이나 우라늄 농축이나 플루토늄을 만들어내는 것이 아니라, 핵분열시킬 때 '연쇄반응을 통제할 것인지, 아니면 통제되지 않는 상태의 물건을 만들 것인지' 선택의 문제인 것이다. 다시 말해서, 우라늄-235를 90% 이상 고농축하여 순간적으로 수많은 핵분열이 일어나도록 할 것이냐, 그래서 인류 살상의 무서운 핵무기로 사용할 것이냐, 아니면 3~5% 정도로만 농축한 우라늄-235를 원자로에서 핵분열 연쇄반응을 자유롭게 조절할 수 있도록 하여 원자력발전과 같은 것이 되게 할 것이냐는 것이다.

　하나님이 창조한 인간의 운명을 지배하는 것은 창조자 하나님 자신이다. 그러나 하나님이 인간에게 자유의지를 부여하고 하나님의 형상으로까지 만들어 놓은 이상, 하나님은 인간을 로보트 다루듯이 인간의 운명을 좌지우지하는 방법을 사용하지 않는다. 아니 하나님의 본성상 그렇게 할 수 없다. 그 대신 하나님은 창조의 질서에 기초한 자연법과 아울러 사랑에 기초한 구원의 법을 제시하여 인간과 모든 피조물이 하나님의 법에 따라 살도록 하였다. 그 법이란 누구도 피해 갈 수 없는 공의(公義)의 법이다. 하나님의 능력은 바로 하나님의 공의가 피조물, 특히 인간의 삶과 역사에 구현되는 현실에서 확인된다.

사랑과 공의의 실천은 모두 참 생명과 참 구원의 원리로서 사랑은 용서로, 공의는 심판으로 나타난다. 그러므로 용서와 심판 모두는 우주 만물을 보전하고 섭리하는 하나님의 본성에서 나오는 신적 행위다.

그렇다면 공의로운 심판을 하시는 하나님에 대해서 성경은 어떻게 증언하고 있는가?

공의로 세계를 심판하심이여 정직으로 만민에게 판결을 내리시리로다(시 9:8).

하늘이 그의 공의를 선포하리니 하나님 그는 심판장이심이로다(시 50:6).

내 공의가 가깝고 내 구원이 나갔은즉 내 팔이 만민을 심판하리니 섬들이 나를 앙망하여 내 팔에 의지하리라(사 51:5).

이처럼 공의를 베푸시는 하나님은 곧바로 심판의 하나님이다. 하나님의 공의를 좇는 자들에게는 그에 합당한 상급을 베풀지만, 공의롭지 못하거나 공의로운 자를 억압하는 자들에 대해서는 그에 합당한 형벌을 내리는 심판을 피할 수 없게 된다.

하나님의 공의 실현으로서의
재림의 복음

하나님이 누구인 줄을 아는 백성들은 그가 용서를 베푸는 사랑의 하나님인 줄 알지만, 동시에 공의로 심판하시는 자라는 사실 또한 받아들인다.

내가 여호와께 범죄하였으니 그의 진노를 당하려니와 마침내 주께서 나를 위하여 논쟁하시고 심판하시며 주께서 나를 인도하사 광명에 이르게 하시리니 내가 그의 공의를 보리로다(미 7:9).

예수 그리스도께서 결코 쉽게 감당할 수 없는 십자가의 고난과 죽음을 받아들일 수 있었던 것도 불의로 자기를 대하는 모든 자들을 공의로 심판하시는 하나님에게 모든 것을 맡겼기 때문인 것을 사도 베드로는 증언한다.

욕을 당하시되 맞대어 욕하지 아니하시고 고난을 당하시되 위협하지 아니하시고 오직 공의로 심판하시는 이에게 부탁하시(었다)(벧전 2:23).

이처럼 하나님은 공의로 차별 없이 세상을 다스리고 또한 심판하시는 분이기 때문에 하나님의 백성들이 하나님의 심판 시에 인정받기 위해서는 솔선하여 공의로운 삶을 살아야 한다. 데살로니가 교회가 그러한 일에 인정받은 교회로 바울은 널리 그 모범을 자랑하고 있다고 하면서, "이는 하나님의 공의로운 심판의 표요 너희로 하여금 하나님의 나라에 합당한 자로 여김을 받게 하려 함이니 그 나라를 위하여 너희가 또한 고난을 받느니라"(살후 1:5)라고 칭찬해 마지않았다.

"그는 반석이시니 그가 하신 일이 완전하고 그의 모든 길이 정의롭고 진실하고 거짓이 없으신 하나님이시니 공의로우시고 바르시도다"(신 32:4)라고 증언하고 있는 것처럼, 하나님은 공의로우시니 그의 백성들에게서 공의를 찾는 것은 마땅한 일이다.

너는 마땅히 공의만을 따르라. 그리하면 네가 살겠고 네 하나님 여호와께서 네게 주시는 땅을 차지하리라(신 16:20).

사람아 주께서 선한 것이 무엇임을 네게 보이셨나니 여호와께서 네게 구하시는 것은 오직 정의를 행하며 인자를 사랑하며 겸손하게 네 하나님과 함께 행하는 것이 아니냐(미 6:8).

공의로운 삶에 대한 하나님의 궁극적 축복은 영원한 하나님 나라에서의 안식이다. 이는 하나님이 예정하신 대로 이루어지게 될 예수 그리스도의 재림과 더불어 완수된다. 이때 믿음으로 공의 가운데 거하는 자와 복음에 불복종하는 자가 확연히 나뉘게 된다.

환난을 받는 너희에게는 우리와 함께 안식으로 갚으시는 것이 하나님의 공의시니, 주 예수께서 자기의 능력의 천사들과 함께 하늘로부터 불꽃 가운데에 나타나실 때에 하나님을 모르는 자들과 우리 주 예수의 복음에 복종하지 않는 자들에게 형벌을 내리시리니 이런 자들은 주의 얼굴과 그의 힘의 영광을 떠나 영원한 멸망의 형벌을 받으리로다(살후 1:7~9).

재림은 공의로운 하나님의 심판에 의한 양면적 세계를 보여준다. 재림의 세계에 참여치 못하고 죽음의 잠에서 일어나지 못하는 자들의 세계와, 천년왕국과 이어지는 영원한 하나님 나라에 참여하는 자들의 세계가 하나님의 아들 예수 그리스도의 재림 시에 나타난다. 재림으로 창조되는 세계는 끝까지 믿음을 지킨 자들을 위한 천년왕국이며, 그 이후에 들어가게 될 새 하늘과 새 땅인 영원한 하나님 나라다. 가시적이고, 물질적이고, 유한한 시공의 창조세계는 천년왕국이라는 새로운 차원의 세계로 그 완성을 본다.

악에 의한 고통을 당하였지만 계속적인 창조의 종말시에 이루어지게 될 공의로운 심판을 믿고 끝까지 참으면서 믿음을 지킨 자들이 들어갈 재림의 세계는 하나님의 백성들에게 최후의 소망이다. 천년왕국과 그 이후에 들어가게 될 영원한 하나님 나라는 하나님이 예정한 최대의 은총이다. 이 세계에서 하나님은 자기의 백성들로부터 끊임없이 영광과 감사와 기쁨의 찬송을 받으시며, 거룩한 사랑의 영원한 사귐이라는 창조의 목적이 완성된다.

맺는말

창조, 구원·심판의 하나님은 율법적이거나 종교적인 하나님이 아니라, 복음으로서의 하나님이다. 하나님이 세상에 어떤 존재인지, 무엇을 행하고 있는지 알려진다는 것 자체가 기쁜 소식, 즉 복음이다. 그 하나님이 생명·사랑·능력·공의의 원천이신 창조주라는 것, 그 창조주 하나님이 죄로 인해 심판받게 될 우리를 생명의 세계로, 성결의 세계로, 신유의 세계로, 재림의 세계로 초청하고 계시다는 소식 자체가 절망 가운데 있는 창조세계의 모든 존재자들에게 복음이다. 이 복음을 알리기 위해 위해 '독생자'까지 세상에 보내신 분이 하나님이다.

이스라엘 백성은 하나님이 문 앞까지 와 계신 사실을 알지 못하고, 로마의 가이사와 유대 헤롯 왕가의 폭압 가운데 '하나님의 백성'이라는 사실 자체를 잊고 사는 듯했다. 메시아로 보냄 받은 나사렛 예수가 사람들에게 먼저 전한 것은 종교적 교리나 도덕적 실천이 아니라, "하나님의 나라가 가까웠으니 회개하고 복음을 믿으라"(막 1:15)는 것이었다.

예수의 메시지가 의미하는 바는 선명했다. 즉, 선언적으로는 '하나님'이 왕이라는 것, 그분의 다스림이 임박했다는 것이며, 실천적으로는 하나님을 부르면서도 세상의 왕들을 하나님보다 더 두려워 따랐던 삶에서 돌이켜 하나님의 종말론적 임재의 기쁜 소식을 받아들여, 명실공히 '하나님의 백성'으로 살아야 할 것을 선포한 것이다.

예수가 선포한 "하나님의 복음"(막 1:14)은 율법·윤리·도덕·교양·철학·신학이 아니었다. 그것은 '하나님 자신'이었으며, 세상을 구원하려는 하나님의 경륜(經綸)이었다. 예수는 '아버지' 하나님의 '아들'로 그리고 '메시아'로 보냄을 받아, 아버지가 누구인지, 또한 그가 행하시고자 하는 뜻이 무엇인지를 알리시고 보여주시었다. 그리하여 누구든지 예수가 하나님이 보내신 아들이요 그리스도임을 믿는 자들로 하여금 하나님의 자녀로 거듭 태어나게 할 뿐만 아니라, 예수가 아버지로부터 받아서 보낸 성령을 구하여 받도록 하여 하나님의 자녀로서 거룩한 영의 사람들이 되게 하였다.

예수께서 베푼 성령세례는 하나님의 자녀들을 거룩하게 할 뿐만 아니라, 예수의 이름으로 세상을 지배하고 있는 어둠의 악마와 싸워 그에게 눌려 있는 자들을 치유하고 해방하는 권능 있는 삶을 살도록 한다. 예수는 세상을 심판하기 위하여 승천 후 다시 올 것을 약속하고, 그때까지 하나님의 나라와 의를 구하며, 땅끝까지 복음을 전하고 제자를 삼아 하나님의 말씀을 가르쳐 지키도록 하였다. 이러한 예수의 사중복음적 삶 그 자체가 하나님의 복음이었다. 즉, 하나님이 누구인지를 세상에 존재론적으로, 인격적으로, 행위적으로 계시하는 말씀의 성육신이었다. 그를 통해서 창조주 하나님은 생명·사랑·능력·공의의 아버지가 되심을 경험하면서 하나님을 더욱 깊이 알아가게 되었다.

지금까지 서론적으로 우리는 '성경'과 교회 '전통'을 통해 증거되고 전승되어 온 하나님의 행위, 인격, 존재에 대한 사중복음적인 관점이 어떻게 전개될 수 있는지를 고찰하였다. 이러한 사중복음적 신론의 전개는 탈근대적 시대정신과 대화하기 전에, 신앙의 정체성 정립을 위해 성서적이며 교회 공동체적이며 경험적인 것을 중시하는 근대적 절대주의 신앙에 기초하고 있는 것이다.

따라서 우리의 이러한 사중복음적 신 이해가 우리 시대의 다양한 정신세계 안에서 올바로 그리고 풍성하게 이야기될 수 있도록 해야 하는 과제가 현대 교회 앞에 남아있다. 이제 우리는 21세기 인류가 통과해야 하는 사막(沙漠, *midbar*)에 울려퍼지는 '하나님의 복음' 곧 사막의 복음을 듣고서 생명과 사랑과 능력과 공의의 하나님을 사막(四幕)에 걸쳐 '복음'으로 증거할 시간이 되었다.

제9장

사중복음 삼위일체론적 해석학

1 사중복음 해석학의 기본방향

1) 문제 제기

사중복음은 중생·성결·신유·재림을 통합적으로 봄으로써 형성된 하나의 '복음적 세계관'이며, '해석학적 틀'이며, '신앙의 규칙(regula fidei)'이다. 이러한 사중복음은 성경의 핵심 케리그마인 삼위일체 하나님의 인격과 사역으로부터 나온 은혜의 선물이다. 창조주 하나님 아버지의 미리 아심과 선택, 그리고 부르심이 있고, 구원의 주로서 오신 하나님의 아들 예수 그리스도의 십자가 보혈과 부활 승천과 재림의 약속이 은혜로 주어졌고, 아버지와 아들이 보혜사 성령을 보내셔서 성령세례를 받게 하심으로써 이를 믿는 사람은 누구든지 중생·성결·신유·재림의 복음으로 충만한 복된 성도의 삶을 살게 되는 것이다. 이것이 '복음주의' 운동이 추구하는 것이며, 이를 바로 정립하여 교회를 돕고자 하는 것이 '복음주의 신학'이다.

오늘날 소위 '복음주의(Evangelicalism)'가 위기에 처해 있음은 주지하고 있는 바다. 복음주의 신학의 정체성을 보다 더욱 확고히 하지 않으면 안

- 사중복음은 삼위일체 하나님에게서 나와 결실한다.
- 성부 하나님은 사중복음의 원천이다.
- 성자 하나님은 사중복음의 생명이다.
- 성령 하나님은 사중복음의 능력이다.

되는 상황에 처해 있다. 복음주의의 위기에 대해서는 여러 면에서 지적되고 있으나, 우리는 그 원인을 현대의 복음주의가 성서적 지평에서의 신앙·신학·윤리를 일체화하지 못하고 있는 데서 찾는다. 그 결과로, 성서적 신앙체험을 신학적으로 잘 담아내지 못하고, 신학적 빈곤으로 말미암아 세상과의 변증적 소통이 결핍되고, 그에 따라 신앙체험은 기독교 전통 안에 갇히고, 세상 안에서 실천되어야 할 성서적 윤리의 빈곤 현상이 심각한 수준으로 나타나고 있다고 보는 것이다.

복음주의 신앙 노선을 따른다고 자부하고 있는 교회 공동체들이 이처럼 겪고 있는 정체성의 위기를 극복할 수 있는 첩경은 복음주의 '신앙의 규준(regula fidei)'으로 삼을 수 있는 사중복음 신앙을 회복하고, 이에 대한 신학적 정립과 윤리적 실천 방향을 바르게 제시하는 것이라 우리는 믿고 있다. 이를 위해서 사중복음이 지니는 신앙적·신학적·윤리적 가치에 대한 폭넓은 평가가 이루어져야 되고, 그와 같은 평가가 교회 공동체에 의하여 자발적으로 하나님의 말씀에 뿌리를 내리는 것이어야 한다는 것이다. 이를 위해 교회는 성경 읽기와 말씀 묵상을 통해 그 안에서 사중복음의 진리를 지속적으로 발견함으로써 영적 각성 가운데 있어야 한다.

사중복음은 선포 이전에 이에 대한 신앙체험이 있어야 하고, 체험 이

전에 믿음이 있어야 하고, 믿음을 위해서는 성경에 대한 이해와 깨달음이 있어야 하고, 이를 위해서는 성경 각권에 대한 깊이 있는 독해와 배움이 없어서는 안 된다. 본 장은 이러한 견지에서 '사중복음의 성서적이며 신학적인 기초'를 세우고, 이에 근거하여 한 걸음 더 나아가 사중복음 해석학 수립의 가능성을 제시하고자 한다.

2) 사중복음 연구의 한계와 과제

한국 교회를 향하여 사중복음에 관해 나온 최초의 저작은 『사중교리』이다. 김상준이 1920년대에 강의록으로 집필한 것인데, 사중복음을 성결교회의 핵심적인 교리(敎理)로 본 것이다. 이후에 이명직이 『기독교 사대복음』을 내놓았는데, 이 역시 앞의 책과 맥을 같이 하고 있다. 이처럼 사중복음이 여타의 많은 교의들을 제치고 초기 영적 지도자들에 의해 '사중교리' 혹은 '사대복음'으로 부각되었다는 것은, 적어도 성결교회 초기 선각자들에게는 '사중복음'이 교의 중의 교의라 여겨졌던 것이고, 그러하기에 이는 적어도 성결교회가 사중복음을 공동체의 '신앙의 규율(regula fidei)'로 이해했다는 것을 말해준다고 할 것이다.

사중복음이 이처럼 중요한 교의나 교리로 여겨졌기 때문에, 사중복음을 이해함에 일차적으로는 '교리(doctrine)'의 차원에서 강조해 온 것이 사실이다. 그런 가운데, 사중복음은 성결교단의 교리적 해석 전통인 웨슬리 신학 체계 안에서, 그것도 주로 구원론적 관점하에서 제한적으로 다루어져 온 것이 그간의 현실이었다. 그리고 교단의 목회 현장적 차원에서는 모든 교회가 사중복음을 '전도표제'로 삼아 영혼구원을 위한 말씀 선포의 주제가 되도록 하였다. 사중복음에 대한 이러한 이해와 적용은 성결교단의 신학적, 교회적 정체성을 확고히 하는 데 크게 이바지하였다고 평가할 수 있을 것이다.

그러나 중생·성결·신유·재림이라는 영적 세계의 주제는 특정한 시대의 특정한 신학의 해석학적 관점하에서만 보기에는 너무나도 광대하고 심오한 것이다. 이 사중복음은 표면적으로 혹은 문자적으로는 구원론이라는 교의학적 주제로 한정된 것으로 보이지만, 성경 전체를 관통하는 주제이며, 창조세계와 온 인류를 향한 삼위일체 하나님의 인격과 역사와 연관하여 그 의미의 폭을 넓혀 볼 때 사중복음의 진면목이 드러나는 복음나무의 열매와 같다고 할 수 있다. 그렇기 때문에, 사중복음을 대할 때는 무엇보다도 먼저 성서학 혹은 성서신학의 관점에서부터 출발하는 것이 올바른 순서라 보인다.

이처럼 사중복음의 신학적 의의는 먼저 성서신학적으로 폭넓게 조탐되었어야 했는데, 이명직이 『신약성서 사경보감』을 내놓은 후에는 안타깝게도 주목할만한 사중복음 성서신학 연구물을 찾기가 힘든 현실이다. 그 대신 앞에서 언급한대로 사중복음은 오로지 교리적으로만 보게 되어 조직신학의 전문분야로 고착되어 왔고, 그러다 보니 사중복음이 신학적으로는 웨슬리 신학의 성결론을 완성하기 위한 차원에서 다루어지는 것으로 만족해야 했다.

사중복음이 새로운 신학방법으로 연구되지 않고, 1960년대 이전의 초창기에 이해되고 적용되었던 수준에 머물러 있으니, 사중복음은 시대에 뒤떨어진 유물 정도로 이해되고 있는 형편이다. 온고이지신(溫故而知新)이 없으니 교리적 개념으로 굳어진 상태가 되었다. 많은 경우 사중복음에 대한 이해는 문자적, 표면적, 표제적인 수준을 넘지 못하고 있다. 중생·성결·신유·재림에 관한 성경 본문을 중심으로 설교하거나 신앙을 고백하는 것으로 사중복음을 대하는 것이 거의 대부분이지 않나 사료된다.

마치 쌀로는 밥만 해 먹는 것으로 아는 것과 같다. 많은 경우, 어떻게 하면 쌀로 밥을 잘 지을 것인지는 신경을 쓰고 연구한다. 그러나 쌀로 떡이나 과자를, 또는 쌀로 술을 만들어 먹는 등의 새로운 변화를 위한 시도는 엄두를 못내왔던 것으로 보인다. 그러니 사중복음이라는 우라늄 광석과 같은 것을 가지고 돌담을 쌓는다면, 이보다 더 안타까운 일은 없을 것이다.

사중복음이 그동안 식상한 것으로 여겨졌었다면, 무엇보다도 사중복음의 성서적 기원에 대한 탐구에 먼저 천착해야 한다. 그러면 사중복음의 중생·성결·신유·재림이야말로 삼위일체의 성부·성자·성령 하나님과 같이, 그리고 종교개혁의 삼대 슬로건인 오직 성경·오직 은혜·오직 믿음과 같이 그리스도인의 삶에 결정적으로 중요한 신앙의 규율(regula fidei)인 것을 확인하게 될 것이다.

사중복음의
세 가지 차원

교회가 선포해야 하는 '복음'은 세 가지 차원에서 다루어져야 하는데, 곧 첫째는 복음의 역사적 근거에 대한 명확한 제시요, 둘째는 복음의 능력 체험의 차원을 보여주는 것이요, 그리고 셋째는 복음의 근거와 체험이 지니는 다양한 의미를 깨달을 수 있도록 해석해주는 것이다. 사중복음 신앙을 가질 뿐만 아니라, 그에 대한 교리적 이해를 가지고, 그 능력을 얼마라도 체험한 자들에게 필요한 다음 단계는 자신이 알고 경험한 사중복음의 의미를 풍성하게 해석하고 음미하는 단계가 필요하다.

그런데 현실은 대부분이 1~2단계에 머물러 되풀이되고 있는 실정이다. 이러한 상황에서는 아무리 좋은 것이라 하더라도 그 '의미'의 확장이 없는 상태가 지속되기 때문에, 사중복음의 가치가 퇴색되어 나중에는 식상한 것으로 되어버리는 안타까운 현실이 나타나게 되는 것이다. 이를 극복하는 길은 다시 처음부터 사중복음의 성서적 기원과 그에 근거한 신학적 기초를 다지는 것과 더불어 사중복음 해석학을 정당히 구축하여 사중복음의 관점에서 성경을 깊이 있고 폭넓게 독해하는 것이다.

3) 사중복음 신앙체험의 의미: 사중복음 해석학

인간은 의미 추구의 존재다. 어떠한 사실을 알고자 할 때, 믿고자 할 때, 경험하고자 할 때, 그것이 자기 자신에게 무엇을 의미하는지를 묻는 존재가 사람이다. 사중복음이 무엇인지를 체험적으로 알게 되었을 때, 그것이 개인적으로 혹은 공동체적으로 어떠한 의미를 지니는지 묻게 되고, 이를 위해서 그와 관련된 전반적인 사항들을 성서적 관점으로, 혹은 실존적 관점으로, 혹은 사회적 관점 등 다양한 관점으로 해석하려고 한다.

이를 통하여 사중복음에 대한 지식과 경험이 지니는 의미가 깊어지면 깊어질수록 사중복음은 더욱 풍성한 삶의 열매로 숙성하게 된다. 그러나 그렇지 못할 때 사중복음은 메마르고 식상한 교리나 형식적 표제로 남을 수밖에 없게 된다. 성경이 성서해석학을 요구하고 있듯이, 사중복음은 그 자체로 사중복음 해석학을 기다리고 있다.

2 통합적 사중복음 해석학

우리는 사중복음의 관점에서 성경, 교의, 경험, 역사, 문화, 현실의 제 문제와 그 상황을 신학적으로 이해하거나, 윤리적으로 판단하거나, 사회적으로 결단하는 데 필요한 원리를 탐구하는 이성적 행위에 관한 학문적 행위를 사중복음 해석학이라 부른다. 사중복음 해석학은 중생(重生, regeneration)·성결(聖潔, holiness /sanctification)·신유(神癒, Divine healing)·재림(再臨, Second coming)이라는 네 가지 교의(教義)가 지니는 해석학적 범주를 독립적으로 혹은 통합적으로 정립한다.

통합적 사중복음 해석학(Integral Hermeneutics of the Fourfold Gospel)은 사중복음을 하나의 유기적 관점에서 '온전한 구원의 복음(full salvation Gospel)'으로

이해함으로써 구원의 통전성(integrity)을 견지하고자 하는 신학적 행위이다. 통합적 차원에서의 사중복음 해석학은 '하나님의 복음', '예수 그리스도의 복음', '하나님 나라의 복음', '십자가와 부활의 복음' 등과 같은 성서적 메시지를 사중복음적으로 해석해 내는 과제를 수행한다.

1) 사중복음 중생 해석학

중생은 하나님의 은혜로, 그리스도의 공로로, 성령의 능력으로 이루어지는 삼위일체 하나님의 구원 행위다. 그 구원 행위에 하나님의 미리 아심과 선택과 부르심에 따라 우리가 믿음으로 응답할 때 '위로부터의 태어남' 즉 영적 생명의 부활이 우리 안에서 일어나는 사건이다.

그러므로 중생의 해석학에는 하나님의 차원에서 볼 때, 하나님의 창조, 하나님의 은혜, 하나님의 선택과 부르심, 그리스도의 십자가와 부활, 깨닫게 하시는 성령의 감동이 있고, 인간의 차원에서는 하나님의 모든 구원 행위가 죄인 된 나를 위한 지극한 사랑임이 깨달아지면서, 나의 범죄와 타락에 대한 회개가 따르게 되고, 마침내 성령의 감동으로 나사렛 예수 그리스도의 십자가와 부활이 나를 구원하시고자 하는 하나님의 사랑임을 믿음으로 고백하게 되어, 죄인의 자리에서 의인으로 받아드려지는 신분의 전적인 변화를 경험하는 자리에로의 옮김이 있게 되는 것이다.

이때부터 중생한 자는 '하나님의 자녀'라 하게 되고, '하나님 나라(통치)' 안에 영입된 자녀들의 공동체인 그리스도의 몸 된 교회의 지체가 되어, 기도·말씀·예배·찬양·성례전·복음 증거 등의 온갖 영적인 삶에 참여하는 삶을 살게 된다. 따라서 사중복음의 중생 해석학은 구원론적이며, 교회론적인 차원을 포괄하는 통찰력을 제공한다. 그 핵심은 개인적이며 공동체적인 죄로부터의 회개와 사죄의 은혜 가운데 새로운 영적 생명을 얻음에 있으며, 이로써 개인의 삶과 공동체 가운데 하나님 나라를 회복하게 되는 경험을 누리는 것이다.

2) 사중복음 성결 해석학

중생한 신자를 '성도(聖徒)'요, 하나님의 거룩한 백성이라 함은 그가 그러한 이름을 들을 만한 행위나 자격이 있어서가 아니라, 하나님께 속한 자가 되었기 때문이다. 그러므로 거룩함, 성결함, 온전함은 중생한 자들에게 주어진 선물이다. 다만, 이를 믿음으로 받아 말씀대로 순종하는 자들은 그 선물을 받아 누리는 축복의 삶을 살게 되는 것이지만, 이를 믿음으로 받지 못하는 자들에게는 율법적 의무요, 무거운 짐으로 그의 영혼과 삶을 누르는 일이 될 것이다.

성도는 영적으로 거듭난 자요, 새 생명을 받아 누리는 자일지라도, 여전히 육신의 정욕을 다스려야 하는 사람인 것은 믿기 전과 믿음의 삶을 살고 있는 현재와 전혀 다를 바가 없다. 마음으로는 하나님의 법을 즐거워하는 거룩한 생명의 삶이지만, 육신의 정욕을 관리하지 못함으로 인하여 마음의 원하는 선을 행하지 못하고 원하지 않는 죄를 범하는 것이 중생자의 실존이다.

그러므로 아버지 하나님은 우리의 육신이 연약하여 할 수 없는 하나님의 법과 말씀을 믿음으로써 능히 순종하여 열매를 맺을 수 있도록 우리에게 성령을 보내주셔서 성령의 권능으로 율법의 요구가 우리 안에서 이루어질 수 있도록 하셨다. 누구든지 성령의 세례를 받아 성령으로 충만하게 되면, 아버지가 거룩한 것 같이, 우리도 거룩한 하나님의 자녀요, 백성으로 승리의 삶을 살게 될 것이다.

따라서 사중복음의 성결 해석학은 성령의 권세와 능력을 힘입어 하나님의 계명대로 살고자 하는 중생자의 삶과 그들의 공동체적 생활에 집중한다. 거듭난 하나님의 백성들에게서 성령의 권능이 구체적으로 개인과 공동체 안에서 어떻게 행사되는지를 주밀하게 살펴보는 것이 사중복음 성결 해석학의 과제가 될 것이다.

3) 사중복음 신유 해석학

신유(神癒)는 살아계신 하나님의 현존에 대한 표적(sign)이요, 또한 이적이다. 특별히 나사렛 예수께서 자신이 하나님의 보내심을 받은 자임과 세상을 향한 하나님의 권능과 사랑이 어떠한지를 보여주고자 신유를 행하셨다. 예수의 제자들도 신유의 역사를 일으켰는데, 이 역시 제자들도 예수 그리스도처럼 하나님으로부터 세상으로 하나님의 복음을 전하도록 하나님의 아들 예수 그리스도에 의하여 보냄 받은 자임을 증거하는 것이다.

불신자들에게 신유란 하나님이 살아계심을 표적을 통하여 하나님을 믿게 하는 은혜의 사건이다. 그리고 믿는 하나님의 자녀들에게는 그들의 영혼뿐만 아니라 육신의 삶에도 온전한 회복과 질병으로부터의 자유하게 하는 신적 권능의 역사이다. 신유를 경험하게 된 성도들은 그들의 믿음을 더욱 굳게 세울 수 있게 된다. 이러한 신유는 하나님께서 직접 행하시는 치유 행위로서, 하나님의 완전한 자유의지에 달려있고, 오직 믿음의 기도로써만 하나님께로부터 기대할 수 있다.

신유는 결국 파괴된 자연의 질서를 회복하는 것임으로, 오늘날 과학기술이 자연의 질서를 연구하여 감추어진 신비를 학문적으로 밝혀내는 것과 맥을 같이 할 수 있다. 하나님께서 세상을 직접 다스리는 신정 정치를 접으시고 정치적 지도자를 세워 그들에게 권세를 주어 그들로 하여금 나라를 다스리도록 하였듯이, 같은 원리로 병든 자연과 피조물, 사람과 생명체에 번지고 있는 질병들을 다스리도록 하나님은 과학자들과 전문인들을 세웠다. 그러므로 그들은 하나님이 허락한 지혜와 지식을 가지고 인류의 질병과 환경파괴로 죽어가는 피조물을 회복하는 일에 부름을 받은 것이다.

그러나 정치적 지도자나 과학자들이 그들의 권세와 능력이 하나님으로부터 온 것인 줄 알지 못하고, 마치 자신의 공로인 양 교만하여 하나님을 망각하여 자신의 제한된 힘으로 세상 위에 군림한다면, 자신이 스스로 믿는 그 힘과 지식으로 오히려 파멸에 이를 수 있음을 알아야 할 것이다. 따라서 인간은 위로부터 부여받은 정치적 권세와 과학적 지식으로써 세상에 봉사자로 충성을 다해야 한다. 그것이 그들이 하나님께로부터 받은 본분이기 때문이다.

이러한 맥락에서 신유는 과학에 기초한 의학이나 여타의 자연치유 행위와 충돌을 일으키지 않는다. 의학은 하나님이 부리는 종으로서 그 역할이 분명하다. 따라서 사중복음 신유 해석학은 세상을 자연의 창조질서대로 회복하고자 하는 모든 시도를 신유의 맥락에서 바라보며, 하나님은 그러한 인간적 시도 위에서 창조질서의 창시자이심을 초자연적으로 설명한다.

4) 사중복음 재림 해석학

예수 그리스도의 재림은 그의 성육신 탄생·십자가·부활·승천이 사실로 받아들여지지 않은 곳에서는 처음부터 성립 불가의 교의요, 약속이다. 이것은 그의 탄생으로부터 승천에 이르기까지의 모든 말씀과 사건은 암시적으로 재림을 가리키며, 재림을 향하여 나가고 있는 것이다. 그리고 재림이 아직 미래의 약속으로 남아 있는 우리들의 삶의 현실 역시 재림을 바라보며, 재림의 순간을 은혜와 승리 가운데 맞이하려고 준비하며 기다리는 전(前)단계라고 할 수 있을 것이다.

재림의 때는 오직 하나님 아버지만이 알고 있고, 그 외의 누구에게도, 어디에도 알려진 바 없는 하나님만의 비밀에 속하는 것이다. 그러므로 인생은 재림으로 열리는 전 피조물의 종말론적 임박성 앞에 서 있는 존재요,

삶의 모든 순간은 예수 그리스도의 재림을 배제하고 생각할 수 없는 종말론적 시점들이 된다.

재림으로 마감되는 종말은 창조 이래로 전개되어 온 역사의 마지막 시점에 초점이 맞춰져 있어서 시간과 공간으로 이루어지는 피조세계의 마감이 강조되고 있지만, 중생한 하나님의 백성들에게는 이러한 종말론적 관점보다는 새롭게 열리는 세계에 대한 비전에 참여하는 출발점이라는 데 더 큰 의의가 있다.

그렇기 때문에 사중복음 재림 해석학은 이전 역사의 불법과 어두움의 일에 대한 묵시록적 심판 메시지로 삶의 현실을 비판적으로도 조명하지만, 성도들을 위해 새로 열리는 종말론적 미래를 준비하게 하는 차원에서 공의로운 삶을 인내로써 살아내고, 구원의 복음을 순교자적 각오로 전하는 증인의 삶을 소망 가운데 살도록 응원하고 격려한다.

그러므로 재림의 해석학은 재림의 관점에서 삼위일체 하나님의 창조와 구원에 관련된 모든 것들을 종말론적으로 밝히게 될 것이다. 이러한 해석학적 맥락에서는 성도도 교회 공동체도 종말론적인 실존 안에서 이해해야 하는 대상이 되며, 그에 합당한 윤리 실천이 요구된다. 그것이 곧 그리스도의 몸으로 상징되는 교회 안에서 경험되어야 할 종말론적 하나님 나라의 삶이 되는 것이다.

3 삼위일체론적 사중복음 해석학

사중복음 해석학은 성서·교의적으로 하나님의 삼위일체적 경륜에 뿌리를 내릴 수 있어야 한다. 이를 위해서 성부 하나님, 성자 예수 그리스도, 성령이 각각 사중복음적 경륜을 어떻게 이루었는지를 성경 안에서 찾기 위하여 성서주석 학자들과 비판적으로 대화하면서 삼위일체 하나님의 경륜 가운데 사중복음이 뿌리내리고 있음을 확인할 필요가 있다.

우리는 성경에 나타난 성부·성자·성령 삼위일체 하나님의 활동 안에서 발견되는 사중복음적 경륜(經綸)을 고찰하여, 삼위일체론적 사중복음 해석학의 가능성을 타진할 것이다. 성결·오순절 복음주의 전통에서 강조하고 있는 사중복음은 궁극적으로는 '하나님의 복음'에서 나온 것이며, 그것은 궁극적으로 '하나님'의 나라에 대한 복음이므로,[1] 사중복음이 성경에 계시된 삼위일체 하나님의 사중복음적 경륜에 뿌리내리고 있음이 확인되느냐의 여부는 사중복음 해석학의 초석 정립에 무엇보다도 중요한 관건이다.[2]

우리는 성결·오순절 운동의 교리적 축이 되고 있는 사중복음이[3] 경륜적 삼위일체 하나님의 활동에 얼마나 깊이 있게 뿌리를 내리고 있는지를 성서·교의학적으로 고찰하고, 이에 근거하여 삼위일체 하나님이 사중복음 해석학의 신학적 초석이 될 수 있음을 논증코자 한다. 달리 말하여, 사중복음이 모든 시대와 모든 민족을 초월하여 하나님이 죄인인 인류에게 베풀고자 하는 생명의 약속으로서 하나님의 말씀이 될 수 있는 근거가 바로 하나님의 삼위일체적 경륜과 일치함에 있음을 밝히고자 하는 것이다.[4]

과연 사중복음은 삼위일체이신 성부·성자·성령 '하나님'으로부터 발원되었고, 또한 삼위일체 하나님 자신의 경륜에 부합된 복음인가?

지금부터 우리는 성서학자들의 본문 석의(釋義)와 비판적으로 대화하면서 경륜적 삼위일체 하나님을 사중복음적 관점에서 조명코자 한다.

1) 성부 하나님: 사중복음의 원천

우리의 대명제는 중생·성결·신유·재림의 사중복음이란 '하나님의 복음'으로부터 나온 '온전한 구원의 복음'이라는 것이다. 우리는 먼저 이 복음이 '성부' 하나님에게서 기원 된 것임을 논증하고자 한다. 이를 위해서는 '하나님의 복음'에 대한 바울적 관점과[5] 마가적 관점을[6] 모두 포괄해야 할 것이다. 하나님이 계시한 복음으로서의 이 '하나님의 복음'은 하나님의 품속에 있었던 것으로서 타락한 인간과 창조세계를 새롭게 회복하려는 새 창조 프로젝트라고 이름 지을 수 있다.

왜냐하면, 성부 하나님이 인류를 포함한 온 우주의 구원을 위해 아들 그리스도 예수를 보내고, 보혜사 성령을 보내신 거대한 경륜(經綸)이 아닐 수 없기 때문이다. 하나님에 대한 불신앙과 불순종 때문에 발생한 죄악의 대가(代價)로 인류는 고통·불행·전쟁·허무·심판·죽음의 두려움 가운데 사는 존재가 되었다. 그러나 하나님은 죄악 때문에 멸망 당할 수밖에 없는 인간이 구원받을 수 있는 길을 모든 시대에 걸쳐 제시해 놓았다.

또한, 하나님을 알지 못하였다고 핑계할 수 없도록 인간의 양심과 자연과 역사의 수많은 현상을 통하여 깨달을 수 있도록 해주었다(롬 1:19-20). 그래서 하나님은 누구든지 하나님에 대한 믿음과 순종의 삶을 되찾을 수 있도록 은혜를 베풀었다. '하나님의 복음'이란 이처럼 하나님이 타락한 인류에게 베풀어 주신 구원의 기쁜 소식이다. 성경은 타락한 인간의 실존적 모습과 아울러 하나님의 은혜로 신앙을 회복하여 '온전한 구원'을 받게 된 자들의 모습과 그 과정들을 볼 수 있도록 기록해 놓은 하나님의 복음이다. 그리고 예수 그리스도를 텔로스(telos)로 하는 모든 '구원 이야기(haggadah)'가 바로 이 '하나님의 복음'의 내용이다.[7]

은혜와 믿음으로 말미암는
하나님의 구원

우리는 이러한 '하나님의 복음'에 대한 최초의 유형적 이해를 창세기 3장 15절에서 찾는다. 여기에서 '야웨'께서 인류 구원사의 기원이 되겠다고 선언한다. 성부 하나님은 인류를 시험하여 타락하게 한 장본인인 '뱀'과 대적할 구원자로 '여자의 자손'을 지목함으로써 인류 타락의 비극적 현장 속에서 '복음'을 제시한다. "여자의 자손은 너의 머리를 상하게 하고, 너는 여자 자손의 발꿈치를 상하게 할 것이다."[8]

마태복음에 따르면, 그 여자의 자손(*zara*, seed)은 "아브라함과 다윗의 자손(*huios*, son)"으로 아브라함의 가문이며, 예수 그리스도는 이 가문에 속한 자다. 그리고 바울에 따르면, "기한이 찼을 때에, 하나님께서는 자기 아들을 보내셔서, 여자에게서 나게"(갈 4:4) 하셨다. 이때의 여자는 아브라함의 "여종"과 같은 자가 아니고, 아브라함의 본처로서 "자유자"(갈 4:26, 22)와 같은 자여야 한다.

왜 여자의 자손이 '아브라함과 다윗'의 자손으로 이어지는가?

첫째로, 하나님의 복음을 통해 '하나님의 의(義)' 안에 들어올 수 있는 유일한 요건은 '믿음'이라는 사실을 담보하는 것이 필요하기 때문이다. 창세기 15장 6절에서 야웨는 아브람을 '의로운 자'로 인정하였는데, 이는 야웨에 대한 그의 '믿음(*aman*)' 때문이었다.[9] 아브라함은 야웨에 대한 절대 믿음 때문에 그를 왕처럼 모시는 삶을 살 수 있었고, 그로 인해 "세상 모든 민족이 네(아브라함의) 자손의 덕을 입어서 복을 받게 될 것"이라는 약속을 받을 수 있었다.

둘째로, 이러한 약속이 실현되는 것은 하나님의 전적인 은혜로 된 것이지 아브라함과 다윗의 공로로 된 것이 아니라는 사실을 보여주고자 함이다. 사무엘하 7장 12~14절에 나단을 통해 다윗에게 전하는 하나님의 말씀 "내가 네 몸에서 나올 자식을 후계자로 세워서, 그의 나라를 튼튼하게 하겠다. … 나는 그의 아버지가 되고, 그는 나의 아들이 될 것이다"라는 선언에서 보이는 것과 같이, 인류를 향한 '하나님의 복음'은 처음부터 야웨 성부 하나님에 의해서 '은혜'로 준비되었다는 사실을 알 수 있다.

그러므로 우리는 성경에서 누구든지 자신의 죄를 회개하고 하나님의 말씀을 믿고 하나님께 돌아오는 자는 죽을 운명에서 구원하여 생명을 얻게 해주시는 은혜의 하나님을 만난다.

이사야 43장 11절의 "나 곧 내가 주이니, 나 말고는 어떤 구원자도 없다. … 바로 내가 승리를 예고하였고, 너희를 구원하였고, 구원을 선언하였다"라고 하신 것처럼 생명의 구원자는 하나님 자신뿐이라는 것이다. 그러나 여기에는 단서가 있다. 요엘 2장 12~13절에서 밝히고 있는 것처럼 "진심으로 회개하여라. … 나에게로 돌아오너라"라는 부르심에 따라 "금식하고 통곡하고 슬퍼하면서 … 마음을 찢(으며)" 자기의 의를 버리고 하나님께로 돌아가는 것이다.

아브람이 엘리에셀을 '나의 상속자'라고 판단한 자신의 기준과 의를 버리고, "네 몸에서 날 자가 네 상속자"라고 제시한 하나님의 기준을 받아들인 것이 회개요, 그의 믿음이었다. 하나님은 이를 의롭게 여겼다.

이처럼 성부 하나님이 인류의 구원을 위해 그리스도를 세상 가운데 보내는 일에도 믿음의 가문이 필요했던 것처럼, 하나님이 죄인에게 요구했고, 현재도 요구하고 있는 것은 공로가 아니라 다만 믿음이다. 그러므로 하나님의 구원은 하나님의 은혜로만 되는 것이다. 그렇다면 사람이 할 수 있고, 또한 해야 하는 일이란 하나님의 은혜를 통해 자신의 죄악을 회개하는 것뿐이다.

성결한 삶을 요청하시는 하나님

성부 하나님은 타락한 자들 가운데서 믿음의 백성들을 구원하는 것으로써 그의 경세적 섭리를 멈추지 않는다. 구원을 허락하신 하나님은 구원받은 자들을 향해 다시는 죄악 가운데 빠지지 않도록 지도하고, 이끄신다. 하나님은 무엇보다도 우상숭배의 죄를 짓지 않도록 오직 하나님 한 분만을 섬기는 '거룩한 삶'을 요청한다. 야웨는 '성결의 하나님'이다.

그러므로 그는 자기 백성들에게 성결을 요구한다. 구원의 세계, 곧 새 생명으로 살게 된 중생의 세계 안에 믿음으로 들어온 백성들을 향한 축복이며 의무는 성결이다. 레위기 19장 1~2절에서 "너희의 하나님인 나 주가 거룩하니, 너희도 거룩해야 한다"라고 명령하고 있으며, 4절에서는 거룩하기 위해 요청되는 가장 중요한 소명은 "우상들을 의지해서는 안 된다"는 것이다.[10]

야웨께서 주의 백성들을 위해서 큰 일을 하기 위해서 그가 백성들에게 요구하는 것은 "자신을 성결하게"(수 3:5) 하라는 것이다. 또한, 이 성결이 하나님의 백성들에게 필요한 이유는 '심판하시는 날'이 다가왔기 때문이기도 하다(습 1:4).

온전한 구원을 위하여
치유하시는 하나님

성결의 하나님은 자기 백성들의 온전한 구원을 위하여 영혼의 질병으로부터 만이 아니라, 육신의 세상에서 질병과 환난으로 고통당할 때 그들을 찾아가 치유해주시고 환난을 면하게 해주시는 '여호와 라파(rafa)', 곧 '치료하는 하나님'으로 자신을 계시하신다. 이스라엘은 출애굽 하게 한 하나님이 곧 "치료하는 하나님"(출 15:26)임을 알게 된다.[11] 그의 치료는 몸의 질병에 대한 것뿐만 아니라, 예레미야 33장 6절에 따르면 그 범위가 사회적 차원까지 이른다.

> 보아라, 내가 이 도성을 치료하여 낫게 하겠고, 그 주민을 고쳐 주고, 그들이 평화와 참된 안전을 마음껏 누리게 하여 주겠다.

하나님의 성결은 신유를 통해 주의 백성들을 온전하게 하는 데까지 나간다. 종말의 때가 가까울수록 신유를 통한 위로의 역사는 더욱 강력하게 나타난다. 이를 통해 하나님은 주의 백성들이 전능한 하나님에 대한 믿음과 순종의 삶으로 나갈 수 있도록 이끄신다.

절망 중에 있는 자들을 향하여 야웨는 "의로운 해가 떠올라서 치료하는 광선을 발할 것"(말 4:2)을 약속하신다. 그리고 "진정 내가 너를 고쳐 주고, 네 상처를 치료하여 주겠다"라고 위로하신다. 여기에서도, 이사야 58장 8절과 같이 하나님의 치유와 하나님의 의가 종말론적 지평에서 분리되지 않는다는 것이다.[12]

심판을 통해
공의를 이루시는 하나님

성부 하나님의 복음은 새 생명을 주는 구원의 하나님, 성결의 하나님, 치료의 하나님일 뿐만 아니라, 공의로 심판하시는 하나님의 실재하심을 증거함으로써 온전한 복음의 세계를 드러낸다. 복음의 종말론적 차원이 하나님의 심판을 통해 열림으로써 세상에서 하나님에 대한 믿음을 끝까지 지키면서 순종했던 삶 때문에 핍박을 당하거나 죽음에 이르게 된 하나님의 자녀들을 신원한다. 이사야의 종말론적 전망에 따르면, "주님께서 불로 온 세상을 심판하시며, 주님의 칼로 모든 사람을 심판하실 것이니, 주님께 죽음을 당할 자가 많을 것이다"(사 66:16).[13]

그러나 하나님의 심판은 공평한데, 그 이유는 그의 선언에 따라 "나는 너희 각 사람이 한 일에 따라서 너희를 심판하겠다"(겔 33:20)라고 약속하기 때문이다. 다니엘도 "왕좌가 놓이고 옛적부터 항상 계신 이" 곧 하나님이 집행하는 종말의 불 심판을 보았다.

> 불길이 강물처럼 그[하나님]에게서 흘러나왔다. … 심판이 시작되는데, 책들이 펴져 있었다(단 7:10).

이와 더불어 "하늘에 구름을 타고 와서 옛적부터 항상 계신 이"에게 나아간 "인자 같은 이"가 소멸되지 아니하며, 영원하며, 멸망하지 아니할

"권세와 영광과 나라"를 받는다(단 7:13~14).[14]

성부 하나님의 복음에는 종말론적 심판의 선고가 포함되어 있다. 이러한 심판이 믿음으로 말미암는 '하나님의 의'와 한 걸음 더 나아가 '성결'을 확증하기 때문이다. 스바냐가 증언하듯이, 하나님께서는 마지막 순간까지 그 앞에서 성결을 요구하신다.

> 주님께서 심판하시는 날이 다가왔으니… 제물 먹을 사람들을 불러서 성결하게 하셨다(습 1:7).

타락한 인류에 대한 이와 같은 성부 하나님의 구원, 거룩함, 치유, 공의의 심판과 같은 사중복음적 경륜(economy)들이야말로 먼저는 이스라엘에게, 그다음은 모든 인류에게 보편적으로 주어진 '하나님의 복음'이기 때문에, 우리는 이를 '사중복음'의 성서·신학적 초석이요, 원천으로 보는 것이다.

그러나 하나님이 약속해주신 '하나님의 복음'에서 가장 결정적인 것이 남아 있다. 그것은 하나님이 자기 아들을 메시아로 보낼 것이라는 약속이다. 성부 하나님께서는 정한 때에 성자를 세상에 보내려고 예정해 놓고 계셨다(갈 4:4). '하나님의 복음'의 핵심은 온 인류가 아버지 하나님께로 돌아올 수 있도록 아들을 보낸다는 것이다.

그러므로 하나님의 복음은 세상으로 보낼 '하나님의 아들에 관한 복음'이요, 하나님의 아들이 세상에 그리스도로 오심으로써 이루어지게 될 '온전한 구원'의 복음이다. 성경은 이러한 하나님의 복음이 예수 그리스도의 인격과 삶을 통해서 완전한 현실로 드러났다는 사실을 밝히 증언하고 있다.

2) 성자 하나님: 사중복음의 생명

지금까지 고찰한 성부 하나님의 사중복음적 경륜은 성자 예수 그리스도를 통해 그대로 재현된다. 그것은 생명과 생명을 바꾸는 생명의 역환(逆換)이다. 하나님의 아들이 하는 일은 아버지의 일과 그의 뜻을 완수하는 것이다. 그것은 죽은 자를 살리는 것이다. 생명은 생명으로서만 살릴 수 있다.

예수 그리스도는 생명과 능력의 원천이신 성부로부터 생명을 받은 하나님의 아들이다. 그러므로 예수만이 '독생자(獨生子, monogene)'다. 그만이 하늘의 생명을 줄 수 있는 자다. 사중복음은 독생자만이 줄 수 있는 생명의 복음이다.

성부 하나님이 중생·성결·신유·재림의 주(主)로서 열두 지파 이스라엘과 관계하였다면, 성자 예수 그리스도는 그가 부른 열두 제자와 함께 자신의 사명을 이루었다. 예수는 자신이 전한 중생·성결·신유·재림의 복음을 제자들이 믿음으로 받아 체험하게 했을 뿐만 아니라, 이를 '모든 민족'을 향해 전하도록 하고, 또한 그들로 제자로 삼아 자신들이 보고 배운 것을 가르치게 했다(마 28:20).

예수의 제자들이 전하고 가르친 것은, 제자들의 관점에서 볼 때 '예수 그리스도의 복음'이라 요약될 수 있다. 그것은 예수께서 '그리스도요, 하나님의 아들'로서 십자가에 돌아가셨다가 사흘 만에 다시 사신 '십자가와 부활의 복음'이요, 이는 생명의 복음이다. 누구든지 이 복음을 믿는 자는 예수와 함께 죽고 다시 살아난다.

이것이 예수께서 성육신하시고, 죽으시고, 부활하셔서 이루신 생명의 복음이요, 그 생명의 열매로 주겠다고 교회와 언약한 것이 바로 중생·성결·신유·재림의 복음이다.

내가 너희를 거듭나게 하겠다, 내가 너희를 거룩하게 하겠다. 내가 너희를 치유하겠다. 내가 너희를 위해 다시 오겠다!

예수의 십자가와 부활의 복음은 아버지와 아들의 합작품이다. 그러나 엄격히 말해 예수 그리스도의 복음은 성부 하나님의 복음이요, 하나님의 은혜요, 하나님의 공로요, 하나님의 생명이다. 성자 예수 그리스도의 십자가와 부활은 그를 믿는 모든 자에게 생명을 주는 하나님의 능력으로 나타나게 되었다.

이러한 신앙체험을 한 제자들은 예수 그리스도의 보내심을 받아 땅끝에 이르기까지 '예수 그리스도의 복음' 곧 '예수 그리스도가 생명의 복음'임을 전하였다. 그리고 그들은 이 복음의 능력으로 '하나님의 나라'에 참여하고, 그 안에서의 복된 삶을 증언하였다.

예수 그리스도가 제자들에게 베푼 주요 가르침은 '하나님의 나라'였으며, 하나님은 생명 주시는 하나님이요, 거룩하게 하시는 하나님이요, 치료하시는 하나님이요, 심판하시는 하나님이라는 것이었다. 그는 이러한 하나님이 누구인지를 자신의 사중복음적 사역을 통해서 그대로 보여주셨다.

이제 경륜적 삼위일체 성부·성자·성령 하나님의 사역을 성자 예수 그리스도를 중심으로 중생·성결·신유·재림의 관점에서 보면, 성자와 성부의 사역이 일체적인 것을 확인할 수 있게 될 것이다.

거듭남을 선포하신
예수 그리스도

성자 예수 그리스도의 첫 선포와 가르침은 "하나님의 나라가 가까이 왔다"라는 사실이고,[15] 이에 참여하기 위해서는 성부 하나님이 백성들에게 요청했던 바와 마찬가지로 '회개'(마 3:2; 4:17; *shub, metanoia*)와 믿음이었다.[16] 예수께서 십자가에서 그의 사명을 다할 때까지 일차적으로 선포하고 가르쳤던 것은 "회개하라"라는 것과 그가 성부 하나님으로부터 보냄을 받은 자, 곧 하나님의 아들임을 "믿으라"라는 것이었다.

예수 자신이 하나님에게서 온 것을 믿지 못하는 자는 성부 하나님도 믿을 수 없으므로, 믿음에 대한 강조는 가장 중요한 가르침이었다. 요한복음에서는 "거듭남"(요 3:3; *gennethen anothen*, 위로부터 남)이 하나님 나라에 들어가는 것의 조건이다. 요한복음의 중생은 "인간의 어느 한 부분의 개선이 아니라, 전체 본성이 새롭게 되는 사건"이다.[17] 하나님의 나라가 가까이 다가와 있다는 것과 이 나라에 참여하려는 자에게는 회개·믿음·중생의 영적 사건이 일어나야 한다는 것이 성자 그리스도가 선포한 메시지다.

진리로 거룩케 하시는 예수 그리스도

성자 예수에게 성부 하나님의 존재는 언제나 "거룩하신 아버지"(요 17:11, *Pater hagie*)였다. 그러므로 거룩하신 성부로부터 보냄을 받은 성자 그리스도가 제자들을 위하여 성부에게 구한 것은 "진리로 그들을 거룩하게 하여 주십시오"(요 17:17, *hagiason autous*)라는 것이었다. 이때 진리는 성부 하나님의 말씀이다.

그러나 그 말씀이란 예수 자신이요(요 1:1), 예수 자신이 진리(요 1:14, 14:6)라는 것이다. '진리로 거룩하게 함'은 '예수 안에 거하는 것'과 다르지 않다. 예수 안에 거할 때 세상이 힘으로 지배하는 것으로부터 자기를 지킬 수 있기 때문이다. 거룩함은 세상으로부터 자기를 온전히 지키는 것이다.[18]

하나님의 자녀들은 하나님 아버지의 거룩함을 닮아야 하듯이, 그의 "완전하심"(마 5:48, *teleios*)까지도 그렇게 해야 한다는 것이 예수 그리스도가 행하신 제자훈련의 대원칙이다. 그러나 예수께서는 하나님의 자녀들이 성부 하나님께서 거룩하고 완전하신 것 같이 그렇게 되어야 할 것을 요구했을 때, 그들 자신의 힘으로 성결을 이룰 수 있다고 여기지 않았다. "사람의 힘으로는 할 수 없지만, 하나님께서는 다 하실 수 있다"(마 19:26)라는 믿음을 가지고 하나님이 하시도록 해야 함을 가르치셨다.

예수께서는 어떻게 하나님이 그의 백성들을 거룩하게 할 수 있다고 보았는가? 오직 한 길이 있다면, 하나님이 보내시는 성령을 영접하여 성령이 그의 자녀들 가운데서 변화의 역사를 일으키도록 하는 것이다.

성부 하나님은 성자 예수를 유월절의 "어린 양"(요 1:36)이라는 '화목제물'로 보내셨을 뿐만 아니라, "성령과 불로" 세례를 주실 자(눅 3:16)로도 보내셨다. 예수는 제자들에게, 성부 하나님은 자기에게 구하는 자들을 위하여 '성령'을 보내주시는 분이심을 확인하여 주었다. 믿고 구하는 자는 누구든지 성령을 받음으로써 성결의 은혜 가운데 지낼 수 있음을 말씀해 주셨다.

예수께서는 부활 후 제자들에게 나타나셔서 "성령을 받아라"(요 20:22; *Labete Pneuma Hagion*)라고 명하셨다. 예수의 이러한 행동은 그가 세례 요한이 증언한 대로 "성령으로 세례를 주시는 분"(요 1:33; 막 1:8)임을 확인해주는 것이었다. 실제로 성자 예수는 성부 하나님과 함께 성령을 보내주실 자다. 그러므로 예수께서는 승천 전에 제자들에게 다시 "성령으로 세례를 받을 것이다"(행 1:5; *en Pneumati baptisthesesthe Hagioi*)라고 확신시켜 주었다. 거룩한 영에 의하지 않으면, 어떠한 자도 하나님의 거룩함에 참여할 수 없다는 것을 알려주신 것이다.

능력으로 치유하신
예수 그리스도

삼위일체 성부 하나님은 직접 자신의 권능으로 백성들의 질병을 치료해주시기도 했지만, 많은 경우 자신이 부른 종들에게 권능을 부여해주셔서 그들이 치유의 사역을 할 수 있도록 하였다. 성자 예수에게서도 이와 동일한 모습을 발견한다. 예수께서 직접 많은 기사와 이적과 치유의 행위를 하였지만, 그와 같은 능력을 제자들에게도 부여하여, 그들이 신유의 역사를 일으킬 수 있도록 하였다.

누가는 예수의 치유 행적을 성부 하나님과 성자 예수 그리고 성령의 관계하에서 다음과 같이 요약한다.

> 하나님께서 나사렛 예수에게 성령과 능력을 부어 주셨습니다. 이 예수는 두루 다니시면서 선한 일을 행하시고, 마귀에게 억눌린 사람들을 모두 고쳐 주셨습니다. 그것은 하나님께서 그와 함께 하셨기 때문입니다(행 10:38).[19]

성자 자신이 권능으로 백성들을 치료하였을 뿐만 아니라, 제자들을 세워 그들에게 "귀신을 쫓아내는 권능"(막 3:14~15)을 주거나, "악한 귀신을 억누르는 권능"(막 6:7)을 부여했다. 그리고 제자들에게만이 아니라, 한 걸음 더 나가 '믿는 사람들에게'까지 예수의 이름으로 믿고 순종하면, 그들도 "귀신을 쫓아내며, 새 방언으로 말하며, 손으로 뱀을 집어 들며, 독약을 마실지라도 절대로 해를 입지 않으며, 아픈 사람들에게 손을 얹으면 나을 것"이라는 약속을 했다.

이와 같은 일을 통해 일어난 '표징'으로써 '말씀을 확증' 하는 권능이 나타날 수 있게 해주셨다(막 16:17-20). 여기에서 신유는 믿음을 통해서 나타나며,[20] 또한 표징으로서의 신유는 선교의 현장과 밀접한 연관성이 있다는 사실을 확인할 수 있다.[21]

심판의 주로
다시 오실 예수 그리스도

중생·성결·신유의 복음이 성자 예수 그리스도를 통해 선포되고, 또한 제자들에게도 동일한 은혜가 주어졌을지라도, 복음의 이야기는 성부 하나님의 구원 섭리 가운데 이 땅의 역사 마지막에 일어날 재림과 더불어 완성된다. 성자 예수의 재림이 약속대로 실현될 때 온 우주의 역사는 완전히 새롭게 개편될 것이며, 이 땅의 역사 가운데 이루어진 모든 일은 심판의 주로 오시는 성자 예수 그리스도의 공의로운 판단 앞에서 선악 간에 나뉘게 된다.

재림 예수에 의한 심판은 성부 하나님이 예언자들을 통해 이스라엘과 이방 열국을 향해 준엄하게 내렸던 심판과 맥을 같이 한다. 무엇보다도 종말론적 심판의 사태가 머지않아 올 것이라는 경고를 백성들이 믿음으로 받아들이는지가 중요한 일이다. 노아의 때도 그랬고, 바벨론 포로로 잡혀갔을 때도 백성들을 향한 심판의 예고가 대부분 사람에게 거부되었었기 때문이다.

예수 그리스도는 자신의 재림에 대해 매우 분명하게 선고(宣告)하였다. 이를 믿었던 초대 교인들은 언제나 그들의 최후 소망을 예수의 재림에 두었다. 재림의 복음을 믿는 신자들은 믿지 않는 자들에게 예수 재림의 날은 심판의 때가 될 것이며, 믿는 자들에게는 주의 영광에 참여하는 날이 될 것임을 믿었다.

> 그 때에 인자가 올 징조가 하늘에서 나타날 터인데, 그 때에는 땅에 있는 모든 민족이 가슴을 치며, 인자가 큰 권능과 영광에 싸여 하늘 구름을 타고 오는 것을 보게 될 것이다(마 24:29~30).[22]

재림의 복음은 성도들이 깨어 준비하게 한다. "주님께서 어느 날에 오실지를 알지 못하기 때문"이며, "생각하지도 않는 시각에 인자가 올 것이기 때문이다"(마 24:42, 44). 예수 재림의 지연으로 인해 예수가 하나님의 아들이라는 사실이 의심받을 수 있었던 상황 속에서도 마태는 재림의 임박성에 대해 가감 없이 보도한다.[23] 초대 교회가 이렇게 할 수 있었던 이유는, 예수가 재림의 때를 알고 있다는 사실을 성경의 증언(슥 14:7, "여호와께서 아시는 한 날[yom ehad]이 있으며")을 통해서 확인하고 있었기 때문이다.[24]

우리는 지금까지 그리스도 사역 중심의 성경 독해를 통해서 성부 하나님에게서 찾을 수 있었던 사중복음적 구원의 경륜을 동일하게 그의 아들 예수 그리스도가 능력으로 실행하였음을 고찰할 수 있었다. 그러므로 "나와 아버지는 하나"(요 10:30)라고 하신 성자 예수의 주장은 철회될 수 없는 것이다.

성자 예수께서 "내가 내 아버지의 일을 하지 아니하거든, 나를 믿지 말아라. 그러나 내가 그 일을 하고 있으면, 나를 믿지는 아니할지라도, 그 일은 믿어라"(요 10:37~38)라고 했을 때, 이는 성자와 성부가 경륜적 일체임을 말하는 것이다.

우리는 다시 중생·성결·신유·재림의 사중복음 안에서 성자 예수께서 행하셨다는 '내 아버지의 일'이 어떠한 모습으로 나타났는지를 보았다. 그 아버지의 일은 '온전한 구원'이었고, 그 내용은 사중복음의 원천인 성부 하나님에 의해서 개시된 것이었다.

성자 예수는 그의 제자들과 교회가 십자가와 부활의 신앙으로 사중복음의 세계에 참여하고, 그 세계가 하나님 나라임을 경험할 수 있도록 '생명'을 부여했다. 그뿐만 아니라, 그가 재림의 주로 다시 오실 때까지 아버지께 구하여 성령을 보내시겠다고 약속해주셨다. 성부와 성자를 통해 보냄을 받은 성령은 새로운 일을 시작하는 것이 아니라, 하나님의 백성 공동체 안에서 중생·성결·신유·재림의 복음이 살아있도록 하는 능력의 사역을 베푼다.

3) 성령 하나님: 사중복음의 능력

성부 하나님은 성자의 승천 후에 성자의 재림 때까지 성자 예수께서 행하셨던 일을 하실 '또 다른 보혜사(*alon parakleiton*)'로 성령을 보내셨다. 성령은 예수 그리스도의 십자가와 부활의 복음을 듣고 회개하는 자들이 생명을 가지도록 능력으로 역사한다.

이처럼 예수 그리스도의 복음이 전파되는 곳에서는 성령을 통해서 생명의 변화가 실제로 일어나기 시작했다. 예수 그리스도를 믿는 자들은 '성령'을 받고, 성령 하나님과 더불어 약속된 영원한 생명의 세계에 들어갈 수 있게 되는 것이다.

성령은 성자 예수 그리스도의 십자가와 부활의 복음을 듣는 자들이 믿고 그 안에 참여할 수 있도록 '하나님의 능력'으로 생명의 역사를 일으킨다.[25] 어느 사람도 성령의 감동에 의하지 않고서는 복음 안에 있는 생명의 힘(권능, *dynamis*)을 경험할 수 없다.

성부와 성자로부터 보냄을 받은 성령은 삼위일체 하나님의 경륜적 구원 사역을 성부와 성자와 함께 주도해 나간다.[26] 성령은 믿음의 백성들이 중생의 세계, 성결의 세계, 신유의 세계, 재림의 세계로 들어가 그 가운데서 하나님 나라의 풍성한 능력을 맛보게 한다.[27]

성령 하나님은 생명의 힘찬 바람이다. 그 생명의 힘은 곧 죽은 자를 살리고, 죄인을 의인이 되게 하고, 병든 자를 살리고, 세상을 심판하고, 영생을 주는 능력으로 임한다. 성령이 임재하는 곳에서는 생명의 힘이 발휘된다. 속죄의 능력은 십자가의 복음에 있지만, 그 복음을 듣는 자들에게 십자가가 살리는 복음의 능력으로 역사하게 되는 것은 성령의 감동이 인격적으로 주어질 때다.

사도행전에 나타난 수많은 복음 전도의 역사에는 언제나 성령의 바람이 불었었고, 그 결과로 성령에 의한 생명의 거듭남이 있었다. 그리고 성령의 활동으로 사람들이 예수 그리스도의 복음을 받아들일 때, 중생·성결·신유·재림신앙의 종말론적 새 창조의 역사가 믿는 자들의 삶 가운데 나타나기 시작했던 것을 볼 수 있다. 그리스도인은 그러한 새 창조의 능력 가운데 사는 것을 신앙생활의 목표로 삼는다. 그들은 새 창조를 완성하는 예수 그리스도의 재림을 소망하면서 새 창조의 주이신 예수 그리스도를 증거 하는 삶을 산다.

이와 같은 증인의 사명을 감당할 수 있게 되는 것은 그들이 예수 그리스도의 복음을 듣고 믿음으로써 복음의 진리를 깨닫고 또한 경험하였기 때문이다. 곧 중생·성결·신유의 약속이 믿는 자들의 삶에 이루어짐으로써 중생의 세계·성결의 세계·신유의 세계 안에서 살기 시작한 것이고, 또한 그리스도 재림의 약속 또한 분명하게 이루어질 것을 믿기 때문에, 영혼과 육체의 구원이 온전히 완성되어 하나님 나라의 영광에 참여하게 될 재림의 세계를 바라보며 능력 가운데 종말론적 신앙생활을 하게 되는 것이다. 이제 성령 하나님의 사중복음적 경륜이 성경에서는 어떻게 나타나 있는지 살펴본다.

우리를 거듭나게 하시는 성령

성령 하나님은 무엇보다도 믿음의 자녀들을 거듭남의 세계에 참여하도록 이끄신다. 누구든지 성령에 의하지 않으면 영의 세계 안으로 새롭게 태어날 수 없다. 요한복음 3장 5절 이하에서 "물과 성령으로 나지 아니하면 하나님 나라에 들어갈 수 없다. 육에서 난 것은 육이요, 영에서 난 것은 영이다"라고 예수께서 말씀하듯이, 신자들을 거듭나게 하여 영적 세계 곧 하나님 나라를 경험케 하는 자는 성령이다.

바울은 디도서 3장 4~5절을 통해서, 우리가 구원받은 것은 우리의 의로운 행실 때문이 아니라, "하나님의 자비하심을 따라 거듭나게 씻어주심과 성령으로 새롭게 해주심" 때문이라 천명한다. 빌켄스(Wilckens)의 분석에 의하면, "사죄함과 새롭게 됨은 세례받을 때 성령이 하시는 구원 사역이다(비교: 고전 6:11; 고후 5:17; 행 2:38; 엡 1:13; 벧전 1:23; 2:2f; 요 3:5; 4:14)."[28] 성령은 종말론적 정화와 새 창조의 힘이다.[29]

우리를 거룩하게 하시는
성령

비록 거듭난 자라 하더라도 성령의 세례와 충만함이 없으면 하나님의 뜻을 이룰 수 없다. 이와 같은 주장은 소위 '두 번째 축복' 혹은 '두 번째 은총'이란 것 자체에 대해 의혹을 갖는 전통에서는 수용할 수 없을지도 모른다.[30] 그러나 분명한 사실은, 예수가 "믿으라"고 할 뿐만 아니라, "성령을 받으라"고도 한 것이다.

성령세례는 한순간의 사건으로서, 이를 통해 성결의 세계로 들어가고, 또한 성령의 충만함으로 이어지게 하여 하나님이 기뻐하시는 거룩한 백성으로 살도록 한다. 그 결과는 로마서 14장 17절에서 밝히고 있듯이, "성령 안에서 누리는 의와 평화와 기쁨"이라는 "하나님의 나라"에 참여하는 것이다. '성령 안'에 '충만히' 머물러 있게 하여 하나님의 통치가 온전히 이루어지게 함이 '성령세례'의 목적이다.

그러므로 바울이 고린도전서 12장 13절에서 "우리는 유대 사람이든지 그리스 사람이든지, 종이든지 자유인이든지, 모두 한 성령으로 세례를 받아서 한 몸이 되었고, 또 모두 한 성령을 마시게 되었습니다"라고 고백한 바와 같다.[31] 그리스도의 거룩한 삶을 따르는 교회는 근본적으로 '성령세례 공동체'이지 않으면 안 된다. 성령세례 공동체 안에서는 "주 예수 그리스도의 이름과 우리 하나님의 성령으로 씻겨지고, 거룩하게 되고, 의롭게 되는"(고전 6:11)데, 여기에서 씻겨짐·거룩하게 됨·의롭게 됨은 순간적 사건이다.[32]

이 지점에서 보다 중요한 점은, 이 사건이 예수 그리스도와 성령이 서로 연합하여 이루어진다는 것이다.[33] 여기에서도 하나님의 '삼위일체적' 경륜을 보게 된다.[34]

초대 교회가 성령세례에 의해 태어난 공동체라고 보았을 때, 하나님이 그리스도를 통해 성령세례를 베푸시는 것은 교회가 "성령으로 거룩하게 되게 하여, 하나님께서 기쁨으로 받으실 제물이 되게 하시려는 것"(롬 15:16)이다.

성령이 교회를 거룩하게 하신다. 예수께서 스스로 오지 않고 성부 하나님의 보내심을 받아 온 것처럼, 성령 역시 성부로부터 그리고 성자로부터 보내심을 받아 삼위일체적으로 동역하는 것이다. 이는 요한복음 14장 26절에서 "보혜사, 곧 아버지께서 내 이름으로 보내실 성령께서, 너희에게 모든 것을 가르쳐 주실 것이며, 또 내가 너희에게 말한 모든 것을 생각나게 하실 것"이라는 예수의 약속이 삼위일체적으로 실현되는 것임을 말한다.

우리를
치유하시는 성령

성령이 충만하게 임하게 될 때, 주의 백성들은 세상을 향해 복음을 담대하게 증언할 수 있게 된다. 그리고 병들고, 포로되고, 세상의 귀신에 사로잡혀 있는 자들이 모든 악한 것으로부터 놓임을 받게 하시는 분이 성령이다. 그 가운데 하나님 나라의 임재를 경험한다.

예수께서도 성령의 임재와 더불어 신유를 포함한 은혜의 해를 선포하는 사역을 시작하셨다(눅 4:18~19). 예수께서 제자들이 땅끝까지 나가 능력의 사역을 하게 하실 때도 성령의 임재를 기다려 그의 능력을 받도록 명하셨다(행 1:8). 이미 예수께서 "내가 하나님의 영을 힘입어서 귀신을 쫓아내는 것이면, 하나님의 나라는 너희에게 왔다"(마 12:28)라고 하셨듯이,

성령과 더불어 사람들을 치료하셨던 모범을 보여주었다.

성부 하나님은 교회를 세우고, 하나님 나라의 복음을 전파하는 데 필요한 대로 "성령으로 병 고치는 은사"(고전 12:9)를 주신다. 성령의 사역은 메시아의 도래와 관련된 종말론적인 것으로, 특별히 하나님의 백성들을 치료하는 일에 관계한다.[35]

다시 오실 주님을
준비케 하시는 성령

누구든지 성령의 보호하심과 인도하심을 받아 주님의 재림을 기다리는 종말론적인 삶을 살 수 있게 된다. 주의 재림을 기다리는 자는 성령의 말씀을 듣지 않고 깨어 기도할 수 없으며, 또한 인내로써 주의 오심을 준비할 수 없다. 성경은 재림의 예수가 신랑으로 오실 때 '슬기로운 처녀들'과 같이 '등불과 함께 통에 기름'도 마련할 것을 말씀한다(마 25:1~5, 13).

마지막 때에 성도들에게 요구되는 것은 "성령이 교회들에 하시는 말씀을 들어라"(계 2:7)라는 것이다. 성령이 하시는 말씀을 마지막 때에 듣지 못하면 신랑 되신 재림의 주님을 맞이하지 못한다.

그러므로 성령은 종말론적인 영으로서 교회를 향하여 주의 재림을 맞이하도록 준비케 하시는 영이다. 이때 우리는 "성령과 신부가 '오십시오!'"(계 22:17)라는 말씀을 요한계시록 22장 7절과 12절에서 예수 자신이 "내가 속히 오리니"라고 말씀하신 것에 대한 반응이라고 바로 이해할 수 있게 된다.[36]

재림하실 예수를 향해 성령과 신부인 교회가 환영의 표현을 한 것이다. 사도 요한은 "이 말을 듣는 사람도 또한 '[세상을 향하여]오십시오!' 하고 외치십시오"라고 선포함으로써 종말론적 선교의 대열에 참여할 것을 권하고 있다. 그리고 "목이 마른 사람도 오십시오. 생명의 물을 원하는 사람은 거저 받으십시오"라고 요한 자신이 세상을 향해, 예수께서 재림하시기 전에, 신앙의 세계로 초대하고 있는 것이다.

종말의 때에 중요한 것은, 교회가 성령의 음성을 들으며, 성령과 함께 다시 오실 주님을 맞이하며, 성령과 함께 선교적 사명을 감당하는 것이다.

이처럼 지금까지 우리는 성령 하나님도 거듭나게 하고, 거룩하게 하고, 치유하며, 주의 재림을 준비토록 하는 분으로서 성부와 성자와 같이 하나가 되어 삼위일체 하나님의 경륜을 이루신다는 사실을 고찰하였다.

성부 하나님은 성자 예수 그리스도의 재림 때까지 흔들림 없이 세상을 통치하시는 반면에, 예수 그리스도는 성령으로 교회를 다스림으로써 이 시대에 하나님 나라가 역동적으로 전개되도록 한다. 교회는 이와 같은 삼위일체적 선교 사명을 위한 권능을 부여받은 공동체다.[37]

맺는말:
사중복음 해석학의 가능성

우리는 지금까지 경륜적 삼위일체 하나님이 사중복음 해석학의 성서적 기초가 될 수 있는 근거가 무엇인지를 고찰하였다.

사중복음 해석학의 성서·교의적 근거가 삼위일체 하나님 자신이 되지 않는다면, 특정 인물에 의한 역사적 근거 설정은 교파주의나 지역주의에 스스로를 가두어 놓는 격이 된다. 사중복음 해석학이 성경과 성경에 기초한 삼위일체 하나님의 복음 위에 세워져야 하는 이유가 바로 사중복음의 보편성을 제한하거나 축소하지 않고, 초교파성을 유지할 수 있어야 하기 때문이다.

그러나 더욱 중요한 것은 사중복음이 성경에 기초하여 정당한 신학적 해석의 과정을 거칠 때, 사중복음 본래의 '하나님 나라' 혹은 '하나님 중심'의 신앙이 제대로 드러나게 되고, 그로 인하여 생명을 살리는 종말론적 선교의 사명을 감당할 수 있게 된다는 사실이다.

이러한 사실과 함께 우리는 창세기로부터 요한계시록에 이르기까지 성부·성자·성령의 경세적 삼위일체 하나님은 곧 사중복음의 하나님으로서 중생·성결·신유·재림의 복음을 약속하시고 이루시는 구원과 심판의 초석임을 확인할 수 있었다.

사중복음이 뿌리내리고 있는 원천은 '하나님의 복음'이요, 사중복음의 생명은 '예수 그리스도의 복음'을 통해 강물처럼 흘러내리고 있다. 성령은 성부의 말씀과 성자의 십자가 복음을 믿는 자들이 중생·성결·신유·재림의 은총을 경험할 수 있도록 능력으로 역사하신다. 이 사중복음이 그들에게 온전한 생명의 복음으로 경험되게 하는 분은 하나님이다.

이와 같은 경세적 삼위일체 하나님 신앙 위에서 교회는 흐트러짐 없이 사중복음의 원천이신 하나님의 관점에서, 사중복음의 생명이신 예수 그리스도의 관점에서, 그리고 사중복음의 능력이신 성령의 관점에서 성경 안에 나타난 삼위일체 하나님의 창조·구원·심판의 활동을 심도 있게 파악할 수 있게 된다. 이러한 삼위일체 하나님 신앙 위에서 사중복음 해석학의 성서·교의학적 초석을 신학적으로 정당히 수립할 수 있을 것으로 기대하게 되는 것이다.

제10장

사중복음 성령세례론

어니스트 길보른:
연구사

　　본 장에서는 20세기 초 한국 성결교회에 커다란 영향을 미친 어니스트 길보른(Ernest Albert Kilbourne, 1865~1928)이 그의 신학교육, 문서선교, 목회현장 가운데서 강조하여 가르친 '성령세례(聖靈洗禮)'를 소개하고, 아울러 그 신학적 특징과 의의를 밝히고자 한다.

　어니스트에 대한 일반적인 생애와 사역에 대해서는 박명수와 최근에 들어서는 주승민과 박문수가 비교적 상세히 소개하고 있고, 길보른의 가르침 중 '성결'에 대해서는 황덕형이 신학적으로 잘 분석한 바 있다.[1]

길보른 망각 이유

　　어니스트 길보른은 한국에서 '사중복음'을[2] 전하면서 성결 운동의 주역으로 활동한 선교사로서, 아직 한 세기가 지나지 않은 인물이다. 그런데 그보다 훨씬 오래된 18세기의 존 웨슬리(John Wesley, 1703~1791)가, 심지어는 16세기의 장 칼뱅(Jean Calvin, 1509~1564)이 더 현대적인 것 같고, 그리고 5세기 인물인 아우구스티누스(Augustinus, 354~430)가 더욱 가깝게 느껴지는 이유는 무엇일까?[3]

- 성령세례는 철저한 하나님 중심적 신앙생활의 지름길이다.
- 성령세례는 예수의 종말론적 하나님 나라의 선교 동력이다.
- 성령세례는 하나님의 성품에 참여하게 하는 성결의 사건이다.
- 성령세례는 진리의 말씀과 성령의 권능으로 충만케 되는 사건이다.

이는 그의 영향력 자체의 크기에 대한 문제보다, 혈육지간도 만나지 않으면 피 한 방울 섞이지 않은 이웃보다 못하기에 '이웃사촌'이란 말이 나온 것처럼, 반대로 아무리 가까운 자라 할지라도 소개가 되지 않으면 남과 같이 멀리 있는 자로 느낄 수밖에 없는 이유 때문일 것이다.

길보른의 메시지:
성령세례

성결교회 제3세대를 거쳐 이제 제4세대로 이어 살아가는 나로서 늦게나마 그가 남겨놓은 글들을 통해서라도 어니스트 길보른이라는 하나님의 사람을 소개할 수 있어 감사한 일이다. 이제 본 장을 통해서 길보른의 사중복음 성령세례 메시지가 21세기 한국 성결교회뿐만 아니라, 세계 기독교를 향해 소개됨으로 인하여 길보른이 그토록 소망했던 초대교회적 오순절 성령세례의 사건이 다시 현재진행형으로 바꾸어지며, 그것이 지니는 신학적 의미가 폭넓게 이해될 수 있기를 희망한다.

한국 땅에 성결교회를 태어나게 한 모태 역할을 했던 중요한 장본인들 중의 한 사람인 어니스트 길보른은 영적·신학적 DNA로 볼 때 그 어느 누구보다도 18세기 영국의 존 웨슬리로부터 시작된 성결 운동의 전통과,[4]

19세기 미국의 부흥 운동 가운데서 발흥한 펜티코스탈 성결 운동의 전통을[5] 통합적으로 잘 이어서 동양에까지 전해준, 그래서 글로벌한 성결가족 공동체의 초석을 놓은 신앙의 개척자라 할 수 있다.

그것에 대한 결정적인 단초들을 담고 있는 것이 바로 그의 사역을 관통하고 있는 '성령세례'에 관한 교훈이다.[6] 성령세례에 대한 성결교회 공동체 내의 초기 지도자들의 이해에 대해서는 이성주가 요약적으로 정리해주고 있으며,[7] 성결교회의 일반적인 성령세례론이 지니는 특징과 문제점들에 대한 집중적인 연구는 배본철에 의하여 이루어졌다.[8]

성령세례:
연구동향과 방향

우리의 중점 과제는 어니스트가 「활천」에 실은 60여 편의 글을 중심으로[9] 그 가운데 언급된 성령세례에 대한 생각을 체계적으로 정리하여, 독자들이 어니스트 길보른의 성령세례관을 원자료에 입각하여 파악할 수 있도록 돕는 것이다. 이러한 이유로 그의 말을 「활천」에 실린 원문 그대로 중요한 부분들을 인용하여 소개하며, 이를 통해서 가능한 대로 선교사 길보른의 담백하고 현장 목회적인 언어를 직접 맛보게 할 것이다.

또한, 우리의 초점은 그의 거룩한 일생에 대한 것이 아니라, 그의 삶을 거룩하게 이끈 원동력에 관한 물음, 곧 그가 일생 가르치고 몸소 실천함으로 드러내고자 했던 '성령세례'와 관련된 가르침에 한정할 것이다. 주지하다시피, 오늘날까지도 성령세례에 대한 개념 및 용법은 매우 다양하여 어느 누구도 이에 대한 통일된 정의를 내리지 못하고 있다.[10] 길보른 역시 성령세례에 대한 특별한 정의를 내리지 않고 자신만의 이해를 가지고 모든 글에 적용하고 있기 때문에, 그의 가르침을 소개한 후 어니스트의 성령세례관이 지니는 신학적 의의를 밝히고자 한다.

1 성령세례의 사도, 어니스트 길보른 (Earnest A. Kilbourne)

제3세계 선교 현장:
믿음의 능력, 영적 변화

역사가 오래된 유럽 대륙의 신학을 말할 때는 주로 교회 공동체가 형성한 신앙고백문이나 교리 텍스트에 기초하여 성경의 사상을 논하는 경향이 지배적인 반면 교회의 역사가 짧은 제3세계 선교 현장에서는 전통적으로 내려오는 신앙고백 텍스트보다는 삶의 콘텍스트에서 형성된 영적 변화의 경험에 입각하여 성서의 사상을 신학적으로 전개하는 경향이 지배적이다.

이미 기독교의 문화가 가톨릭을 배경으로 오랜 역사 가운데 형성되어 있는 서구 교회의 상황과는 달리, 아시아·아프리카와 같은 지역에서는 기독교 선교 이전에 이미 원주민들의 토착 종교가 자리 잡고 있어 각 민족들의 세계관을 형성하는 축을 이루고 있다. 세계관이라 하면 출생과 죽음에 이르기까지 삶의 전 영역을 결정하고 있는 논리적·실천적 패턴이다. 그것이 비록 학문적으로 체계화되어 있질 못하더라도 거기에는 분명한 삶의 '신학'이 없을 수 없다.

그러므로 기독교가 선교지에서 외래종교로 새로운 세계관을 가지고 영향력을 미치고자 할 때, 거기에는 혼란과 동시에 저항의 움직임이 있는 것이 당연한 사실이다. 이때 기독교 선교가 효과적이기 위해서는 복음이 말과 논리로 나타나기 전에, 기존의 삶을 새롭게 변화시키는 '능력'으로 나타나야 한다.

달리 말하여, 교리적 논리가 아니라 믿음의 능력이 나타나는지의 여부에 선교의 승패가 달려있다는 것이다. 주지하다시피, 복음의 능력을 가장 직접적으로 드러내야 하는 자는 복음을 전하는 자다. 그의 언행은 선교의 열쇠와 같다. 그러므로 선교사 내지는 복음 전도자는 바울과 같이 말로써 뿐만 아니라, 말을 입증하는 신적 능력을 드러내지 않으면 안 된다.

길보른의 선교사역:
복음의 능력

길보른이 미국의 초교파적인 신앙인들의 모임인 만국성결연맹(International Holiness Union)으로부터 1902년에 선교사로 파송 받고 일본에 와서 찰스 카우만(Charles Cowman, 1868~1924), 나카다 쥬지(Juji Nakada, 1870~1939) 등과 동역하다가 1928년 임종할 때까지 그가 보여준 26년간의 선교사로서의 삶은 한마디로 복음의 능력이 무엇인지를 드러낸 모범이었다고 말할 수 있을 것이다.

이명직은 길보른에 대하여 "동양에 순복음을 전하여 준 공로자," "조선에 순복음을 가지고 온 선교사"로서 그의 사명이 '순복음'에 있었으며, 그를 통해서 "수만의 령혼이 중생과 성결의 경험을 가지게 되었(다)"고 증언한다.[11] 이렇게 길보른이 자신의 사명을 잘 감당할 수 있었던 데에는 그의 삶과 인격에서 드러난 복음적 능력 때문이었음을 알 수 있다. 그에 대한 이러한 인상은 다음과 같은 호칭에서 충분히 짐작해 볼 수 있다.

- 기도의 사람
- 근면의 사람
- 자기를 숨기는 사람
- 적은 일에 충성
- 성구를 사랑해
- 인종차별이 업서
- 사랑의 사람
- 주를 그에게서 볼 수 잇엇슴
- 다만 신앙주의

한편에서는 이처럼 온유하고 겸손한 모습을 보인 그였지만, "뎌는 진리를 위하야 이단이나 속화에 대하야는 물론 가차가 업섯거니와 무엇이던지 진리의 손해됨이 잇슬가하야 절대로 타협을 피하엿습니다"고, 그가 전하였던 순복음의 진리에 대해서는 단호히 '비타협적'이었던 증인으로 살았다.[12]

복음의 능력의 연원:
성령세례

우리는 그의 이러한 삶의 원동력이 다음과 같은 그의 한 마디 고백 속에 담겨 있음을 발견한다.

"나는 이 [성령]세례로 유전죄에서 깨끗함을 받았고 나의 마음은 성령으로 충만해졌다."[13]

길보른의 이와 같은 고백은 그 자체로서도 값진 것이지만, 그가 체험한 성령세례가 한 인생의 삶을 얼마나 '거룩하게' 하고 얼마나 '능력 있게' 하는지를 확인할 수 있기에 더욱 귀한 것이 아닐 수 없다. 성령세례로 인한 그의 삶에서 변화의 능력이 나타났기 때문에, 그의 사중복음 선교사역이 빛을 발할 수 있었을 것이다.

복음의 능력은 이처럼 복음을 전하는 자의 복음적 삶을 통해 드러날 때 확신을 불러일으킨다. 길보른을 아는 자들이 그의 죽음을 두고 "저는 야심이 없었다," "저는 온유한 선생님이었다," "저는 물건을 아꼈다," "저는 인간으로부터의 영광을 원치 않으셨다," "저는 청렴결백한 종이었다"고 했던 말들은 '순복음' 곧 성령세례를 통한 '사중복음'을 온전히 전하고자 했던 그의 사명 이해를 위한 매우 소중한 증언들이다. 이처럼 타인의 호평도 중요하겠지만, 무엇보다도 다음과 같이 자신이 밝힌 고백은 정확히 그가 주 앞에 드릴 것이었기에 길보른을 이해하는 데 중요한 유산일 것이다.

내가 하나님 앞에 감사하며 담대히 말할 수 있는 것은 수십 년간에 수백 만 금을 출납하였다. 그러나 나의 소유라고는 송곳 한 개 박을 만한 땅이 없고 나는 집도 없고 화려한 가구도 없고 내 생활비로 쓰다가 남은 돈 60달라 밖에 없는 것은 나의 기쁨이오 자랑이라.[14]

이를 옮겨 쓴 「활천」의 주간은 글의 말미에 "아 ~ 거룩하다, 그의 일생이여"라고 탄성을 부르짖어 마다치 않는다! 길보른은 순복음(Full Gospel)으로서의 사중복음(Fourfold Gospel)을 동양에 전하도록 보냄 받은 동양선교회 창립 선교사의 한 사람으로서,[15] 초대 교회의 사도들과 성도들처럼 자신의 것을 자기 것으로 여기지 않고 나누면서 공동체 안에 하나님 나라의 윤리를 실천한 지도자였다.

존 토마스의 사명:
성령세례 전파

'경성성서학원'의 초대 원장으로 초빙되어 온 토마스(John Thomas) 역시 자신의 사명을 성령세례를 전하는 것으로 이해하고 있었다. 그는 자신이 한국에 온 목적을 "성령의 세례를 통한 모든 죄로부터의 현재적인 구원과 매일매일 하나님의 능력으로 죄를 이기는 삶을 전하기 위해서"라고 밝히고 있다.[16] 토마스가 이처럼 길보른 자신이 집중하고 있는 성령세례 사역과 같은 방향으로 신학교육을 책임지고 진행하고 있는 것에 대해 어니스트는 감사하고 있었다.

새 성전 헌당식 때 토마스와 함께 한 내용에 대해서 어니스트는 다음과 같이 기록하고 있다,

토마스 목사는 이 모임을 이끌었는데, 주님은 그에게 한국어로 말하게 도왔습니다. 2시간 반 동안 우리는 예수 그리스도의 피와 성령세례를 통하여 모든 죄로부터 인간

을 구원하려는 하나님의 목적을 위해 기도하며 찬송하고 깊이 묵상하였습니다.[17]

성령세례에 대한 어니스트의 관심은 이처럼 그의 삶 전 영역에 공기와 같이 배어있었다고 할 수 있을 것이다.

성령세례의 열매:
거룩한 삶

이러한 그의 사역적 특징은 선교사로 태평양을 건너기 전부터 이미 그 씨앗이 싹트고 있었다. 어니스트는 일본 선교사로 떠나는 날을 잡아놓고 있었는데, 그가 전신회사에 근무할 때 무료승차권을 남용했던 일이 기억나서 일본으로 출발하는 날을 연기한 사건이 있었다. 결국 그는 이듬해까지 돈을 다 갚고 난 후 일본으로 향하였다는 것이다.

박문수는 이를 "그가 성령께서 감동하신 대로 '마음과 생활의 거룩'을 실천함으로써 온전함을 얻고자 했던 성결한 믿음의 실천이었다"고 평가하고 있으며,[18] 주승민은 "그는 온전한 성결의 상태가 자신들의 선교 사역에 좋은 결과를 맺게 할 것임을 기대하였던 것"이라고 말한다.[19] 하나님만 온전히 의지하는 '신앙선교'의 원리를 짧은 기간 동안이나마 '하나님의 성서학원(God's Bible School and Missionary Training Home)'에서 몸에 익힌 어니스트로서는 지극히 당연한 일이었을 것이다.

기도:
성령세례의 통로

길보른은 성령세례만큼 '기도'를 강조하고 스스로 기도에 힘쓴 기도의 사람이었다. 존 머윈(John Merwin)은 일본 동양선교회의 활동을 소개하는 중 길보른에 대하여 인상적인 한마디를 언급한다.

"이. 에이. 길보른은 외면적으로는 첫눈에 드는 사람이 아니지만 기도의 사람이다."[20]

우리의 본문에서도 밝히겠지만, 성령세례는 그리스도인 누구에게나 열려있는 것이어도 아무나 받는 것이 아니라 준비된 자들에게만 허용되어 있는 것이다. 그 준비의 제일순위가 '기도'다.

기도하지 않는 자에게 성령세례는 기대할 수 없기 때문이다. 어니스트는 성령세례를 말로만 외친 자가 아니었고, 명실 공히 기도의 삶을 통해 성령의 불을 받고, 그 은혜를 나누고자 했던, 성결교회와 아시아를 위한 성령세례 사도라 불러도 과언이 아닐 것이다.

성령세례의 초점:
선교와 오직 믿음

마지막으로, 우리는 길보른이 성령세례의 사도됨을 두 가지 면에서 밝히고자 한다. 하나는 '선교'에 대한 열정이며, 다른 하나는 '오직 믿음'으로의 행함이다. 이 두 가지는 공히 '하나님 중심'의 삶에 대한 표현이며, 성령세례의 확실한 증거가 된다. '하나님 중심적인 삶'은 다시 선교와 믿음의 행함, 곧 말씀에의 순종으로 드러난다.[21] 우리는 어니스트에게서 하나님이 보여주신 선교 비전이 분명했으며, 또한 이를 이루어 나가는 방식이 철저히 하나님 중심으로 하나님만 의지하는 소위 '신앙선교(faith mission)'의 원리를 따라 사역했던 것을 성령세례의 능력이 나타남이라 볼 수 있을 것이다.

우리는 여러 루트를 통해서 어니스트가 성령세례를 받고 얼마나 강력하게 선교적인 사명으로 그의 삶이 움직여졌는지를 어렵지 않게 확인할 수 있다. 1894년에 시카고에서 심슨(A. B. Simpson)의 메시지에 큰 감동을 받고서부터 선교에 대한 불이 꺼지지 않았다. 직장 내에서의 전도활동을 비롯해서 '무디성서학원'과 '하나님의성서학원'을 거쳐 일본에 선교사로 파송될 때까지 그리고 그의 선교적 비전이 길보른 가족 3대에 이르기까지 지속되고 있다는 것 자체가 성령의 불세례가 강력히 임한 결과임을 아무도 부정할 수 없을 것이다. 어니 부부(Edward and Esther Erny)의 증언을 들어본다.

> 당시에 길보른은 특이한 구체적이고 의미심장한 계시를 받았다. 그는 환상 중에 태평양을 가로질러 일본까지 연결된 아치형의 큰 고속도로를 보았다. 그 다리는 일본으로부터 한국에 닿았고, 또 다시 한국으로부터 세 번째로 중국에 닿았다. 그리고 중국으로부터 그 고속도로는 직접 천국에 연결되어진 것을 보았다.[22]

이와 같이 선교에 대한 놀라운 비전이 보였고, 뿐만 아니라 그 결실을 3세대가 지난 오늘날에 이르러 확실히 보고 있다고 할 때, 이는 그에게 임한 성령세례의 능력이 그의 사도적 삶에 충만했다는 것을 인정치 않을 수 없는 증거라 할 것이다. 어니스트에게 선교적 멘토이자 강력한 후원자가 되었던 마틴 냅은 "선교적이지 않은 성결[성령세례]은 공허한 것"이라고 가르쳐왔다.[23] 성령세례는 언제나 예수 그리스도의 복음을 증언케 하는 하나님의 선교사역으로 귀결된다.

선교의 새 방법:
신앙선교

뿐만 아니라, 선교의 '방법' 역시 하나님만 중심이 되는 방식을 취하게 되는데, 그런 원리가 적용되었던 것이 바로 '신앙선교'다. 신앙선교는 성령세례의 경험 없이는 실천 불가능한 하나님 중심의 선교 원리라 할 수 있는데, 이를 몸에 익혔던 도장이 '하나님의성서학원·선교사훈련원'이었다.[24] 여기에서 길보른은 카우만과 함께 '신앙선교'의 길을 보고, 배우고, 준비하였다.

길보른의 선교비를 후원하고자 했던 파송교회가 그 계획을 실천에 옮

길 수 없게 되는 상황이 닥치자,[25] 그는 실제로 신앙의 원리로만 가는,[26] 즉 성령세례를 통해 성령에 의해 사로잡혀 하나님 중심적 삶을 사는 자들에게만 실천이 가능한 신앙선교의 삶을 시작하였고, 또한 그렇게 하나님 중심의 삶과 선교 활동을 통해서 그가 외친 바 성령세례의 사도로서 일생을 살았다.

2 성령세례의 필요성

성령세례의 용어들

길보른은 성령의 세례라는 용어를 '성신세례,' '불세례,' '성신의 불세례' 등으로 그때그때 마다 다양하게 사용한다. 신학적으로 정리된 것은 찾기 어렵지만, 그러한 용어들을 사용한 다양한 맥락 가운데서 볼 때, 그 말들은 분명한 성서적 근거와 신학적 합리성을 가지고 있음을 확인할 수 있다. 그러나 실제로 더 중요한 점은 그 언어들이 주는 피할 수 없는 신앙적 도전과 힘이다.

성령세례의 필요성

성령세례는 무엇 때문에 필요한가?
누구든지 온전한 그리스도인으로서의 삶을 살고자 하는 자들에게 가장 중요하고도 긴급한 것은 성령세례를 받는 일이다. 신앙생활의 승패 여부는 가히 이에 달려있다는 것이 길보른의 인식이다.

> 여러분을 향하야 한 말슴으로 감히 뭇짭노니 주를 밋은 후에 성신의 불세례를 밧은 일이 잇슴닛가?[27]

성령세례를 말하는 이유는 '주를 믿은 후'의 승리로운 삶 때문이다.

성령의 역사로 중생의 체험을 가지고 있다고 하더라도, 그것은 신앙생활의 출발점에 불과하기 때문에, 신앙의 진보를 위해서는 반드시 성령세례가 필요하다는 것이다. 그러므로 성령세례는 모든 그리스도인들이 받아야 할 제2의 은총의 사건이 된다.

그런데 누구보다도 복음을 전하고 목회를 해야 하는 사명을 가진 자들은 예외 없이 성령세례를 받아야 한다는 것이 길보른의 강력한 요청이었다. 그렇지 않고서는 성역을 감당할 수 없기 때문이다. 이에 대하여 길보른은 피니(Charles Finney, 1792~1875)를 예로 들면서 성령세례만이 답인 것을 말한다.

> 누구던지 그 마암 속에 성신세례가 임함으로 그 마암이 정결하여지고 열렬한 불길만 임하게 되면 넉넉히 그 사명을 감당케 될 것이다. … 누구의 심중에던지 성신이 임하시지 안코는 예수 그리스도로 말매암아 우리에게 허락이 되신 바 하나님의 거룩하신 사명을 니즈러짐 업시 완전히 성공하지 못한다. 하나님은 이 성신세례가 업는 사람의게는 당신의 성직을 맛기지 아니하신다.[28]

성령세례:
성결 운동의 전제

성결의 진리를 전하는 자의 조건은 '먼저 성령세례'를 받는 것이다. 길보른은 성령세례를 '성령이 임하여 권능을 받는 것'과 '성결의 진리'를 동일선상에서 이해하고 있다. 먼저는 성령세례란 성령의 임재함이요, 임재함으로 권능을 받음이요, 권능으로 성결함을 얻음이다. 그는 이렇게 말한다.

> 물론 교역자 자신이 몬저 성신의 세례를 밧지 아니하면 그 전하는 성결의 진리도 소

용업시 되고 만다. 주는 '성신이 너희에게 임하시면 너희가 권능을 엇고' 하셧다.[29]

성령세례의 필요성을 조금 더 적극적으로 말하자면, '성결 운동'을 위함이다. 성결 운동은 특정한 지도자나 단체가 슬로건을 내걸고 컨퍼런스를 한다고 해서 일어나는 것이 아니라, 성령의 불세례를 받은 자가 나타나면 시간과 장소에 구애받지 않고 일어나게 되어 있으니, 무엇보다도 교회 공동체를 섬기는 교역자들이 먼저 성령세례를 받아야 한다는 것이 길보른의 생각이다.

어느 때 어느 곳을 물론하고 불세례를 밧은 교역자가 잇기만 잇스면 반다시 성결의 운동이 니러나는 것이다.[30]

성령세례:
동양선교회의 선교 목적

19세기 말 조선 땅에 복음의 씨앗이 뿌려지고 한 세대가 지난 20세기 초 조선에 순복음 곧 사중복음이 전해져야 할 필요성은 성령세례로 말미암은 성결 운동이 시급히 요청되었기 때문이다. 그러나 미국 장로교와 감리교의 교파주의 신학에 입각하여 교회 확장을 목표로 삼았던 한국 선교와 달리 초교파주의 '신앙선교'를 원리로 하는 동양선교회는 제도적인 교회 개척보다 성령세례를 강조하는 성결 부흥 운동을 전개하였다. 그러므로 일본·한국·중국을 중심으로 하는 아시아 선교에 가장 필요로 했던 것은 돈이나 건물이 아니라, 성령의 불세례를 받은 전도자였다. 이러한 것을 선교 현장 최일선에서 느껴야 했던 자가 길보른이었다.

왜냐하면, 그는 1907년부터 동양선교회 창립자들 중 가장 많이 한국을 방문하면서 한국 선교에 헌신하다가 1921년부터, 1924년 카우만의 사망으로 인하여 제2대 동양선교회 총재가 되어 미국으로 가기까지 경성성서학원장으로 그리고 감독으로 활동하면서[31] 한국 성결교회의 기초를 다지는 일 가운데 가장 중요한 것이 무엇보다 '성령세례'였음을 확신하였기 때문이다. 그가 아쉬워하며 마음 중심에서 간절히 토로하는 말을 들어보라.

> 만일 우리가 일즉이 이 일을 위하야 하나님께 힘써 간구하엿더면 하나님께서 발셔 성신의 불세례를 밧은 유력한 교역자를 조선에 만히 니르키셧슬 것이외다.[32]

성령세례의 급진성

성령세례를 역설한다는 것 자체가 매우 래디컬한 신앙 메시지다. 특히 교회의 지도자들에게는 더욱 그렇다. 그중에서도 신앙생활 자체가 하늘이 아니라 땅에 속한 것이 되어버린 타락한 교역자들에게 성령세례 받을 것을 말하는 것은 그들의 오도된 신앙과 삶에 대해 깊숙하게 말씀의 칼을 들이댄 것이기 때문에, 그들로부터 결코 적지 않은 반발과 저항이 나타나는 것을 예상할 수 있다.

눈에 보이지 않는 영혼들이 죽어가는 것에 대해서는 무감각하고, 오직 보이는 종교적 성과에 대해서만 민감하게 반응할 뿐인 자들이야말로 성령세례를 받아야 하는데, 그 이유는 '멸망당할 영혼에 대한 책임'을 지는 자가 되어야 하기 때문이다.

> 비록 성직에 충성한다 할지라도 진심으로 주를 위하지 안코 한갓 사람이나 만히 모화 교세나 확장식히려는 주의를 가진 자는 남의 영혼을 참되게 먹일 수 업다. 오직 성신의 세례를 밧은 자라야 자기가 멸망당할 영혼의게 엇더한 책임을 가지고 잇는지를 깨닷게 된다.[33]

어니스트 길보른이 경성성서학원의 원장으로 그리고 동양선교회의 총재로서의 막중한 책임을 감당하고자 했을 때, 사역의 최우선적인 관심사가 '성령세례'였다는 사실은 21세기 한국성결교회의 지도자들이 일반적으로 가지고 있는 권위적 리더십의 좌표를 새롭게 점검케 하는 교훈이 아닐 수 없다.

3 성령세례와 원죄의 제거, 성결

**십자가, 그리고
'타고난 옛 죄의 성질'**

길보른에게 성령세례의 근거는 무엇보다도 '십자가'다. 십자가 없는 성령세례는 불가능하다. 십자가 신앙, 십자가의 은혜로 구속받은 고백 없이 성령세례는 없다. 십자가의 은혜를 통과한 심령만 자신 속의 '교만'이라는 쓴 뿌리를 보기 때문이다.

> 성신의 세례 곳 불세례도 이 십자가로 말매암은 것이다. 이 불은 우리의 마음 속의 교만을 완전히 태워바리게 된다.

유월절 없이 오순절의 성령강림은 없는 것이다. 왜냐하면, 궁극적으로 성령세례를 받는 중요한 이유들 중의 하나가 되는 것은 '십자가만 증거하는 충성스러운 종들'이 되는 것이기 때문이다.

한편, 그리스도인이 이 땅에서 사는 동안 끝까지 싸워야 할 대상은 '타고난 옛죄의 성질'이다. 이는 회개하고 복음을 믿은 후에도 신자 안에 '남아' 있어, 그리스도인의 '진보를 방해하고 허다한 비애와 고통을 일어나게' 하는 원인이 되고 있기 때문이다.

길보른은 이러한 문제를 해결하는 유일한 길을 뚜렷이 제시한다.

> 성결의 은혜나 혹 성신의 세례를 밧기 외에는 죄는 생래의 원질 혹은 성질이 남아 잇서서 우리가 그것을 이기고 정복할 필요가 잇다[34]

신앙생활의 승패는 결국 성령세례를 받았는지의 여부에 달려있다는 말이다. 그러므로 참된 신앙생활은 결코 중생의 상태에서 머물러 있을 수 없는 것이다. 진짜 영적 전쟁은 중생 이후부터인 것을 깨닫게 된다.

성령 역사의 두 차원:
중생과 성결

성령은 '진리의 영'이시며, '창조'의 영이시기도 하다. 성령은 또한 '보혜사'이시기도 하다. 성령은 모든 피조물이 생동하게 하는 '생명'의 영이시기도 하다. 그러나 무엇보다도 성령은 인격적으로 신자들과의 특별한 관계를 갖는다. 예수 그리스도의 십자가 보혈의 은혜와 믿음으로 하나님의 자녀 된 신분을 되찾게 하며, 깨어진 하나님의 형상을 온전히 회복하는 데 이르게 한다. 하나님의 자녀 신분을 가지게 된 것과 하나님 자녀답게 사는 것에는 동일한 성령의 역사가 있지만, 그 차원은 서로 다르다.

첫 번째는 불신자에게서 일어나는 '중생'이요, 두 번째는 신자에게서 일어나는 '성결'이란 차원이다. 성령은 하나님의 자녀 되게 하는 일에 먼저 관계하시며, 그 후 하나님의 자녀답게 사는 일, 곧 성결에까지 관계하시는 것이다.

성결 : 죄의 멸절

길보른이 성령의 사역에 대해 무엇보다도 관심 갖는 영역이 바로 두 번째 차원인 성결이다. 어떻게 성결을 경험할 수 있는가? 이를 위해 가장 필요한 일이 중생 이전에 인류의 조상이 지은 범죄 이래로 유전적으로 계속 이어져 온 죄의 근성(根性)을 제거하는 것이라고 하는 것이 길보른의 확신이었다.

> 그리스도의 신자 된 우리는 단지 죄사함 밧는 것으로만 만족을 삼을 것이 아니라 반다시 그 죄악의 뿌리까지 멸절식혀야만 하겟다. 이는 다름 아니라 샤죄와 중생의 은혜를 밧은 후에도 그 죄의 뿌리가 심중에 여전히 남아 잇서 항상 괴롭게 하는 까닭이다.[35]

이를 위해서 중생한 자들이 할 수 있는 일은 성령세례를 받는 것이다. 오직 성령세례를 통해서만 '죄악의 뿌리'를 제거할 수 있다는 믿음이다. 길보른은 말한다.

> 그러면 엇더케 박멸할 수 잇나뇨? 곳 하나님의 깨긋케 하시겟다는 약속에 대하야 확실한 신앙을 가지고 하나님께 나아가서 그 몸과 생명과 기타 모든 것을 다 하나님께 '밧치고' 하나님께 완전히 '순종'만 할 것이다. 그러하면 하나님께서 반다시 그 심령에 성신의 세례를 배푸러 정결케 하실 것이다.[36]

기독교의 가르침이 중생에 머무를 수 없는 것은, 그 상태가 그 이전과 비해 상상도 할 수 없는 영적 신분의 변화를 가져다줌에도 불구하고, 중생 이후에 하나님께서 계획하시고 이끄시고자 하는 단계 역시 중생의 세계와 비교할 수 없을 정도로 놀랍기 때문이다. 길보른은 중생과 그 이후 성령세례를 통한 성결의 상태를 명확히 구별한다.

성신으로 중생함은 용서를 낫코, 성신세례는 청결을 낫는다. … 성신으로 중생함은 자유로 의롭게 하며, 성신의 세례는 완전히 성결케 한다.[37]

길보른의 이 말이 담고 있는 신학적 의의와 그 중요성을 바로 이해하기 위해서는 교의학적 분석이 잠시 필요하다. 신앙생활의 축을 구원이라는 관점에서 이해하고자 했을 때 기독론적 접근과 성령론적 접근 혹은 교회론적 접근이 가능하다.

구원론의 두 갈래:
기독론적, 성령론적 접근

구원을 기독론적으로 보았을 때, 예수 그리스도 신앙은 믿는 자에게 그리스도의 의(義)가 전가(轉嫁)되도록 하기 때문에, 그리스도를 믿는 자는 그리스도처럼 의롭게 된다. 그것은 내 의가 아니라 그리스도의 의로서 나는 단지 "믿음으로 의롭다"고 인정을 받게 되는 것뿐이다. 이것이 마르틴 루터(Martin Luther) 이후 기독교의 보편적 신앙고백이 된 '이신득의(以信得義)'란 말이다.

이때는 소위 자범죄니, 원죄니 하는 죄의 여러 측면을 나누어 들여다볼 필요가 없다. 그것이 어떠한 죄든 그리스도를 믿고 세례를 받은 후면 오직 그리스도의 의만이, 오직 그리스도의 공로만이 효력이 있기 때문이다.

다시 말해서, 그리스도 신앙 안에서 자범죄와 원죄 모두 사(赦)해지는 것이다. 이후 그리스도인에게 요청되는 하나님 자녀로서의 삶은 하나님의 은혜로 값없이 구원받은 자라는 고백 가운데서 나타나는 사랑의 실천뿐이다. 여기에서는 절대 '내가' 죄의 세력과 싸우는 일은 없다. 승리자 그리스도가 내 대신 싸우시기 때문이다. 그러므로 나는 오직 하나님의 은혜와 그리스도께서 수여하신 의로써 승리자로 사는 일만 남는다.

그러나 구원을 성령론적으로 보았을 때는 기독론적으로 접근했을 때와는 달리, 신앙의 개념 자체가 법적이며 객관적으로 주어지는 성례전적 은총과 같은 차원보다는, 실존적이며 주관적 차원이 전면에 부각된다. 이는 마치 '밭과 씨앗'의 관계에서와 같이 그리스도의 복음이란 씨앗이 내 마음의 밭에 떨어지면 그냥 절로 뿌리를 내리고 싹을 내는 것이 아니다. 싹을 내고 못 내는 것은 싹이 아니라 밭에 달려있는 것이다.

어떤 밭인지가 문제다. 씨앗을 주체적으로 잘 받아들이는 옥토일 수도 있고, 길가나 돌밭일 수도 있다는 것이다. 그러므로 여기서는 그리스도가 하나님의 은혜로 주어졌으며, 구원받기로 예정된 자들은 다 믿게 될 것이라는 식의 접근이 아니라, 구원의 선물을 줬어도 그것을 받을 준비가 필요한데, 하나님께서는 성령을 보내셔서 우리의 마음을 움직여 바꾸어놓아 그리스도를 영접하게 하고, 그리스도의 공로를 의지하여 성령의 권능을 받아 가지고 죄와 끝까지 싸워 이기게 하신다는 것이다.

길보른의 구원론:
성령론적 접근

이러한 기독론적인 것과 성령론적인 것 가운데, 길보른의 중생과 성결은 보다 성령론적 접근을 통해서 더 잘 이해될 수 있는 신앙생활의 차원들임을 보여준다. "성령으로 중생함으로써 죄 용서 받음의 확신과 자유 함과 의롭게 됨의 삶으로 들어가고, 성령으로 세례를 받음으로써 원죄의 근성이 척결되어 완전한 성결의 삶으로 나아간다."

결국은 그리스도의 종국적 승리에 참여하는 것이냐, 아니면 성령의 역사에 참여하여 함께 싸우는 것이냐의 방법론적 이해의 차이가 있을 뿐, 결과적으로는 하나님의 예정하심과 임재하심의 은혜로 구원의 완성을 경험하게 되는 것이다.

성결교회의 대표 교리가 있다면, 그것은 '성결은 곧 성령세례'라는 것이다. 이는 성결의 본질과 성결을 얻게 되는, 혹은 성결에 이르게 되는 길에 대한 최상위의 가르침이며 주장이다. 길보른은 '성령세례는 곧 성결'이라고 말한다.

> 성신세례 곳 성결은 주 예수 그리스도의 말삼과 사랑을 따라 행하는 신자의게 주시랴고 하나님께서 저장하고 보존하여 두셧다. 삼위 중 하나 되신 분 성신이 신생한 자와 약속한 바가 잇나니 곳 성신께서 성결케 하시고 충만케 하시고 또한 거하시겟다고 하셧다.[38]

이것은 하나님의 말씀으로 확인할 수 있는 '경험'의 사실이기 때문에, 이를 '소멸하거나 등한히 하는 자'는 스스로 '타락한 자'임을 말하는 것으로 보아야 한다고 길보른은 매우 강한 어조로 주장한다.

> 우리가 성신세례와 완전한 성결에 대한 하나님의 말삼을 읽을 때에 일부러 그 경험을 소멸하고 또한 등한히 한다 하면 우리는 타락이 되엿거나 그러치 아니하면 타락의 도중에 잇는 것이 분명하다.[39]

4 성령세례 받는 방법과 결과

성령세례의 두 접근:
하나님과 인간

성령세례 논의들 가운데 늘 이슈로 대두되는 것 가운데 하나는 소위 성령세례의 '순간성'과 '점진성'에 대한 주장들이다. 양자가 지니는 성서적이며 경험적 타당성은 특정한 신앙 공동체의 전통에 입각하여 훼손되거나 폄하되어서도 안 되며, 그렇다고 양자의 주장을 일정한 논리도 없이 섞어 놓아서도 안 될 일이다.

그런데 이러한 문제와 관련하여 길보른의 성령세례 이해는 매우 인상적인 관점을 제시한다. 즉, 성령세례를 받는 신자의 입장과 성령세례를 주는 하나님의 입장을 구분해 놓고 이해하고 있는 것이다.

신자의 입장에서 전망한
성령세례

성령세례를 받는 신자의 입장은 단순하지 않다. 다시 말해서, 성령세례는 아무나 원한다고 받을 수 있는 것이 아니다. 하나님께서 주시는 은혜는 사람의 어떤 것과 바꿀 수 있는 것은 아니다. 즉, 교환적 가치로 설명할 수 있는 것은 아니지만, 분명한 것은 은혜에 대한 명확한 응답이 선행되어야 받을 수 있다.

성령세례는 오직 신자만이 받을 수 있는 소위 '두 번째 은혜'의 사건이다. 십자가 신앙의 은혜를 경험한 신자들에게 주어지는 선물이지만, 모두가 받는 것은 아니다. 그러므로 성령세례는 신자에게 주어진 과제라 할 수 있다. 하나님의 자녀를 향한 이 선물은 아무 때나 모두에게 주어지지 않고 선행되어야 할 응답이 있다고 하면, 그것은 무엇인가? 이에 대해서 길보른은 매우 명확한 응답의 과정들을 요점적으로 교훈한다.

> 그리스도의 신자된 우리는 단지 죄사함 밧는 것으로만 만족을 삼을 것이 아니라 [1] 반다시 그 죄악의 뿌리까지 멸절식혀야만 하겟다. … 글면 엇더케 박멸할 수 잇나뇨? 곳 [2]하나님의 깨굿케 하시겟다는 약속에 대하야 확실한 '신앙'을 가지고 [3]하나님께 나아가셔 그 몸과 생명과 기타 모든 것을 하나님께 '바치고', [4]하나님께 완전히 '순종'만 할 것이다. 그리하면 [5]하나님께셔 반다시 그 심령에 성신의 세례를 베프러 [6]정결케하실 것이다.[40]

십자가의 은혜로 죄 사함 받은 그리스도인 신자로서 중생의 체험을 한 자는 신앙의 더 깊은 단계로 들어가야 한다고 길보른은 가르친다. 우리는 그가 요점적으로 언급한 성령세례 교훈을 여섯 단계로 구분하여 볼 수 있다.

성령세례를 받으려면:
제1~4 단계

첫째는 "반다시 그 죄악의 뿌리까지 멸절식혀야만 하겟다"는 마음을 가지는 '의지'의 단계다. 중생한 신자는 회개한 죄들에 대해서는 용서함을 받았지만, 자신의 깊은 곳에 '죄악의 뿌리'가 여전히 남아 있기 때문에, 죄로부터 온전히 자유롭게 되지 못하고 있는 자신을 발견한다. 그러므로 죄악의 뿌리를 "멸절시켜야만 하겠다"는 사모함이 그에게 있지 않고서는 안 된다는 것이다.

둘째는 "하나님의 깨끗케 하시겠다는 약속에 대하야 확실한 '신앙'을" 가지는 '믿음'의 단계다. 십자가의 신앙도 그랬지만, 성령세례에 대한 것도 궁극적으로는 '하나님'이 하시며, '하나님의 약속'에 근거하여 이루어지는 것이므로, 마음의 쓴 뿌리를 온전히 제거하여 깨끗케 해주시겠다는 말씀을 믿는 신앙이 요청된다.

셋째는 "하나님께 나아가셔 그 몸과 생명과 기타 모든 것을 하나님께 '바치고'"의 '헌신'의 단계다. 비유로 말하자면, 자신의 몸 안에 암이 있음이 확인되었고, 이제 암을 제거해낼 수 있는 신뢰할 수 있는 의사를 만나 그로부터 암 제거의 약속을 듣고 그에 대한 신뢰심이 생겼다면, 남은 것은 한 가지다. 의사가 자유로이 수술하거나 처치할 수 있도록 자신의 몸을 그에게 맡기는 것이다.

넷째는 "하나님께 완전히 '순종'만" 하는 '순종'의 단계다. 때로는 자신의 몸을 전부 맡겼다고 하더라도 자신이 예상하거나 기대했던 것과는 너무 판이한 것이 요구되었을 때 완전하게 의사를 따르지 못하는 경우가 있을 수 있다. 길보른은 성령세례를 받기 위해서는 '완전한 순종'이 필요함을 말한다.

길보른은 신자들이 성령세례를 받기 위해서 가져야 할 신앙적 응답의 과정을 이처럼 적어도 네 단계로 이해하고 있다. 이 단계들은 성령세례를 통해 죄악의 뿌리를 박멸코자 하는 거듭난 신자들에게 요구되는 신앙 여정이다. 이러한 가르침은 성령세례를 가볍게 여기는 자들에게는 매우 중대한 영적 도전이 아닐 수 없을 것이다.

그는 이 과정을 도식(圖式)적으로 제시하지 않았지만, 누가 보더라도 명확한 가르침이어서 이를 따르든지 아니면 거부하든지 둘 중의 하나를 택해야만 하는 가르침으로 제시하고 있다. 중생한 그리스도인에게 하나님이 행하시는 성령세례라는 두 번째 은혜의 사건에 참예(參詣)하기 위해서 요구되는 이와 같은 응답의 과정은 타율적인 율법 규범에 의한 것이 아니라, 전적으로 자유로운 하나님의 은혜 가운데서 이루어지는 것이다.

여기에서 확인되는 의지·신앙·헌신·순종의 네 단계들은 '마음' 안에서 일어나는 신앙적 결단들이기 때문에, '통시(通時)적'일 수도 있고 '공시(共時)적'일 수도 있다. 달리 말하여, 시간적 과정을 필요로 할 수도 있고, 한 순간에 모든 과정이 통합적으로 일어날 수도 있다는 것이다. 어떤 신자들은 마음 가운데 단계 단계마다 시간을 두고 영적 싸움을 치열하게 하고서야 완전한 순종의 단계에 이르지만, 어떤 신자들에게는 그 모든 과정들이 한순간에 압축적으로 이루어지는 일도 있을 수 있다.

하나님의 은혜에 대한 자유로운 신앙적 응답은 율법적이거나 도식적으로 이루어지는 것이 아니므로, 그것이 어떤 형태의 신앙적 응답으로 표현되는지가 문제가 아니라, 그 응답 안에 의지·신앙·헌신·순종의 내용이 얼마나 충실히 내재되어 있는지가 중요한 것이다.

무엇보다도 길보른의 이러한 성령세례관에서 놓쳐서는 안 되는 것은 성령세례를 베푸시고자 하는 하나님의 은혜에 대한 '신자들의 신앙적 응답'이 어떤 형태라도 필요하다는 사실이다.

성령세례를 받으려면:
제 5~6 단계까지

이처럼 성령세례를 받기에 준비된 하나님의 자녀들에게는 마침내 "하나님께서 반다시 그 심령에 성신의 세례를 베프러"라고 하는 다섯 번째 단계가 주어진다.

하나님을 떠나 죄 가운데 살고 있던 자들이 성령의 감동으로 예수 그리스도를 믿어 하나님의 자녀가 되고, 죄만 짓던 자가 이제 하나님의 자녀답게 살려 하니 마음속에 죄악의 뿌리들이 그대로 살아있는 것을 발견하였지만 죄의 근성(根性)을 제거할 수 있는 분은 오직 하나님뿐임을 고백하게 된다.

하나님께서는 준비된 자들에게 성령세례를 베푸시고, 그리고 드디어 성령의 역사를 통해 하나님의 자녀 된 자들 속에 남아 있는 죄악의 뿌리들을 제거하심으로써 "정결케 하실 것이다"라는 성령세례의 최종 목표가 이루어지는 여섯 번째 단계에 이르게 하신다.

성령세례의 부가적 차원:
말씀과 사랑, 순종과 기도

성령세례 받기 위한 길에 대하여 길보른은 몇 가지를 부연적 차원에서 더 강조하고 있다. 우선, 성령세례를 받으려면 '예수의 말씀과 사랑을 따라 행하는 신자'이어야 한다.

> 성신세례 곧 성결은 주 예수 그리스도의 말삼과 사랑을 따라 행하는 신자에게 주시랴고 하나님께서 저장하고 보존하여 두섯다.[41]

이처럼 믿음의 세계에 들어온 자들에게 성령세례는 주어진다. 또한, 성령세례의 사건이 나타나기 위해서는 '하나님이 원하는 단순한 신앙' 위에 '예수께 절대적 귀의함'과 '하나님께 전 생명을 바쳐 헌신함'이 전제되어야 한다고 길보른은 거듭거듭 완전 헌신을 강조한다.

그렇게 될 때 성령은 '하나님의 집행자'로서 예수의 보혈로 죄의 더러움을 씻는 능력을 발휘할 수 있게 된다는 것이다.

> 예수께 절대적 귀의함과 우리 생명을 전부 당신께 헌신함은 하나님의 원하시는 단순한 신앙과 함께 역사하야 성신의 세례를 가져오며, 보혈의 씻는 능력도 가져오대, 성신은 하나님의 집행자 노릇을 한다.[42]

앞서 언급한 것들과 같은 맥락이지만, 성령세례를 위해서는 '순종'과 '기도'의 생애가 선행되어야 함을 말한다. 그때 비로소 '생수의 강'처럼 성령이 넘쳐흐르게 된다는 것이다. 성령세례는 신학의 이론에 머물러 있을 교리가 아니다. 성령세례는 신자 안에서 변화를 주도하게 될 혁명적 사건이다. 그것은 바위에서 생수가 터져 나오듯이, 오직 순종과 기도의 삶 속에서 폭발적으로 솟아오르는 권능의 발현이다.

> 성신의 세례와 순종과 기도의 생애는 여러 독자의게서도 생수의 강이 흘너오게 할 수 잇다.[43]

성령세례를 받는 길에 대한 물음과 가르침은 언제나 중요한 실제적 과제다. 길보른의 성령세례 받는 길은 단호히 '기도' 외에 다른 것은 없다. 우리가 기도의 본질에 대해 깊이 있는 성찰과 경험을 가지고 있다면, 이보다 더 단순하고도 확실한 대답은 없을 것이다. 그의 어조는 명확하다.

기도하는 중에서 성신과 불의 세례를 밧아가저야만 하겟다.[44]

성령세례의 결과

그렇다면 성령세례를 받으면 나타나는 결과는 무엇인가? 성령세례는 '신생한 자와 약속한 바'로서, 신자를 성결케 하고, 신자에게 선한 무엇인가를 충만케 하고, 신자 안에 거하겠다는 약속이다. 성령세례 시에 일어나게 될 결과를 길보른은 여덟 가지로 밝힌다. 위대한 능력·원죄로부터 정결·큰 용기·통찰력·담대한 신앙·완전한 사랑·큰 평안·영혼에 대한 책임감이다.

> 삼위 중 하나 되신 분 성신이 신생한 자와 약속한 바가 잇나니 곳 성신께서 성결케 하시고 충만케 하시고 또한 거하시겠다고 하섯다. 우리에게 만약 성신이 업스면 항상 무력하고 두려워하는 신자가 될 것이다. 우리에게 [1]위대한 능력을 주시며 [2]원죄에서 깨긋케 하시고 [3]큰 용기를 주시며 [4]우리의 통찰력과 [5]신앙을 담대케 하시고 [6]완전한 사랑과 [7]큰 평안을 주시며 [8]일허바린 영혼에게 대한 우리의 책임을 격려하시는 것을 볼 때에 이것이 곳 놀날만한 큰 경험이다.[45]

이 중에서 몇 가지를 강조하면 다음과 같다.

첫째, 성령세례를 받게 되면 영혼 구원 위해 열심을 품게 하며, 교회 부흥을 위해 기도하게 한다. 성령세례는 궁극적으로 예수 그리스도의 십자가 복음을 증거케 하는 증인으로 세상을 향해 나설 수 있도록 권능을 부여함에 있다. 이러한 일은 기도를 통해 이루어지는 것이며, 또한 지속적인 기도가 요청된다.

> 보라 성신의 세례는 [1]게으른 사람을 부즈런하게 만들어서 [2]영혼 인도하는 일에 다름질을 하게 하며 [3]교회 전체의 부흥을 위하야 간단업시 기도하게 만드는 것임을.[46]

둘째, 성령세례가 요청되는 가장 근본적인 이유는 죄의 근원을 완전히 뿌리 뽑아 버리는 것 때문이다. 길보른은 성령세례 후의 일에 대해 다음과 같이 찬양하며 고백한다.

> 하나님을 찬송할 수밧게 업다. 우리가 성신의 불세례로 말매암아 이 죄악의 뿌리를 완전히 빼어바리게 된 것이다.⁴⁷

원죄의 박멸이 없이는 어느 누구도 완전한 그리스도인의 생활을 해 나갈 수 없다.

셋째, 성령세례를 받으면 '완전한 사랑'을 실천하게 된다. 길보른은 웨슬리안 경험주의 전통 위에 서서 성령세례 받은 성결한 사람의 열매로서 완전한 사랑을 증언하고 있다.

> 성경에 이 완전한 사랑을 여러 방면으로 나타내엿다. 웨슬네 씨는 제2의 은혜, 성결, 성신세례 등을 완전한 사랑이라고 칭하엿다. 하여간 이 완전한 사랑은 성결한 사람의 특색으로서 멸망길로 거러가는 사람의게 표면상 감화까지 주게되는 은혜일다.⁴⁸

길보른에게 성령세례는 그 자체로서 신자가 추구하는 목표가 아니다. 성령의 임재로 말미암아 신자의 마음이 성결함으로 가득 차고, 그 위에 '하나님의 사랑'이 나타나도록 하는 것이 궁극적으로 추구하는 열매다.

> 이 하나님의 사랑은 성신세례로 말매암아 성결한 자의 심중에 임하게 되는 것인대, 이 사랑이 성결한 자의 마암 속에서 나타나대, 그 나타나는 범위는 땅끗까지니라.⁴⁹

넷째, 성령세례를 받은 자는 '참된 성결인'과 그렇지 않은 '유명무실한 성결인'을 구별할 수 있다.

우리들은 유명무실한 성결자가 되지 말고 실험적 성결자가 되어야 하겠다. 이 세대에는 완전한 사랑을 가졋다고 자칭하는 자가 만타. 마귀는 참것을 모방하는 거짓자이다. 이 계통을 밧은 자가 각처에 만타. 점점 유행되여 간다. 이는 성신세례 밧은 자의 눈이 아니면 도저히 판별하기 어렵다.⁵⁰

6 길보른 성령세례관의 신학적 의의: 신중심주의

길보른의 신앙배경

어니스트 길보른은 시카고에서 전신기사로 있으면서 찰스 카우만에게 전도 받은 후 시카고의 '무디성서학원'과 신시내티의 '하나님의성서학원·선교사훈련원'을 거쳐 일본 그리고 한국에 이른다. 시카고에서는 '은혜감리교회'에서 신앙생활을 하였고, 앨버트 심슨의 부흥집회에서 큰 은혜를 체험한 후 선교사역에 대한 비전을 본다.

이로 보건데 감리교회로부터, 심슨으로부터, 무디성서학원으로부터 받은 신앙적 영향력이 어니스트에게 적지 않았을 것이다. 그러나 그의 영성과 신앙관에 결정적으로 영향을 미친 곳은 '하나님의성서학원'과 그곳에서 가르쳤던 교수진들이었을 것으로 보인다. 우리는 그 모습을 성령세례에 대한 그의 이해와 실천적 삶에서 어렵지 않게 확인할 수 있기 때문이다.

이와 같은 전반적인 배경을 염두에 두면서, 마지막으로 우리는 어니스트 길보른의 성령세례관이 지니고 있는 신학적 의의를 밝히고자 한다.

경험주의적 복음주의
성령세례론

우선적으로, 길보른의 성령세례관이 지니는 신학적 특징은 '교리중심의 개혁주의적 성령세례론'보다는 '경험중심의 복음주의 성령세례론'에 기초해 있는 것으로 규정할 수 있다.⁵¹ 다음과 같은 특징들이 길보른에게서 보이기 때문이다.

- 성령세례의 대상은 오직 중생한 자다.
- 구원과 직접 연관성이 없다.
- 성령세례는 성령을 처음 받는 것이 아니기 때문에 반복적으로 일어날 수 있다.
- 시간적으로는 중생 시에 일어날 수도 있다.
- 가시적으로 말할 수 있는 경험적 사건이다.
- 성령세례 후 성령충만이 따라온다.⁵²
- 정결과 능력으로 나타난다.
- 순간적 변화가 강조된다.
- 완전한 성결의 현재적 상태를 기대한다.

이러한 경험 중심적 복음주의 성령세례관은, 존 웨슬리로부터 신망을 얻어 그의 후계자로도 지목되었던 18세기 영국의 존 플레처(John William Fletcher, 1729~1785)에 의해서 발원되어⁵³ 19세기 미국의 소위 '래디컬 성결 운동(Radical Holiness Movement)'을 주도했던 '만국사도성결연맹'과 '하나님의성서학원' 그룹에서 꽃을 피운다.

이때 기여한 자들 가운데 대표적인 지도자에 마틴 냅(Martin W. Knapp)과 윌리엄 갓비(William Godbey)가 있다.⁵⁴ 이들은 모두 19세기말 당시 미국 감리교(Methodist Episcopal Church)의 목사요, 성서학원 교수요, 부흥사였지만, 웨슬리가 주창한 '성화(Sanctification, Holiness)'에 대한 이들의 관점은 감리교 주류 지도자들의 견해와 달랐다.

감리교 신학의 주류에서는 유럽의 교리 중심의 개혁주의 전통에서처럼 회심과 성화 간의 구분을 두지 않고 있었던 반면에, 냅이나 갓비는 철저히 구분하였다. 그리고 급진적 성결 운동 그룹은 그러한 자신들의 성화 이해를 '순간적으로 이루어지는 원죄의 제거'로 이해하였으며, 이를 '웨슬리안 완전(Wesleyan perfection)' 또는 '웨슬리안 성결(Wesleyan holiness)', '참 구원(full salvation)', '완전 성화(entire sanctification)' 등으로 부르면서 주류 감리교의 가르침과 명확히 거리를 두었다.⁵⁵

감리교 당국의 전통적인 관점에서 볼 때, 틀림없이 이들의 입장은 교회의 분열을 일으키는 것이었다. 결국 마틴 냅은 감리교의 정관을 어겼다고 고소를 당하였고, 마침내 교회 법정에까지 서야 했다. 냅은 재판에서 법적으로는 승리했지만, 다시는 동역의 여지가 없는 입장이어서 감리교를 탈퇴할 수밖에 없었다.

펜티코스탈리즘:
하나님 중심성

길보른은 이러한 냅을 원장으로 둔 '하나님의성서학원·선교사훈련원'에서 사중복음을 통한 새로운 영성, 곧 오순절 성결 운동의 펜티코스탈리즘 정신(Pentecostalism)을 몸으로 익혀 태평양을 건넌 것이다. 그 정신의 핵심이 마틴 냅이 자신의 주저 『하나님의 오순절 번갯불』에서 전개했던 바로 '펜티코스탈 성령세례'였다.⁵⁶

그렇다면 길보른이 이어받은 이러한 펜티코스탈 성령세례의 중요한 신학적 의의는 무엇인가?

그것은 한마디로 '하나님 중심성' 혹은 '하나님 중심주의(Theocentrism)'이다. 이는 하나님만이 왕이 되어 통치하는 '하나님 나라 운동'의 다른 표현이다. 즉, 오순절 성령세례의 선포는 그 자체로서 하나님 나라 운동의 최일선에 참여하는 것을 의미한다.

이 '하나님 나라(*malkut Elohim, basileia Theou*)'는 하나님이 이스라엘 백성들 안에서 이루시고자 했던 것이고, 나사렛 예수에 의해서 그 구체적인 모습이 드러났으며, 이제 예수 그리스도를 믿고 따르는 그리스도 교회 공동체들 안에 먼저 구현되고 그리고 온 세상에 이르기까지 이루어져야 하는, 성경 전체가 처음부터 마지막까지 말씀하고 있는 하나님의 뜻이다.

이와 같은 하나님 나라는 어떻게 이루어지는가? 하나님이 보내신 아들을 영접하고, 아들이 보내신 성령을 영접하는 자들과 그 공동체들을 통해서 그리고 그 안에서 이루어진다. 예수 그리스도로 말미암아 성령세례를 받는다는 것이다. 얼마나 단순하며 또한 심오한 약속인가! 그 모델은 사도행전이 전하고 있는 바, 초대 교회 120명의 예수 제자들에게 임한 오순절 성령강림의 사건이다.

예수를 믿는 자들에게 따르는 제2의 은혜 사건이 19세기말 미국 교회에도 반드시 있어야 한다고 믿었던 냅과 일군(一群)의 그리스도인들은 '래디컬(radical)'이라 비판을 받으면서도 '오순절적(Pentecostal)' 성령세례의 경험과 메시지를 전하는 것을 포기할 수 없었다. 왜냐하면, 오순절 성령세례를 통한 성결 운동이야말로 예수께서 재림하실 때까지 이 땅위의 교회 공동체가 해야 할 사명이라고 믿었기 때문이다.

래디컬 오순절 성결 운동과
마틴 냅

냅과 '래디컬 오순절 성결 운동'에 참여하던 자들에게 오순절의 성령세례는 '순간적으로(instantaneously)' 내리쳐 어둠을 밝히고 새롭게 하는 '번갯불(lightning bolts)'이며, '오순절적 순결과 능력의 폭풍'과 같은 것이다.[57] 그들에게 성령세례는 신앙생활에서의 전무후무한 영적 혁명으로서, 이는 마치 역마차로 달리던 시대에 전동차가 등장한 것과 같은 변화였으며, 기존의 옛 종교형식과 신조에 갇혀 있던 기독교를 해방하는 힘, 곧 '오순절적 능력(Pentecostal dynamo)'이었다.

그들은 하나님의 교회를 장악하고 있던 화려한 종교적 형식주의와, 세속적 인본주의와 야합하고 있는 교권주의를 쓸어낼 수 있는, 그래서 하나님 나라가 공동체 안에서 이루어지게 하는 힘은 오직 '오순절 하늘에서 내리치는 성령의 번갯불 세례'가 아니고서는 불가능하다는 것을 보았던 것이다.

길보른은 바로 이 성령의 불세례를 '사중복음(Full Gospel)'에 담아 태평양을 건너 일본, 한국, 중국에까지 전하고자 '다리(Bridge)' 역할을 자임했으며,[58] 그 불씨는 「활천」에 불붙어 한국 성결교회 공동체 안에서 '다시 불일 듯 일어나게 되기(revived and refired, 딤후 1:6)'를 지금도 여전히 기다리고 있는 것이다. 그에게 오순절 성령세례로 말미암는 성화(聖火)의 꽃은 성결이며, 이 성화의 불세례를 주시는 자는 예수 그리스도다.

그러므로 성령세례 공동체에는 오직 예수만이 홀로 주(主)로 지배할 뿐이지, 그 외의 다른 권위가 부여된 어떤 사람 - 아우구스티누스, 루터, 칼뱅, 웨슬리, 냅 등 - 도 자리를 차지할 수 없다. 성령의 세례는 오직 예수의 왕적 통치를 강화하는 것이지, 결코 다른 존재로 대체하는 것일 수 없다.

이런 맥락에서 만국성결교회의 『헌장』 제8조 22항에 "완전 성화는 그리스도에 의한 성령세례"고 한 선언은 이러한 정신을 정확히 반영해주고 있으며,[59] 이는 다시 기독교대한성결교회의 『헌법』에 "성결은 곧 성령세례"라는 핵심교리로 명시하기에 이르렀다.[60] 이제 우리는 이 교리가 마침내 하나님 나라를 이루기 위해 선포된 절대 약속이요 또한 명령인 것을 알게 된다.

급진적 성결 운동의 비판

대두

그런데 19세기의 급진적 성결 운동을 이끌었던 자들의 성령세례론이 지니는 '문제점'을 지적하면서 대안을 찾고자 하는 자들이 성결교회 공동체 안에서 늘어나고 있다. 그들이 조심스럽게 비판하는 것을 한마디로 정리하면, '순간적인 성령세례와 죄성 제거를 통한 성결과 능력 체험'이 지니는 래디컬리즘(radicalism)이라 할 수 있다. 배본철은 성결교회의 성령세례론이 잠재적으로 가지고 있는 이러한 문제성을 지적하고 있는 여러 학자들의 견해를 소개해주면서, 동시에 보완적 입장도 적극적으로 제안하고 있다.[61]

우리는 성령세례의 래디컬리즘에 대한 비판자들의 입장을 전적으로 수긍할 수도 있고, 한 걸음 더 나아가서 좀 더 적극적으로 그들의 비판적 대안들을 함께 밀고 나갈 수도 있다. 그래서 순간성과 점진성, 죄성 제거와 하나님의 형상 회복 또는 예수 충만, 현재적 완성과 미래적 완성, 은혜로 인한 회복과 율법의 적극적 실천 등과 같은 보완적 방향을 성경에 기초하여 신학적으로 마련할 수 있다.

궁극적으로는 이러한 방향으로의 모색이 필요할 것이다. 그러나 초기 성결교회의 성령세례관이나 그 뿌리를 형성한 '길보른의 성령세례관이 지니는 래디컬리즘의 순수한 동기와 비전'이 이러저러한 이유 때문에 희석되어서는 안 될 것이다.

길보른의 성령세례

본질

길보른이 성령의 불세례를 강조하는 것은 틀림없이 죄성의 제거, 완전한 성결, 변화의 순간성 등과 같은 체험과 동일한 뿌리를 가지고 있다. 그것은 앞에서 신학적 의의로 밝혔듯이, '하나님 중심주의'에 대한 다양한 표현인 것이다.

성령의 불세례를 강조하면, 틀림없이 성령의 물세례가 지니는 신학적 의의와 중요성이 가려진다. 물세례 역시 하나님을 떠났던 불신앙의 자리에서 하나님께로 향하여 나가는 신앙의 자리로 나온 것을 표현하는 것인데, 그 변화의 과정을 성령의 역사 없이 설명하는 것은 불가능한 것이다.

그러므로 물세례는 물세례대로의 구원의 역사를 말할 수 있어야 하며, 불세례는 불세례대로의 성결과 능력의 역사를 말할 수 있어야 한다. 이때 성령의 불세례가 지니는 래디컬리즘은 오직 하나님만이 하실 수 있다는 절대 신앙의 반영이라고 볼 때, 오히려 그것은 모든 그리스도인들이 힘껏 추구해야 할 정신이라 할 것이다.

이를 역으로 본다면, 신앙생활에 하나님 외의 다른 어떤 것도 하나님과 겸하여 기준을 삼아서는 안 된다는 것으로 말할 수 있다. 성령세례는 성령이 우리 안에서 성육신하여 성령이 우리를 통해 성령 스스로가 하나님의 거룩함과 능력을 드러내는 것이며, 예수 그리스도를 증거하는 것이며, 이웃을 온전히 사랑하는 것이며, 그래서 하나님 나라를 세워나가시는 하나님 자신의 일임을 알게 된다.

맺는말

루터 연구의 일가(一家)를 이룬 교회사가였으며 조직신학자인 에벨링(Gerhard Ebeling)이 '교회사는 성서해석의 역사'라 단언한 적이 있지만, 예수의 승천과 오순절 성령 강림으로 교회가 탄생한 이후 '교회의 역사는 성령세례의 역사'라 함은 지나친 비약일까?

성령강림이 이루어진 지역과 공동체 안에서는 인간적인 제약과 한계에도 불구하고 하나님 나라의 복음이 강력히 역사하면서 교회의 부흥을 가져왔다. 그러나 성령세례의 역사가 끊긴 곳에서는 더 이상 새 생명 창조를 향한 부흥의 불길을 경험할 수 없고, 대신 전통과 교리의 재생산과 가공된 종교 문화 소비 시장만이 커지는 것을 알 수 있다.

오순절 하늘에서 성령의 번갯불이 내리 꽂히지 않는 한, 메마른 대지에 단비를 기대하기가 어려울 것이다. 성령세례의 약속을 믿고, 이를 받을 준비로 기도와 헌신과 순종의 삶이 요청된다. 한국과 동양에 사중복음의 메시지를 통해 오순절 성령세례의 불씨를 전달한 어니스트 길보른을 우리는 '성령세례 사도(Apostle of the Spirit-Baptism)'로 부르고자 한다.

그는 진정으로 한국 교회가 성령세례를 통해 성령의 불꽃이 강렬히 붙어 피어오르기를 갈구하였다. 그러므로 "성령세례를 받아라!"는 것이 그의 중심 메시지일 수밖에 없었다. 그래야 하나님이 교회 공동체에 왕으로 다스릴 수 있으며, 그러한 교회를 통해 세상을 향하여 하나님 나라의 복음을 전할 수 있겠기 때문이다.

> 성신의 셰례는 차차 밧아가는 은혜가 아니오, 이거슨 곳 그 좌석에셔 순시간적으로 밧는 은혜이니라. 우리들이 산 제사로 이 몸을 가지고 거륵하신 하나님의 압헤 나아갈 때에 하나님께셔 그 당장에셔 우리들의 마음에 성취하여 주시는 은혜니라. 이것은 칭의의 은혜와 갓치 우리들의 헌신과 밋음의 긔도로 말미암아 엇게 되는 실험적 은혜올시다. 그런고로 우리들은 이 몸을 온전히 하나님께 드릴 그 때에 하나님께셔 우리를 맛아드리샤 거륵하신 피의 공로로 말매암아 성신의 셰례를 베프시는 것일을 밋을지니라.[62]

이러한 어니스트의 메시지와 삶은 성결교회 공동체만을 위한 것이 아니다. 이것은 모든 교파를 초월하여 한국 교회와 세계 기독교에 긴급히 수혈되어야 할 오순절적 그리스도교의 보편적 정신이다. 오순절에 성령세례를 받은 초대 그리스도교인들의 메시지는 서로 다른 방언들을 하는 유대인들에게 동일한 하나님의 말씀으로 들렸다. 어니스트 길보른의 공식적인 마지막 선생이었던 마틴 냅은 다음과 같이 가르친다.

> 성령세례는 하나님의 백성들이 어떤 이름이나, 신조나, 풍조를 지닌다고 하더라도 그들을 한 몸으로 연합케 한다.[63]

길보른의 성령세례관이 지니는 이와 같은 신학적 의의 역시, 앞으로 보다 폭넓게 전개되어야 할 세계 기독교의 오순절 성결 운동을 위해 밝은 등불의 역할을 하게 될 것이다.

■ 어니스트 길보른 연보 ■

1865 캐나다 온타리오의 나이아가라폴스 출생
1879 전신회사 취직
1886 세계 여행
1888 결혼, 이후 시카고 근무(찰스 카우만 교분)
1894 시카고 선교대회 참석 (강사, A. B. Simpson)
1896 무디성서학원 야간반 등록, 시간제로 성경 연구
1899 무디성서학원 졸업, 하나님의 성서학원 입학
1901 선교사 임명(사도성결연맹의 마틴 냅, 셋 리스, 스토거가 안수)
1902 일본선교 시작(카우만, 나카다 쥬지와 동역)
1908 『일본선교 이야기』 출간
1912 경성성서학원 설립 후원
1917 일본성결교단 설립 동참
1922 한국성결교회 「활천」 창간
1924 동양선교회 제2대 대표, 중국대륙 선교
1928 소천(63세)

제11장

사중복음 교회론

본 장에서는 사중복음 속에 희미하게 흐르고 있는 교회론적 맥락을 탐색한 후, 이를 하나님 나라 공동체라는 관점으로 정리하고 해석한다. 하나님 나라의 관점에서 사중복음의 교회를 '중생한 자들의 하나님 말씀 공동체,' '중생한 자들의 성례전 공동체,' 그리고 '중생한 자들의 하나님 나라 공동체'로 정의하며, 이러한 정의 아래 사중복음 교회론이 표방하는 교회의 속성과 사명을 니케아·콘스탄티노플 신조(381년)가 제출한 "하나이며, 거룩하며, 보편적이며, 사도적인 교회"라는 선언과 대질(對質)한다. 교회의 유일성은 '중생의 메타노이아'로, 교회의 거룩성은 '성결의 코이노니아'로, 교회의 보편성은 '신유의 디아코노니아'로, 그리고 교회의 사도성은 '재림의 케리그마'로 해석한다. 또한, 사중복음 교회론의 흐름 속에는 '하나이며, 거룩하며, 보편적이며, 사도적인' 고대 교회의 교회론, 종교개혁·개신교 전통의 '하나님 백성, 그리스도의 몸, 그리고 성령의 새로운 피조물'로서 교회론, '신자의 교회'로 대표되는 자유 교회의 급진적 교회론, 그리고 존 웨슬리의 '교회안의 작은 교회들'이라는 경건주의적 교회론이 합류하고 있다고 논증코자 한 것이다.

그리고 이처럼 다종다양한 교회론적 흐름을 최대한도로 소화하고 수렴하여 '중생·성결·신유·재림'의 사중복음 교회론을 '하나님 나라의 공동

- 교회는 예수의 부활과 성령의 오심으로 태어난 하나님 나라 공동체다.
- 중생의 메타노이(회개)로 교회의 유일성을 확인한다.
- 성결의 코이노니아(교제)로 교회의 거룩성을 확인한다.
- 신유의 디아코니아(섬김)로 교회의 보편성을 확인한다.
- 재림의 케리그마(선포)로 교회의 사도성을 확인한다.

체'라는 압축파일로 담아내는 데 집중했다.

1 교회론의 문제와 해결의 방향

1) 문제제기

교회는 신학의 집이다. 그러므로 신학의 일차적 사명은 교회의 필요를 위해 존재한다.[1] 그런데 신학이 교회로부터 분리되어 대학(academia)으로 옮겨지면서 신학은 먼저 교회의 필요와 대화하기 전에 교회 밖의 세계와 학제 간적 차원의 만남에만 몰두하기 시작했다. 그런 가운데 교회는 교회대로, 신학은 신학대로 평행선을 그으면서 서로 간의 불통(不通)을 극복하지 못하고 있다.

그 결과 교회 안에 이어지는 복음적 신학 유산들은 방치되어 폐기처분 직전에 놓인 기계같이 되었고, 다른 한편 신학계가 생산해 내는 방대한 연구 결과물들은 오히려 교회에 위해(危害)를 주는 이방인같이 경원시 되어, 교회와 신학 모두 거식증(拒食症) 환자처럼 영양 결핍의 위기를 경험하고 있다.

특별히 19세기 말부터 21세기 초의 오늘에 이르기까지 개신교 복음주의 신학노선에 서 있다고 자부하는 교회들은 입술로는 '하나의 교회(una Ecclesia)'를 고백하고 있지만, 현실적으로는 수많은 교파교회로 분열되는 아픔을 경험하고 있을 뿐만 아니라, 교회 본질의 세속화와 선교의 침체 현상에 시의 적절히 대응하지 못하고 있는 상황이다.

우리는 그 이유 중의 하나로, 참된 교회 존재의 '표지들'과 '속성들'에 대한 전통 교리적 가르침을 신학적으로 의미 있게 재해석해 내어 교회의 사명을 현대적으로 고양(高揚)하지 못하고 있는 신학적 무관심과 무능에 있다고 이해한다.

2) 해결의 방향

우리는 이와 같은 문제의 해결책을 찾기 위해, 다양한 복음주의 운동과 신학의 온실이자 실험장이 되었던 19세기 북미 대륙에서의 몇 가지 신앙 운동들, 대표적으로 찰스 피니(1795~1875)와 드와이트 무디(1837~1899)가 중심이 된 부흥 운동, 새라 랭포드(1806~1896), 피비 팔머(1807~1874) 등의 성결 운동, 찰스 컬리스(1833~1892), A. J. 고든(1836~1895), A. B. 심슨(1843~1919) 등의 신유 운동, 그리고 제임스 브룩스(1830~1897)나 존 다비(1800~882) 등에 의한 전천년적 종말론에 입각한 선교 운동을 가능하게 한 성서적·신학적 주제인 중생·성결·신유·재림에 주목한다.[2]

이들은 알버트 심슨과 마틴 냅(1853~1901)에 의하여 '사중복음(Fourfold Gospel)' 혹은 '풀 가스펠(Full Gospel)'이라는 이름으로 전승되어 특정 교단들에게는 그들의 신학적 정체성을 결정해주고 있을 뿐 아니라, 개신교 내에서는 복음주의 신학을 특징짓는 중요한 신학적 유산으로 평가되고 있기 때문이다.[3]

근현대 복음주의 신앙과 신학의 핵심을 이루고 있는 사중복음의 주제들은 지난 20세기부터 오늘에 이르기까지 전 세계 교회의 복음주의 운동에 결정적으로 중요한 역할을 해오고 있다.

그러나 이러한 사중복음의 전통적인 주제들은 현대 교회가 당면하고 있는 심각한 신학적 문제들에 큰 빛을 던져줄 수 있었음에도 불구하고, 안타깝게도 현대 신학계에 주요한 신학적 이슈로 주목받지 못하고 있을 뿐만 아니라, 몇몇 특정 교단만이 자신의 정체성을 위한 교리의 한 부분으로만 이해하고 있는 소극적인 현실을 극복하지 못하고 있는 형편이다.

이와 같은 상황에서 우리는 본 장에서 '사중복음'이라는 교회의 신학적 유산을 가지고 그 보다도 훨씬 오래된 교회의 표지와 교회의 유일성, 거룩성, 보편성, 사도성이라는 공교회적 신앙고백을 어떻게 교회론적으로 재해석하여 현대 교회에 적용할 수 있는지를 고찰하게 될 것이다.

그리고 부분적이나마 지면이 허락하는 대로 칼 바르트(1886~1968), 폴 틸리히(1886~1965)를 비롯한 지도적 신학자들과의 조우(遭遇)를 시도한다. 이로써 교파주의로 분열된 교회들 사이로 파고드는 수많은 이단들과 사이비 기독교에 대하여 원천적으로 판단할 수 있는 통찰력을 가질 수 있을 것이며, 아울러 이를 통해 교회의 본질적 뿌리가 회생됨으로써 고목에 새순이 돋아 오르듯이 교회가 힘 있게 그 본래적인 사명들을 바르게 감당하는 동력을 얻을 수 있게 되기를 기대한다.

3) 범위와 주요 개념 정의

교회란 무엇인가? 우리는 아우구스타나 신앙고백문 제7조에 나타난 "communio sanctorum"에 기초하여 나사렛 예수 그리스도의 가르침과 약속을 믿고 성령으로부터 능력을 받아 하나님의 나라를 이루어가는 신자들의 공동체로 이해한다. 그리고 교회의 정체성을 결정지을 하나님의 나라는 나사렛 예수가 선포하고 가르친 하나님의 복음으로서, 이는 중생·성결·신유·재림을 믿는 신자들의 공동체 안에서부터 실현되며, 이는 다시 세상 안에서까지 구현되어야 할 하나님의 통치로 파악한다.

　이와 같은 개념에 기초하여 우리는 '사중복음 교회론'을 전개하게 될 것이며, 이로써 교회의 참된 본질과 속성에 따른 교회의 본래적인 사명이 무엇인지를 뚜렷이 확인하게 될 것이다.

　본 장의 핵심 용어들인 중생·성결·신유·재림은 그 해석에 있어서 특정 교파주의 신학에 예속되어서는 안 되는 성경 자체로부터 나오는 1차적 개념으로서 다양한 해석학적 전통에 열려있으며, 그리고 이들을 통합한 개념인 사중복음은 그 자체로 풍부한 신학적 함의를 가진 개념으로서 역사적으로 해석되어야 할 방대한 주제다.[4]

　사중복음은 교회가 공동체적 삶을 통해 세우고자 하는 하나님 나라의 내용이다. 이에 대한 논증을 위해서 사중복음을 역사적으로, 신학적으로 고찰하는 것은 여기에서는 논외로 한다.[5] 본장에서는 사중복음의 각론을 하나님 나라 공동체의 관점에서 교회의 지표와 속성들의 재해석에 적용하는 것으로 제한한다.

　루터교나 개혁주의 교회에서는 "복음으로 인해 발생하는 상황을 분명히 하기 위해 항상 '요약'하려는 시도를 해왔다." 이러한 요약은 "필요한 한 가지에 대한 집중"이 요구될 때 빛을 발한다.[6] 그 대표적인 '집중화'의 예가 루터의 '신앙에 의한 칭의'다. 이는 실로 루터교에 있어서는 '교회가 서고 무너지게 되는 조항(articulus stantis et cadentis ecclesiae)'으로 여겨진다.

　루터의 칭의 조항은 "양적인 축소가 아니라, 집중이다"라고 한 것은 정당한 평가다. 왜냐하면, 칭의 조항에서 "하나님의 은혜의 저버릴 수 없는 신비로서 분명하게 그 중심에 서게 되는 하나님의 구원의 본질을 주목하게" 되기 때문이다.[7]

　중생·성결·신유·재림의 '사중복음' 역시 루터교의 '칭의' 조항처럼 모든 신앙과 신학 행위를 '복음' 안에 끌어들여서 인간적인 사변과 논리의 풍성함으로부터 벗어나서, 순수하게 '하나님으로부터' 말미암는 계시 사건에 근거하고자 한다. 이때 사중복음은 복음을 네 가지 사항으로 축소시키는 것이 아니고 '집중'토록 함으로써 복음으로 말미암는 하나님 나라의 '온전성(fullness)'으로 이끌어나간다.

2 교회의 존재와 표지들: 에클레시아 중생 공동체

교회는 중생한 그리스도인들의 공동체다.[8] 중생 없이는 교회도 없다. 그러므로 중생은 하나님 나라의 공동체 출현에 교회론적으로 그리고 신학적으로 결정적인 의미를 지닌다. 교회의 존재론적 위기는 중생의 영적 역사가 둔화되면서 교회 안에 중생한 그리스도인들이 줄어들고 있는 데서부터 시작된다.

교회가 영적 공동체성을 유지하지 못하고 인간에 의한 종교적 조직체로 세속화되는 것은 교회의 외형적 크기에 비해 중생한 그리스도인들의 절대 부족에 기인한다. 중생한 자들에 의한 교회가 공동체적 관점에서, 그리고 교회의 참된 표지가 중생의 관점에서 바르게 이해될 수 있어야 한다.[9]

1) 교회는 중생한 자들의 '하나님 말씀 공동체'

중생한 자의 특징:
이중국적자
하나님 나라의 백성이 되는 전제조건은 예수 그리스도를 믿음으로써 '물과 성령으로 거듭나는' 사건인 중생이다. 그러므로 하나님 나라 공동체를 세우도록 부름 받은 신자들은 중생한 자들이어야 한다.[10]

중생은 신학적이며 동시에 역사적인 차원에서 세계관의 근본적인 변화를 초래한다.

중생한 그리스도인은 중생 이전과는 현저히 다른 세계관을 가지게 된다. 그것은 개인의 삶을 주장하는 '왕'이 바뀌는 것으로 표현할 수 있다. 중생 전에는 '세상 왕'에 의하여 지배를 받았으나, 중생 후에는 '하나님'이 삶의 실제적인 주권자로 바뀌게 된다. 그에 따라 중생한 자는 전에는 몰랐던 '하나님의 법'을 '세상의 법'과 함께 지키며 살아야 하는 이중국적을 갖는다.[11]

중생한 자는 새로운 왕에 의한 새로운 법에 즐거움으로 따른다. 세상의 법과 하나님의 법이 충돌할 때 하나님의 법을 먼저 선택하여 지키는 자가 실제적으로 중생한 자로 인정된다. 중생한 신자들의 공동체로 출발된 교회는 공동체의 유지와 발전을 위하여 '교회법'을 가지게 된다.

또한, 교회는 공동체로 출발하면서부터 '대사회적' 존재가 된다. 왜냐하면, 사회와 관계를 맺으며 상호영향을 주고받기 때문이다. 그러므로 교회는 '사회법'에 대한 입장을 표명해야 한다. 하나님의 말씀에 기초하여 세워지고 유지되는 교회는 사회법의 변화와 요구에 종말론적 결단을 하는 공동체로 존재한다. 이때 교회 공동체가 교회법이나 사회법과 상호 관계를 가지게 될 때, 불가피하게 하나의 위기에 직면하게 되는데, 곧 공동체성이 깨어지고 조직체로 바뀔 수 있게 되는 것이다.

교회법과
사회법 사이에서

이처럼 중생한 자들의 공동체가 내적으로는 '교회법'을, 외적으로는 '사회법'에 따를 것을 요구받게 될 때, 교회는 교회의 머리가 되시는 예수 그리스도의 가르침과 약속에 기초하여 '하나님의 말씀'에 귀를 기울임으로써 교회법과 사회법에 대하여 복음적으로 반응해야 한다. 다시 말해, 교회법이나 사회법이 얼마나 하나님의 법에 입각해 있는지의 여부를 판단하여 먼저 취해야 할 것이 무엇인지를 선택해야 한다는 것이다.

교회의 참된 존재 여부는 하나님의 말씀과의 관계에 달려 있다. 그러므로 교회는 하나님의 말씀이 가감 없이 선포될 뿐만 아니라, 그 말씀을 순전한 믿음으로 받아들이는 중생한 자들의 공동체여야 한다. 참된 교회는 반드시 이러한 표지(標識, sign)를 지닌다.

2) 교회는 중생한 자들의 '성례전 공동체'

교회의 정의

교회는 하나님의 말씀이 선포되는 장이며 동시에 그 말씀에 응답하는 공동체일 뿐만 아니라, 하나님의 말씀으로 오신 예수 그리스도 안에서 하나 되고, 그리스도이신 예수를 세상에 증거 하는 공동체이기도 하다.

이에 대한 가시적인 표지 혹은 그에 상응하는 '표징행동(sign acts)'이 세례와 성만찬이다.[12] 중생한 그리스도인으로 세례를 받으며, 세례 받은 자들로 성만찬에 참여함으로써 예수 그리스도의 몸 된 교회의 일원임을 교회 안팎으로 확인한다.[13]

세례와 성찬

세례는 예수께서 그리스도이심을 믿고 그를 왕으로 고백하기까지 물과 성령으로 거듭난 자들에게 베푸는 공동체적 예식이다. 그러므로 이 세례식은 중생한 자를 하나님 나라의 백성으로 영입된 자로 교회 공동체 모든 자들에게 공식적으로 알리는 축제다. 이는 세상의 왕을 섬기던 이전의 나는 죽고, 하나님을 새로운 왕으로 섬기는 나로 중생하는, 영적 출생 신고식이다.

성만찬은 예수 그리스도께서 온전한 구원의 복음으로 오신 하나님의 말씀임을 믿고 이를 증거하기 위하여 결단한 자들이 하나님과 교회 앞에서 참여하는 공동체적 예식이다. 교회를 향해 선포되고 또한 교회가 응답해야 하는 하나님의 말씀은 개념적이거나 영적인 교훈으로 머물러 있지 않고, 인간의 실존 속으로 성육신 된 구체적인 인격으로 찾아오셔서 하나님의 말씀을 들은 자들에게 결단을 요청하는 데까지 나간다.

성만찬은 예수께서 십자가를 지시기 바로 전에 직접 제정하셔서 그를 따르는 제자들이면 누구든지 그리스도의 피와 몸에 참예토록 한 것이다. 이는 가장 단순하며 원색적인 복음의 선포이며 또한 복음에 대한 응답이 성만찬이다. 공동체 안에서 이와 같은 의미로 바르게 집전되는 성만찬과 세례가 참된 교회의 지표로 인정된다.[14]

성례전의 의미

세례와 성만찬의 성례전은 그 신학적 내용으로 볼 때 매우 래디컬한 것이다. 세례의 경우는 예수를 믿음으로 육적인 나는 죽고 영적으로 새로 태어나 오직 하나님만을 자신의 왕으로 섬기겠다는 의지와 결단의 인격적인 고백이 세례를 받고자 하는 자에게 전제되어 있기 때문이다.

또한, 성례전의 경우에도 예수의 피를 마시고, 예수의 살을 먹는다는 상징적인 예식을 통해 예수와 같이 십자가를 삶으로 증거하겠다는 결단을 고백하는 것이기 때문에 이보다 더 강력한 래디컬리즘은 없는 것이다.[15]

3) 교회는 중생한 자들의 '하나님 나라 공동체'

중생 사건과 교회

중생의 사건을 경험한 자는 곧바로 하나님과의 절대적인 신뢰의 관계를 유지하기 시작한다. 이때 그 신뢰 관계는 나사렛 예수의 십자가와 부활 사건이 죄에 대한 하나님의 진노요, 동시에 죄인에 대한 하나님의 용서라는 확신에 의해 지속된다.

이러한 중생은 하나님의 말씀에 반응하여 불신앙을 회개한 자들이 성령의 능력과 감동으로 하나님의 백성으로 받아들여지는 일대 개인적이며 동시에 공동체적 사건이다.[16] 중생은 하나님 나라의 백성이 되는 유일한 조건이요 사건으로서, 삼위일체 하나님만을 유일무이한 왕으로 섬기며 사는 하나님 나라 공동체의 관문이다.

중생은 하나님의 전적인 은총으로 주어진 선물로서 오직 회개와 믿음으로써만 이루어질 수 있는 신비요, 기적이다. 중생한 신자들로 이루어진 교회는 기적적인 구원을 허락하신 하나님의 은총에 '감사의 예배'로 응답하는 하나님 나라 공동체가 된다.[17]

예배는 이 세상을 향해서는 세상에서 상대적인 한계를 지니는 교회법과 사회법을 넘어서는 하나님의 법을 최우선시 한다는 선언이며, 하나님을 향해서는 세상의 어떤 신들도 신앙의 대상으로 삼지 않겠다는 고백이며 헌신이다.[18]

교제와 봉사

교회는 중생한 신자들의 공동체로서 왕 되신 하나님께 경배를 드림과 동시에 세상 가운데서 하나님 나라의 백성으로 살아야 할 사명을 지닌다. 이를 위해서 교회의 우선적인 과제는 하나님을 향해 마음을 열어 하나님의 뜻을 깨닫는 것이다. 다시 말해, 말씀과 기도로 하나님의 법도를 듣는 일이며, 하나님과의 교제(*koinonia*)와 세상을 향한 봉사(*diakonia*)를 통해 하나님의 통치를 실현토록 부름 받은 공동체가 교회다.

그러나 현실의 교회에는 중생한 신자들만이 아니라, 중생치 못한 구도자들도 함께 혼합되어 있다.[19] 제도적이며 가시적 교회의 현실에서 중생한 신자들과 중생치 못한 신자들을 구별해 내는 것은 매우 어려운 일이다.

첫 눈에 '알곡'과 '가라지'를 구별하기 힘든 것과 같다. 그러므로 가시적 교회의 결정과 삶의 모습 안에는 언제든지 하나님의 뜻과 무관한 일들이 존재할 수 있음을 인정해야 한다.

교회의 참된 봉사자들(minister)이 할 수 있고, 또한 해야 하는 일들은 가시적 교회 안의 중생치 못한 자들이 중생한 신자들로 다시 태어나게 인도하는 일이다. 이러한 일은 교회가 세상 가운데서 하나님 나라의 복음을 전하는 것 못지않게 긴급하고 중요한 일이다. 중생은 개인구원의 한 과정이기 전에, 하나님 나라에 입문하는 신앙의 사건이다.

중생 없이는 개인의 구원만이 아니라 하나님 나라 공동체의 실현 역시 없는 것이다. 따라서 중생을 개인의 인격적 변화의 차원에서만 바라볼 때, 중생의 영성 공동체적 하나님 나라의 차원을 잃을 수 있다. 중생은 교회 공동체가 재림의 종말론적 소망하에서 성결과 신유의 삶을 살기 위해 통과해야 할 하나님 나라의 출입문이다.[20]

3 교회의 속성과 사명의 사중복음적 특징

교회의 속성

교회는 하나님의 은혜로 예수께서 그리스도임을 믿고 성령으로 거듭난 성도들이 그들 가운데 하나님 나라를 세워나가는 공동체다. 중생한 신자 공동체로서의 교회는 세상 안에서 그리고 세상을 향하여 그들과 구별된 속성들을 주장해 왔는데, 381년 니케아·콘스탄티노플 신조에서 교회 자신을 "하나이며, 거룩하며, 보편적이며, 사도적인 교회"라고 한 선언 안에 담겨 있다.[21]

교회의 유일성·거룩성·보편성·사도성은 역사상 실존하는 교회가 이루어가야 할 목표로서 하나님의 종말론적 기대 가치에 해당한다. 달리 말

하여, 현존하는 교회 가운데 이와 같은 교회의 속성들을 완전하게 보여주는 교회는 없다는 것이다.[22]

그러나 마치 출애굽한 이스라엘에게 가나안 땅은 하나님이 주시겠다고 허락한 약속으로서 그 약속을 믿고 마침내 가나안을 정복하여 약속의 현실화를 이루어내었던 것처럼, 교회의 정체성에 대한 자기 이해의 지표인 이 네 가지 교회의 속성은 교회가 이 땅위에서 구현해내어야 할 약속의 가나안 땅과 같다고 할 수 있다. 문제는 '어떻게'이다!

그러나 보다 근본적인 물음은 교회라는 가나안 땅에서 이루어져야 할 '약속'이 무엇이냐는 것이다. 우리는 '하나님 나라'라고 제시한다. 그렇다면 교회의 네 가지 속성이라 일컫는 교회의 유일성 · 거룩성 · 보편성 · 사도성은 교회가 추구해야 할 '하나님 나라'의 서술이 되지 않으면 안 된다.

교회의 속성:
사중복음적 해석

우리는 바로 이 하나님 나라를 중심으로 해서 '사중복음'과 '교회의 네 가지 속성'이 서로 만나 하나님 나라를 이해하는 데 기여할 수 있다고 본다. 왜냐하면, '온전한 복음'을 추구하는 사중복음은 종국적으로 복음의 본질인 '하나님 나라'를 말하는 것이며, 하나님 나라를 위해 부름 받은 공동체로서의 교회를 드러내는 본질적 '속성들' 역시 하나님 나라를 떠나 생각할 수 없기 때문이다.

그러므로 이 지점에서 우리의 과제는 교회의 본질을 규정해 온 유일성 · 거룩성 · 보편성 · 사도성을 중생 · 성결 · 신유 · 재림의 관점에서 조명함으로써 교회의 하나님 나라 공동체성을 새롭게 밝히는 것이다.

하나님은 예수 그리스도를 통해서 그리고 그 이전에는 이스라엘 백성들을 통해서 하나님의 나라는 공동체적으로 존재하며, 오직 하나님만을 왕으로 믿고 섬기는 것이 그 나라에서의 삶에 가장 핵심적인 것임을 보여주었다.

특별히 세계 기독교(World Christianity)의 현실에서 중생·성결·신유·재림의 사중복음을 신학적 유산으로 가장 치열하게 간직하고 있는 성결교회는 사중복음을 자신의 교회론에 다음과 같이 적극적으로 연관시킨다.

> 사중복음을 교회의 공동체적인 모습과 연관지어 이해할 때 성결교회는 오늘날 현대적 상황에서 교회의 참다운 모습을 드러낼 수 있을 것이다.[23]

이러한 관점에서 볼 때, 하나님 나라로 초대된 중생한 그리스도인들의 공동체인 교회는 하나님을 향해서는 '성결의 삶'을, 세상을 향해서는 '신유의 삶'을 살고, 이와 아울러 교회와 세상을 향하여는 '재림의 복음'을 힘 있게 선포해야 할 사명이 있다. 이와 같은 교회의 사명은 '중생의 메타노이아'로 부름을 받은 하나님 나라의 백성들이 '성결의 코이노니아'를 통한 하나님 사랑과 '신유의 디아코니아'를 통한 이웃 사랑을 실천하며, '재림의 케리그마'를 통해 하나님 나라와 하나님의 공의를 온전히 세워나가는 것으로 재천명 될 수 있다.

우리는 이러한 교회 이해를 전제로 하여, 중생의 메타노이아가 교회의 유일성을, 성결의 코이노니아가 교회의 거룩성을, 신유의 디아코니아가 교회의 보편성을 그리고 재림의 케리그마가 교회의 사도성을 어떻게 신학적으로 의미 있게 드러낼 수 있는 지를 고찰하고자 한다.

1) 교회의 유일성(una Ecclesia)과 중생의 메타노이아(metanoia)

하나의 교회   하나님 나라의 복음으로 태어난 교회는 이 땅위에 수많은 형태로 서로 다른 교리와 예전을 가지고 존재한다. 그렇다면 실존하는 교회들의 그러한 다양성은 어떻게 이해할 것인가?

어떤 교회가 참된 교회이며, 어떤 교회가 거짓된 교회인가?

지구상에는 수많은 인종(人種)이 있고 민족들이 있지만 하나의 인간밖에 없듯이, 교회도 다양한 종류의 교회들과 교단들이 많이 있지만, 하나의 교회밖에 없는 것인가?

그렇다면, 그 하나밖에 없다는 교회의 유일성(唯一性)이 가능한 이유는 무엇인가? 또한, 세계 교회가 '하나의 교회'에 대한 유일성 신앙고백 위에서 교회 일치 운동을 할 때 반드시 확인해야 할 대전제는 무엇인가?

'하나의 교회(una Ecclesia)'란 신앙고백이며 선언이다.[24] 그렇다면 '교회는 하나'라는 주장은 무엇을 의미하며, 그 근거는 무엇인가?

그것은 그리스도가 한 분이고, 하나님 나라의 백성들을 부르신 하나님도 한 분이고, 그들로 하여금 거룩한 백성들로 이끄시는 성령도 한 분이듯, 교회는 삼위일체 한 분 하나님에 의하여 출현하였다는 것, 즉 교회는 오직 하나의 기원(起源)만을 가진다는 것을 의미한다.[25]

실존하는 교회들이 서로 다른 다양한 역사·문화·사회·이념이나 사상 혹은 종교로부터 부름 받은 신자들로 이루어져 다양한 모습을 하고 있을지라도, 그 기원이 한 분 하나님으로 비롯되었다면 그들은 모두가 '하나'의 교회, 즉 한 몸 그리스도에 속한 공동체의 일원으로 존재한다.

이를 바울의 표현으로 하면 '그리스도의 몸'이요, 이 몸의 머리는 '그리스도'이기 때문에, 그리스도를 머리로 하는 몸 된 교회는 '하나'일 뿐이지, 여럿이 있을 수 없는 것이다.[26] 이것이 '하나의 교회'라고 하는 교회의 유일성에 대한 신앙고백의 신학적 근거다.

하나의 교회의 기초

그렇다면 '하나의 교회'를 하나 되게 하는 기초는 무엇인가? 경전의 통일인가? 공통된 전통인가? 교리나 신앙고백의 통일인가? 성례전의 일치인가? 하나의 통합적 신학인가? 이러한 물음들은 오늘날까지 교회연합이나 교회일치를 위한 많은 원리나 방법들을 찾는 가운데 진지하게 다루어져온 주제들이다. 이를 위한 의미 있는 다양한 실천도 현존한다.[27]

그러나 결과적으로 볼 때 그 모든 시도들이 시작부터 성공할 수 없었던 것은 '하나의 교회'에 대한 신앙고백의 근거를 그 선한 의도와는 관계없이 '다양한 사람들'이 만들어 제시하고자 했기 때문이다.

그러므로 우리는 기존에 있어왔던 것과는 다른 각도에서 다음과 질문을 해야 한다.

'누가' 그리스도의 몸 된 교회 안에 참여하여 하나의 교회 공동체를 이루는가?

이는 다시 말해서, 하나의 교회를 구성하고 지지하는 것이 경전·교리·전통·성례·신학 등이 아니라 사람 자신들이기 때문에, '무엇'이 아니라 '누가' 즉 "어떤 사람들이 교회인가"를 묻는 것이다.

교회가 하나님 나라를 세워나가는 일에 부름 받은 하나님 나라 백성들의 공동체라면, 그들에게 요구되는 한 가지의 유일한 조건은 '물과 성령으로 거듭남' 곧 중생(regeneration)이다. 즉, 중생한 신자들로 이루어진 공동체라야 하나의 교회를 정당히 주장할 수 있다는 것이다.[28]

그렇다면 신학적으로 교회는 삼위일체 하나님에 그 기원을 두고 있다고 하더라도 그 교회가 실존하는 현실에서 한 분 하나님에게만 기원을 두고 있는지의 여부를 알 수 있는 좀 더 실제적인 기준이 필요하다. 이때 특정한 교회가 스스로 '중생한 신자들의 공동체'임을 고백하는지, 그 여부가 참된 교회들의 연합을 가능하게 하는 통일성 혹은 일치성에 대한 일차적인 근거가 된다.

여기에서 예를 들어, '세례신자들의 공동체'가 '하나의 교회'의 기초가 될 수 있는가? 세례가 중생을 체험한 자들에게 주어지는 것으로서 '바르게' 집례 되는 한에서만 교회의 유일성에 기초가 될 수 있다. 다시 말해서, 세례는 교회가 교회법에 의해서 시행하는 종교적 의식으로서 그 신학적 의미와 영향에 대해서 매우 다른 입장들로 나뉠 뿐만 아니라, 입교 신자의 통과의례로 전락하게 될 경우 세례식 그 자체는 어떠한 기초도 될 수 없다.

그러므로 중요한 것은 중생이다! 중생은 하나님의 말씀과 성령의 임재로 이루어지는 오직 한 분뿐이신 하나님에 의한 사건이기 때문에 중생한 자들에 대한 관점 역시 하나일 수밖에 없다. 그러므로 오직 중생한 신자들의 공동체임에 한해서 교회의 유일성은 고백되며 또한 주장될 수 있는 것이다.[29]

중생한 자의 표식

마지막으로 여기에서 누가 중생한 자인지를 알 수 있는 방법에 대한 문제가 남는다. 그에 대한 대답은 개인의 주관적이고, 내면적이고, 심리적인 차원에서 해결하려 해서는 안 된다. 객관적으로 입증될 수 있어야 한다. 그것은 삶의 현장에서 중생을 경험한 자들의 개개인의 의지적 선택과 결단을 공적으로 확인함으로써 가능하다.

우리는 이미 앞에서 밝힌 바처럼, 중생한 자라면 누구든지 하나님의 말씀 곧 하나님 나라의 법과 세상의 법이 충돌을 일으켜 우선순위를 정해야 하거나, 혹은 하나를 택하고 다른 하나를 거부해야 할 때, 하나님 나라의 법을 먼저 선택하여 지키고자 선언한다는 것이다.

간단히 말하여, 중생한 자의 외적인 표식은 세상의 법보다 하나님의 법에 우선적으로 따르고자 하는 결단이다!

이때 자신의 선택이나 선언과 달리 성공적인 실천이 따르지 못할 수도 있다. 하나님의 법을 성공적으로 실천하는 문제는 교회의 거룩성을 위한 사명의 영역이지, 교회의 유일성에 해당되는 것은 아니다. 이처럼 하나 된 교회 유일성의 기초는 먼저 하나님 나라의 왕이 제정한 법을 따라 자신의 삶을 결단하는 중생한 자들의 공동체다.

2) 교회의 거룩성(sancta)과 성결의 코이노니아(koinonia)

교회의 거룩성

전통적으로 성결을 강조하는 교회들은 거룩 즉 성결 개념을 원죄, 타고난 부패성, 마음의 쓴 뿌리가 성령의 능력으로 제거된 개인의 심리적·인격적·윤리적 상태로 이해하여 왔다. 그렇기 때문에 이러한 관점에서는 신자가 비록 성결의 상태에 도달했다고 하더라도 그것은 상대적이며 주관적인 것으로서 하나님의 절대적인 성결과는 비교될 수 없는 것이었다.[30]

그러므로 인간이 추구하는 성결은 하나님 자신의 성결과 연관시키기 어려운 것으로 이해되었고, 그 결과 성결은 신학적 차원에서가 아니라 인간의 윤리적 차원에서 완성되는 것으로 제한되었다. 또한, 이러한 성결은 철저히 개인적인 관점에서만 조명되기 때문에, 공동체가 추구해야 하는 성결한 삶에 대해서 교회가 알 수 있는 길이 없었다.

그러나 교회가 거룩한 것은 비록 그 현실이 '왜곡된' 모습을 보일지라도 "교회들은 새로운 존재의 구현이며 영적 현존의 창조"를 이루어나가고 있기 때문이며, "교회의 토대, 즉 교회 안에 현존하고 있는 새로운 존재의 거룩성" 때문이며, 그리고 교회란 "은총에 의한 믿음을 통해서 의롭게 된 사람들의 공동체"이기 때문이다.[31]

구약성경은 이스라엘 공동체를, 그리고 신약성경은 교회 공동체를 전제하고서야 바르게 이해될 수 있는 하나님의 말씀이다. 이스라엘과 교회는 하나님이 불러 모으신 백성들의 공동체로서, 하나님은 그 가운데서 하나님의 거룩함을 드러내는 하나님 나라를 이루고자 한다.

그러므로 하나님 나라의 백성으로 민족적 차원에서 불렸든, 신앙적 차원에서 중생한 그리스도인으로 불렸든, 부름 받은 공동체 구성원들은 삶으로 하나님의 거룩함을 드러내야 하는 사명을 지닌다. 이것은 신학적이며 동시에 공동체적인 성결이다.

하나님 외에 다른 신들을 섬기지 않고, 오직 하나님만을 왕으로 섬기는 그것을 '성결'이라, '거룩함'이라 하며, 이는 절로 이루어지는 것이 아니라, 하나님 나라의 백성들이 하나님의 말씀을 지키기 위하여 성령의 능력을 힘입어서 싸워 달성하는 것으로 이해한다.[32] 성결한 삶이란 곧 중생한 신자들의 공동체인 교회의 본질적 사명인 것이다. 중생은 은총의 선물이며, 성결은 은총의 사명이다.[33]

교회의 사명:
하나님 나라 드러냄

중생한 신자들이 하나님 나라를 이루어 가는 공동체를 교회라고 한다면, 교회의 본질적 사명은 공동체 가운데서 '하나님 나라'를 드러내는 것이다. 이때 하나님 나라에는 마땅히 하나님의 거룩함, 하나님의 하나님 되심, 하나님의 영광과 왕적 다스림이 존재해야 한다.[34]

이러한 나라에 참여하도록 부름 받은 중생한 그리스도인은 독립적으로 존재할 수 있는 완전체로서의 개인으로보다는 먼저 하나님 나라 공동체의 한 일원으로 이해된다. 그러므로 중생한 그리스도인의 성결은 개인적 인격의 완성이나 완전 상태를 지향하기 이전에, 하나님의 왕 되심을 드러내는 데 요청되는 공동체적 차원에서 왕의 명령에 따라 순종하는 것, 그래서 왕적 주권을 가지고 승리하는 것 그 자체가 성결일 수밖에 없다.

왕의 명령

그렇다면 왕의 첫째 되는 명령은 무엇인가? 율법과 선지자들이 전하는 왕의 가장 큰 명령은 오직 하나님만을 사랑하고 하나님 외의 다른 신들을 섬기지 않는 것이다. 예수께서도 강조하셨던 대로 "네 마음을 다하고 목숨을 다하고 뜻을 다하여 주 너의 하나님을 사랑하라 하셨으니 이것이 크고 첫째 되는 계명"(마 22:37~38)이라고 하신 것과 같다. 하나님 나라 공동체를 지배하는 보편적인 원리와 힘은 한마디로 '사랑'이다.

무엇보다도 먼저 하나님에 대한 사랑이야말로 믿음으로 중생한 자들의 공동체인 교회의 본질적 과제다. 이 사랑의 실천이 있는 곳에 하나님의 거룩함, 곧 성결이 무엇인지 경험된다.[35] 이때 성결은 하나님과의 코이노니아(koinonia), 즉 하나님과의 친밀한 소통으로서 '영과 진리로'(요 4:24) 드리는 '산 예배'(롬 12:1)로 나타난다.

교회가 "오직 하나님만을 사랑하라"는 왕의 명령을 따르지 않고 '세상의 신들과 더불어' 하나님을 사랑하는 데서는 하나님의 거룩함도 교회 공동체의 거룩함도 나타날 수 없다. 하나님과의 코이노니아를 막는 가장 큰 적(敵)은 우상숭배다. 우상숭배는 하나님과 함께 다른 신을 동시에 섬기는 것을 말한다.

그러므로 하나님 나라 공동체를 세우는 데 첫 번째 되는 계명은 '하나님 앞에 다른 신들을 두지 않는 것'이다. 하나님의 관점에서 하나님의 백성과 자신의 관계를 가장 더럽게 하는 것이 바로 우상숭배이기 때문에, 이스라엘과 교회 공동체를 향해 가장 엄히 경고하고 이를 멀리해야 할 것으로 정해놓고 있다. 그러므로 소극적인 의미로의 성결은 우상을 버리고 오직 하나님만을 섬기는 것이다.[36]

우상숭배를 물리치면서 하나님을 사랑하는 삶은 중생한 그리스도인이면 누구에게든지 자동적으로 일어나는 것이 아니다. 중생한 신자들, 곧 하나님의 백성 안에 들어온 자들은 성결한 삶을 살 수 있는 특권과 의무를 동시에 부여받은 축복의 존재가 되었을 뿐이다. 그와 같은 삶을 살아가는지의 여부는 또 다른 문제다. 새로운 왕의 명령에 얼마나 충성스럽게 순종하며 동시에 왕적 주권을 위임받아 승리의 삶을 살 것인지는 전적으로 본인들에게 달려있다.

이는 마치 여호수아와 그 백성들이 요단강을 믿음으로 건너 약속의 땅에 거주하고 있던 자들과 싸워 이겨나가야 했던 과정과 같다. 하나님께서 함께하심으로 힘과 지혜를 주시지만 실제로 싸워 승리를 취해야 하는 장본인은 이스라엘 백성 자신들이었기 때문이다. 성결한 공동체는 그냥 주어지는 것이 아니라, 우상숭배에 대항하여 싸워 이김으로써 완성되는 것이다.

실천의 중요성

그러나 문제는 사랑의 실천력이다. 중생한 자들에게 오직 하나님만 사랑하는 힘은 어디에서 나오는가? 성경은 구약의 이스라엘 공동체와 신약의 교회 공동체들이 사랑을 실천하라는 왕의 명령에 따르지 못하고 전반적으로 실패해온 모습들을 적나라하게 보여주고 있다. 사랑으로 지배되는 하나님 나라는 "오직 성령 안에서"(롬 14:17) 이루어지기까지는 제대로 세워질 수 없다는 것이다.

그러므로 이스라엘의 12지파 공동체들에게는 '새 영'을 받아야 할 것을, 그리고 이와 동일한 맥락에서 예수의 열두 제자들로부터 시작된 초대 교회 공동체들에는 '성령세례'를 받아야 할 것을 성경은 말씀하고 있다. 교회가 하나님 나라의 코이노니아적 성결한 공동체로 세워질 수 있는 길은 오직 성령의 충만함을 통해 성령의 능력으로써만 가능하다. 성령이 임재 하는 데에서는 언제나 하나님과의 참된 코이노니아가 존재하기 때문이다.

3) 교회의 보편성(catholica)과 신유의 디아코니아(diakonia)

교회의 보편성 정의

교회는 "보편적 교회를 믿습니다(*credo eeclesiam catholicam*)"라는 신앙고백을 유지하고 있다. 교회가 보편성의 속성을 잃어버릴 때, 혹은 보편성이 약화될 때, 교회는 더 이상 교회로서의 존재론적 힘을 발휘할 수 없게 된다. 근본적으로 교회의 보편성은 성부·성자·성령 하나님의 보편성에 뿌리를 둔다. 교회의 보편성을 가시적으로 보여주었던 신약성경의 교회는 "모든 지방과 환경, 땅 위나 아래에, 산 자나 죽은 자 가운데 중생한 자들로 구성된다." 그들은 또한 "다양한 종파들에 속해서 죽더라도 모두 하늘의 출생과 시민권의 표를 갖(기)" 때문에 교회의 보편성을 드러낸다고 말할 수 있다.[37]

그러나 현실에 실존하는 교회가 얼마나 보편적인지 분별하는 일은 결코 단순한 문제가 아니다. 우리는 교회의 보편성이 혼합주의에 빠질 수 있는 에큐메니즘(ecumenism), 이단에 떨어질 수 있는 교파주의(denominationalism), 전체주의로 변질될 수 있는 보편주의(universalism) 등에 의하여 크게 위협받고 있음에 주목한다.

교회의 보편성은 교회가 선포하는 복음으로서의 하나님의 말씀이 모든 민족, 모든 사회적 장벽을 넘어 보편적인 구원의 힘을 드러냄에서 발견된다(마 28:19; 막 16:15; 계 5:9; 행 1:8; 시 113:2ff.).[38] 이러한 보편성은 '모든 민족' 혹은 '온 세상'(마 24:14; 눅 2:1; 행 17:31) 등의 수평적이며 양적인 확장성에 초점이 맞춰질 때 에큐메니즘이란 개념이 이에 상응한다. 그러나 에큐메니즘은 온 세상을 향한 삼위일체 하나님의 진리와 사랑이 충만한 현실 가운데서만 비로소 그 보편성은 제대로 확인된다. 그렇지 않으면, 에큐메니즘은 혼합주의와 구별할 수 없는 상태가 되어버린다.

우리가 그리스도의 유일성에 기초하여 지역 교회들이 자유롭게 성경을 해석하고, 복음을 상황적으로 적용하는 것을 허용함으로써 발생하는 교파주의를 어느 정도 교단끼리 서로 인정하는 것은 교회의 보편성을 믿기 때문이다. 그러나 진리의 보편성이 결여될 때, 그리고 한 걸음 더 나아가 보편성을 거부할 때 교회는 이단으로 떨어질 수 있는 위험에 처한다. 이단은 진리에 반대하기보다 진리의 보편성이 아니라 특수성에 자신의 존재 근거를 세우기 때문이다.

교회의 보편성을 앞세워 진리의 이단화를 차단하기 위한 보편주의는 수용 가능하다. 그러나 가톨릭의 교황주의나 개신교의 교권주의적 역사에서 보듯이, 결국은 제국주의나 전체주의에 대한 유혹을 물리치지 못하였던 것이 교회의 현실이다.

예수 그리스도의 신유 사역

그렇다면 삼위일체 하나님의 속성에 근거한 교회의 보편성이 세상을 향하여 변질되지 않으면서 바르게 주장될 수 있는 길은 무엇인가? 우리는 그 길을 무엇보다도 교회가 은혜와 진리와 성령에 충만한 예수 그리스도(요 1:14; 눅 4:1; 요 3:34)의 '메시아적 사역'에 동참하는 것에서 찾는다.

이때 메시아적 사역이란 '나사렛 예수가 과연 그리스도인지?'에 대해 세례 요한이 그의 제자들을 보내어 물었을 때 예수께서 하신 대답에서 그 특성을 확인할 수 있다.

> 너희가 가서 보고 들은 것을 요한에게 고하되 소경이 보며 앉은뱅이가 걸으며 문둥이가 깨끗함을 받으며 귀머거리가 들으며 죽은 자 살아나며 가난한 자에게 복음이 전파된다 하라(눅 7:22).

우리는 이를 통칭하여 '신유(神癒, Divine Healing)'라 부르고자 하는 것이다. 이 신유는 예수 그리스도께서 충만한 사랑 가운데 모든 경계를 허물고 찾아가서 영과 혼과 몸의 치유와 회복이 필요한 자들에게 차별 없이 베푸셨던 가장 그리스도적인 구원의 실제 행위였다.

전통적으로 신유는 좁은 의미에서 몸의 질병을 신적 능력으로 고치는 것으로, 넓은 의미에서 질병의 예방과 아울러 주어진 건강을 잘 유지하는 것으로 이해된다. 교회는 그 본질로부터 하나님을 사랑하는 성결의 사명을 감당해야 하는 존재로 태어났을 뿐만 아니라, 동시에 교회와 세상이 겪고 있는 아픔과 상처를 치유하고 회복하는 이웃 사랑의 사명을 지니고 있다.

그러므로 하나님 나라 공동체를 이루어 가는 교회는 그 자체가 만백성을 위한 신유의 병원과 같은 곳이다. 세상으로부터 상처받고 질병에 감염된 하나님의 백성들이 영적으로, 심적으로, 그리고 육적으로까지도 회복과 안식을 경험할 수 있는 곳이 교회 공동체다.

그뿐만 아니라, 세상에서는 더 이상 삶의 희망을 품을 수 없는 불신자들이 교회 안으로 들어왔을 때도 치유 받음으로써 다시 살아갈 용기를 얻는 곳이 교회다. 이는 마치 아람의 군대장관 나아만이 이스라엘의 엘리사 선지자를 만나 요단강에 자신의 몸을 잠금으로써 나병(癩病)이 치유된 것과 같다.

예수께서는 자신을 의원(醫員)으로 비유하면서, 스스로 건강하다고 여기는 자에게는 의원이 필요 없지만 자신의 아픔을 가지고 오는 자라야 의원이 필요한 것이라고 하였듯이, 자신을 필요로 하는 자들에게는 이스라엘과 이방 백성들을 가리지 않고 누구에게든지 신유의 은혜를 베푸셨다.

예수께서 이스라엘 백성들과 이방 백성들 모두를 향해 양식을 베푸셨던 두 번의 기적은 그와 같은 것을 잘 보여주는 예가 된다. 남자 오천 명이 떡과 물고기를 먹고 남은 것들을 열두 바구니에 차게 거두었던 사건(막 6:34~44)과 남자 사천 명이 떡과 물고기를 먹고 남은 것들을 일곱 광주리에 거두었던 사건(막 8:1~9)이다. 이 두 사건들이 상징적으로 보여주듯이, 주님은 12지파로 대변되는 미래의 이스라엘 백성들만을 위하지 않고, 가나안 7족속의 이방 백성들까지도 품으면서 예비해 놓고 있음을 볼 수 있다.

교회:
하나님 나라 신유 공동체

하나님의 나라를 실현코자 하는 교회는 세상을 향하여 왕적 섬김의 디아코니아를 수행해야 하는 신유 공동체다. 예수께서도 자신의 사명을 "인자가 온 것은 섬김을 받으려 함이 아니라 도리어 섬기려 하고 자기 목숨을 많은 사람의 대속물로 주려 함이니라"(막 10:45)고 선언하셨던 것처럼, 예수 그리스도를 드러내야 하는 그리스도의 몸인 교회 공동체는 자기희생을 통한 '섬김(*diakonia*)'의 존재임을 그 두드러진 특성으로 보여주어야 한다.[39]

세상의 피조물을 치유하고 회복하고자 하는 하나님의 뜻은 오직 그의 백성들이 세상을 향해 섬김의 은혜를 베풀 때만 실현 가능하다. 섬김은 절로 이루어지는 것이 아니라, 누군가가 다른 이의 무거운 짐을 대신 짊어짐을 통해서 현실화한다. 그리스도가 세상을 치유하기 위해서 그가 치러야 할 희생에 대해서 이사야 선지자가 말씀한 바와 같다.

> 그가 찔림은 우리의 허물 때문이요, 그가 상함은 우리의 죄악 때문이라. 그가 징계를 받으므로 우리는 평화를 누리고 그가 채찍에 맞으므로 우리는 나음을 받았도다 (사 53:5).

교회는 그리스도가 본을 보여준 것같이 세상을 향해 대속(代贖)적인 삶을 삶으로써 허물과 죄악으로 병든 세상을 하나님이 왕적 권위와 능력으로 고치시고 계심(Divine Healing)을 보여주어야 한다.[40]

디아코니아의 적들:
이기적 사랑과 우상숭배

모든 이웃을 향한 보편적 섬김의 디아코니아를 막는 가장 큰 적은 이기적(利己的) 사랑이다. 사람은 자기 자신을 사랑함에는 그 비용이나 시간이나 에너지가 얼마가 들게 되는지 묻지 않고 사용한다. 성경은 이웃 사랑을 이처럼 자기 자신을 사랑하는 것과 같이 할 것을 요구한다. 그렇게 하는 것이 하나님의 거룩한 백성으로서 하나님의 거룩한 성품에 어울리는 것이기 때문이다.

그러므로 이웃을 사랑함에 자기에게 얼마나 유익이 돌아올 것인지를 계산하면서 사랑하는 것은 이웃과 나의 관계를 더럽히는 이기적 사랑이다. 이기적 사랑은 하나님 나라의 보편적인 공동체성을 파괴하는 무서운 범죄다. 그러므로 하나님의 백성들은 하나님이 대가(代價) 없이 죄인들을 위하여 아들을 화목제물로 내어 주셨듯이, 그리고 예수께서 "네 이웃을 네 자신 같이 사랑하라"(마 22:39)고 하셨듯이, 그렇게 이웃을 섬기는 삶을 살아야 한다. 예수께서 행하신 신유의 사역은 지역적, 사회적, 종교적 연고를 넘어선, 즉 이기적 사랑을 넘어선 보편적 사랑의 실천이었다.

우상과 더불어 하나님을 섬기는 것을 거부하고 오직 하나님만을 사랑하기 위해서 성령의 세례가 절대적이듯이, 이기적 사랑을 극복하면서 이웃의 치유와 회복을 위한 섬김의 디아코니아 역시 성령세례를 통해서 오는 성령의 은사를 '충만히' 받음으로써만 진정으로 가능케 된다.

성경에서 말하는 아홉 가지 은사 외에도 다양한 신적 응답의 사건들은 성령의 충만함으로부터 주어진다. 그 가운데서 신유는 하나님 나라의 공동체를 세워나가는 데 가장 강력한 은사 중의 하나며, 이웃 사랑의 가치가 보편성을 띠고 나타나는 가장 상징적인 실천이기도 하다.[41]

4) 교회의 사도성(apostolica)과 재림의 케리그마(kerygma)

교회의 사도성

"나는 사도적 교회를 믿는다(*credo apostolicam ecclesiam*)."

이 신앙고백은 교회가 "사도들과 선지자들의 터 위에"(엡 2:20) 세워져 있다는 말씀에 분명히 기초한다. 교회의 사도성에 대한 이 신앙고백은 교회의 역사 안에서 오늘날까지도 교회의 속성을 규정하는 중요한 임무를 수행하여 왔다.

그렇다면 '교회가 사도적'이라 할 때, 그것은 무엇을 의미하는가?

한마디로, 교회의 사도성이란 교회의 가르침과 실천의 역사적 정통성의 근거에 관한 물음이다. 구체적으로는 교회의 권한 부여, 권한 수행의 방식, 진리 검증의 기준, 정통 계승, 정통 고백과 같은 문제들이 복합적으로 다루어지게 된다.

교회는 "사도적이다." 그러므로 "사도적이어야 한다."

문제는 무엇이 사도적인 것이며, 한 걸음 더 나아가 어떻게 사도적이 될 수 있느냐는 것이다. 교회의 유일성·거룩성·보편성과 같이, 교회의 사도성 역시 예수 그리스도에 기초를 두고 있는 것에서는 동일하다. 달리 말하여, 복음의 유일성·거룩성·보편성 그리고 복음의 사도성인 것이다.

그렇다면 복음에 기초한 사도성의 특징은 무엇인가?

교회는 오랫동안 교회의 사도성을 역사적이며 신앙적인 그리스도의 관점에서 교회의 정통성을 묻는 데 집중해 왔다.

그러나 '교회가 사도적이어야 함'은 진리 검증의 정통성을 확인하고 이를 승계하는 데 국한되는 것이 아니라, 오히려 복음 증거와 복음 신앙을 가능케 하는 성령세례를 경험한 사도들과 초대 교회로 돌아가고자 함에 대한 비전을 갖는 것이며, 동시에 다시 오실 재림 예수 그리스도의 종말론적 선교의 대사명을 촉구하며 또한 이를 감당하는 공동체가 되고자 한다는 데 그 신앙고백적 의의가 있음이 강조되어야 한다.

전통적 관점에서의
사도성

우선 전통적인 관점에서, 우리는 예수 그리스도가 자신의 모든 사역을 위임하여 계승토록 한 '사도들(使徒, Apostles)' 자신과 그리스도와의 관계에서 사도성의 역사적·신학적 의의를 발견할 수 있다.[42]

예수께서는 하나님 나라의 선포와 그와 관련된 일을 위하여 12명의 사도를 선택하였다(눅 6:12). 이들 중 가룟 유다의 죽음으로 맛디아가 보충되었을 때 확인된 바와 같이, 모든 사도에게 부여된 가장 우선적인 과제는 그리스도의 '부활의 증인'이 되는 것이었다(행 1:22).[43] 그래서 그리스도의 십자가와 부활을 믿고 다시 오실 재림의 주님을 기다리는 공동체를 세우는 것이었다.

이를 위해서 사도 됨의 기준은 무엇보다도 하나님의 말씀, 곧 그리스도의 복음을 전할 수 있는 자격과 권한을 그리스도로부터 부여받았는지를 묻는 것이다. 예수의 열한 제자와 제자들에 의해 뽑힌 맛디아, 그리고 부활의 주님을 만나 사도로 인치심을 받은 바울은 한목소리로 "그리스도의 일꾼"과 "하나님의 비밀을 맡은 자"(고전 4:1)임을 주장할 수 있었던 것이다.

그러므로 사도들이 전하는 경고를 저버리는 사람은 "사람을 저버리는 것이 아니라 … 성령을 주시는 하나님을 저버리는 것"(살전 4:8)으로 판단할 수 있었다. 이러한 맥락에서 초대 교회는 사도들의 말을 "사람의 말로 받지 아니하고 하나님의 말씀으로"(살전 2:13) 받았다고 증언한다.

사도들에 대한 그리스도의 권한 부여로 인하여 그들은 "그리스도의 사절"로서 "그리스도를 대리"(고후 5:20)하는 자로 인정받을 수 있었다. 예수께서 사도들에게 "무엇이든지 너희가 땅에서 매면 하늘에서도 매일 것이요 무엇이든지 땅에서 풀면 하늘에서도 풀리리라"(마 18:18), 또한 "너희가 누구의 죄든지 사하면 사하여질 것이요, 누구의 죄든지 그대로 두면 그대로 있으리라"(요 20:23)고 영적 권위를 부여해주심은 곧 교회가 "사도들의 터" 위에 세워졌다는 주장의 근거가 되는 것이다.

역사적 교회의 사도성

그러나 "역사적으로 실존하는 교회들이 얼마나 사도적이었느냐"는 것은 또 다른 문제다. 왜냐하면, 갈라디아나 고린도 교회에서 이미 드러난 바 있듯이, "다른 복음", "다른 예수", "다른 영"(고후 11:4, 갈 1:6~9)이 공공연히 가르쳐지고 있었기 때문이다.

> 만일 누가 가서 우리가 전파하지 아니한 다른 예수를 전파하거나 혹은 너희가 받지 아니한 다른 영을 받게 하거나 혹은 너희가 받지 아니한 다른 복음을 받게 할 때에는 너희가 잘 용납하는구나(고후 11:4).

그러므로 교회의 사도성 문제에서는 전파된 복음의 진정성 여부에 대한 '검증(verification)'이 요청된다(요일 4:1; 요이 7; 마 24:11; 막 13:22). 참 복음으로부터 거짓 복음을 가려내는 일은 '교회가 서기도 하고 무너지기도 하는' 중대한 문제다.

사도적 검증의 핵심은 하나님의 말씀, 곧 온전한 참 복음에 무엇을 더하거나 무엇을 뺌으로써 복음을 변질시키고 왜곡함으로써 사도적 증언을 모호하게 하는 모든 '이단성'을 '사도성'에 입각하여 제거해 내는 것이다(계 22:18).

사도성의 문제:
공식화, 절대화

그러나 이와 반면에, 사도성에 입각한 전통의 '공식화' 내지는 '절대화' 역시 복음에 입각하여 거부되어야 한다. 교회 안에서 '유력한 이'요, 교회를 지키는 '기둥'과 같은 사도 자신들 사이에서도 스스로 진리 담지의 절대적 권위를 내세우는 일들은 거부되었기 때문이다(갈 2:6, 2:9).[44] 전통이 사도성에 대한 권한 부여의 보증이 되는 즉시, 교회의 사도성을 결정짓는 주체인 복음은 더 이상 검증의 시금석 역할을 할 수 없게 된다.

교회의 권위가 신앙의 지지를 요구하게 될 때, 검증이 서야 할 자리는 사라지게 되고, 대신 맹목적 순종이나 지성의 희생(*sacrificium intellectus*)이 뒤따르게 된다. 교회가 사도성을 앞세워 법적 조직체가 될 때 도리어 사도성을 가능케 하는 성령의 자유로운 역사와 이성의 판단을 해치는 비극이 초래된다. 그 뚜렷한 역사적 증례가 교황의 무오한 선포가 가진 '수정 불가능성(irreformability)'은[45] 성령의 결정적인 은사와 조화된다는 제1바티칸 공의회의 주장과 같은 것이다.

그러나 그 모든 것들이 성경이 들려주고자 하는 복음에 초점을 맞추고 있는 한, 사도적 전통들은 신앙의 유산으로 존중 받아 마땅하다. 권위 있는 인물들에 기초한 교파주의 신학들이 의미를 갖는 경우는 그들이 자신의 한계를 인정하고 오직 복음의 종 됨을 고백할 때다.

초대 교회의 사도성

교회의 사도성에 대한 이상과 같은 전통적인 이해를 넘어서, '사도적 교회'라는 신앙고백이 지니는 또 다른 강조점은 -우리가 주장하는 바-오순절적 성령세례와 예수 그리스도의 종말론적 재림 대망의 신앙과 이에 대한 강력한 케리그마에서 찾을 수 있다.

교회의 사도성은 '사도적 증언'과의 일치를 확보할 때 비로소 그 진정성이 인정될 수 있다는 점에서 이와 같은 강조점들은 매우 중요한 사항이다.[46] 성령강림 이후 태어난 초대 교회는 교회의 머리 되신 예수 그리스도께서 약속하신 재림(再臨)과 그 이후에 따라 오게 될 하나님 나라의 지상 건설에 대한 비전을 바라보면서 복음으로 인한 고난을 기쁨으로 인내하는 공동체였기 때문이다.

실제로 오순절 이후 신약성경의 사도적 교회는 이 땅위에서 예수 그리스도가 공의의 심판주로 재림하시기까지 하나님 나라 백성들이 모여 하나님 나라의 영광을 드러내도록 부름 받은 공동체로 그 특징적인 모습을 보여 왔다. 그 삶의 내용은 교회의 거룩성과 보편성에서 언급된 바와 같이, 하나님 사랑의 성결과 이웃 사랑의 신유 사역으로 적용될 수 있었다.

사도성의 종말론적 이해

그러나 하나님 나라의 완성은 하나님 자신에 의해서 종말론적으로 이루어지는 것이기 때문에, 사도들이 자신들의 순교적 삶과 메시지를 통해서 그러했던 것처럼, 교회 공동체는 십자가와 부활의 예수 그리스도뿐만 아니라 곧 다시 오실 심판의 그리스도를 종말론적 신앙으로 선포해야 하는 선교적 사명을 지닌다.

공의로 심판하시기 위하여 오시는 재림의 그리스도 예수는 제일 먼저 교회가 하나님 나라의 공동체로 세워졌는지를 보게 될 것이며, 양과 염소를 나누듯이 하나님의 공의에 입각하여 이스라엘과 교회 그리고 세상의 만민들을 심판하실 것이다.[47]

그러므로 교회는 주님의 재림을 기다리면서 종말론적 긴장 가운데 하나님 나라의 복음을 땅 끝까지 전파하는 데 온 힘을 기울여, 잃어버린 하나님의 백성들을 찾아야 한다. 하나님 나라 복음의 전파와 예수 그리스도의 종말론적 재림의 긴박성은 동전의 양면과 같이 하나의 실재성을 지닌다. 이러한 실재에 참여하는 교회야말로 '사도적 교회'임이 역사적으로 그리고 신학적으로 뚜렷이 입증될 수 있다.

　충성을 다하여 믿음으로 하나님 나라를 아름답게 세워온 교회 공동체는 그리스도의 재림 시에 완전한 하나님 나라의 혼인잔치에로 들림을 받게 될 것이다. 예수의 보혈과 성령의 인(印)치심으로 거듭남으로써 하나님 나라의 백성 된 자들은, 스스로 성령을 부인하거나 훼방하지 않고서는 모두가 영원한 하나님 나라에 들어가게 된다. 그러나 심판은 단지 하나님 나라에 들어가고 못 들어가고의 문제만이 아니라, 얼마나 커다란 영광을 맛볼 수 있는 자리에까지 나갈 수 있는지를 묻는 것이므로 예수 그리스도의 재림은 인내로써 끝까지 경주하는 자들에게는 말할 수 없는 은혜의 복음이 되는 것이다. 이것이 사도적 교회가 주님이 다시 오실 때까지 선포해야 할 재림 케리그마다. 공의로운 심판을 가지고 올 재림의 선포는 하나님 사랑과 이웃 사랑의 성결과 신유의 역사에 참여하는 자들에게는 소망의 복음이요, 그렇지 않은 자들에게는 부끄러움과 두려움의 심판이 될 것이다.

맺는말

　　　　　　사중복음 교회론은 "성서적 교회의 본질을 어떠한 관점에서 읽어 내는 것이 '지금, 여기'에서 가장 적합한가?"에 대한 물음과 동시에 "사중복음을 어떠한 신학적 범주에서 이해하는 것이 그 신앙적 역동성을 가장 잘 나타낼 수 있을 것인가?"라는 물음에 대한 대답의 성격을 지니고 있다. 주지하고 있듯, 칼 바르트(Karl Barth)의 신학 방법론은 소위 기독론 중심주의로 정의되고 있다. 바르트는 기독론이라는 렌즈로 기독교 교리를 재해석하고 재정렬하여 시대에 조응(調應)하는 새롭고 역동적인 신학을 제출했다.

그런가 하면, 틸리히(Paul Tillich)는 '성령의 현존(Spiritual presence)'이라는 성령론적 전망하에서 '메시지와 상황' 간의 문제를 상관관계적으로 조명함으로써 삶의 전반적인 문제를 신학적으로 풀어내었다. 또한, 밀뱅크(John Milbank)의 급진정통주의(Radical Orthodoxy)는 교회론을 신학 사유의 기본으로 하여 교부신학을 현대적인 신학 감각에 맞게 재해석해 내고 있다.

기독론이라는 줄로 산재해 있는 기독교 교리를 꿰었을 때, 각각의 교리는 손상됨 없이 스스로의 찬란한 빛을 발하고 있음을 바르트는 증명해주었다. 성령론을 깔고 상황이 제기하는 문제를 보았을 때 복음이야말로 문화라는 형식에 생명을 주는 내용이 될 수 있음을 틸리히는 뚜렷이 밝혀내었다.

그리고 교회론이라는 줄로 기독교 교리를 다시금 전망할 때, 새로운 화음(和音)의 노래를 발산한다는 비밀을 밀뱅크는 우리에게 알려 주고 있다. 우리는 현대사에서 바르트나 틸리히, 그리고 밀뱅크가 세워놓은 웅장한 신학적 건축물 속에서 우리를 향하신 하나님의 사랑과 세상을 향한 우리의 사명을 확인하면서 새로운 시대적 문제에 응전하고 있다.

'사중복음'은 한 호흡으로 간단히 사유할 수 있는 내용이 아니다. 사중복음은 '하나님 나라의 복음'을 통전적으로 파악하고자 하는 '신앙의 요체(regula fidei)'이기 때문에 깊이 있게 다각도로, 또한 다층다면적으로 고찰할 때 그 스스로가 자신의 본체를 조금씩 드러내는 것을 알 수 있다.

그동안 교회가 설계해 놓은 신학적 틀을 가지고 중생·성결·신유·재림을 사유할 때, 각각의 표제에는 마치 압축파일처럼 무궁한 신학적 성찰과 신앙의 실천이 담겨져 있음을 내감할 수 있다. 일찍이 심슨(A. B. Simpson)은 기독론적 암호로 이 네 개의 신학적 압축파일을 해독해 보았고, 마틴 냅(Martin Knapp)은 오순절 성령세례라는 관점, 즉 성령론이라는 아이디와 비밀번호로 이 광대한 신학 유산을 열어 보았다.

우리는 '교회론'이라는 줄로 중생·성결·신유·재림이라는 찬란한 신앙의 보석을 꿰어보면서, 다시 역으로 '사중복음'의 관점에서 교회의 본질과 사명을 되물어 보았다. 교회론을 기준으로 하여 정렬되고 해석된 사중복음은 기독론적 해석과 성령론적 해석이 제시하지 못한 또 다른 모습의 사중복음을 제출하고 있다.

사중복음 교회론은 소위 '신자의 교회(believer's church)'라는 대의로 모인 자유 교회 및 침례교 전통의 교회론에 한발을 딛고, 말씀 공동체, 성례전 공동체, 그리고 하나님의 나라 공동체라는 종교개혁과 개혁주의 정통 개신교 교회론을 적극적으로 수용한다. 이 이질적인 두 요소를 한목에 품을 수 있게 된 것은, 중생·성결·신유·재림이 전통적인 교회의 표지인, 유일성·거룩성·보편성·사도성을 사중복음신학적으로 충분히 담아낼 수 있다는 통찰과 낙관에 근거한다.

하지만, 우리의 이와 같은 신학적 낙관(樂觀)이 아직은 모든 자들에게 신뢰를 주는 단계는 아닐 것으로 사료된다. 왜냐하면, 밖으로는 '사중복음 교회론'과 같은 해석학적 시도는 신학사(史)상 그 유래를 찾아보기 힘들고, 안으로는 보다 차분한 논증의 과정이 강화되어야 할 필요가 있기 때문이다. 그러므로 혹자가 다소간 논지 전개에 자연스럽지 못한 부분이 있다고 느낀다면 그것은 전적으로 우리가 앞으로 보완해야 할 과제일 것이다.

그런데도 교회론적 입장에서 사중복음을 전망할 때, 사중복음신학이 뿌리내릴 수 있는 전통의 폭과 넓이가 매우 광대함을 확인하게 된다. 교부신학의 물줄기가 흐르고, 종교개혁 전통의 이해가 흘러가고 있으며, 자유 교회 전통의 지류도 합류하고, 또한 무엇보다도 니케아·콘스탄티노플의 고백을 그대로 받아들이고 있는 웨슬리의 교회론도 도도하게 휘돌아 나가고 있음을 알 수 있기 때문이다.

이러한 신학의 물줄기들이 사중복음이란 이름으로 조화롭게 합해져서, 교회란 "중생한 자들의 하나님 말씀 공동체"이며, 동시에 "중생한 자들의 성례전 공동체"이며, 또한 "중생한 자들의 하나님 나라 공동체"라는 영적 블루오션(Blue Ocean)을 이루었다. 또한, 교회 공동체에 속한 중생한 성도들은 이를 지켜보며 "정의와 평화와 기쁨"(롬 14:17)의 하나님 나라가 어떻게 '메타노이아,' '코이노니아,' '디아코니아,' 그리고 '케리그마'를 통해서 실현되는지를 명확하게 인지할 수 있게 되었다. 이를 통해 성도들은 교회의 존재와 사명을 중생·성결·신유·재림의 교회론으로 환원하여 사유할 수 있게 됨으로써 주님의 강림 때까지 사중복음 하나님 나라 공동체를 더욱 힘 있게 실현하는 자들로 세워질 수 있게 될 것이다.

어느 나라든지 갈라져서
서로 싸우면 망하고
또 가정도 서로 싸우면
무너진다
_눅 11:17

아버지,
아버지께서 내 안에 계시고
내가
아버지 안에 있는 것과 같이
그들도 하나가 되어서
우리 안에 있게 하여 주십시오
_요 17:21

Deus Homo

제3부

미래의 교회: 글로벌 사중복음 예수 공동체

사중복음과 세계 기독교　제12장
개혁주의와 웨슬리주의　제13장
개혁주의와 성결·오순절주의　제14장
감리교 토착화 신학과 성결교 사중복음신학　제15장
감리교·성결교·오순절주의 성령론　제16장
사중복음과 성결교회 신학　제17장
성결교회의 교리신학　제18장
사중복음 신앙의 위기와 승리　제19장
성결교회 신학에 관한 물음과 대답　제20장

제12장

사중복음과 세계 기독교

본 장은 개신교 500년 역사 가운데 교파주의 교회가 처한 상황에서 다루어진 구원론적 이슈들에 집중한다. 각 시대, 그리고 북반구와 남반구 전 지구적으로 걸쳐 나타난 신학적 논제들은 21세기 세계 기독교 시대의 글로컬 신학을 위한 중요한 유산들이다. 우리는 이 유산들 가운데 중생·성결·신유·재림이 역사적으로 중요하게 드러남을 관찰한다. 이것은 '사중복음'으로 불리는 것으로서 세계 기독교를 위한 신학적 패러다임이 될 수 있음을 제안한다.

우리는 우리의 제안을 위하여 다음과 같은 주제들을 다루고자 한다.

- 기독교의 전 역사는 '복음의 상황화(contextualizing)'를 통하여 신학의 자립을 이룩하기 위한 '상황화 신학'의 역사로 해석할 수 있다.
- 교회가 비복음적인 것에 대해 저항할 때 사중복음의 특징들이 개신교 역사의 단계마다 나타난 것을 확인할 수 있기 때문에, 사중복음은 세계 교회가 복음의 상황화를 통해 역사적으로 입증한 하나님 나라 복음의 요약이요 집중이라 할 수 있다.
- 복음의 상황화를 통해 각 시대별로 밝혀진 중생·성결·성령세례·신유·재림은 이들이 강조된 시대의 기독교를 이해하는 중요한 해

- 21세기 '세계 기독교' 시대를 위한 사중복음신학이 필요하다.
- 중생과 성결의 복음은 16~18세기 북반구 개신교 신학의 축이었다.
- 신유와 재림의 복음은 19~20세기 남반구 개신교 신학의 축이었다.
- 사중복음은 21세기 세계 기독교 초교파 신학의 견인차다.

석학적 틀이며, 이들은 기독교에 속한 모든 교파가 공유하는 '교의(dogma)'가 될 수 있다.
- 개신교 500년 역사는, 16세기 이후 종교개혁의 발흥지인 유럽은 중생의 복음을 통해 프로테스탄트 기독교를, 18세기 이후 영국·북미주는 성결의 복음을 통해 복음주의 기독교를, 20세기 이후 남반구(아프리카·아시아·라틴 아메리카)는 신유의 복음을 통해 펜티코스탈 기독교를 형성해 온 역사로 볼 수 있다.
- 21세기는 중생·성결·신유의 복음과 더불어 '재림의 복음'이 온전히 드러나야 할 종말론적 시대 상황이 그 어느 때보다 부각되는 시대로서, 재림신앙으로 많은 순교자를 낸 한국 교회가 그 사명을 감당할 적임자가 될 수 있다.

이상의 논제들을 통해 사중복음이 세계 기독교의 현실을 신학적으로 이해하는 중요한 단초가 될 수 있음을 밝히는 것이다. 본 장은 세계 기독교를 사중복음의 관점에서 통합적으로 고찰하는 선교·역사적이며 신학적인 시도가 될 것이다.

1 상황화 신학

글로벌 기독교를 향하여

21세기 교회는 세계화 시대의 유럽과 북미 교회 중심의 '서구 기독교(Western Christianity)' 혹은 '글로벌 기독교(Global Christianity)'를 넘어,[1] 남반부의 아프리카, 아시아, 라틴 아메리카의 기독교를 이해하지 않고서는 선교 역사에 나타난 복음의 온전한 현실에 참여하기 어려운 '세계 기독교' 시대를 맞이하였다.[2] 이러한 때에 긴급히 요구되는 것들 중에 우선적인 것이 있다면 그것은 바로 세계 기독교의 다양성과 통일성을 보장할 수 있는 신학의 틀이라 할 수 있을 것이다.

지금까지 교회 일치와 연합을 위한 '메타 신학' 혹은 '글로벌 신학'에 대한 제안이나 다양한 시도들이 없었던 것은 아니다.[3] 그러나 구체적인 상황을 놓치지 않으면서 글로벌한 신학을 전개할 수 있는 틀을 마련하기까지는 이르지 못하고 있다고 보인다. 우리는 본 장에서 이러한 문제점에 대한 하나의 신학적인 방향과 대안을 제시하려고 한다.

이를 위해서 '기독교 신학의 역사'를 시대마다 신학의 자립을 이룩하기 위한 상황화 신학(Contextualizing Theology)의 역사라는 관점에서 고찰한다.[4] 왜냐하면, 그렇게 될 때 비로소 서구 기독교가 표준이 되어 온 제반 규범적 신학에 대한 재평가를 올바르게 수행할 수 있으며, 이를 통해서 서구 중심의 '글로벌 기독교' 이해를 넘어 명실공히 '세계 기독교'의 현실을 바로 파악할 수 있으며,[5] 그와 동시에 모든 교회는 각각 자신이 속한 지구촌의 구체적인 한 시대를 위한 상황화 목회와 상황화 신학을 통해서 하나님 나라의 실현에 책임 있는 참여가 온전히 이루어질 수 있다고 보기 때문이다.

상황화 신학으로 읽는
기독교 역사

이러한 시도가 잘 이루어지기 위해서는 오늘날 세계 기독교를 견인하고 있는 남반구 교회들이 서구의 전통신학들과 보다 주체적인 대화의 자세를 견지해야 한다. 주지하다시피, 서구 기독교가 시대를 지나오면서 상황화 신학으로 정립해 왔던 것들에 정통교리, 정통신앙, 정통교회 등과 같이 '정통'이란 이름을 붙여 목회와 신학에 기준으로 삼고 있는 경향이 아직도 지배적인 것이 현실이다. 이러한 때에 요구되는 과제는, 상황화 신학이 기독교의 정통진리를 파괴할 수 있는 신학이라는 부정적인 생각을 빨리 극복하는 것이다.

이처럼 기독교의 역사를 상황화 신학의 역사로 볼 때, 기독교의 진리가 상황에 따라 바뀌는 식으로 변화해 온 것이 아니라, 각 시대의 상황에 요구되는 특정한 교의가 주목받음으로써 그것을 중심으로 상황에 대응하는 신학이 전개되어왔던 것을 알 수 있게 된다. 그 이유는 각 시대의 선교적 상황 자체가 성경의 여러 교의 가운데 자신이 필요한 것을 요청하여 강조하기 때문이다.

바로 그 필요를 정확히 알고, 그에 대하여 성서적으로 대처하는 것이 신학의 시대적 사명이라 할 수 있다. 이때 형성된 교의를 중심으로 기독교의 변증과 선포를 위한 독자적인 신학이 수립된다. 이것이 우리가 말하는 상황화 신학이다. 이러한 일련의 과정에서 지역과 시대에 따라 서로 차이나는 다양한 신학이 형성되고, 그에 따라 여러 형태의 신앙 운동이나 교단들이 기독교 안에 출현하는 것이다.

사중복음과 오순절주의

우리는 이러한 전이해를 가지고 종교개혁 이후 500년의 교회 역사 가운데 시대와 지역별로 독자성을 지닌 신학의 전통으로까지 형성할 수 있도록 하면서도 보편성을 유지하고 있는 주요 신앙의 이슈들에는 역사적으로 무엇이 있었는지 고찰한다. 그 가운데 우리는 "오순절 운동의 신학적 뿌리"가 되는 중생·성결·성령세례·신유·재림이라는 성결·오순절 전통에서의 '사중복음' 또는 '오중복음'에 주목하게 된다.[6]

왜냐하면, 이 사중복음이야말로 현대의 '세계 기독교(World Christianity)'를 통전적으로 이해하는 데 탁월한 해석학적 도구가 될 수 있으며, 동시에 세계 기독교 시대를 위한 글로컬한(global and local) 신학을 전개하는 데 중요한 패러다임이 될 수 있는 가능성이 크다고 보기 때문이다.[7]

또한, 이들은 기독교의 여러 시대적 상황을 통해 드러난 성서적 교의들로서 중생·성결·신유·재림 각각의 교의들은 특정한 시대에 특정한 지역에서 복음적 역사를 일으킨 역사적 흔적을 가지고 있기 때문에, 이를 신학적으로 다루는 것은 사변(思辨)적 논의에 머물고 있는 현대 신학의 위기를 극복하는 대안이 될 수도 있다.

우리는 이 교의들이 20세기의 오순절 운동에서 성령세례를 성결과 분리하여 독립적으로 강조하고 있는 '오중복음'으로 불리기 전, '성결'을 '성령세례'로 본 '사중복음'의 전통에 입각하여 논의를 전개하게 될 것이다. 그 이유는 중생·성결·성령세례·신유·재림의 '사중복음'이 특별히 19세기 말을 전후하여 북미주에서 일어났던 부흥 운동, 성결 운동, 신유운동, 세계 선교 운동이라는 네 종류의 신앙운동에 기초하고 있기 때문이다.[8]

이러한 신앙 운동들은 각기 구체적인 상황 가운데서 꽃을 피웠으며, 동시에 성서적으로 볼 때 큰 틀에서 하나님 나라 운동이었으며, 그 내용은 시대와 장소를 초월한 보편적 구원의 메시지임에 부족함이 없었다.

더욱이, 이들은 사도들이 선포한 예수의 십자가와 부활이라는 역사적인 사실로서의 복음과 더불어, 이에 대한 신앙으로 그리스도인과 교회 공동체 안에서 이루어질 약속으로서의 복음이다. 이 네 가지 복음은 서로 긴밀하게 연계됨으로써 '완전한 구원(entire salvation)'을 위한 '참복음, 순복음(Full Gospel)'으로 이해될 수 있었다.

그러므로 중생·성결·신유·재림은 성결·오순절 전통에 속한 교회만이 아니라, 성경과 복음에 충실하려는 종교개혁적 개신교 전통에 속한 모든 그리스도인들의 복음 이해를 위한 성서적 교의로서 중요한 이바지를 할 수 있게 된다.[9]

지금부터 우리는 이러한 사중복음 각항의 교의를 앞에서 서론적으로 언급한 '상황화 신학'의 관점에서 고찰한다. 이를 통해 세계 기독교 시대의 정신을 담아내는 글로컬 신학 패러다임 형성 가능성 여부를 묻게 될 것이다.

2 세계 기독교 시대와 신학의 자립화

세계 기독교 시대의 도래

지난 20세기 서구 교회에서는 교인들이 감소하는 현상이 두드러지게 나타난 반면 1970년대 이후 남반구의 교회에서는 교인들의 증가 추세가 강하게 나타나고 있다. 소위 북반구 기독교 인구의 쇠퇴와 남반구 기독교의 성장으로 인하여 전통적인 기독교 이해에 변화가 오기 시작했다.[10]

그에 따라 기독교를 서구 교회 중심으로 보던 때가 지나가고, 이제는 아시아·아프리카·남아메리카의 교회를 말하지 않고서는 기독교의 현실을 제대로 이야기할 수 없게 되었다.[11] 다시 말해, 기독교는 더 이상 '서구 기독교'가 아니라, 북반구와 남반구를 동시에 아우르는 소위 '세계 기독교' 시대가 온 것이다.[12]

'세계 기독교(World Christianity)'라는 현실은 교회사나 선교사(史)에서뿐만 아니라 신학사에서도 매우 중요한 하나의 발전 단계다. 이는 기독교 현실을 정의하는 여러 해석학적 상황 변수들 가운데 새로운 한 단계의 등장을 의미하는 것이기 때문이다. 앤드류 월스(Andrew Walls)는 기독교의 변화 추이를 여섯 단계로 나눈 바 있다.[13]

이를 준용(準用)해서 기독교의 자기 이해에 변화를 준 문명권 이동의 차원에서 보면, 현대 교회는 (1) 유대·그레코 기독교 시대(1~4C), (2) 로마 가톨릭 시대(5~15C), (3) 유럽 프로테스탄트 시대(16~18C), (4) 북미 복음주의 시대(19C), 지금은 (5) 남반구 오순절 시대를 지나면서(20C), (6) 세계 기독교 시대(21C)를 맞이하고 있다. 이러한 기독교의 변천은 (1) 메시아 운동(Messianism), (2) 가톨릭 운동(Catholicism), (3) 종교개혁 운동(Protestantism), (4) 복음주의 운동(Evangelicalism), (5) 오순절 운동(Pentecostalism), (6)세계 기독교 운동(Christian Glocalism)을 일으키어 기독교의 현실을 더욱 풍성하게 해주고 있다.

신학의 자립과 자생

현대 지구촌 교회는 기독교 서구화로서의 글로벌 기독교가 지니는 모호성을 극복하기 위하여 남반구 교회가 스스로 자신을 위한 제도와 신학을 정립함으로써 글로컬(glocal)한 '세계 기독교' 운동에 더욱 박차를 가할 때를 맞이하였다.[14]

벌써 한 세대 전이었지만, 대표적인 예로, 1982년 서울에서 개최된 아시아신학협의회(ATA) 제6차 모임에서 17개 나라 85명의 복음주의 지도자들은 점증하는 세계화의 현실에서 서구 신학을 "우리의 역사적 상황에서" 재성찰해야 할 필요성을 '서울선언'에서 주장한 바가 있다.[15]

아시아 신학자들은 '서울선언'에서 초대 교회의 신조들이나 유럽의 종교개혁, 근대의 부흥 운동을 통한 영적 각성들에 빚지고 있음을 분명히 인정하지만, 아시아 지역의 상황에 적합한 신학의 필요성을 정당히 역설하였다. 이러한 움직임은 서구 교회 주도적인 기독교 세계화의 흐름으로 빚어지고 있는 문제를 직시하고, 아시아 교회가 자신들에게 필요한 것을 스스로 찾아 나선 결과인 것이다.[16]

지구상의 기독교를 서구 중심적 '글로벌 기독교'로 이해하는 것은 현상적으로나 실제적으로 더는 의미 없는 일이 되었다.[17] 이러한 비판적인 통찰이 있었고, 또한 탈서구적, 혹은 탈식민주의적 신학논의들이 에큐메니컬 운동 진영에서 활발히 진행되어왔음에도 불구하고, 문제는 오늘날의 남반구 교회들이 여전히 서구 중심적이며 서구 의존적 현실을 벗어나지 못하고 있다는 현실이다. 그러므로 '세계 기독교'의 시대가 왔다는 선언들은 아직 구호의 차원에 머물러 있는 것이다.

그럼에도 불구하고 21세기 교회는 어느 지역에 혹은 어느 단체에 속해 있는 것과 상관없이 '세계 기독교'라는 비전을 공유하면서 지역 교회로서의 사명을 감당하기를 멈출 수 없다. 이를 위해서 지역 교회가 할 일은 기독교 신학의 역사적 단계마다 꽃피었던 유산들을 이어받으면서도 자신들의 상황 속에서 이루어져야 하는 신학, 곧 신학의 자립화를 더욱 철저히 추구하는 것이다.[18]

이에 대해서 이미 선교사 학자 히버트(Paul Hiebert)는 이미 오래전에 비서구 선교지 교회를 위한 신학자립 정책의 필요성을 주장한 바 있다. 선교지 교회의 '정치자립·재정자립·전도자립'이라는 삼자(三自)정책에 하나를 더 추가하여 '제4의 자립(fourth self)'으로서의 '신학자립(self-theologizing)'까지 이루어져야 온전한 자립이 될 수 있다는 것이다.[19]

신학의 자립
방정식

그렇다면 그러한 신학의 자립은 어떻게 이루어질 수 있는 것인가? 내트랜드(Netland)에 의하면, 신학의 자립은 교회 자신이 속한 상황 가운데서 성경을 읽고 해석하는 권리를 수행하는 것으로부터 시작된다.[20] 이는 곧 상황화 신학함을 통해서 신학의 자립이 가능함을 말해주는 것이다. 기독교의 역사 그 자체는 성경이 드러내주고자 하는 하나님의 계시가 교회 공동체들의 상황화 신학을 통해서 하나씩 밝혀지면서 계시 이해가 보다 풍성하게 완성되어 가는 과정이라 할 수 있다.

이는 다음과 같이 요약될 수 있을 것이다.

역사상 '유대인' 그리스도인들을 중심으로 시작된 기독교의 중심축이 '헬라·로마인'에게로 넘어가고, 다시 '서양인(유럽인과 아메리칸)'으로 통합되면서 북반구의 기독교를 형성하는 과정을 지나 왔다. 그 과정에서 유대 그리스도인들은 성부 하나님에 대한 교의를, 헬라·로마 그리스도인들은 성자 예수 그리스도에 대한 교의를 정립할 수 있었다.

로마 가톨리시즘에 의해 복음의 기초가 흔들렸을 때는 유럽의 종교개혁자들이 그리스도·성경·은총·신앙의 가치를 재천명하면서 성서적 구원론을 재정립할 수 있었다. 16세기 종교개혁자들에 의하여 '성경의 절대 권위에 기초한 그리스도 중심'의 신앙만이 구원의 길임을 천명하는 구원론의 금자탑(金字塔)을 쌓은 것이다.

종교개혁 운동도 이러한 관점에서 볼 때 로마가톨릭의 교황 중심적 절대의 신학규범에 맞서서 규범의 상대화를 통해 신학의 지역화·상황화·자립화를 구현코자 한 신학자립 운동들 가운데 하나였다고 할 수 있다.[21]

종교개혁 운동이 우리에게 주는 교훈은, 그 리더들이 로마가톨릭교회의 절대화된 교리와 '영광의 신학'이 지배하는 구체적인 상황 속에서 성경으로 돌아가 '십자가의 신학'이라는 복음의 근원적이며 보편적 진리를 발견함으로써 하나님의 나라와 구원의 진리를 추상화하지 않고 삶의 실존에 올바로 선포할 수 있었다는 것이다.[22]

비서구 선교지 교회인 우리가 종교개혁 운동의 정신을 높이 평가하는 이유도 상대화 될 수밖에 없는 절대권위의 교권적 신학체계에 대항하여 자립신학을 시도했던 그들의 용기와, 성경 이외의 모든 절대 기준들을 상대화 할 수 있었던 래디컬리즘 때문이라 할 수 있다.

서구 교회가 국가라는 조직과 긴밀히 연대되어 있는 유럽이라는 문화 가운데 자신이 속한 나라와 지역을 위주로 유용한 상황화 신학을 수행함으로써 복음의 일부분을 밝히는 데 기여했듯이, 남반구의 교회들 역시 우리가 속해 있는 서로 다른 상황 속에서 자립적인 상황화 신학을 통해,[23] 복음의 온전한 계시를 밝히는 데 기여할 수 있을 것이다.

그러므로 지난 시대의 서구 교회가 자신들의 신학 역시 상황화 신학의 하나임을 망각한 채, 남반구 선교지에서 '신학적 우월감(theological arrogance)'을 가지고,[24] 권위적으로 남반구의 신학을 주도해 온 역사는 더 이상 되풀이되어서는 안 될 것이다. 그럼에도 불구하고, 서구 신학은 세계 기독교 시대 한 가운데서 아직도 남반구에서 새로 형성되는 상황화 신학에 대하여 여전히 규범적 위치를 자의반 타의반 주장하고 있는 현실이다.[25] 이를 극복하는 것은 결국 남반구 기독교의 몫으로 남는다.

3 세계 기독교와 새로운 신학의 틀

상황화 신학의 과제

신학 자립의 길은 서구 신학들 역시 교회가 처한 자신들의 역사적·문화적·사회적 상황 속에서 진리의 성령에 따라 성경을 독립적으로 읽고 해석함으로써[26] 수립되어온 상황화 신학의 하나라는 것을 확인하며, 우리도 일부 학자들에 의하여 오래전부터 주창되어 온 상황화 신학(Contexualizing Theology)을 이제는 구체적으로 '실천'하는 것이다.[27]

물론, 상황화 신학이 없었다는 것이 아니다. 오히려 넓게 보면 본질상 모든 신학은 상황화 신학이라고 볼 수 있기 때문이다. 그렇다면 오히려 우리의 물음은 '올바른 상황화 신학을 했는가?'여야 할 것이다. 우리의 대답은, 상황화 신학이 항상 옳게 진행되어 온 것만은 아니다는 것이다. 개신교 500년간의 제 신학적 발전 과정에서 우리는 수많은 교파주의 신학 내지는 지역주의 신학과 이단과 사이비 기독교의 양산을 초래하였기 때문이다.

상황화 신학의 가장 큰 문제는 신학의 상대화 내지는 진리 표준의 상대화로 인하여 기독교의 바른 가치를 판단할 수 있는, 소위 정통교리의 소멸을 초래할 수 있다는 것이다.[28]

신학 자립의 원리를 선교 현지의 다양한 상황 가운데 적용할 때 이처럼 예상되는 문제들 때문에, 서구 교회는 이의 실천을 적극적으로 끌어내지 못하였고, 선교지 교회의 신학자립 정책에 수동적이었던 것도 사실이다.[29] 비서구권의 선교지 교회에서 오늘날까지도 서구 기독교의 신학적 패러다임하에서 신학 훈련이 이루어지고 있는 것도 큰 이유 중의 하나라 할 수 있다.

유럽 중심주의 신학 극복

주지하는 바와 같이, 오늘날 아시아·아프리카·남아메리카 등지에 있는 신학교에서 사용하는 교재 대부분은 서구 기독교의 상황에 기초한 것이다. 무엇보다 교리 이해에 있어서 루터·칼뱅·웨슬리의 존재는 개신교 복음주의 신학의 교부들로 흔들리지 않는 위치와 권위를 점하고 있다.

신학교에서 교과과목 대부분은 서구 신학자들 간의 복잡한 논쟁들이 지니는 신학적 의의를 배우는 것에 많은 비중을 두고 있으나, 그러한 것도 결국은 교단이 서 있는 신학 전통에 따라 교파주의적 관점을 넘어서지 못하며, 그 결과 자기와 다른 전통들과의 논쟁들은 불필요한 신학적 갈등만을 초래하고 있다.

유럽과 북미의 서구 신학이 남반구에 속해있는 그들의 역사와 문화를 고려하지 않은 채 서구 교회의 신앙고백적 교리들을 선교지에 이식하거나, 아니면 신학 미자립의 선교지 교회가 스스로 요구하여 받아들였기 때문일 수 있다.[30] 이렇게 될 때 서구 신학은 비록 그것이 종교개혁자들의 숭고한 깨달음과 실천적 진리에 기초하고 있다고 하더라도 비서구인의 신학적 자율을 억압하는 타율로 변질하고 마는 것이다.[31]

오늘날 남반구의 수많은 분파주의적 교단들이 출현한 것은 유럽 중심으로 절대화된 교리를 재해석하는 과정 가운데 파생된 것으로 보인다. 이는 서구의 신학 논쟁을 비서구권의 선교지에 그대로 옮겨놓고 소모적인 신학 논쟁을 계속하고 있는 양상이다.

또한, 남반구에서는 북반구의 선교사들과 함께 들어온 서구의 교회 중심적으로 형성된 '프로테스탄트 전통신학'과 선교 현지의 전도와 부흥에 초점을 맞춘 오순절 기독교(Pentecostalism) 혹은 성결·오순절 복음주의(Holiness-Pentecostal Evangelicalism)에 따라 형성되기 시작한 "상황화 신학"[32]

간의 갈등이 존재하는 것도 사실이다.

특별히, 남반구 기독교는 서구 신학의 교파주의적 수용으로 인해 그 가운데 '구원' 이해의 혼란을 경험하고 있다. 성경이 계시하는 성부 하나님과 성자 예수 그리스도 및 성령 하나님의 교리적 이해는 교파마다 때로는 지역마다 다양하더라도, '삼위일체 하나님'이라는 신앙의 표준 하나로 인해 기독교의 하나님 신앙고백은 장소나 문화권의 다름을 넘어 하나의 통일성을 이루어오고 있다.

그러나 '구원'에 대한 이해는 피조물 전체의 상황과 그와 연결된 '인간'을 향한 것이기 때문에, 인간이 처한 다양한 역사적, 문화적·사회적 상황이 구체적으로 고려되지 않는 구원을 말하는 것이란 불가능한 것이다. 따라서 남반구 신학에서는 유럽인과 다른 아시아인·아프리카인·남아메리카인만의 여러 상황을 전제로 하는 구원을 이야기해야 한다.[33] 이때 이들 간의 구원 이해에는 서로 다른 강조점이 있을 수밖에 없음도 인정해야 한다.

국가주의 극복

주지하다시피, 서구 기독교는 교회의 일차적 상황이라 할 수 있는 '국가'로부터 보호를 받고 있었기 때문에 상황보다는 먼저 인간 내면의 세계에 구원의 초점을 맞출 수 있었지만, 남반구의 상황에서는 교회와 국가는 대체로 대립과 긴장의 관계하에 있었기 때문에 구원에 대한 이해에서 '상황'은 신학이 먼저 고려해야 할 매우 중요한 신학적 쟁점이 되어야 했다.

그러나 남반구의 기독교는 자신의 상황을 신학적으로 수용하는 자립적 신학을 전개하지 못하고, 오늘날까지도 서구 교회의 구원론을 그대로 받아들이고 있다. 그 결과 남반구의 구원론 역시 그가 처한 상황으로부터 분리된 탈 상황적 개별자로서의 인간만을 대상으로 하고, 그것도 그의 영혼의 구원에만 집중하는 구원론을 전개해 오고 있다. 이처럼 상황이 배제된 영혼의 구원을 중시하게 될 때 그리스도인의 정체성은 '교인과 사회인' 둘로 이원화되어있는 모순을 겪을 수밖에 없게 된다.

세계 기독교 신학
수립의 과제

그러므로 세계 기독교는 더 이상 서구 그리스도인들에 의해 정의된 서구인을 위한 구원론이 아니라, 북반구의 유럽인과 북아메리카인을 포함해 남반구의 아프리카인·아시아인·남아메리카인들까지도 함께 공유할 수 있는 보다 넓은 구원론의 틀이 필요하다. 이에 요청되는 신학적 과제를 푸는 것이 세계 기독교 시대를 준비하는 모든 자의 시대적 사명이 될 것이다.

이때 주어지는 핵심적 질문은 "구원론의 다양성에 개방적이면서도 복음적 정체성을 확보해주는 신앙의 표준은 어디에서 찾을 수 있는가?"이다.

이에 대답하기 위해 좀 더 구체적인 질문이 제기된다.

명실공히 세계 기독교의 시대에 남반구와 북반구의 기독교를 모두 아우를 수 있는 복음 이해의 틀은 무엇인가? 다양성을 지니면서도 통일성을 견지하는 상황화 신학은 어떻게 할 것인가? 세계 기독교의 정체성을 담아낼 수 있는 개념은 찾을 수 있을 것인가?

이에 대한 대답의 방향은 분명하다. 세계 기독교의 정체성을 우리가 모두 공유할 수 있는 길은 복음적 성경 이해를 통하여 각 지역 공동체가 상황화 신학을 해 나감으로써 신학의 다양성을 유지하고, 동시에 이를 유기적 일체로 볼 수 있는 새로운 '신앙의 표준(regula fidei)'을 마련하는 것이다.

이를 위해서 우리는 "본질적인 것에는 일치를, 비본질적인 것에는 자유를, 그 외의 것에는 사랑을! (In essentials unity, in non-essentials liberty, and in all things charity)"이라는 정신을 함께 나누는 것이 필요하다.[34] 하나님 나라에 대한 '복음 신앙'은 필수적인 것이므로 일치를, '복음 이해'는 다양할 수 있음으로 자유를 허락하는 것이며, '복음 실천'은 상황적이므로 그것이 어떤 형태를 띠든지 사랑에 기초하여 이루도록 하자는 것이다.

왜냐하면, '신앙'은 절대적이며, '이해'는 상대적이며, '실천'은 유기적인 특징을 가지고 있기 때문이다. 복음 신앙의 일치는 같은 신앙고백으로, 복음 이해의 자유는 자립신학에 따른 신학 진술의 다양성으로, 복음 실천의 사랑은 포용적 윤리로 확인된다. 이를 달리 바꿔 말하면, '교의(dogma) 신앙'의 일치성, '교리(doctrine) 이해'의 다양성, 그리고 '윤리(ethic)실천'의 포용성으로 말할 수 있을 것이다.

4 신학의 상황화 역사와 사중복음

사중복음신학
패러다임 구상

구원은 복음에 의하여 이루어지는 역사(役事)다. 기독교의 목표가 종국적으로 구원이라면, 구원의 실재를 결정하는 복음에 대한 포괄적 이해는 세계 기독교 신학의 가장 중요한 과제 중의 하나가 될 것이다. 구원 신학의 뼈대로서의 복음 이해가 북반구의 프로테스탄트 500년 동안 성경, 그리스도, 은총 및 신앙에 기초하여야 한다는 것은 신앙의 표준(regula fidei)적 가치로서 한 번도 흔들려 본 적이 없다. 이와 같은 북반구 기독교의 신학적 유산은 남반구 기독교에도 그대로 수용될 수 있었던 복음적 가치다. 그것은 성경 자체가 스스로 드러내는 영적인 교의이기 때문이다.

이제 우리는 이러한 하나님 나라 복음의 일치성, 다양성 및 포용성의 원리를, 21세기의 세계 기독교가 함께 할 수 있는 신앙·신학·윤리의 한 모델로서 구원론을 중심으로 하는 '사중복음 패러다임'으로 제시하고자 한다.[35]

주지하다시피, 기독교의 모든 교의는 '하나님 나라' 하나에 걸려 있다. 하나님 나라는 하나님의 백성 공동체를 위하여 생명이신 성부 하나님이 예정·약속하시고, 길이신 성자 그리스도가 계시·선포하시고, 진리이신 성령 하나님이 보증·역사하는 복음의 중심 메시지다. 이 하나님 나라는 세계 교회가 공동으로 고백해야 하며, 주님의 재림으로 완성되기까지 역사 한 가운데서 하나님의 은총과 언약의 신앙으로 참여해야 할 구원의 현실이기 때문이다.

이신칭의 해석사 재고

그렇다면 '이신칭의'에 의한 '구원' 교의는 종교개혁 이후 생긴 다양한 교파들에 의하여 500년간 어떻게 서로 다른 모습들로 이해되었는가? 이들을 통합적으로 볼 수 있는 신학적 패러다임은 있었는가? 이러한 물음들에 대한 대답을 얻기 위해 우리는 16~18세기 유럽의 프로테스탄트 기독교, 19세기 북미 대륙의 복음주의 기독교, 20세기 남반구의 아시아, 아프리카, 남아메리카 오순절 기독교, 그리고 21세기 남반구와 북반구를 아우르는 명실공히 세계 기독교라는 보다 큰 '상황'의 변화에 초점을 맞추고자 한다.

1) 북반구 개신교에 의한 중생과 성결 복음의 회복

이신칭의와 중생

종교개혁으로 태어난 유럽의 프로테스탄트 교회는 교황 중심의 거대한 가톨리시즘(Catholicism)이라는 타율적 인본주의 혹은 '영광의 신학'과 싸워야 하는 상황 속에 있었다. 이때의 신학은 철저히 성경으로 돌아가 구원의 근본적 도리에 대해 새로 물어야 했다. 왜냐하면, 신앙생활 한 가운데 버젓이 자리 잡기 시작한 면죄부 판매를 비롯한 유사한 행위들이 잘못된 것임을 선언할 수 있는 최고의 권위는 성경 외에 다른 데서 찾을 수 없었기 때문이었다.

이를 위하여 그들은 성경으로 돌아갔고, 인간의 구원이 순수하게 신앙만이 아니라 공로(功勞)까지도 있어야 한다는 가톨리시즘의 잘못된 구원론에 대하여 성경이 말씀하는 '이신칭의(justification by faith)'의 진리로 저항함으로써 프로테스탄트 공동체가 태어난 것이다.

칭의의 복음을 외침으로 시작된 종교개혁의 전통은 유럽이라는 문화에서는 하나님의 의(義)의 '분여(impartation)'보다는 '전가(imputation)'라는 차원에서 더욱 법정적으로 이해되는 측면이 강하였다. 그것은 멜란히톤(Philip Melanchton, 1497~1560)이 작성한 '아우구스타나 신앙고백문(Confessio Augustana, 1530)'에 의하여 더욱 강화되어 프로테스탄트 정통주의 구원 이해의 한 축을 형성하였다.

이처럼 가톨릭과의 치열한 부딪힘 가운데서 칭의론에 기초한 프로테스탄트 신학의 자립화가 이루어지고 난 후, 구원의 법정적 차원에서 한 걸음 더 나아가 '중생(regeneration)'이라는 영적 변화의 차원을 강조하는 운동이 자연스럽게 일어났다. 이로써 유럽의 교회는 이신칭의에 뿌리를 두고 그리스도인의 거룩한 삶을 추구하는 중생의 신학을 꽃피울 수 있었다. 적어도 루터신학의 전통에서 칭의(중생)와 성화는 둘이 아니고 하나로서 모두 하나님의 은총과 믿음으로 이루어지는 하나님의 구원 행위였다.[36]

복음주의 성화론

다른 한 편, 18세기에 이르러서는 영국과 미국을 중심으로 구원에 대한 새로운 논점이 강조되었다. 소위 복음주의(Evangelicalism)의 성화론이다. 복음주의의 기원에 대해서는 다양한 주장들이 제기되어 왔지만, 일반적으로는 1730년대 후반 영어를 사용하는 북아틀란타권(North Atlantic world)을 말하기도 하고,[37] 17세기 말 유럽의 종교개혁권의 프로테

스탄티즘으로 설정하기도 한다.[38]

베빙톤(Bebbington)이 관찰한 바 있듯이, 영국의 복음주의는 성서주의(biblicism), 십자가 중심주의(crucicentrism), 실천주의(activism), 회심주의(conversionism)를 특징으로 하고 있었고,[39] 이후 북미주에서의 복음주의 기독교는, 이와 유사하게 마스덴(Marsden)이 주장한 바와 같이 성경의 권위, 그리스도의 구원, 전도, 그리고 그 위에 영적 삶의 중요성을 강조하였다.[40]

그렇지만 18세기 영국에서는 신앙과 행위를 분리하는 '극단적 칼뱅주의(Hyper-Calvinism)'로 인하여 구원의 복음이 왜곡되고 있는 상황이 전개되고 있었는데, 이들에 의하여 이신칭의나 중생은 선행(善行) 부재의 구원 신앙으로 머물러 버리고, 중생에 이어 거룩한 변화를 추구하는 것은 율법적 행위라고 정죄 됨으로써 '반율법주의(antinomianism)'가 보편화되는 상황이 전개되었다.

이에 존 웨슬리가 스스로 '아르미니안(Arminian)'으로 자처하면서까지 반(反)율법주의에 저항하면서 하나님의 계명 실천을 통해서 기독자의 완전을 추구하는 '성화(sanctification)'의 복음을 선포하는 소위 '메소디스트 운동(Methodism)'이 일어났다.

성화에 대한 강조는 이미 루터나 칼뱅의 신학 안에도 존재하고 있었으나 독립적으로 이슈화된 것은 웨슬리의 시대적 상황에서라고 할 수 있다. 이와 같은 맥락에서 영국과 북미 대륙에서의 복음주의는 성화 혹은 성결(Holiness)을 체험적으로 추구하는 대각성 운동과 성령 운동을 통해 형성되었다.

북미 대륙의 복음주의

기독교 선교의 성장축은 유럽의 프로테스탄트로부터 19세기를 전후하여 북미 대륙으로 이동하였다.[41] 이러한 변화는 유럽의 국가

교회 전통으로부터 자유를 추구했던 복음주의 기독교의 출현으로 이해할 수 있다. 그러므로 이 새로운 기독교는 천 년 이상 국가와의 상호관계성을 유지하면서 형성된 제도로서의 가톨릭을 기본으로 하여 개혁을 추구한 서구 유럽의 프로테스탄트와는 많은 면에서 달랐다.

유럽의 교회는 국가적·공적·제도적·법정적·예전적·기독론적·사회적이고, 점진적 성숙과 봉사를 강조하는 특징이 강하지만, 북미 대륙의 교회는 교파주의적·사적·가족적·체험적·비예전적·성령론적·영성적이고 순간적인 결단과 전도를 중시하는 특징들을 지니고 있다.

이러한 북미 대륙의 복음주의는 두 가지 모습을 보였다. 전반기에는 유럽의 기독교처럼 중생과 성결의 복음을 중심으로 하나님 나라를 전하는 유럽적 '프로테스탄트 복음주의'를 유지하였다. 그러나 특징은 유럽의 기독교와 달리 순간적인 성령의 역사를 강조하는 것이었다.

그리고 또 다른 측면은 후반기 19세기 말엽부터 미국의 남부 및 서부 지역을 중심으로, 유럽의 프로테스탄트 교회에서는 비주류에 속했던 신유 운동과 재림의 종말 운동을 전개하는 소위 '펜티코스탈 복음주의'가 등장한 것이었다.[42]

2) 남반구 개신교에 의한 신유와 재림 복음의 회복

펜티코스탈리즘의
중요성
북미의 복음주의 운동은 오순절주의와 근본주의를 낳았다. 복음주의 안에서 형성된 이 둘에 대해서 혹자는 복음주의의 '돌연변이(mutation)'라고 깎아내리듯 주장하지만,[43] 무엇보다도 오순절주의는 이미 복음주의 운동의 영향권을 넘어 로마가톨릭 다음으로 커다란 글로벌한 신앙고백 공동체가 된 것에 대해서 누구도 가볍게 평가할 수는 없는 단계까지 이르렀다.

특별히 19세기 말 만국사도성결연맹 기도동지회(International Apostolic Holiness Union and Prayer League)의 '하나님의성서학원·선교사훈련원(God's Bible School and Missionary Training Home)'을 중심으로 전개된 성결·오순절적 기도와 선교 운동, 그리고 이 학원을 졸업한 윌리엄 시무어(William Seymour)에 의하여 발화된 1906년 미국 서부 로스앤젤레스에서의 '아주사 부흥(Azusa Street Revivalism)'은 20세기 지구촌 남반구에 펜티코스탈 기독교를 잉태하는 모판이 되었다.[44]

미국에서 일어난 오순절적 복음주의는 곧바로 선교사들을 통하여 지구촌 남반구 전 지역으로 퍼졌다. 이제는 펜티코스탈리즘(Pentecostalism) 없이는 20세기 이후의 기독교를 이해할 수 없을 정도로 오순절 운동의 중요성은 막대한 것이 되었다.

북미에서 발흥하여 남반구에 새로운 기독교 운동으로 펜티코스탈리즘이 자리 잡게 된 배경에는 북반구와 다른 남반구만의 특징적인 문제의 상황을 교회들이 직면하고 있었기 때문이다. 남반구의 교회들이 풀어야 하는 현실적인 문제는 크게 두 가지였다.

첫째는 질병과 가난이라고 하는 실존적 고통의 문제였고, 둘째는 사회적 불의와 가진 자들의 억압이라는 공동체적 사회악의 문제였다. 남반구에서의 '교회와 국가'와의 관계는 유럽과 같이 상생적 차원이 아니라, 오히려 대립과 갈등의 관계인 경우가 지배적이었다.

그러므로 하나님 나라의 복음은 유럽의 상황에서와 같이 개인의 영적·윤리적 차원에서 경험되는 중생과 성결의 복음에 초점이 맞춰지기보다는 경제적·정치적 차원과 연관된 복음이 더욱 현실의 삶에 강력하게 요청되었다.[45]

신유와 재림의 복음

20세기에 들어서면서부터 지구촌 곳곳에, 특히 아시아·아프리카·라틴 아메리카 지역에 있는 교회들에서 신유의 사역이 활발하게 이루어져 왔던 것을 확인할 수 있다. 민족들 간의 끊임없는 내전(內戰)은 경제적으로는 백성들의 삶을 가난으로, 정치적으로는 독재와 인권탄압으로, 개인적으로는 질병으로 고통을 가중해왔다. 이들을 향한 십자가와 부활의 복음은 무엇보다도 먼저 건강한 삶의 회복과 공의로운 사회를 약속해주는 것이어야 했다.

신자 개개인의 영적인 중생과 성결의 가치가 존중되면서도, 신체적이며 사회적인 고통으로부터의 해방은 더욱 현실적으로 절박한 희망 사항이요, 또한 신앙생활의 구체적인 동기가 되지 않을 수 없었다. 이에 대한 남반구 교회의 주요 메시지는 한편에서는 신유의 복음과 재림의 복음이, 다른 한편에서는 사회 복음(Social Gospel)이 되었다.

복음은 역사 넘어서의 영원한 하나님 나라뿐만 아니라, 이 땅 위에서의 하나님 나라를 약속한다. 그리고 복음은 모든 믿는 자들에게 구원을 주시는 하나님의 능력이다. 그 능력은 초역사적인 구원뿐만 아니라 역사적인 상황 안에서의 구원을 위한 것이다.

남반구에서 경험되는 삶의 고통은 주로 가난·질병·전쟁·인권유린·차별·종교탄압 등인데, 여기에는 대부분 폭력과 공포가 수단으로 따라 왔다. 남반구의 교회는 바로 이러한 현실로부터의 구원과 해방을 위한 하나님 나라 복음을 선포하였다.[46] 질병과 가난으로부터의 해방, 나아가 총체적으로 '창조의 회복(recapitulatio)'을[47] 위한 신유의 복음과 우상숭배적 권력에 의한 폭력과 불의로부터의 해방을 위한 재림의 복음은 남반구의 특수한 상황에 대한 대답이 되었다.

3) 세계 기독교의 종말론적 사명과 재림의 복음

**21세기 지구촌의
신앙 지형도**

교회는 시대적이며 지역적인 전환기를 맞을 때마다 새롭게 직면하는 제 상황 가운데 하나님 나라의 구원을 선포해 왔다. 교회는 16세기 종교개혁 시대부터 500년간 유럽, 북미 대륙, 그리고 남반구의 아시아·아프리카·라틴 아메리카에서 중생·성결·신유·재림에 입각한 상황화 신학을 형성해 왔다.

그 결과로 종교개혁 신학·복음주의 신학·오순절 신학을 낳았다. 부연하면, 종교개혁은 중생의 복음을, 복음주의는 성결의 복음을, 오순절주의는 신유와 재림의 복음을 신자들이 각각 자신들의 삶 속에서 하나님 나라 구원의 실재로, 즉 구원의 복음으로 경험하도록 촉구하였다.

21세기 지구촌 골짜기의 상황은 가난과 전쟁이요, 무엇보다도 그리스도 신앙 공동체에 대한 핍박이 될 것이다. 이는 이미 인류의 종말론적 상황을 미리 내다보시고 그때를 준비하도록 예수 그리스도께서 경고하신 말씀인 마태복음 24장 9~14절 가운데 명확히 나와 있다.

마태복음 24장은 종말에 대한 예수 그리스도의 예언자적 메시지다. 마지막 때 지구촌 교회들에게 '환난'이 있을 것이며, '죽음' 앞에 끌려 갈 것이며, 세상으로부터 '미움'을 받게 되리라는 것이다. 그리고 지구촌적 삶의 상황은 거짓 선지자들이 많이 나타남으로 무엇보다도 주의 몸 된 교회 공동체를 무너뜨리고자 할 것이나, 교회는 마지막까지 인내함으로써 구원을 놓치지 말고 하나님 나라의 복음을 모든 민족에게 순교자의 정신으로 전파해야 한다는 것이다.[48]

'고든콘웰신학대학원의 글로벌 기독교 연구소'의 조사에 따르면, 지난 2천 년 동안 순교한 자들의 수는 무려 7,000만 명이 넘는다. 이 중 절반 이상은 20세기에 파시스트와 코뮤니스트 정권하에서 순교한 것이다. 2000~2010년 사이 10년간 100만 명의 그리스도인들이 순교하였는데, 이는 해마다 10만 명의 순교자가 생겼다고 분석한다.[49]

이것은 전통적으로 순교자를 '영웅적 성자(heroic sanctity)'로 보는 관점뿐만 아니라, "증인의 상황에서 증오의 대상이 된 결과로 원치 않게 생명을 빼앗긴 모든 그리스도교 신앙인들"을 포함한 것이다.[50]

독일 프랑크푸르트에 본부를 두고 있는 '국제인권협회(Internationale Gesellschaft für Menschenrechte)' 의장인 마르틴 레센틴(Martin Lessenthin)의 2009년도의 보고에 따르면, 전 세계적으로 자행되고 있는 종교인들을 향한 사회적 및 제도적 차별 가운데 80%가 그리스도인들을 대상으로 삼고 있는 것으로 나타난다.[51]

신앙의 핍박과
예수 재림의 상관성

역사적으로 보면, 신앙의 핍박이 올 때 요청되었던 복음은 종말론적인 하나님 나라의 도래다. 그 도래에 대한 희망은 핍박 받는 신자들에게는 무엇보다도 예수의 재림이다. 1세기의 초대 교회가 그랬고, 20세기의 한국 교회가 그랬다.

초대 교회와 한국 교회의 희망이 되었던 예수 재림의 복음이 남반구를 비롯한 세계 기독교 공동체에 필요한 때가, 매년 17만 명 이상의 순교자들이 생기는 21세기 오늘의 지구촌 상황이다.

지난 세기에는 고통의 상황들이 지역적이고 부분적인 문제가 되었고, 그에 대하여 신유가 개인과 제한된 공동체를 위하여 하나님 나라의 구원을 밝히는 중요한 복음이었다.

그러나 21세기는 지난 시대와는 현저하게 달리 지구의 촌락화가 이루어져, 한 지역의 부분적인 사건이 그 지역으로 한정되는 것이 아니라 실시간에 지구촌 전체의 일이 되는 시대를 맞이하였다. 그러므로 특정 지역이 당하는 문제는 동시에 전 지구적인 현실이 된다. 기독교에 대한 핍박과 탄압은 특정 지역에서 만이 아니라, 퓨 포럼(Pew Forum)의 보고에 따르면, 139개 나라에서 광범위하게 이루어지고 있는 것이 현실이다.[52]

특별히 한국 교회는 19세기 말부터 20세기 초에 세워진 신생 교회 중의 하나다. 이때부터 한국 교회는 한국 민족의 운명과 함께해야 했다. 한국은 중국·일본·러시아와 같은 주변 열강(列强)에 둘러싸여 오랜 역사 동안 침략과 식민지배를 받아왔고, 세계 열강들의 이념 대립의 희생물로 동족 간의 전쟁을 치렀어야 했으며, 또한 가난·질병·전쟁·독재·순교 등 남반구의 여러 나라에서 경험할 수 있는 대부분의 핍박과 고난을 받아 왔다.

그런데도 한국 교회는 그 모든 상황을 대처하는 데 '놀라운 성공(remarkable achievement)'을 거두어 왔다. 특히 한국 교회가 '받는 교회'에서 '보내는 교회'가 되어, 미국 다음으로 가장 많은 선교사를 세계 곳곳에 보내고 있는 것은 "남반구 교회의 중요한 모범(significant example for the churches in the Global South)"이 될 만하다.[53]

왜냐하면, 베반스(Bevans)가 예측한 대로 21세기 남반구 교회들의 지배적인 특징은 이미 한국 교회가 지난 세기 동안 경험했던 다종교적 상황하에서의 신생 교회, 핍박받는 교회, 가난한 교회일 것이기 때문이다.[54]

재림의 복음과 신학

이러한 때 선교학자 금주섭이 제안하는 대로 한국 교회가 '초대로서의 선교(mission as invitation)'[55] 혹은 선교학자들이 말하는 '겸손의 선교(mission in humility)'[56]라는 선교 모델을 취하여, '산 정상에서 골짜기(from mountain to valley)'로 내려가는 선교에 참여하게 된다면(마 17:15)[57] 21세기 세계 기독교에 뚜렷이 이바지하게 될 것이다.

또한, 한국 교회가 지난 세기에 일제의 지배 아래에서 천황숭배를 거부함으로써 박해받은 역사는 오늘날 남반구에서 순교의 상황에까지 내몰리고 있는 수많은 그리스도인에게 위로와 용기가 될 것이다. 많은 교회가 신사참배를 하는 가운데서도, 재림의 복음을 붙잡고 배교하지 않으면서, 오히려 천황숭배에 저항하며 죽어간 주기철 목사나 박봉진 목사와 같은 순교자들이 있었기 때문에,[58] 오늘의 한국 교회가 세계 기독교를 향해서 선한 영향력을 끼칠 수 있게 되었다고 볼 수 있다.

재림은 특정한 지역만을 위한 복음이 아니라, 지구촌을 포함하여 온 우주의 피조물 전체에 해당하는 사건이다. 그러므로 지구촌을 비롯한 전 우주적 고통과 절망, 진리를 가장한 거짓 선지자들과 적그리스도로부터의 보호와 궁극적 구원에 대한 복음으로 재림의 복음은 강력히 선포되어야 한다. 세계 기독교를 향하여 한국 교회가 역사적으로 경험한 종말론적 재림의 복음을 현장적으로 그리고 신학적으로 드러내는 데 이바지할 때가 온 것이다.

5 세계 기독교의 사중복음신학

복음을 변증하는 교회

교회는 변천하는 상황을 만날 때마다 효과적으로 복음을 변증하고 또한 선포하기 위하여 새로운 상황에 대답으로 주어질 수 있는 특정한 복음적 논점을 집중적으로 부각한다. 이를 통해서 복음이 함의하고 있는 신학적 내용이 다양하게 드러나며, 이로써 하나님 나라를 더욱 폭넓게 경험하게 된다. 계절이나 장소에 따라 피는 꽃이 다르듯이, 하나님 나라의 꽃밭에도 시대와 지역에 따라 교회가 꽃피웠던 신앙의 교의들이 다르며, 이들을 이해하여 정립해 놓은 교리들에도 자연적으로 차이가 있게 마련이다.

우리의 과제는 그것들을 하나님 나라의 관점에서 통합적 원리로 보는 지혜를 찾는 것이다. 우리는 지금까지 기독교 역사 속에 전개됐던 중생·성결·신유·재림의 '사중복음' 관점에서 세계 기독교의 흐름을 조명해 보았다.[59]

그리스도의 교회는 영성 공동체이면서 동시에 사회적 공동체이기 때문에, 교회가 뿌리내린 지역의 역사와 문화라는 상황에 복음적으로 반응해야 한다. 달리 말하면, 교회는 하나님의 말씀에 신앙으로 응답해야 하고, 상황의 요구에 신학적 판단을 통해 사회적으로 책임 있는 행동을 해야 하는 공동체인 것이다.

이처럼 삶의 상황 가운데 하나님의 말씀을 바르게 실천해야 하는 교회는 '말씀'과 더불어 '상황'을 양대 축으로 하여 신앙 공동체를 위한 신학을 수립해 나간다.[60] 마치 더울 때는 시원한 옷을, 추울 때는 따뜻한 옷을 만들어 입음으로써 몸이 최상의 상태를 유지하도록 하는 것 같이, 신학의 기능은 교회가 처한 상황에서 교회에 위임된 '말씀'을 가장 잘 전할 수 있도록 돕는 것이다.

사중복음의
메타 신학적 가능성

우리는 적어도 종교개혁 이후 교회가 말씀과 상황이라는 두 축을 통해서 구원으로서의 하나님 나라의 실재가 네 가지의 신학적 체계로 드러날 수 있었음을 확인하였다. 북반구에서는 종교개혁 신학과 복음주의 신학이 중생과 성결의 복음을 중심으로 하나님 나라의 구원을 전개하였고, 20세기 이후 남반구에서는 오순절 신학이 신유의 복음을 중심으로, 그리고 성결교회를 비롯하여 한국 교회에서는 재림의 복음을 중심으로 순교자 신학으로써 하나님 나라의 구원을 정립해 나갈 수 있을 것으로 전망하였다.

　오늘날은 종교개혁의 프로테스탄트 정신에 기초하여 그 위에 복음주의 정신이, 그 위에 오순절 정신이, 그리고 그 위에 순교자 정신이 더해짐으로써 북반구와 남반구의 기독교를 통합적으로 아우르는 지구촌적 사중복음의 신학적 전개는 더욱 필요하게 될 것으로 전망한다.

　앞으로 세계 기독교는 종교개혁적 '십자가 신앙'과 성령의 내주하심으로 경험하게 되는 중생의 은혜로 재무장하고, 복음주의적 '십자가 사랑'과, 성령의 세례로 성결의 은혜 가운데 거하는 하나님 중심의 거룩한 삶을 확고히 하며, 오순절의 영적 은사로 하나님의 치유를 선포하는 '십자가 능력'을 회복하며, 이 위에 지구촌적 영적 위기와 도전 앞에서 파루시아 신앙으로 '십자가 소망' 곧 부활을 기다리는 순교자적 삶으로 나갈 수 있을 것으로 기대된다.

　그리하여 실천적으로는, 지구촌에서 복음 때문에 핍박받는 그리스도인 형제자매들과 함께 짐을 나누어질 수 있어야 할 것이다. 이처럼 우리는 하나님 나라 복음의 씨앗인 십자가를 통한 이러한 사중복음적 구원의 하나님 나라 비전하에서 모든 교파주의적 장벽을 넘도록 가르치고 훈련하는 글로컬 한 메타 신학이 절실히 요청되는 21세기 세계 기독교 시대에 살고 있다.[61] 우리는 그 메타 신학을 사중복음신학이라 부르고자 한다.

**21세기 신학 모델로서의
사중복음신학의 위상**

　　　　　　　　　폴 히버트가 제안했던 "메타 신학" 내지는 "초문화 신학"은 21세기 세계 기독교가 요구하는 신학 모델이다. 우리가 본 장에서 종교개혁 이후 500년 역사 가운데 중생·성결·신유·재림의 교의가 이슈로 다루어진 각개의 시대별 신학적 강조점들을 창조적으로 종합할 수 있다면, 세계 기독교 시대의 메타 신학을 위한 '보다 넓은 신학의 틀'을 가질 수 있게 될 것이다.

　우리가 그것을 '사중복음신학'이라 부를 수 있다면, 사중복음을 위한, 사중복음에 의한, 사중복음의 신학은 21세기에 요청되는 메타 신학을 위해 하나의 시범적 시도가 될 수 있을 것이다. 왜냐하면, 히버트가 메타 신학의 조건으로 '성서적이며, 초문화적이며, 역사적이며, 그리스도론적이며, 성령론적이어야'[62] 한다는 제안을 충족시키고 있을 뿐만 아니라, 더 본질적인 차원 곧 하나님 나라의 실재까지도 뚜렷이 밝혀주고 있기 때문이다.

　그렇다면 종교개혁 500년의 기독교 역사는 한마디로 성경이 증언하고, 예수 그리스도와 성령 사역의 핵심이 되는 사중복음에 기초한 글로컬 신학을 잉태하는 과정이었다고 조심스럽게 주장할 수 있을 것이다. 그리고 중생·성결·신유·재림의 역사적이며 신학적인 열매로 나타난 종교개혁 정신·복음주의 정신·오순절주의 정신·순교자 정신은 초문화적인 하나님 나라의 실재를 보여주는 사중복음의 정신이었다고 요약할 수 있을 것이다.

　지구촌의 모든 지역 교회들이 이러한 사중복음의 정신과 신학적 틀을 가지고 자신이 처한 종말론적 삶의 상황 가운데서 자립적인 상황화 신학을 보다 구체적으로 전개한다면, 모든 교파주의 신학을 넘어 하나님 나라의 복음을 '호모 데우스' 이야기로 넘치는 21세기에 '데우스 호모'라는 이름으로 더욱 온전하게 증거할 수 있을 것이다.[63]

제13장

개혁주의와 웨슬리주의
― 칼뱅의 이중예정론과 웨슬리의 예지예정론 ―

칼뱅의 개혁주의와
웨슬리의 복음주의의 대화

　　　　　　　　한국 땅에 기독교의 복음을 전하기 위해 외국의 여러 교파들이 다양한 신학적 배경하에 들어왔다. 그 중에 대표적인 신학은 칼뱅의 개혁주의 전통과 웨슬리의 복음주의 전통이다. 전자는 주로 장로교 신학이 주도하고 있고, 후자는 감리교와 성결교 신학[1]이 주축을 이루면서 나사렛, 구세군 및 하나님의 교회 오순절 신학이 동참하고 있다.

　그러나 칼뱅과 웨슬리 신학 전통은 각기 교단 선교 100년이 훨씬 넘은 상황에서도 깊은 교리적 차이 때문에 적극적인 교류와 대화가 없었던 것이 그간의 현실이었다.[2] 그렇게 된 가장 커다란 이유는 웨슬리안 전통에서는 장 칼뱅(Jean Calvin, 1509~1564)이 주창해온 '이중예정론'이 인간의 자유의지와 윤리적 책임을 약화시킨다고 외면해 왔고, 장로교 전통에서는 웨슬리(John Wesley, 1703~1791)의 완전 성결론은 펠라기우스적으로 혹은 아르미니우스적으로 하나님의 절대주권을 침해한다고 비판해 왔기 때문이다.

　특히, 칼뱅의 이중예정론에 대한 견해 차이로 말미암아 비롯된 교파간의 갈등 양상은 어제오늘의 이야기가 아니고 칼뱅 당시부터 지금까지도 풀리지 않고 있는 문제라는 것은 주지의 사실이다. 이러한 상황에서 본

- 사중복음 정신은 개혁주의와 웨슬리주의의 대립을 포월한다.
- 칼뱅의 이중예정론은 하나님의 절대 자유를 위한 래디컬리즘이다.
- 웨슬리의 이중예정론 비판은 인간의 책임성에 대한 래디컬리즘이다.
- 사중복음은 '복음'에는 일치를 추구하며, '해석'에는 자유를 허락한다.

연구의 목적은 칼뱅과 웨슬리가 서로를 받아들일 수 있는 길이 있다면 그것이 무엇인지를 적극적으로 찾아내고자 함에 있다.

칼뱅주의라는 미궁

그러나 문제는 그리 간단한 것이 아니다. 예정론은 칼뱅이 최초로 창안한 고유한 교리가 아닐 뿐만 아니라, 개혁주의 전통 내에서도 예정론에 대한 견해는 다양한 현실이기 때문이다. 리처드 멀러(Richard Muller)가 한국에 와서 "칼뱅은 칼뱅주의자인가?"라는 제하의 발표에서 칼뱅의 사상을 칼뱅주의와 구별하면서도 칼뱅주의는 한마디로 정의하기 어려운 현실이 되어 있다고 분석한 바 있다.

그 이유는 다음과 같다.

첫째, 그간의 칼뱅주의는 칼뱅의 그리스도 중심성을 잃고, 대신에 예정론을 신론에 위치시켜 칼뱅의 신학을 예정론적이며 형이상학 의존적 신학으로 만들었다.

둘째, 칼뱅의 사상에는 인문주의와 스콜라주의 요소가 결부되어 있는데, 그간의 칼뱅주의는 칼뱅을 언약적 인문주의자로 혹은 예정론적 스콜라주의자로 만들었다.

셋째, 속죄론과 관련하여 칼뱅주의는 무제한적 속죄를 지향하는 쪽과 제한적 속죄의 엄격한 신학을 주장하는 쪽으로 나뉘었다.

넷째, 언약신학의 차원에서는 언약의 일방성과 쌍방성을 동시에 주장하는 칼뱅주의와, 언약의 일방적 측면을 강조하는 칼뱅주의로 갈라졌다.[3]

역사적 칼뱅 vs. 교리적 칼뱅주의

따라서 본 장에서는 '역사적 칼뱅'과 '교리적 칼뱅주의'를 구분하여 웨슬리로 하여금 역사적 칼뱅을 만나 대화케 함으로써 양자 간에 서로 상반적으로 보이는 예정론의 이슈들에서 상호 수렴될 수 있는 적극적인 관점들이 무엇인지를 찾는 데 초점을 맞출 것이다.

실제로 웨슬리가 비판적으로 논쟁하며 거부한 것은 칼뱅 자신의 역동적 개혁사상이 아니었다. 웨슬리는 칼뱅주의자들의 극단적 신단동주의(monergism)로 인해 생길 수 있는 폐단들, 예를 들면 정의롭고 자비로운 하나님이 부정될 수 있고, 성결한 삶에 대해 강조할 수 없게 되는 등의 일들이 일어날 것을 불 보듯 보았다.[4]

그러므로 여기에 교회 개혁의 역사적 현장에서 성경의 진리를 변증하고 선포하였던 '칼뱅'과 칼뱅신학의 역사적 맥락과 무관하게 체계화된 '칼뱅주의'가 구별되어야 할 이유가 있다. 웨슬리가 끝까지 반대했던 극단적 칼뱅주의(Hyper-Calvinism)는 이미 하나의 교의학적 신조와 규범으로 굳혀짐으로써 시공을 초월한 절대적 진리로 선언되고 있었기 때문이다.[5]

이때 웨슬리가 당시 영국 국교회의 상황에서 '하이퍼 칼뱅주의'를 극복하기 위해 칼뱅의 예정 사상을 칼뱅 자신의 입장에 서서 얼마나 깊이 있게 이해 했는지 묻게 된다. 그 여부는 또 다른 문제다.

오히려 우리의 과제는 앞으로 적용하게 될 '신비교방법론(New Comparativism)'으로 역사적 칼뱅의 정신을 찾아내기 위해 우리가 논의할 교의들의 콘텍스트를 지속적으로 부각시킴으로써 궁극적으로는 칼뱅과 웨슬리가 살아있는 만남을 갖도록 하는 것이다.

예정론 연구사

웨슬리 이후 오랜 세월 동안 예정론은 칼뱅주의 전통하에서 그리고 웨슬리안 복음주의 전통하에서 발전해 왔다. 그러므로 우리는 두 신학적 전통의 고유한 입장들을 최대한 존중하는 가운데 교리적 수사(修辭)와 편견에 매이지 않고 그 본래의 정신과 '신학적 동기'를 파악함으로써 그들이 서로 간에 치열하게 공격하고 변증함으로써 견지하고자 했던 참된 성서적 교의(敎義)가 무엇이었는지를 밝히고자 한다.

이러한 목적을 위해 우리는 1897년에 마틴 냅(M. Knapp)과 셋 리스(S. Rees)가 만국성결교회를 설립할 때 주장했던 모토 "본질적인 것들에는 일치를, 비본질적인 것들에는 자유를, 모든 일들에는 사랑"[6]이라는 정신을 가지고 양대 신학 전통의 기원을 이룬 칼뱅과 웨슬리의 예정론을 비교 검토할 것이다.[7]

연구사적 차원에서 볼 때, 칼뱅신학과 웨슬리 신학을 객관적으로 비교한 연구들은 자신이 속한 신학 전통 안에서 각자를 독립적으로 다룬 연구들에 비하면 양적으로 매우 저조한 상태다.

그중에서 대표적인 연구물들에는 와인쿱(M. Wyncoop)의 『칼빈주의와 웨슬레신학』(1967), 요컴(D. Yocum)의 『기독교신조 대조: 칼빈주의와 알미니안주의 연구』(1988), 웨인라이트(G. Waynright)의 *Wesley and Calvin*(1987)과 *Methodists in Dialogue*(1995) 등이 있다.[8]

그러나 이들 연구의 대부분에서는 양대 전통이 지니는 각개의 역사적·문화적 상황이 전혀 고려되지 않은 탈역사적(ahistorical) 교리적 담론을 전개함으로 양자 간의 대립을 오히려 극대화시키는 오류들이 발견된다. 다른 한편, 고무적이게도 근래에 들어와 의미 있는 연구논문들이 발표되고 있다.⁹ 특별히 칼뱅주의와 아르미니우스주의의 적극적인 만남을 주창하고 있는 올손(Roger Olson)의 최근 글은 우리와 맥을 같이 한다.¹⁰

비교 연구를 위한 선행 연구들이 대체로 범하고 있는 점은 그 비교 방법이 탈역사적이라는 것이다. 우리는 이러한 비교 연구의 문제들을 극복하기 위해 미국의 종교학자 윌리엄 페이든(William E. Paden)의 '신 비교주의(New Comparativism)' 방법론을 사용할 것이다. 여기에서 중시되는 "세계(world)"라는 개념에 따라 우리는 교차문화적(cross-cultural) 모형 분석과 특수 문화적·역사적 분석을 시도한다.¹¹

이 방법은 그간의 종교학과 신학에서 지배적으로 활용되어온 엘리아데(M. Eliade)식의 고전적 비교주의(Classical Comparativism)의 유형론적 비교방법을 극복하려는 대안으로 나타난 것이다.¹² 유형론에서는 종교적 의미의 초역사적 모형(trans-historical pattern)에 따라 콘텍스트를 고려치 않은 상태에서 비교의 대상들을 이들의 실제 맥락과 무관하게 단순비교로 일관하게 되었고, 그로 인해 심각한 왜곡 현상의 원인을 제공하는 한계가 노출되었던 것이다. 그러므로 우리는 역사적 칼뱅과 역사적 웨슬리를 염두에 두면서 그들의 텍스트를 읽고 교차·문화적(cross-cultural) 차원에서 비교를 시도한다.¹³

1 칼뱅의 이중예정론: 하나님의 절대 자유 – 무조건적 선택

칼뱅이 자신의 예정론을 통하여 궁극적으로 추구하고자 했던 것은 '인간의 구원은 하나님의 절대 자유에 의해서 이루어진다는 것'이었다. 칼뱅의 하나님은 절대 자유의 하나님이었다. 이로부터 하나님의 작정·은총·주권·예정·선택과 유기·믿음과 불신앙, 그리고 인간의 구원과 멸망이라는 교리적 개념들이 흘러나온다.

우리는 이들이 칼뱅의 이중예정론이라는 범주하에서 어떤 신학적 상관성을 갖는지, 칼뱅이 당시 시대적으로 직면했던 교회론적 위기의 관점과, 구원의 확신과 연관된 신앙론의 관점에서 이해하고자 한다.[14]

1) 그리스도 신앙으로 반전(反轉)된 교회: 선택된 개혁교회, 유기된 가톨릭교회

이스마엘과 이삭,
가톨릭과 개혁교회의 환유

교회개혁에 불타는 사명으로써 일관했던 칼뱅에게 시대적으로 가장 힘겨운 싸움의 대상은 로마가톨릭교회의 교황주의일 수밖에 없었다. 그러나 무엇보다도 현실적으로 문제가 되었던 것은 칼뱅을 따르는 개혁교회의 어려운 현실이었다. 개혁교회가 처해 있던 유럽은 칼뱅의 눈에는 한마디로 "사탄이 장악하고" 있는 곳이었다.

개혁교회는 "땅 밑에 숨겨져" 있으며, 신실한 사람들은 대부분 "드문드문 흩어져 있어" 찾아내기 힘들며, 신자의 "수효가 대단히 적고 그러면서도 (가톨릭)교회에 붙어있고자 하는 것 때문에" "경멸당하고 거의 거절당하는" 처지에 있는 모습이 마치 "커다란 왕겨더미 밑에 깔린 곡식 세 알갱이"와 같이 보였다.[15]

칼뱅은 자신의 교회와 가톨릭교회를 이스마엘과 이삭으로 비교하면서 창세기 25장 12~22절을 본문으로 하는 설교를 통해서 참 교회가 믿고 나가야 할 길을 제시한다.[16] 이스마엘로 비유된 가톨릭교회와 이삭으로 비유된 개혁교회를 다음과 같이 묘사한다.

이스마엘을 보십시오. 그는 의절당하여 더 이상 하나님의 자녀로 간주되지 않습니다. 하지만, 번성하여 대식구를 거느리고 있습니다. 열두 아들을 낳아 열두 민족을 이루었습니다. 이삭을 보면 어떻습니까? 이삭은 나이 사십에 결혼하였습니다. 그 후 그

의 아내는 아이를 낳지 못하였습니다. 한두 해가 아니라 이십 년 동안이나 자녀가 없습니다.[17]

칼뱅은 가톨릭교회를 "당시에 유일한 교회였던 아브라함 집안 출신"의 이스마엘로 비유하면서 "이 시대의 교황주의자"인 그들이 사도 계승권을 신뢰할지라도 "이스마엘과 마찬가지로 단지 사생아에 불과(한)" 존재라고 비판한다.[18] 이처럼 칼뱅의 예정론은 "하나님의 약속"에 의해 태어난 생명의 교회 공동체를 보호하는 "목회적" 관점으로부터 시작된다.[19]

칼뱅은 가톨릭교회에 짓밟히고 있던 개혁교회에 용기와 희망을 주고자 했다. 그 희망의 근거는 하나님이 동일한 아브라함의 씨 가운데 형인 이스마엘이 아닌 이삭을 "약속의 자녀"라는 근거하에 선택하신 것처럼, 그리스도 신앙으로 언약 가운데 있는 개혁교회는 선택받은 자들이고, 그리스도 신앙이 아닌 인간의 공로를 의지하는 가톨릭교회는 이스마엘처럼 유기된 존재일 수밖에 없음을 말하고자 했다.[20]

이삭과 같이 개혁교회가 약속의 자녀인 보증은 "교회의 머리이신 우리 주 예수 그리스도와(의) 연합" 때문인 것을 칼뱅은 강조하였다.[21] 이때 교회가 그리스도와 연합한 증거는 하나님의 선택에 의해 주어진 교회의 "믿음"이다.

칼뱅은 이삭이 "20년 동안 아이를 낳을 희망이 전혀 없는 것처럼" 보인 "죽은 그루터기"와 같았을지라도, 그가 "여전히 하나님을 신뢰하였다"는 사실을 강조하면서, "우리의 믿음이 항상 거기에 연결되어 있도록" 해야 하며, 또한 "불가능해 보이는 것을 항상 믿음으로 기다려야" 한다고 그리스도 신앙에 철저하기를 권면한다.[22]

우리는 우리 자신 없이 선택받았습니다. 즉, 하나님은 우리가 어떠했는지, 어떻게 될는지 고려하지 않으셨습니다. 우리의 선택은 예수 그리스도 안에 있습니다.[23]

칼뱅은 이스마엘과 이삭의 관계에서 이제 20년 만에 잉태한 리브가의 뱃속에 있는 쌍둥이 에서와 야곱을 향한 하나님의 선택에 주목한다. 한 뱃속에 있기에 전혀 차별이 없는 상황에서 형보다 아우를 선택한 하나님을 어떻게 생각해야 하는가? 칼뱅은 "이것은 우리가 소화하기 어렵습니다"라고 이성적으로 해명하려는 모든 시도를 내려놓는다. 왜냐하면, 그 선택은 "하나님께서 선하다고 생각하신 대로 자신의 자유를 따라" 이루어진 것으로 보았기 때문이다.[24]

칼뱅이 이러한 성서해석을 내놓은 배경에는 그가 아무리 궁구해도 알 수 없는 현실들이 있었기 때문이다. 즉, 현실의 한쪽에는 "교황주의자들과 이교도들처럼" 아무런 교리도 없이 불쌍하게 눈먼 채로 "하나님께 대적" 하는 무리가 있었고, 다른 한쪽에는 "복음을 순종적으로 받아들여 산 자가 되고 끝까지 그 안에 보존" 하여 비췸을 받는 무리들이 있었다.

칼뱅은 묻는다. 하나님의 은총이 모두에게 임하였음에도 이런 대립적인 현실이 나타날 수 있는가? 그러나 칼뱅에게 하나님의 은총이란 불가항력적인 것이었기 때문에 그럴 수는 없는 것이었다.

이에 반하여 칼뱅 반대자들의 주장에 따르면, 이처럼 둘로 나뉘는 현실은 사람들 "각자의 자유로운 의지에 따라" 이루어진 것이기 때문에 모든 결과는 인간에 의하여 기인한 것이라 대답한다.[25] 칼뱅은 다시 묻는다. 그렇다면 과연 "인간의 모든 이해를 뛰어 넘는"[26] 축복과 저주의 현실을 자유의지에 의한 인간적 선택의 결과라고만 돌려도 되는가?

이중예정 공식:
선택과 유기

여기에서 칼뱅은 그의 결정적인 예정사상에 이르게 된다. 하나님은 "동일한 은총을 모두에게 주시지 않았다"는 것이다.[27] "모두가 하나님의 예정에 의존할지라도 한 편은 믿음으로 구원받게 되고 다른 편은 그렇지 않게" 된다.

왜 그런가?

결국, 믿음은 "구원으로 예정된 자"에게만 주어지는 것이기 때문이다. 그래서 참된 그리스도 믿음을 찾아보기 어렵다는 것은 그곳에 하나님의 예정하심이 없다는 말과 다름 아니다.

> 우리는 우리의 믿음이 어디에서 오는 것인가를 알지 않으면 안 됩니다. 복음을 전하면 한 혈통은 그것에서 유익을 얻고 적절한 존경심과 겸손함으로 받아들이며 다른 혈통은 그렇지 않고 오히려 그 때문에 더욱 나빠지게 되는 것은 왜 그렇습니까? 이것은 누가가 사도 바울의 설교를 언급하면서 말하기를(행 13:48) 구원으로 예정된 자들은 믿었기 때문입니다.[28]

이처럼 칼뱅에게 믿음의 '출처'는 분명하다. 그것은 "하나님의 특별은총"이며, "우리의 자유의지"로부터 나오는 것이 아니다. 그의 결론은 이것이다. "믿음은 하나님의 선택"에서 나온다.[29] 여기에서 예수 그리스도의 말씀과 같이 "나를 보내신 아버지께서 이끌지 아니하면 아무라도 내게 올 수 없다"라는 것은 분명한 사실이 된다.

그렇다면 "무거운 짐 진 너희 모든 자들은 오라"(요 6:44)는 것은 무슨 말씀인가? 모두 오라할 때는 언제고, 그런데 선택된 자가 아니면 올 수 없다니, 이런 모순된 일이 어디 있는가?[30]

이때 칼뱅 반대자들은 다시 곧바로 자유의지의 필연성을 제시하지만, 자유의지로써 '선택에 의한 믿음'을 대치하려 할 것이 아니라, 오히려 회개하며 하나님의 은총을 구하는 것이 성서가 요구하는 태도일 것이다. 그러나 "하이퍼 칼뱅주의"는 '회개'의 여지를 주지 않는다.[31]

무엇보다도 칼뱅의 이중예정론이 현저하게 나타나는 부분은 '유기(遺棄, reprobation)'를 논하는 영역이다.[32] 특히 하나님이 열방 가운데 이스라엘을 택하고, 이스라엘의 아브라함 자손들 가운데 이스마엘이 아닌 이삭을 택하고, 에서가 아닌 야곱을 택하고, 에브라임이 아닌 유다 지파를 택하신 일련의 선택 행위들에 대해 언급하면서,[33] 이 가운데 "하나님의 놀라운 비밀"이 드러나 있다고 칼뱅은 말한다.

그러나 하나님은 이스라엘 민족 전체를 은혜와 자비로써 선택하였음에도 그 가운데 존재하는 모든 개개인들을 다 선택하지 않은 것에 대해 하나님을 탓할 수 있는가? 그럴 수 없다는 것이다. 왜냐하면, 그들은 "인류 전체에서 택함 받았을 뿐 아니라 거룩한 집에서 그의 친 백성으로 구별되었음에도 불구하고 그 은혜로우신 아버지를 불신앙으로 대하며 멸시하고 있었기 때문"이다.[34]

에서의 유기와
야곱의 선택 비밀

그렇다면 하나님이 에서를 미워하고 야곱을 사랑한 이유는 무엇인가?

칼뱅이 논증하는 문맥에 따르면, 하나님이 에서를 미워할 이유가 전혀 없다. 왜냐하면, "두 사람 다 거룩한 아버지에게서 난 자들로서 언약의 계승자들"이었고 "거룩한 뿌리의 가지들", 다시 말해서 "그들 (모두는) 이제 하나님 앞에서 당연히 특별한 의무를 지니고 있(었던)" 자들이기 때문이다. 그럼에도 불구하고 에서와 그의 후예들은 "이중으로 배은망덕하며, 또한 그 이중적인 의무를 지키지" 않았기 때문에 그들을 "책망"하였다는 것이다.[35]

"아브라함의 손으로 양자됨이 이루어졌지만 그 자손들 가운데 많은 이들이 썩은 지체로 간주되어 떨어져" 나갔다면, 하나님의 선택으로 인한 구원의 확실한 보장이란 과연 있는 것인가?

그 보장은 아브라함의 후손이며 "그 머리이신 그리스도에게까지 올라가야" 확실해진다. 다시 말해서, 최종적으로 "그리스도 안에서 하늘 아버지께서는 그 택한 자들을 모으셨고, 그들을 도저히 나누어지지 않는 끈으로 그 자신과 연합되게 하신 것이다."[36] 이제 구원을 위한 하나님의 선택은 마지막으로 '그리스도 안에까지' 들어와 있느냐의 여부에 달려있다는 것이 칼뱅의 결론이다.

2) 선택과 유기의 신학적 의의: 공로가 아니라 믿음이다!

이중예정의 지향:
하나님께 영광

칼뱅의 '이중예정(Predestinatio Gemina)' 교리의 요지는 『기독교 강요』(1559) 제3권 21장의 제목에 명확히 제시되어 있는 바와 같다. 즉, "하나님은 영원한 선택으로 어떤 자는 구원으로, 어떤 자는 멸망으로 예정하였다"는 것이다.[37]

칼뱅은 이 주장으로 인해 "심각하고 곤란한 문제들이 즉시" 생겨날 것과 많은 사람이 이것이야말로 "불합리한 일"이라고 말할 것도 잘 알고 있었다. 그런데도 칼뱅이 이 교리를 오히려 강력히 주장했던 이유는 이 교리가 지니는 "유용성"과 "심히 향기로운 열매"가 지대하다고 확신하였기 때문이다.

그러므로 우리에게 의미 있는 과제는 칼뱅이 적극적으로 드러내려 했던 그 "유용성"과 "심히 향기로운 열매"가 무엇인지를 파악하는 것과, "불합리하고 심각하고 곤란한 문제들"을 해결할 수 있는 길을 찾는 것이다.[38]

칼뱅이 이중예정론을 제시했던 가장 우선적인 목적은 손상된 "하나님의 영광"을 회복하며, 인간에게서 찾아볼 수 없게 된 "진정한 겸손"을 찾도록 함과,[39] "하나님의 은혜가 얼마나 큰가를 참으로 느끼게 하는 것", 그

리고 "굳은 확신을 가질 수 있는 유일한 근거"를 제공해줌에 있었다.[40]

칼뱅에 따르면 "우리의 구원"은 하나님의 영원한 선택과 하나님의 자유로운 자비로부터 온 것이다. 그러나 그것은 누구에게나 "무차별적으로" 주어지는 것은 아니다. 하나님의 선택에서 거절된 자들이 존재하기 때문이다.

이때 우리의 구원은 "하나님의 영원한 선택"으로 이루어진 것이며, 그 기원은 "하나님의 값없이 베푸시는 자비"임이 강조된다. 이처럼 선택과 거절이라는 "대조"가 있음으로 하나님의 영원한 선택은 "하나님의 은혜"임이 더욱 빛나 보인다.[41]

이중예정의 구원론적 의의: 하나님의 주권과 은혜 강조

이러한 구원은 "사람의 행위를 일체 무시하고, 자비의 마음속에서 선택하기로 결정하신 사람들을 선택하는 것"이라는 원리에 따른다. 다시 말해서, 구원은 사람의 "행위"에 근거하는 것이 아니라 오직 하나님의 자비로운 선택으로만 이루어진다는 의미다.

여기에서 우리는 왜 하나님에게만 "영광"이 돌려져야 하며, 왜 인간은 "겸손"해야 하는지를 알게 된다. 이때 칼뱅은 "지금도 은혜로 택하심을 따라 남은 자가 있(고), [그 택함이] 은혜로 된 것이면 행위로 말미암지 않(은)" 것이라는 바울의 선언(롬 11:5~6)을 분명히 지지함으로써 구원을 위한 하나님의 선택이 '사람의 행위로 인함이 아님'을 확고히 한다. 이러한 맥락에서 하나님의 선택 교리가 중요한 이유는 신자들에게 구원의 "확신"을 주기 위해 필요한 "유일한 기초"가 된다는 것이다.[42]

그러나 칼뱅은 예정 교리 연구에 신중을 기해야 한다고 강조하는데, 그 이유는 이 문제가 인간의 논리적 해결의 영역을 넘어선 것이며, 칼뱅 자신도 그에 대해 제기하는 '모든' 질문에 다 논리적으로 대답할 수 없는 것이기 때문이다. 그러므로 칼뱅의 이중예정론에 대한 논의의 바른 방향은 그것의 논리적 정합성을 묻는 것이 아니라, '역사적·신학적 의의'가 무엇인지를 묻는 것으로 한정해야 한다고 칼뱅 스스로가 요구하는 것으로 받아들여야 한다. 그러할 때 비로소 칼뱅이 이중예정론을 전개하려 했던 진가가 제대로 파악될 수 있을 것이다.

그렇다면 그 진가란 무엇인가?

그것은 인간의 구원은 우리의 공로가 아니라 오직 하나님의 전적인 은혜와 주권에 달려있다는 성서적 진리를 천명한 것이다. 이것은 제수잇파 펠라기우스주의자인 몰리나(L. Molina, 1536~1600)와 같은 학자들의 주도하에 "순수한 아우구스티누스주의를 배격했지만, 펠라기우스주의적 경향에 대해서는 차츰 관대하게"[43] 나갔던 가톨릭교회의 공로사상과 치열하게 싸웠던 교의신학적 무기였다. 칼뱅은 펠라기우스적으로 기울고 있었던 당시의 신학적 흐름에서 다시 아우구스티누스의 신학을 회복함으로써 은혜로 말미암는 성서적 구원관을 든든히 세우고자 하였다.[44]

공로사상: 이중예정과 예지예정

리트머스 시험지

칼뱅이 가톨릭의 공로사상을 반대하는 논리 중에는 당시 가톨릭에 회자되고 있었던 예지예정론이 있었다. 칼뱅의 예정 사상에 반대하는 자들은 하나님의 '예지'하심이 먼저 있고, 그리고 그에 따라 '예정'이 이루어지는 것으로 주장한다. 다시 말하여, 예지가 예정의 원인이라는 것이다. 그러나 칼뱅은 예정과 예지 중 어느 한 쪽을 다른 한쪽에 "종속(subjecting)"시키는 것, 즉 서로를 인과관계로 묶어놓는 것은 잘못된 것임을 분명히 한다.[45]

그러므로 하나님이 예지했기 때문에 어떤 자는 영생으로 선택되고, 어떤 자는 멸망으로 유기되었다고 말해서는 안 된다는 것이다. 이러한 자신

의 원칙에 따라 칼뱅은 예지를 예정의 원인으로 귀결시키는 것에 대해 비판적으로 응대한다.[46]

그렇다면 칼뱅은 왜 예지에 의한 예정이 되어서는 안 된다고 생각하게 되었는가? 이 물음은 웨슬리의 예지예정론을 논할 때도 매우 중요한 것이기에 칼뱅의 태도를 분명히 밝혀야 하는데, 이때 우리가 한 번 더 물어야 할 질문이 '무엇'에 대한 예지냐는 것이다. 즉, 하나님은 어떤 사실을 미리 알고 그 앎에 기초해서 예정해서는 안 된다고 강조하는 것인가?

그것은 한마디로, 인간과 우주 안의 "모든 일"이며,[47] 특히 "각 사람의 공로"에 대한 예지다.[48] 예지하시는 하나님은 인간을 포함한 우주 만물의 모든 과거와 미래적 일들을 현재적으로 알고 있다.

이러한 예지가 하나님의 예정에 근거가 되어서는 안 되는 이유가 무엇인가? 그 이유는 매우 분명하다. 그것은 하나님께서 자신의 예지로 알게 된 개개인의 선악 간의 모든 '행위'들에 기초해서 인간의 선택과 유기를 예정하는 것이라는 '혐의'를 받을 수 있겠기 때문이다.

다시 말해서, 예정이 예지에 근거하게 될 때 결국에 가서는 인간의 "공로"가 하나님의 선택 기준이 될 것임을 우려한 것이다. 그렇게 되면 어떤 사람에 대해서는 그가 미래에 선한 행위를 하게 될 것을 하나님께서 미리 아시기에 "은혜를 받을 가치가 있다"고 판단하셔서 선택하고,[49] 다른 한편, "악한 의도와 불경건한 생활로 기울어질 성향을 가지리라고 보시는 사람들"에 대해서는 "죽음의 저주를 받도록"[50] 유기해 버리는 결정을 하는 모양으로 나타나게 된다.

이것은 인간이 행한 선한 공로의 여부로 구원과 멸망이 정해지는 것인 바, 무엇보다도 이러한 공로주의 구원론은 칼뱅이 일생동안 강력히 저항해왔던 신학적 논점이다. 이것이 예지가 예정의 근거가 되어서는 안 된다는 칼뱅신학의 요점이다.[51]

그리스도와 이스라엘:
하나님의 선택의 예

칼뱅은 하나님의 예정을 논할 때 한 걸음 더 나아가 그것이 인간의 '공로'에 의한 것이 아님을 강조하기 위하여 두 가지의 선택론을 다룬다.

하나는 "그리스도" 선택이고, 다른 하나는 "이스라엘" 선택이다. 칼뱅이 이 선택의 문제를 '그리스도'에게 초점을 맞추어 말할 때는, 예수 그리스도가 하나님의 아들로 임명된 것은 그의 의로운 생활 때문이 아니라 "하나님의 거저 베풀어 주신 선택"임을 강조한다.[52]

또한, 하나님이 '이스라엘'을 선택한 이유도 그들의 공로 여부에 대한 '예지'적 판단에 근거하지 않고 오직 하나님의 주권적 계획에 의한 것임을 밝히고 있다. 그 선택의 이유가 그들이 다른 민족보다 수효가 많거나 어떤 외적 조건이 좋아서인가? 아니다. 행위로 보면, 완고하고 목이 곧은 백성이어서 오히려 선물을 받을 만한 가치가 없었고 그들의 거룩한 조상조차도 그런 큰 영예를 얻을 만한 높은 덕이 없었다.

그런데도 그들이 선택함을 받은 이유는 하나님이 "다만 너희(이스라엘)를 사랑하심"(신 4:37) 때문이었다.[53] 그것은 "하나님의 아버지로서의 인자하심이 놀랍도록 너그러우시며 끊임없이 계속됨"[54] 보여주는 것이다(사 41:9, 슥 2:12). 한마디로, 그리스도와 이스라엘을 선택한 것은 하나님 자신의 전적인 주권에 있었던 것이지, 그들이 행한 어떠한 종류의 공로에도 있었던 것이 아님을 칼뱅은 강조한 것이다.

하나님의
절대주권적 자유

이와 같은 칼뱅의 선택과 유기 사상이 성결교·감리교의 웨슬리안들에게 그 신학적 정합성에 대하여 그토록 많은 의혹과 비판의 대상이 되어온 이유는 무엇인가? 그런데도 이러한 이중예정의 교리가 꺾이지 않고 개혁주의를 표방하는 교회, 특히 한국장로교에 여전히 중요한 신조로 고백되고 있는 이유는 무엇일까?

여기에는 웨슬리안이 볼 때 칼뱅의 이중예정론이 지니는 "심각하고도 곤란한 문제들"이 적지 않았겠지만, 그러한 문제들보다 이중예정론이 언약신학에 뿌리를 두고 무엇보다도 '하나님의 절대 주권적 자유'라는 불변의 가치를 보여주고 있다는 점 때문일 것이다. 그 가치는 여타의 모든 비판을 상쇄하고도 남을 뿐만 아니라, 로마가톨릭의 공로주의와 재세례파의 열광주의에 대항할 수 있었던 강력한 무기가 될 수 있었다.

그렇다면 칼뱅 이후, 존 웨슬리는 이중예정론을 강력히 비판했던 아르미니우스(Jacobus Arminius)의 정신을 왜 18세기 당대에 다시 살리고자 했는가?

여기에서 우리의 연구의 대상을 분명히 하기 위해서 웨슬리가 "평생 계속해서"[55] 예정론과 관련하여 논쟁했던 대상은 당시의 "하이퍼 칼뱅주의"였지, 칼뱅 자신의 성서적 예정론이 아니었음을 기억할 필요가 있다. 이제 웨슬리가 영국 칼뱅주의자들의 이중예정론에 대해 불같이 토해내었던 비판의 목소리를 들어본다.

2 존 웨슬리의 예지예정론: 조건적 선택과 유기

성서적 성결,
기독자 완전

페이든의 "신 비교주의"의 관점에서 볼 때,[56] 당시의 영국 국교회와 신학계의 상황은 한마디로, 로마가톨릭의 전통과 개신교 칼뱅주의적 개혁 신학이 혼재한 상태였다.[57]

그뿐만 아니라, 18세기 유럽 신학은 전반적으로 개신교 정통주의에 의해 주도되고 있는 상황이어서 이와 같은 흐름하에서 교회는 종교적 형식주의에 빠져 영적 침체를 겪고 있었고, 사회는 전통문화의 붕괴와 산업화의 물결에 휩쓸려 걷잡을 수 없는 윤리적 타락의 현실에 처해 있었다.

이러한 때 '올더스게이트(Aldersgate) 회심'을 경험한 웨슬리는 "성서적 성결(Biblical Holiness)"과 "기독자의 완전(Christian perfection)"이야말로 가장 중요한 성서적 가르침이라는 사실을 깨닫고 일생 동안 이의 전개를 위해 헌신한다.

가톨릭의 공로주의, 칼뱅의 율법무용론

이처럼 웨슬리는 성결의 삶과 성결신학을 추구해 나가고 있을 때, 이를 위협하는 신학적 도전들과 대면해야 했다. 특별히 가톨릭의 '공로주의'와 하이퍼 칼뱅주의의 '율법무용론(Antinomianism)'이 웨슬리가 부딪혀야 했던 커다란 문제들이었다.[58]

웨슬리는 이들과 논쟁하면서 한편에서는 공로주의에 대항하여 '하나님의 절대 주권적 은총의 신학'을, 다른 한편에서는 칼뱅주의와 대항하여 '인간의 자유의지와 책임을 강조하는 신학'을 형성해가야 했다.[59]

또한, 사회적으로는 윤리적 타락에 젖어 있던 영국사회를 향하여 회개와 구원의 복음 증거와 성결 운동을 전개하였고, 교회를 향해서는 하나님 사랑과 이웃사랑의 성결한 삶을 촉구하면서 자신 스스로가 "사회적 성결(social holiness)"의 실천에 앞장섰다. 이러한 웨슬리의 신학적, 윤리적 삶에 악 영향을 미친다고 판단하여 비판했던 사상이 무엇보다 칼뱅주의의 이중예정론이었다.

1) 웨슬리의 칼뱅주의 이중예정론 비판

웨슬리와 예정론

이중예정론에 대한 웨슬리의 직접적 비판은 영국교회의 찬송시 작가였던 톱레이디(Augustus Toplady, 1740~1778)와[60] 당시 부흥 운동 동료였던 조지 휫필드(George Whitefield, 1714~1770) 뿐만 아니라, 존 길(John Gill, 1697~1771)의 극단적 예정 사상을 겨냥한 것이었다.[61]

웨슬리가 18세기 영국 상황에서 비판하고 있는 그들의 예정론이 우리가 앞에서 살펴본 16세기 칼뱅 자신의 이중예정론과 크게 다르지 않았을지라도, 웨슬리가 강력하게 비판했던 이유는 마치 매우 파괴력 큰 무기와 같은 이중예정론을 사용하는 그들의 태도가 매우 위험한 것으로 보였기 때문이다.

이에 대해서 고찰하기 전에 톱레이디나 휫필드에 대한 웨슬리의 비판적 글들을 통해[62] 그가 문제시하였던 논점들이 무엇이었는지를 먼저 살펴보도록 한다.

휫필드의 예정론에 대한 비판은 웨슬리가 36세였던 1739년에 행한 그의 설교 "값없이 주시는 은총(Free Grace)"[63]과 극단적인 예정론에 대한 비판은 1752년에 쓴 논문 "예정에 대한 차분한 고찰"[64]에서 분명하게 제시되어 있다.

여기에 나타난 가장 기본적인 주장은 '하나님의 은총은 모든 자를 위한 것으로 모든 자에게 주어졌으며, 구원은 하나님께로부터 온다'는 것이다. 이 명제(命題)는 칼뱅주의와 관련해 크게 웨슬리의 두 가지 신학적 입장의 근거가 된다.

은총의 보편성에 관한 두 가지 이해:
칼뱅, 웨슬리

첫째는 칼뱅주의와 일치하는 점으로, 구원이란 "사람에게 있는 여하한 능력이나 공로에 달린 것이 아(니다)"는 것이다. 즉, 구원은 "어떤 식으로든 은총을 받는 사람의 선행이나 의로움에 달린 것이 아니며, 그가 이룩한 어떤 것이나 그의 사람됨에 달린 것도 아니다."

사람의 공로·선행·의로움·업적·인격 등은 "은총의 원천"이 아니라 다만 그 결과일 뿐이다. 그 모든 것의 주관자는 "오로지 하나님"이다.[65] 구원은 오직 하나님의 은총에 의한 사건이라는 이와 같은 사실에는 칼뱅주의 전통과 웨슬리 사이에 어떠한 차이점도 발견할 수 없다. 한마디로 정확히 일치한다.

둘째는 칼뱅주의와 일치하지 않는 점으로, 구원을 위한 하나님의 은총은 구원 받을 자들에게만 '제한적으로' 주어졌다는 것이 칼뱅주의 입장인 반면 하나님의 은총은 "모든" 자들에게 주어졌다는 것이 웨슬리의 입장이다.

그렇다면 양자 간의 이와 같은 대립은 어디에서 비롯되었는가? 그 분기점은 다음과 같은 질문에 어떻게 대답하는가에 있었다. 구원이 하나님에 의해서 주어지는 것이라면 '모든 자가 구원받은 자의 모습을 보여야 마땅한 것이 아닌가?', '왜, 어떤 자는 하나님을 섬기고, 어떤 자는 하나님께 대적하는가?'

이러한 '현상적 경험'에서 나온 물음에 대한 대답에서 양자는 갈리게 된다. 칼뱅주의에서는 하나님의 은총은 모든 자에게 주어진 것이 아니고 하나님이 구원하기로 예정한 자에게만 선택적으로 주어졌기 때문에 그러한 현상이 나타난다고 보지만, 하나님의 은총은 모든 자에게 주어졌으나 인간이 믿음으로 응답하는 여부에 의해 그러한 현상이 나타난다고 보는 웨슬리의 입장이 나뉘게 되었다. 한마디로, 웨슬리는 보편적 은총론에 인간의 자유의지론으로, 칼뱅주의는 제한적 은총론으로 대답한 것이다.

부흥 운동을 위해서 웨슬리는 칼뱅주의 태도를 보이고 있는 횟필드와 가능한 한 신학적 문제로 긴장 관계를 갖지 않기 위해 절제하고 있었지만, 제한적 은총론에 입각한 예정론에는 심각한 신학적 문제가 있다고 보았기 때문에 그에 대해 자신의 견해를 분명히 밝혀야만 했다. 그래서 "값없이 주시는 은총"이란 설교를 통해서 예정론을 정리하고 그에 대한 비판적 관점들을 밝혔다.

웨슬리의
이중예정론 비판

예정론에 대한 이와 같은 18세기 웨슬리의 이해는 내용상으로 16세기 칼뱅의 근본 주장과 다르지 않은 것으로 파악된다. 구원과 저주는 하나님의 고유한 주권 아래에 있으며, 그 작정의 근거는 하나님 자신에게만 있으며, 그 작정은 변개(變改)치 못한다는 것이다. 웨슬리는 이와 같은 교리가 지니는 역사적·신학적·목회적 의의에 관해서 묻기보다는 논리적 문제점들을 지적하는 데 집중하였던 것을 볼 수 있다.

웨슬리의 예정론 비판은 크게 여섯 가지로 정리할 수 있다. (1) 설교 무용론,[66] (2) 성결촉진 소멸론,[67] (3) 성령사역 훼방하는 사변적 신앙론,[68] (4) 율법무용론,[69] (5) 기독교의 계시 전복,[70] (6) 신성모독[71] 등과 같다.

이상의 예정론 비판을 통해서 웨슬리는 당대에 회자하던 칼뱅주의적 신관과 구원관의 부적합성을 밝히고자 했다. 특히 웨슬리의 논객이었던 횟필드와 톱레이디의 예정론은 "하나님께로부터 말미암는 것이 아(닐)" 뿐만 아니라,[72] "신성모독적"이기까지 하였기 때문에 그로서는 "자비하신 하나님의 영예와 그분의 진리를 수호하고자" 그리고 "그 위대한 이름을 수호하고자" 그들의 예정론을 강력히 비판하지 않으면 안 되었다고 밝힌다.[73]

칼뱅주의 예정론에 대한 이와 같은 웨슬리의 통렬한 비판을 액면 그대로 받아들인다면, 이중예정론자들과 웨슬리안들은 상종할 수 있는 여지가 전혀 없는 것으로 보인다.

2) 웨슬리의 예지예정론

웨슬리의 예정론:
예지예정

칼뱅주의의 예정론을 이처럼 비판하는 웨슬리에게는 예정 사상은 없는가? 있다! "과거에 있는 일이요, 창세전에 일어난 일"로서 만물을 다스리는 하나님의 작정(decree)에 대한 믿음은 웨슬리에게 명확히 존재한다.

그렇다면 웨슬리는 어떠한 예정론을 주장하는가? 그것은 한마디로 예지예정론이다.[74]

왜냐하면, "사람의 아들들 앞에 내가 생명과 사망과 복과 저주를 두었은즉 생명을 택하는 영혼은 살 것이요 사망을 택하는 영혼은 죽으리라"고 정하신 하나님이나, "미리 아신 자들을 미리 정하신"(롬 8:29) 작정에 따라 섭리하시는 하나님은 말 그대로 예지하시고 예정한 대로 행하시는 분이라고 웨슬리는 믿기 때문이다.

이러한 입장을 웨슬리의 예지예정론이라 부른다면, 이 예지예정론은 "모든 선한 행실과 모든 성결함에 부요하게 하는 가장 확실한 권고의 말씀을 전해"주며, "기쁨과 행복의 원천"이며, "다함이 없는 커다란 위로"이며, "하나님 보시기에 소중한 것"이며, "하나님의 성품에 속한 모든 완전함에 부합"하며, "하나님의 정의와 자비와 진실하심을 가장 고결한 관점에서 바라보게" 해주며, "기독교 계시의 모든 부분"과 일치한다고 웨슬리 자신은 확신한다.[75]

웨슬리의 예지예정론은 톱레이디와의 논쟁 이후 더욱 분명해진다. 톱레이디가 자신을 칼뱅주의자가 되게 한 이탈리아 출신 장키우스(J. Zanchius,

1516~1590)의 책을 1769년에 『절대 예정론』이란 새로운 제목으로 출간한 것을 기점으로 웨슬리와 톱레이디 사이에 뜨거운 신학 논쟁이 벌어졌다.[76]

이런 상황에서 웨슬리는 1773년에 로마서 8장 29~30절을 본문으로 한 "예정에 대하여"라는 제목의 설교를 통해서 자신의 '예지예정론'을 전개하였다. 웨슬리에게 하나님의 예지(豫知, foreknowledge)하심이란 "하나님께서는 세계의 시작에서부터 만물이 그 완성에 이르기까지 모든 나라에서 누가 믿을 사람인지를 미리 아신다는 것"이다.[77]

이때 미리 안다는 '예지'는 "사물의 본성"이 아니라 "인간의 태도와 자세"에 대한 것임을 웨슬리는 강조한다. 다시 말해서, 변함이 없는 사물의 본성에 대해서는 예지거나 후지가 중요한 이슈가 안 된다는 말이며, 변화 가능성이 있는 "인간의 태도와 자세"만이 예지의 대상으로 의미 있는 것이 된다는 말이다.

예지예정의 출발선

이와 같은 차원에서 볼 때, 하나님은 예지로써 "각 세대와 나라에서 믿는 사람과 믿지 않는 사람을 가릴 것 없이 모두를 단번에 아신다." 그러나 인간이 믿거나 안 믿는 것은 하나님의 예지와 무관하게 전적으로 인간의 자유에 맡겨져 있다. 인간의 신앙 여부는 하나님의 예지에 의해 결정되지 않는다는 말이다. 웨슬리의 예지예정론은 여기에서부터 시작한다.

웨슬리의 통찰은 이것이다. 하나님은 자신을 끝까지 믿게 될 자들과 믿지 않을 자들을 단번에 미리 알고, 믿음 안에 있는 자들은 구원받을 자로, 그렇지 않은 자들은 멸망 받을 자들로 예정하였다. 이러한 예지예정은 하나님의 편에서는 절대적이어서 변함이 없다. 왜냐하면, 누가 믿음 안에 끝까지 남아 있을 지의 여부를 예지하고 있기 때문이다.

그러나 인간의 편에서 볼 때, 하나님의 예지예정은 상대적이다. 왜냐하면, 인간 자신들의 자유의지에 따라 믿음 안에 끝까지 거하는 지 그 여부가 달라질 수 있기 때문이다.

여기에서 중요한 것은 하나님의 편에서 볼 때 구원받기로 예지예정된 자는 "외적으로는 그분의 은혜의 말씀을 따라서, 그리고 내적으로는 그분의 성령에 따라서"(행 14:3, 20:32, 롬 1:7, 고전 1:2) 부르는 하나님의 부름에 믿음으로 응답한다는 것이다.[78]

하나님은 이렇게 믿음에 들어온 자들을 자기의 자녀로 받아주시고, 의롭다 하시고(롬 3:24), 그뿐만 아니라 "빛 가운데서 성도의 기업의 부분을 얻기에 합당한 사람으로"(골 1:12) 만들어, "세계가 시작되기 전부터 그들을 위하여 예비해 놓으신 나라"(마 25:34)를 믿음으로 의로워지고 거룩하게 된 자녀들에게 주신다.[79]

예지예정의 발생 시점

이즈음에서 중요한 물음은 '하나님의 이러한 예정은 어느 시점에서 발생했는가?'이다. 즉, 믿는 자들이 부르심을 받기 전인가, 아니면 후인가?

그것은 부름받기 전이어야 한다. 웨슬리는 로마서 8장 28절, 에베소서 1장 11절과 디모데후서 1장 9절에 보이는 하나님의 행동 계획과 뜻에 의해 "세계의 기초가 놓이기 전에(요 17:24, 엡 1:4, 벧전 1:20) 하나님께서 그들을 불렀다"고 밝힌다.

그러므로 가톨릭의 "지성적 동의"로서의 믿음, 즉 믿음의 대상에 대해 알 필요가 없이 다만 교회에 대한 존중으로 정의된 믿음은[80] - 칼뱅에게서와 마찬가지로 웨슬리에게도 비판적인 바 - 은총에 의해 주어진 것이 아니라는 차원에서 소위 '공로'의 범주에 넣는다고 하더라도, 믿는 자들을 위한 하나님의 예지예정은 그들의 행위로서의 믿음과 무관한 것이 된다. 믿음으로 응답하기 전에 불렀기 때문이다.

예지예정의 신적 차원

그렇다면 이제 마지막으로 웨슬리의 예지예정론을 이해하기 위한 논리적 문제가 하나 남아 있다. 즉, 예지하고 예정한다는 것은 하나님이 "단지 우리의 이해를 위해서 우리와 같이 되려고 하시는 것뿐"이기 때문에, 예지예정이란 말을 결코 "문자적으로" 받아들여서는 안 된다는 것이다.

예지예정은 신적 차원의 일이다. 그렇기에 이 말을 인간적 차원에서 문자적으로 단순하게 이해해버리는 순간 예지예정의 신적 차원은 더 이상 파악할 수 없게 된다. 그럼에도 불구하고 우리는 예지예정을 문자적으로 이해하려는 경향으로부터 벗어나지 못하고 있다는 것이 웨슬리의 지적이다.[81]

예지예정의 시제:
현재형

이러한 웨슬리의 관점에서 인간에 대하여 예지예정하시는 하나님은 과연 어떤 분인지를 말하라 한다면, 그는 누구에게나 주어지는 보편적 은총과 부름에 믿음으로 응답하는 인간과 그렇지 않은 인간이 누구인지를 예지함으로써 믿는 자는 영생으로, 믿지 않는 자는 멸망으로 예정하는 하나님이라 요약할 수 있을 것이다. 이때 인간의 과거 현재 미래의 믿음 여부는 하나님의 관점에서 볼 때는 언제나 '현재적'으로 파악된다.

인생의 미래에 나타나게 될 종말의 신앙 상태란 하나님에게는 언제나 현재 상태인 것이다. 하나님에게는 인간의 과거나 미래도 현재와 마찬가지로 늘 현재인 이유는 무한한 하나님의 시간적 차원에서 볼 때 인생은 늘 한순간에 불과하기 때문이다. 이는 마치 인간에게 하루살이의 과거와 현재와 미래라는 것은 인간의 하루라는 현재 안에서 다 파악되는 것과 같은 이치다.

인간은 미래의 어느 순간에 지금처럼 계속 믿음 가운데 있을지, 혹은 지금과 정반대의 모습으로 있을지 그 여부를 아무도 알지 못하지만, 하나님은 그 모든 것을 예지하고 섭리한다. 그러므로 문자적으로만 보면 하나님의 예지예정은 숙명론적인 사변에 불과한 것이겠지만, 실제로는 하나님의 보편적인 은총을 보여주며, 신앙의 여부에 따라 구원이 결정된다는 신적 작정을 말하며, 동시에 인간에게는 하나님의 은총과 부름에 자율적으로 응답하는 자유를 부여한다.[82]

이상의 것을 웨슬리의 말로 다시 정리하면 이렇다. 하나님의 예지예정은 "세계의 기초가 놓이기 전에" 즉 창세전에 이루어진 것이라도 지금 여기에서 믿고 있는지 여부가 중요하다. 왜냐하면, 예지예정은 "단 한 번의 영원한 현재"에 일어나는 것이기 때문이다.

그러므로 예지예정의 하나님은 믿음을 결단하는 인간의 현재와 만나는 것이 됨으로써 하나님의 예지예정은 인간이 결코 기계적 운명론에 빠지도록 하지 않는다. "하나님에게는 과거나 미래가 따로 없고 모든 것이 똑같이 그 앞에는 현재뿐"이기 때문이다.[83]

따라서 다음의 두 사실은 모순을 일으키지 않는다.

첫째, 하나님은 모든 자들에게 은총을 베풀어 줌으로써 누구든지 믿기만 하면 그 믿는 자들을 구원하시기로 '작정'하셨고, 그에 따라 말씀과 성령을 보내어 모든 자들이 믿음으로 돌아오도록 부르신다.

둘째, 그러나 하나님은 모든 자들이 믿음으로 들어오지 않는다는 사실을 예지로써 알고 누가 믿음으로 구원받을 자인지, 누가 믿지 않음으로 멸망 받을 자인지를 예지예정하신다. 왜냐하면, 하나님의 예지예정의 순간은 "영원한 현재"로서 인간의 과거와 현재와 미래에 대해 열려 있기 때문이다.

3 칼뱅과 웨슬리의 예정론 교차비교와 신학적 의의 평가

21세기에 사는 우리가 칼뱅 이후 그의 예정론에 대하여 대립적 입장을 보여 왔던 자들 가운데 웨슬리의 관점을 칼뱅 자신과 직접 비교하고자 할 때는 무엇보다 먼저 양자가 지니는 시공간적 맥락의 특수성과, "인과적 복잡성"을 고려하지 않으면 안 된다.[84] 왜냐하면, 분석단위들-예정·예지·선택·유기·작정·자유의지·구원 등-이 개념적 유사성은 공유하고 있으나 시공간적 맥락의 특수성을 반영하는 변수들의 상호작용으로 인해,[85] 이를 사용하는 주체들 간의 사상적 평가는 현저히 달라질 수 있기 때문이다.

칼뱅은 16세기 로마가톨릭교회를 배경으로 이미 개혁교회 내에 들어온 성도들을 목회의 대상으로 활동했던 인물이요, 웨슬리는 18세기 개신교 영국 교회 밖에서 복음이 필요한 불신자들에게 '회개'의 복음을 들려주는 전도자로 활동했던 인물이다.

서로 다른 역사적·문화적·종교적 배경은 이들의 교리적 주장들을 단순하게 비교할 수 없도록 만든다. 따라서 우리는 칼뱅과 웨슬리의 '예정론'이 특정한 상황에서 어떤 신학적 기능을 나타내는 지에 주목하고자 한다.

1) 하나님의 예정을 통한 반(反)공로주의 사상

칼뱅과 웨슬리의 공통분모:
공로주의 비판

칼뱅과 웨슬리 모두 예정론을 통해 거부하고자 했던 것은 공로주의였다. 특히 양자는 공통적으로 로마가톨릭의 교황주의자들이 견지하고 있는 공로주의에 대해 집중적으로 공격하였다.

그러나 양자는 이에 대해서 접근하는 방법이 서로 달랐다. 그 핵심은 '예지'와 관련된다. 즉, 칼뱅은 예지에 의한 예정을 반대함으로써, 반면에 웨슬리는 예지에 의한 예정을 주장함으로써 공로주의 사상을 반대하고 있다는 점이다.

이처럼 그들은 서로 다른 신학적 논리를 선택했지만, 결국 그들이 말하고자 했던 것은 공히 '인간은 공로가 아니라 믿음으로 구원받는다'는 사실이었다.

그렇다면 양자는 예지의 문제를 어떻게 보았는가?

이미 앞에서도 밝혔듯이, '무엇'에 대한 예지를 말하는 것인지가 문제 해결의 열쇠가 된다. 칼뱅은 공로에 의한 선택을 주장하는 교황주의에 대항하여 "선택은 공로에 대한 예지로부터 오는 것이 아니라 하나님의 주권적 계획에 속한다"고 못 박는다.[86]

여기에서 예지는 결국 예정의 근거를 인간의 공로에 두는 것으로 귀결되기 때문에 이에 대한 칼뱅의 반대는 치열할 수밖에 없게 된다.[87] 그러므로 칼뱅은 예지에 의한 예정을 반대한 것이 아니라, "공로"에 대한 예지에 입각한 예정을 반대하였다고 보아야 한다. 웨슬리도 동일한 문제의식을 가지고 예지를 말했는데, "믿음"에 대한 예지를 말함으로써 공로에 대한 예지를 거부한 칼뱅과 본질적으로는 같은 교의를 세운 셈이 된다.

칼뱅:
믿음에 앞선 선택의 우선성

그러나 여기에서 왜 칼뱅은 적극적으로 "믿음"의 예지에 대해서 말하지 않았는지가 해명되어야 한다. 칼뱅이 믿음의 예지 예정을 거부했던 이유는, "믿음은 선택의 역사이지만, 선택은 믿음에 의존하지 않는다"고 보았기 때문이다.[88] 다시 말해서, 선택은 믿음에 앞서야 한다고 생각했기 때문이다.

그렇다면, 왜 믿음에 근거한 선택을 거부해야 했는가? 그 이유는 칼뱅이 당시의 상황에서 두 가지의 입장을 위험시했기 때문이다.

첫째는 "사람이 선택에 동의함으로써 하나님의 협력자가 된다"고 보는 로마가톨릭 저술가들의 입장을 반대했기 때문이었다. 이들은 "사람의 의지"를 "하나님의 계획보다 우위"에 놓음으로써 하나님께로부터 받는 것은 "믿음 자체"가 아니라 "믿을 수 있는 능력만"을 받는 것이라고 가르쳤다.

둘째는 "믿음에 의해서 확증되지 않으면 선택은 의심스럽고 효력이 없게 되는 것 같이 생각"하는 루터파, 특히 멜랑히톤의 입장을 반대했기 때문이었다.[89]

칼뱅은 당시의 상황에서 이상의 문제점들을 정확하게 보았다고 판단된다. 결국, 그가 믿음을 선택에 앞세울 수 없었던 것은 언뜻 보기에 믿음을 강조하는 것 같은 입장들이 사실은 하나님의 선택과 구원의 확신을 허무는 인본주의적 신앙관이었기 때문이다.

이들에 따르면, "믿음으로 확증되기까지는 선택이 의심스럽고 효력이 없기라도 한 것처럼" 되며, "선택이 우리가 복음을 받아들인 후에야 비로소 효력을 발생하며 선택의 타당성이 복음을 받아드리는 사실에서 생겨나는" 것이 되기 때문이다.[90] 한마디로, 칼뱅의 입장에서는 믿음은 어디까지나 인간의 일이요, 선택은 인간에 의해서 좌지우지 될 수 없는 하나님의 '은혜'의 일이라는 것을 명확히 하고자 했던 것이다.[91]

믿음 개념의 오염 직시

이에 대해 부연(敷衍)하자면, 칼뱅은 당시 교황주의자들과 가톨릭교회에서 회자되고 있던 믿음 개념의 순수성에 대해서 더는 신뢰하지 못하고 있었기 때문으로 보인다. 그래서 그는 "사람의 의지"가 강조되는 "믿을 수 있는 능력"과 "믿음 자체"를 분리함으로써 하나님의 선택 행위가 인간의 수용 여부와 관계없이 하나님의 뜻대로 선행(先行)하는 것임을 분명히 하고자 했다.

　그것은 마치 교만과 거짓된 자랑으로 가득 찬 유대인들이 "복음에 대한 믿음을 자기들의 결정에 의존시키려고" 했던 방식으로, 교황주의자들도 자신들이 "하나님을 대신하려고" 자기들을 "교회"라고 주장하는 식의 신학적 오류가 극도로 번져있었다고 본 칼뱅의 관점에서도 확인할 수 있다.[92]

　가톨릭교회의 일원이 되어 교황주의의 가르침을 믿고 따르면 구원받는다는 믿음은 더 이상 순수한 신적 믿음일 수 없고, 오히려 인간적 전통과 제도에 의해서 만들어진 '공로'와 다를 바가 없었던 것으로 판단했기 때문에 선택의 근거로 삼게 되는 믿음의 예지를 말하는 것은 거부해야 했다.

칼빈의 시대와 다른
웨슬리의 신앙 컨텍스트

　　　　　　　　　그러나 웨슬리의 경우는 달랐다. 칼뱅이 예정론을 전개하였던 상황은 가톨릭 신앙이 전제되어 있는 교회 중심의 목회적 현실이었지만, 웨슬리는 그와 반대로 교회 밖에 있는 불신자들에게 믿음의 삶으로 초청하여 결신케 하는 전도의 선교 현장에서 예정론을 말하였다.

　이는 마치 바울이 이미 유대교 안에서 율법주의적 신앙생활을 해오다 새로운 신앙관을 갖게 된 유대·그리스도인에게 복음의 진리를 설명하는 것과, 우상을 섬기다가 예수를 그리스도로 고백하여 교회 안에 들어오게 된 이방·그리스도인에게 대하는 것이 다를 수밖에 없었던 것처럼, 그와 유사하게 칼뱅과 웨슬리의 경우도 서로 다른 접근 방식을 취해야 했다고 보인다.

　18세기 영국의 상황에서 가톨릭 신앙이 한 흐름을 이루고 있었을지라도 이미 영국 국교회는 칼뱅주의가 주류를 형성하고 있었던 때, 웨슬리는 칼뱅주의자들과 신학 논쟁을 하는 것이었기 때문에 믿음의 예지를 적극적으로 말할 수 있었고 또한 말해야 했다.

다시 말해서, 선택과 믿음의 선후관계에서 선택을 믿음에 선행시켜야 했던 16세기 종교개혁 당시와는 달리, 웨슬리의 문제제기는 선택과 유기라는 하나님의 주권적 예정 교리가 확고히 자리 잡고 있던 신학적 상황 안에서 그와 같은 것은 문제가 되지 않았다. 엄밀하게 말하면, 웨슬리도 웨슬리식의 선택과 유기라는 이중예정 교리를 믿고 있었다. 선택이 있다면 선택받지 못한 유기가 있고, 유기가 있다면 선택이 있어야 하는 것은 당연한 것임을 웨슬리 역시 부인하지 않고 수용하고 있었기 때문이다.[93]

예지에 대한 웨슬리의 두 관점

여기에는 두 가지 관점이 제시되어야 한다.

첫째, 믿는 자와 믿지 않는 자에 대한 예지에 근거한 하나님의 예정을 말함으로써 하나님 편에서는 인간이 얼마든지 믿을 수 있도록 은총을 베풀었고, 또한 그들을 복음으로 부르셨다는 사실이 강조되어야 한다.

둘째, 인간이 멸망에 이르게 되는 것은 하나님의 "기뻐하시는 뜻"이 아니라 자유롭게 부르시는 하나님의 은총에 믿음으로 응답하지 않은 인간 자신의 불신앙 때문이라는 것이다.

하나님은 창세전에 이미 믿는 자는 영생으로, 믿지 않는 자는 멸망으로 예정한 사실은 인간이 이 사실을 믿고 안 믿는 것과 전혀 관계없는 불변의 불가항력적인 하나님 고유의 작정(decree)이라는 점을 칼뱅은 부정할 이유가 없다.

믿음에 대한 예지를 통해서이든, 공로에 대한 예지를 부정하는 것을 통해서이든 웨슬리와 칼뱅의 예정론은 교차 문화적 관점에서 볼 때 결국 본질적으로는 한 가지로서 공로주의를 배격하는 것이며, 이는 동시에 오직 하나님의 은혜와 믿음으로써만 구원을 얻게 된다는 루터의 종교개혁 사상과 구원은 오직 하나님께 있다는 성경의 사상을 서로 다른 시대적 맥락에서 서로 다른 방식으로 표현한 것으로 보아야 한다.

2) 그리스도에 의한 하나님 주권 사상

웨슬리의 이중예정론 비판:
신성모독

웨슬리가 칼뱅의 이중예정론을 비판하는 이유들 가운데 가장 래디컬한 것은 그것이 "신성모독적"이라는 것이었다. 왜냐하면, 이중예정론에 따르면 누구든지 예수 그리스도를 "위선자"요, "백성을 속이는 자"요, "신실함이 없는 사람"으로 "치부"토록 만들기 때문이라고 한다.

웨슬리에 따르면, 이중예정론은 "예수님께서 모든 사람이 구원받기를 진정 원하지 않는 듯" 말한다는 것이다. 그뿐만 아니라, 이중예정의 교리는 멸망할 자를 이미 창세전에 예정하였다고 함으로써 "하나님의 정의와 자비와 진실을 전복시켜" 버리는 신성모독을 범하고 있다고 비판한다.[94]

주지하다시피, 이중예정론은 칼뱅이 제네바에서 목회자로 설교할 때 말씀을 잘 들어 "뿌리를 내리고 열매를 맺는" 자들이 있는가 하면, "죽음의 입김"에 불과한 자들, 곧 말씀을 거부하는 자들이 있다는 경험에 기초하고 있다.[95]

칼뱅 당시의 이러한 교회 문화적 상황에서 그가 주창한 이중예정론이 지니는 목회 신학적 의의는 양면으로 제시될 수 있다. 한 면은 믿는 자의 구원이란 하나님에 의해 완전 보장된 것이기 때문에 신자에게 구원의 "확신"을 심어줄 수 있다는 것이며, 다른 한 면은 어떠한 방식으로도 믿지 않거나 신자들을 박해하는 자들이 당할 멸망의 운명은 하나님의 자유로운 뜻에 따르는 것이라 말함으로써 절대 주권적 하나님의 엄위를 강조할 수 있다는 것이다.

그러나 16세기 칼뱅의 이중예정론이 이 정도의 목회 신학적 의의를 드러내는 것으로만 머물러버린다면, 이로 인해 상대적으로 너무 많이 잃어버릴 것들을 생각할 때 이중예정론의 신학적 가치에 회의를 품을 수밖에 없게 된다.

이중예정론의 완성도 높이기:
기독론적 전망

그러나 칼뱅의 이중예정론을 그 자신이 처음부터 견지해온 기독론적 틀에서 조명할 때 신성모독적으로 보게 하는 논리적 취약성이 보강될 수 있다. 칼뱅의 선택과 유기 사상은 예수 그리스도에게서 결정적으로 표현되고 있다는 것을 적어도 두 가지 관점에서 주목할 필요가 있다.

첫째는 하나님이 어떤 자를 저주에 처하도록 유기했다면 그것의 결정적인 예는 그리스도이며, 또한 하나님이 어떤 자를 축복받을 자로 선택했다면 그것도 그리스도에게 분명한 사실이라는 것이다.[96]

칼뱅에 따르면, 유기의 차원에서 볼 때 "그리스도께서는 다윗의 후손 가운데서 죽을 인간으로 잉태되셨다"는 것이며, 선택의 차원에서 볼 때 "그리스도께서는 의로운 생활 때문에 하나님의 아들로 임명되신 것이 아니라 값없이 그 영광을" 받으시도록 선택되셨다는 것이다.[97]

이와 같은 원리로 "신자들은 우리가 자신의 힘으로는 영원한 기업을 받을 수 없으므로 그리스도 안에서 그런 고귀한 기업을 받도록 택함을 받았다고 생각하는 것이 마땅할 것"이라는 논리를 제시하게 된다.

둘째는 선택의 확신이 믿는 자의 불완전한 믿음의 능력에 있는 것이 아니라 그리스도에게 있다는 것이다. 칼뱅도 신자가 "복음에 대한 믿음으로 선택되었다는 느낌"을 가지는 것까지 부정하지 않는다.

그러나 그것은 "사탄이 신자들을 낙심시킬 때에 사용하는 가장 극심하고 위험한 유혹"이라 지적한다.[98] 선택의 목적이 "우리가 하늘 아버지로 말미암아 자녀로 입양되어 그의 은혜로 구원과 영생을 얻게 하고자 하는 것"이라면 확신의 근거는 "그리스도밖에는 의지할 분이 없다."[99]

칼뱅 이중예정의 소실점:
예수 그리스도

이처럼 선택과 유기라는 칼뱅의 이중예정론이 최종적으로 예수 그리스도에게 가서 마무리되기 때문에, "예수님께서 모든 사람이 구원받기를 진정 원하지 않는 듯" 보게 한다는 이중예정론은 "신성모독적"이라 말하는 웨슬리의 비판은 유보될 수 있다. 왜냐하면, 그리스도의 죽음과 그가 영광 받으심이 아니었으면 구원을 위한 믿음의 근거와 유기를 위한 불신앙의 근거는 아예 없었을 것이기 때문이다.

신자의 구원 근거를 칼뱅의 처지에서 본다면, 믿음으로 포장되어 있던 공로주의적 구원관을 허물어버리고 철저하게 신중심적으로 세우기 위해서 구원의 모든 근거를 오직 예수 그리스도에 대한 하나님 자신의 작정에 둠으로써 인간적 공로의 논리가 들어오는 것을 근본적으로 차단할 수 있었다.

또한, 신자의 믿음 상태 여하에 따라 선택의 확신이 흔들리지 않도록 하기 위해 확신의 근거를 자신의 믿음에서가 아니라 오직 그리스도에게서만 찾도록 하였다. 그러므로 웨슬리가 칼뱅의 예정론이 신성모독적이라고 맹렬히 비판하면서까지 지키고자 했던 교의가 무엇인지 묻는 것이 오히려 옳을 것이다.

웨슬리에게 중요했던 것은 한 영혼이 믿음으로 돌아서고 안 돌아서고 하는 문제를 개개인의 숙명적인 결단에만 맡겨놓고 마는 냉엄한 법적 차원의 하나님이 아니라, 전도자의 입장에서 볼 때, 불신앙 가운데 있는 자들을 향해 적극적으로 찾아가는 사랑의 그리스도로 성육신하신 하나님이었다.

다시 말해서, 하나님은 구원의 근거가 되기만 하는 그런 정적인 원리이거나 혹은 신자들의 선택에 확신을 주기 위해 앉아서 도장만 찍어주는 그런 존재, 즉 구원과 심판의 주체로서 개인적 믿음의 근거를 제공해주는 객관적 존재로 설정된 하나님만을 보여주는 당시의 칼뱅주의적 이중예정론에 만족할 수 없었다.

3) 칼뱅의 무조건적 예정과 웨슬리의 조건적 예정의 접점

칼뱅의
무조건적 예정

칼뱅이 하나님의 무조건적 절대 예정론을 거침없이 전개할 수 있었던 것은 구원에 관한 모든 문제를 인간이 아닌, '하나님의 편'에서 시작했기 때문으로 보인다. 그러므로 칼뱅 신학의 과제는 이와 같은 무조건적인 선택과 그에 따르는 무조건적인 유기가 인간의 차원에서는 어떻게 실제화 되는지를 밝히는 것이다.

그러나 칼뱅주의의 하나님 주도적인 언약신학의 전통하에서 하나님은 늘 "갑(甲)"이 되고, 인간은 언제나 "을(乙)"로 이해되어 왔기 때문에 인간 차원에서 구원에 관하여 적극적으로 말할 수 있는 내용들은 제한적일 수밖에 없었던 것으로 보인다.

여기에서 우리는 루터주의와 칼뱅주의 전통으로부터 하나님 중심적 종교개혁 정신을 그대로 이어받으면서도 구원의 문제를 '인간의 편'에서 적극적으로 개진한 웨슬리의 진지한 성서적 주장에 귀를 기울여야 할 필요성이 있음을 인정하게 된다.[100]

칼뱅은 교회 현장에서 경험한 구원의 문제에 답하기 위하여 그의 신중심적 관점에 따라[101] 하나님의 편에서-소위 "위로부터" 연역적으로-사유함으로써 신적 선택과 유기의 '무조건성'을 지지할 수 있는 성경의 구절들에 주목하였다면, 웨슬리는 당시 "하이퍼 칼뱅주의"의 극단적 입장을[102] 반박하고 인간의 책임성을 지키기 위하여 오히려 인간의 편에서-소위 "아래로부터" 귀납적으로- 접근함으로써 하나님의 선택과 유기는 "조건적"이라고 주장하고 있다.

그렇다면 웨슬리와 칼뱅은 성서적 구원에 대해 서로 완전히 다른 이야기를 하는 것인가? 그렇게 보이지 않는다.

선택과 유기에 대하여 칼뱅이 하나님의 편에서 "무조건적"이라고 말했을 때, 그것은 인간의 구원을 위해 그리스도를 믿는 믿음 외에 어떠한 것도 조건을 달지 않음을 의미한다. 즉, 누구든지 그리스도 안에 있는 자는 무조건적으로 선택된 자로 여기는 것이며 그밖에 있는 자는 무조건 유기자로 보는 것이다.

다른 한편, 웨슬리가 인간 편에서 구원은 "조건적"이라고 말했을 때, 구원의 반열에 들기 위해서는 오직 그리스도를 믿는 믿음만이 조건이 된다는 것이다. 그러므로 '조건적이냐, 혹은 무조건적이냐'는 것이 문제가 아니라 그리스도 신앙 안에 있느냐의 여부가 문제라는 점에서, 두 관점은 대척관계에 있는 것이 아니라, 동일한 사안을 서로 다른 방향에서 보는 것에 불과한 것이기에, 오히려 양자는 서로의 이해를 상호 보완해주는 관계로 보아야 한다.

웨슬리의
조건적 예정

웨슬리는 하나님의 선택에 '무조건적인 것(절대적인 것)'과 '조건적인 것' 두 가지가 있음을 말한다. 무조건적인 선택은 예를 들면, 고레스 왕, 바울, 열 두 제자들의 경우처럼 특별한 목적을 위해 특별한 인물을 필요로 할 때 이루어진다. 이때의 선택은 "영원한 행복(eternal happiness)"과는 무관하며, 영원히 지속되는 선택이 아니고 목적이 이루어

질 때까지만 유효하다.[103]

반면에, 하나님은 "믿는 자는 구원받을 것이요, 믿지 않는 자는 저주받을 것이다."라는 "영원한 작정(eternal decree)"을 세워놓고, 그에 따라 선택하고 유기되도록 함으로써 '조건적'으로 예정하였다. 하나님의 은혜에 부름 받은 자들이 어떻게 응답하는지의 결과에 따라 영원 전부터 선택된 여부를 알게 된다. 여기에서 중요한 점은, 지금 내가 믿기 때문에 선택하는 것이 아니라는 점이다. 오히려 나의 믿음은 선택으로부터 온 은총의 증거인 것이다.[104]

칼뱅과 웨슬리의
예정론 레퍼런스

그렇다면 칼뱅이 무조건적 선택론을 위해 찾았던 성경 본문들과 웨슬리가 조건적 선택론을 위해 제시했던 성경 본문들은 서로 상충되는가?[105] 그럴 수 없다. 모든 성경 본문들은 사랑과 공의의 하나님을 증언하는 데로 모아지기 때문이다.[106]

그러므로 특별히 칼뱅의 하나님을 무조건적으로 유기하는 존재로 지나치게 강조하는 것은 절대 주권적 신관의 본지를 왜곡하는 것으로밖에 볼 수 없다.[107] 왜냐하면, 무조건적 유기는 무조건적 선택에 따르는 논리적 귀결일 뿐,[108] 이를 '적극적으로' 강조할 성질의 것이 아니기 때문이다.

그렇다면 칼뱅의 하나님도 웨슬리가 제시한 디모데전서 2장 4절의 하나님이어야 할 것이다.

하나님은 모든 사람이 구원을 받으며 진리를 아는 데에 이르기를 원하시느니라.

웨슬리는 이 말씀을 가지고 칼뱅의 자비로운 하나님과는 다른 모습으로 무조건적인 유기론을 가르쳤던 당시 칼뱅주의자들에 대항하여 반론을

제기한 것은 당연한 일이었다.[109]

칼뱅의 자비로운 하나님이 무조건적 유기론에 대한 칼뱅주의자들의 스콜라적이며 사변적인 교리화로 인해 무자비한 하나님으로 왜곡되지 않도록 해야 했다.[110]

칼뱅의 하나님은 이중예정이 지니는 불가피한 논리적 사변에 얽매이는 분이 아니다.[111] 왜냐하면, 칼뱅이 경험한 하나님은 "추상적인 지식에서 나오는 것이 아니라, '우리와의 관계'에서 나오며, 생생하고도, 체험적인 지식에서 나오는 것"이었기 때문이다.[112]

하나님 편에서 본 칼뱅의 무조건적 선택과 유기 자체는 인간 편에서는 어떠한 논리로도 해명할 수 없는 영역이다. 그러므로 칼뱅은 "주께서 비밀로 그대로 두신 것을 밝히려고 해서는 안 된다"는 식의 주의를 여러 군데에서 지속해서 환기하고 있다.[113]

그러나 인간 편에서 밝힐 수 있는 것은 하나님의 은혜로운 초청에 부름 받은 자의 응답을 통해 무조건적 선택의 경험적 사태를 확인하는 것이다. 이것은 웨슬리뿐만 아니라 칼뱅 자신이 교회의 설교자요 목회자로서 견지해 왔던 방법이기도 하다.

여기에서 칼뱅과 웨슬리가 서로 달리 사용했던 수사(修辭)들이 만날 수 있을 것이다. 특히 양자 모두에게서 보이는 하나님의 보편적 초청(universality of invitation)과 제한적 선택(peculiarity of election) 사상의 조화에서 그렇다. 한마디로, 하나님은 모든 사람들이 전도 받아 "회개와 믿음으로 오도록" 초청하지만, 모든 자들이 회개와 믿음에 이르지 않는 현실은 결국 제한된 선택론을 주장할 수 있는 근거가 될 수 있는 것이다.[114]

그렇다면, 초청받은 모든 자들이 회개와 믿음에 이르지 않는 이유는 무엇인가? 그것은 하나님에 의한 주권적 "선택의 특수성" 때문이라는 것이 칼뱅의 대답이다.

이것은 하나님의 불공정성을 말하는 것인가? 그렇지 않다고 칼뱅은 주장한다.

그는 그러한 이유에 대해 성경의 많은 부분을 인용하면서 논증하고(암 4:7, 8:11, 행 16:6~7, 사 8:16, 53:1, 요 1:12~13, 엡 1:3~4, 마 13:11, 롬 8:29, 딤후 2:19, 시 103:17), 결정적으로는 "오직 하나님에게서 온 자만 아버지를 받았느니라"(요 6:46)는 말씀과 "양들이 그의 음성을 아는 고로 따라 오되 타인의 음성은 알지 못하는 고로 타인을 따르지 아니(한다)"(요 10:4~5)는 예수 그리스도의 말씀으로 결론을 맺는다.

웨슬리의 조건적 선택론:
칼뱅의 이중예정 패러프레이즈

그렇다면 칼뱅이 말한 다음과 같은 주장들은 웨슬리의 '조건적 선택론'과 같은 맥락에서 이해될 수 있는 것들이다.

(1) "믿음을 선택과 연결하는 것은 합당한 일"이라는 것, (2) "믿음이 아버지의 사랑에 대한 특별한 담보, 곧 하나님께서 양자로 삼으신 사람들을 위해서 보존된 담보인 것은 확실하다"는 것, (3) "따라서 불신자들은 그의 양이 아니라고 결론을 내리신다(요 10:26)"는 칼뱅의 입장은 믿음의 예지로써 예정을 말한 웨슬리의 사상과 일맥상통한다.

그러므로 하나님의 보편적인 초청을 받은 자들 중에 신앙으로 응답하는 일부만이 하나님의 영원한 선택에, 그 외의 불신앙으로 응답하는 자는 영원한 유기에 속한 자로 판명되는 것이다.[115]

마지막으로, 이 지점에서도 여전히 '하나님이 왜 그렇게 예정하셨느냐'고 묻는다면, 칼뱅은 "하나님의 뜻 이외에서는 어떤 다른 원인도 찾지 말라"고 대답하며, 웨슬리도 "천사들이라도 그 깊이를 헤아리기에는 너무 깊은 이러한 신비를 공격하려고 시도하지 말지어다!"고 대답할 수밖에 없다.[116]

여기에서 중요한 것은 하나님의 예정에 속한 자는 믿음을 고백하는 자이고, 그들이 선택 받음은 오직 하나님의 자비하심에만 기인한 것이지 일체의 어떤 인간적 공로에 의하지 않는다는 점이다.

맺는말

칼뱅과 웨슬리 간의 대화를 마무리하면서 16세기 후반에 루터파와 칼뱅파 간의 논쟁을 회고할 필요가 있다. 칼뱅주의자들에게 "하나님은 본질적으로 우선 자기 자신의 영광을 철저히 수호하시는 분"이었고, 선택과 유기의 대상이 되는 세상의 모든 것들은 "하나님의 영광을 나타내기 위한 수단"이었다.

그러나 루터주의자들에게 하나님의 본질은 "긍휼과 사랑"이었기 때문에 하나님은 "만일 인간이 그의 은총을 받아들일 용의만 가지고 있다면 모든 인간들에게 영원한 구원을 주시기 원하(시는)" 분이었다.[117] 이 두 전통은 칼뱅의 관점에서 볼 때 전혀 배타적이지 않다.[118]

웨슬리에게도 마찬가지다. 그는 루터와 칼뱅이 활동한지 2세기 후에 두 종교개혁자들의 주장들을 창조적으로 통합한다. 그리고 묻는다. 긍휼과 사랑이 넘치는 하나님의 보편적인 부름에 인간이 자유롭게 응답하는 결과에 따라 하나님의 선택과 유기가 결정된다고 해서 하나님의 절대적 주권과 하나님의 영광이 침해되는가?

그렇지 않다.[119]

오히려 인간 편에서 말하는 하나님의 조건적 선택론으로 인해 인간의 책임적 소지가 분명해지며, 하나님 편에서는 무조건적인 선택과 유기라는 이중예정이 전지전능하신 하나님의 "섭리"라는 차원에서 이해될 수 있는 여지를 확보하게 된다. 칼뱅의 섭리론에 따르면 "이 세상에서 일어나는 모든 일은 하나님의 부성적 사랑의 표현이거나 심판의 표현"이며, "이 세상에는 운명이나 우연과 같은 것"은 존재하지 않기 때문이다.[120]

하나님은 인간의 상대적인 자유로운 선택을 넘어서서 절대적인 자유로써 섭리하신다. 인간의 선택에 의하여 믿음으로 구원받을 자와 믿지 않음으로 멸망 받을 자의 운명에 대한 이중예정은 하나님의 섭리 안에서 모두 하나님의 영광을 드러내는 데 이바지한다.[121]

무조건적 유기는 하나님의 절대주권에 따른 무조건적 선택으로 인해 불가피하게 오게 되는 "논리적 귀결"이지,[122] 이러한 논리 자체가 자비하신 하나님의 속성을 바꿔놓는 것은 아니다.

만일 누가 "사색적이고 냉철한 추론에만" 의존한다면,[123] 예정론의 신학적 의의를 찾는 것은 불가능해진다. 그러므로 그것이 '이중예정론'이 되었든 '예지예정론'이 되었든 간에 어느 한 쪽만 가지고 사랑과 공의의 하나님을 재단(裁斷)하는 우를 범해서는 안 된다.

오히려 칼뱅과 웨슬리 양자가 분명히 밝힌바 아무 공로 없는 죄인이 하나님의 무조건적인 은총과 선택으로 예수 그리스도를 믿는 신앙에 이르게 된 것에 대해 감사와 찬양을 올릴 것이며, "사랑으로 역사하는 믿음"(갈 5:6)의 책임적 삶으로 나가야 할 것이다.[124]

제14장

개혁주의와 성결·오순절주의
- '은총'과 '경험'의 상관관계 -

본 장에서는 성결·오순절 전통의 신앙고백과 신앙 경험을 담아내는 교의학을 위한 방법론을 시도한다. 특별히, 성결·오순절 신앙 경험은 전통적인 개신교나 가톨릭의 교의학적 규범에서 볼 때 그 틀을 벗어나는 경우가 많음으로 인하여 이단 시비나 소모적인 신학논쟁이 계속되고 있는 현실이다.

특별히 개신교의 개혁주의 전통과 성결·오순절 전통 간에는 관점의 차가 크다. 그 가운데 핵심 되는 신학적 논점은 "경험"의 문제다. 왜냐하면, 개혁주의 교의학 전통에서 경험은 소극적이거나 아니면 부정적인 반면 성결·오순절 전통에서는 경험의 위치를 매우 적극적으로 보기 때문이다.

이와 같은 관점의 차이는 교의학 방법론에서 은총의 문제를 보는 차이에서 비롯된다. 그러므로 성결·오순절 교의학이 신앙 경험을 정당하게 방법론적으로 세우려고 한다면 은총론 안에서 경험의 위치를 신학적으로 규정할 수 있어야 한다.

이를 위해서 본 장은 종교개혁자들이나 가톨릭이 은총론에서 빚지고 있는 아우구스티누스의 은총론을 보다 통전적으로 해석해 내어 신앙 경험을 은총론 안에서 정립할 수 있는 가능성을 고찰하게 될 것이다.

- 사중복음은 믿음으로 경험되는 하나님 은총의 언약이다.
- 성령세례의 순간적 경험은 하나님 은총의 사건이다.
- 성령의 역사는 변화를 위한 하나님 은총의 분여(impartation)이다.
- 성도의 자유의지는 선행을 위한 하나님의 은총이다.

1 문제의 상황과 이슈

세계 기독교 시대의 우울한 초상: 래디컬리즘의 소멸

우리가 살고 있는 21세기 기독교 현실을 일반적으로 "세계 기독교(World Christianity)" 시대라고 부른다. 이것이 가능하게 된 것은 이미 지난 세기부터 기독교가 유럽과 북미주를 넘어, 비서구지역인 아시아, 아프리카, 남아메리카 지역에서 성결·오순절 교회가 강력한 부흥을 경험하고 있기 때문이다.

그런데도 이들이 자신의 정체성을 지키며 보호해주는 신학을 완성하지 못함으로 인하여 세계 신학에 더욱 적극적으로 이바지하지 못하고 있다. 이에 대한 가장 분명한 증례는 소위 남반구(Global South)의 성결·오순절 교회가 개혁주의 전통의 교의학적 기준과 관점에서 판단 받는 것에서 자유롭지 못하고 있다는 것이다.

이는 성결·오순절 전통의 교회가 "새 술"을 위한 "새 부대"를 아직 제대로 마련하지 못하고 있기 때문이라 나는 판단한다. 성결·오순절 전통에 속한 교회들이 선교적·재정적·정치적 자립은 이루었는지 모르나, 신학적 자립은 아직 이루지 못하고 있다는 것이 가장 커다란 이유다.

문제의 심각성은 이로 말미암아 성결·오순절 운동의 역동성이라 할 수 있는 성령의 초자연적 역사를 힘 있게 선포하고 변증하는 "래디컬리즘(radicalism)"이 약화하고 있는 현실에 있다.

달리 말하여, 성결·오순절 운동을 담지하고 있는 교회 자신의 고유한 역사적이며 선교적인 사명과 전통, 그 중에 "성령의 나타나심(demonstration of the Spirit, 고전 2:4)"에 대한 체험적 증언이 교회 공동체 안팎에서 사라져가고 있다는 것이다. 일선 목회현장에서 성결·오순절 교회가 자신의 신앙이나 전통에 따라 성령의 역사를 충실하게 전할 때 공격적인 개혁주의자들의 신학적 비판에 직면하게 되며, 한 걸음 더 나아가 이단 시비의 소모적 논쟁에 빠져들게 되는 현실이 여전히 비일비재한 현실은 상당 부분 성결·오순절 신학의 대응력이 약하기 때문으로 판단된다.

그들은 이와 같은 어려움을 피하기 위하여 성결·오순절 신앙고백을 개혁주의 신학이라는 옷에 자신의 몸을 억지로 끼워 맞추어 보거나, 아니면 아르미니우스·웨슬리의 전통을 적극적으로 받아들여 개혁주의 전통과 대척점을 이루면서 파당적 신학논쟁의 한 축을 견지하는 쪽을 택하도록 강요당하는 현실을 경험하게 된다.

이렇게 후자의 입장을 천명하더라도 이 역시 서구 기독교 내에서의 개혁주의와 아르미니우스·웨슬리안의 신학적 대결에서 자유롭지 못하다는 한계에 노정될 수밖에 없는 것이다.

성결·오순절 전통 교회의 과제

그러므로 이와 같은 딜레마를 극복하기 위하여 성결·오순절 전통의 교회들이 해야 할 과제는 우선적으로 교의학의 신학적 정립이다. 무엇보다도 건강한 성결·오순절 교의학을 위해서는 이성 중심의 논리적 합리주의, 감성 중심의 감상적 경건주의, 의지 중심의 실존적 행동주의, 경험 중심의 감각적 주관주의 등과 같은 다양한 인식론적 기능들 가운데 어느 한 가지에 치우침으로써 복음의 온전성을 상실하지 않도록 하는 것이다.

기독교 교의는 교리사적으로 교부 시대의 성서주의적 교의, 중세 시대의 전통주의적 교의, 종교개혁 시대의 복음주의적 교의, 정통주의 시대의 객관주의적 교의, 근대의 주관주의적 교의, 현대의 다원주의적 교의 등, 시대마다 특징적인 큰 흐름을 형성해 왔다.

성결·오순절 교의학은 그 가운데서 무엇보다도 종교개혁 시대에 기초가 놓여진 "오직 은총·오직 성경·오직 믿음"의 정신으로부터 형성된 교의학적 전통을 안내자로 삼아 개신교 복음주의에 기여해야 한다.

특히 19세기 말과 20세기 초에 지구촌적으로 강력한 성령의 역사로 이루어진 성결·오순절 부흥 운동의 결과로 태어나거나 경험한 교회들은[1] 기존의 서구 기독교의 전통적 신학만으로는 담아낼 수 없는 크기와 깊이를 가지고 있다.

하지만, 현실적으로는 '개신교 복음주의'에 대한 신학적 정의가 개혁주의 일변도이기 때문에-더욱이 한국적 상황에서는-성결·오순절 전통의 교의학적 담론에 보편성을 부여하면서 독특성을 동시에 담아내는 길을 신학적 자립을 확보하는 것은 결코 용이한 일은 아니다.

성결·오순절 교의학의
요청과 응대

그럼에도 불구하고 이러한 현실에 대응하기 위하여 최근 20여 년 전부터 성결·오순절 학자들에 의하여 성결·오순절 교의학의 자립적 체계화의 시도, 신문철의 표현으로는 "기독교 신학의 모든 교의학적 항목들을 오순절적 관점에서 재구성하고 재해석하려는 종합적 시도" 또는

"오순절 신학의 조직신학적 연구"가² 진척을 이루고 있음은 성결·오순절 교회를 위해서뿐만 아니라 '세계 기독교' 시대의 신학적 담론을 위해 다행이다.

우선 국내적으로는 성결 전통과 오순절 전통의 교단들이 성결·오순절 신앙 전통을 역사적으로, 성서적으로, 신학적으로, 그리고 실천적으로 정립하는 연구를 활발히 진행하고 있다.³

그리고 국외적으로는 스티븐 랜드(Steven Land), 아모스 용(Amos Yong), 사이몬 찬(Simon Chan), 볼프강 보드니(Wolfgang Vodney) 등과 같은 학자들의 폭넓은 오순절 신학 담론과, 로드만 윌리엄스(Rodman Williams), 윌리엄 멘찌스(William W. Menzies), 가이 뒤필드(Guy P. Duffield), (밴 클리브(N. M. Van Cleave)를 비롯한 학자들의 교의학적 체계화를 위한 시도들을 주목할 필요가 있다.⁴

또한, 도널드 데이튼(Donald W. Dayton)·데이비드 번디(David Bundy)·반 드 왈레(Van de Walle)·빈슨 사이난(Vinson Synan)·박명수·홍용표·최미생·배덕만 등의 역사·신학적 분석들도 유용한 자료를 제공해 줄 것이다.⁵

특별히 이와 같은 맥락에서 신문철과 최문홍을 비롯한 일군의 학자들이 치열하게 "영산신학"을 수립하는 일련의 노력은 특정 개인이나 교단의 신학을 정립한다는 차원을 넘어, 세계 기독교의 현실을 주도하고 있는 성결·오순절 운동의 제 가치들이 신학적 차원에서 얼마나 커다란 기여를 하고 있는지를 밝히는 데 이바지할 것이다.

신문철이 지적한 대로 "그동안 오순절주의 학자들은 순복음 신앙의 정체성을 신학적으로 정립하려는 노력을 해왔다. 하지만, 21세기를 맞이하는 현시점에서 오순절 신앙의 정체성을 명확하게 정의하는 사람은 아마도 찾아보기 힘들 것이다"⁶라는 상황 이해가 정확하다면, 지금부터라도 성결·오순절의 신앙 전통에 대한 보다 심도 있는 신학 작업이 이루어져야 할 것이다. 동시에, 계시 이해와 관련된 철학적 물음도 다루어져야 하

지만, 이는 또 다른 과제로 남겨 두어야 할 것이다.[7]

교의학 방법론과 은총론

우리가 다루고자 하는 성결·오순절 교의의 "은총론"은 이와 같은 문제의 정황을 배경으로 해서 다루어져야 할 성결·오순절 전통의 "교의학 방법론(methodology, prolegomena)"에 해당하는 주제다.[8]

이를 위해서 먼저 우리는 성결·오순절 전통에서의 "신앙의 요체(regula fidei)"가 무엇인지 전제적으로 확인해야 한다. 성결·오순절 교의학이 자신의 정체성을 확고히 하면서 이에 관한 주장과 변증을 정당히 개진해 나가는 데 필요한 기초이기 때문이다. 이는 무엇보다도 성결·오순절 운동의 신학적 뿌리에 대한 바른 역사적 이해로부터 나올 것이다.

나의 견해로는 뿌리에 대한 역사적 이해는 도널드 데이튼(Donald W. Dayton)에 의해서 일차적으로 그 윤곽이 정립된 것으로 보인다. 그에 따르면, 역사적으로는 19세기 미국에서의 부흥 운동들과 18세기 영국의 웨슬리에까지 소급되며, 성결그룹과 오순절그룹이 공유하는 신앙의 요체(regula fide)는 중생·성결·성령세례·신유·재림이라는 것이다.

그리고 이러한 신앙의 요체를 성결그룹은 "사중복음"으로,[9] 오순절그룹은 "오중복음"으로 각각의 교단헌법에 명시하고 있고, 공동체의 핵심적 신조로 고백하고 있는 것으로 확인되고 있다.[10] 그러므로 이 양대 신앙공동체를 "성결·오순절 전통"이라는 하나의 이름으로 묶어서 말할 수 있게 된다.

이와 같은 전제하에서 우리는 중생·성결·성령세례·신유·재림의 복음-이후 편의상 이를 요약해서 표기할 때, "사중복음"이란 용어로 통일한다. 오중복음의 전통에서는 사중복음을 오중복음으로 읽을 수 있다-을 핵심으로 하는 성결·오순절 교의학 구성에서 성령의 역사에 대한 경험적 증언의 당위성과 가능성은 은총론의 차원에서 정당히 밝혀질 수 있음을 고찰하고자 한다.

신학에서 "경험"의 문제는 매우 광범위한 주제들과 연결되어 있음에도 불구하고, 그것을 적극적으로 다루는 것 자체가 부정적으로 폄하되고 왜곡되기 일쑤다. 그러나 신학의 아킬레스건과 같은 "경험"의 문제는-그래서 성령의 초자연적 역사에 대한 경험적 증거의 신학적 정당성 확보의 문제는-"은총론" 안에서 균형 잡힌 입장을 견지할 때 비로소 교의학적으로 충분히 다루어질 수 있음을 본 논문은 제언하게 될 것이다.

그리고 마지막으로는 그간의 성결·오순절 교의학 방법론과 관련해 주목할 만한 연구물들을 대표적으로 몇 가지 선정하여 우리가 도달한 연구의 관점에서 분석함으로서 결론을 맺고자 한다.

2 성결·오순절 전통과 개혁주의 전통 간의 긴장

사중복음,
신앙운동에서 신학학문으로

중생·성결-성령세례·신유·재림에 대한 그동안의 논의들은 제도 교회의 신학적 학문 영역에서가 아니라 주로 신앙운동의 현장에서 이루어져 왔다. 그 결과, 사중복음에 대한 담론은 영적 지도자들의 경험에 기초한 성서해석과 그에 따른 경험 신학적 성격이 전면에 부각되었다.

이에 대한 학문적 분석이나 체계화는 현장목회자들에게 직접적인 도움이 되지 않았기 때문에 성결·오순절 신학 정립은 늘 이차적인 문제였다. 대신 신앙의 부흥과 복음 전도 및 그리스도인의 복음적 삶을 고양하기 위한 것이 우선적이었다.

그러한 이유로 성결·오순절 전통은 교의학적 엄밀성 보다는 신앙인의 인격과 능력 있는 삶에 호응하는 데 초점을 맞춰왔다. 그에 따라 중생·성결-성령세례·신유·재림의 복음은 경험적 차원에서 부흥 운동의 메시지로 이해되었다고 볼 수 있다. 그 결과 사중복음이 신학적 체계를 갖춘 교의로 발전하는 데는 한계가 노정되어 있었다.

일반적인 교의학의
여러 갈래

일반적으로 교의학의 성격은 성경·계시 중심이냐, 교회·신조 중심이냐, 신앙·경험 중심이냐는 등, 무엇을 중심축으로 하느냐에 따라 구분된다. 그러나 모든 교의들은 이 세 가지 요소들을 내포하고 있으면서 교회 공동체의 요구에 따라 중심의 우선성을 결정할 뿐이다.

성결·오순절 전통은 이와 같은 일반적 방법을 전제하면서도, 중생·성결-성령세례·신유·재림의 복음을 신앙·경험 중심으로 이해온 것이 사실이다. 여기에는 쉽게 이론으로 체계화 할 수 없는, 그래서 학문적으로 말하기가 어려운, 선교 현장에서의 성령의 즉각적이고도 다양한 역사들에 대한 경험이 있어 왔기 때문이다.

이러한 이유로 인하여 성결·오순절 전통은 16세기의 종교개혁적 복음주의 신학 원리를 원천적으로 수용하더라도 개혁주의 전통에서와 같이 객관화된 교회·신조 중심의 교의학을 발전시키는 데는 제한이 있을 수밖에 없었다. 오히려 19세기 미국 부흥 운동의 현장에서 칼뱅주의 전통과 아르미니우스·웨슬리안 전통이 찰스 피니, D. L. 무디, 아사 마한, A. B. 심슨, 보드만, 마틴 냅, 셋 리스, 파럼(Parham), 시무어 등과 같은 영적 리더들의 초교파적 성령 운동 안에 녹여져 나온 근대의 새로운 복음주의와 맥을 같이 하고 있는 것이다.

그 가운데서도 특별히 오순절 그룹은 보다 더 칼뱅적이거나 혹은 아르미니우스·웨슬리적인 성향을 보이는 경우가 있어도,[11] 어느 한쪽을 극단적으로 배격하는 데까지는 나가지 않는다. 이에 비해서 성결그룹은 사중복음을 말하되, "웨슬리안" 전통에 서서 칼뱅주의와의 차별성을 분명히 하고자 하는 경향이 강한 것으로 보인다.[12]

교의학적 주제로서
사중복음

성결·오순절 운동에서 강조되는 중생·성결-성령세례·신유·재림이란 교의학적 주제는 역사적으로 볼 때 주제별로 적극적으로 다루어진 시대가 다를 뿐만 아니라, 그 주제가 다루어진 동시대의 주류 신학계 안에서 기피되었던 불편한 논쟁거리들이었다.

'중생(regeneration)'은 16세기 종교개혁 당시 칭의론이 신학의 축을 이루기 시작한 이후 신앙 경험론적 차원에서 다루어진 가장 중요한 이슈들 중의 하나였고, 이에 근거하여 17세기 독일의 경건주의를 중심으로 '중생'은 신앙생활과 신학 훈련을 위한 핵심 개념이 되었다.

종교개혁 전통 안에서 '성결(holiness/sanctification)'은 칭의론 안에서 함께 다루어지는 것이 주류였는데, 18세기 영국의 웨슬리는 이를 칭의 이후 이차적으로 경험되는 은총이라 하여 칭의론에서부터 독립시켜 '성결/성화' 혹은 '기독자의 완전(Christian perfection)'을 강조하면서 영국 국교회와의 신학적 갈등의 원인이 되었다.

더욱이 웨슬리의 후계자로 지목되었던 존 플레처(John W. Fletcher, 1729~1785)는 한 걸음 더 나아가 성결을 '성령세례(Spirit-baptism)'의 맥락에서 보게 하는 길을 열어놓음으로써[13] 19세기 미국의 부흥 운동은 곧 성령세례를 체험하는 것으로 이어지면서 확산되어 나갔다.

'신유(Divine healing)'는 종교개혁자들이 다루기를 터부시하는 주제여서 상당 기간 침묵하고 있다가 19세기 초에 이르러서 독일의 블룸하르트

(Johann & Christof Blumhardt, 1805~1880, 1842~1919) 부자(父子)의 활발한 치유 활동을 통해서 주목받기 시작했다. 급기야 아메리카 대륙으로까지 번져 거의 모든 부흥 운동에서 신유의 체험이 보편적으로 나타날 정도가 되었다. 그렇지만 교의학적 관점에서 깊이 있게 다루어진 바가 없었다고 볼 수 있다.

그리고 '재림(The Second Coming)'은 전통적으로 무천년적 종말론이 지배적인 때에 성결·오순절 운동에서는 천년왕국을 이 땅에서 경험할 수 있는 전천년주의적 종말론에 따른 재림론을 주장함으로써 성결 운동을 하는 동일 그룹 안에서도 배격을 받는 처지가 되었었다.[14]

개혁주의 입장과
사중복음 교의학

오늘날 19세기 후반에 발원한 성결·오순절 운동이 이상의 사중복음적 복음주의의 참모습임을 보여준다고 주장하더라도, 개혁주의 전통은 성결·오순절 운동을 신학적으로 수용하기 매우 어려운 교의학적 규범에 묶여 있다.

이 개혁주의 전통은 이미 15세기 얀 후스(Jan Hus)에 뿌리를 두고 있는 모라비안 운동, 16세기 종교개혁 당시부터 재세례파라 불린 비관료적 래디컬 종교개혁 운동, 17세기 경건주의 운동, 18세기 영국의 웨슬리 형제가 주도한 메소디스트 성결 운동, 19세기 미국에서의 성결·오순절 운동에 이르기까지 비판적인 입장을 일관되게 지속적으로 견지해 왔다.

그 이유에 대해서는 여러 가지 관점에서의 분석이 있겠으나 내 의견으로는, 첫 번째로, 개혁주의적 복음주의는 16세기 로마가톨릭에 맞서 복음을 수호하기 위하여 기독론적 구심성(球心性)에 천착(穿鑿)해 왔는데, 그리스도 중심으로 들어오는 것과 반대 방향으로 보이는 원심성(遠心性)을 띤 성령론적 신앙고백과 개인들에게 자유롭게 열려진 신앙체험은 위험한 것으로 보는 전통에 익숙해 있기 때문이고, 두 번째로, 개혁주의가 취하고 있는 은총론 때문으로 보인다.[15]

개혁주의 신학 방법론, 사중복음신학 방법론

일반적으로 개혁주의의 신학 전통은 이미 세워진 교회 내에서의 영적 무질서와 비본질적 요인들을 바로 잡기 위하여 필요한 규범적 권위를 확보하는 데 우선적으로 초점을 맞추고 있다. 이와는 달리 성결·오순절의 전통은 교회를 세우는 선교 현장에서의 말씀과 기도의 역사로 나타나는 성령의 순간적이고 기적적인 활동들과 종말론적 삶을 결단할 수 있게 한 신앙체험을 잘 유지하고 계승하는 데 집중하고 있는 특징을 지닌다.

그리고 이러한 성결·오순절의 신앙체험 전통의 중심에 중생·성결-성령세례·신유·재림에 대한 신앙고백이 있었다. 그러므로 도널드 데이튼이 역사적인 맥락 가운데 성결·오순절 운동의 신학적 뿌리를 고찰할 때 확고한 입장에서 중생·성결-성령세례·신유·재림을 성결·오순절 교의의 핵심으로 다룰 수 있었다.[16]

바로 이 중생·성결-성령세례·신유·재림을 성결 전통에서는 "사중복음"으로, 미국의 오순절 전통에서는 "오중복음" 혹은 "사각복음"으로 부르면서, 그것은 곧 "온전한 구원의 복음(full salvation gospel)"이라 주장하며, 이를 줄여서 "풀 가스펠(full gospel)"이라 하였고, 한국적 상황에서 영산은 사중복음에 "축복"을 더하여 오중복음으로 정립하였다. 우리말로는 "순복음", "온전한 복음" 혹은 "참복음" 등과 같은 명칭을 사용해 오고 있다.[17]

이 풀 가스펠을 "사중복음"으로 부르는 성결 전통은 성결과 성령세례를 하나로 여겨 "성결은 곧 성령세례"로 보기 때문이며, 오순절 전통이 풀 가스펠을 "오중복음"으로 부르는 이유는 성령세례를 능력의 관점에서 강조함으로써 성결과 분리하여 독립적으로 보기 때문이다.

이때 교의학 방법론 차원에서 문제 되는 논쟁거리는 '신앙 경험(체험)' 혹은 '확신(assurance)'이다. 왜냐하면, 인간의 경험이 강조되는 구조에서 과연 '어떻게 하나님의 은총이 정당히 자리를 잡을 수 있을 것인가'라는 의문이 제기되기 때문이다.

중생·성결-성령세례·신유·재림의 신앙이 인간에게 경험의 사실로 주어질 때 비로소 '기쁜 소식'으로 여겨질 수 있다고 한다면, 하나님의 은총은 인간의 경험 밖에서는 복음과 아무런 상관이 없이, 무력하게 되는 것이 아닌가? 개혁주의 전통에서 심각하게 제기하는 논제이다.

바로 이 지점에서 개혁주의적 규범으로 규정될 수 없는 성결·오순절 전통의 신앙체험이 신학적으로 정당히 평가될 뿐만 아니라, 복음이 지시하는 바른 방향으로 지속적인 역사가 있도록 하기 위해서는 성결·오순절 전통의 고유한 신학적 선언이 있어야 하는 것이다. 그리고 그것이 견고한 신학체계를 이루기 위해서는 성결·오순절 전통의 핵심교의인 중생, 성결-성령세례, 신유, 재림이 '은총론'의 범주 안에서 교의학적으로 정당히 정립되어야 한다는 것이다.

3 성결·오순절 신앙 경험의 이슈: 아우구스티누스의 은총론

은총론 안에서의 경험의 위치 설정

성결·오순절 전통의 교의학 수립을 위한 방법론적 이슈들 가운데 무엇보다 우선적으로 다루어져야 할 주제가 은총론 안에서 경험의 위치를 규명하는 것이다. 왜냐하면, 사중복음의 신앙은 '언약'에 대한 것이기도 하지만, 동시에 '경험'에 관한 것이기도 하기 때문이다. 그동안 사중복음의 언약적 차원과 경험적 차원에서 항상 부각되었던 것은 언약보다는 경험이었다.

언약은 성경 텍스트에 계시된 하나님의 말씀으로서 객관적 인식이 가능한 것이지만, 여기에서 경험은 개개인의 실존적 상황에서 다양하게 나타날 수밖에 없는 주관성 때문에 교의학적 규범 밖에 놓여 있어, 특정한 신앙 경험들은 가치평가를 받는 데 정당한 보호를 받을 수 없다는 점이 문제의 상황인 것이다.

특별히 개신교의 전통은 "오직 성경", "오직 은총", 그리고 "오직 믿음"의 종교개혁적 원리가 인간 중심의 주관적인 종교생활에 대한 강력한 저항으로 나타나고, 동시에 하나님 중심의 규범이 적용되도록 하는 것인데, 여기에서 인간의 "경험"을 전면에 내세우는 것은 인간적이고, 주관적이며, 종교적인 것으로 배척되어야 할 것으로 간주될 수밖에 없다. 그것은 역사적으로 신비주의, 자유주의, 도덕주의, 율법주의 및 가톨릭주의로 빠지게 되는 지름길로 비판되어 왔다.

여기에서 우리는 슐라이어마허를 중심으로 전개된 유럽의 경험주의 신학은 경험을 방법론적으로 계시의 한 '원천'으로 보는 것이기 때문에 성결·오순절 전통의 경험과 맥을 전혀 달리 함으로 우리의 논고에서 벗어남을 밝힌다.

왜냐하면, 우리가 전개하고자 하는 성결·오순절 경험론은 계시의 언약으로부터 드러나야 할 경험으로서 은총의 차원에서 정당히 자리매김 되어야 하는 것이기 때문이다. 그러므로 소위 자유주의 신학의 초석이 되는 인간 경험과 혼돈하거나 혼합해서는 안 된다.

아우구스티누스의 은총론 오독의 결과:
경험의 몰이해

그렇다면 역사적으로 계시·언약에 기초한 경험이라도 그것이 비판과 거부의 대상이 되었던 이유가 무엇인가? 우리는 그 원인을 아우구스티누스(Augustinus)의 은총론에 대한 종교개혁자들의 이해와[18] 그에 기초하여 보다 극단적으로 전개한 후대의 교파주의 신학에서 찾는다.

아우구스티누스는 인간을 의롭게 하는 하나님의 은총을 두 가지의 개념으로 말한다. 하나는 의의 옷을 입히는 수동적 은총으로서의 수동적 의의 전가(imputation, imputating grace)요,[19] 다른 하나는 그리스도와 성령을 통하여 우리의 본성까지도 의롭게 변화 받는 "성화(聖化)"를 경험케 하는 주관적 은총으로서의 의에 참여(impartation, infusing grace)다.[20]

교회사가 김홍기는 아우구스티누스의 은총론이 개신교 지도자들에게 어느 정도 어떻게 영향을 미쳤는지를 연구한 후, 결론적으로 다음과 같이 말한다.

> 루터와 칼빈과 웨슬리는 또한 어거스틴으로부터 객관적 수동적 의인화의 주입(imputation)을 영향 받았다. … 어거스틴이나 루터나 신적 생명의 나눔 안에서 크리스천이 성장함과 신적 의로움에 참여함을 믿고 있으나, 어거스틴만큼 본성적 의로움의 성화를 루터나 칼빈은 신학의 중심으로 두지는 않는다. 그러나 웨슬리가 이 면에서 어거스틴을 수용한다. 어거스틴이나 웨슬리는 은총의 양면성, 곧 객관적·수직적·수동적 요소(imputation)와 주관적·수평적·능동적 요소(impartation)를 동시에 강조한다. 의로움이 주어질 뿐만 아니라 의로운 인간으로 살아야 한다는 것이다.[21]

아우구스티누스는 성령을 통해 의의 옷을 입히는 수동적 은총(imputation)을 말한다.[22] 하나님의 의(*iustitia Dei*)는 내가 이루는 것이 아니라, 하나님께서 값없이 주는 은총으로서 내게 전가(傳家)되는 것이다.

루터의 아우구스티누스 오해 이유:
가브리엘 비엘

이러한 아우구스티누스의 신학 방법론은 가브리엘 비엘(Gabriel Biel)을 통해서 루터의 초기 사상에 영향을 미친다.[23] 이렇게 전가되는 하나님의 의는 "오직 믿음"(롬 1:17)으로만 받게 된다. 루터는 이 지점에서 중세 스콜라주의의 선행과 중세 신비주의의 체험을 비판하면서, 주관적 내면의 체험(in nobis)이 아니라, 밖에서 우리에게 다가오는(extra nos) 말씀으로 믿음이 일어남을 강조한다. 오직 말씀으로 말미암는 믿음이다.

그러므로 루터에게 말씀 밖에서의 신비적 체험이나 기타 경험들은 설 자리가 없다.[24] 특별히 루터는 소위 "탑의 경험"에서 수동적이고 객관적인 의의 주입에 대한 깨달음은 바울과 아우구스티누스에게서 비롯된 것임을 말하고, 그러한 의의 전가적 은총은 법적이고(forensic), 우리 밖에서(von außen) 주입되는 은총(eingegossenen Gnade, *gratia infusa*)이라고 말한다.[25]

이처럼 루터의 은총론은 아우구스티누스의 수동적 의의 전가라는 은총론에 철저히 빚지고 있다. 그러나 칼 홀이나 파울 알트하우스에 의하면, 루터는 의의 전가(imputation)뿐만 아니라 아우구스티누스의 의의 분여(impartation) 은총론도 수용하고 있다고 본다. 이를 통해 루터는 자신의 성화론을 곳곳에서 전개하고 있다는 것이다.[26]

루터의 수동적 의의
전가 개념

그럼에도 불구하고 전반적으로 루터에게서는 아우구스티누스보다 수동적 의의 전가가 지배적이며, 이러한 루터의 입장은 멜란히톤(Philipp Melanchton, 1497~1560)에 의해서 의롭게 됨의 교리가 "법정적인 것"으로 발전되며,[27] 마침내 "의롭게 됨에 관한 개신교적 이해에 있어서

규범적인 것이 된다."²⁸

 이러한 교리의 체계화는 당시 로마가톨릭과 자신을 차별화하는 데는 유익했을 것이다. 왜냐하면, 가톨릭은 '의롭게 됨(義化, justificatio)'에 요구되는 것으로 은총을 주입하는 기동자(*gratia operans*, 하나님)의 운동과 의롭게 되는 자의 의지 행위로서의 피동자의 운동을 말하면서, 신과 인간 사이의 운동 과정에서 "신의 은총에 의해 그(인간)의 지성과 의지가 변화됨으로써 그의 죄 짓던 습성은 점차 제거된다"라고 가르쳤기 때문이다.²⁹

 그러나 종교개혁 시대가 마무리되고 난 후 교리적 정통주의가 형성되면서 생긴 극단적 루터파(High Lutheranism)와 극단적 개혁주의(Hyper-Calvinism)의 은총론은 불행히도 의의 전가론 한 쪽으로만 전개됨으로써 의의 분여를 말하는 것은 더 이상 어렵게 된 전통이 형성되었다.

 이처럼 개혁주의 전통이 자신의 규범적인 잣대를 가지고 '의의 전가'라는 수동적 은총론을 역사적인 맥락과 관계없이 주장하게 될 때에는 의의 전가 이후 기대하게 되는 신자의 변화 경험(impartation), 즉 성령의 내주함과 그에 순종하여 일어나는 성화에 대한 경험-"성령의 나타나심"-은 소극적으로 위축될 수밖에 없게 되는 것이다.

아우구스티누스:
은총론의 분수령

 우리는 아우구스티누스의 은총론에 대한 루터·칼뱅·웨슬리의 기본적 입장을 확인하였다. 각각은 독일어·프랑스어·영어권이라는 지역에서 비롯되는 종교적·정치적·역사적 맥락의 차이 때문에 결코 해석학적으로 복잡한 함의를 지닌 은총론을 같게 이해할 것을 기대하는 것은 현실적으로 불가능한 일이다. 오히려 서로 다른 접근과 강조점의 차이가 날 수밖에 없는 삶의 자리를 제대로 이해하는 것을 통해서 우리는 아우구스티누스를 보다 정당하게 우리의 신학적 멘토로 삼을 수 있게 될 것이다.

　아우구스티누스의 사상은 시대마다 철학적으로, 신학적으로, 정치적으로, 그 받아들이는 양상이 달라왔음을 역사적으로 확인할 수 있다.30 우리는 그 중에 현대 개신교 복음주의에 결정적으로 영향을 미치고 있는 루터·칼뱅·웨슬리가 아우구스티누스의 은총론을 그들의 상황에서 자유롭게 독자적으로 취사선택하여 발전시켜 온 것을 종합적으로 볼 수 있어야 하고, 동시에 이를 넘어설 수 있어야 할 것이다.

　아우구스티누스로부터 16세기 로마가톨릭과 신학적 대결을 벌이던 루터와 칼뱅은 그리스도의 의의 수동적 전가(imputation)에 우선성을 두었다면, 종교개혁이 일단락 마무리 되고 난 18세기 영국에서 웨슬리는 상대적으로 그리스도의 의에 대한 **능동적 분여**(impartation)를 강조해야 하는 상황을 맞이하였다. 그에 따라 아우구스티누스로부터 루터는 "원죄"와 "의인이며 죄인"인 신자의 실존을, 칼뱅은 "예정" 사상을, 웨슬리는 "선행은총"과 "자유의지"의 사상을 적극적으로 수용하였다.

성결·오순절 전통에서
아우구스티누스의 은총론 톺아보기

　　　　　　　　　　　그렇다면 21세기의 성결·오순절 신앙의 전통을 가장 잘 담아낼 수 있는 아우구스티누스 해석은 무엇인가?

　일단 성결·오순절 전통에도 아우구스티누스가 중요한 것은 개신교를 태어나게 한 마르틴 루터의 종교개혁 사상에 지대한 영향을 미쳤다는 것이다. 그리고 아우구스티누스의 은총론은 개인적이며 주관적인 사유의 산물이기 전에, 당대의 최고의 신학자이자 영적 지도자기도 했던 펠라기우스(Pelagius)와의 치열한 신학적 논쟁을 거쳤고, 개인적인 차원에서 오랫동안의 영적 시험의 과정을 통과했고, 교회의 감독으로서 교회 안팎의 이단이나 사이비 기독교로부터 교회를 지키기 위해서 헌신했던 현장 지도

자의 신학적 통찰이라는 것 때문에 그 가치를 높이 평가하게 된다.

우리는 여기에서 아우구스티누스의 은총론에 대한 두 가지의 역설적인 특징을 적극적으로 고려함으로써 성결·오순절 운동에 나타나는 '신앙체험'의 문제를 교의학적 방법 안에서 개진할 수 있는 신학적 근거를 고찰하고자 한다.

하나는, 아우구스티누스의 은총론은 기본적으로 원죄를 부인하고 자유의지와 인간 본성에 대한 낙관주의를 펼침으로 하나님의 은총이 설 수 있는 자리를 허락지 않았던 펠라기우스의 신학에 반대하여 정욕(concupiscentia)으로서의 원죄 상태에 있는 인간을 강조하면서 나온 것이기 때문에,[31] 아우구스티누스가 말하는 선행·의지·자유·변화·경험 등은 철저히 그리스도의 십자가 신앙으로 재해석되고 재정의된 인간론적 개념들이며, 그 핵심 가운데에는 "의인이며 죄인(simul iustus et peccator)"이라는 명제가 언제나 깔려 있다는 것이다.[32]

그리고 다른 하나는, 그리스도를 믿는 자들에게는 십자가 공로로 말미암는 법정적인 하나님의 의만이 아니라, 그리스도의 의로 인하여 성령의 역사와 임재가 허락이 되며, 이를 통해 삶을 변화하는 능력이 그에게 부여됨으로써 의로운 "하나님의 형상"이 그 안에서 이루어져 나가는 경험을 하게 되는데,[33] 이를 위해서 성령이 "선물(donum)"로, 그리스도가 아버지로부터 "보내짐"이 되었다는 것이다.[34]

아우구스티누스의 은총론:
역설적으로 해석하기

아우구스티누스의 은총론에 대한 이와 같은 역설적 해석의 관점에서 우리는 성결·오순절의 신앙 경험을 은총론적으로 설명할 수 있는 길을 마련할 수 있게 된다. 성결·오순절 운동은 주지하다시피, 19세기 낙관적인 인간론이 팽배했을 때 어떠한 인간적 의지와 노력으로도 해결될 수 없는 인간의 원죄와 자범죄로부터의 구원, 거룩함과 능력을 덧입기 위한 성령세례를 구하며, 하나님의 치유 역사와 종말론적 심판을 강조하면서 하나님의 은총을 구한 종교개혁적 운동이었다.[35]

그것이 바로 그리스도의 의의 전가(imputation)로 의롭게 된 신자들에게 주어진 성서적 언약으로서의 중생·성결–성령세례·신유·재림이라는 복음이며, 이 복음의 능력을 성령의 임재 가운데 경험하게 된(impartation) 자들로부터 시작된 공동체가 성결·오순절 교회를 이루게 되었다.

그러므로 성결·오순절 전통에서의 사중복음은 하나님으로부터 온 언약이며, 동시에 그 언약이 이루어지는 과정에서 신자들의 신앙적 참여가 있게 되며, 그 결과 언약 성취의 경험이 뒤따르게 된다.

이때의 경험은 단순히 인간 본성에 기인한 종교적 체험이 아니라, 밖으로부터 우리 안으로(*extra nos*) 들어온, 성령의 권능에 의한 것이요, 곧 전능하신 하나님이 우리 안에 내주하면서 우리를 하나님의 성품에 참여한 자로 변화시키며(sanctification), 또한 능력을 덧입혀, 하나님의 구원 사역의 도구로 쓰신다. 따라서 신자들 안에서부터 나타나는 영적 변화의 경험은 반드시 성서적 언약의 말씀으로 이야기 될 수 있어야 하며, 그것은 철저히 하나님의 의(*iustitia Dei*)만을 드러내는 신앙사건으로서의 경험이 되어야 한다.

4 은총으로서의 성결·오순절적 경험

신앙 경험은 신앙의 결과로 나타나는 증거의 차원으로서 성경의 계시 현실을 인식하는 데 기여하지만, '확실성'이라는 기준하에 신앙으로 경험된 것만을 교의학의 원천으로 삼는 경험주의적 방법과는 구별되어야 한다.[36]

신앙은 경험 이전에 하나님에 의하여 주어지는 은총에 의한 선험(先驗)

적 사건이며, 성경에 계시된 많은 것들이 여전히 불신과 무경험 상태로 남아 있다는 사실을 인정해야 하기 때문이다. 그러나 성결·오순절 교의학이 사중복음의 관점에서 성경의 가르침을 교의학적으로 체계화하고자 할 때 신앙체험, 자유의지, 성령의 증거 및 성령세례의 경험들은 은총론적으로 정당히 이해되어야 할 것이다.

1) 은총으로서의 신앙체험과 자유의지

사중복음:
하나님의 은총과 선물

사중복음은 '온전한 구원의 복음(Full Salvation Gospel)'에 대한 다른 말로서, 하나님을 떠나 죄악 가운데 멸망에 떨어지게 될 인간에게 주어진 가장 커다란 은총이며, 그 은총의 기초는 그리스도의 성육신·십자가·부활, 승천이라는 역사적 사건이다. 그러므로 중생, 성결-성령세례·신유·재림은 그리스도이신 예수로 말미암고, 그리스도는 하나님의 계시로서 인류의 역사 가운데 하나님 나라를 위해 보내진 인격화된 하나님의 은총(Personifikation der Gnade)이다.

믿음으로써 사중복음을 하나님의 은총으로 받아들이는 것은 복음의 주(主)이신 예수를 그리스도로 영접하는 자들에게는 누구에게든지 열려 있다. 이 복음이 약속하고 있는 구원은 오직 예수 그리스도 안에서만 계시되며, 그에게 오는 자는 어떤 상태에 있어도 거절되지 않는다.

모든 인간이 죄 가운데 있을 때 이루신 하나님의 그리스도 십자가 공로로 인하여 인간이 죄로부터 해방되는 사죄(赦罪)의 은총 없이 사중복음 또한 없다. 온전한 구원의 복음으로서의 사중복음은 오직 하나님의 십자가 은총 안에서만 믿는 모든 자들에게 구원의 능력으로 경험된다.

성경이 계시하는 사중복음 자체가 하나님의 은총이요 '하나님의 선물

(donum Dei)'이기 때문이다. 이를 받는 인간에게 요구되는 것은 오직 믿음 뿐이다. 여기에는 어떠한 형태의 펠라기우스주의(Pelagianism)도 설 수 있는 자리는 없다. 하나님의 은총 없이 율법을 행함으로써 혹은 인간 본성의 도덕적 의무감으로부터 실천하는 선행을 통해서 하나님과의 화해를 추구하거나 인간 구원을 도모하는 모든 행위는 하나님의 은총과 대립되는 것이며, 자기모순과 위선(僞善)에 빠지는 길이며, 궁극적으로는 은총 없이 행하는 자신의 행위에 따라 심판을 받는 자리에 이르게 된다.

사중복음은 이러한 면에서 하나님의 은총으로 시작하여 하나님의 은총으로 말미암는 십자가 신앙의 중생과 십자가 사랑의 성결·십자가 능력의 신유와 십자가 소망의 재림으로써 하나님 나라의 온전한 구원을 선포한다.

하나님의 은총:
사랑으로 실천하기

이와 같은 하나님의 은총은 믿음으로 받아들여지는 것으로 끝나는 것이 아니라, 믿음 안에서 사랑이 실천되도록 하는 데까지 나간다. 곧 인간을 죄로부터 해방하는 믿음이 "사랑으로써 역사하는 믿음"(갈 5:6)이 되게 한다. 이때 인간의 자유의지는 하나님의 은총 안에서 사랑의 선행을 실천하는 은총의 도구가 된다. 그렇지 않으면 하나님의 은총은 소위 "값싼 은총"으로 폄하될 수 있다.

믿는 것에 있어서는 귀신들도 예수가 하나님의 아들임을 믿고 두려워하기 때문이다. 그러므로 십자가 신앙은 십자가 사랑의 선행으로까지 가야 한다. 이때 십자가 신앙에 '회개'가 따름으로 사죄와 중생의 은총을 누리듯이, 십자가 사랑에는 '자유의지'가 따름으로 선행의 열매를 맺고 축복의 은총을 경험하게 되며,[37] 이로써 인간 구원을 위한 하나님의 계시는 결코 '값싼 은총'이 아님이 밝혀진다.

십자가와 자유의지

그러나 인간의 자유의지가 하나님의 은총 없이 선을 행할 때, 즉 십자가 신앙의 사죄가 없을 때 그의 선행은 오히려 자기의 의(義)만을 드러내는 결과가 되어 복(福)이 되기보다는 화(禍)를 불러일으키는 원인이 된다. 하나님의 십자가 신앙의 은총 아래에 있지 않은 자유의지는 여전히 원죄(原罪)에 묶여 있기 때문이다.

인간이 원죄로부터 자유롭게 되는 것은 오직 하나님의 은총 안에 있을 때뿐이다. 이때의 은총은 그리스도를 통해서 하나님으로부터 주어진(extra se) 것이지, 인간에게 '내재된 은총(gratia habitualis)'이거나 '피조물에게 주어진 은총(gratia creata)'일 수 없다.[38]

원죄 이후의 상황에서는 은총론을 인간 존재론적 차원에서 전개하는 것은 불가능하며, '오직 그리스도, 오직 말씀, 오직 신앙(solo Christo, solo verbo, sola fide)' 안에서 '하나님의 단독적 행위(Alleinwirksamkeit Gottes)'로 이해하는 것만이 유효할 뿐이다.

중생·성결-성령세례·신유·재림이 인간 구원을 위한 하나님의 은총으로 받아들여질 때도 동일한 것이다. 이러한 틀 안에서 자유의지에 의한 선행 또한 아우구스티누스의 관점과 같이 하나님의 은총으로 수용될 수 있다.

(바울) 그는 '하나님께서 각 사람에게 그 행한 대로 보응하시되'(롬 2:6)라고 말하면서, 선행을 부정하거나 그 가치를 무시하지 않았습니다. 그러나 선행은 믿음에서 생기며 믿음이 선행에서 생기는 것이 아니기 때문에, 위에서와 같이 말한 것입니다. 그러므로 우리가 의로운 행위를 하는 것은 하나님에게서 오는 일이며, 믿음 자체도 하나님에게서 옵니다. 그래서 '의인은 믿음으로 말미암아 살리라'(합 2:4)는 성경 말씀이 있습니다.[39]

그러므로 영생을 상으로 받는 우리는 선행까지도 하나님의 은혜에 속한다고 해석하지 않는다면 이 문제는 도저히 해결할 수 없는 것같이 내게는 생각됩니다. … '선한 일을 위하여 (우리는 하나님의) 지으심을 받은 자'입니다(엡 2:10). … 결론은 다음과 같습니다. 곧 여러분의 선한 생활이 하나님의 은혜에 불과한 것과 같이, 선한 생활에 대한 상으로서의 영생도 하나님의 은혜입니다.⁴⁰

십자가 신앙의 은총으로 중생을 경험한 자는 더 이상 칭의(稱義)의 상태에 머물러 있는 것이 아니라, '선한 일을 위하여 지음을 받은 자'로서 '하나님을 사랑하고 이웃을 사랑하라'는 계명을 자유의지로써 실천하는 자로 나가야 한다. 십자가 신앙과 십자가 사랑은 각각 중생과 성결의 경험으로 나아가게 하지만, 둘은 동일하게 하나님의 은총에 의한 사건이다. 자유의지는 십자가 신앙 안에서 완전히 죽은 후, 십자가 사랑 안에서 새롭게 태어난다.

2) 은총으로서의 성령의 증거와 성령세례

경험의 최종 판단자:
성경

성경은 모든 성령의 증거들을 판단하는 규범이 된다. 성령의 증거는 신앙인의 믿음을 강화하며 확신의 경험을 더해준다. 신앙으로 인식되는 계시가 신적 진리임을 보증하는 것은 성령이다. 성경이 하나님의 말씀임을 인식함에는 교회적·역사적·직관적·윤리적 증거들만으로써는 모자란다. 이들로는 인간적인 확신까지는 도달하게 하지만, 절대적인 확증에까지는 이르지 못한다. 이를 위해 반드시 필요한 것은 하나님의 은총으로 주어지는 성령의 증거다.

그러므로 성령의 증거는 판단할 문제이지 거부해야 하는 것이 아니다.

성결·오순절 전통은 성령의 증거에 대해 개방적이다. 성령의 증거는 성령이 말씀하시고 일하심으로써 나타나는 것이지 신앙인의 경험으로부터 나오는 것이 아니기 때문이다. 그러므로 성령의 증거는 하나님의 선물이요, 은총이다. 그중 가장 큰 은총은 성경이다.

성결·오순절 교회가 성령의 증거를 받은 경험에 대한 최종 판단은 성경 자체다. 성경에 의해 검증된 영적 경험으로서의 중생 체험, 성결·성령세례 체험, 신유 체험, 재림신앙으로 인한 종말론적 헌신의 체험은 그 자체로서 하나님의 은총(gratia Dei)이고 하나님의 선물(donum Dei)이다

성령 사역과
하나님의 말씀

성령의 사역은 하나님의 말씀과 분리되지 않으며, 인간의 감성·이성·영성·의지 등 그 어느 한 부분만이 아니라 전인격적인 관계성 가운데서 이루어진다. 따라서 성령의 증거는 추상적이거나 신비주의적이지 않다.

구체적인 행동을 위한 결단 앞에 서도록 이끈다. 성령의 증거에는 모호함이 없다. 그렇다면 그것은 하나님께로부터 나온 것이라 인정하기 어렵다.

성경 안에 나타난 수없는 성령의 증거들 가운데 그 뜻과 소리가 명확치 않은 것이 없다. 그러므로 현재도 생명과 진리의 역사를 일으키시는 성령의 증거는 환영해야 할 하나님의 은총이지 위험한 현상이 아니다.

신앙 경험:
원인이 아닌 반응

신앙 경험이란 성령의 증거에 대한 반응이지, 신앙의 원인이 아니다. 신앙의 반응으로서의 결과는 주관적이나, 신앙의 원인으로

서의 성령의 증거는 누구에게나 객관적이다. 그러나 성령은 어떠한 형태의 인간적 주객구조에서도 스스로 자유하다. 성령의 증거는 성령에 의한 사역의 결과이지, 인간의 체험에서 나온 주관적 반응이나 확신이 아니다. 그러므로 성령의 증거는 받는 자가 어떠한 반응하든지 그 반응으로부터 언제나 자유롭다.

'인간적인 믿음(fides humana)'과 '신적인 믿음(fides divina)'은 전혀 다른 차원이다. 인간적인 믿음은 사람의 논증에 의존함으로써 구원의 힘이 없으나, 신적인 믿음은 오직 성령의 증거를 통해 성경이 하나님의 말씀임을 인식함으로써 구원 받음의 확신으로 이끈다.

성령의 증거는 하나님이 인간에게 은총과 신앙을 수여하는 가운데 주시는 한 방편이지 신앙의 궁극적 근거는 아니다. 여기에서 다시 한번 종교개혁자들이 재발견한 '오직 성경'만이 신앙의 최종적인 근거임을 확인할 필요가 있다.

하나님의 계시에 대한 신적 권위의 우선성은 성령의 증거를 확신하는 인간의 경험에서 보다는 성경에 의한 객관적 증거에 대한 신앙에서 찾을 수 있기 때문이다. 성서적 계시 신앙 이후에 성령의 증거는 계시의 내용을 체험적으로 확인해주는 것으로 역할을 감당한다고 할 것이다.[41]

성령의 증거: 종교적 체험 이전에
하나님 나라 복음의 언약적 차원

그러나 성령의 증거를 중요시함으로써 종교적 체험이 신학적 인식론의 기초가 될 때, 객관적 교의들을 체험적 논리의 확실성으로부터 유추하려는 종교적 체험주의의 위험성에 빠질 수 있다. 그렇게 되면, 성경의 계시가 모두 종교적 체험으로 다 파악될 수 없을 때 체험으로 확인되지 않는 진리에 대해 반(反)신앙적인 태도를 보일 수 있게 된다. 결국은 종교적 체험주의가 계시의 본질적 영역을 왜곡하는 데

까지 이르게 된다는 개혁주의의 경고는 중요하다.[42]

이러한 맥락에서 중생·성결-성령세례·신유의 실재는 먼저 성령에 의한 경험적 증거에 의존하기보다 하나님 나라 복음의 언약적 차원에서 신앙으로 접근하는 것이 유익하다. 그렇지 않으면 기준이 되는 언약의 말씀이 경험에 의해서 주관적으로 이해되어 결국 종교적 경험주의에 빠지는 위험에 노출될 수 있다.

재림에 관해서도 휴거와 같은 교리를 시한부 종말론이나 그와 유사한 경험주의적 차원에서 바라보기 위하여 사중복음에 대한 성령의 증거를 찾게 될 때 사중복음 교의에 대한 심각한 곡해가 생기게 되고, 복음적 신앙과는 상관이 없는 종교적 신비주의로 떨어질 수 있게 된다. 사중복음에 대한 성령의 증거는 먼저 선험적 차원에서 신앙 안에서 주어지는 것이며, 종교적 체험으로서의 영적 증거는 전적으로 하나님의 권한과 때에 귀속되어 있는 것이다.

성령의 증거:
성령의 오심

무엇보다도 성령의 증거는 성령의 오심을 전제한다. 그러므로 성령의 오심은 죄인인 인간에게 최고의 '하나님의 선물(*donum Dei*)'이요, '살리는 은총(*gratia vivificans*)'[43]이요, '복음(*evangelium*)'이다.

이러한 맥락에서 성령세례는 하나님의 선물로서, 하나님의 은총으로서, 그리고 하나님의 복음으로서 인간의 타락한 본성과 자유의지를 회복하여 하나님의 율법을 따르고 온전한 구원을 완성토록 하겠다는 하나님의 언약의 말씀이요, 또한 이를 믿고 은총 아래에 있고자 하는 자들에게 하나님의 능력이다.

그러므로 사중복음은 십자가 신앙으로 하나님의 은총을 누리는 자들에게 은총의 더 깊은 차원을 경험하도록 성령세례를 구하게 한다. 성령세례는 창조세계에서 완성코자 하시는 종말론적 하나님 나라를 위해 하나님의 백성들에게 주시는 하나님의 언약이요, 선물이기 때문이다. 하나님의 자녀 된 자들이 이러한 성령세례를 받음으로써 하나님 나라를 위한 십자가 사랑과 십자가 능력과 십자가 소망 가운데 넉넉히 참여하게 된다.[44]

성령세례는 하나님 나라에 참여하는 모든 다양한 신앙고백 전통의 교회 공동체들이 한 몸 예수 그리스도에 속한 지체들로 연합케 하며,[45] 그 가운데서 하나님의 거룩함을 회복케 하며, 하나님의 능력으로 십자가의 복음을 증거 하도록 하며, 창조세계를 치유하는 공동체로 세워나가도록 한다.

5 맺는말: 성결·오순절 교의학적 연구 분석

성결·오순절 교의학의 핵심주제인 중생·성결-성령세례·신유·재림의 복음에는 언약적 차원과 경험적 차원이 있다. 이 양대 차원이 교의학적으로 바르게 이해되려면, 언약적 차원은 말씀론에서, 경험적 차원은 은총론에서 정립되어야 한다고 제안하였다.

우리는 후자에 집중하여 성결·오순절 전통의 신앙 경험을 교의학적으로 정당히 이해될 수 있도록 은총의 경험론을 시도하였다. 우리는 이를 위해서 종교개혁 신학 전통에 관련된 연구를 검토하였다.

종교개혁자들은 아우구스티누스의 은총론을 적극적으로 수용했으나 시대적 맥락에서 부분적으로만 취사선택한 후 자신들의 신학을 전개하였다. 우리는 아우구스티누스의 은총론을 통전적으로 이해한 후, 이를 다시 '개신교 복음주의'의 일반적 전통에 가지고 와서 성결·오순절의 신앙 경험을 은총론의 관점에서 개진해 보았다.

방법론적 고찰을 통해서 얻게 된 결과를 통해서 우리는 그간의 성결·오순절 전통의 교의학적 시도들을 좀 더 세밀하게 논평하고 제안할 수 있는 관점을 가질 수 있게 되었다.

여러 가지 가운데 전통적인 교의학의 형태를 갖춘 뒤필드와 밴 클리브의 1983년에 나온 『오순절 신학의 기초』를 보면, 오순절 신앙의 논리를 체계화하는 것까지는 그 목적을 달성했으나, 그로 인해 오순절 신앙의 "경험"은 설 자리가 모호하다. 결과적으로 오중복음의 교리들은 성서적 언약의 차원에서 소개되었지만, 그것이 오순절적인지를 확인할 수는 없게 된 것이다.

우리의 주제와 관련하여 볼 때, 저자들은 죄인에게 그리스도의 의의 전가(imputation)의 필요성을 말하면서, 그리스도의 내적 성품(inner nature)을 가지게 되는 것은 성화의 결과라고 언급하면서도,[46] 신생(New Birth) 시에 신의 성품이 마음에 분여(impartation) 된다고 말하고 있는데,[47] 중생이든, 성화든, 모두는 신앙의 경험으로 확인이 되는 것이고, 이를 정당히 주장하는 것이야말로 성결·오순절 교의학의 중요한 과제인데, 아쉽게도 성결·오순절 교의들을 개혁주의적 형식 논리에 지나치게 지배를 받고 있는 것으로 보인다.

이와 같은 딜레마를 정확히 파악하여, 우리 세대의 성결·오순절 신앙적 정체성을 잘 유지하면서도 체계적으로 논증하고자 한 시도 가운데 스티븐 랜드(Steven J. Land)의 『오순절 영성: 왕국을 향한 열정』이 있다. 그는 명확하게 오중복음을 견지하면서,[48] 성결·오순절적 신학 패러다임을 구성하고 있다. 우리의 주제인 교의학 방법론에 한정하여 볼 때 그의 시도의 핵심은 "신학(theology)"을 "영성(spirituality)"으로 이동시킴으로써 오순절 신앙의 경험을 우선적으로 지키려는 노력이 보인다.

그에게 영성이란 "신앙과 실천의 통합"이다. 이는 과거 "이성과 감성의 이율배반" 속에서 결실이 없었던 신학에 대한 새로운 모색이 된다. 이러한 시도는 계시를 이성이나 감성의 차원이 아니라 마음의 차원에서 받아들이는 경험적 신앙을 통해서 삶의 변화를 이끌어내는 실천을 향한 열망의 강력한 표현이다.

그러하기에 그에 의하면, 오순절 전통은 법정적 칭의(forensic justification) 보다는 성화의 체험을 강조하는 면에서 볼 때는 개신교보다는 가톨릭적이라고까지 말할 수 있다는 것이다.[49]

그러나 우리의 관점에서 볼 때 오순절의 신앙 경험을 강조하고자 하는 것은 성공했으나, 그 경험이 주관주의나 비성서적 신비주의 등에 빠지지 않도록 하기 위한 신학적 장치가 없다. 우리가 새로운 길을 제안한다면, 신앙 경험을 내적으로 담보하는 영성의 개념을 은총론 위에 견고히 세우는 것이다.

반면에, 사이몬 찬(Simon Chan)의 창조적인 신학 방법론 제안이 담긴 『영성신학: 크리스천 삶에 대한 체계적 연구』(1998)는 성결·오순절 교의학 방법론에 기여할 중요한 관점을 제공하고 있다. 성결·오순절 교의학을 학문적으로-그러나 오순절적 정체성을 보전하면서-진술하기 전의 밑그림과 같은 고찰로 보인다.

그도 스티븐 랜드와 같이 영성신학의 패러다임 안에서 성결·오순절 교의들을 서술해 보고자 한다. 그의 핵심은 세 가지 방법론적 "기준(criterion)"을 제시한 것이다.

글로벌·상황적인가, 복음적인가, 카리스마적인가?

우리의 관점에서 볼 때, 세 번째 제시한 "카리스마적 관점"에서 사이몬 찬은 놀랍게도 우리와 문제의식을 공유하고 있음을 보여준다. 한마디로 펜티코스탈 신학을 위해서는 우선 "은총의 신학"을 정립해야 한다는 것이다.

그는 이를 위해 "우리와 함께 역사하시는 은총(grace as working nobiscum)"을 말하지만, "우리를 떠나 역사하는 은총(grace as operating sine nobis)"과는 관계가 먼 가톨릭의 은총론과는 거리를 둔다. 왜냐하면, 전자는 수동적으로 전가된 "값없이 주어진 은총(gratia gratis data)"이기 때문에 은총을 받은 자가 행동을 하게는 하지만, 완성에까지 이르도록 하지는 못한다는 것이다. 실제적인 완성을 위해서는 "능동적 은총(actual grace)"이 필요하다고 주장하고 있다.

그는 인간의 이성과 의지로 이미 "주제화된 혹은 설정된 은총(thematic grace)"을 말하는 전통적인 가톨릭의 은총론과 반대편에 있는 "변화를 이끄는 은총의 신학(theology of transmuting grace)"이 필요함을 제시한다.[50] 왜냐하면, 이와 같은 은총이 주어져야만 종말론적인 교회가 지성과 의지만이 아니라 비이성적이며 직관적인 것으로서의 "하나님의 놀라운 일"(Jonathan Edwards)을 받아들일 수 있고, "제한 없는 삶(living without control)"을 통한 "평화로운 왕국(Stanley Hauerwas)"을 증언할 수 있기 때문이라는 것이다.[51] 이처럼 사이몬 찬은 펜티코스탈 영성을 교의학적으로 담아낼 수 있는 은총의 신학의 가능성을 이처럼 제시함으로써 앞으로 성결·오순절 교의학을 가톨릭과 개신교의 주류 전통과 충분히 대화하며 돌파해 나갈 차비를 준비해 놓고 있다.

결론적으로, 성결·오순절 교의학의 수립은 사중복음 또는 오중복음의 성서적 언약의 차원과 경험적 은총의 차원이 방법론적으로 확보될 때 그 가치를 인정받게 될 것이다. 성결·오순절의 교의와 신앙 경험을 보전하는 교의학을 위해 우리는 종교개혁자들의 은총론을 넘어, 그들이 기초하였던 아우구스티누스에게까지 접근하였다.

성결·오순절 전통은 아우구스티누스의 역설적이며 포괄적인 은총론을 21세기 세계 기독교 시대의 선교를 위하여 창조적으로 해석하는 과제를 가지고 있다. 중생·성결-성령세례·신유·재림이 드러내는 "온전한 구원의 복음(Full Gospel)"은 성결·오순절 은총론을 통하여 전통적인 개혁주의나 가톨릭의 패러다임을 넘어 더욱 힘 있게 전파될 수 있을 것이다.

제15장

감리교 토착화 신학과 성결교 사중복음신학
- 웨슬리안 전통들 사이의 대화 -

　세계교회협의회(WCC) 정기총회가 2013년 한국에서 개최될 만큼 한국 교회는 세계 교회적 차원에서 주목받는 위치를 차지하고 있다. 그러므로 세계 교회에 한국 교회의 주된 신학적 흐름을 소개하는 것은 세계 교회사적으로 크게 두 가지의 중요한 의미를 지닌다.

　첫째는 세계 선교의 역사상 한국 교회만큼 교회성장·목회·해외선교·신학교육·사회참여·구제사업, 등 제 분야에서 괄목할만한 성과를 보인 유래가 드물기 때문이다. 그러므로 피선교지의 교회들뿐만 아니라 선교사를 보냈던 유럽과 미국의 교회들도 한국 교회의 발전과정을 주목하고 있다.

　둘째는 고대로부터 근대에 이르기까지 서구교회 안에서 형성된 교리와 신학이 선교사들을 통해 한국 교회에 전수되었지만, 한국 교회는 이를 창조적으로 재형성하여 한국 사회와 교회를 위한 신학을 형성해 왔기 때문이다. 그 결과, 전쟁과 가난, 독재와 부정, 경제성장과 사회갈등과 같은 다양한 시련을 겪어온 한국 백성들에게 각 교단들은 자신의 신학적 정체성을 가지고 각기 고유한 영역에서 탁월한 선교적 열매를 맺을 수 있었다.

　이처럼 한국 교회의 지나온 역사와 경험들을 이제는 세계 교회에 소개함으로써 한국 교회의 영적 자산을 전 세계 교회와 공유할 때가 된 것으

- 웨슬리는 토착화 신학과 사중복음신학을 위한 역사적 유산이다.
- 감리교와 성결교는 웨슬리안 전통 안에서 상보적이다.
- 토착화 신학은 대화적 문화신학이다.
- 사중복음신학은 선교적 영성신학이다.

로 판단된다.

우리는 그중에 종교개혁 이후 18세기로부터 시작된 감리교 신학과 이와 더불어 영국과 미국의 웨슬리안 성결 운동에 기원을 두고 있는 성결교 신학이 한국에 들어와서 어떠한 모습으로 전개되고 발전되었는지를 소개하고자 한다. 그리고 서로의 차이점과 공통점을 비교함으로써 각각이 지니는 신학적 특징을 확인하고, 나아가 성결교 신학과 감리교 신학이 상호 연대하여 한국 교회와 세계 교회에 이바지할 수 있는 점들이 무엇인지를 모색하고자 한다.

이를 위해서 우리는 현재 감리교와 성결교의 신학교육 현장에서 높은 빈도로 사용하고 있는 텍스트를 중심으로 살펴볼 것이다.

아울러, 두 신학의 전통이 21세기에는 예수 영성을 회복하는 길에 참여할 때 높은 신학적 성취가 있음을 제시하고자 한다.

1 한국의 감리교와 웨슬리 신학

한국 감리교회는 1930년 12월 2일에 제1회 총회를 열어 "교리적 선언"을 제정하였다. 한국 감리교회의 『교리와 장정』 제2편 헌법 전문은 미국 감리교회를 통해 존 웨슬리의 정신을 이어받고 있다고 밝힌다.[1]

이처럼 웨슬리의 정신에 기초하여 세워진 한국 감리교회의 신학적 방향은 제1회 총회 당시 전권위원회 회장인 웰취 감독이 제시한 진정한 기독교회, 진정한 감리교회, 조선적 교회라는 3대 원칙에 명확히 나타나 있다.[2]

'진정한 기독교회'란 모든 표준을 예수 그리스도에게 두며, '진정한 감리교회'란 웨슬리 전통에 서있으며, 그리고 '조선적 교회'란 한국에 토착화된 교회를 의미한다.[3]

한국 감리교회는 설립 취지의 3대 원칙에 걸맞게 세계 감리교회가 감리교 신학의 4대 원천으로 명명한 성경·전통·이성·경험을 수용하였고, 그 위에 복음의 토양이 되는 한국적 종교와 정신적 상황을 첨가하였다. 그러므로 "감리교 신학은 성경·전통·체험·이성 그리고 한국의 종교적 상황과의 상호관계성을 적극적으로 모색해 나가는 데에 그 본질이 있다"고 주장할 수 있게 되었다.[4]

이처럼 감리교 신학은 웨슬리 신학뿐만 아니라 한국이란 새로운 상황에 지속적으로 뿌리를 내리는 토착화 신학이라는 두 신학적 축을 가지고 있다.[5]

1) 웨슬리 신학으로서의 한국 감리교 신학

『교리와 장정』에 따르면, "감리교 신학이란 직접적으로 감리교회의 조직자인 웨슬리의 신학과 감리교회의 종교강령·교리, 즉 웨슬리의 설교집·일기·저서·찬송가, 그리고 그 이외에 감리교의 이름에 얽힌 신앙과 신학을 연구하는 것"이다.[6]

특히 1930년에 감리교 교리의 골자를 처음으로 천명한 "교리적 선언"에 나타난 서문과 8개 조항은 미국 감리교에서는 한국신조(Korean Creed)로 불리는데, 감리교의 교리 발전에 초석이 되어왔다. 선언문의 집필자에 대해서는 명확지는 않으나 웰치 감독, 정경옥 교수 및 양주삼 감독이 관계된 것으로 알려져 있다.[7]

문제는 이 선언이 '얼마나 웨슬리적이냐'라는 것인데, 이에 대해 두 가지 대립 된 입장으로 나뉘어 있다.

감리교 조직신학자 이정배는 그 선언문에는 웨슬리의 신학과 정신이 잘 드러나 있다고 밝히고 있다. 즉, 교리적 선언 속에는 "삼위일체, 십자가 사건, 부활 증언 그리고 성경 권위와 같은 전승된 교리들과 신앙, 의인 등의 종교개혁의 원리들, 회심과 성화, 성령에 의한 구원의 경험적 확증과 같은 웨슬리적 특성들이 함께 삽입되어 있다"라는 것이다.[8]

이와는 달리 교리적 선언은 "당시의 미국 감리교회의 자유주의 신학의 영향을 너무나 많이 받았기 때문에 성경적이고 복음적인 교리라고 볼 수도 없을 뿐만 아니라, 웨슬리 전통의 메소디스트 신앙이 충실하게 표현되어 있지 않다"는 입장이 존재한다.[9] 그래서 이에 따라 감리교는 1997년에 새로운 8개 조항의 "한국 감리교회의 신앙고백"을 내놓기에 이른다.

한국 감리교 신학의 전통에서 볼 때, 이러한 상반된 입장에도 불구하고 1930년의 교리적 선언은 역사적으로 감리교의 신학적 방향과 지침에 지대한 영향을 미쳐온 것을 부인할 수 없을 것으로 보인다.

혹, 교리적 선언의 8개 조항이 소위 복음적 내용을 다 담아내기에 미흡했다고 하더라도, 이미 교리적 선언의 서문에서 다음과 같이 웨슬리 신학의 전통에 서 있음을 명확히 선언해 놓고 있다는 것을 기억할 필요가 있다.

그리스도교회의 근본적 원리가 시대에 따라 여러 가지 형식으로 교회의 역사적 신조에 표명되었고 웨슬리 목사의 「24개 교리」와 「설교집」과 「신약주석」에 해석되었다. 이 복음적 신앙은 우리의 기업이요, 영광스러운 소유이다.

그리고 감리교의 회원이 되는 기준은 교리나 신학적인 것이 아니라, "도덕적이요, 신령적"인 것인 바, 이와 같은 것은 "웨슬리 선생이 연합속회 총칙에 요구한 바"와 같다는 교리적 선언의 주장은 충분히 웨슬리적인 것으로 판단된다.[10]

이러한 역사적 배경에서 현재까지 형성되어 온 감리교 신학의 특징을 감리교 조직신학자 김영선은 6가지로 정리한다.

감리교 신학은 (1) 철저히 성서적이다. (2) 성령의 내적 증거인 초월적 경험을 강조한다. (3) 구속의 은혜는 모든 사람을 위한 것이라는 만인구원을 강조한다. (4) 성화를 통한 그리스도인의 완전 교리를 믿는다. (5) 복음운동의 현장에서 형성된 신학으로 복음적이며 실제적이다. (6) 기독교의 여러 전통의 장점을 받아들인 창의적 종합이다. (7) 관용정신을 가진 에큐메니컬 신학이다.[11]

한국적 감리교와 사회신경

한국 교회사가 민경배는 이러한 감리교의 신학적 특색에 대해서 장로교와 비교하여 다음과 같이 말하고 있는 것은 의미심장하다.

한국의 장로교는 1912년 총회가 독립하기는 했으나 독자적 신앙고백과 경전 및 정체의 부재라는 애로에 시달려 왔다. 그러나 감리교는 한국 교회의 신앙이 미국 교회의 역사적인 필연성과 전혀 무관한 사실을 들어 선교부에서 완전 독립된 한국적 감리교의 형성을 달성할 수 있었다. 한국 교회사의 신기원이 여기 높이 솟아난 것이다.[12]

한국 감리교가 웨슬리의 전통 가운데서도 특별히 이어가고자 시도했던 것은 웨슬리가 일생을 두고 가르치고 실천하고자 했던 그리스도인의 완전한 성화를 한국적 상황에서 전개하는 것이었다.

이에는 크게 두 가지 흐름이 있다. 하나는 개인적 성화요, 다른 하나는 사회적 성화이다.

사회적 성화는 기독교 사회 윤리적 차원에서, 개인적 성화는 부흥회나 신자들 개개인의 영성생활의 차원에서 강조되어 왔으나, 신학적인 차원에서는 개인적 성화보다는 사회적 성화에 보다 더 큰 비중이 주어진 것으로 보인다.[13]

이러한 배경에는 초기 한국 감리교회가 채택한 16개조 "사회신경"(1930)이 있었다. 이것은 웨슬리의 사회성화 사상을 실천하는 기초가 되었다.[14]

"사회신경"은 모두 13개 조항으로 이루어진바, 하나님의 창조와 생태계의 보존, 가정과 성 및 인구 정책, 개인의 인권과 민주주의, 자유와 평등, 노동과 분배 정의, 복지 사회 건설, 인간화와 도덕성 회복, 생명 공학과 의료 윤리, 그리스도의 유일성과 정의 사회 실현, 평화적 통일, 그리고 전쟁 억제와 세계 평화에 대한 감리교회의 사회적 실천 강령이다. 이러한 강령은 웨슬리가 강조한 사회적 성화에 대한 실천적 의지의 표현이라 볼 수 있다.

김홍기에 따르면, "웨슬리의 사회적 성화는 성육신적 요소로써 세속성으로부터 분리된 성별의 힘을 갖고 세속을 찾아가는 성육신의 참여 곧, 사랑의 적극적 행위를 세상 속에서 실천하여 세상의 빛과 소금이 되는 것"이기 때문이다.[15]

사회적 성화의 차원에서 전덕기·최영신·손정도·김창준· 박순경·조화순과 같은 분들을 통하여 민족신학·민중신학·통일신학으로도 발전되어 왔다.[16]

2) 토착화 신학으로서의 한국 감리교 신학

한국 감리교 신학의 지침은 웨슬리의 4대 규범인 성경·전통·경험·이성에 '토착문화'가 더해져 모두 5가지로 되어 있다.[17]

이는 1930년 12월 한국에서 남감리교회와 북감리교회가 통합될 때 진정한 한국 교회를 추구하겠다는 정신과 부합되는 내용이다. 한국 감리교 신학은 이처럼 진정한 한국 교회가 되도록 한국문화를 중시하는 토착화 신학의 수립을 교회 창립 시부터 요청받고 있다.[18]

토착화 신학은 예배·신조·영성·선교와 같은 전 신앙생활에서 복음이 한국인들의 문화와 심성에 뿌리내려 열매 맺게 하는 것이며, 한국 종교문화를 선험성(주체성)으로 하여 기독교 복음을 해석하는 작업이다.[19] 이러한 신학적 작업은 초기의 탁사 최병헌(1858~1927)으로부터 시작하여 정경옥·윤성범·유동식·변선환·이정배 등에 이르기까지 웨슬리의 성화신학과 더불어 한국 감리교 신학의 주요 흐름으로 자리를 잡고 있다.

특히, 감리교 신학의 개척자로 불리는 정경옥은 한국 문화와 역사 속에서 발견되는 일반계시의 중요성과 의미를 발견하고 양자의 관계성에 주목하였으며, '시대화'와 '향토화'를 역설하면서 토착화 신학의 이론을 제공하였다.[20]

성(誠)의 신학을 전개한 윤성범, 풍류신학을 논한 유동식, 종교신학의 장을 본격적으로 연 변선환이 한국의 민족적 주체성에 기반한 신학 방법론의 장을 열었다면, 그 후의 신학자들은 민족적 주체성에 기초한 신학 방법론을 통하여 한국 사회의 제문제에 대한 반성을 시도한 것으로 평가된다.

이러한 토착화 신학은 웨슬리 신학의 주장과 내용 자체를 주된 신학적 논의의 대상으로 삼지 않는다. 그럼에도 이정배는 이들이 웨슬리 신학의 정신을 이어받고 있음을 역설한다. 즉, 토착화 신학에 나타나는 주체적 경험에의 강조, 기독교의 사회적 종교로서의 책임감, 또한 타종교를 대하

는 에큐메니컬 정신 등이 웨슬리의 정신을 드러낸다는 것이다.[21]

이제 제3세대 신학자들은 토착화 신학이 그동안 견지해 왔던 "민족" 개념을 극복하고자 한다. 한국적 신학이 나아갈 방향은 토착화를 실현하면서도 세계화를 향하지 않으면 안 되는 때를 맞이했기 때문이다.

이정배는 혈연적·폐쇄적 민족주의와 서구 담론에 의한 탈민족주의 양자를 수정 보완하는 차원에서 '문화적 민족주의'를 제안한다. 이는 '열린 민족주의'이며, 서구중심적 민족주의도 아니고 자기중심적 종교적 민족주의도 아니다. 이는 민족 개념을 유지하면서 탈민족의 담론을 아우르고자 하는 것이다.[22]

세계 개방적인 이러한 토착화 신학의 담론은 18세기 웨슬리가 "세계는 나의 교구"라고 외친 선교적 비전과 상통하는 것으로 보인다.

2 한국의 성결교와 웨슬리 신학

18세기 영국의 존 웨슬리를 중심으로 일어난 메소디스트 운동은 미국에서도 크게 영향을 미쳐 미국 감리교회를 형성하였고, 대교단으로 성장하였다.

그러나 19세기에 들어서면서부터 감리교내의 성결 운동은 약화되었다. 당시 다니엘 웨돈(Daniel D. Whedon)을 비롯한 미감리교의 진보적인 학자들은 성화를 내면의 변화가 아니라 외적인 도덕률의 준수 혹은 사회적 책임으로 보면서, 전국성결연합회의 주장을 시대에 뒤떨어진 낡은 신학이라 일축했다.

성화는 우리의 내적 본성으로부터 무엇인가를 제거해 버리는 것이라기보다는 우리 내부에 있는 죄에 대한 경향성들에 대해 제어능력을 부여하는 것이라고 할 수 있다.

… 그리스도인의 성화를 구성하는 것은 제거(removal)가 아니라 억제(repression)다.[23]

이와 같은 흐름으로 나가는 새로운 감리교 신학에 대항하여 18세기에 일어났던 웨슬리의 성결 운동을 회복하려는 자들이 감리교회 안에서 나타나 활동하는 가운데, 1867년에 전국성결연합(The National Camp Meeting Association for the Promotion of Holiness)가 결성됨으로써 감리교 내의 성결 운동은 본격화되었으며, 이들의 영향력은 감리교를 넘어 미국 전역으로까지 확대되었다.

19세기 후반의 성결 운동은 1885년 시카고에서 열린 제1회 성결총회에서 다음과 같은 「원리선언」을 통해 자신들의 신학적 입장을 천명하였다.

완전한 성화는 다음의 세 요소를 포함한다. 먼저 육욕적인 마음의 철저한 소멸, 즉 죄의 선천적 원리의 전적인 제거, 둘째로 심령에 대한 완전한 사랑의 교통 … 셋째로 성령의 내주하심이다.[24]

이들 신학의 차별적 특징은 성결을 중생과 구분하여 성령세례를 통한 성결의 은혜 체험을 강조한 것이다.

만국성결교회와 사중복음

미국의 감리교회는 이처럼 확산되어 가는 성결 운동을 부정적으로 보았기 때문에 성결단체들의 행동을 통제하려고 했으나, 성결파 신자들은 계속 성결 운동을 위한 집회를 가짐으로써 감리교 당국에 의해 추방당하는 결과로까지 가게 되었다.

이 과정에서 출현한 교단들 중 하나가 마틴 냅(Martin W. Knapp)과 셋 리스(Seth C. Rees)에 의한 만국성결교회(International Holiness Church)이다.[25]

리스는 1897년에 오하이오주 신시네티를 중심으로 성결 운동을 전개한 감리교회 목사 마틴 냅과 함께 만국성결연맹 및 기도동맹(International Holiness Union and Prayer League)을 결성했다.

이들은 감리교 전통에서 강조해 오던 중생과 성결 위에 새로이 신유와 전천년설적 재림 사상을 주창하였다.[26] 이러한 신학적 이슈들이 하나의 통합적인 체계로 이해된 것이 바로 사중복음이다.

그러므로 사중복음은 아카데미적 연구의 결과물이 아니라 역사적으로 반성되어 나온 신학적 결실이라 할 수 있다.

역사적으로 한국성결교회는 16세기의 이신득의(以信得義)를 강조한 종교개혁 신학과 이에 근거하여 18세기에 이신성화(以信聖化)를 주창한 웨슬리 신학의 전통 위에 19세기 성결 운동을 통해 강조된 신유와 재림의 교리를 통합적으로 수용하는 신학적 전통을 수립하였다.

이러한 전통 위에 성결교회는 자신의 신학적 정체성을 "개신교복음주의 웨슬리안 사중복음신학(The Protestant Evangelical Theology of Wesleyan Fourfold Gospel)"이라고 정립하였다.

1) 웨슬리안 신학으로서의 한국 성결교 신학

한국 성결교회는 자신의 신학을 "개신교복음주의 웨슬리안 사중복음신학"이라 천명한다. 여기에서 '개신교 복음주의'는 신학 범주로서 종교개혁의 오직 성경, 오직 믿음, 오직 은총, 그리고 오직 그리스도 안에서 신학을 수행함을 의미하며, '웨슬리안'이란 웨슬리가 실천한 신학 방법과 원리를 따르는 것이며, '사중복음'이란 신학이 궁극적으로 전개해야 할 신학 내용으로서의 '완전한 복음'(Full Gospel)을 지칭하는 것이다.

이는 성결교회의 신앙개조에서 다음과 같이 언급되어 있는 내용과 같다.

조선예수교동양선교회 성결교회의 신앙개조는 그리스도와 그 사도들로 말매암아 나타내심과 요한 웨슬네의 성서해석의 근본적 교리와 만국성결교회의 신앙개조를 토대로 주강생 일천구백이십오년에 공포하야 성서학원과 모든 교회와 사도들의게 가라쳐 영구하도록 직히는 신경(信經)으로 하나니라.[27]

특히, 성결교회 최초의 헌법이 성결교 신학의 토대를 "오직 옛날 웨슬레씨와 감리회의 초시대 성도들이 주창하던 교리"에 둔다고 천명한 것은 웨슬리 신학이 성결교 신학의 기원이 됨을 선언한 것이라 할 수 있다.

성결교 신학이 감리교의 웨슬리 신학에서 주목한 것 중 첫 번째는 성경과 경험을 강조한다는 점이다.

신앙의 모든 것은 성경에 근거해야 하며, 성경의 진리는 체험적으로 나타나야 한다는 것이다. 성경은 경험의 시금석이며, 경험은 성경의 진리를 확증해준다.[28]

그러므로 성결교 신학은 웨슬리와 같이 복음적 회심 체험과 성서적 구원의 확신을 강조한다. 성경의 사상을 신학적으로 논증하거나 교리화하는 일보다는 '체험'하고 '증거'하는 일에 우선성을 둔다.

백 년이 넘은 성결교회가 자신의 고유한 교리문답서나 교리신학서를 가지고 있지 않은 점은 '성경'과 '경험'이면 성경의 진리를 밝히는 데 전혀 부족함이 없다고 판단했기 때문이라고 볼 수 있다. [올해 2021년 5월 교단 총회에서「성결교회신앙고백과 교리문답」이 통과되었다]

그러나 이러한 모습은 다른 한편으로 볼 때, 성결교회는 웨슬리가 성경과 경험을 강조한 것 못지않게 전통과 이성을 강조했다는 사실에 대해서는 집중하지 않았다는 것을 보여주는 것이다. 웨슬리는 성경의 진리를 강조하고 동시에 경험적 신앙의 삶을 추구했을지라도 그 모든 것들이 교회의 전통과 인간의 보편적 이성의 비판 기능을 견뎌내야 할뿐만 아니라, 전통과 이성을 통해 공공성을 확보해야 한다고 보았다. 그렇게 해서 개인의 체험적 확신을 바탕으로 전도하는 일뿐만 아니라, 그리스도인의 사회적 실천의 책임을 다하는 때 완전한 구원의 사역을 감당하는 것이 되기 때문이다.

웨슬리안적 성화론

성결교회는 기본적으로 웨슬리가 종교개혁자들의 이신득의(以信得義) 신학에 머물지 않고 이신성화(以信聖化)의 교리를 재발견하여 하나님의 은총이 신자의 삶을 실제로 변화시키는 값비싼 은총이라는 사실을 밝힌 것으로 높이 평가하고 있다.[29]

특히, 웨슬리가 중생과 완전한 성화를 구별한 점과 중생뿐만 아니라 완전한 성화도 순간적으로 발생할 수 있으며, 하나님과 완전한 관계로서의 하나님의 형상은 현재의 삶에서 이룰 수 있다고 주장한 점에 적극적으로 동의한다. 그러므로 분명히 성결교회의 성결론은 철저하게 웨슬리로부터 빚지고 있다고 할 수 있다.[30]

그런데 성화의 과정에서 성결교회가 중시하는 성령세례에 대해서 웨슬리는 성결교회와 같은 정도로 강조하지 않는다는 점에서는 성결교회와 차이가 있다. 이러한 사실은 이미 웨슬리가 당시 자신의 후계자로까지 지명했던 존 플레처(John Fletcher)가 발전시킨 성령세례관에 대한 소극적인 태도에서부터 시작된 것이다.[31]

반면에, 성결교회는 성결을 성령세례로 이해하고 적극적으로 주장하는 입장인데, 이러한 점은 성결론의 기원을 웨슬리에게 두면서도 그와 다른 측면이 성결교 신학에 있다는 것을 말해주는 것이다.[32]

성결은 성령세례

성결교 신학이 있다면 그것은 18세기 영국의 웨슬리로부터 기원하되 19세기 미국의 웨슬리안 성결 운동의 신앙개조를 근간으로

해서 한국의 성결교회가 발전시켜 나가는 신학이다.

무엇보다 성결론의 관점에서 볼 때 웨슬리안 성결 운동의 핵심은 교리적 차원에서는 세 가지, 즉 중생과 성령세례는 구분되며, 성결은 성령세례이며, 그리고 죄성은 제거될 수 있다는 것이다.

특히 성령세례와 관련해서는 역사적으로 검토해 볼 때, 팔머(Phoebe Palmer)의 영향이 크다. 미국 이민 2세 감리교인이었던 팔머는 웨슬리와 플레처의 성결론을 결합하여, 중생한 신자는 모든 것을 제단(祭壇) 되신 그리스도 위에 내려놓음으로써 성령세례에 의해 순간적으로 성결하게 될 수 있다고 주장하였다.[33] 이것은 웨슬리가 영국 상황에서 유보하고 있던 성령세례를 플레처의 관점에서 한 걸음 더 밀고 나간 것이라 할 수 있다.

"웨슬리안 신학(Wesleyan theology)"이란 웨슬리 신학(theology of Wesley)의 핵심적 원리를 지키면서 이를 발전시켜 나가는 데 개방적인 신학을 의미한다. 그러므로 웨슬리 신학의 원리들을 훼손하는 것들에 대해서는 비판적 입장을 취하게 된다.

미국의 웨슬리안 성결 운동은 웨슬리 신학의 중요 원리를 지키면서 발전시켜 나가려 했던 실례로 평가된다. 즉, 이 운동에 참여한 자들은 한편으로는 미국 감리교회(Methodist Episcopal Church)의 신학이 인간에 대한 낙관적인 입장을 취함으로써 원죄를 부정하고 인간의 도덕적 행위를 강조하면서 성령의 초자연적인 역사에 대해서는 무관심했던 경향에 대해 비판하고, 다른 한편으로는 성령세례로써 인간의 죄성이 제거되어 성결한 삶을 살 수 있다는 낙관적 은총론을 전개한 것이다.

2) 사중복음신학으로서의 한국 성결교 신학

일본에서 동양선교회와 동경성서학원을 설립한 카우만과 길보른은 "웨슬리가 가르친 중생과 성결의 도리"와 함께 "신유와 재림도 힘써 가르치며 세계 선교에 이바지하기" 위하여 1897년에 마틴 냅과 셋 리스에 의해 조직된 만국사도성결연맹으로부터 파송 받은 선교사였다. 그러므로 그들이 중생·성결·신유·재림의 사중복음을 가르침의 핵심으로 삼은 것은 지극히 당연한 것이었다.

동경성서학원을 졸업하고 한국에 돌아온 김상준은 『사중교리』를, 이명직은 『기독교의 사대복음』, 『신학대강』, 『그리스도교의 대강령』, 『신약전서사경보감』을 통하여 사중복음을 통한 웨슬리안 성결 운동을 한국 땅에 전개했다.

이처럼 사중복음은 교회 현장에서의 단순한 전도표제를 넘어서 신약성경 전체를 꿰뚫고 있는 신학적 "규범"으로까지 확대 발전될 수 있는 주제임에 손색이 없는 것이었다.[34]

여기에서 사중복음이 신학적 규범이라 주장될 수 있는 근거는 중생·성결·신유·재림의 복음이란 모든 인류에게 들려져야 할 보편적 가치로서 개인과 공동체, 그리고 인류 역사 위에 하나님이 통치하는 나라에서 실현될 수 있는, 누구에게나 알아듣기 쉬운 하나님의 말씀이 되기 때문이다.[35] 이러한 사중복음은 철저하게 하나님 중심의 신학으로만 그 본래의 신학적 의의가 확보될 수 있다.

특히, 삼위일체적 관점에서 볼 때 무엇보다도 사중복음에는 신적 우위성과 우선성이 확인된다.

성결교 신학의 교의학적 기반이 되는 사중복음은 삼위일체 신학의 틀에서 바로 이해될 수 있기 때문에 신 중심적이라 할 수 있으며, 취급하는 모든 신학적 주제들은 성경의 약속에 근거한 것이어서 사중복음은 성서적 특성을 지니며, 목회와 선교 현장에서 체험되어야 할 내용으로서 실천적이며, 초대 교회 이후 성경에 기초한 신학의 전통을 자유롭게 수렴함에 있어서 통전적이며, 현대의 사상과 제 문화 속에서 복음의 메시지를 변증하고 선포할 때 언제나 개방적인 태도를 유지한다.

또한, 사중복음은 개인적·실존적이며 동시에 공동체적이라는 특징을 지닌다. 사중복음이 신학적으로 관계될 때 전면에 대두되는 것은 '나'와 '공동체'의 문제다. 사중복음에서 '나'의 문제는 '하나님과 나' 사이의 영성적 관계에 대한 것이다. 모든 사람은 하나님과 나만의 절대적이며 배타적인 관계 가운데 있는 구원의 문제에 대답해야 한다.

또한, 사중복음은 '이웃과 나'와의 공동체적 관계에 대한 문제를 다룬다. '나'의 문제가 창조주와 나의 문제였다면, '공동체'의 문제는 창조물과 나의 문제로서 나를 둘러싸고 있는 역사·자연·문화·민족·종교 등, 내가 만나지 않으면 안 되는 현실 자체이다.

이처럼 사중복음은 크게 영성신학과 공동체 신학의 틀로써 그 신학적 의의가 전개될 수 있다. 사중복음적 영성신학과 공동체 신학은 동전의 양면과 같아 이들 간의 상호연대가 깨어지면 사중복음신학의 고유한 사명은 감당키 어렵게 된다.[36]

사중복음신학과
종말론적 선교 공동체

이와 같은 사중복음신학은 기존의 어떤 교리적 체계 안에 개념으로만 정의되는 것을 거부하고 체험적인 자리에까지 나아가 완전한 구원을 일으키는 때, 비로소 우리는 그것을 사중복음신학이라 부를 수 있게 된다.

이를 위해서는 중생·성결·신유·재림이 넷이 아니라 하나요, 하나의 몸 안에서 유기적으로 생명·사랑·회복·공의의 능력을 발휘하는 복음으로 드러나야 한다.

사중복음신학은 특별히 재림의 빛 아래서 종말론적인 선교의 긴급성을 유지함으로써 성결의 은혜를 사모하는 거룩한 교회 공동체를 세워나가는 데 그 역사적·신학적 사명이 있다.

16세기 종교개혁자들이 밝힌 중생의 진리와 18세기 웨슬리의 성결과 19세기 웨슬리안 성결 운동을 통해 세워진 신유와 재림의 통전적 진리에 입각하여 세계 교회와 인류에게 완전한 구원의 복음을 밝히는 사명이 성결교 신학에 위탁된 것이다.

3 한국 감리교 신학과 성결교 신학의 사명

한국의 감리교와 성결교는 자신들의 신학적 정체성을 말할 때 언제나 존 웨슬리의 삶과 사상에 역사적 기원을 두는 데 이의가 없다. 그러므로 웨슬리 신학 안에서 감리교 신학과 성결교 신학은 둘이 아니요 언제나 하나이다. 역사적으로도 한국에서 감리교의 웨슬리 신학자들과 성결교의 웨슬리 신학자들은 웨슬리 신학을 발전시키는 일에 늘 공조해 왔다.

앞으로도 웨슬리 신학이 교회와 삶의 현장에서 살아 있는 신학으로 그 기능을 발휘할 수 있도록 웨슬리 신학의 참된 본질을 더욱 선명히 밝혀야 할 사명이 있다.

다른 한 편, 감리교는 토착화 신학을 그리고 성결교는 사중복음신학을 발전시켜 가고 있는데, 각 교단은 이 역시 웨슬리 신학이라는 큰 틀 안에서 이루어지고 있는 것으로서 이해하고 있다.

그러므로 감리교는 웨슬리 신학과 토착화 신학을, 성결교는 웨슬리 신학과 사중복음신학을 유기적 일체로써 말하지 않을 수 없다.

그뿐만 아니라, 한 걸음 더 나아가 토착화 신학과 사중복음신학을 통해서 종교개혁자들과 웨슬리가 추구하고자 했던 복음의 참된 능력을 한국 교회가 깨닫고 경험할 수 있도록 해야 하는 사명이 있는 것이다.[37]

1) 웨슬리 신학

한국 교회에 인식된 감리교의 웨슬리 신학은 주로 "사회"의 성화에 초점이 맞춰져 있는 "성화(Sanctification)"의 신학이고, 성결교의 웨슬리 신학은 주로 "개인"의 성결에 초점이 맞춰져 있는 "성결(Holiness)"의 신학이다.[38]

성결교는 성결의 복음을 전하고 또한 경험하는 것을 교단의 존재 이유로 알았기에 교회의 이름도 "성결교회"라 이름을 붙일 정도로 중요하게 여기고 있는데, 그것은 이미 중생의 경험을 한 그리스도인이라도 거룩한 삶을 살기 위해서는 성령세례를 통해 성결을 경험해야 한다는 것이다.

그러므로 액면적으로는 감리교의 성화신학과 성결교의 성결신학은 그 방법이나 추구하는 방향이 다르게 보이지만, 사회적 성화와 인격적 성결이란 본질적으로 한 뿌리에서 나온 것이기 때문에 서로가 상보적이지 않으면 웨슬리가 추구한 "그리스도인의 완전"에 적합한 성화 내지는 성결일 수 없게 된다.

따라서 감리교 신학과 성결교 신학이 앞으로 추구해야 할 가장 시급한 웨슬리 신학의 당면과제는 인격적 성결과 사회적 성화의 사상을 유기적 관계로써 이해하고 또한 삶의 현장에서 실현해 나가도록 하는 길을 찾는 것이라 할 수 있다.

이를 위해서 우리는 여기에서 다시 한번 웨슬리의 신학적 사고에 서방교회와 더불어 그리스 동방교회 역시 크게 영향을 미쳤다는 사실과 또한 그의 신학에서 영혼의 구원과 신앙만이 아니라 선행 역시 중대한 주제였고, 기독교 신앙의 본질은 신앙 자체만을 위하여 교리화될 수 없고, 윤리적 행위와 상관적 일치를 이루어야 한다고 보았던 웨슬리의 통합적 관점을 기억할 필요가 있다.[39]

웨슬리의 이와 같은 에큐메니컬 영성 안에서 성결교의 성결신학과 감리교의 성화신학은 그리스도인의 완전을 실현하는 양 날개가 될 수 있다. 왜냐하면, "성결의 복음 자체가 하나님과의 수직적 관계 곧 개인적 (personal)인 동시에 수평선적인 면 곧 사회성을 지니고 있기 때문이다."[40] 개인적 성결과 사회적 성화는 동시에 완성을 향해 나가는 것이지, 하나의 완성 이후 다른 하나가 시작되는 것이 아니다. 그러므로 한국의 감리교 신학과 성결교 신학은 그리스도인의 완전을 추구하는 웨슬리 신학의 양 날개이다.

2) 토착화 신학

한국의 감리교 신학과 성결교 신학이 그리스도인의 완전을 위해 비상해야 할 양 날개라면, 양쪽의 신학 역사가 그것을 입증하고 있는 대로, 감리교 신학은 진보적인 왼쪽 날개요, 성결교 신학은 보수적인 오른쪽 날개로 볼 수 있다.[41]

이와 같은 좌우의 성향에 따라 성결교 신학은 웨슬리의 성결신학과 미국 만국성결교회의 성결 운동이 강조한 교리인 사중복음을 신학적으로 심화시켜 온 반면 감리교 신학은 웨슬리의 사회적 성화와 에큐메니컬 정신과 이성을 중시하는 전통 위에 서서 1930년에 발표한 "교리적 선언"에 나타난 대로 "한국적" 교회를 위한 토착화 신학을 지속적으로 구축해 오고 있다.

현대의 감리교 토착화 신학이 "한국 종교문화를 선험성(주체성)으로 하여 기독교 복음을 해석하는 작업"으로 발전되기까지는 초창기 (1884~1930)부터 이에 대한 집중적인 관심을 가지고 연구해온 역사가 있다.[42] 그 특징은 "변증적"이었으며, "선교적"이었다.

선교 초기 조선사회의 지배적인 이데올로기였던 유교 사상이 기독교의 전래에 대해 매우 배타적이었기 때문에, 기독교를 한국에 먼저 토착화된 주류 종교들과 비교하여 "그리스도 중심의 포괄적인 성취론의 입장"에서 기독교의 종교적 가치를 변증함으로써 기독교의 정체성을 내외적으로 알리는 것이 토착화 신학의 사명이었다.

이때는 "이미 예수 그리스도의 복음을 자신과 민족과 세계의 구원의 길로 믿고 받아들인 기독교인의 정체성을 확고히 하면서 유·불·선 등 타종교의 약점과 한계가 복음에 의해 보완되고 완성되었(다)"는 신념 위에서 기독교 변증신학이 시작되었다.[43]

토착화 신학 형성은 진행 중

토착화 신학은 이후 시대와 인물에 따라 그 성격을 달리해 오면서 크게 나누어 탁사 최병헌의 기독교 변증신학, 유동식과 윤성범의 종교대화 신학 및 변선환의 종교다원주의 신학으로 전개되고 있다.

특히 탁사에 대한 오늘날의 이해와 평가는 매우 다양한데, 이는 토착화 신학 자체에 대한 개념이 아직도 형성 중에 있다는 반증으로 보인다.[44]

아무튼, 이러한 토착화 신학에 대하여 감리교 교회사가 성백걸은 개략적으로 다음과 같이 평가한다. 하나는 "주체적이고 한국적인 신학수립에 기여하고 있다"는 긍정적인 평가이며, 다른 하나는 토착화 신학에 문제점이 있다는 분석이다.

그 문제점이란 "이런 토착화 신학의 작업과 언어가 신학교 안에 갇힌 신학자만의 언어로서 끝나고 교회현장과 민족현실 속으로 흘러가지 못해서 실제로 한국감리교회의 신학적인 체질을 형성하는 데는 별 효력을 끼치지 못하고 있다"는 것이다.[45]

그러나 토착화 신학의 목회적 혹은 교회적 효용성에 관련한 이러한 비판적 평가는 성급한 기대감에 대한 반영인 것으로 보인다. 토착화 신학의 과제는 말이 상징하는 바대로 서구교회에서 만들어진 교리와 신학이라는 비료를 사용하기보다 좀 더디지만, 자신의 토양에 뿌리를 내려 신학적 자생력을 키우려는 공정(工程)이기 때문에 오랜 세월에 걸쳐 인내를 가지고 꾸준히 진행하지 않으면 안 되는 일이다.

따라서 그동안 무분별하게 받아들인 근대 서구사상 및 서구 신학을 가지고 그릇된 편견으로 바라보아 왔던 한국의 고유한 사상과 문화가 다시 원기를 회복할 수 있도록 할 뿐만 아니라, 그 속에 복음의 뿌리를 깊게 내리게 하여 알찬 열매를 맺기 위해서는 좀 더 많은 시간과 투자가 필요하다.

아울러 이 일을 보다 효과적으로 이루어내기 위해서는 지금까지 주로 조직신학이나 종교 문화신학적 접근이 있어 왔는데, 이제부터는 성서학과 교회사적 연구와 더불어 실천신학도 참여해서 토착화 신학의 통전성을 확보하기 위해 간학문적 노력이 필요할 때가 되었다.

토착화 신학의 필요성과 과제

예수 그리스도를 만나는 복음 신앙은 초자연적 은총의 사건이지만, 이 은총의 신앙적 경험을 자신의 것으로 내면화 할 뿐만 아니라 새로운 변화를 위한 에너지로 재생산하기 위해서는 자신과 자신이 속한 사회 공동체가 공유하고 있는 사유의 틀과 문화적 코드로 표현할 수 있어야 한다. 토착화 신학의 변함없는 과제가 여기에 있다.

우선은 한국의 종교 문화를 토양으로 하여 복음을 말할 수 있어야 할 것이다. 그러나 21세기는 여기에만 결코 머물 수 없다. 왜냐하면, 한마디로 다문화·다민족·다종교의 현실을 동시에 또한 어디에서든지 경험하는 지구촌 시대에 모두가 참여하지 않으면 안 되는 현실을 살기 시작했기 때문이다.

이러할 때 특정 민족 중심의 신학을 넘어서는 "열린 민족주의"를 실현해야 한다는 주장은 설득력 있다.[46] 그러나 소수민족에 대한 지배적 다수를 차지하는 민족의 우월감이 잔존해 있는 한 이 역시도 단계적으로 극복되어야 할 과제로 보인다.

3) 사중복음신학

감리교의 토착화 신학이 1960년대부터 교단의 경계를 넘어 본격적으로 전개되기 시작한 반면 성결교의 사중복음신학은 성결교가 한국 땅에 들어온 지 100년이 지난 이천 년대부터 논의되기 시작했다.

이렇게 늦게 시작된 것은 그동안 웨슬리 신학의 그늘 아래서 사중복음은 전도나 설교를 위한 신앙과 선포의 내용으로서의 "전도표제"로만 취급되었기 때문이다.[47]

이와 같은 사실을 직시한 성결교 교회사가이자 성결대학교의 총장을 역임했던 정상운은 성결교회의 신학교육에 대해서 다음과 같이 강조하고 있다.

> 웨슬리 신학의 편중에서부터 벗어나 웨슬리 신학과 함께 마찬가지로 사중복음을 전도표제가 아닌 성결교회의 교리적 유산으로 인식하고 웨슬리 신학과 사중복음 양자의 균형 잡힌 신학교육을 시행해야 한다.[48]

성결교 신약학자 이상훈 역시 일찍이 "사중복음은 심각한 신학"이며 그 자체가 "당당한 신학"이라고 말하면서, 신학적으로 정당히 취급되어야 할 것을 주장하였다.

사중복음의 강조가 전도관의 로방전도가 아니라, 이 반복적 강조 위에 기독교대한성결교회가 탄생하여 그 교리적 이해 위에 특징적 교회가 서 있다.[49]

그러므로 사중복음의 신학적 의미 탐구와 해석학적 작업은 더욱 일찍 돼야 했다.

이제 한 발자국씩 나가고 있는데, 예를 들면 성결교 조직신학자 성기호가 사중복음을 중생에 의한 영의 구원, 성결에 의한 혼의 구원, 신유에 의한 육의 구원, 그리고 재림에 의한 완전한 구원으로 구원론의 관점에서 새롭게 전개하고 있는 것과 같은 것이다.[50]

이를 성결교 조직신학자 김성영은 "온전한 구원으로서의 사중복음론" 또는 "철저한 구원론적 사중복음론"이라고 평가하였다.[51]

그러나 본격적인 사중복음의 신학화 작업은 기독교대한성결교회 교단 창립 백주년을 기념한 신학 연구(2002~2007)로부터 시작되었다고 할 수 있다.

이때 성결교 신학은 "개신교복음주의 웨슬리안 사중복음신학"으로 정립되었고, 그 정신이 "창립 100주년 신학선언문"에 담겨 반포되었다.

여기에서 선언문은 "성결교회가 창립된 이래 힘차게 선포해 온 '사중복음'은 성결교회의 '전도표제'요, 성서적 교리이며, 성경 해석의 신학적 원리인 동시에, 영성신학과 공동체 신학을 위한 복음의 대주제"라고 밝힌 후 "성결교회는 이제 21세기의 교회가 처해 있는 다종교와 탈종교적 문화 속에서 웨슬리안 사중복음의 신학적 가치를 보다 적극적으로 드러냄으로써 세계 교회와 세계 신학계에 기여하는 성결교회 신학으로 발전시켜 나갈 것"을 선언하고 있다.[52]

사중복음 정신은
교회갱신 메시지

오늘날 한국 교회는 그 어느 때보다도 더욱 더 사중복음의 정신을 필요한 때를 맞이한 영적 위기의 시점에 와 있다. 성결교 신학의 시대적 사명이 여기에 있다. 즉, 사중복음이 태어난 당시의 교회사적

상황을 직시하여 사중복음의 정신을 바로 정립함으로써 한국 교회를 향해 빛을 비추는 것이다.[53]

바로 그 사중복음의 정신을 이해할 수 있는 선언이 무엇보다도 『만국성결교회 매뉴얼』에 잘 나타나 있다.[54] 그 핵심적 정신은 교회 갱신적이며, 사도적이며, 종말론적이라 할 수 있다.

이러한 사중복음의 정신이 한국 교회를 향하여 필요한 것은 언젠가부터 한국 교회가 교조주의와 교권주의로 무장된 교회주의(ecclesiasticism)에 사로잡혀 영적 공동체로서의 교회적 본질을 잃어가고 있기 때문이다.

사중복음은 성서적이며, 사도적이며, 종말론적인 교회를 회복코자 하는 '교회갱신적 메시지'이다. 그러므로 성결교 신학은 웨슬리 신학과 더불어 사중복음적 정신으로 태어난 성결교의 역사적 경험을 바탕으로 현 시대를 향해 교회갱신을 위한 사도적이며 종말론적인 메시지를 명확하게 전해야 할 사명을 지니는 것이다.[55]

4 한국적 예수 영성의 신학

한국에 칼뱅주의 전통의 장로교 신학과 웨슬리 전통의 감리교 신학 및 성결교 신학이 각각 뿌리를 내리기 시작한지도 이미 한 세기를 넘어섰다.

그중에서 지금까지 우리는 웨슬리의 전통을 따르고 있는 감리교의 사회성화 신학과 토착화 신학, 성결교의 성령세례·성결신학과 사중복음신학을 살펴보았다.

그리고 사회성화 신학과 성령세례 신학, 토착화 신학과 사중복음신학은 각각 한 쌍을 이루면서 보다 적극적으로 한국 교회와 세계 교회가 시대적 사명을 감당할 수 있는 자리에 와 있음을 확인하였다.

이는 18세기 영국의 존 웨슬리가 성경에 근거해 교회의 전통과 삶의 현실, 하나님의 전적 은총과 인간의 책임적 응답, 사회적 성화와 개인적 성결, 합리적 이성과 신비적 경험의 복음적 균형을 유지했던 신학적 유산과 일맥상통하는 것이다.

웨슬리 신학은 교리적으로 닫혀 있는 배타적인 신학이 아니라, 현장의 중심에 서서 생명을 살리는 사랑의 신학이다.

"웨슬리적 경건주의적 복음주의"가 한국 교회 부흥의 신학적 기초가 되었던 때가 있었다.[56] 하지만, 웨슬리 전통에 서 있는 감리교와 성결교는 과거의 신학적 성취에 머무르지 않고 다시 한번 더 21세기 지구촌 시대의 한국 교회와 세계 교회를 위한 신학을 창조적으로 전개해 나가야 할 것이다.

이를 위해 감리교 신학과 성결교 신학은 양 날개가 되어 위로는 하나님을 사랑하고 좌우로는 이웃을 내 몸 같이 사랑하는 "그리스도인의 완전"을 이루어가야 한다.[57]

이때 사회적 성화(social sanctification) 없는 성령세례·성결의 체험은 종교적 감성주의에 불과하며, 완전한 복음(Full Gospel)이 아닌 복음의 토착화는 종교적 문화주의에 다름 아니라는 사실을 명확히 인식할 필요가 있다.

그러나 성령세례의 경험이 사회적 성화로 이어지고, 사중복음이 가감 없이 토착화된다면, 그때 우리는 지구촌 가운데서 성령의 능력으로 행해지는 하나님 사랑과 이웃 사랑이 둘이 아니요, 하나인 것을 알게 될 것이다.

즉 하나님을 향한 내적 거룩함의 성결과 이웃을 향한 외적 거룩함의 사회적 성화는 동전의 양면과 같이 나뉠 수 없는 하나로 나타난다는 것이다.

끝으로, 감리교 신학과 성결교 신학은 초교파적으로 한국 교회의 영적 부흥을 선도했던 감리교 이용도(1901~1933)의 "예수 영성"과 성결교 이성봉(1900~1965)의 "임마누엘 영성"을 주목할 필요가 있다.

성결신학, 토착화 신학, 및 사중복음신학이 1세기 예수 영성의 불꽃을 21세기 한국 땅에 다시 붙여 놓는 것(마 3:11)에 기여할 수 있다면, 이는 가장 커다란 신학적 공로가 될 수 있을 것이기 때문이다.

1938년 동평양 동대원교회에서 이성봉 목사의 부흥회 장면

    20세기 한국의 많은 교회를 영적으로 깨어나게 한 이용도와 이성봉의 영성 운동은 18세기 영국의 존 웨슬리와 19세기 미국 만국성결교회의 창립자 마틴 냅(Martin Wells Knapp)과 셋 리스(Seth Cook Rees)의 성결 운동과 맥을 같이 한다.

    이러한 영성 운동이 회복될 때 "진정한 한국적 교회"나 그리스도인의 "성결한 삶"은 참된 결실을 보게 될 것이며, 그뿐만 아니라 21세기 지구 생태환경의 회복과 같은 사회적 성화의 실천을 위한 대로(大路)가 닦일 것이다.

MEMO

제16장

감리교·성결교·오순절주의 성령론
– 통합적 성령론으로서의 웨슬리안 성결·오순절 성령론 –

　우리는 한국의 웨슬리 신학 전통을 직접 혹은 간접적으로 이어가는 감리교회, 성결교회, 오순절교회의 성령론을 비교하고, 이들을 통합적으로 이해할 수 있는 가능성을 찾고자 시도할 것이다.
　감리교의 성령론은 크게 두 가지 방향으로 고찰된다.
　하나는 전통적으로 웨슬리를 연구하는 영역이요, 다른 하나는 한국의 민중과 문화의 맥락에서 토착적 신학을 추구하는 영역이다.
　웨슬리 연구 영역은 전통적인 성령 이해를 기본으로 하고 있으며, 동방교회와 서방교회의 전통에 영향 받은 웨슬리를 규명하고 있다.
　토착화 신학에서는 민중신학적 성령론과 문화신학적 성령론이 제출되어 있다.
　성결교회 성령론과 오순절교회 성령론은 웨슬리 신학을 배경으로 성령론을 전개하고 있으나, 핵심적으로는 성령세례에 집중하고 있다.
　우리는 이들 각자가 전개하는 성령론을 추적하되, 특별히 성결교회는 이성봉을 중심으로 오순절교회는 조용기를 중심으로 그들의 성령론을 분석한다.
　결론적으로, 한국의 웨슬리안 전통 교단들의 성령론은 하나의 '웨슬리안 성결·오순절 성령론'으로 이해할 수 있다고 다음과 같은 공통 근거를

- 웨슬리안은 삶을 변화하는 성령의 분여를 믿는다.
- 감리교 전통은 성령의 본질에 기초한 사회문화의 변화를 강조한다.
- 성결교 전통은 성령의 인격에 기초한 성결한 삶을 강조한다.
- 오순절 전통은 성령의 능력에 기초한 은사적 사역을 강조한다.

제시한다.

첫째, 성화는 칭의와 구분되는 성령의 "두 번째 축복"의 사건이다.

둘째, 성령의 증거와 성령의 확증을 통해 하나님의 자녀 됨에 대한 믿음, 죄 용서에 대한 믿음, 등에 대한 내적 확신을 물을 수 있다.

셋째, 성화는 우리 안에서 이루어지는 성령의 역사로서 신인협력적이다.

넷째, 성화에는 성령에 의한 순간적 성화와 점진적 성화가 존재한다.

다섯째, 성령은 능력을 부여한다.

그리고 성령세례는 '성결-능력'의 관점에서 양자를 배타적으로 이해하지 않을 때 서로 간의 다른 영적 체험들을 인정할 수 있게 된다.

즉, 감리교는 성령세례를 성결을 위한 은총으로 이해하고, 오순절교회는 능력을 위한 것으로서, 그리고 성결교회는 성결 곧 능력이라는 관점에 성령세례를 이해함으로써 명실공히 '웨슬리안 성결·오순절 성령론'이라는 통합적 성령론을 말할 수 있게 된다.

통합적 성령론
정립을 위하여

성령론은 한국 교회에서 여전히 논쟁이 이어지고 있는 신학적 의제 중의 하나다. 논쟁의 중심에는 개혁주의와 웨슬리안 전통이 있다.

양대 전통에 의한 성령론 논쟁은 신학적 차원뿐만 아니라, 교회생활의 현장에서 일어나는 경험의 차원 가운데서도 큰 몫을 차지하고 있기 때문에, 신학적 특징의 차이점들을 통합적으로 수렴할 수 있는 성령론이 요구된다.

이와 같은 필요성은 "통합적 성령론"이라는 이름으로 신학자들에 의해 주장되어 왔지만,[1] 구체적으로 갈등적 신학 요인들을 창조적으로 통합하는 시도는 부재한 현실이다.

우리의 논의는 통합적 성령론을 위한 영역을 웨슬리안 전통으로 제한한다. 왜냐하면, 이 전통 내에서도 성령론에 대한 다양한 입장이 존재함에도 불구하고, 서로 간의 대화나 창조적 통합의 시도가 보이지 않기 때문이다.

따라서 크게 감리교 신학과, 성결·오순절 운동에 뿌리를 두고 있는 성결교 신학과 오순절 신학에서의 성령론이 지니는 특징들을 각각 고찰하는 것이 우리의 주요과제가 될 것이다.

그리고 이들을 통합적으로 수렴하여 "통전적 성령론"으로서의 '웨슬리안 성결·오순절 성령론'을 확보할 가능성을 결론적으로 모색하고자 한다.

1 한국 감리교 신학에서의 성령론

감리교 신학 전통의 뿌리는 존 웨슬리(John Wesley, 1703~1791)의 신학이다. 그러므로 한국 감리교 신학의 성령론 역시 웨슬리로부터 시작하고, 그로부터 신학적 창의력을 찾고 있다.

감리교 신학 전통에서의 성령론에 대한 최근의 논의는 크게 두 방향에서 고찰될 수 있다. 하나는 김영선과 이후정, 김홍기 등이 웨슬리의 성령론 자체를 신학적으로 혹은 역사적으로 정립하려는 시도와 다른 하나는 박종천과 이정배가 웨슬리 신학의 틀에서 한국적 성령론을 전개한 것이다.

이들이 자신들의 성령론을 전개하기 전에, 이들의 선생인 변선환(1927~1995)이 이미 웨슬리의 성령론을 간접적으로 소개하고 있고, 이를 통해 웨슬리 신학 자체뿐만 아니라, 토착화 신학과 종교 간의 대화를 위한 성령론적 사유의 방향도 열어 놓았다. 변선환은 일찍이 웨슬리의 성령론이 현대 기독교의 당면과제들을 풀어나가는 데 도움이 될 수 있는 점을 내다보았다.

특히 "기독교가 아직 토착 종교 사이에서 뿌리를 내리지 못하고 있는 한국에서" 그리고 이웃 종교와의 대화를 이단시하고 있던 그 시대의 상황에서 그는 진지하게 물었다.

> 인간과 사회 변혁의 가능성을 향하여 우리는 참으로 성령에 의하여 역사하는 신의 능력을 받고 있는 것일까? 우리에게서 인간학적 낙관론과 신학적 낙관론 가운데 어느 편이 강할 것일까?[2]

이와 같은 물음에 대하여 변선환은 스타키(L. M. Starkey)가 정립한 웨슬리의 성령론을 소개하면서, 웨슬리의 성령론은 "우리의 이해에 빛을 던져줄 것이 분명하다"라고 주장했다.

성령은 인간의 삶에 내재적으로 임재하고 인간의 구속을 성취시키는 삼위일체 신이라고 웨슬레는 확언한다. 이 성령은 자유롭고 직접적으로 역사하며 동시에 매개적 보편적으로 역사하며 그리고 인간의 책임적 협력을 통하여 설득적으로 역사한다. 그것은 기독자의 삶의 원동력이며 예수 그리스도 안에 있는 것과 똑같은 성결과 의와 사랑에서 살게 하는 것이다. 그것이 요한 웨슬레 신학에 나타난 성령의 역사의 정수다.[3]

웨슬리의 성령론에 대한 변선환의 이러한 적극적 소개는 그의 제자들을 통해 한편에서는 웨슬리의 성령론으로 개진되었고, 동시에 다른 한편에서는 문화신학적 성령론을 수립하는 데로 나갈수 있도록 동력을 부여해주었다.

1) 웨슬리의 성령관에 대한 감리교적 이해

감리교 조직신학자 김영선은 『존 웨슬리와 감리교 신학』이라는 큰 제목의 저술을 통하여 기본적으로 웨슬리의 신학 사상이 감리교 신학을 형성하고 있음을 보여주고자 했다.

웨슬리는 자신의 신학을 체계적인 방법으로 보여주고자 하지 않았기 때문에, 그의 신학 사상을 조직신학적 틀에 갖춘다는 것은 그의 원래 의도를 상쇄 혹은 과장하게 되는 위험에 노출될 수 있음을 김영선은 알고 있었다. 그런데도 그는 웨슬리의 신앙과 사상의 조직신학적 재구성은 소위 "교단신학"의 수립을 위해서는 불가피한 것으로 인정될 수밖에 없다고 보았다.

『존 웨슬리와 감리교 신학』에서 웨슬리의 성령론은 크게 성령의 본질, 성령의 인격성과 신격성, 성령의 증거, 성령의 확증과 열매, 그리고 성령의 사역 등 다섯 가지로 구조화되어 있다.

김영선을 통해 재구성된 웨슬리의 성령은 우리 안에 계신 하나님이며,

구원의 성취자이며, 성화를 이루시는 영이며, 믿음을 주시는 영이며, 능력을 주시는 분이며, 하나님으로서 삼위일체의 한 위격으로 정의된다.[4]

조직신학적으로 볼 때, 김영선의 웨슬리 성령론은 구원을 위한 성령의 인격과 성령의 사역으로 구분하는 전통적인 틀을 크게 벗어나지 않고 있다.

김영선이 웨슬리의 성령 이해에서 특별히 주목한 것은 "성령의 증거 (witness of the Spirit)"다. 이는 믿는 자가 하나님의 자녀 됨에 대한 믿음, 죄 용서에 대한 믿음, 하나님과 화목 되었음에 대한 믿음, 등에 대한 내적 확신을 묻는 것이다.

이에 대해 웨슬리는 성령이 믿는 자의 심령에 존재함을 확신할 수 있다고 본다. 왜냐하면, 거기에는 성령의 직접적 혹은 간접적 증거가 있기 때문이다.[5] 이 "성령의 증거"라는 교리에 기초하여 "성령의 확증(assurance of the Spirit)" 교리가 가능하게 된다. 그리고 성령의 확증은 결국 성령의 열매로 나타나는 것이기 때문에, 성령의 증거·확증·열매는 유기적 일체를 이룬다.

김영선에 따르면, 웨슬리는 성령의 주된 사역을 죄를 깨닫게 하고, 선을 행하게 하고, 하나님의 형상을 회복하는 것으로 생각하였다.[6]

성령의 직무에 대한 이러한 웨슬리의 일반적 이해에 더하여, 김영선은 "성령세례와 성령충만"이라는 의제를 오순절교회 전통과 비교하고 있지만, 일반론 이상으로는 진전시키지 못하고, 현대 감리교와 오순절교회의 차이점만을 부각하는 것으로 맺고 있다.

다른 한편, 성령은 조직신학의 모든 주제와 상관될 수 있지만, 김영선은 유일하게 교회론과의 연관성만 언급하고 있다. 그도 변선환과 같이 스타키의 연구에 의존하여 성령의 공동체성이 교회의 본질임을 언급한다. 그러나 교회가 왜, 그리고 어떻게 해서 성령의 공동체이어야 하고, 그렇게 될 수 있는지에 대한 논의는 개진하지 않고 있다.

웨슬리의 성령관과 마카리우스의 영성

김영선과 거의 동일한 제목으로 나온 『웨슬리와 감리교 신학』에서 감리교 교회사가 이후정이 웨슬리의 성령론을 정리하였다.[7] 그는 아우틀러(Albert C. Outler, 1908~1989)의 연구를 토대로 하여,[8] 웨슬리의 성령관 이해를 위해서는 시리아 교부 마카리우스(Saint Macarius, 300~391)의 영성과 신학이 매우 중요하다는 사실을 논증하고 있다. 이와 더불어 그는 신인협력론, "영적 감각"에 대한 인식론 및 성령체험, 그리고 성령과 성화의 관계를 밝혀주고 있다.

이후정은, 웨슬리 신학을 지탱하고 있는 '신인협력론'에 대한 정당한 이해는 마카리우스의 관점에서 성령론적으로 가능한 것임을 보여준다.

마카리우스에 의하면, 타락한 인간에게도 하나님의 형상은 잔존하기 때문에, 누구든지 자유의지로써 하나님의 은혜를 구할 수 있을 뿐만 아니라, 죄로 말미암은 정욕을 정복할 수는 없어도 저항할 수 있다. 이를 위해서 인간은 "자기 안에 거하는 성령의 은혜와 협력"해야 하고, 또한 할 수 있다고 생각하게 된 것이 웨슬리가 마카리우스에게 받은 지대한 신학적 영향이라는 것이다.[9] 그러므로 웨슬리에게 '신인협력'이란 믿는 자에게 내주하는 성령과의 교통을 말하는 것이라고 좀 더 명확히 말할 수 있게 된다.[10]

마카리우스에게 구원의 목표는 "신화(神化, apotheosis)"인 바, 이는 결국 성령충만함으로 이루어지는 것이다.[11] 이같은 맥락에서 웨슬리의 중생론과 성화론이 지니는 성령론적 특징은 마카리우스의 설교 가운데서 어렵지 않게 찾아볼 수 있게 된다.

> 인간은 성령의 능력과 영적 중생에 의하여 첫 아담의 분량에 이를 뿐만 아니라 그보다 더 위대하게 된다. 인간은 신화된다(apotheoutai).[12]

이후정은 웨슬리가 빚지고 있는 이러한 역사적 사실에 기초하여 웨슬리의 성령론적 주제들, 특히 성령의 확증, 성령의 증거, 성령의 체험 등을 자세히 다루고 있다. 이에 대한 결론적인 설명은 앞에서 소개한 조직신학자 김영선과 크게 다를 바 없어 보인다.

다만 이후정은 교회사가로서 성령의 활동을 인간이 경험하는 차원에서 말할 때 마카리우스 뿐만 아니라, 웨슬리와의 동시대 사조였던 18세기 영국의 경험주의, 특히 존 로크(John Locke, 1632~1704)의 영향을 밝힘으로써 웨슬리 신학에 항상 거론되는 "경험"의 철학적 차원을 역사적 맥락에서 이해할 수 있도록 이바지하고 있다.[13]

그리고 웨슬리의 성화는 마카리우스에게서처럼 목적론적으로 정위(定位)되고 있기 때문에, 그 특징은 완전을 향한 "점진적인" 성장이라는 것과, 스타키의 연구에 의존하여 "사회적인" 차원이 동반된다는 사실을 밝혀주고 있다.[14]

웨슬리의 이와 같은 성령관에 취약점은 없는가?

이후정은 웨슬리의 성령 이해를 개관한 후, 웨슬리는 "그의 사상의 논리적 구조 때문에 성령의 역사의 신비적 차원들에 대해 충분히 묘사하지 못하고 있다는 점"을 지적한다.[15]

그러나 18세기 영국인으로서 자신의 한계를 잘 알았던 웨슬리였기에 "마카리우스의 영성을 크게 경모한 이유"가 되었을 것이라고 웨슬리가 인용한 마카리우스의 글에 근거하여 이후정은 정당히 추론한다.[16]

웨슬리와

아우구스티누스

우리는 이러한 이후정의 연구와 더불어 감리교 교회사가인 김홍기가 웨슬리의 칭의론과 성화론이 아우구스티누스에 일정 부분 깊이 뿌리를 두고 있음을 밝힌 연구에 주목한다.

김홍기의 다음과 같은 분석적 이해는 개혁주의뿐만 아니라 가톨릭과의 대화에서도 웨슬리 신학의 입장을 분명히 밝혀주는 데 이바지할 것이다.

종교개혁자들은 로마가톨릭의 인간 중심의 공로 사상으로 인하여 성서적 구원론이 왜곡되었을 때, 아우구스티누스에게 의지해서 "의(義)의 전가로서의 의인화(imputation)"를 강조함으로써 중세 스콜라주의의 선행(善行)과 신비주의의 체험을 비판적으로 극복하고자 시도했다. 그래서 종교개혁 신학에서는 주관적 내면적 체험(in nobis)보다는 우리 밖에서(extra nos) 객관적으로 우리에게 다가오는 말씀에 의한 믿음이 강조된다.

이와 같은 맥락에서 은총으로서의 성령의 역사도 "말씀 안에서, 말씀을 통하여, 말씀과 함께" 이루어지는 것으로 이해되었다.[17]

이와 반면에, 웨슬리는 실제적이며 내면적(in nobis)인 의(義)의 분리로서의 의인화(impartation)를 강조함으로써 "의인화와 성화, 전가되는 은총과 속성을 변화시키는 은총"을 모두 살리고자 한다.[18] 웨슬리가 취한 이러한 신학적 지점에서 우리 안에 내주하는 성령이 우리 안에서 우리와 함께 신인협동적으로 우리의 삶을 변화시키는 성화의 사건이 가능해질 수 있게 되는 것이다.[19]

2) 민중·문화적 현실을 위한 성령론 전개

감리교의 조직신학자와 교회사가들 안에서는 한국 감리교의 정체성을 위해 감리교 창시자 웨슬리의 신학사상을 수용 발전시키기 위하여 주로 영미 감리교에서 연구되고 있는 웨슬리 신학과의 적극적인 대화가 이루어지면서, 동시에 한국 감리교의 토착화 신학을 구축하기 위한 노력이 이어져 오고 있다.

그 중심에는 탁사 최병헌·윤성범·변선환·유동식 등이 있었고, 이들의 신학적 시도를 이은 박종천·이정배 등이 웨슬리 신학을 광의적으로 해석하는 가운데 한국의 문화나 역사와 적극적으로 대화함으로써 한국 기독교의 토착화 신학을 선도해 왔다.

토착화 성령론:
박종천과 이정배

우리는 특별히 박종천과 이정배 안에서 발견되는 토착화 성령론에 주목한다. 이들은 스승들이 한국문화의 신학을 위해 닦아 놓은 길 위에서 대범하게 성령론을 펼쳐나갈 수 있었다. 이 두 감리교 조직신학자가 제출한 성령론은 앞의 세 학자가 보여준 웨슬리의 성령론적 이해와는 방향과 궤를 달리하고 있음을 볼 수 있다.

박종천은 『상생의 신학』, 『하느님과 함께 기어라, 성령 안에서 춤추라』, 『하나님 심정의 신학』 안에서 그만의 감리교적 성령론을 논하고 있다. 성령론이 "신학적 방언"이 되지 않도록 신학자는 '현대인'에게 그리고 자신의 '동족'에게 소통되도록 해야 한다는 취지에서 "성령론: 웅녀의 신학"을 제출하였다.[20]

신학의 제 논제들이 그렇듯이, 성령론 역시 입장 간 '거리'의 문제를 가지고 있다. 박종천은 특히 성서적 성령 개념을 보전하고자 하는 전통적 성령론과 인간 억압이나 생태학적 위기와 같은 현대인의 곤경에 대답을 주고자 하는 현대신학의 성령 이해 간의 거리를 감지하고 있다.

또한, 서구적 성령론과 한국적 영성 사이의 종교 문화적 거리가 있어서 이를 신중히 다루어야 할 것을 주문한다. 서구적 우상파괴주의를 기독교의 예언자주의와 혼동함으로써 "한국 종교의 풍요한 역사 속에 나타난 하느님의 영적 현존의 흔적을 완전히 파괴시키는 일"이 빈번히 일어났던 잘못을 더 이상 되풀이해서는 안 된다고 천명한다.[21]

**여성해방적
생태학적 성령론**

박종천의 신학적 문제의식은 성령이 '현대인'에게 그 참된 존재를 드러내기 위해서는 오랜 역사 동안 가부장적 성령론으로 지배되었던 전통으로부터 벗어나야 할 필요가 있다는 것이다.

이를 위해서 그는 "성령으로 잉태하사 동정녀 마리아에게 나시고"라는 사도신경의 신앙고백에 대한 가부장적이며, 그리스도 중심적이며, 계시신학적인 칼 바르트(K. Barth)의 입장을 특별히 류터(R. Reuther)와[22] 몰트만(J. Moltmann)의 입장에서 비판함으로써, 현대인을 위해 여성해방적이며 생태학적 성령론을 개진한다.[23]

그는 '창조 속의 하느님은 성령 하느님'이라는 몰트만의 명제와,[24] '성령은 어머니'라는 시리아의 교부 마카리우스의 명제를 적극적으로 수용하여,[25] 아우구스티누스 전통에 서 있는 서방교회의 한계를 넘어서 이웃 종교의 전통을 포함한 우주적 영으로 성령을 이해하려는 성령론을 제시한다. 이를 위해서 마리아를 교회의 "활동적 모델"로 보자고 제안한 웨인라이트(G. Wainright)를 의지하여 아르미니안 감리교적 성령론을 논한다.[26]

그의 결론적 논지는 마리아의 성령 잉태 사건을 통해 보여준 신모(神母, Theotokos)의 상징을 통해서 알 수 있듯이, "성령에 사로잡힌 모든 사람들 속에 현존하시는 성령은 결코 예수 안에 있는 하느님의 현존에 못하지 않다"라는 것이다.[27] 성령은 모든 사람을 위하여 열려 있고, 모든 사람 속에서 자유롭고 보편적인 하나님의 선행은총으로 활동하시는 분이다.

박종천은 "보편은총의 작용방식"에 따른 성령의 이러한 이해에 기초하여 한국신학을 위한 성령론, 곧 "웅녀신학"을 선보인다. 웅녀신화가 그에게 유의미한 웅녀신학 곧 웅녀 성령론이 되게 한 것은 "한국 민중의 관점"에서 "새로운 성령론"을 시도한 결과다.[28]

이미 1960년대 그의 스승 해천 윤성범(1916~1980)이 한국의 토착화 신학에 불을 지핀 한 논문과 그의 대표적 저서 『한국적 신학』에서 소위 웅녀 신학이 실험되었다.

박종천은 해천의 웅녀신학은 유교의 가부장주의와 바르트적 마리아 해석의 틀에서 벗어나지 못함으로써 한국 민중의 얼과 삶의 현실로부터 동떨어져 있고, 그 결과 얼마든지 당시 민중을 억압하는 독재체제가 그의 신학을 오용할 수 있었던 헛점이 있는 신학이었다고 비판한다.

류터와 몰트만이 바르트를 비판하면서 여성 해방적·생태학적·우주적 성령론에 입각한 마리아 신모(Theotokos) 신학을 제출하였듯이, 박종천은 웅녀신화를 그와 같은 맥락에서 한국의 민중 해방을 위한 웅녀 성령론으로 신학화하는 모험을 감행하였다.

종교신학적 氣-성령론, 생태학적 치유성령론

박종천과는 또 다른 맥락에서 감리교 조직신학자요 종교철학자인 이정배는 그의 스승 변선환의 "종교신학"에 입각하여 감리교적 토착화 신학을 발전시켜 왔다.

이는 박종천이 해천 윤성범의 "한국적 신학"을 비판적으로 독해하면서 민중신학적 모티브를 강화한 것과 비교된다.

이정배는 조직신학적 방법으로 『한국적 생명신학』을 제출하였고, 그 가운데 "한국적 생명신학의 이론적 전개"의 일환으로 자신의 성령론을 시도한다.[29]

여기에서 그는 기존의 성령론을 개관한 다음, 최종적으로는 "과정 성령론"을 수용하고 난 후, "한국적 지기론(至氣論)"과의 상관성을 언급하면서 중국 신학자 장춘셴과 같이 "기독교 성령을 氣의 시각에서" 다룰 필요성을 주장한다.[30] 이후, 이정배는 氣 성령론을 『신학의 생명화, 신학의 영성화』에서 부분적으로 발전시킨다.[31]

이와 더불어 이정배는 "생태학적 성령론"을 전개한다.

그는 이를 통해서 성령은 "인간 존재를 희생양(scapegoat)으로 만드는 사회 구조(폭력)를 치유하는 수행적 진리"이며, "자연에 무관심했던 서구적 자아(Selfhood) 개념에 대한 영적 도전"을 위한 "생명 형식(Life-form)"이라는 사실을 밝히고자 한다.[32]

이정배에 따르면, 성령은 "힘을 갖지 못한 이들을 위해 힘이 되어 주시는 존재"로서 사회의 기존 권력 관계들을 전도시키는 정치적, 문화적 파괴의 신적 대행자"이다.[33]

성령은 "급진적인 사회 변화를 위해 일하는 사람들과 함께 고통을 당하고 또한 그들을 위로하는 일을 한다." 그리고 성령은 폭력에 폭력으로 대항하는 것을 포기하는 사람들에 의해 형성된 새로운 공동체 안에 현존한다.

이를 통해 성령은 주변화된 타자(marginal other)를 희생양으로 만드는 폭력의 사회 구조 속에서 상호 간의 차이를 인정하고 축하하는 다문화적 공동체를 가능하게 만든다. 왜냐하면, 성령은 차이를 억압하는 자가 아니라, 오히려 차이의 창시자이기 때문이다.[34]

이정배는 전통적인 "창조의 영"이 신이나 인간 중심에서 이해되는 것에서부터 우주의 생명체 안에 거하는 성령으로 전환되어야 한다고 주장한다.[35]

그렇게 되면, 계시신학과 자연신학 간의 문제, 역사와 자연 간의 양자택일적 딜레마가 자동적으로 해소된다고 관측한다. 이때 성령은 신학의 제 문제에 대한 중개적 역할을 감당하게 된다. 더 이상 영과 자연 간의 분리는 없게 되고, 오히려 상호의존적 관계하에서 서로를 보게 된다.

그러나 이러한 상호의존적 관계성을 확실하게 규정하는 것은 간단한 문제가 아니다. 왜냐하면, 만물 가운데 성령의 내재를 이야기할 때 범신론에 입각한 신과 자연의 동일화로 의심받지 않아야 하는데, 그렇게 될 때 신과 세계, 은총과 자연과 같은 이원적 구조는 여전히 남아 있을 수밖에 없기 때문이다.

이러한 이원적 구조를 해소하려는 기획은 결국 인간과 다른 피조물 간의 차이 자체를 제거하는 것인데, 이에 성령의 특별한 역할을 기대하는 것이다.[36]

이정배는 성령을 자연과 밀접한 관계에서 이해함으로써 자연의 관리자 혹은 청지기로 이해해 왔던 종래의 인간관을 자연과 우주의 친구, 순례자, 거주자로서의 인간으로 볼 것을 주장한다.

또한, 그는 인간 중심으로 보아왔던 성령을 자연으로부터 이해함으로써, 인간과 성령에 대한 기존의 전통적인 이해의 변혁을 요구하고 있다. 폭력에 의해 고통당하는 창조세계를 치유하는 성령은 인간 중심주의 신학에서는 제대로 개진될 수 없기 때문이다.

궁극적으로, 성령은 "전 피조물의 온전한 복구가 요청되는 작금의 당면 현실 속에서 생기 넘치는 치유적 하느님 능력으로서의 영(생태학적 성령)"이다.[37]

2 한국 성결·오순절 신학의 성령론

지금부터 우리는 광의적으로는 웨슬리 신학 혹은 복음주의 전통 안에 있지만, 협의적으로는 주류 감리교 신학에서의 성령론과는 맥을 달리 하는 성결·오순절 신학에서의 성령론의 주요 흐름을 고찰한다.

한국에서의 성결·오순절 운동은 교단적으로 볼 때, 크게 두 교단에 의해서 주도되고 있다. 하나는 성결교회 계통이요, 다른 하나는 오순절교회 계통이다.

두 교단의 공통된 특징은 사중복음을 신학의 주요 교의로 삼고 있다는

것이며, 개인적인 성령체험을 강조한다는 점이다. 이때 성령체험의 핵심은
"성령세례"다.

그러므로 성결교회와 오순절 순복음교회는 각기 성령세례에 대해 어떠
한 이해를 하고 있는지, 그 특징을 파악하는 것이 핵심적인 과제가 될 것
이다.

성령세례를 공히 중시한다는 공통점 위에 성결교회는 웨슬리 신학의
전통을 따라 성결을 강조하는데, 성결을 성령세례로 이해한다는 특징이
두드러진다. 이와 반면에, 오순절교회는 능력이나 은사를 성령세례의 표
시로 보는 경향이 강한 것을 알 수 있다.[38]

1) 한국 성결교회의 성령 이해

**정빈, 김상준과
만국성결교회**

한국성결교회는 정빈과 김상준이 1907년 당시 경성 무교
동에 세운 전도관으로 부터 시작되었다. 그들은 찰스 카우만(Charles E.
Cowman, 1868~1924)과 나카다 쥬지(中田重治, 1870~1939)가 중심이 되어
일본 동경에서 설립한 동양선교회의 동경성서학원을 졸업하였다.

카우만은 미국 신시내티에서 마틴 냅(Martin W. Knapp, 1853~1901)과
셋 리스(Seth C. Rees, 1854~1933)에 의해 시작된 만국성결교회(International
Holiness Church)로부터 안수를 받고 일본으로 선교사 파송을 받았다.

카우만은 마틴 냅이 세운 '하나님의 성서학원 선교사훈련원(God's Bible
School and Missionary Training Home)'의 제1회 졸업생으로서 마틴 냅의 성
결·오순절적인 '온전한 복음(full Gospel)' 신학 사상에 영향을 받았다.

또한, 그는 냅을 만나기 이전에 시카고에서 감리교 평신도로 무디성
서학원을 다니는 중 앨버트 심슨(Albert B. Simpson, 1843~1919)에게 '온전

한 복음' 혹은 '순복음'과 내용적으로 맥을 같이 하는 '사중복음(Fourfold Gospel)'에 기초한 신앙 부흥에 깊이 영향을 받았다.

카우만의 회사 동료였으며, 그에게 전도 받아 함께 사역하게 된 어니스트 길보른(Earnest Kilbourne, 1865~1928) 역시 '하나님의 성서학원'을 졸업하고 일본 선교에 참여하였다.[39] 이들이 '동경성서학원'을 세웠고, 여기에 정빈과 김상준(1881~1933)을 위시하여, 그 후 성결교회의 지도자가 된 이명직, 이명헌 등 많은 인물이 이곳을 거쳐 한국에서 성결·오순절 운동을 이끌었다.

만국성결교회의 하나님의 성서학원과 이를 모델로 한 동경성서학원, 경성성서학원은 모두 "신학원(Theological Seminary)"이 아니라 "성서학원(Bible School)"이라는 이름을 의도적으로 사용하기까지 하면서 지성적인 신학훈련보다는 전도와 선교를 위한 영성훈련을 우선시하는 전통을 세워나갔다. 그러므로 특정 신학에 경도되어 교리논쟁에 빠지는 것을 경계하였다.

그러나 전도와 선교를 위해 시작된 성결·오순절 운동을 적극적으로 담아낼 수 있는 신학은 16세기의 루터와 칼뱅을 지나 18세기 웨슬리에게 와서 전개되었기 때문에, 성결교회 창립자들은 저들의 교파적 배경을 초월하여 자연스럽게 웨슬리안 신학 전통을 수용하는 데 어려움이 없었다.

전성용의

성령세례 이해

웨슬리 신학의 전통을 공유하고 있는 성결교회의 학자들이 다수가 있으나,[40] 그 가운데 "성령론"을 독립적으로 다룬 자는 전성용이다. 그는 성령에 관한 전통적 이해를 체계적으로 다루는 중에, 특이한 점은 그 가운데 존 웨슬리와 칼 바르트와의 창의적 대화를 시도한 점이다.[41]

그가 바르트 성령론의 강점으로 평가한 것은 "기존의 성화론에서 거의 등한시하였던 성도의 공적인 책임성에 대해서 강하게 주장(한)" 것이다.

전성용의 평가에 따르면, 바르트가 사회·정치적 악에 대해 투쟁하고 불복종한 삶은 그의 사회적 성화론의 실현이었다.[42]

전성용은 웨슬리의 성령론과 성령체험을 19세기 오순절 운동의 뿌리로 본다. 웨슬리의 올더스게이트와 페터레인에서의 종교적 체험은 오순절적 성령체험이다. 이를 통해서 웨슬리의 구원론과 성령론은 그 이전의 종교개혁자들과 구별되는 독특성을 가진다.

그가 일생 강조했던 성화의 체험은 중생과는 구별된 성령의 역사다. 이러한 면에서 전성용은 19세기 오순절 운동에서 말하는 제2의 축복으로서의 성령의 역사를 말할 수 있는 획기적인 분기점이 웨슬리의 성령 이해와 그의 성령체험이라고 주장한다.[43]

전성용의 성령론 연구에서 핵심적 논의는 역시 "성령세례"다. 이는 현대 신학 논의를 다루고 있는 동시대의 감리교 조직신학자들과 비교하여 볼 때 상대적으로 두드러진 주제다.

그는 성령세례에 대하여 성서적·전통적 이해를 포괄적으로 다루면서, 결론적으로는 중생과 성령세례를 동일시하는 개혁주의 전통을 넘어설 수밖에 없음을 주장한다.

그 핵심적인 이유로 초대 교회의 물세례는 성령세례를 전제하였기에 물세례는 곧 성령세례로 인정될 수 있지만, 중세 이후 교회가 제도화되고 명목상의 세례 신자가 많이 존재하는 현실에서 "바울의 주장을 근거로 물세례와 성령세례가 동일하다거나 중생이 성령세례라고 주장하는 것은 현실적으로 무리가 있다"라고 보기 때문이다.

그러므로 물세례를 받은 자는 "성령세례를 받기 위해 힘써야" 한다는 것이 그의 실천적 주장이다.[44]

김태구의 성령세례

그렇다면 무엇이 성령세례인가? 성결교회에서 이에 대한 신학적 이해와 그에 따른 거룩한 삶에 모범으로 인정받고 있는 김태구가 정의한 성령세례다.

> 그리스도께서 성령으로 저와 여러분의 안에 계시고, 이 성령으로 말미암아 우리가 기쁨과 능력의 삶을 살게 됩니다. 이것이 성령의 세례입니다.[45]

그는 성령의 역사를 성령의 감동·성령의 중생·성령의 세례·성령의 은사로 이해함으로써 성령세례의 고유한 역할을 다음과 같이 말할 수 있었다.

> 내 안에 이미 와 계신 성령께서 나의 일부분이 아니라, 내 마음과 속 전체를 성령께서 완전히 점령하신 상태, 성령께서 모든 면에 있어서 충만하게 역사하는 상태, 그것을 성령의 세례를 받았다고 말하는 그것입니다.[46]

이명직의 성령세례는
불세례

그러나 무엇보다도 한국 성결교회의 역사 안에서 성령 이해와 성령 운동의 흐름을 파악하는 데 초석적 역할은 성결교회 웨슬리안 사중복음신학의 기초와 틀을 잡아놓은 이명직과 목회 현장에서 성결·오순절 운동을 전개한 이성봉에게서 찾을 수 있을 것이다.

이명직(1890~1973)은 동경성서학원을 졸업하고 귀국하여 경성성서학원의 교수와 원장으로서, 그리고 성결교단의 총회장으로서 그의 위치는 단연코 성결교회를 이해하는 데 가장 독보적이다.

그는 성결교회의 역사를 정리하면서 교단의 교리적 체계를 수립하였고, 『신학대강』, 『기독교 4대복음』 등 조직신학을 탄탄히 구성하여 성결교회

신학의 기초를 다져놓았다.

또한, 교단 기관지인 「활천」을 창간하여 성결교단의 영성과 윤리, 그리고 신학 형성에 지대한 영향을 미쳤다. 그뿐만 아니라, 설교만 해도 160여 편이 남아 있어 그의 사상과 삶의 전반을 이해하는 데 기본 자료가 되고 있다.

이명직은 성령세례를 불 세례로 이해하는데, 이는 "성령이 임하시면 사람의 마음을 변화시키어 깨끗게 하실 것을 상징한 것"이요,[47] "마음의 변화"인데, "성결한 마음을 가지려면, 교회가 부흥되려면, 온유하고 겸손한 사람이 되려면 성령세례를 받아야 할 것"임을 강조한다.[48]

성령을 받았다고 하면 증거가 있어야 하는데, 그것은 "능력과 생활의 성결'인 바, 이러한 열매의 원동력은 성령세례로 말미암아 그 변화된 심령에서 나오는 열매"이다.[49]

성결·오순절 운동의 기수

이성봉

이명직의 이러한 성령세례의 가르침을 받고 초교파적으로 성결·오순절 운동를 선도한 자가 바로 "한국의 무디"라 불렸고, "한국 교회가 낳은 가장 훌륭한 부흥목사 가운데 한 사람"인[50] 이성봉(1900~1965)이다. 그는 경성성서학원을 1928년에 졸업한 후, 13년간 목회자로서 사역하다가, 17년간 말씀을 증거한 부흥사로 그의 전 생애를 하나님 앞에 드렸다.[51]

이명직은 학자로서 많은 글을 남긴 반면에, 이성봉은 순회 부흥사로서 많은 사람을 기독교의 신앙생활로 입문시켰고, 교회의 영적 부흥을 도모하였기 때문에, 성령에 대한 이성봉의 이해에 주목하고자 한다.

이성봉에게 초점을 맞추게 된 또 다른 이유는 오순절 성령 운동의 기수가 된 조용기가 이성봉의 성령체험을 그의 사역에서 중시하고 있기 때문이다.[52]

조용기는 이성봉이 목회자와 부흥사로서 일생 헌신했던 "아름다운 사역"의 "비결"은 "성령충만함의 체험 때문"이었다고 본다.[53] 이성봉의 성령체험은 그가 38세(1937년)에 "불 세례를 체험한 것"을 말한다.[54] 그것은 "성령의 뜨거운 세례"였다.[55]

조용기의 이해에 따르면, 이성봉의 성령세례 체험은 (1) 성령의 인도하심을 받음, (2) 놀라운 열정을 가짐, (3) 사랑의 역사를 이룸, 그리고 (4) 소망의 메시지를 전함이라는 네 가지의 특징을 지닌다.[56]

이 중에 이성봉이 전하는 소망의 메시지는 "불치의 환자들이 고침 받는 신유"의 힘으로 나타났다고 조용기는 통찰한다.[57] 그는 이성봉의 이러한 소망의 메시지에 커다란 용기와 도전을 받는다.

이성봉이 받은 성령세례 사건을 성결교회 조직신학자 성기호는 "사도들이 오순절 성령세례 이후에 다시 성령의 충만함을 받은 것같이… 이미 경험한 성령의 세례 이후에 재충만을 받은 것"으로 이해한다.[58] 그의 성령세례가 지니는 특징은 "자신의 삶뿐 아니라 교회의 불의한 일을 용납하지 않는 단호함"이다.[59] 이것은 성결교회가 왜 '성결'을 성령세례로 보는지를 보여주는 한 단면이 된다. 왜냐하면, 이는 "거룩한 하나님의 교회를 하나님의 방법으로 양육하려는 참 목자의 성결한 모습을 이성봉 목사에게서 발견하게" 되기 때문이다.[60]

이성봉의 성령충만한 사역은 성결교회가 내분으로 인하여 교단이 두 번씩이나 분열되었을 때 그가 두 번 모두 수습하는 과정에서 특별히 빛이 났다.

교단은 1936년에 정남수(1895~1965)를 중심으로 서선(西鮮) 사람들과 같이 '하나님의 교회'로 분열하는 아픔을 겪었다. 이때 교단은 분열을 수습하려는 차원에서 '전국 부흥사' 제도를 만들었고, "분열된 성결교회를 치유하는 일에 있어서 이성봉은 매우 적임자"라는 판단에 교단은 이성봉을 전국 부흥사로 파송하였다.[61]

그는 "사랑하지 않는 자 저주를 받으라. 주 강림하시니라.… 최후 일각에 서로 사랑하며 일심과 일의로 주의 즐거움을 일웁시다"라고 서로 사랑하여 하나 될 것을 외쳤다.[62]

그리고 또 한 번의 교단 분열이 NCC와 NAE의 동시 탈퇴 건이 해결되지 않자 1961년에 '복음 진리 수호동지회'라는 단체가 주축이 되어 임시총회를 열어 교단을 탈퇴하여 '예수교대한성결교회'라는 새로운 교단으로 결성되기에 이르렀다.

이에 이성봉은 어느 편에도 가담치 않고, 교단의 합동을 위하여 '통일수염'을 기르면서, 전국 교회를 순회하면서 '일일 부흥회'를 인도하였다. 이성봉이 일일 순회를 마친 다음 해 1965년에 합동총회가 열렸고, 갈라진 교회는 일부 세력을 남겨 놓고 대합동을 이루었다. 이 총회에서 이성봉은 "주를 사랑하자"라는 제목의 설교를 하고 10일 후 소천한다.[63]

사중복음과 성령을
강조한 메시지

이처럼 이성봉의 말씀과 삶의 모든 영역에서 성령의 역사와 성결한 삶의 흔적이 동시에 드러나는 이유는 그의 메시지가 지니는 특징을 통해서 확인할 수 있다.

즉, 그의 메시지는 "성결교회의 사중복음에 근거"하여, "언제나 중생과 성결, 신유와 재림을 강조"하였으며, "그 메시지의 중심에는 사랑"이 있었다는 사실이다.[64]

이는 역으로 말하여, 조용기가 밝혀주었듯이, 사중복음과 사랑의 메시지가 호소력 있게 전달되려면 거기에는 반드시 성령의 충만한 역사가 전제되어 있어야 가능하다는 것이다.[65] 이러한 사실은 스승 이명직의 오순절 "불 세례"의 체험 안에서 더욱 뚜렷이 이해될 수 있다.

주지하다시피, 부흥 설교자 이성봉에게 가장 중요한 메시지는 바로 중생·

성결·신유·재림의 사중복음이다. 그의 설교 대부분은 이 네 가지 주제에 대한 확장이거나, 심화이거나, 세분화로 볼 수 있다.

> 성결교회의 사중복음을 그대로 받고 그대로 의지하고 그대로 체험하고 그대로 전함을 나의 사명으로 알았다.[66]

이성봉은 이처럼 사중복음이 기독교 신앙의 대강(大綱)을 포괄하는 것으로 확신하고 있었다.

이성봉에게 사중복음이 중요한 이유는 사중복음 설교 안에 빼놓을 수 없는 주제 중의 하나가 '성령'이기 때문이다. 그리고 이와 함께 중요한 사항은 그의 사중복음 메시지가 전달될 때 성령의 역사가 늘 함께했다는 사실이다.

설교 "부흥"에서 부흥의 원동력은 "성령의 운동으로(요엘 2:28) 불과 같이, 바람과 같이, 기름과 같이, 생수 같이 각 방면으로 부흥"을[67] 일으키는 힘이라고 말한다. 곧 성령의 운동이 부흥의 원동력인 것이다.

설교 "성령을 받았느냐"에서 이성봉은 예수께서 성령을 받으신 사건이 그가 하나님의 아들이라는 증거가 된다고 말하고 있다. 성령으로 잉태된 것(눅 1:35), 성령으로 세례를 받으신 것(요 1:32), 성령으로 충만하신 것(요 3:34)과 같이 신자들도 그와 같은 경험을 가져야 하고, 가질 수 있다고 한다.

> 우리도 성령으로 중생할 뿐 아니라, 충만한 성령, 풍성한 성령을 가져야 한다(요 7:38)는 것이다. 세상에 가련한 인간은 성신을 받지 못하고 예수를 믿는다는 사람과 성신 없이 주의 일을 한다는 자들이다.[68]

이성봉의 눈으로 볼 때, "성신 없이 주여 주여 하는 자는?" "기름 마른 기계"요, "불 꺼진 자동차"요, "바람 빠진 풍금"이요, "물 없는 우물"이요,

"비 없는 구름"이요, "열매 없는 무화과"요, "알맹이 없는 쭉정이"와 같은 존재다.[69]

그러므로 이성봉의 메시지에는 "성령을 받으라", "성신 받을 필요", "성령의 역사", "성령의 열매", "성령에 충만하라", "'갑절의 성령을 주소서", "성신을 근심케 말라", "성령의 세례를 받는 법", "믿는 사람의 받을 성령"과 같은 제목 설교들이 그의 사역에 커다란 비중을 차지하게 된다.[70]

2) 한국 오순절교회의 성령 이해

한국 순복음 교회의 오순절 운동은 메리 럼시(Mary C. Rumsey, 1885~?)가 한국에 선교사로 활동하면서 시작되었다. 그녀는 윌리엄 시무어(William J. Seymour, 1870~1922)로부터 점화된 아주사 부흥 운동을 경험한 후, 한국에 와서 1933년 3월에 한국 구세군 본부에서 사역하던 허홍과 함께 한국 최초의 오순절교회를 설립한 것으로부터 시작된 것으로 보고 있다.[71]

한국의 오순절 운동은 조용기 목사에 의해서 본격적으로 이루어졌다. 조용기는 1958년 5월 18일에 서울 대조동에서 천막 교회로부터 개척 목회를 시작하여 오늘날은 세계에서 가장 규모가 큰 교회로 성장하였다.

특별히 여의도교회의 역사는 "성령께서 끊임없이 일하신 역사의 기록"으로서 "초자연적인 기사와 표적이 나타나는 가운데 성령의 갱신과 전도가 여의도순복음교회의 지속적인 목회철학이 되어왔다"라는 것이다.[72]

미국의
급진적 성령 운동의 영향

한국에서의 성결교회와 오순절교회가 전개한 성결·오순절 운동은 미국에서 당시의 주류 감리교회와 장로교회에서 볼 때 급진적 성령 운동의 직접적인 결실로 평가될 수 있다. 그러므로 한국의 성

결·오순절 성령 운동은 미국 오순절 운동과의 관련성하에서 바로 이해될 수 있다.[73]

미국 오순절 운동에서 두드러진 점은 성령세례에 대한 강조다. 19세기 후반 영국과 미국에서 성령세례가 강조되는 영적 풍토는 양상이 좀 다르기는 해도 개혁주의나 웨슬리안 전통 모두에게서 관찰되는 현상이었다.

단지 차이점이 있었다고 하면, 개혁주의 전통에서는 성령세례가 "그리스도와의 연합"을 목표로 하는 성령의 역사가 우선시 되었고, 웨슬리안 전통에서는 "성결과 능력"에 성령세례의 초점이 맞춰져 있었다는 점이다.[74] 그러나 양대 전통에서의 성령 운동이나 성령세례 체험은 큰 틀에서 그 이해의 폭이 넓었다.

이러한 흐름이 미국의 선교사들을 통해 초기 한국 교회 현장에 소개가 되었다. 그러므로 한국 교회 초창기에는 미국 부흥 운동의 원동력이 되었던 성령 운동, 특히 성령세례를 강조하는 부흥 운동이 초교파적으로 확산하였다.

그에 따라 한국 교회에서 성령의 역사로 이해되는 부흥 운동의 핵심은 기도의 능력, 철저한 죄의 통회, 성령의 권능의 임재였다.[75]

무엇보다도 한국에서의 대부흥 운동은 처음부터 성령세례를 중생과 구별함으로써 성령세례를 강조하는 기조가 유지된 것으로 볼 수 있다.

평양 대부흥 운동에 대하여 북장로교 선교사 언더우드(Horace Grant Underwood)가 밝힌 대로 "한국 교회가 성령의 세례를 받았다"[76]라는 증언은 한국 교회의 부흥과 성령세례는 불가분리의 사항으로 판단된다.

그러나 정통 개혁파의 성령론이 본격적으로 유입되면서 종래의 부흥 운동 가운데 설교 되었던 '성령세례'는 '중생'의 영적 경험으로 대체되는 흐름이 장로교단 쪽에서 형성되었다.

오순절 성령 운동과 오중복음

이러한 상황에서 성령세례가 다시 본격적으로 한국 교회에서 주목받게 된 것은 조용기가 개척한 순복음중앙교회의 폭발적인 성장 요인 가운데 하나가 바로 '성령세례'와 그에 따르는 증거가 '방언'이라는 주장이 대두되면서부터라 할 수 있다.

조용기의 성령 이해와 그에 따른 그의 오순절 성령 운동은 정통 개혁주의자들에게 비판의 대상이 되기 시작함으로써 성령론은 신학적 논쟁의 주요 의제가 되었다.

조용기는 그가 교리적으로 그리고 목회적으로 주창한 오중복음과 삼박자 구원에 관한 대표적인 저술에서 성령세례를 간구하는 고백을 나눈 적이 있다.

주님이시여, 저에게 성령의 불을 주시옵소서. 저는 예수님을 믿고 중생했으나, 성령세례를 받지 못하였으므로 권능이 없나이다.[77]

중생의 복음을 체험한 자는 성령을 인정하고 환영하고 모셔드릴 뿐 아니라, 성령의 능력으로 충만함을 받도록 간절히 기도할 때 승리의 삶과 능력의 사역이 가능함을 조용기는 주장한다.[78]

특별히 조용기가 제창한 "5중 복음" 중 두 번째에 해당되는 "성령충만의 복음"에서 그는 성령에 대한 포괄적 이해를 개진하고 있다. 여기에서 그는 기본적으로 성령은 하나님이요, 인격이요, 보혜사임을 밝히고 있다.[79]

조용기의 성령 이해

조용기는 오순절 순복음 신앙에서 중요한 "오순절"을 "교회의 탄생일"로 규정한다. 다시 말해서, 오순절의 성령강림 사건을 통하여 성령에 의한 교회 공동체가 태어났다는 것이다. 그러므로 오순절은 곧 성령 하나님이 세상 가운데서 본격적으로 역사하기 시작한 시발점이 된다.

그는 이러한 오순절의 신학적 의의를 세 가지로 설명하는데, 이 안에 그의 성령에 대한 이해가 포괄적으로 함축된 것으로 보인다.

첫째, 이미 하나님께서 아들 예수 그리스도를 통해서 시작한 구원의 사역을 하나님이 인정한 것이 성령강림의 오순절이다.

그러므로 예수의 십자가와 부활의 복음이 "갑자기 화산처럼 폭발했고," "불가항력적인 성령의 역사"가 땅 끝까지 펼쳐지게 되었다는 것이다. 오순절 성령강림은 나사렛 예수가 구원을 위하여 선포되어야 할 메시아임을 세상에 보여준 사건이다.

둘째, 성령강림의 오순절은 "성령세례의 중요성"을 말해준다.

중생 시의 성령은 "회개시키는 역사, 그리스도를 믿게 하는 역사, 내주하시는 역사"를 행하는 분이다. 이처럼 성령은 "구원의 영"으로서 사역하지만, 한 걸음 더 나아가, "능력의 영"으로서 구원받은 자들 가운데서 활동하시는 분이다.

바로 이 능력의 영인 성령을 받는 것이 성령세례다.

성령세례라는 영적 경험이 공동체적 차원으로 나타난 것이 바로 오순절 사건이다. 이에 참여했던 자들은 모두가 불신자로서가 아니라, 예수의 제자들로서 능력의 영을 받은 것이다.[80]

셋째, 성령강림의 오순절은 능력의 성령을 체험했던 것으로 끝난 것이 아니라, "성령의 열매 맺는 생활" 곧 "성결"의 중요성을 보여준 사건이다.

오순절 성령의 세례를 경험한 자들은 그로 인하여 개인의 영적 능력만 향상된 것이 아니라, "인격적, 사회 환경적 분야에도 일대 변혁"이 일어났다.

성령은 기사와 이적을 일으키는 능력의 영일 뿐만 아니라, 인격과 공동체의 변혁을 일으키는 '성결의 영'이라는 사실이다. 오순절 성령강림을 경험한 신자들은 개인 중심에서 공동체 중심으로 변화된 모습, 즉 영적이며 사회적인 성결이 무엇인지를 보여주었다.

"의롭다 칭함을 받을 뿐만 아니라 거룩하게 성결을 이루는 것이 복음의 요청이라고 믿는 믿음이 곧 순복음의 성령충만의 복음"이다.[81]

중생·성령세례·성결

조용기의 성령론적 특성은 특별히 중생·성령세례·성결을 연계하여 이해할 때 잘 파악할 수 있다. 이 세 가지는 모두 "기독교인이 체험해야 할 삼대 신앙요소"로서 성령의 역사이다.

이 중에서 성령세례란 "주님께서 중생한 성도에게 시키시는 사역을 감당하기 위하여 성령님께 사로잡혀 영적 능력을 힘입는 체험(요 14:16~17)"이다.[82]

성령세례는 "성령의 은사와 권능을 받는 체험"이며, 성결은 "성령의 은사와 능력을 활용하여 영적 열매를 남기는 체험"이다.

그리고 이 성결 체험의 본질은 "우리의 성품이 변화되어 예수 그리스도의 성품과 신의 성품으로 닮아 나가는 상태"다. 이것은 "성령의 은사보다 훨씬 능동적"인 것으로서 "믿는 신자의 끊임없는 노력과 자기 성찰을 필요로 하는 것"이다.[83]

성령세례는 중생과의 관계에서도 그렇고, 성결과의 관계에서도 신학적으로 서로 다른 많은 견해로 인하여 다면적인 의미로 이해되고 있다.

중생과 성령세례는 같은 것이기에 성령세례는 불필요하다는 개혁주의 전통 가운데 있는 주장, 성결은 곧 성령세례라는 성결교회 전통에서 나오는 주장 등이 있는데, 이에 대하여 조용기는 양자에 대해서 명확하게 선을 긋는다.

먼저, 중생이란 조용기에 따르면, "성령과 말씀으로 그리스도의 몸에 접붙임을 받고 새 생명을 받아들이는 체험"이며, 반면에 성령세례는 사역을 위한 영적 능력을 힘입는 체험 또는 "봉사적 권능을 얻기 위하여 성도들이 반드시 체험해야" 하는 것이다.

그러므로 중생과 성령세례는 같은 체험일 수 없다.[84]

조용기는 "성공적인 신앙생활을 하기 위해서는 반드시 중생의 체험 위에 성령세례의 체험을 해야 하는 것"이라 말한다.[85]

조용기가 선포하고 있는 "성령충만의 복음"은 "성령세례(은사)의 복음일 뿐만 아니라, 성결의 복음"이어야 한다고 가르친다.

그의 성결 이해 안에는 죄를 멀리하는 소극적 성결부터, 하나님께 영광을 돌리고 몸을 바치는 거룩함으로서의 적극적 성결이 있다. 그리고 그는 "하나님의 형상과 뜻에 일치하는 것"과 "사랑의 실천"을 성결의 내용으로 본다.

이와 같은 맥락에서 성결의 증거로는 바울에 입각하여 "성령의 열매"(갈 5:22~23)를, 베드로에 기초하여 "신의 성품"(벧후 1:1~4)을 제시한다.

"하나님을 향한 열매"로는 사랑과 희락과 화평을, "사람들을 향한 열매"로서는 오래 참음과 자비와 양선을, 그리고 "자기 자신을 향한 열매"로서는 충성과 온유와 절제가 곧 성결의 증거라는 것이다.[86]

또한, 믿음·덕·지식·절제·인내·경건·형제우애·사랑이라는 신의 성품들을, 성령이 신자들의 인격과 삶 가운데 이루어가는 성결의 증거로 이해한다.[87]

오순절 성령론의 특징:
성령세례와 성령의 인격성

지금까지 조용기를 중심으로 오순절 신앙 전통의 성령 이해를 살펴보았다. 이유는 미국에서의 오순절 정신의 역사적 기초를 찰스 폭스 파럼(Charles F. Parham, 1873~1929)의 방언 사건과 윌리엄 조셉 시모어(William J. Seymoure, 1870~1922)에 의한 아주사거리 부흥의 성령세례 사건에 두는 것처럼, 한국의 오순절 운동에서는 조용기의 영적 체험과 성령 운동이 단연코 오순절 신학과 특히 오순절 성령론 형성에 근원적인 자료가 되기 때문이다.

그러므로 한국의 오순절 성령론은 조용기의 성령 운동을 신학적으로 정립하는 것이 된다. 여기에서 성령세례와 성령의 인격성에 대한 경험이라는 두 가지의 커다란 특징이 주목을 받게 된다.

오순절 조직신학자 이상환은 성령세례 신학으로서의 오순절 조직신학의 부재야말로 오순절 운동에 위기임을 의식하면서, 오순절 조직신학이 나와야 할 것을 촉구하고 있다.[88]

그는 복음주의와도 차별된 오순절 신학만이 가질 수 있는 독특성을 방언을 비롯한 은사로 보면서, 성령세례를 "믿는 자들에게만 주는 은사"로 해석할 것을 주문한다.[89]

오순절 출신의 류장현은 성령세례를 "중생한 사람들이 자신의 직무를 잘 수행하기 위해 성령의 권능을 받는 성령체험"으로 이해한다.[90]

조용기의 성령체험에서 성령과의 인격적 체험을 중시하는 관점이 있다.[91] 조용기는 성령을 가장 중요한 인격적 파트너로 여기고 있다고 말한다.

> 성령님은 저에게 있어서 제일 중요한 인격체이십니다.… 성령님은 제가 가장 신뢰하는 저의 영적인 스승입니다. 또한, 성령님은 목회사역에 있어서 저의 파트너입니다.[92]

문명선·신문선·박종익 등 제 학자들은 조용기의 성령론이 삼위일체론에 기초한 인격적 성령론임을 밝히고 있다.[93]

3 웨슬리안 성결·오순절 성령론

우리는 지금까지 제한적이나마 한국의 웨슬리안 전통에 서 있거나 이에 직간접적으로 연관되어 있는 감리교·성결교·순복음교회가 견지하는 성령론의 주요 특색을 고찰하였다.[94]

이제 우리의 결론적인 과제는 감리교·성결교·오순절 전통에서 각기 개진되어온 성령론이 에큐메니컬 관점에서 서로 보완하고 도전을 줄 수 있는 길을 모색하는 것이다.

성령론의 공통점과 에큐메니컬 영성

무엇보다도 세 개 교단의 신학적·역사적 기원을 웨슬리의 영성과 그의 신학에서 찾을 수 있다는 점은 우리의 에큐메니컬 성령론 논의를 보다 더욱 적극적으로 가능하게 만드는 중요한 요인이 될 수 있다.[95]

그렇다면 세 교단의 성령론은 웨슬리의 어떤 신학적 입장을 공유할 수 있는가?

우리는 지금까지 살펴본 것에 따라 아래와 같이 적어도 다섯 가지 정도의 사항들이 성령론적 관점에서 공통적으로 수용되고 있음을 확인할 수 있었다.

첫째, 성화는 칭의와 구분되는 성령의 "두 번째 축복"의 사건이다.

둘째, 성령의 증거와 성령의 확증을 통해 하나님의 자녀 됨에 대한 믿음, 죄 용서에 대한 믿음, 등에 대한 내적 확신을 물을 수 있다.

셋째, 성화는 우리 안에서 이루어지는 성령의 역사로서 신인협력적이다.

넷째, 성화에는 성령에 의한 순간적 성화와 점진적 성화가 존재한다.

다섯째, 성령은 능력을 부여한다.

다른 한편, 웨슬리의 신학 방법론적 관점-성경·전통·이성·경험-에서 우리가 함께 공유할 수 있는 점은 '말씀'이 '성령'보다 앞서며, '성령'이 인간의 '경험'보다 앞선다는 점이다. 이 점은 앞으로 개혁주의 신학과의 대화를 위해서도 매우 중요한 사항이다.

웨슬리는 성령에 의한 확신을 경험적으로 가지는 것을 중요시했지만, 그의 요지부동한 희망은 "한 권의 책의 사람"으로서 "성서적 기독교"를 회복하는 것이었다.

또한, 그는 기독교의 성서적 전통을 바울과 아우구스티누스의 서방교회에 뿌리를 두고 있는 종교개혁 신학만이 아니라, 요한과 야고보, 닛사의 그레고리우스와 마카리우스의 전통을 잇는 동방교회의 영성과 "은총의 낙관주의"[96]에서도 폭넓게 찾았다.

감리교·성결교·오순절 성령론은 이러한 웨슬리 자신의 에큐메니컬 영성과 함께 더욱 풍성한 영적 체험의 길로 나설 수 있을 것이다.

감리교의
창의적 성령론

웨슬리의 이와 같은 폭넓은 성령론과 연관하여 한국 감리교가 제출한 소위 "웅녀 성령론"이나 "기(氣)·성령론"과 "생태학적 성령론"은 성결·오순절 운동의 성령론적 전통에 창의적인 도전으로 수용될 수 있을 것으로 사료된다.

성령의 활동적 영역은 신·인(神-人) 사이의 개인적이고 영적인 차원만 있는 것이 아니라, 민중·역사적, 사회·문화적, 우주·자연적 차원도 있으므로, 이러한 감리교의 민중적·토착신학적 성령론은 가능할 뿐 아니라, 놓쳐서는 안 되는 성령론의 중요 영역으로 다루어야 할 것이다.

그러므로 성령은 인간 영혼의 내적 변화에만 관계하는 것이 아니라, 인간과 인간 사이의 민족적·국가적 운명, 더 나아가 자연과 우주의 생태계 전체를 살아있게 하는 생명의 영이라는 성령론적 관점을 창조적으로 공유할 수 있어야 한다.

차이의 발화점
'성령세례'

다른 한편, 웨슬리 신학 전통을 함께 이어가면서 동시에 사중복음-중생·성결·신유·재림-을 공통분모로 해서, 교리적 발전을 각기 모색하고 있는 성결교와 오순절 전통 간의 관계는 신학적으로는 뚜렷한 차이를 발견하기 어려울 정도로 닮았다.

그런데도 서로 간의 '차이'를 크게 느끼게 하는 것이 있다면, 그 결정적인 요인은 "성령세례"에 대한 이해의 차이 때문으로 보인다.

감리교 전통에서와는 달리, 성결교와 오순절 신학에서는 성령세례가 교단 신학의 핵심 교의에 속하고 있어, 이에 대한 사소한 차이라도 그로 인해 오는 거리감은 매우 클 수 있다는 것이 분명하다.

성결교에서 신학적 왕관과 같은 성결 체험은 곧 성령세례를 받는 것이고, 오순절 신학에서도 성령세례는 정체성에 해당하는 교의이기 때문에, 이론적 차원을 넘어 경험적 차원에서까지 보다 더욱 서로 간의 바른 이해가 요구된다.

감리교가 성령세례에 대해서 적극적인 견해를 밝히지 못하는 이유는, 이를 부정하기 때문이 아니라, "성령세례"에 대한 웨슬리의 자세가 소극적이었던 것이 가장 큰 이유일 것이다. 그런데도, 웨슬리의 후계자로까지 인정을 받았던 존 플레처(John Fletcher, 1729~1785)의 성령세례론은 적어도 웨슬리 이후 미국 감리교와 웨슬리안 성결 운동에 매우 결정적인 영향력을 행사했던 것을 상기할 필요가 있다.

그러므로 큰 틀에서 성령세례는 그 개념적 이해의 넓은 폭을 전제할 때 감리교·성결교·오순절 전통 모두가 공유할 수 있는 중요한 성령론적 주제가 될 수 있다.

이에 대한 정당한 해명과 자리매김을 통해서 성령세례에 대한 서로의 견해를 확인하게 될 때, 성령세례는 서로를 하나로 묶을 뿐만 아니라, 서로에게 빛을 주는 신학과 선교의 견인차가 될 수 있을 것이다.

성령세례 모델의 유형화:
성령세례, 성결과 능력

마지막으로 결론 삼아 우리는 세 교단의 성령세례론을 비교하기 위해 임형근이 소개한 길버트슨(Richard P. Gilbertson)의 유형화 모델을 준용(準用)해 본다.[97] 성령세례 모델을 편의상 A-B-C형으로 나눌 수 있을 것이다.

A형은 '성결을 위한 능력(Power for Holiness)' 모델이다. 여기에서 오순절 성령세례는 성화를 위한 수단이 된다. 성령세례 자체보다는 성화가 이루어졌는지가 중요하다. 한국 감리교가 성화와 성령세례를 적극적으로 연결한다면, 이 모델에 해당될 수 있을 것이다.

B형은 '성결과 능력(Holiness and Power)' 모델이다. 성령세례를 받게 되면 성령의 열매와 성령의 은사가 경험된다. 성결은 성령의 인격으로서, 은사는 성령의 활동으로서 성령세례를 받는 자에게 임한다. 능력보다 성결이 강조된다. 이는 한국 성결교회가 견지하고 있는 성령세례 이해로 간주할 수 있다.

C형은 '능력과 성결(Power after Holiness)' 모델이다. 성령세례는 성결이 아니라 능력수여를 위해 임한다. 한국 오순절 신학에서는 성결교의 경우와는 달리 성결과 성령세례가 분리되어 이해되는 경향이 강하다. 성결보다 능력이 강조된다.

이러한 모델들은 결국 한 가지로 요약할 수 있다. 즉, '성결과 능력'이라는 양극을 상호 배타적인 것으로만 여기지 않는다면, 성결에 더 무게를 둔 A형 감리교나, 능력을 우선시하는 C형 오순절교회나, '성결과 능력'

을 같이 중시하는 B형 성결교나 모두 자신의 성령세례론적 전통에 충실하면서도 교회가 처한 현실에 따라 '성결-능력' 안에서 성령의 자유로운 열매와 은사를 맛볼 수 있을 것이다.

그리고 감리교 성령론은 성령의 '세례'라는 '방식' 보다는 '성령'이라는 존재의 '본질'에 주목함으로써 믿는 자의 성화를 위해, 그리고 자연·역사·문화 안에서 살리는 생명의 힘으로 존재하는 성령의 역동성을 확보하기 위해 삶의 다양한 현실에 신학적으로 반응할 수 있었다.

반면에, 한국의 오순절교회는 가난과 질병과 전쟁의 폐허 속에서 혹은 사회적 차별 속에서 오직 위로부터 오는 권능을 받아 소망 가운데 현실을 타개해 나가는 능력 있는 삶을 구하였다. 이에 성령세례는 우선적으로 능력과 은사로 경험될 수 있었다.

이와 유사하게 성결교의 성령론도 성령세례를 통해 그의 인격성과 권능이 충만히 부어짐으로써 "기쁨과 능력의 삶"[98]을 살 수 있다는 복음이 되었고, 이 복음을 위해서는 순교도 불사하는 복음 전도자의 삶을 사는 데로까지 나가도록 했다.

이로써 지금까지 감리교·성결교·오순절교 전통의 제 성령론들을 하나의 통합적 관점에서 보고자 했던 시도를 모아 세 교단의 성령론을 웨슬리안 성결·오순절 성령론이라 부를 수 있을 것이다.

제17장

사중복음과 성결교회 신학

– 개신교 복음주의 웨슬리안 사중복음신학 –

본 장의 직접적인 독자는 기독교대한성결교회 공동체 구성원들이다. 그러므로 성결교단 외의 독자는 '사중복음과 성결교회'라는 영역의 논의가 자신과 무관한 이야기로 들릴 수 있다. 심지어는 본서가 처음부터 강조하고 있는 초교파주의 글로벌 신학을 말하는 것과 반대 방향으로 나가는 것이 아닌가 생각할 수 있다. 그러나 그렇지 않다.

성결교회 출신 신학자인 내가 교파주의 신학을 넘어서는 글로벌 사중복음신학을 보다 더욱 잘 이야기하기 위해서는 이웃하는 형제 교단이나 자매 교단을 아는 노력을 기울이지 않으면 안 되었다. 그들이 무엇을 소중히 여기고, 무엇을 시급한 신학적 과제로 여기고, 어떠한 것을 비판적으로 배척하는지를 조금이라도 더 잘 알 때 교파주의 신학의 높은 장벽은 조금씩이라도 낮춰질 수 있기 때문이다.

그와 같은 차원에서 이 장과 다음 장은 성결교회 구성원 자신이 무엇을 믿고, 어떠한 생각을 하고 있는지 스스로 확인하는 데 도움이 될 수 있을 뿐만 아니라, 역으로 초교파주의적 차원에서 성결교회를 알아 교파주의 신학을 넘어서고자 하는 자들에게도 쉽게 접근할 수 있도록 성결교회의 정체성에 대하여 이야기하고 있다.

- 성결교회 신학은 개신교복음주의 웨슬리안 사중복음신학이다.
- 사중복음신학은 하나님 중심의 온전한 구원을 위한 신학이다.
- 사중복음신학은 종교개혁과 웨슬리 신학에 뿌리를 둔다.
- 사중복음신학은 하나님과 이웃을 향한 영성·공동체 신학이다.

1 성결교회 신학과 사중복음신학

1) 성결교회의 신학: 개신교 복음주의 웨슬리안 사중복음신학

성결교회 신학이 무엇인지를 묻는다면, 어떤 자는 '웨슬리 신학'이라 말하고, 혹자는 '신학은 없지 않은가요?'라고도 말하고, '사중복음이 성결교회가 아닙니까?'라고 말하거나 '잘 모르겠다'라는 식의 여러 반응이 있다. 이 말은 성결교회의 정체성에 대하여 교단적인 합의나 교육이 있었음에도 현장까지 그 영향력이 미치지 못했기 때문일 수도 있고, 아직 교단의 신학이 무엇인지 뚜렷하게 밝혀지지 않아서 그런 다양한 반응이 나올 수도 있어 보인다.

그러나 분명한 것은 성결교회 신학은 학문적으로 '개신교 복음주의 웨슬리안 사중복음신학'이라 정립이 되어있다는 것이다. 워낙 압축적으로 명제화한 정의여서 부연 설명이 필요하지만, 이미 앞에서 여러 번 확인한 바 있듯이, 단순 대비법으로 말하자면, 성결교회 신학은 가톨릭과 구별된 개신교 신학이고, 자유주의와 다른 복음주의 신학이고, 개혁주의와 다른 교리적 해석이 있는 웨슬리안 신학이고, 여러 웨슬리안 교단 중에서도 중생·성결·신유·재림을 강조하는 사중복음신학이다.

　성결교회 신학에 대한 이러한 요약적인 이해조차도 아직 성결교회 공동체 안에서 충분히 뿌리내리지 못하고 있는 것이 현실의 모습인 것으로 보인다. 그러나 성결교회 신학은 웨슬리 신학이고, 교단이 강조하는 사중복음은 '전도표제'라고 하는 것이 가장 일반적인 현실 이해라 할 수 있다. 그래서 교단 신학기관인 서울신학대학교와 신학대학원에서 '웨슬리 신학과 사중복음'이 교단신학 정책과목으로 교육과정에 들어올 수 있었던 것이다.

　주지하다시피, 웨슬리 신학이란 18세기 영국의 존 웨슬리의 사역과 신학 사상에 뿌리를 두고 근 3세기 간 영국과 미국 감리교단을 중심으로 정립해온 신학이다. 한국 성결교회가 자신의 신학으로 웨슬리 신학을 말하는 것은 교단의 선교적 기원이 된 미국 만국성결교회의 창립 일원인 마틴 냅이나 거기에서 파송되어 독자적인 초교파 신앙선교 단체를 세워 한국에 복음을 전한 찰스 카우만도 모두 감리교 출신의 목사요 선교사였기 때문이다. 그들은 역사적으로 웨슬리 신학과 신학적으로 대립각을 이뤘던 개혁주의 신학을 공식적으로 배우거나 수용한 적이 없었다. 그러므로 성결교회는 신학적으로 장로교회와 같이 종교개혁 신학에 뿌리를 두고 있으면서도, 장로교 계통의 개혁주의 전통과는 다른 웨슬리 신학 혹은 웨슬리안 신학의 전통 위에 있다고 명토 박을 수 있는 것이다. 이러한 맥락에서 성결교회 신학은 교파주의적으로 개혁주의 신학이 아니고, 분명히 웨슬리안 신학이라고 보아야 한다.

　그런데 성결교회는 이에 더하여 '웨슬리안 신학' 말고도 왜 '사중복음신학'을 말하고 있는가?

　한마디로, 성결교회가 주창하고 있는 사중복음을 전도표제의 차원에 머무르게 하지 않고, 신학의 재료로 삼아 체계적으로 정립해야 할 필요성이 신학교육과 선교 현장에서 요청되고 있기 때문이다.

이러한 요구는 이미 오래전부터 있었으나, 음식 만드는 것으로 비유하자면, 사중복음이라는 요리 재료를 어떻게 사용할지, 어떠한 음식으로 만들어내야 할지 조리법(recipe)을 개발하지 못한 이유가 크다고 할 것이다. 달리 말하여, 어떠한 원인이었든 사중복음은 교회의 학자들에게 신학적으로 다루어야 할 의제(議題)가 되지 못함으로써 연구하지 못하고 신학적으로 사장되어 있었기 때문에, 지금까지도 사중복음에 '신학'이라는 말을 붙여 국내 혹은 국외 신학계의 테이블에 올려놓지 못하였다고 볼 수 있다.

2) 사중복음신학화에 대한 요청

기독교인들에게 있어서 '신학'이라는 단어는 긍정적인 의미로 받아들이기보다는 탁상공론이라는 부정적인 관점에서 운위되는 경향성이 있는 듯하다. 도대체 신학이라는 것이 교회부흥과 성도들의 신앙 성숙을 위해 어떠한 의미가 있으며, 구체적으로 무슨 임무를 수행하고 있느냐는 뿌리 깊은 의문이 존재하는 것에서 보듯, 신학의 순기능에 대한 명시적 증례에 대한 성도들의 갈증은 여전하다.

더 나아가서, 이처럼 신학의 기능과 가치에 대한 막연한 의문을 넘어서서, 성도들은 신학이라는 것을 교회와 신앙을 타격하고 위축시키는 위험한 논리체계라고 규정짓고 신학에 대한 막연한 두려움과 경계심을 발동하기도 한다. 어쨌든, 신학의 기능과 역할에 대한 의문을 가졌거나, 신학에 대한 막연한 두려움에 휩싸여 있는 기독교인들에게 있어서 신학은 백해무익한 그 무엇이라는 애매한 입장이 지배적이다.

**신학은 신앙을
보전하는 안전장치**

　　　　　그러함에도 신학화의 필요성은 고대 교회사를 통해서 충분히 인지할 수 있다. 이단들의 발호(跋扈)를 차단하고, 교회의 내적 통일성을 담보하고, 성도들을 더욱 깊은 신앙의 차원으로 견인하기 위해서, 초대 교회는 공의회를 통한 신조(信條)를 확정지었고, 정경(正經)화 작업에 착수했고, 예전과 예식을 교리교육과 연계지어 오래갈 신앙교육 커리큘럼을 체계화했다. 이러한 신학화 작업을 통해서, 교회는 이단으로부터 자신을 스스로 지켜낼 수 있는 보다 논리적이고 명료한 신앙체계를 확립할 수 있었다.

　물론, 신학은 결코 신앙일 수 없다. 그러나 신앙을 보전하는 논리적인 안전장치가 되어 주었다. 신학은 결코 선포될 수 없다. 그러나 선포의 장(場)인 교회를 견고하게 지켜주고 세상과 이단의 어떠한 도전으로부터 교회를 무탈하게 방어하는 훌륭한 방패가 되어 주었다. 그뿐만 아니라, 공(公)교회로서의 교회 정체성을 유지할 수 있도록, 지역 교회 각자가 표방하는 '다름'의 신앙 논리 속에 공통적으로 관통하는 핵심 신앙 대요를 찾아서 하나의 교리 신조와 신앙고백으로 묶어냄으로써, '하나의 교회(una ecclesia)'가 되게 했다.

　교파주의 신학의 역할도 고대 교회사가 드러내 주는 신학화의 장점을 그대로 수행하고 있다. 교단에 속한 모든 교회를 하나의 신앙과 교리로 묶어내 주는 역할을 하며, 이단과 불순한 의도로 성결교회를 비판하거나 공격하는 일체의 행위를 신학 논리로 막아주는 역할을 한다. 동시에 기독교대한성결회만의 신앙 색깔을 분명히 천명하여 복음 전도의 현장에서 핵심 메시지로 전파할 수 있도록 신학적 뒷받침을 제공해준다.

　그리고 보면, 신학이 직접 교회를 부흥시키고 전도의 최전방에 서 있는 것은 아니지만, 교회를 교회 되게 하고, 전도를 전도 되게 하며, 신앙을 신앙 되게 하는 데 철저히 봉사하는 순기능적 임무를 수행하고 있음을 알 수 있다.

이러한 차원에서 사중복음으로 태어난 성결교회가 사중복음으로써 신학 함의 길을 스스로 걷겠다는 것은 "신학의 자립화"를 선언하는 것이고, 하나님 앞에서 스스로 책임과 의무를 감당하겠다는 표현이다.

웨슬리 성결 운동의
열매인 사중복음

이제 스스로 사중복음신학 함이 가능한 것은, 100년을 훌쩍 넘긴 기독교대한성결교회에 속한 성도와 목회자들의 순교와 박해와 헌신의 역사가 있었기 때문이며, 미국 만국성결교회의 부흥 운동이 존재했기 때문이고, 이 부흥 운동의 소중한 열매로 맺혀진 동양선교회(OMS)의 극동 아시아 선교의 역사가 있었기 때문이었고, 무엇보다도 영국 사회를 누란의 위기로부터 구해낸 존 웨슬리의 성결 운동이 사중복음의 역사 가운데 강력하게 교차하고 관류하고 있기 때문이다.

그러므로 웨슬리 신학에 대한 근본적인 이해와 지지가 없는 사중복음신학은 있을 수 없고, 동양선교회의 신학적 흔적이 부재한 사중복음은 존재할 수 없고, 미국 만국성결교회의 신학적 독특성을 배제한 사중복음 해석은 성결교회의 맛을 잃어버린 것이고, 기독교대한성결교회를 창립하고 부흥시켰던 주역뿐만 아니라 이름도 없이 빛도 없이 묵묵히 헌신했던 수많은 한국 성결인의 눈물로 이루어진 기도와 사랑의 수고를 도외시하고는 사중복음의 신학은 완성될 수 없을 것이다.

한국적 복음주의 신학으로서의
사중복음신학

이러한 의미에서 사중복음신학의 주춧돌을 놓고 기둥을 세워나가는 건축이라는 절호의 기회를 더 늦추어서는 안 된다. 현재의 기독교대한성결교회는 수준 높은 웨슬리 학자들을 보유하고 있고, 미국의 만국성결교회의 역사와 신학을 밝혀 줄 수 있는 연구가 상당히 무르익었으며, 동양선교회에 대한 협력과 이해가 그 어느 때보다도 견고해졌고, 기독교대한성결교회의 역사를 공정하게 해석할 수 있는 학문성이 충분히 구비되었기 때문이다.

이러한 모든 요소를 고려하여 사중복음신학을 완성한다면 이는 성결교회를 위한 교파주의 신학의 정립을 넘어서서, 정치 신학으로서의 민중신학과, 문화신학으로서의 토착화 신학만을 가진 한국 교회에게 한국적 복음주의 신학으로서 사중복음신학을 더해주는 획기적인 전기가 될 것이다.

이로 인하여 서구의 신학자들은 한국 교회의 신학에 접근할 때, 민중신학이나 토착화 신학 뿐만 아니라, 한국의 대부분 복음주의 신학을 표방하고 있는 교회 현장의 신학이 사중복음신학이라는 것을 확인하게 될 것이다. 그리고 이 사중복음신학이 성결교회가 자신의 고유한 정체성으로부터 스스로 정립한 교단의 신학이며, 한 걸음 나가서, 사중복음의 계시적·성서적 성격 때문에 모든 교파주의 신학이 균형과 조화를 이룰 수 있도록 하는 촉매(catalyst)신학이 될 수 있음을 발견하게 될 것이다.

오순절 성령세례를
보완하는 성결의 복음

특히, 웨슬리로부터 발원된 성결 운동은 북미 대륙에서 만국성결교회가 태어나는 데 결정적인 역할을 하였고, 이는 다시 성령세례 운동으로 한 번 더 폭발적인 영적 부흥으로 경험하게 되었다. 이러한 부흥사적 맥락에서 성결은 사중복음신학 안에서 '성결은 곧 성령세례'로 집약되었고, 성령세례는 사중복음신학을 모든 복음주의 운동에서 군계일학(群鷄一鶴)과 같은 위치로 올려놓는 데 결정적인 역할을 하게 되었다.

성령세례를 보검으로 하는 성결·오순절 성령 운동이 한국 기독교계와 세계 기독교계를 강타한 지 이미 오래되었다. 성령 운동의 열매로서 놀랄 만한 교회성장을 세계 기독교와 한국기독교는 경험하게 되었다. 그러나 오남용과 부작용도 동시에 경험하게 되면서, 기독교에 대한 사회적 실망의 목소리가 여기저기서 들려온다. 오순절 성령세례를 너무 은사나 능력 위주로만 해석해 온 결과가 빚어낸 뼈아픈 지점이다.

여기에서 세계 오순절 성령 신학은 사중복음신학이 표방하는 성령세례로서의 성결이라는 기독교대한성결교회의 사중복음신학 사상을 수혈해야 할 필요성이 있다. 오순절 성령세례의 목적은 은사나 능력 이전에 성결임을 분명히 천명하고, 은사와 능력은 하나님의 선물로 해석하는 사중복음신학과 대화함으로써 세계 오순절 성령 신학은 새로운 장을 열어갈 수 있을 것이다.

풍성한 신학적 자원으로서의 사중복음

그뿐만 아니라, 사중복음 재림신학은 종말론 중심의 신학 흐름인 몰트만(Jürgen Moltmann) 신학과 맥클랜돈(James McClendon) 신학과 대화할 수 있으며, 교회론 중심의 신학을 전개하고 있는 하우어바스(Stanley Hauerwas)와 요더(John Howard Yoder)의 신학적 흐름과 만날 수 있다.

사중복음의 치유와 회복의 신학 개념은 '영성신학'과 '남·북 통일신학'의 수로를 타고 흘러갈 수 있다고 생각한다. 이처럼 사중복음신학에 내재한 신앙 경험과 신학 논리는 오순절 성령 신학은 물론, 교회론 중심의 신학과 종말론 중심의 신학, 그리고 통일과 치유의 영성신학으로 발전할 수 있다.

신학화 작업은 결코 '탁상공론'이라거나 '백해무익'한 것이 아니다. 세상이 복잡해질수록 교회가 세상으로부터 우려와 염려의 대상이 될수록, 그리고 이 혼잡한 틈을 타서 이단이 처처에서 발호할수록, 교단 신학을 점검하고 올바르게 정립하여 교회를 굳건히 지켜냄과 동시에, 새로운 방향성을 제시해주어야 한다. 지금이 그럴 때다.

그리고 이러할 때 하나님이 기독교대한성결교회를 사용하신다면, 그것은 원색적 복음, 순교의 복음, 사랑과 헌신의 복음, 웨슬리안 성결 복음, 그리고 오순절 성령세례의 복음인 사중복음이라는 성서적인 복음을 성결 교단이 소중하게 간직하고 있기 때문일 것이다. 이 원천적인 복음을 신학적으로 체계화해서 세계 기독교와 한국 기독교 무대에 내어놓아야 할 사명이 성결교회 모두에게 있다. 왜냐하면, 북반구를 중심으로 한 세계 신학의 곤궁은 이미 오래된 이야기가 되었고, 남반구를 중심으로 한 오순절파의 성령신학도 그 한계와 부작용을 노정하고 있기 때문이다.

세계신학에 기여할
사중복음신학의 정립

이러한 세계 신학의 곤궁 앞에서 사중복음이 고이 간직한 성결의 복음을 힘차게 외쳐야 한다. "성결은 성령세례다!" 성령세례 없이 성결 없고, 성결 없이 선교는 없다. 있다면 가짜다.

그러므로 성결교회의 사중복음신학은 이러한 신학적 의제를 현대 교파주의 신학과 공유할 때, 진정한 의미에서 웨슬리 신학이 되었든, 칼뱅주의 신학이 되었든 살아있는 복음주의 신학으로 교회를 지키는 도구가 될 수 있을 것이다.

사중복음의 성령세례 신학은 한편에서는 성령 체험의 주관주의·신비주의·열광주의·은사주의·혼합주의가 몰고 오는 영적 무질서를 밝혀내고, 다른 한편에서는 교리주의·형식주의·합리주의·현세주의로 무시된 영적 세계를 열어주는 다이너마이트가 될 것이다. 너무 많은 잡동사니 신학 더미에 깔려 있어 아예 잊혀질 수도 있었지만, 성경이 하나님의 말씀으로 살아 있고, 성령이 교회에 끊임없이 말씀하고 있었기 때문에, 결코 인간주의 신학에 매몰될 수 없는 것이었다.

사중복음신학은 교파주의 신학을 넘어서게 하는 초교파주의 신학을 위한 촉매신학을 자임하고 있지만, 성결교회로서는 자신의 정체성을 결정하는 정장(正裝)과 같은 것이기 때문에, 교단 신학으로 이를 지속하여 발전시켜 나가야 한다.

2007년도 교단 창립 백주년을 계기로 성결교회 신학으로 정립된 '개신교 복음주의 웨슬리안 사중복음신학'의 개요를 한번 더 확인한다. 성결교회는 이를 통해서 자신의 신학적 특징을 요점적으로 기억하며, 이를 성결교회 목회와 신앙 전반에 어떻게 적용해야 할 지를 판단하게 된다.

2 성결교회 신학의 현장과 경험

한국 성결교회의 출발

한국의 성결교회가 이 땅위에 최초로 보금자리를 만든 것은 1907년 5월 30일이었으며, 그 옛집의 이름은 '동양선교회복음전도관'이었다. 그때 거기에서 한국 최초의 성결인들이 듣고 배운 것은 성경과 김상준이 필사해서 만든 『사중교리』였다. 이는 그가 정빈과 함께 동경성서학원에서 배운 가르침의 핵심이었으며, 이 사중복음의 겨자씨가 이 땅위에 뿌려져 온갖 풍파 중에서도 커다란 나무가 되어 공중의 많은 새들이 깃들이게 되었다.

성결교회의 신경(信經)

성결교회가 급성장하면서 가지들이 무성히 뻗어나며, 거기에 달린 많은 열매들을 지탱하기 위해서 굵고 반듯한 줄기가 필요했으며, 이를 위해 초기의 성결인들은 지체 없이 "조선 예수교 동양선교회 신앙 개조는 그리스도와 그 사도들로 나타내심과 요한 웨슬레의 성경 해석의 근본적 교리와 만국 성결교회의 신앙 개조를 토대로 주 강생 1925년에 공포하여 성서 학원과 모든 교회와 신도들에게 가르쳐 영구히 지키는 신경"(『조선야소교 동양선교회 성결교회약사』)이라고 선언하였다. 이 신앙개조는 100년이 지난 오늘에도 성결교회와 성결교회 신학의 변함없는 지계석(地界石)이 됨에 부족함이 없다!

사중복음

성결교회가 이 땅 위에서 시작하면서 뿌렸던 사중복음은 비록 겨자씨처럼 미미한 것 같았고, 아무도 돌아봐 주는 이 없는 것 같았고, 너무 원색적이어서 가까이하기 어려웠고, 반듯한 신학적 체계가 없어 세계 신학계에 모습을 내놓지도 못했다. 그러나 사중복음은 21세기 이 민족과 온 세계의 인류가 들어야 할 생명과 사랑과 회복과 공의의 고동(鼓動) 소리이며, 이는 이 세대가 반드시 들어야 할 '온전한 구원'의 메시지이며, "심각한 신학"이다.

목회

성결교회의 목회론적 축은 재림의 때를 내다보면서 인류를 구원하며, 구원받은 자들의 영혼과 육체를 흠과 티 없이 성결케 하고, 사중복음을 목회 현실에 적용함으로써 온전한 구원을 이루어가는 것이다.

첫째, 성결교회는 목회자를 중심으로 인류의 중생을 위해 복음을 전파하며, 회개를 권면하며, 지속해서 기도하는 것을 목회의 기본으로 삼는다.

또한, 중생한 자들이 성결의 은혜를 받도록 권고함으로써 거듭난 그리스도인이 온전한 그리스도인이 되어 사회에서 빛과 소금으로 살도록 목회한다.

둘째, 중생과 성결이 목회의 향방을 영혼과 성품의 변화에로 집중케 한다면, 신유는 영혼의 구원을 넘어 병든 몸과 몸의 건강을 좌우하는 생태 환경을 치유하고 돌보는 목회를 요청한다.

셋째, 재림은 죄와 악으로 점철된 인류 역사에 대한 하나님의 공의로운 심판을 예고하는 메시지를 나타내고 있기 때문에, 성결교회는 신자 개개인에게 성결의 윤리를 촉구하며, 동시에 사회의 현실적인 악의 문제에 대한 종말론적 메시지를 선포해야 하는 예언자적 사명감을 가지고 목회할 것을 요청받고 있다.

사중복음이 말씀으로 선포되고, 성례전으로 체험되는 사중복음적 예배, 삼위일체 하나님이 역사하고 영광받는 예배를 성결교회는 실현토록 한다.

예배

성결교회의 예배는 하나님의 은혜에 대한 구원받은 자들의 영적 응답이기 때문에 전통적인 예배 규범에 얽매임이 없이 성령의 감동에 따라 비예전적으로 드려져 온 특징을 지닌다.

첫째, 웨슬리의 비예전적 예배 전승은 미국 성결 운동을 통해 한국 성결교회에도 전수되어 전형적인 성결교회 예배로 자리매김하였다.

둘째, 현대에 오면서 예배의 예전성이 가져올 수 있는 예배의 경직성과 인위성을 경계하면서, '열정적 예배'라는 초기 성결교회 전통과 예전적 예배 사이의 거리를 최소화하는 과제가 주어져 있다.

셋째, 성결교회는 역사적으로 예배를 교회성장의 도구로 삼으려는 일체의 그릇된 시도를 거부하였다. 그러나 동시에 교회를 성장시키고 성숙시키는 기능적 중요성이 예배에 있음을 결코 간과하지 않는다. 미래의 성결교회는 사중복음으로 온전한 구원의 말씀을 선포하고, 또한 그 능력이 성례전으로도 체험되는 사중복음적 예배를 드리도록 한다.

설교

성결교회는 출범 초부터 순전한 복음의 전파, 성결을 체험한 성결인의 양성, 의식적(儀式的) 형식 대신 성령의 역사를 지향하였다. 이 과정에서 가장 핵심적인 역할을 수행해 온 것이 설교다. 의식적 요소가 배제된 예배와 교회의 교육적 기능이 완비되지 않았던 상황하에서, 설교는 교단 출범 초기부터 핵심적인 교육적 목회적 도구로 자리 잡았고, 성결교회의 성장과 발전에 지대한 역할을 해왔다.

첫째, 초기 성결교회는 성경 텍스트 자체에 대한 학문적·분석적 연구보다는 기도와 설교자의 예민한 영성을 바탕으로 성령의 직간접적인 간섭에 의해 이루어지는 사건으로 설교를 이해했다.

둘째, 국가와 민족 등 구체적인 정치 사안이나 국가적 이슈는 거의 설교에서 다루어지지 않았다. 왜냐하면, 성결교회는 진정한 애국과 사회적 문제의 해결을 개인의 성결과 민족의 복음화에서 찾았기 때문이다. 이러한 개인 신앙에 대한 강조는 신앙이 일차적으로 '개인적인 사안'이라는 점에서 긍정적일 수 있지만, 기독교의 공적 성격을 간과한다는 비판을 면할 수는 없다.

셋째, 설교의 직임을 맡은 설교자는 웨슬리와 초기 성결교회에서 강조되었던 것처럼, 철저한 소명의식과 개인적 경건, 완성된 인격 및 영혼에 대한 불타는 구령열에 충만해야 한다. 경쟁력 있는 설교자라는 이 시대의 요청에 부응하기 위해 '성결 체험'을 바탕으로 '훈련된 설교자'가 나올 것을 요청받고 있다.

전도

성결교회의 전도는 사회의 복지시설을 설립하여 간접적으로 복음의 영향을 끼치기보다는 직접적인 복음제시를 통해 회심케 하는 것을 우선으로 하였으며, 나아가 그 다음 단계인 성결을 경험하게 하는 것까지를 포함한다.

첫째, 성결교회의 대표적인 전도방법은 '진격적 전도' 혹은 노방전도로 일컬어지는 직접전도 방식이었으며, 전도를 교회 성장의 수단으로 사용하는 것에 대해 매우 경계했다.

둘째, 신학자이지만 평생을 현장에서 전도한 웨슬리는 전도자로서 성결교회의 모델이었다. 웨슬리에게 전도에 직결되지 않는 신학은 산 신학이 될 수 없었으며, 전도와 실제 신앙생활에 적응성이 없는 신학은 불필요한 것이었다.

셋째, '중생'은 하나님을 알지 못하는 교회 밖의 영혼들로 찾아가게 만드는 원동력이었으며, '성결'은 성결교회가 이 땅에 존재하는 목적이었으며, '신유'도 초기 성결교회에서 전도의 큰 동력으로 작용하였고, '재림'은 전도의 완성 여부와 관계있었다.

목회상담

성결교회의 목회상담은 그 대상인 한 인간을 온전한 성화라는 목적을 향해 가는 도상의 존재로 파악한다. 이는 인간을 정적으로 파악하지 않고 역동적으로 파악함으로써 인간이 묶여 있는 과거와의 단절을 가능하게 하며 신적 구원의 미래를 향해 해방된 존재로 살아가게끔 이끈다. 동시에 '성화를 향한 인간'이라는 성결교회의 독특한 비전은 인간의 삶에 주목하게 함으로써 목회상담을 인간적 현실과 더욱 친밀하게 한다.

첫째, 목회 활동 중 상담의 기능은 신앙적 삶을 영위해 가는 방편으로서만 아니라, 구체적 삶 속에서 제기되는 제반 문제들에 대한 해답의 시도라고 하는 측면에서, 심방 또는 구역예배와 같은 목회활동을 통하여 수행되어 왔음을 성결교회 역사는 증명하여 주고 있다.

둘째, 웨슬리안 목회상담의 두 가지 강조점인 '완전함'과 '상호 책임성'이 성결교회에서는 성화론에 대한 목회상담적 강조와 구역 활동을 통한 친교의 형태로 각각 나타났다. 즉, 성결교회는 웨슬리의 '그리스도인의 완전'을 신앙의 성숙과 심화의 과정인 제자도의 여정으로 인식하였다.

셋째, 사중복음은 목회상담의 지침으로서, 중생은 생명의 살림을 뜻하며, 성결은 참된 신앙인의 목표가 되며, 신유는 신적 능력에 의해 육체의 질병이 나음을 얻는 것뿐만 아니라, 내적 치유와 돌봄을 통해 손상된 인격이 온전한 그리스도의 형상으로 회복됨을 의미한다. 재림은 인간의 궁극적인 미래에 대한 조명을 가능하게 하며, 한 개인이 속해 있는 전체적인 사회의 차원도 목회상담적 차원에서 함께 고려하게 한다.

선교

성결교회의 선교는 하나님의 선행은총에 근거하여 영혼 구원을 위한 복음의 직접 선포 사역을 가능케 하는 선행은총론과, 복음에 의한 구원과 삶의 변화를 포괄하는 성서적 성결론을 바탕으로 하고 있다. 이런 성결교회 선교의 특징은 복음주의 노선과 웨슬리안 선교신학의 영향하에서 사중복음에 대한 강조로 이어지고 있다.

첫째, 복음주의 진영과 에큐메니칼 진영(WCC)으로 구분되는 현대의 선교적 상황에서 성결교회는 복음주의 선교신학 입장에 서 있다. 즉, 성결교회는 선교의 궁극적 목적을 인간화보다는 복음화에, 선교의 방법에 있어서 증거(현존)와 봉사(정의, 평화를 위한 투쟁)보다는 말씀 선포로서의 전도에, 구원의 개념에 있어서 육신의 구원이나 오늘의 구원보다는 개인 구원·영혼 구원·내세적 구원을, 또한 전도의 개념에서는 나눔보다는 진리의 선포로 이해하는 전통적 선교신학 노선을 취해왔다.

둘째, 하나님의 주도적 선재성을 강조하는 선행은총의 개념은 '복음을 위한 준비'를 가능하게 한다. 선행은총은 복음을 수용할 준비작업을 하며, 복음의 접촉점을 마련하는 역할을 한다.

셋째, 중생은 선교의 기본이며, 출발점이며, 성결은 거룩한 삶을 실천하는 모습으로서 선교의 목표이며, 신유는 선교 현장에 나타나는 하나님의 임재와 능력으로서 이를 통해 선교사와 피선교인이 체험적으로 하나님의 현존과 하나님의 다스리심을 경험하며, 전인적 구원의 차원에 도달하며, 재림은 선교사역의 시간적 한계를 설정함으로써 성도에게는 위로가 되며 선교사역에는 원동력을 더해준다.

윤리

성결교회의 윤리는 성령의 능력을 받아 성품의 변화를 우선시할 뿐만 아니라, 성결의 체험을 통해 온전한 사랑의 실천으로까지 나아감으로써 성품의 변화가 사회의 변혁을 이루며, 사중복음의 능력으로 성결의 윤리를 실천케 한다.

첫째, 성결의 윤리는 하나님의 은총에 의해서 시작 가능한 '은총의 윤리'이며, 이는 행위자의 성품 변화를 우선시하는바, 성품의 완성을 향한 성장을 전제로 한다.

둘째, 성결의 윤리는 하나님 사랑과 이웃사랑의 실천을 통해서 완성되고 입증되며, 이로써 성품의 변화는 사회변혁을 향해 나아간다.

셋째, 온전한 구원을 향한 사중복음은 생명·사랑·자유(회복)·공의라는 보편적 가치를 삶의 현실에서 윤리적으로 실천하라는 규범적 원천으로서, 이는 개인윤리와 사회윤리의 갈등을 자연스럽게 해소하며 개인과 공동체를 구원하시는 하나님의 은혜를 말하므로 중요한 윤리신학적 기초가 된다.

교육

성결교회의 교육은 '성경·성결·성장'의 원리에 따라 교육신학을 정립하고, 개신교 복음주의의 공통점인 '성경'의 원리와 웨슬리신학의 중심 내용인 '성결', 그리고 사중복음이 함의하고 있는 온전한 인격의 구현으로서의 '성장'을 추구한다.

첫째, 성경의 궁극적 권위에 대한 강조와 거듭나는 중생과 열정적인 복음 전도를 중심으로 한 영적 부흥은 개신교 복음주의 신학에 기초한다.

둘째, 성결은 교육내용의 중심이며, 하나님 사랑과 이웃 사랑의 실천을 교육의 목표로 삼는다.

셋째, 성결 체험은 일회적으로 완성되는 것이 아니라, 더 깊은 단계의 영적 변화에 열려 있으므로, 온전한 구원을 이루어나가는 지속적 성장을 위한 사중복음 교육을 추구한다.

여성

성결교회의 여성 사역은 종교개혁적 원리에 입각하여 남자와 여자가 동등하게 하나님의 사역 동반자로 부름을 받아 각자의 역할을 감당할 수 있도록 새로운 창조질서를 창출해 나가야 하며, 웨슬리가 성령의 사역에 주목하여 여성 설교자들을 적극적으로 지지했다는 점에 주목한다. 사중복음이 약속하는 '온전한 구원'의 실현을 위해 여성의 참여는 시대적 요청이다.

첫째, 성령께서는 남녀의 차별 없이 자유로운 계시 안에서 활동하시며 각양 좋은 은사를 부어 하나님 나라의 일꾼으로 사역하게 하시기 때문에, 성경의 오순절 사건을 남녀의 차별 없는 은사 공동체의 형성으로 이해하는 것은 기본적이다. 성결 운동과 초기 성결교회가 여성 사역에 대하여 매우 개방적이었던 모범적 선례를 가지고 있다.

둘째, 여성 사역의 위축은 남성 지도자들의 가부장적 교권주의, 여성 사역에 남성 사역자들의 참여, 폐쇄적인 보수주의 신학의 침투로 인해 가중되었다.

셋째, 사중복음의 신유는 은사의 실천적 차원에서 여성 사역에 깊이 호응한다. 한국 여성 교인 중에는 성령을 통하여 신유의 은사를 체험한 후에 다른 사람과 함께 나눔으로 말미암아 한이 풀리는 경험을 하고 있으며, 한 맺힌 영과 육이 치료함을 받는 역사는 깊은 영적 체험의 경지로 들어가게 한다.

3 성결교회의 신앙과 신학

성결교회 신학의 틀

성결교회의 신경(信經)은 가깝게는 중생·성결·신유·재림의 사중복음을 전달한 동양선교회와 미국 만국성결교회에, 거시적인 관점에서는 개신교 복음주의에 기반을 둔 웨슬리 신학에 놓여 있다. 이에 근거하여 성결교회 신학은 개신교 복음주의의 보편성과, 웨슬리와 만국성결교회의 신학적 독특성을 연결해 성결교회의 고유한 신학적 정체성을 확립하여, 세계 교회와 신학에 이바지하고자 한다. 우리는 이를 체계화하여 개신교 복음주의 웨슬리안 사중복음신학이라고 부른다.

첫째, 성결교회 신학은 개신교적 전통을 따라 '오직 성경'·'오직 은총'·'오직 믿음'을 신학의 범주로 삼는다.

둘째, 성결교회 신학은 웨슬리 신학의 전통을 따라 성경·전통·이성·경험의 종합적 방법을 신학의 방법으로 삼는다.

셋째, 성결교회 신학은 사중복음의 전통을 따라 중생·성결·신유·재림의 복음을 개인의 영성신학과 공동체 신학의 목적으로 삼아, 이를 폭넓게 적용하여 인류의 '온전한 구원'을 위한 신학을 구성한다.

웨슬리안 복음주의

신학방법

성결교회 신학은 삼위일체 하나님의 구원 사건에 대한 증언인 성경을 하나님의 말씀으로서의 복음과 율법으로 받아들이고, 이 말씀에 대한 책임적 응답의 결과로서의 개인적 경험을 신학에 반영하며, 교회 공동체의 신앙적 삶의 축적물인 전통과 계시에 대한 신앙적 입장들을 지성적으로 변증하는 것을 통해 무분별한 율법주의나 신비주의에 빠질 수 있는 위험성을 비판적으로 성찰하는 이성적 차원을 신학의 중요한 요소로 수용한다.

첫째, 성결교회 신학은 '성경'을 신학적 판단과 신앙생활의 제일규범으로 삼으며, 신앙적 '전통'들을 성서적 관점에서 '비판적으로' 수용하는 종교개혁 신학의 입장에 서 있다.

둘째, 성결교회는 신학적 판단에서 웨슬리 신학과 마찬가지로 '경험'을 중요시한다. 경험이란 하나님과의 인격적 만남을 뜻하며 동시에 교회 공동체의 경험을 의미하기 때문에, 단순히 인간 내부로부터 나오는 구성물이 아니라, 하나님의 주체적인 행위에 대한 인간의 응답에 의한 경험을 뜻한다.

셋째, 웨슬리가 언급했듯이, 비이성적인 종교는 거짓 종교라는 신학적 판단을 성결교회 신학은 수용하여 신학이 반이성적·신비주의적으로 변질하는 것을 거부하며, 동시에 인간 이성에 근거하여 성경의 계시적 우위를 부정하는 자유주의적 태도도 거부한다.

성경

오늘날 가장 위험한 오해 중 하나는 성결교회 신학을 근본주의 신학과 일치시키는 것이다. 성결교회 신학이 성경무오설이나 세대주의적 종말론, 엄격한 도덕주의와 교파 분리주의를 표방하는 20세기 근본주의로부터 깊은 영향을 받았다는 주장은, 교회사 연구에 따르면, 성결교회 형성의 역사적 배경과 그 신학적 주장을 주의 깊게 들여다보지 못한 오해의 소산이다. 양자 사이에 유사성이 있으나, 성결교회는 자신의 신학적 정체를 자리매김하는 역사적 형성 과정에서 근본주의와 자유주의의 독선적인 양극단에 치우치지 않았다.

첫째, 성경은 영감으로 기록된 하나님의 말씀으로서 학문적 대상 이전에, 하나님이 베푸시는 구원의 증언이며, 구원의 현장에서 선포되는 설교의 요구에 상응하는 말씀으로 이해하였기 때문에, 성결교회는 성경에 대한 분석적이고 학문적인 해석보다는, 성경의 의도와 일치하는 고백적 해석, 설교적 요구에 부응하는 실천적 구원론적 해석, 그리고 교회의 가르침에 기여하는 건전한 교리적 해석을 우선시하였다.

둘째, 성결교회는 성경의 영감성을 부인하는 성경관을 배격한다. 초기 성결교회의 구원 중심과 목회 중심의 해석학적 관점은 역사비평방법들을 구분하여 본문비평은 하등비평이라 하여 받아들였지만, 역사비평, 양식비평이나 편집비평 등은 고등비평이라 하여 혹독하게 비난하면서 거부했다. 그러나 성결교회가 역사비평에 대해 부정적인 태도를 취한 것은, 무엇보다도 성경의 진리가 인위적으로 훼손되어서는 안 된다는 해석학적 입장을 견지했기 때문이지, 성경연구의 역사적 방법 자체를 거부한 것은 아니라는 것이다. 그뿐만 아니라, 성결교회가 하등비평을 통해 성경의 원본을 추적하는 일을 제대로 하기 위해서는 소위 고등비평 방법을 통과하지 않을 수 없는 것이기 때문에, 결국은 역사적 방법들 자체가 문제가 아니라 다양한 성경연구의 방법들을 통해서 성경이 하나님의 말씀임을 드러내는 데 사용할 것인지 아니면 신적 권위를 파괴하는 데 사용할 것인지 그 방향이 더욱 더 중요한 것으로 받아들여 지고 있다.

셋째, 성결교회는 성경의 역사성을 상실하는 문자주의적 성경관을 거부한다. 성경의 권위를 존중한다고 해서 근본주의에서 주장하는 성경무오설을 그대로 수용한 것은 아니다. 성결교회가 미국의 근본주의나 신복음주의와의 역사적 연관성이 있다고 하나, 그 사상적 차이성을 간과해서는 안 된다.

하나님

성결교회 신학은 삼위일체 하나님 이해를 구원론적 사역에 초점을 맞춘다. 구원의 사역은 성부·성자·성령의 일치된 사역으로, 성부는 모든 사람에게 구원의 가능성을 주시며, 성자는 만민을 위한 구원의 현실이 되시고, 성령은 죄인에게 오셔서 구원의 빛을 비춰주시며 구원을 성취시키는 분으로 이해된다.

첫째, 구원의 삼위일체 하나님과 관련해서 성결교회는 성결의 삼위일체 하나님을 강조하며, 삼위일체 하나님의 구원사역은 거룩한 형상의 회복과 거룩한 삶을 지향하고 있다.

둘째, 성결교회는 하나님의 속성 중에 특히 성결을 강조한다. 하나님의 성결, 하나님의 거룩함은 소극적인 면에서는 하나님과 다른 피조물과의 구별을 의미하고, 적극적인 의미에서는 하나님의 신성(神性) 자체를 의미한다. 하나님의 성결은 하나님의 속성들의 총체이며 하나님의 완전성을 의미한다.

셋째, 성결교회는 신적 단동설이나 인적 단동설을 거부하고, 하나님의 나라에서 궁극적으로 악이 극복될 때까지 하나님의 구원사역에 성도들이 함께 동참하여 악한 현실을 선으로 대항하는 구원의 복음적 신인(神人)협동설을 주장한다. 하나님의 창조와 섭리에 세상에 대한 성도들의 책임으로 응답해야 한다는 것이다.

그리스도

성결교회는 종교개혁자들과 웨슬리의 강조점을 이어받아 복음주의적 전통의 그리스도론을 그대로 수용하면서 예수의 신성과 인성의 결합을 주장하되, 양성론에 대한 형이상학적 논의를 성결교회 신학은 구원론적 사역의 관점에서 전개한다.

첫째, 사중복음과 관련해서는 그리스도의 제사장과 예언자로서의 사역은 중생·성결·신유와 왕으로서의 사역은 다시 오실 공의의 심판자이신 그리스도의 미래와 관계한다. 그리스도의 사역에 대한 개신교적 전통을 따르면서도 특히 제사장으로서의 그리스도를 성서적 그리스도론의 핵심으로 이해했다. 그리스도의 전 생애가 바로 인류의 대속을 위한 고난의 삶이었으며, 이러한 그리스도의 고난의 삶은 하나님의 사랑과 공의의 내적 긴장의 표현으로 이해된다.

둘째, 그리스도의 죽음에 대한 이해는 단지 하나님의 실추된 명예회복을 위해서만이 아니라, 죄로 인해 두려워하는 인간의 형벌과 죄책을 소멸하고 인간이 받아야 할 징벌을 대신 몸소 겪으셨다는 개신교 정통주의와 웨슬리의 '형벌 대속설'과 맥을 같이 한다. 이처럼 성결교회는 그리스도의 죽음을 단순히 배상적인 차원을 넘어, 대신 형벌을 받으셨다는 차원에서 이해한다.

셋째, 성결교회는 그리스도의 속죄와 성결하게 하시는 사역을 현재적 사역으로 강조함으로써 이를 신앙인의 현실적 삶과 연관 지어 역동적으로 만들고 있다. 즉, 그리스도의 속죄에 대한 신앙은 단순히 기계론적인 구원의 도식을 객관적으로 확인하는 것이 아니라, 하나님의 사랑과 정의의 갈등이 응집된 그리스도의 삶과 십자가에 참여하는 것으로 이해되고 있다.

성령

성령은 구원의 과정인 중생과 성결의 중심 주체로 등장한다. 거룩한 영이신 성령께서는 무엇보다도 성결케 하시는 하나님이시다.

첫째, 성결교회는 특별히 성령의 사역을 성령세례와 관련해서 주목하고 있는데, 성결교회의 성령세례는 은사 중심이 아니라 은사에 대한 개방적 태도를 유지하지만, 전인적 구원과 하나님의 성품에 참여함을 강조한다.

둘째, 성결교회 성령론의 특징은 성령에 대한 사변적인 논의를 넘어서 성령과의 인격적인 교제와 체험을 중시하는 데 있다.

셋째, 성결교회 성령론은 살아계신 하나님의 영으로서 온 우주에 생명을 공급하시는 성령의 창조적 사역에도 주목하고 있다.

인간

성결교회는 인간에게서 도덕적 형상의 상실이 가장 심각하며, 그것의 회복이 가장 시급하다고 본다. 즉, 본래적인 의로움과 거룩함의 회복을 중요시하는 성결교회의 인간 이해는 구원론적으로 정초되어 중생과 성결의 필요성을 역설한다.

첫째, 원죄란 한편에서는 마귀의 유혹으로 인한 것으로, 다른 한편에서는 인간의 자유의지를 따른 선택에 의한 것으로 이해함으로써 죄의 기원과 인간 타락의 기원을 하나님께로 돌리는 논리적인 결함을 신학적으로 방어하고 있다.

둘째, 성결교회는 한편에서는 선행적 은총에 의한 자유로운 인간의 책임과 응답의 가능성을 말하고, 다른 한편에서는 이를 가능하게 하시는 하나님의 전적인 은총을 말하는 복음적 신인협동설을 주장함으로써 종교개혁 전통과 웨슬리의 사상적 맥을 이어가고 있다.

셋째, 성결교회는 인간의 본성과 죄성이 다르다고 본다. 인간의 본성은 죄성으로 타락했을 뿐이지, 죄성 그 자체가 인간 본성의 그 본래적인 모습은 아니기 때문에 성령의 능력으로 제거할 수 있다. 성결은 인간 본성의 변화가 아니라, 하나님께서 부여하신 인간 본성에 덧붙여진 죄성의 제거를 의미한다. 이를 통해 실천적 사랑이 가능하게 된다.

온전한 구원

　　　　　　온전한 구원이란 전적으로 하나님의 은총의 결과이며, 선행적 은총으로부터 시작하여, 깨우치는 은총, 의롭게 하는 은총, 성결하게 하는 은총, 영화롭게 하는 은총으로 심화되어 가는 과정에 상응한다. 이처럼 인간의 구원이 전적으로 하나님의 은총의 결과지만, 구원의 대상이 되는 인간의 수용적 응답을 배제하지는 않는다는 점에 성결교회 구원론의 특징이 있다.

　첫째, 성결교회의 선행적 은총에 의한 구원관은 죄에 대한 하나님의 심판을 하나님의 은총의 그늘에 숨겨두지 않으며, 루터의 이원론에서 은총에 비해 부정적으로 평가받던 율법도 하나님이 주신 은총의 수단으로 적극적으로 이해한다.

　둘째, 성결교회의 구원론은 오직 은혜와 믿음으로 말미암아 구원을 얻는다는 종교개혁 전통에 서 있으면서도, 구원에 인간의 참여와 책임을 강조하는 웨슬리안 전통을 따르며 그 구원의 폭과 깊이는 영혼만이 아닌 육체와 개인만이 아닌 사회, 그리고 온 우주만물을 포괄하는 독특한 특징을 보여주고 있다.

　셋째, 온전한 구원이란 그리스도로 말미암아 우리의 죄책뿐 아니라, 죄의 부패성에서도 해방됨을 의미한다.

성결

　　　　　　성화·기독자의 완전·온전한 그리스도인·제2의 축복·현재적 구원·온전한 구원·성령세례 등으로 다양하게 표현되고 있는 성결은 원죄의 쓴 뿌리를 제거하는 사건인데, 이는 하나님의 은혜로 인한 믿음으로 가능하게 되는 것이며, 이로 인해 사랑의 충만을 얻게 되며, 이러한 성결의 은혜로 회복된 하나님의 형상이 바로 그리스도의 완전이다.

　첫째, 성결이 중생으로 시작되는 구원의 특별한 경험을 강조하는 표현이라면, 성화는 중생에서 영화에 이르는 과정을 지시하고 있다. 성결교회 전통에서 중생은 '초기 성화'로, 성결은 '완전 성화'로 표현되기도 한다. '기독자의 완전'은 그리스도인의 목표점을 지시하며, '제2의 축복'이란 표현은 칭의 이후에 오는 '두 번째 은총'임을 강조한다.

둘째, 성결교회는 성결에 대한 이해를 성령세례와 연결한다. 즉, 신자의 내면에 남아 있는 인간의 죄성, 죄악의 쓴 뿌리를 제거함은 성령의 온전한 역사로 가능하다고 보며, 이로 인해 죄 된 본성에 이끌리지 않고, 성령의 뜻을 따라 살게 된다. 성결교회에서는 이러한 성결의 은혜가 '이차적인 은혜'로서 중생과는 확연히 구분된다고 본다.

셋째, '성령세례'라는 용어를 통해 성결교회는 성결의 점진적인 측면보다는 순간적이고 특별한 경험에 보다 강조점을 두고 있다. 따라서 성결교회가 주장하는 성결은 훈련을 통한 성숙이나 성장과는 다르며, 오히려 성결은 신앙 성장과 성숙의 원동력이다. 그러므로 성결의 은혜 이후에 지속적인 성숙과 성장이 또한 필요하다고 보는 것이다.

교회

성결교회는 교회의 본질을 종말론적 하나님의 통치의 빛 아래서 현존하는 성령의 능력 안에 있는 성결한 공동체로 파악하였다. 성결교회가 한편에서는 교회의 본질을 구원받고 성결하게 된 공동체로 이해했다면, 또 다른 한편에서는 교회의 본질적 사명을 성결한 공동체를 가능하게 하시는 하나님의 말씀 선포와 복음 전도에 두었다.

첫째, 성결교회는 다양한 교파를 교회의 본질적 사명인 복음 전파를 위해 불가피한 사회적 형태들로 보며, 지상의 교회들은 한 근원인 하나님의 부름에서 출발하여 그리스도의 온전한 몸을 이루기 위해 각각의 역할을 다른 모습으로 수행하여 하나님의 교회를 완전하게 하는 것으로 이해한다.

둘째, 성결교회는 교회의 초교파주의적인 개방성을 보여주는 동시에,

교회의 본질에 대해서는 제도화된 교파교회에서 찾기보다는 오히려 하나님께서 구원의 공동체로 부르셨다는 것과 선교와 복음 전도를 위해서 보내셨다는 사실을 중시한다.

셋째, 성결교회 교회론은 하나님의 말씀 선포와 복음 전도라는 교회의 본질적 사명으로부터 친교와 봉사의 사회적 공동체를 끌어내며, 종말론적 공동체로서의 교회는 개인적 차원을 넘어 사회적 차원까지 하나님의 부름과 보내심의 구원사적 의미를 파악한다.

성례전

성결교회는 세례와 성찬식을 교회가 행해야 할 거룩한 예식으로 지키며, 이를 통해 믿음으로 구원에 이른 자들이 예수 그리스도의 십자가의 복음 안에 견고히 거하게 하며, 동시에 이를 차세대가 계속적으로 기념하게 함으로써 교회 공동체의 정체성을 견지한다.

첫째, 세례는 예수 그리스도의 죽음에 동참함으로써 죄의 씻음과 새로운 영적 출생을 나타내며, 종말론적으로 성취된 하나님과 살아있는 계약의 징표가 된다. 이는 은혜의 수단이며 동시에 표징으로 세례를 성인에게 뿐 아니라 유아에게도 줄 수 있다.

둘째, 세례는 단순히 믿음의 순종을 뜻할 뿐 아니라, 교회에 위임된 하나님의 구원하시는 은총에 대한 약속에 기초하고 있으므로, 유아의 경우, 비록 개인적인 차원에서 신앙을 고백할 수 있는 단계에 이르지 못했지만, 하나님의 구원하시는 은총의 약속에 근거하여 교회 공동체적 차원에서 유아세례를 수용하고, 이를 교회 스스로가 제한함 없이 시행하도록 하고 있다.

셋째, 성찬은 미래의 하나님 나라를 미리 맛보는 것으로 은혜의 현재화이며, 이는 모두 하나가 되는 사귐에 참여하는 것이다. 성결교회는 종교개혁자들 사이에 있었던 교리적 논쟁의 미궁에 빠져들지 않기 위해, 성찬의 이론적, 사변적 논의 대신에 실제적인 측면을 강조한다. 성찬은 한편에서는 십자가에서 죽으시고 부활하신 주님에 대한 기념과 회상임을, 또 다른 한편에서는 그리스도의 현존을 경험하는 은혜의 현실임을 강조한다.

하나님 나라

성결교회는 인류 역사의 종말이며, 동시에 역사의 목적이 되는 하나님의 나라는 오직 성령의 능력 안에서 하나님의 말씀이 온 피조물을 다스리는 것으로 보며, 예수 그리스도의 재림은 하나님의 나라의 공의와 평화가 역사 안에서 실현되는 희망의 약속임을 믿는다.

첫째, 성결교회는 재림의 사건을 희망적 현실로 인식하는 한편, 이를 신화화하거나 심리적 영역으로 축소하는 일 없이 다가올 실제적인 사건으로 이해한다. 예수 그리스도가 역사 가운데 다시 오심으로써 이루어지는 천년왕국에 대한 약속과 비전은 비역사적인 것이 아니라, 오히려 더 역사 변혁적인 동기를 수반하고 있다.

둘째, 천년왕국은 역사 밖에서 이루어지는 것이 아니라 역사 안에서 예수 그리스도가 왕적 주권을 가지고 다스리는 때로서, 지상의 참된 평화와 정의 실현은 오직 그리스도를 통한 하나님의 주권에 있음을 강하게 나타내고 있는 동시에, 그리스도 없는 지상 평화에 대한 낙관적 희망에는 종지부를 찍는다.

셋째, 지상의 천년왕국이 역사 안에서 마감되면서, 역사 이후의 영원한 나라가 "새 하늘과 새 땅(新天新地)"의 하나님 나라로서 "영광의 나라(regnum gloriae)"라고 말한다. 천년왕국이 끝나고 새 하늘과 새 땅이 시작되기 전, 그 사이에 사탄이 마지막으로 성도를 미혹하는바, 새 하늘과 새 땅에 영입이 되기 위해서는 천년왕국 시대에 살았다 하더라도 사단의 미혹을 견딘, 끝까지 성결한 자들만이 영원한 천국에 들어갈 수 있다.

4 성결교회 신학의 과제

사중복음신학

　　　　　성결교회 신학이 명실공히 '개신교 복음주의 웨슬리안 사중복음신학'으로서의 자신의 전통을 신학적으로 체계화하기 위한 우선적인 과제는 무엇보다도 『사중복음신학』, 더 나가서는 『사중복음 교의학』을 수립하는 것이다. 이에 대한 기초는 이미 이명직의 『기독교의 사대복음』(1952)에 의해 놓였다. 이것은 사중복음의 내용을 성경에 입각하여 함축적으로 소개한 매우 중요한 출발서이다. 사중복음 교의학은 이 유산을 이어받아 기독교 신앙의 모든 주제를 사중복음의 관점에서 새롭게 신학적으로 체계화시킨 것을 말한다. 성결교회는 교회 창립 100주년 만에 정립한 『성결교회 신학』(2007)에서 그 가능성을 서론적으로 제시했다.

　첫째, 사중복음신학은 중생·성결·신유·재림의 주체이신 삼위일체 하나님을 중심축으로 하는 '하나님 중심의 신학(Theocentric theology)'으로 전개될 것이며, 그분과의 관계 안에서 구원의 대상이 되는 '인간'과 '세계'를 신학적 주제로 삼아 포괄적인 신학으로 구성해야 할 것이다. 사중복음신학에서는 성결교회 신학의 고유성이 분명히 제시되는 한편, 온 인류가 함께 당면하고 있는 보편적이며 현실적인 문제에 대한 성서적인 대답이 제시되고 있음을 주목할 필요가 있다.

　둘째, 사중복음과 마주하고 있는 현실적이며 보편적인 문제 상황은 한편에서는 실존적인 상황 속에서 고민하는 구체적인 인간 개개인을 지시하고, 다른 한편에서는 이들 개개인이 처해 있는 공동체적 상황을 의미하고 있으므로, 사중복음신학은 한편에서는 개인적 차원의 영성신학으로, 다른 한편에서는 공동체 신학으로 전개되어야 한다.

　셋째, 성결교회 신학의 과제인 사중복음신학이 지시하고 있는 영성신학과 공동체 신학이라는 이 두 가지 신학적 방향은 성결교회 신학을 개인과 사회, 실존과 역사 사이의 양자택일 앞에서 균형 있고 적실한 신학으로 이끌어 나갈 것이다. 개개인의 신앙 이해와 신앙적 실천을 염두에 두고 있는 영성신학과, 온 인류의 현실을 하나인 전체로서 사유하는 공동체신학, 이 양자의 균형은 성결교회 신학이 과거에 보여 왔던 개인 구원 중심적인 신학의 차원을 넘어, 인류공동체를 위한 신학으로 발돋움할 수 있는 기초적인 틀을 이룬다.

중생의 복음

중생의 복음은 온 인류에게 약속하신 하나님의 구원을 의미하며, 동시에 온 인류가 당면한 성결교회의 문제 상황을 고발하고 있다. 생명의 원천이신 하나님과 분리된 인류가 직면하고 있는 죽음의 현실이 그것이다.

첫째, 중생은 죽음의 세력에 반하여 생명을 약동할 수 있게 하시는 하나님의 약속이다. 중생의 복음에는 이를 가능하게 하시는 하나님과 이에 대한 인간의 응답인 회개와 신앙이 상관적으로 연결되어 있다. 생명을 약속하시는 성부 하나님과 이를 현실화하신 성자 예수 그리스도와 인간의 회개와 신앙의 응답을 통해 이를 현재화시키시는 성령으로, 곧 삼위일체 하나님이 바로 중생을 가능케 하시는 주체다.

둘째, 중생의 복음은 온 인류가 당면한 생명 파괴와 죽음의 현실에 대한 고발이며, 동시에 이에 대한 해답이다. 이러한 중생의 복음은 죽음의 세계를 생명의 현실로 바꾸시는 하나님의 창조적 생명 사역을 지시하는 '생명의 신학'으로 전개되어야 한다.

셋째, 성결교회의 '생명신학'은 죽음과 생명 파괴의 원초적인 뿌리인 인간의 죄와 악을 고발하고, 공동체적 현실 속에 편만해 있는 반(反)생명적 현실을 예언자적 통찰력으로 직시하며, 죽음의 세력에 반하는 신적 생명의 현실을 정치·경제·사회·예술·생태·종교문화의 영역까지 확대하여 신학적 주제로 전개해 나가는 공동체 신학이어야 한다.

성결의 복음

성결의 복음은 인류가 겪는 모든 문제의 가장 뿌리 깊이 박혀 있는 근원적인 악의 원천으로부터의 해방을 의미한다. 즉, "죄의 몸"(롬 6:6), "쓴 뿌리"(히 12:15), "두 마음"(약 4:8), "옛사람"(엡 4:22) 등, 성경의 표현이 지시하고 있는 유전죄에서 성령의 세례를 통해 자유케 됨을 의미한다. 이러한 자유와 해방의 사건은 오직 하나님에게서 오며, 이를 통해 인간은 온전한 사랑의 삶을 살게 된다.

첫째, 성결의 복음은 중생과 칭의에 믿음이 요청되는 것처럼, 성결케 하시는 하나님에 대한 온전한 믿음으로 역사한다. 유전죄가 없어지는 것은 "하나님의 하신 일을 믿는 그 순간에 소멸되는 것"인데, 이는 "법적 성결"의 차원에서 그렇다. 즉, 순간적으로 이루어지는 법적 성결은 이사야나 바울의 경우처럼 "역연순간(亦然瞬間)"이다.

둘째, 순간적으로 이루어지는 법적 성결 이후 정욕이나 관습으로부터의 자유로움은 우리 자신이 얼마나 철저히 십자가의 삶을 사는지에 달려있다(갈 5:24, 눅 9:23). 성결교회 신학은 이러한 하나님과 나의 실존적인 관계에서 일어나는 내면적 성결을 '사랑의 영성신학'으로 주제화한다.

셋째, 성결한 삶을 위한 외적인 '성별' 운동은 부정(不淨)으로부터의 격리와 이를 하나님의 사랑 안에서 거룩하게 하는 운동이라는 두 측면을 띠면서 '사랑의 공동체 신학'을 형성하게 된다. 성결교회 신학은 삼위일체 하나님의 사랑에 근거하여 하나님을 향한 사랑의 영성신학과 이웃을 향한 사랑의 공동체 신학으로 전개된다.

신유의 복음

　　　　　신유의 복음은 인간의 유한한 물리적 현실 가운데 하나님이 초자연적으로 임재하심에 대한 약속이다. 하나님은 영적 차원만 아니라, 물질적 차원까지도 주재하시는 분임을 고백하는 것이 신유의 신앙이다. 이와 같은 신유의 복음은 영혼의 문제를 넘어 개인적인 몸과 더불어 공동체적인 몸의 치유와 회복을 통한 자유를 주제화함으로써 전 지구적 문제에 대한 회복과 자유의 신학을 전개할 수 있는 가능성을 열어준다.

　첫째, 인간의 몸은 개체와 전체로 분리될 수 없는 유기체다. 유기적 관계의 파괴가 몸의 질병으로 나타난다고 할 때, 몸의 치료는 유기적 관계의 회복을 의미하며 하나님의 창조질서 회복과 보존의 차원을 지시한다.

　둘째, 유기체적 관계성의 의미를 상징하는 '몸'의 치유와 회복을 말하는 신유의 복음은 이제 인류와 자연 모두를 포괄하는 공동의 몸인 '지구'적 문제를 신학적 사유 안에 둠으로써 영성신학의 개인적인 차원과 더불어 공동체 신학의 차원에서 신유의 복음을 다룰 수 있게 된다.

　셋째, 회복의 신학은 생태신학·문화신학·정치신학 등의 제 방법을 수용하여 포괄적인 지구 신학으로 전개함으로써 신유의 복음이 지니는 영향력을 보다 더욱 폭넓게 적용할 수 있다.

재림의 복음

　　　　　재림의 복음은 세상의 불의와 죄악에 대한 하나님의 최종적인 공의의 실행을 약속하고 있다. 이는 인간 스스로의 힘에 의해서가 아니라, 하나님의 약속 안에 있는 그리스도의 재림을 통해서 실현될 공의의 세상에 대한 약속이다.

　첫째, 중생·성결·신유의 복음과 마찬가지로 재림의 복음 또한 개인을 넘어 사회적 지평을 포함하고 있다. 동시에 구원의 현실을 막연히 죽음 이후로 향하게 하기보다는, 다시 오셔서 공의의 판결을 하실 이 땅으로 옮겨놓는다.

둘째, 재림의 복음은 단순히 개개인의 실존에서가 아니라 분명한 시점에 일어날 객관적 사건을 지시하며, 공적이며 사회적인 사건을 의미한다. 그리스도의 다시 오심을 통해 죄와 악으로 만연된 이 땅은 공의의 심판을 통해 정화되고 새로운 창조를 경험하게 된다.

셋째, 재림의 복음이 포함하고 있는 공의의 신학은 '하나님 나라'의 희망과 완성을 주제화하고 있다. 따라서 '하나님 나라'의 희망에 대한 교회적 참여를 유도하며, 교회의 본질적 사명인 선교의 긴박성을 다시금 일깨운다.

하나님 중심주의

개신교 복음주의 웨슬리안 사중복음신학은 인간 중심주의를 배격하는 하나님 중심주의이다. 생명·사랑·회복·공의의 출발과 완성은 오직 하나님께 있음을 고백하기 때문이다.

첫째, 하나님께서 약속하신 바를 하나님께서 하신다는, 개인과 공동체 안에서 이루어지는 '온전한 구원'이란 사중복음의 약속과 능력으로 신앙적 고백과 신학적 선언이 성결교회 신학의 기조를 이루고 있다.

둘째, 성결교회 신학은 개신교 복음주의와 웨슬리안 복음주의를 하나님 중심주의적 구원의 축으로 삼아 결국 사중복음신학으로 통합되어 전개된다.

셋째, 성결교회의 이러한 신학적 과제는 성서신학·역사신학·조직신학·실천신학·선교신학·윤리신학·교육신학·여성신학을 통해 더욱 입체적으로 조명되어야 할 뿐만 아니라, 구체적으로 전개되어, 성결교회 신학이 함의하고 있는 그 보편성과 고유성을 보다 선명하게 제시해야 위대한 사명이 성결교회 앞에 놓여있다.

제18장

성결교회의 교리신학

1 성결교회 교리신학 서론

1) 교리신학의 정의와 과제

교리신학은 교리학, 해석학, 변증학을 체계화한 '조직신학(Systematic Theology)'의 한 분야로서, 교회가 진리로 믿고 결의한 교리, 교의, 신조, 신앙고백의 특징과 의의를 신학적으로 진술하는 학문 분야이며, 일반적으로 '교의학(Dogmatics)', 혹은 '신조학' 등으로 부른다.[1] '교리신학(Dogmatic Theology)'은 '역사·비평적(historical-critical)' 방법의 도움을 받아 교리나 교의 형성 당시의 상황에 대한 이해를 가지고, 교회가 결정하여 전통으로 지켜오고 있는 교의(敎義)의 본질적 의의를 객관적으로 드러내고자 하는 학문 영역이다.[2]

반면에, '해석학' 혹은 '해석학적 신학(Hermeneutical Theology)'은 전승되어 오고 있는 과거의 교리가 교회의 현재적 상황에서 어떤 의미로 이해되고 적용될 수 있는지를 오늘의 신앙 경험으로부터 해석하는 학문 분야다. 그리고 '변증학' 혹은 '변증신학(Apologetic Theology)'은 현대의 역사적·문화적 상황으로부터 제기된 문제와 물음에 대해서 교회가 진리로 믿

- 성결교회 신학의 규범은 성경과 예수 그리스도의 복음이다.
- 성결교회 신학의 전통은 웨슬리안 성결오순절 운동이다.
- 성결교회 신학의 목적은 사중복음 신앙과 체험이다.
- 성결교회 신학의 방법은 웨슬리안 사변형(성경, 전통, 이성, 경험)이다.

고 고백하는 메시지를 현대적 상황의 언어로써 대답해주고자 하는 학문 영역다.

따라서, 교리신학은 조직신학이 다루어야 하는 세 분야 중 하나이며, 그 중심 과제는 교리의 내용 자체를 다루는 것이다. 교리의 기원, 교리의 역사, 교리의 특징, 교리의 의미 등을 체계적으로 다룸으로써 그리스도의 교회 공동체원들이 고백하는 신앙의 내용에 대한 합리적인 근거를 확보하는 것이 그 주요 관심사요, 과제다.

이를 위해 교리신학은 신학자가 소속해 있는 신앙 공동체의 다양한 신앙고백과 교회의 결의들을 통전적으로 고찰해야 한다. 교리신학의 1차 자료는 교회로부터 나오며, 그 자료의 교리신학적 판단 기준은 언제나 성경이 된다.[3] 이 때 성경은 자의(自意)적으로 활용되거나, 특정한 역사적 가설에 근거하여 해석되거나, 특정인의 신학에 의하여 주관적으로 적용될 수 없다.

성경은 성경 자신이 말하도록 성령의 자유로운 역사에 개방적이어야 한다. 그러나 그 말씀은 초자연적으로 들려오는 그 무엇이기 전에, 성경 본문 자체가 지니는 역사적 맥락을 학문적으로 이해하는 지성적이며 합리적인 수고가 따라야 한다.

교리신학은 교회가 전통적으로 보수해 오고 있는 신조를 절대화하는 것이 아니라, 그 신조가 지니는 참된 정신을 드러내어 오늘의 신앙 공동체에 생명력이 되도록 하는 것을 궁극적 과제로 삼는다. 이를 위해서 교리의 형성 배경과 그 신학적 타당성을 확인하며 논증해야 한다. 이를 위해서는 전통적인 교리가 지니는 강점과 취약점을 냉정히 가려내어 강점을 더욱 발전시키며, 약점을 보완코자 하는 자세가 요청된다.

2) 성결교회 교리신학의 자료: 교리, 교의, 신조, 및 신앙고백

교리란 교회가 신앙의 내용을 가르치기 위하여 성경으로부터 발견하여 확정한 종교적 진리 체계이다. 교리(敎理, doctrine)는 가르치는 행위와 가르치는 주제 모두를 포함하는 말로서 어원적으로는 '가르치다(docco)'의 '독트리나(doctrina)'에서 유래한다.

이와 연관하여 교의(敎義, dogma)와 신조(信條, creed)란 공회 혹은 총회나 교회가 공식적으로 인정하여 가르치는 주제인데, 신조는 교의를 보다 선언적으로 요약한 형식을 취한다. 그러므로 교의와 신조는 교리에 위반될 수 없으며, 교리는 성경의 가르침을 벗어날 수 없다.

기독교의 교리는 예수 그리스도의 삶과 그의 교훈에 기초한 사도들의 가르침을 통해 발전되어왔다. 최초의 그리스도인들은 "사도들의 가르침을 받아"(행 2:42) 교회 공동체 생활을 유지했다. 사도들이 가르친 교리는 크게, (1) 예수는 그리스도시다(행 3:13~18), (2) 예수는 죽음에서 부활하셨다(행 1:22, 2:24, 32), (3) 구원은 믿음으로 예수의 이름을 통해서만 얻어진다(행 2:38, 3:16, 4:12) 등 세 부분으로 이루어진다.[4]

그리고 이러한 기본 교리는 바울과 같은 사도들의 가르침을 통해 보다 체계적 과정을 거치게 된다. 성결교회의 교리신학이 '성서적'이라 할 때, 이는 성경의 가르침으로부터 나온 진리를 최고의 권위로 인정함을 말하는 것이다.

　성경의 교리는 교회가 처한 시대의 역사적 내지는 문화적 상황 가운데서 새로운 언어와 형식으로써 번역되고 재해석하는 과정을 통해서 교회가 직면한 신학적 문제들을 해결하는 힘을 공급하게 된다. 교회에 위임된 성경의 가르침이 위험에 처하게 되었을 때, 교회는 총회적으로 성경의 교리를 재천명하게 되는데, 그것이 바로 교의와 신조다.

　역사적으로 중요한 공회의 신조에는 사도신경, 니케아 신조(381), 칼케돈 신조(451), 등이 있다. 세계 기독교의 공회적인 이 신조들은 오늘날 프로테스탄트 교회나 가톨릭 교회 모두가 공유하는 것들이며, 성결교회 역시 이 신조들을 신앙고백의 중요한 가르침으로 삼고 있다.[5]

　이처럼 공교회적으로 함께 받아들이고 있는 교의와 신조가 있다하더라도, 이에 대한 개인적 차원의 이해와 경험이 다르게 나타나기 때문에 에큐메니칼적인 신조에 대한 다양한 신앙고백들이 나타나기 시작했다. 그 대표적인 신앙고백은 종교개혁의 교의적 입장을 천명하는 아우구스부르크 신앙고백이며, 그후 하이델베르크 신앙고백, 웨스트민스터 신앙고백 등이 나왔다.

　프로테스탄트 교회의 한 지체로서의 성결교회는 이러한 종교개혁적 신앙고백들을 교리신학의 '전통'으로 수용하며, 이를 다시 18세기의 웨슬리 신학과 만국성결교회의 교리 및 신앙고백의 '복음적(evangelical)' 전통에 입각하여 재정립하여 현재의 성결교회 '교리와 신조'를 형성하였다.[6]

성결교회 교리신학의
기본자료

　　　　　　　　이러한 맥락에서 성결교회의 헌법 제1장 총강과 제2장 교리와 성례전은 성결교회가 가르치고자 하는 중요한 성경의 주제와 그와 관련하여 총회가 제정하여 교회를 향하여 가르치고자 하는 내용을 의미하므로 성결교회 교리신학의 기본 자료가 된다. 그리고 총회가 선택한 교단신앙고백인 "우리의 신앙고백"(1994)[7] 역시 중요한 자료로 고찰되어야 한다.

성결교회 헌법상에 나와 있는 모든 조항들에 대한 수정 및 개정의 권한은 성결교회 총회에만 허락되어 있다. 따라서, 성결교회의 교리신학은 총회가 공인하여 지키고 있는 헌법의 교리조항에 근거하여 논해져야 한다. 또한, 총회 산하에 교역자를 양성하고 있는 신학(대학)교에서 사용한 교리학 관련 조직신학 교과서『신학대강』(1952)이다.

그리고 헌법의 개정과 수정 내용이 기록되어 있는『성결교회총회록』과『헌법해설집』(1993), 그리고『동양선교회성결교회 교리 급 조례』(1929),『조선야소교동양선교회 성결교회략사』(1929),『성결교회사』(1992)는 원자료와 관련된 주요 문헌이다. 또한, 공동체 구성원들이 자신의 신학, 신앙, 삶 등을 표현해 온 성결교회 기관지인「활천」,「성결신문」,「서울신학대학보」 및 교단의 영향력을 행사했던 지도자들의 신학적 문헌들이 원자료 이해에 중요한 자료들이다.[8]

본 장은『성결교회신학: 개신교복음주의 웨슬리안 사중복음』(2007)과『성결교회 신앙고백서 및 교리문답서』(2021)가 나오기 전의 자료에 한정되었다.『성결교회신학』의 교리적 주된 내용은 본서 제20장에 '물음과 대답'의 형식으로 소개하였다. 그리고『신앙고백서』는 나의『신앙담화』(CLC, 2021)의 내용을 개진해 나가는 중에 주요 신앙고백의 요점들을 직·간접으로 수용하였다.

3) 교리신학 서술의 주요관점과 방법

기독교 교리신학은 나사렛 예수와 그를 그리스도로 증거했던 사도들과 초대 교회의 고백과 증언에 기초한다. 사도들과 초대 교회는 구약성경을 하나님의 말씀으로 믿었고, 성령의 감동으로 나사렛 예수가 구약성경이 약속한 그리스도임을 확신하였다. 그리고 성령의 능력으로 그들은 예수가 그리스도이며 인류의 구원을 위해 십자가에 죽으시고 부활하신 하나님의 아들이므로 누구든지 예수 그리스도를 믿는 자 역시 하나님의 자녀가 된다는 복음을 온 세상에 전파함으로써 그리스도의 교회가 태어나게 되었다. 그러므로 교리신학의 객관적 터는 성령의 능력으로 증거된 예수 그리스도의 삶과 가르침이다.

그러나 교리신학은 역사적 신앙 공동체인 교회와 더불어 계속 형성되기 때문에, 교회 구성원의 역사적 경험과 분리된 교리신학은 처음부터 불가능하다. 따라서 성결교회의 교리신학은 성결교회가 1907년에 한국에서 한국인들에 의해서 태어난 이후 형성된 성결교인의 신앙 경험, 신앙고백, 그리고 다양한 차원의 신앙생활을 적극적으로 반영한다.[9]

그리고 성결교회의 신학적 보금자리를 제공해주고, 유모의 역할을 자청한 동양선교회의 신앙고백과 신학적 모태인 만국성결교회의 교리와 웨슬리의 삶과 신학사상 역시 성결교회의 교리신학을 형성함에 중요한 뿌리가 될 것이다.[10]

그러므로 성결교회의 교리신학은 예수 그리스도라는 객관적 터 위에 교리의 기초를 놓으며, 한국성결교회의 그리스도 신앙고백과 경험을 원자료로 하여 신학적 체계를 구성한다. 이로써 성결교회가 고백하는 신앙의 실체를 선포하며, 변증하며, 교육하고, 계승하는 데 요청되는 신학적 합리성을 확보한다.

이러한 목적을 달성하기 위하여 성결교회 총회가 결의하고 반포한 각 개 '교리'들의 형식과 내용을 신학적으로 고찰하여 교리신학을 기술한다. 본 장에서는 전체 교리에서 성삼위 하나님·원죄·자유의지, 그리고 성결 교리로 제한하여 다룬다.

2 성결교회 교리신학의 전통과 규범

교리신학의 집은 교회이다. 교리는 교회에서 태어나며 자란다. 참된 교리는 죽지 않고 계속 자란다. 그러나 교리가 생명인 이상 반생명적 힘들에 의해 위협을 당하기도 한다. 생명의 교리가 도전을 받게 될 때 교회는 교리의 가장 기본적인 골격과 그 핵심만을 담은 신조나 신앙고백문과 같이 응축된 형식으로써 진리를 수호한다.

교회가 겪어 온 각 시대정신은 그 때마다 기독교 진리에 대하여 다양한 도전을 가했고, 교회는 그에 대해 신앙의 진리를 수호하는 과정에서 연합하기도 하였고, 나눠지기도 하였다. 교회들이 연대하면서 교회간에 교리적 영향을 주고받았으며, 나눠지면서 정체성을 강화하였다. 그러한 가운데 모든 교회는 자신만의 특성이 있는 교리적 전통을 형성해 왔다.

모든 교단은 초대 교회를 뿌리로 하여 한 기둥으로 자라오다가 로마 교회와 동방 교회로, 그리고 로마 교회는 다시 프로테스탄트 교회로 갈라졌고, 오늘날 성결교단은 종교개혁 교회를 근간으로 하여 여러 교단의 전통을 거쳐 20세기 근래에 한 지교단으로 형성된 교회이다.

한국 성결교회는 교회 설립 과정의 차원에서 논할 때 입장에 따라 토착성이 우선시되기도 하고, 선교성이 강조되기도 하지만, 교리신학적으로 볼 때 한국의 성결교회는 기독교회사에서 볼 수 있는 보편적 전통을 공유할 뿐 만 아니라, 현대의 다른 교단과 구별되는 교리신학적 독특성 내지는 정체성을 지닌다. 그러므로 성결교회 교리신학의 바른 이해와 정립을 위해서 성결교회의 전통이 지니는 보편성과 독특성의 본질을 파악해야 한다. 우리는 그 기본적인 전통의 맥락을 간략히 짚어 볼 것이다.[11]

교리신학뿐만 아니라 신학적 활동 전반에 요청되는 것은 전통에 대한 이해 뿐만 아니라, 그 가운데 살아있는 신학적 '규범'이라는 것이다. 규범(規範, norm)은 사유와 행위의 범위와 성격을 규정하는 원리이다. 특히 신학적 규범은 교단이 걸어 온 전통과 긴밀히 연결되어 있기 때문에 성결교회의 전통에 대한 전이해 없이 성결교회의 신학적 규범을 말하는 것은 어렵다. 따라서 성결교회의 전통과 규범은 교리신학을 전개하기 전에 먼저 파악되어야 할 내용이다.

1) 성결교회 교리신학의 전통

성결교회 교리적 전통을 이해하기 위해서는 성경, 초대 교회, 고대 에큐메니칼 공의회, 종교개혁, 웨슬리에 의한 초기 감리교회, 만국성결교회와 이러한 교회의 전통을 전달한 동양선교회(OMS), 그리고 한국 성결교회의 100년사 안에 흘러 들어와 형성된 교리의 특징을 고찰하는 것이 중요하다. 여기에서 무엇보다도 우선적으로 염두에 두어야 할 바는 성결교회의 교리적 가르침의 내용은 전적으로 성경에 근거한다는 것이다. 성결교회는 성경을 교회가 가르치는 모든 교리의 표준이며 규범의 원천으로 준수한다.[12]

그러므로 성경을 떠난 어떠한 교리도 성결교회의 교리신학적 전통으로 인정되지 않는다. 그러나 성결교회 교리가 성경에 근거하고 있다는 사실과 더불어 중요한 사실은 성경을 해석하는 방법과 방향이다. 결국 성결교회 교리신학의 전통은 모든 교회가 하나님의 계시된 말씀으로 고백하는 성경을 어떻게 이해해 왔느냐는 차원에서 볼 때 성경 해석의 전통과 직결된다.

신약성경을 아직 갖지 않았던 초대 교회는 구약성경을 철저히 '예수 그리스도(Jesus is the Christ!)'라는 관점에서 해석함으로써 유대교와 구별된 기독교(Christianity)를 확립하였다. 여기에는 사복음서의 예수 신학과 구약의 말씀을 그리스도 복음의 관점에서 해석하여 가르쳤던 바울의 신학과 그의 전도 활동을 통한 교회 설립이 지대한 영향을 미쳤다.

고대 교회는 신약 시대의 초대 교회가 세워놓은 그리스도 중심의 기독교 전통과 예수 그리스도의 복음에 기초하여 신약성경의 범위를 합의하여 정경을 탄생시켰다. 이것은 기독교회에 획기적인 사건이었다.

이후 고대 교회의 에큐메니칼 공의회들을 거치는 가운데 예수 그리스도는 '참하나님이며 참사람'이라는 교리가 확립되었고, 아울러 예수 그리스도와 아버지와 성령은 더불어 하나님이라는 삼위일체 교리가 교회에 의하여 결의되어 기독교회의 독특한 가르침과 신조로 뿌리를 내린다. 이 과정에서 아우구스티누스의 교리신학적 영향이 크게 미쳤다.

사도신경·니케아 신조·칼케돈 신조 모두는 보다 완전한 삼위일체 교리를 표현하고자 한 전통의 산물이다. 기독교는 유대교와 동일한 성경으로부터 시작되었지만 이처럼 자신의 고유한 길과 교리적 전통을 만들어 나갔다.

종교개혁을 통한
개신교 정신

천 년의 중세를 지나면서 기독교는 공의회적 신조만을 가지고 기독교내의 다양한 신앙의 현실을 담아내기 어려운 상황에 직면하였다. 마침내 루터를 정점으로 종교개혁(Reformation) 운동이 전 유럽의 교회에 퍼지면서 로마의 교황을 최고 권위로 하는 가톨릭 교회의 가르침에 대한 저항이 본격화 되었다. 그로 인해 재차 강조된 교리가 '오직 성경·오직 은총·오직 믿음·오직 그리스도'이었다.

이 교리는 성경과 더불어 전통이, 은총과 더불어 행위가, 그리스도와 더불어 교황이 강조되어 온 가운데 복음의 고유성이 현저히 약화된 현실에서 복음의 본질을 회복코자 한 신앙적 저항이었으며, 이를 통해 프로테스탄트 교회가 태어났다. 그 핵심적 가르침에는 무엇보다도 '구원은 하나님의 은총으로 말미암아 그리스도를 믿음으로 얻는다'는 교리가 있다. 이러한 입장을 잘 표현하고 있는 것이 아우그스부르크 신앙고백, 하이델베르크 신앙고백, 영국 성공회 신조, 웨스트민스터 신앙고백 등이다.

이리하여 프로테스탄트 교회는 로마가톨릭교회와 구별된 길을 가면서 고유한 전통을 형성하기 시작했다. 이후 프로테스탄트 교회는 가톨릭의 방대한 교리 내지는 신학의 체계와 비교되는 정통신학을 형성한다.

이 과정에서 교리의 관념화 현상이 고착되면서 교리신학과 신앙생활의 현실이 서로 멀어지게 되었다. 신자는 명목상의 그리스도인으로 남게 되고, 중생과 성결의 경험이 현저히 사라지면서 프로테스탄트 교회 전반은 세속화되고, 인본주의 사조와 구별되지 않는 길을 가게 되었다.

웨슬리 전통

이러한 때에 영국에서 중생과 성결의 성령 체험으로 변화된 존 웨슬리에 의하여 새로운 영적 각성과 성결 운동이 일어나기 시작하여 그 물결이 대서양을 건너 미국에까지 파급되어 영국과 미국을 중심으로 메소디스트 교회가 태어났다. 웨슬리의 신학은 철저히 종교개혁적이었다. 18세기의 영국 교회와 영국 사회가 영적이며 도덕적 변혁을 절실히 요청하고 있는 상황에서 웨슬리는 종교에 대한 합리주의적 논쟁 대신에 "성서적 그리스도인(Bible Christian)"으로서 "순수한 성서적 기독교"를 설파하는 데 전심하였다.[13] 웨슬리가 40년간 가르치고 설교한 교리의 정상에 기독자의 완전 교리인 "성결(Sanctification)"이 있었다.[14]

그러나 미국 대부분의 감리교회의 경우, 웨슬리의 감리교 정신(Methodism) 즉 하나님 사랑과 이웃 사랑을 온전히 이루는 기독자의 완전 곧 "내적 및 외적 성결"[15]을 이루어 나가고자 하는 정신은 망각되고 "자유주의 신학에 물들어 침체"[16]의 상태를 벗어나지 못하고 있었다. 이때 웨슬리의 성결 운동과 같이 의인(義認)뿐만 아니라 거듭난 자가 "두 번째로 받는 은혜를 함께 주장" 하는, 소위 "성결·오순절 운동(Holiness-Pentecostal

Movement)"이 미국 전역에 일어났다.[17]

만국성결교회와 동양선교회

이 운동에는 구원·성령세례·신유·재림이라는 네 가지가 핵심 메시지가 있었는데, 이에 참여한 단체들은 나름대로의 신학적 이해를 가지고 계통을 형성해 나갔다. 그 가운데 "순복음의 제하에서 강조하는 신유와, 예수님이 다시 오셔서 천년왕국을 건설한다는 재림을 적절히 가르치는 것이 성결 운동에 도움이 된다고" 믿은 자들이 "웨슬레가 가르친 중생과 성결의 도리"와 함께 "신유와 재림도 힘써 가르치며 세계 선교에 이바지하기" 위하여 1913년에 만국성결교회가 조직되었다.[18] 바로 이러한 비전을 그대로 가지고 이 교회로부터 카우만과 길보른이 선교사로 안수받고 일본에서 동양선교회를 현지인과 창립하였고, 전도자를 양성하기 위하여 동경성서학원을 세웠다.

만국성결교회가 교리적 전통으로 견지하였던 종교개혁적 정신과, 웨슬리의 중생과 성결의 가르침, 그리고 미국의 부흥 운동 과정에서 세계 선교를 위해 수용한 신유와 재림 교리의[19] 기본 가르침은 동양선교회를 통해서 동경성서학원에서 교육되었다.

한국 성결교회의 창립자인 정빈과 김상준,[20] 그리고 교회의 발전에 기여한 이명직 등 많은 젊은이들이 일본에 건너갔을 때 바로 이 동경성서학원에서 중생·성결·신유·재림의 복음을 포함한 만국성결교회의 교리 전통을 전수받았으며, 귀국하여 그 가운데 특히 '사중복음'의 정신으로 성경을 해석하고, 교회를 설립하여 오늘에 이르고 있다.

그러므로 한국 성결교회의 교리적 전통은 성경과 초대 교회로부터 시작하여 만국성결교회에 이르기까지 자신의 정체성을 향하여 자라온 것을 확인할 수 있다. 오늘날 성결교회의 과제는 예수 그리스도(성경), 바울(초대 교회), 아우구스티누스(중세 교회), 루터(종교개혁), 웨슬리(초기 감리교회), 카우만과 길보른(만국성결교회), 정빈과 김상준(동양선교회성결교회), 그리고 이명직(한국성결교회)으로 이어오는 '복음주의'의 교리 전통을 목회와 선교의 현장에서 생명력이 있게 살리는 것이며 동시에 교리신학적 체계를 보다 온전히 다지는 것이다.

이를 위해서 성경, 사도신경, 에큐메니칼 공의회 신조(니케야, 칼케돈 등), 아우그스부르크 신앙고백, 종교강령 25개조, 만국성결교회 장정, 동양선교회성결교회 교리 및 조례, 기독교대한성결교회 교리와 신조(헌법), 그리고 우리의 신앙고백 등에서 선언하고 있는 교리를 신학적으로 연구하여 교회 앞에 살아있는 유산으로 제시해야 할 것이다.

성결교회 가르침의
요약

위에서 간략히 살펴본 성결교회의 교리적 전통에서 분기점이 되었던 가르침의 대강을 요약하면 다음과 같다.

성결교회는 성경이 하나님의 말씀으로서 절대 진리요 절대 규범으로 믿으며,

하나님이 약속한 구원자 그리스도가 예수임을 믿으며, 성경은 예수 그리스도의 복음의 빛에서 해석되어야 함을 믿으며,

예수 그리스도는 참하나님과 참사람임을 믿으며,

성부 하나님과 성자 예수 그리스도와 성령은 삼위일체이신 하나님임을 믿으며,

죄인은 오직 하나님의 은혜로 믿음을 통해 구원받음을 믿으며,

거듭난 그리스도인은 성령의 세례를 받음으로써 이 땅에서 모든 죄로부터 씻음을 받는 그리스도인의 완전인 성결을 순간적으로 체험할 수 있음을 믿으며,

믿음으로 질병이 치유됨을 믿으며,
예수 그리스도께서 마지막 때에 홀연히 재림하실 것을 믿으며,
예수 그리스도의 복음을 땅끝까지 전해야 함을 믿는다.

2) 성결교회 교리신학의 규범

성결교회는 현재까지 합의된 신학선언을 내놓은 바 없기 때문에 명시적인 신학규범은 없다. 그러나 헌법은 성결교회의 정체(正體)에 관한 전반적인 사항을 헌법 제1장 총강(제1~12조)에서 다루고 있는데, 이의 정신을 체계적으로 살피면 그 가운데 본교회의 제반 신학 활동을 규정하는 원리로서의 신학적 규범을 정리할 수 있을 것이다.

헌법 총강의 주제는 ① 본교회의 목적, ② 교회 정의, ③ 본교회의 명칭과 교인, ④ 본교회의 지도원리, ⑤ 본교회의 경전, ⑥ 본교회의 전도표제, ⑦ 본교회의 생활강령, ⑧ 본교회의 사명, ⑨ 본교회의 타교파와의 관계, ⑩ 본교회의 헌법 시행세칙, ⑪ 본교회의 징계, ⑫ 본교회의 각급 회의 등 모두 12개조로 이루어져 있다.

12개조의 총강은 이어서 나오는 헌법 제2장의 성결교회 교리 10개조를 해석하고 적용하는 전제의 기능을 갖는다. 따라서 총강이 함의(含意)하고 있는 성경적 지도원리와 우리의 신앙고백의 정신을 규명하여 성결교회의 신학 규범의 대강을 살펴본다.

성결교회의 교리적 전통들은 교리신학의 규범적 역할을 한다. 그러나 이들은 "규범하는 규범(norma normans)"인 성경에 의해서 "규범된 규범(norma normata)"으로서 언제나 성경과 성령의 권위에 우선할 수 없다. 그러므로 규범으로서의 교리적 전통들은 성경의 본래적인 의미가 새롭게 드러날 때 그 빛에 의해 더욱 강조되기도 하고 때로는 비판의 과정을 거쳐 새롭게 태어나기도 할 수 있다.

이러한 전제하에 2천 년간 내려온 성결교회의 교리적 규범으로서의 전통이 지니는 특징을 헌법에 기초하여 아래 여섯 가지로 정리한다.

성결교회 신학의 규범은 성서적이다 :
성경 66권

'성서적' 성결교회 신학은 "성경전서(를) 우리 신앙의 표준이며 교회 정치제도와 교인생활의 규범"(제4조)으로 삼는 것을 말한다. "성경의 권위를 보수"(제1조)하는 것 없이 어떠한 교리의 발전도 존재하지 않는다. 즉, "성경을 진리의 터전으로 하여 영적인 발전을 도모한다."(제4조)

성결교회가 재삼 천명하고 있듯이, "우리 교회의 경전은 성경전서, 곧 구약과 신약이니 이 경전은 하나님의 계시를 받은 자들이 영감에 의하여 기록한 것인즉 이를 하나님의 말씀으로 믿나니"[21] 성경은 모든 사람을 구원하기에 넉넉하므로 무릇 성경에 근거하지 않은 신학설(神學說)이나 여하한 신비설이나 체험담은 신빙할 수 없으며 이런 것을 신앙의 조건으로 하거나 구원의 필요로 함을 배격한다."(제5조)[22]

이처럼 모든 신학과 신앙의 제 활동을 '규범하고 있는 규범(norma normans)'인 성경에 대해서 성결교회는 "우리는 신구약 성경이 과거와 현재에 절대무오(absolutely errorless)이며 장래에도 절대 비가류(非可謬)(absolutely infallible)인 하나님의 계시이며, 선택된 저자를 성령이 감동하여 집필이 끝난 하나님의 말씀임을 믿는다. 그러므로 우리는 성경이 성도의 신앙과 생활의 유익한 규범임을 믿는다."(우리의 신앙고백)고 확정한다.

이와 같은 근거에 따라 다음과 같이 말할 수 있을 것이다. 성결교회 신학은 성서적이며, 그 규범은 성경 66권이다.

성결교회 신학의 규범은 복음적이다 :
예수 그리스도의 사중복음

'복음'이라는 용어는 신학적 방법과 내용을 지칭하는 '복음주의'라는 개념과 구별된다. 신학적 규범으로서의 '복음'은 성경 전체가 궁극적으로 증언하는 바가 예수 그리스도라는 것이며, 그러므로 예수 그리스도라는 복음의 관점에서 성경을 해석하며 일체의 삶이 이루어져야 한다는 뜻이다. 이 규범을 벗어나게 될 때 '기독교'의 정체성(正體性)은 근본적인 위기를 맞게 된다. 기독교(Christian Doctrine)의 반석은 예수 그리스도이다. 이 위에서 성경이 이해되고, 교회가 설립되고, 제 교리들이 의미를 지닌다.

그러므로 '복음적' 성결교회 신학은 무엇보다도 "성경을 해석할 때는 성경 전체에 일관된 복음으로 할 것"(제4조)을 말하며, 또한 "우리는 그리스도를 머리로 하는 교회를 설립한다."(제4조)고 선언하며, "신자들로 하여금 그리스도의 복음과 성경의 교훈으로 지정의(知情意)가 겸비(兼備)한 인격으로 성장하게"(제4조) 함을 가르친다.

예수 그리스도 복음의 핵심은 "십자가의 복음"(제1조)이기 때문에, "성경의 권위"와 더불어 이를 보수하는 것을 성결교회의 목적으로 삼고 있는 것이다. 성결교회는 예수 그리스도 십자가의 복음을 기초로 하여 보다 확대된 의미에서 소위 '사중복음'의 교리적 전통을 성경 해석에 적용할 때 예수 그리스도의 복음이 보다 "온전한 복음(Full Gospel)"으로서 능력 있게 전파됨을 믿는다.

이러한 차원에서 성결교회는 "신구약 성경을 경전으로 하되 특히 중생·성결·신유·재림을 성경 해설의 기본으로 한다"(제4조). 왜냐하면, 성결교회는 "창설 당시로부터" 이 사중복음이야말로 "평강의 하나님이 친히 너희로 온전히 거룩하게 하시고 또 너희 온 영과 혼과 몸이 우리 주 예수 그리스도 강림하실 때에 흠없이 보전되기를 원하노라(살전5:23)는 말씀에 부합되는 복음"으로 확신해 왔기 때문이다(제6조).²³ 이와 같은 근거에 따라 다음과 같이 말할 수 있을 것이다. 성결교회 신학은 복음적이며, 그 규범은 예수 그리스도의 사중복음이다.

성결교회 신학의 규범은 전통적이다 :
복음주의

성결교회 신학은 성경과 초대 교회 이래로 현재에 이르기까지 성경과 성령의 역사를 통해 이루어진 교리적 전통을 적극적으로 인정하며 받아들인다. 그러므로 "성결교회의 초대 창립자들의 정신과 전통을 계승"(제1조)할 뿐만 아니라, 초대 창립자들에게 영향을 미친 교회의 전통적 가르침들을 신앙과 신학의 근거로 삼는다.

따라서 성결교회는 "사도신경을 신앙의 근간(根幹)으로… 영적인 발전을 도모하고"(제4조), "본 교회의 기초교리는 기독교 개신교가 일반으로 믿는 복음주의"(제6조)라고 천명하는 것이며, 이를 다시 '교리와 신조'(제13조)에서 다음과 같이 밝히고 있다. "본 교회에서 믿는 교리와 신조는 기독교 개신교파가 공통으로 믿는 복음주의니 이는 신앙의 생명이며 골자이다."²⁴

또한, "'요한 웨슬레'가 주장하던 성결의 도리를 그대로 전하려는 사명"(제8조)을 말하는 것이며,²⁵ "만국 성결교회의 신앙교리를 토대로 해서 1925년에 공포한 것"(헌법 서문)을 "모든 교회가 영구히 지키도록 했다"(헌법 서문)고 주장한다. 이러한 전통을 거부하는 곳에서는 더 이상 성결교회 신학이 발전할 수 없게 된다.

이와 같은 근거에 따라 다음과 말할 수 있을 것이다. 성결교회 신학은 전통적이며, 그 규범은 복음주의이다.

성결교회 신학의 규범은 경험적이다 :

성결

　　　　　성결교회 신학은 교리를 가르치고 전하는 것으로 머물지 않고 그 교리가 궁극적으로 신자들과 교회의 삶 가운데 경험되는 자리까지 나가는 것을 지향한다. 그 가운데서도 성결교회 신학은 특히 "모든 교인에게 성결의 은혜 즉, 성령세례(聖靈洗禮)를 전하여 교회로 하여금 거룩하게"(제1조) 하는 것을 목적으로 삼는다. 이를 위해서 "성결의 체험을 받도록 지도"(제4조) 할 뿐만 아니라, "모든 생활로써 본을"(제4조) 보이기에 힘써야 한다고 가르친다.

　신학 이론을 지적으로 가르치는 것이 이제 나무를 심어 자라게 하는 것이라면, 자란 나무는 열매를 맺어야 하는 것인데 그것이 바로 교회가 성결의 은혜를 체험케 하는 데까지 요구하는 것이다. 그래서 성결교회는 "모든 사람을 중생으로 인도하고 중생 한 처지에 있는 신자들은 성결의 은혜를 체험하도록 인도한다."(제6조)고 밝히고 있다.

　이와 같은 맥락에서 「우리의 신앙고백」은 "성도로 이룬 공동체가 그리스도의 몸이심을 섬김의 생활로 증거하는 우리 기독교대한성결교회는 마땅히 도덕과 신앙의 체험을 높은 성결의 차원으로 성취하기 위한 부단한 실천이 우리의 생활규범임을 믿는다"고 가르치며 「우리의 신앙고백」제4조는 성결의 체험에 대해서 "우리는 그리스도의 보혈로 죄사함과 구원에 이른 성도의 인격과 생활이 웨슬레가 천명한 성화와 성결의 자리로 성숙하여짐을 주장한다.

　이 성결의 체험은 우리의 선각자들의 귀중한 유산이며 우리는 힘써 그 높은 도덕과 영성의 표준을 생활하고 그 소중한 전통이 우리 성결인의 영광임을 믿는다"고 말한다.

　이와 같은 근거에 따라 다음과 같이 말할 수 있을 것이다. 성결교회 신학은 경험적이며, 그 규범은 성결이다.

성결교회 신학의 규범은 선교적이다 :
구원

성결교회는 "국내외에 그리스도의 복음을 전파하여 모든 영혼들을 구원"(제1조) 하는 일을 목적으로 삼아, 창립 당시부터 "교회를 설립하여 영혼을 구원함"(제1조)을 추구하였으며, "설교와 문서로 복음 선교에 주력"(제4조) 할 것을 지도 원리로 지켜왔다.[26]

교회는 모든 신자들로 하여금 "복음을 전파하여 국가와 인류 구원에 공헌할 것"(제7조)을 생활의 강령으로 삼게 하였다. 성결교회 존재의 이유는 영혼의 구원에 있기 때문이다. 이를 위하여 "초대 창립자들이 성결교회를 창립하였음은 또 하나의 교파를 만들려고 한 것이 아니고 그들의 받은 바 신앙의 체험을 통하여 복음의 도리를 세상에 한층 더 높이 드러내려는 열의에 있었다"(제8조).

또한, 성결교회의 사명은 "중생·성결·신유·재림의 사중복음을 더욱 힘 있게 전하여, 모든 사람을 중생하게 하며 교인들을 성결한 신앙생활로 인도하여 주의 재림의 날에 티나 주름잡힘 없이 영화로운 교회로 서게 하려는 것이다"(제8조).

이러한 영혼 구원의 사명은 창립 당시뿐만 아니라 오늘에 이르기까지 면면히 이어지는 성결교회의 전통이요 또한 모든 신학에 대한 규범이 된다. 「우리의 신앙고백」에서도 이를 재차 강조하여 "복음을 땅 끝까지 전하여 모든 족속으로 제자를 삼고 주의 말씀을 가르쳐 지키게 하라고 명하신 선교대명을 헌신적으로 실천" 할 것과 "하나님의 나라를 증거하며 복음을 전하는 일이 언제나 가장 중요한 교회의 의무임을 믿는다"고 복음 전도를 통한 구원이 성결교회가 해야 할 최우선의 일임을 강조한다.

이와 같은 근거에 따라 다음과 같이 말할 수 있을 것이다. 성결교회 신학은 선교적이며, 그 규범은 구원이다.

성결교회 신학의 규범은 종말론적이다:
재림

성결교회 신학은 과거와 현재와 미래의 모든 일들을 진리로써 심판하시려고 다시 오시는 예수 그리스도에 대한 믿음 안에서 이해한다. 그러므로 성결교회는 모든 자로 하여금 "재림의 주를 대망"(제1조) 하도록 하는 것을 목적으로 삼는다. 성결교회는 만국성결교회의 교리적 전통에 따라 그리스도의 재림 교리는 "값진 진리"이며, 하나님의 백성들에게 "영광스러운 소망"이다.

그리스도가 예상치 못한 때에 갑자기 인격적으로 재림하는 것은 거룩한 삶과 세계 선교를 위한 열심을 강화하는 힘이 된다. 예수 그리스도의 재림으로 말미암아 모든 악에 대한 완전하고도 궁극적인 승리가 있을 것이라는 모든 예언들이 성취될 것이다.[27]

그러므로 성결교회 신학은 재림의 빛 아래서 평가되어야 한다. 성결교회는 이와 같은 맥락에서 "구약성경의 예언의 중심이 그리스도의 수육탄생(受肉誕生)이라면 신약 성경의 중심은 그리스도의 재림이라 할 수 있나니 우리는 공중재림(살전4:16~18)과 지상재림(행 1:11)을 믿는다."(제6조)고 밝힌다. 또한, "재림은 신앙생활의 요소이며(살전 3:13) 소망이요(살전 2:19~20) 경성이 된다(마 24:44; 25:13)"(제6조). 이와 같은 근거에 따라 다음과 같이 말할 수 있을 것이다. 성결교회 신학은 종말론적이며, 그 규범은 재림이다.

3 성결교회 교리신학

성결교회 교리신학은 성결교회의 제반 신앙생활의 원리를 규정하고 있는 교리적 선언을 성결교회가 서 있는 교리 전통과 성경의 가르침에 비추어 그 신학적 함의를 밝히는 데 그 목적이 있다. 따라서 총회가 결의한 교리의 본문을 성결교회가 자신의 전통 가운데 지켜온 신학적 규범들에 준하여 그 본질을 밝힘으로써 성결교회의 교리신학적 특징을 드러내야 한다. 이 과정에서 성결교회 교리의 독특성이 밝혀지는 동시에, 한계성 역시 제기될 것이다.

성결교회는 현재 헌법에 총 10개항의 교리(제14조~제23조), ① 성삼위 하나님, ② 원죄, ③ 자유의지, ④ 칭의, ⑤ 성결, ⑥ 칭의 후의 범죄, ⑦ 재림, ⑧ 인류의 구원, ⑨ 신약의 제사권, ⑩ 성례전을 채택하고 있다. 역사적으로 조항에 약간씩의 변동이 있어왔는데, 현재 발효되고 있는 조항을 기준으로 삼아 개신교의 전통적 제 교리들을 배경으로 하여 성결교회의 교리가 지니는 신학적 특징을 살필 것이다.[28] 바로 이 지점에서 성결교회의 교리신학은 교리의 보편성과 특수성의 본질을 밝혀야 할 과제를 지닌다.[29]

1) 성삼위(聖三位) 하나님에 대한 교리

성부 하나님

하나님에 대한 성결교회의 교리는 성경과 초대 교회를 잇는 교리적 전통을 따른다. 성경에 나타나는 하나님의 백성들이 고백하고 있듯이, 성결교회 역시 하나님은 (1) 우주 유일의 신이다, (2) 우주 창조의 신이다, (3) 우주 통치의 신이다, (4) 우주 보호의 신이다, (5) 우주 섭리의 신이다, (6) 진실의 신이다, (7) 영생의 신이다, (8) 무한 권능의 신이다, (9) 무한 지혜의 신이다, (10) 무한 인자의 신이다는 것을 믿음의 교리로 고백한다.

그리고 초대 교회가 형성한 교리로서 하나님은 (11) 성부·성자·성령 삼위 일체의 신이다, (12) 삼위 하나님은 본질과 권능이 동일하며 영생하시는 신이다는 것을 고백한다.[30] 성결교회 교리는 철저하게 삼위일체 신앙을 유지한다. 특히 삼위일체 신앙고백의 형식에서 두드러지는 점은 동양선교회 장정, 웨슬리 25개 신조, 성공회 39개 신조에서는 하나님·성자 예수·성령이 독립된 조항으로 나오고 있는 반면 성결교회 교리의 체계에서는 "성삼위 하나님"이란 한 개의 조항 안에 묶여 삼위 가운데 각 개의 신위(神位)로 고백되고 있다. 이 형식은 종교개혁의 아우구스부르크 신앙고백과 같다.

이와 같은 교리적 형식은 종교개혁자들이 경계했던 선신과 악신의 이원론(마니교도)이나 말씀과 성령의 품격은 반드시 구별할 필요가 없다고 하는 주장(사모사트교도)과 같은 이론들의 침입을 근본적으로 차단하는 효과가 있다. 또한, 이 세 품격은 동일한 신적 본질이면서 분열이 없으나 어느 한 품격이 다른 품격에 일부가 아닌, 오직 각 품격 자체가 고유한 것으로 이해되는 데 <아우구스부르크 신앙고백>과 같이 성결교회 삼위일체 하나님 교리의 특징이 있다.

전체적으로 성결교회의 하나님 교리는 사도신경이 고백하는 바대로 전능자요 창조자인 하나님 교리와 부합하며, 종교개혁의 아우구스부르크 신앙고백, 성공회 39개 신조, 웨슬리 종교강령, 동양선교회 헌장과 흐름을 같이 한다. 즉, 하나님에 대한 이와 같은 고백은 "기독교 개신교파가 공통으로 믿는 복음주의" 신앙과 일치한다.

거룩한 하나님,

아버지 하나님

하나님에 대한 성결교회의 교리신학을 논함에 있어서 우리의 교리에 두 가지 사항이 반드시 고려되어야 한다.

첫째는 하나님은 '거룩하다'는 고백이다. 성경은 구약과 신약을 막론하고 '거룩하신 하나님'을 고백하며, 그렇기에 하나님의 백성들로 하여금 거룩한 삶 곧 성결을 강력히 요청하고 있음에도 불구하고 사도신경으로부터 시작해서 성결교회의 교리 형성에 직접적으로 영향을 준 동양선교회의 장정과 본 교회의 헌법 교리 조항, 그리고 우리의 신앙고백에 이르기까지 하나님의 '거룩함'이 고백되지 않고 있다. 오직 예수 그리스도의 주기도문에서만 하나님의 이름이 거룩히 여김을 받도록 기도하라는 가르침으로 끝나고 그 이후의 신앙고백문에 나타나지 않는다.

특히, 성결교회의 주요 교리 가운데 하나가 '성결'인데, 이 성결의 근거가 신학적으로 '거룩한 하나님'이지 않고서는 신학적 합리성을 갖지 못하기 때문에 더욱 중요한 사항이다. 이러한 점을 직시하면서 "거룩하시고, 진실하시고… 한이 없으시다."로 하나님의 거룩성을 고백해야 할 것이다.

둘째는 하나님이 '아버지'라는 고백이 보다 명시적으로 드러나는 것이 요구된다. 이것은 기독교 신앙고백의 대 주체이신 예수 그리스도께서 하나님을 오직 "아버지"라고만 부른 것에 기초한다. 많은 종교들이 있어 각기 자신의 신들을 부르지만, 기독교는 그 어느 종교보다 '아버지'의 종교라 할 수 있다. 이때 '아버지'의 관념은 가부장적 성적(性的) 차원에서 위계적 권위를 드러내려는 것이 아니라, 하나님의 본질을 드러내는 종교적 상징의 차원에서 이해되어야 한다.

성경의 언어가 기록된 당시의 문화와 역사적 상황의 산물이기 때문에 새로운 시대에는 새로운 언어로 번역되어야 할 필요성이 있다. 그럼에도 불구하고 우리는 성경의 언어를 가능한 그대로 유지하면서 해석의 폭을 보다 넓히는 태도를 취한다. 성경을 원어로 읽으면서 원 맥락 가운데서 드러나는 원 계시를 듣고자 하는 자는 '아버지'를 '어머니'로 번역할 이유를 찾지 못한다. 그것은 신학적 해석의 지평에서 원의(原義)를 다양한 현실 가운데 적용하면 될 것이기 때문이다.

본 교회의 교리 뿐만 아니라, 대부분의 다른 신조에서도 '아버지'는 보조적이지 적극적으로 고백되지 않고 있다(예를 들어 "성부", "성자는 곧 하나님 아버지의 말씀이요", 등). 이와 반면에, 주기도문에서는 "하늘에 계신 우리 아버지여", 사도신경에서는 "하나님 아버지를 내가 믿사오며" 등으로 매우 강조하여 "아버지"이신 하나님을 고백하고 있다.

성결교회의 하나님은 "아버지"이신 "거룩하신" 하나님이다. 그에 따라 우리는 "그러므로 하늘에 계신 너희 아버지의 온전하심과 같이 너희도 온전하라"(마태복음 5장 48절)는 말씀을 보다 통전적으로 성결교회 교리신학의 전거로 삼을 수 있을 것이다. 그러한 면에서 1994년도 88차년도 총회에서 채택한 우리의 신앙고백문에서는 "아버지이신 하나님은 모든 것의 창조주"라고 아버지를 강조한 것은 바로 성결교회 교리신학의 발전된 모습이다.[31]

성자 예수 그리스도

예수 그리스도에 대한 성결교회의 교리는 극히 성서적이며, 전통적이며, 복음적이다. 성서적이라 함은 본 교리가 예수 그리스도의 십자가와 부활을 고백하기 때문이다. 성경은 나사렛 예수의 십자가와 부활을 기점으로 그가 세상을 구원하는 하나님의 아들임을 공공연하게 증거한다. 성경에 의하면, 예수 그리스도가 복음 자체가 된 것은 그에게 발생한 십자가와 부활의 사건에 기인한다.[32]

또한, 성경이 증언하듯이, 성결교회 역시 예수와 하나님의 사이는 아들과 아버지의 관계일 뿐만 아니라, 둘이 하나라는 그리스도의 증언을 믿는다. 그와 더불어 성결교회가 예수 그리스도는 '하나님의 말씀'으로서 영원하시고 진실함을 고백하고 있는 것 역시 성서적이다.[33]

성결교회 교리에서는 부자의 관계를 위계적으로 제1위와 제2위로 서열화하지 않는데, 우리의 신앙고백에서는 위계를 매겨 예수 그리스도는 제2위가 된다.[34] 이것은 성결교회 교리신학의 차원에서 발전적이기 보다는 오히려 도식적 퇴보로 보인다. 왜냐하면, 동일 본질과 권세와 영광의 삼위가 일체라면 위계적 관념을 일으키는 순번을 굳이 적용시킬 필요는 없기 때문이다.

성결교회 교리가 전통적이며 복음적인 이유는 적어도 세 가지 면에서 찾아 볼 수 있다.

첫째로, 성결교회 교리는 철저히 사도신경의 고백을 따라 예수가 성령으로 잉태되어 동정녀 마리아에게서 낳으시고, 십자가에서 죽으셨다가 부활하셨음을 고백하고 있다.

둘째로, 본 교리는 초대 교회의 고백에 따라 분리될 수 없는 완전한 신성과 완전한 인성을 한 몸(一身)에 지니며, 이에 근거하여 예수는 "참 하나님"이시고 동시에 "참 사람"임을 참 진리로 받아들인다.

그리고 셋째로, 본 교리는 종교개혁의 원리에 철저히 서 있다. 종교개혁의 기본 원리는, 인간은 자신이 짓는 '자범죄'와 유전되는 '원죄'로 인하여 멸망하게 되어 있으나, 오직 하나님의 은혜로 예수 그리스도를 '믿음으로만' 구원에 이를 수 있다는 것인데, 성결교회의 교리 역시 이를 적극적으로 고백한다.

한국 성결교회는 체계적이지는 않지만 예수 그리스도에 대한 교의학적 가르침 복음적으로 잘 보전하고 있다.[35]

종교개혁자들의
그리스도 중심의 온전한 복음

종교개혁자들의 신앙고백 안에도 예수 그리스도에 의한 '온전한 복음(full gospel)'이 이미 잘 담겨 있었다.

아우그스부르크 신앙고백의 제3조 "하나님의 아들" 교리를 전반적으로 이해할 때, 예수 그리스도 안에서만 중생·성결·신유·재림의 '온전한 복음' 혹은 '순복음'이 실제적임을 확인하게 된다. 이에 대해서 다음과 같이 고백하고 있다. 그 전체 본문을 살펴본다.

하나님의 아들이…(가) 원죄만이 아니고 다른 모든 죄를 위하여 희생제물이 되시고 또 하나님의 진노를 푸시게 하셨음을 우리들이 가르친다. 이 그리스도가 또한 실제로 지옥에 내려가셨고 삼 일만에 죽음에서 살아나셔서 승천하셔서 하나님 우편에 앉아서 영원히 통치하시고 모든 피조물을 지배하시며 (나) 자기를 믿는 사람들을 성령을 통하여 성화하시며 (다) 정화하시며 힘을 주시며 위로하시며 또 그들에게 생명과 모든 은혜와 축복을 주시며, 또 그들을 악마와 죄로부터 보호하여 주신다. (라) 이 주, 그리스도는 사도신조에 기록된 대로 산 자와 죽은 자를 심판하시러 공연(公然)하게 재림하실 것이다.[36]

위의 신앙고백 (가)에 따르면, 예수 그리스도는 원죄와 다른 모든 죄를 위해 희생제물이 되었다. 이는 그리스도의 죽음이 중생과 성결의 근거임을 말한다. 희생제물은 죄사함을 위함이오, 그로 인해 하나님과 인간의 관계가 정상화되었다. '하나님의 진노'가 풀려지게 된 것이다. 이 고백은 하나님이 주도적으로 이루신 그리스도의 희생을 통하여 우리로 하여금 하나님과 새로운 관계, 즉 중생으로 들어가게 함을 말한다.

이로써 (가)는 무엇보다 '중생'케 하시는 그리스도를 믿는 것이다. (나)의 고백은 예수 그리스도를 믿는 자들은 성령에 의하여 '성화'하게 된다는 것이다. 우리의 용어로 재현하면 '성결'케 하시는 분은 성령이신데, 이는 예수 그리스도를 믿음으로써 가능하다는 것이다.

(다)의 정화·힘·위로·생명·은혜·축복 역시 예수 그리스도를 믿음으로 성령을 통하여 주어지는 은총으로서 우리가 고백하는 바 '신유'를 포함한 보다 넓은 개념으로서의 그리스도 고백이다. 그리고 (라)의 고백은 예수 그리스도께서 '재림'의 심판주로 오셔서 선악간에 판단하실 것임을 믿는다는 것이다.

이와 같은 종교개혁의 '하나님의 아들' 교리를 성결교회와 그 전통에서 전적으로 수용하지 못할 이유가 없다. 오히려 성결교회 교리의 복음적 특성에 직접 영향을 미치어 오고 있는 만국성결교회의 전통에 비추어 볼 때, 사중복음은 구원을 위한 예수 그리스도의 '온전한 복음(full gospel)'을 드러내고자 한 것이라면 더욱 적극적으로 이 교리를 평가해야 한다.

그뿐만 아니라, 사중복음 그 자체가 신학의 체계는 아니더라도 기독교가 전파하고자 하는 구원의 교리를 전도의 매뉴얼로 사용한 것인 바, 이의 역사적 뿌리는 19세기 미국의 부흥 운동에서 단절될 수 있는 것이 아니라, 웨슬리도 거쳐 올라가 종교개혁 운동에까지 소급할 수 있는 것이다. 그렇다면 성결교회가 전파하는 사중복음은 교리사적으로 볼 때, 예수 그리스도의 '순복음'을 온전히 전파하고자 했던 종교개혁자들의 그리스도 중심적 신조로까지 소급될 수 있을 것이다.

보혜사 성령

성결교회는 성령이 영원한 하나님으로서 성부와 성자와 동일한 신임을 믿는다. 따라서 성령의 본체와 능력의 위엄과 영광 역시 성부와 성자와 동일하다. 성령은 그 어떤 면에서도 성부나 성자보다 열등하거나 우월하지 않고 동등한 삼위의 한 위격을 강조함에 있어서 성령에 관한 성결교회의 교리는 '성서적'이며, 또한 '전통적'이다.

그러나 성결교회 교리는 전통적인 종교개혁 신앙고백보다 발전적인 측면을 지니는 요소가 있다. 즉, 성령의 역할에 대한 적극적인 고백이다.

성결교회의 교리에서는 성령의 역할을 다음과 같이 크게 다섯 가지로 믿는다.

(1) 성령은 하나님의 뜻을 행한다.
(2) 성령은 죄와 의와 심판으로 세상을 책망한다.
(3) 성령은 보혜사로서 교인을 가르치시며 인도한다.
(4) 성령은 믿는 자에게 능력을 주어 영혼을 강건케 한다.
(5) 성령은 교회를 거룩하게 한다.[37]

즉, 성령은 하나님으로서 하나님의 뜻을 행하는 분이며, 성령은 보혜사로서 믿는 자들의 모든 활동에 참여하는 분이며, 거룩한 영으로서 교회를 거룩하게 하는 분이라는 점이 명확하게 보인다.[38]

반면에 아우그스부르크 신앙고백에서는 삼위 하나님에 대한 신조는 '하나님'이란 조항(제1조)으로, 예수 그리스도에 대한 신조는 '하나님의 아들'이란 조항(제3조)으로 명시되어 있으나, 성령은 제1조에서 한 단어로 '성령 하나님'이라고만 고백되고 있다.

성공회 신조나 감리회 종교강령에서도 역시 성령은 삼위 하나님의 한 분으로 동일한 하나님이라는 고백만 나와 있다. 여기에서 볼 수 있듯이, 성결교회는 개신교회의 다른 전통적 신조들보다 성령에 대한 교리를 포괄적으로 강조하고 있다.

성령의 역할에 대한 성결교회의 강조는 성결교회에 교리적 기초를 제공한 만국성결교회와 동양선교회의 신앙고백과 맥락을 같이 한다. 동양선교회장정은 성령을 중생과 성화의 주체로, 그리고 그의 역할을 8개 항으로 상술(詳述)하고 있다.

성령 하나님의 사역에 대한 동양선교회의 신조는 다음과 같다.

- 죄·의·심판을 확정한다.
- 기도와 믿음을 강화한다.
- 은사들과 은총들을 부여한다.
- 봉사를 위해 기름 붓는다.
- 칭의와 성화를 위해 그리스도의 구속하는 피를 적용한다.
- 신자의 회심과 성화를 증언한다.
- 신자들을 가르치고, 인도하며, 강하게 한다.
- 신자들이 행하는 모든 회합과 교회의 사역에 참여한다.

기독론 중심의
성령 이해의 한계

　　　　　　　다른 한편, 성결교회의 교리를 포함하여, 사도신경이나 초대 교회 시대 그리고 종교개혁 운동 이래 근대에 이르기까지 성령의 활동에 대한 신조들은 신자와 신자의 공동체인 교회에 제한되고 있다. 즉, 신자와 교회의 차원을 넘어서 인류의 보편적 문화와 역사, 그리고 자연의 영역 전체에 대해서 보호하시고 섭리하며, 창조하는 성령의 우주적인 활동에 대한 고백이 결여되어 있다. 달리 말하여, 성령의 활동에 대한 전통적이며 복음적인 고백은 기독론적인 관심에 머물러 있다.

　특히 우리의 신앙고백이 이러한 특징을 보다 분명히 보여준다. "성령은 제3위의 하나님이시다. 구약의 창조와 역사의 질서 속에서도 성령의 사역이 있었으나 그리스도의 승천으로 교회 시대에 전적으로 사역하신다. 성령은 교회 공동체 속에서 우선적으로 역사하시고 교회에 속하는 모든 성도 개인에게 증언을 위하여 권능과 은사로 도우신다. 성령의 주된 목적은 주께서 말씀 하신 바대로 그리스도를 증거하며, 그리고 기독론적인 일체의 진리를 구하는 자에게 흡족한 지식으로 조명하여 주신다."

우리의 신앙고백이 긍정하는 것처럼 "구약의 창조와 역사의 질서 속에서도 성령의 사역이 있었으"면, 신약의 교회 시대와 이어지는 자연과 역사한 가운데서도 그 활동은 끊임없이 이어졌어야 마땅할 것이다. 그런데 성령의 활동이 갑자기 그리스도인과 교회로 제한이 된 것은 신학적인 심화가 아니라 오히려 심각한 퇴보로 여겨진다. 초대 교회와 종교개혁 당시의 교회가 '예수 그리스도'에 대한 신앙을 사수하기 위해 모든 교리적, 신학적 역량을 기독론 구축에 집중해야 했던 시대적 상황은 마땅히 신앙고백의 과정에서 고려되어야 할 것이다. 그럼에도 불구하고 만물을 창조하신 하나님의 계속적인 창조 보전과 섭리의 일이 소외되거나 신앙의 영역 밖으로 방치되는 것은 허용될 수 없는 일이다.

하나님의 창조를 포괄하는 성령을 고백함

성결교회의 교리에 분명히 명시되어 있듯이, 성령은 "삼위일체의 하나님의 뜻을 실행하시는 이"시다. 창조주 성부 하나님과 구원자 성자 하나님 그리고 보혜사 성령 하나님의 모든 뜻을 생명의 현실 세계에서 실행하는 분이 바로 성령이시다는 것이 성결교회의 고백이다. 그러므로 성령의 활동은 기독론적으로 그리스도를 고백하는 자와 그 공동체인 교회에 한정되는 것이 아니라, 하나님의 창조 영역 모두를 포괄하는 것이다.

'성결'을 강조해 온 성결교회 전통의 맥락에서 성령은 다음과 같은 믿음의 내용을 추가하여 고백할 때 교리적 특색을 보다 명백히 표명할 수 있을 것이다. 성령은 죄인으로 하여금 회개토록 하고 예수 그리스도를 믿음으로 중생하게 하며, 중생한 자를 성결하게 한다. 성령은 교회를 성결하게 하며, 창조세계를 성결하게 한다.

이와 같은 신앙고백은 모든 성결교회가 공동으로 나눌 수 있는 내용이다. 성령은 인간의 타락 이후 모든 창조세계와 하나님의 자녀 된 모든 자들 가운데 활동하시어, 교회와 온 우주가 하나님의 뜻대로 '거룩'에 참여하도록 활동하시기 때문이다.

2) 원죄와 자유의지에 대한 교리

원죄와 자유의지의 교리는 인간 이해에 있어서 가장 본질적인 사항에 대한 신앙적 고백이다. 성결교회는 이 두 교리를 독립된 조항으로 병치하고 있지만, 교리신학의 체계성을 위해서 한 영역 안에서 상관적으로 이해하는 것도 유익할 것이다. 실제적으로는 '자유의지'는 '칭의 후의 범죄' 교리와 직접적인 연관성을 가지고 있다. 그러나 성결교회의 인간에 대한 교리적 기본 특징을 파악하기 위해 원죄와 자유의지를 함께 고찰한다.

원죄

성결교회가 채택하고 있는 원죄 교리는 프로테스탄트 교회 일반이 수용하고 있는 것으로서 '전통적'이며, '복음적'이다. 아우구스티누스 당시 펠라기우스에 의해 원죄론이 타당치 않다는 주장으로 인한 논쟁이 있었으나, 교회는 원죄 사상을 공식 교의(dogma)로 선언하였다. 초대 교회 교의와 신조에는 원죄 조항이 명시적으로 나와 있지 않다가 종교개혁을 기점으로 인간의 원죄 교리가 신앙고백에서 강조된다.

아우구스부르크 신앙고백에서는 원죄의 속성을 "악한 정욕"과 "범죄 성향", "생득적 질환"과 "유전적 죄" 등으로 말한다. 이로 인해서 두려워해야 할 하나님을 두려워 하지 않고, 하나님에 대한 참 신앙을 못 갖게 되며, "하나님의 영원한 진노"를 받게 된다.[39]

영국 성공회신조는 원죄를 "본성의 결함과 부패" 혹은 "본성의 오염"으

로 말하며, 이는 중생한 그리스도인들에게도 여전히 남아있다고 믿는다.[40]

웨슬리는 원죄를 "천연적 성품이 부패한 것"이며, 이로 인해 사람은 누구든지 "근본적 의에서 멀리 떠나 그 성품이 늘 죄악으로 치우치는 것"이라고 가르친다.[41]

동양선교회 헌장에서도 원죄는 "성품의 부패(corruption)"로서 "근본적 의(original righteousness)"를 떠나 항상 죄악에 대한 성향을 나타낸다고 믿는다.[42]

이상의 전통적이며 복음적인 프로테스탄트 교회의 신조나 신앙고백이 지지하는 원죄에 대한 가르침과 맥락을 같이 하여 성결교회는 다음과 같이 믿는다. "아담의 범죄로 그 자손된 전인류에게 유전된 부패성을 가리킴이니 성경에 이를 육이라(롬 7:14~21, 8:6~8)하였으며 인류는 이 성질로 인하여 항상 죄악에 기울어지는 것이다."[43]

여기에서 확인할 수 있듯이, 성결교회는 원죄를 전통적인 교리들과 같이 "부패성"으로 정의하면서도, 좀 더 성서적인 의미로써 밝히고자 했는데, 곧 원죄란 사람의 마음속에 자신이 원치 아니 하는 것을 행하는 자신 속에 거하는 죄이며, 자신의 선한 의지와 관계없이 악을 행하는 다른 법이라는 것이다(롬 7:20~21).

성결교회는 이를 다시 "영의 생각"과 거슬리는 "육의 생각" 내지는 "육"이라고 정의함으로써 사람은 누구든지 "육"의 성향을 가지기 때문에 "항상 죄악에 기울어지는 것"으로 가르친다.

이러한 맥락에 서서 이명직은 원죄를 "인류의 부패성", "옛 사람", "묵은 누룩", "조상으로부터 전래하는 (마음의) 재산", "교만" 등과 같이 다양한 형식으로 이해한다. 그는 이러한 뜻을 "원죄는 병근(病根)과 같고 범죄는 병상(病狀)과 같고, 원죄는 성질이요 범죄는 실제 행위에 나타나는 현행죄니라"고 말함으로써 원죄의 깊이를 지적한다.[44]

자유의지

아우그스부르크 신앙고백 제18조 "의지의 자유"에 따르면, 인간의 자유의지는 적극적인 면과 소극적인 면을 지닌다. 적극적인 면으로 볼 때, 자유의지를 지닌 존재로서 사람은 첫째로 "자기의 외부적인 생활을 영예롭게 영위" 한다. 둘째로 "이성이 이해하는 것들 가운데서 선택할 수 있게" 한다.

그러나 소극적인 면으로 볼 때, 비록 자유의지를 지닌다고 하더라도 사람은 "성령의 은혜와 도움과 역사 없이는" 첫째로 하나님을 경외할 수 없다. 둘째로 자신을 하나님께 용납되게 할 수 없다. 셋째로 자기의 정성을 바쳐서 하나님을 믿을 수 없다. 넷째로 자기 마음으로부터 타고난 악한 정욕을 제거할 수 없다.[45]

성결교회도 자유의지를 헌법 교리와 신조 제16조에서 명확히 밝히고 있다. 그 전반적인 취지와 맥락은 전통적인 신조들과 맥락을 같이 하지만, 성결교회는 자유의지의 적극적인 면보다는 소극적인 면이 보다 지배적이다.

그러나 인간에게는 의지의 자유가 있으므로 1차의 은혜를 받은 자라도 타락할 수 있은즉 성령의 도우심을 힘입어 영원한 은총을 끝까지 향유하는 것이다.

즉, 은혜받은 자라도 의지의 자유 때문에 타락할 수 있음으로 항상 "성령의 도우심을 힘입어(야)" 한다는 것이다. 사람이 타락한 후로부터는 비록 의지의 자유가 있을지라도 자신의 자유의지로써 하나님과의 적극적인 관계를 갖는 것은 어렵다. 그것은 자유의지의 근거인 인간 본성이 천연적으로 부패성을 지니고 있기 때문이다.

그러므로 하나님의 은혜를 받은 자라도 자신의 부패한 본성으로 인하여 또 다시 타락할 수 있다는 것이며, "그러므로 하나님께서 그리스도로 말미암아 우리에게 주시는 선한 의지를 얻게 하시는 은혜가 아니면 우리가 하나님의 기뻐하시고 받으실 만한 선한 사업을 행할 능력이 없고 선한 의지가 우리에게 있을 때에는 그 은혜가 우리와 함께 하신다"고 웨슬리의 종교강령은 강조하고 있는 것이다.[46]

성령의 도움심이 필요한 자유의지

이러한 면에서 자유의지 교리는 인간의 무한한 자유와 생각할 수 있는 것은 무엇이든지 다 할 수 있다는 차원에서 인간의 가능성을 긍정하기 위한 주제가 아니라, 오히려 하나님을 기쁘게 해드리는 선(善)에 대해서는 전적으로 무력한 것이 인간의 자유의지라는 점을 가르치는 데 요점이 있다. 이러한 자유의지에 대한 이해는 역으로 오직 은혜로써만, 그리고 오직 성령의 도움으로써만 하나님을 경외하는 자리에 나갈 수 있다는 것을 강조하는 교리이다.

이와 같은 입장은 영국 성공회신조나 동양선교회 헌장에서도 공히 나타난다. 그 가운데 동양선교회는 "자유의지가 예수 그리스도로 말미암아 하나님이 값없이 주시는 은총을 거부하게 하기도 하며 반대로 받아들이도록 하게도 할 수 있다"고 가르침으로써 인간이 은총 거부에 대한 결과에 대해서 마땅히 책임져야 할 면을 강조한다.[47]

웨스트민스터 신앙고백에서도 인간의 자유의지를 인정하는 것은 동일하다. 그에 따르면, "하나님은 강요나 절대적인 어떠한 본성의 필연성에 의해서 선과 악을 행하는 일이 결정되어지지 않도록 하시기 위하여 사람에게 의지와 천부적인 자유를 주시었다."

그러나 "구원에 수반되는 영적인 어떤 선"을 행함에 있어서는 오히려 "완전히 역행"하고 있는데, 그 이유는 "그 자신의 능력으로는 자신이 회개하거나 회개에 이르도록 준비할 수 있는 능력"이 없기 때문이다.[48]

그리고 영적으로 선한 것을 자유롭게 생각하고 행사할 수 있는 것은

"하나님의 은혜에 의해서만" 가능한 것이며, 그마저도 인간에게 유전적으로 남아있는 "부패성" 때문에 "선한 것을 완전하게 행할 수 없을 뿐 아니라 악을 행하게 된다."[49]

자유의지에 대한 이러한 이해는 성결교회와 차이가 없다. 자유의지의 여부와 관계 없이 인간은 영적 선에 대해서는 전적으로 무능하다는 사실을 재천명하는 가르침이 바로 자유의지의 교리이다.

성결에 대한 교리

성결 혹은 성화의 교리는 프로테스탄트 교회 일반이 긍정하는 가르침이지만 프로테스탄트 교회의 모든 전통에서 발견되는 것은 아니다. 아우구스부르크 신앙고백이나 영국 성공회신조에도 없을 뿐만 아니라, 웨슬리 전통 신조의 근간인 종교강령에도 성화 조항은 없다. 성결의 교리는 성경상에 명백한 가르침이고 웨슬리의 가장 주요한 가르침이지만 공회적인 것으로는 웨스트민스터 신앙고백 제13장에서 처음 발견된다.

웨스트민스터 신앙고백은 현재 장로교회의 신앙 표준서이지만, 복음주의적 신앙을 지키고자 했던 아일랜드 신조를 기초로 한 것으로 예정 교리와 같은 몇 가지 중요한 조항에서의 차이를 제외하고는 성결교회의 복음주의 가르침과 흐름을 같이 한다.

동양선교회 헌장에 믿음의 중요성 강조

성결교회의 성결 교리는 직접적으로는 동양선교회 헌장을 그대로 물려받은 것이다. 즉, 성결은 "그리스도로 말미암아 성령의 세례를 받음이니 곧 거듭난 후에 믿음으로 순간적으로 받는 경험이다. 이 은혜는 원죄에서 정결하게 씻음과 그 사람을 성별하여 하나님을 봉사하기에 현저한 능력을 주심이다."

이와 같은 성화의 교리에 성결교회는 "사람이 의롭다함을 얻음에 믿음이 유일의 조건됨 같이 성결도 오직 믿음으로 얻는 은혜이다(롬 5:1, 행 15:8, 갈 3:4, 요일 1:9)"는 가르침을 추가하여, 성결 역시 칭의와 마찬가지로 사람의 행위 유무에 달려있는 것이 아니라, 사람이 믿음을 통해서 얻는 하나님의 은혜라는 사실을 명확히 제시한다.

성결과 성화는
하나님의 은혜로 이루어짐

웨스트민스터 신앙고백이나 성결교회 모두에게 성결 혹은 성화는 하나님의 은혜로 이루어지는 믿음의 일이다. 웨스트민스터 신앙고백과 특히 대요리문답에서 더욱 분명하게 "성화는 하나님의 은혜의 일"인 것을 명시한다. 그리고 웨스트민스터 신앙고백은 성결을 "성령의 힘있는 역사를 통해서" 이루어지는 것으로, 성결교회는 "그리스도로 말미암아 성령의 세례를 받음"으로 성결을 체험하는 것으로 가르친다.

성화의 성격에 대해서는 웨스트민스터 신앙고백은 "구원하시는 은혜 안에서 점점 더 생기를 얻어서 강건하여진다", "그리스도의 영으로부터 계속하여 힘을 공급받음으로써… 은혜 안에서 성장하며"라고 말하며, 대요리문답은 "죄에 대해서는 더욱 더 죽게 하시고 새롭게 된 생명을 향상시켜 주는 것"이라고 가르치는 표현에서 보듯이, 성화의 점진적 성장의 차원이 강조되고 있다.

반면에, 성결교회는 성결이란 "믿음으로 순간적으로 받는 경험"이라 말함으로써 신자의 의지적 참여 기회가 사실상 없는 것으로 이해될 정도로 성령 단독의 역사가 중요한 것으로 여겨지고 있다.

이러한 비교에서 교리적으로 발견되는 또 다른 특징은 성화와 성결이 이 세상에서 완성되는 지의 여부에 대한 것이다. 웨스트민스터 신앙고백에 따르면, 성화는 "몸 전체에서 철저하게 이루어지나 이 세상에서는 완전히 이루어지지 않는다." 왜냐하면, "모든 분야에는 아직도 부패의 잔재가 약간씩 남아 있게 되고, 여기에서 계속적이고 화해할 수 없는 싸움이 일어나서 육신은 영에 대항하고 영은 육신에 대항을 한다"고 보기 때문이다.[50]

반면에, 성결교회에서 성결은 전적으로 성령세례에 의하여 "순간적으로" 이루어지는 것임으로 적어도 순간적이나마 성결의 완성을 이 세상에서 경험하는 것이 가능한 것으로 본다.

성결교리 체계화의 필요성

성결교회의 성결 교리에 대한 신학적 진술이 필요한 이유는 이상의 개념 정의만 가지고는 성결에 대한 신앙고백이 불분명하기 때문이다. 역사적으로 성결교회의 성결에 대한 교리신학적 이해를 철저히 정리한 자 가운데 한 사람이 이명직이다. 그는 성결에 대한 체계적 진술을 시도했다.

그 중에 웨스트민스터 신앙고백의 성화 교리와 명백히 다른 점으로서 성결의 "순간적" 체험과 성결은 피안에서 이루어질 수 있는 것이 아니라 이 세상에서 반드시 경험되어야 할 은혜의 사건임을 말하는 이명직의 신학은 성결의 교리신학에 있어서 매우 중요한 점이다. 이 점은 그가 '성결과 성장'의 관계성과 '성결 후 범죄'의 가능성 여부를 논하는 대목에서 분명해 진다.

용어상으로 볼 때도 성결과 성화는 공유되는 부분이 있으나 성화라는 용어로써 성결교회적 성결의 개념을 드러내는 데는 혼란이 올 수 있다. 성결은 성장의 개념을 포함하고 있는 성화와 다르다. 성결교회가 아직도 성결에 대한 바른 교리의 확정함이 부족한 것은 성결의 개념 속에 성장의 의미를 넣어 복잡화했기 때문이다.

다시 말해서, 많은 사람들이 성결을 구하되 언제 자신이 성결의 완성된 지경에 이를 것인지 확신이 없는 것은 성결을 "점차적 성장에만 착안하고 있는 까닭"이라고 이명직은 지적하면서, "성장하여 점점 성결케 된다는 그릇된 사상은 마치 무지개 아래 황금 구러미가 있다는 말과 같은 것이니라"고 성결은 성장과는 다른 개념임을 말한다.[51]

성결과 성장의 차별성 12가지

이면직은 성결과 성장의 차이가 명확하게 드러날 때 성결의 교리가 살아있는 가르침이 될 것으로 알아 12가지 점을 들어 차별성을 밝히고 있다.

첫 번째, "성결은 죄악이 제거된다는 것이오, 성장은 은혜가 증가되는 것이니라."

두 번째, "성결은 심중 죄에 관한 것이오, 성장은 심중 은혜에 관한 것이니라." 성결과 성장이 다른 것은 마치 약이 병을 낫게 하는 것이며, 음식물이 살과 피를 위한 것과 같다. "중심에 더러운 것을 제거하는 것은 약이 병을 고치는 것과 같고, 은혜가 성장하는 것은 쌀을 먹으며 우유를 마시고 고기를 먹어 육체를 기르는 것과 같(다)."

세 번째, "성결은 단지 하나님의 힘으로만 되는 것이오, 나[吾人]는 오직 그 성결의 힘을 믿음으로 받을 뿐이니라. 은혜의 성장은 내가[吾人] 하나님의 뜻과 한 가지로 일하여 일어나는 것이오." 마음의 성결은 오직 하나님의 역사로서 하나님께서만 성결한 마음을 지을 수 있는 것이지, 나의 신앙적 행위·성장·고난·죽엄으로 말미암아 얻는다는 것은 성경에 근거가 없는 것이다.

반면에, "은혜의 성장은 성결 전에든지 후에든지 언제든지 성신과 한 가지로 힘써 일한 결과라고 믿나니, 즉 경성하여 기도하며 증거하며 힘쓰며 정의를 행하며 주야로 하나님의 율법을 묵상하며 신앙으로 것는 일이니라."⁵² 고로 요약하여, "성장은 성신과 우리와 공동으로 하나니, 성결은 하나님의 사업"이다.

네 번째, "사람은 신앙으로 말미암아 성결하나니라. 그러나 신앙과 행위가 일치하여 영의 생명이 발달되나니라." 이에 대해서 이명직은 "영혼은 성결하여야만 활발하게 활동하나, 그러나 활동함으로 성결케 되는 것은 아니니라"고 대비적으로 말함으로써 성결과 성장의 관계성을 명확히 구분짓고 있다.

다섯 번째, "마음의 성결은 순간적으로 이루어지는 것이나, 그러나 지식과 사랑의 성장은 점차적이니라." 성결의 이 순간성은 마치 "정한 시일에 혼례식을 행한다거나 죽은 일의 순간과 같은 의미"다.

여섯 번째, "마음을 성결케 하는 것은 직접 성신의 증거가 있고, 심령상의 발달은 성신의 진리로 말미암아 진보되는 마음에 의하여 발견될 수 있는 것이니라."⁵³ 마음의 성결은 하나님께서 각인에게 친히 와서 증거하는 것이지 하나님 외의 다른 자각이 있지를 않다. 그러나 은혜의 성장에 대한 자각은 "매일 매일의 실행으로 얻을 것"이다.

일곱 번째, "마음의 성결은 그 소유자만 알 것이오 다른 사람은 알지 못하나, 그러나 성장만은 다른 사람에게도 인정되나니라."⁵⁴

여덟 번째, "죄에서 성결함을 받은 것은 성령의 과실 중에 일(一)이 아니라. 완전한 성장의 완전한 준비니라." 이런 맥락에서 "성결은 은혜의 장애물을 제거하는 것이며, 성결은 성장이 아니오, 그 방해물을 내어버림이니라."

아홉 번째, "성결은 완성하는 일이니라. 그러나 성장은 우리 생존 중에는 결코 완전케 할 수 없는 것이니라." 그러므로 성결한 사람은 "누구든지 사랑과 지식과 능력이 영원히 진보할 것"이다.⁵⁵ 진보하는 데는 "점점"이라는 말을 사용하나, 성경은 "점점 성결한다는 말은 조금도 가르친 일이 없느니라." 따라서 "성결은 현세에 있는 동안에 성취치 않으면 아니 되나니라."

열 번째, "마음의 성결은 누가 가지든지 차별이 없나니라. 그러나 은혜의 성장은 각자가 부동(不同)하여 성도에게라도 차별이 있나니라."[56]

열한 번째, "성결은 천국에 들어가는 데 필요, 그러나 성장은 천국문을 통과하는 데 조건이 되는 것은 아니니라."

열두 번째, "마음의 성결은 천국에 들어가는 자격을 확정하는 것이요, 하나님께 대한 충의의 발달과 영적 과실은 천국에서 하나님께 받은 보은을 결정하는 것이 되나니라."[57]

이상과 같이 이명직은 성결 이후 은혜 안에서 점진적으로 성장하는 것과 성결 자체를 명확히 구분하고 있다. 여기에서 보다 분명하게 되는 것은 중생케 하는 하나님의 은혜와 같이 성결도 전적으로 하나님의 구원 역사 가운데 반드시 주어지는 은혜의 약속이므로 오직 이를 믿음으로 누구든지 즉각적으로 받을 수 있다는 것이다.

이와 같은 배경에서 성결교회의 성결 교리가 왜 <동양선교회 장정>의 성화 교리에 "사람이 의롭다함을 얻음에 믿음이 유일의 조건됨 같이 성결도 오직 믿음으로 얻는 은혜이다"라는 내용을 추가하게 되었는지 그 중요성을 확인하게 된다.

3) 천년왕국에 대한 교리

재림신앙의 중요성

예수께서 그리스도이심을 믿는 자라면 적어도 세 가지에 그리스도에 대한 분명한 신앙이 있어야 할 것이다.

첫째, 그는 우리를 위하여 십자가에서 죽으시고 부활하셨다.

둘째, 그는 성령을 우리에게 보내신다.

셋째, 그는 재림하신다.

이 중에 재림하실 예수에 대한 신앙의 태도는 오늘을 살아가는 그리스도인들에게 무엇보다도 중요한 것이 아닐 수 없다. 왜냐하면, 누구든지 예수의 재림을 믿는다고 하지만, '어떻게' 믿는지에 따라 신앙생활의 모습이나 자세가 달라지기 때문이다.

돌이켜 보건데, 이천 년 기독교의 모습은 각 시대마다 어떤 재림신앙을 갖는지에 따라 달라져왔던 것을 알 수 있다. 오늘날 우리의 재림신앙이 현대 사회 속에서 어떤 의미와 신학적인 특징을 가지는지 알기 위해서는 그간 기독교와 일반사회에서 천년왕국적 재림신앙 혹은 종말사상이 어떻게 소화되고 있었는지를 개략적으로나마 짚어보는 것이 도움이 될 것이다.

가까이 19세기와 20세기만 살펴보더라도 천년왕국 사상이 세계의 역사를 이해하는 데 얼마나 중요한 해석의 틀이 되는지 어렵지 않게 알 수 있다. 지난 두 세기 동안 세상은 기독교의 천년왕국 사상을 종교적으로 혹은 세속적으로 실현하고자 했던 때라 규정해도 무방할 정도다.

서구 기독교 사회는 "정치적 천년왕국설"에 완전히 "도취되어" 있었다.

천년왕국 사상이 미국에서는 "새로운 세계"로 나타났고, 러시아에서는 "제3의 로마, 모스크바"로, 영국에서는 세계 선교로, 스페인에서는 "기독교 왕국"을 표방한 정복과 세례로, 프러시아·독일에서는 "문화 프로테스탄티즘" 등으로 등장한 것이다.

그러나 이들의 다양한 메시아적 꿈들은 지난 세기 초와 중엽에 두 번에 걸친 세계대전을 치루면서 되돌릴 수 없을 정도로 붕괴되었다. 천년왕국의 정치적, 역사적 실현에 대한 낙관주의적 꿈이 깨어져버리면서 20세기는 암울한 묵시사상이 지배하는 상황이 되었다. 핵의 아마겟돈과 지구의 멸망이 공공연히 회자되는 시대가 된 것이다. 인류는 이 땅위에서의 천년왕국을 기대할 만한 작은 희망조차 갖기 어려운 암울한 세기를 지나왔다.

정립되지 않은 종말론 사상들

인류 역사의 종말!? 특히 '종말(終末)'이란 말을 들을 때 어떤 생각이 제일 먼저 떠오르는가? '끝이 올 것이다!'는 것이다. 그리고 '그 다음은 어떻게 되는 거지?'라고 묻게 된다. 그래서 종말에 대한 가르침은 그동안 주로 과거와 미래라는 시간적인 상관성에서 이루어졌다. 그 대표적인 예가 종말은 '아직 아님'이라는 입장과, '지금 이미'라는 견해다. '아직 아님'이라는 입장의 대표적인 예가 알베르트 슈바이처, 마틴 베르너, 프리츠 부리와 같은 학자들이 말하는 '철저 종말론'의 경우다.

슈바이처에 따르면, 예수께서는 하나님의 나라가 초월적으로 돌입하리라 기다렸지만 오지 않았고, 그래서 종말을 이끌어내려고 메시아적 고난을 받아들였다는 것이다. 그러나 예수의 죽음 후에도 종말은 오지 않았고, 또한 부활 이후 제자들의 세대에도 오지 않았기 때문에, "하나님의 미래에 대한 메시아적 희망 대신 교회를 통하여 중재되는 영원의 현재가 등장하였다"는 것이다. 종말을 역사 안에서 기다리다 결국은 종말을 포기하는 태도다.

이와 전적으로 대비되는 입장이 루돌프 불트만과 같은 학자들이 종말을 실존론적으로 이해하여 하나님의 나라는 '지금 이미' 여기에서 "영원한 순간"으로 경험되고 있다고 보는 것이다. 이런 입장에서는 천년왕국은 더 이상 희망 가운데 기다려야 할 신앙의 대상이 아니게 된다.

이들과는 달리, 오스카 쿨만 같은 학자에 이르러서는 역사 자체를 예언이 성취되는 장으로서의 구원사로 보았다. 그리스도는 "성취된 예언인 동시에 마지막 시간의 예언자적 시작"이다. 그러므로 종말론을 역사라는 시간 선상에서 '이미, 그러나 아직'이라는 차원에서 이해해 보려 하였다. 그러나 '최후의 날'을 달력의 마지막 장에 설정해 놓게 되면 하나님의 자유로운 활동과 그리스도의 재림은 시간의 끝에서만 가능하게 될 것이다.

이처럼 종말의 사태를 역사라는 '시간'에서 이해하게 될 때 어찌 보면 종말론을 포기하는 것이 될 수도 있다. 그러므로 유르겐 몰트만이 말하듯이, "그리스도는 '시간과 함께' 오시는 것이 아니라, 시간의 변화를 위하여 오신다"라고 해야 옳을 것 같다.

하나님 자신이 시작이요, 끝이다. 하나님은 시작이 곧 끝인 동그란 원의 한 점과 같아서, 하나님의 시간적 존재는 영원한 현재다. 하나님의 시작이 창조요, 하나님의 끝이 종말이라면, 창조와 종말은 하나님에게 동전의 양면과 같은 것이다. 그러므로 인간의 삶이 들숨과 날숨이라는 순간의 연속이듯이, 우주의 역사는 하나님의 들숨과 날숨인 창조와 종말의 연속이다.

그리스도의 오심(파루시아)과 천년왕국

그러므로 우리가 시간 선상에서의 역사적 종말을 말해야 한다면, 그것은 세상의 끝에 그리스도께서 오심으로 이루어진다고 말하기보다, 그가 자유롭게 어느 때든지 오심으로써, 즉 강림(parousia)하심으로써 종말의 사태가 벌어진다고 하는 편이 보다 나을 것이다. 그리고 그 종말은 역사의 끝이라기보다는 오히려 질적으로 새로운 역사의 시작이라 할 수 있다.

이렇게 말하는 것이 가능한 것은 종말에 천년왕국을 이루실 그리스도는 "지금도 계시고 전에도 계셨고 또 장차 오실"(계 1:4) 그분이시기 때문이다. 다시 말해서, 시간 선상에서도 존재하는 분일 뿐 아니라 시간을 초월하시는 분이시기에 그분으로 개시되는 종말론적 천년왕국은 역사적이며 동시에 초역사적인 사건이 될 것이다.

우리는 그리스도의 강림과 더불어 오는 종말론적 천년왕국론을 '전(前)천년왕국론'이라 부르기도 한다. 문자 그대로 보자면, 천년왕국 전에 그리스도의 강림이 계시다는 것이다. 달리 말하여, 그리스도의 강림과 더불어 천년왕국이 실현된다는 것이다. 그리스도가 온전히 다스리는 그리스도 왕국으로서의 천년왕국은 세계의 종말이면서 동시에 새로운 미래를 여는 새로운 창조의 시대다.

세속적 천년왕국
사상

앞에서 잠깐 언급하였듯이 지난 두 세기 동안 서구 사회는 "정치적 천년왕국" 사상으로 지배되어있었다고 해도 과언이 아니다. 이러한 사상을 "역사적 천년왕국론"이라 하기도 하고, "후(後)천년왕국론"이라 부르기도 한다. 이들에게는 역사 안에서 전개되는 천년왕국은 그리스도의 강림과 무관하다. 오히려 천년왕국이 다 이루어진 후에 온다고 해서 후천년주의라 하는 것이다. 이 후천년주의는 달리 표현하여 "세속화된 진보 신앙적 천년왕국" 사상이라 할 수 있겠다. 여기에서는 "인류의 역사는 국가 안에서 이루어질 궁극적 평화를 향한 인간의 계획들을 실현하는 목적의 연속"이라 받아들여지기 때문이다.

이러한 세속적 천년왕국 사상에서는 모든 정치적 세력이나 종교적 세력이 정당화된다. 왜냐하면, 자신의 정치적인 현재와 교회적 현재가 그리스도의 천년왕국으로 간주되기 때문이다.

그리스도의 강림과 무관하게 천년왕국이 세워질 수 있다고 보는 후천년왕국 사상에 따라 기독교인 황제들은 역사적으로 정치적 천년왕국을 수립하고자 하였고, 그 후 유럽의 교황들이나 19세기 미국 감리교회의 감독들은 교회적 천년왕국을 만들고자 하였다.

이러한 후천년왕국 사상에 대해 1897년에 만국성결교회를 창립한 마틴 냅(Martin Knapp, 1853~1901)은 다음과 같이 비판한 바 있다.

사탄은 성화되지 않은, 그래서 준비가 덜 된 신자들에게 이 진리[전천년적 예수의 재림]를 감추려고 언제나 힘써 왔다. 사탄은 사람들의 마음속에 헛되고 모호한 후천년주의적 재림사상을 주입하는 데 성공해 왔다. 후천년주의는 교회와 인간의 성취를 언제나 과장한다. 그들은 오직 재림의 주님만이 할 수 있는 일을 사람이 할 수 있는 것처럼 말한다. 그리고 천년왕국의 통치에 대한 많은 예언들을 하찮은 것으로 왜곡시켰으며, 최후심판 후에도 계속 존재할 것 같은 천상화(天上化)된 땅과 교회에 그 천년왕국의 예언들을 적용했다.

그리스도의 강림과
종말론적 심판

후천년왕국론자들이 예수 그리스도의 강림 없이 정치적 및 교회적 천년왕국을 이룰 수 있다고 믿고 세계의 역사를 인간 중심적으로 해석해 왔다면, 성결교회는 처음부터 그와 정반대의 입장을 분명히 해왔다. 천년왕국은 오직 왕으로 오시는 예수 그리스도의 강림을 통해서만 이루어질 수 있다는 것이다. 그 주된 이유는 "천년 시대는 민주주의나 전체주의가 아니(라), 정의로써 통치하는 왕정 시대"이며, "예수가 왕으로서 통치하는 천년왕국에서는 정의의 정치"가 이루어지며, 이때에는 세계 만국이 공의로운 "예수의 정치"에 순복할 것이기 때문이다.

천년왕국 이후 예수 그리스도에 의하여 집행하게 될 대심판은 "성결과 정의를 상징함이니 지공무사한 하나님의 공의(公義)의 심판"으로서 "공의의 완전한 실현"이 될 것이다. 예수의 공중강림에 이은 지상강림은 대환란과 마찬가지로 공의로 만국을 심판하기 위함이다.

성결교회는 이처럼 "하나님의 공의는 반드시 역사상 이루어지고 만다는 확신"에 가득 차 있었으며, 역사상 이루어질 하나님의 공의는 "사람의 손에 의해 이루어질 수 있는 것이 아니라, 하나님의 능력으로 이루어지는" 것임을 분명히 했다. 하나님 중심주의 신앙고백이다. 이러한 신앙 태도는 정치적·교회적·역사적·세속적 천년왕국 사상으로 무장하여 역사를 지배해 오고 있는 인간 중심주의에 대한 철저한 저항을 나타내는 것이다.

재림과 성결:
하나님이 하신다!

성결교회는 그리스도와 함께 종말론적 천년왕국이 역사 한 가운데 도래하리라는 비전과 희망 때문에 핍박과 고난의 민족사 한 가운데서도 성결과 재림의 복음을 삶으로 또는 순교의 죽음으로 증거할 수 있었다.

그때 성결교회가 붙잡고 있었던 약속은 "평강의 하나님이 친히 너희를 온전히 거룩하게 하시고 또 우리 주 예수 그리스도께서 강림하실 때에 너희의 온 영과 혼과 몸이 흠 없게 보전되기를 원하노라"(살전 5:23)는 말씀이었다.

우리를 거룩하게 하시는 분은 하나님 자신이시라는 것이며, 그래서 하나님이 친히 하시도록 하여, 예수님이 강림하실 때 우리 모두가 거룩한 자로 그 앞에 설 수 있도록 해야 한다는 것이었다.

왕이신 주 예수 그리스도의 강림은 인류의 역사 안에 초역사적으로 임하게 될 것이다. 우리의 공의로운 왕이 오고 계신다! 이 땅위의 모든 불의와 거짓을 심판하고 공의를 세우시기 위해 오신다. 왕이 하시는 것이 공의이다. 공의로운 왕이 하시는 말씀을 믿는 것이 의요, 정의요, 공의이다. 우리를 통해서 그가 하시게 하는 것이 공의이다. 그러한 공의롭고 거룩한 나라가 그리스도의 강림과 함께 올 것이다.

그리스도의 오심을
준비하는 거룩한 교회

예수 그리스도께서는 새로운 그 나라가 오기 전까지 어떻게 살아야 할 것인지 이 땅위의 교회에 속해 있는 우리에게 종말론적 삶의 윤리를 명확하게 가르쳐주셨다. 무엇보다도 거짓 그리스도들이 나타나 표적과 기사를 보임으로써 천년왕국의 왕임을 자처하면서 하나님의 백성들을 미혹하는 일들이 많이 나타날 것임을 예고해 주시면서, 그러한 것에 빠지지 말 것을 당부하였다(마 24:23~28).

그런 일들은 크게 '역사적 종말론'과 '거짓된 묵시적 종말론'에 의해 나타날 것이다. 앞에서 본 바와 같이 역사적 종말론은 종교적인 모습으로, 정치적인 것으로, 혹은 발전된 과학기술의 세속적 차원으로 나타날 것이다. 그러나 주님께서는 한마디로 "믿지 말라"(마 24:26)고 단호히 말씀하신다. 그러한 인간 중심주의에 기초한 약속은 "미혹"하는 것일 뿐이기 때문이다.

다른 한 편, 성경의 묵시사상과 다른 '거짓된 묵시론'은 무신(無神)적이며, 심판과 은혜를 모르며, 인간의 자기파괴만 있고, 하나님의 나라가 없기 때문에, 세상에 대해 무책임하며, 불의에 저항하지 않는다. 이러한 거짓된 묵시론에 빠진 교회 공동체는 인간의 책임을 하나님께 미룰 뿐, 그리스도의 강림을 위해 아무것도 준비하지 않는다.

그러므로 이와 같은 거짓 그리스도와 거짓 선지자들이 시공을 넘나들며 활동하는 때 성경은 우리들에게 "너희가 어떠한 사람이 되어야 마땅하냐. 거룩한 행실과 경건함으로 하나님의 날이 임하기를 바라보고 간절히 사모하라"고 권면한다(벧후 3:11~12). 그리고 어느 날에 주가 임할는지 우리가 알 수 없으니 "깨어 있어라", "준비하고 있어라", "적은 일에 충성하라!"고 하신다.

오늘날과 같이 파괴와 절망의 묵시론적 분위기가 고조되는 때일수록 거짓 묵시의 미혹에 빠져 역사를 등지고 떠나는 것이 아니라, 오히려 더욱 역사 안에서 부활의 소망을 가지고 거짓과 대항하며 살 것을 성경은 말씀한다. 공의의 왕으로 다스리는 그리스도의 강림 때 우리를 일으켜 마침내 천년왕국에 참예케 하실 것이기 때문이다. 마라나타!!

맺는말

성결교회의 교리는 철저히 성경에 기초하고자 했으며, 그 교리의 근본은 예수 그리스도에게 있었고, 그의 제자들이 보고 들은 바 복음을 가감 없이 있는 그대로를 전하고자 했다. 그래서 성결교회가 전하고자 한 복음을 "온전한 복음" 또는 "순복음"이라고 부르게 된 것이다. 그것이 "사중복음"의 전통으로 이어져 오고 있다.

그러므로 성결교회는 사중복음의 문자적 의미에 경도되는 근본주의적 경향에서 벗어나서 "온전한 복음"을 지키고 전하고자 했던 초대 교회적 신앙의 자세를 견지하도록 해야 한다. 본 장은 성결교회에 이어져 온 교리적 전통을 신학적으로 이해하여 좀더 통전적인 교리신학을 제시해 보고자 함이었다.

성결교회의 교리는 우연적이거나 단편적으로 생긴 것이 아니라, 분명한 신학적 규범 가운데 체계성을 가지고 있다는 것과 선이 분명한 교리사적 배경 가운데 형성되었음을 확인하게 된다.

성결교회 교리의 증인은 성경과 예수 그리스도로부터 시작하여 바울을 비롯한 사도들이며, 아우구스티누스를 비롯한 고대 교부들이며, 그리고 이들의 정신을 기초로 하여 교회개혁을 단행했던 루터를 비롯한 종교개혁자들이다.

그뿐만 아니라, 성결교회 교리에 영향을 미친 자는 이러한 다양한 전통을 수렴하면서도 개인과 사회의 도덕적 정화와 온전한 영적 성화의 경험을 강조했던 존 웨슬리와 그의 초기 감리교인들, 그리고 영국과 미국에서 웨슬리의 정신을 이어받아 성결·오순절 운동에 참여한 만국성결교회의 웨슬리안들이며, 이 운동을 사중복음의 틀로 동양에 전한 동양선교회의 카우만과 길보른 같은 선교사들이다.

그리고 일본에서 능동적으로 이들을 만나 사중복음의 메시지를 배워 다시 한국 땅에 사중복음을 전파한 정빈과 김상준, 그리고 이 모든 전통을 하나로 묶어 성결교회의 교리와 신조로까지 형성한 이명직과 초대 성결교회 지도자들이 성결교회 교리의 증인들이다. 이러한 성결교회 교리의 역사는 곧 성결교회 교리신학의 비옥한 토양이다.

이러한 전통은 세계 신학의 흐름 가운데 분명한 특징을 보여주고 있으며, 그 역사적·신학적 의의 역시 자명하다. 곧 예수 그리스도의 복음을 온전하게 현재화하는 일로서 모든 하나님의 백성들이 성결한 삶을 사는 것이다.

성결교회는 역사적으로 이를 '사중복음'이라는 교리로 압축하여 보전해 왔다. 현대는 무엇보다도 "온전한 복음(Full Gospel)"의 선포가 필요한 시대다. 이는 웨슬리가 강조한 "순수하고 온전한 복음(the pure and whole gospel)"이다.[58] 이 온전한 복음을 믿음으로써 중생과 성결의 은혜를 체험하며, 예수 그리스도께서 다시 오실 때 영·육간에 흠 없이 설 수 있다는 성결교회의 교리적 가르침은 성경이 중심적으로 요구하는 신앙의 내용인 것이다.

성결교회는 경험과 삶을 중요시하는 과정에서 교리를 체계화하거나 신학적으로 정비하는 일들을 소홀히 하였다. 넓은 의미에서 성결교회의 조직신학이 요청되며, 좁은 의미에서 성결교회의 교리신학, 해석학적 신학 및 변증신학이 구축되어야 한다. 이로써 성결교회의 빛나는 교리적 유산들을 새로운 시대에 새로운 언어로써 다시 살아나도록 해야 할 과제가 현대 성결교회에 주어져 있는 것이다.

제19장
사중복음 신앙의 위기와 승리

1 현대 교회의 과제

교회는 삼위일체 하나님을 믿는 사람들의 영적이며 역사적인 공동체다. 영적 본질로서의 교회는 하나님의 품 안에서 영원하고 거룩하다. 그러나 역사적 실존으로서의 교회는 태어난 순간이 있으며 성장하다 쇠하는 때가 있다. 영적 교회의 영원성과 거룩성은 교회가 처한 역사적 상황 속에서 영광으로 드러나기도 하지만, 그 본질이 굴절되어 빛을 잃기도 한다.

그렇다면 세계 교회의 현재적 모습은 어떠한가? 특별히 성결교회는 사중복음을 통해서 하나님께 영광을 돌리고 있는가? 한국 성결교회는 하나님 중심주의의 사중복음 정신으로 살아가고 있는가?

이에 대해 우리는 극히 소수의 교회만이 그렇게 살고 있다고 말해야 할 것이다. 왜냐하면, 전도의 현장이나, 교회내의 교육과 예배 및 설교 가운데 사중복음이 사라진지가 이미 오래고, 설령 다루어진다고 하더라도 그 가운데서 마키아벨리즘과 맘몬이즘이라는 현대의 우상숭배를 거부하는 사중복음의 능력을 찾기가 어려운 현실은 더 이상 어제오늘의 이야기 아니기 때문이다.

그러므로 한국 교회 내에 교권주의와 세속주의가 깊숙이 자리 잡고 있

- 사중복음적 삶의 실천은 성결인에게 주어진 도전이다.
- 사중복음적 삶과 전통에 대한 역사적, 신학적 반성이 요구된다.
- 회개와 신앙의 재무장은 항상 필요하다.
- 사중복음 십자가 신앙과 순교적 재림신앙으로 성결의 길을 걷는다.

는 이유를 묻고 그 대안을 찾아서 교회의 신학 혁신과 목회 혁신을 도모해야 할 긴급한 때를 맞이하고 있다. 나는 이를 위한 하나의 역사적 단초(端初)를 찾아 실제적인 대안을 제시하고자 한다.

나는 본 장에서도 불가피하게 내가 속해 있는 성결교회의 과거와 현재, 그리고 미래에 대하여 이야기할 수밖에 없다. 그러나 분명한 것은, 내가 지적하고 있는 문제들은 성결교회에게만 해당되는 것이 아니라는 점이다. 어느 교파주의 교회도 자유로울 수 없을 것이다.

한국성결교회는 동경성서학원 출신의 정빈과 김상준이 사중복음(四重福音)을 한반도에 전파함으로써 시작된 교회다. 사중복음은 1897년에 출발한 미국 만국성결교회가 세운 '하나님의 성서학원과 선교사 훈련원'에서 가르쳐졌으며,[1] 이 학원 출신의 카우만 부부와 길보른[2] 및 무디성서학원 출신의 나까다 쥬지가[3] 전수받았다. 그들은 일본에 '동양선교회(OMS)'와 동경성서학원을 세워 사중복음을 가르쳤으며, 정빈·김상준·이명직 등이 유학하여 사중복음을 다시 이어받았다.

정빈과 김상준은 전도관을 통해 사중복음을 한국인들에게 알렸으며, 본격적으로는 경성성서학원을 설립하여 사중복음을 체계적으로 교육하기 시작했다. 김상준은 『사중교리』를 출간하여 초기 성결교회 교리의 골

격을 잡고자 했다.[4]

**한국성결교회와
사중복음 정신**

한국성결교회는 사중복음을 근간으로 세워졌기 때문에 사중복음의 정신이 고양될 때 성결교회적 사명을 감당하고, 그렇지 못할 때는 성결교회의 역사적 정체성마저 상실하는 위기를 경험해 왔던 것을 알 수 있다.

지난 20세기 초 일본 제국주의자들에 의한 한반도 점령과 거의 때를 같이 하여 시작한 한국성결교회 앞에는 초창기부터 그들에 의해 시련 받을 수밖에 없는 가시밭길이 예고되어 있었다. 왜냐하면, 성결교회 교리의 정체인 사중복음과 그 핵심 정신인 하나님 중심주의와 성경 중심주의 신앙은 일본의 천황 중심주의적 국체(國體)와 정면으로 대치되는 것이었기 때문이다.

하지만, 일제 말기에 '하나님이냐, 천황이냐?'는 물음 앞에서 택일해야 하는, 신사참배라는 혹독한 시험 앞에서 한국 성결교회 지도자들의 대부분이 선택한 것은 안타깝게도 사중복음의 정신을 저버리는 길이었다. 그들은 사중복음이 저항하였던 인간 중심주의의 우상숭배를 받아들임으로써 하나님 중심주의를 오히려 버리는 결과를 자초하였다.

그러나 전멸(全滅)한 것은 아니었다. 융단폭격을 당한 듯이 무참히 넘어졌지만, 구석구석을 들여다보면 잿더미 속에서도 다 타버리지 않고 사중복음의 정신을 지켜온 알곡들이 있었다. 애정을 가지고 안타까운 마음으로 더 자세히 보면 겉은 까맣게 타 죽은 것 같은 씨알들 가운데서도 그 속의 알맹이는 살아있어 살려낼 수 있는 희망을 갖게 하는 것도 적지 않다.

그렇다면 타 죽은 것 같은 씨알을 어떻게 살려낼 수 있을 것인가? 그 회생의 단초를 찾기 위해서는 먼저 우리가 어디에서 떨어졌는지 그리고 어디에서 승리가 있었는지, 지나온 그대로를 복기(復棋)하는 과정이 필요할 것이다.

하나님 중심주의와 우상숭배

기독교 신앙에서 첫째 되는 계명인 "너는 나 외에는 다른 신들을 네게 두지 말라. 너를 위하여 새긴 우상을 만들지 말고… 그것들에게 절하지 말며 그것들을 섬기지 말라"(출 20:3~4)는 것은 "우리 하나님 여호와는 오직 유일한 여호와"(신 6:4)라는 유일신 신앙(Monotheism)에 기초한 우상숭배에 대한 절대 거부를 선언하는 것이다.

그것은 곧 오직 한 분 하나님만 믿고 섬기라는 하나님중심주의 실현에 대한 명령이다. 왜냐하면, "나는 여호와라. 나 외에 다른 이가 없나니 나 밖에 신이 없느니라"(사 45:5)고 말씀하신 것처럼 하나님 외에 다른 신은 없으며, 존재하지 않는 신을 신으로 믿는 행위가 곧 우상숭배이기 때문이다.

역사적으로 기독교의 영광과 굴욕은 유일신 신앙에 대한 도전에 어떻게 응답해 왔는지에 따라 결정되었던 것임을 알 수 있다. 구약성경 시대의 이스라엘 역사는 한마디로 '하나님이냐, 이방신이냐?'는 물음에 대한 역사적 증언 외에 다름이 아니라 할 수 있다. 그리고 신약성경 시대의 초대 기독교의 역사 역시 '예수냐, 황제냐?'는 물음에 대답한 증언으로 요약될 수 있을 것이다.

중세를 거쳐 근대 후기에 들어온 20세기의 기독교는 국가적 최고 통수권자의 존재를 절대화하는 우상숭배적 제국주의(帝國主義, Imperialism)의 도전 앞에서 온갖 시련을 겪지 않으면 안 되었다. 그 대표적인 예가 히틀러 치하의 독일 국가사회주의 이념에 의한 홀로코스트(Holocaust)와, 기독교를 총독 1인 체제하에 통제하기 위해 '하나의 독일 교회(Eine Deutche

Kirche)'로 만들어 총독을 그리스도의 위치까지 높여 따르게 한 것이다.

이와 같은 또 다른 예가 일본 제국주의가 한국 기독교계를 향한 신사참배(紳士參拜) 강요다. 일본 총독부에 의한 신사참배라는 명령 앞에서 성결교회를 비롯한 한국 교회는 교단적으로 그리고 개인적으로 분명한 태도를 취하지 않으면 안 되었다.

우리는 일제 말엽 총독부가 국가적으로 전 민족을 대상으로 신사참배를 강요했을 때 한국 교회가 그에 대하여 어떤 모습으로 대응했는지 성결교회 내의 몇 가지 대표적인 유형을 고찰할 것이다. 특별히 성결교회는 사중복음 가운데 재림 교리 때문에 교단이 폐쇄되는 고난을 받았는데, 같은 사중복음 신앙에 기초한 성결인들 가운데서도 어떤 이유로 신사참배 강요 앞에서 저항·무저항·타협·굴복 등의 서로 다른 태도를 취하게 되었는지 살펴보고자 한다.

이와 같은 물음에 대답하기 전에 먼저 신사참배가 얼마나 다신교적 우상숭배 행위인지 고찰할 것이다. 수단 방법 가리지 않고 신사참배를 강요했던 일제는 신사참배의 우상숭배적 본질을 감추기 위하여 '신사참배는 국민의례'일 뿐이라고 공공연한 거짓된 위장 선전을 함으로써 그리스도인들이 신사참배의 본질에 눈을 감고 신앙적 타협을 할 수 있도록 유도했던 것을 알 수 있다. 거짓 선전으로 회유하거나 협박해 들어올 때 어떤 자는 신앙을 내놓았고, 어떤 자는 사중복음의 하나님 중심주의 정신을 지켰다.

기독교의 존재 성립 여부는 '하나님 외에 다른 신을 두지 말라'는 제1계명을 지키는지의 여부에 달려있다는 사실을 인정한다면, 지난 세기 한국 교회가 일본의 군사제국주의라는 시대정신하에서 치러야 했던 그 시험은 그 때로 끝난 것이라 할 수 없다. 오히려 21세기 포스트모니즘의 시대정신하에서 신사참배의 또 다른 형태로 활개를 치고 있는 마키아벨리즘(Machiavellism)과 맘몬이즘(Mammonism)이라는 도전 앞에서 제1계명을 범하고 있지는 않은 지 묻지 않으면 안 될 것이다. 그러므로 우리는 과거지사에 대한 신학적 성찰을 통해서 우상숭배에 빠지지 않을 수 있는 길을 물어 하나님 중심주의의 사중복음 정신을 회복하고 강화하여 사중복음 공동체의 본래적 사명을 주께서 다시 오실 때까지 감당할 수 있도록 해야 할 것이다.

2 신사참배의 기원과 우상숭배

신사참배란 무엇인가? 일제가 기독교계에 신사참배를 강요하면서 제시했던 논리는 무엇이었는가? 일제는 "신사참배는 종교 의식이 아니라 국민의례이며, 예배 행위가 아니고 조상에게 최대의 경의를 표하는 것일 뿐이다"고 공식적으로 선전해 왔다.[5]

과연 그런 것인가? 우리는 신사(神社)의 나라 일본의 토착종교인 신또오(神道)의 종교의식인 신사참배가 무엇인지 정확하게 그 본질을 늦게나마 확인할 필요가 있다. 우선 신사참배를 잘 이해하기 위해서는 신또오(神道, Shintoism)와 신사(神社, 진쟈)와 천황(天皇, 텐노오)의 관계 및 그 기원과 발전 과정을 알아야 한다. 왜냐하면, 신사참배는 천황을 숭배하는 신또오의 핵심적 종교 행위이기 때문이다.

신또오는 "고대로부터 생겨난 일본인들의 모든 신 의식과 그들의 신들을 섬기는 종교적 의식"으로서 "신의 성역에 신사를 세우고 그곳에서 정기적으로 신에게 제사를" 지내는 "일본 고유의 민족 종교"이다. 이때 신(神, 카미)은 자연숭배나 조상숭배 등과 같은 다신교적인 신 개념으로 그 대상은 자연현상, 경이적인 자연물, 신화적 인물, 역사적 위인, 조상들의 영, 절대적인 권력을 가진 자들과 같은 존재들로 매우 포괄적으로 나타난다.[6] 이처럼 다신교적 종교 행위가 허용되는 신또오에서 천황을 숭배하는 것은 자연스러운 일이다.

천황은 신적인 속성

　　　　　　　　그렇다면 천황은 어떤 존재인가? 이를 위해서 가장 먼저 확인해야 할 문헌은 『고사기』(古事記, 코지키)와 『일본서기』(日本書紀, 니혼쇼끼)이다.[7] 왜냐하면, 이곳에 최초의 천황인 짐무 천황(神武天皇)을 중심으로 일본의 개국신화가 체계적으로 정리되어 있기 때문이다. 키끼신화(記紀神話)라고도 하는 개국신화에는 세 종류의 창조신들이 나타난다.

제1차 창조신에는 소위 조화삼신(造化三神)이 있는데, 이들에 의해 근원세계의 창조 이념이 완성되었다. 조화삼신에는 천상계(高天原, 타까마가하라)의 영원한 절대자인 아메노미나까누시노카미(天之御中主神)가 있고, 그가 '높은 하늘에서 만물을 낳는 신'이라는 뜻의 타까미무스비노카미(高御産巢日神)와 '신들을 낳는 신'이라는 뜻의 카미무스비노카미(神産巢日神)라는 두 신을 발현함으로써 조화삼신이 존재하게 된다.

제2차 창조신은 '하늘에 항상 서 있는 신'이라는 아메노토꼬다찌노미꼬또(天常立尊)와 '나라에 항상 서 있는 신'이라는 쿠니노또꼬다찌노미꼬또(國常立尊)인데, 제1차의 조화삼신이 자기들의 창조이념을 구체화하기 위해 제2차 창조신들에게 천지창조를 위탁한다. 그들은 일곱 신대(七神代) 동안 천상계와 지상계를 창조하고 많은 신들을 낳는다.

제3차 창조신은 남신인 이자나기노미꼬또(伊邪那岐命)와 여신인 이자나미노미꼬또(伊邪那美命)인데, 이들은 결혼하여 현재의 일본을 이루고 있는 여덟 개의 섬들을 만들었다. 그런데 여신 이자나미노미꼬또가 불의 신(火神)을 만들다 화상을 입어 죽게 되자 남신은 타까미무스비노카미(高御産巢日神)에게 간청해 세 딸을 낳게 된다. 첫째가 해의 신이 되고, 둘째가 달의 신, 셋째가 폭풍의 신이 된다.

이자나미노미꼬또는 첫 딸을 천하의 주로 삼는다. 그녀는 태양신(太陽神,

日神, 日本神)으로 '하늘에서 밝게 비추어주는 신'이라 하여 아마테라스오오미카미(天照大御神)라 부른다. 그런데 폭풍의 신인 셋째가 첫째에 대해 무례한 짓을 행하자 대단히 화를 내면서 '하늘의 바위 문'(天岩居戶) 안으로 들어가 나오질 않는다. 그렇게 태양신이 나타나지 않자 대지는 어둠의 세계가 되고 온갖 재앙이 일어났다. 이에 모든 신들은 태양신 아마테라스오오미카미가 나오도록 굽은 구슬(八坂鏡曲玉), 비쭈기나무(榊, 사까끼), 구리거울(八咫鏡)을 이용하여 태양신이 바위굴 속에서 마침내 나오게 한다.

태양신은 큰 아들을 통해 손자 니니기노미꼬(瓊瓊杵尊)를 보게 되는데, 그를 지도자로 세워 중율국(中律國)을 다스리도록 내려 보냈는데, 그곳으로 바로 가

▲ 아마테라스오오미카미(天照大御神)

지 못하고 큐우슈우(九州)의 휴우가 지방으로 내려갔다. 이를 천계 강림(天系降臨)이라 한다. 이때 조모 태양신은 손자에게 굽은 구슬, 비쭈기나무, 구리거울 3종의 신기(神器)를 주며, "너희는 이 거울을 나의 미따마시로(御靈代: 영혼, 넋, 상징물)로 생각하고 이것을 볼 때마다 내 얼굴을 대하는 것과 같이 섬겨라"고 하였다.

아마테라스오오미카미의 손자 니니기노미꼬는 4대 손을 보게 되는데, 그가 기원전 660년 1월 1일에 야마또(大和, 日本) 국의 초대 천황이 된다. 그를 짐무 천황(神武天皇)이라 한다. 그는 '나라 최고의 제사장'으로서 황조신인 아마테라스오오미카미(天照大御神)에게 매년 풍작을 감사하며 제사를 바친다. 이것이 태양신과 천황의 관계다. 이로써 태양신 아마테라스오오미카미는 자신의 후손 짐무 천황을 통해서 만세일계(萬

▲ 짐무 천황

世一界)로 예배의 대상으로 존숭받는 천황가의 본존(本尊)이 된다.[8]

이후 일본 신또오는 자연물과 조상신을 섬기던 '원시 신또오(原始神道)'를 벗어나 황실의 궁정 제사로 제도화됨으로 '황실 신또오(皇室神道)'가 되었고, 불교와 습합하기도 하였고, 유학과 결부된 다양한 신또오들로 발전되었다. 무엇보다도 제정일치(祭政一致)의 국가적 현실에서는 최고통치자의 종교관에 따라 신또오의 체제와 교리가 변화를 겪을 수밖에 없다. 그런 가운데 역사적으로 가장 급격한 혁신은 12세기부터 19세기까지 쇼군(將軍)을 중심으로 하는 무사정권의 마지막인 에도 막부(江戶幕府)가 메이지 천황(明治天皇)에 의하여 1868년에 무너지고 왕정복고가 수립되면서 이루어졌다.

모든 종교 위로 높여진 천황의 절대화

소위 메이지 유신(明治維新)의 새 정부는 '오대양 팔대주의 전 세계가 일본의 천황을 황제로 모시고 한 가족, 한 집으로 살아야 한다'는 학꼬오 이찌우(八紘一宇)라는 신조를 표방하면서 전국의 모든 종교를 국가 신또오(國家神道)로 통폐합하여 절대주의 천황 체제를 확립코자 했다. 도읍을 교오또(京都)에서 토오꾜오(東京)로 천도하고, 황실(皇室) 신또오와 신사(神社) 신또오를 결합하여 일본 전국의 신사 제사를 획일적으로 재편성하였다.[9]

▲ 메이지 천황

1889년에는 '대일본제국'이라는 근대 천황제 국가를 확립하고, 천황의 위치를 크게 세 가지, 즉 1)정치상의 주권자, 2)군사상의 총 통수권자, 3)사람으로 나타난 신(現人神, 아라히또가미)으로서 국가 신또오의 최고의 제사를 봉행하는 신성불가침의 존재로 절대화하였다. 그리고 헌법상으로 국가 신또오는 각종 신사 신또오, 불교, 기독교라는 삼교(三敎) 위에 있으며, 일본의 모든 국민뿐만 아니라 점령지의 국민들 역시 궁성 요배(遙拜)와 천황 숭배와 국가 신또오의 신사참배를 의무적으로 시행하도록 규정했다.[10]

한편, 신사(神社)는 신격화된 천황과 같은 "일본 고유의 신들을 제사하는 신또오 특유의 건물" 혹은 "제사, 신앙의 조직"을 말한다. 바위나 나무로 신사의 경계를 삼은 원시 형태로 시작하여 시대를 따라 변화하

▲ 이세신궁 입구

다가 메이지(明治) 시대에 들어와서는 '국가의 종사(宗祀)'를 지내는 신전(神殿)으로 국가에 의해 관리 운영되었다. 그에 따라 신사는 중앙으로부터 지방의 작은 행정 단위에 이르기까지 피라미드 형식으로 조직되었고, 최고의 사격(社格)으로 이세신궁(伊勢神宮)은 국가 신또오의 총본산이 된다. 이세신궁은 천황의 조상신인 아마테라스오오미카미를 봉안한 내궁과 아메노미나까누시노카미(天地御中主神)를 봉안한 외궁으로 이루어져 있다. 제2차 세계대전 이후에 신사는 종교법인이 되었고, 현재 일본 전국에 약 8만 6천여 개의 신사가 있다.[11]

국가 신또오의 교의와 신사의 본질에 대하여 『神社本義』는 다음과 같이 요약적으로 밝히고 있다.

대일본제국은 황공하옵게도 황조(皇祖) 아마테라스오오미카미(天照大御神)가 시작하여 주신 나라요, 그 신의 후예이신 만세일계의 천황이 황조의 신칙(神勅)대로 유원(悠遠)한 옛날부터 무궁히 다스리신다. 이는 만방 무비(無比)의 국체이다… 역대의 천황은 항상 황조와 일체이시고, 아라히또가미(現人神)로서 신대(神代)에 다스리시고, 넓고 넓은 성덕을 드리워 국민은 이 자비한 황은을 입어 억조 일심으로 성지(聖旨)를 봉체(奉體)하여 조상의 뜻을 잇고 대대로 천황을 모셔 충효의 덕을 발휘하고

더욱이 군민(君民) 일치하여 비류(比類) 없는 일대 가족 국가를 형성하여 무궁히 끊임없는 국가의 생명이 생생하게 발전을 계속하고 있다. 이것이 국체의 정화(精華)이다. 이 만세 불역(不易)하고 존엄 무비의 국체에 기초하여 태고로부터 무궁에 통하고 중외(中外)에 베풀어 거역할 수 없는 이 도(道)야말로 유신(惟神)의 도, 곧 신또오(神道)이다. 그리하여 유신(惟神)의 대도(大道)가 가장 장엄하고 존귀한 자태로 나타난 것으로 신사(神社)가 있다. 이세 신궁(伊勢神宮)을 받드는 것을 비롯하여 각지에 진수된 신사는 국체를 나타내고, 영구히 황국을 진호(鎭護)하고 있는 것이다.[12]

3 일제의 신사참배와 사중복음

천황 중심의 절대왕권주의를 확립코자 했던 메이지 유신정권은 최초의 짐무 천황이 등극한 기원전 660년을 황기(皇記) 원년으로 설정함으로써 메이지 천황의 신정(神政)적 통치를 일반화하고자 했다. 특히 20세기 초는 일본이 제1차 세계대전에서 승리함으로써 메이지 천황이 태양신 아마테라스오오미카미의 후손이라는 것이 사실적인 것으로 받아드려지는 분위기가 팽배했던 상황이었다.

일본은 그러나 다른 한 편 세계대전 후의 경제적 불황과 1923년 관동대지진의 여파로 금융공황에 시달리는 난국에 처해 있었고, 1929년 세계 대공황까지 맞아야 하는 국가적 절대 위기에 봉착해 있었다. 이러한 때 메이지 정권이 난국을 타개하기 위해 전력투구했던 방법은 만주사변, 중일전쟁, 태평양전쟁 등을 통해 주변국을 무력으로 침탈하는 것이었다. 이의 정당화를 위해 학꼬오 이찌우(八紘一宇)라는 이념을 전파하였고, 구체적으로는 피정복국에 신사참배를 강요함으로써 천황중심주의 체제를 유지하려 하였다.

일제의 무력 침탈의 첫 상대는 조선(朝鮮)이었다. 조선은 대륙 침략을 위한 중요한 교두보와 병참기지로 중요하였기 때문이다. 일제는 조선을 통째로 장악하기 위한 시도의 일환으로 조선신궁을 세워, 국가 신또오의 최고 위격에 자리 잡고있는 이세신궁 다음의 위격을 부여하였고, 그 다음으로 부여신궁을 두어 계층적으로 보좌하게 하고, 조선신궁과 부여신궁을 보좌하도록 대구·평양·광주·강원, 함흥·전주 신사를 설립하였다. 그리고 이들 다음 단계로 면 단위까지 당시 2,229개의 신사를 세웠다.[13]

신사참배의 부당성과
우상숭배성

이러한 신사(神社)에는 황조신으로 모시는 태양신 아마테라스오오미카미를 상징하는 거울·칼·구슬 3종의 신기(神器)와, 봉제(奉齊)하는 신의 이름을 써 놓은 위패 등이 제설되어 있다. 이들에게 절하는 제례가 곧 신사참배다. 그런데 이와 같은 신사참배의 부당성과 우상숭배성이 공개적으로 지적되었는데, 그것은 종교계에서가 아니고 오히려 일반신문에 의해 제기되었다.

> 우상숭배의 제일 현저한 자는 목조(木彫) 이소(泥塑)하고 분면(粉面) 금신(金身)하야 신이 자(玆)에 재(在)하며, 혹 영이 자에 재하다 하야 이를 숭배할 뿐 아니라, 有時乎 이에 대하야 강상 강복을 기도함이니 이는 확실히 우상숭배라 할 것이요. 설혹 人身을 模作한 우상은 無할지라도 혹은 鏡으로 혹은 珠玉으로 혹은 劍으로 기타 모양으로든지 물형을 作하야 혹처에 봉치하고, 신이 玆에 在하며, 혹 靈이 玆에 在하다 하야 이에 대하야 숭배하며 혹 기도함은 일절 우상숭배라 할 것이니 대개 此理는 知者를 待하야 비로소 알 배 아니라 賢愚를 무론하고 人의 지각을 구비한 자는 반다시 확연할지니[14]

신사참배를 우상숭배로 규정하고 공개적으로 비판한 동아일보는 그날

(1920. 9. 25)로 발매가 중지되었고, 무기한 정간 처분을 받고 4개월 후에나 가서 해지되었다. 이러한 상황에서 일제가 가장 신경을 쓸 수밖에 없는 존재는 기독교였다. 일제는 기독교의 신앙 교리는 국가 신또오의 교리와 정면으로 배치된다는 사실을 일제는 정확히 알고 있었기 때문이다. 그들은 설득·회유·위협·고문 등 다양한 방법을 다 동원하여 신사참배를 하도록 강행하였다.

신사참배에 대한 성결교회의 반응

이러한 신사참배가 전국적으로 모든 자들에게 강요되기 시작하였을 때 기독교계의 반응은 크게 수용·거부·수용 후 회개의 모습으로 나타났다.

일제의 회유전략에 타협하여 신사참배를 국민의례로 받아들임으로써 결국 적극적으로 수용한 대표적인 지도자는 이명직 목사와 같은 경우다. 그는 무엇보다도 사중복음을 그 누구보다도 연구하고, 가르치고, 전하였던 학자였고, 모범적인 지도자였으나, 신사참배와 일본에 대한 하나님의 섭리를 잘못 판단함으로써 과오를 저질렀다. 결정적인 순간에 그가 보여주었던 행동으로 사중복음의 정신이 흐려지고 마는 영적 손실이 막대하였다.

이와 달리, 신사참배를 끝까지 거부한 강경성결교회 주일학교 교사 김복희 성도와 철원성결교회 박봉진 목사와 같은 순교적 예가 있다.

이외에도 김응조 목사가 있는데, 그는 신사참배를 피하기 위하여 1938년 5월 4일부로 목사직을 사직하고 「生命之光」이란 신문을 만들어 1942년 기독교 계통의 신문 잡지를 「기독공보」 하나로 통폐합할 때까지 독립적으로 활동하였다.[15]

1) 사중복음 실천의 한계

성결교회의 신사참배와 관련하여 고찰할 때 언제나 중요한 이슈로 대두되는 인물이 있다면 그는 바로 이명직 목사(1890~1973)다. 왜냐하면, 그는 성결교회를 대표할 만한 거의 모든 직책을 수행했던 인물이기 때문이다. 성결교회 제1회로 목사안수 받은 자(1914), 경성성서학원의 교수(1916), 동양선교회 조선교회 감독고문(1921), 「활천」 창간 주필(1922), 동양선교회성결교회 이사 및 교역자회 회장(1924), 경성성서학원장 및 성결교회 제2회 연회 의장(1930), 조선야소교 동양선교회성결교회 제1회 총회장(1933), 성결교단 이사장(1941), 서울신학교장 및 재흥기독교대한성결교회 제6회 총회장(1951), 제7회 총회장(1952), 서울신학대학 초대학장(1958), 서울신학대학 명예학장(1965), 「활천」 발간 공로표창장 수상(1970), 교단장으로 서울신학대학교 교정에서 장례식 거행(1973)[16] 등의 대강의 경력만 보더라도 한국성결교회의 '사부(師父)'라 불려 일말의 손색도 없는 분이다.

또한, 이명직 목사는 성결교회의 행정가요, 교육자일 뿐만 아니라, 부흥 설교자요 저술가로서도 발분의 활약상을 보여준다. 1917년 규암복음전도관에서 부인집회를 인도한 것부터 해서 1967년 하기 전국교역자 수양대회에 조강사로 부흥집회 및 설교자로 초청 받은 것 등만 해도 170회를 넘는다.

▲ **이명직 목사**

1920년에 발행한 『성서학원 규칙 기초』(미발견)으로부터 연대미상의 6권을 포함해 1953년의 『성경에서 본 인생관』까지 모두 48권의 단행본을 저술한 것과 1922년부터 발행한 「활천」에 173개의 주제로 글들을 발표함으로써[17] 성결교회의 성경 이해와 신학사상 그리고 세계관 형성에 지대한 영향을 주었다고 할 수 있다.

뿐만 아니라, 이명직 목사가 일제 치하에서 구약이 삭제당할 뻔했던 위기에서 성경의 훼손을 막은 일과 재림의 교리를 끝까지 지킨 것은 성결교회의 사부로서뿐만 아니라 한국 교회의 미래를 위해 길이 기려야 할 공로라 할 수 있다. 천황을 우상화하고자 했던 일본 제국주의자들에게 가장 걸림돌이 되는 것은 유일신 창조주 하나님만을 섬길 것을 명령하는 '구약성경'과 만왕의 왕으로서 세상을 심판하기 위하여 다시 오시는 '예수 재림'의 교리와 신앙이었다.

구약성경은 유대교의 경전이지 기독교의 경전이 아니라는 미명하에 기독교의 경전에서 삭제하려는 일제의 시도가 무산되도록 한 장본인이 이명직 목사였다.[18] 또한, 한국의 여러 교단 중에 유독 성결교회가 예수의 재림을 문자 그대로 믿을 뿐만 아니라, 사중복음의 맥락에서 재림에 대한 설교를 많이 했던 교회가 성결교회였다. 1943년 5월에 약 300명의 성결교단 교역자와 신자들이 검속되었을 때 이명직 목사는 8개월간의 옥고를 치른다. 그때 그가 재림에 관한 심문 시에 "천황은 인간이오, 예수는 신격(神格)"이라 대답했다고 전해진다.[19]

그러나 세상에 완벽한 자는 없는 것 같다. 그처럼 사중복음을 강조하면서 헌신적인 신앙의 생애를 삶으로써 성결교회의 사부로 존경을 받던 이명직 목사 역시 당시의 많은 기독교계 인사들과 같이 신사참배로 인하여 중대한 오점을 남겨놓고 말았던 것이다.

일제치하에서 이명직 목사가 정치적으로 그들의 침략정책에 자의든 타의든 결과적으로 철저히 동조하게 됨으로써 신앙과 리더십에 큰 타격을 주었지만, 결정적인 것은 신사참배 때문이었다. 그가 신사참배를 '국민의례'라 포장한 일제의 선전을 그대로 받아들임으로써 자신 만이 아니라 많은 자들을 우상숭배에 떨어지게 한 행위는 신앙상의 심각한 야합(野合)이 아니라 할 수 없다.

**신사참배의 타당성을
성서적으로 변증함**

무엇보다도 「활천」을 통해 신사참배의 타당성을 논한 곡필(曲筆)들은 일제에 의한 강요가 있었던 것을 감안하더라도 도를 넘는 수준인 것으로 평가된다. 더 더욱이 그가 가르치고 설교해왔던 사중복음의 정신 때문에 '신사참배는 하나님 중심주의를 이탈하는 심각한 우상숭배'인 줄 알아 이를 거부하다가 직장을 잃거나, 옥고를 치루거나, 순교를 당하거나, 한 순간 약한 마음이 들어 신사참배 했다가 부끄러워 즉시로 회개했던 제자들 앞에서, 그리고 실제로 황국신민이지만 신사참배를 거절한 일본성결교회 앞에서 '신사참배는 우상숭배가 아니고 황국신민들이 지켜야 할 국민의례'라 말할 수 있을 것인가!

물론, 당시 자유주의적인 신학에 기초한 감리교나 로마 교황청의 조상제사에 대한 긍정적 전교(典敎)에 따른 천주교에서는 신사참배를 조상제사나 국민의례의 차원에서 대거 수용했던 것도 사실이다.

그러나 이명직 목사는 달라야 했다. 왜냐하면, 그는 신학 교수로서 그리고 부흥강사로서 하나님 중심주의와 성경 중심주의 정신을 핵심으로 하는 '사중복음'을 강조하여 가르쳐온 사중복음의 기수였기 때문이다.

그의 곡필 안에서 신사참배의 정당성에 관련한 그의 신학적 변증이 지니는 오류를 일반 독자들이 지적해내는 것은 결코 쉬운 일이 아니다. 왜냐하면, 그 모든 것을 철저히 성경의 관점에서 정당화하고 있기 때문이다.

또한, 그가 신사참배를 국민의례로 여기고, 일제가 황국신민(皇國臣民)에게 요구한 내선일체(內鮮一體)의 삶은 그것이 옳아서가 아니라 오히려 그보다 더 큰 하나님의 섭리가 그 안에 있다는 성서신학적 논리를 예수·바울·다니엘·요셉·예레미야 등을 인용하면서 강력히 전개하기 때문이다. 심지어는 예레미야가 이스라엘로 하여금 바벨론에게 항복하고 하나님의 때가 이를 때까지 그들의 땅에서 순응하며 살도록 말한 탈(脫)민족주의적 역사관과 이명직 목사 자신이 예레미야를 들어 전개한 역사관에는 서로 비교할 만한 것이 있을 수도 있다고 보게 만든다.

대부분 문제시 되지만, 대표적으로 예레미야에 대한 그의 신학적 적용은 예레미야에 대한 곡해(曲解) 내지는 아전인수(我田引水)격 해석에 지나지 않는다. 왜냐하면, 무엇보다도 예레미야는 이스라엘이나 바벨론의 우상숭배를 비판적으로 문제시 하고 있지만, 이명직 목사는 신사참배의 우상숭배적 본질을 어떠한 모양으로든지 가리거나 직접적으로 부딪히는 것을 피하려는 논리를 찾고 있었기 때문이다.

예레미야는 이스라엘이 바벨론에게 항복할 수밖에 없는 것은 그들이 지은 우상숭배 죄 때문이었음을 말한다(렘 44:2~8). 그러나 그와 동시에 예레미야는 이스라엘에만이 아니라 바벨론 제국을 향해서도 동일한 기준으로 심판을 선고한다. "바벨론이 함락되고… 그 신상들은 수치를 당하며 우상들은 부스러진다"(렘 50:2)는 것이다.

"바벨론을 지나가는 자마다 그 모든 재난에 놀라며 탄식하리로다"고 예언하였고, "바벨론을 둘러 대열을 벌이고 활을 당기는 모든 자여 화살을 아끼지 말고 쏘라. 그가 여호와께 범죄하였음이라… 그가 항복하였고 그 요새는 무너졌으니… 이는 여호와께서 그가 행한 대로 그에게 내리시는 보복이라. 그가 행한 대로 그에게 갚으시는도다"(렘 50:8~15)라고 이스라엘을 삼킬 우상숭배자들을 향하여 간담을 서늘하게 하는 예언자적 선고를 내렸다. 또한, 이스라엘을 향하여는 포로생활에 일정 기간 순응해야 할 것을 말하면서도 "너희는 바벨론 가운데에서 도망하라. 갈대아 사람의 땅에서 나오라"고 이스라엘의 독립과 해방의 날에 대한 소망을 갖게 했다.

이명직 신사참배관의
오류

　　　　　　　이명직 목사가 놓친 면이 있다면, 그것은 바로 일본의 제국주의를 바벨론과 같은 존재로 보지 못한 것이다. 너무나도 자명한 우상숭배의 신사참배를 국민의례로 곡필(曲筆)했을 뿐만 아니라, 하나님을 대적하는 우상숭배적 천황중심주의로 세계 정복의 야욕을 불태우면서 반인륜적인 침략 전쟁을 자행한 일본에 대항하여 성경의 원리에 따라 바벨론처럼 반드시 멸망할 것이라고 예레미야처럼 경고하지는 못할망정, 오히려 우상화 놀음을 하고 있던 제국주의적 통치를 "황조황종(皇祖皇宗)의 융성하신 성덕이 하나님의 덕과 합배(合倍)"[20] 된다고 기독교적으로 합법화시켜 주는 결정적인 오류를 범하였던 것이다. 1940년 3월이었다.

　이와 같은 연장선상에서 이명직 목사의 신사참배관이 마침내 현실로 드러난 사건이 있었다. 1941년 8월 6일 강원도 금화군의 금화성결교회 신자 한정우와 박윤상이 천황과 신궁에 대한 불경죄 등의 혐의로 적발되었을 때 이명직 목사가 8월 17일과 18일 두 차례 증인 심문을 받은 바 있는데, 1차와 2차 증인 심문 중에서 다음과 같은 질의응답이 그것이다.

문) 신자로서 신사참배를 하는 것은 우상숭배가 아닌가?
답) 아니지요. 우상숭배는 아닙니다. 인간의 형체라던가 혹은 동물의 형체인 것은 우상으로 볼지 모르겠지만 신사에는 그런 것이 없으므로 우상은 아닙니다. 문부대신도 종교와 신사는 전혀 별개의 문제라고 말하고 있으므로 우리 신도들도 신사참배를 하지 않으면 안 됩니다. 국민으로서 참배하는 것은 당연합니다. 저의 가르침은 장로회와는 전혀 그 취지를 달리하고 있습니다.[21]

　그러나 이보다 더 참담한 것은 1943년 12월 29일 이명직 목사를 필두로 최석모, 이건, 박현명 등 7명의 성결교회 지도자가 일제의 압력하에

"성결교회 해산성명서"에 서명한 것이다. 그동안 교단 해산만큼은 면하기 위해 얼마나 몸부림쳤던가? 수치를 참고 신앙의 정조를 다 팔아 바치지 않았는가? 이제 해산되는 마당에 무슨 아쉬운 것이 더 있어 말도 안 되는 성명서에 서명을 했던 것인가?! 아무리 생각해도 도무지 부끄럽고 분통이 터져 견딜 수가 없다. 그 기가 막힌 내용의 일부를 잠시 들여다보지 않을 수 없다.

> 우리 조선야소교 동양선교회 성결교회는 조선에 포교 이래 삼십오륙년 더구나 교리로서 신생, 성결, 신유, 재림의 사중복음을 고조하여 왔는데, 재림의 항은 국체의 본의에 적합하지 않을뿐더러 국민사상을 혼미에 빠뜨리는 것으로 그 죄를 통감하는 바이다.
> 성서는 유태사상에 두어서 우리 국체의 본의에 배반하는 치명적 결함을 포장하는 것으로서, 성서 자체로부터 이탈하지 못한다면 완전한 국민종교로서 성립하지 못할 것으로 결론에 도달하였다.
> 다수 유력신도 간에는 현시국에 감하여 아등은 조선야소교 동양선교회 성결교회(개명 일본 기독교 조선성결교단)를 자발적으로 해체한다.[22]

과연 재림 없는 사중복음이 있을 수 있는가? 그리고 성경으로부터 이탈된 사중복음이 있겠으며, 성결교회가 있겠는가? 오호라, 차라리 "성결교회를 자발적으로 해체한다"는 말이 옳겠다!

참회와 회개

이제 남은 문제는 죄 고백이다. 참된 회개만이 더러워진 신앙의 정조를 흰 눈같이 씻을 수 있다. 늦었더라도 개인적 혹은 공동체적인 회개의 고백이 터져 나와야 한다. 그래야 성결교회다운 성결교회를 말할 수 있다. 이건 목사의 회개 고백이 눈에 띈다.

오! 우리들은 베옷을 입고 재를 덮어써야겠다. 이 시기에 처하였던 조선교회는 두렵건대 사탄의 연회장이 되고 말았다. 가증한 물건과 음행의 더러운 것으로 충만하였던 바벨론이었던 것을 알아야겠다… 우리는 마귀에게 밟힌 무리이며 사탄의 권세하에 휘둘렸던 무리이다.[23]

이명직 목사가 「활천」을 통해 공개적으로 곡필(曲筆)을 했다면, 다시 「활천」을 통해 공개적으로 회개하고 바로 잡아야 하는 것이 그가 우선적으로 해야 할 일이었다. 그러나 아쉽게도 이렇다 할 참회의 글이 보이질 않는다. 오영필에 따르면, 이명직 목사는 "이(해산) 성명서 때문에 늘 뜨거운 눈물에 잠겼으며 해방 후 교회가 복구되어 신학교 교장으로 추대하여도 해산 성명서 책임자로 자처하고 교장직을 받지 않았다"고 한다.[24] 글로 말했던 자이면 끝까지 글로 말해야 옳다.

그런데 그 스스로 출판하지 하지 않았지만 신사참배의 행위를 회개한 노트가 발견되어 출판되었다.

옛날에 다니엘의 세 친구는 화로 가운데 던져지는 박해를 받으면서도 절하지 않았으니 말하자면 민족적 지조와 신앙의 지조로서 절대로 하나님께 순복하는 태도를 명확히 하였다. 이렇게 생각할 때에 일본의 신인 천조대신에게 숭배하였다는 것은 어찌 수치스러운지 먼저 하나님께 회개하고 전 민족에 대하여 자복하지 않을 수 없다.[25]

위의 마지막 한 문장 때문에 우리는 일제치하에서 이명직 목사가 주장했던 신사참배의 정당성과 연관된 모든 글들을 뒤집어 읽을 수 있게 되었다. 불행 중 다행이다. 그러나 만시지탄(晩時之歎)이다!

2) 사중복음 정신으로 승리함

김복희 교사의
신사참배 거부

한국 교회 수난사에서 성결교회가 자부심을 가져야 할 놀라운 일 중의 하나는 한국 땅에서 최초의 신사참배 거부 사건은 성결교회의 한 여성 신도에 의해 일어났다는 것이다.

강경공립보통학교 교사였으며 강경성결교회 주일학교 교사였던 김복희(金福姬)는 평상시 신사참배가 우상숭배인 것과 재림신앙을 가르쳐왔다. 그러던 중 1924년 10월 11일 강경성결교회와 천주교회에 출석하는 학생 40명이 신사참배를 거부하는 일이 벌어졌다.

다음날 일본인 교장 미야무레(官牟禮)는 인솔교사 김복희와 그날 결석생 26명 그리고 신사참배 거부한 40명의 학생을 문초하였고, 끝까지 거부한 7명의 학생은 퇴학, 그리고 김복희 교사는 면직 처분하였다.

조선일보는 1924년 10월 24일자에 "강경 공립보통학교의 분규 사건"이라는 제목으로 "이것은 일개 강경 지방에 한한 국부적 문제가 아니요, 넓게는 전 조선 교육계의 일대 문제인 동시에 일방으로는 보통학교 교육 대 기독교 신앙의 중대 문제이다"라고 보도했다.

조선 총독부는 이 문제를 무마하기 위해 신사참배는 '종교의식이 아닌 국민의례'라는 기만적인 조치를 취하였으며, 신사참배 관할 관청을 학무국 종교과에서 내무국 지방과로 옮겨 회유정책을 펴기 시작했다.[26]

「활천」은 1924년 12월호에 이 사건을 다음과 같이 자세히 보도하고 있다.

충남 강경교회 신자인 강경공립보통학교 여훈도 김복희 양과 그 교회 주일학교 학생인 강경공립보통학교 남녀 학생 57인은 지난 10월 11일 강경신사 제일(祭日)을 당하야 일반교화와 학생들은 다 경배를 하되 자기들은 헛된 신에게 절하는 것이 무리한 미신이며 또한 하나님 앞에 죄 됨을 깨닫고 신앙의 주의를 굳게 지키어 절하지 아니하였더니…김양은 면직을 당하였다더라.[27]

박봉진 목사의 순교

성결교회에서 신사참배를 거부한 또 다른 대표적인 예는 박봉진 목사의 경우다.

그는 철원성결교회에서 목회하던 중 1943년 5월 27일 검거당해 신사참배 거부로 일본 경찰에 모진 고문을 당하다가 1943년 8월 15일 새벽 4시에 순교하였다.

▲ 박봉진 목사

그가 성결교회의 목사가 되기까지의 과정에는 경성성서학원 출신자들과의 만남이 결정적이었다. 그는 1890년 경기도 평택에서 출생하였고, 1907년 17세 되던 때부터 예수 믿기 시작하였다.

1919년 3.1 만세 운동에 앞장서다가 붙잡혀 평택 유치장에 구류되었다가 풀려나온 후, 1920년에는 경성성서학원 졸업반에 있던 공은탁 전도사와 함께 평택성결교회를 창립하였고, "불같은 열정으로 중생·성결·신유·재림의 복음을" 전함으로 부흥을 경험하였다.[28]

그러던 중 1924년 10월에 경성성서학원 교수인 이명직 목사를 모신 부흥회에서 큰 은혜를 경험하였다. 그때 박봉진 집사는 "사중복음을 중심한 성결의 신앙 위에 굳게 설 수 있게 되었다."[29] 그 후 1928년에는 경성성서학원을 졸업한 이성봉 전도사가 수원성결교회를 개척하였는데 박봉진 집사는 여기에서도 신앙생활을 하면서 헌신을 결단하는 데 이성봉으로 부터 결정적인 영향을 받았다.

1930년 3월 5일부터 9일까지 경성성서학원에서 세계적인 영적 지도자로 알려진 허진(Hodjin) 목사가 인도하던 부흥회에서 사중복음의 '회개·중생·성결·신유·재림·선교'를 요지로 한 말씀에 은혜 받고, 마침내 1932년에 경성성서학원에 입학하였다. 이때는 바야흐로 평양에서 처음으로 기독교 학교에 신사참배를 강요하기 시작한 때였으며, 기독교 박해가 본격화 되었던 때였다.[30]

복음 수호 자체가 위기를 맞고 있던 때 경성성서학원의 주된 교육은 "사중복음의 원리를 가르치는 것"이었으며, 이에 박봉진은 "성서학원에서 이명직 목사의 사중복음을 전수 받았으며 그것이 그의 신앙적 골격을 이루었다"고 말할 수 있을 것이다.[31]

이러한 신앙 교육으로 인해 박봉진 목사가 철원에서 설교할 때는 "무엇보다도 사중복음(중생·성결·신유·재림)에 치중하였다"고 하는 증언이 나오는 것은 자연스러운 일일 것이다.[32]

이런 맥락에서 "(박봉진) 목사님은 요한계시록을 자주 설교하시면서 예수님의 재림을 힘 있게 전하셨습니다"라든지, "십자가와 무저항의 양(羊)", "예수님의 모범을 따르자"는 등의 메시지가 기억에 남는다는 증언 역시 모두 사실로 받아들일 수 있을 것이다.[33]

박봉진 목사가 신사참배를 거부한 이유는 그가 일본 고등계 형사로부터 취조 당했을 때의 일문일답에 명확히 나와 있다.

문) 너는 무슨 이유로 신사참배를 거절하느냐?
답) 나는 하나님 외에 참신이 없다고 믿기 때문이다.[34]

신사참배에 대항한 박봉진의 순교는 "하나님 외에 참신이 없다"는 것을 죽음으로 증언한 영구불변의 메시지다. 사중복음의 하나님 중심주의의 정신이 그의 담대한 신앙고백과 이어지는 잔인한 고문 속에서도 유감없이 발휘되었다.

그는 순교의 길을 가기 전 1943년 5월 어느 날 "조만간에 성결교회에 큰 바람이 불어올 것 같다"고 마치 바울이 예루살렘에 올라가기 전 "환란과 핍박이 나를 기다린다"고 예감한 것처럼 말했다. 그리고 "주님을 따르는 여러분, 다른 사람은 어떻게 하든지 상관하지 말고, 똑바로 주님만 바라보고 따라가시기 바랍니다"고 설교했다고 한다.[35]

3) 다시 사중복음 정신으로 승리함

이성봉 목사의 회개

이성봉은 1900년 7월 4일 평안남도 강동군에서 태어나 1928년에 경성성서학원을 졸업하고 수원교회·목포교회·신의주교회에서 목회를 하다가 1938년부터는 총회 파송의 전국 부흥사로 활동하였다.

▲ 이성봉 목사

1941년에는 '재림'을 설교한 이유로 사리원 경찰서에 1개월 수감되었다가 6개월 만에 기소 유예되어 다시 만주에서 계속 집회를 인도하였다. 1945년 해방 이후 교회 재건을 위해 순회 집회를 인도하였고, 1955년에는 신촌교회를 개척하였다. 이후에도 교단 안팎의 수많은 사역을 감당하다 1965년 8월 4일 전도생활 40년 만에 66세를 일기로 소천 했다.

부흥강사로 증거한 이성봉 목사의 중심 메시지는 사중복음이었다. "성결교회 4중 복음(중생·성결·신유·재림)을 그대로 받고, 그대로 의지하고, 그대로 체험하고, 그대로 전함을 나의 사명으로 알았다"고 한 것처럼,[36] 말씀도 그와 같은 주제로 전했다.

그 대표적인 사중복음 설교가 "복음의 종교"라 할 것이다.[37] 특별히 이성봉에게 "예수의 재림은 하나님의 최대 계획이요, 성도의 최대 소망"으로서 "만물이 고대하는 소망이요, 마귀를 전멸하고 세상을 심판하고 성도

의 눈물을 씻어 주시고 당신의 신부들을 영접하시는 주의 날"[38]이기에 늘 강조하는 주제였다.[39]

이성봉 목사가 가는 곳마다 교회는 부흥의 불씨를 받게 되었고, 수많은 자들이 주께 돌아오고 또한 주의 종으로 헌신하는 역사가 있었다. 그러나 그에게도 시대적인 시련의 광풍인 신사참배에 대한 강요는 오고야 말았다.

황해도 송화읍 무초교회 부흥회 때 경찰이 들이닥쳐 신사참배를 하는 조건으로 집회를 허락하겠다는 난처한 사태를 맞게 되었는데, 그는 마지못해 집회에 대한 미련 때문에 신사참배를 한다.

그러나 이성봉 목사는 그것이 신앙의 정조를 지키지 못한 가슴 아픈 일이었음을 다음과 같은 고백으로 남겨 놓았다.

경찰에서 신사참배 갔다 오지 않으면 집회를 중지시키겠다고 하여 많이 기도하는 중에 불가불 신사 망하라고 기도하자고 몇 신자를 따라 올라가 기도하였으나 나는 처녀가 강간을 당한 후에 눈물 흘려 애통하는 맘으로 돌아왔다. 이사야 26장 13절(여호와 우리 하나님이시여 주 외에 다른 주들이 우리를 관할하였사오나 우리는 주만 의지하고 주의 이름을 부르리이다)로 위로를 받았다. 그러나 집회를 못하고 감옥에 들어가더라도 신앙의 정조를 굳게 지켰더라면 주님은 더욱 기뻐하셨을 것이다. 나는 믿음으로 한다 할지라도 남의 인도자로서 좀 더 강하지 못한 것을 항상 가슴 아프게 생각한다.[40]

이성봉 목사는 이와 같은 통회의 마음을 가지고 그의 남은 생애를 온전히 헌신하였다. 그는 "실패의 원인과 회복의 비결"이란 설교에서 하나님의 사랑을 의지하여 다시 실패를 극복하자고 노래한다.

내 맘에는 원이로되 이 육신이 약하여
때를 따라 쓰러져도 주님 나를 붙드네

마귀 시험 지독하고 사람 단련 많으나
여호와의 크신 사랑 내 승리가 되시네.[41]

신사참배보다 부흥집회가 더 소중하다고 생각하여, 신사에 가서 머리 한 번 숙이고 돌아오면 집회를 계속할 수 있다는 것 때문에 한 번 신사참배하였으나, 그것이 어떤 것인지는 곧바로 신앙의 양심이 그를 고발함으로써 뼈저리게 알게 되었고, 지체하지 않고 철저히 회개하고, 남은 생애를 온전히 사중복음 정신으로 사셨던 분이 바로 이성봉이었다.

그의 노랫가사 대로 "맘에는 원이로되 이 육신이 약하여 때를 따라 쓰러져도" 자신을 붙드시는 주님을 의지하며 복음 전도자의 길을 끝까지 갔던 이성봉의 생애는 사중복음을 신학적으로까지 폭넓게 탐구하는 성결인과 모든 그리스도인에게 값비싼 귀감이다.

가시밭의 백합화
문준경

사중복음을 떠난 성결교회는 없다고 보아야 할 것이다. 그런 면에서 사중복음은 성결교회의 브랜드중의 브랜드다. 사람 없는 교회는 없다. 그런 면에서 사중복음이 성결교회의 브랜드가 되려면 사중복음을 '삶'으로써 드러내는 사람이 있어야 한다.

▲ 문준경 전도사

예수 그리스도의 사중복음이 한민족에게 전해진 것은 민족사적으로 고난의 어두운 서곡이 울릴 때였다. 일본 제국주의의 시퍼런 칼날에 우리의 심장은 찔렸고, 열강의 패권 다툼 속에서 우리의 몸은 아예 두 동강이가 나버렸다. '가시밭'과 같은 상황이었다.

이러한 때 사중복음이 한반도 전국에 전파된 것은 주께서 한국과 아시

▲ 기독교대한성결교회 로고

아를 사랑하심이었다. 그 결과 사중복음이 울려 퍼지는 곳마다 '가시밭'을 모판으로 성결교회가 태어났다. 동양선교회(OMS)가 힘껏 유모(乳母) 역할을 했지만, 민족에게 임한 고난은 우리 자신 외에 그 누구도 감당할 수 없는 일이었다.

그러나 사중복음 속에는 십자가의 고난을 이긴 부활의 그리스도 예수 생명이 있었기에 성결교회는 모진 핍박과 고난 속에서도 예수님의 순교적 영성을 꽃피울 수 있었다. 그 꽃을 일러 '백합화'라 했다. 문준경 같으신 순교자가 그런 분이셨다. 피 묻은 붉은 가시관을 쓰시고 죽으셨으나 아버지의 영광으로 다시 사신 눈부신 부활의 예수를 닮았기 때문이다. "가시밭의 백합화"처럼 말이다.

수난의 역사 속에 드높이셨다.
가시밭의 백합화는 우리의 상징
성결의 가족들아 이어나가자.

이명직이 작사한 성결교회의 노래 첫 절이다. 지금도 살아계셔서 자신과 같이 잘못된 성서해석과 그릇된 역사의식으로 인하여 우상숭배의 죄를 짓는 잘못을 범하지 말고, "가시밭의 백합화"처럼 사중복음의 향기를 내는 성결인이 되라고 외치시는 것 같다.

성결교단의 로고는 이를 잘 묘사해주는 것으로 보인다. "가시밭의 백합화"는 명실공히 성결교회의 상징이다. 임의대로 처분 가능한 '기호'와는 다르다. 상징이란 그 상징물이 지시하는 실재에 참여하고 있기 때문이다.

그러나 상징의 대상인 성결교회가 고난을 피하고 순교적 영성을 드러내지 못하면 "가시밭의 백합화"는 더는 상징의 기능을 발휘하지 못할 것이다. 그러기에 성결교회가 자신을 겸허히 돌아볼 때가 바로 지금이다.

실제로, 성결교회의 현재 모습을 "가시밭의 백합화"로 말하기에는 사중복음 공동체로서의 성결교회가 너무도 세속적이 아닌가 싶다. 성결교회의 역사적 상징과 현재의 모습이 서로 격이 안 맞아서인지 "가시밭의 백합화"의 상징적 힘은 약해져, 교단의 로고(logo) 수준 이상 생각되지 않는 듯하다. 상징의 힘을 회복해야 한다. 이를 위해서는 사중복음의 원초적인 정신으로 돌아가야 한다.

지금 성결교회뿐만 아니라 세계 교회는 군국주의나 양극화된 냉전 시대라는 '가시밭'의 모질고 척박했던 때와는 전혀 다른 상황에서 살고 있다. 과거는 물이 없어 고통스러웠던 '가뭄'이었고, '가시밭' 시대여서 청빈과 인내와 절제의 복음을 드러내야 했다면, 현대는 물질주의와 신자유주의와 종교적 다원주의라는 '홍수요', '밀림' 시대와 같아 이럴 때는 나눔과 창조와 도전의 복음을 살아야 할 것이다. 그렇지 않으면 홍수에 떠내려갈 것이며, 밀림 속에서 길을 잃고 말 것이다. 오늘 성결교회, 그리고 나의 모습을 되돌아보면서 "새 술을 새 부대에" 담는 창조와 도전의 한 걸음을 내디뎌야 한다.

풍자 이야기 하나:
사중복음 새로 맛내기

산에서만 살아 도시 사람들에 대해서는 아무것도 모르는 한 사람이 있었다. 그는 밀을 재배해서 밀알을 그대로 먹고 살았다. 어느 날 도시로 들어와서 사람들을 만났다. 그들은 그에게 좋은 빵을 주었다.
"이게 뭡니까?"
"빵이오, 먹어 보시오!"
그가 먹어보니 매우 맛있었다.
"이건 뭐로 만들었소?"

"밀이라오."

후에 그들은 기름에 반죽하여 만든 케이크를 그에게 주었다. 그는 매우 맛있게 먹고 나서

"이건 뭐로 만든 거요?"

"역시 밀이오."

마지막으로 그들은 꿀과 기름을 섞어 만든 페이스트리 파이를 주었다.

"뭐로 이걸 만들었소?"

"밀이오."

산에서 온 그가 말했다.

"나는 이 모든 것들의 마스터요. 나는 이 모든 것들의 근본인 밀알을 먹고 있기 때문이오!"

이 이야기는 토라(모세오경)의 문자만을 신봉하는 근본주의자들의 토라관에 대한 풍자(諷刺)로, 유대교 영성에 지대하게 영향을 미친『조하르』에 나온 이야기 한 토막이다.

토라를 문자 그대로 받아들이는 것이 때로는 궁극적인 목적에 속하는 일도 있지만, 토라 속에 담긴 보다 깊은 차원을 드러내는 해석 없이 토라의 문자만을 날것으로 먹는 것은 시대착오적으로 될 수 있다는 뜻이다.

21세기의 문화 대홍수 시대를 맞이하여 성결교회는 사중복음을 밀알 채 먹는 전도표제의 차원을 넘어서, 밀알을 갈아 다양한 종류의 빵으로 만들어 현대인들이 즐겨 먹을 수 있도록 제공해야 할 때가 되었다.

이제 21세기를 향한 사중복음의 이상(理想)과 정신을 복음적·신학적 축을 떠나지 않으면서 일상의 문화 속에서 생명(중생)·사랑(성결)·회복(신유)·공의(재림)의 보편 가치로 경험할 수 있도록 해야겠다. 그렇게 될 때, 세계는 교파주의 신학을 넘어서 성결교회의 사중복음 브랜드를 새롭게 맛보게 될 것이다.

4 거룩한 삶을 향한 백송 같은 성결인

성결교회의 브랜드인 사중복음의 중심축은 성결이다. 성결 없는 중생은 미완이며, 성결 없는 신유는 공허하며, 성결 없는 재림은 진노의 심판이다.

성결교회는 지난 일제의 통치와 공산당의 폭력 아래서 성결한 삶의 실존을 "가시밭의 백합화"로 그려냈다. 백합처럼 향기롭고, 고결한 자태를 지켜온 성결교회는 이제 100년의 역사와 깊은 뿌리를 가진 어른이 되었다.

이제는 새 시대를 위한 새 막을 올려야 할 때다. 고결하되, 100년을 지나 천년을 이어갈 백송(白松) 같은 강인한 기상(氣像)을 뿜어내는 이미지가 요구되는 때를 맞았기 때문이다.

백송은 어릴 때 수피(樹皮)가 연회색인데, 나이를 먹어가면서 나무껍질이 벗겨져서 20년 정도 되면 청갈색이 나타나고, 40년 정도 되면 청백색의 얼룩점이 생기면서, 세월이 갈수록 더욱 밝은 백색

▲ 백송

(白色)으로 변한다. 그래서 오늘날에도 많은 사람은 이를 상서롭게 여겨, 귀히 여기는 나무다.

그리스도인은 물과 성령으로 중생한 후에도 여전히 원죄의 쓴 뿌리가 성령세례로 제거되지 않는 한, 온전한 구원에 참여할 수 없기에, 중생 후 성령세례를 받아 날마다 주님의 거룩한 형상을 닮아가는 것이 성결인의 삶이다.

해를 거듭하면서 자신의 껍질을 벗기어 더욱 희게 변해가는 백송의 모습은 성화(聖化)의 거룩한 삶을 완성해 가고자 하는 성결인의 이상(vision)을 잘 표현해주고 있다.

백송은 어릴 때는 음지(陰地) 식물이었다가 차차 양지(陽地) 식물이 되어 가는 특징을 지닌 것도 성화의 모습을 상징하지만, 성결교회 100년의

모습 가운데 고난의 음지에 있었던 지난날을 회상하게 한다. 그러나 이제 음지에서 양지로 나와, 세계를 향해 성결의 복음을 힘차게 외칠 수 있는 신앙의 용장으로 자라왔음을 말해주기도 한다.

백송은 무엇보다도 추위에 강하고, 각종 공해에도 잘 견디는 강인한 특성을 보인다. 또한, 뿌리를 깊이 뻗고, 척박한 산성흙에서도 잘 자라는 모습 역시, 각박한 고난의 시절을 견뎌온 성결교회를 닮았다. 이 외에도 백송은 내수성과 내마모성이 뛰어나, 스크래치나 어떠한 충격에도 표면을 보호할 수 있는 재질을 가지고 있어, 청소하기 쉬우며, 마모, 오염 및 변색이 쉽게 되지 않는 고급 자재에 속하며, 내공해성·내한(耐寒)성·내음(耐陰)성·내건(耐乾)성이 뛰어나 어디에서나 귀한 재목으로 사랑을 받는 나무다. 이성봉 목사의 삶을 들여다보면 볼수록 이러한 백송을 가까이 대하는 것 같다.

거룩한 삶은 단순히 착한 심성의 삶을 의미하지 않는다. 온갖 유혹과 핍박, 공격과 환난 가운데서도 그리스도의 마음을 잃지 않고, 사랑의 길을 완성해 나가는 삶이다.

그러나 이러한 성결의 길을 가는 자를 이 세상에서 찾아보기가 그 어느 때보다도 힘든 것도, 마치 잔뿌리가 적으므로 옮겨심기가 어려운 백송과 같다.

성결교회는 물가에 심긴 버드나무처럼 몇 년 사이에 훌쩍 커 버리는 나무가 아니라, 아주 더디게 성장하는 백송인 듯하다. 그러나 사중복음의 중생(생명)·성결(사랑)·신유(회복)·재림(공의)이라는 굵은 뿌리를 뻗어내려 성결교회가 존재하는 곳마다 희망의 열매들이 주렁주렁 맺힐 것이다.

백송이 있는 생명·사랑·회복·공의의
사중복음 희망 공동체

　　　　　2007년 성결교회 백 주년 축제 때, 목회자와 신학자와 화가가 뜻을 모아 사중복음의 희망 공동체를 한 폭의 그림으로 담아보았다. 이를 다시 투박한 언어로 재현해 보았다. 이제 말씀과 성령의 능력으로 생명을 살리고, 사랑하고, 고치고, 바르게 사는 사중복음적 실천만이 우리에게 남았다.

온 우주와 인간 세계는 흑암 –
그러나 지금
중생·성결·신유·재림의 빛과 소리가
어둠을 뚫고 새 시대의 여명을 밝힌다.

▲ 생명·사랑·회복·공의의 희망 공동체
Hope Community of Life, Love, Recovery & Righteousness

칠흑 같은 한밤중에도 태양은
'붉은 생명'의 빛을 던진다.
저 높은 하늘 오로라(aurora)가
'초록빛 회복'의 신비한 힘을 발산한다.
무쇠 같은 땅은
'푸른 공의'가 넘실거리는 강물이 되어
천년왕국의 평화와 기쁨(롬 14:17)으로 넘쳐난다.
인간의 욕망으로 신음하는 고난의 땅에
뿌리를 내리고
백년 고통의 거친 숨을 받아 마신 백송–
이 밤에도 희망의 하늘에
눈부시게 '하얀 사랑'의 줄기를 뻗어나간다.
육의 껍질을 벗고 벗기면서

더욱 거룩하고 깨끗하게 강하게
변화에 변화를 더해 가는 백송
그 상서로운 성결의 흰 빛 받아
백성들의 아픔이 변하여 노래와 춤이 된다.
백송과 학이 하나 되어
새로운 생명의 새끼들을 키운다.
성령이 학처럼 깃드는
생명과 사랑, 회복과 공의의 마을
백성들의 절망이 변하여 노래와 춤이 된다.

사중복음이 꽃핀 세상의 모습을 노래한 것이다. "가시밭의 백합화"와 같은 선배 신앙인들의 거룩한 헌신과 순교 정신은 성결교회의 값비싼 브랜드다. 또한, 교회와 민족과 열방을 향한 사랑으로 충만했던 박봉진·이성봉 목사의 백송 같은 영성의 삶은 성결교회가 21세기에 내놓을 사중복음적 삶의 모범이다.

이명직은 사중복음을 배우고 가르치는 일에 필요한 학문적 업적을 내놓았다. 그가 혼돈의 역사 한 가운데 결정적인 과오를 범하기는 했어도, 자신의 잘못을 뼈아프게 반성하며 회개하는 마음을 가지고 있었기 때문에, 그가 이룩해 놓은 선한 가르침만큼은 사라지지 않을 것이다. 다윗이 범죄하였지만 회개하였기에, 그의 주옥 같은 신앙의 시편들은 시들지 않고 버림 당하지 않았듯이, 그의 글들도 마찬가지다.

이분들을 위시한 신앙의 선조들이 물려준 성결교회의 브랜드는 사중복음의 밀알에서 발아한 것이다. 그래서 더욱 성결교회적이다. 성결교단이 사중복음의 밀알을 갈아 생명·사랑·회복·공의가 넘치는 예수 공동체, 21세기 희망 공동체를 이루어갈 때 성결교회의 사중복음은 그 상서로운 구원의 빛을 온 세상에 비칠 것이다.

사중복음 정신의
회복을 위하여

　　　　　박봉진 목사와 같은 분들이 시험과 환난의 날에 신앙의 단단한 그루터기로 남아있어 하나님 중심주의의 사중복음으로 세워진 성결교회 정체성의 명목을 유지할 수 있었던 것은 진정 크나 큰 하나님의 은혜다. 그러나 이명직 목사를 비롯한 대부분의 지도자들이 우상숭배에 무릎을 꿇어버린 뼈아픈 역사를 해결하지 못한 채 21세기를 맞이한 성결교회는 상처받아 허약해진 사중복음의 정신을 회복해야 할 중대한 과제를 풀지 않으면 안 된다. 이를 위해 성경이 제시하는 몇 가지 길들이 고려되어야 할 것이다.

　첫째, 성결교회 지도자들의 말과 행동을 구분하여 참된 가르침은 더욱 견고히 붙잡고, 왜곡된 해석과 그에 따른 잘못된 행위에 대해서는 단호히 거부하여 더 이상 혼란의 틈을 주지 말도록 해야 한다. 이를 위해서는 하나님의 말씀 위에 분명히 서서 교묘히 교회 안으로 파고드는 시대정신의 우상숭배적 허구성을 규명해내어 차단해야 할 것이다. 이에 예수께서 당시에 "말만 하고 행하지 아니" 하는 서기관들과 바리새인들의 "말하는 바는 행하고 지키되 그들이 하는 행위는 본받지 말라"(마 23:2~3)고 하신 교훈을 따라야 한다.

　둘째, 지도자들이라 해서 무조건 믿고 따라 가는 것이 아니라, 그들의 삶에 선한 열매가 있는지 여부를 판단하면서 가야 한다. "내가 그리스도를 본받는 자가 된 것 같이 너희는 나를 본받는 자가 되라"(고전 11:1)고 권하였던 바울 사도처럼 '그리스도를 본받는 자'로 인정할 수 있는 지를 철저히 가리고 난 후 지도자로 세울 수 있어야 한다. 성경은 이에 대해서 보다 구체적으로 다음과 같이 행할 것을 제시한다. "하나님의 말씀을 너희에게 일러 주고 너희를 인도하던 자들을 생각하며 그들의 행실의 결말을 주의하여 보고 그들의 믿음을 본받으라"(히 13:7).

셋째, 일제 치하에서 억압에 의해서든 혹은 자의에 의해서든 일본 제국주의의 침략행위와 신사참배에 대하여 성서적으로 잘못 적용함으로써 왜곡된 하나님의 말씀 이해를 바로 세워나간다.

넷째, 성결교단은 역사적인 기념일을 정하여 사중복음 정신을 본 받을 수 있을 것이다. "하나님 외에는 참신이 없다"고 담대히 고백함으로써 신사참배의 우상숭배에서 사중복음의 하나님중심주의 신앙을 끝까지 지켰던 성결교단 최초의 순교자 박봉진 목사의 순교일인 8월 15일을 '사중복음 승리의 날'로 정하여 그 주일 예배를 사중복음 선포 예배로 드리며, 매년 국가적인 광복절과 함께 사중복음의 정신을 앙양하도록 한다면 성결교회 뿐만 아니라, 한국 교회 모두에게 영적으로 매우 유익한 것이 될 것이다.

다섯째, 신사참배는 하나님의 진노를 자아내게 한 우상숭배의 죄를 범한 것임을 성결교회 총회의 차원에서 회개하고, 1943년 12월 29일 외압에 의해 수치스러운 내용의 해산 성명서에 서명한 날을 기점으로 전 교회적으로 매년 마지막 주일을 '성결교회 속죄일'로 선포하고, 12월 29부터 31일까지 3일 간을 금식하며 한 해 동안 지은 우상숭배의 죄를 기억하면서 철저히 회개한 후 신년을 맞이하는 날로 정한다. 참된 회개가 있는 곳에 부흥의 역사가 있을 것이다!

5 승리하는 사중복음 목회의 길

목회,
하나님 나라 공동체 세우기

교회 공동체 안에서의 사중복음 신앙, 사중복음 신학, 사중복음 윤리는 사중복음 목회에서 그 결정체를 경험할 수 있어야 한다.

무엇이 목회의 본질인가?

목회란 그리스도의 몸인 교회를 하나님 나라 공동체로 세워나가는 것이다. 교회론적 관점에서 볼 때, 목회는 본질적으로 중생한 자들을 통해 하나님 나라를 경험할 수 있는 공동체를 세워나가는 것이다.

구약성경의 이스라엘 민족과 신약성경의 초대 교회를 향한 하나님의 뜻은 무엇보다도 그들 가운데 하나님 나라가 이루어지는 것이요, 그로 말미암아 불신앙과 우상숭배로 가득 찬 세상이 하나님의 통치와 그 영광을 보도록 하는 것이었다.

현대 목회에 나타나고 있는 문제 중 우리가 중시하는 것은 목회의 목적이 '하나님 나라 공동체 세우기'라는 데 명확히 조준되어 있지 못하다는 것이다. 그렇지 않을 때, 목회의 끝은 근래에 S교회, 마침내는 M교회와 같은 대형교회들이 보여주는 바와 같이 하나님 나라 공동체를 위한 십자가의 세습이 아니라, 막강한 조직과 부와 권력의 세습으로 이어져, 교회는 급격히 짠맛을 잃은 소금처럼, 가물거리는 빛처럼 되어, 세상 사람들의 조롱거리가 되고 말 것이다. 그러나 사중복음 목회를 하는 교회는 달라야 한다!

언제, 어디에서든지 교회를 탄생케 하는 것은 복음이다. 그러므로 교회 섬김의 목회는 복음의 능력으로 하는 것이 기본 원리다. 계속 이야기해 왔듯이, 한국 성결교회를 낳은 복음은 사중복음이었다. 이 사중복음은 원

(原)복음인 그리스도가 그 중심이며, 그리스도를 온전하게 증거하는 복음이며, 또한 그리스도의 복음을 해석하는 신학적 틀이기도 하다.

그러므로 한국 성결교회의 목회와 신학은 사중복음을 믿고, 사중복음으로 생각하고, 사중복음으로 목회했던 한국 성결교회의 지도자들(김상준, 정빈, 이명직, 김응조, 이성봉, 박봉진, 문준경 등)과 이들에게 사중복음을 전달한 신앙인들, 곧 19세기 미국의 래디컬 성결오순절 운동에 참여한 신앙의 지도자들(Martin Knapp, Seth Rees, William Godbey, Charles Cowman, Earnest Kilbourne 등)과, 또한 이들에게 영향을 미친 존 웨슬리(John Wesley)와 존 플레처(John Fletcher), 그리고 복음을 회복한 종교개혁자들(Jan Hus, Martin Luther, John Calvin, Juji Nakada 등)에 대한 정당한 이해와 평가로부터 정립되어야 하는 것이 옳다.

사중복음과 하나님 나라

중생·성결·신유·재림은 하나님께서 예수 그리스도를 통해 인류에게 주신 '선물'이다. 이를 역으로 말하면, 중생·성결·신유·재림을 통해 이 선물을 주신 예수 그리스도를 만날 수 있으며, 그리스도를 통해서는 그를 보내신 아버지 하나님을 볼 수 있고, 그리고 하나님께서 예비하신 하나님 나라에 참여케 된다는 것이다.

그러므로 선물로서의 사중복음이 가지는 중요성은 문구 그 자체 보다는 사중복음이 가리키는 예수 그리스도가 중요하고, 또한 예수 그리스도께서 소개하는 하나님과 하나님 나라가 중요하고, 그 하나님 나라를 경험할 수 있도록 예수께서 보내신 보혜사 성령이 중요하고, 더 나아가 성령으로 충만한 하나님 나라의 백성으로 사는 것이 중요한 것이다.

사중복음은 예수 그리스도를 축으로 하는 삼위일체 성부·성자·성령 하나님 나라의 사차원을 보여준다. 그러므로 '하나님 나라'는 사중복음의 홈그라운드와 같은 것이다. 사중복음은 신자들이 경험하고 소망하게 되는 하나님 나라의 현실이기 때문에, 추상적 개념이 아니라 신앙의 실존적 증거들을 통해서 하나님의 임재와 통치를 선언하는 하나님의 능력이다. 하나님 나라를 약속해주지 못하는 그 어떤 복음도 참 복음이 될 수 없다.

사중복음에서 하나님 나라를 볼 수 있어 사중복음은 참 복음이다.

바로 예수께서 전한 복음이 다름 아닌 바로 하나님 나라의 복음이다. 사도들이 증거한 예수 그리스도에 관한 복음도 결국은 하나님 나라를 위한 것이다.

성경이 말씀하는 하나님 나라의 복음에 대한 명료한 신학적 해명의 하나가 바로 이 사중복음이다. 그러므로 누구든지 사중복음의 폭과 깊이를 바로 보게 되면 사중복음의 빛으로 하나님 나라를 목회적으로 보여줄 수 있다. 또한, 신학적으로도 말할 수 있게 된다.

목회,
이제 다시 사중복음이다!

성결교회는 예수 그리스도의 복음을 사중복음의 빛에서 받아드렸고, 그 빛 가운데서 세워졌다. 그러므로 성결교회 목회는 사중복음으로 교회를 하나님 나라 공동체로 세워나가는 것이다.

그렇다면 사중복음 목회로 세워지는 하나님 나라는 어떤 공동체인가?

사중복음 공동체는 그리스도 십자가의 복음을 듣고 회개하여 말씀과 성령으로 중생한 자들의 메타노이아(metanoia) 회개 공동체요, 중생한 성도들이 성령의 세례 가운데 하나님의 거룩함과 능력에 참예하는 제사장적 성결의 삶과 신령한 예배가 있는 코이노니아(koinonia) 사귐 공동체요, 수많은 질병으로 고통당하는 세상을 향하여 나사렛 예수의 이름으로 왕적 신유의 능력을 베풀어 세상을 치유하고 하나님의 사랑을 나누는 디아코니아(diakonia) 섬김 공동체요, 선지자적 재림신앙으로써 하나님의 공의를 실현하고 하나님 나라의 복음을 선포하는 종말론적 케리그마(kerygma) 말씀 선포 공동체다.

이러한 사중복음적 하나님 나라 공동체를 이상적으로 그리며, 목회 가운데 실현코자 하는 사중복음 공동체들이 미래의 교회를 담당해야 한다. 지금이야말로 모든 교파주의 교회가 사중복음 목회로 새롭게 진검승부를 가를 때다.

나사렛 예수의 삼차원적 직무와 사중복음 목회

하나님 나라를 경험토록 하는 사중복음 목회는 어떻게 가능한가? 그것은 사중복음의 주이신 나사렛 예수의 목회사역 원리로부터 나와야 한다. 예수 그리스도의 삼차원적 사역은 그리스도로서 오셔서 제사장·왕·선지자의 사명을 따라 목회직을 수행하는 것이었다.

즉, 예수께서 인류 구원을 위한 대속적인 그리스도로서의 사역을 철저히 수행하면서, 거룩케 하는 제사장으로, 치유하고 다스리는 왕으로, 종말론적 희망과 심판을 선언하는 선지자로 사역하셨듯이, 우리 역시 그 본을 따라 교회를 하나님 나라 공동체로 세우는 것이 사중복음 목회가 된다.

그리스도이신 예수·제사장이신 예수·왕이신 예수·선지자이신 예수! '그리스도'는 대속의 죽음을 통해 하나님 나라를 열어주는 자요, '제사장'은 하나님 나라의 백성들로 하여금 하나님 앞에서 성결케 하는 자요, '왕'은 하나님의 백성들을 먹이고 치유하고 다스리는 자요, 그리고 '선지자'는 종말의 심판을 예고하며 하나님의 뜻대로 의롭게 살 것을 촉구하며 영원한 하나님 나라를 선포하는 자다.

그러므로 사중복음 목회는 자연스럽게 "그리스도의 삼직무(munus triplex)"에 따라 그리스도께서 십자가를 지심으로 이루신 중생목회를 바탕-중심-으로 하여, 제사장의 성결목회·왕의 신유목회·선지자의 재림목회로 이루어진다. 이것이야말로 그리스도의, 그리스도에 의한, 그리고 그리스도의 몸을 위한 사중복음 목회의 근원적인 개념설계도가 될 것이다.

무엇보다도 사중복음 목회는 그리스도의 십자가 중생목회 없이는 처음부터 불가능하다. 예수의 열두 제자들이 그리스도의 십자가를 이어받아 순교의 길을 갔듯이, 십자가 세습에 기초한 사중복음 목회의 좁은 길을 가는 것이 사중복음 목회의 시작이다.

하나님은 아브라함을 불러내어 그에게서 나온 이스라엘 민족 가운데서 하나님 자신의 나라와 의를 실현코자 했으나, 이스라엘은 하나님의 뜻을 이루어내지 못하였다.

그러나 하나님은 그리스도 예수를 보내어 그를 통해서 하나님 나라의 실재가 무엇인지를 뚜렷이 보여주셨다. 열두 제자를 불러 그들 가운데서 나사렛 예수가 몸소 본을 보여주시고자 한 것이 하나님 나라였기 때문이다.

그것은 예수 그리스도의 새로운 시도가 아니라, 이미 이스라엘 가운데서 모세를 통해 불러낸 백성들을 위해 세우신 제사장·왕·선지자에게 본을 보이게 함으로써 시도했었다. 그러나 그리스도가 오시기 전까지는 성취될 수 없었다.

예수 그리스도가 오셔서 몸으로 보여주신 목회, 그것이 바로 중생·성결·신유·재림의 사중복음 목회였으며, 예수 그리스도의 제자로 부름을 받은 자 모두에게 부여된 목회의 길이다. 승리하는 목회의 지름길은 사중복음 정신으로 그리스도께서 온 몸으로 보여주신 목회의 길을 가는 것이다.

제20장

성결교회 신학에 관한 물음과 대답

이제 본서의 마지막 장에 이르렀습니다. 특히 이전의 17, 18장에서는 성결교회의 신학적·교리적 주요 사항들을 다루었고, 19장에서는 사중복음 신앙이 곧바로 사중복음 정신을 구현하는 삶으로 이어지는 것이 아님을 확인할 수 있었습니다.

호모 데우스라는 시대정신이 만연한 세상 한가운데서 데우스 호모로 성육신하신 예수 그리스도가 보여주고 약속하신 중생의 세계·성결의 세계·신유의 세계·재림의 세계를 사중복음의 정신으로 구현해 보여야 할 사명이 있는 역사적 신앙 공동체가 21세기의 모든 그리스도의 교회이고, 그중에서도 특별히 사중복음으로 태어난 성결교회일 것입니다.

이 성결교회가 2002년에 시작하여 설립 100주년을 맞이한 2007년도에 한국 교회와 세계 교회 앞에 자신의 정체성을 확인하는 매우 기초적인 결과물로 『성결교회신학: 개신교복음주의 웨슬리안 사중복음』을 제출하였습니다. 비록 총회의 결의에 의해 이루진 것은 아니어도, 총회의 신학교육정책위원회와 신학대학교의 성결교회신학연구위원회가 공동으로 총 6년간 성결교회 학자들 40명과 목회자 40명이 연구하여 정립한 것이기에, 역사적으로 그리고 신학적으로 중요하게 다루어지고 있습니다.

성결교단 총회에서는 목사고시를 위해, 그리고 신학대학원에서는 졸업

- 성결교회의 일반적, 신학적 전통에 관한 물음
- 성결교회의 하나님, 그리스도, 성령에 관한 물음
- 성결교회의 인간, 구원, 교회, 종말에 관한 물음
- 성결교회의 시대정신, 윤리, 여성에 관한 물음

고사를 위해 『성결교회신학』이 의미 있게 활용되고 있습니다. 특별히, 본 장에서 소개될 내용은 성결교회 목사고시위원회의 요청에 의해서 『성결교회신학』 가운데 성결교회에 대한 일반적·신학적 전통, 교리적 가르침, 21세기 포스트모더니즘·여성·윤리 분야입니다.

이 마지막 장의 최종 목적은 본서의 독자들이 『성결교회신학: 개신교복음주의 웨슬리안 사중복음』을 직접 만나도록 하는 데 있습니다. 성결교회는 종교개혁적이며, 복음적이며, 웨슬리안적이며, 사중복음적인 신앙고백을 하는 공동체인 것을 확인하게 될 것입니다.

성결교회에 대한 일반적·신학적 전통에 대하여[1]

1. 성결교회 신학의 정체성에 관하여

Q 성결교회는 자신을 어떻게 정의하는가?
- 하나님의 말씀을 온전하게 선포하고 성례전을 바르게 집례해온 신앙 공동체이다.

- 성령세례를 통한 성결한 삶을 바탕으로 주님의 재림을 대망하며 하나님 신앙과 이웃 사랑을 실천하는 영적이며 사회적인 사랑의 구원공동체이다.
- 성경을 '성령으로 감동된 무오한 하나님의 말씀'이라고 선포하며 성경의 신적 권위를 훼손하는 모든 정치적 억압과 학문적 도전에 맞서왔을 뿐만 아니라, 순교에 이르기까지 성경을 신학과 신앙생활을 위한 절대적 규범으로 지킨 말씀공동체이다.
- 성경의 중심이 예수 그리스도를 통한 구원의 역사임을 분명히 하며, 성경의 온전한 복음을 중생·성결·신유·재림의 '사중복음'으로 전파함으로써 하나님의 위대한 구속사에 동참해온 선교공동체이다._1220[2]

Q 성결교회의 "창립 백주년 신학선언문"의 신학적 의의는 무엇인가?

- 성결교회의 정체성을 세우고 인류의 구원과 평화와 행복을 구현하는 빛과 소금의 역할을 더욱 충실하게 감당하기 위하여, 또한 당면한 과제를 풀고 소망이 넘치는 미래를 준비하기 위하여, 하나님의 말씀과 성결교회의 신앙 유산을 바탕으로 성결교회의 신학적 입장을 교회와 사회 앞에 밝힌 것이다._1220, 1224

Q 성결교회 신학의 목표는 무엇인가? _1221

- 성서적 기독교·하나님의 선행적 은총·성결의 교리·열정적인 복음 전파·체험적 신앙·하나님의 은총에 대한 책임적인 응답의 삶을 강조함으로써 영과 육, 개인과 사회, 현재와 미래를 아우르는 '온전한 구원'을 추구하는 것이다.
- 사중복음에 근거하여 생명·사랑·회복·공의의 삶을 실천토록 하는 것이다.

Q 성결교회의 설립 목적과 사명에 일치해야 하는 성결교회 신학의 목적은 무엇인가?

- 성결교회는 "영혼을 구원"하기 위하여 "복음의 도리"를 전하고, "거룩한 교회"를 세우기 위하여 "성결의 도리"를 전하고자 하는 목적과 사명을 지닌다. 그리고 이러한 사명을 이루기 위해 "중생·성결·신유·재림의 사중복음"을 "더욱 힘 있게" 전할 것을 강조하고 있다. 이를 위해 하나님의 백성들에게 "성결의 도리" 곧 "성령세례"를 전하는 것이다.
- 이러한 성결교회의 목적과 사명이 밝힌 바를 한마디로 요약할 수 있다면, 그것은 '온전한 구원'이 될 것이다. 따라서 성결교회 신학의 궁극적 목적 역시 성결교회가 추구해 온 이 '온전한 구원'을 힘 있게 드러내는 데로 모아져야 할 것이다.
- 온전한 구원이란 성경에 계시 된 성부 하나님과 성자 예수 그리스도와 보혜사 성령의 은혜와 능력에 힘입어 죄를 회개하고 복음을 믿음으로 시작되며, 더 나아가 성령세례를 받아 그리스도인의 완전함을 주님이 재림하실 때까지 이루어 가는 것임을 믿는 것이다._56

Q 현대 성결교회의 모습은 어떠하며, 반성이 필요한 것들에 대해서는 어떠한 태도가 필요한가?

- 성결교회는 모더니즘이라는 시대적 상황 가운데 100년을 지내오면서 세속적 자유주의를 피하고, 형식적 전통주의를 경계하면서 사중복음으로 자신의 정체성을 지키기 위해 끊임없이 분투해 왔다.
- 그러나 현대의 성결교회는 초기 성도들이 대항하여 왔던 인본주의에 물들어 하나님의 거룩함을 드러내지 못하고 있는 것은 아닌지, 또한 폐쇄적인 전통주의와 교권주의로 경도되어 급속히 변화하는 시대의 흐름을 적시에 그리고 바르게 통찰하지 못함으로써 현대 문화 가운데 복음의 상황화를 이루어내지 못하고 있는 것은 아닌지 깊이 있게 진단해야 한다._3~4

2. 성결교회 신학의 방법에 관하여

Q 성서연구 방법에 대한 성결교회의 입장은 무엇인가?

- 성경 이해를 위해 역사적 연구나 문자와 문맥적 연구 등 다양한 학문적 방법들의 활용을 폭넓게 인정한다.
- 성경의 영감과 무오성을 부정함으로써 성경의 권위를 훼손하는 극단적 역사비평 방법은 반대한다.
- 문자 자체를 절대시함으로써 성경 기록의 역사적 신빙성을 부정하는 성서문자주의를 반대한다.
- 성경은 성령의 영감으로 기록되었기 때문에 학문적 비평을 넘어서며, 인간의 언어로 되어 있기 때문에 우상화될 수 없는 살아계신 하나님의 말씀이라는 태도를 견지한다._1221

Q 교회의 전통을 대하는 바른 태도는 무엇인가? 특히 "본질적인 것에는 통일, 비본질적인 것에는 자유, 모든 것에는 사랑"이라는 웨슬리안적 모토에서 본질적인 것과 비본질적인 것을 구분하는 기준은 무엇인가?

- 본질적인 것과 비본질적인 것을 구분하는 기준이란 그것이 무엇이든지 간에 성경으로부터 나오지, 전통으로부터 나오지 않는다는 것이다.
- 이는 달리 말하여, 기독교의 본질적인 것은 하나님의 '계시'로부터 찾아지는 것이지, 인간의 신앙 '경험'으로부터 찾아질 수 있는 것이 아님을 뜻한다._7

Q 성결교회 신학이 경험 기초주의, 성경 기초주의, 교리 명제주의에 떨어지지 않기 위해 교회의 전통을 어떻게 다루어야 하는가?

- 성결교회 신학의 자료들이 되고 있는 성결교회의 역사적 유산인 성결교회의 전통을 언제나 성부·성자·성령 삼위일체 하나님이 성경을 통

해서 자신을 드러내는 계시의 빛, 즉 성경을 통해서 말씀하시는 '하나님 앞에 (coram Deo)' 비춰보아야 한다.
- 그리할 때 자유주의 신학이 빠졌던 '경험' 기초주의나 보수주의 신학이 떨어졌던 '성경' 기초주의와 '교리' 명제주의로부터 성결교회 신학은 온전히 자유로울 수 있다._8

3. 이웃종교, 교회권위, 무신론, 창조질서에 관하여

Q 이웃종교에 대한 성결교회의 입장은 무엇인가?
- 성결교회는 하나님께서 자연계시를 통하여 사회·문화 안에서도 자신의 뜻을 나타내셨으며, 다양한 종교들 가운데 인류의 삶에 유익한 정신적 가치들이 존재할 수 있음을 긍정한다.
- 그러나 진리의 절대성을 부정함으로써 진리로 오신 예수 그리스도의 유일성을 상대화하는 종교다원주의를 우리는 반대한다.
- 나사렛 예수는 독생하신 성자 하나님이시기 때문에 여러 구원자 중의 한 분이 아닌 유일한 주라는 입장을 견지한다.
- 예수 그리스도의 복음을 온 세계에 분명하게 전해야 한다고 믿는다.
- 종교적 행위를 통해서 구원에 이를 수 없다고 믿는다.
- 그러나 종교인들 간의 공존과 대화를 긍정하지 않고, 독선과 아집과 폭력을 정당화하여 인류의 평화를 위협할 수 있는 종교배타주의를 우리는 반대한다.
- 예수 그리스도는 사랑의 주로서 종교적 문화와 이념의 담을 넘어 모든 종교인을 하나님의 사랑과 그리스도의 구속의 대상인 이웃으로 받아들이도록 요청하신다는 입장을 견지한다._1221

Q 교회의 권위에 대한 성결교회의 입장은 무엇인가?
- 교회 치리를 위해 직분자들의 영적·행정적 권위를 존중한다.
- 치리자들에게 부여된 갖가지 권위를 인본주의로 변질시킴으로써 섬김을 위한 교회의 영적 공동체성을 파괴하는 교권주의는 반대한다.
- 예수 그리스도는 본질상 하나님이시나 오히려 종의 모습으로 오셔서 그의 신적 권위로써 하나님의 백성들을 위로하고 치유하신 섬김의 주로서, 섬김을 받는 것보다 섬기는 삶을 교회의 직분자들에게 요청하신다는 입장을 견지한다._1222

Q 영적 공동체의 사회적 책임에 대한 성결교회의 입장은 무엇인가?
- 성령에 힘입어 거듭나고 거룩하게 되는 개인의 영적 체험을 강조한다.
- 그러나 개인에게 부여된 이성의 합리성을 부정함으로써 교회의 사회적 책임과 공동체성을 파괴하는 신비주의는 반대한다.
- 종교적 열광주의를 배척했던 초대 성결교회의 전통을 따라 영적 공동체의 사회적 책임을 다한다는 입장을 견지한다._1222

Q 유물론적 무신론에 대한 성결교회의 입장은 무엇인가?
- 정치·경제·사회제도의 다양성을 인정한다.
- 그러나 유물론적 무신론에 따라 신앙과 전도의 자유를 억압하는 공산사회주의는 반대한다.
- 피를 흘리면서까지 신앙의 자유를 지킨 거룩한 순교의 전통을 이어받아 폭력이나 물질주의의 위협 가운데서도 신앙의 순결을 지키며, 복음전파의 사명을 다한다는 입장을 견지한다._1222

Q 창조질서의 회복에 대한 성결교회의 입장은 무엇인가?
- 과학기술의 발전을 긍정하며, 사회적으로 소외된 자들을 향한 이웃사

랑을 실천한다.
- 그러나 과학기술의 이용과 사회적 소수자들의 인권이라는 미명으로 자연과 가정의 질서를 파괴하는 인간복제와 동성애는 반대한다.
- 성서적 규범에 따라 반생태적 진보사상과 이혼·낙태·성적 문란 등의 반윤리적 가정생활로부터 창조질서를 회복하는 일에 앞장선다._1222

4. 성결교회의 역사적 교훈에 관하여

Q 성결교회가 회개하고 있는 지난날의 역사적 과오는 무엇인가? _1223
- 일제 치하 말기 교회의 일부 지도자들이 신사참배를 한 일
- 그리스도 안에서 하나 되지 못하고 교단을 분열시킨 일
- 독재자들의 불의에 항거하지 못하고 침묵으로 타협했던 일들

Q 성결교회를 태동시킨 성결 운동이 19~20 세기의 상황 가운데 점하는 사상사적 위치와 특성은 무엇인가? _1~2
- 성결 운동은 모더니즘에 서서 기독교를 재해석하고 재정의하고자 했던 자유주의 신학을 강력히 거부하였고, 또한 모더니즘을 기독교에 대한 파괴적인 도전으로 인식하여 신학을 모더니즘 이전의 교회 전통에 묶어 놓고자 하는 신학적 근본주의와도 거리를 두었다.
- 그 대신에, 성결 운동은 성서적 계시 사건을 원형 그대로 20세기 현대의 삶 속에서 경험하기를 갈구했던 초자연적 체험의 신학을 추구하였다.
- 성결 운동은 성경이 믿는 자들에게 약속하는 복음의 능력, 성령에 의한 거룩한 변화의 삶을 추구하는 데 모든 힘을 모았다. 보다 적극적으로 주장하자면, 성결 운동과 이에 의해서 태어난 성결교회는 성경에 대한 확고한 신앙과 성령의 초자연적 변화의 능력을 인정하고 받아들임으로써 19~20세기 모더니즘의 도전에 대항한 것이다.

Q 한국성결교회의 성결론에 큰 영향을 미친 19세기 성결 운동에서 주장해오는 웨슬리안 성결그룹의 성결이해는 무엇인가?

- 성결교회는 성결에 대한 이해를 역사적으로는 19세기 성결 운동에서 주장해 온 성결론에 입각하고 있다. 즉, 온전한 성화는 중생 이후에, 성령에 의해서, 진지하고도 온전한 헌신의 행위를 동반하는 믿음으로만 이루어지는 것으로서 다음과 같은 세 가지 특징을 갖는다.
- 첫째가 육적 마음의 온전한 소멸, 즉 유전죄의 온전한 제거이며, 둘째가 영혼의 온전한 사랑에의 교통, 세 번째 성령의 계속적인 내주이다.
- 이에 따르면, 성결은 인간 내면의 부패성의 제거이며, 온전한 사랑의 회복이며, 성령의 세례이다._25

Q '성결 운동'과 '오순절 운동'의 신학적 차이점과 공통점은 무엇인가?

- 19세기의 성결 운동이 18세기의 웨슬리 부흥 운동에서 나왔다면, 20세기의 오순절 운동은 19세기 성결 운동에 나온 것이다.
- 따라서 성결 운동과 오순절 운동은 중생·성령세례·신유·재림, 그리고 체험 중심의 신앙과, 열정적인 예배 등 많은 점에서 유사점을 갖고 있다. 실제로 19세기 말과 20세기 초에는 '성결 운동'과 '오순절 운동'은 같은 말이었다.
- 급진파 성결 운동은 자신들을 자주 오순절 운동이라고 불렀다. 하지만, 방언 문제가 대두되고 이것이 지나치게 강조되면서 전통적인 그룹은 자신을 성결 운동이라 부르고 방언을 강조하는 그룹을 '오순절 운동'이라고 불렀다.
- 20세기 초 성결 운동과 오순절 운동 사이에 성령세례에 대한 논쟁이 벌어졌다. 성결 운동은 성령세례가 내적인 성결이라고 보았다. 하지만, 오순절 운동은 성령세례의 일차적인 증거가 방언이라고 주장하였다. 한국성결교회는 성결 운동의 전통을 따라 방언을 부정적으로 생각

해 왔다. 성결교회는 오순절 운동의 역동적인 신앙을 긍정적으로 평가하면서도, 성령의 가장 중요한 사역이 외적 은사 이전에, 인간을 변화시키는 데 있다는 것을 재확인한다._35

5. 성결교회 신학의 과제에 관하여

Q 성결교회 신학이 목회·선교·교육·신학 등 현장을 위해 줄 수 있는 10가지의 유익한 점은 무엇인가?

- 성결교회의 신학적·교리적·신앙고백적 정체성을 확립한다.
- 성결교회의 신앙적·신학적 유산을 정리 보존한다.
- 지도자 양성을 위한 신학교육의 기초를 구축한다.
- 교회 신자들의 교육을 위한 기초를 마련한다.
- 목회, 선교, 및 신앙생활의 기준과 방향을 제시한다.
- 교단의 신학적 전통이 성서해석학적 작업에 기여하도록 한다.
- 세계 교회와의 초교파적 연합 활동의 근거가 된다.
- 이단에 대처하는 이론적 근거가 된다.
- 효율적인 선교·전도·교회성장을 도모하는 데 필요하다.
- 새로운 신학에 대한 평가와 수용여부를 판단하는 기준을 제공한다._6

Q '온전한 구원'을 위해 성결교회가 발전시켜야 할 신학적 과제는 무엇인가?

- '온전한 구원'을 위한 사중복음의 전통에 입각하여, 중생의 복음에 기초한 생명의 신학, 성결의 복음에 기초한 사랑의 신학, 신유의 복음에 기초한 회복의 신학과 재림의 복음에 기초한 공의의 신학을 발전시켜 나가는 것이다._1223

6. 성결교회와 웨슬리안 전통에 관하여

Q 웨슬리는 18세기 당시 영국의 상황에서 지배적인 전통들을 어떠한 태도로 다루었는가? 웨슬리의 모범을 통해서 성결교회가 배울 수 있는 점은 무엇인가?

- 존 웨슬리는 당시 '경험'을 모든 지식의 기초로 삼았던 경험주의의 본고장에서 오히려 '성경'에 최고의 권위를 부여할 수 있었던 자유를 누렸으며, 영국교회의 보수주의 신학 가운데서도 오히려 '경험'의 중요성을 놓치지 않고, 경험으로써 성경의 진리를 확증하는 데까지 나갔다.
- 웨슬리는 기독교의 '전통'을 불신하고 있었던 당시의 상황 속에서도 성서해석과 신학 연구를 위해 전통을 끊임없이 연구하고 전통으로부터 배움을 추구하였다.
- 웨슬리는 자신이 존경하는 초기 교부들에게서 "많은 오류와 많은 취약점, 그리고 잘못된 결론이 많은 것"을 지적하였으며, 영국교회의 전통을 존중하면서도 수정해야 할 부분은 과감히 고치기도 하였다._8

Q 성결교회 안에 웨슬리 신학을 뿌리내리게 한 조종남 박사의 신학적 기여는 무엇인가?

- 그는 한국성결교회의 신학을 복음주의 신학으로 확립하고, 선교 지향적인 자세를 통해 세계 교회에 공헌한다는 확고한 입장을 정리하였다.
- 초기 성결교회의 지도자들이 '성결'에 초점을 두고 있는 것만큼이나 조종남의 웨슬리 신학은 '선행은총'을 강조하고 있다. 조종남은 선행은총의 신학을 통해서 하나님의 은총의 절대성과 아울러 인간 이해의 새로운 가능성에 개방적인 태도를 취할 수 있었다.
- 성결교회 신학은 조종남에 의해 소개된 웨슬리 신학과의 만남을 통해 보다 체계적인 신학으로 진일보하게 된다.
- '체험적 신학'의 확립은 오늘날 일부 복음주의 신학자들이 빠지고 있

는 객관성의 오류, 예를 들면 신학과 목회 현장의 괴리와 같은 문제를 해소한다._27

Q 성결교회 신학이 종교개혁적 복음주의와 웨슬리안 성결 운동의 복음주의 정신을 이어받는다는 것은 무엇을 의미하는 것인가?

- 성결교회는 16세기 종교개혁의 정신과 원리 위에서, 19세기 자유주의 신학을 배격하며 동시에 편협하고 독선적인 보수주의 내지는 근본주의를 벗어나서 '열린' 또는 '온건한' 복음주의를 오늘이라는 삶의 자리에서 구현하려고 애써온 전통을 유지한다는 것이다.
- 이에 대한 가장 명확한 표지가 '온전한 복음(Whole Gospel)' 또는 '순복음(Full Gospel)'인 사중복음(중생·성결·신유·재림)을 신앙생활과 신학적 체계에서 강조해 오고 있는 것이다.
- 이는 종교개혁의 신학적 유산인 그리스도·신앙·은총·성경을 신학의 중심축으로 세우는 것이며, 동시에 이러한 전통을 세속화하는 인본주의적 신학 운동에 저항하는 성결 운동과 사중복음신학을 주창하는 것이다._30

Q 성결교회 신학의 웨슬리안 경험주의가 시대적으로 요청될 수밖에 없었던 배경은 무엇인가?

- 웨슬리안 경험주의가 대두된 것은 기독교를 '형식주의'나 '합리주의'의 위험에서 건져내려함에 있었다.
- 하나님과의 인격적인 교제는 제도화된 의식으로 대체되고, 신앙은 이성에 종속되어 합리성이 기독교 진리의 시금석이 될 수도 있다. 기존 교회나 신학이 형식주의나 합리주의에 물들게 되면, 생생하고 뜨거운 신앙 체험과 삶을 강조하는 새로운 신앙 운동이 일어나게 되는 것이다.
- 이와 같은 배경에서 웨슬리의 부흥 운동이 19세기 중반 이후 미국의 성결-부흥 운동으로 이어졌다. 성결-부흥 운동가들은 중생과 성결의

복음을 외쳤으며, 이와 함께 신유를 강조하였다. 부흥회의 뜨거운 열기 속에서 체험적 신앙이 자연스럽게 강조되었다. 따라서 이러한 부흥운동의 결과로 출현한 성결교회가 체험적 신앙을 강조하는 것은 지극히 당연한 일이었다._31

Q 개신교 복음주의 웨슬리안 사중복음신학의 특징은 무엇인가?

- 성결교회의 사중복음인 중생·성결·신유·재림은 종교개혁 운동과 웨슬리안 성결 운동이 궁극적으로 회복하고자 했던 하나님중심주의에 대한 결정적인 표현이다. 이는 곧 '하나님이 하신다'는 것이다.
- 생명·사랑·자유(회복), 공의의 참된 근원은 오직 하나님이라는 신앙적 고백이며, 신학적 선언이다. 이는 역으로 하나님 없이 인간 스스로가 자신의 힘으로 생명 현상을 도모하고, 공의를 실현하고자 하는 등의 인간 중심적 기획이 지니는 교만과 허구를 폭로하고 비판하는 것이다._93

Q 교회의 교리에 대한 웨슬리안 전통의 입장은 무엇인가?

- 교회 전통의 가르침을 대부분 수용하지만, 교리 전통의 한계를 분명하게 명시한다.
- 교리전통은 성경의 가르침 보다 아래에 있으며, 성경의 가르침의 빛에서 이해되어야 한다는 종교개혁의 성서원리를 고수한다.
- 교리는 그 자체로서 권위가 있는 것이 아니라, 성서적이어야 하며, 동시에 그리스도인의 삶에서 확증되어야 한다.
- 주관적이고 직접적인 생동감에 비해 체계화되고 객관화된 것은 이차적으로 간주한다.
- 신학의 자료로서의 교리전통을 언급할 때 교리화된 내용자체가 아니라, 교리화 되기 이전의 신앙의 역동감에 주목한다._380

Q 신학과 교회의 현장에서 "경험"은 어떤 면에서 중요한가?

- 경험은 계시적 현실과 삶의 현실을 가교하는 역할을 한다.
- 경험이란 하나님과 인간의 개인적 인격적 만남이다.
- 성령론의 관점에서 경험을 정초시키고, 이 경험을 통해 신학적 결정과 판단이 실제적인 삶과 연관성이 있음을 강조한다.
- 신학은 경험적 현실을 사변적으로, 추상적으로 이해하지 않고, 오히려 하나님의 구원하시는 계시적 사건의 빛에서 해석한다.
- 경험이란 교회공동체의 경험이다. 교회공동체의 경험은 성경과 교회의 가르침의 보편성과 적합성을 확인하는 자리이다.
- 성결교회의 '경험'은 하나님의 말씀을 통해 일하시는 성령과 성도 간의 인격적 교제의 경험이며, 하나님의 구원사건에 대한 응답으로서의 경험이다. _381

Q 웨슬리안 전통하에서 성결교회가 이성을 중시해야 할 이유는 무엇인가?

- 성령의 인도함을 받는 성도는 진리를 알아가는 데 이성을 필요한 기능이다.
- 이성을 부인하는 것은 종교를 부인하는 것이며, 종교와 이성은 동반자이며, 모든 비합리적 종교는 거짓 종교이다.
- 스콜라적 의미에서 신앙의 전제로서 이성의 추론적, 합리적 인식력을 신뢰한 것은 아니다.
- 신학형성을 위한 이성의 역할은 고도의 지적 작업을 통한 형이상학적 체계의 건설이 아니라, 일반적으로 이해 가능한 수준에서 진리를 이해하는 데 있다. 즉, 이성은 기독교의 진리에 대해 지성의 균형성을 유지하는 역할을 한다. _382

Q 성결교회는 웨슬리안 전통에 따라 성경·전통·이성·경험을 활용하여 하나님의 말씀을 바르게 밝히고자 하는데, 어떻게 전개하는가? _384

- 삼위일체적 구원사건에 대한 증거인 성경과, 신앙적 삶의 축적물인 전통을 주시할 뿐 아니라, 계시와 삶을 매개해주는 경험과, 이를 비판적으로 확인케 하는 이성의 역할을 도외시하지 않는다.
- 성경은 살아계신 하나님의 계시의 내용에 대한 해석학적 작업을 위한 규범과 자료로 활용되며, 전통은 신앙인의 역동적 삶의 표현으로서 성서적 빛에서 조명되어야 하며, 경험은 해석학적 작업의 지평과 그 결과에 대한 실험의 장(場)이 된다. 또한, 이성은 일체의 권위의 비판자로서 신학적 진리언설의 비이성적 왜곡과 남용을 방지하며 동시에 계시 사건 앞에서 자신의 이성적 한계를 역설적으로 지시한다.

7. 성결교회 교리적 전통에 관하여

Q 성결교회 최초의 체계적인 신학서라 할 수 있는 이명직의 『신학대강』이 정의하고 있는 신학이란 무엇이며, 그 목적과 필요성은 무엇인가?

- "신학이라 하는 것은 하나님과 인류, 하나님과 세계, 하나님과 우주의 관계를 정하는 학문이다."
- 그 신학의 목적은 "하나님의 사실과 하나님과 인류, 하나님과 세계, 하나님과 우주의 관계를 발견하여, 종합하여 유기적 전체를 계통화하려는 것"이다.
- 이러한 신학은 인간 지성을 위해서, 교회를 위해서, 성경의 교리를 조직적으로 교훈하기 위해서 필요하다고 말한다.
- 그 중에서 '교회'를 위해서 신학이 필요한 이유를 <신학대강>은 다음과 같이 밝힌다. "신학은 지식이니, 지식 없는 신앙은 미신에 빠지기 쉬우며, 신학은 신앙의 지도(指導)니, 지도 없는 신앙은 지침(指針) 없

는 항해와 같기 때문이다."
- 또한 신학의 필요성을 역으로 표현하기를, "신학이 없으면 음식 원료가 있어도 조리 제법을 알지 못함과도 같고, 무기가 있어도 그 사용을 알지 못함과 같기 때문"에 교회는 바른 신학을 요구한다는 것이다._10

Q 성결교회 신학의 교리적 계통은 무엇인가?

- 예수 그리스도(성경), 바울(초대 교회), 어거스틴(중세 교회), 마틴 루터(종교개혁), 존 웨슬리(초기 감리교회), 마틴 냅과 리스(만국성결교회), 카우만과 길보른(동양선교회), 김상준과 정빈(동양선교회성결교회), 그리고 이명직과 김응조(한국성결교회)로 이어져 오는 '복음주의' 계통이라 할 수 있다.
- 이에 대한 중요한 문서적 근거는 성경, 사도신경, 에큐메니칼 공의회 신조(니케야, 칼케돈 등), 아우그스부르크 신앙고백, 웨슬리의 종교강령 25개조, 만국성결교회 장정, 동양선교회성결교회 교리 및 조례, 기독교대한성결교회 교리와 신조(헌법), '우리의 신앙고백', 교단창립 100주년 신학선언 등이다._12~16

Q 성결교회의 신학적 보편성과 고유성을 확인할 수 있는 근거는 무엇인가?

- 성결교회 신앙 개조의 큰 줄기는, 첫째 그리스도, 둘째 사도들, 셋째 존 웨슬리, 그리고 넷째 만국성결교회이다. 이 중에서 그리스도와 그 사도들의 교훈은 기독교 전체의 공통적 규범으로서 종교개혁의 신학이 로마가톨릭의 전통으로부터 성서적 복음을 회복하고자 했던 신학적 유산이다.
- 성결교회는 이 종교개혁의 복음적 전통을 신학의 토대(土臺)로 삼음으로써 일반 개신교 복음주의와의 신학적 '보편성'을 공유한다.
- 동시에 존 웨슬리의 신학과 만국성결교회의 신앙을 토대로 하여 성결

교회만의 '고유성'을 확보한다.
- 이처럼 성결교회 신학의 특징은 보편적으로는 16세기 종교개혁 신학 위에, 그리고 고유하게는 18세기 존 웨슬리 신학과 19세기 성결 운동에 의한 만국성결교회의 사중복음신학에서 발견될 수 있다._17

Q 성결교회가 자신의 신학적 정체성을 형성하는 과정에서 수용한 역사적 유산은 무엇인가?

- 사중복음의 관점에서 종합할 때, 한국성결교회는 종교개혁의 '칭의(중생)' 교리, 웨슬리 신학의 '성결' 교리, 만국성결교회의 '신유'와 '재림' 교리를 초석(礎石)으로 하여 성결교회 고유의 신학을 발전시켜 왔다.
- 그리고 복음주의 신학의 관점에서 볼 때, 종교개혁의 '신앙', 웨슬리 신학의 '경험', 만국성결교회의 '은사'를 중요한 역사적 유산으로 평가할 수 있다._18

Q 성결교회 복음주의의 세 가지 특징은 무엇인가?

- 그리스도를 믿음으로써만 구원을 얻는다.
- 성경의 무오성과 절대적 권위를 믿는다.
- 전도를 강조한다._18~19

Q 성결교회가 '성경지상주의'가 아닌, 성경중심주의라 말할 수 있는 '성서적 복음주의'에 서 있다는 것은 무엇을 의미하는가?

- 성경이 신앙과 생활 그리고 교리와 신학에서 최고 권위를 가진다는 의미이다.
- 성경의 지상적 권위(supreme authority of Scripture)를 극단적으로 주장하지 않는다.
- 성경의 의미를 신앙 공동체 안에서 찾는다.
- 성경의 최고 우위성을 주장하지만, 동시에 전통, 이성, 그리고 경험의 상대적 가치와 유용성을 강조한다._20

8. 복음주의적 성결교회 신학 방법에 관하여

Q 역사비평학적 성서연구 방법론에 대한 성결교회의 지난 입장이 지닌 긍정적 측면과 부정적 측면은 무엇이며, 현대 성결교회가 취해야 할 바른 태도는 무엇인가?

- 전통으로서의 긍정적인 면은, 성경의 신적 권위는 인간의 역사적이며 과학적인 분석 작업을 통해서 확보될 수 없다는 관점에서 이를 지키기 위해 역사비평방법이 빠질 수 있는 인본주의적 성경관을 분명하게 거부한 점이다.
- 그 결과, 성결교회 신학이 세계의 성서학계가 발전시킨 다양한 학문적 방법론들과 적극적으로 만나지 못하게 된 점은 부정적인 측면이다.
- 그러나 오늘날 복음주의 신학은 과거보다 훨씬 학문적으로 잘 훈련된 상태이며, 모든 학문적 방법들이 자체적으로 지니는 한계를 직시하고 있다.
- 따라서 오늘날 성결교회 신학은 선진들이 했던 것처럼 역사비평방법과 이를 넘어서고자 나온 다양한 학문적 방법론들을 '비평적으로' 활용하는 보다 큰 틀의 학문적 태도를 구축해 나갈 수 있어야 한다._22

Q 경건주의적 복음주의를 성결교회 신학의 주요 사상 가운데 하나로 볼 수 있는 신학적 연관성은 무엇인가?

- 신학적인 관점에서 볼 때, 종교개혁의 핵심적인 신학사상인 칭의(稱義) 교리와 오직 성경, 은총, 신앙에 대한 확신은 그대로 경건주의에 이어진다. 경건주의는 루터의 복음적 개혁정신에 입각하여 다시 한번 개신교회를 개혁하려는 열망으로 가득 찬 운동으로 번져갔다.
- 경건주의는 죄인의 칭의에 머무르지 않고, "중생, 완전한 새 창조, 새로운 피조물, 새로운 인간, 내적이며 감추어진 진심어린 사람, 하나님의 자녀" 등을 강조했다.

- "완전성에 대한 노력에 있어서 초대 그리스도교의 활력성"과 "기독교적인 완전에 대한 노력"으로서의 "성결"을 이루고자 하는 데에 실천적 중요성을 두었다. _23

Q 개신교 복음주의 웨슬리안 사중복음의 신학 전통에서 슈페너 – 프랑케 – 진젠도르프 – 웨슬리 – 이성봉으로 이어지는 역사적 연관성은 무엇인가?
- 독일의 경건주의적 복음주의는 웨슬리에게 깊은 영향을 미친다. 웨슬리가 경건주의를 구체적으로 경험하게 된 것은 경건주의 운동의 세 번째 지도자인 니콜라우스 진젠돌프(1700~1760)를 통해서이다. 야콥 슈페너는 진젠돌프의 대부(代父)였으며, 프랑케는 할레 대학교에서 진젠돌프의 선생이었다. 진젠돌프는 헤른후트(Herrnhut)에 공동체를 형성하고, 즉각적인 구원, 끈끈한 교제, 세계 선교를 강조하였다.
- 이런 일들은 "너무나 놀라운 결과들을 초래하였는데, 먼저는 요한 웨슬리의 회심이고, 그 다음으로는 웨슬리를 통한 감리교의 창설이고, 그리고 마지막으로 감리교인들을 통한 세계 선교였다."
- 특별히 웨슬리가 진젠돌프의 헤른후트 형제단의 경건주의에 매료된 이유 중 하나는 "그들 가운데서 그 시대에 실현된 초대 그리스도교를 발견하였기 때문"이었다.
- 이러한 경건주의적 복음주의는 웨슬리와 성결 운동을 통해 한국성결교회에도 깊은 영향을 미쳤다. 이성봉이 부흥회를 인도할 때 존 번연의 『천로역정』을 직접 강론한 것도 경건주의의 영향으로 볼 수 있다. _24

Q 개신교복음주의 신학 중 성결교회가 취하고 있는 웨슬리안 복음주의가 루터와 칼빈적 복음주의와 비교할 때 강조하고 있는 점은 무엇인가?
- 루터의 신학이 "믿음으로 의로워짐", 즉 칭의에 강조점이 있다면, 칼빈의 신학은 하나님의 절대주권과 함께 예정론에 강조점이 있다.

- 이에 비하여 웨슬리의 신학은 특히 칼빈 신학과 대조되는 점이 많이 있다. 예를 들면, 인간의 '자유의지', '선행은총', '복음적 신인협동설', '보편적 속죄'와 그에 따른 '만인 구원'의 가능성이다.
- 무엇보다도 웨슬리의 신학에서는 '성결'이 가장 중요한 주제라는 점에서 여타의 신학과 구별된다.
- 성결교회 신학은 '성결'의 복음을 온전히 전파하고 그 능력에 참여하는 일에 가장 우선적인 가치를 부여함으로써 성결교회 고유의 시대적 사명과 정체성을 확인한다._25

9. 개신교 웨슬리안 복음주의

Q 신앙의 경험을 강조하는 성결교회가 신학적으로 늘 경계해야 할 점은 무엇인가? 아울러 바른 신앙 경험을 위해 추구해야 할 점은 무엇인가?

- 신앙의 경험에는 다양성과 가변성이 늘 존재한다. 그러므로 경험 그 자체는 규범일 수 없다. 또 특별한 경험을 일상적인 것으로 보편화시켜서도 안 된다.
- 신앙의 규범과 기준은 성경이므로 경험은 언제나 성경에 의하여 검증되어야 한다. 경험은 우리가 발견한 진리를 증언하지만, 경험 자체가 진리의 근원은 되지 못하기 때문이다.
- 신앙 경험은 성서적 진리를 확증해주지만, 성경은 그 체험을 검증하여 열광주의나 주관적 감정에 빠지는 것을 막아주어야 한다.
- 신앙 체험을 강조하는 성결교회가 이러한 위험에 빠지지 않기 위해서도 교회는 웨슬리안 복음주의의 신학적 전통에서 "성서적" 체험을 강조해야 한다._32

Q 성결교회 신학의 웨슬리안 전통에서 복음적 경험주의의 특징은 무엇인가?

- 신앙 체험에 대한 성결교회의 강조는 단순히 영적이며 내적인 경험만이 아니라, 실생활의 실천적 경험을 포함한다. 이것이 마음과 생활의 성결이다.
- 이는 성결교회 신앙이 실천적이며 실용적이라는 면을 보여준다. 이러한 삶은 신자에게 함께 하시는 성령의 은혜와 선물로써만 가능하다. 이것이 바로 성령세례이며 성령충만이다.
- 이 복음적 경험주의는 바른 교리를 보수하는 것에 머무르지 않고, 바른 삶과 체험적 신앙에 더 큰 관심을 가진다. 무엇보다 성경의 권위를 분명하게 고백하고, 중생의 체험을 강조하며, 전도를 그의 사명으로 하는 특징을 지닌다._32

Q 성결교회 신학의 원리는 무엇으로 구성되어 있는가?

- 성결교회 신학은 원리적으로 '개신교 복음주의 웨슬리안 사중복음'의 신학적 전통에 기초하여 성결교회의 신학범주, 신학방법, 신학규범으로 설명될 수 있다.
- 즉, '개신교 복음주의'로부터는 성결교회 신학의 범주를, '웨슬리안 전통'으로부터는 성결교회 신학의 방법을, 그리고 '사중복음'으로부터는 성결교회 신학의 목적인 "온전한 구원"과 이에 이르게 하는 제 규범들을 밝혀진다.
- 이로써 성결교회 신학의 정체(正體)는 개신교 복음주의적이며, 웨슬리안적이며, 그리고 사중복음적인 것으로 더욱 확실히 드러난다. _41

Q "개신교복음주의"가 성결교회 신학의 범주라 함은 무엇을 의미하는가?

- 성결교회의 신학적 행위는 개신교 복음주의의 틀 안에서 이루어진다는 것이다.

- 이는 크게 볼 때, 외적으로는 가톨릭 신학과 차별된 범주를 말하는 것이다. 그래서 성결교회 신학은 무엇보다도 개신교의 종교개혁적 신학이다.
- 또한 개신교 신학내적으로는 모든 인본주의, 공로주의, 자유주의, 및 신비주의를 따르는 신학을 거부한다. 그러한 의미에서 성결교회 신학은 복음주의 신학이다.
- 종교개혁의 프로테스탄티즘이 성서중심주의로써 인본주의에 대항하였고, 은총중심주의로 공로주의를, 신앙중심주의로써 자유주의를 거부하였으며, 나사렛 예수의 삶을 따르는 본으로써 신비주의에 대항하였듯이, 성결교회 신학은 오직 성경·오직 은총·오직 신앙의 메시지가 요청되었던 종교개혁시대의 정신을 이어받아 개신교 복음주의 신학을 도모한다.
- 그러므로 이와 같은 신학적 정체성에 입각하여 성결교회 신학은 일체의 비성서적이며, 인본주의적이며, 공로주의적이며, 자유주의적이며, 신비주의적인 신학적 사조를 배격한다._42

Q 성결교회 신학이 취하는 성서적 신학방법이란 무엇인가?

- 성경이 성결교회 신학의 신학방법이라는 것은, 모든 신학적 판단과 결행(決行)은 '성서적'이어야 한다는 의미이다.
- 곧 성서적으로 사유하고, 성서적으로 행동하는 것을 말하는 바, 이를 다시 전통적인 틀로 부연하면, 창조주이신 하나님과 그리스도이신 예수와 그리고 보혜사이신 성령의 관점에서 삼위일체의 신앙을 바탕으로 생각하고 행동하는 것을 말한다.
- 이러한 성결교회 신학의 '성서적' 신학방법은 성경 이외의 다른 영향력 있는 인물이나 자료를 사유와 행동의 최종 근거로 삼는 여타의 모든 행위에 대하여 저항한다. 예를 들어, 루터나 웨슬리에 의해 이룩된 기독교의 가치 있는 전통들이라도 성서적 판단 아래 있어야 한다는 것이다.

- 뿐만 아니라, 개인의 경험이나 이성에 따른 결과가 아무리 확고한 것이라 하더라도 성서적 판단과 충돌될 때 성서적 메시지를 우선시 하는 것이 성서적 신학방법이다. 그러나 소위 '성서주의(biblicism)'와 '성서문자주의(Biblical Literalism)'는 성서적 신학방법의 근본정신과 대치되는 것이기 때문에 거부되어야 한다. 이들은 하나님의 계시와 이를 전달하는 도구로서의 성경 문자를 동일시하는 성서우상주의에 빠져 성경 이외의 다른 신학적 원천을 부인하며 성서해석의 독단론에 떨어지기 때문이다.
- 이처럼 성결교회 신학은 성경에 최고의 권위를 두되 성서지상주의로 가는 것은 경계한다._43

Q 성결교회 신학이 취하는 전통적 신학방법이란 무엇인가?

- 성결교회 신학은 성경에 최고의 권위를 두되 성서지상주의로 가는 것은 경계한다. 그런 의미에서 성결교회 신학이 성서적 방법과 더불어 '전통적' 신학방법을 따르는 것은 매우 중요한 점이다.
- '전통적' 방법으로 신학을 한다는 것은 개인의 경험이나 결단 이전에 신앙 공동체가 경험하고 추구해 온 제 가치들을 존중하여 오늘의 신학적 결단과 삶의 현실에 재해석의 과정을 통해 끌어들이는 것을 말한다.
- 성결교회 신학은 예수 그리스도와 사도들을 통해 계시된 성경의 복음적 진리로 돌아가고자 했던 종교개혁의 프로테스탄티즘 전통과, 웨슬리가 창의적 종합의 태도로 이룩한 복음주의 및 복음주의적 성서해석의 전통에 이어, 만국성결교회가 제창한 사중복음의 전통을 신학적 유산으로 계승하고 재해석하여 오늘에 이르고 있다.
- 그러나 소위 '전통주의(Traditionalism)'는 '전통적' 신학방법과 근본적으로 상치되기 때문에 배격되어야 한다. 또한, 성서적 관점에서 재해석의 과정이 생략된 전통을 오늘의 현실을 판단하는 규범으로 삼는 전

통주의란 결국 성서적 신학방법의 우선성을 파괴하고 지배함으로써 특정 교파와 교리를 절대화하는 '교파주의' 혹은 '교리주의'로 빠지기 때문이다._44

Q 성결교회 신학이 취하는 이성적 신학방법이란 무엇인가?

- "이성은 이해와 판단과 논술의 도구"이며 "그러므로 이성을 버리는 것은 곧 종교를 버리는 것"이다. 이런 맥락에서 성결교회 신학의 심화 발전에 있어서 이성적 신학방법은 결코 경시될 사항이 아니다.

- 웨슬리의 다음과 같은 생각은 신앙이라는 이름으로 반이성적, 혹은 반지성적 신학 태도를 보이는 것들에 대해 분명한 거부를 표현하는 것이다. "우리는 이 종교를 통하여 이성을 배격하지 않고 오히려 이성을 최고의 완성된 모습으로 고양시킨다."

- 그러나 분명한 것은, 이성은 계시의 원천이 될 수 없다는 사실, 달리 말하여 "이성은 하나님의 성령의 지도 아래 참 종교의 기초를 닦는 상부구조를 수립함에 있어서 근본적으로 도움을 주는 것"으로서 그 역할이 제한되어야 한다.

- 성결교회 신학은 이와 같은 점에 근거하여 이성의 힘으로써 성경의 계시성을 부정하는 의미의 모든 자유주의를 거부한다. 동시에 이성의 활동을 억압하거나 폄하하면서 계시만을 고집하는 신비주의 역시 배격한다._44

Q 성결교회 신학이 취하는 경험적 신학방법이란 무엇인가?

- 이 방법은 성서적 메시지와 교회 전통의 가르침들이 교조(敎條)적으로 전달되는 것에 빠져버리지 않고 개인의 삶 가운데 생명력을 드러내는 데까지 이르도록 하는 것을 시도한다. 다시 말해서, 보편적 진리 주장이 구체적 현실 가운데 체험되도록 하는 것이다. 이는 개인적 경험으로 확인되기까지는 보편적 진리란 하나의 관념에 불과할 수 있음을 의미한다.

- 성결교회가 특별히 중생의 체험, 성결의 체험을 강조하는 것은 이러한 맥락에서 정당하게 이해될 수 있다. 경험이 진리의 원천이 될 수 없지만 경험으로써 진리가 확증될 수 있는 것임으로, 성결교회는 개인의 신앙적 경험을 신학적 판단의 과정에 매우 신중하게 끌어들이는 것이다.
- 그러나 성결교회의 '경험적' 신학방법은 소위 '경험주의(Sensualism)'를 신학 방법론 내에 적용시키는 것은 거부한다. 왜냐하면, 신적 진리의 계시는 인간의 경험적 사실로 반드시 다 나타나는 것이 아니므로, 경험적 사실만을 진리로 인정하는 경험주의는 인본주의의 또 다른 모습에 지나지 않기 때문이다._45

Q 성결교회의 교리적 전통에서 분기점이 되었던 가르침의 대강은 무엇인가?
- 성경이 하나님의 말씀으로서 절대 진리요 절대 규범이 됨을 믿는다.
- 하나님이 약속한 구원자 그리스도가 나사렛 예수임을 믿는다.
- 성경은 예수 그리스도의 복음의 빛에서 해석되어야 함을 믿는다.
- 예수 그리스도는 세상의 구원을 위하여 이 땅에 오신 참하나님이시며 또한 참사람이심을 믿는다.
- 성부 하나님과 성자 예수 그리스도와 성령은 삼위일체이신 하나님임을 믿는다.
- 하나님의 선행은총으로 죄인은 회개하고 주 예수 그리스도를 믿음으로써 성령의 능력으로 중생케 됨을 믿는다.
- 믿음으로 성령의 세례를 받음으로써 자범죄 뿐만 아니라 원죄의 부패성이 제거되는 그리스도인의 완전인 성결을 순간적으로 체험할 수 있음을 믿는다.
- 믿음으로 질병이 치유되는 신유를 믿는다.
- 예수 그리스도께서 마지막 때에 공의로운 심판의 주로 홀연히 재림하실 것을 믿는다.

- 성결교회는 하나님의 백성으로 부름 받은 성도들의 친교 공동체로서 많은 허물에도 불구하고 하나이며 거룩하며 보편적이며 사도적인 영적 공동체에 속해 있음을 믿는다.
- 예수 그리스도께서 재림하실 때까지 순복음, 곧 "온전한 복음"을 땅 끝까지 전해야 함을 믿는다.
- 복음의 능력으로써 하나님과 이웃을 사랑으로 섬김으로써 하나님이 다스리는 나라가 임하게 됨을 믿는다._49

10. 성결교회와 사중복음

Q 성결교회의 사중복음적 목회 비전은 무엇인가?

- 그리스도께서 약속하신 하나님 나라의 온전한 구원을 바라보면서, 우리 교회의 창립 목적대로 "모든 사람을 중생하게 하며 교인들을 성결한 신앙생활로 인도하며, 신유의 은사로써 세상을 섬기며, 주의 재림의 날에 티나 주름 잡힘 없이 영화로운 교회로" 세워 나가는 것이다. _1224

Q 성결교회는 사중복음을 어떻게 정의하는가?

- 성결교회의 '전도표제'
- 성서적 교리
- 성경 해석의 신학적 원리
- 영성신학과 공동체 신학을 위한 복음의 대주제_1221

Q 사중복음이 성결교회 신학의 정체성을 파악하는 지름길이요, 동시에 개신교 복음주의 신학의 보편적 메시지로 수용할 수 있는는 이유는 무엇인가?

- 19세기 후반의 성결-부흥 운동은 거의 대부분 웨슬리의 운동과 사상 기반 위에서 전개해 나가면서, 특히 신유와 재림을 성결의 복음과 함

께 전했는데, 이는 이것들이 성서적 복음이라고 믿었기 때문이었다.
- 사중복음에는 개신교 종교개혁의 주제(중생)와 웨슬리 신학의 요점(성결)과 만국성결교회가 강조하는 교의들(신유와 재림)이 탄탄하게 응축되어 있기 때문에, 사중복음에 대한 바른 신학적 이해는 곧바로 성결교회 신학의 정체성을 파악하는 지름길이요, 동시에 개신교 복음주의 신학의 보편적 메시지를 듣는 길이다._35

Q 사중복음이 단순히 "표제"적 차원을 넘어서, "심각한 신학"이며, 그 자체로 "당당한 신학"일 수 있는 이유는 무엇인가?
- 이상훈의 연구 "성서학자로서의 이명직"은 이명직의 성서해석관을 이해하는 데 있어 신학적으로 매우 중요하다. 왜냐하면, 이명직이 행한 성서해석학의 근간은 중생·성결·신유·재림인 바, 이 사중복음은 단순한 전도표제를 넘어서 신약성경 전체를 꿰뚫는 "규범"으로까지 선언적으로 평가되고 있기 때문이다.
- 이상훈은 사중복음에 기초한 이명직의 "계시적 성서해석"과 "구원론적 성서해석"은 "조금도 손색이 없는 성서신학"이라 규정함으로써 한국성결교회 안에 사중복음의 성서신학적 초석을 놓았다. 한 걸음 더 나아가 이상훈에게 있어 "사중복음은 심각한 신학"이며, 그 자체로 "당당한 신학"이다._39

Q 성결교회 사중복음의 신학화가 요청되는 이유는 무엇인가?
- 사중복음을 신학화하는 작업에는 논란이 따른다. 한편에서는 사중복음이야말로 성결교회의 신학과 교리 전부를 포함하는 것으로 보는 반면에, 다른 한편에서는 사중복음은 다만 성결교회의 전도표제일 뿐이라는 주장도 있다. 한편은 사중복음을 너무 확대 해석하고 있고, 다른 편에서는 그 중요성을 너무 축소하고 있다. 이러한 논란은 사실 별로

의미가 없는 것이다. 교리와 신학은 전도와 무관할 수 없으며, 신학이 없는 전도는 있을 수 없기 때문이다.

- 이러한 논란의 해답은 다음과 같이 정리할 수 있다. 사중복음은 성결교회의 중요 교리와 신학의 요점이지만, 성결교회의 교리와 신학의 전부는 아니다. 또한, 사중복음은 교단 헌법에 명시된 것처럼 전도표제이지만, 동시에 중요한 신학적 주제이다.

- 사중복음을 신학화 할 수 있는 근거는 그것이 복음이기 때문이다. 모든 기독교 신학은 복음에 근거하고 있다. 우리가 바울의 신학이나 요한의 신학이라고 부르는 것들도 예수 그리스도의 복음에 근거하고 있다. 모든 기독교 신학은 천주교회, 동방 정교회, 개신교회와 같은 교파와, 루터, 칼빈, 웨슬리 등과 같은 신학자들에 관계없이 복음에 근거하여 복음을 해석하고 정리한 것이다. 사중복음 역시 예수 그리스도의 복음을 해석하고 정리한 것이므로 사중복음의 신학화가 가능한 것이다._522

11. 성결교회 신학의 규범과 해석학적 원리

Q 성결교회 신학에서 "성서적 규범의 중심은 예수"라 함은 무엇을 의미하는가?

- '복음'이라는 용어는 신학적 방법과 내용을 지칭하는 '복음주의'라는 개념과 구별된다. 신학적 규범으로서의 '복음'은 성경 전체가 궁극적으로 증언하는 바가 예수 그리스도라는 것이며, 예수 그리스도라는 복음의 관점에서 성경을 해석하며 일체의 삶이 이루어져야 한다는 뜻이다. 이 규범을 벗어나게 될 때 '기독교'의 정체성(正體性)은 근본적인 위기를 맞게 된다.

- 기독교의 반석은 예수 그리스도이다. 이 위에서 성경이 이해되고, 교회가 설립되고, 제 교리들이 의미를 지닌다.

- 성결교회는 예수 그리스도 십자가의 복음을 기초로 하여 보다 확대된

의미에서 소위 '사중복음'의 교리적 전통을 성서해석에 적용할 때 예수 그리스도의 복음이 보다 "온전한 복음(Full Gospel)"으로서 능력 있게 전파됨을 믿는다._51

Q 사중복음이 성결교회 신학의 특수규범(norma normata)이라 함은 무엇을 의미하는가?

- 성결교회 신학의 특수규범은 보편규범인 성경으로부터 나온 사중복음이다. 이는 다시 네 가지로 설명될 수 있다.
- 첫째, 성결교회 신학의 핵심은 생명이며, 그 규범은 중생이다. 성결교회 신학은 생명을 떠나서는 존재하지 않으며, 모든 생명은 중생의 빛 안에 있어야 한다.
- 둘째, 성결교회 신학의 핵심은 사랑이며, 그 규범은 성결이다. 성결교회 신학은 사랑을 떠나서는 존재하지 않으며, 모든 사랑은 성결의 빛 안에 있어야 한다.
- 셋째, 성결교회 신학의 핵심은 회복이며, 그 규범은 신유이다. 성결교회 신학은 회복을 떠나서는 존재하지 않으며, 모든 회복은 신유의 빛 안에 있어야 한다.
- 넷째, 성결교회 신학의 핵심은 공의이며, 그 규범은 재림이다. 성결교회 신학은 공의를 떠나서는 존재하지 않으며, 모든 공의는 재림의 빛 안에 있어야 한다._52

Q 사중복음이 지니는 해석학적 의의와 이에 근거한 신학적 사명은 무엇인가?

- 중생(重生)은 말씀과 성령의 역사로 이루어지는 참된 '생명'의 탄생이다. 하나님께서 천지를 창조하심도 '생명'의 역사요, 그리스도를 보내심도 '생명'을 얻게 하기 위함이요, 성령을 보내심도 만물을 '생명' 가운데 충만케 하기 위함이다. 죄악과 거짓으로 죽음의 세력이 역사하는

현실에서 중생의 복음은 진실로 '생명의 신학'을 가능케 한다. 모든 영혼은 중생의 복음을 믿음으로 참된 생명의 인생을 출발해야 할 뿐만 아니라, 생명의 공동체 문화를 창조해 나가는 성령의 사역에 참여하는 특권과 동시에 의무가 있다. 그러므로 성결교회 신학은 오늘의 세계와 역사에 생명의 문화를 창조하기 위하여 생명의 신학을 전개하는 사명을 감당해야 한다.

- 성결(聖潔)은 성령세례로 이루어지는 참된 '사랑'의 탄생이다. 성결론의 핵심은 결국 성령의 능력으로 하나님을 사랑하고 이웃을 사랑하는 삶과 인격의 완성에 있다. 성결은 하나님의 거룩한 영이 개인의 인격에 임재함이며, 그로써 하나님의 거룩한 성품에 참여하는 것이다. 이 거룩한 영은 개인만이 아니라 성도의 공동체에도 현재적으로 임재한다. 그렇기 때문에 미움과 분열의 세력이 지배하는 현실에서 성결의 복음은 진실로 '사랑의 신학'을 가능케 한다. 성결의 은혜로 말미암아 나타나는 하나님 사랑과 이웃사랑의 실재야말로 성경 전체가 기다리는 성령의 진정한 열매인 것이다. 그러므로 성결교회 신학은 오늘의 실존 가운데 사랑의 문화를 창조하는 '사랑의 신학'을 전개하는 사명을 감당해야 한다.

- 신유(神癒)는 '하나님의 손'으로 이루어지는 참된 '회복'의 역사이다. 이 회복의 역사는 병든 몸의 고침만이 아니라, 인간의 정신적·사회적·문화적·영적 질병에 의해 파괴된 모든 현실에 대한 구원과 회복을 포함한다. 생명을 지닌 모든 정신적·문화적·역사적·육체적 존재는 언젠가는 쇠약해지고, 깨어지고, 소멸한다. 오늘날 실존하는 모든 자연·문화·역사·인류 심지어 하나님의 자녀들까지도 고통 가운데 신음하고 있다. 이러한 때 신유의 복음은 이 세계의 고통을 하나님의 손으로 치유하는 '회복의 신학'을 가능케 한다. 그러므로 성결교회 신학은 파괴의 힘이 지배하고 있는 오늘의 생태계 가운데 회복의 문화를 창조하는

'회복의 신학'을 전개하는 사명을 감당해야 한다.

- 재림(再臨)은 예수 그리스도께서 공의(公義)로 심판하시기 위해 피조물의 역사에 다시 오시는 사건이다. 이 땅 가운데 진리로 주장되어 온 모든 학설·이론·종교·윤리·가치·세계관 등이 그리스도의 다시 오심을 통해 그 빛 가운데서 진실과 거짓으로 나뉘는 공의로운 심판의 역사가 있을 것이다. 진리의 이름으로 포장되었던 모든 위선들이 드러날 것이며, 불의로 인해 박해를 받았던 모든 자들의 의(義)가 만천하에 밝혀지게 될 것이다. 이로써 진정한 '세계의 평화'와 '역사의 완성'에 대한 희망을 가질 수 있게 된다. 재림의 복음에 기초하여 정치·경제·문화·종교 모든 분야에 '공의의 신학'이 전개되어야 한다. 그러므로 성결교회 신학은 불의의 힘이 세력을 더하고 있는 오늘의 역사 가운데 공의의 문화를 창조하는 '공의의 신학'을 전개하는 사명을 감당해야 한다. _58

Q 사중복음이 지니는 보편적 가치를 신학적으로 발전시켜야 할 이유는 무엇인가?

- 성결교회가 들어서는 곳마다 사중복음의 능력이 행해지며, 그에 따라 생명, 사랑, 회복, 그리고 공의의 문화를 창조하는 교회가 되도록 해야 한다. 그러나 지난 한 세기의 성결교회는 사중복음의 유산을 교리와 전도표제로서 교회내적 신앙생활을 위한 지침으로 활용하는데 만족해야 했다.

- 이제 성결교회는 이 빛나는 사중복음의 유산을 종교개혁적 개신교 복음주의의 신학적 범주와 웨슬리안 신학 방법에 입각하여, 21세기 한국과 인류 역사에 길이 영향력을 발휘토록 창조적인 성결교회 신학으로 발전시켜 나가도록 해야 한다. 성결교회는 성경·예수·구원·중생·성결·신유·재림의 신학을 이제 더 이상 '교회의 신학' 안에 묶어두지 않고, 정치·문화·생태·여성 등 사회 현실의 다양한 물음과 요청에 적극적으로 응답함으로써, 사중복음의 귀중한 유산이 현대 교회와 역사와 문화 가운데 '온전한 구원'을 위한 힘으로 발휘되게 할 수 있을 것이다. _59

Q 성결교회의 정체성을 위한 중요한 교리적 위탁물인 사중복음이 삶의 다양한 현장에서 그 잠재적 역량을 제대로 드러내지 못한 이유는 무엇인가?

- 사중복음이 복음 전도를 위한 그리고 신자 개개인의 경건한 삶을 위한 "표제(標題)"로 이해하는 것으로 만족해 온 것이 대체적으로 가장 근본적인 원인이라고 생각할 수 있다.
- 사중복음 자체가 지닌 적용의 한계성이라기보다는 사중복음이 신학적 탐구의 대상으로 제대로 취급된 적이 없었기 때문이라고 할 수 있다._62

Q 사중복음을 성결교회 신학으로 체계화 시켜 나가는 데 기초가 되는 성결교회의 고전적인 문헌들은 무엇인가?

- 이명직의 『기독교의 사대복음』, 『신학대강』, 『그리스도교의 대강령』, 『신약전서사경보감』
- 김상준의 『사중교리』_63

Q 성결교회가 자신의 고유한 신학의 부재를 느껴왔던 이유는 무엇인가?

- 성결교회가 신학의 부재(不在)를 말해왔던 것은 종교개혁 운동, 경건주의 운동, 및 성결 운동 등과 동일한 전통 안에서 자라오면서 삶의 내적 변화를 이루어 나가는 데 초점을 맞춰왔지, 교의학을 구성적으로 체계화하는 데는 심도 있는 노력을 기울여 오지 않았기 때문이다._64

12. 사중복음 교의학

Q 사중복음이 삼위일체론의 신학적 구조를 지니는 이유는 무엇인가?

- 성결교회의 사중복음을 개관할 때, '신론', '기독론', '성령론'은 사중복음 교의학의 근간이라는 사실이 사중복음이 해명되는 모든 곳에 나타난다. 이들은 철저히 '삼위일체론'의 신학적 구조를 지닌다.

- 사중복음에 나타나는 하나님, 예수 그리스도, 성령 삼위 모두는 동일하게 신적 실재(實在)이면서 동시에 각기 고유한 신품(神品)을 지닌다. 이명직의 『기독교의 사대복음』 가운데 반복적으로 나타나는 하나님의 말씀과 성신의 역사와 그리스도의 보혈의 공로는 중생·성결·신유·재림이 복음이 될 수 있도록 하는 신적 행위이다._65

Q 사중복음의 인간론, 죄론, 구원론의 관계는 어떻게 설명될 수 있는가?
- 신중심주의적 교의에 따라오는 것은 '인간론'과 '죄론'이다. 사중복음의 인간론은 철저히 영, 혼, 육의 관점에서 이해되며, 죄론은 자범죄와 유전죄의 차원에서 면밀하게 그 진상이 드러난다.
- 이와 같은 신학적 인간 이해와 죄 이해를 배경으로 해서 '구원론'은 자범죄를 해결하는 중생론과 유전죄를 해결하는 성결론으로, 질병을 해결하는 신유론으로, 그리고 재림론으로까지 나감으로써 영, 혼, 육의 온전한 인간 구원론으로 완성된다._66

Q 사중복음의 은총론과 신앙론의 교의학적 위치는 무엇인가?
- 하나님의 은총이 아니고서는 자범죄든 유전죄든 어떠한 죄의 문제도 해결될 수 없다는 것이며, 동시에 이 은총에 대한 인간의 책임 있는 응답은 오직 신앙밖에 없다.
- 이러한 '하나님의 은총'과 이에 대한 '인간의 신앙'만이 인류를 위한 중생과 성결과 신유 그리고 재림의 복음을 받게 한다는 것이 사중복음에 내재되어 있는 교의학적 함의(含意)이다._66

Q 사중복음의 교회론과 종말론의 교의학적 상관관계는 무엇인가?
- 사중복음 교의학의 최종 단계에서는 구원받은 하나님의 백성들이 마지막 때에 어떻게 살아야 할지를 알려주는 '교회론'과 '종말론'이 제시된다.

- 교회는 인류 역사의 마지막 세대에 속하는 것으로서 "인류의 영혼을 구원코저" 하나님의 말씀과 성신의 능력과 그리스도의 보혈로써 세운 복음의 기관이다. 이 사중복음의 교회론은 곧 오실 재림의 주를 영광 중에 맞이하기 위하여 이 땅에 존재하는 "유형적 교회"에 속하지만, 그 목표는 "영적 교회"를 이루어 나가는 것이다.
- 그리하여 우리가 다 중생하고 성결하여짐으로써, "영적 교회" 곧 "그리스도의 신부체"가 되어, 재림하시는 공의의 주님을 영접하며, 지상에서는 왕 같은 신분으로 천년왕국의 백성으로 살다가, 영원한 생명의 나라로 들어가는 것이다. 이러한 종말론은 사중복음 교의학의 절정을 이룬다.
- 그러나 이와 같은 종말론적 교의는, 교회로 하여금 세상 도피적 심령주의로 가게 하는 것이 아니라, 이 땅 위에 실현될 천년왕국에서 공의와 사랑의 주가 다스리게 되는 것처럼, 교회도 사중복음에 입각하여 생명, 사랑, 회복, 공의의 삶을 실천하는 공동체가 되어야 할 것을 요청한다._66

Q 사중복음 교의학의 특성은 무엇인가?

- 성결교회 신학의 교의학적 기반이 될 사중복음은 소박한 모습으로 보이지만 성서적 기반 위에 든든히 서 있기 때문에 얼마든지 매우 힘 있는 교의학으로 발전될 수 있다.
- 사중복음으로부터 전개되는 교의학은, 삼위일체 신학의 전통에 근거하고 있기 때문에 '신중심적'이며, '성서적'이며, 교회의 선교 현장에서 힘을 발휘하는 데 있어서 '실천적'이며, 개신교복음주의 웨슬리안 전통의 풍부한 유산을 수렴함에 있어서 '통전적'이며, 신학적 해석의 다양성을 지니고 있다는 점에서 '개방적'인 특성을 지닌다._67

Q 사중복음이 균형적으로 이해되지 못한 이유는 무엇인가?

- 사중복음은 그 내용에 있어서 신중심적, 성서적, 실천적, 통전적, 개방

적일 뿐만 아니라, 이러한 요소들의 적용 대상은 '주체적'이며 동시에 '공동체적'이라는 특징을 지니고 있다.
- 그러나 사중복음은 그동안 개인적이며 심령적이며 타계적인 방향으로 해석되었고, 성결교회의 신앙생활 전반에 걸쳐 개인구원의 편람(便覽) 역할로 만족해 왔다. 여기에는 20세기 초 한국사회의 종말론적 위기 상황에서 사중복음이 개인적으로 이해되었기 때문에, 그 신학적 해석이 보다 공동체적이며, 사회적이며, 역사적인 차원으로까지 이를 수 없었던 것으로 보인다._68

13. 사중복음 영성신학, 사중복음 공동체 신학

Q 사중복음이 만나는 인류의 보편적인 문제들은 무엇인가?

- 사중복음이 만나는 '보편적인' 문제란 언제나 '구체적인' 것으로 현실화된다. 그 구체적인 문제는 크게 두 가지, 즉 '나'의 문제와 '공동체'의 문제다. 따라서 사중복음은 언제나 나의 문제와 공동체의 문제에 집중한다. 여기에서 '나'란 별개의 단독적인 개인이 아니다. 만일 '내'가 수량화 될 수 있는 수많은 개인들 중의 한 개체로서의 '나'라면, 있어도 되고 없어도 되는 그런 존재이기 때문에 절대적 존재의 가치로 존중되지 않는다.
- '나'는 한 개인(a self)이 아니라, 유일한 나(the self)이어야 한다. 이런 맥락에서 볼 때, '내'가 없으면 그와 동시에 전체, 즉 '공동체'도 없는 것이다.
- 이때 '내'가 문제 되는 것은 유일하게 '하나님'과의 관계에서 그렇다. 하나님과 나의 관계가 사중복음이 대답하고자 하는 인류의 보편적 문제다.
- '나'의 문제가 창조주와의 문제면, '공동체'의 문제는 창조주에 의한 창조물과의 문제다._68

Q 사중복음의 영성신학적 특성은 무엇인가?

- 모든 인류 구성원은 하나님과 나만의 절대적 관계하에 있으며, 그 사이를 차지하고 들어갈 수 있는 것은 아무것도 없으며, 그 사이에는 아무도 존재하지 않는다. 바로 이와 같은 '하나님과 나'의 관계를 신학적으로 전개시켜 나갈 수 있는 가능성, 즉 '영성신학'의 가능성이 사중복음 안에 존재한다.
- 이러한 흐름에서 우리가 지칭하는 영성신학이란 객관화된 개별인격으로서의 '개인적' 영성이 아닌, 하나님과 나만의 절대적 관계, 곧 은총과 신앙으로 관계되는 영성의 세계를 체계적으로 다루는 것을 의미하는 것이지, 20세기 후반에 회자되고 있는 신학의 특정 유형을 말하는 것이 아니다._69

Q 사중복음의 공동체 신학적 특성은 무엇인가?

- 사중복음이 인류의 문제에 대하여 대답할 때 '나'의 문제뿐만 아니라, '공동체'가 구체적으로 문제가 된다. 모름지기 사중복음은 인류 공동체를 살리는 데까지 가지 않고서는 그 사명을 완수했다고 할 수 없을 것이다. 공동체의 문제는 무엇인가? 한마디로, '이웃과 나'의 관계 안에서 이루어지는 문제다. 이때 이웃은 나와 관계 맺는 창조물 전체다.
- '나'의 문제가 창조주와의 문제였다면, '공동체'의 문제는 창조주에 의한 창조물과의 문제라 할 것이다. 여기에서 내가 관계해야 할 창조물은, 예를 들면, 역사, 자연, 사회, 문화, 종교, 민족, 국가 등 나를 둘러싸고 있어 만나지 않으면 안 되는 현실 자체라 할 수 있다. 이처럼 '이웃과 나'의 문제를 다루는 신학이 '공동체 신학'이다.
- 여기에서 내가 관계해야 할 이웃은 인간과 자연을 포함한 생태계 현실 전체를 의미한다. 따라서 사중복음에는 영성신학과 더불어 공동체 신학이 잠재해 있으며, 성결교회 신학의 양대 흐름으로 현실화될 수 있다._69

14. 사중복음의 중생

Q 중생의 복음을 개인 구원에만 관련되어 있다는 평가가 잘못인 이유는 무엇인가?

- 사중복음의 모든 주제들은 개인 이전에 '인류 전체'가 직면한 공동체적 문제이지, 특정한 개개인의 문제가 아니다. 중생의 복음은 한마디로 전 인류에게 가장 중요한 '생명'의 문제이기 때문에 특정 개인이나 교단의 문제가 아니라 인류 전체적인 것이다.

- 중생이 중요한 것은 나 개인의 문제이기 전에 인류 전체에 예외 없이 해당되는 보편적인 것이기 때문이다. 요한복음의 표현으로는 천국을 보지 못하고 있는 세계, 육으로 태어난 세계, 어두운 것을 좋아하는 세계, 육의 일만 하는 세계, 거짓을 말하는 세계, 도적질하는 세계, 그리고 마귀의 자식이 된 세계는 새로운 삶, 새로운 생명으로 거듭 태어나지 않으면 안 된다.

- 오히려 사회의 특별한 현상들, 예를 들어, 인권 문제, 여성 문제, 정치 문제 등을 신학적으로 논하는 것은 오히려 중생의 문제보다 더 좁은 특정 그룹에 속한 개인들의 문제일 수 있다.

- 적어도 성결교회는 중생의 복음을 특정 그룹이나 개인들에게만 들려지거나 적용되어야 할 것으로 보지 않고, 온 인류가 모두 듣고 깨닫고 믿어 하나님의 생명 가운데 참여해야 할 것으로 이해하고 있다. _70, 73

Q 중생은 삼위일체 하나님만이 가능케 한다는 것은 무엇을 의미하는가?

- 삼위일체 하나님이 하신다는 것은, "하나님의 말씀", "성신의 능력", "그리스도의 보혈"에 의해 생명의 새로운 창조가 이루어진다는 것이다.

- 하나님 편에서 먼저 행하신 것에 대해서 인간이 회개와 신앙으로 응답함으로써 새로운 생명이 주어지는 것을 말한다. 여기에서 하나님의 은

혜와 인간의 신앙 모두가 강조되어야겠지만, 우선적인 것은 하나님이
시다! 복음의 주체는 하나님일 뿐이지, 인간의 종교적 행위는 결코 아
니기 때문이다._71

Q 중생을 위한 회개의 다섯 단계에 개입하는 삼위일체 하나님의 구체적인 역사는 무엇인가?
- 회개에는 5단계가 있는데, 곧 각성, 통회, 고백, 변상, 그리고 사죄의 단계. 하나님의 은혜에 대한 인간의 응답으로 이루어져야 할 이와 같은 회개의 각 단계에도 삼위일체 하나님의 구체적인 역사가 개입한다.
- 각성을 위해서는 하나님의 말씀이, 통회와 고백과 변상에는 성령의 능력이 임해야 하며, 사죄의 확신을 위해서는 그리스도 보혈의 은혜가 부어져야 한다._72

Q 중생의 복음이 생명의 신학으로 전개되어야 하는 이유는 무엇인가?
- 성결교회의 '생명의 신학'은 인류가 자신의 모습을 상실하고 불의와 악독과 탐심과 투기와 살인과 분쟁을 비롯하여 음란과 우상숭배 등의 삶으로 하나님의 뜻을 전면적으로 거부하고 있는 모습을 보여줄 수 있어야 한다.
- 인류의 삶의 현실 가운데에는 의(義)가 지배하기보다 불의가 판을 치며, 진(眞)이 이기기보다 거짓이 활개를 치며, 성(聖)이 존대 받지 못하고 속(俗)된 삶이 오히려 인기가 있어 추종하며, 참된 지(知)보다는 위선(僞善)이 앞서며, 생명을 살리고자 하는 의지보다는 죽음의 전쟁을 일으켜서라도 자기의 이익을 확보하려는 반생명적 현실이 만연해 있다.
- 중생의 복음을 전하는 성결교회는 하나님의 말씀에 입각하여 예언자적 통찰력으로써 이와 같은 반생명의 현대적 상황을 용기 있게 드러내야 하는 사명이 있다._74

Q 중생의 복음이 인류로 하여금 "각성"케 해야 할 내용은 무엇인가?

- 생명을 대적하는 죽음의 세력은 오늘날 정치, 경제, 사회, 예술, 생태, 심지어는 종교의 영역에서도 매우 활발하다. 교회가 죽음의 세력 가운데 신음하는 인류를 향해 그 세력의 진원지를 드러낼 때, 누구든지 자신의 실존적 영적 상태를 "각성"하도록 인도하고 또한 지도해야 할 과제가 중생의 복음을 위탁받은 모든 교회 특히 성결교회에 있다.
- 각성의 가장 깊은 단계는 인류가 하나님의 말씀을 믿지 않고 불순종하고 있음을 발견하는 것이다.
- 『기독교의 사대복음』에 따르면, 완전한 각성에 이른다는 것은, "첫째는 자기가 죄인 된 것, 둘째는 자기가 죽게 된 것, 셋째는 아버지는 풍성하니 양식도 풍성하고 사랑도 풍성"하다는 것을 깨닫는 것이다.
- 이와 같은 각성 운동이 힘차게 일어나기 위해서는 인류사회의 구석구석을 하나님의 말씀이 던지는 빛으로 비추어 현재의 "죽게 된" 모습의 진상을 드러내야 한다._75

Q 중생의 복음이 각성한 자들로 하여금 "통회"와 "고백"으로 나아가도록 하는 이유는 무엇인가?

- 내적인 "통회"와 외적인 "고백"은 하나님과 온 생명의 현실 앞에서 우리의 잘못을 겸손히, 정직하게 인정하는 것이다.
- 각성 후에 통회와 고백이 반드시 있어야 하는데 그 이유는 "첫째는 겸손을 요하심인대 겸손한 자의 영혼을 부흥케 한다 하셨고(사 57:15), 둘째는 정직을 요하심이니, 자기의 죄를 숨기는 자는 형통치 못하나 무릇 죄를 자복하고 바리는 자는 불상히 역임을 받으리라 하셨나니라(잠 28:13)."_75

Q 사중복음의 생명신학이 성령의 관점에서 조명되어야 하는 이유는 무엇인가?

- 생명의 신학은 성령의 관점에서 보아야 하는데, 성령이야말로 우리 안

에서 그리고 우리와 더불어 생명을 일으키는 분이기 때문이다. 성령의 임재와 감화력이 있어야 통회와 고백의 운동도 가능한 것이다.
- 우리가 얼마나 의롭지 못했는지, 거룩하지 못했는지, 진실하지 못했는지, 무지했는지, 뭇 생명들을 경시했었는지를, 중심으로부터 통회하고 고백할 때, 오히려 성령의 위로와 능력이 강하게 임하는 것을 경험하기 때문이다._76

Q 중생의 복음이 "변상"의 과정까지 가도록 하는데, 그 신학적 의의는 무엇인가?
- 중생의 복음은 단지 개인의 영적 심령의 차원에서 거듭남으로써 하나님의 자녀가 된다는 것에 결코 머무르지 않는다. 왜냐하면, 중생케 하는 말씀과 성령은 우리로 하여금 죄에 대한 각성과 그에 따르는 통회와 고백을 넘어서 우리의 범행으로 인해 손해를 본 이웃이나 파괴당한 현실에 대해 "변상(辨償)"까지 하도록 역사하기 때문이다.
- 『기독교의 사대복음』은 이렇게 말한다. "회개에는 변상이 따르나니 구약시대에도 보면 자기의 죄를 깨닫고 회개할 때에 첫째는 하나님께 자복하고, 둘째는 제사장을 통하야 속죄제물을 드리고(그리스도의 십자가의 속죄공로를 믿는 일), 셋째는 그 손해에 대하야 오배를 가하야 주인에게 변상하되 만일 본인이 없으면 그 친족에게, 친족도 없으면 제사장을 통하야 하나님께 돌리라 하였나니라(민 5:5~8). 세례 요한도 회개에 합당한 열매를 맺으라 하였으니(마 3:8) 이는 변상이오, 사캐오도 토색한 것은 4배로 변상하겠다 하였으니(눅 19:8), 변상은 회개에 따르는 만고불이지전(萬古不易之典)이니라."_76

Q 중생의 생명신학이 영성 운동과 공동체 운동으로까지 나가게 하는데, 그 의의는 무엇인가?
- 중생의 복음은 교회로 하여금 생명의 운동을 추진케 한다. 이 운동은

하나님과 나의 관계에서 이루어지는 영성 운동이며, 그와 동시에 이웃과 나의 사이에서 이루어지는 공동체 운동이다.

- 중생의 과정에서 각성은 하나님 앞에서 나의 죄성을 발견하는 것으로 머물지 않고, 이웃에 대한 나의 잘못된 관계를 깨닫는 데까지 이르는 것이다. 그래서 따라오는 고백은 하나님께 대하여 나의 내면에서 이루어지는 행위로 그치지 않고, 이웃을 향한 대사회적인 차원에서의 고백으로까지 나간다. 그 결과는 하나님과 화평이 이루어지며(롬 5:1), 동시에 이웃과 화평이 이루어진다. 아무도 송사할 자가 없어지는 것이다. 이로써 정의, 거룩, 진실, 건설, 그리고 생명의 역사에 참여하는 하나님의 자녀로서의 "원상회복"이 이루어지는 의의를 찾을 수 있다. 즉, 생명의 원상회복이며, 의(義)의 원상회복이다._77

15. 사중복음의 성결

Q 성결교회 신학의 규범의 하나인 성결의 종류는 무엇인가?

- 『기독교의 사대복음』은 성결교회 신학의 규범으로서 성결을 크게 두 가지로 나누어 말한다. 첫째는 "하나님께서만 가지신" 절대적 성결(사 57:15)이다. 이는 "악으로 시험을 받지도 않고 그 성결하심은 잃어버리지도 않이 하시는 성결"로서 이와 같은 성결은 "천상천하에 없고 오직 하나님"에게만 있는 것이다.

- 둘째로 "인간의 성결"로서 상대적 성결(벧전 1:15)이다. 이것은 하나님이 그 자녀들에게 원하시는 성결이며, 하나님에 의해서만 이루어질 수 있을 뿐 인간 스스로 이루지 못하는 성결이다._78

Q 중생 이후에 성결이 필요한 이유에 대해서 『기독교의 사대복음』은 무엇이라 말하는가?

- "성결은 우리 인생에게 절대로 필요하니, 유전하는 죄를 멸하며, 정과 욕을 이기며, 습관에서 버서나기 위하야 필요"하다고 말한다.
- 한마디로, 인류가 겪는 모든 문제의 가장 뿌리 깊이 박혀 있는 "유전죄"로부터의 자유함을 위한 복음이 곧 성결의 복음이라는 것이다._78

Q 유전죄로부터 자유할 수 있는 방법은 무엇인가?

- 유전죄로부터의 자유함은 어떻게 가능한가? 사람의 힘으로는 안 되며, 오직 하나님에 의해서만 가능하다. 즉, 삼위일체 하나님의 은총으로써 그리고 은총을 받아들이는 믿음으로써 유전죄와 정욕과 옛습관으로부터 자유케 될 수 있다. 말씀으로, 성신으로, 예수의 보혈로, 기도함으로, 믿음으로 정결해 질 수 있을 뿐이다.
- 유전죄가 없어지는 것은 "하나님의 하신 일을 믿는 그 순간에 소멸되는 것"인데, 이는 "법적 성결"의 차원에서 그렇다. 즉, 순간적으로 이루어지는 법적 성결은 이사야나 바울의 경우처럼 "역연순간(亦然瞬間)"이다.
- 그리고 이후 정욕이나 관습으로부터의 자유함은 철저히 우리 자신이 얼마나 십자가의 삶을 사는지에 달려있다. 그래서 『기독교의 사대복음』은 다음과 같이 맺는다. "나 자신의 책임에 있나니 수시(隨時)하야 십자가에 못박음으로 성결케 되나니라(갈 5:24, 눅 9:23)."_79

Q 성결의 복음에 기초한 사랑의 신학은 어떻게 전개되는가?

- 인류는 유전죄로 말미암아 나타나는 행동에 의해서 지배되고 있는 동안, 하나님과 나, 그리고 이웃과 나의 관계에서 완성해 나가야 할 거룩한 사랑의 명령, 곧 '하나님을 사랑하고 이웃을 사랑하라'는 하나님의 뜻을 온전히 실현할 수 없다. 그러므로 성결과 사랑의 신학은 두 가지

차원에서 '사랑의 운동'을 제시한다.

- 즉, 성결(聖潔) 운동(고후 7:1)과 성별(聖別) 운동(레 11:44)이다. 성결 운동은 내적 차원에서의 정결된 삶, 곧 "깨끗한 마음"을 추구하는 반면 (시 119:9, 시 51:10, 딤후 2:22, 시 24:3~4, 약 4:8), 성별 운동은 외적 차원에서의 구별된 삶을 추구한다. 이와 같은 운동들은 하나님과 나의 관계를 다른 관계들과 구별된 것으로 만들며, 이웃과 나의 사이를 '깨끗'하게 만든다._80

Q 성결 운동의 외면적 변화로 연결되는 성별 운동의 소극적 성별과 적극적 성별이란 무엇인가?

- 성결 운동은 인류의 내면적 변화에 초점을 맞추지만 외면의 변화로까지 연결되지 않으면 완전한 성결로 나갈 수 없다. 바로 이 외면의 변화를 추구하는 것이 "성별(聖別) 운동"이다. 성별 운동은 그 성격상 크게 두 가지로 나누어 볼 수 있다.

- 하나는 소극적인 성별이다. 내적으로 아직 자유, 승리, 평안의 상태에 온전히 이르지 못하고 있기 때문에 외부의 거룩하지 못한 환경에 영향을 받음으로써 긍정적 변화가 아니라 부정적 변질로 나타나지 않도록 자신을 거룩하지 않은 것들로부터 격리시키는 것이다.

- 다른 하나는 적극적인 성별로서 거룩하지 않은 것들을 하나님의 사랑으로 거룩하게 변화시켜 나가는 성별이다. 그것이 바로 "사랑"을 비롯한 성령의 "열매들"이다(갈 5:22~23). 즉, 사랑의 열매를 정점으로 희락·화평·인내·자비·양선·충성·온유·절제야말로 세상의 속된 것으로부터의 소극적 구별이 아니라, 세상을 향해 적극적으로 하나님의 사랑의 능력을 드러내는 성별이다._82

16. 사중복음의 신유

Q 신유의 복음에 기초하여 회복의 신학을 전개시킬 수 있는 근거는 무엇인가?

- 신유의 복음은 교회 공동체로 하여금 '몸'의 차원에서 인류를 회복케 하시는 하나님의 역사에 동참하게 한다. 몸은 하나의 통일된 유기체(有機體)이기 때문에 몸 하나의 개체로서만 유지될 수 없고, 언제나 몸과 몸의 관계인 사회적 유기체로서, 그리고 몸과 환경의 관계인 생태적 유기체로서, 모든 것이 동시적으로 이해되지 않으면 안 된다.

- 생명체로서의 몸은 격리된 개체가 아니라 전체 가운데 존재하는 생물학적 사회학적 생태학적 유기체인 것이다. 성결교회는 이러한 사실에 근거하여 '회복'을 위한 영성신학과 공동체 신학을 전개시켜 나갈 수 있다._84

Q 재림의 복음이 중생·성결·신유의 복음과 구별되는 특징은 무엇인가?

- 중생과 성결과 신유의 복음은 이미 주신 성경의 말씀과 오신 예수 그리스도의 십자가와 부활의 사건, 그리고 이미 강림하셔서 능력으로 일하시는 성령을 내가 믿는 것에 기초하는 것이라면, 재림의 복음은 하나님의 정하신 때에 아들 예수 그리스도를 이 땅에 다시 보내실 것이라는 객관적 사건에 기초한다.

- 재림의 주는 우리의 신앙 유무를 떠나서 이 땅에 오셔서 공의의 심판을 행하실 것이며, 그 가운데서 믿음의 백성들을 구원하실 것이다. 따라서 재림의 복음은 다른 복음에 비하여 매우 객관적이며 공적이며 대사회적인 특징을 지닌다._87

17. 사중복음의 재림

Q 재림의 복음이 지니는 중요한 신학적 의의는 무엇인가?
- 재림의 복음은 하나님의 백성들로하여금 죽음 이후의 세상만을 바라보며 살게 하기보다는 현실 참여적 삶의 태도를 강화시키는 동력이 된다.
- 재림의 복음은 현재의 시대를 "교회 시대"로 보게 하는 점에서 교회의 신학적 의미의 중요성을 부각시킨다. 교회시대는 하나님의 말씀을 듣지 못한 모든 이방인들이 성령의 감동으로 회개하고 복음을 믿어 구원을 받을 수 있는 은혜의 때라는 것이다. 이와 같이 재림의 복음은 이러한 교회의 본질적 사명이 무엇인지를 분명하게 밝혀준다.
- 재림의 복음은 "의인의 부활"과 "성도의 영화(榮化)" 및 "휴거"와 "공중 혼연(婚宴)"을 강조함으로써 부활신학을 보다 실제적으로 전개하게 한다.
- 재림의 복음은 "지상 대환난"과 주의 "지상 강림"을 예고한다. 이는 욥이 사탄에 의해 환란을 당했던 배경에 하나님의 허락이 있었던 것처럼, "이 환난을 허락하신 이는 하나님"이다. 대환난은 인간 역사의 인과론적 사태가 아니라 하나님이 의도하시는 구체적인 행위이다._89

Q 예수의 초림과 비교하여 예수의 재림이 신학적으로 공의의 신학으로 나가게 하는 이유는 무엇인가?
- 재림의 복음은 개인과 국가 공동체 모두를 포함하여 하나님의 공의로운 심판 아래 있음을 모든 인류에게 보여줌으로써 회개하여 복음을 믿도록 하며, 하나님의 말씀 가운데 살도록 촉구한다. 이러한 재림의 복음이 공의의 신학을 전개토록 하는 것은 재림의 본질적 속성 때문이다.
- 예수의 초림은 인류로 하여금 중생케 하고 성결케 하여 저들로 생명과 사랑 가운데 살게 하는 복음이었다면, 예수의 재림은 그 복음을 거부하고 불의 가운데 산 개인과 공동체를 심판함으로써 의로운 나라를 이 땅 위에 실

현코자 하는 복음이다. 이를 위해 요청되는 메시지는 '공의'인 것이다._91

Q 사중복음신학의 해석학적 원리가 적용될 수 있는 실제 영역에는 무엇이 있는가? _92

		중생	성결	신유	재림
전통 교의		이신득의	성령세례	질병 치유	천년왕국
보편 가치		생명	사랑	회복	공의
영성신학	목회	거듭난 신자	사랑의 신자	건강한 신자	의로운 신자
공동체 신학	문화	생명문화 창조	이웃사랑 문화	건강문화 회복	세속문화 정화
	정치	생명정치 참여	상생정치 활동	신뢰정치 회복	부패정치 개혁
	생태	생태존중 정신	희년정신 실천	반생태원 제거	생태불의 비판

성결교회의 교리적 가르침에 대하여:
삼위일체 하나님·예수 그리스도·성령·인간·구원·교회·종말

1. 삼위일체에 관하여

Q 성결교회의 삼위일체론이 지니는 주요 특징과 내용은 무엇인가?

- 동양선교회 장정과 웨슬리 25개 신조와 성공회 39개 신조에서는 하나님, 성자 예수, 성령이 독립된 조항으로 나오고 있는 반면 성결교회 교리의 체계에서는 "성삼위 하나님"이란 한 개의 조항 안에 묶여 삼위 가운데 각 개의 신위(神位)로 고백되고 있는 점이 특징적이다.
- 성결교회의 삼위일체론 형식은 종교개혁의 아우구스부르크 신앙고백과 같다. 이와 같은 교리적 형식은 종교개혁자들이 경계했던 선신(善神)과 악신(惡神)의 이원론(마니교 등)이나 말씀과 성령의 위격은 반드

시 구별할 필요가 없다고 하는 주장(사모사트교도 등)들의 침입을 근본적으로 차단한다.
- 만약 성자와 성령의 구원 사역이 오직 성부 하나님의 뜻이나 영광을 위한 것으로 이해되면 이들의 구원의 범위와 방법이 제한되기 쉽다. 그러나 성결교회는 구원의 사역을 삼위일체 하나님의 균형 있는 사역으로 보기에, 성부, 성자와 성령의 구원사역이 모든 자에게 열려있는 것으로 이해한다.
- 성부는 누구에게나 구원의 가능성을 주시고, 성자는 만인을 위해 대속의 주가 되시며, 성령은 모든 죄인에게 오셔서 빛을 비춰주심으로 구원은 만인을 위해 열려있다._387

Q 성결교회가 이해하는 "성결"의 삼위일체 하나님은 어떤 분인가?
- 성부 하나님은 거룩하신 분으로 우리에게 거룩한 하나님의 형상을 주신 분이시고, 성자 하나님은 죄인 된 우리가 거룩한 형상을 회복하도록 대속을 위해 성육신한 분이시며, 성령 하나님은 우리가 거룩한 하나님의 형상의 삶을 살도록 힘주시고 성화시키는 분으로 우리를 성령 충만한 삶 또는 기독교인의 완전한 삶으로 이끄시는 분이시다._388

Q 성결교회의 삼위일체 개념에서 부족한 점은 무엇인가?
- 삼위일체를 주로 성부 하나님의 관점에서 서술하거나 또는 성부 하나님과 삼위일체 하나님 사이를 정확하게 구분하지 않는다.
- 이런 경향은 과거 기독교 교리사에 있었던 하나의 일반적 현상이기도 하지만, 이런 이해는 만일의 경우에 성부중심의 단독군주론이나 종속론 또는 양태론으로 발전될 개연성도 있으므로 정확한 균형 있는 이해를 요한다.
- 삼위일체론을 구원론과 성결론에 적용했지만 이 교리를 전반적인 신앙생활에 활발하게 적용하지는 않은 것으로 보인다. 삼위일체론은 단

순한 교리로서만 받아들일 것이 아니라, 신앙인의 삶과 생각의 초점이 되어야 한다. _388

Q 성결교회가 을 복음의 핵심으로 보는 이유는 무엇인가?
- 이 교리가 의미하는 것은 성부 하나님은 우리를 사랑하시는 분이시고, 이 땅에 오셨던 예수 그리스도는 본질적으로 하나님이시며, 그 하나님이 직접 우리를 구하시기 위해 이 땅에 오셨고 우리를 죽기까지 사랑하셔서 십자가에서 돌아가셨다는 사실이다.
- 그리고 우리와 함께 계시는 성령님 또한 하나님으로서 우리와 항상 함께 계신다는 사실이다.
- 삼위일체론은 딱딱한 교리라기보다는 우리의 신앙생활을 활력 있게 해주며, 은혜의 구원의 도리를 깨닫게 해준다. _389

2. 하나님에 관하여

Q 성결의 하나님이 원하는 그리스도인의 성결은 무엇을 의미하는가?
- 성결이 하나님의 신성 자체이며 완전성이기에 우리에게 성결하라고 명령하심은 하나님의 신성을 닮고 하나님처럼 완전하심을 닮으라는 것이다.
- 성결은 죄로부터의 해방, 성령세례 등을 포함하여 하나님의 속성의 총칭으로서 성결 또는 완전함이다.
- 성결교회의 성도는 단순히 죄에서의 구원만이 아니라 하나님의 전체적 속성을 닮고 하나님의 완전을 닮는 그리스도인의 완전을 목표하고 이 완전함의 핵심인 하나님 사랑과 이웃 사랑을 실천에 옮겨야 한다. _392

Q 하나님의 속성들을 이해할 때 주의해야 할 점은 무엇인가?

- 하나님의 속성들을 통전적으로 이해해야 된다. 만약 어떤 속성들만을 강조하고 다른 속성들을 소홀히 다루면 올바른 하나님 이해와 올바른 신학을 정립할 수 없다.
- 하나님이 한 분이듯이 모든 속성들도 한 유기적 관계에서 균형 있게 이해되어야 한다. 즉, 신의 속성들이 다양하게 존재하지만, 이 속성들은 한 분이신 하나님의 속성들이기에 서로 속성들 간에 당연히 균형이 있어야 된다.
- "하나님의 모든 속성들은 분리될 수 없도록 서로 연합되어져 있다. 그들은 결코 한 순간이라도 분리될 수 없는 것이다."(웨슬리) 만약 한 속성이 과도하게 강조되면 다른 속성들은 무시되거나 잘못 이해 될 수 있다._393

Q "철두철미 전무"로부터의 창조를 말하는 성결교회의 창조론이 의미하는 바는 무엇인가?

- 창조란 하나님의 고유한 사역임을 의미한다.
- 하나님은 어떠한 필연적인 요소에 의해 천지를 창조 하신 것이 아니라 전적인 자신의 자유의지에 의해서 창조함을 말한다. 즉, 하나님의 창조가 외부적인 어떤 압력에 의해서 된 것이 아닌 것이다.
- 자신의 내부적인 어떤 속성에 의해서 필연적으로 창조되어진 것이 아님을 말한다. 사랑이신 그분은 자신의 사랑의 대상자로서 피조물들이 필요한 것도 아니고 또한 그분은 피조물로부터 영광 받으심이 필요해서 창조하신 것도 아니다. 오직 하나님의 선한 뜻과 자유의지에 의해 창조하셨다.
- 우주가 하나님의 본체의 일부라는 사상을 반대한다. 즉, 우주를 하나님의 몸의 일부라고 생각하여 피조물을 신성시하려는 범신론이나 신플라톤주의 유출설을 거부하는 것이다.

- "무(nothing)"자체를 창조의 한 원인으로 간주하지 않는다. 어떤 현대적 해석에서는 일단 무에서 창조를 주장하면서도 '무'를 하나님의 창조에 반대하는 '어떤 것(something)'으로 보고 더 나아가 때로는 세상의 악의 근원으로서 '무'를 지칭하기도 한다. 그러나 무는 어떤 존재일 수도 없고 특히 하나님의 창조에 반대하는 어떤 세력일 수도 없다._395

Q 과학과 창조사상에 대한 성결교회의 입장은 무엇인가?

- 성결교회는 창조사상은 엄밀한 의미에서 과학과 일치된다고 주장한다. 이명직은 "종교와 과학이 서로 반대되는 점은 특히 우주창조론에서 그 충돌을 면치 못할 것이나 그러나 원래, 종교와 과학은 서로 투쟁할 것이 아니요 도리혀 일치하여야 할 것이니라. … 만일 과학이 완전히 발달되면 종교에 대하여 절대로 복종할 것이니라. … 즉 하나님은 제일 원인이오, 과학은 결과인즉 연구를 마친 후에는 다윗과 같이 하나님을 찬송할 것이니라(시19편)"는 입장이다.
- 이 말은 과학에 의해 발견된 내용도 시대에 따라 발전되고 있으며 결국에는 하나님의 진리인 창조론에 동의 할 것이라는 주장이다.
- 과학적 지식은 성경을 폭넓게 이해하는 데 도움이 된다. 이명직은 우주의 나이를 단순하게 6~7천년으로 생각하지 않는다. 그는 우주나이가 몇 백 만년 또는 몇 억년 되었는지는 알 수 없다고 주장한다._397

Q 범신론·만유재신론·이신론에 대한 성결교회의 비판은 무엇인가?

- 범신론(pantheism)은 우주가 하나님 자신이라는 견해이다. 이것은 비성서적인 견해로 하나님이 우주의 창조자라는 것도 부인하고 동시에 우주를 다스리시는 것도 부인하는 것이다.
- 만유재신론(panentheism)은 우주자체가 하나님은 아니지만 우주를 하나님으로부터의 연장(extension)이나 유출(emanation)로 생각하거나, 또는

우주는 하나님과 존재론적으로 필연적인 연관을 갖고 있다는 견해이다. 이 이론은 하나님과 우주를 동일시하지 않으므로 범신론과는 차이가 있다. 그러나 우주의 존재를 하나님의 자유로운 선택이 아니라 하나님의 존재에 꼭 필요한 존재로 봄으로 삼위일체 하나님의 자존성과 완전성을 부인하는 비성서적인 견해이다.

- 이신론(Deism)은 하나님이 일정한 법칙으로 우주를 창조하시고 창조 후에는 우주가 이 법칙에 의해 스스로 운행하도록 맡기셨다는 이론이다. 이 이론에서는 하나님은 현재의 우주 운행 그리고 이 속에서 살고 있는 인간의 삶에 직접 관여하지 않으신다. 하나님은 하늘에 계시고 우주는 일정한 법칙으로 스스로 운행하도록 하신다.

- 범신론이 하나님의 우주에 대한 내재성을 너무 강조했다면, 이신론은 하나님의 초월성을 너무 강조한 셈이다. 하나님의 우주에 대한 내재성 없이 초월성만 강조하면 하나님은 우주의 모든 일에 냉담한 분으로 여겨진다. 하나님의 법에 의해 우주는 기계적으로 일정한 논리에 의해 돌아가게 되어 있으므로 하나님은 그의 뜻을 기계적인 과정을 통해서 이루신다는 모순에 부딪힌다._399

Q 섭리에 대한 삼위일체 하나님의 역할은 무엇인가?

- 창조와 구원이 삼위일체 하나님의 일치적 사역이듯이 섭리도 성부·성자·성령 하나님께서 같이 일하는 사역이다. 특히 참된 하나님의 자녀들을 인도하심에 삼위일체 하나님은 같이 일하신다.

- 만물의 근원으로서 모든 피조물을 그의 창조의 선한 목적으로 이끄시는 성부 하나님은 참된 그리스도인을 하나님의 영광과 그들의 행복을 위해 이끄시고 계신다. 하나님의 말씀인 성자 하나님은 기록된 하나님의 말씀인 성경과 진리자체로 그들을 참된 진리와 영원한 생명으로 인도하신다.

- 보혜사이신 성령 하나님은 직접 그들의 마음과 생각을 감화 감동시키고 성령충만한 능력으로 그들을 도와, 삼위일체 하나님의 섭리에 순종하며 더 나가 이에 적극적으로 동참하게 하신다._401

Q 하나님의 섭리 신앙의 본질은 무엇인가?
- 하나님의 섭리를 믿는 것은 온 우주가 우연에 의해 창조되어 아무런 목적 없이 운행되고 있다는 것을 거부하고 하나님의 신실하신 인도하심으로 하나님의 선하신 목적을 향해 전진하고 있으며 거룩하신 하나님의 전능과 지혜로 이 목적이 종국에는 완성될 것임을 고백하는 것이다.
- 하나님의 형상을 회복한 성결한 자로서 긍정적인 신앙을 갖고 하나님의 동역자가 되어 인간의 구원 사역과 세상을 새롭게 하는 하나님의 만물 회복사역에 앞장서는 것이다._404

3. 그리스도에 관하여

Q 그리스도의 양성론에 대한 성결교회 이명직의 입장은 무엇인가?
- 이명직은 전통적인 기독론을 그대로 수용하면서 특히 예수의 신성에 대해 중점적으로 논의를 전개한다. 이를 통해 그는 예수의 인성을 부인하거나 축소하려고 하는 것이 아니다. 그는 당연하게 수긍되고 있는 인성보다는 이의가 제기되고 있는 신성을 신학적으로 명시화하는 것이 절실하다고 생각했다.
- 이명직은 예수의 신성을 논증함에 있어 무엇보다도 성육신의 가능성을 확보하는 것이 우선적이라고 보았다. 성육신의 가능성을 논할 때 그는 이러한 가능성의 근거로서 "신인동류설(神人同類說)"을 주장한다.
- 그에게 성육신은 하나님이 인간이 되신 사건으로 모든 종교와 인류가 고대하던 바였다. 이명직에 따르면, 성육신은 예수 그리스도의 인격

안에 무한자이신 하나님의 신성이 "權威나 榮光에 損傷됨이 없"이 내재한 사건으로 "無限의 겸손"으로 이해된다._406

Q 그리스도의 삼직무론에 입각한 속죄론의 특징은 무엇인가?

- 그리스도의 지상적 삶은 하나님의 자비와 정의를 선포하고 이를 몸소 실행하신 예언자적 삶으로 이해되며, 이 그리스도는 또한 온 세상을 다스리고 심판하며, 평화와 정의의 왕국을 실현하실 만왕의 왕으로서 오실 분이며, 동시에 지금은 우리를 위해 사랑과 긍휼로 기도하시는 대제사장으로 이해된다.
- 이명직은 웨슬리와 마찬가지로 '제사장으로서의 그리스도'를 가장 중요하게 여겼으며, 이를 성서적 기독론의 핵심으로 보았다. 그는 '제사장으로서의 그리스도의 사역'을 속죄론과 연관시켜 전개하였는데, 먼저 주지할 것은 양성론과 관련해서 이명직이 그리스도의 신성을 강조하고 있다면, 속죄론과 관련해서는 그리스도의 "全 生涯"가 "苦痛의 生涯"이었다고 강조한다는 점이다.
- 그의 속죄론은 단순히 그리스도의 죽음의 의미에만 집중하고 있는 것이 아니라, 그리스도의 전 생애의 의미와 연관하여 이해하고 있으며, 이때 그리스도의 삶 전체는 하나님과 인류의 화해를 위한 대리적 고난의 삶을 의미한다._411

Q 오리겐·안셀름·정통주의와 관련하여 이명직의 속죄론의 특징은 무엇인가?

- 오리겐(Origen)으로 대표되는 사탄으로부터의 속량해방설과 안셀름의 배상만족설을 교회의 전통적인 입장으로 소개하면서, 오리겐의 설은 비성서적이라고 일침을 가한 뒤에 안셀름의 배상만족설을 "正統說"로 따르고자 하는 의도를 보여주고 있다.
- 그러나 안셀름의 배상만족설이 단지 하나님의 훼손된 명예와 그에 대

한 법률적 배상, 이에 대한 해결책으로써 하나님 자신이 인간이 되실 수밖에 없는 논리적 당위성에 초점을 맞추고 있는 반면 이명직의 속죄론은 단순히 논리적인 당위성에만 초점을 두는 것이 아니라, 인류의 구원을 향한 하나님의 사랑과 인간의 범죄에 따른 하나님의 공의 사이의 내적 긴장에 주목한다.

- 또한, 그리스도의 죽음은 단지 하나님의 명예만을 회복케 하는 배상이 아니라, 이를 넘어 죄로 인해 하나님 앞에서 두려워하는 인간의 형벌과 죄책을 소멸시킨다는 점을 강조하고 있다. 이러한 관점은 개신교 정통주의가 중세적 배상논리에서가 아니라, 우리의 죄벌을 그리스도께서 대신 받으셨다는 '형벌대상설'을 주장한 것과 맥을 같이 하고 있으며, 더 나아가 웨슬리의 입장과도 연속선상에 있다.
- 이명직이 속죄론의 출발점으로 삼고 있는 하나님의 내적 긴장은 안셀름의 속죄론이 담고 있는 무감정한 법률적 이해와는 달리, 인류의 구속을 위해 아파하시는 아버지 "하나님의 통한"을 암시적으로 지시하고 있다는 점에서 오늘날의 '십자가 신학'을 연상시킨다.
- 이명직은 그의 속죄론을 통해 기독론과 구원론의 긴밀한 관련성을 다시 한번 확인시키고 있으며 특히 성결케 하시는 그리스도의 현재적 사역을 강조하고 있다._413

Q 성결교회의 기독론의 특징을 예수 그리스도의 삶과 죽음의 관점에서 밝혀라.

- 성결교회는 그리스도의 삶과 죽음을 하나님께서 인류에게 가하신 형벌로 이해하는 동시에 인류를 대신하여 받으신 그리스도의 고난 안에 나타난 하나님의 사랑으로 이해한다.
- 성결교회는 그리스도의 속죄, 화해의 사역을 단순히 그의 죽음에서만이 아니라, 그의 삶 전체와 연관해서 이해한다. 왜냐하면, 그의 죽음은 그의 삶 전체에서 볼 때만 정당하게 이해될 수 있기 때문이다.

- 성결교회는 그리스도의 대속적, 화해적 사역을 통해 하나님의 정의와 사랑 사이의 긴장을 쉽사리 해소해 버리지 않고, 오히려 이를 신앙인의 현실적 삶과 연관시켜 역동적으로 만든다. 즉, 그리스도의 속죄에 대한 신앙은 단순히 기계론적인 구원의 도식을 객관적으로 확인하는 것이 아니라, 하나님의 사랑과 정의의 갈등이 응집된 그리스도의 삶과 십자가에 참여하는 것으로 이해한다. _415

4. 성령과 성령세례에 관하여

Q "영감"과 관련하여 웨슬리가 말하는 "성령의 직접성"은 무엇을 의미하는가?

- 웨슬리에게 "영감(Inspiration)"은 성령의 내적 도움으로서 인간의 내적 삶과 연관된 가장 내밀한 경험을 지칭하는 개념이다. 이런 내적 경험을 통하여 주어진 확신은 가장 확실한 기독교진리의 근거를 마련한다고 웨슬리는 말한다.
- 성령 하나님의 사역의 핵심을 성부 하나님이나 성자 하나님의 은총과 이처럼 긴밀하게 연관시키는 이유는 웨슬리가 성령 하나님의 역사에서 매우 각별한 주장을 하기 때문이다.
- 그는 성령 하나님께서 직접적으로 우리에게 역사하신다고 말한다. 일찍이 우리의 하나님 인식의 확실성을 우리 인간들이 가지고 있을 영적 감각이라는 아주 특별한 개념에서 찾은 것처럼 이 성령의 직접성은 다른 어떤 매개물이나 다른 사건들을 통해서가 아닌 인격과 인격의 직접적 만남의 양식으로 주어지는 것이다. 이 만남은 "성령께서 우리에게 직접적으로 숨을 불어넣어 주신 것"과 같은 양상으로 "하나님의 영과 우리 인간의 영이 하나가 되는" 놀라운 체험이다. 바로 이 만남을 통하여 성령 하나님은 우리의 구원을 성취시켜 주시고, 그렇기에 성령 하나님은 이제 모든 기독교인들의 삶의 중심으로 나타나게 된다. _418

Q 서방교회의 "필리오케" 전통을 따르는 웨슬리의 "은총의 성령 신학"이 지니는 의미는 무엇인가?

- 웨슬리에게서 보이는 은총의 성령 신학은 비록 서방의 필리오케(filioque: 삼위일체적 성령론)전통에 있으면서도 동시에 적극적으로 동방교회의 성령 이해를 수용하였기에 가능한 것이다.
- 웨슬리는 필리오케의 전통을 통하여 성자 하나님과 성령 하나님 사이의 연관관계를 강하게 주장하고자 하였는데 이는 성령의 구속론적 작업을 그리스도에게 근거시키기 위한 것이었다.
- 웨슬리는 필리오케를 통하여 성자 하나님과 성령 하나님의 구속론적 일치를 강조하려 하였고 그를 위해서 "그리스도의 영이 바로 그리스도 자신이심"을 주장하였다.
- 웨슬리는 성령 하나님을 성부 하나님, 성자 하나님의 땅위에서의 대리자로서 이해하였다. 성령 하나님의 독자성을 강조한 그의 탁월한 해석을 통하여 성령 하나님은 우리의 삶의 한 복판에서 우리가 믿고 따르며 섬길 수 있는 분으로 이해될 뿐 아니라, 무조건적이며 법률적인 방식이 아닌 인격적이며 대화적 존재로서 사랑의 권능을 가지신 분으로서 파악되고 또한 지속적으로 우리에게 다가와 우리를 고치시는 영감 있는 의사로 표상되고 있다._419

Q 성령세례에 관한 웨슬리의 입장은 무엇인가?

- 웨슬리는 비록 회심하고 중생할 때 받은 성령의 역사뿐만 아니라, 두 번째 은총으로서의 성령의 세례에 대해서도 인정한다.
- 이에 대해서 플레처(John Fletcher)는 성령세례를 인정하였으나 웨슬리는 그렇지 않았다는 일반적인 이해는 사실과 다르다. 왜냐하면, 웨슬리는 플레처와의 대화를 통해 성령세례에 대한 논쟁을 끝낼 수 있었고, 나아가 플레처의 노선을 추천하며 동조하였기 때문이다.

- 웨슬리와 플레처 사이의 구별되는 점은 웨슬리의 글에서는 "암시적(implicit)"이었던 것이, 플레처에서는 "명시적(explicit)"이 되었다는 것이다. 웨슬리의 이러한 성령에 대한 견해는 당대의 그 어떤 신학자들보다 웨슬리가 성령의 사역과 존재에 대하여 훨씬 앞선 견해를 가지고 있었음을 보여준다._420, 425

Q 성결교회가 성령론을 전개하는 가운데 경계한 점과 강조한 점은 무엇인가?

- 이명직은 그의 『신학대강』에서 성령론을 따로 기술하지 않았는데, 이는 그가 은사중심의 오순절 신학을 경계한 것으로 보인다.
- 실제로 그는 성결을 중심으로 구원의 여정을 다룰 때 이미 성령론의 내용을 다루고 있다. 구원의 시작으로서의 소명은 성령에 의한 계적(啓迪=인도)에서 그 실효를 거두며, 중생에 대한 설명에서 중생을 얻는 방법은 오로지 성령에 의한 것이다.
- 성령에 대한 일반적 이해는 구원론 뿐 아니라 신론 그리고 그리스도론에서도 이미 삼위일체적인 하나님의 한 본질로서 어느 정도 암시되고 있다.
- 성결의 은총은 바로 성령 하나님의 역사인 만큼 이명직에게 있어서 성령 하나님은 성결하게 하시는 하나님이라 할 수 있다._421

Q 성령에 대한 현대적 논의가 다양한 차원에서 진행되고 있는 이유는 무엇인가?

- 성령 신학이 새롭게 주목을 받는 첫 번째 이유는 금세기에서 시작되어 60년대 이후 불어오는 성령 운동의 결과들 때문이다. 실제로 성령 운동의 결과 유럽중심의 교회에서 이제 비 서구 교회로의 전환이라는 교회의 지각변동이 일어나고 있다.
- 다양한 영성 개발 운동과 환경 운동 등은 영에 대한 새로운 관점을 가지도록 촉구하고 있기 때문이다.
- 문화의 발전과 발맞추어 새롭게 주도적 언어로 등장한 포스트 모던적

경향들은 신중심이나 그리스도 중심의 신학이 아닌 성령 중심의 새로운 패러다임을 요구하고 있기 때문이다._423

Q 성령세례에 대한 역사적 전개과정을 16세기 종교개혁시대, 18세기 웨슬리, 19~20세기 미국의 성결 운동에 나타난 대로 밝혀라.

- 가톨릭과 종교 개혁시대의 개신교회에서는 중생을 성령세례라고 이해하였다. 중생은 성령에 의해서 가능한 것으로 인정되었고 중생과 성령세례는 별개의 것이 아니라고 인정되었다.
- 웨슬리 역시 이러한 전통을 따라서 중생과 칭의 등 구원론의 진술을 함에 있어 성령세례를 따로 떼어서 별개의 것으로 인정하지는 않았다. 단지 그는 중생 이후에 두 번째 체험으로서 성화가 있음을 강조하였다. 이때의 성화란 그리스도인의 완전이요, 성령충만이요, 성령세례의 결과라고 할 수 있다.
- 웨슬리가 두 번째 은혜로서의 성결(그리스도인의 완전)을 인정하였고 그 것을 통하여 신자의 삶을 목적론적으로 볼 수 있을 만큼 강조한 것은 매우 강력한 성령론적 신학의 동기가 있었다는 것을 의미한다. 이를 통하여 사실 웨슬리는 이 두 번째 은혜로서 성화의 사건을 성령세례와 연관 지어 발전시킬 수 있었던 계기를 마련해주었다.
- 19세기의 성결 운동을 통하여 성화는 두 번째 은혜를 가능하게 하는 성령의 세례사건으로 인정되고, 이는 원죄의 부패성을 제거하는 특별한 제2의 사건으로 이해된다. 이제 웨슬리안 신학의 한 입장은 중생 이후의 두 번째 사건이 성령세례라고 하는 새로운 신학적 주장을 받아들인다._425

Q 성령세례에 대한 성결교회의 주장은 무엇인가?

- 한국의 성결교회는 19세기 성결 운동을 거쳐서 이해된 성령세례에 대한 견해를 받아들이고 있다. 선행적 은총에 의해 원죄의 죄책(guilt)이

제거되고, 중생을 통해서 실제적 죄(자범죄)의 죄책이 제거되며, 성령세례에 의해서 원죄의 부패성(depravity)이 제거된다고 믿는 것이다. 성령세례의 결과 거룩한 삶을 사는 열매가 성결이다. 성령세례는 성결과 직결되어 있는 성결교회 신학의 핵심적 요소이다.

- 성령세례를 성결이란 목적과 더불어 이해함으로써 성결교회의 성령세례 이해는 신비주의와 특별한 관계를 갖게 된다. 먼저 신비주의에 빠져 성령세례를 지나치게 은사 중심으로만 보는 것과는 구분 지을 수 있었으며 거기에서 비롯된 과도한 이상 현상의 신학적 오류로부터 자신을 지킬 수 있었다.

- 성결교회는 성령세례를 신비한 주관적 체험으로 인정하면서도 동시에 우리와 교제를 나누시는 인격적 하나님에 대한 새로운 발견을 가능하게 하는 구체적인 도구로서 이해한다._426

Q 성령세례라는 개념에 섞여 있는 두 가지 종말론적 계기는 무엇인가?

- 성령세례의 사건에서 성령이 활동하시는 지평으로서 인간학적 측면이 강조되나 원죄를 비롯한 죄의 실체론적 이해를 넘어선다면 성결교회의 성령세례 이해는 종말론적 은총론으로 발전될 가능성을 갖고 있다. 왜냐하면, 여기에서 성령의 세례는 두 가지 종말론적 계기가 섞여있는 개념이라고 볼 수 있기 때문이다.

- 먼저 세례는 삶의 마지막 끝 여정에서야 완성 되어질 약속을 지금 여기에서 미리 체험하는 주관적인 가능성이라고 할 수 있으며, 그런 의미에서 세례란 종말론적 긴장을 띄고 있는 은사의 현실화라고 할 수 있다.

- 반면에 성령의 세례에서 성령은 이 사건의 핵심적 주체로서 세례사건에서 스스로 종말 그 자체이신 자신을 나누어 주시며 자신을 실현시키는 사건임을 가르치는 것이다. 그러므로 이 종말 그 자체에 의한 직접적 수세는 구주의 강림으로 인한 구속의 완성이라는 종말론적 동기를

삶의 여정 안에서 구체적인 나의 삶의 경험과 하나로 연합할 수 있는 구상이 될 수 있다.
- 따라서 이 성령세례는 사실 가톨릭신학의 "습여본성(濕與本性, habitus)"과 대립하면서도 가장 개신교적인 은총론으로 발전될 가능성을 갖고 있다._428

Q 성령세례를 받는 길은 무엇인가?

- 성결교회는 네 가지 방향에서 성령세례를 받는 길을 제시했다.
- 첫째로, 회개해야 한다. 회개는 죄 문제를 처리하는 과정으로서 기독교 신앙의 중요한 단계이다. 성령세례가 실제로 있기 위해서 먼저 물세례를 받은 후에 모든 죄를 회개한 후 죄 사함을 받아야 한다고 가르친다. 구약성경에서도 성령은 거룩한 영이기 때문에 더러운 곳에 임할 수 없다. 그러므로 철저한 회개가 없는 곳에 성령이 임재할 수 없다.
- 둘째로, 성령의 세례를 믿어야 한다. 성령 하나님은 하나님의 자녀가 성령의 축복을 믿고 따르려는 소망을 갖기를 원하신다.
- 셋째로, 성령에게 순종함을 통하여 성령세례를 받을 수 있다고 가르친다.
- 넷째로, 전적으로 하나님께 의지하고 믿고 구하여야 한다고 말한다. 내가 아무리 노력하고 힘쓴다 하더라도 그 노력 때문에 성령세례 받는 것은 아니며 그렇게 할 수 있는 것은 성령을 받을 인간적 준비에 불과하다고 말한다._429

5. 성령의 은사에 관하여

Q 은사를 "사적인 은사"와 "공적인 은사"로 구분하는 기준과 목적은 무엇인가?

- 은사(χάρισμα)라는 것은 하나님의 은혜로운 선물을 말하는 것으로, 신약성경에서는 크게 두 가지 용법으로 사용된다.

- 하나는 아주 보편적인 하나님의 은혜로운 선물로서 모든 그리스도인들이 받은 구원을 지칭한다(롬 5:15,16; 6:23).
- 다른 하나는 그리스도인으로 하여금 교회에서 특별한 사역을 수행할 수 있도록 하나님으로부터 받은 특별한 능력이나 직무를 지칭한다(롬 12:6~8, 고전 12:4~8, 28~30, 엡 7:4~12).
- 교회에서의 봉사와 관련된 은사는 다시 사적인 은사와 공적인 은사로 세분화 할 수 있다.
- 사적인 은사는 고린도전서 12장 8절 이하에 있는 아홉 가지 은사가 대표적이다. 그리고 공적인 은사는 에베소서 4장 11절 이하에 나와 있는 사도, 선지자, 복음 전하는 자, 목사, 교사, 등과 같은 직분을 감당할 수 있게 하는 성령의 능력이다. 고린도전서 12장 28절 이하에서 사도 바울은 더욱 큰 은사를 사모하라고 하였는데, 대체로 사적인 은사보다 공적인 은사가 더 큰 은사로 묘사되어 있다._430

Q 성결교회는 성령의 은사에 대하여 어떤 입장을 취하고 있는가?

- 이명직은 성령을 받으면 방언하는 것이 증거라고 하는 오순절파의 은사론에 대해서 강력하게 거부하였다. 그는 은사보다는 열매를 강조하였으며, 복음을 증거하는 능력이 성령 받은 결과라고 주장하였다.
- 1960년대 이후 전국적으로 일어난 오순절 운동의 영향으로 이제는 성결교회 안에서도 방언과 여러 가지 은사를 자연스럽게 수용하고 있다. 그럼에도 불구하고 성결교회는 외적인 은사보다는 내적인 능력과 복음 전도의 열매를 강조하였다.
- 성결 복음의 정수인 성화의 복음은 은사보다는 복음전도의 능력과 삶의 열매를 강조하는 것이라고 할 수 있다._431

6. 인간과 하나님의 형상에 관하여

Q 하나님의 형상에 대한 실재론적 해석, 관계론적 해석, 기능론적 해석이란 무엇인가?

- 하나님의 형상을 실재론적으로 해석하는 사람들은 하나님의 형상을 인간의 내부에 위치하는 것으로 생각한다. 즉, 하나님의 형상은 인간의 본성에 내주하는 이성과 같은 특성이나 능력이다.
- 하나님의 형상을 관계론적으로 해석하는 사람들은 하나님의 형상을 체험적인 관계로서, 오직 인간만이 하나님을 알고 하나님과 의식적으로 관계를 가질 수 있다고 지적한다. 하나님의 형상은 하나님과의 활발한 관계를 통해서 맛보게 되는 체험이다.
- 기능론적으로 해석하는 사람들은 인간이 행하는 행위 속에 하나님의 형상이 존재한다고 주장한다. 즉, 창조세계를 다스리는 인간의 통치행위가 바로 하나님의 형상의 내용이다._433

Q 웨슬리가 하나님의 형상에 대하여 자연적 형상·정치적 형상·도덕적 형상으로 구분하는데, 각각의 내용은 무엇인가?

- 자연적 형상이란 인간이 이성, 결단, 자유로 옷 입혀져 있음을 말하는데, 이는 인간으로 하여금 축복받은 피조물이 되도록 했던 그런 타고난 자질을 의미한다. 하나님이 영이신 것처럼 인간이 지닌 하나님의 형상도 영적이다. 이성·결단·자유와 같은 하나님의 자연적 형상은 영적인 존재인 인간들이 갖추어야할 기본적인 자질들이다. 그러나 인간의 불복종은 하나님의 형상 그리고 하나님과의 관계에 손상을 가져다주었다. 그로인해 자연적 형상도 왜곡되게 되었다. 자연적 형상의 두 다른 표식인 의지와 자유는 둘이 본래 서로 함께 가는 것인데, 인간의 의지는 자유를 상실하게 되면서 타락하여 죄악의 힘에 포로가 되었다.

- 정치적 형상은 인간이 창조주를 반영하는 두 번째 원리이다. 하나님은 인간에게 이 세상의 다른 피조물들을 다스릴 수 있는 지도력과 관리능력을 부여하셨다(창 1:26, 시 8:6~8). 정치적 형상은 인간이 하나님의 뜻을 따라 이 세상의 질서를 이끌어가는 것이다. 그러므로 하나님의 사랑이 인간의 지도력과 관리를 통해 다른 피조물들에게 반사되어야 한다. 그러나 인간의 타락은 정치적 형상의 왜곡을 가져왔고, 그로 인해 다른 피조물과 전체 환경에 대한 인간의 관계는 파괴되었다. 인간의 왜곡된 정치적 형상이 현재의 지구의 생태계 파괴를 불러 온 것이다.

- 인간에게 부여된 하나님의 형상의 세 번째는 도덕적 형상이다. 웨슬리에 의하면 이것은 하나님과 인간의 관계에 대한 최고의 표식이다. 그리고 하나님의 형상 중에 도덕적 형상은 가장 손상받기 쉬운 요소이기 때문에 타락 후 완전히 상실된 하나님의 형상이다. 도덕적 형상은 인간성 안에 있는 재능도 아니고 창조주를 떠나 독립적으로 이용할 수도 있는 기능도 아니다. 도덕적 형상은 피조물이 지속적으로 창조주로부터 받아야 하고, 그 받은 것을 중개해야 하는 관계성 안에서 성립되는 것이다. 인간이 도덕적인 형상을 유지하는 것은 지속적으로 하나님께 순종함으로 가능하다. 즉, 영이신 하나님과 영적인 존재가 서로 관계성이 열려야 한다. 웨슬리는 이러한 관계를 "영적인 호흡"이라고 불렀다.

- 자연적 형상은 비록 그 자질이 떨어진 상태이지만 아직도 인간성 안에 재능으로 남아있다. 정치적 형상은 비록 부패된 것이긴 하지만, 자존심, 이기심으로 남아 타락한 세계 안에서 비록 불안정하지만, 지속적으로 행사되고 있다. 하지만, 도덕적 형상은 철저하게 파괴되어 하나님과의 영적인 교제가 완전히 단절된 것이다._434

Q 웨슬리의 선행은총이란 무엇인가?

- 인간은 범죄하고 타락하여 하나님으로부터 멀어졌으나, 하나님은 인

간을 여전히 사랑하신다. 전적으로 타락한 인간에게 유일한 희망은 인간 자체에게는 없다. 오직 하나님의 은혜에 희망이 있을 뿐이다. 인간이 구원받기 이전에도 하나님의 은혜는 이미 인간에게 역사하고 있으며, 그를 구원으로 이끌고 구원을 준비시킨다. 이러한 은혜를 웨슬리는 선행은총(prevenient grace)이라고 불렀다._435

Q 인간에 대한 칼뱅주의와 펠라기우스주의의 극단을 극복하는 웨슬리의 소위 "복음적 신인협동설"이란 무엇인가?

- 웨슬리는 하나님의 선행은총을 통해 타락 후 바로 인간이 지닌 하나님의 형상은 부분적으로 회복되었다고 말한다. 인간은 실제적으로 어느 정도의 자유의지를 회복하게 되었다는 것이다. 즉, 선행은총을 통하여 타락한 인간이라도 하나님의 구원의 초청을 선택하거나 거부할 수 있는 자유의지가 부분적으로 회복된 것이다.

- 이 은총은 삼위일체 하나님의 무조건적인 사랑으로 주어진 것인데 이로써 타락한 인간은 이 은혜를 인해 하나님이 주도하시는 구원의 은총에 협력할 수 있게 된다. 선행적 은총으로만 구원에 이를 수는 없지만 인간은 구원의 은총을 선택하거나 거부할 수 있는 자유의지를 행사하므로 자신의 선택에 대한 책임을 지게 된다.

- 선행은총사상은 구원에 있어서 양극단적인 해석, 즉 인간의 역할을 무시하고 하나님의 절대적 은총만이라는 칼뱅주의와, 구원은 인간의 행위로 받는다고 주장하는 펠라기우스주의에 치우치지 않고 오직 하나님의 은혜로 구원받되 인간은 선행은총을 통해 구원에 스스로 책임이 있다는 것을 강조하게 되었다. 우리는 이러한 웨슬리의 입장을 복음적 신인협동설이라고 부른다._435, 440

Q 이명직이 말하는 '하나님 형상론'의 특징은 무엇인가?

- 창조와 관련된 하나님의 형상은 하나님의 유형한 형체의 형상이 아니라 무형의 형상, 곧 영의 형상을 의미한다. 초기 성결교회의 대표적인 신학자 이명직은 그러한 영의 형상을 하나님의 속성, 즉 도덕성으로 이해하면서 의(義)와 진(眞)과 성(聖)과 지(知)와 생명(生命)을 그 내용으로 삼았다.

- '의'는 하나님의 명령에 순종하는 것이고, '성'은 순전하여 무죄한 생활을 하는 것으로 이해하였다. 그리고 '지'는 하나님을 아는 지식의 충만함으로서 선과 악을 취사선택할 수 있는 무한한 자유를 포함하고 있다. '생명'은 각종 생물들을 주관하는 권세와 영생을 의미하였다. 이러한 이명직의 하나님의 형상이해는 존 웨슬리의 이해와 맥을 같이 한다.

- 웨슬리는 하나님의 형상을 자연적 형상, 정치적 형상, 도덕적 형상으로 나누어 이해하였지만, 이명직은 그러한 구분을 명확히 밝히지 않은 채 통합적으로 이해하였다. 그러나 인간의 타락으로 세 가지 형상 중에서 도덕적 형상이 완전히 상실되어, 중생은 이 도덕적 형상의 회복이 우선적 과제라는 점에서는 같은 입장을 취하고 있다._436

Q 성결교회가 웨슬리의 전인적 하나님의 형상론을 적극적으로 받아들일 수 있는 근거는 무엇인가?

- 성결교회는 도덕적 형상의 회복을 위주로 영혼의 구원에 집중해 온 반면 웨슬리의 하나님의 형상이해는 복음적이며, 동시에 자연적 형상과 정치적 형상을 포함하는 전인적인 것이기 때문이다.

- 웨슬리의 복음은 영혼구원적인 측면뿐만 아니라 사회구원적인 측면이 강조된다. 웨슬리에게 있어, 구원받은 사람들은 도덕적인 형상뿐만 아니라 정치적인 형상도 회복되어야만 한다. 이와 같은 관점이 21세기 선교에서 성결교회가 강화해야 할 점이기 때문이다._437

7. 죄에 관하여

Q 자범죄를 짓지 않는 어린아이가 원죄와 관계없이 구원받을 수 있다는 웨슬리의 입장은 어떤 근거에 의해 가능한 것인가?

- 원죄와 자범죄 모두에는 죄책이 있으나 사람이 실제로 죽음에 이르게 되는 이유는 원죄가 아니라 자범죄 때문이다. 그러므로 어린 아기가 죄가 없으면 당연히 구원받을 대상이다.
- 웨슬리는 그 이유를 선행은총으로 설명한다. 예수 그리스도의 십자가의 죽음으로 온 인류의 원죄의 죄책은 사실상 이미 사라졌기 때문에 어린 아기의 원죄의 죄책은 이미 사면되었고 아직 자범죄를 범하지 않은 상태이므로 어린 아기는 구원받는다. _440

Q 같은 개신교복음주의를 따르면서도 원죄에 대한 신학적 관점에 있어서 웨슬리안 성결교회의 입장은 루터교나 칼빈주의와 어떻게 다른가?

- 루터의 이신칭의 교리는 하나님의 전적인 은총만을 강조하면서 선행은총으로 인해 회복된 인간의 자유의지를 전혀 인정하지 않을 뿐만 아니라 자유의지를 통해 하나님의 은총에 성도가 협력하면서 점진적으로 구원을 이루어나가는 성결을 도외시한다.
- 칼빈의 예정론은 무조건적 선택·제한된 구속·항거할 수 없는 은총·성도의 견인을 강조하며, 인간이 자신의 구원을 위해서 아무것도 할 수 없다고 주장한다.
- 이에 반해 성결교회는 그리스도의 공로로 인해 선행은총으로 모든 사람들에게 부분적으로 회복되어진 자유의지를 주장하면서 인간 구원의 과정에서 하나님이 먼저 주도권을 갖고 은총으로 다가올 때 인간이 자유의지로 응답할 수 있다고 보았다. 그러므로 구원을 이루기 위해서 하나님의 전적인 은총과 그 부르심에 응답하는 인간의 자유의지를 동

시에 강조하는 복음적 신인협동설이 성결교회의 전통적인 견해이다.
- 더 나아가 성결교회는 복음적 신인협동설에 근거하여 이 세상의 삶 속에서 인간의 원죄적 속성, 즉 부패성조차도 완전히 제거되어지는 성결의 은총을 강조한다. 성결교회는 중생한 사람에게도 원죄는 남아있다고 본다. 성결은 중생한 자에게 아직 남아있는 원죄를 정결케 씻음을 받는 은혜라고 성결교회는 믿는다._443

Q 죄의 이중적 구조와 구원의 이중적 구조란 무엇인가?
- 신학적으로 죄는 유전된 부패성이다. 죄는 자범죄와 원죄의 이중적인 구조를 이루기 때문에 구원도 2중적 구조를 가진다.
- 중생을 통해 자범죄는 용서받지만 원죄는 성령세례를 통해 씻음을 받고 변화를 받아야 한다._444

8. 구원에 관하여

Q 성결교회가 동의하는 구원의 복음적 협동설이란 무엇인가?
- 하나님은 인간의 협동을 원하신다. 하나님의 힘이 부족해서가 아니라 하나님이 이 방법을 원하시기 때문이다. 인간의 협동이란 말은 엄밀히 말하면 하나님의 구원의 부르심에 순종하라는 말과 같다.
- 하나님의 은혜가 없으면 어느 누구도 하나님의 구원사역에 동참할 수 없다. 그래서 하나님은 선행은총으로 죄로 인해 완전히 상실된 인간의 자유의지를 어느 정도 회복해서 구원의 하나님의 부르심에 응답할 수 있도록 만드신 후 하나님의 구원사역에 동참하도록 요구하신다. 이것을 구원의 복음적 협동설이라고 부른다._403

Q 성결교회 구원론의 요약인 "신인협동설"이란 무엇인가?

- 신인협동설은 아르미니우스가 제시하였으며, 웨슬리가 강조하였다. 즉, 구원은 하나님의 은혜의 주도권과 인간의 협력 내지는 응답에 의하여 이루어진다는 주장이다. 인간이 협력한다고 할지라도 은혜 안에서 은혜에 의한 협력이기 때문에 결코 인간의 공로는 될 수 없다.
- 성결교회는 이와 같은 웨슬리의 전통을 따르며, 펠라기우스주의나 가톨릭교회의 공로사상과의 오해를 피하기 위해 '복음적' 신인협동설이라고 우리의 입장을 밝힌다.
- "하나님의 은총에 의하여 하나님의 은혜를 거부할 자유력(自由力)이 정복을 당하고, 소명(召命)을 승인할 가능성이 힘을 얻었나니라. 그래서 인간의 행위는 하나님의 은혜와 공동(共動)하게 된 것이니라. 그러므로 구원의 삼요소로 말씀과 성신과 인간의 자유의지의 삼원인을 칭(稱)한 것이니라."_447

Q 루터교회의 이원론적 구원관이나 칼빈주의의 일원론적 구원관에 비해 성결교회의 선행은총에 의한 구원관이 보다 성서적인 근거는 무엇인가?

- 성결교회는 이러한 선행은총으로 말미암아 인간은 모든 불완전과 불가능 속에서도 오히려 하나님을 찾을 수 있음을 믿는다.
- 일원론적 구원이해에 있어서는 은총이 강화되는 대신에 심판의 차원이 약화됨으로써 만인구원론에 빠질 수 있는 위험성이 있으며, 이원론적 구원이해에서는 율법도 하나님이 주신 은총의 수단이라는 적극적 이해보다는 심판과 정죄로 이해됨으로써 구원이나 은총의 이해가 법적인 차원을 크게 벗어나지 못하는 경향성이 강하다. 그래서 '믿음으로 의롭다 칭함을 받았다'는 점에 대해서는 분명한 고백이 가능하지만, 의로운 자의 삶과 인격으로 거듭났다, 즉 변화 받았다는 실존적 고백은 약하게 되는 것이다.

- 그러나 선행은총에 의한 구원관은 죄에 대한 하나님의 심판을 명확히 하면서도 하나님의 은총과 이에 대한 인간의 책임을 분명히 묻기 때문에 구원 논의의 이원론과 일원론을 극복하고 있다._448

Q "회개"는 복음적 신인협동설의 관점에서 어떻게 이해될 수 있는가?

- 복음적 신인협동설은 회개에도 그대로 적용된다. '회개가 하나님의 사역인가 혹은 인간의 행위인가'라는 질문에는 '둘 다'라고 대답할 수 있다. 성경은 회개가 하나님의 은사라고 분명히 말하고 있다(행 5:31, 11:18; 롬 2:4; 딤후 2:25). 하나님은 죄인이 회개하도록 성령을 통하여 말씀으로 역사하신다. 이러한 은혜의 역사하심에 순종할 때, 인간 편에서 회개의 내적, 외적 행위가 일어나게 된다.
- 회개는 인간의 영혼 위에 활동하시는 성령의 은혜로운 역사에 대한 인간의 순종하는 행위에 의하여 이루어진다. 참된 회개에는 이처럼 신적 요소와 인간적 요소가 공존하며, 신적 요소가 선행적 주도권을 가진다. 그러므로 회개는 결코 인간의 공로가 될 수 없다._449

Q 회개에는 지적인 면·정적인 면·의지적인 면이라는 세 요소는 무엇인가?

- 지적인 면에서는 자신이 죄인이며 죄책을 지닌 존재임을 깨닫는 것으로서 다윗처럼 "대저 나는 내 죄과를 아오니 내 죄가 항상 내 앞에 있나이다"라고 고백하게 된다(시 51:3).
- 회개의 정적인 요소는 죄에 대한 경건한 슬픔인 바, 참된 회개는 근심이나 애통으로 표현된다. "너희가 근심함으로 회개함에 이른 까닭이라"(고후 7:9).
- 회개가 진정한 효력을 나타내기 위해서는 의지적 실천이 수반되어야 한다. 이는 마음의 변화와 그에 뒤따르는 행동의 변화를 의미한다. "악인은 그 길을, 불의한 자는 그 생각을 버리고 여호와께로 돌아오라"(사

55:7)는 말씀처럼, 버리고 돌아가는 행동이 있어야 한다. _450

Q 성결교회는 회개를 각성·통회·고백·변상, 그리고 사죄라는 다섯 단계로 나누는데, 이들은 상호 어떤 관계에 있는가?

- 성결교회는 회개에 대하여 명확한 길을 제시한다. 회개는 "죄에 대한 각성"으로부터 출발한다. 무엇보다도 자기가 죄인 됨, 죽게 됨, 그리고 하나님의 사랑이 풍성함을 깨닫는 것이다.
- 회개의 두 번째 단계는 "통회"이다. 죄를 깨닫는 순간부터 "마음이 아프고 괴로운 마음"이 일어나게 된다. 이와 같은 "통회가 없는 곳에 회개가 있을 수 없나니라"고 가르친다.
- 세 번째로 반드시 오는 것이 "고백"이다. 고백이 요청되는 이유는, 하나님이 겸손과 정직을 요구하기 때문이다.
- 네 번째로 따라 오는 것이 "변상"이다. 변상은 "회개에 따르는 만고불이지전(萬古不易之典)"이라 했다.
- 회개의 결과로 마지막 단계인 "사죄"가 따른다. _450

Q 웨슬리의 올더스게이트 체험 이전과 이후에 나타나는 신앙관의 변화 내용은 무엇인가?

- 올더스게이트 체험 이전에는 웨슬리에게 믿음이란 "합리적인 어떤 근거에 동의하는 것이며 이성으로 해결될 수 있는 것"이었다. 즉, 믿음은 하나의 인간적 행위 곧 동의와 신뢰의 행위였다.
- 올더스게이트 체험 이후의 웨슬리에게 믿음이란 머릿속에서만 맴도는 생명 없는 차디찬 동의이거나 어떤 이론과 같은 사변적이고 합리적인 것이 아니고, 마음의 상태이다. 그러므로 믿음은 그리스도의 보혈에 전적으로 의지하는 것이다. 곧, 그리스도의 생애와 죽음과 부활의 공로에 전적으로 의지하는 것이다.

- 정리하면, 믿음은 하나님 아버지께서 나를 사랑하사 독생자를 보내셨고, 외아들 예수 그리스도는 나의 죄를 속하기 위하여 오셨다는 것을 성령의 역사를 통하여 확신하고 의지하는 것이다. _452

Q 사중복음과 웨슬리 신학의 구원론이 서로 조화를 이루는 근거는 무엇인가?
- 사중복음 교리는 웨슬리 신학의 구원론과 조화를 이룬다. 구원을 사법적 차원과 치유적 차원에서 이해하는 가운데, 양면 모두를 놓치지 않는다. 특히 치유적 구원관이 강조되고 있는 점은 웨슬리안 사중복음의 정체성을 확고히 한다. 그리고 모든 구원은 하나님의 은총으로부터 시작하며, 이를 믿음으로써 구원에 참여하는 것은 인간의 몫이라는 점을 강조하는 신인협동적 특징이나, 영·혼·육 전체의 구원을 가르치는 것, 구원의 순간성과 점진적 성장의 과정을 조화롭게 이해하는 것 역시 성결교회가 웨슬리안 전통에 서 있음을 말해주는 것이다.
- 성결교회는 기독교 신학의 가장 근본이 되는 '죄로부터의 구원'을 은혜의 역사로 이해함으로써 종교개혁의 신학과 성서적 기독교의 흐름과 같이 한다. 아울러 구원의 순간성을 말함으로 구원은 인위적 행위를 통해 이루어질 수 없음을 제시하면서, 기독교의 최우선적 과제를 인간 영혼의 구원으로, 그 외의 사회 정치적 책임은 그에 따르는 것으로 봄으로써 구원론의 핵심을 인간 문제로 제시한다. _454

9. 칭의와 중생에 관하여

Q 칭의·중생·양자(養子)는 무엇을 말하며, 서로간의 관계성은 무엇인가?
- 성경이 말하는 중생은 개인의 회복과 함께 만물의 회복을 포괄한다. 하지만, 웨슬리안 신학 전통이나 성결교회는 개인적 차원에서의 중생에 더욱 강조점을 둠으로써, 인간의 개인적인 구원의 문제를 중요시한다.

- 칭의·중생·양자, 이 셋은 하나의 사건이며, 동시적 사건, 즉 최초의 구원 사건이다. 다만 관점의 차이에서 다르게 설명될 뿐이다. 이들은 하나의 구원 사건을 말하되, 칭의는 사법적 관점에서, 중생은 영적 도덕적 관점에서, 그리고 양자(養子)는 가족적 관점에서 설명한 것이다. 물론 동시적으로 일어나는 사건이지만, 논리적 순서로 설명될 때는 칭의·중생·양자의 순서가 옳다. 죄 용서 받아야(칭의) 거듭나며(중생), 거듭나야 하나님의 가족(양자)이 될 수 있기 때문이다.
- 이 셋을 하나의 단어로는 회심(conversion)이라고 한다. 칭의가 죄책(guilt) 제거와 관계가 있다면, 중생은 죄의 세력을 제거함으로써 거룩한 삶을 사는 성화의 시작(Initial Sanctification)이다._455

Q 신약성서에 "중생"이란 의미의 "팔리게네시아" 용어가 두 번 나타나는데, 두 경우 가각 의미하는 바는 무엇인가?

- 성경에서 문자적으로 '중생'이라고 번역될 수 있는 원문의 단어 '팔리게네시아(παλιγγενεσία)'는 신약성경에서 단 두 번 나온다. 그것은 곧 디도서 3장 5절, "우리를 구원하시되 우리의 행한 바 의로운 행위로 말미암아 아니하고 오직 그의 긍휼하심을 좇아 중생의 씻음과 성령의 새롭게 하심으로 하셨나니"와 마태복음 19장 28절, "예수께서 가라사대 내가 진실로 너희에게 이르노니 세상이 새롭게 되어[중생] 인자가 자기 영광의 보좌에 앉을 때"에서 나온다.
- 이 두 구절에서 사용된 중생의 의미는 상호연관성이 있기는 하지만, 서로 다른 차원의 의미를 각각 가진다. 디도서 3장 5절의 중생은 성령이 신자 안에서 인격적으로 작용하시는 것으로, "물과 성령에서 나는 것(요 3:5), 하나님에게서 나는 것(요 1:13), 양자의 영을 받아 하나님을 '아바 아버지'라 부르는 것(롬 8:15), 새로운 피조물이 되는 것(고후 5:17), 의와 진리의 거룩함으로 지으심을 받은 새 사람을 입은 것(엡

4:24, 골3:10)"을 의미한다.

- 이와 달리 마태복음 19장 28절의 중생은 인간의 범죄와 더불어서 함께 타락한 만물에 대한 회복을 말하는 것으로, 예수 그리스도를 통해서 하나님의 나라가 완성되고 만물이 종말론적으로 새롭게 됨(계 21:5)을 의미한다._455

Q 칭의와 중생에 대한 성결교회의 전통적 이해를 넘어서서 심화시켜야 할 것은 무엇인가?

- 칭의와 중생에 대한 성결교회의 전통적 이해는 기본적으로 개신교복음주의와 웨슬리안 신학의 전통에 서 있음을 확인할 수 있다. 그러나 구원의 여정에 대한 이해가 철저히 인간의 구원에 초점이 맞춰져 있다는 한계를 발견하게 된다. 하나님의 구원은 "하나님과 나"와의 관계회복으로부터 시작해서 "하나님과 세계", 그리고 "나와 이웃"과의 관계회복까지 나가야 하는 것이다.

- 따라서 칭의와 중생에 대한 신학적 논의가 개인적 차원에 머무르지 않고 성결교회가 추구하는 "온전한 구원"에 도달하도록 구원의 공동체적 차원을 심화시켜야 한다. 성결교회의 사중복음 교의학에는 인류 구원의 영성신학적 차원과 공동체 신학적 차원이 있음에도 불구하고, 지난 한 세기는 하나님과 나의 관계 가운데 구원을 말하는 영성신학적 이해가 주도적이었음을 돌이켜 볼 필요가 있다.

- 이제 칭의와 중생의 또 다른 차원인 "하나님의 사건, 인류의 사건, 세계의 사건"이 성결교회의 구원론 안에서 회복 되도록 해야 한다. 즉, 구원에는 "자기중심성(죄)에서 하나님의 나라에로의 전환(즉 하나님과 이웃과 세계와의 친교의 회복)"의 차원이 있음을 밝히며 또한 전개해 나가야 할 것이다._457

> **10. 성화에 관하여**

Q 성결, 성화, 기독자의 완전, 제2의 축복, 현재적 구원, 온전한 구원의 개념이 공통적으로 지니는 의미는 무엇인가?

- 일반적으로 전통적인 기독교 신학에서 성결은 '하나님의 형상의 회복'으로 이해되며, 이를 표현하는 용어는 매우 다양하다. '성화', '기독자의 완전', '온전한 그리스도인', '제2의 축복', '현재적 구원', '온전한 구원', '성령세례' 등이 있으며, 동방교회에서는 '신화(神化, deification)'라는 용어를 사용한다.

- 성결이 주로 중생 이후의 특별한 경험을 강조하는 말이라면 성화는 중생에서 영화(榮化, glorification)에 이르는 전 과정을 지칭하는 말이다. 때로는 성화를 구분하여 중생은 '초기의 성화'로, 성결은 '완전성화'로 표현하기도 한다. 그리고 기독자의 완전은 이미 기독교인 된 사람이 온전한 기독교인이 되는 것을 목적으로 삼는다는 의미로 사용되며, 제2의 축복인 성결은 칭의 이후에 오는 제2의 은총이라는 의미를 갖는다. 또한, 현재적 구원이란, 성결은 죽음 이후에 성취되는 것이 아니라 지금 여기서 얻을 수 있는 구원이라는 점에서 사용된다. 나아가 온전한 구원이란, 그리스도는 우리의 죄책 뿐 아니라 우리의 죄성 곧 부패성에서도 우리를 구원하신다는 의미로 사용된다._459

Q 중생한 자 안에 존재하는 새 본성과 옛 본성이라는 "두 본성의 교리"에 대한 칼빈주의와 웨슬리의 가르침은 무엇인가?

- 최초의 구원으로서 칭의, 중생, 양자는 완결된 사건이면서, 동시에 미완결성을 지닌다. 우리가 죄 용서 받을 때(칭의) 우리의 모든 죄는 순간적으로 모두 용서 받는다. 중생한 자는 영생을 맛보고 살며, 또 앞으로 영생을 얻을 것이다. 그러나 우리는 여전히 죄지을 가능성을 지니

고 살게 된다. 중생할 때 새로운 본성이 주어졌지만 옛 본성이 완전히 사라진 것이 아니다. 이 옛 본성을 신학적으로 원죄(原罪)라고 한다.

- 중생한 자 안에 있는 이러한 미완결성을 신학적으로 "두 본성의 교리 (Two Nature Theory)"라고 한다. 거듭난 신자 안에 두 본성, 즉 새 본성과 옛 본성이 존재한다는 것이다. 우리의 옛 본성은 우리가 거듭날 때 완전히 사라지지 않고 남아있다. 남아 있으나 이미 지배권은 잃어버렸다. 이 부패성의 제거를 위하여 성결이라는 또 한 번의 은혜의 역사가 있어야 한다._460

Q 성결을 "사랑"이라 말할 수 있는 이유는 무엇인가?

- 거듭난 신자 안에 남아있는 옛 본성(부패성)이 제거되는 것이 성결의 소극적인 면이라면, 새 본성만으로 온전히 한 마음을 가지는 것은 성결의 적극적인 면이며, 이 한 마음이 바로 사랑이다.
- 사랑·사랑의 충만·사랑으로 역사하는 믿음(갈 5:6) 등은 성결의 본질을 나타내는 가장 적합한 단어들이다. 웨슬리가 강조하고 성경이 가르치는 성결(성화)은 곧 사랑이다. 사랑은 한 마음이어야 한다. 두 마음은 온전한 사랑이 될 수 없다. 신자는 하나님과 마귀 또는 세상을 동시에 사랑할 수 없다.
- 성결은 하나의 의도와 목적을 가지고, 하나님께 바쳐진 "순수한 사랑"을 의미한다. 이런 사랑은 성령의 은사와 열매로서 신자에게 주어지기 때문에, 성결은 하나님의 은혜의 선물이며 사건이요, 동시에 신자의 경험이 된다._461

Q 웨슬리 시대부터 지금까지 계속 제기되어온 성결에 대한 오해들은 무엇인가?

- 성결에 대한 오해는 웨슬리의 시대부터 지금까지 계속 제기되어왔다. 대표적인 오해들은 성결을 마치 하나님과 같아지는 절대적 개념으로

해석하는 것, 성결한 사람은 더 이상 유혹도 받지 않고 따라서 실수도 하지 않고, 더 나아가 죄를 짓지도 못하는 사람으로 규정하는 것, 인간의 육체적 본능이나 욕구를 완전히 없이하고 초인이나 특수한 인간이 되는 것으로 생각하는 것 등이다. _461

Q 웨슬리가 강조한 성결은 어떠한 의미에서 "완전"인가?

- "내가 거룩하니 너희도 거룩하라"는 말씀은 인간이 하나님처럼 거룩해지라는 것이 아니다. 하나님은 하나님으로서 거룩(완전)하고, 인간은 인간으로서 완전(거룩)하라는 것이다.
- 이것은 "정도(degree)의 완전"이 아니라 "종류(kind)의 완전"이다. 우리는 하나님 '정도' 만큼의 완전은 불가능하다.
- 웨슬리는 각 피조물의 종류마다 하나님은 완전의 범위를 허락하시고 그 수준에 오면 완전하다고 인정하셨다고 주장한다. 즉, 동물의 경우, 완전한 동물이란 인간에게 철저히 복종하는 동물을 말하는 것이며, 그리스도인인 완전한 상태, 즉 성결한 상태는 하나님을 사랑하고 이웃을 사랑하는 상태를 가리키는 것이다. _462

Q 성결교회는 인간의 부패성이 성령세례를 통해 제거된다고 믿는데, 그 이유는 무엇인가?

- 성결교회는 인간의 본성과 죄성을 구분한다. 육체는 하나님이 원래 만드신 선한 것이지만 인간의 죄성, 곧 부패성은 인간의 타락 이후에 인간의 본성에 덧붙여졌다는 것이다.
- 성결교회는 부패성을 단지 '죄로의 경향성'이나 '하나님과의 관계단절'로 이해하는 정통 칼빈주의에 반대한다. 왜냐하면, 죄로의 경향성은 타락 이전에도 존재했으며, 타락 또한 하나님과의 관계 단절에서 끝나는 것이 아니라, 인간 내면의 부패성을 낳았다고 보기 때문이다.

- 성결은 중생과 분명하게 구분되는 '이차적인 은혜'가 된다. 인간의 부패성은 이미 중생의 사건에서 붕괴되기 시작했고, 이제 성결로 인해 온전히 제거된다. 즉, 성결의 순간에 부패성에서 해방되는 것이다.
- 성결의 상태가 천사와 같은 완전은 아니다. 성결 이후에도 인간은 무지, 연약성 등을 갖고 있기 때문에 언제든지 다시 타락할 가능성이 있다. _462

Q "잔여죄"에 대한 정통 칼빈주의와 성결교회의 입장 차이는 무엇인가?

- 성결교회는 인간의 부패성이란 죄악의 쓴 뿌리이기 때문에 그리스도의 십자가 공로로 용서를 받았다고 할지라도 그것이 신자의 내면에 남아 있는 한, 인간은 또 다시 죄에 빠질 수밖에 없다고 본다. 중생의 경험 이후에도 많은 신자들은 영과 육의 갈등을 느끼게 되는데, 이는 내면에 남아 있는 죄악의 세력 때문이다. 중생 이후 내면에 남아 있는 죄를 신학적으로 잔여죄(殘餘罪)라고 한다.
- 정통 칼빈주의자들은 이 잔여죄가 이 세상에서 극복될 수 없는 것으로 본다. 따라서 이들은 신자의 삶이란 영과 육의 갈등의 연속이며 이를 당연한 것으로 받아들여야 한다고 주장한다. 하지만, 성결교회는 성경이 강조하는 것이란 영육의 갈등이 아니라 성령으로 인한 승리라고 믿는다. 그리고 이 잔여죄는 하나님의 은총으로 해결될 수 있다고 믿는다. _463

Q 성결교회가 이 세상에서 온전한 성결이 가능하다고 보는 이유는 무엇인가?

- 성결교회가 이 세상에서 온전한 성결이 가능하다고 보는 것은 바로 '인간의 본성과 죄성이 다르다'는 이 믿음에 근거하고 있다. 인간의 본성이 죄성이라면 인간이 죽기 전에는 결코 온전한 성화를 이룰 수가 없다.
- 하지만, 이 죄성이 본래적인 것이 아니라 아담의 타락으로 덧붙여진 것이라면, 그것은 성령의 능력으로 제거할 수 있다고 보는 것이다.
- 성결교회의 성결은 인간의 본래적인 모습에 덧붙여진 죄성을 제거하

고 변화시킨다는 것이지, 인간의 본성을 바꾼다는 뜻은 아니다._463

Q 성결교회 성결론에서 재고되어야 할 점들은 무엇인가?

- 첫째, 기독교 신앙과 신학은 삼위일체적인 기초 위에 수립되어야 함으로, 성결이 성령세례라고 규정되었다고 성령론적으로만 해석할 것이 아니라, 신론과 기독론적인 해석 역시 필요하다.
- 둘째, 성결체험의 순간적인 면과 점진적인 면이 모두 강조되어야 한다. 성결은 중생과 함께 점진적인 성장의 과정 위에 성령에 의한 순간적인 은혜의 경험이다. 이에 근거한 점진적인 성화는 신자의 윤리적 삶의 과정으로서 이를 무시하면 도덕적 삶이 약화되기 때문이다.
- 셋째, 성령세례라는 성결을 얻게 되는 방법뿐만 아니라, 성결의 본질인 "사랑"에 대한 강조가 따라야 한다.
- 넷째, 원죄에서 정결하게 됨은 성결의 소극적인 면이다. 보다 적극적으로, 원죄로 인하여 상실한 하나님의 형상의 회복(도덕적 형상)을 강조해야 한다.
- 다섯째, 성결의 개인적인 체험에 대한 강조가 사회적 성결로 이어지지 못했다. 성결의 본질인 사랑은 자기 사랑이 아니라, 이웃 사랑이다. 개인으로부터 출발하여 교회와 사회개혁까지 가능케 한 웨슬리 성결 운동의 전통이 회복되어야 한다.
- 끝으로, 개인적인 체험 강조는 절실히 요청되는 사항이지만, 신앙의 개인주의를 가져오기 쉬우며, 나아가 분파주의의 위험도 있기 때문에, 개인적 성결 체험의 완성은 하나님 나라 공동체 형성에서 이루어진다는 사실 역시 강조되어야 한다._465

11. 신유에 관하여

Q 하나님의 보편적 신유 은총이란 무엇인가?

- 자연법칙을 통해서도 병은 치료되는데 맑은 공기, 깨끗한 물, 태양광선 등이 병든 몸을 건강하게 할 수 있다. 실제로 폐병 환자에게 숲 속의 맑은 공기가 효과적이고, 피부병 환자에게 태양 광선은 좋은 치료제가 된다. 이것이 하나님의 보편적 신유의 은총이다.
- 하나님은 사람 몸속에서 생리 작용을 통해 병적인 요소들을 극복하도록 만드셨다. 병균이 침입했을 때 백혈구의 수가 증가하여 병균을 막아내거나, 상처 입은 세포가 재생되는 것도 질병을 치료하는 하나님의 은혜이며 생리적 신비이다. _468

Q 성결교회의 신유 신앙이 지니는 현대 신학적 의의는 무엇인가?

- 성결교회의 신유신앙은 21세기 지구와 온 인류의 구원을 위한 교회의 사명이 무엇이어야 하는 지를 보다 명확하게 지시한다. 즉, 인간의 몸과 한걸음 더 나가 지구의 생태적 현실을 일개의 도구화한 모더니즘의 이성주의의 지배를 거부하며, 다시 한번 원(元)창조에 대한 통전적 관점(total look)을 가지게끔 이끈다.
- 성결교회의 과거는 이러한 신유신앙의 통전성을 삶의 일반에 적용하지 못하고 몸의 질병으로부터의 치유에 한정했던 아쉬운 역사였던 것을 알 수 있다. 그러나 신유의 복음은 한 쪽으로 치우친 우리의 관점 자체를 통전적으로 회복해주는 능력을 부여한다. _469

12. 교회에 관하여

Q 하나님의 백성의 신학적 의미는 무엇인가?

- 그리스도의 부활에 근거하고 이를 증거하기 위해 부름 받은 신약성경의 공동체는 자신을 구약성경의 '하나님의 백성(엘로힘 암)'과의 연관 속에 이해하였다. '암'(백성)은 선택된 자로서의 의미를 나타내며, '거룩하다'는 술어처럼 하나님의 특별한 소유를 지칭하게 되었다. 여기서 중요한 것은 이러한 의미가 혈통적인 관계에 국한되기보다 하나님과 이스라엘 사이의 계약 관계를 통해서 하나님이 이루시는 구원의 사건들로부터 규정 되었다는 것이다. 즉, 하나님의 백성은 구원의 공동체로서 역동적인 하나님과의 관계를 통해서 드러나게 되는 것이다.
- 하나님의 백성이 가능해진 것은 하나님께서 이스라엘의 온 회중을 애굽으로부터 구속하신 것 때문이며(출 15:13, 16; 시 77:15), 그 온 회중과 더불어 시내산에서 언약을 맺으심으로써 이스라엘이 하나님의 백성으로 성취된 것이다(신 4:1 이하; 출애굽기 33~35장).
- 하나님의 백성은 언제나 하나님과의 약속 가운데 하나님을 위한 거룩한 백성(출 19:6; 호 2:23; 벧전 2:9, 10)이 되어야 한다. 그리고 이러한 하나님의 백성으로서의 개념은 하나님의 약속이 실현되는 종말의 때를 통해서 이방민족까지 포함한다(슥 2:11)._470

Q 하나님의 백성 개념과 카할, 에클레시아, 쉬나고게는 어떠한 연관성이 있는가?

- 하나님의 백성으로서 '암(am)'은 또 다른 말로 '카할(qahal: 원래의 뜻 - 야훼의 전쟁이나 예배 혹 정치적 사안을 위해 모여진 남성들의 집단)'로도 불려졌다.
- 카할은 70인 역을 통해서 대부분 '에클레시아(ἐκκλησια)'와 '쉬나고게(συναγωγη)'로 번역되었는데 에클레시아는 희랍사회에서 특정한 정치적

의미로 사용되고 있었다. 그리하여 예배 공동체를 지시하는 '에다(edah)'의 번역어이기도 한 쉬나고게가 사용되게 되었다. 이렇게 하여 하나님의 백성은 타 집단과 구별된 특별한 예배 공동체로 이해된다._470

Q 전통적인 교회관은 무엇인가?
- 교회는 하나님이 만드신 창조물이다.
- 교회를 존재하도록 부르신 이는 삼위일체 하나님이다.
- 교회란 복음으로 부름 받은 하나님을 섬기기 위해 모인 회중이다.
- 그리스도교 신자들의 총체이다.
- 보편적이고 우주적인 한 몸이다.
- 교회의 본질적 요소는 믿음과 설교 그리고 성례전의 올바른 집행에서 찾아진다._471

Q 웨슬리가 강조한 참된 교회의 모습은 무엇인가?
- 웨슬리가 강조하고 있었던 가장 중요한 교회의 모습은 하나의 영에 의해 하나의 몸으로서 지음 받은 것으로서 하나의 희망과 하나의 믿음, 하나의 세례를 갖고 모든 세상을 창조하신 한 분 하나님으로부터 부름을 받은 하나님의 자녀들이라는 신앙 공동체이다.
- 참다운 교회란 하나님의 능력에 따라서 계속해서 새로운 피조물의 삶을 사는 것을 통해서만 알려진다.
- 웨슬리는 예배와 제도에 있어서 영국의 성공회를 이상적인 교회의 한 형태로 받아들이고 있었으나 참된 교회는 그 예전적인 형식을 통해서 주어지는 것이 아니라고 하였다. 삶의 모습에서 새롭게 변화된 거룩함을 나타낼 수 있는 교회가 그리스도의 참된 교회라고 주장하였다.
- 참된 교회란, 창조주요 구속주이신 하나님의 거룩성을 교인들의 삶과 행동 안에서 반영함으로써 하나님의 거룩성에 동참하는 것에서 알려

지는 것이다.
- 이렇게 웨슬리가 이해한 참다운 교회의 모습은 특정한 제도적 교회에서 발견되는 것도 아니고 교파주의의 범주에 고착되는 것도 아니며 모든 기독교 공동체에 알맞은 진정한 에큐메니칼한 공동체적 교회의 모습 속에서 발견되는 것이다. _471, 479

Q 이명직에게 교회는 어떤 공동체인가?

- 교회는 하나님께서 선택하신 백성으로서, 광야교회에서부터 찾아지면서도 근본적으로는 예수께서 지상에 거하실 때에 구원받은 백성을 위해 교회를 세울 것을 말씀하신 것에서 기원한 것이다. 그리고 특히 성령의 강림으로 성립되어 오늘날까지 존속하는 것이다.
- 교회는 하나님으로부터 택함을 받은 백성들로서 특별히 부름을 받아 세상에서부터 나온 단체로 다시는 죄악 세상으로 돌아가서는 안 된다. 이는 교회의 참된 모습이 죄로부터 벗어난 성결한 단체라는 것을 주장하는 것이다. 즉, 교회는 죄를 지속적으로 벗어나는 성결한 단체이다.
- 이와 연관하여 교회는 일찍이 이스라엘이 가나안에 들어가기까지 겪었던 것처럼 택하심을 입은 백성들이 하나님의 존재를 나타내면서 천국에 들어가기까지 훈련을 받는 곳이다. _473, 480

Q 이명직은 다양한 교파교회에 대해 어떻게 이해하고 있는가?

- 서로 다른 교파들은 그 발생에 있어서 서로의 잘못된 점을 인하여 발생한 부정적 측면도 있고, 그 중에 이단적 교파도 섞여 있기도 하지만, 이러한 이단적 교파를 제외한 나머지 교파들의 발생은, 물이 한 근원으로부터 흘러나오다가 각기 여러 줄기로 갈라지는 것처럼 자연적 과정이다.
- 모든 교파는 믿음과 소망과 사랑으로 합하여 모두가 다 하나님의 교회요 그리스도의 몸인 줄 승인하고, 자신들의 사명을 충실히 수행함으로

써 하나님의 교회를 완전케 해야 한다.
- 역사적 현실 가운데 유형적으로 분리되어 등장하는 교파적 교회가 있다 하여도 성령의 세례를 통하여 각 교파적 교회에서 참으로 구원받은 자의 모임으로서 이루어진 참된 교회가 있으며, 이러한 교회야말로 무형의 교회로서 하나의 영적인 교회요, 통일적 교회이다.
- 이런 의미에서 모든 교파적 교회의 참된 목적은 영적으로 통일된 구원받은 백성으로서, 하나님의 교회를 이루기 위해 자신들에게 주어진 역사적 과제를 에큐메니칼 정신으로 구현하는 것이다. _474

Q 하나님의 선교적 행위의 관점에서 보는 교회의 본질은 무엇인가?

- 교회가 자신을 에클레시아, 곧 하나님의 부르심을 입은 구원받은 믿는 자들의 회중으로 이해할 때 이러한 하나님의 부르심은 구원의 역사 가운데 아버지의 아들을 보내심, 그리고 아버지와 아들의 성령을 보내심을 이루는 삼위일체적 하나님의 보내심(missio Dei)에 기인한다. 그리하여 하나님의 부르심은 또한 오늘날 교회를 세상에 보내시기 위하여 있다는 사실이 분명해진다.
- 이러한 하나님의 보내심과 부르심의 선교적 행위의 맥락에서 교회가 자기를 이해할 때 교회는 전적으로 예수 그리스도의 지상의 역사적 삶의 형식과 상응하는 그리스도의 몸이다. 그리고 이러한 면에 있어서 교회는 근원적으로 십자가에서 우리를 구원하신 하나님의 말씀의 피조물로서 구원의 사역을 이루어가는 것임이 분명해진다.
- 따라서 교회의 본질은 구원을 전하는 교회의 행위와 실존에서 밝혀진다. 교회는 예수 그리스도 안에서 이루어진 세상과 하나님과의 화해의 증인으로서, 그리스도 안에서 이루어진 죄와 악을 이긴 승리의 설교자로서, 모든 피조물에게 선포된 하나님의 구원의 영광의 계시자로서, 현재 세상에 하나님의 구원을 알리는 구원의 공동체로서의 도구적 존재이다. _475

Q 다양한 교파교회에 대한 종말론적 의미는 무엇인가?

- 교회는 성령의 능력을 통해 부활의 실제적 삶인 하나님의 나라를 지향하고 있지 역사적인 제도나 형식을 추구하고 있지 않다. 교회의 다양한 제도와 형식들은 오히려 종말론적 하나님의 구원을 증거하는 성령의 카리스마적 은사로서 평화를 이루시는 구원의 상태를 나타낸다.
- 그리스도의 몸 된 교회에 주어진 다양한 직능들은 하나님 나라를 섬기는 봉사의 능력으로 이해됨으로써 교회에 등장할 수 있는 다양한 제도 그 자체도 이제 종말론적 성령의 역사를 향해 개방적인 것으로 이해된다.
- 이렇게 볼 때 역사적으로 등장한 다양한 교회의 형태는 그 자체로 고정적이고 불변하는 교회의 본질이 아니고 하나님의 나라를 이루는 교회의 다양한 모습을 나타내게 된다. 그럼으로 이제 교회의 다양한 제도는 역사 가운데 이루어진 하나님의 종말론적 통치에 참여하는 방식을 의미하게 되는 것이다.
- 이럴 때 각기의 교파적 교회의 다양한 모습들은 단지 인간의 상대적인 모습으로서만이 아니고 하나님의 종말론적 통치를 이루는 은사로서 서로 연합하여 참된 일치를 이룰 수 있게 된다._476

Q 성결교회가 현대적 상황에서 교회의 참다운 모습을 드러내기 위해서 사중복음을 어떻게 이해할 수 있는가?

- 사중복음은 단지 개인적인 측면에서 이해되는 구원의 과정이 아니고 바로 이 세상 가운데 구원을 나타내어야 할 교회 공동체적 측면의 모습이라는 사실을 밝히는 것이 중요하다.
- 중생은 세상 안에서 세상과 함께 살지만 세상을 위해 존재하는 것이 아니라 오히려 하나님을 통해서 새로운 삶을 발견하는 공동체의 특성을 지시하는 것이 된다.
- 성결은 하나님의 뜻을 따라 세상에서 하나님의 사랑을 이루어가기 위

해 고난을 짊어지는 모습으로 이해되어진다.
- 신유는 역사적이며 사회적 차원에서의 하나님의 축복된 샬롬을 이루는 성령의 능력 가운데 있는 교회의 모습을 나타낸다.
- 재림은 교회의 궁극적 존재의 모습이 하나님의 심판 가운데 있음을 나타내는 것으로서, 마태복음 25장에 기록된 것처럼 그리스도의 존재를 세상의 삶의 모습들 가운데 발견해야 하는 교회의 모습을 알리는 것이다.
- 위와 같이 사중복음을 교회의 공동체적인 모습으로 드러낼 때 성결교회는 오늘날 현대적 상황에서 자신의 참다운 모습을 이룰 수 있다._477

Q 그리스도의 몸으로서의 교회가 그리스도로부터 위탁받은 일들은 무엇인가?
- 예배를 통해 하나님의 현재적 통치와 미래적 구원에 대한 기대를 드러내는 것이다. 이런 의미에서 하나님의 백성으로서의 교회는 무엇보다도 하나님을 예배해야 하는 것이다(행 2:42, 47).
- 하나님과 인간, 인간과 인간 사이의 서로의 참다운 교제를 성찬을 통해 이룸으로써 하나님의 구원의 실재를 드러내는 것이다. 교회는 그리스도와 교제를 나누는 가운데 하나님의 삼위일체적 사랑의 교제에 참여하며 신자 상호간의 삶에 참여를 이루는 교제를 이루게 되는 것이다.
- 세상을 향한 선교적 행위가 있다. 그리스도는 교회에게 온 세상, 모든 민족에게 복음을 전파할 것을 명령하였다(막 16:15; 마 24:14; 28:18~20; 롬 10:14). 이와 같은 복음전도의 일과 더불어서 또한 교회에는 소외되고 아프고 가난한 사람들을 돌보고 섬기는 사회봉사(마 25:31~43; 눅 10:25~37)가 함께 위임되어 있다._478

13. 성례전에 관하여

Q 웨슬리의 신학에서 유아세례가 가능한 이유는 무엇인가?
- 웨슬리는 성인세례가 믿음을 통해서 이루어지는 하나님의 은혜의 수단을 정확히 보여주고 있다고 믿었다. 이것은 초대 교회부터 시행되었으며, 그리스도인의 신앙고백과 결단에 근거하여 시행되는 제도로서, 성령의 사역을 강조하는 복음주의의 정신과 부합되는 책임과 자유를 강조하는 건전한 제도라고 본 것이다.
- 그럼에도 불구하고 또한 웨슬리는 세례 자체가 강조하는 근본적인 은혜의 성격은 당연히 유아세례를 통해서 표현된다고 긍정한다. 세례의 본래적인 의미가 하나님의 은혜의 복음을 나타내는 것이라는 점과 세례가 믿음을 통해서 이루어진다고 할 때, 이 믿음을 하나님의 은혜에 앞선 인간의 행위가 아닌 하나님의 구원의 행위에 뒤따르는 인간의 응답으로서 이해된다고 보기 때문이다. 그리하여 교회는 성인세례뿐 아니라 유아세례를 통하여 자신에게 맡겨진 복음의 은혜를 나타내는 것이라고 본다._482

Q 성결교회가 유아세례를 시행할 수 있도록 한 신학적인 근거는 무엇인가?
- 세례는 믿음과 분리될 수 없는 것이 분명하고, 믿음 때문에 세례가 실현되지만 믿음이 세례를 만들어낸 것이 아니고 주님이 교회에 제정하신 세례가 믿음을 요구한다.
- 세례는 한 개인이 그리스도께서 이루신 구원에 받아들여졌음을 교회적으로 드러내는 것이다.
- 구원은 신앙을 통해서 개인적으로 주어지지만 이러한 사실은 세례를 통해 공동체적 신앙에서 약속으로서 확증되는 것이다.
- 세례를 수행함에 있어서 신앙이 절대적인 근거가 아니고, 교회에 위임

되어 있는 그리스도의 명령으로서의 하나님의 구원의 은총에 대한 약속이 더욱 중요한 근거가 된다.
- 하나님께서 이루신 구원의 계약을 신앙 공동체적으로 이어가는 순종의 행위이다.
- 유아세례는 교회의 기능을 은혜의 수단으로 보고 있는 성결교회의 전통에서도 긍정적으로 수용된다.
- 유아세례를 시행하는 것은 그리스도께서 모든 사람에게 주시는 은총과 언약의 수단을 교회가 제한하지 않고 교회 공동체적 신앙의 책임성 가운데 이루어나가는 것이다._484

Q 웨슬리는 성찬을 어떻게 이해했는가?
- 웨슬리는 수단을 배제하고 신앙의 내면성만을 강조하는 정숙주의(Quietism)를 경계하면서, 성찬은 하나의 은혜의 수단임을 강조하였다. 하나님은 이 은혜의 수단들을 통해 은혜를 주신다.
- 성찬은 그리스도의 대속적 죽음의 표적(sign)과 인증(seal)이다. 다시 말해서 성찬은 주님의 성육신과 고난이 의미하는 은혜를 실제적으로 받을 수 있는 현재적 은혜(present grace)의 표적과 인증이다.
- 성찬식은 천국의 보증으로 장차 있을 천국을 미리 맛보는 것이고, 이 성찬식에 참여하는 성도는 모두가 하나 되는 사귐을 경험할 수 있으므로 성찬식은 성도의 교제의 인증이다.
- 웨슬리는 성찬교리를 실제적으로 적용하므로 종교개혁자들의 교리적 논쟁에서 벗어나 은혜를 주는 통로로서 이해하였다._487

Q 성찬에 대한 성결교회의 입장은 무엇인가?
- 이명직은 가톨릭의 화체설과 루터의 임재설을 비판하고 기념설을 주장하였다. 성찬은 신자가 마음으로 그리스도의 희생의 공로를 기억하

고 감사하는 것으로 족하다고 하였다.
- 그러나 현재 교단 행정규정제정위원회에서 새로이 편찬한 예식서에서는 성만찬은 십자가에서 죽으시고 부활하신 주님을 기념하고 회상하는 것이라 말하기도 하며, 또 다른 곳에서는 "성만찬은 그리스도의 몸과 피의 성례, 그의 참 현존의 성례"라고 하였으며, "'이것은 나의 몸이며 이것은 나의 피다'라고 하신 그리스도의 선포는 진실이며, 이 진실은 성만찬이 집행되는 매 순간마다 성취되고 있다"고 고백한다.
- 성찬이 단순히 그리스도인의 믿음을 나타내는 방법일 뿐 아니라 현실적으로 그리스도께서 약속하신 바가 이루어지는 은총의 현실임을 분명하게 이해하게 된 것이다.
- 성만찬은 성령의 임재를 간구하는 것으로 보았으며 믿는 자들의 교제라고 해석하였다.
- 종국적으로는 천국에서의 하나님의 나라를 축하하고 예상하는 축제라고 하였다. 그리하여 성찬예식이 성서적 차원에서 보여주는 대로 대속의 구원의 실재를 나타내는 것으로, 종말론적으로 확대하고 있음을 알 수 있다.
- 성찬에 대한 현대 성결교회의 이해는 과거에 있던 기념설을 넘어서 복음주의적으로 모든 교회가 인정하고 있는 성찬이해에 접근하고 있다. 즉, 성찬에 있어 중요한 것은 성찬을 행하는 가운데 계시되는 그리스도의 실제적인 현존과 그 안에서 드러나는 우리의 대속적 구원과 하나님 나라의 미래를 희망하는 것임을 인정한다._488

14. 종말에 관하여

Q 지상 대환난 전에 성도와 교회가 공중으로 휴거한다는 공중휴거설이란 무엇인가?

- 대환난이 일어나기 바로 직전에 성도는 공중으로 휴거(살전 4:17)되어서, 교회와 성도는 그 환난을 면하게 된다는 신앙이다. 지상대환난전

의 공중휴거에 대한 주장은 그리스도의 재림에 대한 이중적 이해와 연관되어 있다.

- 성결교회는 그리스도의 재림을 이중적인 재림, 즉 "공중재림"과 "지상재림"으로 나누고, "공중재림"의 결과로 지상의 대환난이 일어나는 것으로 이해한다. 공중의 권세를 잡고 있었던 사단이, 그리스도께서 공중으로 재림하시자 공중으로부터 지상으로 쫓겨나면서(엡 2:2, 6:12) 지상에 대환난을 일으킨다. 공중으로부터 쫓겨난 사단이 지상에서 대환난을 일으키는 동안에, 공중에 재림하신 그리스도를 만날 수 있도록 성도가 공중으로 이끌려 올라가고, 공중에서 휴거된 성도들이 그리스도와 회합하여 "공중혼연(空中婚宴)"(계 19:7, 9)을 누린다._492

Q 휴거에 대한 믿음이 지니는 실천적 의미는 무엇인가?

- 초기성결교회에서부터 휴거에 대한 믿음이 가진 실천적 의는 매우 크다. 대환난의 고통을 피하여 공중혼연에 참여하여 그리스도와의 만남을 가능하게 해주는 휴거는 모든 믿는 자에게 거저 주어지는 것이 아니다.
- "마음과 행실이 정결한 자"만이 휴거되기에, 성도들은 "의로운 행실"로서 늘 준비되어 있어야 한다. 따라서 휴거신앙은 성결교회신자들에게 성결의 신앙을 끝까지 고수하게 하는 원동력을 제공해준다._492

Q 휴거시의 죽은 성도의 부활은 어떠한 모습인가? _493

- 성도의 부활은 부활의 첫 열매인 그리스도의 부활(고전 15:23)의 본을 따라서 이루어지기 때문에 부활하신 그리스도의 몸과 같은 상태로 된다.
- 부활하신 주의 몸처럼 성도의 부활한 몸은 "시간과 공간을 초월"하게 되며(요 20:19), 또한 부활한 몸은 "성을 초월"하기에 육체적 쾌락을 갖지 않으며(마 22:30), 더 나아가서 "물질에서 초월"까지 이루게 되어 "의식주 권외(圈外)의 생활"을 한다.

- 부활을 통해서 우리의 몸이 "썩지 아니할 몸으로", "영화로운 몸으로", "노병사(老炳死)의 침해를 받지 않은 강한 몸"으로 변화됨으로 부활이 전에 인간이 가지고 있던 몸의 육체성과 완전히 구분된다.
- 하지만, 성도의 부활체가 "영계(靈界)"에 적합하도록 순전히 영적인 존재로 이해되어서는 안 된다. 그렇게 되면 몸이 부활한다는 기독교신앙은 가현설처럼 부활의 실재성을 상실하게 될 것이다. 이런 점에서 특별히 김응조가 "부활의 사람은 육도 아니요 령도 아닌 령체 곧 중간체(中體)이다"고 주장한 것에 주목할 필요가 있다.
- 부활이란 단순히 인간이 죽기 전의 육신으로 소생하는 것도 아니며, 또한 그렇다고 단순히 몸과 전적으로 무관한 영으로 변하는 것이 아니라, "신령한 몸"(고전 15:44)을 입는 것으로 성결교회는 성도의 부활을 이해한다.

Q 대환난에 대한 성결교회의 유대주의적 입장은 무엇이었는가?

- 성결교회의 종말론은 대환난과 천년왕국에 대한 유대주의적 해석에 영향을 받아왔다. 예수 그리스도의 재림으로 시작된 7년간의 지상 대환난의 처음에는 적그리스도와 유대인 사이에 일시적인 상호호혜적인 협력이 이루어진다. "세계연합정부(의) 왕"인 적그리스도는 유대인에게 "영토보장, 정치 자유, 종교자유"를 보장해주자, 유대인은 그 적그리스도를 자신들이 그토록 기다리던 메시아로 받아들이면서 그에게 반대급부로 "재정조달"을 해줌으로 일시적으로 공생한다. 하지만, 적그리스도가 자신의 목적을 달성하자, 하반기 3년 반 동안에 유대인에게 자신의 본성을 드러내어 핍박한다.
- 이리하여 유대인이 큰 환난을 겪자 비로소 속은 것을 자각하고 지금까지 적그리스도를 저희의 메시아로 알았다가 회개하고 십자가에 죽으신 예수가 참 메시아로 받아드리는 동시에 많은 유대인이 구원을 얻을 것이라고 본다.

- 따라서 성결교회는 하나님께서 대환난을 유대인이 구원받을 수 있는 회개의 기회로 삼으신 것으로 이해했다. _494

15. 천년왕국에 관하여

Q 성결교회의 종말관에서 예수의 지상 재림과 천년왕국의 모습은 어떠한가?

- 7년간의 대환난이 끝나자 공중에 재림했던 주님이 성경의 약속에 따라(마 26:64) 지상에 강림하시는데, 휴거자들에게만 인식되었던 공중재림 때와는 달리 세상사람 모두가 볼 수 있는 방식으로 예수께서 강림하신다.
- 그리스도가 지상에 강림하여 지상에서 대환난을 주도했던 사단과 적 그리스도를 결박하고 지옥에 가둠으로(계 20:2) 천 년간 평화의 세계가 실현될 기반이 마련된다. 아울러 지상에 강림한 그리스도는 세상 만국에 대한 심판을 수행하신다(참고, 욜 3:12; 계 19:15). _494

Q 성결교회는 천년왕국을 어떻게 이해했는가?

- 천년왕국은 창세 이후로 진행된 이 세상의 일곱 시대 중의 가장 마지막인 "안식 시대"에 해당하는 것으로(참고, 히 4:9,11), 그 시기는 "우주 만물의 대안식년이다(벧후 3:8)"고 여겼다.
- 천년왕국의 기간을 문자 그대로 일천년으로 받아들이면서, 천년왕국 이전까지의 시기는 육천년의 역사를 가진 것으로 이해했다.
- 천년왕국은 구약성경이 말하는 희년의 실현(레 25장, 사 61:2)이며, 더 나아가서는 인류의 범죄로 인한 저주가 오기 전의 에덴으로 회복된다 (사 35:2, 행 3:20,21, 계 21:5).
- 천년왕국은 철저히 역사내적으로, 세계내적으로 실현된다. _496

Q 성결교회는 천년왕국을 현존하는 세계와 어떻게 다르다고 이해했는가?
- 천년왕국은 인류 역사의 계속이지만, 지상에 강림한 주님에 의해서 사단이 무저갱으로 쫓겨남으로 마귀와 죄와 죄인이 없는 무죄시대이며, "성결한 세계"라는 점에서 현존세계와 차이점을 가진다. _496

Q 성결론적 천년왕국론이란 무엇인가?
- 천년왕국을 성결의 세계로 이해한 것은 초기성결교회가 가진 매우 특징적인 이해로 평가된다. 성결이 지상에 실현된 것이 천년왕국이라고 여겼던 것이다.
- 하지만, 이 성결의 상태는 그리스도에 의해서 무조건적으로 주어진 것이라고 여겼기에, 이것은 나중에 다시 최종적인 검증을 받아야 할 미완성의 성결로 간주했다.
- 재림의 복음을 성결의 복음과 끊임없이 접목시키려는 성결교회의 신학적 노력이 천년왕국의 이해에서도 발견된다. _497

Q 성결교회는 생태계 측면에서 천년왕국이 현세계와 어떻게 다르다고 주장했는가?
- 천년왕국이 현(現)세계와 가지는 차이점은 단지 성결론의 입장에서만 찾아지는 것이 아니다.
- 성결교회는 생태계와 정치라는 측면에서 천년왕국이 현(現)세계와 가지는 차별성을 주창하며 강조했다.
- 초기성결교회가 가진 천년왕국에 대한 생태계적 측면의 이해에서 볼 때 천년시대는 범죄 전의 에덴으로 회복되는 시기로 이해되었다. 따라서 인간의 범죄의 결과로 저주를 받았던 토질과 식물계가 회복되며, 또한 동물계도 회복되리라고 믿었다. _497

Q 성결교회는 천년왕국을 정치적 측면에서는 어떻게 이해했는가?

- 예수의 지상 재림의 목적 중의 하나가 바로 "세상을 화평과 정의로서 통치"하는 것이었다. 그 통치가 이루어지는 곳이 바로 천년왕국이다.
- 역사내적으로 이해된 천년왕국에서의 통치는 따라서 은유적으로나 상징적으로 이해되지 않았다. 성결교회는 천년 시대의 정치체계는 왕정시대가 되리라 믿었다.
- 예수가 왕으로서 통치하는 천년왕국에서는 정의의 정치가 실현된다(시 9:4,8): "만민이 정의의 정치 밑에서 행복을 누리게 될 것이다. 가난과 압제와 슬픔과 눈물이 없고 질병과 고통과 죽음이 없는 지상 천국이 형성되는 때이다."
- 아울러서 평화의 왕 그리스도가 통치함으로 참된 "화평"이 이루어져서 전쟁을 구경도 못하는 세상이 된다. 그때에는 세계 만국이 "예수의 정치"에 순복할 것이며, 또 과거의 많은 영웅이 꿈꿨지만 실현되지 않았던 세상의 통일이 그리스도의 통치하에 이루어질 것이다._498

Q 성결교회는 천년왕국에서 유대인의 역할을 어떻게 이해했는가?

- 천년왕국의 정치적 실현은 세계보편사적인 성격을 띠지만, 그 구체적인 실현에 있어서 유대인이 중심적인 역할을 한다고 성결교회는 믿었다.
- 대환난을 통해서 회개의 기회를 갖게 된 유대민족은 천년 시대에 거룩한 선민의 지위를 회복하여, 국가적으로 완전한 독립을 이루며, 또한 옛 영토를 완전히 회복한다고 여겼다. "이스라엘이 … 거룩한 선민의 지위를 회복시키시고 국가적으로 완전독립이 성취되였으니 이것이 곧 천년왕국 시대라는 것이오, 주님 기도문 중에 '나라이 임하옵시며' 하는 구절이 있는데, 이 기도는 이스라엘의 완전건국 즉 천년 시대로 말매암아 성취되나니라."
- 이때 거룩한 성 예루살렘도 회복되어서 "세계 만국의 수도로서 그 존

귀와 영광"을 누리게 될 것이다._499

Q 성결교회의 종말론이 세대주의적 종말론과 차이가 나는 점은 무엇인가?

- 성결교회가 전천년설을 받아들인 것은 세대주의적 종말론의 영향이었다. 아울러 역사를 특정의 시대로서 구분하는 것이나, 대환난 전 공중휴거를 주장하는 것이나, 유대주의적 천년왕국 이해를 가지는 것 역시 성결교회가 세대주의적 종말론으로부터 영향을 받은 결과이다.
- 그러나 성결교회가 세대주의적 종말론과 전적으로 일치하는 것은 아니다. 성경에 대한 문자적 해석 외에 영적 해석을 병행할뿐더러, 무엇보다도 천년왕국을 성결이 전적으로 실현된 세계로 해석하거나, 휴거의 조건을 성결로 여겼던 것에서 보이는 바처럼, 종말론을 성결론으로 조명하고 해석하고 강화한 것은 성결교회의 종말론이 세대주의적 종말론과 구별되는 특징이다. 웨슬리가 모라비안에게 커다란 영향을 받았다고 웨슬리 신학을 모라비안주의라 분류하지 않듯이, 성결교회가 초기 신학을 형성하는 과정에서 문자적 세대주의의 영향을 받았다고 해서 성결교회 종말론을 세대주의라고 단정하는 것은 옳지 않다. 성결교회는 성서적 성결 종말론, 혹은 성서적 성결 전천년주의 신앙을 고백한다고 해야 할 것이다._500

Q 성결교회는 영광의 하나님 나라에 대한 현재적 측면과 미래적 측면을 어떻게 이해했는가?

- 성결교회도 하나님 나라의 현재적 측면과 미래적 측면에 유의한다. 이명직과 김응조와 같은 초기 성결교회 신학자들은 천국을 네 종류로 나누어서, "심령의 천국"(눅 17:21), "교회의 천국"(마 13:33), "천년시대의 천국"(계 20:4), "신천신지의 천국"(사 65:17)이 있다고 가르쳤다.
- 여기서 "성결한 신자의 마음"에 천국이 있고, 또한 "성령이 계시고 성

도가 있고 말씀에 바로 선 교회"가 천국이라고 여기는 한에서는 하나님 나라의 현재적 측면을 말하고 있다. 말하자면 개인의 성결(성결론)과 교회의 영역(교회론) 안에서 하나님 나라 운동의 현재적 측면을 초기성결교회는 말하고 있다.

- 하지만, 개인을 넘어선 공동체적 영역에서, 교회를 넘어선 사회적 영역에서 선포되어야 할 하나님 나라 운동의 현재적 측면에 대해서는 소극적이었다. 하나님 나라의 현재적 측면을 말하는 "심령의 천국"과 "교회의 천국"과 달리 "천년시대의 천국"과 "신천신지의 천국"은 하나님 나라의 미래적 측면을 말하는 것이었다._501

Q 천년왕국과 신천신지의 차이점은 무엇인가?

- 천년왕국이 예수 그리스도의 재림을 통해서 지상에 실현될, 온 인류가 꿈꿔온 황금시대이기는 하지만, 성결교회가 천년왕국을 하나님이 인류와 세계를 향해서 가지신 계획의 최종적인 목표점으로 간주하지 않았다. 천년왕국은 한시적인 것으로 넘어서야 할 대상으로 여겨진다.
- 천년시대는 사단과 죄가 없고, 죽음과 질병도 없고, 자연계가 화평을 누리는 때로, 전(全)세계 인류와 자연계의 만물까지 기다려온 "지상천국"이기는 하지만, 그것이 "우리가 대망하는 참 천국은 아니(다)."
- 성결교회는 두 가지 구분점을 제시하고 있다. 하나는 구성원의 차이였으며, 다른 하나는 모든 존재자체의 변화이다. 다시 말해서 영원한 천국의 구성원을 선별하는 '대심판'과 천년왕국의 물리적·자연적 환경이었던 구천지가 정리되고, 새 하늘과 새 땅이 조성되는 '새창조'에서 영원한 천국이 천년왕국과 구분된다._502

Q 성결교회의 종말론이 성결론적 특징을 지니고 있음은 무엇을 의미하는가?

- 천년왕국 시대를 살아온 인류는 물론 범죄 하지 않고 성결하게 살아

왔다. 하지만, 그 구성원 중에는 대환난에서 살아남았다는 이유만으로 천년왕국으로 무조건 들어온 사람들과 또 그들의 후손이 있다. 따라서 이들의 성결이 자발적인 순종에 의한 것이었는지, 유혹자가 없었다는 환경적인 영향에 의한 것이었는지를 검증하고, 그 검증을 거친 자라야 대심판을 면하고 천국의 백성이 될 수 있다고 여겼다. 그리고 그 검증을 위해서 천년왕국의 시대 후에 사단으로 하여금 시험하도록 하나님이 허락하셨다는 것이다.
- 천국의 백성은 철저히 성결한 삶을 살았던 자들로 엄격히 제한된다는 점에서 성결이 없으면 신앙의 최종 승리는 없다는 의미를 지닌다._503

Q 초기 성결교회가 종말론을 전개했을 때 문제가 된 것은 무엇인가?
- 초기 성결교회가 당시의 특수한 역사적 경험에 근거한 냉전주의적인 역사판단으로 종말론적인 사건을 예단하고 있다는 점은 문제로 지적된다.
- 사단의 유혹을 받은 "곡과 마곡"(계 20:8)을 "로시아(현재 소비에트 러시아)"로 주석하여, 당시의 소련이 장래에 "무신론 유물주의"로 "반종교 운동"을 펼쳐서 하나님께 최후로 대항하는 "악의 집단"의 구실을 한다는 것이다.
- 당시의 냉전적인 세계사를 고려한다면 이해할 만한 것이기는 하지만, 종말론을 당시의 역사관에 따라서 지나치게 자의적으로 한 해석이 문제가 된다._504

Q 성결교회의 지옥관은 무엇인가?
- 정죄의 심판을 받은 자들은 지옥으로 간다. "지옥이라는 곳은 사람이 한번 죽고 죽은 후에 심판을 받고 심판의 결과로 유죄판결을 받은 자가 가서 영영 형벌을 받는 곳이다."
- 성결교회는 지옥이 실재한다고 주장한다. 지옥이 눈으로 확인되지 않

는다고 해서, 지옥을 사실로 받아들이지 않고서, 사람들이 형벌을 무서워하여 죄를 범치 못하도록 종교가 만들어낸 도덕적 방편이라고 한다거나, 또는 "선을 행하여 잘되는 것은 천당이오, 악을 행하여 망하는 것은 지옥"이라고 하면서 현재주의적으로 해석하는 것을 배격한다.
- 지옥의 실재성을 주장하고자 초기성결교회는 인간의 감각적 지식의 제한성을 지적하면서 그것을 뛰어넘는 믿음에 호소하기도 했다. 또한, 유비적 방법을 통해서 논증하려고도 했다._504

Q 성결교회가 이해하는 "새 창조"란 무엇인가?
- "회개"하고 "중생"하고 "성결"한 자는 영생을 누리게 되는데, 그 최종적인 영생을 누리는 곳이 바로 천국이다.
- 천년왕국은 "죄는 없을지라도 필시 물질의 세계이며 유한한 세계"이기에 "천년이 지나면 지구는 뜨거운 불에 풀어지고" 말 것이기에, 그 천년왕국의 세상은 영원한 세계, 곧 참된 천국이 될 수 없다.
- 참된 천국인 새 하늘과 새 땅이 조성되기 위해서는, 비록 천년왕국이 펼쳐졌던 곳이라고 하더라도 구천지에 속하는 모든 물질세계는 "불"(벧후 3:10)에 의해 완전히 제거되어 그 종적을 찾아 볼 수 없게 사라져야 한다._506

21세기 포스트모더니즘·윤리·여성에 대하여

1. 포스트모더니즘에 관하여

Q 21세기 포스트모더니즘이 성결교회 신학을 "거대담론"으로 보면서 이를 비평할 수 있는 이유는 무엇인가?

- 성결교회 신학이라는 거대담론은 포스트모더니즘이 무엇보다 강력히 거부하는 공격 대상이 된다. 왜냐하면, 포스트모더니즘은 "보편적 이성에 기초한 단일한 진리체계의 종말"을 선고하면서 출발한 것이기 때문이다.
- 모든 진리는 역사를 지니며, 말의 의미란 말하는 자와 듣는 자에 따라, 그리고 그들이 서 있는 콘텍스트에 따라 변화하기 때문에 "순전한(naked)" 진리, 즉 고정불변의 진리를 파악하여 하나의 통전적인 (성결교회) 신학을 정립하려는 일은 시대착오적 모더니즘의 산물일 뿐, 더 이상 포스트모던 시대에는 소통될 수 없는 일이 되기 때문이다.
- "인간의 모든 '진리들'이란 단지 '가정들'이거나 기존의 어의적 합의로부터 끌어낸 것"에 불과하기 때문이다.
- 진리 주장은 "개별적인 이야기들(particular narratives)" 안에서만 가능할 뿐이지 통전적인 거대담론(master narratives)은 더 이상 설 자리가 없다고 보기 때문이다._1112

Q 성결교회가 포스트모더니즘 사조에 거슬러 신학적 거대담론으로서의 성결교회 신학을 말해야 하는 이유는 무엇인가?

- 거대담론의 종말을 말하는 것 자체가 이미 또 다른 거대담론을 재진술하는 것이기 때문에, 거대담론의 불가능성을 말하는 것 대신에 오히려 "거대담론의 불가피성(inescapability of metanarratives)"을 선언할 필요가 있다.
- 거부되어야 할 것은 거대담론 자체가 아니라, 세속적 이성에 의한 거

대담론이라는 것이다.
- 이렇게 될 때, 세속적 이성에 의하지 않은 "하나의 또 다른(another)" 거대담론의 출현이 강력히 요청된다. 그러므로 거대담론의 불가능성은 모더니즘을 지탱하고 있는 세속적 이성, 즉 하나님 없이 작용하는 이성에 의한 거대담론에 해당되는 것이지, 모든 거대담론이 불가능할 수 없다. 다시 말해, 거대담론은 불가피한 것이다.
- 이러한 맥락에서 포스트모던 시대의 교회는 오히려 기독교 신학이라는 거대담론을 적극적으로 제시함으로써 거대담론이 상실되어 통전성을 잃게 된 현대문명 사회를 치유하는 기회를 가지게 된다.
- 그러므로 세속적 거대담론의 종말이 선언된 현대적 상황에서 신학적 거대담론이야말로 인류를 위한 "최선의 이야기(the best story)"로 들려질 수 있다._1113

Q 포스트모더니즘이 비판하는 근대주의의 기초주의(Foundationalism)란 무엇인가?
- 모더니즘은 "이성의 시대(the Age of Reason)"라 불리는 근대의 계몽주의로부터 태어났다. 그 시조를 데카르트(R. Descartes)로 보는 것이며, 그 인식론이 바로 기초주의이다.
- 이 기초주의란 바른 지식은 이성(理性)에 기초해 있는 것이어야 하며, 하나의 지식은 반드시 또 다른 하나의 지식에 기초하고 있기 때문에, 최초의 기초(first principle, bedrock)를 전제하는 것이며, 이를 불변의 진리로 주장하는 것을 말한다._1114

Q 자유주의신학과 보수주의신학이 포스트모더니즘에 의해 비판받는 이유는 무엇인가?
- 자유주의 신학은 기초주의의 인식론에 입각하여 자신의 신학을 인간

의 종교적 "경험(experience)"이라는 기초 위에 세워 온 것이다. 이들이 경험을 신학의 기초로 삼는 이유는, 인간이면 누구나 보편적으로 종교 경험을 하고 있으며, 또한 모든 교의(dogma)란 종교적 경험 없이는 진술될 수 없다는 사실을 중시하기 때문이다.

- 보수주의 신학은 "성경"을 신학의 기초로 택한다. 이들이 성경을 택한 것은 인간 이성의 보편성을 담지할 수 있는 최종적 기초가 바로 성경이라고 보았기 때문이다. 그래서 모든 신학적 명제들(propositions)이 성경으로부터 연역(演繹)되어 교회가 지켜야 하는 불변의 교의들로 자리잡는 명제주의(命題主義, propositionalism)가 보수주의 신학을 지배할 수 있었다.

- 포스트모더니즘은 기초주의 위에 세워진 모든 것을 비판하고 있는데, 자유주의와 보수주의 신학 모두는 이처럼 각각 경험과 성경을 기초로 두고 그 위에 신학을 전개하고 있기 때문이다._1114

Q 반후저의 정경·언어적 방법 가운데 제시되고 있는 "지도(map)론"이 성서 기초주의나 교리 명제주의를 극복할 수 있는 포스트모더니즘적 대안이 될 수 있다면, 이 대안과 성결교회의 모형론적 성서해석과는 어떤 상관성이 있는가?

- 성경 또는 교리적 명제들은 지도(地圖)와 같은 것이다. 지도는 '문서(script)' 개념과 상대적이다.

- 성경을 문서의 차원에서 볼 때는 성경에 연출되고 있는 신적 드라마(theo-drama)의 통일성이 상실되지만, 지도로 볼 때 성경의 다양성이 약화되지 않는다. 문서는 말하고 행동하기 위한 것이지만, 지도는 걸으며 따르기 위한 것이다.

- 신학에서 성경의 역할은 해석자들로 하여금 하나님의 드라마에 참여하는 자들이 되고, 그 도(道)를 따르는 자들이 되도록 함이다. 그리스도인의 길을 걷는다는 것은 성경이라는 지도를 가지고 그리스도를 향

해 가는 것이다.
- 성결교회 신학이 성경을 이처럼 지도라는 메타포(metaphor)로 볼 때, 성경 기초주의라는 모더니즘적 인식론에서 자유로울 수 있는 하나의 새로운 가능성이 열린다. 특히 성결교회는 성경을 이해할 때, 모형론적(typological) 해석 방법을 사용해 왔는데, 이러한 해석학적 전통은 나름대로의 한계를 지니고 있지만, 성경의 권위를 인정하면서도 기초주의나 명제주의에 빠지지 않을 수 있었던 방법으로 평가할 수 있다._1118

Q 은총과 신앙에 입각하여 성경과 경험으로부터 출발하는 성결교회 신학의 인식론은 자유주의신학과 보수주의신학의 기초주의적 인식론과 어떤 점에서 다른가?

- 첫째로, 자유주의 신학의 기초인 경험은 인간 내면에 주어진 종교적 선험성(a priori)으로서 이를 계시의 원천으로 여기는 반면에, 성결교회 신학의 기초인 경험은 은총에 의해 주어진 말씀에 대한 신뢰와 순종이기 때문에 경험에 대한 양자의 신학적 개념은 서로 다르다.
- 둘째로, 보수주의 신학은 성경이 드러내려는 계시적 실체를 인간의 언어-인식적 기능의 차원으로 끌어내려 문자 자체와 동일시함으로써 신적 실재를 피조적 차원으로 폄하하고, 역으로 매개적 문자를 신적 차원으로 우상화하는 반면에, 성결교회 신학은 성경을 궁극적으로 예수 그리스도의 사중복음을 향해 가도록 보여주는 "지도(地圖)"와 같은 모형(模型)으로 보는 점에서 서로가 다르다.
- 이처럼 사중복음에 기초한 성결교회 신학은 기초주의에 대한 포스트모던적 비판을 충분히 통과하면서도 성경과 경험을 신학적 초석으로 확고하게 삼을 수 있다._1120

2. 기독교 윤리에 관하여

Q 이 십 세기 기독교 윤리신학의 8가지 흐름은 무엇인가?

- 이웃사랑의 윤리적 명령은 그 대상이 가난한 사람만이 아니라 이웃을 병들게 하는 사회적 악을 제거하는 것이라고 주장하는 행동주의적 사회복음 운동
- 진보적 이상이 좌절 가운데 있을 때 하나님의 화해의 복음을 다시 들어야 한다고 주장하는 신정통주의의 초월의 윤리
- 사랑이 윤리신학의 최고 규범이라고 주장하는 아가페 윤리
- 성숙한 인간으로서 그리스도의 제자인 그리스도인들은 사회악에 대항하는 제자도의 윤리 혹은 공동체 윤리를 실현할 것을 주장하는 세속화의 윤리
- 사회복음의 비전이 그 형태를 바꾸어 20세기 중후반에 나타난 해방의 윤리
- 윤리 행위자의 덕과 성품에 관심을 가지므로 고전 철학의 전통에서 다루어지던 덕 중심의 윤리 혹은 존재의 윤리
- 생태환경적인 문제들에 대한 전 지구적 관심과 책임을 촉구하는 세계 윤리
- 이성적인 하나님의 계시에 토대를 둔 신학적 윤리_801, 808

Q 이십일 세기 윤리적 운동의 방향적 특징들은 무엇인가?

- 행위에서 존재로 그 초점이 이동한다.
- 도덕의 행위자인 개인에게서 관계성의 윤리로 바뀐다.
- 현재라는 상황에서 벗어나, 인간 존재의 목적을 탐구하는 종말론적인 방향으로 진행한다._809

Q 사중복음의 어떠한 특징들이 세계 윤리신학의 흐름에서 논의되는 주제들을 통전적으로 내포하고 있는가?

- 중생의 개념은 윤리적 행위 자체보다는 성품이나 덕목의 변화를 통한 존재의 변형을 강조한다.
- 성결의 개념은 존재의 변화를 가져온 신자의 마음과 삶에서 성령의 역사로 말미암아 내적이고 외적인 면의 통합적인 삶의 특징이 있다.
- 신유의 은혜는 영혼육을 온전하고 거룩하게 보전하시려는 하나님의 은혜로 말미암는 전인적 구원을 말한다.
- 재림의 주장은 종말신앙의 중심주제로서 세상에 대한 그리스도의 의(義)의 통치에 대한 실현을 대망하게 하고, 하나님의 심판에 대한 성도의 의로움의 준비를 위한 배려라는 특징을 지닌다. _809, 810

Q 초기 성결교회의 윤리적 특징은 무엇인가?

- 사회정치적인 문제에 대해 적극적인 예언자적 기능을 감당하는 것보다는 오히려 중생과 성결의 체험을 통한 영적 변화와 집중적인 신유를 위한 기도, 그리고 그리스도의 왕적 통치를 위한 재림의 선포 등의 사중복음 사역을 통해 그 시대의 교회와 신자들을 구속하는 제사장적 기능의 수행을 우선하였다. _836

Q 한국성결교회의 창립 90주년 윤리적 실천 강령 7가지는 무엇인가?

- 성결인은 성령충만한 신자가 되어 성결한 삶을 살도록 최선을 경주한다.
- 성결인은 사회적 성결을 실천하여 정의와 사랑과 화해의 공동체를 실현한다.
- 성결인은 신앙의 가정이 되도록 하나님이 주신 가정에 충실해야 한다.
- 성결인은 사치와 낭비를 추방하고 이웃을 위한 선교와 봉사에 최선을

다한다.
- 성결인은 모든 교회가 하나가 되는 일에 힘쓴다.
- 성결인은 한반도 평화통일 실현을 위해 기도하며 민족동질성 회복과 민족복음화에 힘쓴다.
- 성결인은 하나님이 주신 자연환경을 보전하며 창조질서를 지켜 나간다. _851

Q 기독교 윤리의 통합을 위해 고려되어야 할 영역은 무엇인가? _855~58
- 도덕과 윤리
- 신앙과 윤리
- 사랑과 정의
- 개인과 사회

Q 웨슬리 신학에서 본 성결교회 윤리신학의 6가지 특징은 무엇인가? _862, 78
- 은총의 윤리
- 경험의 윤리
- 성품의 윤리
- 성장의 윤리
- 사랑의 윤리
- 성령의 윤리

Q 성결교회의 윤리신학이 발전해야 할 방향 4가지는 무엇인가?
- 타락하고 부패한 인간이 하나님의 온전한 형상을 회복하는 전인적인 구원과, 인간과 사회 그리고 생태계를 포함한 우주적 구원을 추구해야 한다.
- 그리스도를 통한 하나님의 은혜를 믿음으로 말미암아 의롭게 된 성도

가 하나님의 능력을 경험하며 성결한 삶을 사는 신앙의 생활화를 강조해야 한다.
- 하나님의 사랑을 구체적으로 전하므로 세상을 치유하는 사랑의 행동주의를 지향해야 한다.
- 교회 공동체와 성도들 가운데 도덕적 능력으로 현존하시는 성령의 역사를 따라 세상을 변혁시키므로 하나님 나라를 앞당겨 살아가야 한다._890

Q 사회문제를 제도적이며 정치적이며 구조적으로 보는 사회윤리적 시각을 가지기 위해서는 어떤 자세가 필요한가?
- 개인과 사회의 이분법적 구조의 모순을 인식해야 한다.
- 개인의 도덕성과 윤리적 행위가 결코 사회문제와 분리된 것이 아님을 각성해야 한다.
- 세상문화를 성결한 문화로 변화시키시는 하나님의 역사에 대해 적극 동참하려는 태도를 가져야 한다.
- 주의 재림을 기다리는 성도는 오늘의 삶에 책임이 있음을 깊이 자각하는 윤리적인 결단이 있어야 한다._893

Q 세계윤리를 위한 그리스도인의 과제는 무엇인가?
- 기독교는 지구와 세계를 위한 책임의 윤리를 제시해야 한다.
- 사회 변혁의 윤리를 실천해야 한다.
- 지구화 시대에 바른 경제윤리를 확립해야 한다.
- 인간과 자연, 인간과 인간의 공존, 공생, 상생의 생태학적 윤리를 제시해야 한다.
- 종교간의 평화윤리를 제시해야 한다._912~15

3. 여성에 관하여

Q 여성신학을 보는 세 가지 대표적인 입장은 무엇인가?
- 교회 안의 노력으로서 가부장적인 이념과 가부장적인 지배의 틀을 벗어나기 위해 성경과 전통에 대한 올바른 해석을 추구하는 성서주의적 입장
- 성경과 전통에 대하여 성차별적인 요소와 비성차별적인 요소가 있음을 동시에 살펴보는 개혁적인 입장
- 여성과 남성의 문제만이 아니라, 하나님과 창조, 인간과 자연 등의 모든 왜곡되고 파괴적인 관계의 회복을 추고하는 생태여성신학적 입장 _1073

Q 한국의 여성신학은 어떠한 영역으로 분화 발전하고 있는가? _1080~83
- 여성의 존엄성과 평등성
- 성서신학에서의 새로운 해석학적 지평
- 민중신학적 관점
- 통일신학적 관점
- 한국 전통과 여성신학의 접목
- 에큐메니칼적 영역
- 생태여성신학적 영역

Q 복음주의 운동이 역사적으로 성결교회의 여성사역과 깊은 관련을 맺고 있는데 그 대표적인 사례는 무엇인가?
- 1911년 경성성서학원을 설립하여 남녀공학을 실시하여 성령으로 충만한 능력 있는 많은 여성 사역자들을 길러낸 일 _1087

Q 웨슬리의 활동 중 여성사역을 장려한 대표적인 사례는 무엇인가?
- 여성 지도자들에게도 성령의 특별한 역사가 임한 것을 알고 여성 설교

자들의 숫자를 늘리도록 하여 27명의 여성 설교자들이 활동하도록 격려하고 지원한 일

Q 여성들은 교회에서 잠잠해야 한다는 성경의 가르침과 공식적인 신앙활동의 제약에도 불구하고 여성 운동가들이 자신들의 사역을 계속할 수 있었던 이유는 무엇인가?
- 모두가 하나님과 직접 교통할 수 있는 중생 체험을 통하여 얻은 성령 운동의 확신 때문이었다._1092

Q 개신교 복음주의 전통에 입각한 성결교회 여성신학의 전개 근거는 무엇인가?
- 만인사제직 사상은 성결교회의 여성신학 전개에 근거가 된다.
- "모든 기독교인은 하나님 앞에서 타인을 위하여 기도하고 하나님에 관한 것들을 다른 사람에게 가르칠 수 있는 자격이 있다"는 가르침을 통해서 여성의 선교적 활동이 보장될 수 있다.
- 주 안에서 여성이나 남성이나 하나님의 부르심을 받아 사제직을 감당할 수 있다._1097

Q 은사와 관련하여 여성의 활동이 강화될 수 있는 이유는 무엇인가?
- 은사를 통해 섬기는 일에 있어서는 직책의 지배자적인 형태는 배제되기 때문이다.
- 은사를 통해 주의 일을 하는 데 있어서 남녀의 차별은 있을 수 없기 때문이다._1098

Q 사중복음의 여성신학적 의의는 무엇인가?
- 중생을 체험한 여성들은 죄악이 가득한 세사에서 더 이상 불의에 종속되지 않고, 하나님의 형상을 회복하여 자율적이고 책임 있는 존재로

살아가게 된다.
- 성령세례를 통해 성결을 경험한 여성들은 억압적인 환경 가운데서도 성결 운동을 적극적으로 이끌어 간다.
- 폭력적이고 성차별적 사회와 파괴되어 가고 있는 생태환경 속에서 여성들은 신유의 체험을 통해 전인적인 건강을 회복한다.
- 불의와 불법이 난무하는 세상에서 절망을 느끼는 여성들에게 재림은 공의의 세계를 기다리며 현재를 인내할 수 있게 하는 희망이 된다._1099~1102

나가는 말

지금까지 나는 총 3부 20장에 걸쳐 데우스 호모(Deus Homo) 예수 그리스도의 사중복음(四重福音, Fourfold Gospel)이라는 하나의 주제를 가지고 긴 이야기를 나누었다.

사중복음은 미래의 신학과 미래의 교회가 최후의 영적 전쟁에서 승리하기 위해 반드시 취해야 할 구원의 투구이며, 골리앗처럼 창조주 하나님을 모독하는 진화론적 무신론자 호모 데우스를 대적할 다윗의 물맷돌이기도 하다.

본서는 인문학적으로는 현대의 시대정신을 다루는 비판서가 될 것이고, 신앙적으로는 성도의 신앙생활을 위한 본질 회복을 촉구하는 것이 될 수 있지만, 이야기의 대부분은 '사중복음신학'이라는 새로운 길을 닦는 것이었다. 본서는 이를 위한 하나의 입문서(入門書)가 될 것이다.

데우스 호모 이야기는 사중복음 신앙·사중복음신학·사중복음 대화로 이어져 나갔다. 첫 파트는 에세이 식으로 혹은 담화 형식으로 평지를 걷듯 편안하게 나가다가, 두 번째와 세 번째로 들어서면서는 학술논문들로 구성되면서 수영·싸이클·마라톤으로 전력질주하는 철인3종 경기로 바뀌었다. 마음으로는 교회 성도 일반이나 적어도 목회자들이 독자가 되어주었으면 하는 의도로 출발하였으나, 결국은 신학 전공자들을 위한 것 이상으로 확장될 수 없을 것으로 보인다.

사중복음의 중생·성결·신유·재림이라는 주제를 화약(火藥)에 비유할 수 있다면, 이 화약도 어떤 목적과 어떤 방법으로 다루는지에 따라 취급하기가 간단할 수도 있고, 매우 복잡하고 이동하기조차 힘들 수 있다. 화약은 권총의 탄알이 되기도 하고, 우주를 향하여 위성을 쏘아 올리는 로켓과 같은 것이 되기도 한다. 누가 어떤 목적으로 어떤 방식으로 사용할 것인지에 따라 화약의 모습이나 제조 방식이나 크기가 천차만별이듯이, 사중복음도 역시 그렇다고 할 수 있고, 본서도 누가 어떻게 읽느냐에 따라 어떤 자에게는 총알이기도 하겠고, 어떤 자에게는 로켓 폭탄이 될 만큼 강력한 화력을 발휘할 수도 있을 것으로 사료된다.

데우스 호모를 출발시킨
세 가지 문제의식

　　　　　　'사중복음신학 입문'이라는 새로운 영역의 출발을 알리는, 결코 수월할 수 없는 공동체적 차원의 포부를 가지고 이야기를 계속 이끌어낼 수 있었던 세 가지의 문제의식이 있었다. 그리고 이에 대한 대답은 모두 데우스 호모로 성육신하신 예수 그리스도의 사중복음이라는 한 가지로 충분했기 때문에, 긴 이야기를 길다고 생각지 않고 계속 진행할 수 있었다.

호모데우스 세계관과
시대정신의 도전

　　　　　　첫 번째로 나의 신앙 실존에 문제의식을 자극했던 것은 현대 인류를 지배하고 있는 호모 데우스 세계관이었다. 이것은 나의 신앙적 실존 전체를 비웃는 것이었으며, 그 어느 것으로보다 기독교의 성서적 세계관을 뿌리채로 부정하는 막강한 지성적·영적 존재로 그 힘을 자랑하고 있었다.

호모 데우스 세계관은 인류의 시작과 더불어 존재했다. 그러나 인류는 인간의 과학기술이 고속으로 진보함과 함께 신과 같이 전지전능한 존재로 되고 싶어 하는 현대 인류의 감춰진 욕망을 숨김없이 드러내 놓고 기존의 신앙적 명제들이 거짓이라고 선포하고 논증해 나가고 있다. 오랫동안 인류가 믿고 있었던 신·영혼·자유의지란 처음부터 없는 존재라는 것이다. 인류는 이같은 거짓 신앙을 벗어 던져버려야만 과학기술 시대가 약속하는 미래의 역사에서 낙오되지 않고 선도적인 삶을 살아갈 수 있다고 주장한다.

나는 이 같은 이야기를 매우 자연스럽게 그래서 매우 설득력 있게 풀어 내고 있는 유발 하라리의 '호모 데우스'를 현대 기독교를 향한 가장 강력한 대표적이며 상징적인 도전자로서, 창세기에 나타난 이브와 아담을 유혹에 빠뜨린 "뱀"과 같은 존재로 보았다.

이 호모 데우스 세계관이 세계 기독교에 미치는 부정적 영향력은 가히 상상을 초월한다고 해야 할 것이다. 그의 주장과 같이 신·영혼·자유의지가 존재하지 않는다면, 그와 함께 '죄'라는 존재도 부정될 수밖에 없다. 그에 따라 모든 사람은 죄 아래 있다는 성경의 가르침도 설 자리가 없게 되며, 인류의 죄 문제를 해결하기 위해 하나님이 아들인 예수 그리스도를 보냈다는 성경의 증언도 현대 과학기술 시대의 지성으로부터 동의를 얻어낼 수 없는 여러 종교적 신화(神話) 중의 하나일 수밖에 없게 된다.

호모 데우스 세계관이 교회 안팎으로 만연해 가고 있는데, 이러한 세계관의 노골적인 공격보다 더 우려되는 것은 호모 데우스로 요약될 수 있는 시대정신을 향하여 세계 교회들이 힘을 모아 대적하려는 문제의식을 가지고 있지 않은 안이하고도 무지한 영적 대응의 모습이다.

현대 교회의 관심사는 무엇보다도 세상을 향한 선교적 도전이 되어야 함에도 불구하고, 안타깝게도 오히려 그와 정반대로 교파 교회들 간의 대를 잇는 교리 논쟁이나 그와 같은 종류의 경쟁에 교회의 힘을 쏟고 있는 현실이다. 르네 지라르(René Girard)의 표현을 빌리자면, "모방적 경쟁"에 빠져버린 "짝패"들이 되어 미움과 증오, 그리고 교파들간 무차별적 폭력까지 자행하고 있는 것이다.

이러한 일에 앞장서 있는 것이 비극적이게도 교단의 교권주의하에서 자유롭지 못한 교파주의 신학들이다. 나는 이러한 현실에 대한 문제의식을 가지고, 스텔기처럼 레이더망에 잡히지 않으면서 전방위적으로 기독교의 가르침을 무차별적으로 폭격하고 있는 호모 데우스라는 시대정신에 무엇으로 어떻게 대항할 것인지를 그 길을 찾아 공(公)교회적으로 나누고자 했다.

사중복음 무기의 신학화로 대응함

결론은, 호모 데우스의 시대정신이 폭격해 오는 것을 방어하거나, 한 걸음 더 나아가 제어할 수 있는 방어 겸 공격 무기는 중생·성결·신유·재림의 사중복음이라는 사실을 증언하는 것이었으며, 이것이 체계적인 전술전략이 되도록 하기 위해서는 사중복음을 아마추어 차원에서 개인의 주관적 신앙생활 범주로 다루던 기존의 단계에서 벗어나서, 객관적인 학문의 차원에서 프로페셔널하게 신학적으로 의제화하는 것이었다.

이러한 나의 의도가 신학계에 실제적인 것으로 받아들여지기 위해서 무엇보다도 우선적으로 통과되어야 하는 관문은 '사중복음신학'이라는 이름으로 신학의 영역에서 하나의 독립된 자신만의 작동원리를 가진 체계(system)로 발전할 수 있는 가능성이 있음을 엄중한 신학계 앞에서 설득력 있게 논증하는 것이다. 쉽게 말하여, 사중복음을 아마추어에서 프로급으로 데뷔시키는 것이다. 그것이 곧 성결교회에서 말해 온 "전도표제"로서의 사중복음을 "사중복음신학(theology of the fourfold gosepel)"으로 학문적 체계를 갖춤으로써 이를 여러 교파주의 교회가 신학적으로 공유하는 것이 가능토록 하는 것이다.

이 책은 그러한 의미에서 우선은 한국 신학계에 그리고 세계 신학계에 '사중복음신학'을 공식적으로 선보이는 것이라 할 수 있다. 이를 위해서 내가 이 책을 통해서 가장 역점을 두었던 것은 사중복음신학의 방법론적 성립의 가능성을 입증하는 것이었다.

제2부에서 사중복음신학 방법론, 사중복음 교의학 방법론, 사중복음 신론 방법론, 사중복음 삼위일체론적 해석학, 사중복음 성령세례론, 및 사중복음 교회론의 체계화를 정교하게 시도한 것은 그러한 의도에서 비롯되었다. 그리고 이러한 신학 방법의 논증에 요청되는 예정·믿음·은총·경험, 등과 같은 '기초신학(fundamental theology)'적 구성 개념들을 사중복음의 관점에서 새롭게 보는 작업이 요청되었다.

또한, 전통적으로 수용되어 온 개혁주의 신학, 웨슬리안 신학, 성결·오순절주의 전통 간의 대화를 통해 사중복음신학이 '교의학(dogmatic theology)'적 차원에서 논리적 충돌 없이 자신의 메시지를 전할 수 있음을 보여줌으로써 기존의 신학들과 동등하게 대화가 가능한 독자적인 신학체계인 것을 제출하는 것이다.

나는 이와 같은 사중복음의 신학화를 위한 기초공사를 하는 가운데 루터 신학이 이신칭의(以信稱義)로부터, 칼뱅 신학이 하나님 주권과 예정으로부터, 웨슬리 신학이 성화(聖化)라는 의제를 체계적으로 다루는 가운데 점차 발전해 각기 신학의 일가를 이루어 나갈 수 있었듯이, 사중복음신학도 중생·성결·신유·재림이라는 성서적이며, 역사적이며, 복음적인 주제로부터 발전하여 능히 성결교회 뿐만 아니라 세계 교회를 위해 기여할 수 있을 것이라는 확신을 갖게 되었다.

교파주의 신학을 극복하는
사중복음신학

　　　　　본서를 집필하게 된 또 다른 하나의 동기는 현대 교회를 지배하고 있는 교파주의 신학 간의 소모적 교리논쟁은 극복되어야 한다는 것이었다. 그래야 현대 교회를 포위하고 좁혀 들어오는 호모 데우스라는 사이비 복음의 침입에 세계 교회가 힘을 모아 대적할 수 있기 때문이라는 취지로 나의 긴 사중복음 이야기를 전개했다.

　어떻게, 그리고 누가 유사 복음적 호모 데우스의 무차별적 침입을 막아낼 것인가? 예수 그리스도의 교회다. 호모 데우스 세계관을 성서적 세계관으로 전환할 수 있도록 하는 주체로 현대 교회 외에 다른 주체가 있을 수 없다.

　그런데 교회가 각자의 교파주의 신학에 얽매여 자신들의 신학 전통을 고수하기 위하여 교리 논쟁의 울타리에서 벗어나지 못하고 있다면, 호모 데우스 세계관이 지구 전체를 바다같이 덮어나가고 있는 상황에서 인류 구원이라는 것은 교회의 공허한 구호에 그치고 마는 것일 수밖에 없다. 그래서 나는 교회가 호모 데우스의 세상에 대답을 주기 위해서는 먼저 교파주의 신학을 넘어서야 한다고 믿고 그것이 바로 사중복음으로 가능하다고 제안하고, 최선을 다해 논증하고 교파주의 신학들과 대화하고자 했다.

　사중복음은 모든 복음주의 신학의 핵심이며, 성경 전체가 말씀하고 있는 것이며, 성육신하시고 십자가를 지신 후 부활 승천 하신 예수 그리스도가 재림의 약속까지 하면서 보여주신 인류 구원의 복음이다. 즉, 데우스 호모가 전하는 '기쁜 소식'의 4대 요제(要題)다. 그러므로 이를 떠나서는 어떠한 복음주의 신학도 성립이 불가능하다. 이러한 신앙과 교의(敎義)의 공통분모가 될 수 있는 사중복음이야말로 초교파주의로 가는 데 출발점이 될 수 있다는 것이 데우스 호모 이야기의 대전제다.

나는 이러한 확신을 가지고 초교파주의 신학을 꿈꾸면서, 애굽을 떠나 바로로부터 해방되기 위해 홍해를 건너야 했던 모세처럼, 약속의 땅 가나안을 점령하기 위하여 요단강을 건너야 했던 여호수아처럼 사중복음이라는 돌판 하나를 가지고 신학의 드넓은 광야에 작은 길 하나를 내어보고자 했다. 그래서 사중복음을 사막(砂漠)을 통과하는 사막(四幕)의 복음이라는 별명을 붙여보기도 했다. 사중복음을 기초석으로 하는 하나의 사중복음 신학 입문(入門)을 시도한 것이다.

성결교회 신학의 정체성
사중복음신학 정립의 과제

본서의 집필에 대한 세 번째 마지막이면서 원초적인 동기는 이미 2002년도부터 있었으니, 매우 오래된 셈이다. 그것은 '성결교회 신학'이 무엇이냐는 물음에 일단락 대답을 얻게 되면서 시작되었다. 우연치 않게 2002년도에 출범한 '서울신학대학교 성결교회신학연구위원회'의 위원장직을 맡아 교단신학 정립을 위하여 5년간 집중적으로 40명의 성결교단 신학자들 뿐만 아니라 40명의 박사학위 소지 목회자들과 함께 하는 100년간의 성결교회 문헌 연구 작업을 디자인하고 설계해 나갔다. 그리고 5년 간의 연구로 얻게 된 결론이 2007년 교단창립 100주년에 맞추어 출간한 『성결교회신학』이었다. 그 줄거리는 "개신교복음주의 웨슬리안 사중복음"이었다.

그러나 그와 같은 결론은 성결교회 신학의 기본틀로서, 그리고 대내외적인 신학적 자기 정체성 선언으로서는 그 이상 새로운 것이 나올 것이 없을 정도로 거의 완벽한 것이었다고 자평할 수 있었을지라도, 교단 신학 안에서 사중복음 자체에 대한 이해나 그 위치는 신학이란 대열에서 볼 때 여전히 아마추어의 모습이었다.

다시 말해서, 사중복음이라는 주제는 성결교회 신학이라고 하는 틀에 걸맞는 학문적 요건을 갖출 필요가 있었고, 그래서 학계에 사중복음이 신학적으로도 중요한 의제로 인정받는 자리에까지 이를 수 있어야 한다는 평가를 하게 되었다. 2007년 당시의 결과물은 거기에까지 이르지 못했고, 그와 같은 사실을 인정하여, 백주년 이후 "사중복음 교의학"을 비롯하여 미래에 진행해야 할 여러 가지 신학적 과제를 제출해 놓았다.

    이러한 일련의 과정에서 사중복음의 신학화라는 과제는 내게 일종의 역사적 사명으로 다가왔다. 그후 서울신학대학교 내에 '글로벌사중복음연구소(The Global Institute for the Fourfold Gospel Theology, G.I.F.T)'를 설립함으로써, 그리고 세계적인 신학자 도널드 데이튼(Donald Dayton)과 데이비드 번디(David Bundy)와 함께 사중복음 영문저널 "World Christianity and the Fourfold Gospel"을 출간하면서 사중복음신학화 프로젝트는 본격적으로 출범할 수 있게 되었다. 또한, 연구소의 주요 프로젝트 가운데 하나로 매해 "사중복음 국제 학술제"를 개최하여 올해까지 8회를 거치는 동안, 사중복음이 지니는 복음적이면서도 초교파주의적인 특성을 확인할 수 있었다.

    이와 같은 경험은 사중복음이 성결교회의 신학적 필요만을 위함이 아니라는 것을 알게 해주었다. 그러므로 사중복음신학 정립이라는 것은 특정 교파주의 신학에 경도되지 않는 성서적·역사적 사중복음이 지니는 초교파성을 보다 공식적으로 그리고 효과적으로 세계 기독교에 되돌려 놓고자 하려는 시도라 할 수 있다.

    나는 이를 위하여 먼저는 교단의 출발 때부터 창립자였던 김상준이 사중복음을 "사중교리"로 전개하였을 뿐만 아니라, 성결교회의 사부(師父)로 불리는 이명직이 사중복음을 "기독교 사대 복음"이라 정의하여 사중복음의 위치를 성결교회 내적으로 지계석(地界石)으로 삼아왔다는 사실을 근거로 창립부터 현대에 이르기까지 사중복음을 교단의 정체성으로 견지하고 있는 사중복음의 숙주(宿酒)인 성결교회와의 대화를 시도했다. 성결교회를 경험하는 것은 곧 사중복음의 역사·신앙·신학·선교와 삶을 이해하는 지름길이라 할 수 있기 때문이다. 본서가 교파주의 신학을 넘어서고자 하는 강한 의도를 가지고 출발하였음에도 불구하고, 특정 교파신학으로서의 성결교 신학 연구에 비교적 많은 지면을 다룬 이유이기도 하다.

하나님 나라의 복음을 펼치는
사중복음 공동체

성결교단은 2천 년 기독교사의 거의 마지막 주자로 나타난 교회 공동체이기 때문에, 복음의 뿌리로부터 태동된 사도들과 초대 교회와 이 전통을 회복한 종교개혁 이후 여러 전통 신학의 흐름들을 통섭(統攝)적으로 볼 수 있는 자리에 있다. 이로 인해 교파주의 신학 사이의 중재(仲裁)자 역할이 가능하다.

또한, 성결교회는 어떤 특정한 신학자나 창립자의 신학사상을 강조하기보다는, 중생·성결·신유·재림이라는 복음을 성경 해석의 원리로 삼아 이를 삶 가운데 적용하는 것을 우선시 하고 있는 전통을 보전하고 있다. 그렇기 때문에, 성결교회는 교리 개념의 논리적 전개의 적부(適否)보다는 믿음에 의한 복음적 삶을 촉진하는 데 이바지하는지의 여부(與否)를 진리 담론의 기준으로 더 중시한다.

이러한 전통은 교리 중심의 교파주의 신학들이 논쟁의 수렁에 빠지는 것을 막아주면서, 동시에 시공간의 변화에 따라 달라질 수밖에 없는 성서 해석에 복음의 진리를 맡기지 않고 성경과 성령의 말씀하심에 귀를 기울이도록 열어놓는다는 점에서 환영할 만하다. 복음적 진리에 대한 최종적인 판단을 교파주의 교의학에 의존토록 하지 않고, 모든 교파주의 교회가 말씀을 경청하면서 각각 성령이 교회에 하는 음성을 들을 수 있도록 하기 때문이다.

이상의 내용을 한마디로 정리하자면, 호모 데우스 세계관의 도전에 대한 교회의 대응을 위해서, 교파주의 신학을 넘어서 세계 교회가 연합하여 세상을 향한 선교에 적극적으로 임하기 위하여, 그리고 성결교회 자신을 위한 교단신학으로서의 사중복음신학 정립을 위해서 필요한 하나의 대답은 데우스 호모 예수 그리스도요, 그의 사중복음이라는 것이다.

중생·성결·신유·재림의 복음 이야기를 들려주기 위하여 인간이 되신 신, 하나님의 아들이요 그리스도라 불린 나사렛 예수, 데우스 호모(Deus Homo)가 신과 같이 되고자 하는 인류, 호모 데우스에게 주어지는 대답이다.

예수 그리스도 자신이 아담 이래 인류가 지속적으로 자유의지를 가지고 추구해 온 호모 데우스에 대한 비판이며, 호모 데우스의 길이 잘못된 것임을 증명한 길이 호모 데우스와 반대로 데우스 호모로 사셨던 예수 그리스도였으며, 그가 이룬 인류 구원의 사역이 바로 중생·성결·신유·재림 외에 다름 아니라는 것이다.

반복하거니와, 데우스 호모(神人)는 나사렛 예수 그리스도다!

참하나님이요, 참인간이신 예수, 그는 "하나님의 아들"이요, "그리스도"로서 아브라함과 다윗의 가문의 요셉과 정혼한 동정녀 마리아를 통해 성육신 하신 하나님이요, 사람의 아들로 짧은 시간 동안 보냄을 받아 죄인들을 위한 화목제물이 되었고, 부활 승천하여 천상에서 천부와 함께 성령을 보내셔서 하나님의 구원 사역을 친히 계속하고 있다.

이러한 데우스 호모 그리스도가 가르치고, 보여주고, 약속해준 중생의 세계·성결의 세계·신유의 세계·재림의 세계를 통해 하나님이 누구며, 그 나라가 무엇인지를 알 수 있다는 것이며, 이를 통해서 하나님의 존재, 영혼의 존재, 인간 자유의지의 존재 자체는 어떤 식으로도 부정되지 않는 실재임을 나는 밝히고자 했다.

현대 교회가 이러한 데우스 호모를 이야기 하는 사중복음 공동체로 새롭게 자신을 단장하고, 신학적으로 구조조정을 하게 될 때, 세계 기독교는 사중복음을 기초로 교파주의 신학의 늪에서 벗어날 수 있을 것이다.

나는 이를 위하여 사중복음신학을 촉매로 하여 다양한 신학 전통의 교파주의 신학이 상대를 부정하지 않으면서도 하나님 나라의 복음을 위하여 자신의 신학적 은사를 극대화할 가능성을 찾아 제시해 보고자 하였다. 이러한 면에서 사중복음신학은 여러 복음주의적 교파주의 신학이 하나님 나라를 위한 촉매(觸媒)신학임을 자임한다.

내게 맡겨진 기초공사 기간은 시작한 지 얼마 되지 않았는데 이제 그 마감 시간이 다 되었다. 신학 교수로서의 현장인 연구와 교육의 공간을 떠나기 전에 내가 그동안 했던 일들을 마무리해야 다음 단계로 들어올 업자(業者)가 본격적으로 기둥을 세우는 등 건축을 계속 진행할 수 있기 때문에, 서둘러 마무리한다.

뒤처리해야 할 일들이 한둘이 아니다. 눈에 밟혀 그대로 두고 가기에 민망하다. 그러나 다음에 오는 더욱 유능한 건축가들이 미완의 부분을 보충하면서 세계 기독교(World Christianity)가 함께 얼굴을 마주대하면서 하나님 나라를 위해 기도하고 실천해 나갈 수 있는 복음주의 신학의 유엔본부와 같은 건물과 사중복음신학 시스템을 속도감 있게 구축해 나갈 수 있으리라 기대한다.

미래의 교회는 통합의 교회라는 의미에서 예루살렘에 기념으로 지어진
Church of All Nations (Church of Agony)_2015.1 ⓒ 사진 최인식

회개하라
_마 3:2

성령을 받으라
_요 20:22

보라 내가 속히 오리라
_계 22:12

Deus Homo

미주

참고 문헌

용어 및 인명 색인

미주

1장

1 유발 하라리, 『호모 데우스: 미래의 역사』 김명주 역 (서울: 김영사, 2017).
2 참조하라: 이정배·박태식·송용민·심원·김완두·최일범·최현민, 『호모 데우스, 호모 사피엔스의 미래인가? 유발 하라리의 미래 예언에 대해 한국의 종교 지성들이 묻고 답하다』 (서울: 자유문고, 2020).

2장

1 성결신문, 2021. 1.
2 성령세례에 대해서는 본서 제10장을 보라.
3 제1계명에 대한 탁월한 해설: 마르틴 루터, 『대교리문답』, 이주훈 역 (서울: 복있는사람, 2017).
4 Donald W. Dayton, 『사중복음과 복음주의』, 박창훈 역 (부천: STUP, 2020).
5 신학의 자립화에 대해서는 본서 제13장 "사중복음과 세계 기독교"를 보라.

3장

1 Albert B. Simpson, 『사중의 복음』, 손택구 역 (서울: 예수교대한성결교회출판부, 1980); Martin W. Knapp, 『하나님의 오순절 번갯불: 사중복음 신앙과 신학의 보화』 GIFT 사중복음고전시리즈 1, 남태욱·박문수·장혜선·홍용표 역 (서울: 사랑마루, 2015); 김상준, 『사중교리』 (경성: 경성성서학원, n.d); 이명직, 『기독교 사대복음』 (서울: 기성출판부, 1952).
2 기독교대한성결교회, 『헌법』 (서울: 기성출판부, 2013), 8f, 12f (이하 헌법); 최인식, 『예수의 바람, 성령의 바람: 사중복음 정신과 21세기 교회혁신』 (서울: 사랑마루, 2014), 17f.
3 A. B. Simpson, Martin W. Knapp·김상준·이명직의 사중복음론 외에(참고문헌 참조), 조종남, 『사중복음의 현대적 의의』 (서울: 대한기독교서회, 2009); 정상운, 『사중복음』 (안양: 성결교회와 역사연구소, 2005); 이성주, 『사중복음: 성결교회 교리』 (안양: 성결교 신학교출판부, 1984); 이현갑, 『기독교 사중복음』 (서울: 청파, 1995); 이현갑, 『사중복음: 한국성결교회의 신학화』 (서울: 청파, 1999); 최인식·오성욱·김찬홍·박영식·장

혜선 공저, 『웨슬리안 사중복음교의학 서설』(서울: 대한기독교서회 2018)을 참고하라.

4   기독교대한성결교회, 『헌법』, 8.
5   문병구, "바울의 칭의와 중생: 로마서를 중심으로," 『사중복음과 성서신학』, 253.
6   마 12:28 "내가 하나님의 성령을 힘입어 귀신을 쫓아내는 것이면 하나님의 나라가 이미 너희에게 임하였느니라"
7   Ernst Käsemann, "Gottesgerechtighkeit bei Paulus," *Zeitschrift für Theologie und Kirche* 58(1961): 367~78, 373.
8   Ernst Käsemann, "Gottesgerechtighkeit bei Paulus," 373.
9   Ernst Käsemann, "Gottesgerechtighkeit bei Paulus," 373.
10 문병구, "바울의 칭의와 중생: 로마서를 중심으로," 『사중복음과 성서신학』, 255.
11 『헌법』, 8, 12.
12 노세영, "레위기에 나타난 성결," 『사중복음과 성서신학』: 271~300, 292
13 노세영, "바울의 칭의와 중생: 로마서를 중심으로." 294.
14 노세영, "바울의 칭의와 중생: 로마서를 중심으로." 294.
15 노세영, "바울의 칭의와 중생: 로마서를 중심으로." 278.
16 참고: H. W. Wolf, *Hosea*, BKAT XIV/1(Neukirchen-Vluyn: Neukirchener Verlag, 1976), 153, "하나님과 올바른 언약관계는 '에토스(ethos)'에 기초하고 있는데, 이 '에토스'가 바로 '헤세드'라는 것이다." 재인용: 소형근, "거짓과의 끝없는 논쟁들: 구약성서 예언서를 중심으로," 「신학과 선교」 54(2018): 41~70, 47.
17 존 웨슬리의 올더스게이트(Alders Gate, 1738. 5. 24)와 페터레인(Fetter Lane, 1739. 1. 1) 신도회 미팅에서 가졌던 영적 체험 이전과 이후를 비교하라. 나는 이 두 사건을 하나의 연계된 성령의 특별한 임재 사건으로 본다. 즉, 올더스게이트는 성령세례에 의한 순간적인 내적 성화 체험으로, 그리고 페터레인은 성령의 외적 표적 내지는 능력이 경험된 사건으로 볼 수 있다(Insik Choi, "Spiritual Experience of John Wesley and Trinitarian Understanding of the Fourfold Gospel for a Historical-Theological Foundation of Its Hermeneutics," *The Sixth International Fourfold Gospel Conference: Reforming the Churches - From John Wesley to the Fourfold Gospel*, 21 October 2019, Manchester Wesley Research Centre (MWRC), England: 1~23, 6). 분명한 사실은 이 사건 이전 웨슬리를 보면, 홀리 클럽 활동이나 조지아 선교 활동 등에서는 웨슬리 자신이 주역으로 보이지만, 이후의 웨슬리 사역에서는 그가 아니라 성령이 주역인 것을 보게 된다. 이 전환점을 이루는 영적 사건을 박창훈은 명확히 "성령세례"로 보고 있다. 그리고 웨슬리가 성령세례를 받은 후 그에게 나타난 성령세례의 사역을 크게 여섯 가지로 상술한다(박창훈, "일평생 성령충만을 사모한 존 웨슬리," 『우리 선조들의 성령세례』, 페터레인 선교회 편[서울: 사랑마루, 2016], 21~44, 35f). 비교: 요 15:1~8; 마 11:28~30; 사 40:31 "오직 여호와를 앙망하는 자는 새 힘을 얻으리니 독수리가 날개치며 올라감 같을 것이요 달음박질하여도 곤비하지 아니하겠고 걸어가도 피곤하지 아니하리로다."
18 장혜선, "오순절 메신저 마틴 냅," 『우리 선조들의 성령세례』, 45~76, 특히 53, 59.

19　Martin W. Knapp, 『하나님의 오순절 번갯불: 사중복음 신앙과 신학의 보화』 GIFT 사중복음고전시리즈 1, 남태욱·박문수·장혜선·홍용표 역(서울: 사랑마루, 2015), 34. "오순절 세례는 정욕을 죽이는 세례이다 … 오순절의 배터리로부터 흘러나온 전류는 '이 사망의 몸'을 완전히 감전사시킨다. 그래서 믿는 자들은 죄에 대해서는 죽고 하나님에 대해서는 살게 되는 것이다."

20　한영태, 『그리스도인의 성결』(서울: 성광문화사, 1995), 152ff. 이러한 성령의 열매에 해당하는 것은 한영태가 다음과 같이 정리한 웨슬리의 성결 사상을 포괄한다: 죄로부터의 정결함을 받는 것, 사랑으로 충만함을 얻는 것, 의도의 순수성, 하나님의 형상을 회복하는 것, 그리스도를 닮는 것, 성령의 능력을 받아 승리하는 것, 사랑과 신앙의 완전, 진리 안에서 자유를 얻는 것, 그리스도인의 참된 행복 등이다.

21　Martin Knapp, 『하나님의 오순절 번갯불』, 42.

22　『헌법』, 9.

23　Ted Grimsrud, *God's Healing Strategy: An Introduction to the Bible's Main Themes* (Telford, Pa.: Pandora Press, 2000), 108f.

24　B. Kollman, *Neutestamentliche Wundergeschichten: Biblisch- theologische Zugänge und Impulse für die Praxis* (Stuttgart: Kohlhammer, 2002), 64.

25　Daniel Chiquete, "Healing, Salvation and Mission: The Ministry of Healing in Latin American Pentecostalism," *International Review of Mission* 93 (Jul-Oct 2004): 474~85, 476.

26　"내 이름을 경외하는 너희에게는 공의로운 해가 떠올라서 치료하는 광선을 비추리니 너희가 나가서 외양간에서 나온 송아지 같이 뛰리라"(말 4:2).

27　박영식, "사중복음 신유론," 『웨슬리안 사중복음의학 서설』 GIFT 사중복음 신학시리즈 5 (서울: 대한기독교서회, 2018): 175~234, 184.

28　임미옥, "신유, 그 놀라운 은총: 사랑은 꿈처럼 자연처럼," 「활천」 761/4(2017): 78~82. "고관절무혈괴사입니다. 통증이 심한 것이 특징이지요. 현대의학으로 해결 못하는 불치병입니다."(79) "'안 보이는데요. 이쪽은 5년 전 필름인데 이렇게 계란만한 것이 보이죠? 그런데 지금은 안 보이네요.' 하면서 이해할 수는 없지만 간혹 이런 일이 있다고, 안 아프면 나은 거라고 축하해 주었다."(81)

29　허상봉, "믿는 자들에게 따르는 표적," 『사중복음과 우리의 신앙』(서울: 사랑마루, 2017), 225~32, 232; 이민아, "이제는 울 일이 없습니다," Erich Holzapfel, 『너는 치유 받았느니라』, 신동근 역(서울: 작은키나무, 2012), 105~11, 108. "'암세포가 하나도 없이 깨끗하게 완치되었'는 말을 듣고도 실감이 나지 않았습니다. 12년 동안이나 날 괴롭혔던 병, 절대로 완치될 수 없다고 해서 포기하고 견뎌야만 하는 줄 알았던 암이 흔적도 없이 제게서 떠났다는 사실을, 저는 기도해 놓고도 믿을 수가 없었습니다."(이민아 변호사: 이어령 초대 문화부 장관과 강인숙 건국대학교 명예교수의 장녀로 미국 캘리포니아주 검사, 2009년 목사안수).

30　참고: Andrew Sung Park, *The Wounded Heart of God: The Asian Concept of Han and the*

Christian Doctrine of Sin(Nashville: Abingdon Press, 1993), 120f. "Sin hurts God and one's fellow human beings. Every sin which is committed against others wounds God, for God created and has loved those against whom we have sinned… The cross represents God's full participation in the suffering of victims… The incarnation was an expression of the divine han[恨], which was fully manifested at the crucifixion-event."

31 Paul Tillich, 『조직신학 II』, 유장환 역(서울: 한들출판사, 2003), 97.
32 Paul Tillich, 『조직신학 II』, 95.
33 박인병, 『기독교사회윤리학: 선교와 사회실천에의 길』(서울: 기독교대한성결교회 교육국, 1991), 23. 그에 따르면, 현대 사회는 "집단악"의 구조와 "비인간성의 대량 폭발"을 산출해 내고 있으며, 현대는 "집단과 국가 및 사회에 있어서의 비인간화의 초개인적·파괴적·악마적 제세력이 폭발하는 전형적 세기"다. 이런 사회구조하에서 인간은 "양심에 따라서 자율적인 삶을 영위하기가 심히 곤란해진 사회가 되고 말았다"라고 진단한다(박인병, 24).
34 Eric Holzapfel, 『너는 치유받았느니라』, 48.
35 『헌법』, 9.
36 나는, 교리적으로 정형화된 종래의 '천년왕국론(chilarism)'-전천년주의, 후천년주의, 무천년주의-라는 그 근거를 성경에 두고 성서적 교훈을 드러내고자 했겠으나 성경의 저자와 본문 연구가 선행되지 않은 채, 독자가 속해 있는 신앙 전통이 견지하고 있는 도그마와 시대정신에 부응하여 '교리적으로' 해석된 이데올로기적 역사철학의 수준을 넘지 못하고 있다고 본다. 이는 오늘날 성경 읽기에서 성경의 '저자'에 집중하는 역사비평과 '본문'을 우선시하는 문학비평이 중시하는 역사적 통시성보다는, 오늘의 독자적 상황을 기준으로 삼아 성경 읽기의 '공시성'을 강조하는 독자반응비평적 방법이 가지는 것과 같은 한계를 드러내고 있는 것으로 평가한다. 그러므로 천년왕국에 대한 논의가 이러한 딜레마를 넘어서려면 적어도 '본문-저자-독자' 이 세 영역의 관심사가 창조적으로 만나야 한다고 본다. 천년왕국에 대한 독자반응비평적 연구의 필요성에 대해서는 다음을 참조하라. 유은걸, "요한계시록의 천년왕국: 독자반응비평 연구," 「기독교교육정보」 45(2015): 227~55, 특히 245.
37 Heinz Giesen, *Die Offenbarung des Johannes*(Regensburg: Verlag Friedrich Pustet, 31959), 431~34. 그는 유대적 전승에서와 같이 요한계시록도 메시아의 중간세계에 관한 표현은 '상징적'이라고 주장한다. Werner Niesel, *Theologie des Johannes: Ausgelegt für die Gemeinde*(Zürich: Jordan-Verlag, 1985), 270f; Traugott Holtz, *Die Offenbarung des Johannes*(Göttingen: Vandenhoeck & Ruprecht, 2008), 129.
38 최갑종·이광복, 『천년왕국, 사실인가 상징인가: 종말론 논쟁』(서울: 신망애출판사, 1996), 이광복은 전천년설(2,4,6,8장), 최갑종은 무천년설(1,3,5,7장)을 각각 지지하는 논문을 4편씩 제출하고 있다.
39 박두환, "'천년왕국(ebasileusan meta tou Xristou xilia ete)'에 관한 종교사·전승사적 연구: 요한계시록 20장 4~10절을 중심으로," 「신약논단」 20,3 (2013, 가을): 785~815,

805f. 비교: Alfred Wickenhauser, *Die Offenbarung des Johannes*, 144ff.
40 박두환, "'천년왕국(ebasileusan meta tou Xristou xilia ete)'에 관한 종교사-전승사적 연구: 요한계시록 20장 4~10절을 중심으로," 신약논단』 20,3 (2013, 가을): 806. 참고: O. Böcher, *Die Johannesapokalypse*(Darmstadt: Wissenschaftliche Buchgesellschaft Darmstadt, 1988), 104~106; J. Roloff, *Die Offenbarung des Johannes*(Zürich: Theologischer Verlag, 1984), 188~94.
41 장혜선, "사중복음 재림론,"『웨슬리안 사중복음교의학 서설』, 235~313, 279.
42 장혜선, "사중복음 재림론,"『웨슬리안 사중복음교의학 서설』, 236. 여기에서 소망은 심판과 분리되지 않는다. 왜냐하면, "공의의 실현으로서의 심판은 소망"이기 때문이다.
43 M. Knapp,『하나님의 오순절 번갯불』, 181.
44 M. Knapp,『하나님의 오순절 번갯불』, 194. "사람들이 너를 일컬어 거룩한 백성이라 할 것이다"(사 62:12).
45 M. Knapp,『하나님의 오순절 번갯불』, 205. 206.
46 김상준,『사중교리』, 최규명 역 (서울: 김상준목사 기념사업위원회, 2010), 81~84. 이명직,『이명직 목사 전집』제13권: 교리 (부천: 서울신학대학교출판부, 2012), 553f.
47 장혜선, "사중복음 재림론,"『웨슬리안 사중복음교의학 서설』, 302.
48 M. Knapp,『하나님의 오순절 번갯불』, 206.
49 최인식, "사중복음, 세계 기독교의 글로벌 신앙고백 돼야,"「한국성결신문」제1005호 (2015. 8. 5.).

4장

1 구약성경에서 이미 예언된 메시아가 예수 그리스도다. 그러므로 사중복음의 주인 그리스도를 지시하고 있는 구약성경 안에서 사중복음의 인자들을 확인하는 것은 신학적으로 중요한 일이다. 구약성경에서의 사중복음을 고찰한 학자들, 권혁승·최종원·소형근·노세영·홍성혁·우택주·박영준의 글을 참고하라:『사중복음과 성서신학』, 글로벌 사중복음연구소 편(서울: 한들출판사, 2016).
2 김창훈, "마태복음 27:53의 '예수의 부활 후에'에 대한 내본문적 연구,"「신약논단」25 (2018): 1~36, 14f. 그는 변화산 기사와 십자가형 기사의 내본문적(intratextual) 관계성을 교차대구 비교를 통해 양자 간에 깊은 연관성이 있음을 밝히고 있다.

5장

1 마틴 루터,『탁상담화』, 지원용 편역(1963), 241.
2 마틴 루터,『탁상담화』, 266.
3 Donald Dayton,『오순절 운동의 신학적 뿌리』, 37ff.; Vison Synan,『세계 오순절 성결

운동의 역사』, 13.

4 문병구, "존 웨슬리의 『기독자의 완전에 대한 해설』에 나타난 완전성화의 성서적 기초에 관한 소고," 「신학과 선교」 52 (2018): 121~149; Williamm Purinton, "The Almost Wesleyan: Bishop J. H. King and Pentecostal-Holiness of Readings of 'New Birth,'" 「신학과 선교」 49 (2016): 9~32; 이후정, "존 웨슬리와 오순절 성령신학," 「신학과 세계」 88 (2016.12): 149~184; 김영택, "영국의 웨슬리 성화운동과 미국 A. B. Simpson의 사중복음: 성결교 신학의 토대: 연속성과 발전과정을 중심으로," 「신학과 선교」 42 (2013): 71~108; Laurence W. Wood, "Thoughts upon the Wesleyan Doctrine of Entire Sanctification with Special Reference to the Roman Catholic Doctrine of Confirmation," *Wesleyan Theological Journal*, 15/1 (Spr 1980): 88~99; Laurence W. Wood, "Exegetical-theological Reflections on the Baptism with the Holy Spirit," *Wesleyan Theological Journal*, 14/2 (Fall 1979): 51~63; J. Kenneth Grider, "Spirit-baptism the Means of Sanctification: A Response to the Lyon View," *Wesleyan Theological Journal*, 14/2 (Fall 1979): 31~50. 개혁주의와의 비교 연구로 다음을 참조하라. 장기영, "언약신학의 관점에서 본 웨슬리안 성결론: 한국 개신교의 개혁과 연합, 성숙을 위한 제안," 「신학과 선교」 55 (2019): 201~249; 최인식, "'은총'과 '경험'의 상관관계 연구: 성결·오순절 교의학 방법론을 위한 시론(試論)적 고찰," 「신학과 선교」 52 (2018): 9~50.

5 박창훈, "사중복음과 웨슬리 신학: 사중복음과 존 웨슬리," 97.

6 John Wesley, 『웨슬리 설교전집』 제1권 (서울: 대한기독교서회, 2007): "믿음으로 말미암는 구원," 15~31; "믿음에 의한 칭의," 93~112; "믿음으로 얻는 의," 113~132. 웨슬리는 "루터"를 "만군의 여호와의 일꾼"이라 언급하면서, "믿음으로 말미암는 의로 시작하십시오"라고 권면한다.

7 John Wesley, "믿음으로 말미암는 구원," 22f.

8 John Wesley, "믿음으로 말미암는 구원," 24.

9 John Wesley, *Journals & Diaries of the Work of John Wesley*, ed. W. Reginald Ward and Richard P. Heitzenrater [Bicentennial Edition] (Nashville: Abingdon Press, 1988) I:250; 박창훈, "사중복음과 웨슬리 신학: 사중복음과 존 웨슬리," 98쪽에서 재인용.

10 한국의 성결교회는 한글로는 '성결'이라 하면서, 영어로는 성화의 'sanctification'이란 용어를 엇갈리게 사용하는데, 이에 대해 특별한 의미를 부여하는 것 같지 않아 보인다.

11 본서의 제19장 "성결교회의 교리신학"에서 "성결" 부분에서 자세히 다루고 있다.

12 Robert G. Tuttle, Jr., 『존 웨슬리: 그의 생애와 사역』(*John Wesley: His Life and Theology*), 김석천 역 (서울: 도서출판 세복, 2001), 260.

13 Robert G. Tuttle, Jr., 『존 웨슬리: 그의 생애와 사역』, 326. 참조: John Wesley, *The Works of John Wesley*, A.M., 3rd edition, Thomas Jackson ed.(1892), vol. 1, 170.

14 조종남, "웨슬리의 선교와 신유," 「신유사역과 사중복음」 글로벌사중복음연구소 주최 '제2회 사중복음 국제학술제 및 목회자 포럼'(2014. 10. 13. 서울신학대학교 100주년 기념관), 3; 페터레인, 1739년 1월 1일(월) 일지: "웨스트리 홀 목사(웨슬리의 매부), 찰

즈 킨친 목사, 인감 목사, 조지 휫필드 목사, 허칭즈 목사, 내 동생 찰즈 목사가 60여 명의 다른 형제들과 함께 페터래인에서 갖게 된 애찬식에 참석했다. 새벽 3시경이었다. 우리가 계속 갈급하게 기도하고 있을 때 하나님의 권능이 우리 위에 매우 강하게 임하였다. 그 권능 아래 많은 사람이 넘쳐흐르는 기쁨으로 울부짖었고, 그리고 많은 사람이 땅바닥에 쓰러졌다. 우리가 하나님의 현존 앞에서 그 위엄과 놀라움에서 약간 깨어나자마자, 우리는 한 목소리로 '우리는 주님을 찬양합니다. 오 하나님, 하나님은 우리의 주님이 되십니다!'를 불렀다." 1744년 12월 23일(주일) "나는 이상하게 생기가 없었고 마음이 무거웠다. … 그러나 저녁에 내가 스노우필드에서 기도를 하고 있는 동안, 내 기억으로는 이전에 본 적이 없는 빛과 능력을 발견했다."

15　John Wesley, *Journals and Diaries*, II: 70(1739년 6월 15): 박창훈, "사중복음과 웨슬리 신학: 사중복음과 존 웨슬리," 104면에서 재인용.

16　John Wesley, *Journals and Diaries*, II: 70, 105; John Wesley, *Primitive Physics* (London: Epworth Press, 1960), 29.

17　조종남, "웨슬리의 선교와 신유,"「신유사역과 사중복음」, 3쪽에서 재인용.

18　박창훈, "사중복음과 웨슬리 신학: 사중복음과 존 웨슬리," 104; 조종남, 앞의 글, 4쪽을 참조하라. 1739년 10월 23일과 25일 일기에 귀신들렸던 자들은 샐리 존스(Sally Jones)와 베티 소머스(Betty Somers), 등이었다.

19　조종남, "웨슬리의 선교와 신유,"「신유사역과 사중복음」, 5쪽을 참조하라; 1739년 4월 17일, 5월 30일, 10월 28일; 1740년 5월 23, 26일, 6월 17일, 1746년 11월 12(수요일)에 치통 고침받음, 1756년 4월 6일(화요일)에 상처난 발 치유, 1757년 5월 5일에 교회 성도들의 기도로 심한 파상으로 죽을 뻔한 사람 치유, 1759년 9월 9일, 1762년 4월 21일, 1764년 4월 4일, 1767년 6월 17일, 1772년 6월 5일, 1790년 10월 7일 등.

20　김진두, 『페터레인의 기적: 18세기 영국을 세운 존 웨슬리』(서울: KMC, 2009), 21f, 44ff.

21　Luke Tyerman, *Life and Times of the Rev. John Wesley, M.A., Founder of the Methodist*, vol. 3(London: Hodder & Stoughton, 1871), 523. "(웨슬리는) 눈에 보이는 영광의 모습으로 지상에서 천 년을 통치하실 그리스도의 재림을 믿었던 천년왕국주의자였다."

22　웨슬리를 후천년주의자로 보는 학자들로는 Daniel Steele, Harris Franklin Rall, John A. Faulkner 등이 있다(Kenneth O. Brown, "John Wesley: Post of Premillennialis?" *Methodist History*, vol. 28, 1989: 36~39); 현대에 들어와서는 Clarence Bence, Jerry Mercer, Donald W. Dayton 등이 주장한다(Brown, "John Wesley: Post of Premillennialis?", 39~40); 한영태, 『웨슬레의 조직신학』(서울: 성광문화사, 2002), 348쪽에서 재인용.

23　박창훈, "사중복음과 웨슬리 신학: 사중복음과 존 웨슬리," 107.

24　박창훈, "사중복음과 웨슬리 신학: 사중복음과 존 웨슬리," 110f.

25　John Wesley, "사탄의 궤계," *Wesley's Standard Sermons*, ed. & annotated by Edwin Sugden, 3rd de., vol. 2 (Nashville: Lamer and Varten, n.d. Epworth & Allenon, 1954), 4; 한영태, 『웨슬레의 조직신학』, 352쪽에서 재인용.

26 김진두, 『페터레인의 기적: 18세기 영국을 세운 존 웨슬리』, 21.

6장

1 오성욱, "중생: 속량해탈론," 「활천」(2015. 2): 50ff. 오성욱 박사는 '사중복음'을 교리사적 차원에서 그 위치를 묻게 될 때 '신앙 규칙(regular fidei)'이라는 것과 비교될 만한 것으로 말한다. 이와 같은 이해는 사중복음이란 주제로써 오래된 전통과 대화를 하면서 새로운 시대를 위한 신학적 근거를 놓는 가치 있는 통찰로 사료된다.
2 Burnie Van de Walle, "심슨의 사중복음: 19세기 후반 복음주의 신학의 산물임과 동시에 비평," 오성욱 역(제2회 사중복음국제학술제 및 목회자포럼: 신유사역과 사중복음, 부천 2014년 10월 13일) 자료집.
3 본서 13장을 참조하라.
4 Steven J. Land, *Pentecostal Spirituality: A Passion for the Kingdom*(Cleveland:CPT,2010), 6.
5 Steven J. Land, *Pentecostal Spirituality: A Passion for the Kingdom*, 221~22.
6 Marshall McLuhan, *Understanding Media: The Extension of Man*(New York: New American Library, 1967), 22.
7 Marshall McLuhan & Quentin Fiore, *The Medium Is the Message*(New York: Bantam Books, 1967)를 참조하라.

7장

1 Philip Schaff, *History of the Christian Church*, vol. 7(Grand Rapids: W.M. Eerdmans, 1910), 650.
2 Seth C. Rees, *Constitution and By-Laws of the International Apostolic Holiness Union* (Chicago: General Superintendent, 1902), 표지 모토. 참고: 17세기 초 독일 루터교 신학자 루퍼투스 멜데니우스(Rupertus Meldenius, 1582~1651)가 30년 전쟁(1618~1648) 중에 기독교의 일치를 위한 글(1627년경)에서 최초로 쓴 것으로 알려지고 있다.
3 최신한, "감동과 영성의 신학, 또는 육화된 말씀의 신학," Friedrich Schleiermacher, 『기독교신앙』, 최신한 역 (파주: 한길사, 2006), 18.
4 Donald Dayton, "The Fourfold Gospel in Global Theological Perspective," *World Christianity and the Fourfold Gospel*, vol. 1/1 (Sept. 2015), 26.
5 사중복음의 역사적 맥락에 대한 교회사 혹은 교리사적 연구는 다음을 참고하라: 특히 Donald Dayton, 『오순절 운동의 신학적 뿌리』, 조종남 역(서울: 대한기독교서회, 1993), 37이하에서 상세히 다루고 있다; Russell P. Spittler(편), 『오순절 신학의 전망』 이재범 역(서울: 나단, 1989); Vinson Synan, 『세계 오순절 성결 운동의 역사』 이영훈, 박명수 역(서울: 서울말씀사, 2000); Guy P. Duffield, N. Van Cleave, 『오순절 신학』 임열수 역(서울: 성광문화사, 1992): 이 중에서 구원론, 성령론, 신유론, 및 종말론은 사

중복음 교의학의 논의들과 대화의 폭이 넓은 편이다.

6   John Wesley, "아르미니안이란 누구인가?"『존 웨슬리 문집 (I)』김진두 역(서울: 한국웨슬리학회, 2009), 88ff.

7   Donald Dayton,『오순절 운동의 신학적 뿌리』, 조종남 역(서울: 대한기독교서회, 1993), 37ff.

8   황덕형, "성결개념에 나타난 웨슬리의 복음이해,"「한국개혁신학」55 (2017): 324. 그는 웨슬리의 신학을 전통적 신학과 성결·오순절적 신학 모든 면에서 볼 수 있는 것으로 이해하면서, 웨슬리 신학을 "예수 그리스도의 복음을 언약과 율법의 종말론적 완성이라는 관점에 서 있으면서 동시에 그 성령론적 동시성을 오순절적 특성에서 우리와 동시화 시키는 종말론적 신학"이라 평가한다. 웨슬리의 신학이 이러한 특징을 지닌다면, 이와 같은 관점에서 사중복음을 웨슬리안적으로 해석하고, 사중복음의 관점에서 웨슬리의 신학을 분석할 때 서로에 대한 이해가 보다 더 선명히 드러남으로써 '웨슬리안 사중복음 교의학'이 보다 든든한 신학적 토대를 확보하게 될 것이다.

9   Randy Madox, *Responsible Grace: Practical Theology* (Nashville: Kingswood Books, 1994), 16f. 저자는 웨슬리를 광의적 의미에서 "실천적 신학자(practical theologian)"로 보면서 그의 신학이 신자들의 삶 속에서의 세계관, 제자훈련, 영성훈련이나 교리문답 등에서 나타나는 실천신학으로 이해한다.

10 졸고, "사중복음 신학방법론: 글로벌 신학을 위한 소묘,"『글로벌 신학과 사중복음』글로벌사중복음연구소 엮음, 사중복음 신학 시리즈 2(서울: 한들출판사, 2015): 27f.

11 Hermann Fischer,『슐라이어마허의 생애와 사상』, 오성현 역(서울: 월드북, 2007), 197; 논자의 강조.

12 Hermann Fischer,『슐라이어마허의 생애와 사상』, 197.

13 Karl Barth, *Die protestantische Theologie im 19. Jahrhundert*, 379; 재인용, Hermann Fischer,『슐라이어마허의 생애와 사상』, 195.

14 Donald Dayton,『사중복음과 복음주의』, 박창훈·오성욱 편역(부천: 서울신학대학교출판부, 2020).

15 Donald Dayton, "Fourfold Gospel in Global Theological Perspective," 25.

16 Donald Dayton, "The Fourfold Gospel and Social Gospel," *World Christianity and the Fourfold Gospel*, vol. 2/1 (Spring 2016), 176:

17 Martin W. Knapp,『하나님의 오순절 번갯불; 사중복음 신앙과 신학의 보화』남태욱 외 4인 역(서울: 사랑마루, 2015), 27~210까지 10장에 걸쳐 상세히 다룬다; Albert B. Simpson,『사중복음』, 손택구 역(서울: 한국복음문서간행회, 1997); 김상준,『사중교리』(아산: 도서출판 한국성결교회역사박물관, 2010); 현대기독교역사연구소편,『이명직 목사 전집』제13권:「기독교 사대복음」(부천: 서울신학대학교출판부, 2012): 425~719; 이성주,『사중복음』(안양: 성결교 신학교출판부, 1988).

18 조종남,『사중복음의 현대신학적 의의』(서울: 대한기독교서회, 2009); 최인식,『예수의 바람 성령의 바람: 사중복음의 정신과 21세기 교회혁신』(서울: 사랑마루, 2014); 이현

갑, 『사중복음: 한국성결교회의 신학화』(서울: 청파, 1999).

19 이에 대해서는 다음의 두 글에서 상론한 바 있다: 최인식, 『예수의 바람 성령의 바람』 제4장 "사중복음의 정신적 유산과 신학방법," 161~195; 졸고, "사중복음 신학방법론: 글로벌 신학을 위한 소묘," 『글로벌 신학과 사중복음』 글로벌사중복음연구소 엮음, 사중복음 신학 시리즈 2(서울: 한들출판사, 2015): 19~53. "사중복음은 총체적인 하나님 나라의 복음이다; 글로벌신학의 패러다임이다; 칼뱅주의와 아르미니우스주의를 포월한다; 선지자와 사도들의 메시지다; 오순절적 회개와 케리크마이다; 래디컬 성결 운동을 신학서론으로 삼는다; 세계 기독교를 위한 임마누엘 신학의 초석이다; 성서, 전통, 이성, 및 경험의 방법을 통합한다."

20 서울신학대학교 성결교회신학연구위원회, 『성결교회신학: 개신교복음주의 웨슬리안 사중복음 신학』(서울: 기독교대한성결회출판부, 2007), 524f: (1)사중복음 교의학의 전개, (2)웨슬리 신학의 폭넓은 연구, (3)체험적 성령신학의 전개, (4)종말론적 신학의 발전, (5)성결신학의 전개.

21 Louis Berkhof, 『조직신학(상)』, 권수경, 이상원 역(서울: 크리스챤 다이제스트, 1991), 33.

22 맥클랜던(James McClendon)은 이러한 점을 정확히 착안하여 그의 조직신학을 구성할 때, 제1권에서 그리스도인의 '삶'을 먼저 다루고 제2권에서 그리스도인의 '신앙'을, 그리고 제3권에서 그리스도인의 '세계관'을 다룬다: James Wm. McClendon, *Systematic Theology: Doctrine*, vol. 2(Nashville: Abingdon, 1994), 29. "교리의 실천(practice of doctrine)을 떠나서는 기독교의 교리들은 없다."(그의 강조)

23 Helmut Moll, Martyrium und Wahrheit: Zeugen Christi im 20. Jahrhundert (Weilheim-Bierbronnen: Gustav-Siewerth-Akademie, 2012), 15; Klaus Rosen, "Märtyrer: Zeugen der Einheit im Glauben," *Märtyrer und Märtyrerakten,* hg. Walter Ameling(Stuttgart: Franz Steiner Verlag, 2002), 17. "하나님을 위해 전쟁터로 나가고(Kampf), 신앙을 위해 싸워(Ringen), 신앙고백을 지켰다(Sieg). 이는 단지 계약을 버리지 않으려 함이 아니요, 거룩함을 지키기 위함이다."(순교자의 삶과 죽음에 대해서 한 Johannes Chrystomus의 설교 중에서); Martin Büscher, Siegfried Kreuzer, Theodora Beer (hg.), *Glaube und Politik: Evangelische Zugänge zur Mitgestaltung öffentlichen Lebens* (Neukirchen-Vluyn: Neukirchener Verl., 2015): 105~125 (Julian Elschenbroich, "Gebet dem Kaiser, was des Kaisers ist, und Gott, was Gottes ist"); 185~201 (Johannes von Lüpke, "Göttliche Anordnung und menschliche Verantwortung. Zur Bedeutung der Barmer Theologischen Erklärung für die politische Ethik").

24 Sung-Wook Oh, "Political Paradox of an Apolitical Church: Ecclesiological Development of the Fourfold Gospel Theology in the Korean Evangelical Holiness Church during the Japanes Colonial Regime(1910~1945)," *World Christianity and the Fourfold Gospel*, vol. 1/1 (Sept. 2015), 139.

25 Meesaeng Lee Choi(최미생), 『한국성결교회의 뿌리를 찾아서: 웨슬리의 성서적 성결과 미국성결 운동의 사중복음』, 김성수 역(부천: 서울신학대학교 출판부 현대기독교역사 연구소, 2017), 28.

26 『성결교회신학』, 524.

27 『성결교회신학』, 525.

28 이는 "교회의 통일성이 교리적 일치를 요구한다"는 주장과는 궤를 달리한다. 교리적 일치를 요구하다가 뜻대로 이루어지지 않음으로써 수많은 교회 분열이 일어난 역사가 기독교의 역사다. 교의는 교회 통일성(일치)의 필요조건이 아니라, 충분조건이다. 교회의 통일성은 교의보다는 성령에 의한 영성에 기초함이 옳다. 그렇게 이루어진 통일성을 견고히 해주는 방어기재로서 교의가 역할 할 수 있다(참고: 딤전 6:3~5).

29 참고: Meesaeng Lee Choi, 『한국성결교회의 뿌리를 찾아서』, 34ff. "복음주의(Evangelicalis)"의 본질 이해에 사중복음이 중요한 바, 그 이유는 이 사중복음은 도널드 데이튼(Donald Dayton)이 제시한 "성결·오순절 모델"의 중심을 이루기 때문이다. 데이튼의 성결·오순절 모델이 등장하기 전까지 복음주의에 대한 관점은 버나드 램(Bernard Ramm)의 "개신교 정통주의 패러다임"과 마스던(George Marsden)의 "장로교 패러다임"에 국한되어 있었다. 이에 대한 학문적 토론: Michael S. Horton, "Reflection: Is Evangelicalism Reformed or Wesleyan? Reopening the Marsden-Dayton Debate," *Christian Scholar's Review* 31, no. 2(Winter 2001): 131~55. 보다 자세한 내용은 최미생의 35쪽 참조하라.

30 Donald Dayton, "The Global Significance of the Fourfold Gospel," PRESENTATION DRAFT, YoungAhm Lecture #3, Seoul Theological University, October 28, 2003: 1~13, 13. "All this to suggest that the 'fourfold gospel' provides the clues for the interpretation of the larger 'evangelical' movement…That theology is most clearly seen as a variation of the 'fourfold gospel.'"

31 Martin Redeker, 『슐라이에르마허 생애와 사상』, 주재용 역(서울: 대한기독교출판사, 1985), 7.

32 최신한, "감동과 영성의 신학, 또는 육화된 말씀의 신학," Fr. Schleiermacher, 『기독교신앙론』(*Christlicher Glaube nach den Grundsetzen der evangelischen Kirche*, 1821), 최신한 역(파주: 한길사, 2006), 21f.

33 Paul Tillich, 『조직신학 I』, 유장환 역(서울: 한들출판사, 2001), 74.

34 S. W. Sykes, "바르트 신학의 중심," 『칼 바르트의 신학방법론』 S. W. Sykes 편, 이형기 역(서울: 목양사, 1986), 60.

35 오성현, 『바르트와 슐라이어마허: 바르트의 초기(1909~1930년)을 중심으로』(서울: 아카넷, 2008), 324.

36 Collin W. Williams, 『존 웨슬리의 신학: 현대적 의의』, 이계준 역(서울: 전망사, 1990), 33.

37 Bernie A. van de Walle, "A. B. Simpson's Fourfold Gospel: Both Product and Critique of Late Nineteenth-Century Evangelical Theology," *World Christianity and the Fourfold Gospel*, vol. 1/1 (Sep. 2015), 21; Albert B. Simpson, 『사중복음』, 손택구 역(서울: 한국복음문서간행회, 1997); Martin W. Knapp, 『하나님의 오순절 번갯불: 사중복음 신앙과 신학의 보화』 GIFT 사중복음 고전시리즈 1, 남태욱, 박문수, 장혜선, 홍용표 역 (서울:

사랑마루, 2015), 2~6장, 9~10장.

38 김희성, "'하나님 나라'의 빛에서 본 사중복음," 『사중복음과 성서신학』 GIFT 사중복음 신학시리즈 3(서울: 한들출판사, 2016), 83.

39 조종남, "사중복음의 현대적 의의," 『성암 조종남 박사문집』 제3권(부천: 서울신학대학교출판부, 2014), 386.

40 Donald Dayton, "The Fourfold Gospel and Social Concern," *World Christianity and the Fourfold Gospel*, vol. 2/1 (Spring 2016), 175.

41 기독교대한성결교회, 『헌법』(서울: 기성출판부, 2013), 7: "제4조(본 교회의 지도원리) 우리는 신구약 성경을 경전으로 하되 특히 중생·성결·신유·재림을 성경 해설의 기본으로 한다."

42 장기영, "사중복음 변증신학: 사중복음의 교리사적 전거," 『글로벌신학과 사중복음』 GIFT 사중복음 신학시리즈 2(서울: 한들출판사, 2015), 55ff.

43 Louis Berkhof, 『조직신학(상)』, 27. 가톨릭교의 관점: "(교의는) 기록되었거나 기록되지 않은 하나님의 말씀-즉 성경이나 전승-에 담겨 있고, 교회가 신자들에게 믿으라고 제시하는 진리들"이다(재인용: Louis Berkhof, 27; 비교: H. Orton Wiley & Paul T. Cullbertson, 『웨슬리안 조직신학』(*Introduction to Christian Theology*), 전성용 역(서울: 도서출판 세복, 2006), 22. "때때로 교리(doctrine)와 교의(dogma)를 구별하기도 한다. 전자는 어떤 신학적 주제에 관한 성경의 체계화된 가르침이며, 후자는 그 교리의 발전의 결과 안에 가지고 있는 것으로 가정되고 있는 형식이다."; 개혁주의 관점: "성경에는 교의만 담겨 있는 것이 아니라 그 교의가 구체화시키는 교리적 진리도 담겨 있다."

44 참고: 최인식, 『예수와 함께 걷는 유대교 산책』(시흥: 도서출판 예루살렘아카데미, 2008), 254. 하나님은 자신을 인간이 지성의 대상으로 삼을 수 있도록 '대상화'한다. 무한 영원한 하나님의 자기 제한을 시도한다. 유대교적 용어로는 '침춤(chimchum)'에 해당한다. 그 대상화의 가장 명료한 실제가 하나님의 성육신 사건이다.

45 Seeberg, "교의는 대단히 복잡한 역사적 구조물이다. 이 구조물에는 다양한 구성요소가 있는데 그 요소들은 다양한 형태의 반론을 접했을 때, 많은 실제적이고 윤리적이며 경건한 자극과 외적인(정치적, 정경canon적인) 동기들에 의해, 또 서로 다른 신학적 조류의 영향을 받음으로써 구성된 것이다."(재인용: Louis Berkhof, 『조직신학(상)』, 29); "교의들은 주문할 수 없는 것이다. 교의들은 신학자 개인이나 과학적 신학 일반이 만들어서 바깥으로부터 신자들의 공동체에 부과하는 그런 것일 수 없다 … 교의들은 열정적인 영적 삶의 기간에, 진리에 대한 광범위하고 진지한 숙고와 깊은 종교적 경험으로부터 만들어지는 것이다."(Louis Berkhof, 44).

46 Philipp Melanchthon, 『신학총론』(*Loci Communes rerum theologicarum*), 이승구 역 (파주: 크리스챤다이제스트, 2000); 츠빙글리, 『참 종교와 거짓 종교에 관한 주석』 (*Commentarius de vera et falsa religione*): 개혁주의 신앙에 대한 최초의 체계적 해설; Jean Calvin, 『기독교 강요』(*Institutio Religionis Christianae*), 원광연 역 (파주: 크리스챤다이제스트, 2015).

47 Fr. Schleiermacher, 『기독교 신앙론』(*Christlicher Glaube nach den Grundsetzen der evangelischen Kirche*, 1821), 최신한 역(파주: 한길사, 2006). 이와 비슷한 시대의 웨슬리안 교의학서: Richard Watson, *Theological Institutes: On a View of the Evidences, Doctrines, Morals and Institutions of Christianity*, vol. 1(New York: Lane & Tippett, 1845).

48 Karl Barth, 『교회 교의학』 I/1, 박순경 역; I/2, 신준호 역; II/1, II/2, 황정욱 역; III/1, 신준호 역; III/3, 윤응진 역; IV/2, 최종호 역; IV/3~1, 정미현, 신준호 역; IV/3~2, 최종호 역; IV/4, 이형기 역(서울: 대한기독교서회, 2003~2017); Paul Tillich, 『조직신학』 I~V권, 유장환 역 (서울: 한들, 2001~2010) 등.

49 '신앙과 경험' 중심의 전통에서는 교회 공동체가 가지는 신앙 의식(意識)이 교의학적 탐구의 원천이다. 이에 대한 구체적인 예로, Schleiermacher의 교의학적 방법론을 수용하고 있는 Frank가 중생의 원리로 신학체계를 시도한 것이 될 수 있다: Franz H. R. von Frank, *System der christlichen Gewissheit*, Bd. 1~2 (Erlangen: Andreas Dreichert, 1870/1873), 1권, 95f (1~2권이 묶여 있음). 프랑크는 "기독교의 학적 체계(System der christlichen Gewissheit)"를 세우는 데 "중생과 회심으로 인하여 야기된 변화의 경험"의 중요성을 강조하고 있다. 그러나 이에 대한 비판은 개혁주의와 루터주의 전통 모두에게서 제출되었다. 화란의 개혁주의 신학자 헤르만 바빙크(Herman Bavinck)는 중생에 입각한 신앙 인식에서의 "확신(Gewissheit)"론-문자적 의미는 '확신'이지만, 현대적 개념으로 '학문(Wissenschaft)'으로 보아야 할 것이다-전개에 대해서 경험주의 신학이라 하여 거부한다(차영배 편저, 『H. Bavinck의 신학의 방법과 원리: 신학서론』[서울: 총신대학출판부, 1983], 408~411 참조하라). 또한, Paul Tillich 역시 동일한 루터교 전통에 서 있으면서도 "신학의 주요 내용을 중생한 기독교인의 경험으로부터 이끌어옴으로써 신학의 모든 체계를 확립하려" 했던 Frank의 중생신학을 비판한다(Tillich, 『조직신학 I』, 유장환 역, 74). 그러나 방법론의 차원에서 프랑크에 대한 틸리히의 비판을 수용하더라도, "중생한 기독교인의 경험"의 가치는 성서적 교의가 전통이나 이성의 영역에 갇혀 있지 않고 삶의 현장에서 역동성을 드러내게 하려는 성결·오순절 운동의 전통에서 볼 때, 19세기 네오-루터주의 운동을 주도하던 에어랑엔 학파의 중심인물인 프랑크(1827~1894)의 총 6권의 교의학은 성결·오순절 교의학 방법론을 수립하는 데 긍정적인 통찰력을 줄 수 있는 면이 적지 않은 고전이다. 그의 신학은 당시 아리스토텔레스의 존재론에 기초하여 형이상학화한 정통주의 신학에 대한 비판적 상황을 전제할 때 공정하게 평가할 수 있다: *System der christlichen Wahrheit*, Bds. 1~2(Erlangen: Andreas Dreichert, 1878/1880); *System der christlichen Sittlichkeit*, Bds. 1~2(Erlangen: Andreas Dreicher, 1884/1887).

50 S. W. Sykes, "바르트 신학의 중심," 『칼 바르트의 신학방법론』 S. W. Sykes 편, 이형기 역(서울: 목양사, 1986), 56. 우리는 바르트가 슐라이어마허 신학을 비판할 때 그에게 문제가 "경건한 자기의식에 의해서 결정된 인간이 '그의 신학적인 사고의 중심적 주제'"를 '중심의 원리'에 입각하여 비판하였다는 점을 중시한다. 문제는 신학적 중심을 가진 것이 아니라, 어떠한 것이 신학체계의 중심이 되느냐가 문제일 것이기 때문이다.

또한, 그것의 신학적 정당성 여부를 판단하는 문제가 여전히 남아있는 것이다.

51 한영태, 『웨슬레의 조직신학』(서울: 성광문화사, 1993), 32.

52 Paul Tillich, 『조직신학 I』, 71.

53 비교: 조종남, "웨슬리의 신학적 공헌과 그 의의: 종교개혁 신학을 산 실용적 신학으로 만든 웨슬리," 『웨슬리 신학의 현대적 이해』, 서울신학대학교 웨슬리 신학 연구소 편 (파주: 도서출판 공감마을, 2018), 34f.

54 아우구스티누스, "은혜와 자유의지에 대하여," 『아우구스티누스의 은혜론』 김종흡 역 (서울: 생명의 말씀사, 1990), 204: "계명을 지키는 사랑은 우리 자신에게서 나지 않고 하나님에게서 오는 것"이기 때문이다.

55 이런 면에서 사중복음 교의학의 해석학적 자리는 가톨릭의 토마스와는 다르다: "토마스에게 중심 개념은 내재된 은총(gratia habitualis)이다"(Wolf-Dieter Hauschild, "Gnade IV," *Theologische Realenzyklopädie* = TRE, Bd. 13, 488). 아우구스티누스의 은총론에 이어 루터는 그의 종교개혁 사상에서 이 점을 분명히 한다. "그리스도인의 실존은 자신 밖(extra se)에서 일어난 그리스도의 구원사역에 근거한다; 그러므로 복음으로서의 하나님 말씀을 통해서, 즉 자유케 하는 자비의 약속을 통해서 전해지는 은총은 들음과 믿음으로써 받게 된다. 예수 그리스도의 복음은 은총의 본질(Inbegriff)이다. 왜냐하면, 그 복음은 은총의 하나님을 알려주기 때문이다(비교: WA 10/I/2, 158, 20ff)"(TRE 13, 490).

56 아우구스티누스, "은혜와 자유 의지에 대하여," 186; "선행은 믿음에서 생기며 믿음이 선행에서 생기는 것이 아니기 때문에… 그러므로 우리가 의로운 행위를 하는 것은 하나님에게서 오는 일이며, 믿음 자체도 하나님에게서 옵니다."(183)

57 비교: Wolf-Dieter Hauschild, "Gnade IV," *Theologische Realenzyclopädie*, 483: "반(反)펠라기우스적인 은총론은 은총의 개념을 성령론적으로 해석함으로써 가능하게 된다. 성령과 은총은 서로 밀접하게 연결되어 있다. 펠라기우스를 반대하는 입장에서의 은총에 대한 이해는 본성이나 율법이 아니라 예수 그리스도로 말미암은 것으로서 살리는 영(spiritus vivificans)임이 강조된다."

58 졸고, "어니스트 A. 길보른의 성령세례론: '활천'의 글을 중심으로," 『길보른 연구논총』(부천: 서울신학대학교, 2016), 281. 비교: J. Rodman Williams, 『오순절 조직신학』(*Renewal Theology*) 제3권, 박정렬, 이영훈 편역 (군포: 순신대학교 출판부, 1995), 395ff. 저자는 성령세례를 예수 재림 이전에 있게 될 종말론적인 징조들 가운데 첫 번째로 중시한다. 성령세례와 예수의 재림은 연속적인 사건으로 이해된다: "성령의 나타나심은 '내세의 능력'(히 6:5)이라고 묘사될 수 있으므로, 이러한 능력들의 체험이야말로 다가선 내세에 대한 생생한 느낌을 일으킬 수 있는 것이다."(397쪽). 재림이 가까울 때 성령세례가 주어지는 세 가지 이유로, 1)신자들이 말세에 사단의 강화된 활동들과 악한 세력들에 맞서 싸우기 위함(딤전 4:1), 2)장차 올 시험을 견딜 용기와 지혜를 공급하기 위함(막 13:11), 3)복음 선포의 능력을 부여하기 위함(마 24:14)이다.

59 김희성, 『하나님의 나라』(부천: 하나님의 나라와 성서연구소, 2010), 41.

60　G. Klein, "'Reich Gottes' als biblischer Zentralbegriff," *Evangelische Theologie*, 30 (1970), 672~670. 김희성, 『하나님의 나라』, 41 재인용.

61　Martkin Knapp, 『하나님의 오순절 번갯불』, 192; 장혜선, "윌리엄 갓비의 재림론," 『재림: 19세기 성결 운동가들의 재림론』 글로벌사중복음연구소 편, 사중복음논총시리즈 2 (서울: 동연, 2016), 53; 홍용표, "마틴 냅의 전천년 재림 사상에 관한 연구," 같은 책, 175. 참고: Jürgen Moltmann, 『오시는 하나님』, 김균진 역 (서울: 대한기독교서회, 2004), 340f.

62　비교: Louis Berkhof, 『조직신학(상)』, 178.

63　비교: Louis Berkhof, 『조직신학(상)』, 149.

64　대표적으로 '기계적 축자영감설'이 이에 속하는 바, 이는 역사학적으로 스스로를 변증하려하는 한 성공할 수 없다. 이를 무리하게 밀어붙이면 결국 '타율(heteronomy)'의 굴레에 떨어지게 된다.

65　대표적으로 '동력적 영감설'이 이에 속하는 바, 이는 성령의 초자연적 개입을 거부하고 저자들의 주체성을 강조함으로써 결국 '자율(autonomy)'의 굴레에 빠지게 된다.

66　예수 그리스도가 참하나님이요, 참인간이라는 사실을 사실로 받아들이는 것은 예수께서 하나님으로부터 보냄을 받은 하나님의 아들이라는 믿음이라는 전제가 없이는 불가능한 것과 같다.

67　William B. Pope, *A Compendium of Christian Theology*, 193. 비교: Louis Berkhof, 『조직신학(상)』, 175. 로마교회와 종교개혁자들 간의 비교를 참고하라: 종교개혁자들은 "성경에 대한 교회의 증거를 신뢰성의 동기로는 중요한 것으로 주저없이 인정하였으나, 이 교회의 증거를 성경을 받아들이는 최종적인 근거로 인정하는 일은 거부하였다."

68　Scott J. Jones, *John Wesley's Conception and Use of Scripture* (Tennessee: Nashville, 1995), 185.

69　Scott J. Jones, *John Wesley's Conception and Use of Scripture*, 219.

70　Colin Williams, 『존 웨슬리의 신학』, 24.

71　John Wesley, *The Standard Sermons of John Wesley*, vol. I, annotated by E. H. Sugden (London: The Epworth Press, 1956), 31; Colin Williams, 『존 웨슬리의 신학』, 23에서 재인용.

72　서울신학대학교 성결교회신학연구위원회, 『성결교회신학: 개신교복음주의 웨슬리안 사중복음 신학』(서울: 기독교대한성결교회출판부, 2007), 52f.

73　Louis Berkhof, 『조직신학(상)』, 155, 재인용: Charles Hodge, "계시의 목적 곧 의도는 지식의 전달이다. 영감의 목적 곧 의도는 가르침에 있어서 무오성을 확보하는 일이다. 계시의 효과는 계시 받는 자를 지혜롭게 만드는 것이다. 영감의 효과는 가르침에 있어서 그를 오류로부터 보호하는 것이다."

74　우리는 그러한 의도를 가지고 진지하게 작업한 리처드 왓슨(Richard Watson)과 윌리엄 포우프(William B. Pope)의 고전적인 웨슬리안 교의학서들을 중시한다. 왓슨은 독립적인 성서론 항목을 두는 대신 교의학 전반의 주제들을 "성경의 교리들(Doctrines of the

Holy Scriptures)"이라는 이름으로 각론적으로 다루고 있다: Richard Watson, *Theological Institutes: On a View of the Evidences, Doctrines, Morals and Institutions of Christianity*, vol. 1(New York: Lane & Tippett, 1845), 4. 리처드 왓슨은 독자들에게 자신의 집필이 "거룩한 공동체의 절실한 요구(the desideratum of the BODY OF DIVINITY)를 … 칼뱅주의적인 것도 펠라기우스주의적인 것도 아닌" 것으로서 제시한 교의학서임을 밝히고 있다. 이를 위한 그의 교의학 서술의 방식은 처음부터 끝까지 오직 "성경(Holy Scriptures)"이 제출하는 내용만을 체계적으로 정리하는 것이었다(Richard. Watson, 263ff)

75 William Pope, *A Compendium of Christian Theology: Being Analytical Outlines of a Course of Theological Study, Biblical, Dogmatic, Historical*, vol. 1, Second edition, revised and enlarged(New York: Hunt & Eaton, 1889), 206.

76 W. Pope, *A Compendium of Christian Theology*, 206.

77 R. Watson, *Theological Institutes*, 70, 88, 204.

78 W. Pope, *A Compendium of Christian Theology*, 156과 Louis Berkhof, 『조직신학(상)』, 153을 비교하라.

79 졸저, 『예수의 바람, 성령의 바람』, 186f. 만국성결교회 창립자 중의 한 사람이며, '하나님의 성서학원'의 설립자인 마틴 냅은 "성경으로 돌아가자"를 성서학원의 모토로 삼았다.

80 Scott Jones, *John Wesley's Conceptions and Use of Scripture*, 247. 존스의 크벤스테트 재인용 참조하라: "설명이 필요한 보다 모호한 본문들은 보다 분명한 다른 본문으로 설명될 수 있고 또한 그렇게 해야 한다. 이처럼 성경은 보다 분명한 본문들로써 비교함으로 보다 불명확한 본문들이 해석될 수 있다. 그러므로 성경은 성경으로 해석되는 것이다(John Andrew Quenstedt)."

81 John Wesley, "새로운 창조,"『웨슬리 설교전집』제6권, 한국웨슬리학회편, 조종남 외 공역(서울: 대한기독교서회, 2006), 208: "성경을 성경으로 해석함으로써 또는 믿음의 유비를 따름으로써… 이 말씀이 격려가 될 수도 있습니다."

82 정병식, "루터의 성령 이해: 1520년대를 중심으로,"『사중복음과 종교개혁: 사중복음 십자가신학』(서울: 기독교대한성결교회출판부, 2007), 167.

83 윤철원, "'사중복음'으로 읽는 누가복음의 예수,"『사중복음과 성서신학』, 서울신학대학교 글로벌사중복음연구소 편(서울: 한들출판사, 2016), 112.

84 홍성국, "야고보서와 사중복음,"『사중복음과 성서신학』, 139ff. 그는 야고보서를 연구한 후 "야고보서의 신학을, 중생·성결·신유·재림이라는 사중복음으로 엮어낼 때 보다 선명한 이해를 파지할 수 있다. 동시에 야고보서를 통해서 사중복음을 전망할 때, 사중복음은 오순절적 성결(pentecostal holiness)뿐만 아니라, 실천적인 성결(practical holiness)이라는 개념으로 뻗어나갈 수 있는 도약판을 마련한 셈이 될 수 있다."(홍성국, 147)고 결론짓고 있다.

85 최인식, "개혁주의 신학과 웨슬리안 신학의 대화를 위한 칼뱅의 이중예정론과 웨슬리의 예지예정론 비교 연구,"「한국기독교신학논총」88 (2013.7): 135~179, 162.

86 Richard Watson, *Theological Institutes*, 70, 88; William Pope, *A Compendium of Christian*

Theology, 170. Louis Berkhof, 『조직신학』(상), 193f.
87 Friedrich Schleiermacher, *Der christliche Glaube nach den Grundsätzen der evangelischen Kirche im Zusammenhange dargestellt(1821~1822)*, hg. Hermann Peiter (Berlin: Walter de Gruyter, 1980), §23 (목창균, 『슐라이에르마허의 신학사상』(천안: 한국신학연구소, 1991, 30 재인용).
88 목창균, 『슐라이에르마허의 신학사상』, 21.
89 Horst G. Pöhlmann, 『교의학』, 이신건 역(서울: 신앙과지성사, 2012), 29; Johann Gerhard, Loci theologici (1610ff) Proem, 31, 28: 신학이란 "사람들로 하여금 참된 신앙과 경건한 생활을 하도록 가르침으로써 영생으로 인도하는, 하나님의 말씀으로부터 세워지는 교설" 또는 "실천적 교리(doctrina practica)"다(Horst G. Pöhlmann, 30쪽 재인용).
90 Eberhard Jüngel, *Gott als Geheimnis der Welt: zur Begruündung der Theologie des Gekreuzigten im Streit zwischen Theismus und Atheismus*(Tübingen: Mohr Siebeck, 2010, 8. Auflage), 307이하에서 융엘은 "하나님에 대해서 말할 수 있음(Sagbarkeit Gottes)"을 논증하고 있다.
91 Horst G. Pöhlmann, 『교의학』, 29.
92 Melvin Dieter(ed.), *The 19th-Century Holiness Movement*(Kansas City: Beacon Hill Press, 1998), 31ff. 20명이 넘는 필진을 통해서 주로 부흥, 은혜 안에서의 성장, 그리스도인의 완전, 참 기독교의 힘, 의와 참된 성결, 완전한 사랑, 숭고한 기도의 삶, 성적 교훈, 영적 분별, 자아의 죽음, 성령세례, 완전 성화 등의 이슈들이 다루어지고 있다. 이러한 주제를 통합적으로 "성결과 능력"으로 개괄할 수 있을 것이다. 이에 대한 고전은 다음을 참조하라: A. M. Hills, *Holiness and Power for the Church and the Ministry*(Cincinnati: Revivalist Office, 1900). 특별히 '영적 분별'에 관해서는: Martin Knapp, *Impressions*(Cincinnati: Revivalist Office, 1892)은 당대에 가장 영향력이 있었던 작품이다(M. Dieter, 372).
93 Yeon-seung Lee, "Native Initiative in the Transnational Holiness Movement: American Bible Schools and the Oriental Missionary Society in Asia, 1900~1911," *World Christianity and the Fourfold Gospel*, vol.1/1, 84f, 89f.
94 Martin Knapp, 『하나님의 오순절 번갯불』; Albert B. Simpson, 『사중복음』; 김상준, 『사중교리』; 이명직 『기독교 사대복음』 등.
95 Paul Tillich, 『조식신학 I』, 74~75에 상론되어 있다.
96 최신한, "감동과 영성의 신학, 또는 육화된 말씀의 신학," Friedrich Schleiermacher, 『기독교 신앙』, 최신한 역(파주: 한길사, 2006), 21.
97 Paul Tillich, 『조직신학 I』, 유장환 역(서울: 한들출판사, 2001), 75. 틸리히는 이와 같은 신학을 "유럽 대륙의 경험적인 신학과 구별" 된다고 고찰하면서 "경험주의 철학이나 실용주의 철학과 동맹을 맺고 … 경험에 토대를 두고 있는" 이러한 신학을 "경험적인 신학(empirical theology)"이라 명명한다.
98 Martin W. Knapp, 『하나님의 오순절 번갯불: 사중복음 신앙과 신학의 보화』, 남태욱 외 3인 역(서울: 사랑마루, 2015), 28ff.

99 Louis Berkhof, 『조직신학(상)』, 198.
100 비교: Pöhlmann, 『교의학』, 124. 이 신적인 신앙에는 다시 '객관적 신앙(fides objektiva)'과 '주관적 신앙(fides subjektiva)'으로 구분되며, 전자에는 '인식(notitia)'과 '인정(assensus)'이 속한다면, 후자는 '신뢰(fiducia)'와 연관된다고 볼 수 있다.
101 Louis Berkhof, 『조직신학(상)』, 198과 비교하라: "믿음의 최종 근거가 아니라 믿음의 수단이다. 믿음의 최종 근거는 오직 성경, 더 낮게 표현하면 성경의 증거로, 신자에게 새겨지는 하나님의 권위이다." "믿음의 근거는 믿음의 내용과 같으며, 내용과 분리될 수 없는 것이다. 그러나 성령의 증거는 믿음의 효과적인 원인이다. 우리는 성경을, 성령의 증거 때문이 아니라 성령의 증거를 통해서 믿는다."
102 비교: Louis Berkhof, 『조직신학(상)』, 192.
103 "사중복음 제네바 신앙고백(Geneva Confession of the Fourfold Gospel, 2017. 6. 29)," 『사중복음과 종교개혁: 사중복음 십자가신학』, 서울신학대학교 글로벌사중복음 연구소 편, 사중복음 신학 시리즈 제4권(서울: 기독교대한성결교회, 2017), 195ff. 기독교대한성결교회 총회장 외 33명이 종교개혁 500주년을 기념으로 사중복음 국제학술제를 비텐베르크(데사우)와 하이델베르크 및 제네바에서 갖던 중 마지막 날에 스위스 제네바에서 "사중복음 제네바 신앙고백"문을 채택하게 되었다(『사중복음과 종교개혁: 사중복음 십자가신학』, 192~196). 여기에서 "구원은 십자가의 약함과 비천함 가운데 숨겨진 영광의 하나님(고후 8:9, 빌 2:6)을 볼 수 있는 믿음으로써만 가능한 하나님의 은총이다. 중생은 십자가 신앙을 통해 '물과 성령으로' 태어남이다. … 성결은 예수 그리스도에 의한 성령세례와 십자가 사랑이다. … 신유는 몸과 공동체와 만물을 치유하고 해방하는 십자가 능력이다. … 재림은 십자가 부활의 소망이다"고 천명(闡明)하고 있다.
104 Alister E. McGrath, 『루터의 십자가 신학: 마르틴 루터의 신학적 돌파』, 김선영 역 (서울: 컨콜디아사, 2015), 294; Martin Luthers Werke, *Tischreden 1*, 16 재인용.
105 Michael Welker, "루터의 십자가 신학과 종교개혁," 『사중복음과 종교개혁: 사중복음 십자가신학』, 155에서 재인용: "Gott aber kann nur im Kreuz und Leiden gefunden werden."
106 Augustine, *Sermo* 88, 5; Alister McGrath, 『루터의 십자가 신학: 마르틴 루터의 신학적 돌파』, 294에서 재인용.

8장

1 Eberhard Jüngel, *Gott als Geheimnis der Welt: Zur Beründung der Theologie des Gekreuzigten im Streit zwischen Theismus und Atheismus*(Tübingen: J.C.B. Mohr, 51986), 470f. "삼위일체론은 '하나님이 살아계시다'라는 단순한 진리에 대해 불가피하게 사용할 수밖에 없는 논증법(der unerlässlich schwierige Ausdruck)인 바, '하나님이 살아계시다'라는 사실이 맞다면 이로써 나사렛 예수가 하나님으로 선포되고, 믿어지고, 알려진 사람이었다는 것을 입증해 주어야 했기 때문이다." 융엘은 예수의 죽음 그리고 죽음으로부터의 승리야말로 하나님이 살아계시다는 사실을 증거하고 있다고 계속해 논증하고 있다.

2　안주영, "아우슈비츠와 전능 하나님: 부조리에 대한 프리모 레비와 엘리 위젤의 양극적 사유," 『여성신학논집』 10(2014. 4): 73~102; 박영식, 『그날, 하나님은 어디 계셨는가: 세월호와 기독교 신앙의 과제』(서울: 새물결플러스, 2015); 박영식, 『고난과 하나님의 전능: 신정론의 물음과 신학적 답변』(서울: 동연, 2017).

3　Antonio Perez-Esclarin, 『무신론과 해방』, 송기득, 김정순 역(서울: 한길책방, 1991), 246. 그는 "그리스도교를 정화하는 도구"로서 무신론을 대화의 장에 끌어들이고 있다. 듀메리(H. Dumery)를 인용하면서 "무신론은 정화하는 힘이 될 수 있으며, 신앙은 용기나 진실의 대체물로 기능할 수 있다"라고 본다.

4　Martin Luther, 『대교리문답』, 최주훈 역(서울: 복있는사람, 2017), 51~98; 『소교리문답』, 최주훈 역(서울: 복있는 사람, 2018), 83~122.

5　Yubal N. Harari, 『호모데우스』, 김명주 역(서울: 김영사, 2017), 534. "신은 인간 상상력의 산물이지만, 인간 상상력은 생화학적 알고리즘의 산물이다. 18세기에 인본주의는 신 중심적 세계관에서 인간 중심적 세계관으로 이동함으로써 신을 밀어냈다. 21세기의 데이터교는 인간 중심적 세계관에서 데이터 중심적 세계관으로 이동함으로써 인간을 밀어낼 것이다."

6　A. Perez-Esclarin, 『무신론과 해방』, 157ff.

7　David Mills, 『우주에는 신이 없다』, 권혁 역(서울: 돋을새김, 2010), 119ff, 189ff.

8　Richard Dawkins, 『만들어진 신』, 이한음 역(서울: 김영사, 2007), 50~51. 도킨스는 "구약성서의 신은 모든 소설을 통틀어 가장 불쾌한 주인공 … 거만한 존재, 좀스럽고 불공평하고 용납을 모르는 지배욕을 지닌 존재, 복수심에 불타고 피에 굶주린 인종 청소자 …"라고 혹독하게 비평하면서, 신을 "우주와 우리를 포함하여 그 안의 모든 것을, 의도를 갖고 설계하고 창조한 초인적, 초자연적인 지성"이라고 정의한다. 그러나 이러한 신은 "무언가를 설계할 정도로 충분한 복잡성을 지닌 창조적 지성은 오직 확장되는 점진적 진화 과정의 최종 산물로 출현한 것"일 뿐이기에, 창조의 신은 존재하지 않는다. 비교: Alister E. McGrath, 『도킨스의 신』(서울: SFC, 2007), 31, 38. 도킨스의 무신론에 대한 맥그라스의 비판은 한마디로, 그 근거가 "과학 안에 있는 것이 아니라 과학 너머에 있다"라는 것이다. 그러나 그는 도킨스의 다윈주의 세계관은 "창조교리에 대한 강력한 도전"으로 평가한다.

9　Yubal Harari, 『호모데우스』, 502. 이러한 과학기술적 세계관에 대한 논쟁적 변증의 하나로 존 레녹스를 참고하라: John C. Lennox, 『신을 죽이려는 사람들: 과학은 신을 매장했는가』, 홍종락 역(서울: 두란노, 2017).

10　기독교대한성결교회, 『헌법』(서울: 기독교대한성결교회 출판부, 2013), 11. "본 교회에서 믿는 교리와 신조는 기독교 개신교파가 공통으로 믿는 복음주의 이는 신앙의 생명이며 골자이다"(필자의 강조). 특히 성결교회는 신자들을 지도할 때 "그리스도의 복음과 성경의 교훈으로" 함을 "교회의 지도원리"로 삼고 있는데, 그 첫 번째 지도 원리가 "우리는 신구약 성경을 경전으로 하되 특히 중생·성결·신유·재림을 성경 해설의 기본으로 한다"라는 것이다(『헌법』, 7, 필자의 강조); 성결교회신학연구위원회, 『성

결교회신학: 개신교복음주의 웨슬리안 사중복음』(서울: 기독교대한성결교회출판부, 2007), 61ff.

11 박인병, 『기독교사회윤리학: 선교와 사회실천에의 길』(서울: 기독교대한성결교회 교육국, 1991), 52.

12 김대식, "신유와 니체의 디오니소스 미학," 「활천」 633/8(2006.8): 60~62; 김대식, "바흐찐의 대화미학과 사중복음의 아방가르드," 「활천」 637/12 (2006): 56~58.

13 참고: 최인식, "예수 그리스도는 종교다원주의 시대의 걸림돌인가, 화목제물인가?: 기독교, 유대교, 이슬람교를 넘어서," 「구약논단」 20 (2014.3): 31~56; 최인식, "한국 교회의 신론 정립에 관한 방법론적 연구," 「신학과 선교」 28 (2003); 249~273.

14 김찬홍, "사중복음 영성신학: 사중복음 영성신학적 논의 가능성에 대하여," 『글로벌 신학과 사중복음』 GIFT 사중복음 신학시리즈 2 (서울: 한들출판사, 2015), 347~368: 365.

15 비교: 김성원, "포스트모던 신론," 『신론』 한국조직신학회 엮음(서울: 대한기독교서회, 2012), 383~413, 386f. 그는 '모더니티의 신론'으로 크게 이성중심적 신론, 인간 중심적 신론, 유물론적 무신론, 실존주의적 신론으로 구분한다.

16 비교: 김성원, "포스트모던 신론," 390ff. 탈근대적 신론으로 해체주의 신론, 유기체적 신론, 다원주의 신론, 초-성적 신론, 포스트모던 정통주의 신론으로 구분한다.

17 조상국, "복음주의와 자본주의." 「통합연구」 5/3 (1992): 113~29, 크레익 게이의 분석에 입각하여 자본주의를 억압체제로 보는 복음주의 좌파(118ff), 자본주의를 옹호하는 복음주의 우파(120ff), 자본주의를 비판적으로 수용하는 복음주의 중도파의 입장을 소개한다(123ff). 참고: Craig M. Gay, *With Liberty and Justice for Whom? The Recent Evangelical Debate over Capitalism,* Foreword by Peter L. Berger(Grand Rapids: Eerdmans Pub. Co., 1991, 2000).

18 조상국, "복음주의와 자본주의." 121.

19 Bob Goudzwaard, 『자본주의와 진보사상』, 김병연·정세열 역(서울: 한국기독학생회 출판부, 1989), 119. 필자의 강조.

20 Goudzwaarz, 『자본주의와 진보사상』, 120.

21 Goudzwaarz, 『자본주의와 진보사상』, 328. 그는 서구사회가 르네상스를 통과하면서 인간이 자신을 적절히 신뢰하지 못하고 "과신"했고, 그 결과 교회가 주장해 왔던 "규범에 대한 과도한 반작용"을 일으키게 되었다고 분석하고 있다(Goudzwaarz, 329).

22 고세훈, "토니의 사상과 한국 교회," Richard H. Tawney, 『기독교와 자본주의의 발흥』, 고세훈 역(서울: 한길사, 2015), 13~38. 이에 대한 기독교의 책임에 대해서는: 양참삼, 『자본주의 문화와 기독교의 사회적 책임: 기독교 사회학의 이해』(서울: 한양대학교출판부, 2004), 129f.

23 Robert McAfee Brown, *Gustavo Gutierrez: An Introduction to Liberation Theology* (Maryknoll: Orbis Books, 1990), 109; 구춘서, "생명의 하나님 그리고 그의 왕국은 너희와 함께 있으리라: 구스타보 구티에레즈를 중심한 남미 해방신학의 신론," 『신론』 한

국조직신학회 엮음(서울: 대한기독교서회, 2012): 357~82, 359 재인용.

24 서남동, "민중신학을 말한다," 『민중신학의 탐구』(서울: 한길사, 1986), 161~203, 164. 이에 대한 비판: 김명혁, "민중신학의 신관과 그 사회경제사적 특성," 「성경과 신학」 2 (1984): 263~304, 291.
25 서남동, "민중신학을 말한다," 165.
26 서남동, "민중신학을 말한다," 177.
27 이정배, "종교다원주의(종교간의 대화)와 현대적 신론: 양주삼 박사 기념 학술강연회," 「신학과 세계」 19 (1989.12):198~218, 204.
28 신중심적 종교신학자들로서는 J. Hick, P. Knitter, Panikar, Samaratha, Pieris 등; 파니카에 대해서는 김진, 『피할 수 없는 만남 종교간의 대화: 파니카의 종교신학』(서울: 한들출판사, 1999), 특히 파니카의 우주신인론에 대해서, 123ff.
29 최인식, "예수와 다석(1890~1981)의 영성적 가르침에서 본 종교인 간 대화의 근본적 조건: 교리적 종교인에서 영성적 종교인으로의 변화," 「다문화와 평화」 4/2 (2010): 132~64; 『다원주의 시대의 교회와 신학』(서울: 한국신학연구소, 개정증보 2판, 2002), 특히 변선환의 종교다원주의에 대한 평가와 종교다원주의 신학 방법론의 딜레마에 대하여, 251ff.
30 김지호, "과정신학의 신론," 「세계의 신학」 7 (1990.7): 148~64, 151. 참고: R. B. Mellert, 『과정신학 입문』, 홍정수 역(서울: 대한기독교출판사, 1989), 34f.
31 A. N. Whitehead, *Process and Reality: An Essay in Cosmology*, corrected ed. by D. R. Griffin & D. W. Sherburne(New York: The Free Press, 1978), 343.
32 허호익, "영성신학의 과제와 한국 교회," 「신학논단」 22 (1994.6): 227~56, 227.
33 김찬홍, "사중복음 영성신학: 사중복음 영성신학적 논의 가능성에 대하여," 『글로벌 신학과 사중복음』, 347~68, 351f. 참조: Bernard McGinn, "Introduction," *Christian Spirituality: High Middle Ages and Reformation*, ed. by Jill Raitt in collaboration with Bernard McGinn and John Meyendorff(New York: Crossraod, 1987), xvi; Philip Sheldrake, *Spirituality and Theology: Christian Living and the Doctrine of God*(Maryknoll: Orbis Books, 1998), 10~12; Sandra Schneiders, "Theology and Spirituality: Strangers, Rivals, or Partners?" *Horizons* 13/2 (Fall 1986): 266f; Ewert H. Cousins, "What Is Christian Spirituality?" *Modern Christian Spirituality*, ed. Bradley C. Hansson, 43; 판넨베르크는 기독교의 사회정의론을 정당히 수립함으로써 '성화와 정치'의 관계성을 강화할 때 복음이 변질되지 않을 수 있다고 말한다: Wolfhart Pannenberg, *Christian Spirituality*(Philadelphia: Westminster Press, 1983), 69f.
34 김찬홍, "다석 류영모의 '없이 계시는 하느님'으로서의 신 이해와 Robert C. Neville의 존재론적 신 이해 비교 연구," 「한국조직신학논총」 41 (2015): 305~43, 306f. 315f; "범재신론으로서의 유영모의 하나님 이해: Charles Hartshorne의 범재신론과 비교하여," 「한국조직신학논총」 44 (2018): 147~76,
35 성결교회신학연구위원회, 『성결교회신학: 개신교복음주의 웨슬리안 사중복음 신학』,

43f. 성결교회 신학은 자신의 신학방법을 기본 형식에서는 감리교 전통과 호흡을 같이 하는 차원에서 소위 "웨슬리안 사변형"을 공유한다. 참고: 김영선, 『존 웨슬리와 감리교 신학』(서울: 대한기독교서회, 2002), 36. 웨슬리의 "사변형"이 Albert Outler로부터 나온 것에 대한 상세한 논의는 다음을 참고하라: Donald Thorsen, "Sola Scriptura와 웨슬리의 사변형," 박찬희 역, 『환태평양 시대의 웨슬리안 성결 운동: 환태평양 웨슬리안 성결신학자 학술대회 논문집』(부천: 서울신학대학교, 2006): 202~17, 208f. 비교: 오성욱, "존 웨슬리의 사변형 원리와 맥클렌돈의 침례교 비전의 대화: 북미 감리교와 침례교의 신학 방법론과 강조점을 중심으로," 「한국조직신학논총」 49 (2017): 135~67, 137f.

36 참고: 권혁승, "구약신학의 관점에서 본 사중복음의 적절성과 효용성에 관한 제안," 『사중복음과 성서신학』, 서울신학대학교 글로벌사중복음연구소 엮음(서울: 한들출판사, 2016), 31~52. 김희성, "'하나님 나라의 빛에서 본 사중복음," 79~106.

37 장기영, "사중복음 변증신학: 사중복음의 교리사적 전거," 『글로벌신학과 사중복음』 57~87, 58. "사중복음은 성경속에 이미 존재하고, 역사적으로도 교회가 언제나 선포해 온 복음의 핵심 진리들이다. … 사중복음은 그 자체가 이미, 성경적 진리들의 단순한 병행적 나열이 아니라, 다양한 기독교 전통들 사이의 교리적 논쟁과 보완, 발전의 오랜 과정이 함축된 고도의 신학적인 개념인 것이다."

38 비교: 『성결교회신학: 개신교복음주의 웨슬리안 사중복음 신학』, 384f, 389f. 최인식, "성결교회의 교리신학: 성삼위 하나님, 원죄, 자유의지, 성결을 중심으로," 「신학과 선교」 29(2004); 389~425, 407f.

39 사변형에서 "성경"의 우위성과 "규범하는 규범"으로서의 위치는 자명하다. 이에 대하여 『성결교회신학』, 43; Thorsen, "Sola Scriptura와 웨슬리의 사변형," 201; W. Stephen Gunther, et.al., *Wesley and the Quadrilateral* (Nashville: Abingdon Press, 1997), 39: 오성욱, "존 웨슬리의 사변형 원리와 맥클렌돈의 침례교 비전의 대화: 북미 감리교와 침례교의 신학 방법론과 강조점을 중심으로," 139에서 재인용.

40 최인식, "사중복음 신학방법론: 글로벌 신학을 위한 소묘(素描)," 『글로벌신학과 사중복음』, 19~53, 47.

41 『헌법』, 7. "제4조(본 교회의 지도원리): 1. 우리는 신구약 성경을 경전으로 하되 특히 중생·성결·신유·재림을 성경 해설의 기본으로 한다."

42 Paul Tillich, 『조직신학 II』, 유장환 역(서울: 한들출판사, 2003), 44.

43 Paul Tillich, 『조직신학 II』, 37.

44 Paul Tillich, 『조직신학 II』, 47.

45 Paul Tillich, 『조직신학 II』, 55.

46 Paul Tillich, 『조직신학 II』, 56.

47 Martin Luther, *Luther Works*, vol.33: 287; 재인용: 이양호, "루터의 신론," 「신학논단」 29(2001.8): 233~252, 250.

48 이오갑, "칼빈의 신론: 초월과 임재의 변증법적 하나님," 「한국기독교신학논총」 35 (2004.1): 99~126, 115.

49　E. Doumergue, *Jean Calvin, les lommes et les choses de son temps, t.* IV (Lausanne: Georges Bridel & Cie Editeurs, 1910), 90f. 이오갑, "칼빈의 신론: 초월과 임재의 변증법적 하나님," 115에서 재인용(인용문 내 작은 인용부호는 칼뱅의 글: Opera Calvini, XXVIII, 502).

50　Jung Yang, "The Doctrine of God in the Theology of John Wesley," Ph.D Thesis(The University of Aberdeen: Religious Studies, 2003), 114. 웨슬리는 당시 극단적 칼뱅주의자들(rigid Calvinists)들이 하나님의 사랑을 등한시 한점, 반율법주의자들(antinomians)이 하나님의 거룩(holiness)을, 그리고 이신론자들(deists)이 하나님의 사랑과 편재성을 무시한 것에 대해 비판하였다.

51　Jung Yang, "The Doctrine of God in the Theology of John Wesley," 117f. 124f.

52　박영식, 『창조의 신학』(서울: 동연, 2018), 47.

53　최인식, "니체, 투르니에, 틸리히를 통해서 본 '힘과 하나님'의 상관성 연구,"「한국조직신학논총」46 (2016.12): 51~99, 79; 참고, Paul Tillich, 『사랑·힘·정의』, 남정길 역(서울: 전망사, 1979), 134. "사랑, 힘 및 정의는 신 속에서 결합되어 있고, 세계 속에서의 신의 새로운 창조 활동에 있어서도 하나로 나타난다."

9장

1　조종남, "성결교회의 사중복음의 유래와 현대적 의의,"『오순절 운동의 신학적 뿌리』부록: 269~296, 279. "중생에서 시작된 성결이 예수님의 재림으로 마침내 완결된다는 면에서 현재적 구원에서 이해되었던 성결의 교리는 하나님의 나라와 연결되며, 따라서 하나님의 나라의 복음이 되는 것이다." 최인식,『예수의 바람, 성령의 바람: 사중복음 정신과 21세기 교회 혁신』(서울: 사랑마루, 2014), 94. "사중복음의 중심축은 하나님 나라"임을 저자는 자세히 밝히고 있다.

2　Werner G. Jeanrond,『신학적 해석학』, 45. 아우구스티누스의 해석학은 크게 안디옥학파의 전통과 맥을 같이 하는 "기호학적" 해석과 알렉산드리아 학파의 흐름을 따르는 "풍유적" 혹은 "신학적" 해석의 양대 전통을 통섭하고 있다. 본 연구는 '삼위일체 하나님의 사중복음적 경륜'을 사중복음의 "신학적" 해석을 위한 초석으로 삼을 수 있는 가능성을 고찰하는 것다. 이 지점에서 우리는 아우구스티누스가 신학적 해석을 위한 하나의 독해 관점으로 '사랑'을 제시한 것을 주목하며, 그러한 방식을 우리의 논의 방법으로 준용(遵用)한다. 아우구스티누스가 제시한 사랑은 하나님과 이웃에 대한 사랑으로서 성경 자체에서 나온 것이다. 이는 성경 밖이 아니라, 정경 그 자체가 제시하고 있고, 이 사랑의 개념을 통해 읽혀지기를 원하는 유일한 관점이다(*De Doctrina Christiana*, I.44).

3　Donald Dayton,『오순절 운동의 신학적 뿌리』, 조종남 역(서울: 대한기독교서회, 1993).

4　사중복음을 "온전한 구원의 복음(full salvation gospel)"이라는 차원에서 볼 때, 한영태가 라일의 논증을 근거로 하여 사중복음의 하나인 '성결'을 삼위일체적 사건으로 보고, 성결론과 삼위일체론을 상호 연결한 것은 신학적 당위성을 확보할 수 있다. 비교: 한영태,『삼위일체와 성결』(서울: 성광문화사, 1992), 76; Robert C. Rayle, *Scriptural*

Holiness(New York: Comet Press Book, 1958), 92f. "성결한 삶은 성령의 선물이다. … 하나님께 완전히 항복하는 데서 가능하다. … 예수 그리스도의 희생이 그러한 승리를 가능케 한다."; 초대 교회가 경험한 예수 그리스도 사건으로부터 삼위일체론이 형성되기 시작했다. 왜냐하면, 그리스도에 의한 구원은 삼위일체적 사건이라는 경험이 생겼기 때문이다. 참고: 이종성, 『그리스도론』(서울: 대한기독교출판사, 1984), 262.

5 Tom Wright, 『로마서』, 장용량·최현만 역, *The New Interpreters Bible*, vol. 10 (서울: 에클레시아북스, 2014), 39. 라이트나 던은 비교적 쉬툴마허나 케제만과 같은 루터 전통의 학자들보다 '하나님의 복음'이란 주제의 중요성을 놓치지 않고 주석하고 있다(참고: Ernst Käsemann, *Commentary on Romans*, trans. & ed. G. W. Bromiley, Grand Rapids: W. B. Eerdmans, 1980, 10; '그리스도의' 복음에 집중한다; Peter Stuhlmacher, *Paul's Letter to the Romans, A Commentary*, trans. Scott J. Hafemann [Louisville: Westminster/John Knox Press, 1994], 22; 이 역시 '그리스도의' 복음만 다룬다). 그중 특히 라이트가 제일 진지하게 '하나님의 복음'이 지니는 신학적 의미를 밝혀주고 있다. 본 연구는 성서학적 논제로서 성경의 본문을 다루는 것이 아니므로, 우리는 선언적으로만 밝히고 나갈 수밖에 없다. 바울은 유대교 전통의 주요 개념들을 그대로 기독교의 신앙과 진리 체계에 가지고 들어와서, 그것을 선교적 맥락에서 다시 해명해 내는 방식을 취한다. 그런 차원에서 볼 때 라이트가 고찰한 것처럼, '복음'의 성서적 맥락은 이사야 40장 9절과 52장 7절로 거슬러 올라갈 수 있다. 여기 이사야에서 말하는 것은, 전령(傳令)이 예루살렘에 전해야 할 메시지가 있는데, 그것은 "바벨론이 패배하고, 이스라엘의 포로 상태가 종식되었으며, 야웨가 시온으로 친히 돌아오신다는 좋은 소식"이라는 것이다. 그래서 이 복음은 하나님이 주신, "하나님의" 복음이다. 이 복음은 "바울의 소유가 아닌 하나님의 소유"이다. 유대 전통 안에서 바울이 견지했던 믿음은 "세상 창조주이신 아브라함과 이삭과 야곱의 유일하신 하나님에서 이제 예수 안에서 세상의 역사를 절정에 이르게 하셨다"라는 것이다(Tom Wright, 40).

6 김희성, 『마가복음: 최초의 복음서』(부천: 하나님의 나라 & 성서연구소, 2014), 53. '하나님의 복음'은 하나님을 전하는 것이 아니라, 하나님이 예수를 통해서 전해준 복음이다. 마가복음 1장 14절 말씀처럼, 예수는 "하나님의 복음을 전파하였다." 그리고 예수가 전한 하나님의 복음은 "하나님의 나라가 가까이 왔다"라는 것이다(Peter Stuhlmacher, 56).

7 참고: 최인식, 『예수와 함께 걷는 유대교 산책』(시흥: 예루살렘아카데미, 2008), 345~355.

8 Claus Westermann, *Genesis 1~11. A Commentary*, trans. John J. Scullion S.J. (Minneapolis: Augsburg Publishing Hous, 1990), 260. 이레네우스(Irenaeus) 이래, 소위 "원복음(Protoevangelium)"이라고 알려진 창세기 3장 15절은 베스터만에 따르면 두 가지 이유로 인하여 "여자의 자손(zara)"을 그리스도로, "뱀의 자손(zara)"을 사탄으로 해석할 수 없다고 주장한다. 첫째 이유로 '자손(zara)'은 "집단적으로(collectively)" 이해되어야 하고, 또한 "양식 비평적"으로 볼 때 어울리지 않는 해석인 이유는, 형벌 선언의 문맥에서 나왔기 때문이라 한다. 그럼에도 불구하고, 이레네우스가 "원복음"으로서 마리아와

그리스도로 본 것에 있어서, 그 방향은 잘못된 것이라 단정하기 어렵다. 오히려 베스터만이 지적한 것처럼 "집단적으로" 보는 것이 정당하다고 하더라도 그 집단을 대표할 수 있는 개인으로 보는 것은 여전히 허용될 수 있기 때문이다. 또한, 양식비평적 차원에서 본문이 형벌 선언의 상황이기 때문에 조화를 이루지 못하는 것이 아니라, 오히려 그 때문에 그 가운데서 복음적 선언이 더욱 명확하게 주어질 수 있다고 볼 수 있다. 필자의 이와 같은 주장은 박호용에 의해서 지지될 수 있다고 본다. "뱀의 '씨'와 여자의 '씨'가 어떤 특정한 개인을 지칭하는 것이 아니라 뱀의 후손 전체를 의미한다. 다만 이 구절 속에는 악의 세력과 선의 세력 사이에 있을 긴 대결을 암시하며, 사탄에 대한 예수 그리스도의 승리는 이러한 긴 대결의 절정 사건으로 이해할 수 있다."(박호용, 『창세기 주석』, 예수학시리즈 제1권(서울: 도서출판 예사빠전, 2015), 82f.

9 Claus Westermann, *Genesis, Kapitel 12~36, Biblischer Kommentar Altes Testament*, Bd. I/2 (Neukirchen-Vluyn: Neukirchener Verlag, 1981), 264.

10 Martin Noth, 『레위기』, 국제성서주석(서울: 한국신학연구소, 1984), 169. 이스라엘의 '거룩함'은 하나님의 거룩함에 근거를 둔다. 여기에서는 두 가지 해석이 가능하다. 첫째는 하나님이 거룩하니 너희도 거룩하다. 둘째는 하나님이 거룩하니 너희도 거룩해야 한다. Noth는 두 가지 중 어느 것인지가 "미해결 상태"라 말하고 있는데, 실은 두 가지 모두여야 한다. 하나님이 거룩하니 그의 백성도 거룩하기 때문에, 그 거룩함을 지켜야 한다는 것으로 보아야 한다. 이에 가장 중요한 것은 "모든 것이신 하느님"과 "아무것도 아닌 우상"을 분명히 구분하여, 우상을 떠나고 오직 야웨 하나님만을 섬기는 것이 거룩함의 근본이 된다는 것이다. 하나님은 'elohim', 우상은 'elilim'으로 모양이 유사함을 상기시키고 있다(Martin Noth, 170).

11 Martin Noth, 『출애굽기』, 국제성서주석 (서울: 한국신학연구소, 1981), 154. '치료하는 하나님'은 이스라엘을 '구원하신 하나님'이요, 그들을 '거룩하게 하시는 하나님'이다. 하나님의 치료 여부는 신명기 7장 15절(28:27, 60)에서처럼 이스라엘이 하나님이 하나님으로부터 받은 계명의 준수 여부에 달려있다. '치료하시는 하나님'에게는 이스라엘의 치료보다는 말씀에 대한 이스라엘의 순종이 우선적인 관심사다. 치유는 믿음과 순종에 대한 선물이다.

12 Douglas Stuart, "Malachi," *The Minor Prophets: An Exegetical and Expository Commentary*, vol. 3, ed. Thomas E. McComisky(Grand Rapids: Baker Books, 1998), 1388. 야웨의 날은 "의(sedaqa, righteousness)"가 드러나는 날이요, 동시에 그 의가 치료의 힘이 된다.

13 Claus Westermann, 『이사야』(3), 국제성서주석 (서울: 한국신학연구소, 1990), 478. 전통적으로 이스라엘을 구원하기 위해서 자신을 드러내시는 '신현현'이 이 본문에서는 "세계를 심판하기 위한 신현현"으로 확장되어 나타나고 있다. 우리는 이러한 종말론적 심판의 모습이 하나님의 아들 예수 그리스도 재림의 때에 일어날 일들임을 알 수 있다. 야웨는 "구름을 타고 강림하는 것"으로 되어 있는 것이나(시 18:10; 68:34), "모든 육체들을 심판하리라는 것" 등(렘 25:31)은 신약성경의 종말론적 신현현으로서의 예수 재림과 맥락을 같이 한다.

14 Ernest Lucas, 『다니엘』, 김대웅 역, Apollos Old Testament Commentary(서울: 부흥과개혁사, 2017), 277. 미래에 오실 인자에 대한 배경이 되는 본문이 다니엘서 7장이다. 이에 대한 학자들의 다양한 해석들이 제출되어 있지만, "구름을 타고"-영광중에-오시는 인자를 통해 "하나님의 통치가 최종적으로 확립될 것"이라는 점은 분명한 것으로 보인다.

15 김희성, 『마가복음: 최초의 복음서』, 56. "하나님의 나라는 실재로 예수와 함께 왔다. 그 나라는 완전한 완성을 시간의 끝(예수의 재림)에서야 보게 된다."

16 김희성, 『마가복음: 최초의 복음서』, 55. 김희성은, 마가복음에는 '중생'이란 용어는 등장하지 않지만, 대신 "회개가 중생의 개념을 포함하고 나아가 성결의 도상에 있는 개념처럼 여겨진다"라고 한다.

17 C. K. Barrett, 『요한복음』 국제성서주석 (서울: 한국신학연구소, 1984), 325.

18 Ulrich Wilckens, *Das Evangelium nach Johannes. Das Neue Testament Deutsch,* Teilband 4 (Göttingen: Vandenhoeck & Ruprecht, 2000), 265.

19 Craig S. Keener, *Acts: An Exegetical Commentary*, vol. 2(Grand Rapids: Baker Academic, 2013), 1802. 초기 유대교에서나 기독교의 문헌에 "성령의 기름부음(Spirit's annointing)" 현상은 거의 나타나지 않는 반면에, 누가복음과 사도행전에서는 매우 중요한 사항이다. '그리스도'는 기름부음을 받은 자로서 성령과 함께 하나님의 능력을 행사한다.

20 Adela Yarbro Collins, *Mark: A Commentary*(Minneapolis: Fortress Press, 2007), 811.

21 Adela Yarbro Collins, *Mark: A Commentary*, 812.

22 Edward Schweizer, 『마태오복음』, 국제성서주석(서울: 한국신학연구소, 1982), 479. 마태는 예수의 재림이 '아직' 오지 않았음에도, 초대 교회에 "이미 왔다"라고 주장하는 거짓 예언자들을 한편에서 비판해야 했으며, 다른 한편에서는 그러므로 재림에 대한 소망을 강화하고자 한다.

23 Craig S. Keener, *The Gospel of Matthew: A Socio-Rhetorical Commentary*(Grand Rapids: William Eerdmans Publ. Co., 2009), 591.

24 Thomas E. McComiskey(ed.), *The Minor Prophets: An Exegetical and Expository Commentary*(Grand Rapids: Baker Books, 1998), 1233. "한 날(yom ehad)"은 유일한 특정일을 지칭하기에, 초대 교회는 하나님의 아들 예수 그리스도 역시 그 특정일을 알고 있었다고 보는 것이다(Craig S. Keener, 591).

25 Craig S. Keener, Acts: An Exegetical Commentary, vol. 2, 1803. 누가는 하나님의 능력과 성령을 하나의 커플로 제시한다(눅 1:17, 35; 4:14; 행 1:8).

26 Jürgen Moltmann, 『생명의 영: 총체적 성령론』(*Der Geist des Lebens: Eine ganzheitliche Pneumatologie*), 김균진 역(서울: 대한기독교서회, 1992), 384. "성령의 본질은 그의 본질과 동일한 삼위일체의 인격들에 대한 그의 관계들 속에서 비로소 인지될 수 있다 … 그는 인격으로서 다른 인격들에게 대칭하며 인격들로서 그들에게 작용(한다) … 이로써 우리는 구원의 경륜적 삼위일체로부터 근원적 삼위일체로 등장한다."

27 참고: A. B. Simpson, 『성령론』(*The Holy Spirit or Power from on High*), 김원주 역(서울: 크리스챤 다이제스트, 2005), 84, 485, 543 등 여러 곳에서 성령의 사중복음적 활동을

보여준다.

28 Ulrich Wilckens, *Das Evangelium nach Johannes*, 313.

29 Ulrich Wilckens, *Das Evangelium nach Johannes*, 313.

30 Michael Green, 『성령을 믿사오며』(*I Believe in the Holy Spirit*), 이혜림 역(서울: 서로사랑, 2006), 236. 그린은 성결·오순절 운동에서 말하는 성령세례는 단회적인 물세례로 족하며, 우리의 과제는 두 가지의 다른 세례를 말하기 보다 한 번 받는 세례를 발전시켜 나가는 것이라는 입장을 취한다.

31 C. K. Barrett, 『고린토전서』(*The First Epistle to the Corinthians*), 국제성서주석(서울: 한국신학연구소, 1985), 334. 바울이 유일하게 "성령으로 세례를 받았다(en heni pneumati… ebaptisthemen)"라고 표현한 곳이다. 현대 교회에서 이루어지는 세례식이 형식화된 면이 있는 것에 비해, 초대 교회의 세례식은 보다 더욱 세례의 신학적 본래성을 많이 확보하고 있었으리라 본다. 즉 "세례를 통해서 … 그리스도 안에서 고난과 변호의 종말론적 사건들-성금요일과 부활절 사건들에서 선취된 것-을 경험한다." 그래서 바레트가 주석했듯이, "바울로는 그리스도교인들 각자가 참여했던 세례 행위에 대해서 생각하고 있다"라고 볼 수도 있을 것이다. 그러나 이러한 관점으로는 사도행전의 오순절 사건과 성령세례를 받아야 된다는 예수의 명령이 지니는 신학적 중대성이 해명되지 않는다. 초대 교회는 오순절 성령세례 사건을 다양한 형태로 경험한 성령세례 공동체로 보아야 할 것이다.

32 Simon J. Kistemaker, *Exposition of the First Epistle to the Corinthians: New Testament Commentary*(Grand Rapids: Baker Books, 1993), 190. 여기에서 세 동사 pelousasthe, hēgiasthēte, edikaiōthēte 모두 과거 직설법 수동태(aorist, indicative, passive)다. 키스트메이커는 이를 "한순간의 사건(a single instantaneous action)"으로 정당하게 보고 있다.

33 Simon J. Kistemaker, *Exposition of the First Epistle to the Corinthians: New Testament Commentary*, 190f. 그리스도와 성령(하나님의 영)이 전치사 '엔(en)'으로 묶여 있다. '씻겨짐'은 예수 그리스도의 이름과 성령의 능력으로 세례를 받음으로써, '거룩하게 됨'은 주 예수 그리스도의 구속 사역에 기초하여 성령의 능력으로 유지되고, '의롭게 됨'은 예수의 속죄 사역에 기초하여 성령의 능력 있는 증언을 통하여 현실이 된다.

34 Archibald Robertson & Alfred Plummer, *The First Epistle of St. Paul to the Corinthians: A Critical and Exegetical Commentary*(Edinburgh: T&T Clark, 1994), 120. 이들은 본문에서 성령의 거룩하게 하심보다는 "삼위일체적 형식"에 주목한다.

35 Gordon Fee, *The First Epistle to the Corinthians*, revised edition(Grand Rapids: William Eerdmans, 2014), 658. 예수, 바울, 그리고 초대 교회 시대의 사람들은 하나님이 백성들의 병든 몸을 치유하실 수 있고, 또한 하실 것이라는 일반적인 기대감을 가지고 살았는데, 이는 메시아 시대가 오면 하나님이 자기 백성을 치유하실 것이라는 구약성경의 약속이 일정 부분 그 이유로 작용하였다(사 53:4; 마 8:17).

36 Grant R. Osborne, 『요한계시록』 김귀탁 역, Baker Exegetical Commentary on the New Testament(서울: 부흥과개혁사, 2012), 995.

37 비교: Craig S. Keener, *The Spirit in the Gospels and Acts: Divine Purity and Power* (Grand Rapids: Baker Academic, 1997), 201.

10장

1 박명수, 『초기한국성결교회사』(서울: 대한기독교서회, 2001); 주승민, "E. A. 길보른의 현대적 이해: 선교사가 된 전신기사," 「성결교회와 신학」 16(2006): 50~73; 박문수, "어니스트 길보른의 생애와 선교사역," 「성결교회와 신학」 32(2014): 106~154; 황덕형, "E. A. 길보른의 성결론: 초기 한국성결교회의 신학," 「성결교회와 신학」 10(2003): 67~85. 이외에 David Dick, "어니스트 알버트 길보른의 생애와 목회," 박창훈 역 「활천」 (2014.4): 38~41.

2 성결교회 초기 지도자들은 '순복음(Full Gospel)'과 '사중복음(Fourfold Gospel)'을 구분하지 않고 사용하고 있다. 중생과 성결의 복음에 신유와 재림의 복음을 함께 전함으로써 '온전한 구원의 복음(Entire Salvation Gospel)'을 칭하는 용어들이다.

3 Robert D. Wood, *In these Mortal Hands: The Story of Oriental Missionary Society the First 50 Years*(Greenwood: OMS International, 1983), 22; 주승민, "E. A. 길보른의 현대적 이해: 선교사가 된 전신기사," 51쪽을 참조하라: '어니스트 길보른의 활동은 찰스 카우만과 같이 공적인 면모를 지닌 것 같은 모습이 아니'라는 우드(Wood)의 관점에서 볼 때, 우리가 어니스트를 발견하는 데 다른 사람들보다 더 시간이 걸린 것으로 짐작해 볼 수 있다.

4 길보른, "동양선교회가 가라치는 사중복음(2)," 「활천」 79(1929.6), 18: "우리 곳 말하자면 '웨슬레'적 성결의 진리를 믿고 경험하고 가라치는 자들은 하나님의 말삼이 예수의 속죄를 의지하고"; 고(故) 길보른 사장, "설교의 목적," 「활천」 83(1929), 2: "조선에는 웨슬네적 성결의 옛 진리를 전하는 한 선교회를 용납할 여지가 잇다."; 길보른. "세계를 진동케 할 자," 4: "파멸해 가는 세상의 유일한 소망은 성신 충만한 사역자들인 것을 웨슬네는 각오하엿다."

5 길보른, "우리의 큰 사명(3): 오순절적 복음교화," 「활천」 121(1932), 6: "사랑하는 자여! 만일 오순절적 능력이 금일 교회내에 잇엇다면 금일 세계중 미개척지가 없을 것이다."; 길보른, "동양선교회가 가라치는 사중복음(2)," 「활천」 79(1929.6), 20: "이 은혜의 제2역사의 결과를 생각함에 잇서서 우리는 엠. 따불뉴. 냅(M. W. Knapp) 목사의 저서에서 두어 말을 인용하자. 이는 구원에 다음 가는 것이로되 구원과 분리되고 구별됨이 갈보리가 오순절과 분리되고 구별됨과 갓다. 이는 오순절 당시와 갓치 십자가에 못박히고(롬 6:6) 열심잇는 기도와(행 1:24) 현재적이고 상당한 밋음(행 15:9)이 따르는 집회에는 신자에게 주는 것이다."; 참조. 마틴 냅, 『하나님의 오순절 번갯불: 사중복음 신앙과 신학의 보고』, 글로벌사중복음 고전시리즈 1, 남태욱 외 3인 역(서울: 사랑마루, 2014); 길보른, "1925년도 동양선교회 수양회에 대하야," 2: "이 나라에 오순절적 은혜가 임하기 위하야 하나님 압헤셔 열심히 부르지져야 하겟다."

6　길보른, "제일 위대한 은혜," 1: "성경에 이 완전한 사랑을 여러 방면으로 나타내엿다. 웨슬네 씨는 제2의 은혜, 성결, 성신세례 등을 완전한 사랑이라고 칭하엿다."

7　이성주, 『성결교회 신학』(서울: 성지원, 2008), 189~191쪽을 참조하라; 김상준, 『사중교리』(경성: 동양선교회성서학원, 1921), 62: 신생의 물세례 후 성령의 불세례 받음으로써 옛 사람을 죽이고 성결 체험 가능하다 주장함; 이명직, 『성결교회약사』(경성: 동양선교회출판부, 소화 4년), 11: 성령세례 받아야 원죄로부터 정결케 되고, 하나님의 뜻을 이룰 수 있는 능력을 받을 수 있다고 주장함; 이명직, 『성결교회임시약법』(경성: 동양선교회성결교회출판부, 소화 8년), 13: 성령세례는 예수 그리스도를 통하여 받는 완전한 성결이라 주장함; 김응조, 『성서적정통신학』(서울: 성청사, 1969), 236~237: 유전죄는 불세례를 통해서만 제거될 수 있는 바, 예수의 제자들이 실패한 것은 성령세례를 받지 못하였기 때문이라 주장함.

8　배본철, "한국 교회의 성령세례 이해에 대한 역사적 연구"(부천: 서울신학대학교, 박사학위논문, 2002); 배본철, "예수교대한성결교회의 성령세례론," 「성결교회와 신학」 7(2002): 154~175.

9　「활천」은 한국성결교회의 기관지로 1922년 11월 25일 어니스트 길보른이 창간했다; 참고. 주승민, "E. A. 길보른의 현대적 이해," 65.

10　월터 카이저 외 4인, 『성령세례란 무엇인가: 성령세례에 대한 다섯 가지 관점』, Chad Owen Brand 편, 이선숙 역(서울: 부흥과개혁사, 2010).

11　이명직, "고(故)동양선교회 총리 길보른씨의 서거," 「활천」 68(1928.5), 1.

12　이명직, "고(故)동양선교회 총리 길보른씨의 서거," 7.

13　박명수, "동양선교회 창립자들," 「활천」(2014.7), 119.

14　주간, "고 E. L. 길보른 선교사를 추억한다," 「활천」 271(1955), 2.

15　주승민, "E. A. 길보른의 현대적 이해," 51: "우선적으로 그(어니스트 길보른)는 성결교회의 위대한 조상으로 성결교회라는 초석을 놓은 양대 인물 중의 한 분이다 … 그들은 가슴 속에 불타는 선교적 열정을 가지고 한반도 은둔의 나라로 건너왔다. 그것은 이 땅에 중생·성결·신유·재림의 사중복음이 뿌리를 내린 첫 출발이었다."

16　John Thomas, "'Living Witness,' or What Brother Thomas Is Doing in Korea," 4, 5, 『한국성결교회 100년사』, 135쪽에서 재인용.

17　길보른, "한국에서의 새 성전 헌당식," 「활천」 549/8(1999), 57(자료출처: Electric Messages, 1912. 5; 4~5, 한선현 역).

18　박문수, "어니스트 길보른의 생애와 선교사역," 123.

19　주승민, "E. A. 길보른의 현대적 이해," 56.

20　John J. Merwin, "The Oriental Missionary Society Holiness Church in Japan,"(California: Fuller Theological Seminary, 박사학위논문, 1983), 68f; 주승민, "E. A. 길보른의 현대적 이해," 61쪽에서 재인용.

21　성령세례를 받게 되면 나타나는 증거로 기독교 오순절과 주류 일부에서 '방언'을 제시할 때에라도 그 의미가 신학적으로 충족되기 위해서는 '하나님이 말하게 하심을 따라

소원과 기도가 성령의 힘에 사로잡혀 있음'이 부각되어야 한다. 방언이라는 현상 자체보다 그것이 어디로부터, 그리고 무엇을 위하여 일어난 사건인지를 확인하는 것이 중요하다는 것이다. 그렇지 않을 때 방언이 기복주의적 종교현상으로 마성화될 수 있다.

22 Edward and Esther Erny, *No Guarantee But God: The Story of the Founders of the OMS* (Greenwood: OMS Inc., 1969), 53; 박문수, "어니스트 길보른의 생애와 선교사역," 122쪽에서 재인용.

23 A. M. Hills, *Hero of Faith and Prayer: or, Life of Rev. Martin Wells Knapp*(Cincinnati: Mrs. M. W. Knapp, 1902), 147: "holiness that is not missionary is bogus."

24 Yeon-seung Lee, "Native Initiative in the Transnational Holiness Movement: American Bible Schools and the Oriental Missionary Society in Asia 1900~1911," *World Christianity and the Fourfold Gospel : The Journal of the Global Institute for the Fourfold Gospel Theology*, 1(Sept. 2015), 91.

25 Yeon-seung Lee, "Native Initiative in the Transnational Holiness Movement: American Bible Schools and the Oriental Missionary Society in Asia 1900~1911," 91. "Ernest Kilbourne did not plan to adopt the faith principle at the outset of his mission. His home church made a willing pledge to support his missional venture into Japan. However, the split of the church that had written the check of support, had to cancel its plan and forced him to go on the *faith principle*."(필자의 강조); 참조. Edward & Esther Erny, *No Guarantee But God*, 53f.

26 Yeon-seung Lee, "Native Initiative in the Transnational Holiness Movement: American Bible Schools and the Oriental Missionary Society in Asia 1900~1911," 119. "The incarnational methods of the indigenous principle and the faith principle sought to minimize the appearance of human instrumentality, while seeking to magnify the factor of invisible God's intervention in human affairs and to make room for the conventionally lowered natives to cultivate leadership in evangelism. (…) The faith principle decentered the dominating power of any single denomination's control, while it opened the door of missions to a broader network of ecumenical cooperation.

27 길보른, "교역자와 불세례(사설),"「활천」6(1923.5), 3.
28 길보른, "포영적(捕靈的) 전도자가 되어라,"「활천」66(1928), 2.
29 길보른, "성결단체 교역자의게 경고하노라,"「활천」65(1928), 2.
30 길보른, "교역자와 불세례(사설),"「활천」6(1923.5), 1.
31 박문수, "어니스트 A. 길보른의 생애와 선교사역," 151.
32 길보른, "교역자와 불세례(사설),"「활천」6(1923.5), 2.
33 길보른, "목회의 비결,"「활천」22(1924.9), 1.
34 길보른, "동양선교회가 가라치는 사중복음(1),"「활천」78(1929.5), 14.
35 길보른, "엇더케 하면 성결의 은혜를 밧을가,"「활천」62(1928), 47.
36 길보른, "엇더케 하면 성결의 은혜를 밧을가," 47.

37 길보른, "동양선교회가 가라치는 사중복음(2)," 「활천」 79(1929.6), 21.
38 길보른, "신자여 항상 경성하라," 「활천」 34(1925), 1.
39 길보른, "신자여 항상 경성하라," 1.
40 길보른, "교역자의 사명의 본질," 「활천」 49(1926.12), 2; 인용문 안의 번호는 필자에 의한 것임.
41 길보른, "신자여 항상 경성하라," 1.
42 길보른, "동양선교회가 가라치는 사중복음(2)," 「활천」 79(1929.6), 22.
43 길보른, "세계를 진동케 할 자," 「활천」 81(1929), 4.
44 길보른, "교역자의 무구(武具)," 「활천」 52(1927.2), 1.
45 길보른, "신자여 항상 경성하라," 1.
46 길보른, "영적 전사여 라타성(懶惰性)을 근절하라," 2.
47 길보른, "원죄에 대하야," 「활천」 35(1925), 1.
48 길보른, "제일 위대한 은혜," 「활천」 64(1928), 1.
49 길보른, "제일 위대한 은혜," 1.
50 길보른, "하나님의 사랑," 「활천」 23(1924), 2.
51 성령세례론에 대한 일반적 비교는 다음을 참고하라: 월터 카이저 외 4인, 『성령세례란 무엇인가: 성령세례에 대한 다섯 가지 관점』, Chad Owen Brand 편, 이선숙 역(서울: 부흥과개혁사, 2010); 한국에서의 성령세례 이해의 흐름을 잘 정리한 글: 배본철, "성령론 딜레마: 한국 교회 성령세례론 유형 분석," 『존 웨슬리의 신학과 개혁신학』, 한국개혁신학회 편(서울: 한국개혁신학, 2006), 103~121; 최인식, 『예수의 바람, 성령의 바람: 사중복음 정신과 21세기 교회혁신』(서울: 사랑마루, 2014), 199쪽 이하에 필자가 성령세례의 전통을 크게 두 가지의 흐름으로 상세히 분석해 놓은 것을 참조하라.
52 최인식, 『예수의 바람, 성령의 바람: 사중복음 정신과 21세기 교회혁신』, 201.
53 길보른, "교역자의 무구(武具)," 「활천」 52(1927.2), 1. "고로 요한 푸렛추워[John Fletcher]라는 사람은 '무력한 말은 영혼을 죽이고 성신의 활동은 생명을 준다'는 말을 하게 된 것이다. 기도하는 중에서 성신과 불의 세례를 밧아가저야만 하겟다. 아! 교역자의 유일무이한 무구는 하나님의 능력이다." 길보른은 존 플레처의 신앙과 신학에 대해서는 '하나님의 성서학원'에서 배웠을 것으로 보인다.
54 홍용표·장혜선·박문수·남태욱, 『19세기 급진적 성결 운동 지도자들의 생애와 사상: 마틴 냅, 윌리엄 갓비, 셋 리스, 아론 힐스』, 서울신학대학교 글로벌사중복음연구소 편(서울: 사랑마루, 2014); 글로벌사중복음연구소 편, 『재림: 19세기 성결 운동가들의 재림론』, GIFT 사중복음 논총시리즈 2 (서울: 동연, 2016).
55 Martin Knapp, *Pentecostal Aggressiveness: or Why I Conducted the Meeting of the Chesapeake Holiness Union at Bowens, Maryland*(Cincinnati: Publisher of Gospel Literature, 1899), 20: "Weslyan Perfection clearly embraces a second work of grace, subsequent to conversion, by faith, *instantaneously* eradicating inbred sin and accompanied by separation from the world, suitable confession, Pentecostal aggressiveness and power in propagating it… This

we understand to be Wesleyan Holiness, the great object of Methodism."(필자의 강조)

56　Martin W. Knapp, 『하나님의 오순절 번갯불』(*Lightning Bolts from Pentecostal Skies, 1898*), 남태욱, 박문수, 장혜선, 홍용표 역(서울: 사랑마루, 2015) 참조하라.

57　Martin W. Knapp, 『하나님의 오순절 번갯불』 7.

58　Edwin W. Kilbourne, *Bridge Across the Century*, vol. 1: Japan, Korea, China (Greenwood: OMS International, 2001).

59　International Apostolic Holiness Church, *Manual*(Cincinnati: God's Revivalist Press, 1914), 13.

60　기독교대한성결교회, 『헌법』(서울: 기독교대한성결교회 출판부, 2013년 개정), 12: 제6조 2항: "성결, 이는 교인이 받을 성령세례를 기리킴이니 주 예수께서 '요한은 물로 세례를 베풀었으나 너희는 몇 날이 못 되어 성령으로 세례를 받으리라'(행 1:5)고 약속하신 대로 오순절에 제자들은 성령의 세례, 즉 성결의 은혜를 체험하였으니(행 2:1~4) 우리도…"; "제18조(성결) 그리스도로 말미암아 성령의 세례를 받음이니 곧 거듭난 후에 믿음으로 순간적으로 받는 경험이다…"; 뿐만 아니라 성결교회는 무엇보다 교회의 목적 제1조 제1항으로 다음과 같이 천명하고 있다: "국내외에 그리스도의 복음을 전파하여 모든 영혼들을 구원하며 모든 교인에게 성결의 은혜 즉, 성령세례(성령세례)를 전하여 교회로 하여금 거룩되게 하기를 힘쓴다."; 참고, 한영태, "전통은 계승되어야 한다," 『우리 선조들의 성령세례』 페터레인 선교회 편(서울: 사랑마루, 2016), 8: "성결교회는 성령세례를 강조한다. 성령세례를 성결의 체험 즉 성결하게 되는 방법으로 강조한다. 중생한 후에 이차적 은혜의 체험으로서, 성결은 바로 성령세례라고 헌법에 명시되어 있다. 이는 체험을 강조하는 성결교회의 특징이요, 전통이며 귀중한 신앙의 유산이다 … 한국 교회와 성도는 오순절적인 성령세례를 받고 거룩해져야 한다. 거룩(성결)이 오늘날 한국 교회의 위기를 벗어나는 길이라고 확신한다."

61　배본철, "예수교대한성결교회의 성령세례론," 172ff.

62　E. A. 길보른, 『聖潔指針』(*A Guide to Holiness*)(京城: 財團法人 耶蘇教東洋宣教會, 大正 14年), 76.

63　Martin Knapp, "Revival Unity," *The Revivalist* 12, 43 (25 October 1900), 1. "Baptism with the Holy Spirit unites God's people all into one body, whatever their name or creed or clime may be." Yeon-seung Lee, "Native Initiative in the Transnational Holiness Movement," 54쪽에서 재인용.

11장

1　Paul Tillich, *Systematic Theology* Ⅰ (Chicago: The University of Chicago Press, 1951), 3, 48. 틸리히는 신학이 그리스도 교회의 한 기능으로 교회의 필요에 봉사하여야 한다고 밝히고 있다. 또한, 교회의 영적 삶의 결과로서 규범이 나타나기 때문에 교회는 신학을 탄생시키는 집(Home)으로서의 역할을 한다.

2   Bernie A. Van De Walle, "A. B. Simpson's Fourfold Gospel: Both Product and Critique of Late Nineteenth-Century Evangelical Theology," *World Christianity and the Fourfold Gospel: The Journal of the Global Institute for the Fourfold Gospel Theology*, vol. 1, no. 1 (Bucheon: Seoul Theological University Press, Sep. 2015): 31ff.

3   Donald Dayton, "The Fourfold Gospel in Global Theological Perspective," *World Christianity and the Fourfold Gospel*, 1/1, 25~27: "Here I can only give a few hints of why I think that the fourfold gospel is important for Global Christianity and why the opening of GIFT(Global Institute of the Fourfold Gospel Theology) is such an important event. The 'fourfold gospel' has been at the center of the life of the Korean Holiness Churches... the majority of Korean Christians are fourfold gospel Christians... (S)ince I have begun to study Korean Christianity, I have found the clues for the interpretation of the global evangelical movement in the fourfold gospel."

4   Donald Dayton, 『오순절 운동의 신학적 뿌리』, 조종남 역(서울: 대한기독교서회, 1993). 여기에서 데이튼은 펜티코스탈리즘의 신학적 뿌리가 명확히 "사중복음"임을 역사적으로, 신학적으로 밝히고 있다.

5   최인식, 『예수의 바람, 성령의 바람』(서울: 사랑마루, 2014), 1~7장에서, 특히 3장에서 상세히 다루었다.

6   G. C. Berkouwer, 『개혁주의 교회론』(*The Church*), 나용화·이승구 역(서울: CLC, 2006), 359. "한 가지만이라도 족하니라"(눅 10:42).

7   G. C. Berkouwer, 『개혁주의 교회론』. "하늘과 땅과 시간적인 것들이 다 파괴되어야 한다 할지라도, 이 조항에서 그 어떤 것도 포기되거나 양보될 수 없다. 이 조항에는 우리가 교황과 마귀와, 세상에 대항하여 가르치고 실천하는 모든 것이 있다."(Smalcald Articles, II, 1).

8   필자는 지금, 소위 "believer's church" 맥락에서 사중복음 교회론을 전개하려는 것이 아니다. Donald F. Durnbaugh에 따르면, 웨슬리의 교회론과 바르트의 고백교회를 "believer's church" 개념으로 묶을 수 있다고 주장한다. 그러나 필자는 Durnbaugh가 웨슬리와 바르트의 교회론을 오해했다고 생각한다. 필자는 이러한 중대한 오해를 피하기 위해서 중생의 공동체를 삼중의 기본구조로 강화했다. 즉, 하나님 말씀의 공동체, 성례전 공동체, 그리고 하나님 나라 공동체이다. 다음을 참고하라: Donald F. Durnbaugh, *The Believers' Church*(Eugene, OR: Wipf & Stock Publishers, 2003).

9   Paul Tillich, 『조직신학 III』, 222. 성경에서 말하는 "새로 태어남" 또는 "영적 중생"은 영적 현존에 의해 붙잡힌 상태를 말한다. 새로 태어남(new birth)은 바울의 "새로운 피조물(New Creation)"과 같은 말이다. 틸리히는 이를 "새로운 존재(New Being)"라고 표현하고 있다; 폴 틸리히, 『조직신학 IV』, 유장환 역(서울: 한들출판사, 2008), 329. 틸리히는 중생과 칭의와 같은 구원론적 주제들을 영적 공동체와의 관련에서 조명하고 있다. 이는 이러한 주제들을 개인주의적 관점을 넘어서 공동체적인 관점으로까지 확대하여 정당히 다루는 것이다. 틸리히는 이렇게 구원론을 교회론 안에서 논의하는데, 이는

영적 공동체 안에서 구원의 경험이 실현되고 현실화되기 때문이다(폴 틸리히, 『조직신학 III』, 270).

10 Martin W. Knapp, 『하나님의 오순절 번갯불: 사중복음 신앙과 신학의 보화』, 남태욱·박문수·장혜선·홍용표 역(서울: 사랑마루, 2015), 212: "회심하지 않은 사람들의 단체는 어떤 이름으로 불리더라도 그리스도의 교회가 되거나 그리스도의 교회의 어떤 부분도 될 수 없다." 19세기말 미국에서 성결 운동의 부흥을 리드했던 초교파적 만국성결연맹의 지도자들에게서 확고했던 교회관이다.

11 이 땅에서 "Resident Aliens"로 살아야할 사명이 모든 교회의 성도들에게 주어졌는데, 이는 세상과 교회 사이의 '기계적 균형'을 의미하지 않는다. 오히려 '비대칭적 관계'로 교회법이 사회법 우위에 있는 삶이다. 왜냐하면, 교회는 "하나님 말씀의 공동체"로서 교회는 세상보다 승하기 때문이다. 보다 진전된 논의는 하우어바스의 저서를 참조하라. Stanley Hauerwas & William W. Willimon, *Resident Aliens: Life in the Christian Colony*(Nashville, TN: Abingdon Press, 1989).

12 오주영, "사중복음 실천신학: 사중복음의 성례전적 이해," 『글로벌신학과 사중복음』 GIFT 사중복음 신학시리즈 2, 서울신학대학교 글로벌사중복음연구소 편(서울: 한들, 2015), 257.

13 Christof Gestrich, *The Return of Splendor in the World: The Christian Doctrine of Sin and Forgiveness*, trans. Daniel W. Bloesch(Grand Rapids, MI: Eerdmans Publishing Company, 1997), 270~274; 288~290.

14 신학 전통에 따르면 말씀과 성례전은 영적 현존의 매개체이다. 성령의 임재를 말씀과 물질이 매개하는 기능을 감당할 때, 그 때의 말과 물질은 "하나님의 말씀"과 "성례전"이 된다. 틸리히는 개신교 신학에서 성령임재의 성례전적인 매개에 대해 적극적인 재평가가 이루어져야 한다고 주장한다(폴 틸리히, 『조직신학 III』, 122).

15 오늘날 현실 교회 안에서 보이는 모습은 이와 반대되는 경향이다. 19세기말 마틴 냅이 본 것과 유사하다: "전쟁놀이 하는 소년들이 군대를 구성하는 것이 아닌 것처럼 세례 의식이나 주의 만찬, 혹은 다른 공적 예배의 형식들이 교회를 세우는 것은 아니다." Martin W. Knapp, 『하나님의 오순절 번갯불』, 212.

16 비교: *Theologische Realenzyklopädie* 18, hg. G. Krause, G. Müller(Berlin: Walter de Gruyte, 1977), 201; "하나님의 백성은 타 집단과 구별된 특별한 예배공동체(synagoge)로 이해"되었다; 서울신학대학교 성결교회신학연구위원회, 『성결교회신학: 개신교복음주의 웨슬리안 사중복음 신학』(서울: 기독교대한성결교회 출판부, 2007), 471.

17 비교: Karl Barth, *Die Kirchliche Dogmatik: Die Lehre von der Versöhnung*, IV/2(Zürich: Theologischer Verlag, 1985, 4.Aufl.), 742: "Die Gemeinde ist nicht das Reich Gottes. Aber Reich Gottes ist… die Gemeinde."

18 Martin W. Knapp, 『하나님의 오순절 번갯불』, 216: "첫 번 오순절 교회는 …온전히 성화되어 하나님을 위해 열광적이고 단호하게 세상을 버리고 죄를 파괴하는 다이너마이트로 바뀌었다."

19 세례를 받은 자라고 하더라도 중생의 사건이 없이 기독교 신자로 사는 자들이 많다. 세례는 하나님의 은혜를 부여하는 의식이지만 수세자의 태도에 따라 단순한 종교적 행위일 수도 혹은 중생한 자가 교회 공동체의 일원이 되는 인(印)침의 영적 사건일 수도 있다.

20 하나님 나라로서의 교회 이해에는 교회의 정치적 요소가 있음을 천명하는 것이다. 그러나 이러한 정치적 요소는 해방신학에서 보여주는 '정치학(politics)'이 아니라, '정치적인 것(the political)'에 대한 보편적 이해를 전제로 한다. '정치학'으로서의 해방 전통의 신학은 교회를 더 나은 세계를 위한 하부조직으로 이해하지만, '정치적인 것'으로서의 교회이해는 정치적인 의사결정에 영향을 미치는 모든 사유와 행위를 포괄한다. 사중복음은 '정치학'이 아니다. 그러나 일제 강점기에 '사중복음 교회'는 가장 급진적인 '정치적인 것'으로 일본 군국주의자들은 인식했다. 다음을 참고하라: Sung-wook Oh, "Political Paradox of an Apolitical Church: Ecclesiological Development of the Fourfold Gospel Theology in the Korean Evangelical Holiness Church(KEHC) during the Japanese Colonial Regime(1910~1945)," *World Christianity and the Fourfold Gospel*, vol. 1, 129ff; Jason D. Whitt, *Transforming Views of Baptist Ecclesiology: Baptists and the New Christendom Model of Political Engagement*(Ann Arbor, MI : UMI Dissertations Publishing, 2008).

21 Carolus Rahner and Heinrich Denzinger(ed.), *Enchiridion Symbolorum: definitionum et declarationum de rebus fidei et morum*(Barcione: Herder, 1957), 42: "unam sanctam catholicam et apostolicam Ecclesiam". 참고: 이장식 편역, 『기독교신조사』 제1집, 14; 최윤배, "존 칼빈의 교회론,"『교회론』, 한국조직신학회 기획시리즈 1, 한국조직신학회 엮음(서울: 대한기독교서회, 2009), 132; 이신건, 『교회에 대한 오해와 이해』(서울: 신앙과지성사, 2013), 147쪽 참조.

22 Paul Tillich, 『조직신학 Ⅲ』, 167. 틸리히에 따르면, 현실의 교회는 역설성을 지닌다. 이는 교회가 자신의 본질인 영적 공동체를 드러내기도 하고 감추기도 하기 때문이다. 따라서 영적 공동체의 표지를 교회가 나타낸다고 할 때, 이는 역설적인 형식을 취해야 한다. 다시 말해 교회의 표지 앞에 각각 "그럼에도 불구하고(in spite of)"라는 말을 덧붙일 때만 교회의 표지로 드러날 수 있다는 것이다. 신앙과 사랑의 공동체로서 영적 공동체는 통일성과 보편성을 갖는다. 이 통일성과 보편성은 신앙과 사랑의 영적 공동체의 속성에 따른 것이다. 즉, 통일성이란 다양성이 공동체 신앙의 파괴로 나아가지 않음을 말하며, 보편성이란 사랑의 다양한 특성에 견딜 수 있는 것을 말한다. 틸리히는 네 가지 중 사도성을 제외하고 거룩성·통일성·보편성을 교회의 표지로 논하고 있다(Paul Tillich, 『조직신학 Ⅳ』, 252: 참고, 장혜선, "폴 틸리히의 교회론," 박사학위논문(부천: 서울신학대학교, 2005).

23 『성결교회신학』, 477.

24 '하나의 교회'와 '거룩한 교회'는 서로 대립될 수 있는 개념이다. '하나의 교회'를 강조하면 '거룩한 교회'가 상처를 입고 '거룩한 교회'를 강조하면 '하나의 교회'가 상처를 입는다. 우리는 이미, 아우구스티누스와 도나티스트의 교회론적 대결에서, 아우구

스티누스는 '하나(unity)'를 강조했고, 도나티스트는 '순결(purity)'을 강조했음을 알 수 있다. 그러나 필자는 이러한 대립을 피하기 위해서, "은혜와 사명"이라는 각도에서 '하나의 교회'와 '거룩한 교회'를 이해하고 싶다. 물론, "중생과 성결"이 그러하듯, 이 은혜와 사명은 하나님께서 주신 선물이다. 하나님은 예수 그리스도의 "제사장직"을 통해서 우리에게 "중생과 성결"을 선물하고, 하나의 교회와 거룩한 교회를 꿈꾸게 하신다. 필자는 지금, 바르트의 그리스도의 삼중직, 즉 제사장, 왕, 선지자라는 각도에서 사중복음과 사중복음의 교회론을 대질하고 있다. 다음을 참고하라: Geoffrey Wainwright, *For Our Salvation*(Grand Rapids, MI: Eerdmans Publishing Company, 1997); W. H. C. Frend, *The Donatist Church*(Oxford, UK: Oxford University Press, 2003).

25 비교: John Wesley, *The Explanatory Notes upon the New Testament*(London: Epworth Press, 1954), 에베소서 4장 4~6절 해설; 한영태, 『웨슬레의 조직신학』(서울: 성광문화사, 2002), 261쪽에서 재인용: "나는 어느 교회든 '순수한 하나님의 말씀'이라고 할 수 없는 비성서적 교리를 전하거나 또는 성례를 정당히 집행하지 못한다 할지라도, 이를 공교회에서 제거할 수 없다 … 누구든 '한 성령', '한 소망', '한 주', '한 믿음'을 가지고 모든 사람의 아버지이신 '한 하나님'을 모셨다면, 그들이 잘못된 의견을 가졌거나, 미신적 예배의식을 가졌더라도 그들을 용납할 수 있을 것이며 …"(Albert Outler, *John Wesley and the Christian Ministry*[London: S.P.C.K, 1963], 316).

26 Martin Knapp, 『하나님의 오순절 번갯불』, 222: "신약성서 교회는 연합된 교회이다. '너희는 … 그리스도 예수 안에서 하나이니라'(갈 3:28). 한 몸으로 하나님의 성령의 세례 받은 곳에는 믿음, 사랑 그리고 그분의 재림과 영원한 통치를 기대함에 있어 거룩한 일치가 존재한다."

27 참고: 이장식, 『현대 교회학』(서울: 대한기독교서회, 1969), 213~27쪽에서 로마 가톨릭, 동방정교회, 남인도연합교회, 프로테스탄트 정통주의, 미국남침례교회, 재세례파를 비롯한 자유교회가 견지하고 있는 '통일성'의 개념을 비교 검토한다.

28 비교: 『성결교회신학』, 477: "중생은 세상 안에서 세상과 함께 살지만 세상을 위해 사는 것이 아니라 오히려 하나님을 통해서 새로운 삶을 발견하고 그렇게 살아가는 것을 의미하는 것으로, 공동체의 삶의 모습과 특성을 나타내는 것으로 이해될 수 있다."

29 비교: 이명직, 『신학대강』(부산: 서울신학교, 1952 등사판), 268f. 이명직에게 교회의 통일성은 성령의 세례를 통하여 참으로 구원받은 자의 모임에서 찾아질 수 있다; 『성결교회신학』, 474.

30 비교: A. M. Hills, *Scriptural Holiness and Keswick Teaching Compared*(Salem, Ohio: Schmul Publishing, 1983), 59~60.

31 Paul Tillich, 『조직신학 IV』, 253f.

32 Martin Knapp, 『하나님의 오순절 번갯불』, 217: "사도들은 교회를 성화된 것이라고 말하며, 동시에 교회가 온전하게 성화되도록 기도한다."

33 비교: A. M. Hills, *Holiness and Power for the Church and the Ministry*(Cincinnati: God's Bible School Book Room, 1897), 91f. 힐스는 중생과 성결의 차이점을 5가지로 비교하

고 있는데, 선물(중생)과 사명(성결)으로 이해한 우리의 입장과 유사한 맥락에 서 있다고 보인다: "첫째, 중생은 우리 안에 행하는 하나님의 역사이다. 하나님과 거룩한 일들을 향한 의지의 수정된 태도이다 … 그러나 성결은 전존재를 깨끗케 하시는 하나님의 역사이다 … 넷째, 중생은 위반한 법의 처벌을 면제하는 것이다. 중생은 순종의 원리를 심고 죄의 지배하는 능력을 깨는 것이며 우리를 하나님의 자녀로 만드는 것이다. 그러나 성결은 부정함과 우상들로부터 씻기는 것이고 온전한 사람이 의지와 완전한 순종을 강화하는 것이며 거룩한 마음이 안전한, 새로운 마음과 영혼이 더불어 있는 것이다 …", 남태욱, "에론 메릿 힐스의 생애와 사상," 『19세기 급진적 성결 운동 지도자들의 생애와 사상』, GIFT 사중복음 논총시리즈 1, 서울신학대학교 글로벌사중복음연구소 편(서울: 사랑마루, 2014), 250쪽에서 재인용.

34 웨슬리에게 참된 교회란 "거룩함을 나타낼 수 있는 교회"이며, "하나님의 거룩하심을 교인들의 삶과 행동에 반영하여 하나님의 거룩하심에 동참함으로써 알려지는 것"이라는 존 웨슬리의 교회관에서도 발견된다; 『성결교회신학』, 472; Theodore Runyon, 『새로운 창조』, 김고광 역(서울: 기독교대한감리회 홍보출판국, 1998), 146f.

35 비교: 『성결교회신학』, 477: "성결은 하나님의 뜻을 따라 세상에서 하나님의 사랑을 이루어가기 위해 고난을 짊어지는 모습으로 이해되는 것이다."

36 Barry W. Hamilton, *William Baxter Godbey: Itinerant Apotle of the Holiness Movement*(Lewiston, Queenston, Lampeter: The Edwin Mellen Press, 2000), 286. "오직 주님만을 따르도록" 요청하는 "완전성화를 경험한 신부"로서의 교회를 교회의 본질로 주장한 윌리엄 갓비(William Godbey)의 교회론과 비교된다. 참고: W. Godbey, *Church-Bride-Kingdom*(Cincinnati: God's Revivalist Office, n.d); 장혜선, "윌리엄 갓비의 생애와 사상," 『19세기 급진적 성결 운동 지도자들의 생애와 사상』 GIFT 사중복음 논총시리즈 1, 서울신학대학교 글로벌사중복음연구소 편(서울: 사랑마루, 2014), 203.

37 Martin Knapp, 『하나님의 오순절 번갯불』, 225.

38 비교: John Wesley, *The Works of the Rev. John Wesley*, vol. 4, ed. Thomas Jackson, 3rd Edition(London: Hason, 1829~31), 372: "교회란 우주적 공회로서 하늘 아애 있는 모든 기독교인"; 한영태, 『웨슬레의 조직신학』, 264쪽에서 재인용.

39 참고: 이석규, "사중복음 사회윤리학: 하나님의 나라의 해석학으로서 사중복음과 정치윤리," 『글로벌신학과 사중복음』, GIFT 사중복음 신학시리즈 2, 서울신학대학교 글로벌사중복음연구소 편(서울: 한들출판사, 2015), 385f. 이석규는 아우슈비츠 이후 이 사건에 대한 '기억'과 '이야기'는 오늘의 고통을 치유하는 매개가 될 수 있다고 본다. 그에 따르면, 예수의 죽음과 부활을 회상하고 전파하는 것 자체가 "과거와 현재와 미래를 포괄하는 우주적 구원의 매개"가 될 수 있다. 신유의 섬김에 대한 "실천적 범주"로 작용할 수 있다.

40 세상을 치유하고 개선하는 작업은 최종적으로 왕에게 주어진 업무이다. 보편적 교회의 디아코노니아 사역은 바르트가 제출한 그리스도의 왕직에 해당한다고 해석할 수 있다. 왕 되신 그리스도는 이 세상을 치유하고 이 세상을 다스리며, 이 세상에서 버림받은 자들을 섬기는 왕이시다. 더 진전된 대화는 Christof Gestrich에서 발견할 수 있다. 게스

트리히는 루터의 칭의론을 온전히 수용한 가운데 바르트의 "taking action"(xxii) 개념을 수용하여, "죄의 용서(forgiveness of sins)" 개념을 "scapegoat"가 아닌 "substitutionary action"으로 이해하고 있다. 다음을 참고하라: Christof Gestrich, *The Return of Splendor in the World: The Christian Doctrine of Sin and Forgiveness*, 290~303.

41 비교: 『성결교회신학』, 477: "신유는 온갖 질병을 치유하시는 하나님의 은혜를 선포하고 이루어가는 것을 포함하여 역사적이며 사회적인 차원에서의 온갖 질곡을 치유하시는 하나님의 평화를 선포하고 이루어가는 성령의 능력 가운데 있는 교회의 모습을 나타낸다."

42 비교: John Wesley의 사도적 교회에 대한 이해는 Snyder에 따르면, "역사를 통하여 믿는 자들의 공동체와 그리고 성실한 사역자들을 통하여 복음에 대한 사도적 증언이 중단 없이 계속되어 온 것"이다. H. A. Snyder, 『혁신적 교회 갱신과 웨슬레』, 조종남 역(서울: 대한기독교출판사, 1986), 102; 한영태, 『웨슬레의 조직신학』, 265쪽에서 재인용.

43 행 1:22, "곧 요한이 세례를 주던 때로부터 예수께서 우리를 떠나 하늘로 올라가신 날까지 늘 우리와 함께 다니던 사람 가운데서 한 사람을 뽑아서, 우리와 더불어 부활의 증인으로 삼아야 할 것입니다."

44 Berkouwer, 『개혁주의 교회론』, 나용화, 이승구 역(서울:CLC, 2006), 288. "전통을 공식화하는 이는 누구나 참된 사도성에 대한 바른 견해를 가질 수 없다."

45 Berkouwer, 『개혁주의 교회론』, 328, Denz, 1839(TCT, 219).

46 Hans Küng, 『교회』, 정지련 역(서울: 한들출판사, 2007), 510. "교회의 전승은 근원적이며 성서에 기록된 사도적 전승을 해석하고 해명하며 적용한 것에 불과하다."(511)고 했을 때 성서가 전하고 있는 하나님 나라 복음의 케리그마는 "재림"이지 않으면 안 된다. 참고: Karl Barth, *Die Kirchliche Dogmatik: Die Lehre von der Versöhnung*, IV/2(Zürich: Theologischer Verlag, 1985, 4.Aufl.), 742: "Indem das Reich Gottes selbst auf diesem Weg zwischen seiner ersten und seiner letzten Offenbarung ist, ist es die Gemeinde." 여기에서 바르트는 하나님의 나라가 첫 번째 계시와 마지막 계시 사이에 존재한다고 했을 때, 그것은 "예수 그리스도의 부활(Auferstehung Jesu Christi als seiner ersten Offenbarung)"과 "재림(seiner letzten Offenbarung in der Wiederkunft Jesu Christi)" 사이를 말하는 것이다.

47 비교: 『성결교회신학』, 477: "재림은 교회의 궁극적 존재의 모습이 하나님의 심판 가운데 있음을 나타낸다."

12장

1 Susanna Snyder, "Globalization: Challenges to Christianity," *The Journal of World Christianity*, vol. 4.1(2011), 44; 스나이더는 3가지의 도전을 말하고 있다: Changing religious landscape, Emerging ethical issues, Theological-ethical creativity and innovation(45f, 49, 52f). Harold A. Netland, "Globalization and Theology Today," *Globalizing Theology: Belief and Practice in an Era of World Christianity*, ed. by Craig Ott & Harold A. Netland(Grand Rapids: Baker Academic, 2006), 15.

2　Soong-Chan Rah, *The Next Evangelicalism: Freeing the Church from Western Cultural Captivity*(Doweners Grove: IVP, 2009), 129.

3　Paul G. Hiebert, *Anthropological Insights for Missionaries*(Grand Rapids: Baker Book House, 1985), 217f.

4　본 주제에 관련된 연구의 역사는 그리 오래되지 않았지만, 영국과 미국을 중심으로 많은 연구소들이 설립되면서 괄목할 만한 업적들을 내고 있다. 새로 도래한 '세계 기독교' 시대의 맥락에서 선교 역사와 선교학을 새롭게 정립하면서 상황화 신학을 위한 기초자료를 제공하고 있다. 주요 학자들과 연구소를 소개하면 다음과 같다: David B. Barrett, Winston Crawley, T. Kurian George, Paul G. Hiebert, Todd M. Johnson, Philip Jenkins, Harold A. Netland, Mark Noll, Craig Ott, Dana L. Robert, Lamin Sanneh, Timothy C. Tennent, etc. 이들의 주요 연구물은 본 논문의 참고문헌을 참조하라; 대표적인 연구소들은 다음과 같다: ○Centre for the Study of Christianity in the Non-Western World. University of Aberdeen(1982~1985), 소장 Andrew Walls; University of Edinburgh(1986~). Studies in World Christianity; ○Yale-Edinburgh Group on the History of the Missionary Movement and World Christianity. Conveners: Andrew Walls, Lamin Sanneh, and Brian Stanley; ○Center for the Study of Global Christianity. 소장 Todd Johnson. Gordon-Conwell Theological Seminary. 2003; ○Center for Global Christianity and Mission. 소장 Dana L. Robert. Boston University; ○The SOAS Centre of World Christianity, in School of Oriental and African Studies, London University.

5　Lamin Sanneh, *Whose Religion Is Christianity: The Gospel beyond the West*(Grand Rapids: W. Eerdmans, 2003), 22~23. "세계 기독교(world Christianity)"는 이전에 기독교적 전통이 없었던 사회에서 유럽의 계몽주의 틀 없이 현지의 고유한 문화로써 형태를 갖추기 시작한 기독교 운동으로, 반면에 "글로벌 기독교(global Christianity)"는 유럽의 정치, 경제, 문화의 영향권하에서 형성된 기독교 운동으로 구분하고 있다.

6　Kenneth J. Archer, "The Fivefold Gospel and the Mission of the Church: Ecclesiological Implications and Oppertunities," *Toward a Pentecostal Ecclesiology: The Church and the Fivefold Gospel*, ed. John C. Thomas(Cleveland: CPT Press, 2010), 12f; 김판호, "오중복음과 삼중축복 사상에 나타난 하나님 나라,"「영산신학저널」, 13(2008. 6): 91~130.

7　Martin Marty, "서문," Donald Dayton, 앞의 책, 12. Donald Dayton, "The Fourfold Gospel in Global Theological Perspective," *World Christianity and the Fourfold Gospel*, vol.1/1(Sep. 2015), 23f. 참고: 이연승, "한국 오순절 운동의 국제적 확산과 세계 기독교의 형성,"「영산신학저널」29(2013): 194f.

8　Bernie Van De Walle, "A. B. Simpson's Fourfold Gospel: Both Product and Critique of Late Nineteenth-Century Evangelical Theology," *World Christianity and the Fourfold Gospel*, vol. 1.1(Sep. 2015), 31f.

9　Donald Dayton, "The Fourfold Gospel in Global Theological Perspective," 26.

10　Andrew F. Walls, "Globalization and the Study of Christian History," *Globalizing*

Theology: Belief and Practice in an Era of World Christianity, 77.

11　http://www.pewforum.org/2017/04/05/the-changing-global-religious-landscape/ Pew Research Center에서 발표된 리포트(April 15, 2017): "The Changing Global Religious Landscape"; Soong-Chan Rah, The Next Evangelicalism: Freeing the Church from Western Cultural Captivity(Downers Grove: IVP, 2009), 13.

12　Timothy C. Tennent, *Invitation to World Missions: A Trinitarian Missiology for the Twenty-first Century*(Grand Rapids: Kregel, 2010), 284f; 박형진, "선교연구의 새로운 동향: 지구촌기독교(World Christianity) 연구를 중심으로," 「복음과 선교」 15(2011): 137~163.

13　Andrew F. Walls, *The Missionary Movement in Christian History: Studies in the Transmission of Faith*(Orbis Books: T&T Clark, 1996), 16f. The Age of (1) Jewish, (2) Hellenistic-Roman, (3) Barbarian, (4) Western Europe, (5) Expanding Europe and Christian Recession, and (6 Cross-Cultural Transmission.

14　William R. Burrows, "World Christianity from an African Perspective: An Interview with Lamin Sanneh," *America*(April 9, 1994), 18.

15　"The Seoul Declaration: Toward an Evangelical Theology for the Third World," in *International Bulletin of Missionary Research, 7* no. 2(Apr 1983), 64f.

16　"The Seoul Declaration: Toward an Evangelical Theology for the Third World," in *International Bulletin of Missionary Research, 7* no. 2, "서울선언"은 크게 네 가지 항목으로 남반구 신학의 과제를 명시하고 있다; (1) Critique of Western Theology, (2) Critique of Third World Theologies, (3) Our Biblical Foundation, (4) Our Theological Agenda.

17　Kevin J. Vanhoozer, "'One Rule to Rule Them All? Theological Method in an Era of World Christianity," *Globalizing Theology*, 88.

18　Paul Hiebert, "Critical Contexualization," Missiology, 12 no 3(Jul 1984), 287~296, 295.

19　Paul G. Hiebert, *Anthropological Insights for Missionaries*(Grand Rapids: Baker Book House, 1985), 195f; Paul Hiebert, "Form and Meaning in the Contexualization of the Gospel," *The Word Among Us: Contextualizing Theology for Mission Today*, ed. by Dean S. Gilliland(Dallas: Word Publishing, 1989), 103; Harold Netland, "Globalization and Theology Today," *Globalizing Theology*, 27.

20　Harold Netland, "Globalization and Theology Today," *Globalizing Theology*, 29.

21　Mark A. Noll, 『복음주의와 세계 기독교의 형성』, 박세혁 역(서울: IVP, 2015), 55. 현대 복음주의자들은 18세기 복음주의자들에 비해 개신교가 종교개혁에서 기원했다고 보는 인식하는 정도가 낮아졌다고 보는데, 이 역시 유럽 중심의 종교개혁 신학의 상대화를 보여주는 것이다.

22　Bernhard Lohse, 『마틴 루터의 신학: 역사적, 조직신학적 연구』, 정병식 역(서울: 한국신학연구소, 2002), 64. "오직 십자가만이 우리의 신학이다(CRUX sola est nostra theologia.)."; Alister E. McGrath, 『루터의 십자가 신학: 마르틴 루터의 신학적 돌파』, 김선영 역(서울: 컨콜디아사, 2015), 285f.

23 Stephen B. Bevans, *Models of Contextual Theology*(Maryknoll: Orbis Books, 1999), 5ff. 그는 네 가지의 외적 요소들(external factors)와 세 가지의 내적 요소들(internal factors)로 인해 신학은 상황화 신학이어야 함을 말한다.

24 Darrell L. Whiteman, "Anthropological Reflections on Contextualizing Theology in a Globalizing World," *Globalizing Theology*, 65.

25 Cf. Frank D. Macchia, "The Struggle for Global Witness: Shifting Paradigms in Pentecostal Theology," *The Globalization of Pentecostalism: A Religion Made to Travel*, ed. Murray Dempster, Byron Klaus, Douglas Petersen, Foreword by Russell Spittler(Irvine: Regnum, 1999), 10.

26 Cf. Paul S. Chung, "God's Mission as Word Event in an Age of World Christianity: An Asian Linguistic-Transcultural Model," *International Review of Mission*(Nov., 2009), 332.

27 Cf. "Contextualization," in *Dean Gilliland, Evangelical Dictionary of World Missions*, ed. A. Scott Morreau(Grand Rapids: Baker, 2000), 225~27.

28 Timothy C. Tennent, *Invitation to World Missions*, 346f.

29 Harold Netland, "Globalization and Theology Today," 29.

30 Cf. Jean-Marc Ela, *My Faith as an African*(Maryknoll: Orbis Book, 1988), 44. "In place of cultural presuppostions of Western Christianity, namely logos and ratio, we must now substitute African symbolism. … we must restore the Gospel's power to speak to Africans through the primordial symbolism of their existence." recited in *John S. Pobee*; "A Passover of Language: An African's Perspective," *Mission in Bold Humility: David Bosch's Work Considered*, ed. Willem Saayman and Klippies Kritzinger(Maryknoll: Orbis, 1996), 54.

31 Cf. Paul G. Hiebert, *Anthropological Insights for Missionaries*(Grand Rapids: Baker Book House, 1985), 195.

32 Dean S. Gilliland, "Contextual Theology as Incarnational Mission," *The Word Among Us: Contextualizing Theology for Mission Today*, 12.

33 이미 20세기 중반부터 각 대륙에서는 신학 자립의 차원에서 상황화 신학이 진행되어 오고 있다.

34 스팔라토(Spalato, 크로아티아)의 대주교(Archbishop)였던 마르코 안토니오 데 도미니스가 작성한 반(反) 교황 문서: Marco Antonio de Dominis, Book 4, chapter 8, De republica ecclesiastica libri X, 1, London(1617), 676; 이 경구(驚句)는 모라비안 교회, 미국의 Evangelical Presbyterian Church, 특별히 만국성결교회(International Apostolic Holiness Union)의 모토로 사용되고 있으며, 미국 감리교회 장정(The Book of Discipline of the United Methodist Church 2016)에서도 인용되고 있다.

35 Meesaeng Lee Choi, *The Rise of the Korea Holiness Church in Relation to the American Holiness Movement: Wesley's "Scriptural Holiness" and the "Fourfold Gospel"*(Lanham: Scarecrow, 2008), 9f; Albert B. Simpson, *The Fourfold Gospel*(Harriburg: Christian Pub. Inc., 1925), 7ff.

36 Christof Gestrich, "The Nature of the Reformation in a More Hermeneutical Way: Martin Luther in Relation to Sin and Forgiveness, Justification and Sanctification," *International Fourfold Gospel Conference and Reformation Research Tour: Fourfold Gospel and theologia crucis*(Wittenberg, Heidelberg, Geneva, 2017. 6. 18 ~ 30), 60ff.

37 Mark Hutschinson & John Wolffe, *A Short History of Global Evangelicalism*(New York: Cambridge, 2012), 25.

38 Michael A. Haykin & Kenneth J. Stewart, eds., *The Emergence of Evangelicalism: Exploring Historical Continuities*(Nottingham: Inter-Varsity Press, 2008).

39 D. W. Bebbington, *Evangelicalism in Modern Britain: A History from the 1730s to the1980s*(London: Unwin Hyman, 1989), 2~3, recited in Hutschinson & Wolffe, ibid., 16.

40 George Marsden, ed., *Evangelicalism and Modern America*(Grand Rapids: Eerdmans, 1984), ix.

41 Mark Hutschinson & John Wolffe, *A Short History of Global Evangelicalism*(New York: Cambridge, 2012), 86f.

42 Harold Netland, "Globalization and Theology Today," *Globalizing Theology*, 24.

43 David Martin, *On Secularization: Towards a Revised General Theory*(Aldershot: Ashgate, 2005), 26.

44 *The Apostolic Faith*, vol. 1.5(L.A. January, 1907), Reprinted in The Azusa Street Papers, by William Seymour and The Apostolic Faith Mission(Dream Publishing International, n.d.), 93; Harvey Cox, *Fire from Heaven: The Rise of Pentecostal Spirituality and the Reshaping of Religion in the Twenty-First Century*(Reading: Addison-Wesley Pub., 1995), 67.

45 Vinary Samuel, "Pentecostalism as a Global Culture," *Globalization and Pentecostalism*, 255.

46 Cf. Harold Remus, *Jesus as Healer*(Cambridge: Cambridge University Press, 1997), 32f.

47 Jan-Olav Henriksen & Karl Olav Sandnes, *Jesus as Healer: A Gospel for the Body*(Grand Rapids: W. Eerdmans, 2016), 250.

48 John S. Pobee, "A Passover of Language: An African's Perspective," 58. "That(martyrdom) is what mission is all about." Cf. John Pobee, *Persecution and Martyrdom in the Theology of Paul*(Sheffield: Society of New Testament Studies Monograph Scenes, 1990). Chapter 3. 순교란 "거룩한 이름을 거룩하게 하는 것이다(sanctification of the Holy Name)."

49 Todd M. Johnson, "The Case for Higher Numbers of Christian Martyrs," http://www.gordonconwell.edu/resources/documents/csgc_Christian_martyrs.pdf Homepage of The Center for the Study of Global Chrsitianity in Gordon-Conwell Theological Seminary; Cf. David B. Barrett, Todd M. Johnson, *World Christian Trends: AD 30~AD 2200: Interpreting Annual Christian Megacensus*(William Carey Library 2001), 229; All martyrs killed since AD 33: 69,420,000. Martyrs in 20th Century(1900~2000); 45,400,000.

Recent annual martyrs: 171,000.

50   Todd M. Johnson, "The Case for Higher Numbers of Christian Martyrs": "Believers in Christ who have lost their lives prematurely, in situations of witness, as a result of human hostility."

51   John L. Allen, Jr., *The Global War on Christians: Dispatches from the Front Lines of Anti-Christian Persecution*(New York: Image, 2013), 33.

52   John L. Allen, Jr., *The Global War on Christians: Dispatches from the Front Lines of Anti-Christian Persecution*, 34; Cf. Johnnie Moore, *10 Things You Must Know about the Global War on Christianity*(Carol Stream: Tyndale House, 2017). 중동·아프리카·아시아 등지에서 그리스도인들이 생명의 위협을 받고 있는 순교적 상황을 보고한다.

53   Jooseop Keum, "Mission as an Invitation to the Feast of Life: Re-visioning the Ecumenical Understanding and Practice of Mission in the Twentieth-First Century," *Contextual Theology for the Twenty-First Century*, ed. Stephen Bevans & Katalina Tahaafe-Williams(Eugene: Wipf & Stock, 2011), 111.

54   Stephen B. Bevans, "What Has Contextual Theology to Offer the Church of the Twenty-First Century?" *Contextual Theology for the Twenty-First Century*, 6f.

55   Jooseop Keum, "Mission as an Invitation to the Feast of Life: Re-visioning the Ecumenical Understanding and Practice of Mission in the Twentieth-First Century," 113.

56   John S. Pobee, "A Passover of Language: An African's Perspective," *Mission in Bold Humility: David Bosch's Work Considered*, ed. Willem Saayman and Klippies Kritzinger (Maryknoll: Orbis, 1996), 58.

57   Jooseop Keum, "Mission as an Invitation to the Feast of Life: Re-visioning the Ecumenical Understanding and Practice of Mission in the Twentieth-First Century," 120f.

58   송기식, 『순교자 박봉진 목사 전기』(서울: 기독교대한성결교회 순교자기념사업위원회, 1996), 109. "이명직 목사는 일찍이 사대복음이라는 책을 써서 이 진리를 일목요연하게 했고 성서학원의 교육은 사중복음의 원리를 가르치는 것이었다. 그러므로 박봉진 목사는 성서학원에서 이명직 목사의 사중복음을 전수 받았으며 그것이 그의 신앙의 골격을 이루었다고 하겠다."

59   Cf. Donald W. Dayton, "The Fourfold Gospel in Global Theological Perspective," *World Christianity and the Fourfold Gospel*, vol. 1.1(September 2015), 23f; *Theological Roots of Pentecostalism*, Foreword by Martin E. Marty(Grand Rapids: Francis Asbury Press, 1987), 35f, 63f, 87, 115f.

60   Paul Tillich, *Systematic Theology I* (Chicago: The University of Chicago Press, 1951), 62. "The Christian message provides the answers to the questions implied in human existence."

61   Charles E. Van Eugen, "The Glocal Church: Locality and Catholicity in a Globalizing World," *Globalizing Theology*, 306; Cf. Robert Schreiter, *The New Catholicity: Theology between the Global and the Local*(Maryknoll: Orbis, 1997), 130; Anselm Min, *The*

Solidarity of Others in a Divided World: A Postmodern Theology after Postmodernism(New York: T&T Clark International, 2004), 82. "the solidarity of the difference, the solidarity of the stranges, the solidarity of those who are other to one another." recited in Susanna Snyder, "Globalization: Challenges to Christianity," 52.

62 Paul Hiebert, *Anthropological Insights for Missionaries*, 217f.

63 오성욱, "교회와 사회의 관계 문제와 연관하여 밀뱅크(John Milbank)의 근(根)정통주의(Radical Orthodoxy) 관점에서 한국적 신학 비평적으로 읽기: 사중복음 신학, 토착화 신학, 그리고 민중신학을 중심으로," 「신학과 사회」 30/4(2016), 177. Donald Dayton, "The Global Significance of the Fourfold Gospel," *Young-Ahm Lecture* No. 3(STU Holiness Institute, October 28, 2003), 1~13.

13장

1 성결교회의 신학은 "개신교 복음주의 웨슬리안 사중복음 신학"으로서 이의 전통적인 교의학적 주제들은 대부분 존 웨슬리와 그의 후계자로 지명되었던 존 플레처(John W. Fletcher, 1729~1785) 그리고 성결교회의 창립자 마틴 냅(Martin W. Knapp, 1853~1901)의 입장을 따르고 있다. 이에 대해서는 다음의 책을 참고하라: 서울신학대학교 성결교회신학연구위원회 편, 『성결교회신학: 개신교복음주의 웨슬리안 사중복음 신학』(서울: 기독교대한성결교회 출판부, 2007), 특히 10~94.

2 기독교대한성결교회 총회 교육국이 자체적으로 조사한(2013. 5. 14)「한국기독교 교단별 교세 현황표」(2011년 기준)에 따르면, 칼뱅주의를 표방하는 장로교(합동, 통합, 고신, 기장) 신자는 6,682,666명, 웨슬리안에 속하는 교단(감리교, 성결교, 나사렛, 구세군, 순복음) 신자는 3,635,143명이다. 양대 전통에 속하는 교회들이 좀 더 큰 틀에서 신학적 대화의 발전을 모색할 이유가 분명하다.

3 Richard A. Muller, "Was Calvin a Calvinist?" *Back to the Bible: Life, Gospel and Church. International Joint Conference, Commemorating the 35th Anniversary of Baekseok Schools*(Oct. 28, 2011): 15ff.

4 참고: Randy Maddox, *Responsible Grace: John Wesley's Practical Theology*(Nashville: Abingdon Press, 1994), 56. 91.

5 참고: Clark Pinnock, Richard Rice, John Sanders, William Hasker, David Basinger, *The Openness of God: A Biblical Challenge to the Traditional Understanding of God*(Downer Grove: InterVarsity, 1994); Clark Pinnock, *Most Moved Mover: A Theology of God's Openness*(Cumbria, UK: Paternoster, 2001); Clark Pinnock, John Cobb(eds.), *Searching for an Adequate God: A Dialogue between Process and Free Will Theists*(Grand Rapids: Wm. Eerdmans Pub., 2000)의 저자들 특히 클라크 피녹크와 같은 자는 자신이 몸담고 있었던 극단적 칼뱅주의를 비판하고 나오면서 새로운 신학을 모색하고 있다; Roger Olson, *Against Calvinism*(Grand Rapids: Zondervan, 2011) 역시 미국복음주의신학회 안에서 피

녹크와 함께 새로운 방향을 주도하고 있다; 올슨의 피녹크 소개를 참고하라: R. Olson, "Most Moved Mover: A Theology of God's Openness/Searching for an Adequate God: A Dialogue between Process and Free Will Theists," *The Christian Century* 119/3(Jan 30~Feb 6, 2002): 37~39.

6   *Constitution and By-Laws of the International Apostolic Holiness Union*(Cincinnati: God's Revivalist Press, 1900), 1; "In Essentials Unity, In Non-Essentials Liberty, In All Things Charity."

7   김상근, "1907년 평양 대부흥 운동과 알미니안 칼빈주의의 태동: 한국 교회의 선교 운동에 미친 영향을 중심으로", 「한국기독교신학논총」 46 (2006), 402. 이미 한국 교회사의 초기 1907년 평양 대부흥 운동 안에서 칼뱅전통과 웨슬리전통이 만나 소위 "알미니안적 칼빈주의"가 태동되었다는 연구가 나왔다: "1907년 평양 대부흥 운동을 통해 한국 교회는 전통적인 칼빈주의의 편협하고 제한적인 구원론을 서서히 극복하고, 부흥회에 참석한 사람들의 주체적인 반응(비록 대중 심리가 압력으로 작용했지만)을 통해 인간의 감정적 선택이라는 가능성을 열어 놓는 신학적 유연성을 획득했다 … 이 점에서 평양 대부흥 운동의 전초라고 알려져 있는 원산에서 시작된 초기의 심령 부흥 운동이 '알미니안적인' 감리교 선교사들에 의해 주도된 것은 상징적인 의미를 가지고 있다. 또한, 평양 대부흥 운동의 여파가 장감(長監)을 가리지 않고 확대되었다는 사실은 이러한 신학적 유연성이 한국 교회의 특성으로 확대될 수 있었다는 역사적 가능성을 확인시켜 주고 있다."

8   Mildred B. Wyncoop, *Foundations of Wesleyan-Arminian Theology*(Kansas City: Beacon Hill Press, 1967); 한영태 역(서울: 생명의 말씀사, 1987). 와인쿱은 예정 교리의 발전 과정을 초기 기독교로부터 시작하여 웨슬리에 이르기까지 연대기적으로 개관하면서 칼뱅주의, 아르미니안주의 및 웨슬리주의의 입장들을 단순비교하고 있다. Dale M. Yocum, *Creeds in Contrast: A Study in Calvinism and Arminianism*(Salem: Schmul Publ., 1986), 손택구 역(서울: 예수교대한성결교회 출판부, 1988). 양대 전통의 주요한 신학적 이슈들을 강경한 칼뱅주의, 온건한 칼뱅주의, 웨슬리안-아르미니안의 입장에서 교리적으로 비교하였다. Geofrey Wainright, *Geofrey Wainright on Wesley and Calvin: Sources for Theology, Liturgy and Spirituality*(Melbourne: Uniting Church Press, 1987). 양대 신학 전통의 몇 가지 주세들에 대한 차이와 유사점들을 간략히 제시하고 있다. Geofrey Wainright, *Methodists in Dialogue*(Nashville: Kingswood, 1995). 에큐메니컬적 관점에서 칼뱅과 웨슬리를 비교하였고, 선택 교리에서는 선택과 유기를 변증법적으로 그리스도에게 도달하게 한 칼 바르트를 적극적으로 소개하고 있다.
역사적으로 칼뱅과 웨슬리를 비교한 최초의 문헌은 1856년 7월 17일에 미국 오하이오주 옥스퍼드에서 행한 연설로 보인다: Samuel W. Fisher, *John Calvin and John Wesley*(Cincinnati: Moore, Wilstach, Keys, & Co., 1856). 이외에도 칼뱅과 웨슬리의 사상을 비교한 연구는 다음과 같다: Dennis D. Lyons, *Calvin's and Weley's Doctrine of Assurance: A Comparative Study*(M.A.T.S Thesis, Talbot School of Theology, 1986).

9   김홍만, "존 웨슬리가 본 칼빈주의," 「한국개혁신학」 32(2011): 15~46. 김홍만은 역사적으로 접근하여 웨슬리가 비판한 것은 칼뱅의 신학이 아니라, 당시에 회자되고 있던 존 길(John Gill)과 그의 추종자 제임스 하비(James Harvey) 등이 내세운 "하이퍼 칼빈주의"였다고 밝히고 있다; 유창형, "칼빈과 웨슬리의 성화에 있어서 점진성과 순간성에 대한 비교 고찰," 「성경과 신학」 45(2008): 112~141. 그는 성화의 점진성과 순간성에 대한 이해가 웨슬리와 칼뱅 모두에게 있었다고 보면서, 특히 『기독교 강요』에 근거한 성화의 점진성 뿐만 아니라, 칼뱅의 삶에서 관찰되는 순간성에도 관심을 가질 것을 촉구하고 있다; 윤철원, "웨슬리와 칼빈의 성서해석 방법론의 연속성 문제," 「성결교회와 신학」 15(2006, 봄): 142~165. 그는 포스트모던적 상황에서도 성서 저자와 본문의 일치라는 차원에서 칼뱅과 웨슬리의 전통적 해석은 "여전히 그리고 충분히 유효"하다고 밝혀주고 있다. 이상의 연구물들이 지니는 공통점은 칼뱅과 웨슬리 양자 사이에는 시대를 달리함에도 불구하고 폭넓은 신학적 공동지반이 있다는 것이다.

10 Roger E. Olson, "Don't Hate Me Because I'm Arminian," *Christianity Today* 43/10(Sep. 6, 1999), 87~94.

11 Willam E. Paden, "Elements of a New Comparativism," *Method & Theory in the Study of Religion*, 8/1(1996), 11f.

12 김종서, "현대 종교학의 비교방법론: '신비교주의'(New Comparativism)를 중심으로," 『동서사상의 정체 형성과 21세기 한국사상의 정립에 대한 연구』(서울: 서울대학교철학사상연구소, 2002): 15.

13 칼뱅주의 신학자 최윤배는 기존의 칼뱅 연구가 한국과 북유럽 쪽에서는 "교의학적 접근이 강세를 이루는 경향"이고, 남유럽과 영미 쪽에서는 "교회사적 접근이 지배적인 경향"이라고 분석한다. 그리고 역사적 연구와 교의적 연구가 종합적으로 이루어지는 것이 바람직하다고 지적하면서 방델(F. Wendel)을 좋은 모델로 소개한 것은, 한국의 교의학 연구에 역사적 접근이 매우 빈약한 상황에서 매우 시의적절해 보인다. 그는 이를 "교리사적 방법론"으로 명명한다. 최윤배, "성령론: 연구 방법론과 성령론을 중심으로," 『최근의 칼빈 연구』, 한국칼빈학회 엮음(서울: 대한기독교서회, 2001), 159~160, 173. 참고, F. Wendel/김재성 역, 『칼빈: 그의 신학사상의 근원과 발전』(서울: 크리스챤다이제스트, 1999)와 W. J. Bouwsma, 『칼빈』, 이양호, 박종숙 공역(서울: 나단, 1993) 역시 칼뱅의 생애와 사상의 역사적 관점을 잘 드러낸 연구로 보인다.

14 이오갑, 『칼뱅의 신과 세계』(서울: 대한기독교서회, 2010), 324. 그에 따르면 예정론은 "박해받는 교회들을 위한 위로와 확신의 교리"로 출발하였으며, 또한 "종교개혁 정신의 신학적 표현"으로 발전되었다고 본다. 이오갑도 예정론 안에서 "칼뱅의 일차적인 관심이 교회론적으로 정의되어" 있음을 지적하며, "선택받은 자들의 구원의 확실성"을 강조할 수밖에 없었던 신앙론적 관점이 중요함을 말하고 있다.

15 John Calvin, 『칼빈의 예정론 핵심 설교』, 임원주 역(서울: 예루살렘, 2000), 33. 이하『설교』로 표기함; 본서는 칼뱅이 1562년에 프랑스어로 출판한 것을 존 필드(John Field)가 번역하여 1579년에 런던에서 Sermons Entreating of the Free Election of God in

Jacob and of Reprobation in Esau란 제목으로 출판한 것이다. 영역본 참조: John Calvin, *Sermons on Election & Reprobation by John Calvin*, foreword by David C. Engelsma (Audubon: Old Paths Publications, 1996).

16 John Calvin, 『설교』, 32.
17 John Calvin, 『설교』, 30.
18 John Calvin, 『설교』, 33.
19 김영한, "한국 교회의 칼빈주의 수용: 예정론을 중심으로," 「한국개혁신학」 27(2010), 50. 김영한은 박형룡, 박윤선, 이종윤이 칼뱅의 예정론을 신존재론에 기초함으로써 사변적이며 숙명론적 경향을 피할 수 없었던 반면 프레드 클로스터, 헨리 반틸, 신복윤 등은 목회적 관점에서 칼뱅의 본래적 의도를 파악하고 있다고 평가하였다. 신복윤, 『칼빈의 하나님 중심의 신학』(수원: 합동신학대학원출판부, 2005), 224. "칼빈에게 있어서 예정은 처음부터 마지막까지 목회적 관심사였다."(김영한, 62쪽에서 재인용).
20 이경직, "칼빈의 『기독교 강요』에 나타난 믿음 개념," 「기독교철학」 15(2012): 92f. 칼뱅 당시 가톨릭에서의 믿음은 "암묵적 신앙"(implicit faith)으로서 하나님에 대한 추상적이며 지성적 인정의 범위를 크게 벗어나지 못하였으며, 나아가 "교회에 대한 존중"의 차원에 머물러 있었다(John Calvin, 『기독교 강요』 III, 2:3). 칼뱅에게 믿음의 대상은 추상적인 진리나 사물이 아니라 살아 있는 인격이신 예수 그리스도이다.
21 John Calvin, 『설교』, 32.
22 John Calvin, 『설교』, 42. 46.
23 John Calvin, 『설교』, 81.
24 John Calvin, 『설교』, 54.
25 John Calvin, 『설교』, 75.
26 John Calvin, 『설교』, 82.
27 John Calvin, 『설교』, 82.
28 John Calvin, 『설교』, 85.
29 John Calvin, 『설교』, 86. 87.
30 John Calvin, 『설교』, 88.
31 김홍만, "존 웨슬리가 본 칼빈주의," 「한국개혁신학」 32(2011): 22.
32 이종성, 『칼빈: 생애와 사상』(서울: 내한기독교출판사, 1978), 131. 이중예정을 처음으로 주장했던 자는 아우구스티누스다: "어떤 이는 영광으로, 다른 어떤 이는 형벌로 예정되었다"(Enchirid on 26, 100).
33 John. Calvin, *The Epistles of Paul the Apostle to the Romans*, trans. Ross Mackenzie(Grand Rapids: Eerdmans, 1960), 198.
34 John Calvin, 『기독교 강요』(최종판), 원광연 역(서울: 크리스챤 다이제스트, 2003), III, xxi:6, 521.
35 John Calvin, 『기독교 강요』 III, xxi:6, 522.
36 John Calvin, 『기독교 강요』 III, xxi:6, 522.

37 필자는 영한 대조로 되어 있는 성문사판 『영한 기독교 강요』(제3권, 편집부 번역, 서울: 성문출판사, 1990)의 원본으로 사용한 웨스트민스터 출판사의 영문판을 텍스트로 사용한다: Jean Calvin, *Institutes of the Christian Religion*, vol. 3, ed. John T. McNeill, trans & indexed by Ford L. Battles(Philadelphia: The Westminster Press), III, xxi:1, 774.

38 John Calvin, 『기독교 강요』 III, xxi:1, 777.

39 John Calvin, 『기독교 강요』 III, xxi:1, 777.

40 John Calvin, 『기독교 강요』 III, xxi:1, 779.

41 여기에서 주목해야 할 점은 두 가지다. 하나는, 거절은 선택에서 제외된 것이라는 점이다. 다시 말해서, 칼뱅은 자기의 자녀들을 구원하기 위해 적극적으로 선택하시는 하나님을 말하고자 했지, 먼저 멸망할 자를 선택하시고 거기에서 제외된 자를 구원하려는 하나님을 소개하려는 의도가 아니었다는 것이다. 다른 하나는 이와 관련하여 "하나님의 은혜"를 강조하기 위해 선택을 말하는 순간부터 논리적으로 그림자와 같이 따라오는 거절된 자를 말하게 된 것이다.

42 Francis Turretin, Institutio theologiae elencticae, IV. xiii.4, 재인용 R. A. Muller, *Dictionary of Latin and Greek Theological Terms*(Grand Rapids: Baker Books, 1985), 293. "참으로 믿고 회개하는 자는 누구든지 선택받았다. 그런데 나는 믿는다. 그러므로 나는 선택받았다"(Quisquis vere credit et resipiscit electus sit; Atqui ego credo, etc; Ergo electus sum). 재인용: 김종희, "칼빈의 예정론에 나타난 실천적 삼단논법," 『한국기독교신학논총』 21(2001): 61.

43 J. L. Neve, 『기독교교리사』, 서남동 역(서울: 대한기독교서회, 1992), 640. 참조: Luis de Molina, *Liberi Arbitrii cum Gratiae Donis, Divina Praescientia, Providentia, Praedestinatione et Reprobatione Concordia*(Olyssipone: Apud Antonium Riberium, 1588); 이중에서 제4장이 영역됨. *On Divine Foreknowledge*: Part IV of the Concordia, trans. with an intro. & notes by Alfred J. Freddoso(Ithaca/London: Cornell Univ. Press, 1988).

44 한성진, "칼빈의 교부자료 사용 연구," 『역사신학논총』 8(2004): 47. 칼뱅은 크리소스톰을 가장 위대한 주석가로, 아우구스티누스를 가장 위대한 신학자로 부른다(ibid., 52). 아우구스티누스는 칼뱅이 가장 많이 인용한 교부였다.

45 John Calvin, 『기독교 강요』 III, xxi:5, 517. "우리 반대자들, 특히 예지를 예정의 원인이라고 주장하는 자들은 예정론에 대해서 온갖 사소한 반론들을 제기하고 있다. 사실 우리는 예지와 예정의 두 가지 교리를 모두 하나님께 두고 있다. 그러나 그 중 하나를 다른 하나에 종속시킨다는 것은 불합리한 것이다." '성문'에서는 "예정을 예지에 종속시키는 것은 어리석은 짓"이라 번역하고 있는데, '원광연'의 번역이 본문에 충실하다("We, indeed, place both doctrines in God, but we say that subjecting one to the other is absurd."; trans by F. L. Battles, 이탤릭체는 필자의 강조).

46 J. L. Neve, 『기독교교리사』, 641. 몰리나는 "하나님의 영원한 결정과 인간의 자유 의지를 조화시키기 위하여 그는 전자의 근거를 하나님의 예지에 두었다. 그는 주장하기를 예정은 하나님께서 장차 인간의 의지가 취할 태도를 확실히 예견하실 수 있는 특수한

지식(scientia media)을 전제로 하는 것"이라 주장하였다.

47　John Calvin, 『기독교 강요』 III, xxi:5, 787. "우리가 하나님께 예지가 있다고 말하는 것은, 모든 일이 하나님의 눈앞에서 항상 있었고, 또 영원히 있을 것이며, 따라서 하나님께는 모든 것이 미래나 과거가 아니라 현재로 나타난다는 뜻이다 ⋯ 그리고 이 예지는 우주 전체를 통해서 모든 피조물에게 미친다"(고딕체는 필자의 강조).

48　John Calvin, 『기독교 강요』 III, xxi:1, 799.

49　John Calvin, 『기독교 강요』 III, xxi:1, 799.

50　John Calvin, 『기독교 강요』 III, xxi:1, 799.

51　John Calvin, *The Epistles of Paul the Apostle to the Romans*, 201. 칼뱅은 로마서 9장 11~12절을 해석하면서 인간의 공로(merits)나 가치(worthiness)는 하나님의 선택 행위에 전혀 고려되는 대상이 아니고, "하나님의 목적만"이 그리고 "하나님의 선하심만"이 선택의 이유가 된다고 해석한다.

52　John Calvin, 『기독교 강요』 III, xxi:1, 801. 칼뱅은 이와 같은 사실을 강한 어조로 다음과 같이 말한다. "반대자들로 하여금 그들이 소나 나귀가 아니라 사람이 된 이유를 말하게 해보라. 하나님께서는 그들을 개로 만드실 권능도 있었지만 자신의 형상대로 만드셨다."

53　John Calvin, 『기독교 강요』 III, xxi:5, 791. 칼뱅은 이러한 사실을 언급한 성서의 여러 곳을 인용하고 있다(신 10:14~15; 23:5; 시 47:4). 그러므로 이스라엘 백성이 과거 일의 감사나 미래에 대한 소망에 대해 말할 때 감사와 소망의 원인을 하나님 자신과 그의 언약에서 찾을 수 있었다(시 105:6)고 한다. 왜냐하면, 이스라엘 자신에게서는 어떠한 선한 것도 찾을 수 없음을 알았기 때문이다(시 100:3; 44:3).

54　John Calvin, 『기독교 강요』 III, xxi:6, 793.

55　박창훈, "존 웨슬리와 존 플렛처의 성결론," 「역사신학논총」 8(2004): 101. 박창훈은 스티븐 군터의 주장에 동의를 표하고 있다: W. Stephen Gunter, *The Limits of 'Love Divine': John Wesley's Response to Antinomianism and Enthusiasm*(Nashville: Kingswood, 1989), 237~43.

56　Paden, *Elements of a New Comparativism*, 6. 우리와 같이 특정 교리를 비교할 때 놓치지 말아야 할 점은 페이든이 지적하고 있는 바와 같이 오히려 "세속적, 비신학적 비교"(secular, non-theological comparativism)인데, 이때 "종교적 자료[우리로서는 신학적 교리]"(religious data) 자체의 분석을 통해 종교적 근본 실재를 드러내려 하기 전에, 종교인의 "행위 양식"(type of human activity)이 중요하게 고려되어야 한다는 것이다. 그렇다면 우리의 과제는 칼뱅과 웨슬리가 자신들의 예정론을 전개하는 행위를 통해서 그들이 속해 있는 교회와 사회에서 추구하고자 했던 것이 무엇이었는지를 파악함으로써 그들이 주장하는 예정 교리의 바른 신학적 의의를 밝혀내는 일이다.

57　영국 교회의 신학적 특성은 1559년의 '기도서'와 1563년에 나온 '39개 신조'를 통해서 엿볼 수 있다.

58　596년 로마 교황 그레고리 1세(540~604)가 아우구스티누스와 수도사 40명을 영국에 파견한 이후 로마가톨릭에 의해 정치와 종교 모든 면에서 지배받고 있던 영국이 헨리 8

세(1491~1547) 때에 이르러 의회를 소집하여 1534년 국왕지상법(國王至上法)을 발표한데 이어, 1536년 로마의 감독권을 폐지하는 법령을 발포함으로써 독립을 선포하였다. 그리고 가톨릭으로부터의 교회개혁은 대주교 크랜머에 의해 프로테스탄트적 방향으로 진행되었으며, 크랜머는 1549년 성서적 요소를 회복시킨 공동기도서를 만들었다. 1553년 여왕 메리 1세(1553~1558)가 로마가톨릭으로 복귀했으나, 여왕 엘리자베스 1세(1558~1603) 즉위 후 종교개혁의 정착기를 맞이하였다. 1559년 로마가톨릭과 프로테스탄트를 포용하는 기도서를 제정하고 1563년 중용 노선을 추구하는 39개 신조를 발표하여 가톨릭이며 개혁적인 성공회의 전통을 형성하게 되었다. 1570년 교황 비오 5세가 여왕 엘리자베스 1세를 파문하자 성공회는 로마 교회와 완전히 갈라섰다.

59 참고: Allan Coppedge, *John Wesley in Theological Debate*(Wilmore: Wesley Heritage Press, 1987), 51~84쪽에서 카피지는 1740년에 웨슬리가 예정론으로 부딪혔던 윌리엄 시워드(William Seward), 하우웰 헤리스(Howel Harris), 존 세닉(John Cennick) 및 조지 휫필드(George Whitefield)와의 논쟁 내용을 상세히 다루고 있다.

60 L. Tyerman, *The Life and Times of the Rev. John Wesley, Founder of the Methodists*, vol. 3(New York: Harper & Brothers Publ., 1872), 54. 웨슬리는 당시 톱레이디와 같은 극단적인 칼뱅주의자들과 논쟁적인 글쓰기를 꺼려했으며, 그럴만한 시간도 없었다; 웨슬리는 톱레이디와의 신학적 논쟁은 월터 셀론(Walter Sellon)과 같은 학자에게 맡겼다. 그리고 "What is an Arminian?"이란 글을 통해서 칼뱅주의자와 아르미니우스주의자 간의 차이를 분명히 밝히면서 서로 간에 "칼뱅주의자" 혹은 "아르미니우스주의자"라는 말을 쓰지 말 것을 양측 설교자들에게 권면하고 있다(L. Tyerman, 81). 당시의 칼뱅주의 논쟁에 대해서는 136~144쪽을 참고하라. Coppedge, *John Wesley in Theological Debate*, 175~190쪽에서 톱레이디와 웨슬리가 하나님의 주권, 인간의 자유, 예정론에 대하여 논쟁한 내용을 참고하라.

61 L. Tyerman, *The Life and Times of the Rev. John Wesley, Founder of the Methodists*, vol. 2(New York: Harper & Brothers Publ., 1872), 148f. 웨슬리가 "Predestination Calmly Considered"(1752)를 출판했을 때 예정론에 대한 그의 비판이 너무도 강력했기 때문에, 감히 웨슬리를 반박하려 나서는 자가 아무도 없었을 때 같은 해에 "극단적 칼뱅주의자"(ultra Calvinist)였던 사우스와크(Southwark)의 침례교 목사 존 길 박사가 두 편의 팸플릿을 출간했다. (1) "The Doctrine of the Saint's Final Perseverance, asserted and vindicated. In answer to a late pamphlet, called Serious Thoughts on the subject." (2) "The Doctrine of Predestination stated and set in the Scripture light; in opposition to Mr. Wesley's Predestination Calmly Considered. With a reply to the exceptions of the said writer to the Doctrine of the Perseverance of the Saints." 웨슬리는 이에 존 길의 반박에 대해 1754년에 "An Answer to all which the Rev. Dr. Gill has printed on the Final Perseverance of the Saints"로 응대하였다(Tyerman, 191).

62 박창훈, 『존 웨슬리, 역사비평으로 읽기』(서울: 대한기독교서회, 2007), 92~93. 웨슬리가 예정론에 대한 자신의 입장을 다른 학자들의 책을 요약하여 발표하기도 했

다. 다음과 같다: (1) "Serious Considerations Concerning the Doctrines of Election and Reprobation": 이 글은 Isaac Watts, The Ruin and Recovery of Mankind(1740)를 요약한 것, (2) "Serious Considerations on Absolute Predestination": 이 글은 Robert Barkley, An Apology for the True Christian Divinity(1741)를 요약한 것이다. 웨슬리 자신이 예정론에 관하여 쓴 글은 3가지로 다음과 같다. (1) Scripture Doctrine Concerning Predestination, Election, and Reprobation(1741), (2) Predestination Calmly Considered(1752), (3) "A Dialogue between a Predestinarian and His Friend".

63 John Wesley, "값없이 주시는 은총"(Free Grace), 『웨슬리 설교전집』 제4권, 조종남, 김홍기, 임승안 외 공역(서울: 대한기독교서회, 2006), 237~265. 이하 FG로 표기함.

64 John Wesley, "Predestination Calmly Considered," The Works of John Wesley, vol. X: Letters, Essays, Dialogs and Addresses(Grand Rapids: Zondervan Publishing House, 1872): 204~259. 이하 PCC로 표기함.

65 John Wesley, FG, 239.

66 John Wesley, FG, 242.

67 John Wesley, FG, 243.

68 John Wesley, FG, 246. 필자의 강조.

69 John Wesley, FG, 247.

70 John Wesley, FG, 249. 웨슬리는 몇 가지 예증을 제시한다: 로마서 9장 15절("내가 긍휼히 여길 자를 긍휼히 여기고")에 대해서 시편 145편 9절("주께서는 모든 사람을 선대하시며 그 지으신 모든 것에 긍휼을 베푸시는도다.")이 상충된다. 로마서 9장 16절, 로마서 9장 11~12절이 베드로전서 1장 2절이나 로마서 8장 29절과 충돌을 일으킨다.

71 John Wesley, FG, 252f.

72 John Wesley, FG, 247.

73 John Wesley, FG, 252. 웨슬리의 설교에 논객들의 이름은 나오지 않는다.

74 웨슬리의 예정론을 '예지예정론'이라 정의한 웨슬리 학자가 있는지 필자는 확인하지 못했다.

75 John Wesley, FG, 257.

76 Jerom Zanchius, The Doctrine of Absolute Predestination Stated and Asserted, added with A Letter to the Rev. John Wesley, trans. by Augustus Toplady(New York: George Lindsay, 1811); 이 책의 원명은 Confession of the Christian Religion(1562)이었다. 이 책으로 인해 톱레이디와 웨슬리는 영국교회의 신학적 입장이 칼뱅주의인지 아니면 아르미니우스주의인지에 대해 격한 토론을 붙게 된다. 장키우스는 이 책 외에도 초대 교회로부터, 캔터베리 대주교로 비국교도를 탄압하여 청교도 혁명을 유발케 한 윌리엄 로드(William Laud, 1573~1645)까지의 예정론을 훑었고, 칼뱅주의의 5개 신조와 도르트 회의의 내용까지 총 700쪽이나 되는 대작 The Historic Proof of the Doctrinal Calvinism of the Church of England(1774)을 출판함으로써 영국 교회는 아르미니우스주의(Arminianism)가 아닌, 칼뱅주의(Calvinism) 교리에 입각한 교회임을 주창하였다.

77 John Wesley, "예정에 대하여(On Predestination)", 『웨슬리 설교전집』 제4권, 286(필자

의 강조). 이하 OP로 표기함.

78 John Welsey, OP, 288.
79 John Wesley, OP, 289.
80 이경직, "칼빈의 『기독교 강요』에 나타난 믿음 개념," 「기독교철학」 15(2012): 94.
81 John Wesley, OP, 292.
82 비교: Randy Maddox, *Responsible Grace: John Wesley's Practical Theology*(Nashville: Abingdon Press, 1994), 92. 웨슬리의 인간 구원에 대한 이해는 인간의 본래적 능력에 있지 않고, 언제나 하나님이 은혜로 부어주시는 능력(God's gracious empowering)이 먼저라는 사실에 강조점이 주어졌고, 그 다음으로 인간의 응답이 따라야 한다는 것이었다. 매닥스는 하나님의 은총과 이에 대한 인간의 응답을 "책임적 은총"(responsible grace)이라 명명하고 있다. 예정론에 대한 웨슬리의 이해를 다룬 보론을 참조하라 (Randy Maddox, 55~58). 참고: 김성원, 『웨슬리안 성결신학』(서울: 도서출판 물가에심은나무, 2011), 127-154쪽에서 웨슬리의 선행 은총론에 대해 Randy Maddox, Kenneth Collins, Kenneth Grider 등의 입장을 소개하면서 칼뱅주의 예정론과의 대화 가능성은 소극적으로만 열어놓고 있다(특히, 김성원, 136f).
83 John Wesley, OP, 292.
84 Charles C. Ragin, 『비교방법론』, 이재은 외 옮김(서울: 대영문화사, 2002), 43f.
85 안재흥, "비교방법의 방법론적 정체성," 「국제정치논총」 46/2(2006. 6): 31~56. 인문사회과학 분야에서의 비교방법은 복잡성과 일반성을 균형 있게 설명하는 데 초점을 두며, 이를 위해서는 비교 사례연구와 통계방법을 통합하는 게 일반적이다. 그러나 본 연구와 같은 경우는 일반적으로 범하고 있는 단순비교의 오류에 빠지지 않기 위하여 '시공간적 맥락의 특수성'을 찾아내어 비교 대상 간의 가치를 평가하는 원리만을 차용한다.
86 John Calvin, 『기독교 강요』 III, xxii:1, 799. 필자의 강조; 바울이 "창세전에"(엡 1:4) 선택되었다고 언급한 내용 역시 "공로에 대한 고려를 전적으로 배제" 하는 것이다(xxii:2, 803).
87 John Calvin, 『기독교 강요』 III, xxii:9, 821.
88 John Calvin, 『기독교 강요』 III, xxiv:3, 869.
89 John Calvin, 『기독교 강요』 III, xxiv:3, 871.
90 John Calvin, 『기독교 강요』 III, xxiv:3, 574.
91 이를 바로 파악하기 위해서는 칼뱅이 "하나님에게 일관되게 의존적인 언약의 편무적 행위(God's unilateral action)를 강조한 것"을 이해해야 한다. 여기에서 믿음이란 "값없이 주시는 약속에 근거하여 성령을 통해서 주시는 하나님의 선물"이다. 따라서 칼뱅 당시 1550년대에 필립 멜랑히톤(1497~1560)이 믿음을 하나님과 인간 사이에 구원의 조건이라 보았던 것과는 다른 입장이다. 구원의 조건으로서 여겨지는 믿음은 "은혜 안에 포괄적으로 수용되어진다."(참조: 김재성, 488).
92 John Calvin, 『기독교 강요』 III, xxii:4, 807.
93 John Wesley, PCC, 207.

94 John Wesley, FG, 252f.

95 Jean Calvin, Christliche Unterweisung der Genfer Katechismus von 1537(Furchvorlag, 1963), 29; 유태주, "예정론,"『칼빈 신학 해설』, 한국칼빈학회 엮음(서울: 대한기독교서회, 1998), 326쪽에서 재인용: "동일한 택정에 의하여 세상 창조 이전에 이미 유기된 사람들에게는 저 신적인 진리를 아무리 소리 높여 설교하고 아무리 진실하게 설교하여도 다만 죽음의 입김에 불과하다. 이와 같이 동일한 하나님의 말씀에 대한 서로 다른 반응에서 비밀스러운 하나님의 뜻이 있음을 숙고해야 한다."

96 John Calvin,『기독교 강요』 III, xxii:1, 799.

97 John Calvin,『기독교 강요』 III, xxiv:5, 875, xxiv:6, 877.

98 John Calvin,『기독교 강요』 III, xxiv:4, 575.

99 John Calvin,『기독교 강요』 III, xxiv:5, 577.

100 참조: 한철하, "칼빈 신학의 구원론적 이해와 복음사역의 중요성,"『칼빈 신학 해설』한국칼빈학회 엮음(서울: 대한기독교서회, 1998), 33. 한철하는 칼빈주의 신학과 웨슬리주의를 "서로 반대되는 입장으로 대비시키는 경우"를 "흔하게" 보게 되는데 그것은 잘못이라 비판한다. 그가 주장하는 바는 다음과 같다: "칼빈 신학이 구원 중심의 신학이란 사실을 볼 때 웨슬리주의 구원 운동을 칼빈주의와 반대되는 것으로 보는 것은 잘못이다. 웨슬리 운동의 중심 신앙을 칼빈에게서 볼 수 있다. 웨슬리 운동은 첫째, 하나님에 대한 두려움과, 둘째, 구원에 대한 열망에 기초를 두고 있으며, 이것은 칼빈의 중심 신앙과 다를 바 없다. 그 구체적인 운동 방법인 '성화' 운동도 그 기초를 칼빈의 신자의 '행위의 의'(work's righteousness)에 대한 가르침(『기독교 강요』 III, 17:6-10)에서만 찾을 수 있다는 사실을 본다면 그와 같은 대비가 잘못된 것이란 사실을 즉시 알 수 있을 것이다."

101 이오갑, "칼빈의 신중심주의와 한국 교회,"「한국조직신학논총」23(2009), 58.

102 김홍만, "존 웨슬리가 본 칼빈주의,"「한국개혁신학」32(2011), 26.

103 John Wesley, PCC, 210.

104 John Wesley, PCC, "I believe election means… a divine appointment of some men to eternal happiness. But I believe this election to be conditional, as well as the reprobation opposite thereto. I believe the eternal decree concerning both is expressed in those words: 'He that believeth shall be saved; he that believeth not shall be damned.' And this decree, without doubt, God will not change, and man cannot resist."

105 웨슬리가 인용한 본문들: 창 3:17; 창 4:7; 신 7:9.12; 신 11:26-28; 신 30:15; 대하 15:1~2; 에 9:13~14; 시 114:9; 잠 1:23; 사 65:2f.; 겔 18:2.20.23; 마 11:20f.; 롬 1:20f.; 살후 2:10f.; 딤전 2:3~4 등(Wesley, PCC, 211~218).

106 John Calvin,『기독교 강요』 I, x:1, 185~1. "우리는 실제로 성경에서 하나님 아버지의 은혜와 자비로 향한 의지가 반복적으로 칭송되고 있음을 보며… 특히 완악한 자들을 향한 하나님의 인내는 끝이 없으시다."

107 John Wesley, PCC, 220. 웨슬리는 바울의 주장을 근거로 하나님의 주권을 무조건적 유

기와 영원한 처벌의 근거로 삼아서는 안 된다고 본다.
108　John Calvin, 『기독교 강요』 III, xxiii:1. Wesley, PCC, 207. 웨슬리도 선택에 따른 유기의 불가피성을 인정한다. 그것은 마치 빛을 받는 곳에는 그림자가 따라오는 것과 같은 원리와 같은 것이다. 물론 그림자가 있음으로 빛이 더욱 선명히 드러나는 것은 사실이지만 그것을 위하여 빛과 동등하게 그림자를 의도적으로 만들고자 했던 것은 아니다.
109　John Wesley, PCC, 214.
110　김홍만, "존 웨슬리가 본 칼빈주의," 「한국개혁신학」 32(2011), 19. 웨슬리 당시 존 길(John Gill)이 소속한 영국의 특별침례교회(Particular Baptist)에서 유행한 "하이퍼 칼비니즘"은 절대적 선택과 불가항력적 은혜의 교리를 극단적으로 밀고 나감으로써 회개의 자리가 있을 수 없게 했고, 죄에 대한 느슨한 삶이 허용됨으로써 칼뱅이 염려했던 선택 교리의 남용 현상이 빈번했다. 참조: Peter Toon, "Hyper Calvinism," *New Dictionary of Theology*, eds., S. B. Ferguson, etc. (Leicester, UK: IVP, 1988), 324~25; 심상룡, 『칼빈주의 예정론 왜 철회되어야만 하는가』(원주: 말씀의 샘터사, 1997), 663f. 17세기 초 칼뱅주의에 대한 아르미니우스의 비판에 대응하기 위한 도르트회의에서 결의된 소위 "칼뱅주의 5대 교리"와 『웨스트민스터 신앙고백서』를 교조주의적으로 승계하고 있는 칼뱅주의 예정론에 대한 강력한 비판서로서 국내 목회자에 의해 출판되었다.
111　유태주, "예정론," 『칼빈 신학 해설』, 325. 칼뱅에게 예정 교리가 그의 전 신학체계 내에서 중심적이지 않다는 관점이 많다. 참고: Wilhelm Niesel, *Theology of Calvin*, trans. by Harold Knight(Grand Rapids: Baker Book House, 1980), 165f.
112　최윤배, "종교개혁자 요한 칼빈의 신론," 『신론』, 한국조직신학회 기획시리즈 3호, 한국조직신학회 엮음(서울: 대한기독교서회, 2012), 139. 참조: John Calvin, 『기독교 강요』 I, x:2.
113　John Calvin, 『기독교 강요』 III, xxi:4, 785.
114　John Calvin, 『기독교 강요』 III, xxii:10, 823. 이에 대해서는 다음을 참고하라: 『기독교 강요』, III, iii:21, 165; III, xxiv, 863f.
115　John Calvin, 『기독교 강요』 III, xxiii:3, 835. 하나님이 선택한 자 외에 모든 자들을 유기하셨다는 것은 하나님의 공의롭지 못함을 말하는가? 칼뱅은 그렇지 않다고 말한다. 하나님께서 처음부터 어떤 사람들을 사망에 예정하신 것에 대해 불평할 수 없는 이유는, "우리는 모두가 죄로 더럽혀졌으므로 하나님께는 극히 가증할 뿐(이기)" 때문이다. 그러므로 하나님에게 "폭군적인 잔인성"을 넘겨지을 수 없으며, 오히려 "공의의 입장에서 가장 공평하게 평가할 결과"라 할 수 있다고 주장한다(xxiii:3, 835).
116　John Calvin, 『기독교 강요』 III, xxii:10, 827~829; John Wesley, OP, 293.
117　J. L. Neve, 『기독교교리사』, 606.
118　김은수, "칼빈신학의 특징과 한국 개혁신학의 과제", 「한국개혁신학」 29(2011), 32f. 이미 칼뱅은 『기독교 강요』에서 루터의 『소요리문답』의 순서를 그대로 이어받고 있고, 이신칭의, 전적타락, 죄론, 기독론, 성령의 구원사역 등에 이르기까지 영향을 받았고, 1536년 멜랑히톤의 『신학총론』(*Loci Communes*)을 읽었고, 프랑스어판의 서문을 썼으며, "아우구스부르크 신앙고백서"에 서명하였다. 뿐만 아니라, "아우구스부르크 신앙고백서에서 우리의 가

르침과 동일하지 않은 것이란 아무것도 없다"(Wendel, *Calvin: Origins and Development of His Religious Thought*, 135; 김은수, ibid, 33쪽에서 재인용)고 천명하였다.

119　Wesley, PCC, 230. 웨슬리에 따르면, 인간이 자유의지를 활용하여 하나님의 구원 사역에 동참하도 모든 영광이 하나님께 돌려지는 것은 하나님과 함께 일하는 힘도 하나님께로부터 온 것이기 때문이다.

120　이양호, "섭리론", 『칼빈 신학 해설』 한국칼빈신학회 엮음 (서울: 대한기독교서회, 1998), 198. 참고: Calvin, 『기독교 강요』 I, xvi:8. "우리는 하나님을 만물의 통치자와 지배자로, 그의 지혜에 따라 영원부터 그가 하려고 하는 것을 결정하고 지금도 그의 권능으로 그가 결정하신 것을 수행하는 분으로 여긴다."(Calvin, 199, 재인용).

121　칼뱅은 『기독교 강요』 1539년 개정판 제3권에서 예정론을 섭리론과 나란히 배치했지만, 1559년 최종판에서는 분리하여 섭리론은 신론에, 예정론은 성령론에 설정하였다.

122　김재성, 『개혁신학의 광맥』(서울: 이레서원, 2001), 55.

123　Fred H. Klooster, 『칼빈의 예정론』, 신복윤 역(서울: 성광출판사, 1987), 16.

124　이경직. "칼빈의 『기독교 강요』에 나타난 믿음 개념," 「기독교철학」 15(2012): 95~115, 109. 칼뱅이나 웨슬리 모두 참된 믿음은 사랑이 동반되는 것으로 여긴다.

14장

1　이연승, "한국 오순절 운동의 국제적 확산과 세계 기독교의 형성," 「영산신학저널」 29 (2013. 12): 191~232, 195f; 류장현, "영산의 성령론에 관한 신학적 고찰," 「영산신학저널」 1/1 (2004. 2): 139~171, 139; 변종호, 『한국의 오순절신앙 운동사』(서울: 신생관, 1972), 28면 참조하라.

2　신문철/김한경, "오순절주의의 성경관," 「영산신학저널」 30 (2014. 6): 91~118, 97.

3　이십 세기 초 한국에 소개된 성결·오순절 운동에 의하여 태어난 성결교회와 순복음교회는 한 세기가 지난 21세기 초에 들어와서 비로소 신학적 자립의 필요성을 자각하고 교단적 차원에서 신학화 작업에 들어갔다: 순복음교단에서는 대표적으로 한세대학교 영산신학연구소를 설립하여, Rodman Williams의 『오순절/은사주의 조직신학』 1~3권 (1992~1995)을 번역하여 교의학적 기준을 삼았고, 신학논문집들로서 「오순절 신학논단」(1998~), 「성령과 신학」(2004~), 「영산신학저널」(2004~) 등을 창간하여 오순절 전통의 신학담론을 꾸준히 형성해 가고 있다. 기독교대한성결교회 쪽에서는 2002년에 서울신학대학교에 성결교회신학연구위원회를 두어 교단 100주년까지 단기간 동안 활동하게 하여 『성결교회신학: 개신교 복음주의 웨슬리안 사중복음』(서울: 기독교대한성결교회출판부, 2007), 『성결교회신학 용어사전』(2005) 등의 학문적 결과물을 내었고, 2014년에 서울신학대학교에 '글로벌사중복음연구소'를 설립하여 성결·오순절 전통의 사중복음 신학적 유산들을 발굴하고 정립하는 작업을 진행하고 있다: 최인식, 『예수의 바람 성령의 바람: 사중복음 정신과 21세기 교회혁신』(2014), 『19세기 급진적 성결 운동 지도자들의 생애와 사상』(2014), 마틴 냅, 『하나님의 오순절 번갯불: 사중복음 신앙

과 신학의 보화』(2015)를 번역하고, 이론-역사-실천신학의 영역의 논문집『글로벌신학과 사중복음』(2015),『재림: 19세기 성결 운동가들의 재림론』(2016)과, 성서학자들의 논문집『성서신학과 사중복음』(2016)을 간행하였고, 영문저널로 *World Christianity and the Fourfold Gospel*(2015~)을 연 2회 발행하여 세계 교회와 소통하고 있다. 성결교회 역사를 연구하고 있는 서울신학대학교의 '현대기독교역사연구소'에서『이명직 목사 전집』총 16권(2012)을 편찬함으로써 성결·오순절 전통의 연구에 더욱 박차를 가하게 되었다.

4 William W. Menzies,『오순절 성경교리』, 총회 총무국 역(서울: 기독교대한 하나님의 성회, 1994); Guy P. Duffied, N. M. Van Cleave, *Foundations of Pentecostal Theology*(Los Angeles: L.I.F.E. Bible College, 1983).

5 Vinson Synan,『세계 오순절 성결 운동』(*The Holiness- Pentecostal Tradition*), 이영훈 역(서울: 서울말씀사, 2004),

6 신문철, "영산과 삼위일체론: 순복음신학 정립을 위한 삼위일체적 관점,"「성령과 신학」19(2003. 5): 112~146, 113.

7 이에 대한 좋은 연구 가운데 하나를 참고하라: 김승욱, "해석학적 이해와 제일철학: 기초신학이 요청하는 두 가지 철학적 과제의 의의와 그 상관관계," *Catholic Theology and Thought* 60 (2007. 12): 74~111.

8 참고: 고든 카우프만,『신학방법론』, 기독교통합연구소 역(서울: 한들출판사, 1999), 134. 카우프만의 문제의식 중 하나는, 전통신학의 어휘들이 "현대의 경험을 다룰 만한 적절성이나 적합성"을 결여하고 있다고 본 점은 성결·오순절 신앙이 기존의 전통신학의 방법론적 틀 안에서 적절하게 혹은 정당하게 다루어지지 않고 있다는 문제제기와 맥을 같이 한다. 동일한 맥락에서 다음의 논문을 비교하라: J. Walgrave, 성염 역, "현대를 위한 기초신학(基礎神學),"「신학전망」25(1974): 60~70, 61. 신학방법론에 대한 일반적 소개서는 김성원,『신학을 어떻게 할 것인가』(서울: 대한기독교서회, 2002)에서 유형론적으로 해석학적, 철학적, 경험적 신학방법론 등 7가지를 소개하고 있는데, 성결·오순절 교의학 방법론은 그 중 어느 한 가지만으로 논고될 수 없다.

9 기독교대한성결교회『헌법』"제4조(교회의 지도원리) 1. 우리는 신구약 성경을 경전으로 하되 특히 중생·성결·신유·재림을 성결 해설의 기본으로 한다; 제6조(본 교회이 전도표제) 본 교회의 전도표제는 다음과 같다: 사중복음; 제8조(본 교회의 사명) '요한 웨슬레'가 주장하던 '성결'의 도리를 그대로 전하려는 사명하에서 본 교회는 중생·성결·신유·재림의 사중복음을 더욱 힘 있게 전하여, 모든 사람을 중생하게 하며 교인들을 성결한 신앙생활로 인도하여 주의 재림의 날에 티나 주름 잡히 없이 영화로운 교회로 서게 하려는 것이다."

10 기독교대한하나님의성회(여의도순복음총회)는 "교단교리"로 오중복음(중생의 복음, 성령충만의 복음, 신유의 복음, 축복의 복음, 재림의 복음)과 삼중축복(영혼이 잘되는 축복, 범사에 잘되는 축복, 강건하게 되는 축복)을 제정하고 있다(교단홈페이지 참조: www.agk.or.kr).

11 이상환, "능력주의적-사중복음 오순절주의,"『성령과 언어』오순절 신학총서 제2권,

복음신학대학원대학교(현, 건신대학교) 오순절 신학연구소 엮음(대전: ctw출판부, 2010), 91이하 참조: 오순절교단은 2010년 현재 90개 이상 나타나는데(위키피디아), 형태적으로는 크게 고전적 오순절주의·신오순절주의·오중복음과 사중복음 형태의 오순절주의·웨슬리적 성결주의적인 오순절주의·칼빈적 개혁주의적인 오순절주의로 구분될 수 있고, 신학적으로는 크게 "삼위적(trinitarian)·비 웨슬리언적(non-Wesleyan)과 비 삼위적(nontrinitarian)·웨슬리언적(Wesleyan)"으로 양분될 수 있다고 보고 있다.

12 Dale M. Yocum, 『기독교신조 대조: 칼빈신학과 알미니안 신학의 비교 연구』, 손택구 역(서울: 예수교대한성결교회 출판부, 1988), 42. 저자는 성결교와 장로교의 신학적 전통을 분명하게 구분하면서, 장로교화되어가는 성결교를 향하여, "지금이야말로 웨슬레적 메시지를 새롭게 해야 할 때이다! 성결의 부흥을 그 교리에서, 체험에서, 그리고 거룩한 생애에서 일으켜야 할 때는 바로 지금 이 때이다!"고 호소하고 있다. 조종남, 『요한 웨슬레의 신학』(서울: 대한기독교출판사, 1984); 한영태, 『웨슬레의 조직신학』(서울: 성광문화사, 1993); 서울신학대학교 성결교회신학 연구위원회, 『성결교회신학: 개신교복음주의 웨슬리안 사중복음』(서울: 기독교대한성결교회 출판부, 2007) 등을 참고하라.

13 John Fletcher, "Fourth Check to Antinomianism," *Works*, vol. 1(Salem, Ohio: Schmul Publishers, 1974), 270~271; 하도균, "웨슬리안 성령운동가로서의 플레쳐에 관한 연구," 「한국기독교신학논총」 70/1(2010. 7): 229~252, 239에서 재인용: "그리스도가 신자에게 성령과 불로서 세례를 주실 때 신자의 삶은 더 풍성하게 되고 또한 완전한 그리스도인이 된다."

14 서울신학대학교 글로벌사중복음연구소 편, 『재림: 19세기 성결 운동가들의 재림론』(서울: 동연, 2016): 장혜선, "윌리엄 갓비의 재림론," 13ff. 홍용표, "마틴 냅의 전천년 재림사상에 관한 연구," 161ff.

15 필자는 루터나 칼뱅 자신의 태도와 그의 정신을 이어받으면서 후대에 체계화된 루터주의나 개혁주의의 입장을 비교할 때 뿌리에서는 동일하나 여러 가지 이슈들을 다룰 때는 다른 점들이 많으므로 보다 정밀한 검토가 필요하다고 본다.

16 Donald Dayton, 『오순절 운동의 신학적 뿌리』, 조종남 역(서울: 대한기독교서회, 1993).

17 사중복음과 역사적 맥락에 대한 교회사 혹은 교리사적 연구는 다음을 참고하라: Russell P. Spittler(편), 『오순절 신학의 전망』, 이재범 역(서울: 나단, 1989); Donald Dayton, 『오순절 운동의 신학적 뿌리』, 조종남 역(서울: 대한기독교서회, 1993); Vinson Synan, 『세계 오순절 성결 운동의 역사』, 이영훈, 박명수 역(서울: 서울말씀사, 2000); Guy P. Duffield, N. Van Cleave, 『오순절 신학』, 임열수 역(서울: 성광문화사, 1992): 이 중에서 구원론, 성령론, 신유론, 및 종말론은 성결·오순절 교의학의 논의들과 대화의 폭이 넓은 편이다.

18 김홍기, "성 어거스틴 은총론이 종교개혁 신학에 미친 영향," 「신학과 세계」 34(1997): 54~124, 55. 아우구스티누스의 은총론 중에, '義認化 은총'은 마르틴 루터에게, '예정 은총'은 칼뱅에게, '선재적 은총'과 '성화 은총'은 웨슬리에게 영향을 미쳤다고 고찰한다.

19 웨스트민스터 신앙고백 11장 1절 "하나님께서는 유효하게 부르신 자들을 또한 값없이

의롭다고 칭하신다. 이는 그들에게 의를 전이함으로서 의롭다고 칭하시는 것이 아니라 (not by infusing righteousness into them)."

20　Augustine, "De Spiritu et Littera," *A Select Library of the Nicene and Post-Nicene Fathers of the Christian Church*, First Series, vol. V, 96. 김홍기, "성 어거스틴 은총론이 종교개혁 신학에 미친 영향," 65.

21　김홍기, "성 어거스틴 은총론이 종교개혁 신학에 미친 영향," 121.

22　Augustine, "De Spiritu et Littera," 96.

23　Alister E. McGrath, "'The Righteousness of God' from Augustine to Luther," *Studia Theologia*, 36(1982), 73. 김홍기, 72.

24　김홍기, "성 어거스틴 은총론이 종교개혁 신학에 미친 영향," 74. 아우구스티누스의 "영과 문자"와 관련된 마르틴 루터의 해석은 다음을 참고하라: Martin Luther, "Concerning the Letter and the Spirit," *Martin Luther's Basic Theological Writings*, ed. by Timothy F. Lull(Minneapolis: Fortress Press, 1989), 70~103.

25　Von Reinhart Staats, "Augustins 'De Spiritus et Littera' in Luthers reformatorischer Erkenntnis," *Zeitschrift fuer Kirchengeschichte*, 98(1987), 35. 김홍기 76.

26　김홍기, "성 어거스틴 은총론이 종교개혁 신학에 미친 영향," 81. 『갈라디아서 강해』(1517), 『독일신학』(루터 편, 1518), 『하이델베르크 논쟁』(1518), "두 종류의 의"(설교, 1519), 『히브리서 강해』(1519), 『기독자의 자유』(1520), 『선행론』(1520), 『마리아의 찬양』(1521), 『십계명 강해』(1528), 『신비적 예언자들에 대항하여』 등에서 발견된다.

27　이오갑, "한국 교회의 문제는 칭의론 때문일까? 한국 교회 칭의론 논쟁과 종교개혁의 관점," 「한국기독교신학논총」 100(2016): 163~191, 179: "칼뱅은 칭의론을 하나님(그리스도)과의 관계의 범주에서 보고 있으며, 법정적 해석은 오히려 거기에 필요한 또는 수반되는 것으로 여겼다." 루터 역시 같은 맥락에서 이해해야 함을 주장한다(180).

28　Alister E. McGrath, 『루터의 십자가 신학: 마르틴 루터의 신학적 돌파』, 김선영 역(서울: 컨콜디아사, 2015), 261.

29　이재룡, "토마스 아퀴나스의 은총과 자유," 「인간연구」 15(2008): 41~71, 56; *Summa Theologiae*, I~II, 113, 6.

30　Gordon Leff, Ulrich Bubenheimer, Martin Schmidt, "Augustin/ Augustinismus II~IV," TRE IV, 699~723.

31　Alan P. Sell, "Augustine versus Pelagius: A Cautionary Tale of Perennial Importance," *Calvin Theological Journal*, 12/2(Nov 1977): 117~143, 121.

32　James F. McCue, "Simul iustus et peccator in Augustine, Aquinas, and Luther: toward putting the debate in context," *Journal of the American Academy of Religion*, 48/1(Mar 1980): 81~96, 83.

33　Alfred Schindler, "Augustin/Augustinismus I," *Theologische Realenzyclopädie*(TRE), IV, hg. G. Krause, G. Müller(Berlin, New York: Walter de Gruyter, 1979): 645~698, 672.

34　Alfred, Schindler, "Augustin/Augustinismus I," 687.

35 홍용표, "마틴 웰스 냅의 생애와 사상," 『19세기 급진적 성결 운동 지도자들의 생애와 사상』 사중복음논총 제1권, 글로벌사중복음연구소 편(서울: 사랑마루, 2014), 12f.

36 Franz H. R. von Frank, *System der christlichen Gewissheit, Bd.* 1~2(Erlangen: Andreas Dreichert, 1870/1873), 1권, 95f(1~2권이 묶여 있음). 프랑크는 "기독교의 학적 체계(System der christlichen Gewissheit)"를 세우는 데 "중생과 회심으로 인하여 야기된 변화의 경험"의 중요성을 강조하고 있다. 그러나 화란의 개혁주의 신학자 헤르만 바빙크(Herman Bavinck)는 중생에 입각한 신앙 인식에서의 "확신"(Gewissheit)론 − 문자적 의미는 '확신'이지만, 현대적 개념으로 '학문'(Wissenschaft)으로 보아야 할 것이다 − 전개에 대해서 경험주의 신학이라 하여 일방적인 비판을 가하고 있다(차영배 편저, 『H. Bavinck의 신학의 방법과 원리: 신학서론』[서울: 총신대학출판부, 1983], 408~411). 그러나 성결·오순절 전통에서 볼 때, 19세기 네오-루터주의 운동을 주도하던 에어랑엔 학파의 중심인물인 프랑크(1827~1894)의 총 6권의 교의학은 성결·오순절 교의학 방법론을 수립하는 데 긍정적인 통찰력을 줄 수 있는 고전으로 평가된다: *System der christlichen Wahrheit, Bds.* 1~2(Erlangen: Andreas Dreichert, 1878/1880); *System der christlichen Sittlichkeit, Bds.* 1~2(Erlangen: Andreas Dreicher, 1884/1887).

37 아우구스티누스, "은혜와 자유의지에 대하여," 『아우구스티누스의 은혜론』, 김종흡 역(서울: 생명의 말씀사, 1990), 204: "계명을 지키는 사랑은 우리 자신에게서 나지 않고 하나님에게서 오는 것"이기 때문이다.

38 이런 면에서 성결·오순절 교의학의 해석학적 자리는 가톨릭의 토마스와는 다르다: "Zentraler Begriff ist für Thomas gratia habitualis"(Wolf-Dieter Hauschild, "Gnade IV," TRE 488). 아우구스티누스의 은총론에 이어 루터는 그의 종교개혁 사상에서 이 점을 분명히 한다. "Christliche Existenz ist im extra se der Heilstat Christi gegründet; darum wird die Gnade durch das Wort Gottes als Evangelium, als befreiende Zusage der Barmherzigkeit im Hören und Vertrauen angenommen. Das Evangelium von Jesus Christus ist Inbegriff der Gnade, weil es den gnädigen Gott verkündet(vgl. z. B. WA 10/I/2, 158, 20ff)."(TRE 490).

39 아우구스티누스, "은혜와 자유 의지에 대하여," 183.

40 아우구스티누스, "은혜와 자유 의지에 대하여," 186.

41 Louis Berkhof, 『조직신학(상)』, 권수경, 이상원 역(서울: 크리스챤 다이제스트, 1991), 198. 그가 다음과 같이 말한 것은 옳다: "믿음의 근거는 믿음의 내용과 같으며, 내용과 분리될 수 없는 것이다. 그러나 성령의 증거는 믿음의 효과적인 원인이다. 우리는 성경을, 성령의 증거 때문이 아니라 성령의 증거를 통해서 믿는다."

42 Louis Berkhof, 『조직신학(상)』, 192.

43 비교: Wolf-Dieter Hauschild, "Gnade IV," TRE 483: "Die antipelagianische Fassung der Gnadenlehre resultiert aus der pneumatologischen Interpretation des Begriffs gratia. Geist und Gnade sind eng aufeinander bezogen ⋯ Gegen Pelagius wird betont, daß die Gnade, die Jesus Christus gebracht hat, weder Natur noch Gesetz, sondern spiritus vivificans ist."

44 비교: J. Rodman Williams, 『오순절 조직신학』(Renewal Theology) 제3권, 박정렬, 이영훈 편역(군포: 순신대학교 출판부, 1995), 395ff: 저자는 성령세례를 예수 재림 이전에 있게 될 종말론적인 징조들 가운데 첫 번째로 중시한다. 성령세례와 예수의 재림은 연속적인 사건으로 이해된다: "성령의 나타나심은 '내세의 능력'(히 6:5)이라고 묘사될 수 있으므로, 이러한 능력들의 체험이야말로 다가선 내세에 대한 생생한 느낌을 일으킬 수 있는 것이다."(397쪽). 재림이 가까울 때 성령세례가 주어지는 세 가지 이유로, 1) 신자들이 말세에 사단의 강화된 활동들과 악한 세력들에 맞서 싸우기 위함(딤전 4:1), 2) 장차 올 시험을 견딜 용기와 지혜를 공급하기 위함(막 13:11), 3) 복음 선포의 능력을 부여하기 위함(마 24:14)이다.

45 Cf. Dale T. Irvin, "'Drawing All Together in One Bond of Love': The Ecumnenical Vision of William Seymour and the Azusa Street Revival," *Journal of Pentecostal Theology* 3, no. 6 (1995): 25~53, 41: "The voice of the Holy Spirit … early Pentecostals believed, was accompanied by a new eschatological baptism of love that would unite Christians beyond denominationalism founded on such creed."; *Amos Yong, Spirit of Love: A Trinitarian Theology of Grace*(Waco: Baylor University Press, 2012), 65에서 재인용.

46 Guy P. Duffield, N. M. Van Cleave, *Foundations of Pentecostal Theology*(Los Angeles: L.I.F.E. Bible College, 1983), 224.

47 Duffield, Van Cleave, ibid., 229.

48 Steven Jack Land, *Pentecostal Spirituality: A Passion for the Kingdom*(Cleveland: CPT, 2010), 6.

49 Steven Jack Land, *Pentecostal Spirituality: A Passion for the Kingdom*, 18.

50 Simon Chan, *Spiritual Theology: A Systematic Study of the Christian Life* (Downers Grove: IVP, 1998), 37. 그는 이 같은 이론을 가톨릭 신학자 Donald Gelpi, "Two Spiritual Paths: Thematic Grace vs. Transmuting Grace, Part 1," *Spirituality Today* 35, no. 3(Fall 1983): 241~255; Part 2: *Spiritual Today* 35, no. 4 (Winter 1983): 341~357에서 가져옴.

51 Simon Chan, *Spiritual Theology: A Systematic Study of the Christian Life*, 30.

15장

1 기독교대한감리회 편, 『교리와 장정』(서울: 기독교대한감리회, 1996년), 34~36 참조.

2 『교리와 장정』 제1장 전권위원회 제1절.

3 심광섭, "한국 감리교회 선교신학에 관한 연구," 「세계의 신학」 33(1996, 겨울), 193f.

4 이정배, "감리교 교육과정을 위한 신학적 기초," 「신학과 세계」 31(1995, 12), 68.

5 유동식, 『한국감리교회의 역사 1884~1992』(서울: 기독교대한감리회, 1994), 145~152. 이러한 두 신학적 흐름을 형성하는 데 있어서 중요한 역할을 한 초기 감리교 선교사로 활동한 아펜젤러, 스크랜튼, 및 존스의 사상에 대해서 유동식은 "체험적 복음주의," "땅에서 이루어진 하늘나라," "구원의 완성인 영생에 대한 확신" 으로 정리하고 있다.

6　김영선, 『존 웨슬리와 감리교 신학』(서울: 대한기독교서회, 2002), 5.
7　『기독교조선감리회 제1회 총회록』(서울: 총리원교육국, 1931), 29. 1930년 12월 2일 오전 10시에 협성신학교에서 기독교한국감리회 제1회로 소집된 총회에서 웰취(Herbert Welch) 감독이 한국 교회 신학자의 협조를 얻어서 기초했던 교리적 선언에 대하여 제3일째인 12월 4일에 축조심의했다. 그리고 다음날 니콜슨(T. Nicolson) 감독의 사회로 "성신의 잉태와 십자가 보혈의 속죄와 부활 승천과 최후의 심판"이라는 조항을 삽입하자는 장시간의 논의가 있었으나 부결되고 최종적으로 8개 조항만 결의를 보게 되었다.
8　이정배, "한국 교회와 웨슬리정신과 신학," 「기독교타임즈」(2002. 2. 21) (www.kmctimes.com).
9　김진두, 『웨슬리와 우리의 교리: 초기 메토디스트 교리 연구(개정판)』(서울: KMC, 2009), 424.
10　김진두, 『웨슬리와 우리의 교리: 초기 메토디스트 교리 연구(개정판)』, 423 (부록, "한국 감리교회의 교리적 선언," 1930).
11　김영선, 『존 웨슬리와 감리교 신학』, 29~34; 조종남, 『요한 웨슬레의 신학』(서울: 대한기독교출판사, 1984), 30.
12　민경배, 『한국기독교회사』(서울: 연세대학교출판부, 1993), 419; 유동식, 『한국감리교회의 역사 1884~1992』, 517쪽에서 재인용.
13　개인적 성화신학은 한국 교회의 토착적 신비적 영성 운동가로서 자리한 시무언 이용도의 삶과 사상 가운데서 뚜렷이 확인할 수 있다. 2001년 탄생 100주년을 기해 이용도는 한국 교회사상 최고의 영성 운동가로서, 민족 독립의 문제를 종교적으로 승화시킨 애국자로서, 서구 기독교에 의해 강요된 오리엔탈리즘을 벗어 낸 토착적 한국적 신학자로서 그리고 가부장적 기독교를 모성적으로 재구성한 여성 신학자로서 새롭게 평가되고 있다. 이정배, "한국 교회와 웨슬리 정신과 신학."
14　『교리와 장정』, 제2장, 제4절.
15　김홍기, "존 웨슬리의 사회적 성화와 희년사상," 김홍기 외 3인 공저, 『존 웨슬리의 역사신학적 조명』(서울: 감리교 신학대학교출판부, 1995), 302.
16　참조, (1) 박순경의 민족과 통일신학에 관해서는, 『한국민족과 여성신학의 과제』(서울: 대한기독교서회, 1983); 『하나님 나라와 민족의 미래』(서울: 대한기독교출판사, 1984); 『민족통일과 기독교』(서울: 한길사, 1986); 『통일신학의 미래』(서울: 사계절, 1997); 『민족화해와 평화의 새 패러다임: 민족신학』(서울: 한국기독교연구소, 1999). (2) 조화순의 삶과 사상에 관해서는, 『고난의 현장에서 사랑의 불꽃으로: 조화순 목사의 삶과 신학』한국여신학자협의회 여성신학자연구반 편(서울: 대한기독교서회, 1992); 『낮추고 사는 즐거움』(서울: 도솔, 2005); "산업선교를 위한 교회의 과제," 「기독교사상」 215(1976), 111~118; "조화순 목사의 북한 기행," 「기독교사상」(1992. 10~12), 406~408; 김정숙, "조화순 목사의 설교 신학: 경계를 어우르는 신학," 「한국조직신학논총」 15(2005), 309~328. (3) 김창준의 삶과 사상에 관해서는, "맑스주의와 기독교," 「감리교와 역사」 7(1990), 15~20; 유영렬, 『기독교 민족사회주의자 김창준 유고』(서

울: 숭실대학교 한국기독교 박물관, 2011); 한진희, "김창준의 생애와 신학사상 연구," (감리교 신학교 대학원 석사학위논문, 2006); 서홍인, "해방 후 국가 건설과 기독교인들의 활동 연구: 이승만과 김창준을 중심으로,"(감리교 신학대학교 대학원 석사학위논문, 2009). (4) 손정도의 생애와 사상에 관해서는, 김창수,『해석 손정도의 생애와 사상 연구』(서울: 넥세스, 1999); 이덕주, "통일 이후 한반도 신학 모색: 손정도의 기독교 사회주의를 중심으로,"「신학과 세계」66(2009), 108~147; 이덕주, "기독교 신앙과 민족 운동: 손정도 목사를 중심으로,"「세계의 신학」46(2000), 184~225. (5) 전덕기의 민족과 신앙관에 관해서는,『일하며 건져 올린 내 삶의 은빛 모래』(서울: 동방기획, 1996);『그 땅으로 가는 길』(서울: 마을, 1996);『전덕기 시전집』(서울: 신지성사, 2003); 송길섭,『민족운동의 선구자 전덕기 목사』(서울: 성동교회 역사편찬위원회, 1979); 임용택, "전덕기의 신앙관과 민족의식 고찰"(감리교 신학교 대학원 석사학위논문, 1990).

17 『교리와 장정』, 제2절.
18 '토착화'라는 용어를 제일 먼저 사용된 곳은「기독교 사상」1961년 12월호에 실린 장병일의 "단군 신화에 대한 신학적 이해: 창조 설화의 토착화 소고"라는 글에서였다. 그의 스승인 감리교 신학교의 교수 유동식은 토착화의 개념을 "복음의 토착화와 한국에 있어서의 선교적 과제"(감신학보, 1962. 10월)라는 글로 정리하기 시작하였다. 그리고 이 논문이 토착화 신학 논쟁의 발단이 되었다.
19 변선환아키·동서신학연구소 편,『제3세대 토착화 신학』(서울: 도서출판 모시는 사람들, 2010), 285~287.
20 김영명,『정경옥 한국 감리교 신학의 개척자』(서울: 출판사 살림, 2008), 100.
21 이정배, "한국 교회와 웨슬리 정신과 신학," www.kmctimes.com.
22 『제3세대 토착화 신학』, 268~270. 문화적 민족주의의 지향점은 (1) 시민 개인의 사적 가치와 궁극적 공동체성의 통합을 지향하며, 민주적 가치를 기본전제로 한다. (2) 소수자 내지 약자의 보호를 지향한다. (3) 도덕적 공동체성을 강조한다. (4) 전통과 근대성을 대립이나 모순으로 생각하지 않는다. 이정배,『한국개신교 전위 토착신학 연구』(서울: 대한기독교서회, 2003), 80~82.
23 Daniel D. Whedon, "Quarterly Book-Review," *Methodist Quarterly Review*(1874), 492.『성결교회신학』, 131쪽에서 재인용.
24 S. B. Shaw (ed), *Echoes of the General Holiness Assembly*(Chicago: S. B. Shaw, 1901), 29~30.『성결교회신학』, 131쪽에서 재인용.
25 만국성결교회는 후에 웨슬리안 감리교회(The Wesleyan Methodist Church)와 연합하여 웨슬리안교회(The Wesleyan Church)가 되었다. 이와 관련한 자세한 문헌소개는 다음을 참조,『성결교회신학』, 99.
26 성결교회의 재림사상에 대해서는 다음을 참조, 목창균,『성결교회 교리와 신학』(서울: 대한기독교서회, 2012), 235ff.
27 이명직,『조선예수교 동양선교회성결교회약사』(경성: 조선예수교 동양선교회성결교회 이사회, 1929), 10.

28 오톤 와일리·폴 컬벗슨,『웨슬리안 조직신학』, 전성용 역(서울: 도서출판 세복, 2002), 36ff.
29 조종남,『요한 웨슬레의 신학』(서울: 대한기독교출판사, 1988), 207~208.
30 김성원,『웨슬리안 성결신학』(서울: 물가에심은나무, 2011), 28ff.
31 Chang Hoon Park, "The Theology of John Wesley as Checks to Antinomianism,"(Ph.D. diss. Drew University, 2002), Chap. 5.
32 참조, 최인식, "성령세례의 신학적 의의에 대한 고찰: 마틴 냅(M. Knapp)과 윌리엄 갓비(W. Godbey)를 중심으로,"「한국조직신학논총」33(2012), 37~73.
33 Phoebe Palmer, *Way of Holiness*(New York: Palmer & Hughes, 1867), 65, 135~136.
34 『성결교회신학』, 39; 이상훈, "이명직 박사의 성서이해와 해석(II),"「활천」402(1983), 50~53. 성결교회 신학계 내에서는 사중복음이 성결교회신학을 담을 수 없기 때문에 '전도표제'의 수준으로 한정해야 한다는 주장도 여전히 존재한다. 참조, 조종남,『사중복음의 현대적 의의: 사중복음-온전한 복음』(서울: 대한기독교서회, 2009).
35 『성결교회신학』, 57.
36 사중복음 신학이 전개하는 중생·성결·신유·재림의 신학에 대한 핵심적 요약은 아래를 참조,『성결교회신학』, 58f.
37 본고에서는 웨슬리 신학 외에 토착화 신학과 사중복음 신학만을 대표적으로 선정하여 논의의 주제로 삼았지만, 두 교단의 신학이 이 주제들에만 집중하는 것은 아님은 확실하다.
38 한영태,『그리스도인의 성결』(서울: 성광문화사, 1995);『삼위일체와 성결』(서울: 성광문화사, 1992).
39 이후정, "존 웨슬리의 생애와 사상,"『웨슬리와 감리교 신학』(서울: 감리교신학대학교 출판부, 1999), 17.
40 조종남,『웨슬리의 갱신운동과 한국 교회』(서울: 대한기독교서회, 2006), 19.
41 성백걸, "한국 감리교회의 역사와 신학,"『웨슬리와 감리교 신학』한국웨슬리 신학회 편 (서울: 감리교신학대학교출판부, 1999), 281, 285. 한국의 감리교는 교역자 양성을 위해 이미 1910년에 신학을 가르치는 감리교협성 "신학교(Theological Seminary)"를 설립하였고, 미국의 밴더빌트(Vanderbilt)와 예일(Yale)에서 신학을 전공한 양주삼, 협성신학교장 하디, 개렛(Garret)과 노스웨스턴(North Western)에서 신학을 전공한 정경옥 등은 이미 1930년 전후해서 "신앙에서는 보수요, 신학에서는 자유주의 입장"으로 성경 연구에 역사비평학을 받아들이는 진보적 전통을 수립하였다. 반면에 성결교 신학은 19세기 자유주의신학을 수용한 미국 감리교에 대한 비판적 태도를 취하고 학문적 이성에 의한 신학 활동보다는 영적 경험에 기초한 복음 전파와 영혼의 구원에 초점을 맞추었다. 성결교는 1911년에 경성 "성서학원(Bible Institute)"을 세운 후, 1940년에 가서야 경성신학교란 이름을 붙였지만 그 교과내용은 성서학원과 큰 차이가 없었다가 미국 에모리(Emory)에서 웨슬리 신학을 전공한 조종남 박사가 1968년 서울신학대학의 학장으로 취임한 후 신학적 훈련이 본격적으로 이루어지기 시작했다. 그러나 역사비평방법을 적극적으로 소화하여 신학훈련 과정에 도입한 것은 1990년대에 들어와

서부터라 할 수 있다.

42 변선환,『제3세대 토착화 신학』, 아키브 동서신학연구소 편(서울: 도서출판 모시는 사람들, 2010), 285~287.
43 성백걸, "한국 감리교회의 역사와 신학," 278.
44 『탁사 최병헌 목사의 생애와 신학』 아펜젤러·최병헌 목사 탄생 150주년 기념사업위원회 편(서울: 정동삼문출판사, 2008), 145ff. 이정배는 "종교간 대화의 시각에서 본 다산과 탁사"에서 다음과 같은 비판적 평가를 내린다: "기독교의 모형변이 자체가 시도되는 현실에서 탁사의 종교변증론은 더 이상 타당치 않다"(145). "성령으로 인한 동정녀 탄생, 십자가의 대속적 죽음, 삼위일체론과 같은 정통교리로서 전혀 이질적인 유교적 신념체계를 설득하는 탁사의 변증은 무모했다"(163). "육체로부터 분리된 영혼의 강조는 탁사로 하여금 그리스도의 영적 재림론(천년왕국설)에 몰두하게 만들었다. 현실과의 치열한 만남을 원했으나 자기모순에 빠져 반대의 결과를 낳았던 것이다"(166). 심광섭도 "탁사 최병헌의 비교종교론적 기독교 토착화 신학"이라는 글에서 "그(탁사)는 유학의 가르침과 기독교의 교리에 대한 엄정한 탐구를 통해 기독교 신앙 체험과 그리스도 사건을 유교적으로 해석하기보다 전도를 위해 교리를 취사선택하여 자신의 입장에서 비교하여 타종교 교리의 약점을 드러내고, 그 위에 기독교 교리를 보충하거나 덧붙인다는 한계를 노출한다"(234). "신앙의 내용(fides quae) 면에서 볼 때 그의 신앙 이해는 국한문 혼용으로 번역된 비교종교론적 케리그마(Kerygma) 신학이라는 평가가 더 적절하다고 본다. 탁사의 신학은 비교종교론적 변증신학이 아니라 비교종교론적 케리그마 신학으로서 토착화 신학이다"(247). 이와 같은 평가들에 대해 이세형은 "『성산명경』에 나타난 탁사 최병헌의 기독교변증신학과 현대 신학의 과제"라는 글에서 "최병헌의 신앙 이해가 토착적인가라는 비판적 질문으로 최병헌의 한계를 지적하였던 심광섭의 평가는 기독교 선교 초기의 변증신학자와 현재의 토착신학적 입장이라는 시대적 차이 때문에 공평해 보이지 않는다"고 보다 적극적으로 보기를 주장한다(203). 이세형은 감리교 교회사가 이덕주와 함께 오히려 "『성산명경』에 암시된 대로 최병헌 자신의 종교적 체험에 기초한 영적 사건을 한국적 다종교의 토양에서 신학적으로 풀어냈다는 점에서 토착화 신학이라 할 수 있다"고 주장한다(206). 참조, 이덕주, "초기 한국 교회 토착신학 영성—최병헌과 정경옥의 신학과 영성을 중심으로," 「신학과 세계」 제53호(여름호), 202.
45 이정배, "종교간 대화의 시각에서 본 다산과 탁사."
46 이정배,『한국개신교 전위 토착신학 연구』(서울: 대한기독교서회, 2003), 80~82.
47 Misaeng Lee Choi, *The Rise of the Korean Church in Relation to the American Holiness Movement: Wesley's "Scriptural Holiness" and the "Fourfold Gospel"* (Lanham: Scarecrow Press, 2008), 104.
48 정상운,『성결교회와 역사연구(V)』(서울: 한국복음서간행회, 2004), 42.
49 이상훈, "사중복음은 심각한 신학이다," 「서울신학대학보」 71(1986);『성결교회신학』, 39.
50 성기호, "새천년 '성결' 신학의 역할과 전망,"『성결한 신앙과 신학』은천 성기호 박사

60회 생신 기념문집 편찬위원회 편 서울: 성광문화사, 2000), 32ff.
51 김성영, "은천 성기호 박사의 사중복음론의 특징," 『성결한 신앙과 신학』, 79.
52 "기독교대한성결교회 창립 100주년 신학선언문," 『성결교회신학』, 1221, 1223.
53 박명수, "19세기 후반의 웨슬레안 성결 운동과 감리교회," 「활천」 (1995. 4), 94ff.
54 *Manual of the International Apostolic Holiness Church*(Cincinnati, Ohio: God's Revivalist Press, 1914), 5f. 사중복음을 강조하게 되었던 이유와 목적에 대해 크게 네 가지로 요약될 수 있다. 즉, 첫째, 성결 운동 가운데 신유와 재림과 세계 복음화와 같은 성경의 건전한 교리들(blessed Bible doctrines)을 제거하려는 교회주의자들에 대항하여 "완전한 복음(Full Gospel)"을 참되게 지키고, 전 세계에 참되게 전파하는 일을 지속해야 한다는 것, 둘째, "타락한 교회주의(decadent ecclesiasticism)"와 프로테스탄티즘을 약화시키는 "버겁고 복잡한 교회주의(cumbersome ecclesiasticism)"를 극복해야 한다는 것, 셋째, 사도들의 실천과 방법과 능력을 최대한 계승해야 한다는 것, 그리고 넷째는 궁극적으로 그리스도의 말씀을 신앙과 실천의 규칙으로 삼아 최고의 리더인 그리스도를 따라야 한다는 것이다.
55 최인식, "성결교회의 뿌리: 사중복음의 정신을 찾아서," 「서울신학대학교 신학대학원 2012년도 종교개혁 기념강좌」 (2012. 10. 26), 1~25.
56 김홍기, 『감리교회사: 영국과 미국을 중심으로 웨슬리에서 아펜젤러까지(1725~1885)』 (서울: KMC, 2003), 493.
57 존 웨슬리, 『기독자의 완전에 대한 해설』, 조종남 역(서울: 한국복음문서간행회, 1996), 55, 92.

16장

1 통전적 성령론의 필요성은 몰트만(J. Moltmann)이 제기하였다. 그는 성령론을 다룬 그의 책 『생명의 영』(*Der Geist des Lebens*)(1991)의 부제를 "통전적 성령론(eine ganzheitliche Pneumatologie)"이라 붙인 바와 같이, 통전적 성령론의 필요성을 깊이 인식하고 있었다. 한국 개혁주의 전통에서는 김명용이, 그리고 성결·오순절 전통에서는 배본철이 통합적 성령론을 주장하였다. 김명용은 몰트만이 시도했던 바와 같이 '육체와 영혼,' '개인과 사회,' '인간과 전체세계'를 함께 아우를 수 있는 성령론을 요청한다. 김명용은 "성령론의 바른 길"로 성령을 개인 구원과 더불어 '성령과 하나님 나라'의 관계성을 밝히고 있다(김명용, "개혁교회의 성령론과 오순절 교회의 성령론," 「장신논단」 15 [1999.12], 238). 개혁신학 전통의 김명용 이후 "통전적 성령론(Holistic Pneumatology)"의 필요성을 재차 강조하고 나선 학자는 웨슬리안 신학 전통의 역사학자인 배본철이다. 그의 글 "한국 오순절 성령운동의 역사와 전망: 성령론 논제들의 발생과의 연관성," 「영산신학저널」 29 (2013): 7~56을 참조하라.
2 변선환, "Lycurgus M. Starkey, Jr, 성령의 역사: 웨슬레 신학의 한 연구," 「신학과 세계」 7 (1981.10): 431~438.
3 변선환, "Lycurgus M. Starkey, Jr, 성령의 역사: 웨슬레 신학의 한 연구," 438.

4 김영선,『존 웨슬리와 감리교 신학』(서울: 대한기독교서회, 2002), 264~279.
5 김영선,『존 웨슬리와 감리교 신학』, 281; Howard Watkin-Jones, *The Holy Spirit from Arminius to Wesley: A Study of Christian Teaching Concerning the Holy Spirit and His Place in the Trinity in the Seventeenth and Eighteenth Centuries*(London: The Epworth Press, 1929), 316; *Sermon*(Sugden), vol. 2, 345, 358~359.
6 김영선,『존 웨슬리와 감리교 신학』, 292.
7 이후정, "성령론,"『웨슬리와 감리교 신학』, 한국웨슬리 신학회 편(서울: 감리교 신학대학교출판부, 1999), 117~141.
8 이후정, "성령론,"『웨슬리와 감리교 신학』, 118 각주 참조: Albert C. Outler, "A Focus on the Holy Spirit: Spirit and Spirituality in John Wesley," *Quarterly Review* 8:2 (1988), 3~7.
9 마카리우스,『신령한 설교』, 이후정 역(서울: 은성, 1993), 124 (XV.25).
10 이후정, "성령론,"『웨슬리와 감리교 신학』, 120.
11 이후정, "성령론,"『웨슬리와 감리교 신학』, 121.
12 마카리우스,『신령한 설교』, 189 (XXVI.2); 이후정, "성령론,"『웨슬리와 감리교 신학』, 123.
13 이후정, "성령론,"『웨슬리와 감리교 신학』, 130.
14 리커쿠스 스타키,『존 웨슬리의 성령신학』, 김덕순 역(서울: 은성, 1994), 270 이하; 이후정 "성령론,"『웨슬리와 감리교 신학』, 138.
15 이후정, "새 창조의 영: 존 웨슬리의 성령론적 신학,"「신학과 세계」 29 (1994.12), 101.
16 John Wesley, *Christian Library: Consisting of Extracts and Abridgments of the Choicest Pieces of Practical Divinity, Which Have Been Published in the English Tongue*(London: T. Cordeux for T. Blanshard, 1819), vol. I, 69-71; 이후정, "새 창조의 영: 존 웨슬리의 성령론적 신학," 102. 웨슬리는 마카리우스를 칭하여 "신적 은총의 천상적 향기로 (맛들여진)… 거룩한 자비의 그릇"이라 하였고, 그의 설교에 대해서는 "확연히 볼 수 있는 것은 풍부하고 지고하며 고매한 경건의 맥인데, 완벽하게 진지하고 침착하며, 감상적이지 않을뿐더러, 자연스럽고 생생하지만, 전혀 진술하고도 심원한 것이다"라고 평가했다.
17 김홍기, "성 어거스틴 은총론이 종교개혁 신학에 미친 영향,"「신학과 세계」 34 (1997.6): 54~124, 73.
18 김홍기, "성 어거스틴 은총론이 종교개혁 신학에 미친 영향," 108.
19 비교, 김홍기, "성 어거스틴 은총론이 종교개혁 신학에 미친 영향," 111. John Wesley, "Justification, Assurance and Sanctification,"(Minutes of Some Late Conversation 1744~1747), *The Works of John Wesley*, vol. 8 (Peabody: Hendrickson Publishers, 1986); John Wesley, *A Plain Account of Christian Perfection*(London: Epworth Press, 1960), 33쪽을 참조하라.
20 "웅녀의 신학(Lady-Bear Theology: the Holy Spirit and the Integrity of Creation)"이라는 논문은 박종천이 '세계감리교 전도세미나 (1989)'에서 발표한 것이다. 박종천,『상생의 신학』(서울: 한국신학연구소, 1991), 195~220.
21 박종천,『상생의 신학』, 196.
22 Rosemary R. Ruether, *Mary: The Feminine Face of the Church*(Philadelphia: The

Westminster Press, 1977), 71ff; 박종천, 『상생의 신학』, 202.
23 박종천, 『상생의 신학』, 198-205.
24 J. Moltmann, *God in Creation*, tr. by M. Kohl(London: SCM, 1985), 14; 박종천, 『상생의 신학』, 205. "천지의 창조주 하나님은 그의 우주적 영을 통해 그의 피조물들 하나 하나에 현존하며, 피조물들이 나누고 있는 창조의 친교 속에 현존한다."
25 Elisabeth Moltmann-Wendel & J. Moltmann, *Humanity in Gott*(London: SCM, 1983), 103; 박종천, 『상생의 신학』, 206.
26 G. Wainwright, *The Ecumanical Movement*(Grand Rapids: Wm. B. Eerdmans, 1983); 박종천, 『상생의 신학』, 207.
27 박종천, 『상생의 신학』, 208.
28 박종천, 『상생의 신학』, 209.
29 이정배, 『조직신학으로서의 한국적 생명신학』(서울: 도서출판 감신, 1996), 332~388.
30 이정배, 『조직신학으로서의 한국적 생명신학』, 388.
31 이정배, 『신학의 생명화, 신학의 영성화』(서울: 대한기독교서회, 1999), 123~125.
32 이정배, 『하나님의 영은 불고 싶은 대로 분다: 성령의 시대, 생명신학』(서울: 한들, 1999), 110이하.
33 이정배, 『하나님의 영은 불고 싶은 대로 분다: 성령의 시대, 생명신학』, 114f.
34 이정배, 『하나님의 영은 불고 싶은 대로 분다: 성령의 시대, 생명신학』, 116; Leonardo Boff, *Trinity and Society*, trans. Paul Burns (Maryknoll: Orbis, 1988), 195f 참조.
35 이정배, 『하나님의 영은 불고 싶은 대로 분다: 성령의 시대, 생명신학』, 117. 몰트만이 창조의 영을 다루고 있으나, 성령의 모든 활동은 오로지 그리스도 안에서만 상대적 자존성을 얻는다고 함으로써 성령론보다는 기독론의 지평만을 확대하고 있다고 이정배는 비판한다. 참조: J. Moltmann, *Der Geist des Lebens: Eine ganzheitliche Pneumatologie* (München: Kaiser Verlag, 1992), 10.
36 이정배, 『하나님의 영은 불고 싶은 대로 분다: 성령의 시대, 생명신학』, 120.
37 이정배, 『하나님의 영은 불고 싶은 대로 분다: 성령의 시대, 생명신학』, 132.
38 참고: 배본철, 『개신교 성령론의 역사』(안양: 성결대학교출판부, 2003); 박명수, 『한국 교회 부흥 운동 연구』(서울: 한국기독교역사연구소, 2003).
39 한국에 사중복음을 전파한 카우만, 길보른 등은 '하나님의 성서학원'의 교수였던 마틴 냅과 윌리엄 갓비로부터 받은 성령세례의 신학적 전통을 찾아볼 수 있다: 최인식, "성령세례의 신학적 의의에 대한 고찰 마틴 냅(M. Knapp)과 윌리엄 갓비(W. Godbey)를 중심으로," 「한국조직신학논총」 33 (2012): 37~73, 오성욱, "만국성결교회 (International Holiness Union, 1897) 전통의 성령세례 이해: 마틴 냅(Martin Wells Knapp)과 윌리엄 갓비(William B. Godbey)를 중심으로," 「영산신학저널」 35 (2015): 41~76을 참고하라.
40 성결교회에 웨슬리 신학의 전통을 적극적으로 소개한 지도자는 조종남, 이성주, 한영태 등이다: 조종남, 『요한 웨슬레의 신학』(서울: 대한기독교서회, 1994); 이성주, 『웨

슬리 신학』(서울: 다니엘출판사, 1991); 한영태, 『웨슬레의 조직신학』(서울: 성광문화사, 1993).

41 전성용, 『성령은 누구인가: 삼위일체론적 성령론』(서울: 세복, 2007), 298ff.
42 전성용, 『성령은 누구인가: 삼위일체론적 성령론』, 301.
43 전성용, "성령의 역사(歷史)," 「신학과 선교」 31(2005): 1~16, 12.
44 전성용, 『성령은 누구인가: 삼위일체론적 성령론』, 344.
45 김태구, "성결과 성령세례," 『온전한 구원, 거룩한 생활』, 김태구 목사 설교 출판위원회 편 (서울: 세복, 2009), 381.
46 김태구, "성결과 성령세례," 382.
47 이명직, "성령세례," 『이명직목사전집』 제4권 (부천: 서울신학대학교출판부, 2011), 273.
48 이명직, "성령세례," 275.
49 이명직, "물세례와 성령세례," 286.
50 민경배, "이성봉 목사의 부흥 운동 재조명," 『이성봉 목사의 부흥 운동 조명』 이성봉 목사 탄신 100주년 기념 회고록 및 학술 논문집(서울: 생명의 말씀사, 2000), 187.
51 정인교, 『이성봉 목사의 생애와 설교: 그의 부흥 설교에 대한 설교학적 분석』(부천: 성결신학연구소, 1998), 37~69. 정인교는 이성봉의 생애를 크게 제1기: 소명을 위한 몸부림(1900~1924), 제2기: 목회자의 모범을 보여준 시기(1925~1937), 그리고 제3기: 부흥목사로 활동한 시기(1937~1963)로 구분하고 있다. 특별히 이성봉의 부흥 사역에 대한 소개는 47쪽을 참고하라.
52 조용기, "이성봉 목사의 사역 속에 나타난 성령," 『이성봉 목사의 부흥 운동 조명』, 423ff. 조용기 목사가 이성봉 목사에 대한 깊은 관심을 두게 된 것은, 장모 최자실 목사가 예수를 영접한 것이 바로 이성봉 목사의 평양 부흥성회 때였다는 가정사적 관련성(최자실, 『나는 할렐루야 아줌마였다』[서울: 서울말씀사, 1999], 20~25)과 더불어, 목회자로서의 조용기에게 이성봉 목사는 "존경의 대상"이었기 때문이다(조용기, 423).
53 조용기, 앞의 글, 424.
54 이성봉, 『말로 못하면 죽음으로』(서울: 기독교대한성결교회출판부, 1985), 73; 조용기, 앞의 글, 425.
55 조용기, "이성봉 목사의 사역 속에 나타난 성령," 425.
56 조용기, "이성봉 목사의 사역 속에 나타난 성령," 426~428.
57 조용기, "이성봉 목사의 사역 속에 나타난 성령," 428.
58 성기호, "사중복음과 이성봉 목사의 부흥 운동," 『이성봉 목사의 부흥 운동 조명』, 285; 필자의 강조.
59 성기호, "사중복음과 이성봉 목사의 부흥 운동," 285. 이에 대한 일화로, 평양 노회 집회를 허락받기 위해 어느 교회 담임목사가 형사부장을 초대하여 그에게 식사 대접하고 담배 한 갑을 넣어주며 청탁한 일에 대해 "차라리 교회를 헤쳐 버리고 목사 노릇을 그만두더라도 그럴 수는 없습니다"라고 불의한 일에 대해 단호하게 행동한 이야기가 있다(이성봉, 『말로 못하면 죽음으로』[서울: 생명의 말씀사, 1993], 90; 성길호, 285).

60 성기호, "사중복음과 이성봉 목사의 부흥 운동," 285.
61 박명수, "이성봉 목사의 생애와 부흥 운동,"『이성봉 목사의 부흥 운동 조명』, 228.
62 이성봉, "난관의 타개책,"「활천」(1936. 7), 30; 박명수, "이성봉 목사의 생애와 부흥 운동," 228쪽에서 재인용.
63 성결교회역사와 문학연구회 편, "이성봉,"『성결교회 인물전』(서울: 일정사, 1990), 105; 박명수, "이성봉 목사의 생애와 부흥 운동," 254쪽 참조.
64 박명수, "이성봉 목사의 생애와 부흥 운동," 254.
65 조용기, "이성봉 목사의 사역 속에 나타난 성령," 425. "이성봉 목사님이 많은 전도와 사역을 한 것은 그가 말한 '불세례'의 체험, 곧 성령의 뜨거운 세례가 있었기 때문이라 본다 … 이 성령의 역사를 뒤로 한 어떤 시도도 복음 전파에는 아무런 도움이 되지 않는다는 것을 우리는 알아야 한다."
66 정인교,『이성봉 목사의 생애와 설교』, 120.
67 이성봉,『부흥설교 진수』이성봉 목사 저작전집 제2권(서울: 생명의 말씀사, 1985), 29.
68 이성봉,『부흥설교 진수』, 42.
69 이성봉,『부흥설교 진수』, 42.
70 이성봉,『부흥설교 진수』, 43~66.
71 Young-Hoon Lee, "The Holy Spirit Movement in Korea: Its Historical and Doctrinal Development"(Ph.D diss., Temple University, 1996): 146. 참조: 배본철, "한국 오순절 성령운동의 역사와 전망: 성령론 논제들의 발생과의 연관성,"「영사신학저널」29(2013), 9.
72 명성훈,『교회성장과 성령: 여의도순복음교회의 성령역사를 중심으로』(서울: 서울서적, 1992), 36.
73 Young-Hoon Lee, "The Korean Holy Spirit Movement in Relation to Pentecostalism," *Asian and Pentecostalism: The Charistmatic Face of Christianity in Asia*, ed. Allan Anderson and Edmond Tang(Oxford: Regnum Books International, 2005), 515; Yung Hu Choi, "Yonggi Cho's Influence on Pentecostal Theology in Korea," Global Pentecostal and Charismtic Studies, ed. William K. Kay and Mark Cartledge, *Asia Pacific Pentecostalism* vol. 31(Leiden: Koninklijke Brill NV, 2019), 38.
74 배본철, "한국 오순절 성령운동의 역사와 전망: 성령론 논제들의 발생과의 연관성," 15. 개혁주의 전통에 속한 자들에는 A. J. Gordon, A. B. Simpson, Asa Mahan, D. L. Moody, R. A. Torrey 등이 있으며, 웨슬리안 전통에는 Phoebe Palmer, A. M. Hills, H. C. Morrison, Martin W. Knapp 등이 있다.
75 Arthur Judson Brown, *Mastery of the Far East: The Story of Korea's Transformation and Japan's Rise to Supremacy in the Orient*(New York: Fleming Revell, 1929), 528; 배본철, "한국 오순절 성령운동의 역사와 전망," 19.
76 Horace G. Underwood, *The Call of Korea*(New York: Fleming Revell, 1908), 6; 배본철, "한국 오순절 성령운동의 역사와 전망," 19쪽에서 재인용.
77 조용기,『5중복음과 삼박자 축복』(서울: 영산출판사, 1983), 92 (이하 FG로 표기함).

78　FG, 93.
79　FG, 94~97. 조용기, 『성령론』 (서울: 영산출판사, 1976), 49ff. 여기에서는 하나님의 영, 그리스도의 영, 그리고 보혜사로서의 성령을 말한다.
80　FG, 99.
81　FG, 105.
82　FG, 114. 인용 내의 강조는 원저자에 의한 것임.
83　FG, 115.
84　조용기, 『성령론』, 134f.
85　FG, 117 (인용구의 강조는 필자).
86　FG, 123.
87　FG, 126.
88　이상환, "총체적인 오순절 신학의 성령적 특성," 『영산신학저널』 26(2012): 200; "오순절 조직신학은 성령세례의 관점에 기초한 성령적 관점의 신학"이며, "성령세례의 신학적 의미를 신학체계에 부여하는 것"이며, "성령세례의 경험을 오순절적 영성과 신학의 출발점과 축으로 삼는" 것으로 주장한다.
89　이상환, "총체적인 오순절 신학의 성령적 특성," 206. 이상환은 오순절 신학의 가능성을 "은사적 경험과 신앙"이라 보면서, 성령세례를 이에 귀속시킨다.
90　류장현, "성령세례의 의미와 목적," 『새가정』 62 (2015.6), 23.
91　Yonggi Cho, *The Holy Spirit, My Senior Partner: Understanding the Holy Spirit and His Gifts* (Altamonte Springs: Creation House, 1989); 조용기, "인격이신 성령," 『조용기 목사 설교전집』 제19권 (서울: 서울말씀사, 1996), 105~114; "성령과 함께 사는 삶," 『조용기 목사 설교전집』 제4권 (서울: 서울말씀사, 1996), 295~310.
92　David Yonggi Cho, *Dr. David Yonggi Cho: Ministering Hope for 50 Years* (Alachua: Bridge-Logos, 2008), 148; 문명선, "조용기 목사의 오순절적 생명의 성령론," 『영산신학저널』 26 (2012), 231쪽에서 재인용함.
93　문명선, "조용기 목사의 오순절적 생명의 성령론," 223; 문명선, "인격주의 성령신학으로 해석된 조용기 목사의 신학," 『청파 김광식 교수 고희기념논총』 허호익 편 (서울: 도서출판 강남, 2009), 302~315; 신문철, "순복음신앙과 신학이 한국 교회와 신학에 끼친 영향," 기하성 희년 신학심포지엄 (서울: 순복음교회, 2002); 박종익, "영산 조용기 목사의 삼위일체론적 성령론 연구," 『한세-성결 신학논단』 창간호 (2004.12): 51~113.
94　개혁주의 입장에서 웨슬리안 성결·오순절 성령론을 직접 다루거나 평가함으로써 통전적인 성령론 정립에 기여하고 있는 연구는 다음과 같다: 김명용, "개혁교회의 성령론과 오순절교회의 성령론," 『장신논단』 15 (1999): 223~248. 구춘서, "오순절 성령운동의 발전과 한국 교회의 미래," 『영산신학저널』 26(20212): 53~90. 박형용, "성령세례와 성도의 구원," 『신학정론』 9 (1991): 24~56.
95　Donald Dayton, 『오순절 운동의 신학적 뿌리』, 조종남 역 (서울: 대한기독교서회, 2010)을 참조하라.

96 김홍기, "성 어거스틴 은총론이 종교개혁 신학에 미친 영향," 『신학과 세계』 34 (1997.6), 113.
97 Richard Paul Gilbertson, *Baptism of the Holy Spirit: The Views of A.B. Simpson and His Contemporaries*(Camp Hill: Christian Publications, 2003); 임형근, "역사적 배경을 중심으로 본 고전적 오순절주의의 성령침례론," 『영산신학저널』 21(2011): 83~126, 95쪽을 참조하라. 임형근이 성령세례에 대한 세 가지 유형을 상세히 예증하고 있다.
98 김태구, "성결과 성령세례," 『온전한 구원, 거룩한 생활』, 381.

18장

1 Gerhard Sauter, "Dogmatik I," Theologische Realenzyklopaedie, Bd. IX(Berlin/New York: Walter de Gruyter, 1982), 41~77은 독일 지역; Anders Jeffner, "Dogmatik II", ibid,. 77-92은 노르웨이 지역; Alasdair Heron, "Dogmatik III," 92~104는 영국 지역; Frederick Herzog, "Dogmatik IV", 104~116은 캐나다와 미국 지역에서 다루어지고 있는 교의학에 대하여 설명하고 있다. "교의학"에 대한 정의는 독일, 노르웨이, 영국, 미국 등 각 지역에 속해 있는 신학계의 역사에 따라 매우 다양함을 알 수 있다.
2 Hans-Martin Barth, *Dogmatik. Evangelische Glaube im Kontext der Weltreligionen. Ein Lehrbuch*(Guetersloh: Kaiser, Guetersloher Verl.-Haus, 2001), 37.
3 Norman R. Gulley, *Systematic Theology: Prolegomena*, Foreword by Millard J. Erickson(Berrien Springs, MI: Andrews University Press, 2003), 442. 447. Gulley에 따르면, 조직신학이 다루는 모든 교리들(docrines)은 하나님의 정의(justice)와의 관련성에서 다루어져야 하며, 그것은 성경의 진리 가운데서만 밝혀질 수 있다.
4 김경선 역편저, 『성경적 기독교 교리와 각 교단의 교리, 교의, 신앙고백, 신조』(서울: 여운사, 1998), 18.
5 기독교대한성결교회, 『헌법』(서울: 기성출판부, 2002년 개정판), 제13조.
6 『헌법』 서문.
7 1994년(제88년차)총회회의록, 585~586.
8 『예수교대한성결교회 헌장』(1962)과 『기독교미주성결교회 헌법』(2003년 개정판)의 <교리적 선언>을 참고하라.
9 강근환, "기독교대한성결교회의 자생사적 소고," 『교수논총』 창간호(1989): 7-32, 11. "한국 선교의 주동자(initiator)는 어디까지나 한국인이었고 한국인은 능동자이었지 피동자가 아니었으며 오히려 동양선교회가 능동자보다는 피동자가 되었다."
10 강근환, "성결교회가 민족과 교계에 끼친 영향," 『활천』 382 (1977): 30~34, 34. 한국성결교회와 동양선교회의 관계를 "교파적(denomination)"인 것이 아니라 "선교적(missionary)" 관련성 위에서 "우의적 상호협조적 관계"로 보아야 한다는 관점이다.
11 이정근, "성결교회 교리적 선언 제정의 신학적 역사적 기초," 『기독교교육신학 연구논문집(중)』(교육목회@교육선교연구원, 2002), 64~77, 66. 특히 그는 한국성결교회의 신학을 '웨슬레안 복음주의'(Wesleyan evangelicalism)로 규정하면서, 한 걸음 더 나아

가 "웨슬레안 사중복음주의"(Wesleyan Four-fold Evangelicalism)라 칭하며 그 특징은 "성경중심·그리스도 중심·구원 중심·선교 중심"임을 주장한다.

12 『헌법』제4조 1항, 제5조.

13 John Wesley, *Works*, VIII, 349; William Canon, 『웨슬레 신학』, 남기철 역(서울: 기독교대한감리회교육국, 1986), 22쪽에서 재인용.

14 웨슬리는 기독자의 완전인 성결에 대해 충분히 설명하고 난 후, "내가 발표한 여러 글이 증명해 보여준 바와 같이, 이것(기독자 완전)이 1725년부터 1765년에 이르는 40년간 믿고 가르쳐 온, 완전의 전체요 총체입니다"라고 말한다(John Wesley, 『웨슬레의 기독자의 완전에 대한 해설』, 조종남 역 [서울: 한국복음문서간행회, 1996]), 137.

15 John Wesley, 앞의 책, 19. 23.

16 조종남, 『성결교회의 신학적 배경과 사중복음의 유래』(서울: 기독교대한성결교회출판부, 1998), 16.

17 조종남, 『웨슬레의 기독자의 완전에 대한 해설』, 17. 이에 대한 상세한 소개는 다음을 참고하라: 박명수, 『초기한국성결교회사』(서울: 대한기독교서회, 2001) 제1장에서 제4장.

18 조종남, 『웨슬레의 기독자의 완전에 대한 해설』, 19. 1897년에 결성된 「만국성결회, The International Holiness Union and Prayer League」가 「만국성결교회, The International Apostolic Holiness Church, 1913」의 전신이었으며, 1922년에 여러 성결단체들이 합류하여 「필그림 성결교회, The Pilgrim Holiness Church」로 되었다가, 1968년 「웨슬리안 감리교회, Wesleyan Methodist Church」와 합한 후 「웨슬리안 교회, Wesleyan Church」로 현존한다.

19 Thomas C. Oden, *Doctrinal Standards in the Wesleyan Tradition*(Grand Rapids: Francis Asbury Press, 1988), 132~60쪽을 참고하라. 「만국성결교회」의 교리는 「The Wesleyan Church」의 "Articles of Religion"에 그대로 수용되었음으로 이를 확인하면, 「만국성결교회」가 웨슬리의 교리전통 위에서 미국의 성결·오순절 운동의 주요 전통을 적절히 수용하고 있는 것을 볼 수 있다. 「웨슬리안 교회 장정」은 웨슬리의 「종교강령」 25개조의 틀을 기초하여 새로이 가감하고 있는 바, '공덕(功德)에 대하여'(제11조), 'Both Kinds에 대하여'(제19조), '십자가에서 마친 그리스도의 희생에 대하여'(제20조), '성직자의 결혼에 대하여'(제21조), '미국의 통치자들에 대하여'(제23조), '그리도인들의 선행에 대하여'(24조) 등 6개 조항을 채택하지 않았고, 추가한 조항에는 다음과 같은 것들이 있다: '중생', '그리스도인의 자유', '상대적 의무들', '성령의 은사들', '치유', '성결(Entire Sanctification)', '재림', '죽은 자의 부활', '인류의 심판', '운명'. 이 10개 교리 조항은 웨슬리가 채택한 「종교강령」 25개조에는 없는 것으로, 그가 그의 전 사역을 걸쳐 강조했던 '온전한 성화[성결]'를 추가함으로써 웨슬리의 교리 전통을 확고히 했으며, 성령의 은사들, 치유 및 재림과 같은 조항을 더함으로써 복음 전도의 현장에 보다 요청되는 교리 전통을 형성하였다. 특히 주목할 가치가 있는 부분은 '유아세례'에 대한 것이다. 웨슬리의 「종교강령」 제17조 '세례' 조항에 한 문장으로 "유아(young children)세례는 교회에서 계속 유지되어야 한다"고 했는데, 「웨슬리안 교회장정」에는

부모의 신앙에 따라 유아세례나 헌아(dedication) 중 택일할 수 있도록 개방하고 있다는 점이다. 유아세례의 근거는 "책임을 물을 수 있는 연령에 이를 때까지는 하나님께서 선행은총으로 어린이들(small children)의 구원을 준비해 놓으시고 있기 때문이다"는 것이다. 그러나 이 교리를 믿을 수 있을 때 부모는 이 신앙고백을 가지고 유아에게 세례를 베풀도록 한다는 것이고, 세례란 신앙인 자신의 행위에 대한 개인적 고백임을 강조하는 자는 헌아식을 택하도록 한다고 가르친다(Thomas C. Oden, 151).

20 송기식, "위대한 개척자", 「활천」 348호(1978): 66~67; 김성호, "성결교회의 개척자 김상준 목사", 「활천」 410호(1983): 25~29.

21 이명직, 『성결교회약사』(서울: 성결교회이사회간행, 1929), 34.

22 조종남, "웨슬레 신학과 성결교회(1)", 「활천」 405호 (1983): 70~80, 79. "자유주의적, 또는 비판적인 성서연구 방법을 아주 경계하였다. 이는 훌륭한 일이었다. 그러나 동시에 이것은 학문적인 성서연구의 길을 좁히거나 폐쇄하는 결과를 초래한 것 같다 … 성서를 사랑하고 아끼는 열정과 함께 학문적인 깊이를 가하면서 오늘의 신학상황에 상응하는 폭 넓은 학적 성취가 뒷받침되어야 할 것이다."

23 John J. Merwin. "The OMS and its Founders in Relation to the Holiness Movement". 「신학과 선교」 제9호(1984): 325~66, 122. "사중복음"이라는 용어의 사용은 자유주의 신학과 구별하면서 성경으로 돌아가려는 표현이었다.

24 "기독교대한성결교회 헌법에서 말하는 '복음주의'란 기독교 개신교회가 일반적으로 그리고 공통적으로 믿는 신학적 및 신앙적 입장으로, 그 역사적 계보를 소급해 올라가 보면 19세기 미국의 성결 운동과 18세기 영국의 Wesley를 중심한 복음주의 부흥 운동(Evangelical Revival Movement), 그리고 종교개혁을 거쳐 고대 공교회(Old Catholic Church)와 원시 기독교회에 이르는 기독교회의 정통적 복음주의 교회에서 믿는 사도신조에 함축되어 있는 Protestant 교회의 신앙 및 신학의 본질성을 표현하는 말이다." 『헌법해설집』 (서울: 기독교대한성결교회출판부, 1993), 25. 이와 같은 복음주의 전통은 본 논문이 앞에서 제시한 '성결교회 교리신학의 전통'과 맥을 같이 한다.

25 이건. "성결의 대사도 존 웨슬레를 추억함". 「활천」 131호(1933): 11~14, 11. "조선에 있는 성결교회가 어떤 교회이냐 어느 계통이냐 물으면 일언에 대답하여 줄 말은 곧 초시대감리교회일다 웨슬레가 전하던 '기독교인의 완전' 곧 사람이 의롭다함을 얻은 후에 다시 성령의 역사로 내주의 죄성 곧 아담 이래 유전하여오는 신학상 용어 '원죄'에서 완전히 깨끗함을 얻는 도리 성결을 그대로 전하는 교회이다. … 저의 종교운동에 철저하였던 것과 사회 공헌이 컷음과 정치상 영향이 광범하였던 일은 다 매거에 불황한 것이다."

26 강근환, "성결교회의 과거, 현재, 미래(1)", 「활천」 390호 (1981): 43~48, 46. "참으로 복음전도관이 복음전보를 수행하기 위한 교회본연의 사명에 입각하여 소극적인 의미로서는 비교파적이고 적극적인 의미로서는 초교파적인 매우 소박한 에큐메니칼 정신(Ecumenical Spirit)의 터 위에서 선교활동을 시작하였던 것은 성결교회의 자랑스러운 일면이다."

27 Thomas C. Oden, *Doctrinal Standards in the Wesleyan Tradition*, 160.

28 성결교회 교리신학의 정체성을 확인하기 위해서 다음의 제 신조들과 비교 검토가 필요

하다:「아우구스부르크 신앙고백서」(1530)『신앙고백서』, 지원용 편역(서울: 컨콜디아사, 1988), 19~56;「하이델베르크 신앙문답」(1563),『기독교신조사』, 이장식 편역(서울: 컨콜디아사, 1979), 105~128;「영국성공회신조」(1563),『기독교신조사』, 이장식 편역(서울: 컨콜디아사, 1979), 271~284;「The Constitution and By-Law of OMS Before or After 1925」,『한국성결교회사』, 기독교대한성결교회 역사편찬위원회 편(서울: 기성출판부, 1992), 663~685;『교리와 장정』(1999), 기독교대한감리회 장정개정위원회 편(서울: 기감 홍보출판국, 1999);『헌법』대한예수교장로회총회 헌법제정위원회 편(서울: 대한예수교장로회총회, 2000).

29　"기독교대한성결교회에 전승된 신학과 교리"라는 논문을 참고하라:『한국성결교회사』(서울: 기성출판사, 1992), 554~92.

30　『헌법』제14조, 14쪽: "하나님은 우주에 유일무이하신 신이시니 유형무형의 만물을 한결같이 창조하시며 통치하시며 보호하시고 섭리하신다. 진실하시고 영생하시어 권능과 지혜와 인자하심이 한이 없으시다. 이 하나님 일체 안에 동일한 본질과 권능과 영생으로 되신 삼위가 있으시니, 곧 성부와 성자와 성령이시다."

31　교단 신앙고백서 연구안「우리의 신앙고백」1994년(제88년차)「총회회의록」585~586: "우리는 사도신경의 고백 그대로 영원하시며, 유일하신, 하나님을 믿는다. 아버지이신 하나님은 모든 것의 창조주이시고 모든 생명을 은혜로 주셨으며, 은혜로 모든 생명을 기르시고 공급하신다. 역사의 시작과 종결이 아버지 하나님의 결정이며 모든 일을 섭리와 은혜로 지배하신다. 역사의 종말은 하나님의 구원과 심판이며, 이 종말을 지향하신 섭리와 계획이 하나님의 선하신 의지이시다."

32　이명직. "부활하신 그리스도와 우리".「활천」29호(1925): 3~7, 6f. "예수께서 부활하심은 곧 그가 우리를 위하여 하나님께 희생이 된 것을 하나님께서 아름답게 받으셨다는 증거니 그가 부활하심으로 불의한 우리가 하나님 앞에서 의인의 처지에 이르게 되었을 뿐 아니라 전에 한 번도 죄를 지어본 경험조차 없는 자로 간주하시는 것이 칭의의 대예니라… 아담이 범죄함으로 잃어버렸던 생명을 그리스도의 부활로 말미암아 다시 찾게 되었도다."

33　『헌법』제14조, 14쪽: "성자 예수는 성부 하나님의 말씀이나, 곧 영원하시고 진실하신 하나님의 말씀이며 성부와 일체이시다. 성령으로 잉태되어 동정녀 마리아에게서 낳으심으로 일신(一身)에 완전하신 신성과 인성을 가지셨나니 이 두 가지 성품은 결코 분리될 수 없다. 그러므로 참하나님이시고 참사람이신 그리스도께서 십자가에 못박혀 죽으시고 장사하였으며 이것으로 하나님과 사람 사이에 화목제물이 되사 인류의 자범죄를 사하시며 유전해 내려오는 원죄까지 속(贖)하시고 부활하신 그 몸대로 승천하였다"(요1:1~34; 14:9; 12:45, ;롬1:3~4; 딤전 2:5; 롬 3:25; 히 12:13; 행 1:9).

34　"예수 그리스도는 태초부터 하나님과 함께 계신 제2위의 하나님이시다"<우리의 신앙고백>.

35　이명직, "그리스도의 3번 나타나심",「활천」123호(1933): 69~73; 이명직, "그리스도전",「활천」10호(1923): 29~34; 이명직, "그리스도전(2)",「활천」11호(1923): 31~36; 이명직, "그리스도전",「활천」19호(1924): 38~41; 이명직, "부활하신 그리스도와 우

리", 「활천」 29호(1925): 3~7; 김문순, "예수그리스도와 우리의 관계", 「활천」 14호(1924): 53; 최영택, "그리스도와 죽엄", 「활천」 35호(1925): 7~13; K S 生, "우리는 능히 예수를 이해하는가", 「활천」 37호(1925): 15~19; K. S. "인생의 비애와 예수", 「활천」 43호(1926): 4~8; H. M 生, "예수는 우리의 목자", 「활천」 45호(1926): 7~12; 이명직, "예수의 과격", 「활천」 57호(1927): 13~16; 최영택, "그리스도의 나타나심과 역사철학적 고찰", 「활천」 54호(1927): 15~18; 최영택, "그리스도의 나타나심과 역사철학적 고찰(2)", 「활천」 56호(1927): 25~28; 최영택, "그리스도의 나타나심과 역사철학적 고찰 3", 「활천」 57호(1927): 25~28; 이명헌, "예수를 바라보자", 「활천」 66호(1928): 3~6; 차재선, "그리스도교의 절대성", 「활천」 78호(1929): 18~19; 이건, "예수는 참 포도나무", 「활천」 120호(1932): 10~13; 이건, "예수는 참 포도나무(2)", 「활천」 121호(1932): 13~15; 이건, "예수의 이름에 대하여", 「활천」 139호(1934): 11~14.

36 「아우그스부르크 신앙고백」 제3조 '하나님의 아들', 37.
37 『헌법』 제14조, 14쪽: "성령은 성부와 성자와 동일한 신이신 그 본체와 능력의 위엄과 영광이 성부와 성자로 더불어 동일하시며 영원하신 하나님이시다. (1)그는 삼위일체의 하나님의 뜻을 실행하시는 이로서 (2)세상에 보냄을 입어 죄와 의와 심판으로 세상을 책망하시며 (3)보혜사로서 교인을 가르치시며 인도하시며 (4)능력을 주시사 영혼을 강건케 하시며 (5)교회를 거룩하게 하시는 신이시다(마 28:18; 요 14:16~17; 계 5:6; 요 16:8; 14:26; 15:26; 엡 3:16; 롬 15:16)."
38 이건, "성령에 관한 연구", 「활천」 134호(1934.1): 20~23; 이건, "성령에 관한 연구", 「활천」 135호(1934.2): 19~21; 이건, "성령에 관한 연구", 「활천」 136호(1934.3): 18~21; 이건, "성령에 관한 연구", 「활천」 137호(1934.4): 18~2; 이명직, "성신받은 결과(전)(후)", 「활천」 125, 126호(1933); 이명직, "성신을 받을 필요", 「활천」 203호(1939); 이명직, "성신이 임하시면", 「활천」 236호(1950).
39 「아우그스부르크 신앙고백」, 36.
40 「영국 성공회신조」, 274.
41 「종교강령」, 302.
42 「동양선교회 헌장」, 666.
43 『헌법』 제15조, 15; 이명직, "내 속에 거하는 죄", 「활천」 146(1935): 3~8.
44 이명직, 『신학대강』(서울: 등사본, 1952), 136~38.
45 「아우그스부르크 신앙고백」, 42.
46 「종교강령」, 302.
47 「동양선교회 헌장」, 666.
48 「웨스트민스터 신앙고백」, 91.
49 「웨스트민스터 신앙고백」, 93.
50 「웨스트민스터 신앙고백」, 113.
51 『神學大綱』, 246.
52 『神學大綱』, 247.

53 『神學大綱』, 249.
54 『神學大綱』, 250.
55 『神學大綱』, 251.
56 『神學大綱』, 252.
57 『神學大綱』, 253.
58 John Wesley, 『웨슬레의 기독자의 완전에 대한 해설』, 136.

19장

1 Marttin W. Knapp, *Lightning Bolts from the Pentecostal Skies, or Devices of the Devil Unmasked* (Cincinnati: Revivalist Office, 1898)은 사중복음의 총체적인 내용을 보여준다.
2 Paul Westphal Thomas & Paul William Thomas, *The Days of Our Pilgrimage: The History of the Pilgrim Holiness Church*(Marion: The Wesley Press, 1976); Edward & Esther Erny, *No Guarantee But God: The Story of the Founders of the Oriental Missionary Societies*(Indiana: Greenwood, 1969), 53.
3 기독교대한성결교회 역사편찬위원회, 『한국성결교회사』(서울: 기독교대한성결교회 출판부, 1992), 38.
4 김상준, 『사중교리』(경성: 동양선교회 성서학원, 1921).
5 강영래, "신사 참배와 성결 교회의 대응," 성결대학교 신학대학원 석사논문(1998), 61쪽에서 재인용.
6 강영래, "신사 참배와 성결 교회의 대응," 12; 韓國基督敎歷史硏究所, 『韓國基督敎의 歷史 II』(서울: 基督敎文社, 1997), 285.
7 니혼쇼키는 古史記와 함께 720년에 완성된 일본의 고대 역사서다. 일본국이라는 새로운 나라 이름을 짓고 또 그 지배자의 이름을 천황(天皇, 텐노오)이라고 정하여 스스로 일본국을 중국과 대등한 제국(帝國)으로 인식한 한편, 고구려와 백제, 신라와 같은 나라들을 일본국에 조공하는 제후의 나라로 간주하였다. 니혼쇼키는 모두 30권으로, 그중 첫 권은 고대 일본의 신화와 전설을 기록하고 있으며, 신도(神道)사상을 알 수 있는 자료이다. 한국 역사학계에서는 아직도 위서 논란이 있어 비평적 검증이 요구되고 있는 문헌이기도 하다.
8 강영래, "신사 참배와 성결 교회의 대응," 11.
9 강영래, "신사 참배와 성결 교회의 대응," 48.
10 강영래, "신사 참배와 성결 교회의 대응," 48; 무라카미 시게요시, 『일본의 종교』, 강용자 역(서울: 지만지, 2008), 156쪽 이하.
11 Pradyumna P. Karan, *Japan in the 21st Century: Environment, Economy, and Society* (Lexington: The University of Kentucky, 2005), 72.
12 강영래, "신사 참배와 성결 교회의 대응," 52; 東京弁護士會, 『靖國神社法案의 問題點』(東京: 東京弁護士會, 1976), 25~26.
13 송기식, 『순교자 박봉진 목사 전기』(서울: 기독교대한성결교회출판부, 1996), 59f.

14 "제사 문제를 재론하노라," 동아일보(1920년 9월 25일), 1면; 강영래, "신사 참배와 성결 교회의 대응," 56쪽에서 재인용.
15 정상운, "영암 김응조 목사의 생애," 『이명직 김응조 목사 생애와 신학사상』, 한국성결교회연합회 신학분과위원회 편(서울: 도서출판 바울서신, 2002), 185f.
16 박명수, 『이명직과 한국성결교회』(부천: 서울신학대학교 출판부, 현대기독교역사연구소, 2008), 523~528.
17 박명수, 『이명직과 한국성결교회』, 529~540.
18 김광수, 『한국기독교인물사』(서울: 기독교문사, 1974), 209; 송기식, "한국성결교회의 일제 수난사에 대한 바른 이해," 이현갑, 『이명직 목사 생애와 사상』(서울: 도서출판 청파, 1991), 261. 재인용: 장세욱, "이명직 목사의 생애와 사역에 관한 연구: 1920년대부터 해방 이전까지,"(서울신학대학교 대학원 석사학위 논문, 2006), 59.
19 오영필, 『성결교회수난기』(서울: 기독교대한성결교회출판부, 1971), 13.
20 이명직, "황기 2600 기념식년에 당하여," 「활천」 208호(1940. 3월), 1.
21 성결교회역사연구소, 『불경(不敬)사건 공판기록』, 임용희 역(부천: 성결교회역사연구소, 2000), 53~55; 장세욱, "이명직 목사의 생애와 사역에 관한 연구: 1920년대부터 해방 이전까지,"(서울신학대학교 대학원 석사학위 논문, 2006), 46쪽에서 재인용.
22 기독교대한성결교회 역사편찬위원회, 『간추린 한국성결교회사』(서울: 기독교대한성결교회 출판부, 1994), 148.
23 이건, "조선의 해방과 기독교도의 각성," 「활천」(1946년 1월), 8(현대어로 고침).
24 오영필, 『성결교회 수난기』, 13f.
25 이명직, 『이명직 전집』 제8권(부천: 서울신학대학교출판부, 2011), 177; 재인용: 최인식, 『예수의 바람, 성령의 바람: 사중복음 정신과 21세기 교회혁신』(서울: 사랑마루, 2014), 486.
26 강영래, "신사 참배와 성결 교회의 대응," 59.
27 송기식, 『순교자 박봉진 목사 전기』. 86f.
28 송기식, 『순교자 박봉진 목사 전기』. 81.
29 강영래, 『순교자 박봉진 목사 전기』. 97.
30 송기식, 『순교자 박봉진 목사 전기』. 92.
31 송기식, 『순교자 박봉진 목사 전기』. 109f.
32 송기식, 『순교자 박봉진 목사 전기』. 127.
33 송기식, 『순교자 박봉진 목사 전기』. 128.
34 오영필 편저, 『성결교회 수난기』(서울: 기독교대한성결교회 출판부, 1971), 24; 비교: 송기식, 『순교자 박봉진 목사 전기』. 156. 오영필은 박봉진 목사의 순교한 해를 1944년으로 표기하고 있다(송기식, 23, 25, 31쪽 참조).
35 KYR, 99.
36 이성봉, 『말로 못하면 죽음으로』(서울: 생명의 말씀사, 1993), 100.
37 이성봉, 『사랑의 강단』(서울: 생명의 말씀사, 1993), 61~66.

38 이성봉, 『사랑의 강단』, 66.
39 이성봉, 『부흥의 비결』(서울: 생명의 말씀사, 1993), 43; 『임마누엘 강단』, 76.
40 이성봉, 『말로 못하면 죽음으로』, 101.
41 이성봉, 『임마누엘 강단』, 38.

20장

1 본장은 필자가 2010년 6월에 기독교대한성결교회 고시위원회로부터 위탁받아 수행한 결과물로서, 『성결교회신학』(2007)의 총론, 조직신학, 윤리신학, 여성신학, 신학선언문을 원자료로 하여 정리한 질문-대답 형식의 학습자료다: 총회 교육국, 『목사고시 예제집』에 수록되어 있음.
2 이후의 모든 숫자는 다음의 책 면수이다: 성결교회신학연구위원회, 성결교회신학: 개신교복음주의 웨슬리안 사중복음 (서울: 기독교대한성결교회 출판부, 2007).

참고 문헌

■ 한국어 단행본 및 논문

고세훈. "토니의 사상과 한국 교회," Richard H. Tawney.『기독교와 자본주의의 발흥』. 고세훈 역. 서울: 한길사, 2015. 13~38.
구춘서. "생명의 하나님 그리고 그의 왕국은 너희와 함께 있으리라: 구스타보 구티에레즈를 중심한 남미 해방신학의 신론."『신론』한국조직신학회 엮음. 서울: 대한기독교서회, 2012): 357~82.
_____. "오순절 성령운동의 발전과 한국 교회의 미래."「영산신학저널」26 (20212).
권혁승. "구약신학의 관점에서 본 사중복음의 적절성과 효용성에 관한 제안."『사중복음과 성서신학』서울신학대학교 글로벌사중복음연구소 엮음. 서울: 한들출판사, 2016. 31~52.
기독교대한감리회 편.『교리와 장정』. 서울: 기독교대한감리회, 1996.
기독교대한성결교회.『신앙고백서 및 교리문답서』. 서울: 기독교대한성결교회 발간위원회, 2021.
_____.『헌법』. 서울: 기독교대한성결교회 출판부, 2013.
기독교대한성결교회 총회 교육국. "한국기독교 교단별 교세현황표(2011년 기준)." 미간행물(2013. 5. 14).
김진.『피할 수 없는 만남 종교간의 대화: 파니카의 종교신학』. 서울: 한들출판사, 1999.
김대식. "바흐쩐의 대화미학과 사중복음의 아방가르드,"「활천」637/12 (2006.12): 56~58.
_____. "신유와 니체의 디오니소스 미학."「활천」633/8 (2006.8): 60~62.
김명용. "개혁교회의 성령론과 오순절교회의 성령론."「장신논단」15 (1999.12).
김명혁. "민중신학의 신관과 그 사회경제사적 특성."「성경과 신학」2 (1984): 263~304.
김상근. "1907년 평양 대부흥 운동과 알미니안 칼빈주의의 태동: 한국 교회의 선교운동에 미친 영향을 중심으로."「한국기독교신학논총」46 (2006): 383~410.
김상준.『사중교리』(1921). 최규명 역. 아산: 도서출판 한국성결교회역사박물관, 2010.

김성원. "포스트모던 신론."『신론』한국조직신학회 엮음. 서울: 대한기독교서회, 2012. 383~413.

_____.『신학을 어떻게 할 것인가』. 서울: 대한기독교서회, 2002.

_____.『웨슬리안 성결신학』. 서울: 도서출판 물가에심은나무, 2011.

김승욱. "해석학적 이해와 제일철학: 기초신학이 요청하는 두 가지 철학적 과제의 의의와 그 상관관계." Catholic Theology and Thought 60 (2007), 74~111.

김영명.『정경옥 한국 감리교 신학의 개척자』. 서울: 출판사 살림, 2008.

김영선.『존 웨슬리와 감리교 신학』. 서울: 대한기독교서회, 2002.

김영한. "한국 교회의 칼빈주의 수용: 예정론을 중심으로."「한국개혁신학」27 (2010): 48~75.

김영택. "영국의 웨슬리 성화운동과 미국 A. B. Simpson의 사중복음: 성결교 신학의 토대: 연속성과 발전과정을 중심으로."「신학과 선교」42 (2013): 71~108.

김은수. "칼빈신학의 특징과 한국 개혁신학의 과제."「한국개혁신학」29 (2011): 7~44.

김재성.『개혁신학의 광맥』. 서울: 이레서원, 2001.

김종서. "현대 종교학의 비교방법론: '신 비교주의'(New Comparativism)를 중심으로."『동서사상의 정체 형성과 21세기 한국사상의 정립에 대한 연구』. 서울: 서울대학교철학사상 연구소, 2002: 15~50.

김종희. "칼빈의 예정론에 나타난 실천적 삼단논법."「한국기독교신학논총」21 (2001): 61~79.

김지호. "과정신학의 신론."「세계의 신학」7 (1990.7): 148~64.

김진두.『웨슬리와 우리의 교리: 초기 메토디스트 교리 연구』. 서울: KMC, 2009.

김찬홍. "다석 류영모의 '없이 계시는 하느님'으로서의 신 이해와 Robert C. Neville의 존재론적 신 이해 비교 연구."「한국조직신학논총」41 (2015): 305~43.

_____. "범재신론으로서의 유영모의 하나님 이해: Charles Hartshorne의 범재신론과 비교하여."「한국조직신학논총」44 (2018): 147~76,

_____. "사중복음 영성신학: 사중복음 영성신학적 논의 가능성에 대하여,"『글로벌신학과 사중복음』. GIFT 사중복음 신학시리즈 2. 서울: 한들출판사, 2015: 347~368.

김창훈. "마태복음 27:53의 '예수의 부활 후에'에 대한 내본문적 연구."「신약논단」25 (2018): 1~36.

김태구.『온전한 구원, 거룩한 생활』. 김태구 목사 설교 출판위원회 편. 서울: 세복,

2009.

김판호. "오중복음과 삼중축복 사상에 나타난 하나님 나라."「영산신학저널」13 (2008. 6): 91~130.

김홍기 외 3인 공저.『존 웨슬리의 역사신학적 조명』. 서울: 감리교 신학대학교출판부, 1995.

_____. "성 어거스틴 은총론이 종교개혁 신학에 미친 영향."「신학과 세계」34 (1997.6).

_____. "성 어거스틴 은총론이 종교개혁 신학에 미친 영향."「신학과 세계」34(1997), 54~124.

_____.『감리교회사: 영국과 미국을 중심으로 웨슬리에서 아펜젤러까지(1725~1885)』. 서울: KMC, 2003.

김홍만. "존 웨슬리가 본 칼빈주의."「한국개혁신학」32(2011): 15~46.

김희성. "'하나님 나라의 빛에서 본 사중복음."『사중복음과 성서신학』서울신학대학교 글로벌사중복음연구소 엮음. 서울: 한들출판사, 2016: 79~106.

_____.『마가복음: 최초의 복음서』. 부천: 하나님의 나라 & 성서연구소, 2014.

남태욱. "에론 메릿 힐스의 생애와 사상."『19세기 급진적 성결 운동 지도자들의 생애와 사상』GIFT 사중복음 논총시리즈1. 서울신학대학교 글로벌사중복음연구소 편. 서울: 사랑마루, 2014.

노세영. "레위기에 나타난 성결."『사중복음과 성서신학』. 271~300.

류장현. "성령세례의 의미와 목적."「새가정」62 (2015.6).

_____. "영산의 성령론에 관한 신학적 고찰."「영산신학저널」1/1 (2004), 139~171.

명성훈.『교회성장과 성령: 여의도순복음교회의 성령역사를 중심으로』. 서울: 서울서적, 1992.

목창균.『성결교회 교리와 신학』. 서울: 대한기독교서회, 2012.

문명선. "인격주의 성령신학으로 해석된 조용기 목사의 신학."『청파 김광식 교수 고희기념논총』허호익 편. 서울: 도서출판 강남, 2009.

_____. "조용기 목사의 오순절적 생명의 성령론."「영산신학저널」26 (2012).

문병구. "바울의 칭의와 중생: 로마서를 중심으로."『사중복음과 성서신학』. 서울: 한들, 2016. 239~70.

민경배. "이성봉 목사의 부흥 운동 재조명."『이성봉 목사의 부흥 운동 조명』이성봉 목사 탄신 100주년 기념 회고록 및 학술 논문집. 서울: 생명의 말씀사, 2000.

_____.『한국기독교회사』. 서울: 연세대학교출판부, 1993.

박두환. "'천년왕국(ebasileusan meta tou Xristou xilia ete)'에 관한 종교사·전승사적 연구:

요한계시록 20장 4~10절을 중심으로." 「신약논단」 20,3 (2013, 가을): 785~815.

박명수. "19세기 후반의 웨슬레안 성결 운동과 감리교회." 「활천」 502(1995. 4), 104~112.

_____. "이성봉 목사의 생애와 부흥 운동." 『이성봉 목사의 부흥 운동 조명』. 서울: 생명의 말씀사, 2000.

_____. 『근대복음주의의 주요 흐름: 한국 성결교회의 배경에 대한 연구』. 서울: 대한기독교서회, 1998.

_____. 『한국 교회 부흥 운동 연구』. 서울: 한국기독교역사연구소, 2003.

_____. 『한국성결교회의 역사와 신학』. 부천: 서울신학대학교 출판부, 2004.

박영식. "사중복음 신유론." 『웨슬리안 사중복음교의학 서설』 GIFT 사중복음 신학시리즈 5 (서울: 대한기독교서회, 2018): 175~234.

_____. 『고난과 하나님의 전능: 신정론의 물음과 신학적 답변』. 서울: 동연, 2017.

_____. 『그날, 하나님은 어디 계셨는가: 세월호와 기독교 신앙의 과제』. 서울: 새물결플러스, 2015.

_____. 『창조의 신학』. 서울: 동연, 2018.

박인병. 『기독교사회윤리학: 선교와 사회실천에의 길』. 서울: 기독교대한성결교회 교육국, 1991.

박종익. "영산 조용기 목사의 삼위일체론적 성령론 연구." 「한세-성결 신학논단」 창간호(2004.12).

박종천. 『상생의 신학』. 서울: 한국신학연구소, 1991.

박창훈. "일평생 성령충만을 사모한 존 웨슬리." 『우리 선조들의 성령세례』 페터레인 선교회 편. 서울: 사랑마루, 2016. 21~44.

_____. "존 웨슬리와 존 플렛처의 성결론." 「역사신학논총」 8(2004): 99~123.

_____. 『존 웨슬리, 역사비평으로 읽기』. 서울: 대한기독교서회, 2007.

박형용. "성령세례와 성도의 구원." 「신학정론」 9(1991).

박형진. "선교연구의 새로운 동향: 지구촌기독교(World Christianity) 연구를 중심으로." 「복음과 선교」 15(2011): 137~163.

박호용. 『창세기 주석』. 예수학 시리즈 제1권. 서울: 도서출판 예사빠전, 2015.

배덕만. 『세계화 시대의 그리스도교』. 서울: 홍성사, 2020.

_____. 『성령을 받으라: 오순절 운동의 역사와 신학』. 서울: 대장간, 2012.

배본철. "한국 오순절 성령운동의 역사와 전망: 성령론 논제들의 발생과의 연관성." 「영산신학저널」 29(2013).

_____. 『개신교 성령론의 역사』. 안양: 성결대학교출판부, 2003.
변선환 아키브 동서신학연구소 편. 『제3세대 토착화 신학』. 서울: 도서출판 모시는 사람들, 2010.
_____. "Lycurgus M. Starkey, Jr, 성령의 역사: 웨슬레 신학의 한 연구." 「신학과 세계」 7 (1981.10).
변종호. 『한국의 오순절신앙 운동사』. 서울: 신생관, 1972.
서남동. "민중신학을 말한다." 『민중신학의 탐구』. 서울: 한길사, 1986. 161~203.
서울신학대학교 글로벌사중복음연구소 편. 『글로벌신학과 사중복음』. 서울: 한들출판사, 2015.
_____. 『성서신학과 사중복음』. 서울: 한들출판사, 2016.
_____. 『재림: 19세기 성결 운동가들의 재림론』. 서울: 동연, 2016.
서울신학대학교 성결교회신학연구위원회. 『성결교회신학: 개신교복음주의 웨슬리안 사중복음 신학』. 서울: 기독교대한성결교회 출판부, 2007.
서울신학대학교 현대기독교역사연구소 편. 『이명직 목사 전집』 총 16권 (2012)
성결교회역사와 문학연구회 편. "이성봉." 『성결교회 인물전』. 서울: 일정사, 1990.
성기호. "사중복음과 이성봉 목사의 부흥 운동." 『이성봉 목사의 부흥 운동 조명』. 서울: 생명의 말씀사, 2000.
_____. "새천년 '성결' 신학의 역할과 전망." 『성결한 신앙과 신학』 은천 성기호 박사 60회 생신 기념문집 편찬위원회 편. 서울: 성광문화사, 2000.
성백걸. "한국 감리교회의 역사와 신학." 『웨슬리와 감리교 신학』 한국웨슬리 신학회 편. 서울: 감리교 신학대학교출판부, 1999.
소형근. "거짓과의 끝없는 논쟁들: 구약성서 예언서를 중심으로." 「신학과 선교」 54 (2018): 41~70.
송기식. 『순교자 박봉진 목사 전기』. 서울: 기독교대한성결교회 순교자기념사업위원회, 1996.
신문철. "순복음신앙과 신학이 한국 교회와 신학에 끼친 영향." 기하성 희년 신학심포지엄. 서울: 순복음교회, 2002.
_____. "영산과 삼위일체론: 순복음신학 정립을 위한 삼위일체적 관점." 「성령과 신학」 19(2003), 112~146.
_____. "조용기 목사의 삼위일체적 성령론." 「영산신학저널」 1/2 (2004), 41~78.
신문철/김한경, "오순절주의의 성경관." 「영산신학저널」 30 (2014. 6)
신복윤. 『칼빈의 하나님 중심의 신학』. 수원: 합동신학대학원출판부, 2005.

심광섭. "한국 감리교회 선교신학에 관한 연구."「세계의 신학」33(1996, 겨울), 184~200.

아펜젤러. 최병헌 목사 탄생 150주년 기념사업위원회 편.『탁사 최병헌 목사의 생애와 신학』. 서울: 정동삼문출판사, 2008.

안재홍. "비교방법의 방법론적 정체성."「국제정치논총」46/2(2006. 6): 31~56.

안주영. "아우슈비츠와 전능 하나님 : 부조리에 대한 프리모 레비와 엘리 위젤의 양극적사유."「여성신학논집」10(2014. 4): 73~102.

오성욱. "교회와 사회의 관계 문제와 연관하여 밀뱅크(John Milbank)의 근(根)정통주의(Radical Orthodoxy) 관점에서 한국적 신학 비평적으로 읽기: 사중복음 신학, 토착화 신학, 그리고 민중신학을 중심으로."「신학과 사회」30/4(2016): 177~221.

_____. "만국성결교회(International Holiness Union, 1897) 전통의 성령세례 이해: 마틴 냅(Martin Wells Knapp)과 윌리엄 갓비(William B. Godbey)를 중심으로."「영산신학저널」35 (2015).

_____. "사중복음 중생론."『웨슬리안 사중복음교의학 서설』. 101~37.

_____. "존 웨슬리의 사변형 원리와 맥클렌돈의 침례교 비전의 대화: 북미 감리교와 침례교의 신학 방법론과 강조점을 중심으로."「한국조직신학논총」49 (2017): 135~67.

오성현.『바르트와 슐라이어마허 : 바르트의 초기(1909~1930)를 중심으로』. 서울: 아카넷, 2008.

_____ 외 4인.『변화하는 한국 교회와 복음주의 운동』. 서울: 두란노 아카데미, 2011.

_____ 외 4인.『성결의 기수 이명헌 목사 연구』. 부천: 서울신학대학교출판부, 2016.

오주영. "사중복음 실천신학: 사중복음의 성례전적 이해."『글로벌신학과 사중복음』 GIFT 사중복음 신학시리즈 2. 서울신학대학교 글로벌사중복음연구소 편.. 서울: 한들, 2015.

유동식.『한국감리교회의 역사 1884~1992』. 서울: 기독교대한감리회, 1994.

유은걸. "요한계시록의 천년왕국: 독자반응비평 연구."「기독교교육정보」45 (2015): 227~55.

유창형. "칼빈과 웨슬리의 성화에 있어서 점진성과 순간성에 대한 비교 고찰."「성경과 신학」45 (2008): 112~141.

유태주. "예정론."『칼빈신학해설』한국칼빈신학회편. 서울: 대한기독교서회, 1998.

윤철원. "웨슬리와 칼빈의 성서해석 방법론의 연속성 문제."「성결교회와 신학」15(2006, 봄): 142~165.

이경직. "칼빈의『기독교 강요』에 나타난 믿음 개념."「기독교철학」15(2012): 95~115.
이명직.「신학대강」.『이명직목사 전집』제13권. 현대기독교역사연구소 편. 부천: 서울신학대학교출판부, 2012.
_____. "성령세례."『이명직목사전집』제4권. 부천: 서울신학대학교출판부, 2011.
_____.『신학대강』. 부산: 서울신학교, 1952 등사판.
_____.『기독교 사대복음』. 서울: 기성출판부, 1952.
_____.『이명직 목사 전집』제13권: 교리. 부천: 서울신학대학교출판부, 2012.
_____.『조선예수교 동양선교회성결교회약사』. 경성: 조선예수교 동양선교회 성결교회 이사회, 1929.
이민아. "이제는 울 일이 없습니다." Erich Holzapfel,『너는 치유받았느니라』. 신동근 역. 서울: 작은키나무, 2012: 105~11.
이상환. "능력주의적-사중복음 오순절주의."『성령과 언어』. 오순절 신학총서 제2권. 복음신학대학원대학교(현, 건신대학교) 오순절 신학연구소 엮음. 대전: ctw출판부, 2010.
_____. "총체적인 오순절 신학의 성령적 특성."「영산신학저널」26 (2012).
이상훈. "사중복음은 심각한 신학이다."「서울신학대학보」71(1986).
_____. "이명직 박사의 성서이해와 해석(II)."「활천」402(1983), 50~53.
이석규. "사중복음 사회윤리학: 하나님의 나라의 해석학으로서 사중복음과 정치윤리."『글로벌신학과 사중복음』. GIFT 사중복음 신학시리즈 2. 서울신학대학교 글로벌사중복음연구소 편. 서울: 한들출판사, 2015.
이성봉. "난관의 타개책."「활천」(1936. 7).
_____.『말로 못하면 죽음으로』. 서울: 기독교대한성결교회출판부, 1985.
_____.『부흥설교 진수』이성봉 목사 저작전집 제2권. 서울: 생명의 말씀사, 1985.
이성주『웨슬리 신학』. 서울: 다니엘출판사, 1991.
_____.『사중복음: 성결교회 교리』. 안양: 성결교 신학교출판부, 1984.
이신건 (편).『성결교회신학의 역사와 특징』. 서울: 성결신학연구소, 2000.
_____.『교회에 대한 오해와 이해』. 서울: 신앙과지성사, 2013.
이양호. "루터의 신론."「신학논단」29 (2001.8): 233~252.
_____. "섭리론."『칼빈 신학 해설』. 한국칼빈신학회 엮음. 서울: 대한기독교서회, 1998.
이연승. "한국 오순절 운동의 국제적 확산과 세계 기독교의 형성."「영산신학저널」

　　　　. 29 (2013), 191~232.

　　　　. "한국 오순절 운동의 국제적 확산과 세계 기독교의 형성."「영산신학저널」 29(2013): 191~232.

이오갑. "칼빈의 신론: 초월과 임재의 변증법적 하나님."「한국기독교신학논총」 35 (2004.1): 99~126.

　　　　. "칼빈의 신중심주의와 한국 교회."「한국조직신학논총」 23(2009): 41~66.

　　　　. "한국 교회의 문제는 칭의론 때문일까? 한국 교회 칭의론 논쟁과 종교개혁의 관점."「한국기독교신학논총」 100(2016): 163~191.

　　　　.『칼뱅의 신과 세계』. 서울: 대한기독교서회, 2010.

이장식.『현대 교회학』. 서울: 대한기독교서회, 1969.

이재룡. "토마스 아퀴나스의 은총과 자유."「인간연구」 15(2008): 41~71. *Summa Theologiae*. I~II. 113, 6.

이정근. "온전한 복음, 온전한 구원을 위한 교리 개청이 시급하다."「활천」 665/4 (2009): 99~101.

　　　　. "성결교회 신앙의 정통성 연구."「활천」 601/2 (2003): 54~58.

　　　　. "성결교회 자아성과 웨슬레안 사중복음주의."「활천」 594/5 (2003): 20~26.

　　　　. "'웨슬레안 사중복음주의'를 기본신앙노선으로 선언하자."「활천」 588/11 (2002): 83~87.

　　　　. "중생·성결·신유·재림을 사대신앙강령이라 부르자."「활천」 475 (1993): 121~126.

이정배. "감리교 교육과정을 위한 신학적 기초."「신학과 세계」 31 (1995. 12): 58~107.

　　　　. "종교다원주의(종교간의 대화)와 현대적 신론: 양주삼 박사 기념 학술강연회,"「신학과 세계」 19 (1989.12): 198~218.

　　　　. "한국 교회와 웨슬리정신과 신학."「기독교타임즈」 (2002. 2. 21).

　　　　.『신학의 생명화, 신학의 영성화』. 서울: 대한기독교서회, 1999.

　　　　.『조직신학으로서의 한국적 생명신학』. 서울: 도서출판 감신, 1996.

　　　　.『하나님의 영은 불고 싶은 대로 분다: 성령의 시대, 생명신학』. 서울: 한들, 1999.

　　　　.『한국개신교 전위 토착신학 연구』. 서울: 대한기독교서회, 2003.

이종성.『칼빈: 생애와 사상』. 서울: 대한기독교출판사, 1978.

이현갑.『사중복음: 한국성결교회의 신학화』. 서울: 청파, 1999.

　　　　.『기독교 사중복음』. 서울: 청파, 1995.

_____. 『사중복음: 한국성결교회의 신학화』. 서울: 청파, 1999.
이후정. "새 창조의 영: 존 웨슬리의 성령론적 신학."「신학과 세계」29 (1994.12).
_____. "성령론,"『웨슬리와 감리교 신학』한국웨슬리 신학회 편. 서울: 감리교 신학대학교출판부, 1999.
_____. "존 웨슬리의 생애와 사상."『웨슬리와 감리교 신학』. 서울: 감리교 신학대학교출판부, 1999.
임미옥. "신유, 그 놀라운 은총: 사랑은 꿈처럼 자연처럼."「활천」761/4(2017): 78~82.
임형근. "역사적 배경을 중심으로 본 고전적 오순절주의의 성령침례론."「영산신학저널」21 (2011).
장기영. "사중복음 변증신학: 사중복음의 교리사적 전거."『글로벌신학과 사중복음』. 57~87.
장혜선. "사중복음 재림론,"『웨슬리안 사중복음교의학 서설』. 235~313.
_____. "오순절 메신저 마틴 냅."『우리 선조들의 성령세례』. 45~76.
_____. "윌리엄 갓비의 생애와 사상."『19세기 급진적 성결 운동 지도자들의 생애와 사상』. GIFT 사중복음 논총시리즈 1. 서울신학대학교 글로벌사중복음연구소 편. 서울: 사랑마루, 2014.
전성용. "성령의 역사(歷史)."「신학과 선교」31(2005).
_____. 『성령론적 조직신학』. 서울: 도서출판 세복, 2008.
_____. 『성령은 누구인가: 삼위일체론적 성령론』. 서울: 세복, 2007.
정상운. 『사중복음』. 안양: 성결교회와 역사연구소, 2005.
_____. 『성결교회와 역사연구(V)』. 서울: 한국복음문서간행회, 2004.
정인교. 『이성봉 목사의 생애와 설교: 그의 부흥 설교에 대한 설교학적 분석』. 부천: 성결신학연구소, 1998.
정홍열. "기독교 종말론을 위한 해석학적 원리의 제안."「한국기독교신학논총」17 (2000): 157~190.
_____. "하나님의 형상과 인간의 형상."「한국기독교신학논총」19 (2000): 197~227.
_____. "루터교와 로마 가톨릭의 칭의론 공동 선언에 대한 신학적 평가."「한국조직신학논총」5 (2000): 263~280.
_____. "존 웨슬리의 설교에 나타난 죄이해."「ACTS 신학과 선교」6 (2002): 89~108.
조상국. "복음주의와 자본주의."「통합연구」5/3 (1992): 113~29.
조용기. "성령과 함께 사는 삶."『조용기 목사 설교전집』제4권. 서울: 서울말씀사,

1996.

_____. "이성봉 목사의 사역 속에 나타난 성령."『이성봉 목사의 부흥 운동 조명』. 서울: 생명의 말씀사, 2000.

_____. "인격이신 성령."『조용기 목사 설교전집』제19권. 서울: 서울말씀사, 1996.

_____.『5중복음과 삼박자 축복』. 서울: 영산출판사, 1983.

_____.『성령론』. 서울: 영산출판사, 1976.

조종남.『사중복음의 현대적 의의』. 서울: 대한기독교서회, 2009.

_____.『요한 웨슬레의 신학』. 서울: 대한기독교서회, 1994.

_____.『웨슬리의 갱신운동과 한국 교회』. 서울: 대한기독교서회, 2006.

차영배 편저.『H. Bavinck의 신학의 방법과 원리: 신학서론』. 서울: 총신대학출판부, 1983. 408~411.

최갑종, 이광복.『천년왕국, 사실인가 상징인가: 종말론 논쟁』. 서울: 신망애출판사, 1996.

최윤배. "성령론: 연구 방법론과 성령론을 중심으로." 한국칼빈학회 엮음.『최근의 칼빈 연구』. 서울: 대한기독교서회, 2001. 159~160.

_____. "존 칼빈의 교회론."『교회론』. 한국조직신학회 기획시리즈 1. 한국조직신학회 엮음. 서울: 대한기독교서회, 2009.

_____. "종교개혁자 요한 칼빈의 신론."『신론』. 한국조직신학회 기획시리즈 3. 한국조직신학회 엮음. 서울: 대한기독교서회, 2012.

최인식. "니체·투르니에·틸리히를 통해서 본 '힘과 하나님'의 상관성 연구."「한국조직신학논총」46 (2016.12): 51~99.

_____. "성결교회 신학의 뿌리: 사중복음의 정신을 찾아서."「서울신학대학교 신학대학원 2012년도 종교개혁 기념강좌」(2012. 10. 26): 1~25.

_____. "성령세례의 신학적 의의에 대한 고찰 마틴 냅(M. Knapp)과 윌리엄 갓비(W. Godbey)를 중심으로."「한국조직신학논총」33 (2012).

_____. "성령세례의 신학적 의의에 대한 고찰: 마틴 냅(M. Knapp)과 윌리엄 갓비(W. Godbey)를 중심으로."「한국조직신학논총」33(2012), 37~73.

_____. "예수 그리스도는 종교다원주의 시대의 걸림돌인가, 화목제물인가?: 기독교, 유대교, 이슬람교를 넘어서."「구약논단」20 (2014.3): 31~56.

_____. "예수와 다석(1890~1981)의 영성적 가르침에서 본 종교인 간 대화의 근본적 조건: 교리적 종교인에서 영성적 종교인으로의 변화."「다문화와 평화」4/2 (2010): 132~64

_____. "한국 교회의 신론 정립에 관한 방법론적 연구."「신학과 선교」28 (2003): 249~273.

_____.『다원주의 시대의 교회와 신학』. 서울: 한국신학연구소, 개정증보 2판, 2002.

_____.『예수와 함께 걷는 유대교 산책』. 시흥: 예루살렘아카데미, 2008.

_____.『예수의 바람 성령의 바람: 사중복음의 정신과 21세기 교회혁신』. 서울: 사랑마루, 2014.

최자실.『나는 할렐루야 아줌마였다』. 서울: 서울말씀사, 1999.

하도균. "웨슬리안 성령운동가로서의 플레쳐에 관한 연구."「한국기독교신학논총」70/1 (2010. 7).

한성진. "칼빈의 교부자료 사용 연구."「역사신학논총」8(2004): 40~58.

한영태.『웨슬레의 조직신학』. 서울: 성광문화사, 2002.

_____.『그리스도인의 성결』. 서울: 성광문화사, 1995.

_____.『삼위일체와 성결』. 서울: 성광문화사, 1992.

한철하. "칼빈 신학의 구원론적 이해와 복음사역의 중요성."『칼빈 신학 해설』. 한국칼빈학회 엮음. 서울: 대한기독교서회, 1998.

허상봉. "믿는 자들에게 따르는 표적,"『사중복음과 우리의 신앙』. 서울: 사랑마루, 2017. 225~32.

허천회.『웨슬리의 생애와 신학』. 서울: CLC, 2021.

허호익. "영성신학의 과제와 한국 교회."「신학논단」22 (1994.6): 227~56.

홍용표. "마틴 웰스 냅의 생애와 사상."『19세기 급진적 성결 운동 지도자들의 생애와 사상』. 글로벌사중복음연구소 편. 사중복음논총 제1권. 서울: 사랑마루, 2014.

황덕형.『현대신학과 성결』. 서울: 바울, 2001.

■ 한국어 번역본 및 논문

Augustinus.『아우구스티누스의 은혜론』. 김종흡 역. 서울: 생명의 말씀사, 1990.

Barrett, C. K.『고린토전서』. 국제성서주석. 서울: 한국신학연구소, 1985.

Barrett, C. K.『요한복음』. 국제성서주석. 서울: 한국신학연구소, 1984.

Berkouwer, G. C.『개혁주의 교회론』. 나용화·이승구 역. 서울: CLC, 2006.

Bouwsma, Willam James.『칼빈』. 이양호·박종숙 역. 서울: 나단, 1993.

Calvin, John.『기독교 강요』(최종판). 원광연역. 서울: 크리스챤 다이제스트, 2003.

_____. 『칼빈의 예정론 핵심 설교』. 임원주역. 서울: 예루살렘, 2000.

_____. 『영한 기독교 강요』(최종판). 제1~4권. 편집부역 서울: 성문출판사, 1990.

_____. 『칼빈의 예정론』(원제: Concerning the Eternal Predestination of God). 한국칼빈주의 연구원 역. 서울: 기독교문화사, 1986.

Dawkins, Richard. 『만들어진 신』. 이한음 역. 서울: 김영사, 2007.

Dayton, Donald. 『오순절 운동의 신학적 뿌리』. 조종남 역. 서울: 대한기독교서회, 1999.

Goudzwaard, Bob. 『자본주의와 진보사상』. 김병연, 정세열 역. 서울: 한국기독 학생 회출판부, 1989.

Green, Michael. 『성령을 믿사오며』. 이혜림 역. 서울: 서로사랑, 2006.

Harari, Yubal N. 『호모데우스』. 김명주 역. 서울: 김영사, 2017.

Holzapfel, Eric. 『너는 치유받았느니라』. 신동근 역. 서울: 작은키나무, 2012.

Kaufman, Gorden. 『신학방법론』. 기독교통합연구소 역. 서울: 한들출판사, 1999.

Klooster, Fred H. 『칼빈의 예정론』. 신복윤 역. 서울: 성광출판사, 1987.

Knapp, Martin W. 『하나님의 오순절 번갯불: 사중복음 신앙과 신학의 보화』. 남태욱·박문수·장혜선·홍용표 역. 서울: 사랑마루, 2015.

Küng, Hans. 『교회』. 정지련 역. 서울: 한들출판사, 2007.

Lohse, Bernhard. 『마틴 루터의 신학: 역사적·조직신학적 연구』. 정병식 역. 서울: 한국신학연구소, 2002.

Louis Berkhof. 『조직신학(상)』. 권수경·이상원 역. 서울: 크리스챤 다이제스트, 1991.

Lucas, Ernest. 『다니엘』. 김대웅 역. 서울: 부흥과개혁사, 2017.

Luther, Martin. 『대교리문답』. 최주훈 역. 서울: 복있는사람, 2017.

_____. 『소교리문답』. 최주훈 역. 서울: 복있는 사람, 2018.

Macarius. 『신령한 설교』. 이후정 역. 서울: 은성, 1993.

McGrath, Alister E. 『루터의 십자가 신학: 마르틴 루터의 신학적 돌파』. 김선영 역. 서울: 컨콜디아사, 2015.

_____. 『도킨스의 신』. 김지연 역. 서울: SFC, 2007.

Mellert, R. B. 『과정신학 입문』. 홍정수 역. 서울: 대한기독교출판사, 1989.

Menzies, William W. 『오순절 성경교리』. 총회 총무국 역. 서울: 기독교대한 하나님의 성회, 1994.

Mills, David. 『우주에는 신이 없다』. 권혁 역. 서울: 돋을새김, 2010.

Moltmann, J. 『생명의 영: 총체적 성령론』. 김균진 역. 서울: 대한기독교서회, 1992.

Neve, J. L. 『기독교교리사』. 서남동 역. 서울: 대한기독교서회, 1992.

Niesel, Wilhelm. 『칼빈의 신학』. 이종성 역. 서울: 대한기독교서회, 1993.

_____. 『빌헬름 니젤의 칼빈신학 강의: 칼빈신학에 대한 복음적 이해』. 이형기·조용석 역. 서울: 한들출판사, 2011.

Noll, Mark A. 『복음주의와 세계 기독교의 형성』. 박세혁 역. 서울: IVP, 2015.

Noth, Martin. 『레위기』. 국제성서주석. 서울: 한국신학연구소, 1981.

_____. 『출애굽기』. 국제성서주석. 서울: 한국신학연구소, 1981.

Perez-Esclarin, Antonio. 『무신론과 해방』. 송기득, 김정순 역. 서울: 한길책방, 1991.

Ragin, Charles C. 『비교방법론』. 이재은 외 역. 서울: 대영문화사, 2002.

Runyon, Theodore. 『새로운 창조』. 김고광 역. 서울: 기독교대한감리회 홍보출판국, 1998.

Russell P. Spittler(ed). 『오순절 신학의 전망』. 이재범 역. 서울: 나단, 1989.

Schweizer, Edward. 『마태오복음』. 국제성서주석. 서울: 한국신학연구소, 1982.

Simpson, A. B. 『성령론』. 김원주 역. 서울: 크리스챤 다이제스트, 2005.

_____. 『四重의 福音』. 손택구 역. 안양: 예수교대한성결교회 출판부, 1980.

Snyder, H. A. 『혁신적 교회 갱신과 웨슬레』. 조종남 역. 서울: 대한기독교출판사, 1986.

Starkey, Lycurgus M. Jr. 『존 웨슬리의 성령신학』. 김덕순 역. 서울: 은성, 1994.

Thorsen, Donald. "Sola Scriptura와 웨슬리의 사변형." 『환태평양 시대의 웨슬리안 성결 운동: 환태평양 웨슬리안 성결신학자 학술대회 논문집』. 박찬희 역. 부천: 서울신학대학교, 2006: 202~17.

Tillich, Paul. 『조직신학 IV』. 유장환 역. 서울: 한들출판사, 2008.

_____. 『사랑·힘·정의』. 남정길 역. 서울: 전망사, 1979.

_____. 『조직신학』. 제2권. 유장환 역. 서울: 한들출판사, 2003.

Osborne, Grant R. 『요한계시록』. 김귀탁 역. 서울: 부흥과개혁사, 2012.

Vinson Synan. 『세계 오순절 성결 운동의 역사』. 이영훈·박명수 역. 서울: 서울말씀사, 2000.

Walgrave, J. "현대를 위한 기초신학(基礎神學)." 성염 역. 「신학전망」 25(1974): 60~70.

Wendel, Francois. 『칼빈: 그의 신학사상의 근원과 발전』. 김재성 역. 서울: 크리스챤 다이제스트, 1999.

Wesley, John. 『웨슬리 설교전집』 제4권. 조종남·김홍기·임승안 외 공역. 서울: 대한기독교서회, 2006.

_____. 『기독자의 완전에 대한 해설』. 조종남 역. 서울: 한국복음문서 간행회,

1996.

Williams, J. Rodman. 『오순절 조직신학』 제3권. 박정렬·이영훈 편역. 군포: 순신대학교 출판부, 1995.

Wright, Tom. 『로마서』. The New Interpreters Bible, vol. 10. 장용량·최현만 역. 서울: 에클레시아북스, 2014.

Wyncoop, Mildred B. 『칼빈주의와 웨슬레신학』. 한영태 역. 서울: 생명의 말씀사, 1987.

Yocum, Dale M. 『기독교신조 대조: 칼빈신학과 알미니안 신학의 비교 연구』. 손택구 역. 서울: 예수교대한성결교회 출판부, 1988.

Westermann, Claus. 『이사야』(3). 국제성서주석. 서울: 한국신학연구소, 1990.

Wiley, Orton 외 1인. 『웨슬리안 조직신학』. 전성용 역. 서울: 도서출판 세복, 2002.

■ 외국어 단행본 및 논문

Allen, John L. Jr. *The Global War on Christians: Dispatches from the Front Lines of Anti-Christian Persecution*. New York: Image, 2013.

Archer, Kenneth J. *A Pentecostal Hermeneutic: Spirit, Scripture and Community*. Cleveland: CPT Press, 2009.

Archibald, Robertson & Alfred Plummer. *The First Epistle of St. Paul to the Corinthians: A Critical and Exegetical Commentary*. Edinburgh: T&T Clark, 1994.

Augustine. "De Spiritu et Littera." *A Select Library of the Nicene and Post- Nicene Fathers of the Christian Church*. First Series. vol. *V*. 96.

Barrett, David B. & Todd M. Johnson. *World Christian Trends AD 30~AD 2200: Interpreting the Annual Christian Megacensus*. Pasadena, CA: William Carey Library, 2001.

Barth, K. *Die Kirchliche Dogmatik: Die Lehre von der Versöhnung*, IV/2. Zürich: Theologische Verlag, 1985, 4. Aufl.

Bebbington, D. W. *Evangelicalism in Modern Britain: A History from the 1730s to the1980s*. London: Unwin Hyman, 1989.

Bevans, Stephen B. *Models of Contextual Theology*. Maryknoll: Orbis Books, 1999.

Böcher, O. Die *Johannesapokalypse*. Darmstadt: Wissenschaftliche Buchgesellschaft Darmstadt, 1988.

Boff, Leonardo. *Trinity and Society*, trans. Paul Burns. Maryknoll: Orbis, 1988.

Brown, Robert McAfee. *Gustavo Gutierrez: An Introduction to Liberation Theology*. Maryknoll: Orbis Books, 1990.

Calvin, Jean. *Institutes of the Christian Religion*. vol. 3, ed. John T. McNeill, trans & indexed by Ford L. Battles. Philadelphia: The Westminster Press, 1960.

_____. *Sermons on Election & Reprobation by John Calvin*. foreword by David C. Engelsma. Audubon: Old Paths Publications, 1996.

_____. *The Epistles of Paul the Apostle to the Romans*. trans. Ross Mackenzie. Grand Rapids: Eerdmans, 1960.

Chan, Simon. *Spiritual Theology: A Systematic Study of the Christian Life*. Downers Grove: IVP, 1998.

Chiquete, Daniel. "Healing, Salvation and Mission: The Ministry of Healing in Latin American Pentecostalism." *International Review of Mission* 93 (Jul-Oct 2004): 474~85.

Cho, David Yonggi. *Dr. David Yonggi Cho: Ministering Hope for 50 Years*. Alachua: Bridge-Logos, 2008.

_____. *The Holy Spirit, My Senior Partner: Understanding the Holy Spirit and His Gifts*. Altamonte Springs: Creation House, 1989.

Choi, Misaeng Lee. *The Rise of the Korean Church in Relation to the American Holiness Movement: Wesley's "Scriptural Holiness" and the "Fourfold Gospel"*. Lanham: Scarecrow Press, 2008.

Choi, Yung Hu. "Yonggi Cho's Influence on Pentecostal Theology in Korea," *Global Pentecostal and Charismtic Studies*, ed. William K. Kay and Mark Cartledge. Asia Pacific Pentecostalism vol. 31. Leiden: Koninklijke Brill NV, 2019.

Chung, Paul S. "God's Mission as Word Event in an Age of World Christianity: An Asian Linguistic-Transcultural Model," *International Review of Mission*(Nov., 2009): 325~341.

Collins, Adela Yarbro. *Mark: A Commentary*. Minneapolis: Fortress Press, 2007.

Committee of the KEHC Theological Research. *Introduction to the Theology of the Korea Evangelical Holiness Church*. Seoul: KEHC press, 2007.

Coppedge, Allan. *John Wesley in Theological Debate*. Wilmore: Wesley Heritage Press, 1987.

Cox, Harvey. *Fire from Heaven: The Rise of Pentecostal Spirituality and the Reshaping of*

　　　　Religion in the Twenty-First Century. Reading: Addison-Wesley Pub., 1995.

Crawley, Winston. *World Christianity 1970~2000: Toward a New Millenium*. Passadena: William Carey Library, 2001.

_____. "The Fourfold Gospel in Global Theological Perspective." *World Christianity and the Fourfold Gospel*, vol. 1/1(Sep. 2015): 23~27.

_____. "The Global Significance of the Fourfold Gospel." *Young-Ahm Lecture* No. 3(STU Holiness Institute, October 28, 2003): 1~13.

_____. "The Fourfold Gospel in Global Theological Perspective," *World Christianity and the Fourfold Gospel*, 1/1. Bucheon: Seoul Theological University Press, Sep. 2015.

Dempster, Murray & Byron Klaus, Douglas Petersen, *The Globalization of Pentecostalism: A Religion Made to Travel*. Foreword by Russell Spittler. Irvine: Regnum, 1999.

Duffied, Guy P. & Cleave, N. M. Van. *Foundations of Pentecostal Theology*. Los Angeles: L.I.F.E. Bible College, 1983.

Durnbaugh, Donald F. *The Believers' Church*. Eugene, OR: Wipf & Stock Publishers, 2003.

Fee, Gordon. *The First Epistle to the Corinthians*, revised edition. Grand Rapids: William Eerdmans, 2014.

Fisher, Samuel W. *John Calvin and John Wesley*. Cincinnati: Moore, Wilstach, Keys, & Co., 1856.

Fletcher, John. "Fourth Check to Antinomianism." *Works*. vol. 1. Salem, Ohio: Schmul Publishers, 1974.

Franz, von Frank. H. R. *System der christlichen Gewissheit*. Bd. 1~2. Erlangen: Andreas Dreichert, 1870/1873. vol. 1.

Frend, W. H. C. *The Donatist Church*. Oxford, UK: Oxford University Press, 2003.

Gelpi, Donald. "Two Spiritual Paths: Thematic Grace vs. Transmuting Grace, Part 1." *Spirituality Today* 35. no. 3 (Fall 1983), 241~55; Part 2: *Spiritual Today* 35. no. 4 (Winter 1983).

Gestrich, Christof. "The Nature of the Reformation in a More Hermeneutical Way: Martin Luther in Relation to Sin and Forgiveness, Justification and Sanctification." *International Fourfold Gospel Conference and Reformation Research Tour: Fourfold Gospel and theologia crucis*(Wittenberg, Heidelberg, Geneva, 2017. 6. 18~30): 60~87.

_____. *The Return of Splendor in the World: The Christian Doctrie of Sin and Forgiveness*, trans. Daniel W. Bloesch. Grand Rapids, MI: Eerdmans Publishing Company, 1997.

Gilbertson, Richard Paul. *Baptism of the Holy Spirit: The Views of A.B. Simpson and His Contemporaries*. Camp Hill: Christian Publications, 2003.

Gilliland, Dean. *Evangelical Dictionary of World Missions*. ed. A. Scott Morreau. Grand Rapids: Baker, 2000.

Godbey, W. *Church-Bride-Kingdom*. Cincinnati: God's Revivalist Office, n.d.

Grimsrud, Ted. *God's Healing Strategy: An Introduction to the Bible's Main Themes*. Telford, Pa.: Pandora Press, 2000.

Gunther, W. Stephen, et.al. *Wesley and the Quadrilateral*. Nashville: Abingdon Press, 1997.

Hamilton, Barry W. *William Baxter Godbey: Itinerant Apotle of the Holiness Movement*. Lewiston, Queenston, Lampeter: The Edwin Mellen Press, 2000.

Hauerwas, Stanley & William W. Willimon. *Resident Aliens: Life in the Christian Colony*. Nashville, TN: Abingdon Press, 1989.

Hauschild, Wolf-Dieter. "Gnade IV." *TRE* 488. 483.

Heinz Giesen, *Die Offenbarung des Johannes*. Regensburg: Verlag Friedrich Pustet, 31959.

Henriksen, Jan-Olav & Karl Olav Sandnes, *Jesus as Healer: A Gospel for the Body*. Grand Rapids: W. Eerdmans, 2016.

Hiebert, Paul G. "Critical Contexualization." *Missiology*. 12 no 3(Jul 1984): 287~296.

_____. *Anthropological Insights for Missionaries*. Grand Rapids: Baker Book House, 1985.

Hills, A. M. *Holiness and Power for the Church and the Ministry*. Cincinnati: God's Bible School Book Room, 1897.

_____. *Scriptural Holiness and Keswick Teaching Compared*. Salem, Ohio: Schmul Publishing, 1983.

Holtz, Traugott. *Die Offenbarung des johannes*. Göttingen: Vandenhoeck & Ruprecht, 2008.

Hutschinson, Mark & John Wolffe, *A Short History of Global Evangelicalism*. New York: Cambridge, 2012.

International Apostolic Holiness Union. *Constitution and By-Laws of the International Ap-*

ostolic Holiness Union. Cincinnati: God's Revivalist Press, 1900.

Irvin, Dale T. "'Drawing All Together in One Bond of Love': The Ecumenical Vision of William Seymour and the Azusa Street Revival." *Journal of Pentecostal Theology* 3. no. 6 (1995). 25~53.

Jason D. Whitt. *Transforming Views of Baptist Ecclesiology: Baptists and the New Christendom Model of Political Engagement.* Ann Arbor, MI: UMI Dissertations Publishing, 2008.

Jenkins, Philip. *The Next Christendom: The Coming of Global Christianity.* Oxford: Oxford University Press, 2002.

Jüngel, Eberhard. *Gott als Geheimnis der Welt: Zur Beründung der Theologie des Gekreuzigten im Streit zwischen Theismus und Atheismus.* Tübingen: J.C.B. Mohr, 51986.

Käsemann, Ernst. "Gottesgerechtighkeit bei Paulus," *Zeitschrift für Theologie und Kirche* 58 (1961): 367~78.

_____. *Commentary on Romans*, trans. & ed. G. W. Bromiley. Grand Rapids: W. B. Eerdmans, 1980.

Keener, Craig S. *Acts: An Exegetical Commentary*, vol. 2. Grand Rapids: Baker Academic, 2013.

_____. *The Gospel of Matthew: A Socio-Rhetorical Commentary.* Grand Rapids: William Eerdmans Publ. Co., 2009.

_____. *The Spirit in the Gospels and Acts: Divine Purity and Power.* Grand Rapids: Baker Academic, 1997.

Kistemaker, Simon J. *Exposition of the First Epistle to the Corinthians: New Testament Commentary.* Grand Rapids: Baker Books, 1993.

Kollman, B. *Neutestamentliche Wundergeschichten: Biblisch-theologische Zugänge und Impulse für die Praxis.* Stuttgart: Kohlhammer, 2002.

Krause, G./G. Müller(hg.). *Theologische Realenzyklopädie* 18. Berlin: Walter de Gruyte, 1977.

Land, Steven Jack. *Pentecostal Spirituality: A Passion for the Kingdom.* Cleveland: CPT, 2010.

Lee, Young-Hoon, "The Korean Holy Spirit Movement in Relation to Pentecostalism." *Asian and Pentecostalism: The Charistmatic Face of Christianity in Asia.* ed. Allan Anderson and Edmond Tang. Oxford: Regnum Books International, 2005.

_____. "The Holy Spirit Movement in Korea: Its Historical and Doctrinal Development." Ph.D diss., Temple University, 1996.

Leff, Gordon Bubenheimer, Ulrich Schmidt, Martin. "Augustin/ Augustinismus II~IV." *Theologische Realenzyclopädie*. IV. 699~723.

Luther, Martin. "Concerning the Letter and the Spirit." *Martin Luther's Basic Theological Writings*, ed. by Timothy F. Lull. Minneapolis: Fortress Press, 1989.

Lyons, Dennis D. *Calvin's and Weley's Doctrine of Assurance: A Comparative Study*. M.A.T.S Thesis, Talbot School of Theology, 1986.

Maddox, Randy. *Responsible Grace: John Wesley's Practical Theology*. Nashville: Abingdon Press, 1994.

Martin, David. *On Secularization: Towards a Revised General Theory*. Aldershot: Ashgate, 2005.

McComiskey, Thomas E.(ed.). *The Minor Prophets: An Exegetical and Expository Commentary*. Grand Rapids: Baker Books, 1998.

McCue, James F. "Simul iustus et peccator in Augustine, Aquinas, and Luther: toward putting the debate in context." *Journal of the American Academy of Religion*. 48/1(Mar 1980), 81~96.

McGinn, Bernard. "Introduction." *Christian Spirituality: High Middle Ages and Reformation*, ed. by Jill Raitt in collaboration with Bernard McGinn and John Meyendorff. New York: Crossraod, 1987.

_____. "The Righteousness of God' from Augustine to Luther." *Studia Theologia*, 36(1982).

Min, Anselm. *The Solidarity of Others in a Divided World: A Postmodern Theology after Postmodernism*. New York: T&T Clark International, 2004.

Molina, Luis. *On Divine Foreknowledge: Part IV of the Concordia*. trans. with an intro. & notes by Alfred J. Freddoso. Ithaca/London: Cornell Univ. Press, 1988.

Moltmann, J. D*er Geist des Lebens: Eine ganzheitliche Pneumatologie*. München: Kaiser Verlag, 1992.

_____. *God in Creation*, tr. by M. Kohl. London: SCM, 1985.

Moltmann-Wendel, Elisabeth & J. Moltmann, *Humanity in Gott*. London: SCM, 1983.

Moore, Johnnie. *10 Things You Must Know about the Global War on Christianity*. Carol Stream: Tyndale House, 2017.

Muller, Richard A. "Was Calvin a Calvinist?" *Back to the Bible: Life, Gospel and Church*. International Joint Conference, Commemorating the 35th Anniversary of Baekseok Schools(Oct. 28, 2011): 2~37.

Niesel, Werner. *Theologie des Johannes: Ausgelegt für die Gemeinde*. Zürich: Jordan-Verlag, 1985.

Oh, Sung-wook. "Political Paradox of an Apolitical Church: Ecclesiological Development of the Fourfold Gospel Theology in the Korean Evangelical Holiness Church(KEHC) during the Japanese Colonial Regime(1910~1945)." *World Christianity and the Fourfold Gospel*, vol. 1/1. Bucheon: Seoul Theological University Press, Sep. 2015.

Olson, Roger. "Most Moved Mover: A Theology of God's Openness / Searching for an Adequate God: A Dialogue between Process and Free Will Theists." *The Christian Century* 119/3(Jan 30-Feb 6, 2002): 37~39.

Olson, Roger. *Against Calvinism*. Grand Rapids: Zondervan, 2011.

Ott, Craig & Harold A. Netland. *Globalizing Theology: Belief and Practice in an Era of World Christianity*. Grand Rapids: Baker, 2006.

Outler, Albert. *John Wesley and the Christian Ministry*. London: S.P.C.K, 1963.

Paden, Willam E. "Elements of a New Comparativism." *Method & Theory in the Study of Religion*, 8/1 (1996): 5~14.

Palmer, Phoebe. *Way of Holiness*. New York: Palmer & Hughes, 1867.

Pannenberg, Wolfhart. *Christian Spirituality*. Philadelphia: Westminster Press, 1983.

Park, Andrew Sung. *The Wounded Heart of God: The Asian Concept of Han and the Christian Doctrine of Sin*. Nashville: Abingdon Press, 1993.

Park, Chang Hoon. *The Theology of John Wesley as Checks to Antinomianism*. Ph.D. diss., Drew University, 2002.

Park, Hyung Jin. "Journey of the Gospel: A Study in the Emergence of World Christianity and the Shift of Christian Historiography in the Last Half of the Twentieth Century." Ph.D. diss., Princeton Theological Seminary, 2009.

Pinnock, Clark & John Cobb(eds.). *Searching for an Adequate God: A Dialogue between Process and Free Will Theists*. Grand Rapids: Wm. Eerdmans Pub., 2000.

_____ & others. *The Openness of God: A Biblical Challenge to the Traditional Understanding of God*(Downer Grove: InterVarsity, 1994.

_____. *Most Moved Mover: A Theology of God's Openness*. Cumbria, UK: Paternoster,

2001.

Pobee, John. *Persecution and Martyrdom in the Theology of Paul*. Sheffield: Society of New Testament Studies Monograph Scenes, 1990.

Rah, Soong-Chan. *The Next Evangelicalism: Freeing the Church from Western Cultural Captivity*. Doweners Grove: IVP, 2009.

Rahner, Carolus/Heinrich Denzinger(ed.). *Enchiridion Symbolorum: definitionum et declarationum de rebus fidei et morum*. Barcione-Friurgi Brisg.-Romae: Herder, 1957.

Remus, Harold. *Jesus as Healer*. Cambridge: Cambridge University Press, 1997.

Robert, Dana Lee. *Christian Mission: How Christianity Became a World Religion*. Malden: Wiley-Blackwell, 2009.

Roloff, J. *Die Offenbarung des Johannes*. Zürich: Theologischer Verlag, 1984.

Ruether, Rosemary R. *Mary: The Feminine Face of the Church*. Philadelphia: The Westminster Press, 1977.

Saayman, Willem and Klippies Kritzinger(ed). *Mission in Bold Humility: David Bosch's Work Considered*. Maryknoll: Orbis, 1996.

Sanneh, Lamin. *Whose Religion Is Christianity: The Gospel beyond the West*. Grand Rapids: W. Eerdmans, 2003.

Schindler, Alfred. "Augustin/Augustinismus I." *Theologische Realenzyclopädie*. IV. hg. G. Krause, G. Müller. Berlin, New York: Walter de Gruyter, 1979.

Schreiter, Robert. *The New Catholicity: Theology between the Global and the Local*. Maryknoll: Orbis, 1997.

Sell, Alan P. "Augustine versus Pelagius: A Cautionary Tale of Perennial Importance." *Calvin Theological Journal*. 12/2(Nov 1977), 117~143.

Seymour, William and The Apostolic Faith Mission. *The Azusa Street Papers*, by Dream Publishing International, n.d.

Shaw, S. B. (Ed). *Echoes of the General Holiness Assembly*. Chicago: S. B. Shaw, 1901.

Sheldrake, Philip. *Spirituality and Theology: Christian Living and the Doctrine of God*. Maryknoll: Orbis Books, 1998.

Stuart, Duglas. "Malachi." *The Minor Prophets: An Exegetical and Expository Commentary*, vol. 3, ed. Thomas E. McComisky. Grand Rapids: Baker Books, 1998.

Stuhlmacher, Peter. *Paul's Letter to the Romans, A Commentary*. trans. Scott J. Hafemann, Louisville: Westminster/John Knox Press, 1994.

Sweet, W. W. *Methodism in American History*. Rev. ed. New York: Abingdon Press, 1953.

Tennent, Timothy C. *Invitation to World Missions: A Trinitarian Missiology for the Twenty-first Century*. Grand Rapids: Kregel, 2010.

IAHC. *The International Apostolic Holiness Church. Manual*. Cincinnati, Ohio: God's Revivalist Press, 1914.

Thomas, John C.(ed). *Toward a Pentecostal Ecclesiology: The Church and the Fivefold Gospel*. Cleveland: CPT Press, 2010.

Thomas, Norman E. *Classic Texts in Mission & World Christianity: A Reader's Companion to David Bosh's Transforming Mission*. Maryknoll: Orbis, 1995.

Tillich, Paul. *Systematic Theology. I-III*. Chicago: The University of Chicago Press, 1951.

Tyerman, L. *The Life and Times of the Rev. John Wesley, Founder of the Methodists*. vol. 1~3. New York: Harper & Brothers Publ., 1872.

Van De Walle, Bernie A. "A. B. Simpson's Fourfold Gospel: Both Product and Critique of Late Nineteenth-Century Evangelical Theology." *World Christianity and the Fourfold Gospel* : The Journal of the Global Institute for the Fourfold Gospel Theology, vol. 1, no.1. Bucheon: Seoul Theological University Press, Sep. 2015: 29~42.

Wainright, Geofrey. *Geofrey Wainright on Wesley and Calvin: Sources for Theology, Liturgy and Spirituality*. Melbourne: Uniting Church Press, 1987.

_____. *Methodists in Dialogue*. Nashville: Kingswood, 1995.

_____. *For Our Salvation*. Grand Rapids, MI: Eerdmans Publishing Company, 1997.

Walls, Andrew F. *The Missionary Movement in Christian History: Studies in the Transmission of Faith*. New York: Maryknoll, 1996.

Watkin-Jones, Howard. *The Holy Spirit from Arminius to Wesley*: A Study of Christian Teaching Concerning the Holy Spirit and His Place in the Trinity in the Seventeenth and Eighteenth Centuries. London: The Epworth Press, 1929.

Wendel, Francois. *Calvin: Origins and Development of His Religious Thought*. Michigan: Baker Books House, 1997.

Wesley, John. "Justification, Assurance and Sanctification." (Minutes of Some Late Conversation 1744~1747), *The Works of John Wesley*, vol. 8. Peabody: Hendrickson Publishers, 1986.

_____. "Predestination Calmly Considered." *The Works of John Wesley*, vol. X: Letters,

Essays, Dialogs and Addresses. Grand Rapids: Zondervan Publishing House, 1872: 204~259.

_____. "The Scripture Doctrine of Predestination, Election, and Reprobation." *Preservative against Unsettled Notions in Religion*. Bristol: William Pine, 1770: 177~192.

_____. *A Plain Account of Christian Perfection*. London: Epworth Press, 1960.

_____. *Christian Library: Consisting of Extracts and Abridgments of the Choicest Pieces of Practical Divinity, Which Have Been Published in the English Tongue*. vol. I. London: Cordeux for Blanshard, 1819.

_____. *The Explanatory Notes upon the New Testament*. London: Epworth Press, 1954.

_____. *The Works of the Rev. John Wesley*, vol. 4. ed. Thomas Jackson, 3rd Edition. London: Hason, 1829~31.

Westermann, Claus. *Genesis 1~11. A Commentary*, trans. John J. Scullion S.J. Minneapolis: Augsburg Publishing Hous, 1990.

_____. *Genesis, Kapitel 12~36, Biblischer Kommentar Altes Testament*, Bd. I/2. Neukirchen-Vluyn: Neukirchener Verlag, 1981.

Whitehead, A. N. *Process and Reality: An Essay in Cosmology*. corrected ed. by D. R. Griffin & D. W. Sherburne. New York: The Free Press, 1978.

Wilckens, Ulrich. *Das Evangelium nach Johannes, Das Neue Testament Deutsch*, Teilband 4. Göttingen: Vandenhoeck & Ruprecht, 2000.

Williams, J. Rodman. *Renewal Theology*. 3 vols in one. Grand Rapids: Zondervan, 1996.

Wolf, H. W. *Hosea*. BKAT XIV/1. Neukirchen-Vluyn: Neukirchener Verlag, 1976.

Yang, Jung. "The Doctrine of God in the Theology of John Wesley." Ph.D Thesis. The University of Aberdeen: Religious Studies, 2003.

Yong, Amos. *Spirit of Love: A Trinitarian Theology of Grace*. Waco: Baylor University Press, 2012.

Zanchius, Jerom. *The Doctrine of Absolute Predestination Stated and Asserted*. added with A Letter to the Rev. John Wesley, trans. by Augustus Toplady. New York: George Lindsay, 1811.

※ 본서 각 장별로 활용된 자료의 출처 ※

01장. 제1회 미주성결교회 목회자 사중복음 세미나 자료
02장. "사중복음, 성결교회의 축복과 사명." 「활천」 757/12 (2016): 22~26;
03장. 국내외 "사중복음 목회자 세미나"에서 발표한 강의자료
04장. "사중복음 해석학의 역사적-성서적-교의적 기초 정립을 위한 고찰: 존 웨슬리의 사중복음 신앙체험과 삼위일체적 사중복음 이해를 중심으로." 「신학과 선교」 57 (2019): 301~350.
05장. "16세기 마르틴 루터, 19세기 마르틴 루터, 그리고 21세기의…" 「성결교회와 신학」 36 (2016): 145~147; "종교개혁과 사중복음 : 종교개혁 500주년 성결교회 110주년." 「활천」 758/1 (2017): 80-83; 제05장. "종교개혁과 사중복음 : 회개가 있는 사중복음 공동체." 「활천」 769/12 (2017): 66~69.
06장. "사중복음 신학방법론: 글로벌 신학을 위한 소묘(素描)." 『글벌신학과 사중복음』: 19~53.
07장. "사중복음교의학 방법론." 『웨슬리안 사중복음교의학 서설』. 서울: 대한기독교서회, 2019: 33~100.
08장. "사중복음 신론 방법론." 『사중복음 신론』. 부천: STUP, 2021.
09장. "사중복음 해석학의 역사적-성서적-교의적 기초 정립을 위한 고찰: 존 웨슬리의 사중복음 신앙체험과 삼위일체적 사중복음 이해를 중심으로." 「신학과 선교」 57 (2019): 301~350.
10장. "Earnest A. Killbourne의 성령세례론:「활천」의 글을 중심으로." 『길보른 연구논총』. 부천: 서울신학대학교출판부, 2016): 252~287.
11장. "사중복음 교회론: 하나님 나라 공동체 신학." 「신학과 선교」 48(2016): 153~197.
12장. "상황화 신학의 관점에서 본 세계 기독교: 개신교 500년 교의 역사에 대한 성결·오순절 운동의 사중복음 신학적 이해." 「영산신학저널」 46 (2018): 7~44.
13장. "개혁주의 신학과 웨슬리안 신학의 대화를 위한 칼뱅의 이중예정론과 웨슬리의 예지예정론 비교 연구." 「한국기독교신학논총」 88 (2013.7): 135~179.
14장. "'은총'과 '경험'의 상관관계 연구 −성결·오순절 교의학 방법론을 위한 시론(試

論)적 고찰." 「신학과 선교」 52 (2018): 9~50.
15장. "웨슬리 신학의 전통에서 본 한국의 감리교 신학과 성결교 신학." 「한국기독교신학논총」 86 (2013. 4): 163~188.
16장. "한국의 웨슬리 신학과 성결·오순절 신학의 성령론 비교 연구 : 통합적 성령론으로서의 웨슬리안 성결·오순절 성령론." 「한국조직신학논총」 57 (2019): 287~336.
17장. "성결교회신학: '온전한 구원'을 위한 개신교복음주의 웨슬리안 사중복음 신학" 성결교회 백주년에 성결교회 신학연구위원회에 의하여 출간된 『성결교회 신학』의 내용을 요약적으로 재구성한 것(서울신학대학교 학보 게재, 연도와 호수 미확인); "종교개혁과 사중복음 : 종교개혁과 21세기 신학교육." 「활천」 767/10 (2017): 64~67.
18장. "성결교회의 교리신학: 성삼위 하나님·원죄·자유의지·성결을 중심으로," 「신학과 선교」 29 (2004); 389-425; "전천년적 천년왕국론의 신학적 의의." 「활천」 728/7 (2014): 32~37.
19장. "문준경과 이성봉을 통해 본 성결교회 브랜드 사중복음." 「활천」 678/5(2010): 18-23; "사중복음 목회 : 예수의 사중복음 목회."「활천」770/1(2018): 70~73; "사중복음과 신학 : 사중복음의 목회신학적 함의." 「활천」 756/11 (2016): 46~49; "하나님 중심주의를 실현하는 사중복음 정신 회복의 길 : 하나님 중심주의를 실현하는 사중복음 정신 회복의 길 - 일제 말 한국 성결교회 신사참배의 역사적 교훈." 「성결교회와 신학」 31(2014): 160~184 (2014년 7월 7일 한일성결교회역사연구회 발표 논문, 일본, 나가사키 가톨릭 센터)
20장. 기독교대한성결교회 교육국, 『목사고시 예제집』 (서울: 기성출판부, 2010).

용어 및 인명 색인

ㄱ

가시밭의 백합화 699, 700, 701, 703, 706
감리교 5, 32, 56, 58, 63, 82, 83, 84, 95, 130, 136, 182, 183, 184, 207, 216, 376, 391, 392, 393, 464, 478, 534, 535, 536, 537, 538, 539, 540, 541, 542, 543, 544, 546, 549, 550, 551, 552, 554, 556, 557, 560, 561, 562, 563, 564, 565, 566, 567, 568, 569, 570, 571, 573, 574, 576, 582, 589, 590, 591, 592, 593, 596, 633, 635, 637, 668, 672, 689, 729, 732, 856, 857, 879, 880, 895, 896, 897, 898, 899, 900, 901, 907, 908
갓비(Wiliam Godbey) 392
강경공립보통학교 694
강경성결교회 686, 694
개신교 복음주의 5, 32, 61, 75, 76, 198, 205, 228, 231, 232, 242, 251, 284, 285, 290, 293, 301, 402, 447, 507, 520, 530, 543, 594, 595, 603, 610, 611, 621, 625, 726, 729, 732, 734, 735, 739, 740, 744, 820, 879, 890
개신교 신학 28, 62, 595, 735, 869
개신교 정통주의 196, 206, 285, 479, 615, 767, 846
개인적 성화 539, 896
개혁주의 17, 29, 32, 62, 81, 198, 216, 230, 231, 232, 238, 267, 274, 276, 285, 391, 392, 404, 432, 464, 465, 479, 504, 505, 506, 507, 510, 511, 513, 514, 515, 519, 528, 531, 533, 562, 568, 576, 583, 584, 586, 590, 595, 596, 826, 841, 847, 848, 851, 868, 873, 892, 894, 900, 904, 905
경건주의 28, 207, 238, 241, 251, 253, 282, 296, 400, 507, 512, 513, 557, 731, 732, 745
경성성서학원 78, 184, 370, 377, 378,

575, 577, 578, 675, 687, 695,
696, 697, 819, 836
경험주의 221, 222, 223, 224, 238,
239, 246, 254, 278, 279, 284,
295, 390, 391, 516, 522, 529,
567, 724, 725, 734, 738, 848,
852, 894
계몽주의 28, 215, 218, 220, 222,
812, 874
고든(Adoniarm J. Gorden) 402, 457, 891
고세훈 298, 855
공교회 2, 130, 200, 202, 226, 231,
403, 629, 871, 908
공동체 신학 548, 555, 739, 748, 749,
757, 786
공로주의 171, 172, 204, 477, 479,
480, 489, 490, 493, 496, 735
공은탁 695
공중휴거 801, 802, 807
과학주의 37, 51, 52, 100, 297
관동대지진 684
교권주의 28, 53, 95, 131, 146, 184,
185, 395, 421, 556, 610, 674,
717, 720, 825
교단창립 100주년 198, 729, 828
교리문답서 544, 630
교리신학 544, 626, 627, 628, 629,
630, 631, 632, 633, 634, 635,
637, 638, 645, 647, 648, 649,
655, 661, 672, 673, 841, 857,
908
교리신학서 544
교리적 선언 536, 537, 538, 551, 645,
896, 906

교리주의 78, 93, 94, 295, 603, 737
교오또 682
교파주의 2, 26, 27, 28, 29, 30, 31,
32, 46, 53, 55, 56, 57, 61, 62,
63, 64, 66, 69, 71, 72, 74, 78,
83, 86, 95, 96, 97, 98, 128,
129, 130, 136, 149, 164, 165,
167, 187, 190, 191, 192, 194,
195, 197, 199, 201, 202, 203,
206, 209, 221, 225, 226, 227,
232, 234, 237, 248, 282, 362,
376, 403, 404, 420, 428, 436,
446, 447, 448, 454, 462, 463,
517, 594, 596, 598, 600, 602,
603, 618, 675, 702, 711, 737,
795, 825, 826, 827, 828, 829,
830, 831, 832
교황주의 167, 183, 184, 421, 469,
470, 471, 489, 490, 491, 492
교회주의 129, 199, 556, 900
구원론 5, 69, 104, 105, 176, 201,
204, 334, 335, 338, 381, 382,
436, 444, 448, 449, 450, 452,
475, 477, 555, 568, 576, 613,
614, 615, 616, 617, 740, 746,
760, 767, 770, 771, 781, 784,
786, 843, 868, 880, 888, 892
규범하고 있는 규범 639
그레이엄(Billy Graham) 212
그리스도의 삼직무 712, 766
그리스도인의 완전 538, 539, 550,
551, 557, 608, 637, 717, 738,
761, 771, 852
극단적 칼뱅주의 81, 195, 204, 858,

879, 885
글로벌리즘 정신 64
글로벌 사중복음 신앙고백 128, 131
금주섭 459
기독교대한성결교회 9, 58, 237, 395, 554, 555, 594, 599, 600, 601, 602, 637, 642, 700, 729, 836, 837, 839, 845, 847, 850, 851, 853, 854, 855, 867, 869, 878, 879, 890, 891, 892, 899, 903, 906, 907, 908, 909, 911, 912, 913
기독교변증신학 899
기초신학 32, 236, 826, 891
길(John Gill) 481
길버트슨(Richard P. Gilbertson) 592
길보른(Earnest Kilbourne) 90, 170, 184, 364, 365, 366, 367, 368, 369, 370, 371, 372, 373, 374, 375, 376, 378, 379, 380, 381, 382, 383, 384, 385, 386, 387, 388, 389, 390, 391, 392, 393, 395, 396, 397, 398, 546, 575, 636, 637, 672, 675, 729, 849, 863, 864, 865, 866, 867, 902
길선주 212
김복희 686, 694
김상준 58, 125, 334, 547, 574, 575, 603, 636, 637, 672, 675, 709, 729, 745, 829, 836, 840, 844, 852, 863, 908, 911
김성영 555, 899
김성원 855, 887, 891, 898, 915
김영선 538, 563, 564, 565, 566, 567,
856, 895, 896, 900, 901
김응조 686, 709, 729, 803, 807, 864, 911
김태구 577, 903, 906, 916
김홍기 517, 539, 563, 567, 568, 886, 892, 893, 896, 900, 901, 905

ㄴ

나카다 쥬지(中田重治) 368, 574
낙관적 은총론 546
내트랜드(Harold Netland) 444
냅(Martin W. Knapp) 81, 90, 98, 111, 113, 125, 136, 164, 165, 170, 182, 183, 184, 185, 186, 197, 198, 199, 202, 206, 208, 212, 213, 216, 248, 303, 373, 392, 393, 394, 395, 398, 402, 431, 467, 511, 542, 543, 547, 558, 574, 596, 668, 729, 837, 850, 851, 863, 866, 869, 879, 890, 892, 893, 898, 902
능동적 은총 533
니케아 신조 629, 634

ㄷ

다비(John Nelson Darby) 202, 206, 402
다원주의 167, 198, 297, 298, 299, 507, 552, 701, 719, 855, 856
대환란 669
데우스 호모 2, 4, 5, 7, 8, 10, 19, 23, 24, 25, 26, 27, 37, 49, 50, 51, 52, 54, 55, 56, 57, 58, 100,

127, 149, 291, 463, 714, 822,
823, 827, 831
데이터교 39, 40, 42, 48, 51, 53, 100,
290, 854
데이튼(Donald Dayton) 15, 71, 235, 508,
509, 514, 829, 846, 868
도킨스(Richard Dawkins) 854
동경성서학원 78, 546, 547, 574, 575,
577, 603, 636, 675
동방교회 253, 550, 560, 590, 769,
787
동양선교회 82, 370, 371, 376, 377,
378, 544, 546, 574, 599, 600,
603, 604, 611, 630, 631, 633,
636, 637, 646, 647, 652, 653,
658, 659, 664, 672, 675, 687,
692, 700, 729, 759, 863, 864,
865, 866, 897, 906, 911
동양선교회 헌장 656, 659
두 번째 축복 359, 561, 589
뒤필드(Guy P. Duffield) 508, 531
디아코니아 282, 401, 412, 419, 423,
424, 433, 711
디지털 제국주의 53

ㄹ

랜드(Steven Jack Land) 96, 214, 215, 216,
217, 444, 508, 531, 532, 659,
699, 702, 703, 706
랭포드(Langford) 402
럼시(Mary C. Rumsey) 582
로마서 51, 85, 151, 161, 169, 359,
485, 486, 837, 859, 884, 886

로크(John Locke) 567
루터(Martin Luther) 31, 73, 78, 79, 83,
84, 85, 86, 90, 93, 96, 98, 104,
130, 136, 164, 165, 166, 168,
169, 170, 171, 172, 173, 174,
182, 183, 184, 185, 186, 195,
202, 206, 216, 230, 232, 253,
284, 285, 290, 313, 381, 395,
397, 404, 447, 453, 470, 491,
493, 502, 517, 518, 519, 520,
575, 617, 634, 637, 672, 707,
729, 731, 732, 735, 741, 779,
781, 800, 826, 836, 840, 841,
843, 849, 851, 853, 857, 859,
872, 875, 889, 892, 893, 894
루터신학 452
루터주의 78, 86, 93, 191, 203, 282,
497, 502, 848, 892, 894
류장현 588, 890, 905
류터(Rosemary Reuther) 570, 571
리스(Seth C. Rees) 182, 542

ㅁ

마니교 646, 759
마리아 신모(Theotokos) 신학 571
마스덴(George Marsden) 453
마카리우스(Saint Macarius) 566, 567, 570,
590, 901
마키아벨리즘 674, 678
만국성결교회 62, 75, 182, 184, 185,
198, 395, 467, 542, 544, 551,
556, 558, 574, 575, 596, 599,
600, 611, 629, 631, 633, 636,

637, 644, 651, 668, 672, 675, 729, 730, 736, 740, 851, 876, 897, 902, 907
만국성결연맹 182, 199, 201, 210, 225, 368, 543, 869
만유재신론 763
만인구원 538, 781
만주사변 684
맥그래스(Alister E. McGrath) 284
맥루언(Marshall McLuhan) 226
맥클랜돈(James McClendon) 601
맥퍼슨(Aimee Semple McPherson) 216
메디타치오 273
메소디스트 운동 164, 241, 453, 541
메타노이아 412, 711
메타 신학 438, 461, 462, 463
멘찌스(William W. Menzies) 508
면죄부 167, 168, 169, 171, 172, 173, 175, 451
모라비안 513, 807, 876
목창균 852, 897
목회상담 607, 608
몰트만(Jürgen Moltmann) 73, 96, 570, 571, 601, 667, 900, 902
무디(D. L. Moody) 402
무디성서학원 78, 372, 391, 574, 675
무조건적 예정 497
문준경 170, 699, 700, 709, 938
문화신학 535, 553, 560, 564, 600, 624
미국 감리교회 536, 541, 546, 876
미야무레(官牟禮) 694
민경배 538, 896, 903
밀뱅크(John Milbank) 431, 879

ㅂ

바르트(Karl Barth) 73, 95, 96, 234, 297, 403, 430, 431, 570, 571, 575, 576, 846, 848, 868, 871, 872, 873, 880
바리새적 교파주의 86
바울 45, 75, 105, 106, 136, 139, 150, 151, 152, 153, 154, 155, 156, 157, 158, 159, 160, 161, 163, 170, 172, 263, 304, 312, 317, 322, 328, 344, 345, 358, 359, 367, 413, 426, 472, 475, 492, 498, 518, 525, 576, 587, 590, 623, 628, 633, 636, 672, 689, 697, 707, 729, 741, 755, 774, 837, 859, 862, 868, 887, 888, 912
박명수 364, 508, 843, 863, 864, 892, 900, 902, 903, 904, 907, 912
박문수 364, 371, 836, 846, 863, 864, 865, 866, 869
박봉진 170, 460, 686, 695, 696, 706, 708, 709, 878, 911, 912
박순경 539, 848, 896
박종익 588, 905
박종천 563, 568, 569, 570, 571, 901, 902
박현명 691
배덕만 508
번디(David Bundy) 508, 829
번연(John Bunyan) 732
범신론 572, 762, 763, 764
베르너(Martin Werner) 666

베빙톤(D. W. Bebbington) 453
변상 751, 753, 783
변선환 540, 552, 563, 564, 565, 568, 571, 856, 897, 898, 900, 918
변증신학 552, 626, 673, 847, 857, 899
보드니(Wolfgang Vodney) 508
보수주의신학 812, 814
보편은총 570
보혜사 성령 20, 131, 332, 344, 651, 654, 710, 717
복음의 상황화 436, 717
복음의 종교 697
복음적 신인협동설 616, 733, 777, 780, 782
복음주의 신학 5, 28, 30, 62, 71, 73, 76, 77, 93, 95, 96, 205, 213, 222, 236, 242, 253, 332, 402, 447, 457, 511, 595, 600, 602, 610, 724, 730, 731, 732, 735, 739, 740, 827, 832, 843
본질적 탁월성 316
부리(Fritz Buri) 130, 341, 666
북감리교회 540
분파적 교리주의 93, 95
불세례 112, 142, 373, 374, 376, 377, 378, 390, 395, 396, 397, 577, 864, 865, 904
불트만(Rudolf Bultmann) 666
브룩스(James Brooks) 402
블룸하르트와 아들(Johann & Christof Blumhardt) 241
비예전적 예배 605
비텐베르크 87, 166, 168, 185, 853

비텐베르크 성곽교회 172

ㅅ

사도성 131, 167, 207, 210, 392, 400, 401, 403, 410, 411, 412, 425, 426, 427, 428, 429, 432, 455, 547, 870, 873
사도신경 128, 129, 130, 219, 231, 250, 303, 570, 629, 634, 637, 641, 646, 647, 649, 653, 729, 909
사모사트교도 646, 760
사이난(Vinson Synan) 508
사중복음 공동체 21, 52, 56, 57, 59, 61, 62, 66, 71, 72, 73, 75, 76, 90, 98, 679, 701, 711, 748, 830, 831
사중복음 교육 610
사중복음 교의학 102, 228, 231, 232, 233, 234, 235, 236, 237, 238, 239, 240, 242, 243, 244, 247, 249, 250, 251, 252, 253, 254, 264, 277, 284, 285, 286, 287, 513, 621, 745, 746, 747, 786, 826, 829, 843, 844, 845, 849
사중복음 목회 21, 76, 84, 97, 98, 708, 709, 711, 712, 713
사회신경 538, 539
사회적 성화 539, 550, 551, 557, 558, 576, 896
사회주의 297, 677, 720, 896, 897
삼박자 구원 584
상대주의 167, 295, 296, 297, 298,

300, 302, 305
생명의 신학 622, 723, 743, 751, 752
생태신학 624
샬롬 91, 92, 93, 94, 95, 127, 798
서남동 298, 855, 856, 883
선행은총 195, 204, 250, 570, 608, 609, 724, 733, 738, 776, 777, 779, 780, 781, 782, 907
선험성 540, 551, 814
성결교회 속죄일 708
성결신문 630, 836, 840, 937
성결신학 480, 550, 551, 557, 845, 887, 898, 903
성결의 윤리 605, 609
성결체험 281, 791
성결-펜티코스탈리즘 232
성결한 공동체 419, 618
성경무오설 612, 613
성기호 555, 579, 899, 903
성령세례 64, 66, 83, 101, 108, 111, 112, 113, 126, 128, 131, 132, 141, 142, 153, 155, 156, 179, 182, 183, 184, 186, 210, 211, 212, 214, 216, 254, 255, 260, 261, 262, 263, 264, 281, 304, 330, 332, 359, 360, 364, 365, 366, 367, 369, 370, 371, 372, 373, 374, 375, 376, 377, 378, 379, 380, 382, 383, 384, 385, 386, 387, 388, 389, 390, 391, 392, 393, 394, 395, 396, 397, 398, 419, 424, 425, 428, 431, 436, 440, 505, 509, 510, 511, 512, 514, 515, 522, 523, 525, 526, 527, 529, 530, 533, 542, 545, 546, 550, 556, 557, 560, 561, 565, 574, 575, 576, 577, 578, 579, 583, 584, 585, 586, 587, 588, 591, 592, 593, 600, 601, 602, 603, 615, 617, 618, 636, 642, 661, 703, 716, 717, 722, 734, 743, 759, 761, 768, 769, 771, 772, 773, 780, 787, 789, 791, 821, 826, 836, 837, 849, 852, 853, 862, 864, 866, 867, 894, 895, 898, 902, 903, 905, 906
성령의 열매 156, 565, 582, 585, 587, 592, 838
성령의 증거 177, 283, 528, 529, 565
성령의 확증 561, 564, 565, 567, 589
성만찬 186, 407, 408, 801
성백걸 552, 898, 899
성서문자주의 206, 207, 208, 296, 718, 736
성서적 그리스도인 635
성서적 기독교 192, 590, 635, 716, 784
성서주의(biblicism) 453
성서학원 72, 78, 79, 184, 199, 201, 205, 208, 209, 215, 225, 281, 370, 371, 372, 373, 377, 378, 391, 392, 393, 455, 544, 546, 547, 574, 575, 577, 578, 603, 636, 675, 687, 695, 696, 697, 819, 836, 851, 864, 866, 878, 898, 902, 911
성신의 불세례 374, 377, 390

성찬 407, 619, 798
성화론 452, 518, 545, 566, 567, 575, 576, 608
성화신학 540, 550, 551, 896
세계교회협의회 534
세대주의 재림론 241
소극적 성결 587
소극적 성별 756
소망 20, 62, 90, 96, 107, 120, 123, 124, 126, 131, 181, 219, 220, 256, 257, 262, 263, 264, 284, 304, 325, 329, 342, 355, 358, 365, 410, 430, 462, 524, 530, 579, 593, 644, 671, 690, 697, 710, 716, 773, 795, 840, 853, 861, 863, 871, 884
손정도 539, 897
솔라 스크립투라 206
수동적 의 517, 518
순간적 성화 561, 589
순수한 성서적 기독교 635
순전한 복음 606
슈미트(Kurt Schmidt) 167
슈바이처(Albert Schweitzer) 666
슈페너(Philipp Jakob Spener) 206, 207, 732
슐라이어마허(Friedrich Schleiermacher) 207, 230, 233, 234, 238, 239, 244, 245, 246, 278, 279, 281, 282, 285, 516, 844, 846, 848
스콜라주의 167, 297, 465, 518, 568
스타키(L. M. Starkey) 563, 565, 567, 901
시모어(William J. Seymour) 587
시몬스(Meno Simons) 202, 206, 232
시무어(William Seymour) 202, 212, 216, 455, 511, 582
신경 128, 129, 130, 219, 231, 250, 290, 303, 335, 538, 539, 544, 570, 604, 611, 629, 634, 637, 641, 646, 647, 648, 649, 653, 686, 729, 909
신문철 22, 507, 508, 890, 891, 905
신비주의 224, 283, 284, 516, 518, 527, 529, 532, 568, 603, 612, 720, 735, 737, 772
신사참배 460, 676, 678, 679, 683, 684, 685, 686, 687, 688, 689, 690, 691, 693, 694, 695, 696, 698, 699, 707, 708, 721
신시내티 185, 391, 574
신앙개조 543, 544, 545, 604
신앙고백 60, 75, 81, 82, 102, 121, 122, 128, 130, 131, 133, 166, 182, 183, 207, 231, 233, 239, 240, 243, 250, 262, 268, 290, 293, 301, 303, 367, 381, 403, 413, 414, 419, 425, 426, 428, 447, 448, 450, 452, 454, 504, 506, 513, 514, 530, 537, 538, 544, 570, 598, 626, 627, 628, 629, 630, 631, 632, 635, 637, 638, 639, 642, 643, 646, 647, 648, 649, 650, 652, 653, 654, 655, 656, 657, 658, 659, 660, 661, 669, 696, 715, 723, 729, 759, 799, 845, 853, 889, 892, 906, 908, 909, 910, 914
신앙규칙 130
신앙론 245, 246, 276, 282, 469, 483,

746, 846, 847, 881
신앙의 규범 60, 248, 270, 733
신조 62, 78, 239, 244, 246, 252, 253, 280, 301, 303, 394, 398, 400, 410, 443, 466, 467, 479, 509, 511, 537, 540, 598, 626, 628, 629, 632, 634, 635, 637, 641, 646, 648, 650, 651, 652, 653, 655, 656, 657, 658, 659, 673, 682, 729, 759, 854, 870, 884, 885, 886, 892, 906, 908, 910
신학적 계파주의 86
신학적 방언 569
신화 40, 42, 53, 262, 566, 570, 571, 620, 679, 680, 787, 824, 897, 911
심슨(Albert B. Simpson) 197, 199, 202, 213, 216, 248, 372, 391, 402, 431, 511, 574, 843
십계명 128, 129, 290, 893
십자가의 복음 185, 262, 357, 530, 619, 640, 711, 741

ㅇ

아나니아 155, 156
아나뱁티스트 232
아르미니우스(Jacobus Arminius) 85, 86, 191, 195, 201, 202, 203, 204, 205, 232, 464, 468, 479, 506, 511, 781, 845, 885, 886, 889
아르미니우스주의 86, 191, 201, 203, 205, 468, 845, 885, 886
아바 정신 164

아우구스티누스(Augustinus Hipponensis) 90, 136, 170, 233, 259, 285, 303, 364, 395, 476, 504, 515, 517, 518, 519, 520, 521, 525, 530, 533, 567, 568, 570, 590, 634, 637, 655, 672, 849, 858, 870, 882, 883, 884, 892, 893, 894
아우틀러(Albert C. Outler) 566
아이히호른(Johann Gottfried Eichorn) 207
아일랜드 신조 659
아주사 거리 216
아퀴나스(Thomas Aquinas) 202, 893
안셀름(Anselm of Canterbury) 1, 766, 767
양정(Jung Yang) 316
양주삼 537, 856, 898
어니 부부(Edward and Esther Erny) 373
어니스트(Earnest Kilbouren) 364, 365, 366, 367, 370, 371, 372, 373, 378, 391, 397, 398, 575, 849, 863, 864, 865
언더우드(Horace Grant Underwood) 583
에드워즈(Jonathan Edwards) 212
에벨링(Gerhard Ebeling) 397
에큐메니컬 영성 550, 589, 590
여성신학 625, 819, 820, 853, 896, 913
역사비평주의 207, 208
열광주의 224, 479, 603, 720, 733
열린 민족주의 541, 553
영국성공회신조 908
영성신학 300, 532, 535, 548, 555, 739, 748, 749, 757, 786, 855, 856

영성주의 297
영적 교회 674, 747
예수영성 557
예전적 예배 605
오라치오(Oratio) 273
오순절 17, 29, 32, 54, 58, 64, 66, 75,
　　81, 83, 84, 108, 115, 124, 130,
　　136, 155, 164, 165, 176, 179,
　　182, 184, 186, 191, 196, 209,
　　210, 211, 212, 214, 215, 216,
　　217, 227, 235, 237, 241, 242,
　　243, 244, 263, 264, 281, 285,
　　292, 301, 303, 304, 343, 365,
　　378, 393, 394, 395, 397, 398,
　　399, 428, 429, 431, 440, 441,
　　442, 447, 451, 454, 455, 457,
　　461, 462, 463, 464, 504, 505,
　　506, 507, 508, 509, 510, 511,
　　512, 513, 514, 515, 516, 520,
　　521, 522, 523, 526, 527, 530,
　　531, 532, 533, 560, 561, 562,
　　565, 573, 574, 575, 576, 577,
　　578, 579, 580, 582, 583, 584,
　　585, 587, 588, 589, 590, 591,
　　592, 593, 600, 601, 602, 610,
　　627, 635, 672, 709, 722, 723,
　　770, 774, 826, 836, 837, 838,
　　840, 841, 843, 844, 845, 846,
　　848, 849, 850, 851, 852, 858,
　　862, 863, 864, 866, 867, 868,
　　869, 871, 872, 874, 890, 891,
　　892, 894, 900, 904, 905, 906,
　　907
오순절 운동 54, 64, 124, 164, 165,
　　176, 196, 215, 235, 237, 241,
　　242, 243, 285, 292, 301, 303,
　　343, 440, 442, 455, 506, 508,
　　509, 512, 513, 514, 521, 562,
　　573, 575, 576, 577, 578, 582,
　　583, 588, 590, 627, 635, 672,
　　709, 722, 723, 774, 840, 843,
　　844, 848, 858, 862, 868, 874,
　　890, 892, 905, 907
오순절적 저항 182
오순절 정신 64, 184, 211, 462, 587
오영필 693, 912
오중복음 194, 214, 440, 509, 514,
　　515, 531, 533, 584, 874, 891
오직 믿음 104, 129, 257, 302, 319,
　　336, 340, 372, 507, 516, 518,
　　524, 543, 611, 634, 660, 664
오직 성경 85, 129, 206, 255, 264,
　　268, 272, 273, 283, 302, 336,
　　507, 516, 528, 543, 611, 634,
　　731, 735, 853
오직 은총 129, 255, 302, 507, 516,
　　543, 611, 634, 735
온전한 구원 57, 60, 77, 93, 94, 95,
　　100, 130, 133, 154, 163, 184,
　　194, 219, 224, 228, 231, 242,
　　256, 257, 261, 269, 272, 273,
　　274, 276, 277, 286, 301, 302,
　　337, 343, 344, 347, 349, 356,
　　408, 514, 523, 524, 529, 533,
　　555, 595, 604, 605, 606, 609,
　　610, 611, 617, 625, 703, 716,
　　717, 723, 734, 739, 744, 786,
　　787, 858, 863, 903, 906

온전한 복음 57, 59, 95, 182, 183, 186, 209, 223, 348, 411, 514, 574, 640, 650, 651, 672, 673, 716, 725, 739, 742, 898

올더스케이트 783

와인쿱(Mildred B. Wynkoop) 467, 880

완전한 복음 543, 557, 900

왈레(Bernie A. van de Walle) 508

요더(John Howard Yoder) 601

요컴(Dale A. Yocurm) 467

용(Amos Yong) 508

우리의 신앙고백 630, 637, 639, 642, 643, 647, 648, 649, 653, 654, 729, 909

우상숭배 33, 66, 115, 138, 292, 346, 418, 419, 423, 456, 674, 676, 677, 678, 679, 685, 688, 689, 690, 691, 694, 700, 707, 708, 709, 751

웅녀의 신학 569, 901

원죄 83, 203, 259, 378, 381, 382, 389, 390, 393, 416, 520, 521, 522, 525, 546, 616, 617, 631, 645, 649, 650, 655, 656, 659, 703, 738, 771, 772, 779, 780, 788, 791, 857, 864, 866, 908, 909

월스(Andrew Walls) 442

웨스트민스터 신앙고백 629, 635, 658, 659, 660, 661, 889, 892, 910

웨슬리(John Wesley) 7, 17, 29, 31, 32, 61, 62, 63, 73, 75, 76, 78, 79, 80, 81, 82, 83, 85, 86, 90, 93, 94, 95, 96, 98, 104, 111, 136, 147, 164, 165, 170, 176, 177, 178, 179, 180, 181, 182, 184, 186, 191, 195, 196, 198, 200, 201, 202, 204, 206, ⋯ ⋯ 886, 887, 888, 889, 890, 892, 895, 896, 897, 898, 900, 901, 902, 904, 905, 907, 913

웨슬리 신학 31, 32, 61, 62, 63, 80, 81, 82, 83, 104, 200, 242, 334, 335, 464, 467, 536, 537, 540, 541, 543, 544, 546, 549, 550, 551, 554, 556, 557, 560, 563, 566, 567, 568, 573, 574, 575, 591, 595, 596, 599, 602, 610, 611, 612, 629, 724, 730, 740, 784, 807, 817, 826, 841, 842, 844, 845, 849, 898, 901, 902

웨슬리안 사변형 300, 302, 303, 627, 856

웨슬리안 사중복음신학 32, 61, 76, 198, 242, 543, 555, 577, 594, 595, 603, 611, 621, 625, 726, 845, 850, 856, 857, 869, 879

웨슬리주의 17, 29, 32, 78, 86, 93, 94, 191, 464, 465, 880, 888

웨인라이트(G. Wainright) 467, 570

웰치(H. Welch) 537

위클리프(John Wycliff) 171

윌리엄스(Rodman Wiliams) 508

유동식 540, 552, 568, 895, 896, 897

유아세례 619, 799, 800, 907

유형적 교회 747

윤리신학 609, 625, 815, 816, 817, 913

윤성범 540, 552, 568, 570, 571
율법무용론 480
율법주의 69, 94, 453, 492, 516, 612, 858
융엘(Eberhard Jüngel) 288, 852, 853
은사 57, 84, 114, 117, 132, 149, 210, 282, 320, 361, 424, 428, 462, 561, 574, 577, 586, 587, 588, 592, 593, 601, 603, 610, 611, 615, 653, 723, 730, 739, 770, 772, 773, 774, 782, 788, 797, 820, 832, 890, 905, 907
은사주의 603, 890
은총론 204, 259, 482, 483, 504, 509, 510, 514, 515, 517, 518, 519, 520, 521, 523, 525, 530, 532, 533, 546, 608, 746, 772, 773, 849, 887, 892, 893, 894, 901, 905
은혜의 수단 619, 799, 800
이건 214, 691, 692, 701, 702, 908, 910, 912
이명직 59, 125, 334, 335, 368, 547, 575, 577, 578, 580, 621, 636, 637, 656, 661, 662, 663, 664, 673, 675, 686, 687, 688, 689, 690, 691, 693, 695, 696, 700, 706, 707, 709, 728, 729, 740, 745, 746, 763, 765, 766, 767, 770, 774, 778, 795, 800, 807, 829, 836, 840, 844, 852, 864, 871, 878, 891, 897, 898, 903, 908, 909, 910, 911, 912
이상환 588, 891, 905

이상훈 554, 740, 898, 899
이성 1, 21, 161, 170, 207, 212, 215, 217, 221, 223, 224, 232, 247, 251, 253, 261, 265, 267, 275, 277, 278, 279, 283, 302, 304, 308, 337, 366, 428, 471, 506, 527, 531, 533, 536, 540, 544, 551, 557, 558, 560, 577, 578, 579, 580, 581, 582, 589, 611, 612, 614, 627, 657, 695, 697, 698, 699, 704, 706, 709, 720, 725, 727, 728, 730, 732, 736, 737, 775, 783, 792, 811, 812, 813, 815, 836, 844, 845, 848, 855, 863, 898, 902, 903, 904, 912, 913
이성봉 170, 212, 557, 558, 560, 577, 578, 579, 580, 581, 582, 695, 697, 698, 699, 704, 706, 709, 732, 903, 904, 912, 913
이세신궁 683, 685
이신득의 381, 543, 545, 759
이신론 763, 764, 858
이신성화 543, 545
이신칭의 451, 452, 453, 779, 826, 889
이용도 212, 557, 558, 896
이정배 537, 540, 541, 563, 568, 569, 571, 572, 573, 836, 856, 895, 896, 897, 899, 902
이중복음 194
이중예정론 204, 464, 465, 468, 469, 472, 474, 476, 479, 480, 481, 483, 494, 495, 496, 497, 503,

851
이후정 22, 563, 566, 567, 841, 898, 901
인공지능 24, 40, 43, 44, 47, 115, 290, 300
인본주의 39, 40, 46, 47, 66, 78, 93, 206, 395, 451, 491, 635, 717, 720, 725, 731, 735, 738, 854
일본 62, 82, 193, 240, 368, 371, 372, 373, 376, 391, 395, 459, 546, 574, 575, 636, 672, 675, 676, 678, 679, 680, 682, 683, 684, 686, 688, 689, 691, 692, 693, 694, 695, 696, 699, 707, 870, 911
임마누엘 영성 220, 557

ㅈ

자본주의 28, 40, 70, 114, 295, 297, 855
자유의지 37, 40, 42, 43, 44, 45, 46, 48, 51, 52, 254, 255, 258, 259, 260, 261, 275, 326, 340, 464, 471, 472, 480, 482, 486, 489, 505, 520, 521, 523, 524, 525, 526, 529, 566, 616, 631, 645, 655, 657, 658, 659, 733, 762, 777, 779, 780, 781, 824, 831, 849, 857, 889, 894
자유주의신학 812, 814, 898
잔여죄 790
장로교 32, 56, 58, 62, 81, 83, 84, 95, 130, 136, 201, 376, 464, 479,

538, 556, 582, 583, 596, 659, 846, 879, 892
재림신앙 120, 180, 281, 358, 437, 527, 664, 665, 675, 694, 711
재림신학 601
적극적 성결 587
적극적 성별 756
전가 381, 452, 517, 518, 519, 520, 522, 531, 532, 568
전국성결연합회 541
전덕기 539, 897
전도표제 3, 29, 32, 59, 67, 72, 73, 76, 103, 200, 213, 230, 236, 248, 334, 547, 554, 555, 596, 638, 702, 739, 740, 741, 744, 825, 891, 898
전성용 575, 576, 847, 897, 902, 903
전인적 구원 609, 616, 816
전통주의 221, 223, 224, 251, 296, 507, 717, 736
절대주의 167, 252, 295, 296, 297, 298, 299, 302, 303, 305, 331, 682
점진적 성화 561, 589
정경옥 537, 540, 897, 898, 899, 915
정남수 212, 579
정빈 574, 575, 603, 636, 637, 672, 675, 709, 729
정상운 22, 554, 836, 899, 911, 922
정숙주의 800
정의 40, 42, 47, 48, 59, 66, 76, 101, 103, 105, 122, 127, 131, 178, 198, 199, 206, 214, 268, 280, 297, 299, 328, 366, 400, 403,

407, 419, 430, 433, 442, 449,
465, 466, 474, 475, 476, 477,
479, 483, 484, 485, 486, 487,
488, 490, 494, 496, 497, 507,
508, 521, 539, 548, 565, 567,
569, 577, 595, 608, 615, 620,
626, 630, 632, 638, 640, 656,
661, 662, 669, 670, 715, 721,
728, 739, 754, 766, 768, 806,
807, 816, 817, 829, 854, 856,
858, 881, 882, 883, 886, 906

정치신학 624

정통주의 28, 196, 197, 206, 220,
221, 233, 236, 239, 244, 251,
253, 279, 285, 299, 431, 452,
479, 507, 519, 615, 766, 767,
815, 846, 848, 855, 871, 879

정행주의 300

제2의 은총 179, 375, 787

제2의 축복 179, 576, 617, 618, 787

제국주의 53, 240, 421, 676, 677,
678, 688, 691, 699, 707

제자목회 125

조건적 예정 497, 498

조상국 855

조선 368, 376, 377, 536, 544, 551,
604, 630, 684, 685, 687, 692,
693, 694, 863, 895, 897, 908,
912

조선적 교회 536

조용기 212, 560, 578, 579, 580, 582,
584, 586, 587, 588, 903, 904,
905

조종남 724, 836, 841, 842, 843, 844,

847, 849, 851, 858, 868, 873,
886, 892, 896, 897, 898, 900,
902, 905, 907, 908

조화순 539, 896

종교강령 536, 637, 646, 652, 658,
659, 729, 907, 910

종교다원주의 299, 552, 719, 855,
856

종교신학 540, 571, 856

종말론 10, 52, 70, 92, 96, 106, 107,
121, 123, 124, 125, 128, 130,
145, 159, 180, 182, 196, 198,
219, 220, 260, 261, 264, 284,
302, 304, 325, 330, 341, 342,
348, 349, 355, 358, 359, 361,
362, 365, 402, 406, 410, 425,
428, 429, 430, 437, 457, 458,
460, 463, 513, 514, 522, 527,
529, 533, 548, 556, 601, 602,
605, 612, 618, 619, 644, 666,
667, 669, 670, 671, 711, 712,
746, 747, 748, 772, 786, 797,
801, 803, 807, 808, 809, 815,
839, 843, 844, 845, 849, 860,
862, 892, 894

죄의 멸절 380

죄의 부패성 617, 738, 771, 772

죄책 42, 169, 615, 617, 767, 771,
772, 779, 782, 785, 787

주관주의 249, 251, 507, 532, 603

주기도문 129, 130, 147, 647, 648

주승민 364, 371, 863, 864

중생목회 712, 713

중일전쟁 684

진젠도르프(Nikolaus von Zinzendorf) 732

ㅊ

찬(Simon Chan) 508, 532
천년왕국 101, 121, 122, 124, 125, 126, 146, 147, 180, 196, 329, 513, 620, 636, 664, 665, 666, 667, 668, 669, 670, 671, 705, 747, 759, 803, 804, 805, 806, 807, 808, 809, 810, 839, 840, 842, 899
천년왕국론 122, 125, 667, 668, 669, 805, 839
천황 460, 676, 679, 680, 681, 682, 683, 684, 688, 691
천황 숭배 683
철원성결교회 686, 695
초교파적 글로벌리즘 74, 201
초교파주의 21, 56, 57, 61, 83, 96, 197, 201, 202, 209, 376, 594, 603, 618, 827, 828, 829
초문화신학 462
최문홍 508
최미생 508, 845, 846
최병헌 540, 552, 568, 899
최석모 691
최영신 539
축자영감설 206, 850
츠빙글리(Huldrych Zwingli) 85, 171, 847
치료 96, 116, 117, 185, 324, 347, 348, 351, 353, 354, 361, 611, 624, 792, 838, 860

ㅋ

카우만(Charles E. Cowman) 82, 90, 170, 184, 368, 373, 376, 391, 546, 574, 575, 596, 636, 637, 672, 675, 729, 863, 902
칸트(Immanuel Kant) 238, 279
칼뱅(John Calvin) 31, 73, 78, 79, 81, 83, 85, 86, 90, 93, 94, 95, 96, 98, 104, 136, 146, 147, 164, 165, 171, 186, 191, 195, 196, 201, 202, 203, 204, 205, 206, 216, 227, 232, 253, 270, 282, 298, 315, 364, 395, 447, 453, 464, 465, 466, 467, 468, 469, 470, 471, 472, 473, 474, 475, 476, 477, 478, 479, 480, 481, 482, 483, 484, 489, 490, 491, 492, 493, 494, 495, 496, 497, 498, 499, 500, 501, 502, 503, 511, 512, 519, 520, 556, 575, 602, 826, 845, 851, 858, 879, 880, 881, 882, 883, 884, 885, 886, 887, 889, 890, 892, 893
칼뱅신학 466, 467, 477
칼뱅주의 78, 81, 86, 93, 94, 147, 191, 195, 201, 203, 204, 205, 270, 282, 298, 453, 465, 466, 467, 468, 472, 479, 480, 481, 482, 483, 484, 492, 497, 498, 499, 500, 502, 511, 512, 556, 602, 845, 851, 858, 879, 880, 881, 885, 886, 887, 889
칼케돈 신조 629, 634

컬리스(Charles Cullis) 402
케리그마 191, 192, 202, 209, 211, 218, 220, 223, 224, 248, 332, 400, 401, 412, 425, 428, 430, 433, 711, 873, 899
코이노니아 400, 401, 412, 416, 418, 419, 433, 711
쿨만(Oscar Cullmann) 666
쿨 미디어 225, 226
클리브(N. M. van Cleave) 508, 531

ㅌ

태양신 680, 681, 684, 685
태평양전쟁 684
토마스주의 191, 203
토오꾜오(東京) 682
토착문화 540
토착화 신학 17, 95, 534, 535, 536, 540, 541, 549, 551, 552, 553, 554, 556, 557, 560, 563, 568, 569, 570, 571, 600, 879, 897, 898, 899
톱레이디(Augustus Toplady) 481, 483, 484, 485, 885, 886
통합 교의학 230
통합적 성령론 560, 561, 562, 900
통합적 혼합주의 93
트루트페터(J. Trutfetter) 84
특수규범 742
틸리히(Paul Tillich) 1, 8, 73, 96, 119, 246, 306, 307, 403, 431, 848, 852, 858, 867, 868, 869, 870

ㅍ

파램(Charles F. Parham) 202
파루시아 462, 667
팔머(Phoebe Palmer) 402, 546
팔함(Charles F. Parham) 136
페터레인(Peter Lane) 178, 179, 576, 837, 841, 842, 867
펜티코스탈리즘 211, 212, 232, 393, 454, 455, 868
펠라기우스주의 257, 270, 476, 524, 777, 781, 851
평양 대부흥 운동 583, 880, 915
평택성결교회 695
포스트모더니즘 46, 47, 203, 715, 811, 812, 813
포스트 코로나 288, 290
풍류신학 540
프랑케(August Hermann Francke) 732
프로이센 230
플레처(John Fletcher) 303, 392, 512, 545, 546, 591, 709, 769, 770, 866, 879
피니(Charles Finney) 170, 202, 206, 212, 375, 402, 511
피셔(H. Fisher) 233, 234
필리오케 769

ㅎ

하나님 사랑 124, 126, 143, 317, 412, 429, 430, 480, 557, 609, 610, 635, 743, 761
하나님의 선물 56, 107, 116, 164,

166, 173, 186, 256, 257, 261, 523, 527, 529, 601, 887
하나님의 성서학원 78, 184, 199, 201, 205, 209, 371, 574, 575, 675, 851, 866, 902
하나님의 의 38, 64, 104, 106, 107, 131, 148, 161, 169, 185, 186, 201, 209, 219, 224, 345, 348, 349, 452, 517, 518, 521, 522
하나님의 형상 9, 37, 49, 52, 91, 154, 204, 306, 309, 326, 379, 396, 521, 545, 565, 566, 587, 617, 760, 765, 775, 776, 777, 778, 787, 791, 820, 838
하나님 자신의 세계 109, 112, 319
하나님 중심의 신학 547, 621, 882
하나님 중심주의 33, 164, 165, 220, 393, 396, 625, 669, 674, 676, 677, 678, 679, 689, 696, 707
하라리(Yuval N. Harrari) 8, 26, 39, 44, 824, 836
하비(James Harvey) 880
하우어바스(Stanley Hauerwas) 601, 869
하웃츠바르트(Bob Goudzaard) 297
하이델베르크 신앙고백 629, 635
한국신조 537
한국의 무디 578
한국적 복음주의 신학 600
합리주의 28, 215, 221, 222, 223, 224, 251, 279, 507, 603, 635, 725
합생 299
핫 미디어 226
해석학적 신학 626, 673

행위의 보속 168
향토화 540
허진 695
헌법해설집 630, 908
헤른후트(Herrnhut) 732
현대주의 220, 239, 303
현세주의 222, 603
형벌 대속설 615
호모 데우스 4, 6, 8, 19, 22, 24, 26, 27, 37, 39, 40, 42, 43, 44, 46, 47, 48, 49, 51, 52, 53, 55, 56, 57, 64, 65, 98, 100, 127, 129, 149, 172, 290, 291, 463, 714, 822, 823, 824, 825, 827, 830, 831, 836
혼합주의 93, 300, 420, 603
홀로코스트 677
홍용표 508, 836, 838, 846, 850, 866, 869, 892, 893
확신 5, 25, 54, 85, 130, 176, 177, 178, 179, 181, 184, 196, 219, 222, 231, 236, 239, 271, 283, 315, 353, 369, 377, 380, 382, 409, 469, 474, 475, 484, 491, 494, 495, 496, 497, 515, 526, 528, 544, 545, 561, 565, 581, 589, 590, 631, 641, 662, 669, 731, 751, 768, 784, 820, 826, 828, 848, 867, 881, 894, 895
환원주의 246
활공의 세계 110, 111
활천 366, 370, 395, 578, 630, 687, 689, 693, 694, 838, 843, 849, 855, 863, 864, 865, 866, 898,

900, 903, 906, 908, 909, 910, 912
황국신민 689
후스(Jan Hus) 171, 513
후천년왕국론 669
휫필드(George Whitefield) 212, 481, 483, 841, 885
휴거 284, 529, 758, 801, 802, 804, 807
히버트(Paul Hibbert) 443, 462, 463
힐스(A. M. Hills) 184, 866, 871, 872

기타

NCC 580
4차 산업혁명 6, 43, 46, 47, 48, 115, 290